Fritz Winkler
Siegfried Rauch

Fahrradtechnik

Konstruktion
Fertigung
Instandsetzung

BVA Bielefelder Verlagsanstalt

Herstellung: Gebr. Klingenberg GmbH, Detmold – Printed in Germany.

ISBN 3-87073-090-0 7. neubearb. und erweiterte Auflage

Vorwort zur siebten Auflage

Das auf den ersten Blick so einfach erscheinende Fahrrad ist ein technisches Produkt, in dem sich langjährige Erfahrungen mit der Auswertung neuester materialtechnischer Erkenntnisse und Entwicklungen und der Anwendung modernster Fertigungsverfahren verbinden. Die wachsende Beliebtheit besonders leichter und hochwertiger Fahrräder (nicht nur für aktiven Sporteinsatz) hat der Fahrradtechnik neue Impulse gegeben, die sich im gesamten Fahrradbau auswirken.

Seit Jahren nehmen die Mountain-bikes einen besonderen Platz am Fahrradmarkt ein. Dieser Fahrradtyp mit seiner brillanten technischen Ausstattung hat für das Fahrrad neue Wege, auch zur Natur, eröffnet.

Mit seiner nunmehr siebten Auflage ist dieses Buch zu einem Standardwerk der Fahrrad-Literatur geworden, das die volle Aufmerksamkeit von Industrie, Fachhandel und -handwerk gefunden hat. Es wendet sich aber nicht nur an den Fachmann der Branche, sondern will auch dem Fahrrad-Enthusiasten einen gründlichen Einblick in den Aufbau des Fahrrades, seine mannigfaltigen Varianten und deren richtige Auswahl und Pflege geben.

Die Autoren dieses Buches schöpfen ihr Wissen aus langjähriger beruflicher Praxis. Fritz Winkler war viele Jahre Gruppenleiter der Motorenkonstruktion in der Konstruktionsabteilung bei Victoria und bei der Zweirad-Union zusätzlich verantwortlich für die Fahrradentwicklung; bei Hercules war er als stellvertretender Entwicklungsleiter für die Zweiradfahrzeuge des Werkes tätig. Siegfried Rauch, als Ingenieur ebenfalls gründlich vertraut mit seinem Spezialgebiet Zweiradtechnik, sammelte Erfahrungen auch als Kundendienstleiter bei DKW und Victoria; lange Zeit war er Chefredakteur der Zeitschrift „Das Motorrad". Die drucktechnische Gestaltung aller Auflagen besorgte Hermann Marten, fast drei Jahrzehnte hindurch Chefredakteur der Fachzeitschrift „Radmarkt".

Das Buch beschränkt sich nicht darauf, die gegenwärtig praktizierte Fahrradtechnik darzustellen. Es zeichnet einleitend die wichtigsten Stadien der historischen Entwicklung des Fahrrades in seiner Geschichte seit 1817 auf. Den Hauptteil aber beanspruchen vielfältige präzise Angaben über die Konstruktion, die heutige Fertigung und die verwendeten Werkstoffe, über jegliches Fahrradteil und jeden Bearbeitungsvorgang und über nachprüfbare Qualitätsmerkmale. Darüber hinaus stößt es mit detaillierten Beschreibungen über den Einsatz von Kunststoffen im Fahrradbau in ein Gebiet vor, das noch mit Überraschungen aufwarten kann. Selbstverständlich erhalten Leichtmetalle und ihre Legierungen, die sich beim Fahrrad immer mehr durchsetzen, den ihnen gebührenden Stellenwert, oft auch in kritischer Betrachtung.

Ein umfangreiches Kapitel über Wartung und Instandsetzung des Fahrrades will Ratgeber und Helfer für alle die Leser sein, die bestimmte Wartungs- und Pflegearbeiten selbst durchführen wollen, ohne dabei – soweit das möglich und ratsam ist – die Hilfe einer Fachwerkstatt in Anspruch zu nehmen. Ausführliche Arbeitsanleitungen befassen sich mit den Teilen des Fahrrades, die dem Verschleiß unterworfen sind oder korrekter Einstellung bedürfen, um ständige Betriebsbereitschaft und Sicherheit zu gewährleisten, aber auch zur Werterhaltung des Fahrrades beizutragen.

Seit mehreren Jahren verzögern sich die vorgesehenen Änderungen der DIN-Norm 79 100 „Fahrräder", sie liegen immer noch nicht in der endgültigen Fassung vor. Deshalb mußte auf Auszüge verzichtet werden, das gilt auch für die Norm 79 110 „Kinderfahrräder".

Sich vor dem eingehenden Studium des Buches eine Übersicht über die vielfältigen Themengebiete zu verschaffen und das Buch zunächst durchzublättern, das empfehlen viele Leser der bisherigen Ausgaben. Die Nutzanwendung des komprimiert dargebotenen Stoffes erleichtert auch das nachfolgende ausführliche Inhaltsverzeichnis.

Inhaltsverzeichnis

Seite

Kurze Historie der Fahrrad-Entwicklung 7

Die Fahrrad-Gruppen und ihre Baumerkmale 11

Tourenräder 11
Sporträder, Leichtlauf-Sporträder 12
Nirosta-Räder 15
Rennsport-Räder 16
Rennräder (Straßen-, Bahn- und Saalsportmaschinen) 17
Kriterien der Rennmaschinen 20
Klapp-, Zerleg- und Allzweck-Räder 21
Kinderräder und Kompakträder (High-Riser) 22
BMX-Fahrräder 25
BMX-Außenseiter 29
Mountain-bikes 29
Cruiser 35
Fahrrad mit Wellenantrieb 36
Fahrrad mit Hinterradfederung 36
Tandem-Fahrräder 37
Transport-Fahrräder 39
Dreiräder 39
Anhänger für Fahrräder 40

Konstruktive Aspekte 41

Fahrrad-Technik im Detail 44

Der Fahrrad-Rahmen 44
Belastungsverhältnisse im Fahrradrahmen 48
Aufbau des Rahmens und seine Bauteile 55
Die Muffen 62
Muffen für Tourenrahmen 63
Die Sitzkopfmuffe 66
Tretlagergehäuse 69
Muffen für Sport-Räder 72
Muffen für Rennsport-Räder 75
Muffen für Rennräder 77
Touren-Hinterrahmen 79
Sport-Hinterrahmen 83
Der Rennsport-Hinterrahmen 88
Der Renn-Hinterrahmen 91
Rahmen-Dimensionen 93
Besonderheiten des Damen-Rahmens 93
Einrohr-Rahmen 94
Kinderfahrrad-Rahmen 98
Kinder-Einrohrrahmen 98
Knaben- und Mädchen-Rahmen 99
Kinder-Kompaktrahmen 99
BMX-Rahmen 99

Seite

Mountain-bike-Rahmen 100
Tandem-Rahmen 102
Dreirad-Rahmen 102
Rahmen für Transportrad 103
Rahmen für Fahrradanhänger 103
Fertigungshinweise für geschweißte Rahmen 104
Beurteilung der Schweißnähte 105
Schweißnahtfehler und zerstörungsfreie Prüfung 105
Rahmen aus Titan 106
Verarbeitung von Titan und Titanlegierungen 107
Momentaner Stand der Titanverwendung im Fahrradbau 110
Rahmen aus Alu-Legierungen 111
Geklebte Verbindungen bei Rahmen aus Alu-Legierungen 112
Patria-Rahmen mit Aluminium-Rohren und Stahl-Verbindungsmuffen 114
Rahmen mit Kunststoff-Verbindungsmuffen 115
Rahmen mit Kunststoff-Rohren 116
Beispiele ausgeführter Fahrradrahmen aus Kunststoff 117
Wissenswertes über Kunststoffe 118
Kunststoff-Übersichtstabelle 119

Serienmäßige Rahmenfertigung 126

Vorbereitung zur Fertigung 126
Werkstatt-Fertigung 127
Die Grundlagen der Hartlötung 129
Schmelzpunkt – Schmelzbereich – Arbeitstemperatur 130
Welches Lot ist zu verwenden? 130
Zugfestigkeit der Hartlöt-Verbindung 130
Das automatisierte Löten des Rahmens 131
Die Schutzgaslötung 131
Die Induktionslötung 131
Tabellen Spezialhartlote 132
Die Lötung mit flammbeheizten Anlagen 133

Vordergabel und Lenkorgane 135

Der Lenkvorgang 135
Die Lenkorgane 137
Die Fahrradgabel 138
Vorderradfederung bei Fahrrädern 138
Rixe-Hinterradfederung für Touren-Sportrad 140
Fendt-Hinterradfederung für Fahrrad mit Wellenantrieb 141

Seite

Konventionelle Fahrradgabeln 143
Feinguß 145
Sphäro- und Temperguß 146
Vorderradgabeln für BMX und Mountain-bike 155
BMX-Vorderradgabeln 155
Vorderradgabel für Mountain-bike 155
Vorderradgabel-Lagerung und Lenkungslager 157
Härte – und Methoden ihrer Messung 164
Brinellhärte 164
Rockwellhärte 164
Vikershärte 164
Shorehärte von Gummi 164

Der Lenker 164

Vorbau für geteilte Lenker 166
Lenkerbügel für geteilte Lenker 169
Lenkerbügel für Rennsport-Modelle 171
Lenkergriffe 172

Laufräder 174

Die starre Nabe im Vorder- und Hinterrad 174
Nabenbauarten 177
Naben aus Kunststoff 180
Radial-Naben 181
Kassettennabe 182
Zusammenstellung verschiedener Naben-Maße 185
Lagereinstellung 185
Abdichtung an den Nabenlagern 185
Seitensteifigkeit eines Drahtspeichenrades 186
Die Felge – Aufbau und Normabmessungen 186
Felgen für Rennräder 192
Felgen aus Kunststoff 194
Die Speiche im gespannten Rad 195
Spannen des Drahtspeichenrades 200
Speichenbruch 204
Leichtmetall- und Kunststoff-Laufräder 205
Leichtmetallräder 205
Kunststoffräder 206
Scheibenräder 208

Die Fahrrad-Bereifung 210

Reifenmaße nach ETRTO und DIN 7800 210
Bereifung für normale Fahrräder 212
Grundsätzliches über Fahrradreifen 213

Seite

Tabelle Reifendruck 215
Schmale Reifen 216
Schlauchloser Fahrradreifen 216
Der Luftschlauch 217
Endlicher Fahrradschlauch 218
Schlauchreifen 218
Das Fahrrad-Schlauchventil 219
Das Dunlop-Ventil 219
Das Sclaverand-Ventil 220
Das Schrader- oder Auto-Ventil 221

Die Kraftübertragung 223

Der Tretantrieb 223

Das Tretlager 227

Die Tretlagerwelle und ihre Lagerung 227
Tretlager für Touren-Räder (Glockenlager) 227
Das Thompson-Tretlager 228
Einkeiliges Thompson-Tretlager 230
BSA-Tretlager mit Keilbefestigung der Kurbeln 230
BSA-Tretlager mit Doppelkettenblatt und Leichtmetall-Tretkurbeln 231
Tretlager für Rennsport- und Renn-Räder 231
Tretlager mit Tretkurbelbefestigung auf Keilwelle 234
Tretlager mit Kugellagern 235
Tretkurbelgetriebe mit elliptischem Kettenrad 239
Der „Fauber-Antrieb“ 242
Fauber-Tretlager mit Einschlag-Lagerschalen 242
Fauber-Antrieb mit eingeschraubten Lagerschalen 243
Antrieb für Renn-Tandem 244
Faltenbalg zum Schutz der Konus-Kugellager 244
Mehrgang-Tretlagergetriebe 244

Die Pedale 245

Rennpedale 247
Spezialpedale 249
Pedale aus Kunststoff 251

Ketten und Kettenabmessungen 252

Spezialketten für Kettenschaltungen 254
Kettenräder und Zahnformen 256
Einfluß der Kettenrad-Zähnezahl 256
Prüfung der Kettenräder 257

Seite

Zahnriemenantrieb 258

Leerlauf-Zahnkränze 260

Einfach-Leerlaufzahnkranz 260
Kettenrad-Konstruktion 261
Mini-Einfach-Leerlaufzahnkranz 263
Mehrfach-Leerlaufzahnkranz 264
Warum eigentlich veränderliche Übersetzungen am Fahrrad? 267

Fahrrad-Kettenschaltungen 268

Allgemeiner Aufbau der Kettenschaltung 268
Zweirollen-Kettenschaltwerk mit Parallelogramm-Betätigung 269
Anbau und Einstellung der Kettenschaltung 269
Kenndaten einer Kettenschaltung 271
Kettenschaltungs-Systeme 271
Schaltwerke 272
Kettenwerfer mit trapezförmiger Führung 275
Elektrisch betätigter Kettenwerfer 276
Schalter für Indexschaltungen (Rasterschaltung) 278
Positionierte Kettenschaltungen 282
Positron-Kettenschaltung von Shimano 282
Sachs-Huret Elysee Kettenschaltung 282
Sachs-Orbit-Getriebenabe und Commander-Kettenschaltung 283
Sachs Sechsgang-Schaltung „Torpedo 2x3“ 288
Das Frontfreilauf-System 290
Ultra-Shift-Ketten-Nabenschaltung 291
Ketten- oder Getriebenaben-Schaltung? 291

Freilauf-Rücktrittnaben 292

Eingangnaben mit Rücktrittbremse 292
Konusantrieb 292
Walzenantrieb der Torpedo-Freilaufnabe 294
Nachstellen der Lagerung 295

Mehrgang-Getriebenaben 296

Wirkungsweise eines Planetengetriebes 296
Fichtel & Sachs-Schaltungsnaben 298
Zweigang-Getriebenaben 298
Torpedo-Duomatic-Nabe R 2110 mit Rücktrittbremse 298

Seite

Torpedo-Zweigang-Automatic-Nabe mit Rücktrittbremse 299
Übersetzungstabellen der Torpedo-Zweigang-Duomatic- und Automatic-Naben 301
Dreigang- und Fünfgang-Getriebenaben 302
Torpedo-Dreigang-Getriebenabe mit Rücktrittbremse 302
Übersetzungstabellen der Torpedo-Dreigang-Naben 306
Torpedo-Dreigang-Getriebenabe mit Trommelbremse 307
Torpedo Pentasport-Fünfgang-Getriebenabe mit Rücktrittbremse 309
Technische Daten der Pentasportnabe 309
Funktionsbeschreibung der Pentasportnabe 310
Übersetzungstabelle 313
Einstellung der Pentasportnabe 314
Torpedo Pentasport-Fünfgang-Leerlaufnabe 314
Torpedo Pentasport-Fünfgangnabe mit Trommelbremse 314
Mehrgang-Getriebenaben von Sturmey-Archer 316
Mehrgang-Getriebenaben von Shimano und Sun Tour 321

Übersetzung und Entfaltung 321

Bremsen 322

Bremsvorgang 322
Bremsenkonstruktionen 325
Trommelbremsen 325
Scheibenbremsen 329
Rollen-Bremse 329
Hydraulische Öldruck-Felgenbremse 330
Magura Hydro-Stop Felgenbremse 331
Mechanische Felgenbremsen 334
Felgenbremsen-Bauarten 335
Mittelzug-Felgenbremsen 336
Cantilever-Felgenbremsen 338
Seitenzug-Felgenbremsen 339
Handbremshebel 342
Bremsklötze 347
Weinmann-Felgenbremse PBS 349
Hebelarmübersetzungen der Bremsen 351

Ausrüstung und Sonderzubehör 355

Sattel 355
Sattelstütze 358
Schutzbleche 360

	Seite
Gepäckträger	362
Werkzeugdosen	365
Kettenabdeckungen	365
Sicherheitsschloß	366
Seitenstütze	368
Bowdenzüge	369
Fahrradglocken	371
Luftpumpen	372
Kindersitze	372
Tachometer und Kilometerzähler	374
Fahrrad-Computer	376
Elektrische Ausrüstung	380
Lichtmaschine (Dynamo)	381
Walzendynamo	385
Speichendynamo	386
Scheinwerfer	386
Halogen-Fahrradscheinwerfer	388
Erläuterungen zum Halogen-Fahrradscheinwerfer nach Fa. Union	392
Batterie-Beleuchtung	395
Schlußleuchte (Rückleuchte)	395
Elektronische Fahrrad-Standlicht-Anlagen	396
Elektronisches ULO-Fahrrad-Standlicht	396
Standlichtanlagen der Fa. Union	397
ESGE Elektronik-Akku	399
Front-Rückstrahler	399
Großflächen-Rückstrahler	400
Speichen-Rückstrahler	400
Sonderkonstruktionen	401
Neue Bauformen	402
Victoria und Hercules	402
Winora „rainbow“	403
Studie einer Rennmaschine	403
Puch: Fahrradstudie „Concept 82“	404
Rennrad mit kurzem Radstand	404
Sprick: „Comfortable“	405
Fahrrad 86	406
Moulton-Federungsrad	406
Liegefahrrad	407
Automatische Gangschaltung für Fahrräder „Deal Drive“	407
Sicherheitsbremse für Fahrräder	409
Canada-Vector 007	410
Fahrrad-Tüftler-Modelle	410
Oberflächenbehandlung	411
Lackierung und Dekor	411
Häßlichkeit verkauft sich schlecht	412
Nichtmetallische und metallische galvanische Überzüge	413
Die Qualitätskontrolle	415
Toleranzen	416
Gewinde im Fahrradbau	417
Wartung und Instandsetzung	418
Reparatur des Rahmens	419
Funkenprobe bei der Werkstofferkennung	421
Reparatur der Vorderradgabel	423
Reifendefekt am Normal-Fahrrad	423
Reifendefekt am Rennrad	425
Laufräder wechseln	426
Vorder- und starre Hinterrad-Nabe	427
Tretlager	427
Pedale	430
Lenkungslager	430
Lenker	431
Sattel und Sattelstütze	432
Instandsetzung der Felge	433
Laufräder zentrieren, gebrochene Speichen ersetzen	434
Kettenpflege	435
Kettenschaltungen	437
Mehrfach-Leerlaufzahnkranz	437
Kettenradsatz und Freilauf der Kassettennabe DURA-ACE AX von Shimano	438
Grundsätzliches über das Einstellen von Kettenschaltungen	440
Anbau und Einstellung verschiedener Kettenschaltungen	441
Sachs-Kettenschaltung C 6100 und CR 6100	441
Sachs-Kettenschaltung C/CR 5101 und C/CR 5102	442
Sachs/Huret-Commander-Zwölfgangschaltung	443
Montageanleitung für die Sachs-Orbit-Zweigangnabe	446
Umrüstung einer Sachs-Zehngang-Kettenschaltung auf Commander-Zwölfgangschaltung	448
Kettenschaltungen der ALTUS-Serie von Shimano	448
Kettenschaltung DURA-ACE AX von Shimano	449
Kettenschaltung PPS-FH-System (Positron) von Shimano	453
Freilauf-Rücktrittnaben	455
Eingangnaben mit Rücktrittbremse	455
Mehrgang-Getriebenaben	457
Torpedo-Duomatic-Nabe R 2110	457
Torpedo-Dreigangnabe mit Rücktrittbremse Typ H 3111	458
Torpedo-Dreigangnabe T mit Trommelbremse	460
Torpedo Pentasport-Fünfgangnabe mit Rücktrittbremse	460
Dreigangnabe mit Rücktrittbremse Typ SG-3 C 20 von Shimano	463
Sturmey-Archer-Fünfgangnabe ohne Bremse Typ S 5/2	465
Felgenbremsen	467
Felgenbremse nachstellen	467
Magura Hydro-Stop Felgenbremse	469
Weinmann Felgenbremse PBS	470
Pflege der Bowdenzüge	470
Wartung der elektrischen Ausrüstung	471
Lack- und Chrompflege	473
Bordwerkzeug	473
„Überwintern“ des Fahrrades	474
Fahrrad mit Elektromotor	474
Rennsport-Einstieg	475
Quellenhinweis	478

Kurze Historie der Fahrrad-Entwicklung

1817 konstruierte Freiherr Carl Drais von Sauerbronn, Großherzoglich-Badischer Forstmeister, der von 1785 bis 1851 lebte, die erste lenkbare „Schnellaufmaschine", die ein Mannheimer Stellmacher nach seinen Angaben aus Holz fertigte. Die Fortbewegung wurde mit den Beinen besorgt, die „laufend" vom Erdboden abgestoßen wurden. In Frankreich, England und Amerika wurden solche „Draisinen" nachgebaut und im Detail verbessert.

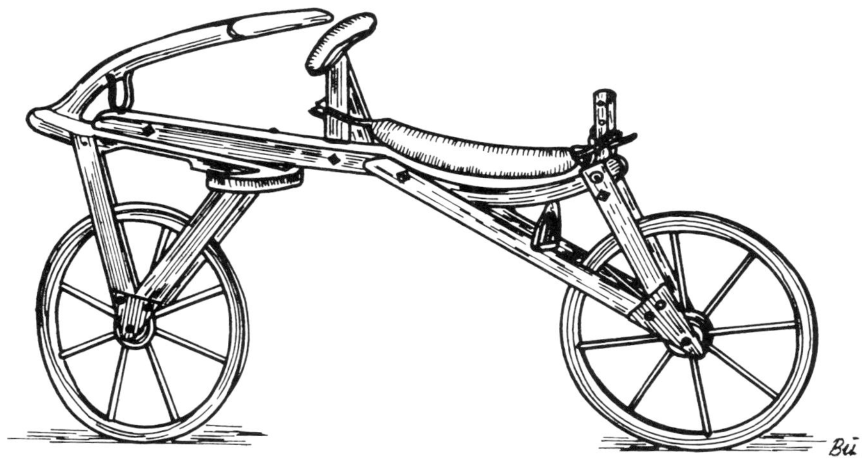

Abb. 1: Karlsruher Modell von 1817 des Freiherrn Carl Drais von Sauerbronn.

1853 baute der Schweinfurter Instrumentenmacher Philipp Moritz Fischer an das Vorderrad einer Draisine Tretkurbeln an. Das „Laufrad" wurde damit zum „Tretrad".

Abb. 2:
Tretrad von Philipp Moritz Fischer.

1861 fertigte der Franzose Pierre Michaux mit seinem Sohn Ernest einen Tretkurbeltrieb für eine Draisine und baute in den nachfolgenden Jahren seine „Michaulinen" (mit großem Vorder- und kleinem Hinterrad) in beachtlichen Stückzahlen, 1869 bereits täglich 200 Stück.

Abb. 3: „Michauline" mit Rosettenpedalen von Pierre Michaux 1867.

Michaux' Konstruktion war fertigungstechnisch bereits weitgehend ausgereift. Waren die ersten Lauf- und Treträder noch durchwegs aus Holz gefertigt worden, so lieferte die Pariser Fabrik nunmehr elegante schmiedeeiserne Rahmen. Die Holzfelgen wurden mit Eisen-Laufringen bestückt. Neuartige Pedale, die durch Gewichte immer waagerecht lagen, nach der Beinlänge des Fahrers verstellbare Tretkurbeln, staubgeschützte Bronze-Gleitlager für die Laufräder, Bremsen und ein gefederter Sattel zeugten von einem für die damalige Zeit (1868) hohen Entwicklungsstand. Spötter freilich nannten diese Räder „Knochenschüttler“.

1862 ließ der Münchner Bureau-Offiziant Karl Kech ebenfalls an eine vorhandene Draisine einen Tretkurbelantrieb anbauen.

1869 wurde von dem Franzosen André Guilmet bereits der Fahrradantrieb, wie wir ihn heute kennen, erfunden. Das Fahrrad wurde mit einem Tretkettenantrieb in der Mitte des Rahmens versehen, der über eine endlose Kette auf das Hinterrad wirkte. Aber die so bedeutsame Erfindung konnte sich zunächst noch nicht gegen die damaligen Michaulinen (und ihre Weiterentwicklungen) durchsetzen.

1871 legte James Starley (1801-1881) den Grundstein der englischen Fahrrad-Industrie, als deren Vater er gilt. Mit seinem Hochrad „Ariel“, das sich durch ein größeres Vorderrad (125 cm ∅) und ein kleineres Hinterrad (35 cm) von der Michauline unterschied, wurden weittragende Verbesserungen (Stahlfelgen mit Haarnadelspeichen aus Stahldraht und Vollgummireifen) in den Fahrradbau eingeführt.

Bereits 1874 wurden dann auf Zug beanspruchte Tangentialspeichen verwendet, die den englischen Hochrädern neben geringem Gewicht zu besonders elegantem, zierlichem Aussehen verhalfen.

Abb. 4: Hochrad mit Tangentialspeichen.

1884 stellten die Firmen Singer & Co sowie Hillmann, Herbert & Cooper in Coventry das erfolgreiche „Sicherheitsrad“ unter dem Namen „Kangaroo“ (zu deutsch Känguruh) her.

Dieses Fahrrad hatte, um die halsbrecherischen Überkopfstürze vom Hochrad zu vermeiden, wieder ein wesentlich kleineres Vorderrad als die bisherigen Hochräder. Damit es diesen geschwindigkeitsmäßig nicht unterlegen war, wurde ein Vorderrad-Kettenantrieb mit der Beinlänge des Fah-

Abb. 5: Sicherheitsrad „Kangaroo“ ► (Känguruh).

rers entsprechend verstellbaren Tretkurbeln und Übersetzung verwendet.

1887 Nach jahrelangen Versuchen gelang es den Brüdern Reinhard und Max Mannesmann, mit dem Schrägwalzverfahren nahtlose Rohre aus Rundstahl zu walzen. Im April 1887 erhielt Max Mannesmann mehrere Patente für die Herstellung der weltbekannten Mannesmann-Rohre.

Einige Jahre später bereits wurde das nahtlose Stahlrohr aus Gewichts- und Festigkeitsgründen im Fahrradrahmenbau von allen namhaften Herstellern verwendet.

Abb. 8: Niederrad mit Trapezrahmen von Humber.

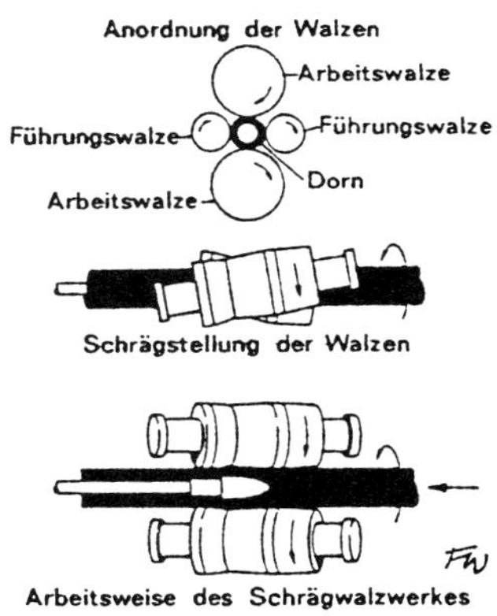

Abb. 6: Schrägwalzverfahren für nahtlose Mannesmann-Rohre.

1887 erfand (zum zweiten Mal) der englische Tierarzt Dr. John Boyd Dunlop (1850-1921) den Luftreifen, er wurde damit zum Vater der Fahrrad-Luftbereifung (Robert William Thomson [1822-1873] hatte die gleiche Erfindung bereits 1845 gemacht, sie war jedoch in Vergessenheit geraten und angeblich auch Dunlop nicht bekannt).

1888 beendete John Kemp Starley mit seinem Niederrad „Rover III" mit geschweiftem Trapezrahmen und fast gleich großen Tangentialspeichen-Laufrädern sowie Kettenantrieb auf das Hinterrad die Hochrad-Ära.

Kreuz-Rover.

Abb. 7: Niederrad-Rover III mit Swift-Rahmen.

1889 war das Niederrad „Fire Fly" der Firma Victoria Cycle Co. in Manchester eines der ersten Serien-Fahrräder mit Dunlop-Luftreifen.

1890 entwickelte der englische Konstrukteur Humber den Fünfeck- oder Trapezrahmen, der sich grundsätzlich bis in unsere Tage erhalten und bewährt hat.

Bei optimaler Stabilität ist diese Bauart zugleich die leichteste Rahmen-Konzeption, die auch als „Diamant-Rahmen" bezeichnet wird.

1895 stellte der Pariser Ingenieur G. Rupalley ein Fahrrad mit Aluminium-Rahmen her, das ein Gewicht von nur 20 Pfund gegenüber den 60 Pfund der damaligen Stahlkonstruktionen hatte. Aus Festigkeitsgründen war der Rahmen mit zwei übereinanderliegenden Oberrohren versehen.

1903 erfand Ernst Sachs in Schweinfurt die später weltbekannte Torpedo-Freilaufnabe mit Rücktrittbremse.

1905 Entwurf der Torpedo-Nabe mit doppelter Übersetzung (zwei Gänge) von Fichtel & Sachs, die von 1907 bis 1958 im Prinzip unverändert hergestellt wurde.

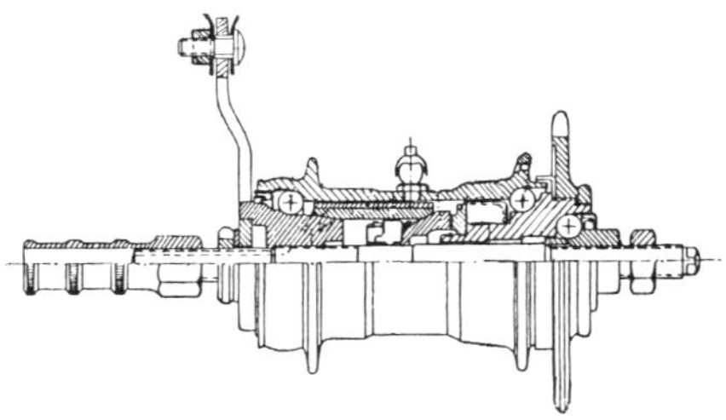

Abb. 9: Torpedo-Freilaufnabe mit Rücktrittbremse von Ernst Sachs.

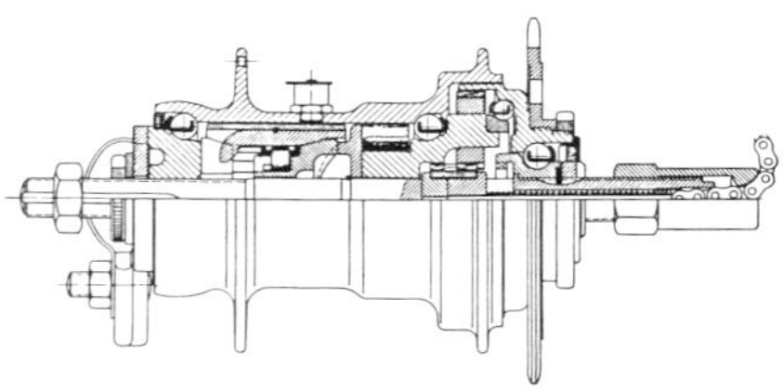

Abb. 10: Torpedo-Zweigangnabe von Fichtel & Sachs, hergestellt von 1907 bis 1958.

Die Entwicklung von Getriebenaben mit mehreren Gängen begann bereits 1877. Der Engländer G. Walker erhielt damals ein Patent auf eine Getriebenabe mit zwei Gängen.

Um die Jahrhundertwende entstanden die ersten Naben mit drei Gängen. Bis zum ersten Weltkrieg wurden allein in England über 80 verschiedene Mehrgangnaben patentiert.

1928 kam mit der „Champion du Monde" (Simplex) die erste käufliche, serienmäßig hergestellte Fahrrad-Kettenschaltung in den Handel.

Nach dem ersten Weltkrieg beschäftigten sich in Frankreich und Italien viele Rennfahrer und Fahrradmechaniker mit der Mehrfach-Kettenschaltung mit dem Ziel, sich oder den betreuten Rennfahrern beim Rennen Vorteile gegenüber ihren Konkurrenten zu verschaffen. Diese Schaltungen wurden zunächst in geringen Stückzahlen handwerklich angefertigt und kamen nur bei einem begrenzten Fahrerkreis zum Einsatz.

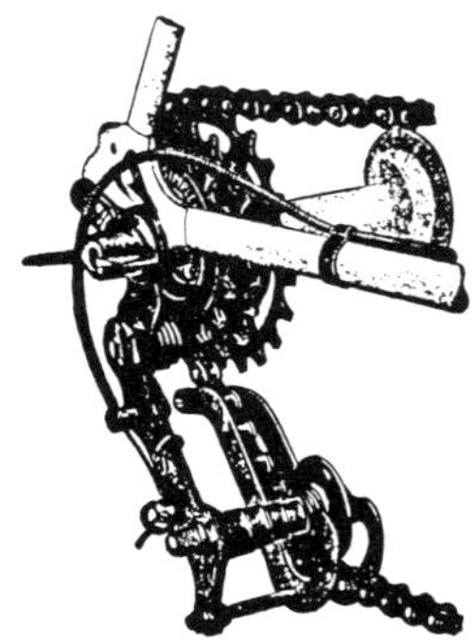

Abb. 11: Dreigang-Kettenschaltung „Champion du Monde" 1928/29 von Simplex.

1935 wurde von der Firma Reynolds in Birmingham das nahtlose, endverstärkte Stahlrohr Typ 531 für Fahrrad-Rahmen entwickelt.

Abb. 12: Nahtloses, endverstärktes Stahlrohr von Reynolds.

1960 entdeckten die Japaner (die Firma Katakura) den kleinen Raddurchmesser mit 16" und entwickelten, zunächst für militärische Zwecke, das Klapprad „Silk". Mit dem „Graziella Piccolo" von Th. Carnielli, Padua, begann von Italien aus die Einführung des Faltrades auch in Europa. Für europäische Körpergrößen wurden Klappräder dann aber mit 20″-Laufrädern ausgerüstet.

1976 wurde mit dem Kettler-Alurad Typ 2000 erstmals in Deutschland ein Voll-Leichtmetallfahrrad zu relativ günstigem Preis in Serie hergestellt.

1987 kam die erste in Deutschland von Magura konstruierte und hergestellte hydraulisch wirkende Fahrradfelgenbremse auf den Markt.

Der Wirkungsgrad ist höher als bei der mechanischen Kraftübertragung und bleibt auch nach längerer Betriebszeit nahezu konstant. Bei gleicher Handkraft ist die Bremswirkung größer.

Die Fahrrad-Gruppen und ihre Baumerkmale

Fahrräder sind zwei- oder dreirädrige Fahrzeuge, die über eine mechanische Kraftübertragung durch die Muskelkraft des Fahrers fortbewegt werden und zum Befördern von Personen und evtl. leichten Lasten dienen.

Fahrräder müssen der Straßenverkehrs-Zulassungs-Ordnung (StVZO) entsprechen, um im öffentlichen Straßenverkehr benutzt werden zu dürfen.

Die sicherheitstechnischen Anforderungen und diesbezüglichen Prüfungen sind in der Bundesrepublik Deutschland seit 1976 in der DIN 79 100 „Fahrräder und Kinder-Straßenfahrräder", seit 1980 in der DIN 79 110 „Kinderfahrräder" und seit 1985 in der DIN 79 105 „BMX-Fahrräder" festgelegt.

Tourenräder

Tourenräder werden von konservativen Fahrern wegen ihrer bequemen Sitzposition und ihrer stabilen, robusten Bauart bevorzugt. Damenrad-Modelle mit dem sogenannten „S"- oder Schwanenhals-Mittelrahmen haben einen besonders niedrigen, breiten und dadurch für weibliche Fahrer bequemen Durchstieg.

Für Tourenräder sind nachstehende Merkmale charakteristisch:

Gemuffter Rahmen;
keine Aussparungen und Verzierungen an den Rahmen-Verbindungsteilen;
besonders schräg gestelltes Sitzrohr für bequeme Sitzhaltung und kräftesparenden Schiebe-Tritt;
Hinterbau aus Ovalrohren mit flachgepreßten Ausfallenden und nach hinten geöffnetem Schlitz für Radaufnahme und Kettenspanner;
Hinterradsitzstreben am Sitzrohr nicht verschweißt oder hartverlötet, sondern mit dem Sattelklemmbolzen an die Sitzkopfmuffe geschraubt (s. Abb. 99 und 100);
breite Vordergabel mit flachgepreßten Gabelscheiden für die Radbefestigung;
langer Radstand;
große Laufräder mit Bereifung 47-622, Außendurchmesser 716 mm (frühere Bezeichnung 28 × 1,75);
Tretlager in „Glocken"-Ausführung mit Vierkantkonen für die Tretkurbelbefestigung;
kräftiger, großer Rohr-Gepäckträger;
hoher, breiter Lenker (sogenannte NSU-Form);
Gestänge-Vorderradbremse;
Hinterrad mit Freilauf-Rücktrittbremsnabe;
langer Kettenschutz;
großflächiger Sattel mit Zug- und Druckfedern sowie Schaumstoff-Polsterung;
kastenförmige Schutzbleche;
Klotzpedale;
Scheinwerfer mit rundem Lichtaustritt;
Lackierung meist in Schwarz oder dunkler Farbe;
Gewicht 17–19 kg.

Touren-Sporträder werden allgemein nur in Damenausführung hergestellt. Der Unterschied zwischen einem Damen-Touren-Rad und einem Damen-Touren-Sportrad liegt in der Ausführung des Rahmen-Hinterbaues: Am S- oder Schwanenhals-Mittelrahmen ist kein Touren-, sondern ein Sport-Hinterbau mit geraden, konisch-runden Streben und Sport-Ausfallenden

Abb. 13: Herren-Tourenrad mit Bereifung 47-622 (28 × 1,75) von Hercules.

Abb. 14: Damen-Tourenrad mit Bereifung 47-622 (28 × 1,75) von Hercules.

angeschweißt (s. Abb. 118). Statt des Rohr-Gepäckträgers wird vielfach ein Rundstahl-Gepäckträger verwendet. Diese Touren-Sporträder werden, wie andere sportliche Modelle, meist buntfarbig lackiert. Die Laufräder sind mit Bereifung 47-559, Außen-Durchmesser 653 mm, frühere Bezeichnung 26 × 1,75 × 2, ausgerüstet. Das Gewicht beträgt 16–17 kg.

Holland-Räder sind Tourenräder mit besonderem Schmutz- und Spritzwasser-Schutz. Die Antriebskette ist mit einem umlaufenden Kettenschutz voll verkleidet. Der geschlossene Kettenkasten wird aus Metall, Kunststoff oder Wachstuch (Moleskin), mit einem umlaufenden Verschluß versehen, hergestellt. Bei allen Modellen wird anstelle eines Kleiderschutznetzes eine Verkleidung aus PVC an Hinterradschutzblech und Rahmenhinterbau lösbar befestigt. Statt der üblichen Seitenstütze wird bisweilen ein abklappbarer, zweibeiniger Stützständer am Hinterrad vorgesehen. Das Diebstahls-Sicherheitsschloß greift mit zwei halbbogenförmigen Bügeln durch das Laufrad. An den tiefliegenden Schutzblechenden sind zusätzliche Schmutzlappen befestigt. Vielfach sind diese Räder mit einer Dreigang-Nabe ausgestattet. Die lackierten, verzinkten und verchromten Bauteile sind durch hohe Schichtdicken gegen verschmutzte Luft und salzhaltiges Meerwasser besonders geschützt. Gewicht 18–20 kg.

Bei Touren-Modellen übliche Laufradbereifungen:

47-622 (früher 28 × 1,75), Außen-∅ 716 mm

47-559 (früher 26 × 1,75 × 2), Außen-∅ 653 mm

37-590 (früher 26 × 1⅜), Außen-∅ 664 mm

Die Tourenmodelle sind nur noch wenig gefragt und zum Teil durch die Mountain-bike und Cruiser mit Straßenbereifung abgelöst worden.

Sporträder, Leichtlauf-Sporträder

Ein Sportrad hat eigentlich mit dem Sport nur soviel zu tun, als Radfahren eine gewisse sportliche Betätigung ist. Die heute meist gekauften Fahrräder sind Sporträder und sind inzwischen Gebrauchsfahrräder für den Alltag geworden.

Der Unterschied zum Tourenrad liegt bei den Herren-Modellen im leichteren Rahmen-Hinterbau mit angeschweißten Sitzstreben, mit geraden, konischen Hinterrohren und Sport-Ausfallenden mit schrägem, nach vorn geöffnetem Schlitz. Während bei den Herren-Sporträdern ein den Tourenrädern optisch ähnlicher Mittelrahmen mit Ziermuffen verwendet wird, ist der Rahmen der Damen-Modelle anstelle der S- bzw. Schwanenhals-Unterrohre mit zwei parallelen Unterrohren aufgebaut. Auch die Vordergabel ist mit Sport-Ausfallenden versehen.

Weitere Ausrüstungsteile, wie

kleiner, niedriger Vorbaulenker,
schmaler Sattel ohne Zug- und Druckfedern,
Felgenbremse,
Sporttretlager,
Rundstahl-Gepäckträger,
blanke Schutzbleche mit Überlaufstreben,
zierliche Pedale und Scheinwerfer,
Mehrfach-Gangschaltungen

vermitteln eine sportliche Optik. Die buntfarbige Lackierung der Sporträder wird durch das Dekor (Folien-Abziehbilder) lebhaft ergänzt.

Jugendräder gehören nicht zur Gruppe der Kinderräder (siehe Seite 22), deren Felgen-Durchmesser maximal 451 mm beträgt und deren Rahmentragfähigkeit maximal 50 kg für ein Kind aufzuweisen braucht. Wegen der Baugleichheit sind Jugendräder den Rädern für Erwachsene zuzuordnen.

Übliche Laufradbereifungen

für Sporträder:
47-559 (früher 26 × 1,75 × 2), Außen-∅ 653 mm

47-622 (früher 28 × 1,75), Außen-∅ 716 mm

Abb. 15: Damen-Tourensportrad mit Bereifung 47-559 (26 × 1,75 × 2) von Hercules.

Abb. 16: Herren-Touren-Hollandmodell mit Bereifung 40-635 (28 × 1½) von Gazelle.

Abb. 17: Damen-Touren-Hollandmodell mit Bereifung 40-635 (28 × 1½) von Gazelle.

Abb. 18: Herren-Tourenrad mit stoßdämpfender System-Schwinge, Stoßdämpfer dreifach verstellbar, Bereifung 47-559, von Mars.

Abb. 19: Damen-Touren-Alumodell mit Bereifung 37-590 (26 × 1⅜) von Kettler.

Abb. 20: Herren-Sportrad mit Bereifung 47-559 (26 × 1,75 × 2) oder 47-622 (28 × 1,75) von Hercules.

Abb. 21: Damen-Sportrad mit Bereifung 47-559 (26 × 1,75 × 2) oder 47-622 (28 × 1,75) von Hercules.

Abb. 22: Jugend-Knaben-Sportrad mit Bereifung 37-540 (24 × 1⅜) von Hercules.

37-590 (früher 26 × 1⅜), Außen-Ø 664 mm
44-635 (früher 28 × 1⅝ × 1 ½), Außen-Ø 723 mm

für Jugendräder:
47-507 (früher 24 × 1,75 × 2), Außen-Ø 601 mm
37-540 (früher 24 × 1⅜), Außen-Ø 614 mm

Gewichte: Sporträder, 26/28″-bereift, 15,5–17 kg; Jugendräder, 24″-bereift, 13,5–14 kg.

Die Gruppe der Sporträder wird neuerdings von den Herstellern und im Fachhandel noch unterteilt in **Sporträder** (wie vorstehend beschrieben) und **Leichtsport-** oder **Leichtlauf-Sporträder.** Unter letzteren werden Fahrräder verstanden, deren besondere Ausstattung auf Leichtgängigkeit abzielt und schon mehr der Gruppe der Rennsport-Räder (siehe Seite 16) zuzuordnen ist.

Charakteristische Aussrüstungsteile sind, außer Rahmenvarianten,
schmale Bereifung,
Mehrfach-Kettenschaltung,
BSA-Tretlager,
Hochflansch-Naben,
Mittelzug- oder andere hochwirksame Felgenbremsen,
kurze, zierliche Kettenabdeckung,
flacher Lenkerbügel mit Vorbau.

Gebräuchliche Reifengrößen:

28-630 (früher 27 × 1¼ Fifty), Außen-Ø 686 mm
28-622 (früher 28 × 1⅛ × 1¾), Außen-Ø 678 mm
32-622 (früher 28 × 1⅝ × 1¼), Außen-Ø 686 mm

Abb. 23: Jugend-Mädchen-Sportrad mit Bereifung 47-507 (24 × 1,75 × 2) von Kynast.

Abb. 24: Jugend-Mädchen-Sportrad mit Doppelrohrrahmen (Berceau), Dreigang-Nabenschaltung, Bereifung 37-540 (24 × 1⅜), von Hercules.

Abb. 25: Damen-Leichtlauf-Sportrad mit Doppelrohrrahmen (Berceau) und Bereifung 32-622 (28 × 1⅝ × 1¼) von Hercules.

Abb. 26: Alu-Damen-Leichtlauf-Sportrad mit Doppelrohrrahmen (Mixte) und Bereifung 25-622 von Kettler.

32-590 (früher 26 × 1⅜ × 1¼), Außen-∅ 654 mm
37-622 (früher 28 × 1⅜ × 1⅝), Außen-∅ 696 mm

Das Gewicht der Leichtlauf-Sporträder liegt bei 13,0–15,5 kg.

Nirosta-Räder

In der Gruppe der Sporträder nehmen die Nirosta-Fahrräder (Kurzwort für nichtrostenden Stahl) durch den rostfreien Werkstoff eine Sonderstellung ein. Mit der zunehmenden Luftverschmutzung hat das rostunanfällige Fahrrad eine neue Chance erhalten.

Weniger rostende Fahrräder gibt es schon seit Jahrzehnten. Aus Preisgründen wurden bisher jedoch nur einzelne Ausrüstungsteile (z.B. Felgen, Speichen, Schutzbleche und Kettenschützer) aus nichtrostendem Chrom-Nickel-Stahl verwendet. Eine wesentliche Besserung der Rostanfälligkeit des Fahrrades brachten diese wenigen Bauteile jedoch nicht.

Das Prädikat „Rostfreies Fahrrad" verdient nur ein Erzeugnis, wenn tatsächlich fast sämtliche Bauteile aus nichtrostenden Werkstoffen (Stahl, seewasserbeständige Alu-Legierung, Kupfer-Legierung und Kunststoffe) hergestellt sind.

Beim Kynast „Nirosta-Sportrad" (Abb. 29 und 30) trifft dies zu.

Der gesamte Rahmen mit Rohren, Rahmenmuffen, Verbindungsteilen und Ausfallenden ist aus nichtrostendem Chrom-Nickel-Stahl „Krupp-Nirosta" Werkstoffnummer 4301 (X5CrNi 18 9 DIN 17440)

Abb. 27: Damen-Leichtlauf-Sportrad mit winklig laufendem Oberrohr und Bereifung 28-622 (28 × 1⅛ × 1⅝) von Rixe.

Abb. 28: Alu-Herren-Leichtlauf-Sportrad mit Bereifung 32-622 (28 × 1⅝ × 1¼) von Kettler.

Abb. 29: Herren-Nirosta-Sportrad mit Bereifung 37-622 (28 × 1⅜ × 1⅝) von Kynast.

Abb. 30: Damen-Nirosta-Leichtlauf-Sportrad mit Doppelrohrrahmen (Berceau) und Bereifung 37-622 (28 × 1⅜ × 1⅝) von Kynast.

hergestellt. Rahmen und Vorderradgabel sind mit Silberlot (L-Ag40Cd DIN 8513) von Hand hartgelötet und vollständig verchromt. Auch die rostanfälligsten Fahrradteile wie Felgen, Speichen, Schutzbleche, Kettenkasten, Lenkerbügel, Gepäckträger, Sattelstütze sowie fast alle Schrauben und Muttern sind aus Nirosta. Aus Alu-Legierung sind die Tretkurbeln, die Hochflanschnaben, die Felgenbremsen, der Lenkervorbau und die Seitenstütze. Die Werkzeugdose und die Luftpumpe sind aus Kunststoff. Das Gewicht beträgt je nach Ausstattung 14,4–15,8 kg.

Rennsport-Räder

Großes Interesse finden heute Rennsport-Räder. Bei jungen Käufern sind Modelle, deren Ausstattung der Rennmaschine möglichst nahe kommen, besonders gefragt. Die früheren sogenannten „Halbrenner" (Sporträder ohne Schutzbleche, mit Rennsattel und Flügelmuttern an den Radachsen) sind heute längst vergessen.

Wichtigstes Kriterium des Rennsport-Rades sind der Rahmen und die Vordergabel. Die Modelle der niedrigsten Preisgruppen haben normale Sportrad-Rahmen und Vordergabeln mit derselben Rahmen-Geometrie, aus handelsüblichen Stahlrohren (25,4 und 28,6 mm ∅ Wanddicke 1,2 mm–0,1) hergestellt. In der mittleren Preisgruppe weisen Rahmen und Gabeln Winkelstellungen (Rahmen-Geometrie) der Straßen-Rennmaschinen auf. Als Rohre werden meist auch handelsübliche Qualitäten (Mindestzugfestigkeit 360 N/mm²) verwendet. Die Rahmen werden vielfach, wie bei Straßen-Rennmaschinen, in verschiedenen Höhen (570–610 mm) angeboten.

Abb. 31: Alu-Damen-Leichtlauf-Sportrad (Mixte) mit Bereifung 32-622 ($28 \times 1\frac{5}{8} \times 1\frac{1}{4}$) von Kettler.

Abb. 32: Herren-Rennsportrad mit Haltevorrichtung für Packtaschen, Bereifung 28-622 ($28 \times 1\frac{1}{8} \times 1\frac{3}{4}$), von Hercules.

Abb. 33: Damen-Rennsportrad mit winklig laufendem Oberrohr und Bereifung 23-622 von Motobécane.

Abb. 34: Damen-Rennsportrad mit Doppelrohrrahmen (Berceau) und Bereifung 28-622 ($28 \times 1\frac{1}{8} \times 1\frac{3}{4}$) von KTM.

Die gehobene Preisgruppe der Rennsport-Räder wird von jugendlichen Käufern, von Nachwuchsfahrern, aber auch von „Profis" als Trainingsgerät gekauft. Diese Rahmen sind aus Gewichtsgründen mit dünnwandigen, endverstärkten oder konifizierten Rohren aus legiertem Stahl gebaut. Vordergabelkopf und Rahmen- sowie Gabel-Ausfallenden sind Feinschmiedeteile.

Es werden auch Rennsport-Räder mit Rahmen und Gabel aus einer Alu-Speziallegierung angeboten. Maßgebend ist aber nicht, ob Rahmen und Gabel mit Rohren aus einer Alu-Speziallegierung oder aus Stahl hergestellt sind, sondern die erzielte Festigkeit bei geringstem Baugewicht.

Rennsport-Räder müssen mit einer bauartgenehmigten Beleuchtung, mit Schlußleuchte und Pedalstrahlern ausgerüstet sein.

Die Renn-Ausstattungsteile haben heute einen sehr hohen Entwicklungsstand. Zur Standard-Ausrüstung eines Rennsport-Rades gehören:

Hochdruck-Drahtreifen,
gepunzte Leichtmetall- oder Stahlfelgen,
Leichtmetall-Hochflanschnaben mit Schnellverschluß,
BSA-Tretlager mit Leichtmetall-Tretkurbeln und auswechselbaren Doppel-Kettenblättern,
Kettenschutzscheibe aus Leichtmetall,
12-, 14-, 18- oder 21-Gang-Kettenschaltung,
Rennpedale mit Reflektoren und Fußhaken mit Riemen,
verzahnte Lenkungslager,
Lenkerbügel und Lenkervorbau aus Leichtmetall, mit Gewebeband umwickelt,
Rennsattel aus Leder oder hochwertigem Chemiewerkstoff mit Werkzeugtasche,
Sattelstütze aus Leichtmetall,
lange Luftpumpe,
leichte Schutzbleche,
Rennglocke,
Leichtmetall-Mittelzug-Felgenbremsen mit Entspanner und Rennbremshebeln,
helle Lackierung mit zartem, unaufdringlichem Dekor,
Zubehör: leichter Gepäckträger, Seitenstütze, Trinkflasche u.a.

Bevorzugte Bereifungsgrößen:
25-622, Außen-∅ 677 mm
23-622, Außen-∅ 673 mm
20-622, Außen-∅ 667 mm
28-630 (früher 27 × 1¼ Fifty), Außen-∅ 686 mm
28-622 (früher 28 × 1⅛ × 1¾), Außen-∅ 678 mm
37-540 (früher 24 × 1⅜), Außen-∅ 614 mm

Gewicht (einschließlich Beleuchtung, Schutzblech und Seitenstütze): 11,5–12,5 kg.

Rennräder (Straßen-, Bahn- und Saalsport-Maschinen)

Bei den Rennrädern unterscheidet man Straßen- und Bahn-Rennmaschinen.

Diese Räder sind ausschließlich für die aktive Sportbeteiligung (Straßen- oder Bahnrennen) gebaut, auch die Ausrüstung richtet sich nach der jeweiligen Sportart.

Spitzenfahrer lassen sich einen Rahmen, abgestimmt auf ihre speziellen Körpermaße, in Einzelanfertigung in einer Spezialwerkstatt „maßschneidern". Verschiedene potente Fahrradfabriken liefern jedoch den Aktiven (und den Sportvereinen) Rennmaschinen zu einem vernünftigen Preis.

Rahmen und Gabel sind superleicht gebaut. Bevorzugt werden diese aus dünnwandigen, hochfesten, konifizierten legierten Spezial-Stahlrohren hergestellt.

Die in der Abb. 41 dargestellte Zeitfahrmaschine mit Scheibenrad wird nach den Körpermaßen des Fahrers angefertigt. Durch das „längsgesickte" Sitzrohr rückt das Laufrad weiter nach vorn, dadurch wird ein kurzer Radstand (955 mm) möglich. Der Lenkkopf ist durch eine Konsole verstärkt, die auch als „Windabweiser" bezeichnet wird.

Abb. 35: Jugend-Rennsport-Rad mit Bereifung 37-540 (24 × 1⅜) von Kalkhoff.

Abb. 36: Straßen-Rennrad mit Schlauchreifen, Gewicht 9,0 kg, von Hercules.

Abb. 37: Reiserad, ausgestattet mit einem Rennrahmen, Gewicht mit Gepäckträger 11 kg, von Rad-Studio Mittendorf.

Abb. 38: Straßen-Rennrad mit Hochdruckreifen 20-622, Gewicht 10,9 kg, von Hercules.

Abb. 39: Damen-Straßen-Rennrad mit Hochdruckreifen 25-622, Gewicht 11 kg, von Hercules.

Abb. 40: Damen-Straßen-Rennrad mit Hochdruckreifen 20-622, Gewicht 10,9 kg, von Hercules.

Abb. 41: Ha Mi Zeitfahr-Rennmaschine, hinten mit Scheibenrad, gesicktes Sitzrohr für kurzen Radstand (955 mm), von Rad-Studio Mittendorf.

Abb. 42: Zeitfahr-Rennmaschine, Hercules Carbon-ProLine.

Seit einigen Jahren werden Renn-Rahmen und -Gabeln auch aus Titan angeboten. Titan ist ein in der Luft- und Raumfahrt häufig verwendeter, schweißbarer Werkstoff mit einer Dichte von 4,5 (zum Vergleich: Stahl Dichte 7,85) und mit Festigkeitswerten eines legierten Edelstahls. Wegen des hohen Preises von Titan und der lohnintensiven Weiterverarbeitung (das für Titan notwendige Schutzgas-Schweißverfahren kann nur von Spezialfirmen ausgeführt werden) entstehen beachtliche Herstellungskosten, woraus sich der relativ hohe Rahmen- und Vordergabel-Preis erklärt (siehe hierzu Seite 106: „Rahmen aus Titan“).

Die früher oft verwendeten Rennrahmen aus Leichtmetall-Legierungen sind kaum mehr gefragt; trotz des geringen spezifischen Gewichts von 2,75 für solche Legierungen ist gegenüber der Stahlbauweise keine wesentliche Gewichtsminderung erzielbar. Wegen der geringen Festigkeit der Leichtmetall-Legierungen gegenüber Stahl müssen bei einer Leichtmetall-Konstruktion entweder Rohre mit größeren Wanddicken oder Rohre mit größeren Außendurchmesser verarbeitet werden, damit die gleiche Festigkeit wie bei einer Stahlrohrkonstruktion erreicht wird.

In Frankreich, Japan und USA werden auch Rahmen für Sportzwecke mit Rohren aus Kunststoff erprobt. Diese Chemiewerkstoff-Rohre (Dichte 1,2–1,9) werden in einem besonderen Verfahren, „in Schichten gewickelt“ (siehe Abb. 280), gefertigt. Dadurch wird gute Festigkeit bei hervorragenden Dehnungswerten erzielt. In die Verbindungsmuffen (aus Stahl oder Alu) werden dann die Kunststoffrohre einge-

Abb. 43: Straßen-Rennmaschine für Fahrer mit besonders langem Körperbau, Gewicht ca. 9 kg, von Gazelle.

Abb. 44: Straßen-Rennmaschine „Professional Super-Pro 029 IS“ mit Schlauchreifen, Gewicht 8 kg, von Rad-Studio Mittendorf.

Abb. 45: Ha Mi Zeitfahr-Rennmaschine mit Schlauchreifen, „Worldcup Sieger“, Gewicht 7 kg, von Rad-Studio Mittendorf.

Abb. 46: Bahn-Rennmaschine „Mittendorf Olympia Sprint“ mit Schlauchreifen, Gewicht 5 kg.

Abb. 47: Ha Mi Steher-Rennmaschine mit Schlauchreifen, Gewicht 7 kg, von Rad-Studio Mittendorf.

Abb. 48: Ha Mi Saalsportmaschine (Kunstrad) von Rad-Studio Mittendorf.

klebt oder mittels Schraubverbindung geklemmt. Diese Kunststoff-Rahmenentwicklung wird, wie bei allen Kunststoff-Produkten, in allen Industrieländern intensiv betrieben (siehe hierzu auch Seite 116: „Kunststoff-Rahmen").

Das Bemühen, kunststoffgerecht zu konstruieren, fällt besonders bei der Zeitfahr-Rennmaschine „Hercules Carbon-ProLine" auf (Abb. 42).

Diese Konstruktion erfolgte in Zusammenarbeit mit der Forschungs- und Entwicklungsanstalt in Berlin. Dort wird auch in einem aufwendigen Verfahren der „Monocoque-Rahmen" hergestellt. Bei dieser Bauweise wird der Rahmen in zwei Halbschalen aus Carbon gefertigt und anschließend verklebt. Durch die besondere Profilierung ist der Rahmen sehr steif, auch im Tretlagerbereich. Mit den beiden Scheibenrädern (vorn 26″, hinten 28″), die ebenfalls aus der Berliner Forschungsanstalt kommen, wiegt die Maschine 9,5 kg.

Bei den Weltmeisterschaften 1990 hat sich das Carbon-Rennrad bewährt. Es ist für jedermann käuflich und kostete 12 900 DM (Anfang 1991).

Kriterien der Rennmaschinen

Straßen-Rennmaschinen: Das Wichtigste bei Rahmen und Gabel ist – neben Stabilität – das Gewicht, unabhängig vom Werkstoff. Selbst bei der Lackierung wird mit jedem Gramm Farbe gegeizt.

Die Laufräder sind so nahe an die Rahmenrohre gesetzt, daß kein Schutzblech eingebaut werden kann. Dadurch wird auch bei großen Laufrädern noch ein kurzer Radstand erreicht. Auch Schutzbleche, Kettenschutzscheibe, Seitenstütze, Beleuchtung usw. entfallen. Alle Ausrüstungsteile – Tretlager, Lenkerbügel mit Vorbau, Sattel und Sattelstütze, Pedale und Rennhaken, Schnellspann-Naben, Felgen und Felgenbremsen mit Bremshebeln – sind für höchste Beanspruchung bei geringstem Gewicht konzipiert.

Für die Kettenschaltungen stehen derzeit Sechs- bis Achtfach-Zahnkränze am Hinterrad zur Verfügung. Die Tretlager sind mit Doppel- oder Dreifach-Kettenblättern ausgerüstet. Durch die vielfach möglichen Übersetzungsstufen kann der Fahrer Steigungen und Gefälle, seiner Kondition entsprechend, optimal überwinden.

Die Laufräder sind mit aufgeklebten Schlauchreifen, Außen-∅ 680 mm, bestückt. Für günstige Laufeigenschaften, geringsten Rollwiderstand bei niedrigstem Gewicht werden die Schlauchreifen-Laufflächen, der Witterung und den Fahrbahnverhältnissen angepaßt, mit verschiedenen Profilierungen geliefert (siehe Abb. 551).

Nach der Straßenverkehrs-Zulassungs-Ordnung (StVZO) § 67 sind Rennräder für die Dauer der Teilnahme an Rennen von den Vorschriften hinsichtlich Beleuchtungseinrichtungen (Scheinwerfer, Schlußleuchte, Lichtmaschine und Tretstrahlern) befreit.

Gewicht der im Handel käuflichen Rennmaschinen 7–10 kg (Gewicht der Rennmaschine von Eddy Merckx 1972: 5,9 kg!).

Bahn-Rennmaschinen: Am Rahmen sind die Ausfallenden nach hinten geöffnet, damit die Hinterachsstellung durch den Kettenzug nicht verändert wird. Keine Gangschaltung, nur starre Übersetzung, ohne Freilauf und Bremsen, Übersetzung meistens 52/16 Zähne. Für Beton- oder Holzpisten werden unterschiedliche Reifenprofile verwendet.

Bahnmaschinen für Steher-Rennen sind anders übersetzt. Übersetzung 68/15 oder 70/15 Zähne. Sie haben vorn ein kleineres Laufrad, das keinen Nachlauf hat (Abb. 47).

Saalmaschinen sind Spezial-Räder, die für den Saalsport (Kunstradfahren, Radball usw.) verwendet werden. Diese Räder unterscheiden sich grundsätzlich von den normalen Rennmaschinen: Die Vordergabeln haben keinen Nachlauf, Übersetzung und Laufradgröße sind entsprechend der jeweiligen Sportart konzipiert. Die Fertigung dieser Maschinen erfolgt in speziellen Handwerksbetrieben.

Abb. 49: Zerlegrad mit Bereifung 47-406 (20 × 1,75 × 2) von Hercules (erhielt 1974 den Bundespreis für gute Form – Designer Kurt Teichmann).

Abb. 50: Zerlegfahrrad mit Steckverbindung, Bereifung 37-590 (26 × $1\frac{3}{8}$), von Gebr. Happich.

Klapp-, Zerleg- und Allzweck-Räder

Die Klapp- und Zerleg-Räder wurden, von Italien kommend, auch in Deutschland als Autokofferraum-Räder in den sechziger Jahren populär. Duch die kleinen Laufräder und den relativ schweren Rahmenbau, aber auch als Folge einer nicht immer optimal gewählten Übersetzung sind die Fahreigenschaften dieser Räder ungünstiger als bei einem Normalrad. Deshalb gingen die Absatz- und Produktionsziffern später stark zurück.

Meist wird für diese Räder der Einrohrrahmen, in U- oder Kreuzform, verwendet. Preßstahlrahmen-Konstruktionen konnten sich nicht durchsetzen. In Rahmenmitte ist ein klappbares Scharnier oder eine Steckverbindung zum Falten bzw. Teilen des Rahmens vorgesehen. Lenker und Sattel sind durch Klemmverschlüsse (Schnellspann-Verschlüsse) dreh- oder abnehmbar. Vorrichtungen zum Nachinnenklappen der Pedale (um eine niedrige Packhöhe zu erzielen) können im allgemeinen als Sonderzubehör im Fachhandel erworben werden. Häufig werden Zweigang-Automatik-Naben (ohne Schalthebel und Bowdenzug) eingebaut, die eine deutliche Erleichterung beim Fahren bringen.

Durch die falt- bzw. zerlegbare Bauweise sowie durch die Verwendung kleiner Laufräder können in einem Pkw-Kofferraum zwei, evtl. sogar drei solcher Räder befördert werden.

Bevorzugte Bereifungsgrößen:

47-406 (früher 20 × 1,75 × 2) Außen-∅ 500 mm
47-507 (früher 24 × 1,75 × 2) Außen-∅ 601 mm
37-540 (früher 24 × $1\frac{3}{8}$) Außen-∅ 614 mm

Gewicht 15–16 kg.

Abb. 51: Zerlegfahrrad mit Steckverbindung von Gebr. Happich im zerlegten Zustand.

Abb. 52: Allzweck- oder Familienrad mit Bereifung 47-507 (24 × 1,75 × 2) von Hercules.

Als Alternative zu den bei Autofahrern beliebten, oft im Kofferraum mitgeführten Klapp- oder Zerlegfahrrädern (mit kleinen Laufrädern) gilt das Zerlegfahrrad mit Steckverbindung. Es hat die Abmessungen eines normalen Damenfahrrades mit der Bereifung 37-590 (früher 26 × 1⅜), Außen-∅ 664 mm. Der Raumbedarf im zerlegten Zustand beträgt 100 × 100 × 35 cm. Die beiden Fahrradteile werden (im Ober- und Unterrohr des Rahmens) zusammengesteckt und mit zwei versenkt angeordneten Gewindebolzen (Inbus) gesichert.

Gewicht 19–20 kg.

Das **Allzweck-,** auch **Familien-Rad** genannt, ist ein Universalrad für kurze Strekken. Für den Rahmen wird die Einrohr-Ausführung mit leicht durchgebogenem Ovalrohr bevorzugt. Die Blechpreßschalen-Bauweise konnte sich in Deutschland nicht durchsetzen. Die Rahmen sind mit und ohne Klappverschluß erhältlich.

Damit das Rad für die gesamte Familie (Jugendliche und Erwachsene, männlich und weiblich) gleichermaßen geeignet ist, werden Laufräder mit 601 mm Außen-Durchmesser (24″) verwendet, die bessere Laufeigenschaften (geringeren Rollwiderstand) als 20″-Räder haben. Beliebt sind solche Allzweckräder zum Einkaufen und für den Schulweg Jugendlicher. Verwendete Radgröße: Bereifung 47-507 und 37-540; Gewicht 18 – 19 kg.

Kinderräder und Kompakträder (High-Riser)

In der Norm DIN 79 110 „Kinderfahrräder“ sind die Begriffe Sicherheitstechnische Anforderungen und Prüfungen festgelegt. Kinderspielfahrzeuge, wie Dreiräder mit Tretkurbelantrieb direkt auf das Vorderrad, Tretroller u. ä. fallen nicht unter diese Normung.

Ein Kinderfahrrad ist ein zwei- oder dreirädriges Fahrzeug, das über mechanischen Antrieb mittels Pedalen und Kette zum Hinterrad (oder zur Hinterachse) durch Muskelkraft fortbewegt wird, mit maximal 451 mm Felgendurchmesser, einer Freilaufeinrichtung und mit fahrradähnlichem Rahmen, das dazu bestimmt ist, eine Person mit einem Gewicht von maximal 50 kg zu befördern. Ein zweirädriges Kinderfahrrad mit zwei seitlich angebrachten Stützrädern als Lernhilfe gilt als Kinderfahrrad im Sinne der Norm.

In der Straßenverkehrs-Zulassungs-Ordnung (StVZO § 24) hat der Gesetzgeber festgelegt:

> Kinderräder sind solche, die der Körpergröße von Kindern angepaßt sind. Solche Fortbewegungsmittel bedürfen keiner Beleuchtung und müssen nicht mit Rückstrahlern versehen sein.
>
> Das heißt, Kinderräder sind Spielräder und hinsichtlich ihrer Bauweise und Ausstattung nicht der Straßenverkehrs-Zulassungs-Ordnung (StVZO) unterworfen und dementsprechend nicht für die Benutzung auf öffentlichen Straßen vorgesehen. Es dürfen jedoch Kinderfahrräder nicht nur auf Spielplätzen, sondern unbedenklich auch auf Gehwegen benutzt werden.
>
> Eine Beleuchtungseinrichtung an Kinderfahrrädern ist jedoch dann erforderlich, wenn ein Kind im schulpflichtigen Alter, von etwa 6 Jahren an, das Rad als Verkehrsmittel, z.B. auf dem Schulweg oder beim Familienausflug, benutzt (StVZO § 67).
>
> Ist eine Beleuchtungseinrichtung montiert, gilt dieses Fahrzeug als „Kinderstraßenfahrrad“ und unterliegt dann der DIN 79 100, nicht mehr der DIN 79 110.

Kinderräder werden in verschiedenen Größen für die verschiedenen Altersgruppen hergestellt. Neben der Laufradgröße ist auch die Rahmenhöhe und die Tretkurbellänge bei der Wahl eines Kinderrades wichtig. Für die Rahmen der Laufradgrößen 12½, 16 und 18 Zoll wird die Einrohr-Bauweise, geeignet für Knaben und Mädchen, in U- oder Kreuz-Form bevorzugt verwendet.

Abb. 53: Familien-Klapprad mit Bereifung 47-507 (24 × 1,75 × 2) von Kynast.

Abb. 54: City-Rad für den Einkauf, Einrohrrahmen, Bereifung 37-540 (24 × 1⅜), von Kynast.

Abb. 55: Kinder-Dreirad mit Bereifung 62-203 (12½ × 2¼) mit Umbaumöglichkeit zum Zweirad, Vorderrad-Rollergabel und Felgenbremse von Kalkhoff.

Abb. 56: Kinderfahrrad mit Bereifung 47-305 (16 × 1,75 × 2), Fahrrad-Vordergabel und Felgenbremse, von Hercules.

Abb. 57: Kinderfahrrad mit Bereifung 47-355 (18 × 1,75 × 2), Fahrrad-Vordergabel und Felgenbremse, von Kynast.

Abb. 58: Knaben-Mountain-bike mit Bereifung 57-406 (20 × 2,125) von Kynast.

Abb. 59: Knabenrad mit Bereifung 47-406 (20 × 1,75 × 2) und Beleuchtung (Kinderstraßenfahrrad), von Hercules.

Abb. 60: Mädchenrad mit Bereifung 47-406 (20 × 1,75 × 2) und Beleuchtung (Kinderstraßenfahrrad), von Hercules.

In der gehobenen Preisklasse der Kinderräder (mit Laufrädern 20″) werden, wie bei den „Erwachsenen“-Modellen, Knaben- und Mädchen-Rahmen angeboten. Deshalb werden diese Räder im Handel auch nicht als Kinder-, sondern als Knaben- oder Mädchen-Räder bezeichnet. Aus Preisgründen sind auch Einrohrrahmen mit 20″-Laufrädern auf dem Markt.

Kinderräder sind stabil und robust gebaut. Durch kindliche Unvernunft („über Stock und Stein radeln“) werden diese Fahrzeuge stark beansprucht und oft geradezu roh behandelt.

Die früher gebräuchliche Roller-Gabel (aus einem Rohrbogen mit angeschweißtem Gabelschaftrohr) wird nur noch bei den kleinsten Fahrzeugen (12½″) verwendet. Aus Festigkeitsgründen werden die Vordergabeln, wie bei Normalrädern, mit kastenförmigem Gabelkopf, kräftigen Gabelscheiden und Gabelschaftrohr gebaut. Kabelstoßbremsen sind nur noch in den niedrigsten Preisgruppen üblich. Ansonsten werden aus Sicherheitsgründen wirksame Vorderrad-Felgenbremsen und für Kinderhände greifbare Bremshebel montiert.

Die Antriebskette muß umlaufend von außen und seitlich von außen durch einen Kettenschutz abgedeckt sein.

Das Tretlager ist bei Kinderrädern der gehobenen Preislage nicht mit Kunststoff-Gleitbuchsen, sondern mit Wälzlagern ausgestattet.

Von den Herstellern werden seitlich anmontierbare Stützräder als Lernhilfe angeboten. Die Lackierung erfolgt in kräftigen, auffallenden Farben (Schockfarben), damit die Kinderräder von allen Verkehrsteilnehmern gut wahrgenommen werden.

Abb. 61: Kinderfahrrad mit Einrohrrahmen und Bereifung 47-406 (20 × 1,75 × 2) von Kalkhoff.

Abb. 62: Kinder-High-Riser mit Bereifung 47-305 (16 × 1,75 × 2) mit Bananensattel, von Kynast.

Abb. 63: Kinder-Motocross-High-Riser mit Bereifung 47-355 (18 × 1,75 × 2) mit Bananensattel, von Kynast.

Abb. 64: Knaben-Motocross-High-Riser mit Bereifung 47-355 (18 × 1,75 × 2) mit Kommißbrotsattel, von Kynast.

Abb. 65: Super-High-Riser mit Bereifung vorn 47-406, hinten 57-406 (20 × 1,75 × 2 bzw. 20 × 2,125) mit Winkelsattel, von Kynast.

Abb. 66: Polorad mit Bereifung vorn 47-406, hinten 57-406 (20 × 1,75 × 2 bzw. 20 × 2,125) mit Winkelsattel, von Kalkhoff.

Aus der stabilen Bauweise resultieren relativ hohe Gewichte: 12½″-Modelle ca. 9 kg, 16″ ca. 10–11 kg, 18″ ca. 10,5–11,5 kg und 20″ ca. 12–14 kg.

Bereifungsgrößen:

62-203 (früher 12½ × 2¼), Außen-∅ 327 mm
47-305 (früher 16 × 1,75 × 2), Außen-∅ 399 mm
47-355 (früher 18 × 1,75 × 2), Außen-∅ 449 mm
47-406 (früher 20 × 1,75 × 2), Außen-∅ 500 mm

Kompakträder oder **„High-Riser“** sind Kinderräder, die in den Jahren um 1960 über die USA und Kanada in der Bundesrepublik Deutschland bekannt wurden. Nachdem fast alle deutschen Fahrradfabriken High-Riser für Exportzwecke herstellten, führten sich diese Räder zwangsläufig auch auf dem Inlandsmarkt als „Kompakt“-, „Polo“- oder „Motocross“-Fahrräder ein.

Für die Charakteristik der einzelnen Radtypen ist vor allem die Sattelform ausschlaggebend – zum Beispiel der „Bananen“- und der „Winkel“-Sattel für die Polo-Räder und der „Kommißbrot“-Sattel für die Motocross-Räder.

Der Rahmen hat Trapezform, das Unterrohr ist meist ein kräftiges Ovalrohr – daraus ergibt sich eine sehr stabile, verwindungsfreie, aber schwere Konstruktion. Vielfach ist am Hinterbau eine Hinterradfederung vorgetäuscht, und als Vordergabel wird eine imitierte Teleskopgabel mit Hochlenker (nach Motorrad-Vorbildern) eingebaut. Das Hinterrad trägt einen breiteren Reifen als das vordere. In der Super-Klasse ist im Vorderrad eine Vollbremsnabe eingespeicht. Die untere Preisklasse wartet mit einer Freilauf-Rücktrittnabe auf, während die obere Preisklasse mit Dreigang-Bremsnabe und Schaltkonsole mit optischer Ganganzeige ausgerüstet ist. Die 20″-Fahrzeuge werden mit Beleuchtung geliefert und entsprechen Kinderstraßenfahrrädern.

Technisch gesehen haben diese teuren und recht schweren „Monster-Räder“ mit ihren teilweise imitierten Bauelementen keinen zu begründenden Wert. Deshalb ist auch die Nachfrage in den letzten Jahren sehr stark zurückgegangen.

Bereifungsgrößen:

47-305 (früher 16 × 1,75 × 2), Außen-∅ 399 mm
47-355 (früher 18 × 1,75 × 2), Außen-∅ 449 mm
47-406 (früher 20 × 1,75 × 2), Außen-∅ 500 mm
57-406 (früher 20 × 2,125), Außen-∅ 520 mm

Gewichte: 11-19 kg.

BMX-Fahrräder

BMX heißt eine Fahrrad-Sportart, deren Bezeichnung sich aus „Bicycle-Moto-Cross“ ableitet. Seit 1972 wird dieser Sport in USA von vielen Jugendlichen eifrig betrieben. Er kam mit Verspätung nach Europa, zunächst nach England und Holland.

In Deutschland wurde erstmals 1982 vom Bund Deutscher Radfahrer (BDR) eine BMX-Meisterschaft organisiert und veranstaltet. Dazu wird eine Wettkampfbahn gebraucht mit einigen Sprunghügeln bzw. Sprung-Plateaus, überhöhten Kurven und Holperstrecken, auf denen Jugendliche nahezu artistisches Können entwickeln, wenn sie über die künstlich angelegte Wettbewerbsstrecke „flitzen“.

Der BDR mit seiner Organisation gibt Anleitungen zum Selbstbau einer vernünftigen BMX-Sportanlage. Er bemüht sich auch, nach einer systematischen „Trainingslehre“, der Jugend Geschicklichkeit, Körperbeherrschung, Balance, Schnelligkeit, Springen, Hüpfen, Fliegen usw. zu vermitteln. Dadurch soll den jugendlichen BMX-Enthusiasten nicht ein aggressiver, sondern ein artistischer, sportlicher Fahrstil mit geringem Unfallrisiko anerzogen werden.

Erforderliche Wettkampfbestimmungen und die Ausrüstung des Wettkampfrades werden vom BDR festgelegt.

BMX-Bauvorschriften

Damit der BMX-Käufer ein Gerät erhält, das für die harte Sportart sicher und gefahrlos benutzt werden kann und niemand durch konstruktive oder bauliche Mängel des Fahrzeugs körperlichen Schaden erleidet, gilt die Bauvorschrift für BMX-Fahrräder DIN 79 105. Diese Bauvorschrift enthält die sicherheitstechnischen Anforderungen und diesbezüglichen Prüfungen, die von den Herstellern (wie bei Fahrrädern DIN 79 100 und Kinderfahrrädern DIN 79 110) streng eingehalten werden.

BMX-Anwendungsbereich

BMX-Fahrräder sind zweirädrige Geländefahrräder mit einem Felgen-Durchmesser von 406 bis 438 mm, die über mechanischen Antrieb mittels Pedale und Kette zum Hinterrad durch menschliche Kraft fortbewegt werden.

Wir unterscheiden folgende BMX-Fahrradmodelle:

1. BMX-Fahrräder, die außerhalb öffentlicher Straßen und Wege benutzt werden (Abb. 67). Diese Fahrräder brauchen der bildlichen Darstellung nach Abb. 67 nicht zu entsprechen. Andere Rahmen- und Gabelformen oder Laufräder aus Kunststoff anstatt gespeichter Laufräder sind möglich. (Abb 68).
2. BMX-Wettkampfräder für offizielle Veranstaltungen des Bundes Deutscher Radfahrer, dessen Wettkampf- und Ausrüstungs-Bestimmungen zusätzlich zu beachten sind.
3. BMX-Straßenfahrräder, die der Straßenverkehrs-Zulassungs-Ordnung (StVZO) entsprechen und im öffentlichen Verkehr benutzt werden dürfen (Abb. 69).

Die BMX-Fahrräder (Abb. 67, 68 und70) und die BMX-Wettkampfräder (Abb. 73, 74, und 75) entsprechen nicht den Bauvorschriften der Straßenverkehrs-Zulassungs-Ordnung (StVZO) und dürfen deshalb nicht auf öffentlichen Straßen und Wegen gefahren werden.

Leider fahren viele Kinder mit solchen BMX-Fahrrädern (ohne Beleuchtungs-Anlage, zweite Bremse, Tret- und Speichenstrahlern, Glocke usw.) auf Straßen und zur Schule; sie sind dadurch, besonders bei Dunkelheit, lebensbedrohend gefährdet.

Eltern sollten daher streng darauf achten, daß BMX-Fahrräder (Abb. 67, 68 und 70) und BMX-Wettkampfräder (Abb. 73, 74 und 75), wenn diese auf der Straße (gesetzwidrig) gefahren werden, mit einem käuflichen Nachrüstsatz (Beleuchtungsanlage usw.) ausgestattet werden, somit der StVZO entsprechen und mehr Verkehrssicherheit bieten.

In der Abb. 70 ist ein BMX-Fahrrad (ohne Beleuchtungseinrichtung usw.) gezeigt, das werkseitig so vorbereitet ist, daß es mit einem käuflichen Nachrüstsatz (Abb. 71) problemlos zu einem BMX-Straßenfahrrad umgebaut werden kann und dann der StVZO entspricht (Abb. 72).

Die Lichtmaschine wird hier vom Hinterrad angetrieben und ist am Rohrbügel angeschraubt. Dort ist auch das Hinterradschutzblech mit Schlußleuchte befestigt. Das elektrische Beleuchtungskabel wird mit einer Steckverbindung angeschlossen bzw. getrennt.

Auf der Wettkampfbahn wird es schnell wieder zum Wettkampfrad, wenn der Nachrüstsatz mit wenigen Handgriffen abmontiert wird.

BMX-Baumerkmale

BMX-Fahrräder sind Spiel- und Sportgeräte, die sich zum Fahren, Hüpfen, Springen und Fliegen auf jeder Fahrbahn (Asphalt, Beton, Sand, Feld, Wald und Wiese) eignen.

Solche „Alleskönner“ verlangen eine ausgewogene Konstruktion, um die vielfältigen Anforderungen zu erfüllen (Abb. 73, 74 und 75).

Ein stabiler, elastischer Spezial-Rahmen ist notwendig, der aus Gewichtsgründen nicht schwer sein darf, aber besonders im Lenkkopfbereich sehr kräftig und verbiegungsfrei (zur Aufnahme der steifen imitierten Moto-Cross-Vorderradgabel ohne Federung) sein muß. Beim Springen und Wiederaufsetzen treten erhebliche Kräfte auf, die über die Laufräder, die Vorderradgabel und das Lenkungslager in den Rahmen eingeleitet werden.
Tretlager mit Kurbelkeil-Befestigung sind nicht zulässig. Die Befestigung der Tretkurbeln muß auf einem konischen Vier-

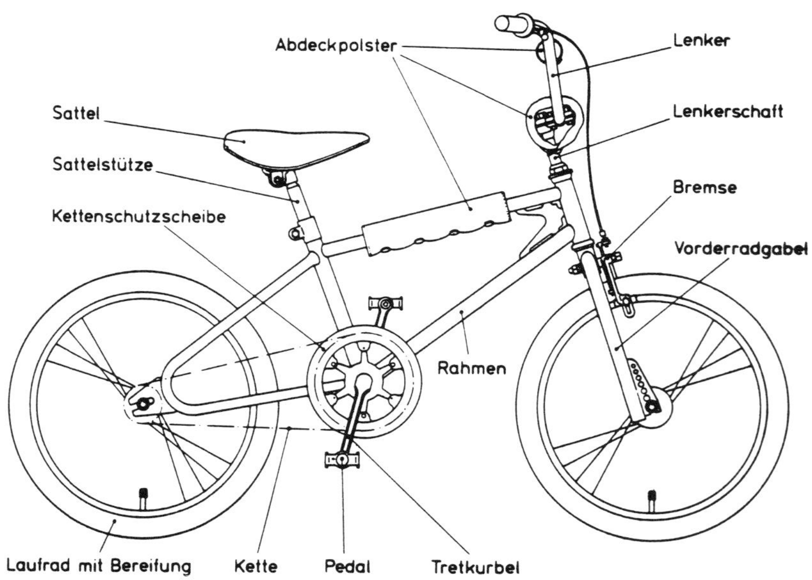

Abb. 67: BMX-Fahrrad für nicht öffentliche Straßen und Wege.

Abb. 68: BMX-Fahrrad mit Kunststoff-Laufrädern von Kynast.

Abb. 69: BMX-Straßenfahrrad gemäß StVZO von Kynast.

Abb. 70: BMX-Fahrrad von Patria.

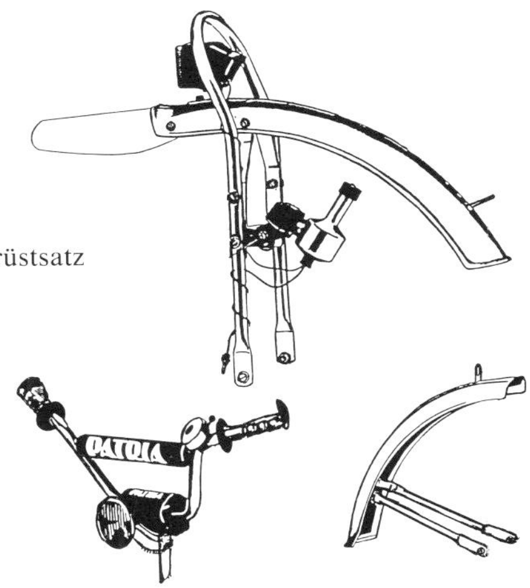

Abb. 71: BMX-Straßen-Nachrüstsatz von Patria.

kant (auch Keilwellen-Profil) erfolgen, oder es wird ein Fauber-Antrieb verwendet, bei dem Tretlagerwelle und Tretkurbel eine Einheit bilden. Die Länge der Tretkurbel beträgt (wie bei den Rädern für Erwachsene) 170 bis 175 mm. Die Achsgewinde dürfen nicht mehr als 5 mm überstehen.

Der Lenkerbügel darf nicht höher als 300 mm und nicht breiter als 740 mm mit Griffwulst sein und eine Mindestbreite von 580 mm nicht unterschreiten.

Eine Besonderheit beim BMX-Fahrrad ist die unterschiedliche Reifengröße der beiden Laufräder. Das Vorderrad ist wegen der größeren Belastung beim Über-

Abb. 72: Heckpartie eines zum Straßenverkehr umgerüsteten BMX-Fahrrades von Patria.

Abb. 73: BMX-Wettkampfrad von Kalkhoff.

Abb. 74: BMX-Wettkampfrad von Hercules.

Abb. 75: BMX-Wettkampfrad aus CrMo-Rohren von Schauff.

queren von Hindernissen und beim Flugspringen mit der Bereifung 57-406 und das Hinterrad mit nächst kleinerer Abmessung 47-406 ausgerüstet.

Das obere Rahmenrohr und der Moto-Cross-Lenker sind teilweise gepolstert.

Jedes BMX-Fahrrad muß mit zwei voneinander unabhängig wirkenden Bremsen ausgestattet sein.

Bei Vergleichsmessungen verschiedener Fabrikate wurden folgende Fahrzeugmaße ermittelt (Abb. 76).

Der Radstand (RSt) der BMX-Fahrräder mit Reifen 57-406/47-406 ist relativ kurz und beträgt 870 bis 945 mm.

Größer als bei normalen Fahrrädern ist der Vorderrad-Nachlauf (N) von 62 bis 75 mm.

Die Rahmenhöhe (RH) wird zwischen 290 und 330 mm ausgeführt, die Rahmen-

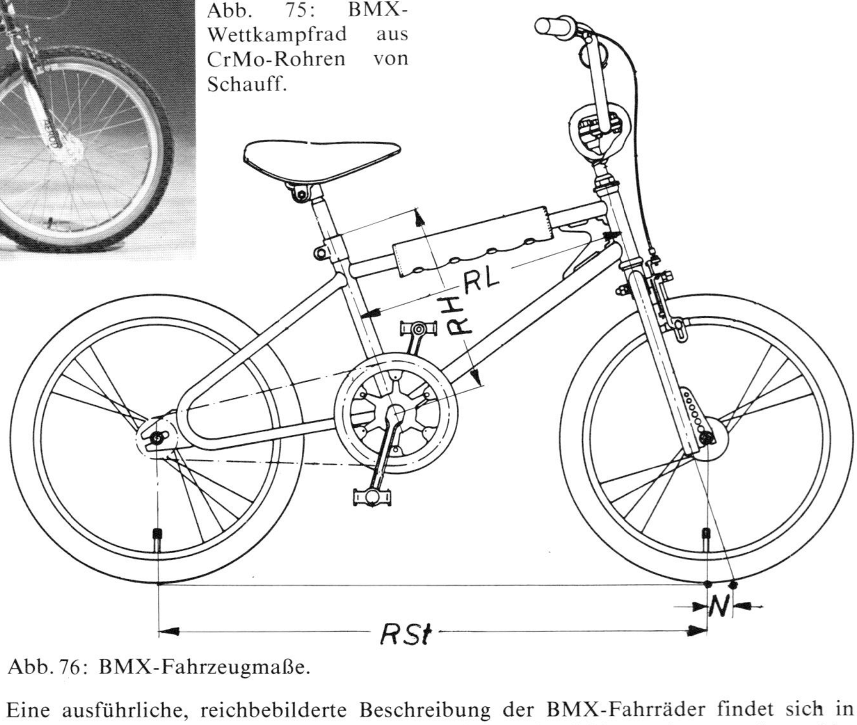

Abb. 76: BMX-Fahrzeugmaße.

Eine ausführliche, reichbebilderte Beschreibung der BMX-Fahrräder findet sich in dem Buch „BMX – Technik + Sport“, das bei der Bielefelder Verlagsanstalt erschienen ist.

längen (RL) variieren gering und bewegen sich zwischen 430 und 490 mm.

Bereifungsgrößen:

47-406 (früher 20 × 1,75 × 2), Außen-∅ 500 mm,
57-406 (früher 20 × 2,125), Außen-∅ 520 mm.

Gewichte:

BMX-Fahrräder,
die außerhalb öffentlicher Straßen benutzt werden 13–14 kg,
BMX-Wettkampfräder
für offizielle Veranstaltungen des BDR 11,5–13 kg,
BMX-Straßenfahrräder,
die der StVZO entsprechen 14–17 kg.

BMX-Außenseiter

Wird eine Fahrradgattung längere Zeit hergestellt, so entwickeln sich daraus schnell Sonderausführungen oder auch Abarten. Genauso ist es beim BMX-Fahrrad. Besonders naheliegend ist die Verwirklichung des Traumes einer Gesamtabfederung des Fahrrades, an die sich Hersteller immer wieder aufs neue wagen. Wirklich Neues kommt dabei selten heraus. Alles, was über die bisher beschriebene BMX-Fahrradausstattung hinausgeht, ist im Sinne der DIN 79105 kein wirkliches BMX-Fahrrad.

Ein besonders interessantes Modell zeigt die Abbildung 77.

Abb. 77: BMX-Cross-Modell mit Cantilever-Hinterradfederung von Yamaha.

Mountain-bikes

An neuen Ideen und Konstruktionen hat es im Fahrradbau nie gefehlt. In den letzten Jahren ging es vor allem darum, für eine breite Käuferschicht sportliche Fahrräder nach Art der Rennmaschinen zu tragbaren Preisen auf den Markt zu bringen.

Immer mehr macht aber ein neuer Fahrradtyp von sich reden: Das Mountain-bike, also „Bergfahrrad", auch kurz MTB genannt.

Es kommt aus den USA, genauer aus dem sonnigen Kalifornien. Hier entstand auch das BMX-Fahrrad, auf dem Jugendliche artistisches Können beweisen, wenn sie über künstlich angelegte Sprungschanzen fliegen. Diesen Ehrgeiz haben die Mountain-bikes nicht, weisen aber die gleiche Stabilität für höchste Beanspruchungen auf. In jedem Gelände sind sie Alleskönner, überwinden Dünen und Sand, durchqueren Wald und Heide und erklimmen auf Grund ihrer Bergübersetzung größere Höhen als normale Fahrräder (Abb. 78 – 89, 91 – 96).

In der freien Natur bieten sie bisher ungeahnte Möglichkeiten. Abseits fester Wege vermitteln sie naturnahe Erlebnisse. Dies ist auch der Grund, warum von den „Freizeit-Hobby-Trimmdich-Radlern" dieser neue Fahrradtyp überraschend stark angenommen wurde. Es ist Radwandern in neuer Art und Form!

Schon in der Optik präsentiert sich das Mountain-bike anders als normale Erwachsenen-Fahrräder. Auffallend sind die breiten, voluminösen Geländereifen, die einen lockeren Untergrund leichter überwinden. Ein kräftiger breiter Lenker (siehe Abb. 384, 385, 414 und 415) mit Moto-Cross-Handbremshebeln (siehe Abb. 748, 749, 912 und 918) sorgt dafür, daß beim Verlassen ausgefahrener Spurrillen und beim Fahren auf weichen Böden die Arme nicht übermäßig beansprucht werden. Ungewöhnlich sind der weiche und speziell geformte Sattel (siehe Abb. 955 und 956) und die gezahnten, griffigen Bärentatzen-Pedale (siehe Abb. 638 und 639). Nicht auffällig ist der verstärkte Rahmen für Damen und Herren (siehe Abb. 259 und 260) aus Stahl oder Leichtmetall, wohl aber die überaus stabile, breite Vorderradgabel passend für die Geländebereifung. Die Vorderradgabel hat einen stabilen Schrägschulter-Gabelkopf (siehe Abb. 355), oder sie besteht aus einer bügelförmigen Rohrkonstruktion mit gebogenen und verjüngten Holmen mit Ausfallenden und Anlötsockeln für die Cantilever-Felgenbremse (siehe Abb. 356 und 357). Unverkennbar ist die Kettenschaltung mit den drei Kettenrädern am Tretlager und dem Kettenschaltwerk mit längerem Kettenleitstück wegen der extremen Übersetzungsunterschiede (siehe Abb. 721 – 725).

Die Ausführung der Felgenbremsen, meist Cantilever- (siehe Abb. 898) oder andere wirksame Mittelzug-Felgenbremsen (siehe Abb. 892 und 893) entspricht den hohen Anforderungen, die Steilabfahrten stellen.

Ergänzt wird die Modellreihe noch mit „Junioren-Modellen" für Jungen und Mädchen (siehe Abb. 89, 93, 94).

Das Mountain-bike eröffnet neue Möglichkeiten, bisher für Fahrräder unzugängliche Gebiete zu durchfahren. Das setzt fahrerische Geschicklichkeit voraus, die sich auch erlernen läßt. Dabei sollten sportliche Gesichtspunkte zurückstehen

Fortsetzung Seite 34

Abb. 78: Mountain-bike, sportliche Version, konventioneller Rahmen, Rohre aus 25 CrMo4, 18-Gang-Kettenschaltung, vorn Cantilever-, hinten unten Roller-Brake-Felgenbremse von Sun Tour, Bereifung 57-559 (26 × 2,125), von Hercules.

Abb. 79: Mountain-bike, sportliche Version, Rahmen geschweißt mit abfallendem Oberrohr, Rohre aus 25 CrMo4, 18-Gang-Kettenschaltung, Cantilever-Felgenbremsen, Bereifung 44-559 (26 × 1,50 – 1,75), von Hercules.

Abb. 80: Mountain-bike, konventioneller Rahmen, Rohre aus 25 CrMo4, 18-Gang-Kettenschaltung, vorn Cantilever-, hinten unten Roller-Brake-Felgenbremse von Sun Tour, Bereifung 57-559 (26 × 2,125), von Hercules.

Abb. 81: Mountain-bike für Damen, Rahmen mit winklig laufendem Oberrohr, Rohre aus 25 CrMo4, 18-Gang-Kettenschaltung, vorn und hinten Sachs-Leichtmetall-Trommelbremsnaben, Bereifung 57-559 (26 × 2,125), von Hercules.

Abb. 82: Mountain-bike, sportliche Version, Rahmen aus Alu-Leg. mit überdimensionierten Rohren (oversized), Cantilever-Felgenbremsen, 21-Gang-Kettenschaltung, Bereifung Cross-Country 32-622 (28″), von Kettler.

Abb. 83: Mountain-bike, Rahmen aus Alu-Leg. mit überdimensionierten Rohren (oversized), Cantilever-Felgenbremsen, 18-Gang-Kettenschaltung, Bereifung Cross-Country 32-622 (28″), von Kettler.

Abb. 84: Mountain-bike für Damen, Rahmen aus Alu-Leg. mit überdimensionierten Rohren (oversized), Cantilever-Felgenbremsen, 18-Gang-Kettenschaltung, Bereifung Cross-Country 32-622 (28″), von Kettler.

Abb. 85: Mountain-bike, Rahmen aus Alu-Leg., Cantilever-Felgenbremsen, 21-Gang-Kettenschaltung, Bereifung 50-559 (26 × 1,90), von Kettler.

Abb. 86: Mountain-bike, sportliche Version, Rahmen und Vorderradgabel aus Chrom-Molybdän-Rohren mit überdimensionierten Hauptrohren (oversized), 21-Gang-Kettenschaltung, vorn Cantilever-, hinten unten U-Brake-Felgenbremse, Lenkervorbau mit Kugelkopf, Bereifung vorn 57-559 (26 × 2,125), hinten 54-559 (26 × 1,95), von Schauff.

Abb. 87: MDF-Herren-Trekking für Gelände und Straße, große Laufräder mit Bereifung 37-622 (28″), Cantileverbremse vorn und hinten, 21-Gang-Shimano-Kettenschaltung, Mitteldeutsche Fahrradwerke.

6 GANG-KETTENSCHALTUNG

40

32 26 22 18 15 13

46

32 26 22 18 15 13

12 GANG-KETTENSCHALTUNG

36 48

32 28 24 20 17 14

18 GANG-KETTENSCHALTUNG

26 36 46

32 26 22 18 15 13

28 38 48

32 26 21 17 15 13

28 38 48

32 26 22 18 15 13

28 38 48

32 26 22 17 15 13

21 GANG-KETTENSCHALTUNG

28 38 48

32 28 24 20 17 15 13

28 38 48

32 28 24 21 18 16 14

Abb. 90: Übersetzungsschemen für Bergfahrräder.

Abb. 88: Mountain-bike für Damen, Rahmen aus Chrom-Molybdän-Rohren (oversized), vorn Cantilever-, hinten unten U-Brake-Felgenbremse, 18-Gang-Kettenschaltung, Lenkervorbau mit Kugelkopf, Hinterachs-Seitenstütze, Bereifung 50-559 (26 × 1,90), von Schauff.

Abb. 89: Jugend Mountain-bike, 12-Gang-Kettenschaltung, BMX-Vorderradgabel, Bereifung 47-507 (24 × 1,75 × 2), von Schauff.

Abb. 91: Mountain-bike, rostfrei aus Edelstahl X5CrNi189, Bereifung 57-559 (26 × 2,125), Gewicht 18 kg, von Kynast.

Abb. 92: MDF-Damen-Trekking für Gelände und Straße, große Laufräder mit Bereifung 37-622 (28″), Cantileverbremse vorn und hinten, 21-Gang-Shimano-Kettenschaltung, Mitteldeutsche Fahrradwerke.

Abb. 94: Mountain-bike für Mädchen, Rahmen aus Alu-Leg., Cantilever-Felgenbremsen, 18-Gang-Kettenschaltung, Bereifung 47-507 (24 × 1,75 × 2), von Kettler.

Abb. 93: Mountain-bike für Jungen, Rahmen aus Alu-Leg., Cantilever-Felgenbremsen, 18-Gang-Kettenschaltung, Bereifung 47-507 (24 × 1,75 × 2), von Kettler.

Abb. 95: Mountain-bike Super-Pro 029 UIS, Wettkampfmaschine nach Körpermaßen des Fahrers angefertigt, von Rad-Studio Mittendorf.

Mountain-bikes

Fortsetzung von Seite 29

Abb. 96: All-Terrain-bike mit Beleuchtungsanlage von Rad-Studio Mittendorf.

hinter der Genugtuung, mit eigener Kraft schwierige Strecken zu bezwingen. Gute Dienste bietet es auch Menschen an, die in der Landschaft oft steile Wege zu bewältigen haben. Für den öffentlichen Straßenverkehr waren die Mountainbikes der ersten Generation wegen der fehlenden Beleuchtungseinrichtung nicht zugelassen. Alle Hersteller haben inzwischen neben einer rein sportlichen Version (Abb. 78, 79, 82, 86 und 95) ohne Beleuchtung, Tretstrahler, Schutzbleche und Gepäckträger die Maschinen mit einer Beleuchtungseinrichtung, die der StVZO entspricht, ausgerüstet (Abb. 80, 81, 83 – 85, 87 – 89, 91 – 94 und 96). Aber für längere Touren auf festen Straßen sind sie dennoch weniger gut geeignet.

Trotz vermehrter und verbesserter Ausrüstung (auch mit Beleuchtung nach StVZO) wurden die Fahrzeuggewichte zum Vorteil der Benutzer verringert; sie liegen je nach Preisklasse der Maschine und Ausstattung zwischen 13,1 und 17 kg. Zum Vergleich: die konservativen Tourenräder mit ihrer geringen technischen Ausstattung wiegen 17 bis 19 kg.

Bei den derzeitigen MTB-Modellen werden mehrheitlich nicht mehr – wie in den Anfangsjahren – die großvolumigen, gewichtsschweren und kräftezehrenden Reifen 57-559 (26 × 2,125), sondern die schmäleren und leichteren (meist mit Allroundprofil für Gelände und Straße) z. B. 54-559 (26 × 1,95), 50-559 (26 × 1,90), 44-559 (26 × 1,50 – 1,75), die in den Normen noch nicht festgeschrieben sind, verwendet. Aber auch größere Laufräder mit schmaler Bereifung 32-622 werden besonders für körperlich große Fahrer, die auf MTB nicht verzichten wollen, angeboten (Abb. 82 – 84 und 87).

In der Regel wird die Kettenschaltung mit 18 Gängen (3 Kettenräder am Tretlager und 6 Kettenritzel am Hinterrad) montiert. Für die Exklusiv-Modelle sind 21 Gänge (3 Kettenräder am Tretlager und 7 Kettenritzel am Hinterrad) üblich. Wenig gefragt sind 12 Gänge (2 Kettenräder am Tretlager und 6 Kettenritzel am Hinterrad) und sehr selten 6 Gänge (1 Kettenrad am Tretlager und 6 Kettenritzel am Hinterrad).

In der Abb. 90 sind gängige Übersetzungen für MTB dargestellt.

Bei einer Übersetzung mit 21 Gängen (28-38-48 Zähne am Tretlager/ 32-28-24-20-17-15-13 Zähne am Hinterrad) und einer Bereifung 57-559 ergibt sich im kleinsten Gang (28/32 Zähne) eine Entfaltung von 1,85 m und im größten Gang (48/13 Zähne) 7,80 m zurückgelegte Wegstrecke pro Tretkurbelumdrehung.

Als Alternative zur Sechsgang- und Zwölfgang-Kettenschaltung gilt die nicht schmutzempfindliche Torpedo-Fünfgang-Nabenschaltung (siehe Abb. 822) mit dem enormen Übersetzungsverhältnis (von 224%) und der idealen Gangabstufung (1 : 0,67, 1 : 0,78, 1 : 1, 1 : 1,28, 1 : 1,5), die der Sechsgang-Kettenschaltung weit überlegen ist.

Bei den Modellen der gehobenen Preisklasse werden meistens Kettenräder am Tretlager mit einer ovalähnlichen Form (siehe Abb. 614 und 616) verwendet, die unter Biopace (Shimano), Cycloid (Sugino), Oval Tech (Sakae), Bio-Strong (Stronglight), Biorythm (Nervar) bekannt sind.

Durch das ovalähnliche Kettenrad wird der Kraftaufwand verringert. Dieser Vorzug ist experimental und mathematisch beweisbar. Die Beurteilung dieses Antriebs unter verschiedenen Geländebedingungen durch die Fahrer ist zum größten Teil positiv, im Gelände ist der Nutzen aber auch umstritten. Deshalb findet sich z. B. bei Sun Tour neben zwei ovalen auch ein rundes Kettenblatt (Abb. 615).

Im Gegensatz zu der ersten Serie der MTB sorgen Schmutzfänger an den Laufrädern bei nasser Witterung gegen eine übermäßige Körperverschmutzung. Im Gelände macht das Fahren ohne Schutzbleche Spaß, aber nur bei schönem Wetter.

Auch die Lackierung der MTB unterscheidet sich durch kräftigere Farben von der normaler Fahrräder.

Das in der Abb. 95 dargestellte Super Mountain-bike ist eine Wettkampfmaschine von hoher Qualität. Der Rahmen wird nach der Körperlänge des Fahrers bestimmt und entsprechend angefertigt. Der handgelötete Rahmen ist aus dem Spezial Reynolds 531 Rohrsatz (Mountain-bike) hergestellt. Das Mittendorf-Ausfallende (siehe Abb. 235) ermöglicht den schmalen Hinterbau (126 mm) für ein mittig gespeichtes Laufrad.

Der Rahmen ist voll verchromt, die Rohrinnenwände sind gegen Korrosion mit Lack versiegelt. Die neue Mittendorf-Sitzkopfmuffe mit integrierter Klemmeinrichtung für die Sattelstütze (siehe Abb. 203) verhindert, daß Spritzwasser in das Sitzrohr eindringen kann. Die Ausstattung erfolgt nach Kundenwunsch entweder mit Bauteilen nach der Mountainbike-Gruppe von Shimano oder Sun Tour. Das geringe Fahrzeuggewicht ist je nach Ausrüstung unterschiedlich.

Die hintere Felgenbremse ist unten hinter dem Tretlager montiert. Die beiden Hintergabelrohre mit dem Tretlagergehäuse bilden hier in der Rahmenmitte einen äußerst stabilen Verbund, der für die Aufnahme der Bremsrückstellkräfte sehr gut geeignet ist. Die Felgenbremse ist aber, besonders im Gelände, einer sehr starken Verschmutzung ausgesetzt. Der Bowdenzug für die Bremsbetätigung jedoch verläuft mit dem kurzmöglichsten Bremsseil günstig vom Lenker in einem weiten Bogen (ohne Umlenkung) und dadurch ohne unnötige Übertragungsverluste (Weg und Reibung) zur Felgenbremse und bringt eine optimale Bremswirkung.

Das All-Terrain-bike (Abb. 96) ist von gleicher Qualität, jedoch mit Beleuchtungseinrichtung nach StVZO und deshalb auch für Straße und kleine Touren geeignet. Das Besondere sind hier der größere Schmutzfängerabstand (Schutzblech) am Hinterrad, damit sich lehmiges Erdreich nicht aufstauen kann sowie der Mittendorf-Gepäckträger aus Alu-Legierung mit einer Tragkraft von 45 kg und auch der hochwertige Mountain-bike-Sattel aus Leder.

Die „gezähmten" Mountain-bikes sind die Tourenräder der Zukunft, die schon jetzt beginnen, die konservativen Tourenräder abzulösen.

Bereifungsgrößen:

57-559 (früher 26 × 2,125)
Außen-∅ 673 mm

54-559* (früher 26 × 1,95)
Außen-∅ 667 mm

50-559* (früher 26 × 1,90)
Außen-∅ 659 mm

47-559 (früher 26 × 1,75 × 2)
Außen-∅ 653 mm

44-559* (früher 26 × 1,50 - 1,75)
Außen-∅ 647 mm

32-622 (früher 28 × 1⅝ × 1¼)
Außen-∅ 686 mm

* keine Normgrößen

Gewicht je nach Ausstattung 13,1 – 17 kg.

Cruiser

Unter Cruiser versteht man ein Geländefahrrad. Die erste Generation wurde in der Regel ohne Beleuchtung und Schutzbleche geliefert. Bevorzugt wurden die Laufräder mit der unterschiedlichen Bereifung 57-507 (24 × 2,125) vorn und 47-507 (24 × 1,75 × 2) hinten. Das hat sich geändert. Praktisch sind heute die Cruiser „abgemagerte" Mountain-bikes mit den gleichen Laufradgrößen, aber ohne Bergübersetzung (Abb. 97 – 100).

Als Schaltung werden Sechsfach-Kettenschaltungen oder auch Dreigang- und Fünfgang-Nabenschaltungen eingebaut. Grundsätzlich sind jetzt auch diese Modelle mit Schutzblechen und Lichtanlage (nach StVZO) ausgerüstet. Deshalb sind die Cruiser mehr Stadt- als Geländefahrräder.

Bereifungsgrößen: Siehe Mountain-bikes.

Gewicht je nach Ausstattung ca. 17 kg.

Abb. 97: Herren City-Cruiser, Rahmen aus Alu-Leg., mit gebogenem Oberrohr, Sechsgang-Kettenschaltung, Bereifung 57-559 (26 × 2,125), von Kettler.

Abb. 98: Damen City-Cruiser, Rahmen aus Alu-Leg., mit tiefem Durchstieg, Fünfgang-Nabenschaltung, Bereifung 57-559 (26 × 2,125), von Kettler.

Abb. 99: Herren Town + Country, Rahmen aus Alu-Leg., Cantilever-Felgenbremsen, Sechsgang-Kettenschaltung, Bereifung 57-559 (26 × 2,125), von Kettler.

Abb. 100: Damen Town + Country, Rahmen aus Alu-Leg., mit winklig laufendem Oberrohr, Cantilever-Felgenbremsen, Sechsgang-Kettenschaltung, Bereifung 57-559 (26 × 2,125), von Kettler.

Abb. 101: Sportfahrrad mit Wellenantrieb, Bereifung 37-622, Gewicht 16 kg, von Patria.

Fahrrad mit Wellenantrieb

Die Kraftübertragung von der Tretkurbelwelle zum Hinterrad mit Welle und Kegelradpaare anstelle einer Kette gibt es schon seit der Jahrhundertwende. Ein neuer Versuch mit diesem Antriebssystem wurde mit dem Patria-Fendt-Sportrad gemacht (Abb. 101).

Fahrrad mit Hinterradfederung

Schon sehr frühzeitig in der Geschichte des Fahrradbaues hat man begonnen, die durch die unebene Fahrbahn verursachten lästigen Erschütterungen durch Federung der Laufräder zu mildern (siehe

Abb. 102: Sportfahrrad mit Hinterradfederung, Federweg 70 mm, Bereifung 47-559, Gewicht 17 kg, von Rixe.

Abb. 103: Sportfahrrad mit Wellenantrieb und Hinterradfederung, Federweg 70 mm, Bereifung 32-597 oder 32-622, Gewicht 16,8 kg, von Fendt.

Abb. 314). Bis in die heutige Zeit wurde versucht, mit verschiedenartigen Vorschlägen und ausgeführten Konstruktionen dieses Problem zu lösen.

Beim Rixe-Fahrrad mit Kettenantrieb sowie beim Fendt-Fahrrad mit Wellenantrieb wird dazu der Hinterbau gefedert. Der Drehpunkt bei beiden Konstruktionen ist das Tretlager. Bei Rixe wird der Hinterbau über Gelegeblattfedern (siehe Abb. 102/315 und Text) und bei Fendt über Federbeine (siehe Abb. 103/320 und Text) abgestützt.

Tandem-Fahrräder

Ein Tandem ist ein Fahrrad, das dafür vorgesehen ist, zwei oder mehr Personen zu tragen. Die Sitze sind hintereinander angeordnet (Abb. 104 – 107). In Deutschland ist das Tandem, im Gegensatz zu unseren westlichen Nachbarn, nie populär geworden, außer beim Rennsport. Dabei werden Nachteile durch Vorteile aufgewogen. Vorteile sind: Der hintere Fahrer ist nur Tretpartner. Es kann eine Person sein, die seh- oder gehörgeschädigt, ja sogar blind oder ganz allgemein weniger verkehrstüchtig ist. Ein Gespräch während der Fahrt zwischen beiden Fahrern ist leichter und gefahrloser als zwischen zwei nebeneinander fahrenden Radlern. Geringerer Rollwiderstand, rasante Talfahrt, gute Beschleunigung am Berg bei aufeinander abgestimmten Partnern sind weitere Vorteile.

Dem stehen jedoch Nachteile gegenüber: Das Radfahren zu zweit zwingt die beiden Tretpartner zu einem synchronen Verhalten und zum Verzicht auf die als Einzelfahrer lieb gewordenen Eigenheiten. Der Wechsel von Treten und Laufenlassen, die Bewegungen des Oberkörpers, die unterschiedliche Art, in die Kurve zu fahren, dies alles bedarf der Abstimmung. Das gemeinsame Auf- und Absteigen sowie das Anfahren und Anhalten müssen geübt werden, sonst bereitet es Schwierigkeiten. Dazu kommt die starke

Abb. 104: Tandem für körperlich große Fahrer, Rahmenhöhe 620 und 570 mm, zwei Mittelzug-Felgenbremsen und zwei Alu-Bremstrommelnaben, Zehngang-Kettenschaltung, Laufräder vorn 36, hinten 48 Speichen, Bereifung 37-622 (28 × 1⅜ × 1⅝), Höchstbelastung zwei Personen/200 kg, Gewicht 22,5 kg, von Schauff.

Abb. 105: Herren-Damen-Tandem, Rahmenhöhe 560 und 520 mm, zwei Cantilever-Felgenbremsen und zwei Alu-Bremstrommelnaben, 15-Gang-Kettenschaltung, Laufräder vorn 36, hinten 48 Speichen, Bereifung 32-622 (28 × 1⅝ × 1¼), Höchstbelastung zwei Personen/170 kg, Gewicht 21,5 kg, von Schauff.

Abb. 106: Reise-Straßentandem aus Reynoldsrohren, nach Körpermaßen angefertigt, Reifen 25-32-622, Vorder- und Hinterrad-Trommelbremse, zusätzlich zwei Felgenbremsen, Kettenschaltung 21 Gänge, Beleuchtung, Gewicht je nach Ausstattung 16 – 21 kg, von Rad-Studio Mittendorf.

Abb. 107: Tandem für schwergewichtige Fahrer, hergestellt mit Mofa-Bauelementen, U-förmigem Rahmen, Teleskopgabel und Laufrädern 558 mm Ø (2¼ – 17), Vorderrad-Bremstrommel 90 mm Ø, Fahrrad-Dreigang-Rücktrittbremsnabe, Gewicht 41 kg, von Rixe.

Beanspruchung der Antriebsteile, von Tretlagern und Ketten. Das hohe Gesamtgewicht stellt große Anforderungen an die Vordergabel und an die Bremsen. Die Reifen sind besonders bei schwergewichtigen Fahrern samt Gepäck ständig überlastet, ebenso Felgen und Speichen bei Verwendung einer normalen Fahrradbereifung.

Würde jedoch der auftretenden Achslast entsprechend eine Bereifung mit der notwendigen Tragkraft gewählt, wäre zwangsläufig ein höheres Fahrzeuggewicht, das dem zweier normaler Fahrräder entspricht, unumgänglich.

Dreiräder

Dreiräder waren zwischen den beiden Weltkriegen als Transportmittel für leichte Lasten auf ebenen Straßen häufig im Gebrauch. Heute werden nur noch wenige Dreiräder in Deutschland gefahren. Für alte und körperbehinderte Personen kann ein Dreirad ein zweckmäßiges Fortbewegungsmittel sein. Für kurze Wege, besonders in verkehrsärmeren kleinen Ortschaften, finden Dreiräder auch heute noch (beispielsweise zum Einkauf in Supermärkten) schon wegen des leicht zu beladenden Gepäckkorbs Freunde.

Die Fahr- und Lenkeigenschaften eines Dreirads sind anders als beim Zweirad. Beim Kurvenfahren muß durch Verlagerung des Körpergewichts das Hochkommen eines Hinterrades verhindert werden. Bessere Fahreigenschaften (und Wenden auf der Stelle) wurden bei Dreirädern erreicht, bei denen beide Hinterräder über

→

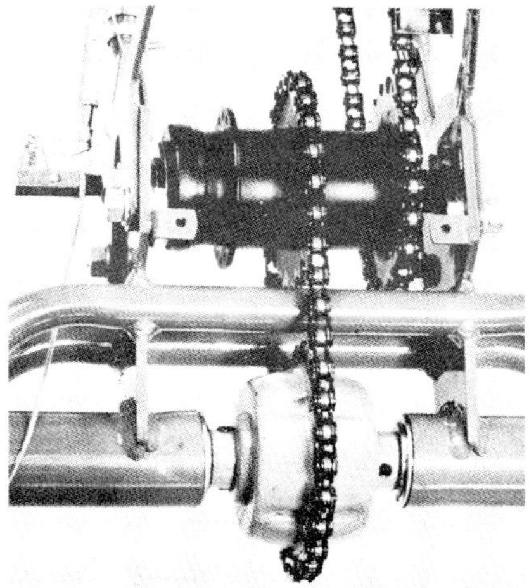

Abb. 109: Differential-Getriebe für Dreirad.

◀ Abb. 110: Shopping-Dreirad mit Bereifung 47-507 (24 × 1,75 × 2), Dreigang-Rücktrittbremsnabe, Hinterradantrieb über Differential, mit großem abnehmbaren Einkaufskorb (maximales Zuladegewicht 50 kg), Leergewicht 28 kg, zulässiges Gesamtgewicht 150 kg, von Kynast.

Transport-Fahrräder

Das Transport-Fahrrad ist durch die Motorisierung fast verdrängt worden. Es ist nur noch selten anzutreffen. Beim Einkauf im Supermarkt und für den Briefträger leistet es aber gute Dienste.

In großen Fabriken mit weitflächigen Betriebsanlagen wird es noch gern von den Instandsetzungs-Monteuren für den Transport ihres leichten Handwerkzeugs benutzt.

Bei dem in Abb. 108 gezeigten Transport-Fahrrad kann der vordere Gepäckträger mit 10 kg und der hintere mit 20 kg belastet werden.

Abb. 108: Transport-Fahrrad mit Bereifung 47-507 (24 × 1,75 × 2), zulässiges Gesamtgewicht (Fahrer + Gepäck + Fahrrad) 160 kg, von Kynast.

Abb. 111: Zerlegbares Dreirad-Tandem für Versehrte mit Bereifung 57-406 (20 × 2,125) von Wulfhorst.

ein Differential (Ausgleichgetriebe) wie beim Auto angetrieben werden (Abb. 109 und 110). Bei einfacheren Konstruktionen wird nämlich meist nur das eine Hinterrad angetrieben, das andere läuft leer mit.

Bedingt durch das hohe Gesamtgewicht des Fahrzeugs sind eine Dreigang-Rücktrittnabe und im Vorderrad eine Trommel- oder eine wirksame Felgenbremse von Vorteil.

Abb. 112: Fahrradanhänger mit Bereifung 54-305 (16 × 2), Leergewicht 13 kg, Aufnahmevolumen 90 l, Zuladung max. 90 kg, Höchstgeschwindigkeit 15 km/h, von Kynast.

Anhänger für Fahrräder

Fahrradanhänger gelten als Fahrradzubehör. Nur selten werden sie noch von einem Radler gezogen. Zumeist werden sie wegen ihrer Leichtläufigkeit als Handkarren benutzt. Anstelle des früheren schweren Holzkastens wird heute als Ladebrükke ein leichter abnehmbarer Kunststoffbehälter verwendet. Durch das geringere Eigengewicht lassen sich diese Anhänger leichter fahren (Abb. 112 und 113).

Abb. 113: Fahrradanhänger mit Bereifung 62-203 (12½ × 2¼), Leergewicht 8 kg, Aufnahmevolumen 90 l, Zuladung max. 50 kg, Höchstgeschwindigkeit 15 km/h, von Kynast.

Konstruktive Aspekte

Seit Jahrzehnten ist die Entwicklung des Fahrrades im Prinzip abgeschlossen. Wesentliche Neuerungen oder umwerfende Veränderungen sind seither nicht eingetreten – und für die Zukunft auch kaum zu erwarten. Modische „Gags“, wie die Mini-Pony-Räder oder die weitgehend nur durch ihre Optik (imitierte Motorrad-Bauelemente) sich auszeichnenden Kompakt-Modelle („High-Riser“) und auch neue Baustile, wie z. B. Doppel- oder Gitterrohr-Modelle, neuerdings BMX und Mountain-bikes änderten nichts Grundsätzliches am derzeitigen Entwicklungsstand des Fahrrades. Solche Modifikationen sind Geschmacks- und Zeiterscheinungen, die ohne fühlbar verbesserten Gebrauchswert des Fahrrads nach kurzer Markt-Beeinflussung lautlos wieder verschwinden.

Die Fahrradindustrie ist dennoch ständig bemüht, über verschiedenartige Modelle weitere Käuferkreise anzusprechen. Durch neue, verbesserte Technologien wurde es möglich, zu vernünftigen Herstellungskosten andere als die bisher bekannten Rohrrahmen zu fertigen. Gußrahmen beispielsweise aus Alu-Legierung, bis auf die Lagerpassungen fertig gegossen, oder aus zwei Blechpreßschalen mit automatischen Kopierschweißmaschinen verschweißte Kastenrahmen konnten sich aber trotz zeitgemäßen Stylings auf dem Markt nicht behaupten. Die vielfältige Anwendung und Verbreitung der Chemiewerkstoffe in der gesamten Technik hat sich beim Fahrradrahmen noch nicht voll durchzusetzen vermocht. Die Hersteller der Kunststoffe entwickeln neue Werkstoffe, die auch für besondere Teilbereiche der Technik, wie eben für die Herstellung von Fahrradrahmen, geeignet sein könnten. So wurden auf internationalen Zweirad-Fachmessen bereits Prototypen von Plastik-Fahrrädern aus dem „kunststoff-freudigsten Land“, USA, vorgestellt – ohne erkennbare Reaktion des Marktes.

Um den Fahrkomfort zu verbessern, wäre die Verwendung einer Abfederung des Hinterrads durchaus denkbar. Denn die Frage liegt nahe, warum die mit Erfolg beim „Fahrrad mit Hilfsmotor“ (Mofa und Moped) verwendete einfache Federungstechnik nicht auch beim Fahrrad eingesetzt wird. Seit vielen Jahren werden zwar immer wieder Versuche mit Federungen durchgeführt, aber sie führten beim Fahrrad bisher zu keinem realisierbaren Ergebnis. Auch die in jüngster Zeit mit einer Federung ausgestatteten Modelle haben keine wesentlichen Verbesserungen der Fahreigenschaften gebracht. Durch die erforderlichen Gelenkstellen von Federung und Dämpfung ergeben sich, auch bei Verwendung moderner Bauelemente wie Gummidämpfern, Silentblocs, Federbeinen und wartungsfreien Buchsen, Mehrgewichte und nicht unerhebliche Verteuerungen. Durch die Gelenkstellen und die Federung verliert der Rahmen an Stabilität, und im Fahrbetrieb erweist sich deshalb ein gefedertes Fahrgestell rein gefühlsmäßig nicht als leichtgängig und stoßfrei, sondern eher als schwergängig. So müssen auch weiterhin die Bereifung und der Sattel die Funktion der Federung und Dämpfung übernehmen, wobei freilich der heutige Straßenzustand diese Aufgabe erleichtert. So erhebt sich schließlich die Frage, ob bei einem mit Muskelkraft und nur geringer Geschwindigkeit fortbewegten Fahrzeug, das heute meist als Freizeit-, Sport- und Trimm-Gerät verwendet wird, eine Federung erforderlich ist, die über die von Reifen und Sattel hinausgeht.

Stetig und für den Käufer fast unsichtbar ist die Weiterentwicklung, Verbesserung und Verfeinerung der Herstell- und Fertigungsverfahren des gesamten Fahrrades, damit dieses kostengünstig, stets auf dem neuesten Stand der Technik, produziert werden kann. Das trifft besonders für die neuen Schweiß- und Lötverfahren zu, für die spanabhebende und spanlose Verformung verschiedener Bauteile, ebenso aber auch für die Anwendung neuer Lackiertechniken (elektrostatisch, pulverbeschichtet oder kunststoffummantelt), aber auch für die galvanische Oberflächenveredelung verchromter oder verzinkter Teile durch automatisch gesteuerte, selbsttätig beschickte Bäder oder schließlich das maschinelle Spannen und Zentrieren der Laufräder.

Anders sieht es bei den Ausstattungsteilen aus. Hier kann der Kaufinteressent die zwar langsame, aber zielstrebige Weiterentwicklung, vorwiegend hinsichtlich verbesserter Funktion, erhöhten Gebrauchs-Komforts und längerer, wartungsfreier Lebensdauer, sichtbar mitverfolgen.

Einen besonders hohen Entwicklungsstand haben die neuen Mehrgang-Schaltungsnaben erreicht. Durch sinnvolle Konstruktion sind unter Verwendung von Präzisionsteilen auf engstem Raum bis zu fünf schaltbare Gangstufen untergebracht.

Gleiches gilt für die früher recht empfindlichen Kettenschaltungen, die heute mehr als 21 Gangstufen bei Verwendung einer Spezial-Antriebskette problemlos zu schalten gestatten.

Hochwertige Tretlager aus Stahl oder Leichtmetall, je nach dem Verwendungszweck mit einem oder mehreren Kettenblättern, in neuzeitlicher Fließpreßtechnik hergestellt, sind für höchste Beanspruchungen geeignet. Sie werden heute bereits in Sporträdern der mittleren Preisklasse serienmäßig verwendet.

Ebenso ist es bei den Bremsvorrichtungen. Mit wirksamen und sicheren Felgenbremsen sind heute teilweise schon die kleinsten Kinderräder ausgestattet.

Hydraulische Fahrrad-Felgenbremsen sind serienreif entwickelt, ungeachtet der höheren Herstellungskosten werden sie bei Qualitätsfahrrädern zunehmend verwendet.

Bedeutend mehr Laufräder werden mit Trommelbremsen ausgerüstet, die selbst bei starker Nässe voll wirksam sind.

Für die Vordergabeln werden bei Qualitätsrädern für das Gabelschaftrohr und die Gabelscheiden konifizierte Rohre verarbeitet; die Rohre haben, den Belastungsverhältnissen entsprechend, unterschiedliche Querschnitte oder Wanddicken. Auch ist eine Vordergabelkonstruktion im Gebrauch, deren Bauteile nicht durch Schweißen oder Löten verbunden sind, sondern im kalten Zustand verpreßt werden. Das hat den Vorteil, daß das beim Schweißen oder Löten notwendige Erwärmen bis zum Glühen entfällt, so daß dadurch auch kein Festigkeitsverlust am Gabelkopf, am Gabelschaftrohr und an den Gabelscheiden eintreten kann.

Neue Werkstoffe wie rostfreie Stähle, Alu-Legierungen und Kunststoffe beeinflussen das Baugewicht und den Leichtlauf der Fahrmaschine wesentlich. Elastische Kunststoffe für Kettenschützer, Schutzbleche, Sättel, Werkzeugdosen usw. steigern den Gebrauchswert des Fahrrades und verringern den Pflegeanspruch.

Sicherheit auf der Straße durch besseres Sehen und Gesehenwerden ist heute ein lebenswichtiger Faktor. Dazu tragen die Sicherheitsreifen mit reflektierenden Folien an den Flanken oder eingeklipste Speichen-Rückstrahler bei. Auch die Beleuchtungseinrichtungen sind wirkungsvoller geworden. Kleinere und zierlichere, mehrpolige leichtlaufende Lichtmaschinen sowie Halogen-Scheinwerfer mit optimal wirkenden Reflektoren sowie weit sichtbare Schlußleuchten werden serienmäßig schon vom Fahrrad-Hersteller montiert.

Der Wartungsaufwand ist beim modernen Fahrrad schon sehr gering. Es gibt fast keine Öler und Schmierstellen mehr, wie sie früher an der Vorderradnabe, am Tretlager oder an den Pedalen mit abschraubbaren Kappen üblich waren. Die Schmierstellen werden im Herstellerwerk mit sogenannten „Lifetime-Fetten" (Fetten für Lebensdauer) versorgt. Dieser Schmierstoffvorrat bleibt dann unter normalen Betriebsbedingungen über mehrere Jahre wirksam.

SunTour hat die Frischölschmierung wiederentdeckt und liefert eine Baukomponentengruppe (Nabe, Tretlager, Pedale und Lenkungslager) mit Öler.

Wie die Konzeption des Fünfeck-Rahmens, so ist auch der Kettenantrieb beim Fahrrad seit Jahrzehnten unverändert geblieben. Zum Kettenantrieb gibt es noch keine ernsthafte Alternative. Der kettenlose Antrieb, bei dem die Kraftübertragung zwischen Tretlager und Hinterrad durch zwei Kegelradpaare besorgt wird, die durch eine (hohle) Welle im Hintergabelrohr verbunden sind, ist voll gekapselt und so gegen Staub und Schmutz geschützt. Dieser Antrieb ist schon seit der Jahrhundertwende fürs Fahrrad bekannt, und in Spezialmodellen der ehemaligen Fahrradhersteller Dürkopp/Bielefeld und Wanderer/Chemnitz wurde er erprobt. Auch derzeitig ist wieder ein Sportfahrrad mit einem verbesserten Wellenantrieb im Handel. Neben wenigen Vorteilen der Anwendung dieses Wellenantriebs beim Fahrrad stehen aber mehrere entscheidende Nachteile: hohes Baugewicht, unelastische (weil starre) Kraftübertragung, geringes Tretkurbelspiel, schwierige Hinterrad-Demontage, insgesamt aufwendige Bauart und deshalb entsprechend teuer.

Mit dem aus dem Motorenbau bekannten endlosen Keil- und Zahnriemen (mit Aramidzugsträngen) als Antriebselement anstelle der Rollenkette werden Fahrräder in kleinen Stückzahlen ausgerüstet. Die hier auftretenden konstruktiven Probleme, die gelöst sein müssen, sind:

größere Riemenbreite als die Kettenbreite,
Schlupf des Keilriemens beim Antritt,
mögliches Überspringen der Zahnriemenzähne bei extremer Belastung,
Notwendigkeit absolut paralleler Achsstellungen, was aufwendige Riemen-Nachspanner erfordert,
relativ schwere und in der Herstellung teure Riemenräder,
Notwendigkeit der Vollkapselung gegen grobe Verschmutzung,
erschwerte Hinterrad-Demontage,
Notwendigkeit einer an der Antriebsseite geschlitzten Rahmenstrebe zwecks Demontagemöglichkeit des endlosen Riemens, dadurch verringerte Rahmen-Steifigkeit,
insgesamt hohe Herstellungskosten.

Damit der Fahrrad-Käufer ein Gerät erhält, das im heutigen Straßenverkehr sicher und gefahrlos benutzt werden kann und niemand durch konstruktive oder bauliche Mängel des Fahrzeugs körperlichen Schaden erleidet, wurde die DIN 79 100 (für Fahrräder und Kinderstraßenfahrräder) bzw. DIN 79 110 (für Kinderfahrräder) geschaffen. Für die BMX-Fahrräder gilt die DIN 79 105.

Diese Normen enthalten die sicherheitstechnischen Anforderungen und die entsprechenden Prüfungen, die von den Herstellern eingehalten werden.

Fahrräder, die diese Normen erfüllen, dürfen mit dem Verbandszeichen DIN versehen werden.

Neben der StVZO unterliegen Fahrräder und Einzelteile auch dem Gesetz über technische Arbeitsmittel (Gerätesicherungsgesetz) und dürfen als Nachweis für die Einhaltung der darin enthaltenen Sicherheitsanforderungen auf Grund einer

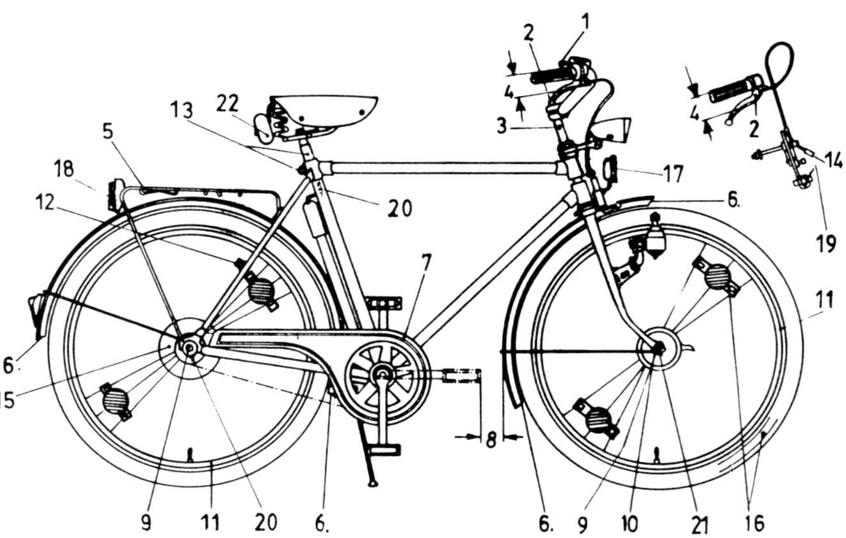

Abb. 114: Äußerlich erkennbare Merkmale eines DIN-Fahrrades.

Prüfung (durch eine anerkannte Prüfstelle) mit dem Zeichen GS (= geprüfte Sicherheit) gekennzeichnet werden.

Diese Prüfung und Kennzeichnung bietet sich besonders für Zweiradeinzelteile-Hersteller an.

Auch für Nichtsachkundige sind, ohne Messungen und Prüfungen, die äußerlich erkennbaren Merkmale eines Fahrrades nach der DIN-Norm hier leicht verständlich im Bild gezeigt (Abb. 114). Die einzelnen Zahlen bezeichnen:

1
Glocke. Der Bedienungshebel der Glocke ist gerundet, aus Kunststoff oder mit einer Plastikkappe überzogen.

2
Bremshebel. Der auf das Vorderrad wirkende Handbremshebel muß am Lenker rechts montiert sein. Die Hebelenden sind kugel- oder tropfenförmig.

3
Lenkervorbau. Markierung für Mindesteinstecktiefe 65 mm.

4
Handbremshebel-Abstand. Der Handbremshebel-Abstand darf 90 – 100 mm, bei Kinderstraßenfahrrädern und Kinderfahrrädern 77 – 85 mm nicht überschreiten, siehe hierzu Abb. 922.

5
Gepäckträger. Die Tragfähigkeit (10, 18 oder 25 kg) muß sichtbar eingestempelt sein. Die Federenden müssen entgratet sein.

6
Schutzblechenden müssen entgratet, umgebördelt oder auf andere Art dauerhaft entschärft sein.

7
Kettenschutz. Alle umlaufenden Kanten müssen umgebördelt, bei Plastikausführungen gerundet sein.

8
Pedalabstand. Der Abstand zwischen Pedalvorderkante und Schutzblech muß mindestens 89 mm betragen, bei BMX 120 mm.

9
Achsen. Achsenden, die mehr als 8 mm vorstehen, müssen mit Hutmuttern oder Kappen abgedeckt sein.

10
Vorderradhalter ist eine Sicherung, die verhindert, daß das Vorderrad aus den Gabelenden herausfällt, wenn sich die Achsmuttern lösen.
Naben mit Schnellspannern brauchen keinen Vorderradhalter.

11
Felgen. Die Abmessung und der verwendete Werkstoff (Alu – alloy Stahl – steel) müssen sichtbar eingeprägt sein.

12
Speichenschloß. Alle Kanten des Sperriegels müssen entschärft sein.

13
Sattelklemmschraube. Wenn Schraubenende mehr als 8 mm übersteht, muß es mit Hutmutter oder Kappe abgedeckt sein.
Sattelstütze. Die Mindesteinstecktiefe 55 mm, bei BMX 90 mm, muß an der Sattelstütze markiert sein.

14
Seilzug. Seilende mit Kappe gegen Verletzungsgefahr.

15
Speichenschutzscheibe ist bei Kettenschaltungen erforderlich.

16
Seitenstrahlende Mittel, Leuchtreifen oder 2 Speichen-Rückstrahler pro Laufrad.

17
Front-Rückstrahler. Ab. 1. 1. 1990 ist ein nach vorn wirkender weißer Rückstrahler gesetzlich erforderlich. Aber auch im Scheinwerfer integrierte Front-Rückstrahler sind zulässig.

18
Gepäckträger-Rückstrahler. Ab 1. 1. 1990 ist ein roter Großflächenrückstrahler (mit Kennzeichen Z) gesetzlich erforderlich.

19
Bremsschuh – Bremsklötze. Der Verwendungsbereich für Alu- oder Stahlfelge muß eingestempelt sein:
nur für Alu (only for alloy) oder
nur für Stahl (only for steel).

20
Rahmennummer muß an einer gut sichtbaren Stelle eingestempelt sein.

21
Vorderradgabel, die die Prüfung für eine Nabenbremse besteht, darf am Ausfallende mit T gekennzeichnet sein.

22
Gebrauchsanleitung für das Fahrrad muß beiliegen.

*

Für alle Fahrradhersteller, besonders für die mit der Weiterentwicklung betrauten Ingenieure, gilt für die Zukunft das Ziel, ein noch besseres und noch sichereres Fahrrad zu schaffen, damit der hohe Stellenwert, den das Fahrrad heute bereits besitzt, noch weiter gefestigt wird.

Der Fahrrad-Rahmen

Der Fahrradrahmen ist neben der Vordergabel das wichtigste Bauelement des Fahrrades. Von seiner Güte und Stabilität hängt die Sicherheit des Fahrers ab. Körpergerechte Abmessungen sowie hohe Festigkeit bei geringstem Baugewicht sind von größter Bedeutung. Andererseits ermöglichen nur fertigungsgerechte Konstruktionen bei gleichbleibender Serienqualität und erträglichen Herstellungskosten einen relativ günstigen Verkaufspreis.

Die Fünfeck- oder Trapezkonzeption des Herrenrahmens (auch als „Diamant"-Rahmen bezeichnet), die 1890 bereits durch den Engländer Humber geschaffen wurde, erfüllt weitgehend die genannten Voraussetzungen. Der heutige Fünfeckrahmen ist technisch optimal. Von dem trapezförmigen Hauptrahmen und dem dreieckigen Hinterbau, die aus verschiedenen Rohrdurchmessern und -wanddicken hergestellt sind, werden alle im Fahrbetrieb auftretenden Druck-, Zug-, Biegungs- und Schwingungs-Belastungen aufgenommen. Diese Rohrrahmen-Konstruktion ist allen anderen Bauarten hinsichtlich Festigkeit und Baugewicht überlegen. Seit Jahrzehnten wird sie deshalb fast unverändert beibehalten, sie hat sich bis in die heutige Zeit weltweit bewährt.

Auch die Damenrahmen-Konzeption nähert sich im Prinzip der Herrenausführung. Wegen des erforderlichen Durchstiegs muß beim Damenrahmen auf das durchgehende obere Rohr verzichtet und dieses (nur soweit notwendig) nach unten geführt und am Sitzrohr „angebunden" werden, damit noch ein tragfähiger Verband erreicht wird. Aber in jedem Fall ist bei dieser Ausführung die Widerstandsfähigkeit gegen statische und dynamische Belastungen geringer als bei der Herren-Konzeption. Während der Herrenrahmen über die Jahre grundsätzlich gleich geblieben ist, sind für Damenrahmen entsprechend dem Verwendungszweck und dem Lebensalter der Fahrerinnen spezielle Rahmenbauarten entwikkelt worden.

Auch der Rahmen der BMX-Fahrräder und Mountain-bikes hat die „Diamant"-Form. Der BMX-Rahmen jedoch mit einer etwas mehr länglichen und niedrigeren Bauweise, während der Mountain-bike-Rahmen im Prinzip dem herkömmlichen Rahmen (geringfügig niedriger und kürzer) entspricht.

Auf der ständigen Suche nach neuen Bauformen und weiteren Verwendungsmöglichkeiten (Hobby- und Autoräder z. B.), die fertigungstechnisch mit neuen automatischen Schweißmaschinen rationeller und preisgünstiger hergestellt werden können, sind die kleinen Fahrräder als Klapp-, Zerleg-, Familien- oder Allzweck-Räder (auch Mini- oder Pony-Räder genannt) entstanden. Für diese Modelle wurde ein für männliche und weibliche Fahrer gemeinsam verwendbarer Rahmen aus einem in U-Form gebogenen Rohr oder als sogenannter Kreuzrahmen geschaffen. Auch Konstruktionen aus Blechpreßschalen und Alu-Guß in Kreuzform kamen in Aufnahme. In den Jahren 1970 – 72 waren etwa 50% der gesamten Fahrradproduktion Pony-Räder. Heute sind die verkauften Stückzahlen wegen der ungünstigen Fahreigenschaften dieser Räder nur noch gering. Das konventionelle Fahrrad mit dem klassischen Rohrrahmen, jedoch in sportlicher Aufmachung, ist Sieger geblieben.

In USA und Japan sind stilistisch hervorragende neue Rahmen-Konzeptionen als Gitterrahmen, fälschlicherweise als „Cantilever"-Rahmen bezeichnet, entwickelt worden. Die Gitterbauweise mit zwei dünnen Oberrohren (die als Hinterstreben weiterlaufen) und zwei dünnen Unterrohren sowie zwei schwachen Sitzrohren ist im Prinzip auch ein Fünfeck-Rahmen. Aber diese technisch gekonnte, leichte und elegante Konstruktion ist in der Herstellung nicht billig und konnte sich deshalb bisher nicht durchsetzen.

Rahmenbauformen

(schematische Darstellungen) auf den folgenden Seiten.

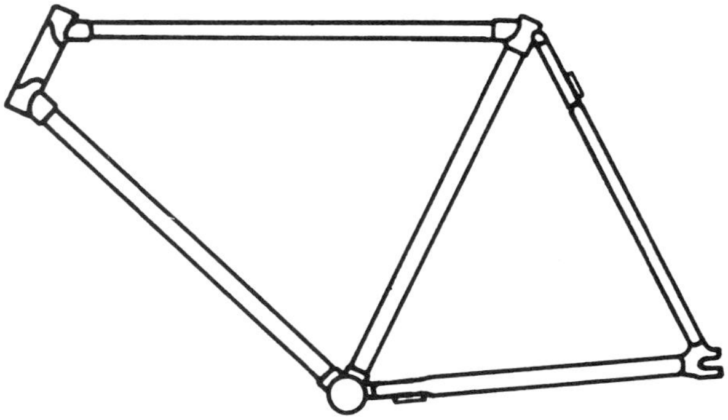

Abb. 115: Fünfeck-, Trapez- oder Diamant-Rahmen (so benannt, weil er mit dem stumpfen Ende am Lenkkopf der Kristallform eines Diamanten ähnelt).

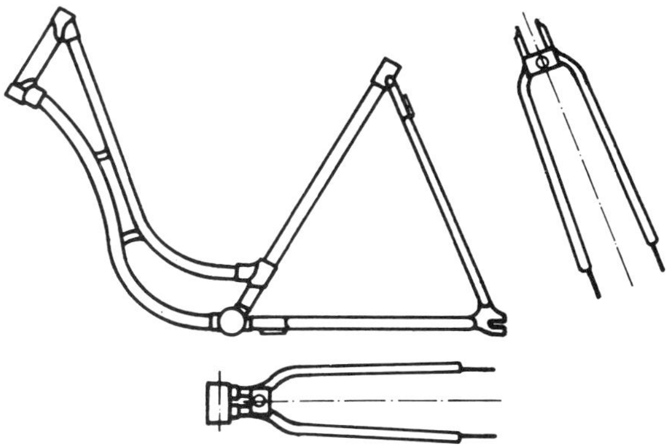

Abb. 117: Damen-Touren-Modell mit S-Rahmen, Hinterbau aus gebogenen Ovalrohren, an der Sitzkopfmuffe angeschraubt.

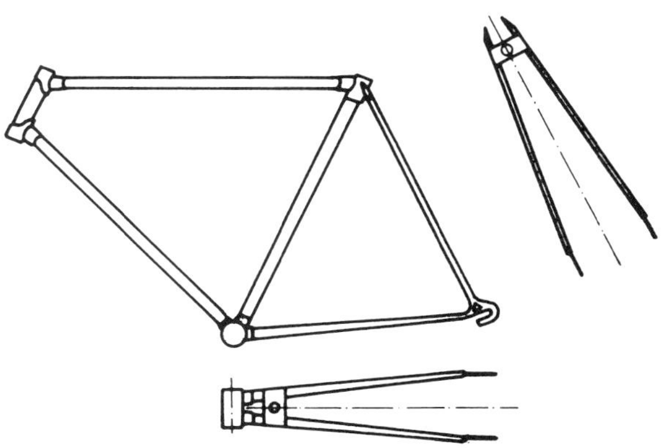

Abb. 119: Herren-Sportrahmen mit Sporthinterbau aus konifizierten geraden Rohren mit Sportausfallenden, Hinterbau mit der Sitzkopfmuffe fest verbunden.

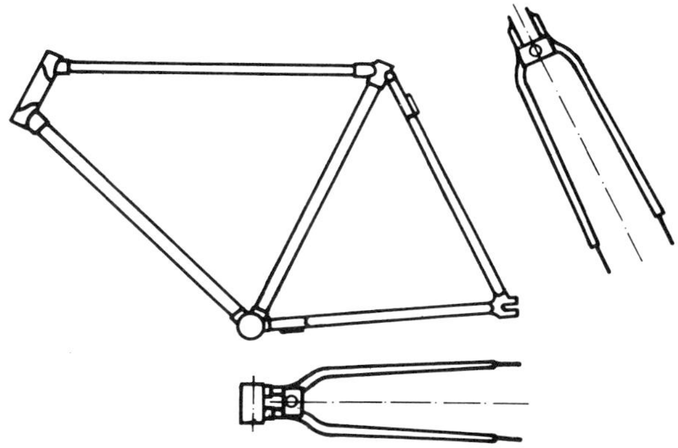

Abb. 116: Herren-Touren-Rahmen, Hinterbau aus gebogenen Ovalrohren, an der Sitzkopfmuffe angeschraubt.

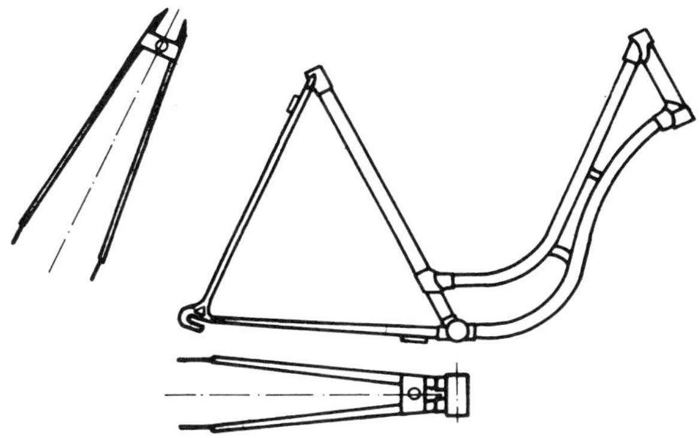

Abb. 118: Damen-Touren-Sportmodell mit S-Rahmen, Sporthinterbau aus konifizierten geraden Rohren, Sport-Ausfallenden, Hinterbau mit der Sitzkopfmuffe fest verbunden.

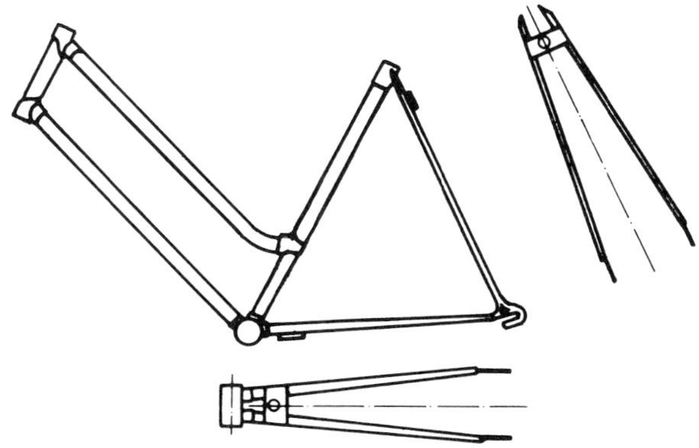

Abb. 120: Damen-Sportrahmen mit zwei parallelen Rahmenrohren, Sporthinterbau aus konifizierten geraden Rohren mit Sport-Ausfallenden, Hinterbau mit der Sitzkopfmuffe fest verbunden.

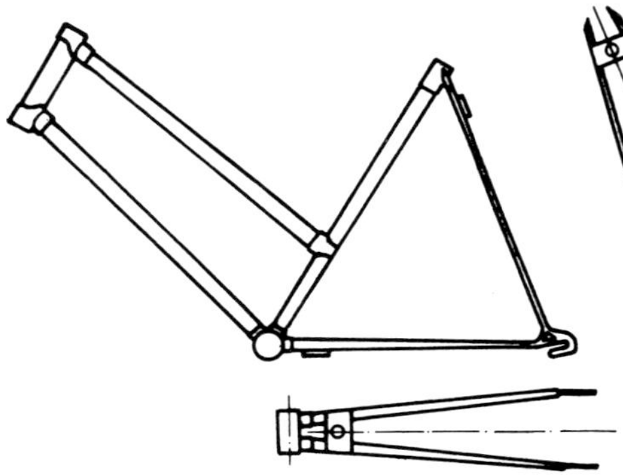

Abb. 121: Damen-Sportrahmen mit winklig verlaufendem Oberrohr und Sport-Hinterbau.

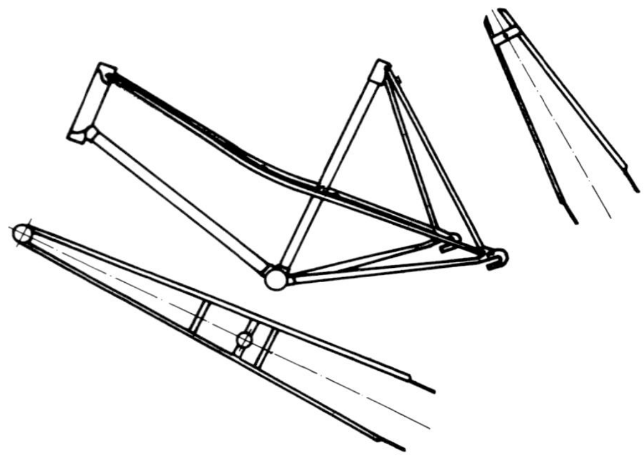

Abb. 123: Damen-Rennsportrahmen mit zwei vom Lenkkopf zu den Ausfallenden laufenden Oberrohren, im Bereich des Sitzrohres nach unten durchgebogen (französisches Modell „Berceau").

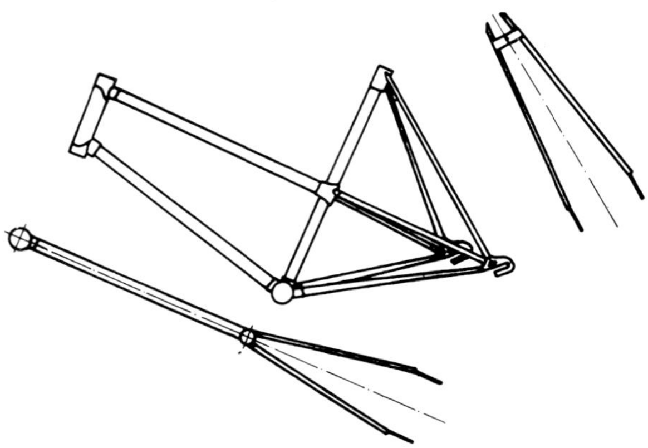

Abb. 125: Damen-Rahmen für Leichtlaufrad mit einem Oberrohr und zwei zusätzlichen Streben vom Sitzrohr zu den Ausfallenden (französisches Modell „Sport").

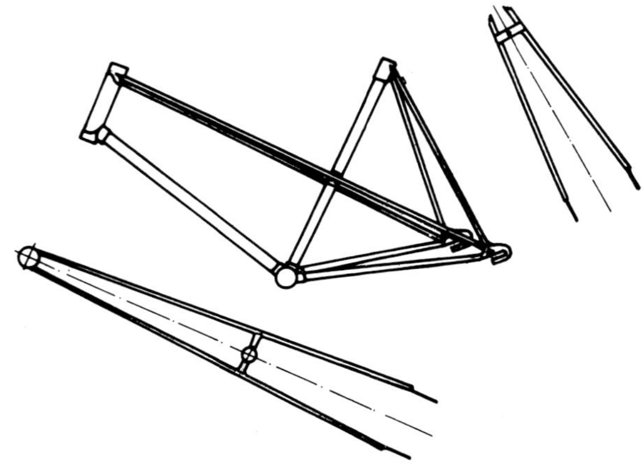

Abb. 122: Damen-Rennsportrahmen mit zwei geraden Oberrohren, vom Lenkkopf zu den Ausfallenden laufend (französisches Modell „Mixte").

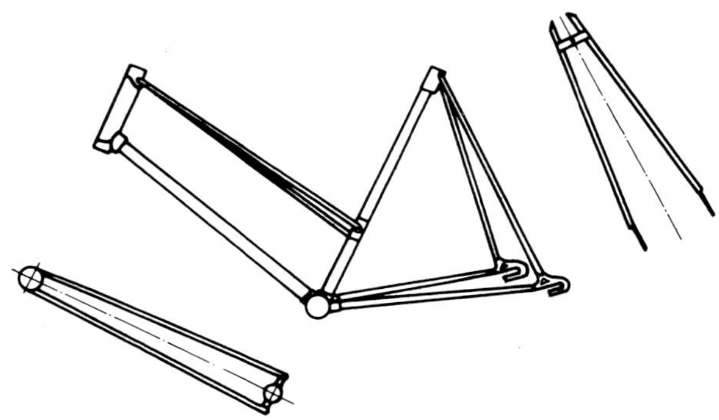

Abb. 124: Damen-Rahmen für Leichtlaufrad mit zwei bis zum Sitzrohr laufenden Oberrohren, Sport-Hinterbau (französisches Modell „Jumele").

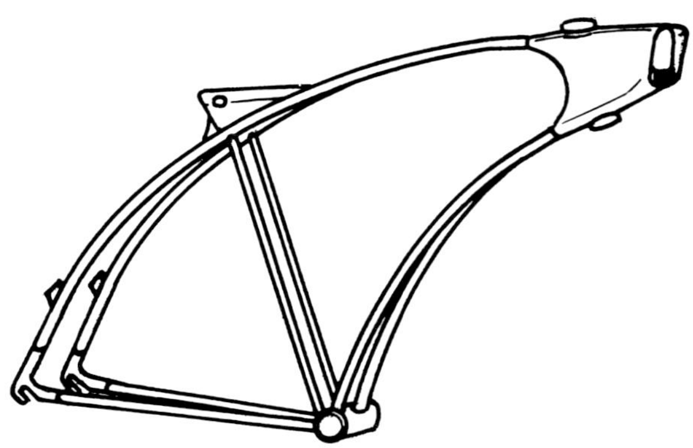

Abb. 126: Herren-Sport-Gitterrahmen (japanisches USA-Modell).

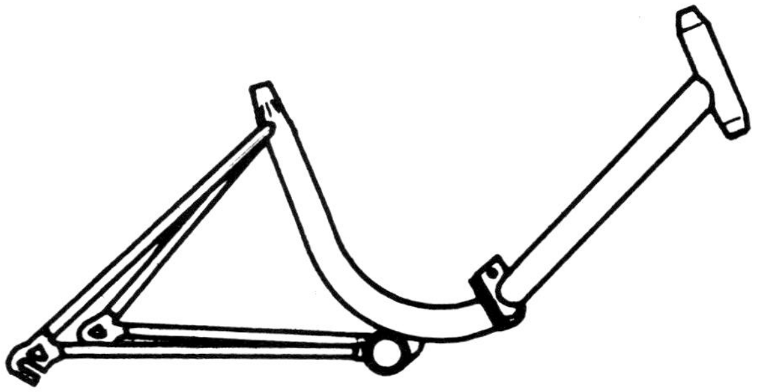

Abb. 127: Klapp- oder Zerlegrahmen, Einrohrrahmen, U-förmig gebogen, mit dreieckartigem Hinterbau.

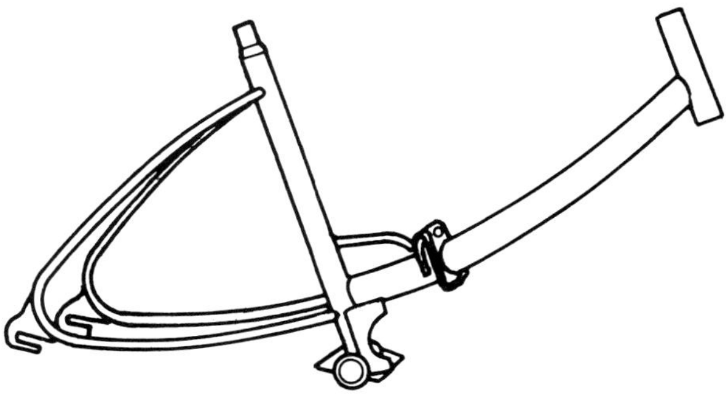

Abb. 129: Rahmen für Allzweck- oder Familienrad, zerlegbar, mit ovalem Mittelrohr.

Abb. 133: Kompaktrad-Rahmen für Motocross-(High-Riser-)Modelle.

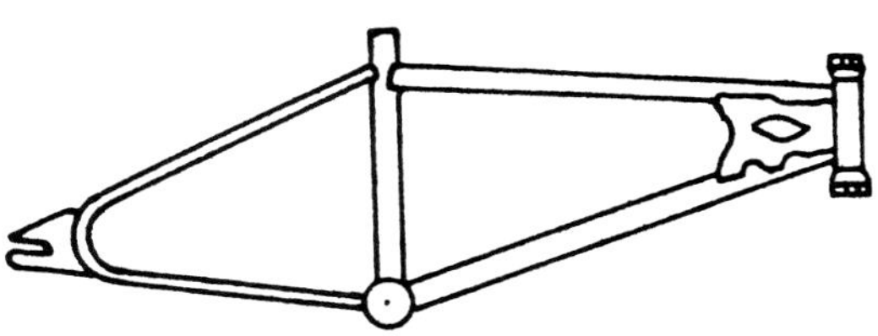

Abb. 135: BMX-Rahmen in Diamant-Form mit einer etwas mehr länglichen und niedrigeren Bauform.

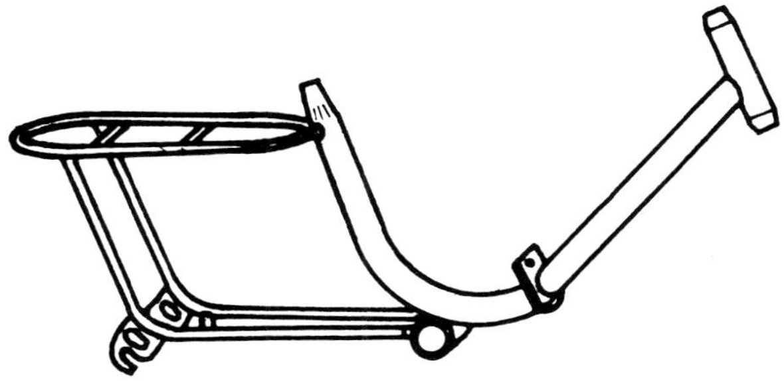

Abb. 128: Zerlegrahmen, Einrohrrahmen, U-förmig gebogen, mit trapezförmigem Hinterbau, zugleich als Gepäckträger ausgebildet.

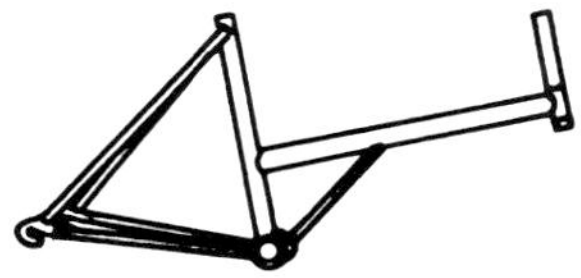

Abb. 130: Rahmen in Kreuzform für Mehrzweckrad.

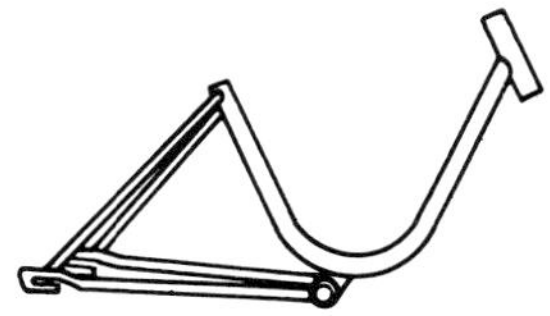

Abb. 131: Kinderrad-Einrohrrahmen mit dreieckförmigem Hinterbau.

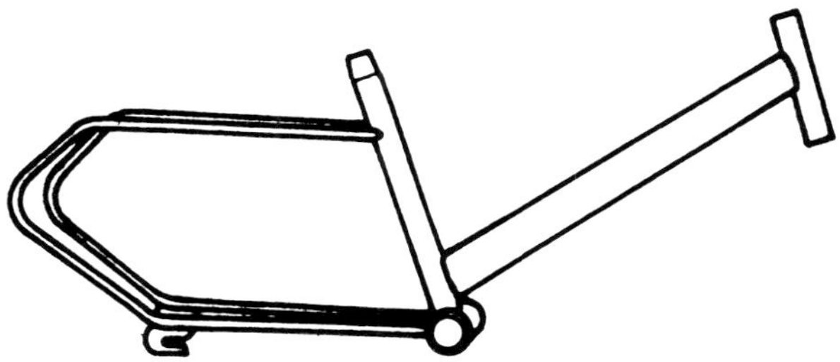

Abb. 132: Kinderrad-Rahmen mit ovalem Mittelrohr und Parallelogramm-Hinterbau, zugleich als Gepäckträger ausgebildet.

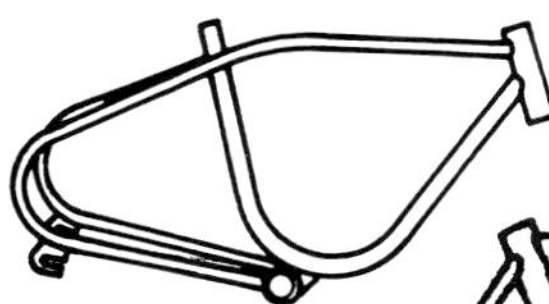

Abb. 134: Kompaktrad-Rahmen für Polo-Modell.

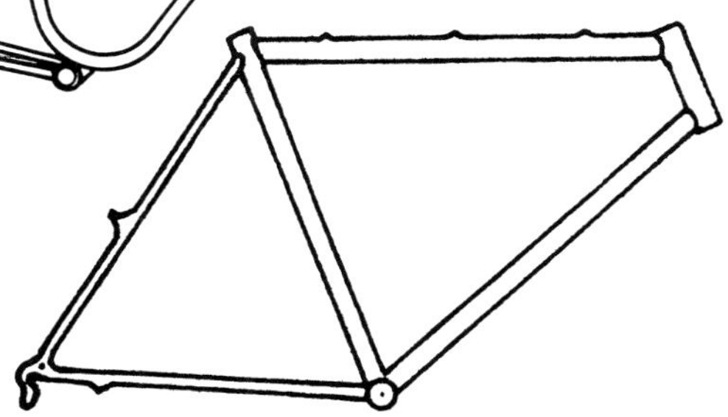

Abb. 136: Mountain-bike-Rahmen in reinster Diamant-Form, verbreiterter Touren-Hinterbau für die Aufnahme der voluminösen Bereifung.

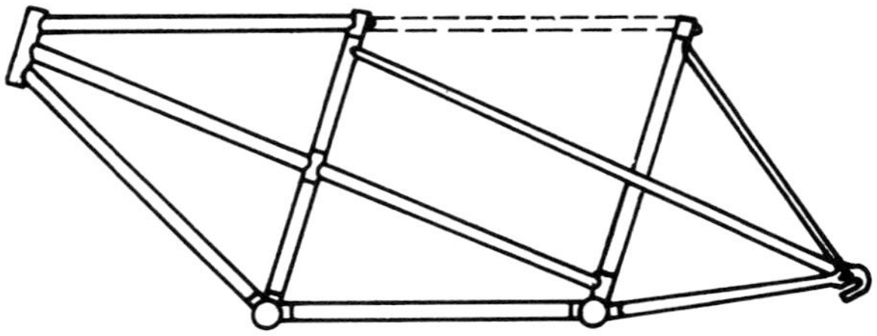

Abb. 137: Tandem-Rahmen mit zwei Rahmenstreben, ohne hinteres Oberrohr (Ausführung für weibliche Tretpartner).

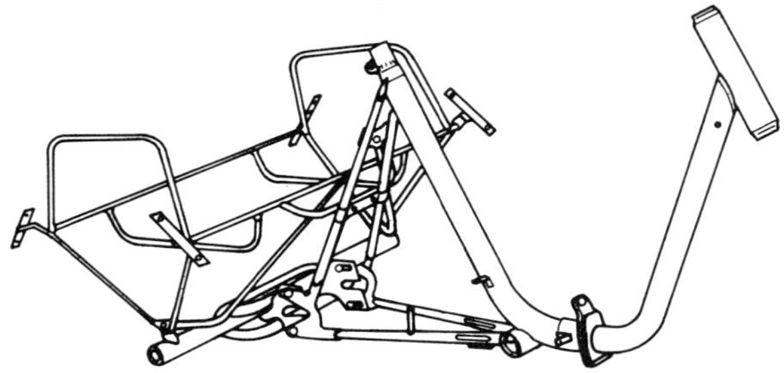

Abb. 138: Dreirad-Rahmen von Kynast.

Belastungsverhältnisse im Fahrradrahmen

Hauptteil eines Fahrrades ist der Rahmen. Seine Form ist nicht willkürlich gestaltet, sondern entspricht den auftretenden Beanspruchungen. Bei diesen muß man grundsätzlich unterscheiden zwischen Belastungen in Ruhe, die bei Stillstand des Fahrzeugs, und solchen, die bei Bewegung, das heißt im Fahrbetrieb, auftreten. Die ersteren nennt man statische (vom Lateinischen stare = stehen), die zweiten dynamische (vom Griechischen dynamos = Kraft) Belastungen. Die dynamische Belastung ist bei einem Fahrzeug meist größer als die statische, sie kann ein Mehrfaches davon betragen.

Die statische Belastung entsteht durch das Leergewicht[1] des Fahrzeugs, durch die Nutzlast (hier durch das Gewicht des Fahrers[2] und des eventuellen Gepäcks, siehe Fußnoten). Die dynamische Belastung wird verursacht durch

a) die Beschleunigung beim Treten,
b) die Verzögerung beim Bremsen,
c) die Stöße, die von der Fahrbahn kommen.

Bei im Leerlauf auf ebener, glatter Straße ruhig dahinrollendem Fahrrad kann die dynamische Belastung sehr gering sein, so daß sie praktisch gleich der statischen ist. Bemessen werden muß das ganze Fahrzeug aber nach der Summe der größten statischen und dynamischen Belastungen.

Die durch die Belastungen im Rahmen entstehenden Kräfte können als Zug-, Druck-, Biege- oder Verwindungskräfte wirken und den Rahmen auf Zerreißen, Knicken, Biegen und Verwinden beanspruchen. Alle diese Kräfte können sich in ihrer Größe wie auch in den Verlaufsrichtungen aufteilen und sogenannte Komponenten[3] bilden. Es können sich aber auch mehrere Kräfte aus solchen Komponenten zu einer gemeinsamen Kraft, einer Resultierenden[4] vereinigen.

Um die Bedeutung dieser Faktoren für den Fahrradrahmen verstehen zu können, muß man sich zuerst mit diesen Kräften allgemein und in ihren Auswirkungen befassen. Voraussetzung dabei ist, daß man sich über die Bezeichnungen Zug, Druck, Biegung usw. im klaren ist.

Nimmt man einen Rohrrahmen in Form eines gleichschenkligen Dreiecks nach Abb. 139 an, nimmt man weiter an, daß die untere Seite dieses Dreiecks (die Basis) an den Punkten B und C unterstützt ist und senkrecht zu dieser Basis auf die Spitze A die Kraft F wirkt, so läßt sich aus dieser einfachen Konstruktion schon etwas erkennen: da der Druck auf Punkt A in Richtung auf die Mitte der Basis B-C wirkt, ist einleuchtend, daß die Punkte B und C mit gleichem Druck auf ihrer Unterlage aufliegen, und daß der Druck an jedem dieser Punkte nur halb so groß ist wie der Druck auf Punkt A. Daraus ist ersichtlich, daß die ursprünglich senkrecht auf den Mittelpunkt M der Basis B-C gerichtete Kraft sich aufgeteilt hat, einmal in ihrer Richtung, zum anderen in ihrer Größe.

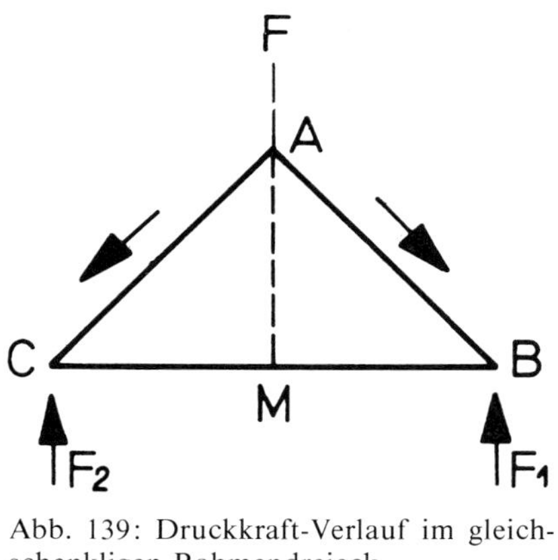

Abb. 139: Druckkraft-Verlauf im gleichschenkligen Rahmendreieck.

Aus der ursprünglichen Kraft F haben sich zwei resultierende Teilkräfte F_1 und F_2 gebildet. Die Größe der Kraft und der Teilkräfte und ihre Richtung bzw. ihr Verlauf sind verschiedene Dinge und müssen auseinandergehalten betrachtet werden. Bei der Konstruktion nach Abb. 139 läuft die Kraft F über die beiden gleichlangen Schrägrohre. Die Mittellinie des von den Rohren gebildeten Winkels verläuft durch den Mittelpunkt M der Basis. Deshalb muß sich die Kraft F halbieren, je eine

[1] Leergewicht = das Gewicht des betriebsfertigen Fahrzeugs

[2] Gewicht einer Person = 75 kg (65 kg Fahrer plus 10 kg Gepäck)

[3] Komponente = Bestandteil eines Ganzen, mitbestimmende, mitwirkende Teilkraft

[4] resultieren = sich ergeben aus etwas, sich herleiten, herrühren, aus etwas hervorgehen

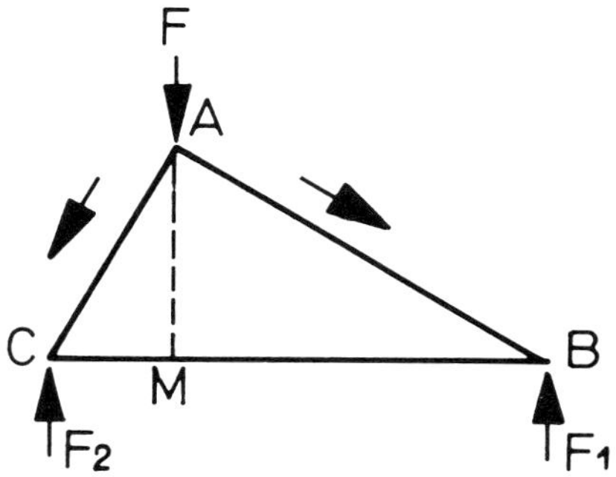

Abb. 140: Druckkraft-Verlauf im ungleichseitigen Rahmendreieck.

Hälfte wirkt auf die Punkte B und C. Die Richtung der Teilkräfte (F_1 und F_2) und ihre Größen sind hier, wenn Größe und Richtung der Ausgangskraft F bekannt sind, leicht bestimmbar.

Betrachtet man eine Konstruktion mit ungleichseitigem Dreieck wie in Abb. 140 bei dem der Winkel zwischen den beiden Seiten der gleiche ist wie in Abb. 139, so teilt sich die Kraft F in den Richtungen der sich bildenden Komponenten auf. Nicht mehr so leicht bestimmbar sind die Größen der sich bildenden Teilkräfte, sie lassen sich hier aber noch leicht errechnen, da ihr Verhältnis umgekehrt das gleiche ist wie das Verhältnis der beiden Basisteile B – M und C – M. Daß der Punkt M durch den Schnittpunkt der Richtung der ursprünglichen Kraft F mit der Dreiecksbasis gebildet wird, geht aus Abb. 140 eindeutig hervor.

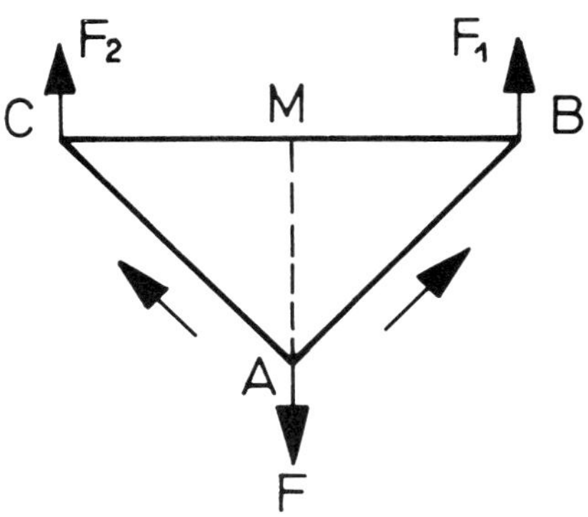

Abb. 141: Zugkraftverlauf im Rahmendreieck.

In den meisten Fällen sind im Gegensatz zu den Richtungen die Größen der sich bildenden Teil- oder Komponentenkräfte nur durch Messungen oder Berechnungen zu ermitteln. Wenn im Folgenden von Kräfteaufteilung gesprochen wird, so bezieht sich das nur auf die Richtungen der Komponenten.

Wird das Dreieck nach Abb. 139 auf den Kopf gestellt, an die nun unten liegende Spitze A ein Gewicht F angehängt und das Ganze mit zwei gleich großen Kräften an den Punkten B und C angehoben (s. Abb. 141), so bildet sich aus den beiden Teilkräften F_1 und F_2 eine Gesamtkraft F, deren Richtung in Richtung der Linie zwischen dem Angriffspunkt der resultierenden Kraft F, dem Punkt A und dem Mittelpunkt M der Basis B-C verlaufen muß. An-

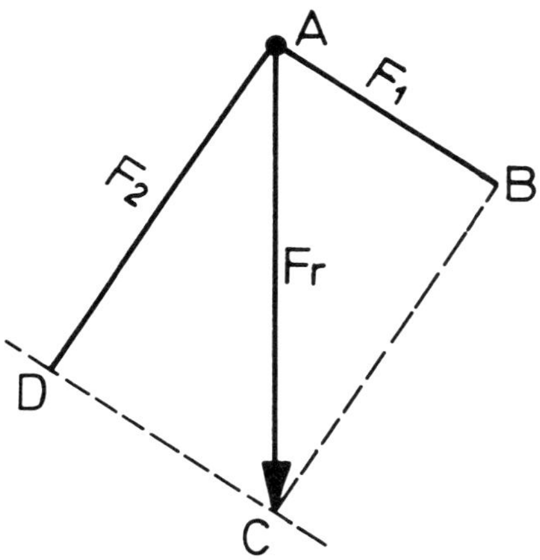

Abb. 142: Parallelogramm der Kräfte.

ders wird es, wenn entweder die Teilkräfte F_1 und F_2 verschieden groß sind oder ihre Richtungen nicht symmetrisch zur Linie A-M verlaufen. Die Resultierende läßt sich aber auch festlegen und errechnen, wenn die Größen und die Richtungen der ursprünglichen Teilkräfte (der Komponenten) bekannt sind – und zwar mit Hilfe des sogenannten Parallelogramms der Kräfte.

Dieses Parallelogramm (s. Abb. 142) spielt eine wichtige Rolle. Angenommen, an einem Punkt A greifen aus verschiedenen Richtungen die beiden Kräfte F_1 und F_2 an, die außerdem verschieden groß sind (Richtungen und Größen beider Kräfte sollen bekannt sein). Dann kann man den Winkel, den die beiden Kraftrichtungen im Punkt A zueinander bilden, aufzeichnen, wobei die Schenkellängen dieses Winkels im Verhältnis der Kraftgrößen dargestellt werden. Ist die eine Kraft z. B. 50 N[5], die andere 75 N (s. Fußnote), so wird der eine Winkelschenkel 50 mm, der andere 75 mm lang gezeichnet. Diese Zeichnung kann dann zum Parallelogramm A-B-C-D vervollständigt werden, indem zu jedem der beiden Winkelschenkel eine Parallele durch den Endpunkt des anderen Schenkels gezogen wird (gestrichelte Linien in Abb. 142). Die vom Punkt A ausgehende Diagonale[6] dieses Parallelogramms stellt dann nicht nur die Richtung der resultierenden Kraft Fr dar, sondern ihre Länge bezeichnet auch deren Größe. Diese läßt sich abmessen, wobei im gewählten Beispiel 10 mm Länge gleich 10 N Kraft sind.

Kurz zusammengefaßt heißt das: Die Summe zweier Kräfte (F_1 und F_2) ergibt sich nach Größe und Richtung aus der Diagonalen Fr des Kräfteparallelogramms mit den Seiten F_1 und F_2.

Schwieriger wird es, wenn bei der Aufteilung einer Kraft in Komponenten sich eine Kraft wiederum in weitere Komponenten aufspaltet.

Eine Kraft kann als Zug-, Druck-, Biege- oder Verwindungskraft wirken. Durch Richtungsänderung kann sich auch der Charakter einer Kraft ändern: aus einer Druckkraft in einer Richtung kann beispielsweise eine Zugkraft in anderer Richtung werden. In Abb. 139 ist gezeigt, daß je eine Teilkraft in Richtung der Dreiecksseiten A-B und A-C läuft. Diese Teilkräfte pflanzen sich durch Druck vom Punkt A in Richtung auf die Punkte B und C fort. Werden die Dreiecksseiten durch Rohre gebildet, so sind diese auf Druck beansprucht. Sind diese Rohre im Verhältnis zu ihrer Länge zu dünn, so werden sie unter der Druckbeanspruchung in ihrer Mitte nach den Seiten ausweichen und schließ-

[5] N = Newton (sprich njuten), neues internationales Einheitensystem für 1 Kraftkilogramm = 9,81 N. (Eingeführt mit Bundesgesetz zur Änderung des Gesetzes über Einheiten im Meßwesen vom 2. 7. 1969 und der Ausführungsverordnungen, letzte Neufassung vom 8. 5. 81)

[6] Diagonale = Verbindungslinie zwischen zwei nicht benachbarten Ecken eines Vielecks

lich knicken. Sie stehen also auch unter Knickbeanspruchung. Der Teildruck in Richtung A-B versucht, den Punkt B in seiner eigenen Druckrichtung zu verschieben. Das geht aber nicht, da dieser Punkt auch von der Basis B-C gehalten wird. Es kommt daher zur Umleitung der Kraftrichtung; da der Punkt B unter dem Einfluß der Teilkraft gewissermaßen an der Basis B-C zieht, entsteht in dieser eine Zugkraft. Auf der anderen Dreiecksseite sind die Verhältnisse die gleichen, auch vom Punkt C aus wirkt in der Basis eine Zugkraft (in entgegengesetzter Richtung wie am Punkt B).

Angenommen, die Konstruktion der Basislänge in Abb. 139 sei so schwach bemessen, daß sie unter dem Einfluß der entstehenden Zugkräfte sich längen oder gar reißen würde, die Punkte B und C deshalb nach außen wandern könnten: dann müßten die Enden der Seitenrohre A-B und A-C mitgehen, und da sie im Punkt A festliegen, entstünde in den Seitenrohren eine Biegebeanspruchung.

Auch mit solchen Biegebeanspruchungen muß man sich, ehe man die tatsächlichen Verhältnisse in einem Fahrradrahmen analysieren kann, noch eingehender befassen.

Prüft man eine der Dreiecksseiten in Abb. 139 unter den geschilderten Verhältnissen für sich allein, so ergibt sich dasselbe Bild wie bei einem Träger (einer Stange), bei dem ein Ende fest eingespannt ist, während am anderen, dem freien Ende eine Kraft F quer zur Trägerachse wirkt (s. Abb. 143). Der Träger stellt dann einen Hebelarm dar, der je nach seiner Länge die an seinem freien Ende angreifende Kraft übersetzt. Die gesamte Länge bildet aber nur für den Festpunkt A den Hebelarm. Für einen weiter zurückliegenden Punkt, etwa A_1, ist er schon wesentlich kleiner, und für A_2 noch kleiner. Man kann den Träger als eine unendlich große Zahl von Hebelarmen, die an unendlich vielen aufeinander folgenden Punkten angreifen, betrachten.

Das an jedem Punkt angreifende Moment gleicht der am freien Hebelende angreifenden Kraft mal dem jeweiligen Hebelarm. Je näher die Punkte auf dem Träger zum Angriffspunkt der Kraft liegen, desto kleiner ist das Biegemoment – und umgekehrt.

Im allgemeinen Sprachgebrauch versteht man unter „Moment" einen kurzen Zeitab-

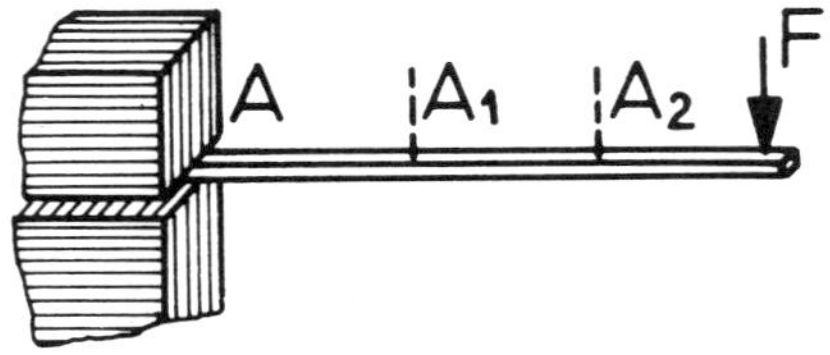

Abb. 143: Träger ungleicher Festigkeit.

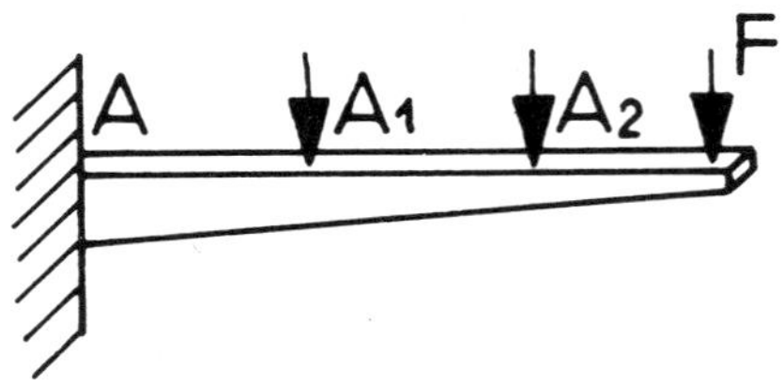

Abb. 144: Träger gleicher Festigkeit.

schnitt. In der Physik jedoch bzw. in der Technik bedeutet „das Moment" eine Krafteinwirkung. So spricht man auch von Widerstandsmomenten, Drehmomenten u. a.

In diesem Sinne also ist der Begriff Moment bei den vorliegenden Betrachtungen zu verstehen. Am längsten ist der Hebelarm unmittelbar an der Einspannstelle A. Dort ist also das Biegemoment am größten, der Träger wird sich unter Einwirkung der hebelarmübersetzten Kraft hier am stärksten biegen.

Eine solche Biegung kann noch innerhalb der Elastizitätsgrenze liegen, so daß der Träger nach der Entlastung in seine ursprüngliche Lage bzw. Form zurückgeht (zurückfedert). Die Biegung kann aber auch über die Elastizitätsgrenze hinausgehen. Dann kommt es zu einer mehr oder weniger starken Dauerverformung, einer bleibenden Verbiegung.

Ein auf seiner ganzen Länge gleich ausgebildeter Träger, etwa ein zylindrisches Rohr mit gleichbleibender Wanddicke, besitzt unter den besprochenen Verhältnissen durchaus nicht überall die gleiche Widerstandsfähigkeit – man spricht dann von einem „Träger ungleicher Festigkeit". Demgegenüber steht der „Träger gleicher Festigkeit", bei dem die Widerstandsmomente an jeder Stelle durch Querschnittsveränderung oder andere Mittel (Verstärkungen) den zugehörigen Hebelarmen so angepaßt sind, daß sie über die ganze Trägerlänge gleich sind (s. Abb. 144). Es tritt dann eine gleichmäßige Durchbiegung auf der ganzen Länge ein, wodurch die am stärksten beanspruchte Zone vor der Einspannstelle entlastet wird. Solche Trägerverhältnisse werden auch noch beim wichtigen Bauteil Vorderradgabel zur Betrachtung kommen (siehe hierzu Abb. 343 „Biegemomente an einer Gabelscheide").

Eine weitere Beanspruchung des Fahrradrahmens entsteht durch Verwindungskräfte. Fast alle im normalen Betrieb auf das Fahrgestell einwirkenden Kräfte verlaufen in der senkrechten Mittelebene. Dementsprechend wird auch das Hauptwiderstandsmoment des Rahmens gewählt. Es ist gegenüber Kräften, die in einem beliebigen Winkel zu dieser Ebene auftreten (schräg oder quer), verhältnismäßig gering. Unter „Verwindungskräften" versteht man Kräfte, die mindestens einen Teil der beanspruchten Konstruktion aus seiner Ebene herauszudrehen versuchen, wie dies schematisch in Abb. 145 dargestellt ist. Hier ist

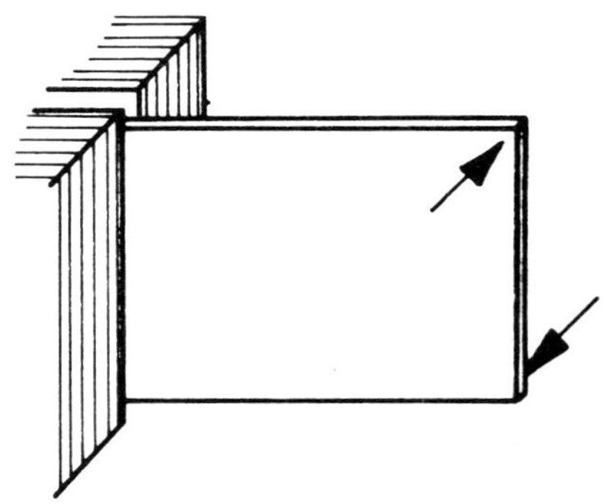

Abb. 145: Einseitige Flächenverwindung.

die linke Seite einer Konstruktion festliegend angenommen, während auf der Gegenseite oben und unten Querkräfte in entgegengesetzten Richtungen angreifen.

Jede dynamisch belastete Konstruktion, also auch das Fahrrad, unterliegt in fast allen Teilen dem Einfluß entstehender Schwingungen. Begreiflicherweise kann hier das schwierige und umfangreiche Gebiet der Schwingungen nur kurz gestreift werden.

Jeder Körper besitzt eine bestimmte Elastizität (Federwirkung). Er kann deshalb bis zur Erreichung seiner Elastizitätsgrenze Kräfte aufnehmen, ohne daß eine Dauerverformung erfolgt. Er muß diese Kräfte aber dann in umgekehrter Richtung wieder abgeben – er verhält sich, wenn auch nur in geringem und oft mit dem Auge gar nicht wahrnehmbaren Maße, wie eine Feder. Hört die Krafteinwirkung auf, so geht der Körper nicht nur bis in seine ursprüngliche Lage zurück, sondern er schwingt nach der anderen Seite hinaus – wenn auch nicht so weit wie unmittelbar nach der ersten Krafteinwirkung. Das Spiel wiederholt sich, wobei die Ausschläge immer kleiner werden. Schließlich kommt der Körper, wenn keine neuen Kraftimpulse auf ihn einwirken, zur Ruhe.

Man muß unterscheiden zwischen der Weite der Ausschläge (der sogenannten Amplitude der Schwingungen) und der Geschwindigkeit, d. h., der Zahl der Schwingungen in der Zeiteinheit, als die die Sekunde (s) gilt; die Schwingungszahl in dieser Zeit nennt man Frequenz.

Jeder Körper hat eine ihm eigentümliche Frequenz, die Eigenschwingungszahl. Das ist das gleiche wie bei einem Pendel, das, nur einmal angestoßen, mit einer bestimmten Frequenz schwingt, bis es wieder zur Ruhe kommt – wobei die Anschläge (die Amplituden) immer kleiner werden.

Anders aber ist es, wenn ein schwingender Körper im Rhythmus[7] seiner Eigenschwingungszahl immer wieder erregt, angestoßen wird wie ein Pendel oder eine Schaukel. Dadurch kann nicht nur die Amplitude immer gleich groß gehalten werden, sodaß die Schwingung nicht aufhört – sie kann sogar ständig verstärkt werden, bis es schließlich zur Katastrophe kommt (bei einer Schaukel ist das der Überschlag). Nach dem Beispiel der Schaukel nennt man auch das fortdauernde Verstärken der Schwingungsweite durch immer neue, rhythmische Impulse[8] das „Aufschaukeln" der Schwingungen.

Es muß sich nicht immer um ausgesprochene „Pendelschwingungen" handeln. Schwingungen können in verschiedenster Art auftreten. Beim Fahrradrahmen verlaufen sie meist in der geschlossenen Konstruktion, wobei die Schwingungsweiten innerhalb der Elastizitätsgrenze des gesamten Rahmens oder einzelner Teile bleiben. Wichtig ist, daß die Eigenschwingungszahl durch die Konzeption des Rahmens so hoch liegt, daß es nicht zum erwähnten „Aufschaukeln" der Schwingungen und dadurch zu einem Bruch kommt.

Selbst bei schnellster Fahrt bleiben Zahl und Folgegeschwindigkeit der Stöße von der Fahrbahn her (die „Stoßfrequenz") erheblich unter der Eigenschwingungszahl des Rahmens. Trotzdem aber verursacht natürlich jeder Stoß auf den Rahmen in diesem Schwingungen und eine Beanspruchung der Werkstoffe.

Der Fahrradrahmen, besonders der Herrenrahmen, hat sich schon seit Jahrzehnten zu einem Standardtyp entwickelt. Seine typische Form zeigt Abb. 152. Nach Abb. 146

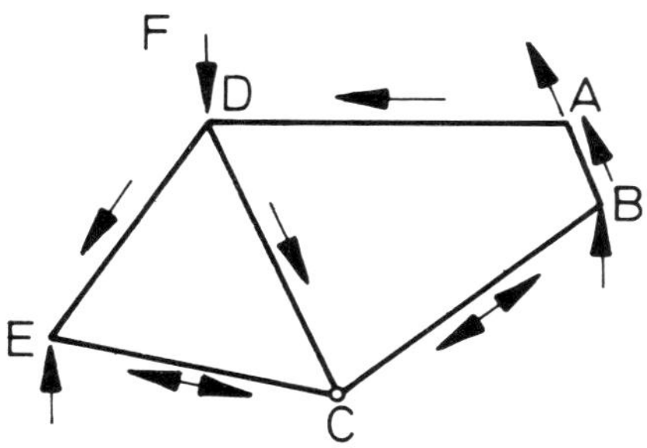

Abb. 146: Kräfteverlauf im Herren-Rahmen bei statischer Belastung.

besteht er aus dem Lenkkopf (A-B), dem oberen Rahmenrohr (A-D), dem unteren Rahmenrohr (B-C), dem Sitzrohr (D-C), den Hintergabelrohren (C-E) und den Hintergabelstreben (D-E). So bilden also zwei steife Dreiecke den Herrenrahmen. Vom vorderen Dreieck (Vorderrahmen) ist durch den Lenkkopf nur die Spitze abgeschnitten, während das hintere Dreieck (Hinterrahmen) voll ausgebildet ist.

Das hintere Dreieck ist teilweise doppelt ausgeführt: seine beiden Seiten laufen in einem Winkel zur Mittelebene, dadurch können auch größere Seitenkräfte aufgenommen werden. Die statische Belastung F geht über den Punkt D, die Gegenkräfte entstehen an den Punkten B und E. Daraus geht hervor, daß die Kraft im Punkt D sich in Komponenten aufteilen muß. Im hinteren Dreieck (aus Sitzrohr, Hintergabelrohren und -streben) sind die Verhältnisse genau so, wie sie schon eingangs die Abbildungen 139 und 140 zeigten. Das Sitzrohr (D-C) und die Hintergabelstreben (D-E) sind auf Druck belastet, während in beiden Hintergabelrohren (E-C) eine Zugspannung entsteht. Eine solche Zugbelastung entwickelt sich auch im unteren Rahmenrohr (C-B) des Vorderrahmens, denn am unteren Ende (C) geht die Kraftrichtung nach unten, am oberen Ende unter dem Lenkkopf (B) aber nach oben.

Betrachtet man den Vorderrahmen unter Vernachlässigung des Lenkkopfs als Dreieck, so muß im oberen Rahmenrohr eine Druckkraft in Richtung A-D wirken. Am Lenkkopf tritt auch eine Teilkraft aus der bei B angreifenden Gegenkraft auf, die den Lenkkopf mit dem Punkt A um den Punkt B in Richtung auf Punkt D zu schwenken sucht. Auch hier ergibt sich eine Druckkraft im oberen Rahmenrohr A-D.

Aus dem Kräfteverlauf ist ersichtlich, daß die Verhältnisse im Vorderrahmen günstiger werden, je mehr sich dieser der wirklichen Dreiecksform nähert, das heißt, je kürzer der Lenkkopf ist. Da man aber einen Lenkkopf mit bestimmter Mindestlänge braucht, muß eine Kompromißlösung gefunden werden.

Bei dynamischer Belastung können sich die Kraftrichtungen in den Rahmenrohren ändern. Beim Antreten (Spurten, Beschleunigen) erfolgt zusätzlich zur statischen Belastung in Richtung von D nach unten noch eine Belastung durch die waagerecht in E angreifende Antriebskraft (s. Abb. 146). Druckkräfte entstehen in Form von Komponenten nun in den Rohren E-D, E-C, D-A und C-B, während im Sitzrohr eine Zugkraft wirkt. Da die durch die statische Belastung verursachten Kräfte und Kraftrichtungen auch weiterhin wirksam sind, ergeben sich teilweise Kraftkomponenten, die sich gegenseitig beeinflussen. Die Hintergabelstreben z. B. sind statisch von oben her auf Druck, dynamisch durch eine Komponente der Antriebskraft von unten her beansprucht. Da es sich um entgegengesetzte Druckkräfte handelt, addieren sie sich und erhöhen die Knickgefahr in den Streben.

---

[7] Rhythmus = taktmäßige Gliederung eines Vorgangs

[8] Impuls = Anreiz, Anstoß, Antrieb, Beweggrund

Anders ist es beim Sitzrohr: die statische Belastung bedeutet Druck von oben nach unten, die dynamische aber (durch die Beschleunigungskraft) Zugbelastung. Als tatsächliche Belastung bleibt die Differenz aus beiden. Bei extrem starker Beschleunigung treten, besonders beim Rennrad, auch noch Kräfte in anderen Richtungen auf, die jedoch bei normalen Rädern bedeutungslos sind.

Das Gegenteil der Beschleunigung ist die Verzögerung. Verzögern bezeichnet man landläufig einfach mit „Bremsen“. Da Beschleunigung und Verzögerung in gewissem Sinne Gegensätze sind, verursachen sie auch in den Rahmenrohren entgegengesetzte Kraftrichtungen, wobei sich dadurch wieder ein Unterschied ergibt, daß die Verzögerung durch Bremsen am Vorder- oder am Hinterrad erfolgt.

Zu erwähnen ist noch die Kraft, die durch den einseitigen Kettenzug entsteht und auf den Hinterrahmen einwirkt. Der Kettenzug verläuft, je nach der Breite des Antriebs seitlich der Hintergabel-Mittelebene (s. Abb. 147).

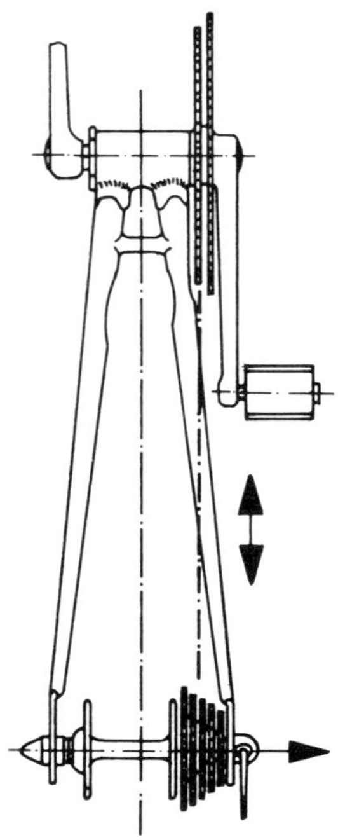

Abb. 147: Querkraft durch Kettenzug.

Zudem bestehen durch die Radien des Kettenblatts an der Tretlagerwelle und des Kettenritzels an der Radnabe verschieden große Hebelarme. Die Folge sind komplizierte Kraftverläufe und Kraftaufteilungen. Eine der Teilkräfte muß, schon gefühlsmäßig erkennbar, an der Hinterradachse quer zur Mittelebene nach außen verlaufen. Da unter normalen Verhältnissen diese Kraft gering bleibt, kann sie vernachlässigt werden. Wichtig ist, daß die einwirkenden Kraftimpulse zeitlich und der Größe nach stark schwanken; sie treten im Rhythmus des Tretens auf, ihre Größe ist durch die Hebelarme und die aufgewandte Tretkraft bestimmt.

Die stärkste dynamische Belastung des Fahrradrahmens erfolgt durch die Stöße von der Fahrbahn her. Der Verlauf dieser Kräfte läßt sich nicht leicht verfolgen, auch kann dabei der Rahmen nicht allein betrachtet werden, sondern nur in Verbindung mit der Vorderradgabel, den Rädern und sogar dem Fahrer. Die Stöße wirken sich auf die Gesamtmasse von Maschine und Fahrer aus, und die Gesamtmasse bildet durch ihre Trägheit die Gegenkraft. Die Gesamtmasse ist aber über den Unterstützungspunkten der Maschine auf der Fahrbahn sehr ungleich verteilt – es ist deshalb notwendig, sich zunächst einmal mit dem Begriff „Masse“ auseinanderzusetzen.

Was ist Masse? Im landläufigen Sprachgebrauch hat das Wort Masse einen vieldeutigeren, anderen Sinn als in der Technik bzw. Physik[9]. Man spricht dort von einer „Masse Menschen“, von „Erd- oder Wassermassen“ usw., meint damit aber Mengen. In der Technik ist der Begriff Masse eindeutig, allerdings schwer zu erklären. Mit der Ausdehnung oder Zusammensetzung, wie bei Menschen- oder Erdmassen, hat er nichts zu tun, sogar das Gewicht spielt nur eine gewisse Rolle, denn zu diesem kommt noch einiges hinzu.

Was bedeutet „Massenträgheit“? Ein physikalisches Gesetz sagt: „Jede Masse versucht, einen Bewegungszustand und ihre Bewegungsrichtung unverändert beizubehalten, und setzt jeder diesem Zustand aufgezwungenen Veränderung Widerstand entgegen.“ Sie ist eben „träge“. Auch Stillstand oder Ruhe ist ein Bewegungszustand; wird gegen eine unbewegte, frei hängende Masse ein Stoß ausgeübt, so gibt die Masse nicht einfach nach, sondern setzt dem Stoß Widerstand entgegen – um so mehr, je größer die Masse ist. Am besten versteht man den Unterschied in der Trägheit verschiedener Massen, wenn man sich vorstellt, daß man einmal gegen einen frei hängenden strohgefüllten Sack, zum andern den gleichen Sack mit einer Sandfüllung stößt. Der sandgefüllte Sack hat bei gleichen Abmessungen die wesentlich größere Masse und Massenträgheit als der strohgefüllte. Er läßt sich deshalb nicht so leicht aus seinem Bewegungszustand bringen wie die geringere Masse.

Massenschwerpunkt: Jede Masse oder zusammenhängende Einzelmassen haben ihren Massenschwerpunkt. Denkt man sich die Masse in diesem Schwerpunkt aufgehängt, so befindet sie sich in jeder Stellung im Gleichgewicht. Leichter verständlich wird das, wenn man sich die Masse als Scheibe oder Rad vorstellt (wenn auch eine solche Annahme nicht korrekt ist, denn auch die Masse eines Rades kann man nicht an ihrem Schwerpunkt aufhängen, sondern nur an einer durch diesen gehenden Achse). Angenommen, daß die Radachse tatsächlich durch den Schwerpunkt läuft, die Radmasse sich wenigstens gleichmäßig in der Mittelebene vollständig um die Achse verteilt, so befindet sich das Rad in jeder Stellung im Gleichgewicht. Schon das geringe Gewicht eines Schlauchventils genügt, um diese idealen Verhältnisse zu stören. Der Mittelpunkt des Rades bleibt zwar der Massendrehpunkt, die Schwerpunktachse aber verlagert sich in Richtung auf das Ventil. Es handelt sich dann zwar noch immer um einen in jeder Beziehung symmetrischen Körper, aber nicht um eine symmetrische Masse. Diese würde sich erst wieder dann ergeben, wenn die Achse durch den infolge der einseitig wirkenden Ventilmasse verlagerten Massenschwerpunkt gelegt würde.

[9] Physik = Teil der exakten Naturwissenschaften, der sich auch mit den Zustandsänderungen der Naturdinge beschäftigt. Gebräuchlich ist die Einteilung in die Mechanik, Akustik, Optik, Lehre vom Magnetismus und der Elektrizität

Einen solchen Massenschwerpunkt hat die Masse jedes noch so unregelmäßig geformten Körpers, auch die Gesamtmasse, die von einem Fahrrad samt Fahrer gebildet wird. Man kann annehmen, daß der Massenschwerpunkt hier ungefähr in Hüfthöhe des Fahrers liegt. Er kann sich verlagern, wenn der Fahrer sich nach vorn beugt, statt aufrecht zu sitzen.

Näher soll auf das schwer verständliche (und hier bei weitem nicht vollständig erklärte) Problem des Massenschwerpunkts hier nicht eingegangen werden – das Gesagte war aber notwendig, um den Verlauf einer Stoßkraft auf eines der beiden Laufräder eines in Bewegung befindlichen Fahrrades zu verstehen.

Ein Stoß auf eines der beiden Räder kann aus verschiedenen Richtungen (wenn auch nur innerhalb eines bestimmten Winkels) erfolgen. Stöße, die nicht in der Mittelebene des Fahrzeugs verlaufen, sollen vorerst nicht beachtet werden.

Die beiden Extreme innerhalb des erwähnten Winkels scheinen die waagerechte Stoßrichtung von vorn und die senkrechte von unten zu sein.

Der erste Fall ist klar, er bedeutet den Anstoß gegen ein Hindernis, das so hoch ist, daß das Vorderrad in Achshöhe auftrifft und die gesamte Stoßkraft waagerecht auf die Achse zu verläuft (s. Abb. 148). So hoch am Laufrad ansetzende Stöße treten im normalen Fahrbetrieb jedoch nicht auf, deshalb kann dieser Fall außer Betracht bleiben. Schwieriger dagegen ist die Definition eines Stoßes senkrecht von unten her. Praktisch kann ein solcher Stoß nur unter ganz bestimmten Voraussetzungen erfolgen. Physikalisch gesehen ist ein Stoß nichts anderes als die plötzliche Einwirkung auf den Bewegungszustand und die Bewegungsrichtung der Fahrzeugmasse. Zuerst muß eine Ursache für diese Beeinflussung da sein – etwa in Gestalt einer plötzlichen Erhöhung oder Vertiefung in der Fahrbahn, ein Hindernis oder ein Loch. Bei beiden Hindernissen sind die Verhältnisse grundsätzlich gleich.

Abb. 148: Waagerecht verlaufende Stoßkraft.

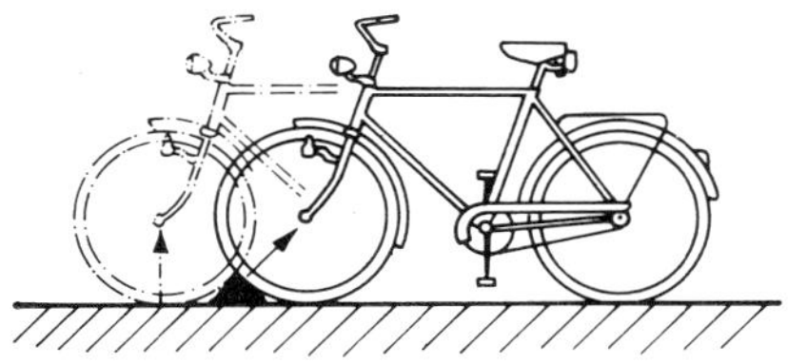

Abb. 149: Stoßkraft-Verlauf bei einem Stein-Hindernis.

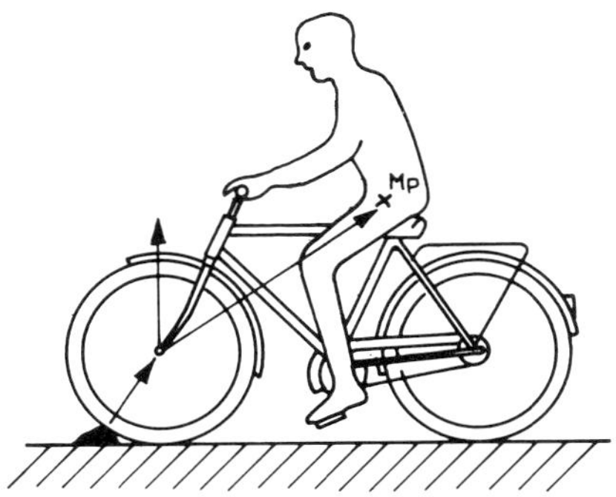

Abb. 151: Aufteilung der Stoßkraft in Komponenten.

Betrachtet man den Stoßverlauf beim Auffahren auf ein erhöhtes Hindernis, etwa einen Stein, wie in Abb. 149 dargestellt, so kommt man zu folgender Erkenntnis:

Hätte das Laufrad keine Luftbereifung, die solche Hindernisse bis zu einem bestimmten Maß ohne Stoßweitergabe in sich aufnimmt, so müßte selbst das kleinste Hindernis einen Stoß in Gabel und Rahmen verursachen. Deshalb muß man von einem Hindernis mit einer gewissen Höhe ausgehen. Aus Abb. 149 geht hervor, daß beim Auftreffen auf ein solches Hindernis die entstehende Stoßkraft nur in einem der Höhe des Hindernisses entsprechenden Winkel zur Senkrechten, niemals aber genau in senkrechter Richtung, verlaufen kann. Erst wenn das Laufrad das Hindernis überrollt hat und von diesem wieder auf die Fahrbahn zurückfällt, erfolgt ein zweiter Stoß in Richtung genau von unten (gestricheltes Rad in Abb. 149).

Auch wenn etwa mit dem Vorderrad von einer Bordsteinkante heruntergefahren wird, liegt die Stoßrichtung im Winkel zur Senkrechten, da das Hindernis noch höher liegt und das ganze Fahrrad aus der Waagerechten gebracht ist. Ähnliche

Abb. 150: Stoßkraftverlauf bei verschiedenartigen Löchern in der Fahrbahn.

Verhältnisse ergeben sich beim Überfahren eines Lochs in der Fahrbahn, wenn auch in anderer Reihenfolge (s. Abb. 150).

Aus den Abbildungen 148, 149 und 150 läßt sich der Einfluß eines Stoßes und die Beanspruchung des Rahmens dadurch im Fahrbetrieb erkennen. Die Stoßkraft verläuft normalerweise in einem mehr oder weniger spitzen Winkel zur Senkrechten in Richtung auf die Radachse. An der Vorderachse teilt sich die Stoßrichtung in zwei Komponenten auf, von denen die eine senkrecht nach oben, die andere in Richtung auf den Massenschwerpunkt (MP) verläuft (s. Abb. 151).

Bei der Aufteilung der Stoßkraft ist die senkrecht verlaufende Komponente um so größer und die Massenschwerpunkts-Komponente um so kleiner, je mehr sich die ursprüngliche Stoßrichtung der Senkrechten nähert, d. h., je niedriger das Hindernis ist. Praktisch läuft dann die ganze Stoßkraft nach oben.

Durch die Formgebung der Vorderradgabel, die Biegung und Länge der Gabelscheiden und die Länge des Gabelschafts bilden sich Hebelarme. Diese versuchen, die senkrecht verlaufende Stoßkomponente auf den Lenkkopf des Rahmens zu übertragen und diesen oben in Fahrtrichtung nach hinten, unten nach vorn zu drehen. Das verursacht nicht nur im Oberrohr Druck- und im Unterrohr Zugbeanspruchungen, sondern auch an den Angriffspunkten dieser Rohre am Lenkkopf beachtliche Knickbeanspruchungen.

Man kann noch weitere Druck-, Zug- und Biegebeanspruchungen im ganzen Rahmen feststellen. Dabei muß man erkennen, daß das Sitzrohr eine wichtige Funktion hinsichtlich der Festigkeit des gesamten Rahmens hat.

Wie beim Vorderrad, so könnte man den Einfluß der Stöße auch auf das Hinterrad und den daraus resultierenden Kräfteverlauf verfolgen. Die Verhältnisse sind durchweg die gleichen, wenn sich hier auch dort in den Rohren Druckbelastungen ergeben können, wo bei Stößen am Vorderrad Zugbeanspruchung entstehen, und umgekehrt. Wichtig ist, daß durch die statischen wie dynamischen Belastungen in allen Rohren Beanspruchungen entstehen, die je nach Situation schnell und stark wechseln, sich summieren oder auch gegenseitig vermindern können.

Gerade die sich schnell ändernden Belastungen sind die Ursache weiterer Beanspruchungen, die bis zum Bruch führen können – die Schwingungen. Sie können als seitliche wie auch als Drehschwingungen in einzelnen Rohren oder auch im ganzen Rahmen auftreten. Ganz vermeiden lassen sie sich nicht, und mit einfachen Verstärkungen, Werkstoffanhäufungen, Querschnittsverstärkungen und dergleichen ist ihnen nicht beizukommen. Durch solche Maßnahmen werden die Verhältnisse oft nur noch verschlechtert. Viel wirksamer ist die Anwendung einer „nachgiebigen" (federnden) Bauweise, bei der der Rahmen nur so kräftig ausgeführt wird, daß er die auftretenden statischen und dynamischen Belastungen verträgt, daß er aber so elastisch und federnd belassen wird, daß die auftretenden Schwingungen innerhalb der Elastizitätsgrenze bleiben.

Man muß sich dazu eine Blattfeder vorstellen, die viele Schwingungen aushält, wenn Grenzen von Schwingungsweite und Schwingungszahl nicht überschritten werden. Aber auch die Lebensdauer einer Feder ist begrenzt; durch die Schwingungen treten im Werkstoff ständig Spannungen auf, die zu Materialermüdung und dem sogenannten Dauer- oder Zerrüttungsbruch führen (s. hierzu Abb. 245).

Solche Dauerbrüche können auch am Rahmen auftreten, besonders an Stellen großer Spannungen. Sehr empfindlich sind Partien, an denen durch den verwendeten Werkstoff, seine Dicke und die Formgebung des einzelnen Konstruktionsteils schroffe Übergänge zwischen starren und elastischen Teilen entstehen.

Ein Rohr, an dem Quer- oder Längsschwingungen auftreten, wird der Konstrukteur zunächst als Träger gleicher Festigkeit ausbilden, um die Schwingungsausschläge und damit die entstehenden Spannungen auf die gesamte Baulänge zu verteilen. Ein schroffer Übergang vom elastischen Rohr auf eine starre Festlegung des Rohrendes muß vermieden und die Knotenpunkte müssen elastisch wie möglich gehalten werden. Das läßt sich nicht immer kompromißlos durchführen. Deshalb muß für fließenden Übergang von einem Rohr zum anderen an den Stoßstellen gesorgt werden. Gestaltung und Werkstoff der Rahmenverbindungsteile sind sehr wichtig; Ausschnitte und Aussparungen in den Muffen sind deshalb nicht nur Verzierung, sondern haben meist auch einen technischen Zweck.

Bei der dynamischen Belastung des Fahrradrahmens wurde bisher nur der Einfluß der in der Maschinen-Mittelebene verlaufenden Stoßkraft betrachtet. Außerhalb der Mittelebene schräg verlaufende Stöße treten geringer auf, etwa beim Schräganfahren eines Hindernisses, bei dem die Stoßkraft nicht groß ist. Auch muß diese sich ja in Komponenten aufteilen, von denen die größere wieder in Richtung der Mittelebene verläuft. Ein Teil von ihr wirkt aber doch quer zur Mittelebene auf die Maschine, allerdings nicht gleichmäßig. Wirkt sie auf das Fahrzeug-Vorderteil, so wirkt am hinteren Teil die Massenträgheit ihr entgegen, der Rahmen erleidet also noch eine Verwindungsbeanspruchung.

Auch durch den Tretantrieb entwickeln sich ständig Verwindungsspannungen in erheblichem Maße. Die Entfernung des Angriffpunkts der Tretkraft (der Pedalmitte) bis zur Mittelebene der Maschine bildet einen Hebelarm, der das Tretlagergehäuse und damit den unteren Rahmenteil aus der bisherigen Ebene zu bringen versucht. Dem wirkt aber wieder die Massenträgheit entgegen, so daß der Rahmen ständig abwechselnd von beiden Seiten auf Verwindung beansprucht wird. Dabei kommt es zu dem typischen Pendeln des Fahrrades beim Treten, wodurch ein Teil der Verwindungskräfte aufgenommen wird.

Natürlich hat man sich überlegt, wie man die Verwindungssteifigkeit des Rahmens, überhaupt seine Widerstandskraft quer zur Längsebene, erhöhen könnte. Das wurde mit der Doppelrohr-Rahmenkonstruktion erreicht, ohne Mehrgewicht und mit nur geringem Material-Mehraufwand. Bei diesen Rahmen ist das dickere obere Rohr durch zwei dünnere Rohre ersetzt. Diese führen außerhalb der Mittelebene links und rechts am Sitzrohr vorbei. Über dieses hinaus hat man sie gleich als Hintergabelstreben ausgebildet und bis zum Ausfallende durchgehen lassen. Das untere Rahmenrohr kann dabei wie das Sitzrohr aus einem Rohr 28,6 mm∅

bestehen – es kann aber auch ebenfalls in zwei dünnere, parallele Rohre aufgeteilt werden, womit sich dann durch die „Gitterkonstruktion“ die Verwindungssteifigkeit noch zusätzlich erhöht (s. hierzu Abb. 126).

Betrachtet man nach all dem Gesagten den Damenrahmen, so muß man nach den gewonnenen Erkenntnissen feststellen, daß seine Form gegenüber dem Herrenrahmen nicht ideal ist. Seine Widerstandskraft gegen statische und dynamische Belastungen und gegen Schwingungen ist deshalb auch wesentlich geringer als beim Herrenrahmen. Im Abschnitt „Aufbau des Rahmens“ wird auf die Schwächen der verschiedenen Damenrahmen-Konstruktionen noch näher eingegangen.

Mit modernen Prüfeinrichtungen können heute schnell alle im Fahrbetrieb auftretenden Belastungen an Rahmen und Vordergabel simuliert[10], siehe Fußnote, werden. Wissenschaftliche Prüfungen an Fahrradrahmen (wie z. B. mit Dehn-Meßstreifen) wurden bisher nur bei motorisierten Zweirädern mit Erfolg praktiziert. Das ist darin begründet, daß die seit mehr als fünfzig Jahren weitgehend ausgereiften Konstruktionen besonders des Herrenrahmens bezüglich Dauerfestigkeit kaum je einen „Einbruch“ erlitten. Manche Hersteller (leider auch unseriöse) leisten deshalb auf den Rahmen eine Garantie bis zu 30 Jahren.

Aufbau des Rahmens und seine Bauteile

Die Abmessungen des Fahrradrahmens sind den menschlichen Körpermaßen angepaßt. Zwar sind Arm- und Beinlängen nicht bei allen Menschen gleich, aber sie weichen doch relativ wenig voneinander ab. Dadurch sind auch nur wenige Rahmengrößen erforderlich. Unterschiede bzw. Zwischenstufen lassen sich durch die Verstellmöglichkeit von Sattel und Lenker ausgleichen.

Eine Ausnahme machen Jugend- und Kinderräder sowie Rennmaschinen. Im Folgenden soll nur die gebräuchlichste Rahmenbauart, der normale Touren- oder Sportrahmen, besprochen werden.

Die Rahmenabmessungen sind nicht genormt; trotzdem variieren sie bei den verschiedenen Fabrikaten nur wenig. Sie sind der Niederschlag der Erfahrungen des Herstellers – oft allerdings spielen auch betriebstechnische Voraussetzungen oder kommerzielle Gründe eine Rolle.

Das Gesagte betrifft auch die Konstruktions-Winkel, in denen die Rahmenrohre zueinander stehen. Besonders wichtig ist der Winkel, den das Lenkkopfrohr mit der Waagerechten bildet; er wird als Lenkkopfwinkel bezeichnet.

Zur Bestimmung dieses Winkels wird nicht der von den beiden Rohrinnenseiten gebil-

[10] simulieren = vorspiegeln, nachempfinden

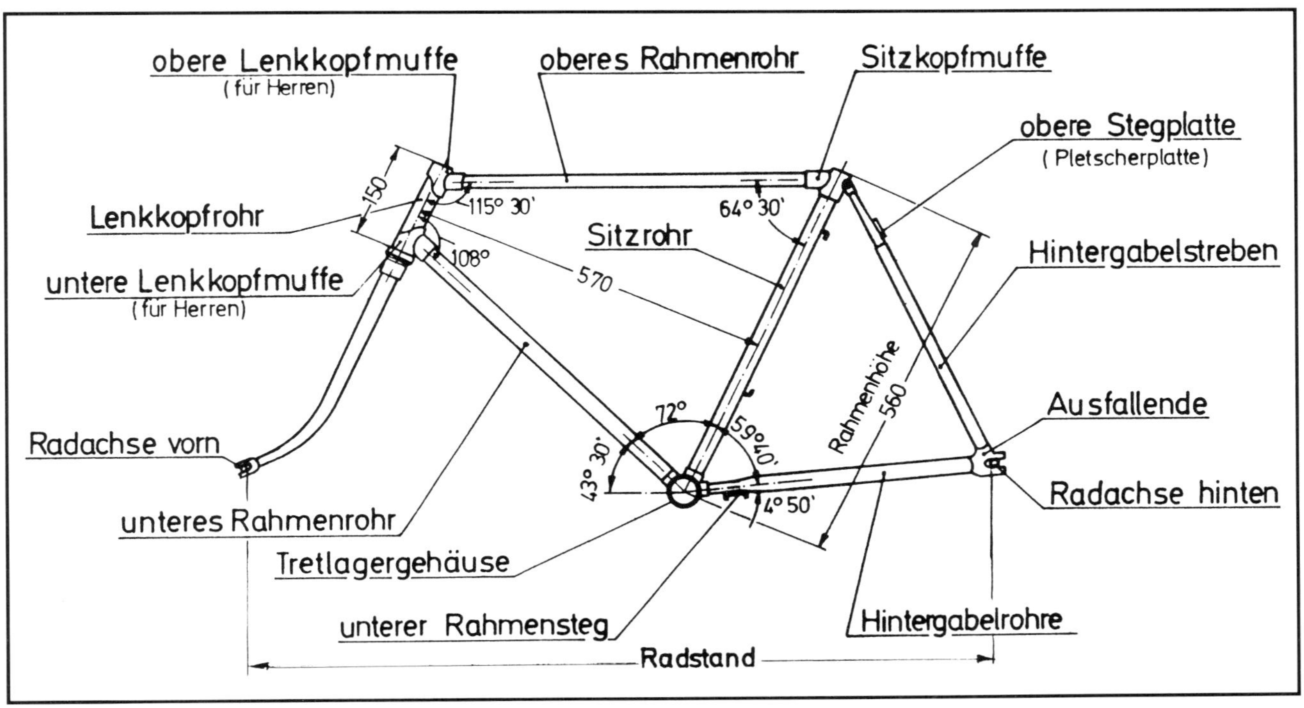

Abb. 152: Hauptmaße eines Herren-Tourenrahmens mit Vordergabel.

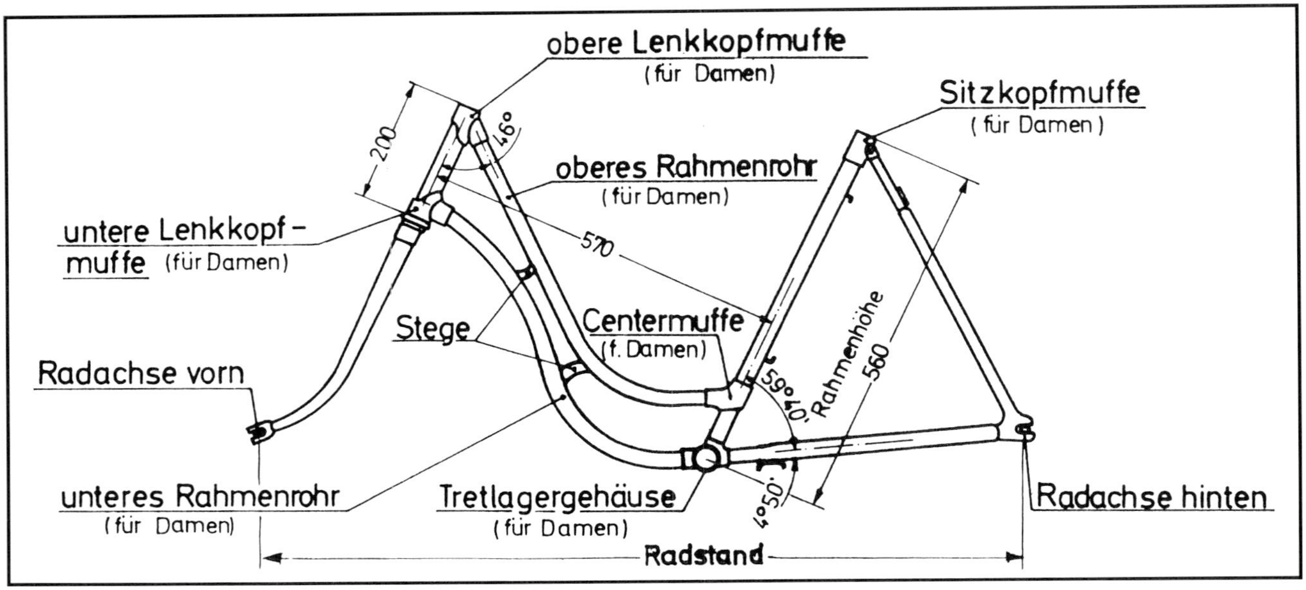

Abb. 153: Hauptmaße eines Damen-Tourenrahmens mit Vordergabel.

dete Winkel herangezogen, sondern der kleinere Winkel oberhalb der Waagerechten (s. Abb. 154). Dieser Winkel beträgt bei Touren- und Sporträdern zwischen 63° und 67°. Es gibt zwar auch Abweichungen von diesen Werten, aber beträchtlich sind sie nur bei Sonderfahrzeugen: bei Renn-, Saal-, Kunstfahr-, Radball- und Transportmaschinen.

Grundsätzlich ist zu sagen, daß große Lenkkopfwinkel, das heißt steil stehende Lenkköpfe, es ermöglichen, besonders langsam zu fahren. Für höhere Geschwindigkeiten dagegen ist ein kleinerer Lenkkopfwinkel günstiger. Freilich gilt das nur allgemein; bei der Ermittlung des günstigsten Winkels müssen im Einzelfall auch die Auslegung von Vordergabel und Lenkung des Fahrrades beachtet werden.

In der Zeichnung „Hauptmaße eines Herren-Tourenrahmens" (Abb. 152) ist ein Innenwinkel von 115°30′ angegeben. Unter der Voraussetzung, daß das Rahmen-Oberrohr genau waagerecht liegt, kann aus dieser Winkelangabe der Lenkkopfwinkel leicht errechnet werden: der Halbkreis hat 180 Winkelgrade – 180 minus 115°30′ = 64°30′; das ist der Lenkkopfwinkel.

Beim Damenrahmen (s. Zeichnung „Hauptmaße eines Damen-Tourenrahmens" – Abb. 153) ist die Errechnung des Lenkkopfwinkels aus dem angegebenen Winkel 46° am Oberrohr nicht möglich, weil der Verlauf der Waagerechten nicht bekannt ist. Der Lenkkopfwinkel kann weder aus dem Verlauf des Oberrohres noch aus dem eines anderen Rahmenteils ermittelt werden, so wenig wie die Angabe des

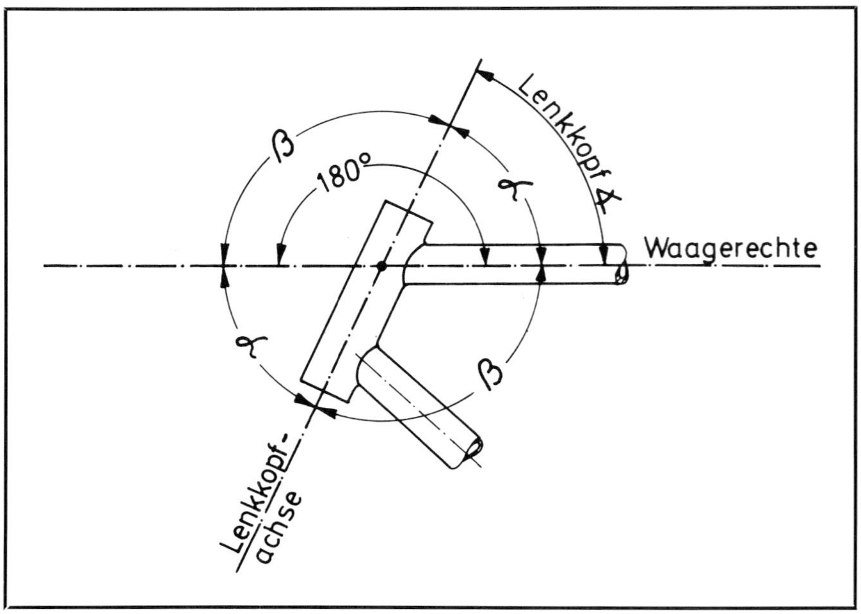

Abb. 154: Lenkkopfwinkel.

Innenwinkels zwischen Ober- und Lenkkopfrohr zur Bestimmung des Lenkkopfwinkels etwas nützt. In der Zeichnung ist dieser Winkel nur im Hinblik auf die Rahmenfertigung angegeben. Lenkkopfwinkel und Rahmenwinkel am Lenkkopf sind also zwei verschiedene Meßwerte.

Die anderen Winkel des Vorderrahmens werden vorwiegend durch die Lage des Tretlagers bestimmt. Dessen Anordnung kann nicht willkürlich gewählt werden. Denn es muß so hoch liegen, daß bei Schräglage des Fahrrades (in der Kurve) auch in unterer Totpunktlage der Tretkurbel ein ausreichender Abstand zwischen Pedal und Fahrbahn bleibt. In der Fahrrad-DIN 79100 bzw. 79110 (Kinderräder) und 79105 (BMX-Fahrräder) ist das in den sicherheitstechnischen Anforderungen festgelegt:

„Es muß möglich sein, ein unbelastetes Fahrrad im Winkel von 23° (Kinderräder 20° und BMX-Fahrräder 30°) aus der Senkrechten zu neigen, ohne daß irgend ein Teil des Pedals den Boden berührt. Dabei muß das Pedal in die niedrigste Lage gebracht werden und die Trittfläche parallel zum Boden stehen."

Wie aus den Zeichnungen der Rahmen-Hauptmaße (Abb. 152 und 153) ersichtlich, wird das Tretlager tiefer als die Radachsen gelegt. Wie wichtig aber die Stellung des Tretlagers auch in der Waagerechten ist, wird deutlich, wenn die beiden Extreme – Tretlagermittelpunkt weit nach vorn und weit nach hinten – angenommen werden.

Wirkt sich eine Kraft in einer bestimmten Richtung aus, so entsteht in der Gegenrichtung ein gleich großes Gegenmoment. Tritt der Radfahrer in die Pedale, so bleibt ihm als Abstützung und zur Aufnahme des Gegenmoments nur das Gewicht seines eigenen Körpers, wenn er sich am Lenker festhält und sich so eine zusätzliche Abstützung verschafft. Dabei ist die Wirkung der Massenträgheit des Fahrer-Körpers bei schnellem Tritt außer acht gelassen.

Die Lage des Fahrer-Körpers zu den Pedalen und somit zum Tretlager muß bestimmten Forderungen entsprechen. Wäre das Tretlager zu weit vorn angeordnet, so müßte im Körper des Fahrers eine Aufteilung der Gegenkraft in zwei Komponenten[11] erfolgen. Nur deren senkrechte wirkt in der gewünschten besten Weise als Gegenmoment, in dem sie versucht, den Fahrer-Körper in die Höhe zu heben, während die andere den Fahrer auf seinen Sitz nach hinten zu schieben trachtet, wobei sich das Gewicht des Fahrers nicht voll auswirken kann. Nicht anders wäre es, wenn das Tretlager zu weit hinten läge; jedoch mit dem Unterschied, daß die eine der Komponenten die Tendenz hat, den Fahrer auf dem Sattel nach vorn zu schieben.

Zu beachten ist auch, daß die Füße des Fahrers bei jeder Tretlager-Umdrehung mit dem Pedal eine Kreisbewegung ausführen und dabei nur innerhalb eines bestimmten Winkels einen wirksamen Druck **vor der Senkrechten** auf die Pedale ausüben. Zwangsläufig paßt der Fahrer den Pedaldruck der jeweiligen Pedalstellung an. Mit dem vollen Fußdruck setzt er erst ein, wenn das Pedal den oberen Totpunkt[12] (OT) überschritten hat, und er hört mit dem Druck schon weit vor Erreichen des unteren Totpunkts (UT) wieder auf. Über den restlichen Winkel des vom Pedal bestrichenen Kreisbogens (der – bei druckloser Beinstellung – viel größer als 180° ist) ruht die Last des Beines auf dem Pedal. Diese Last wird durch die Bewegungsenergie des rollenden Fahrzeugs und durch den Kraftimpuls, den das andere Pedal erhält, nach Verlassen des unteren Totpunktes angehoben. (Der untere Totpunkt [UT] des einen ist ja zugleich der obere Totpunkt [OT] des anderen Pedals, an dem die Tretkraft einsetzt.)

Das ganze Gewicht des Fahrer-Körpers kann jedoch nur dann zur Aufnahme des Gegenmoments der ausgeübten Tretkraft herangezogen werden, wenn Körper und Pedale (und somit das Tretlager) eine bestimmte Lage zueinander haben. Ein weiterer Grund, warum das Tretlager eine bestimmte Stellung zur Sitzposition des Fahrers haben muß, liegt in der Beschaffenheit des menschlichen Körpers: Art und „Konstruktion" der Muskulatur, die die menschliche Kraftquelle darstellt, ermöglichen nur in bestimmten Stellungen von Körper und Gliedmaßen die höchste Kraftentfaltung (Abb. 156).

Auch aus baulichen Gründen kann der Konstrukteur das Tretlager nicht beliebig weit nach vorn setzen: die Lage ist begrenzt durch das beim Lenkerausschlag ausschwenkende Vorderrad samt Schutzblech. In waagerechter Pedalstellung darf die

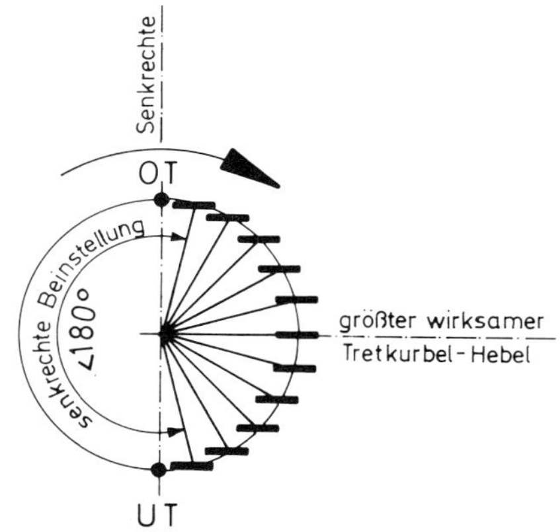

Abb. 155: Kreisbewegung der Pedale.

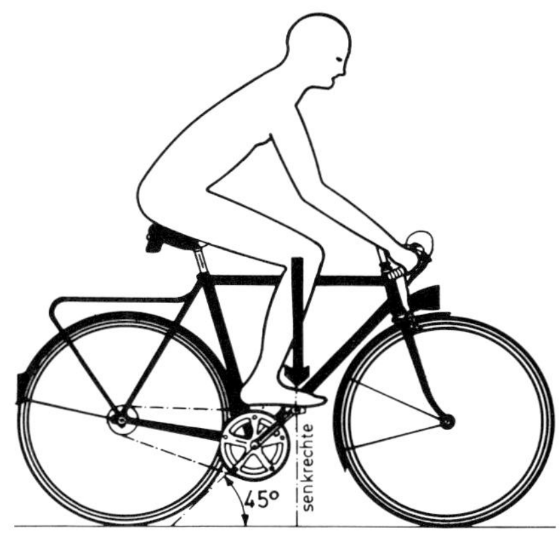

Abb. 156: Hohe Kraftentfaltung in Pedalstellung 45° mit Fußballen auf dem Pedal und Beinstellung im Kniegelenk senkrecht über Pedalmitte.

Fußspitze nicht mit dem Schutzblech kollidieren, was zu Unfällen führen müßte. Deshalb ist der Mindestabstand von der Pedalvorderkante bis zum Schutzblech oder Reifen des Vorderrades mit 89 mm (DIN 79100 und 79110) und bei BMX

[11] Komponente = Bestandteil eines Ganzen, hier mitwirkende (mitbestimmende) Teilkraft
[12] Totpunkt = Kurbel-Endlage

(DIN 79 105) mit 120 mm vorgeschrieben (s. hierzu Abb. 114, „Merkmale eines DIN-Fahrrades“).

Wie die Lage des Tretlagers und die Sitzposition des Fahrers (Länge und Stellung des Sitzrohrs) eingegrenzt sind, so ist auch die Ausführung des Lenkkopfs nach Länge und Winkel weitgehend vorbestimmt. Der günstigste Lenkkopfwinkel wird durch Fahrversuche im Hinblick auf bestmögliche Fahreigenschaften und leichte Lenkung ermittelt. Erfahrungswerte liegen, wie bereits gesagt, zwischen 63° und 67°.

Die kürzestmögliche Baulänge des Lenkkopfs, die noch eine stabile Vordergabel-Lagerung gewährleistet, resultiert aus dem Mindestabstand der beiden Lenkungslager. Aus Sicherheitsgründen sollte die Mindestlänge eines Lenkkopfs 120 mm sein. Bei Rädern mit großen Sitzhöhen, vor allem bei Rennsport-Rahmen, werden bei gleicher Winkelstellung des Vorderrahmens längere Lenkköpfe erreicht, die einen größeren Lenkungslager-Abstand ermöglichen und dadurch für Rahmen und Vordergabel-Lagerung Vorteile bringen (s. Abb. 157).

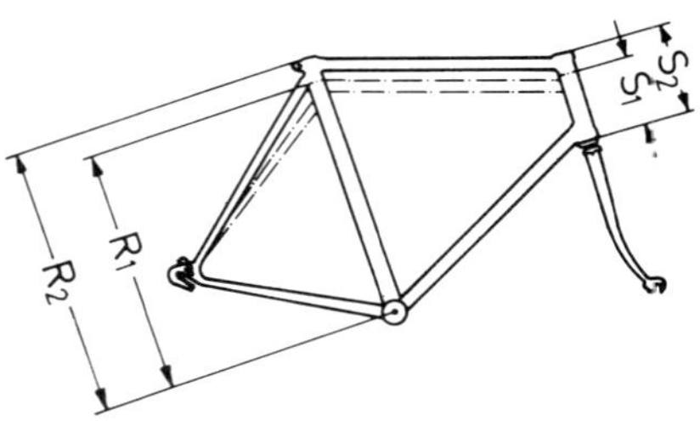

Abb. 157: Rahmenhöhe R_1, R_2 und Lenkkopflänge S_1, S_2.

Für die Rahmenkonstruktion ist ein zeichnerischer Aufriß notwendig. Aus Preis- und Beschaffungsgründen dürfen für die benötigten „Halbzeuge“ (Rohre, Bandstähle, Bleche) nur Norm-Abmessungen eingeplant werden. Für den Anbau handelsüblicher Zubehörteile (Schutzbleche, Pumpen, Werkzeugdosen usw.) muß der notwendige Einbauraum vorgesehen werden. Durch die sogenannten „festen Punkte“ (wie Radgröße, Radstand, Vorderrad-Nachlauf, Rahmenhöhe, Sitzposition mit Tretlager, Lenkkopf-Höhe und -Winkel) liegt praktisch die Rahmengeometrie fest, womit nicht nur die Winkel, sondern auch die Rohrlängen, die sich dabei ergeben, bestimmt sind. Aus den Konstruktionszeichnungen des Rahmens ist außer den Rohrabmessungen auch ersichtlich, daß zwischen reinen Rohrlängen und den Maßen von Winkelscheitelpunkt zu Winkelscheitelpunkt unterschieden werden muß. Bei den reinen Rohrlängen (auch „Abstechlängen“ genannt) handelt es sich um die Länge über alles, das heißt, von der einen äußersten Rohrendenkante zur anderen. Die einbaufertigen Rohre aber sind an den Enden nicht rechtwinklig gerade abgeschnitten, sondern ausgespart. Größe und Form der Aussparung richten sich nach dem anstoßenden Gegenrohr. Diese Aussparungen werden ausgestanzt (was in der Werkstatt „Ausklinken“ genannt wird), siehe Abb. 158.

Der Arbeitsaufwand für das Ausklinken ist gerechtfertigt und hat verschiedene Gründe. In den Rahmen-Verbindungsteilen werden an den Muffen optimal lange, tragfähige Verbindungssitze und damit größere Hartlötflächen erreicht. Die Rohre können bei der Erwärmung durch den Lötvorgang nicht wandern, und der Rahmen bleibt maßgerecht. Außerdem werden Einrichten und Zusammenpressen der Rahmenbauteile vor dem Hartlöten erleichtert und das früher übliche „Verstiften“ durch stramm sitzende Drahtstifte in einer modernen Serienfertigung überflüssig.

Rückgrat eines Fahrradrahmens sind die Rahmenrohre. Von der Rohrqualität hängt weitgehend Belastbarkeit und Gewicht des Rahmens und somit die Sicherheit des Fahrers ab. Wird ein Fahrradrahmen aus Stahlrohren hergestellt, soll nach den Fahrrad-Normen (DIN 79 100, 79 110 und 79 105) der Ausgangswerkstoff mindestens den Präzisionsstahlrohr-Normen DIN 2393 Teil 1 und 2 oder DIN 2394 Teil 1 und 2 entsprechen (mindestens 360 N/mm² Zugfestigkeit). Andere Werkstoffe dürfen verwendet werden, wenn die daraus erstellten Rahmen-Konstruktionen mindestens die gleichen Anforderungen erfüllen. Die deutschen Rahmen-Hersteller verwenden heute für normale Kinder-, Touren-, Sport- und preisgünstige Rennsport-Rahmen vorwiegend geschweißte Stahlrohre anstelle der früher üblichen nahtlos gezogenen Rohre. Durch verbes-

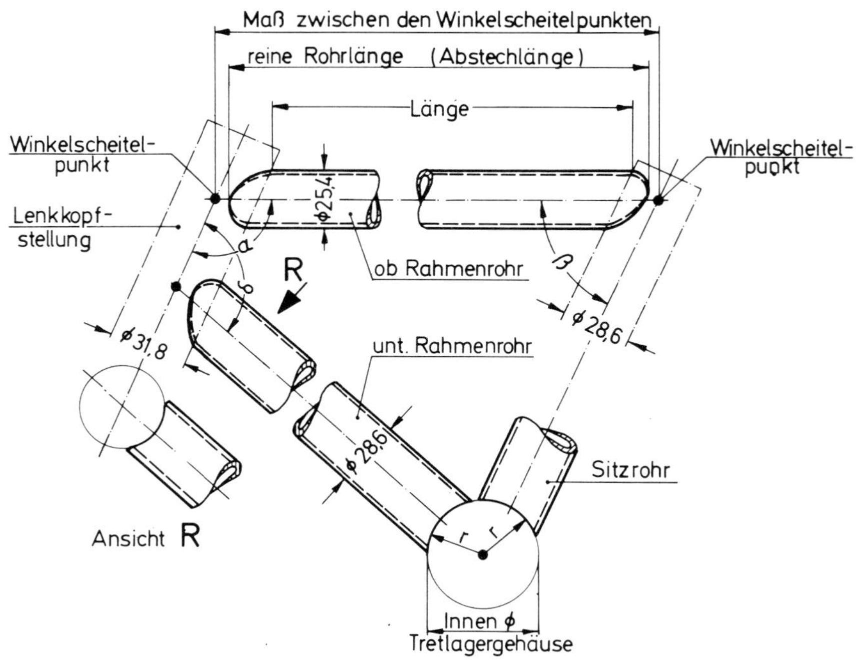

Abb. 158: Länge und Ausklinkung der Rahmenrohre.

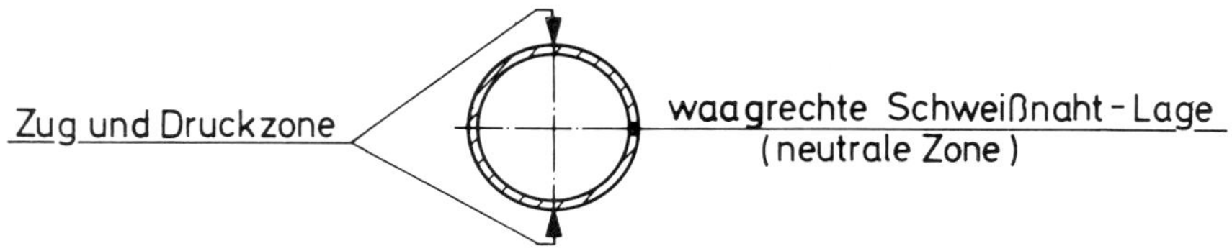

Abb. 159: Neutrale Lage der Schweißnaht.

serte Herstellungsverfahren sind heute die geschweißten Stahlrohre den nahtlos gezogenen fast gleichwertig. Die aus genau gewalzten Bandstählen gerollten, an der Stoßfuge elektrisch verschweißten, kalt nachgezogenen und kalibrierten Rohre sind für normale Fahrradrahmen deshalb völlig ausreichend. Bei den angeführten Arbeitsgängen erfolgt die Verformung des Werkstoffs auf kaltem Weg und die Verschweißung so schnell (durch Hochfrequenz), daß die durch die Kaltverformung erzielte, natürliche Härte nur an der Schweißnaht geringfügig abfällt.

Dem Festigkeitsabfall an der Schweißnaht des Rohres wird im allgemeinen dadurch begegnet, daß beim Rahmen-Zusammenbau die Schweißnaht waagerecht, außerhalb der auf Zug und Druck beanspruchten Rohrzone, gelegt wird (s. Abb. 159).

Ein Vorteil der geschweißten Rohre ist außer dem günstigen Preis die unbedingt gleichmäßige Wanddicke, die durch die genau gewalzte Dicke des verwendeten Bandstahls gewährleistet ist.

Im Fahrradbau werden bevorzugt Stahlrohre nach den Normen DIN 2391, 2393 und 2394 verwendet. Darin sind Herstellungsart, technische Lieferbedingungen, Maße und zulässige Maßabweichungen, Oberflächenbeschaffenheit, Werkstoffgüte und Behandlungszustand der Stahlsorten festgelegt:

nahtlose Stahlrohre DIN 2391
geschweißte Stahlrohre DIN 2393
geschweißte Stahlrohre mit Innenschweißnaht DIN 2394 (s. Abb. 160).

Die Rohre für den Vorderrahmen sind in folgenden Abmessungen gebräuchlich:

obere Rahmenrohre 25,4 × 1,2-0,1 Außen-∅ nach DIN 2393, Innen-∅ mit Innenschweißnaht nach DIN 2394

untere Rahmenrohre 28,6 × 1,2-01 Außen∅ nach DIN 2393, Innen-∅ mit Innenschweißnaht nach DIN 2394

Sitzrohre 28,6 × 1,2-0,1 nach DIN 2393 (Innenschweißnaht wegen Sattelstütze nicht brauchbar.)

Von den Fahrradrohr-Herstellern wird die für den Rohrdurchmesser zulässige Toleranz ± 0,08 nach DIN 2393 nur zur Hälfte beansprucht. Dadurch wird mit den Rahmen-Verbindungsteilen (Muffen) ein leichter Festsitz und somit guter Messingfluß (Kapillarität)[13] beim Hartlöten erreicht.

Die „krummen" Maße bei den Rohrdurchmessern (25,4 und 28,6 mm) stammen noch aus den früher im Fahrradbau dominierenden Abmessungen in englischen Zoll[14].

Der Rohr-Werkstoff muß sich für Ober- und Unterrohre von Damenrahmen kalt biegen lassen, wozu eine hohe Bruchdehnung notwendig ist. Die Rohre müssen zum Löten und Schweißen geeignet sein. Dazu wird die Werkstoffsorte St 37-2 bevorzugt, für höhere Ansprüche St 52-3 mit geringerer Wanddicke (1,0 mm aus Gewichtsgründen).

Für den Bau von hochwertigen Fahrradrahmen haben sich die nahtlosen Präzisionsrohre aus Chrom-Molybdänstahl 25CrMo4 (für Mountain-bike, Leichtlauf-, Tandem- und Rennsporträder) und 34CrMo4 (für Rennräder) von Mannesmann gut bewährt.

Diese hochfesten Stahlsorten gestatten aufgrund der höheren mechanischen Werte dünnere Rohrwanddicken. Somit werden bei den hochwertigen Fahrradrahmen Gewichtsreduzierungen und noch höhere Belastbarkeit gegenüber den herkömmlichen, im Fahrradbau verwendeten Stahlrohren (z. B. St 37-2, Wanddicke 1,2 mm) ermöglicht.

Die Legierungselemente Chrom und Molybdän verleihen den Vergütungsstählen 25CrMo4 und 34CrMo4 nach DIN 17200 besonders gute mechanische Eigenschaften. Diese Präzisionsstahlrohre genügen in vollem Umfang den Wünschen der Radsportler und bieten:

Hohe Fahrstabilität durch gezielte Positionierung der Widerstandsmomente bei geringem Rahmengewicht.

Überdurchschnittliche Biegewechsel- und Torsionswechselbelastbarkeit (besonders beim Antritt am Berg und im Spurt) durch spezielle Reinheit und Feinkörnigkeit dieser Stahlsorten.

Die dem nahtlosen Präzisionsstahlrohr eigene riefenarme Oberfläche beeinflußt die Dauerbelastbarkeit positiv. Auch der Oberflächenveredelung (z. B. beim Verchromen des Rahmens) kommt diese Eigenschaft zugute.

Rohrbezeichnung

Nahtlose Präzisionsstahlrohre nach DIN 2391/C
(Gütegrad C: Rohre mit Sonderbehandlung)
Stahlsorte: 25CrMo4 oder 34CrMo4 DIN 17200
Rohrlieferzustand: BK + A (= blank und angelassen)

Mechanische Eigenschaften der Rohre (Mindestwerte)

25CrMo4:

Zugfestigkeit R_m (σ_B) = mind. 770 N/mm²

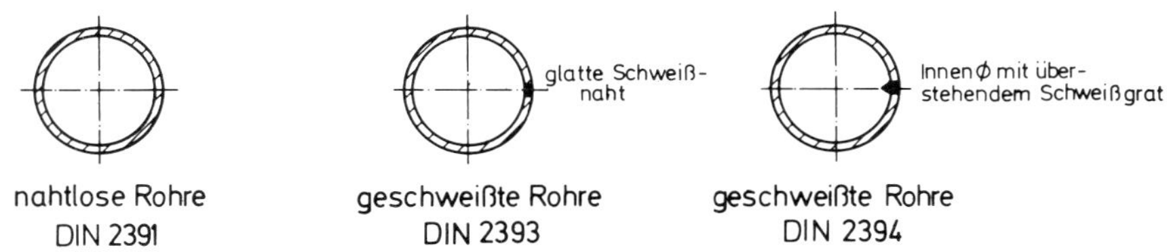

Abb. 160: Stahlrohre nach DIN.

[13] Kapillarität = Ansaugfähigkeit in engen Röhren

[14] 1 Zoll = 25,4000 mm

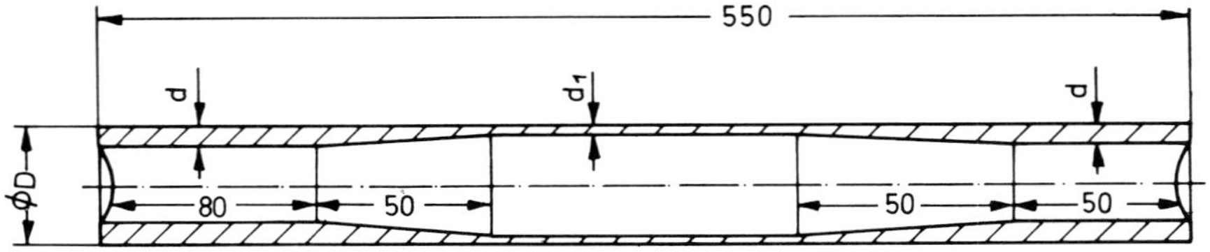

Abb. 161: Doppelt konifiziertes Rohr (Champion).

Ø D	d	d_1	Gew. (g)
25,4	0,6 0,8 0,9 1,0	0,3 0,5 0,6 0,7	160 240 274 309
28,6	0,6 0,8 0,9 1.0	0,3 0,5 0,6 0,9	180 295 340 380

Tabelle zu Abb. 161

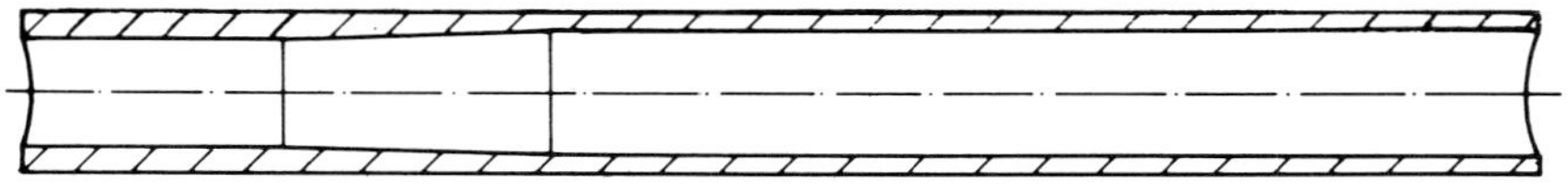

Abb. 162: Einfach konifiziertes Rohr, meist für Sitzrohre verwendet.

(σ_B = mind. 78,5 kg/mm²)

Streckgrenze R_p (σ_S) = mind. 700 N/mm²
(σ_S = mind. 71,4 kg/mm²)

Bruchdehnung A_5 ($\triangle_5$) = mind. 12%

Kerbschlagarbeit = mind. 55 Joule

Abmessungen

ob. Rahmenrohr	Ø 25,4 × 0,7
unt. Rahmenrohr	Ø 28,6 × 0,8
Sitzrohr	Ø 28,6 × 0,8

34CrMo4:

Zugfestigkeit R_m (σ_B) = mind. 870 N/mm²
(σ_B = mind. 88,7 kg/mm²)

Streckgrenze R_p (σ_S) = mind. 800 N/mm²
(σ_S = mind. 81,6 kg/mm²)

Bruchdehnung A_5 ($\triangle_5$) = mind. 12%

Kerbschlagarbeit = mind. 55 Joule

Abmessungen

ob. Rahmenrohr	Ø 25,4 × 0,55
unt. Rahmenrohr	Ø 28,6 × 0,65
Sitzrohr	Ø 28,6 × 0,65

Bei Einrohr-Rahmen wird das Hauptrohr
- für Klapp-, Zerleg- und Familienräder aus St.-Rohr 40 × 2 DIN 2393 oder 2394, St 37-2 NBK (normalisiert, blank gezogen) oder St 37-2 G (= geglüht), siehe Rahmen-Zeichnung Abb. 248,
- für Kinderräder aus St.-Rohr: 35 × 1,5 DIN 2393 oder 2394, St 37-2 NBK oder St 37-2 G, (s. Rahmenzeichnung Abb. 249)

hergestellt.

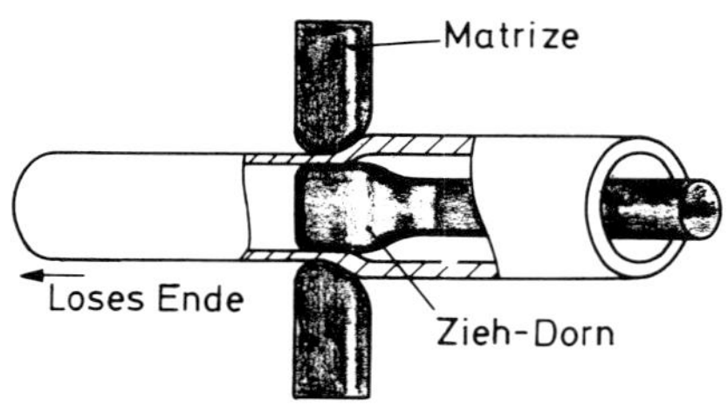

Abb. 163: Herstellungsvorgang endverstärkter Rohre.

Aus Gewichtsgründen werden für die Rahmen der Rennräder der gehobenen Preisklasse nahtlose Rahmenrohre mit extrem niedrigen Wanddicken verarbeitet. Durch die verringerten Wanddicken vermindert sich das Widerstandsmoment der Rohre. Zum Ausgleich werden hochlegierte Spezialstähle mit über 800 N/mm² Zugfestigkeit verwendet, meist die Werkstoffsorten Chrom-Molybdän oder Mangan-Molybdän, wie in der Luftfahrtindustrie gebräuchlich. Die Rohrenden, die in den Verbindungsmuffen stecken und mit diesen hart verlötet werden, sind verdickt. Diese endverstärkten Spezialrohre nennt man „konifizierte" Rohre.

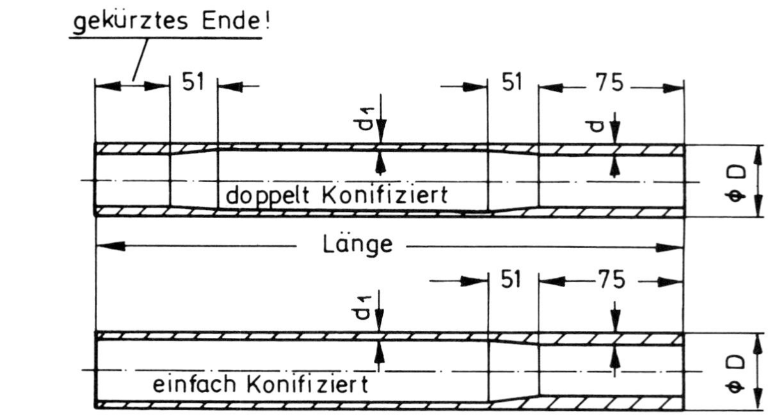

Abb. 164: Konifizierte Reynolds-Rohre, mangan/molybdän-legiert.

Typ	d	d_1	D + 0,03 − 0,13
Reynolds 531	0,8 mm	0,56 mm	26 und 25,4 mm
Reynolds 531 SL	0,7 mm	0,56 mm	28 und 28, 6 mm
Reynolds 753	0,7 mm	0,38 mm	28 und 28,6 mm

Tabelle zu Abb. 164

Doppelt konifizierte Rohre (s. Abb. 161 und 164) haben die Verdickung an beiden Enden, die einfach konifizierten (Abb. 162 und 164) nur an einem Ende. Für superleichte Rennrahmen können konifizierte Rohre, deren Wanddicke am verstärkten Rohrende 0,6 und an der Verjüngung 0,3 mm beträgt, eingesetzt werden.

Weil äußerlich solche Spezialrohre am Rahmen vom Käufer nicht erkennbar sind, werden von den Rohrherstellern Etiketten mit den Rohr-Qualitätsmerkmalen mitgeliefert, die gut sichtbar am Rahmen als Gütesiegel aufgeklebt werden. Den Käufern von Renn-Rädern sind Rohr-Marken wie Champion, Columbus, Super Vitus, Ishiwata, Mannesmann, Reynolds – oder sogar Rahmen aus Titanrohren – ein fester Begriff.

Chemische Zusammensetzung in Prozenten für die Stahlsorte CrMo (Chrom-Molybdän) der „Champion"-Rohre

C (Kohlenstoff) = 0,26–0,33%
Si (Silicium) = 0,15–0,35%
Mn (Mangan) = 0,40–0,85%
Mo (Molybdän) = 0,15–0,25%
Cr (Chrom) = 0,8–1,2%
S (Schwefel) = 0,03% maximal
P (Phosphor) = 0,03% maximal
Fe (Eisen) = Rest

Dieser Werkstoff entspricht der deutschen Stahlsorte 34 CrMo 4 DIN 17200 (und der USA-Sorte 4135). Für die Schweißung dieser Rohre wird der Schweiß-Zusatzwerkstoff (Schweißelektrode) CrMo1 DIN 8575 empfohlen.

In Abb. 163 ist schematisch der Herstellungsvorgang endverstärkter Rohre dargestellt. Dieses Verfahren, der sogenannte „Butting Process" (Stauchungsverfahren), wurde 1935 von der Firma Reynolds erfunden und dann weiterentwickelt.

Der Spezialrohrsatz „Columbus SLX" für Profi-Rennrahmen aus Chrom-Molybdänstahl hat, wie konifizierte Rohre auch, zwei unterschiedliche Wanddicken (0,9 – 0,6 mm), jedoch noch zusätzlich im Rohrinnendurchmesser fünf schrägsitzende Verstärkungsrippen (3,5 mm breit und 0,35 mm hoch), die je nach Rahmenrohr bis zu 150 mm lang im Muffen- und Tretlagergehäusebereich angeordnet sind (Abb. 165).

Dagegen sind die beiden Hintergabelrohre nur in einer Wanddicke (0,7 mm) ausgeführt, am Tretlagergehäuseanschluß aber auch mit fünf maßlich gleichen Verstärkungsrippen versehen, die jedoch in Längsrichtung der Rohre stehen (Abb. 165 Einzelheit „E").

Die Vorteile dieser Rohre sind ein größeres Widerstandsmoment und eine höhere Dauerbelastbarkeit des Rennrahmens. Deshalb sind diese Rahmen nützlich für Fahrer mit einem besonders kräftigen Pedaltritt am Berg und beim Spurt.

Durch die Verstärkungsrippen wird auch eine verdickte Rohrzone erreicht, die das Anlöten des dickeren Haltewinkels für den Kettenwerfer an die dünnere Rohrwand begünstigt (Abb. 165 Teilschnitt „S").

Für muffenlose Fahrradrahmen (auch MTB) wurden neue Rahmen-Rohrsätze (mit höherem Widerstandsmoment) zum Teil mit asymmetrischen Querschnitten entwickelt.

Wuchtig aussehende ovalförmig gepreßte Rohre, hergestellt aus sehr dünnwandigen Rohrstücken (0,7 – 0,4 – 0,7 mm Oberrohr, 0,8 – 0,5 – 0,8 mm Unterrohr), beginnen z. B. am Lenkkopf mit einem längsovalen Querschnitt und enden mit querovalem Profil am Sitzrohr.

Diese Exoten sorgen für einen harmonischen Rohrübergang an den Anschlußstellen (Lenkkopf, Sitzrohr und Tretlagergehäuse) beim hartgelöteten muffenlosen Rahmen.

Gravierende Unterschiede in der Festigkeit zu gemufften Rahmen mit runden Rohren sind nicht zu erkennen.

Unter dem Namen „Mangaloy" (Mangan-Aluminium-Rohr) hat Tange ein hochfestes Rahmenrohr mit annähernden Festigkeitswerten wie CrMo-Rohre gebracht.

Nach Angaben des Herstellers lassen sich diese Rohre gut schweißen und leichter als CrMo-Qualitäten verarbeiten.

Lieferbar sind die Abmessungen 25,4 × 1,3 – 36,6 × 2,0 – 15,9 × 1,3 mm.

Die legierten Stahlrohre werden mit den Verbindungsteilen von Hand mit niedrig schmelzendem Silberlot hart verlötet. Durch die kurzzeitige geringe Erwärmung beim Lötvorgang versprödet der Rohr-Werkstoff nicht und wird auch bei

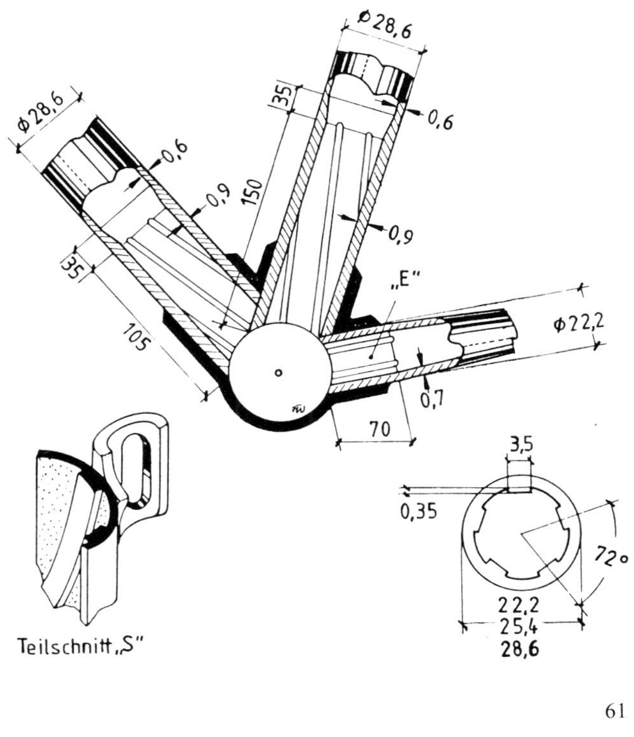

Abb. 165: Rahmenrohrsatz „Columbus SLX".

Abkühlung in der Raumtemperatur nicht aufgehärtet.

Unter „Rahmen-Verbindungsteilen" versteht man im allgemeinen nur die Verbindungsteile des Vorderrahmens, die sogenannten Muffen (obere und untere Lenkkopfmuffe, Sitzkopfmuffe und Centermuffe) sowie das Tretlagergehäuse.

Jedoch zählen auch alle Teile, die helfen, den Rahmen zu einem Ganzen zu verbinden, zu den Rahmen-Verbindungsteilen, wozu die Ausfallenden, der untere Rahmensteg, die obere Stegplatte (auch als Pletscherplatte nach ihrem Erfinder benannt) ebenso gehören wie die Rohrstege.

Die Anschweißteile wie Pumpenhalter, Winkel für Kettenschützer, Ösen für Seilzüge usw. werden dagegen als Kleinteile bezeichnet.

Es erscheint notwendig, an dieser Stelle darauf hinzuweisen, daß sich in der Fahrradbranche für Lenkungsteile und die Lenkung selbst Bezeichnungen eingebürgert haben, die den Begriff „Steuerung" enthalten: Steuerkopf, Steuerlager, Steuerwinkel, Steuerung. Diese Bezeichnungen sind falsch. Denn unter „Steuerung" versteht man im Maschinen- und Kraftfahrzeugbau die „zwangsläufige Steuerung eines Arbeitsablaufs", wie es z. B. die Betätigung der Ventile über Nockenwelle-Stössel-Stoßstangen-Kipphebel im Viertaktmotor ist.

Die richtige Bezeichnung für die Einrichtung (und die zugehörigen Bauteile), die der Fahrtrichtungs-Haltung bzw. -Änderung dienen, ist „Lenkung". Deshalb muß es auch auf dem Zweirad- bzw. Fahrrad-Sektor richtig heißen: „Lenkung", „Lenkkopf", „Lenkkopfmuffen", „Lenkkopfrohr", „Lenkungslager", „Lenkwinkel" usw.

Die Muffen

Die Rahmen-Muffen haben eine lange Entwicklungszeit hinsichtlich ihrer Herstellungsart, ihrer Formgestaltung und des verwendeten Werkstoffs hinter sich. Durch verbesserte Löt- und Schweißverfahren schienen sie überflüssig zu werden. Aber geschweißte Fahrradrahmen konnten sich – außer als Kinder-, Klapp-, High-Riser- und BMX-Rahmen – im Gegensatz zum Motorradbau nicht durchsetzen. Mehr noch als früher dominiert die Außenmuffen-Verbindung.

Man unterscheidet Innen- und Außen-Muffung. Der Unterschied geht schon aus der Benennung hervor. Bei der Innenmuffung sitzt das Verbindungsteil in den Rohren, die Lötfuge liegt zwischen den Innenwänden der Rohre und der Muffe. Bei der Außenmuffung stecken die Rohre in den Muffenstutzen, und die Lötfuge liegt zwischen Rohraußenwand und Muffenstutzen.

Früher hat man die Innenmuffung auch als „Innenlötung" bezeichnet. In den dreißiger Jahren waren solche Rahmen Modesache. Für die endgültige Bevorzugung der Außenmuffung waren hauptsächlich fertigungstechnische und Kosten-Gründe maßgebend. Außerdem wurde die äußerlich nicht sichtbare Innenmuffung von vielen Käufern und sogar von manchen Händlern als ungemuffte, billige Rahmenausführung bezeichnet – und wurde so zum Verkaufshindernis (Abb. 166).

Bei der Außenmuffung ist das Hartlöten problemloser. Die Rohraußenwände erwärmen sich schneller, der Lotfluß läßt sich genauer verfolgen und kontrollieren, die Lötung ist dadurch sicherer. Wir beschränken uns deshalb hier auf die Besprechung von Außenmuffen.

Fahrrad-Muffen sind keineswegs nebensächliche Bauteile. Tatsächlich hängen von ihrer Güte Festigkeit und Lebensdauer des Fahrrad-Rahmens nicht weniger als von der Rohrqualität ab. Als Ausgangswerkstoff werden je nach Herstellungsmethode der Muffen

Tiefziehblech (USt 1403)
weiche Kaltbandstähle (St 4 L G DIN 1624)
nahtlose Stahlrohre (DIN 2391 St 34-2 G oder BKW)

verarbeitet. Die früher häufig verwendeten Muffen aus Temperguß (GTW 40 S DIN 1692) sind fabrikationsmäßig zu teuer und deshalb schon seit Jahren nicht mehr im Angebot der Zuliefer-Industrie.

Durch den Tretantrieb entstehen im Rahmen des Fahrrades sehr große, wechselnde Verwindungs-Beanspruchungen. Eigentlich müßte jede Stelle am Rahmen, auch jede Verbindungsstelle, den jeweiligen, durch Kraft und Hebelarm bedingten Beanspruchungen gemäß bemessen und gestaltet sein, damit der Rahmen diese Belastungen gleichmäßig aufnehmen kann. Praktisch ist das aber nicht realisierbar.

Es muß jedoch dafür gesorgt werden, daß jeder krasse Übergang von einem dünneren auf einen wesentlich dickeren Querschnitt vermieden wird, da sonst an diesen Stellen gefährliche Spannungen auftreten und zum Bruch des schwächeren Bauteils führen können. Die Rahmenverbindungsteile sollen aus diesem Grund nicht nur möglichst dünnwandig sein, um den Querschnitts-Unterschied zwischen Rohr und Muffenstutzen (einschließlich dem darin eingelöteten Rohrende) möglichst gering zu halten. Sie sollen außerdem noch über die nötige Elastizität verfügen, um die Aufnahme der Verwindungskräfte nicht allein den Rohrenden zu überlassen, sondern ebenfalls daran teilzunehmen. Auch das dient dem Schutz der gefährdeten Übergangsstelle vom geringeren auf einen dickeren Querschnitt. Besonders gut bewährt haben sich Muffen, die „kaltverformt" hergestellt sind.

Aber auch Form und Gestaltung der einzelnen Rahmenverbindungsteile sind aus mehreren Gründen wichtig. Sie müssen nicht nur in ihrer Festigkeit bei gleichzeitig ausreichender Elastizität den auftretenden Beanspruchungen entsprechen, sondern auch werkstoffgerecht konstruiert sein. Das heißt, daß die Form so ausgebildet und gestaltet sein muß, daß bei der Kaltverformung des vorgestanzten Teils („Platine") durch Biegen, Prägen, Ziehen, Drücken oder Pressen innerhalb des Werkstoffs keine Risse, übermäßige Verdünnungen, Spannungen oder sonstige, die Festigkeit mindernde Auswirkungen auftreten können.

Besondere Beachtung verlangt die Einhaltung der vorgegebenen Winkel zwischen den einzelnen Muffen-Stutzen. Dort wird beim Kaltverformen des planen Stanzteils der Werkstoff besonders stark beansprucht. Ist er dieser Verformung nicht gewachsen, so treten an diesen Stellen Anrisse auf, die im Fahrbetrieb dann sehr schnell zu Rahmenbrüchen führen können.

Die Rahmenverbindungsteile, besonders Tretlagergehäuse und Muffen, werden vorwiegend von Spezialfirmen hergestellt. Diese Betriebe haben in Konstruktion und Kaltverformungstechnik für die Fertigung solcher Muffen sowie mit dem dazu notwendigen Werkstoff teilweise jahrzehntelange Erfahrungen. Dazu sind natürlich auch ein moderner Maschinenpark für die Arbeitsfolgen der Kaltverformung sowie teure und komplizierte Werkzeuge für die Stanz-, Zieh-, Biege-, Preß- und Schweiß-Arbeitsgänge erforderlich.

Muffenbrüche gehören heute der Vergangenheit an, obwohl die Muffen im Laufe der Jahre immer dünnwandiger, leichter, zierlicher und filigraner geworden sind. Durch Spezialisierung ist es heute möglich, für die verschiedenen Rahmenbauarten (Touren – Sport – Rennsport) optimal gestaltete Verbindungsteile einzusetzen.

Die Bezeichnungen der Muffen für Herren- und Damen-Vorderrahmen sind aus Abb. 167 und 168 ersichtlich.

Muffen für Tourenrahmen

Für Tourenrahmen werden einfache, schlichte Muffen ohne Verzierung und schmückende Aussparungen verwendet. Die Rohrstutzenenden sind gerade ausgeführt und seitlich nicht ausgeschnitten. Der Übergang vom Stutzen zum Rahmenrohr ist daher bei den Tourenmuffen nicht ideal, sondern zu schroff (s. Abb. 169 und 170, die Zeichnungen einer oberen und einer unteren Lenkkopfmuffe für einen Herren-Tourenrahmen zeigen).

Die Fertigung der Tourenmuffen erfordert die gleiche Präzision wie die der Sportrahmen-Muffen, wobei eine Reihe von Arbeitsgängen notwendig ist. Zuerst wird die Abwicklung der Muffe, ein planes Stück (Platine), aus einem 1,5 mm dicken Stahlblechstreifen gestanzt. Das Verformen der Platine zur Muffe geschieht in mehreren Arbeitsfolgen durch Prägen, Drücken und Pressen. Die entstehende Trennfuge oben

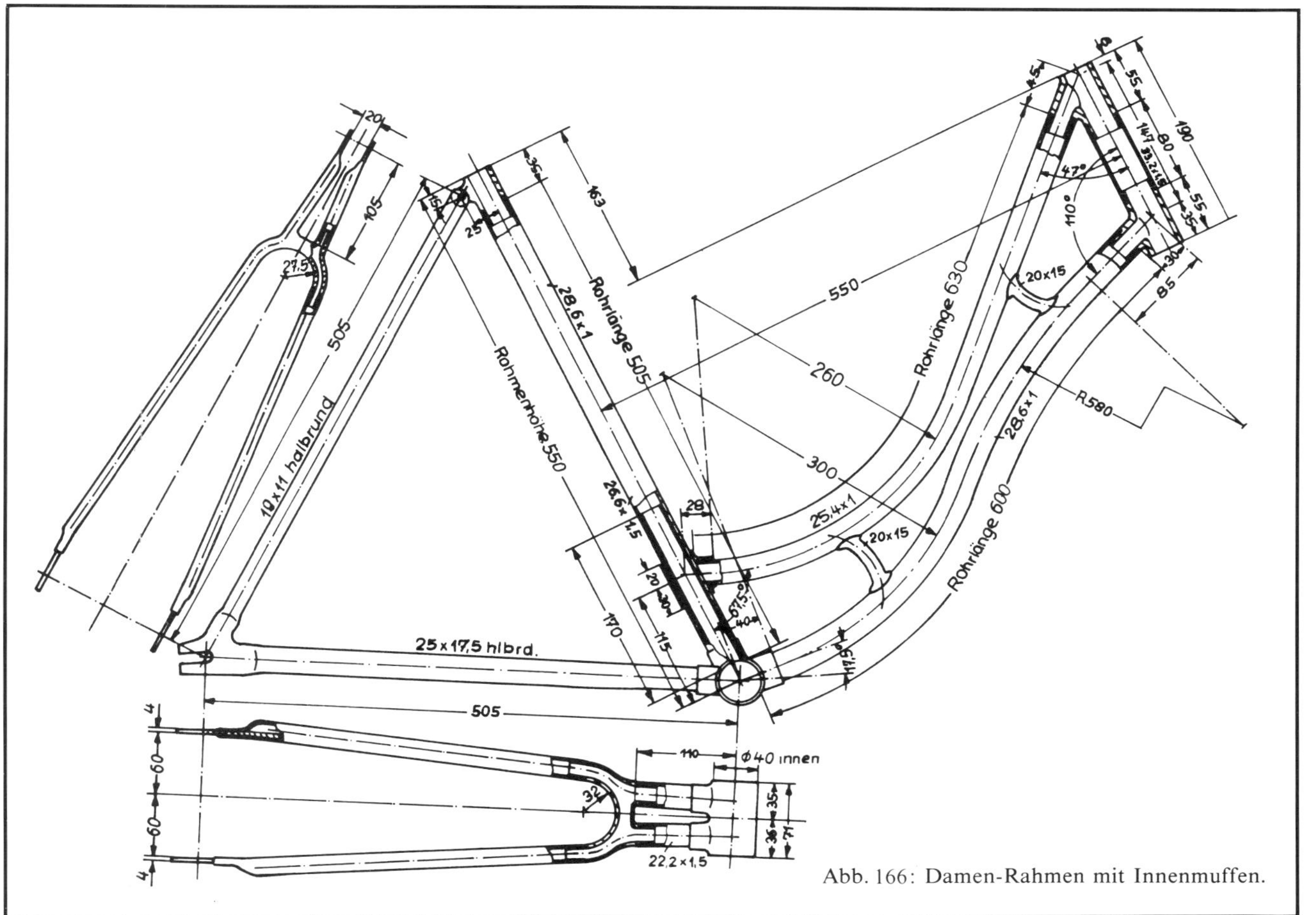

Abb. 166: Damen-Rahmen mit Innenmuffen.

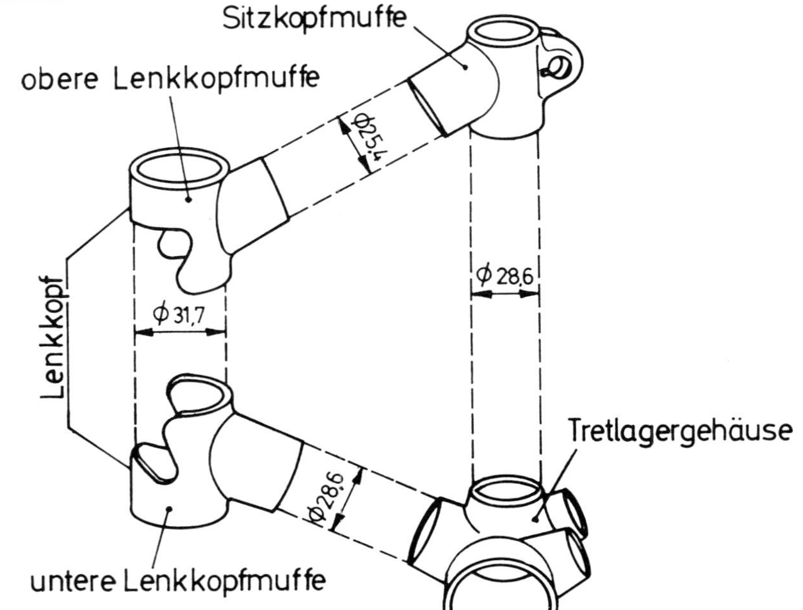

Abb. 167: Muffen für Herren-Tourenvorderrahmen.

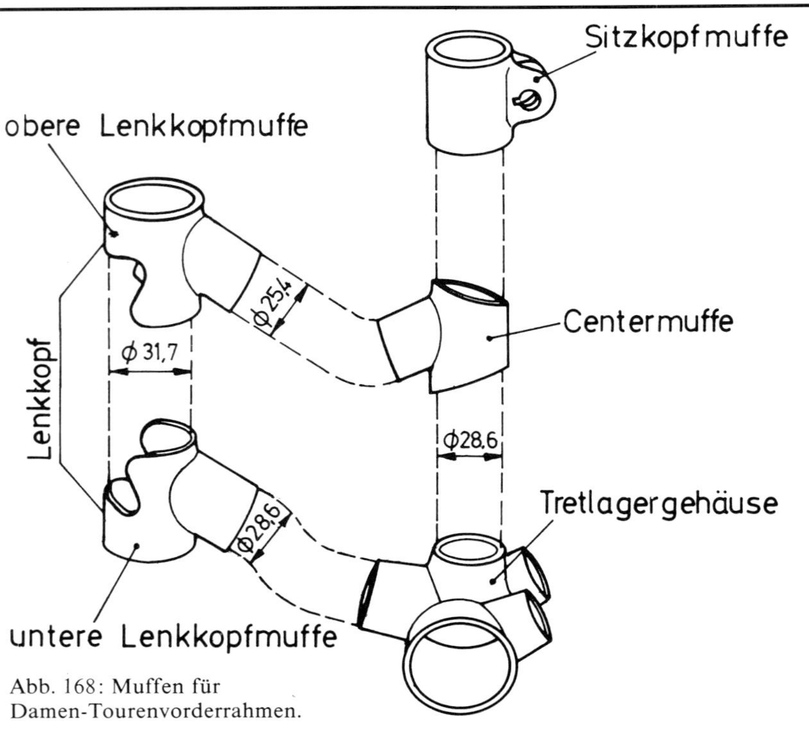

Abb. 168: Muffen für Damen-Tourenvorderrahmen.

und unten am Stutzen wird maschinell verschweißt, wobei ein Formverzug eintritt. Dann wird die überstehende Schweißnaht verschliffen, und die Durchmesser werden mit einer Spezialmaschine ausgedreht oder ausgerieben. Von einer Muffe aus moderner Fertigung wird eine Genauigkeit der einzelnen Bohrungen nach den ISO-Toleranztabellen[15] H 10 (siehe Abb. 1137) und eine Toleranz für die Winkelstellung der Stutzen von ± 15′ (Minuten)[16] gefordert. Das ist aus zwei Gründen erforderlich.

1. Die einzelnen Rahmenteile werden in Vorrichtungen auf das festgelegte Baumaß zusammengepreßt. Damit sich die halbfertige Baugruppe beim Transport in der Werkstatt von der einen zur nächsten Arbeitsoperation maßlich nicht verändert, ist Festsitz in den Verbindungsstellen (Muffe und Rohr) erforderlich. Solche Festsitze sind aber nur durch genau gefertigte Bauteile, die sich innerhalb von festgelegten Maßabweichungen (Toleranzen) bewegen dürfen, möglich. Früher wurden die montierten Einzelteile, bei leichteren Verbindungssitzen, durch stramm eingeschlagene Drahtstifte oder Punktschweißungen gesichert. Das ist aus Kostengründen heute nicht mehr möglich.

2. Für eine sichere, haltbare Hartlötung sind die Passungen der zu verlötenden Verbindungsteile (Rohr und Stutzen) sehr wichtig. Durch die – bereits erwähnte – Kapillarwirkung beim Lötvorgang wird das Lötgut (Messing- oder Silberlot) zwischen Rohr und Stutzen gesaugt. Eine Kapillarität kann sich aber nicht entwickeln, wenn eine zu stramme Preßverbindung (zu große Überdeckung) oder eine zu weite, lose Paarung (Spalte) an den Lötstellen vorhanden ist. Die ideale Passung für die Hartlötung wäre ein leichter Haftsitz. Aber ein solcher würde kleinste Bearbeitungs-Toleranzen erfordern, die in einer normalen, serienmäßigen Rahmenfertigung nur mit hohen Fertigungskosten zu erreichen wären. Für eine gute Hartlötung haben sich in der Werkstattpraxis folgende Toleranzpaarungen bewährt:

[15] ISO ist das Kurzzeichen für internationale Normen und bedeutet INTERNATIONAL ORGANISATION FOR STANDARDISATION

[16] 60 Minuten (′) sind 1° (Grad)

Rohr-Ø 25,4 ± 0,04 mm und Rohr-Ø 28,6 ± 0,04 mm ≙ tatsächlich angewandte Rohrtoleranz der Fahrradrohr-Hersteller ± 0,04 statt der zulässigen Rohr-Toleranz ± 0,08 nach DIN 2393

Muffen-Ø 25,35 H 10 (= + 0,084)
Muffen-Ø 28,55 H 10 (= + 0,084)

Das ergibt Sitze:

Lötstelle mit Rohr 25,4Ø

größtes Rohr 25,44 mm
kleinste Muffe 25,35 mm
= Überdeckung 0,09
(Preß)

größte Muffe 25,434 mm
kleinstes Rohr 25,360 mm
= Lose 0,074
(Luft)

Lötstelle mit Rohr 28,6Ø

größtes Rohr 28,64 mm
kleinste Muffe 28,55 mm
= Überdeckung 0,09
(Preß)

größte Muffe 28,634 mm
kleinstes Rohr 28,560 mm
= Lose 0,074
(Luft)

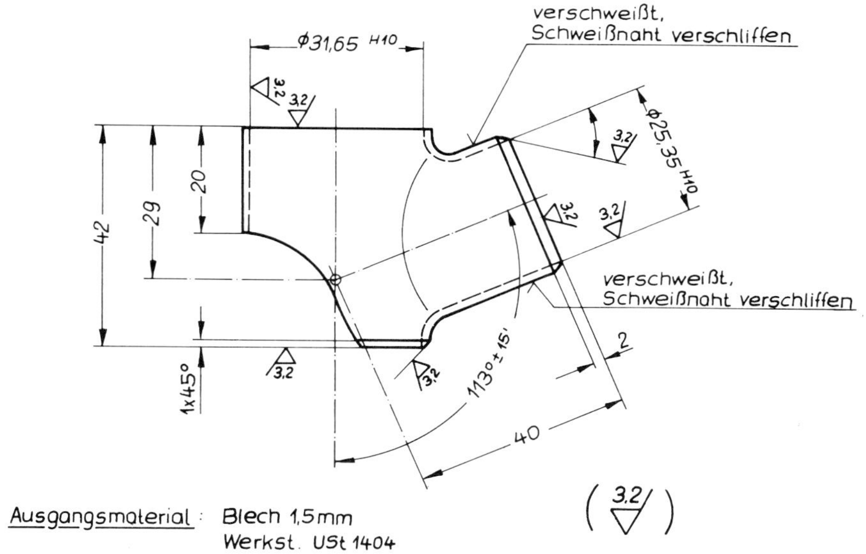

Abb. 169: Obere Lenkkopfmuffe für Herren-Tourenrahmen von Zach.

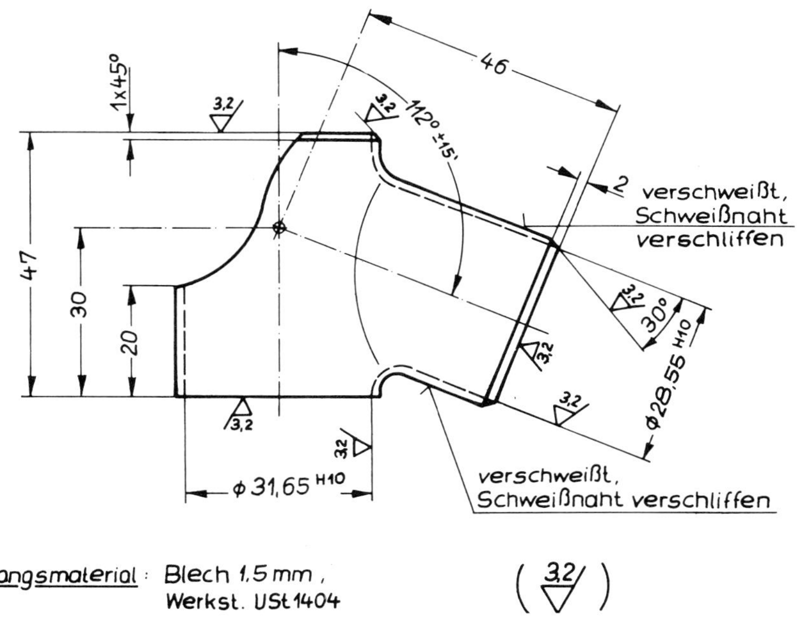

Abb. 170: Untere Lenkkopfmuffe für Herren-Tourenrahmen von Zach.

Diese Paarungen stellen die jeweiligen Grenzwerte dar. In der Betriebspraxis werden mittlere Werte erreicht, die eine haltbare Hartlötung garantieren.

Analog gelten diese Toleranzen auch für die Lötverbindungen Lenkkopfrohr/Lenkkopfmuffe sowie Tretlagergehäuse/Hintergabelrohre.

In der oberen und unteren Lenkkopfmuffe (Abb. 171 und 172) ist das Lenkkopfrohr (31,7 × 1,0 mm) eingepreßt, das bei der Gesamtrahmen-Lötung mit den Lenkkopfmuffen hart verlötet wird. Dieses Bauteil des Rahmens wird als Lenkkopf bezeichnet, er dient zur Aufnahme der Vordergabel.

Damit bei Damenrahmen ein bequemer Durchstieg erreicht wird, muß das Oberrohr schräg nach unten geführt und durch eine Rahmenmuffe („Centermuffe", Abb. 173) mit dem Sitzrohr verbunden werden. (Die Bezeichnung Centermuffe hat sich eingebürgert, weil diese Muffe etwa in der Mitte – Zentrum – des Damenrahmens sitzt.) Die Herstellung der oberen Damenrad-Lenkkopfmuffe und der Centermuffe erfolgt in der gleichen Art und Weise wie die der Herrenrad-Lenkkopfmuffen.

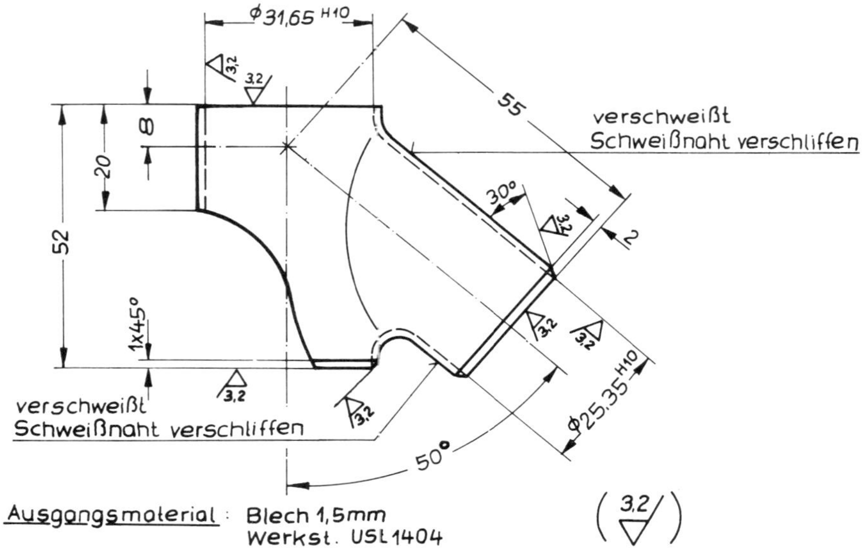

Abb. 171: Obere Lenkkopfmuffe für Damen-Tourenrahmen von Zach.

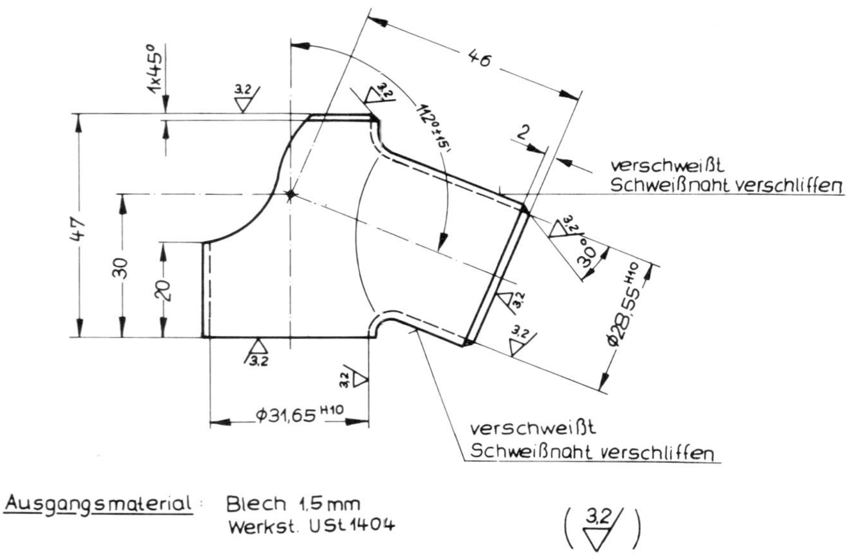

Abb. 172: Untere Lenkkopfmuffe für Damen-Tourenrahmen von Zach.

Die Sitzkopfmuffe

hat eine mehrfache Funktion. Beim Herrenrahmen ist sie das Verbindungsglied vom Ober- zum Sitzrohr, beim Damenrahmen bildet sie den Abschluß des hervorstehenden Sitzrohrs. Die Hinterseite der Sitzkopfmuffe ist als Klemmeinrichtung für die eingeschobene, verstellbare Sattelstütze des Fahrersattels ausgebildet. An der Sitzkopfmuffe sind auch die Hintergabelstreben fest oder schraubbar (beim Tourenrahmen) angeschlossen. Dadurch werden erhebliche Kräfte in diesen Knotenpunkt eingeleitet (s. die Zeichnungen Abb. 174 und 175, die Herren- und Damen-Sitzkopfmuffe zeigen). Die Befestigungslappen des Klemmauges haben ein 9 mm-Loch und linksseitig eine Aussparung zur Aufnahme der Nase am Sattelklemmbolzen. Nach der Gesamtlötung wird der Durchmesser für die einschiebbare Sattelstütze auf das erforderliche Maß gerieben, gebohrt, geräumt oder gedornt. Mittig zum Sitzrohr wird dann die Sitzkopfmuffe mit dem Sitzrohr, mindestens 2 bis 8 mm über die Sitzkopfmuffe hinaus, geschlitzt (s. Abb. 177, 178 und 179). Der Schlitz, 4 – 5 mm breit, muß an der Innenwand der Sitzkopfmuffe stark angeschrägt (entgratet) werden, damit die Oberfläche der Sattelstütze durch die Klemmung nicht beschädigt (verkratzt) wird. Bei Qualitäts-Rahmen wird die Bohrung der Sitzkopfmuffe nochmals kalibriert, um eine riefenfreie, glatte Innenwand zu erzielen. Die Klemmung erfolgt durch den Sattelklemmbolzen mit Mutter (Abb. 176). Der Kopf des Bolzens ist flach und rund, ohne Sechskant und ohne Schlitz. An der Innenfläche hat er eine angepreßte Nase, die sich in die dafür vorgesehene Aussparung im Bolzenloch der Sitzkopfmuffe (beim Touren-Rad im angeschraubten Hinterbau) setzt und den Bolzen gegen Verdrehung sichert. Deshalb braucht nur die Mutter auf der Gegenseite angezogen zu werden. Die Länge des Bolzens richtet sich nach der Breite des zu klemmenden Teils, sein Durchmesser beträgt 8 mm, das Gewinde ist heute M8, um kräftigen Anzug und damit feste Klemmung der Sattelstütze zu erreichen.

Die Fertigung der Sitzkopfmuffe erfolgt in gleicher Weise wie die der Lenkkopfmuffen.

Der Durchmesser der Bohrung in der Sitzkopfmuffe für die Aufnahme der höhenverstellbaren Sattelstütze richtet sich nach dem Rohrdurchmesser der Sattelstütze. In Deutschland werden bevorzugt Sattelstützen mit

22 mm ∅ für Kinderrahmen
25 mm ∅ für Touren-, Sport- und Klappradrahmen
25,8 mm ∅ für Sport- und Rennsportrahmen

verwendet. Für hochwertige Rennsportrahmen sind Sattelstützen mit 25,8 – 27,4 mm ∅ (in Abstufungen von 0,2 mm) gebräuchlich.

Für die Führung der Sattelstütze im Sitzrohr werden drei verschiedene Varianten praktiziert. In Abb. 177 ist die übliche Ausführung mit nicht-eingezogenem Sitzrohrende dargestellt. Die Ausführung bringt in der Fertigung Schwierigkeiten: Die Länge der maximal möglichen Einschiebtiefe der Sattelstütze von 200 mm Gesamtlänge beträgt 150 mm; auf diese Länge muß das Sitzrohr innen bearbeitet (ausgerieben) werden. Die eingeschobene Sattelstütze ist daher im Sitzrohr eng und lang geführt, und bei kleinster Verbiegung oder geringer Verletzung der Sattelstützen-Oberfläche ist die Höhenverstellung des Sattels „schwergängig" und nur mit erhöhtem Kraftaufwand möglich. Auch sitzt der obere, angeschweißte Pumpenhalter noch im Bereich des auszureibenden Sitzrohres. Bei der elektrischen „Warzenschweißung" (elektrische Widerstandsschweißung) des Pumpenhalters an die Sitzrohrwand wird eine Unrundheit des Rohrdurchmessers bewirkt. Diese verursacht beim Reiben des Innendurchmessers eine einseitige Spanabnahme durch das Reibwerkzeug und bewirkt eine hohe Ausschußquote, verminderte Haltbarkeit des Pumpenhalters und anormal hohen Reibwerkzeug-Verschleiß.

Eine konstruktiv elegantere Lösung ist das eingezogene (reduzierte) Sitzrohrende im Bereich der Sitzkopfmuffe (s. Abb. 178). Die Bearbeitung des Innendurchmessers

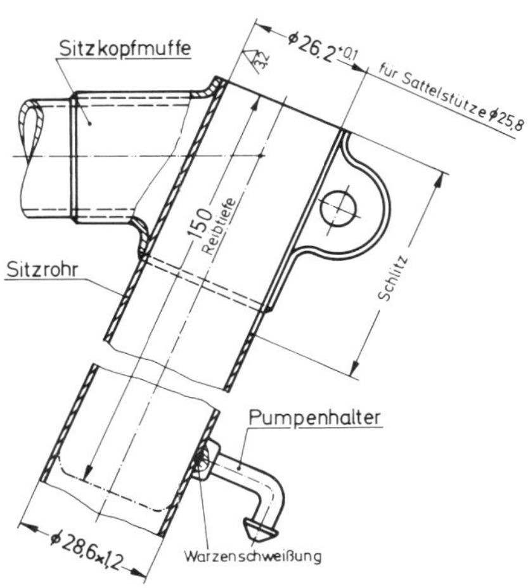

Abb. 177: Sitzkopfmuffe mit nichteingezogenem Sitzrohr.

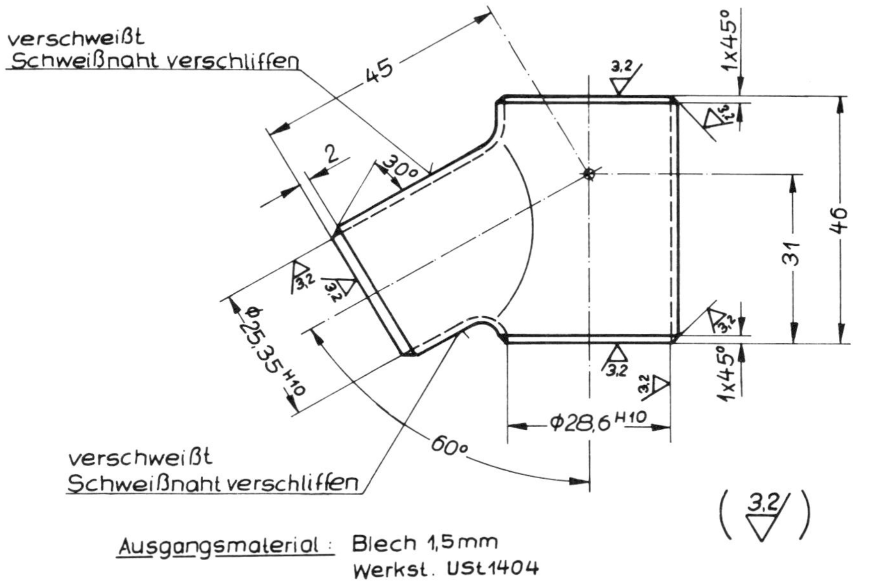

Abb. 173: Centermuffe für Tourenrahmen von Zach.

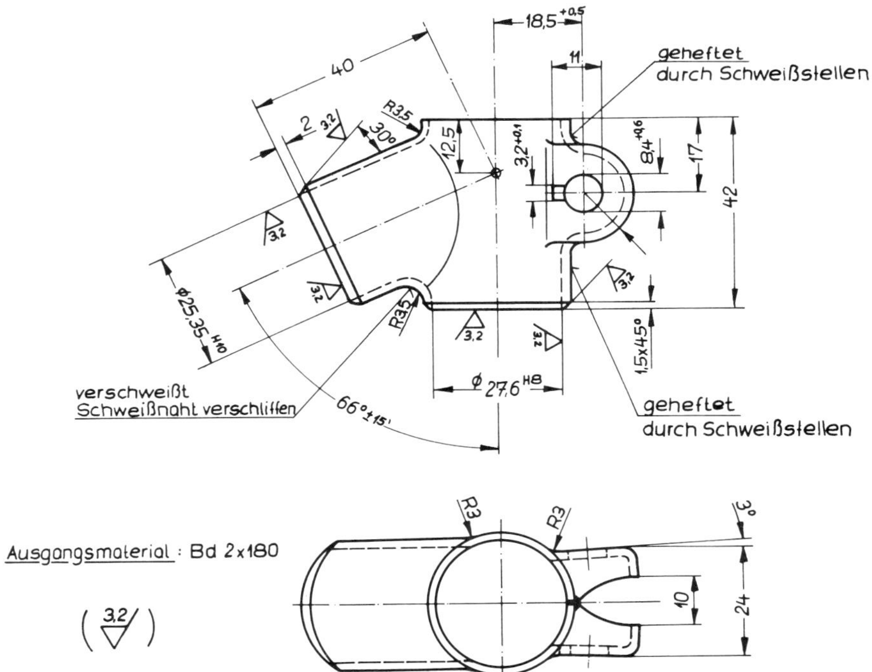

Abb. 174: Sitzkopfmuffe für Herren-Tourenrahmen von Zach.

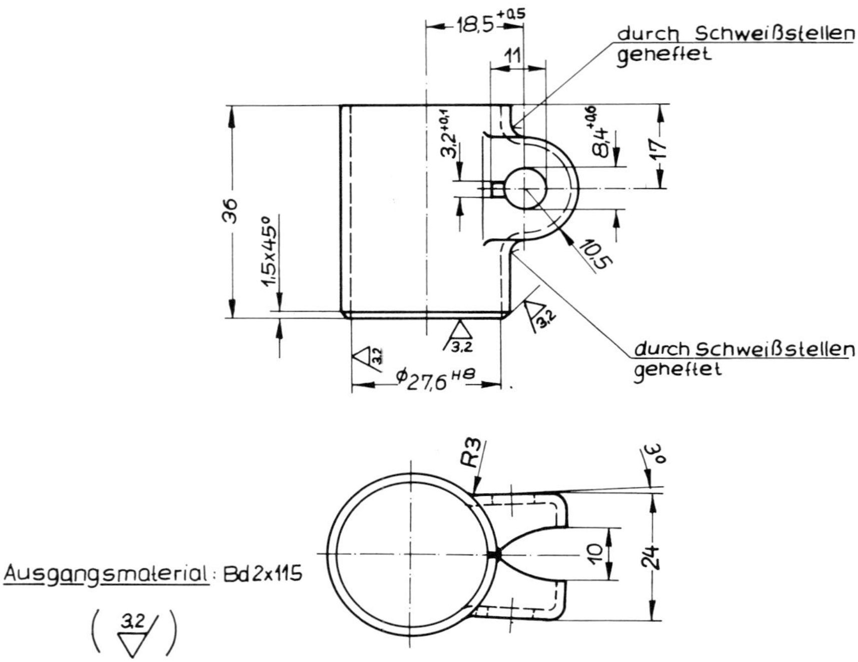

Abb. 175: Sitzkopfmuffe für Damen-Tourenrahmen von Zach.

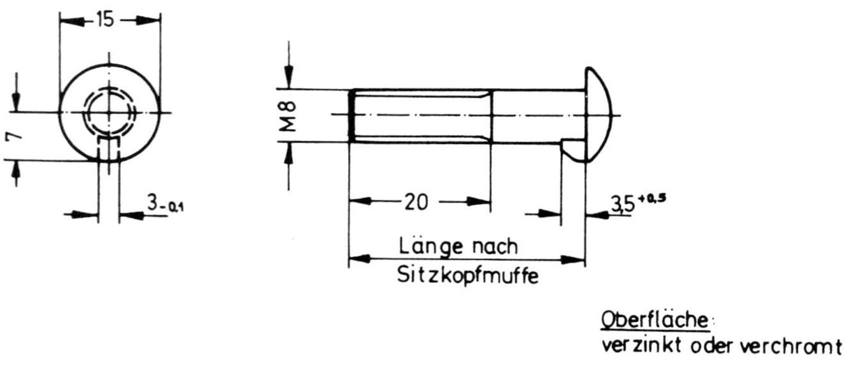

Abb. 176: Sattelklemmbolzen (Abb. 177 s. Vorseite).

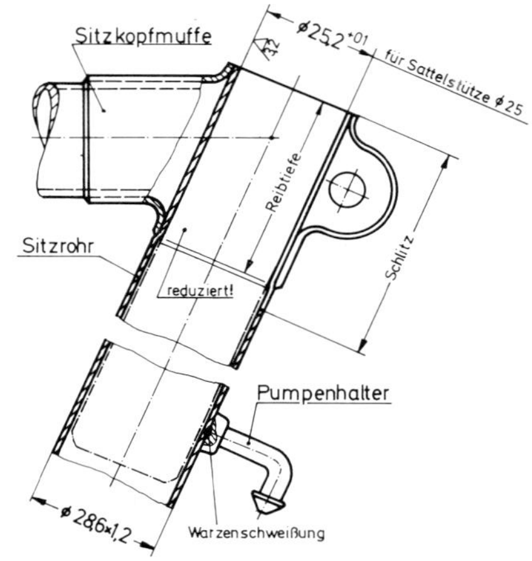

Abb. 178: Sitzkopfmuffe mit eingezogenem Sitzrohr.

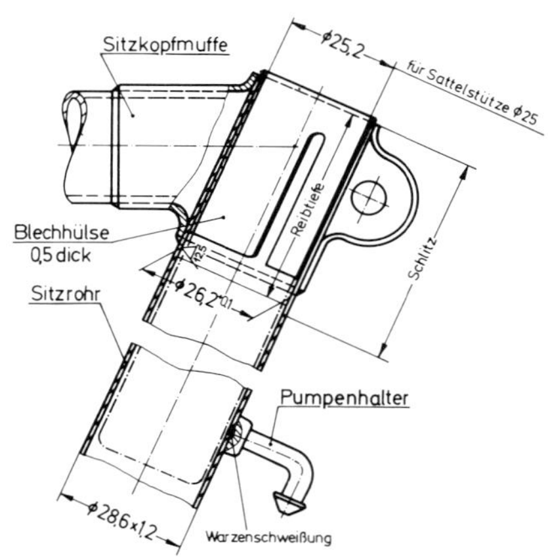

Abb. 179: Sitzkopfmuffe mit lose eingesetzter Blechhülse.

des Sitzrohres erfolgt hier problemlos. Durch die kurze Bearbeitungstiefe kann der Abrieb, der im Reibwerkzeug haftet, mühelos in den erweiterten Teil des Sitzrohrs austreten. Dadurch wird bei geringer Arbeitszeit eine glatte, fast riefenfreie Bohrung erzielt. Die Sattelstützen-Klemmung erfolgt bereits bei mäßigem Anzug der Klemmeinrichtung. Schon nach kurzem Lösen der Befestigungsmutter am Sattelklemmbolzen kann der Sattel mühelos höhenverstellt werden. Eine vielfach angewandte Sattelstützen-Halterung ist in Abb. 179 gezeigt. Diese Ausführung mit nicht-eingezogenem Sitzrohrende gleicht der in Abb. 177 gezeigten Konstruktion. Der Innendurchmesser braucht hier jedoch nur im Bereich der Sitzkopfmuffenlänge ausgerieben zu werden. In dieses bearbeitete Sitzrohrende wird dann eine gerollte und geschlitzte, 0,5 mm dicke Blechhülse eingeschoben, deren oberer Rand hochgestellt ist. Gegen Verrostung ist die Hülse galvanisch verzinkt oder verchromt. Die kurze Innenbohrung braucht daher nicht besonders glatt bearbeitet zu sein. Die Rauhtiefe in der Bohrung wird durch die glatte Blechhülse eliminiert. Die Klemmwirkung für die Sattelstütze ist gut, auch die Höhenverstellung erfolgt mühelos, wie bei der Ausführung mit eingezogenem Sitzrohrende.

Tretlagergehäuse

Eine besondere Rolle unter den Rahmenmuffen spielt das Tretlagergehäuse. Schon konstruktiv ist es sehr unterschiedlich, besonders in bezug auf die Lagerschalen-Aufnahmen und die Befestigung der Schalen auf beiden Seiten. Eine sehr gebräuchliche Ausführung ist die mit durchgehender, zylindrischer glatter Bohrung, in die die beiden leicht konisch gefertigten Lagerschalen für das Tretlager eingepreßt werden. Die Lagerschalen haben einen Bund, der sich gegen den äußeren Rand des Tretlagergehäuses anlegt. Im Fahrrad-„Jargon" werden solche Lagerschalen auch als „Einschlagschalen" bezeichnet. Diese Tretlagerkonstruktion mit eingepreßten Lagerschalen (s. Abb. 575) wird nach ihrem Erfinder „Thompson-Tretlager" und entsprechend das dafür notwendige Tretlagergehäuse „Thompson-Tretlagergehäuse" (Abb. 180 und 181) genannt. Thompson-Antriebe mit eingepreßten Lagerschalen werden hauptsächlich für Touren-, Sport-, Klapp- und Kinderräder, besonders aber für Fahrräder, die mit Rücktrittbremse ausgestattet sind, verwendet.

Bei der anderen Tretlagergehäuse-Ausführung, die vor allem für Sport- und Rennsport-Räder beliebt ist, sind in den Gehäuseseiten Gewinde eingeschnitten und die Lagerschalen darin eingeschraubt. Dieser Antrieb wurde durch die englische Firma BSA eingeführt, und deshalb wird diese Konstruktion als „BSA-Tretlager", das erforderliche Gehäuse als „BSA-Tretlagergehäuse" bezeichnet. Dieses Gehäuse wird

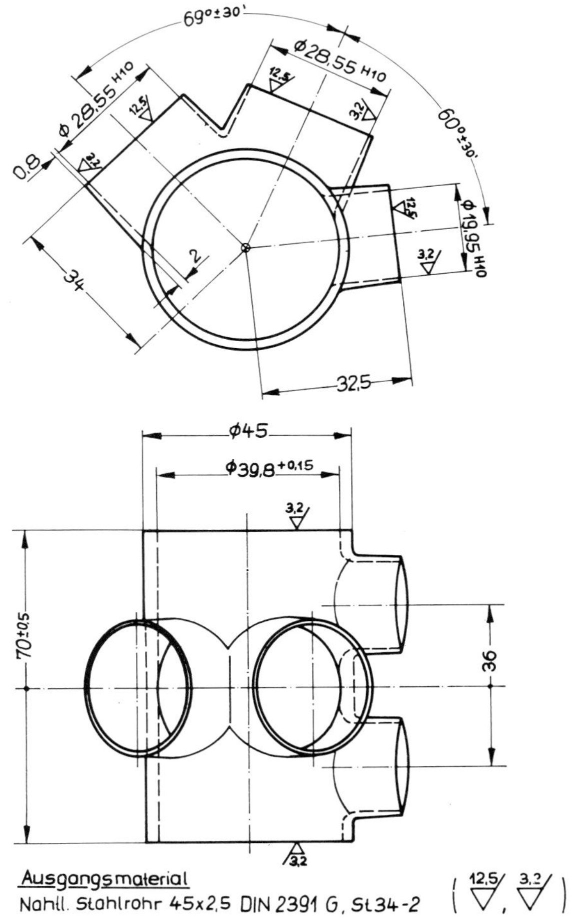

Abb. 180: Tretlagergehäuse Ausführung Thompson für Herren-Tourenrahmen von Zach.

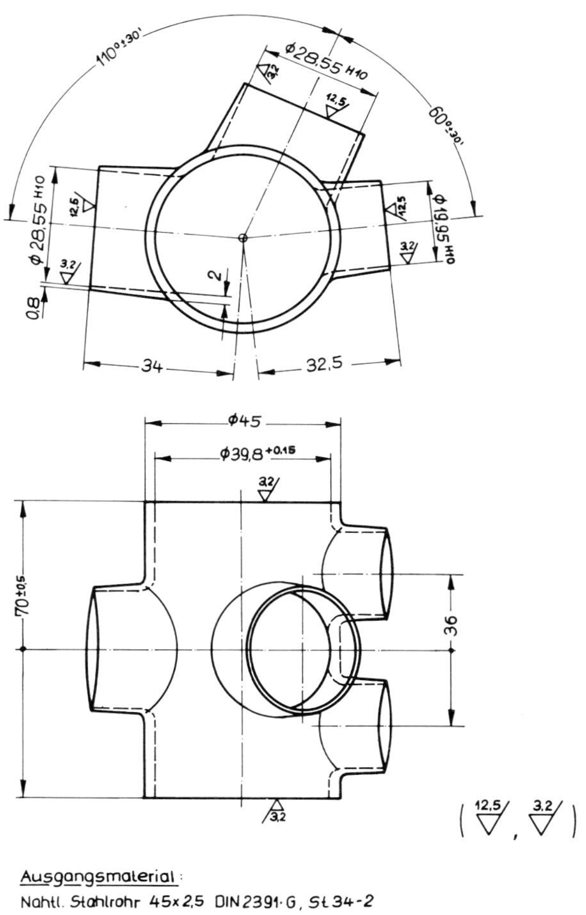

Abb. 181: Tretlagergehäuse Ausführung Thompson für Damen-Tourenrahmen von Zach.

bei den Muffen für Sportrahmen noch eingehender behandelt.

Für das Tretlagergehäuse Ausführung Thompson ist der Ausgangswerkstoff nahtloses Stahlrohr 45 × 2,5 DIN 2391 BKW St 34-2, für die BSA-Ausführung nahtloses Stahlrohr 40 × 3,5 DIN 2391 BKW St 34-2. Die früher hauptsächlich verwendete Ausführung aus Bandstahl (St 4 G DIN 1624), gerollt und mittig verschweißt, wurde dadurch weitgehend abgelöst. Bei der Rohrausführung sind durch moderne neue Arbeitsverfahren (Fließpressen) die Arbeitstoleranzen kleiner geworden, d. h., die Teile werden genauer und präziser hergestellt, was für die heutige halbautomatische Rahmenfertigung notwendig ist. Außerdem ist die Rohrausführung preisgünstiger als das aus Bandstahl gefertigte Tretlagergehäuse.

Bedingt durch seine komplizierte Herstellungsart ist das Tretlagergehäuse das schwierigste Rahmen-Bauteil, das auch die meisten Arbeitsgänge erfordert. Bei der Ausführung aus Rohr (matrizierte Ausführung) werden die Rohrstücke von einer bereits weichgeglühten Rohrstange abgetrennt. Die geschnittenen Rohrstücke werden im Winkel der in das Tretlagergehäuse einmündenden Rohre kleiner vorgelocht und dann die Muffenstutzen von innen auf der Ziehpresse herausgedrückt. Entsprechend der jeweiligen Fertigungseinrichtung werden die Muffenstutzen entweder im erwärmten oder im kalten Zustand gezogen. Bei der Kaltverformung erfolgt der Ziehvorgang in mehreren Stufen, wobei das Werkstück zwischen den Verformungsstufen erneut geglüht werden muß, um Einreißen zu verhüten. Der Werkstoff wird an diesen Stellen ziemlich dünn gezogen. Der äußere Durchmesser der Muffenstutzen wird konisch, was zur Vermeidung eines schroffen Übergangs an den Rahmenrohren erwünscht ist (Abb. 182). Die Enden der herausgezogenen Stutzen sind bizarr (Werkstattausdruck „blumenkohlartig") und müssen plan auf die vorgegebene Länge abgetrennt oder abgesenkt werden. Danach werden die Stutzen in Richtung der genauen Winkelstellungen durch Durchpressen von Stahlkugeln oder Stempeln kalibriert, bei älteren Arbeitsverfahren mit Reibahlen maschinell ausgerieben.

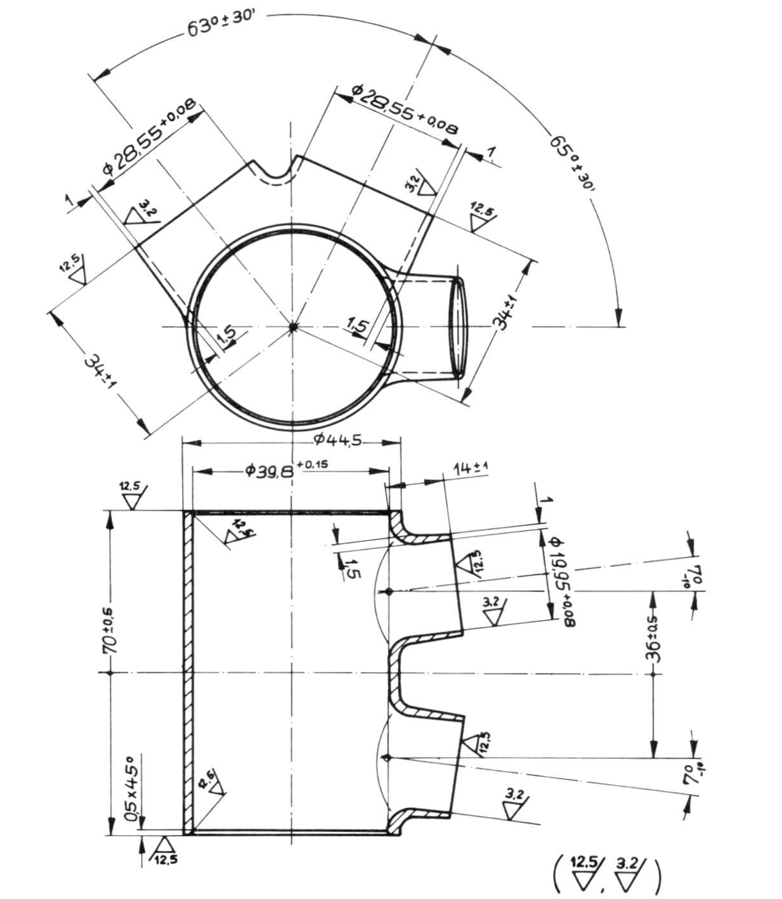

Abb. 183: Tretlagergehäuse Ausführung Thompson für Herren- und Damen-Sportrahmen.

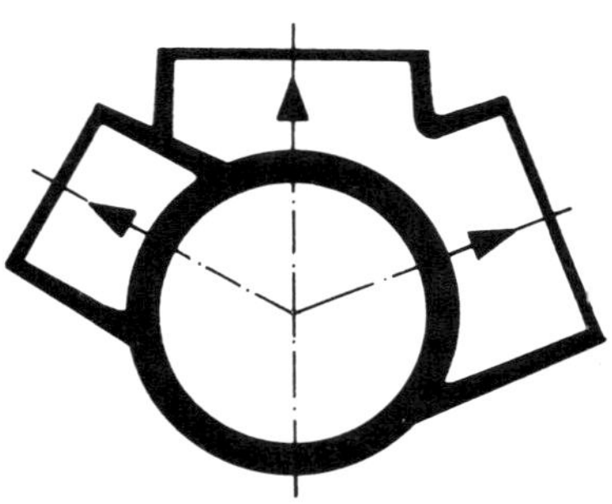
Abb. 182: Matriziertes Tretlagergehäuse.

Der Durchmesser für die Aufnahme der Lagerschalen wird durch eine reibahlenähnliche Vorrichtung, in der statt Messern Walzenkörper eingesetzt sind, auf das Maß von 39,8 + 0,15 mm für die Thompson- und 33,6 $^{+0,1}_{-0,2}$ mm für die BSA-Gehäuse ausgewalzt, wodurch das Werkstoffgefüge verdichtet wird (Abb. 183 und 184).

Bei der Bandstahl-Ausführung ist wegen der Dicke des Ausgangs-Werkstoffs eine Kaltverformung ohne Anrisse schlecht möglich. Das Werkstück wird vor den Arbeitsgängen erwärmt und dann verformt. Zuerst wird die Abwicklung (planes Stanzteil, Platine) ausgestanzt und an verschiedenen Stellen mit bestimmten Zugaben versehen, damit beim Durchziehen der Muffen-

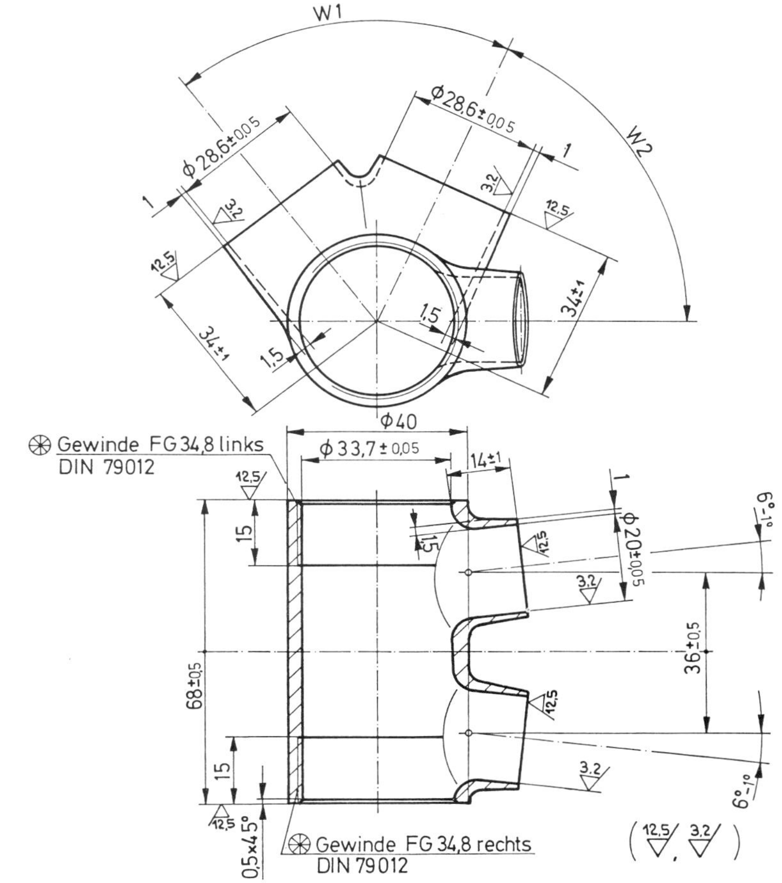

Ausgangswerkstoff:
Band 3 DIN 1544 St 4 K32 BK DIN 1624

⊛ = Gewinde im Rahmen nach dem Löten geschnitten!

Winkelstellung	
W 1 ± 30'	W 2 ± 30'
63°	65°
63°	63°
64°	63°
64°	64°

Abb. 184: Tretlagergehäuse Ausführung BSA für Herren- und Damen-Sportrahmen von Zach.

stutzen der Werkstoff nachfließen kann und nirgendwo eine grobe Verringerung der Wanddicke entsteht. Das Ziehen der Muffenstutzen ist eine komplizierte Arbeit und erfordert mehrere Arbeitsfolgen. Das Herausziehen der Stutzen erfolgt bereits am planen Stück. Anschließend wird das Werkstück gerollt, wonach die verschiedenen Winkel maßhaltig sein müssen. Nach Verschweißen der entstandenen Stoßfuge erfolgt die Weiterverarbeitung der Stutzen auf Länge und Durchmesser bzw. durch Reiben der Durchmesser auf das genaue Maß.

Tretlagergehäuse, die für Sport- und besonders für Rennsport-Räder verwendet werden sollen, sind aus Gewichtsgründen mit kurzen Stutzen und mit verzierenden Aussparungen versehen, die jedoch entsprechend dem Festigkeitsverlauf ausgeführt sein müssen. Diese Formveränderungen werden in gesonderten Arbeitsgängen nachträglich eingearbeitet.

Das Tretlagergehäuse hat sehr große Kräfte aufzunehmen: einen Großteil der Kräfte, die auf den Hinterrahmen wirken sowie die Kräfte, die durch den einseitigen Kettenzug des Pedalantriebs entstehen. Daher ist außer einer nötigen Starrheit auch eine entsprechende Elastizität erwünscht. Die Erfüllung beider Forderungen ist aber nur durch Bemessung und konstruktive Gestaltung des Tretlagergehäuses und der Muffen sowie durch kontinuierliche[17] (siehe Fußnote) Werkstoffübergänge zwischen den einzelnen Bauteilen möglich.

Eine Rahmenmuffe ist also durchaus kein nebensächliches Bauteil, vielmehr hängt von der Güte der Muffen auch die des gesamten Rahmens ab.

Die beiden Rohrstege, die beim Damen-Tourenrahmen zwischen dem geschweiften Ober- und Unterrohr sitzen, gehören zu den einfachen Rahmenverbindungsteilen. Diese werden aus Stahlblech 1 mm dick der Qualität USt 1203 gestanzt, gerollt und verformt. Der Querschnitt ist leicht oval, die Form doppelkonisch, d. h., in der Mitte etwas dünner als an den Außenkanten. Die Rohrenden sind flanschartig aufgeweitet, so daß sie sich nicht mit den Kanten, sondern mit einer breiten Ringfläche an die Rahmenrohre anlegen, wodurch eine größere Lötfläche erreicht wird (s. Abb. 185 „Zeichnung eines Damen-Tourenrahmens“).

[17] kontinuierlich = fortlaufend, stetig

Muffen für Sport-Räder

Für Sport- und Rennsport-Rahmen werden leichte, zierliche, mit schmückenden Aussparungen versehene Muffen verwendet. Die Rohrstutzenenden sind seitlich ausgeschnitten. Der Übergang von der Muffe zum Rahmenrohr ist daher nicht schroff. Die Gestaltung des Dekors[18] (s. Fußnote) der Muffen kann nicht willkürlich sein. Die Rahmenverbinder müssen die nötige Elastizität behalten, um die auftretenden Verwindungsbeanspruchungen gemeinsam mit den Rahmenrohren aufnehmen zu können.

Da die Rahmen in der Serienherstellung maschinell hartgelötet werden, sind der Gestaltung der Muffen Grenzen gesetzt. Besonders dünne, lange, spitz zulaufende Zungen zum Beispiel werden bei der Erwärmung im Lötapparat auf ca. 950°C (Glühfarbe orange) schneller als die anderen Muffenpartien glühend und stehen dann vom zu lötenden Rohr soweit ab, daß die notwendige Kapillarwirkung fehlt und dieser Muffenteil nicht gelötet wird. Das bedeutet, daß die Muffen für eine sichere und haltbare maschinelle Lötung schon von ihrer Form her geeignet sein müssen (siehe hierzu die Zeichnungen maschinell lötbarer Sport-Muffen in den Abbildungen 186, 187, 188). In den Abbildungen 189, 190, 191 sind Zeichnungen für Damen-Sportrahmen-Muffen gezeigt; die untere Lenkkopfmuffe ist für Herren- und Damen-Sportrahmen gleich.

Auch die Herstellung der Sportmuffen erfolgt in spanloser Verformung durch Stanzen, Ziehen, Prägen, Schweißen und Kalibrieren. Die Bohrungen für die Rohre müssen mit gleicher Präzision und mit den gleichen Toleranzen wie bei den Tourenmuf-

[18] Dekor = Ausschmückung, Verzierung

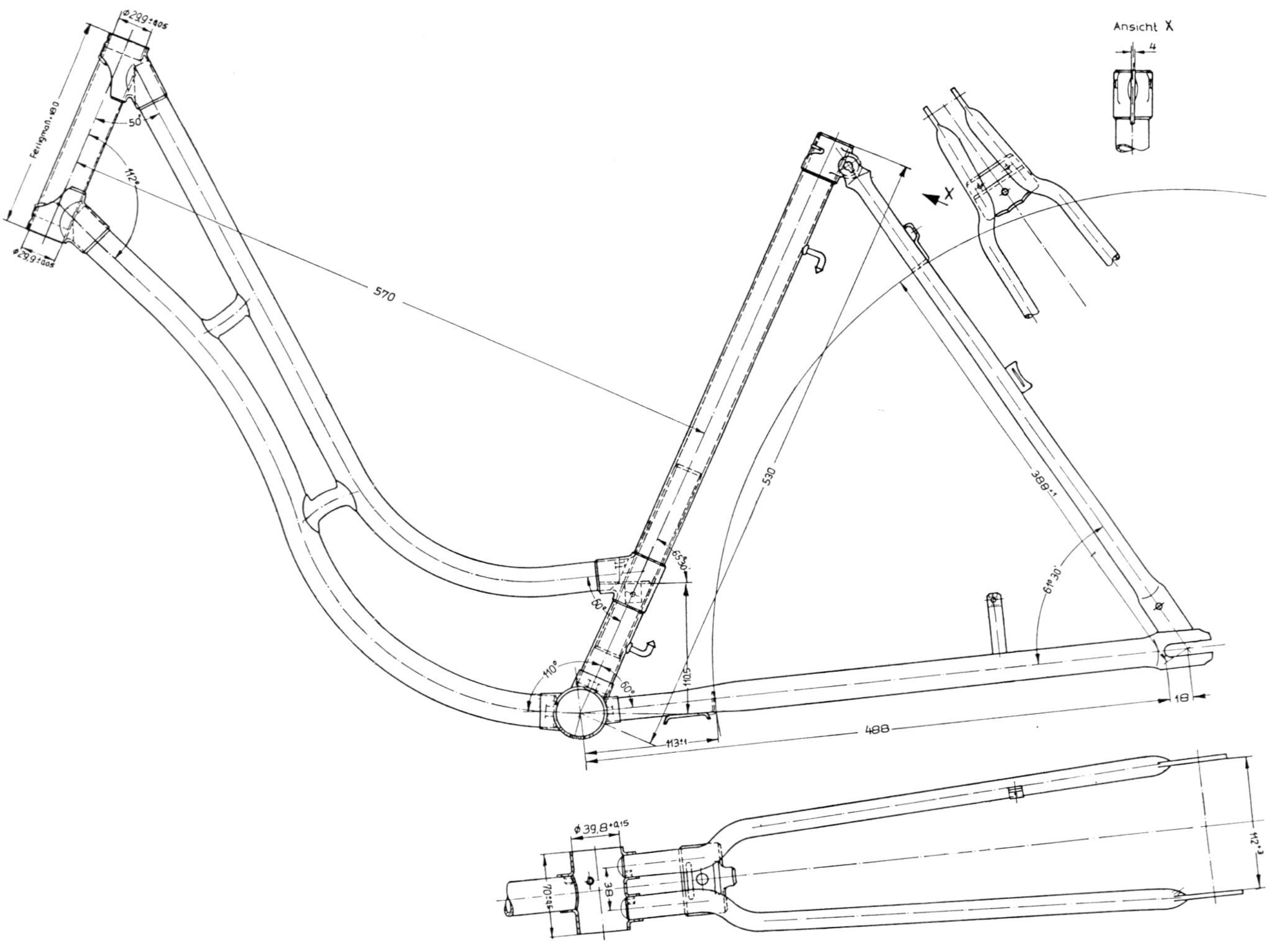

Abb. 185: Damen-Tourenrahmen für 716-mm-Räder (28″).

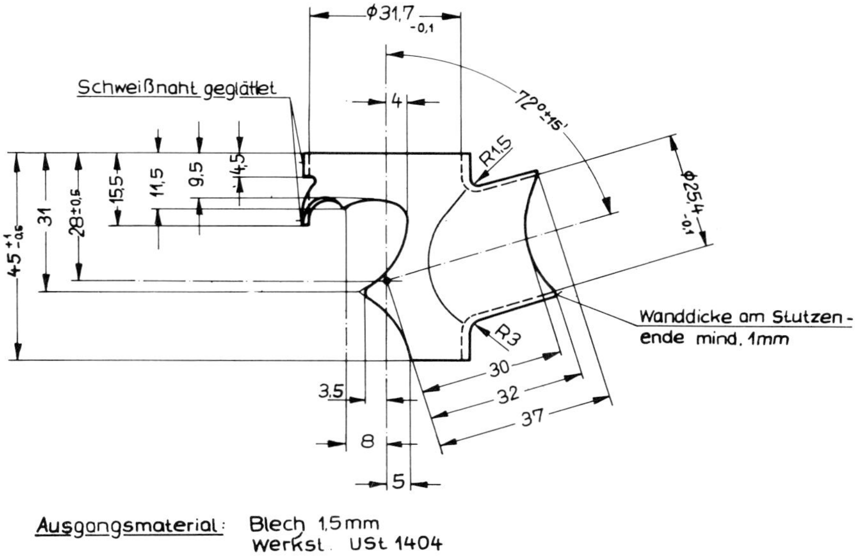

Abb. 186: Obere Lenkkopfmuffe (Herren).

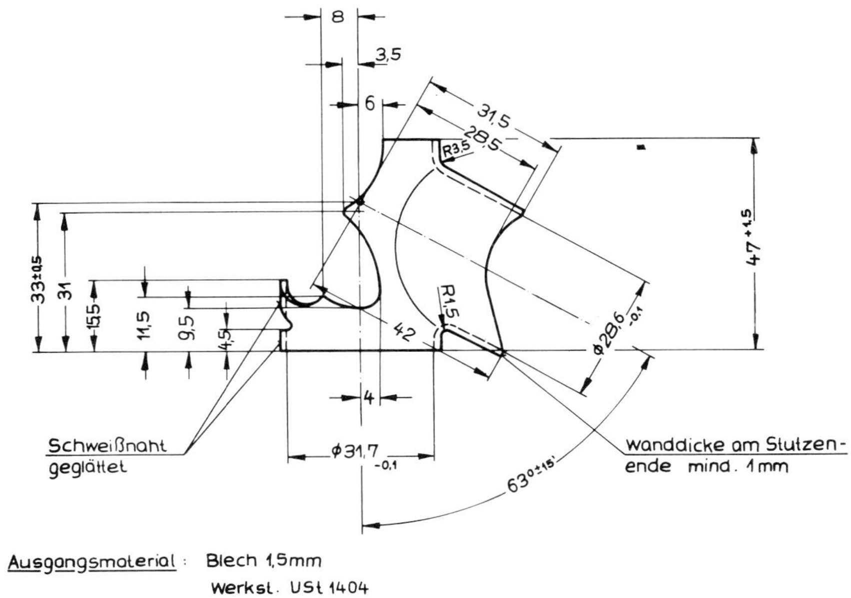

Abb. 187: Untere Lenkkopfmuffe (Herren und Damen).

fen gefertigt werden. Jahrelange Erfahrung in der Kaltverformungstechnik ist Voraussetzung für die Fabrikation dieser Muffen bei Spezialfirmen.

Für die Herstellung gezogener Muffen wird als Ausgangswerkstoff eine Stahlblech-Platine 1,5 mm dick in Tiefziehgüte U St 1404 oder Bandstahl St 4 LG DIN 1624 verwendet. Die Stutzen werden in der Rahmen-Winkelstellung in mehreren Arbeitsgängen herausgezogen, wobei das Werkstück zwischen den Verformungsstufen erneut weichgeglüht werden muß. Danach werden das Dekor am Lenkkopfrohr und die Aussparungen an den Stutzen ausgestanzt. Der Lenkkopfrohr-Durchmesser 31,7 mm wird hochgestellt und rund geprägt. Die entstandene Stoßfuge an der Stirnseite der Muffe wird preßgeschweißt, der Schweißgrat abgeschabt und unter der Presse glatt nachgeschlagen. Mit Kugeln oder Spezialstempeln werden die Bohrungen auf das Toleranzmaß kalibriert (Abb. 192). Auf diese Weise können übrigens auch Touren-Muffen hergestellt werden.

Das Lenkkopfrohr 31,7 ∅ × 1 mm sowie die obere und untere Lenkkopfmuffe bilden zusammen den dreiteiligen Lenkkopf, sie werden im Zuge der Rahmen-Gesamtlötung fest miteinander verbunden.

Für preisgünstige Sportrahmen werden heute vielfach einteilige Lenkköpfe mit imitiertem Muffendekor verwendet. Diese sind gegenüber der dreiteiligen Ausführung wegen der geringeren Zahl der Arbeitsgänge bei der Herstellung, außerdem bei der Rahmenmontage (weil nur ein Teil statt dreier) und bei der Rahmenlötung (weil nur zwei Lötstellen mit zwei Lotringen [Lotgut] anstelle von vier Lötstellen mit vier Lotringen) erheblich kostengünstiger (Abb. 193 und 194). Die einteilige Lenkkopf-Ausführung mit imitiertem Dekor wurde in Deutschland erstmals 1960 von NSU im Fahrradrahmenbau eingeführt. Von konservativen Händlern wurde diese Neuerung damals mit der Begründung widerwillig aufgenommen, es handele sich dann nicht mehr um einen gemufften Rahmen – ein technisch falsches Argument. Denn der einteilige Lenkkopf ist festigkeitsmäßig günstiger als der dreiteilige, sofern nicht durch fehlerhafte (scharfkantige) Prägung der Muffen-Imitationen der Werkstoffquerschnitt abgeschert wurde. Das Widerstandsmoment im rohrförmigen Mittelteil von 31,9 ∅ × 1,7 mm beim einteiligen Kopf ist durch die erhalten gebliebene natürliche Zugfestigkeit und den größeren Rohrquerschnitt höher als bei dem durch die Erwärmung für die Lötung geglühten

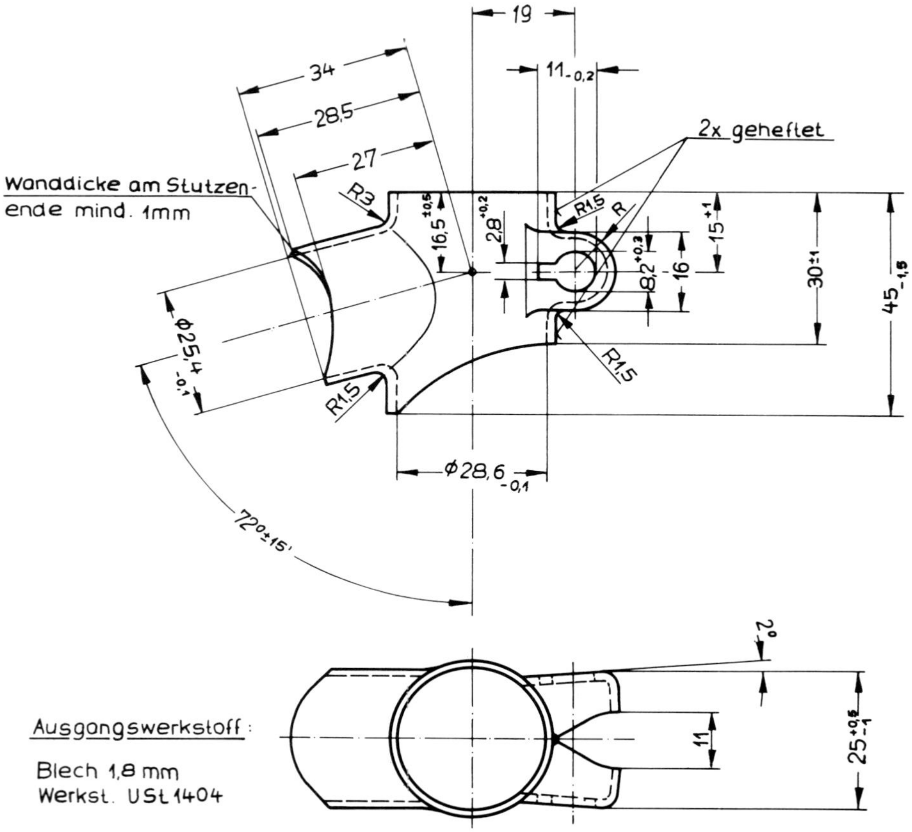

Abb. 188: Sitzkopfmuffe (Herren).

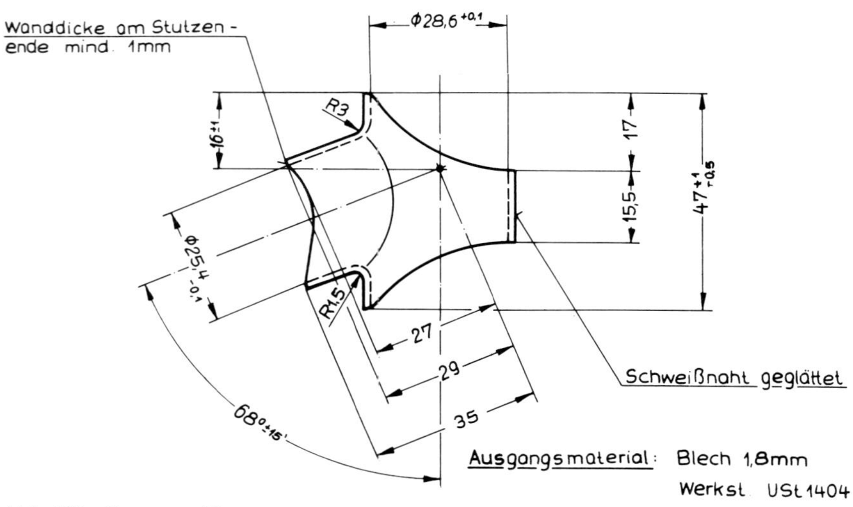

Abb. 189: Centermuffe.

Lenkkopfrohr 31,7 Ø × 1 mm des dreiteiligen Kopfes. Solche kostensenkenden Konstruktionen sind typisch für alle Bauteile des gesamten Fahrrades, die seit Jahrzehnten langsam aber stetig weiterentwikkelt wurden. Deshalb ist auch der Kaufpreis eines Sport-Rades faktisch nicht höher, sondern niedriger geworden: ein Sportrad kostete 1939 (ohne Beleuchtung) zwischen 67 und 72 Reichsmark – bei einem Facharbeiter-Stundenlohn von einer Mark, während 1979 ein Sportrad in der gleichen Ausstattung zu unter 200 DM bei einem Facharbeiter-Stundenlohn von 12 DM, gekauft werden konnte.

Die Sitzkopfmuffe und die Centermuffe von Sporträdern haben an den Muffenstutzen seitliche Aussparungen, wie die Lenkkopfmuffen. Die Sattelstützen-Klemmung erfolgt nach der gleichen Konstruktion mit geradem oder leicht eingezogenem Sitzrohr bzw. mit einer in das Sitzrohr eingeschobenen Blechhülse. Diese Arten wurden bei den Touren-Muffen bereits besprochen. Die Bearbeitung der Bohrungen in den Muffenstutzen erfolgt nicht spanabhebend, sondern wie bei den Lenkkopfmuffen spanlos durch Kalibrieren (s. hierzu Abb. 188, 189 und 191).

Für Sporträder werden, bis auf die Rahmenwinkelstellungen, die gleichen Tretlagergehäuse wie bei Tourenmodellen verwendet. Die Muffenstutzen sind gerade, bei manchen Rahmen-Herstellern des sportlichen Aussehens wegen etwas kürzer. Seitliche Aussparungen sind erst bei der gehobenen Rennsport-Ausführung üblich.

Wie bei den Touren-Tretlagern werden auch bei Sporträdern, die mit Rücktritt-Bremsnaben ausgestattet sind, nur Thompson-Tretlager mit eingepreßten Lagerschalen verwendet. Die BSA-Ausführung (mit eingeschraubten Lagerschalen) ist deshalb nicht brauchbar, weil durch die Rücktrittkraft beim Bremsen die Tendenz entsteht, die eingeschraubte, nicht gekonterte Lagerschale des BSA-Lagers zu lockern. Bei den früher verwendeten Tretlagergehäusen aus Temperguß (GTW 40S) konnten Rücktritt-Bremsnaben eingebaut werden; am Tretlagergehäuse war ein geschlitztes Auge angegossen, mit einer Klemmschraube konnte die eingeschraubte Lagerschale gegen Lokkern gesichert werden. Aber aus Preisgründen sind heute Tretlagergehäuse aus Temperguß nicht mehr diskutabel (s. Abb. 183 und 184).

Durch die beiden auch maßlich verschiedenen Tretlagergehäuse (Thompson und BSA) ergeben sich auch zwei unterschiedliche Rahmenausführungen. Bei Rahmen mit BSA-Gehäuse ist es in der Fertigung nicht ganz einfach, die beiden Gewinde FG 34,8, links- und rechtssteigend, zueinander fluchtend und rundlaufend einzuschneiden. Das erfolgt mit Spezialmaschinen erst im bereits lackierten Rahmen.

Muffen für Rennsport-Räder

Das Rennsport-Rad hat heute eine stärkere Bedeutung und besitzt unter den verschiedenen Fahrradmodellen einen größeren Anteil als die Sporträder vor etwa 30 Jahren. Die heutigen Rennsport-Räder der oberen Preisgruppe sind nicht nur auf sportliches Aussehen konzipiert, wie es ursprünglich bei den Sporträdern war, sie bieten dem sportlich eingestellten Individualisten ein Gerät hoher Qualität, das in Ausstattung und Handhabung sich – abgesehen von einem geringfügig höheren Gewicht – nicht wesentlich von einer käuflichen Rennmaschine unterscheidet. Die Rahmenmaße („Geometrie") entsprechen denen professioneller Rennmaschinen. Unterschiedlich allerdings ist die Qualität der Rahmenrohre; denn ausgesprochen dünnwandige, hochlegierte Edelstahlrohre werden bei Rennsport-Rädern nicht verarbeitet, allerdings auch nicht die gewöhnliche handelsübliche Qualität St 37-2, sondern Werkstoffe mit höherer Festigkeit und geringeren Wanddicken.

Um eine individuelle Anpassung an die unterschiedlichen Körpergrößen zu ermöglichen, werden meist drei verschiedene Rahmenhöhen (zwischen 570 und 610 mm) angeboten. Auch sind Damen-Rennsporträder als Pendant[19] zu den Herrenmodellen sehr aktuell, mit Doppelrohren der „Mixte" – (Abb. 122) oder der „Berceau" – (Abb. 123) Rahmenbauart.

Die Winkelstellungen der Rahmenmuffen sind den Rennrädern entsprechend ausge-

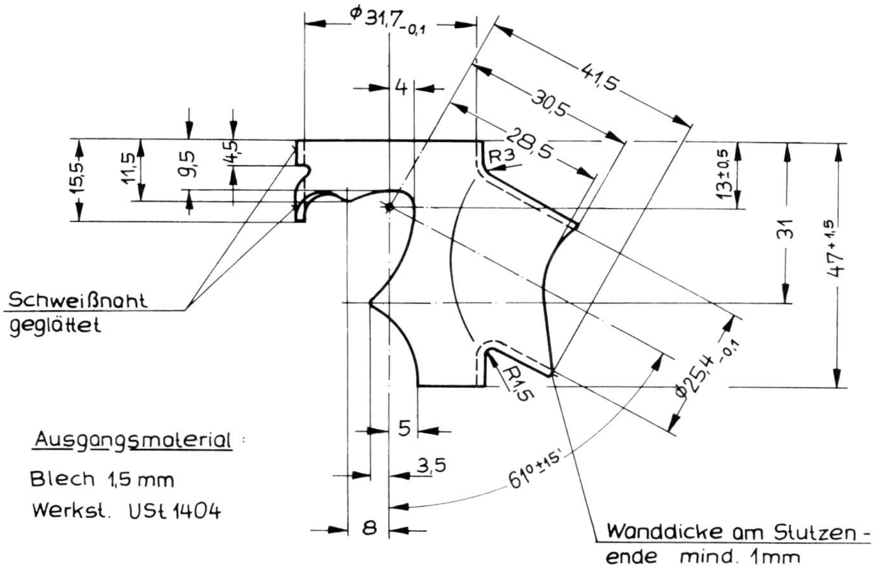

Abb. 190: Obere Lenkkopfmuffe (Damen).

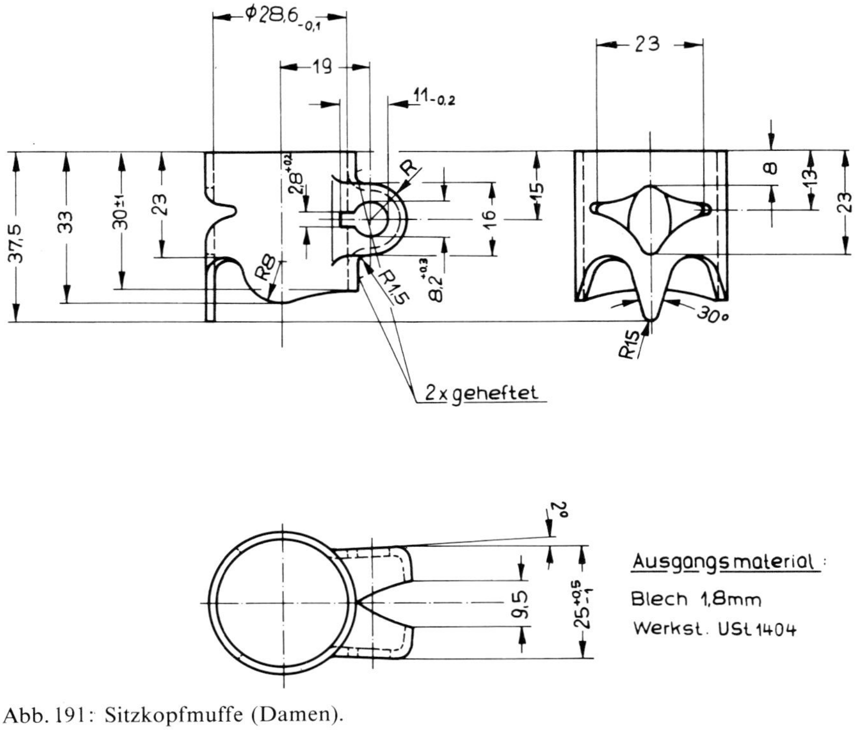

Abb. 191: Sitzkopfmuffe (Damen).

[19] Pendant = (franz.) Gegenstück, Ergänzung

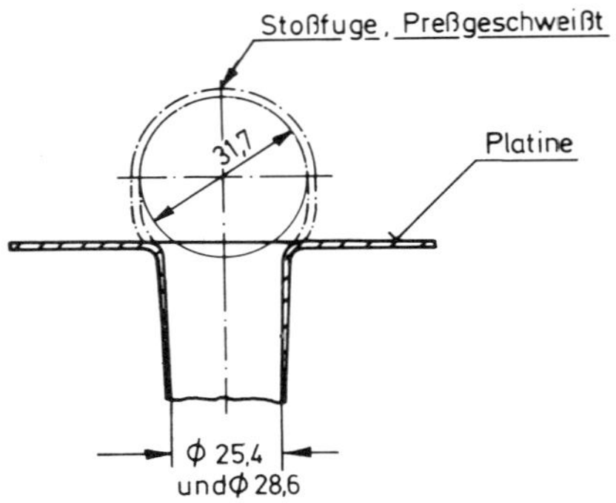

Abb. 192: Schematische Darstellung eines aus einer Blechplatine gezogenen Muffenstutzens.

führt. Oft wird in die Lenkkopfmuffe ein zierliches Dekor eingestanzt.

Die Herstellung muß genau so präzise erfolgen wie bei den Touren- und Sport-Muffen.

Einteilige Lenkköpfe werden bei Rennsport-Rahmen aus Gewichts- und Vertriebsgründen nicht verwendet. In den Abb. 195, 196 und 197 ist ein Lenkkopf-Muffensatz für Damen- und Herren-Rahmen dargestellt.

Die obere Lenkkopfmuffe für einen Damen-Doppelrohrrahmen ist schwer herzustellen. Die Schwierigkeit liegt in den beiden eng nebeneinander liegenden, lang herausgezogenen Stutzen 13 Ø + 0,1 mm für die beiden Oberrohre. Für die beiden Oberrohre 13 × 1,0 mm, die beim Damenrahmen vom Lenkkopf über das Sitzrohr zu den Ausfallenden geführt sind, ist eine spezielle Centermuffe zur Befestigung am Sitzrohr erforderlich. Diese Verbindungsmuffen werden als Halbschalen aus 1,25 – 1,5 mm dickem Stahlblech der Werkstoffgüte USt 1303 geprägt. Ober- und Unterteil werden gemeinsam mit dem Sitzrohr und den beiden Oberrohren hart verlötet und ergeben dann die Centermuffe (Abb. 198).

Die Sitzkopfmuffe hat eine Bohrung von 26,2 mm Ø für eine Sattelstütze von 25,8 mm Ø. Je dünnwandiger das Sitzrohr bei einem konstanten Außendurchmesser von 28,6 mm aus Gewichtsgründen gehalten ist, desto größer muß natürlich der Durchmesser der Sattelstütze sein. Deshalb gibt es Sport-Sattelstützen bis 27,4 mm Ø in Abstufungen von 0,2 mm.

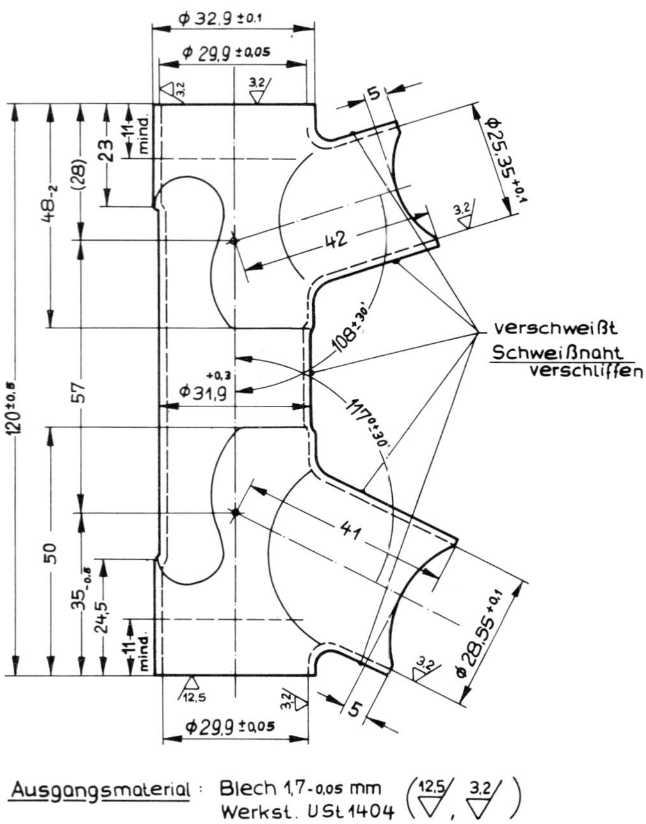

Abb. 193: Einteiliger Lenkkopf (Herren).

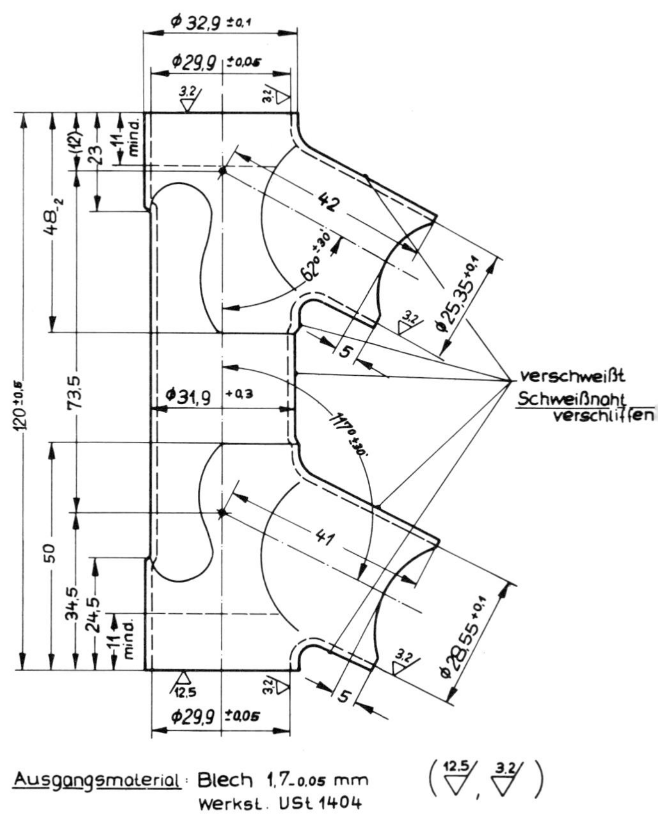

Abb. 194: Einteiliger Lenkkopf (Damen).

Für das Tretlagergehäuse wird nur die BSA-Ausführung vorgesehen (Abb. 199). Die beiden Stutzen für die Aufnahme der Hintergabelrohre sind mit 22,15 mm ∅ ausgeführt, 2 mm größer als bei den Sportrahmen. Die Winkelstellung entspricht der der Rennsport-Rahmen.

Die Herstellung des Tretlagergehäuses und aller anderen Verbindungsmuffen erfolgt in gleicher Weise wie bereits bei den Sportrahmen-Muffen beschrieben.

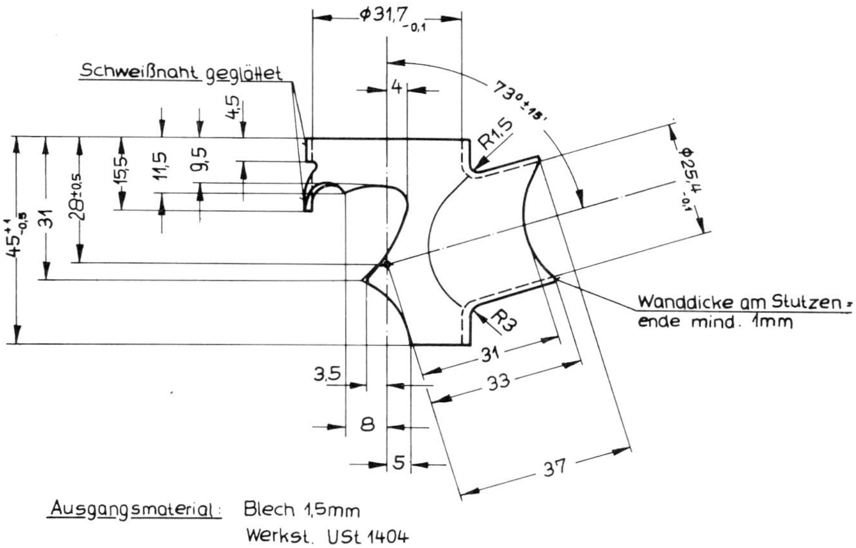

Abb. 195: Obere Lenkkopfmuffe (Herren).

Muffen für Rennräder

Bei Rennrädern kommt es weniger auf den Preis an. Wichtigster Faktor ist möglichst geringes Gewicht. Diese Forderung verursacht bei vielen Zulieferteilen einen hohen Gestehungspreis und bei der Eigenfertigung von Bauteilen im Herstellerwerk beachtliche Herstellkosten. Besprochen werden sollen hier Rennrahmen, die fabrikmäßig (wenn auch in kleineren Serien) mit noch relativ viel Handarbeit (Handlötung!) hergestellt werden.

Dünnwandige, leichtgewichtige konifizierte Chrommolybdän-Stahlrohre (Abb. 161, 162 und 164) helfen besonders mit, einen leichten, verwindungssteifen Rahmen zu schaffen. Darauf müssen aber natürlich auch die anderen Bauteile ausgerichtet sein, und besonders die Rahmen-Muffen müssen den hohen Anforderungen gewachsen sein.

Damit die hochfesten legierten Rahmenrohre nicht bei Maschinenlötung zu sehr ausgeglüht werden, muß die Rahmenlötung bei Rennmodellen mit dem Handbrenner erfolgen. Deshalb braucht bei der Gestaltung der Muffen nicht auf Eignung für Maschinenlötung geachtet zu werden.

Rennmuffen (Abb. 200) haben besonders weit herausgezogene Stutzen, mit zweierlei langen, eleganten, vogelzungenartig auslaufenden Spitzen, die einen weichen, elastischen Übergang von der Muffe zum Rahmenrohr bewirken. Auch die geringe Wanddicke von 1,2 mm (bei besonders leichten Rahmen nur 1 mm!) fördert einen harmonischen Werkstoffverlauf. Rennmuffen werden, wie die Sportmuffen, aus einer Blechplatine mit verschweißter Frontpartie oder aus einem nahtlosen, ziehfähigen

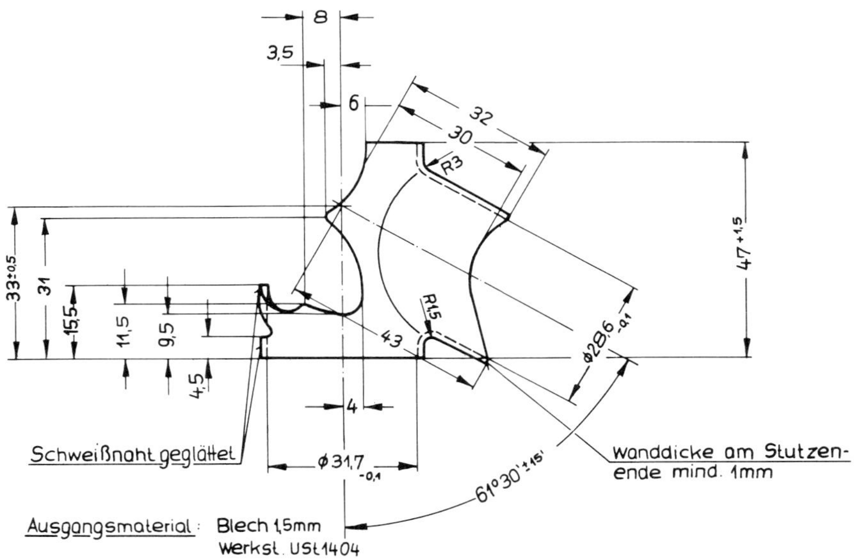

Abb. 196: Untere Lenkkopfmuffe (Damen und Herren).

Rohrstück hergestellt. Alle Arbeitsgänge erfolgen spanlos, damit keine Riefen mit Kerbwirkung (wie sie bei spanabhebender Bearbeitung möglich sind) auftreten. Abb. 201 zeigt schematisch die Entstehung einer Muffe aus einem Rohrstück.

Wie sich die Materialdicke von Muffen im Gewicht auswirkt, ist aus der Tabelle zu Abb. 200 zu ersehen.
Die Sitzkopfmuffe (siehe Abb. 200) läßt sich wegen des Klemmauges nicht aus Rohr herstellen.

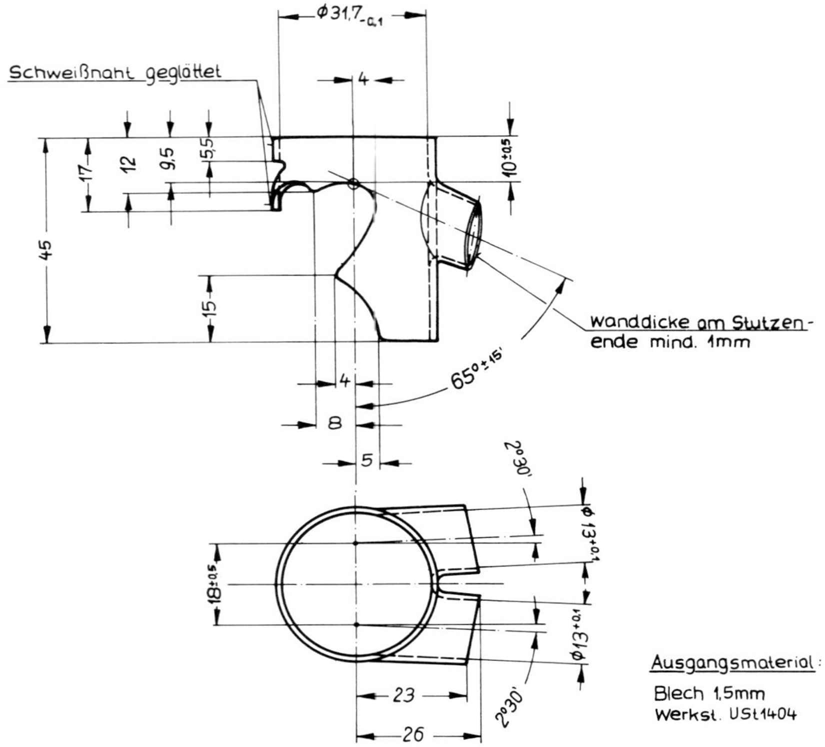

Abb. 197: Obere Lenkkopfmuffe (Damen-Doppelrohrrahmen).

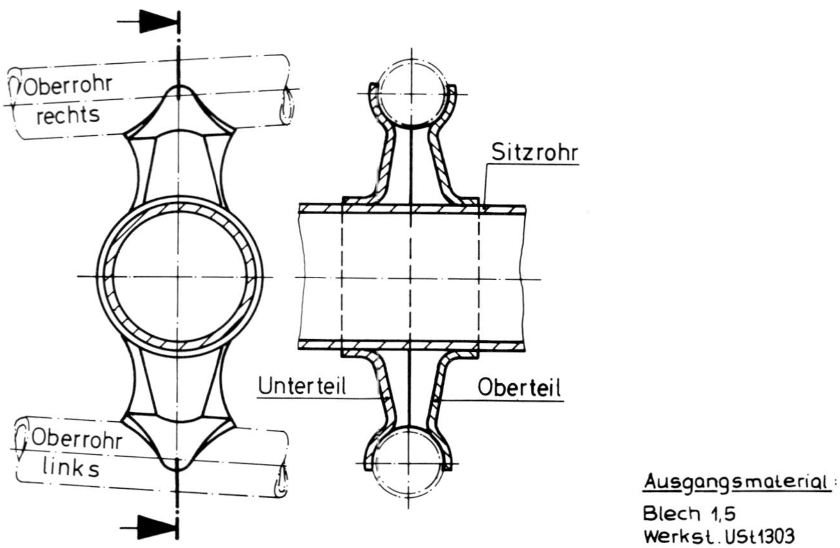

Abb. 198: Centermuffe aus Halbschalen für Damen-Doppelrohrrahmen.

Das Tretlagergehäuse ist mit 205 g verhältnismäßig schwer. Eine Gewichtsverminderung ist aber bei der aus Rohr gefertigten Ausführung kaum mehr möglich, wobei das gewichtsintensivste Teil das zylindrische Mittelteil für die beiden Gewindestükke FG 34,8 ist. Die Firma Tange Industries Ltd. stellt ein Tretlagergehäuse aus Stahl im Feingußverfahren her, das nur 175 g wiegt. Für die Gewinde ist beiderseits ein 15 mm breiter Rand gegossen, das Mittelteil ist zur Gewichtsverminderung im Durchmesser ausgespart (Abb. 202).

Sitzkopfmuffe mit integrierter Klemmeinrichtung für die Sattelstütze

Die Mittendorf-Sitzkopfmuffe ist nicht geschlitzt, sondern völlig geschlossen.

Die Abb. 203 zeigt die Sitzkopfmuffe von der linken Seite mit der Klemmeinrichtung, die im Dreieck der Muffe untergebracht ist.

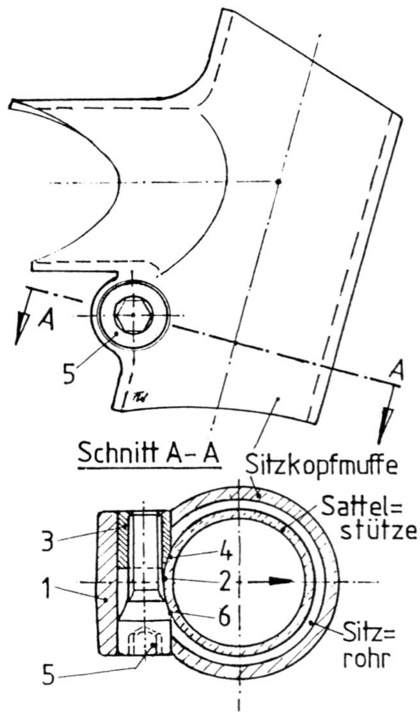

Abb. 203: Sitzkopfmuffe mit integrierter Klemmeinrichtung für die Sattelstütze von Rad-Studio Mittendorf.

Im Schnitt A – A ist die Klemmeinrichtung ersichtlich. Innen ist die Muffe (1) offen (2), so daß die Sattelstütze freiliegt. Die Sattelstütze wird geklemmt durch eine Gewindehülse (3), deren mutterähnlicher Teil mit einem Radius (4) versehen ist, und mit dem Konus (6) der Spezialschraube (5) mit Innensechskant, wenn diese angezogen wird. Gleichzeitig wird die Sattelstütze (in Fahrtrichtung) nach hinten gedrückt, so daß kein Wasser eindringen kann. Zusätzlich ist die Muffe oben abgeschrägt, damit Spritzwasser sofort abläuft. Das Sitzrohr muß entsprechend dem Standard hochwertiger Fahrräder im Bereich der Sattelstütze paßgenau ausgerieben sein.

Diese Sitzkopfmuffe kann aus einem Schmiederohling oder aus Feinguß (siehe hierzu Abb. 327 und dazugehörige Beschreibung „Feinguß") hergestellt werden.

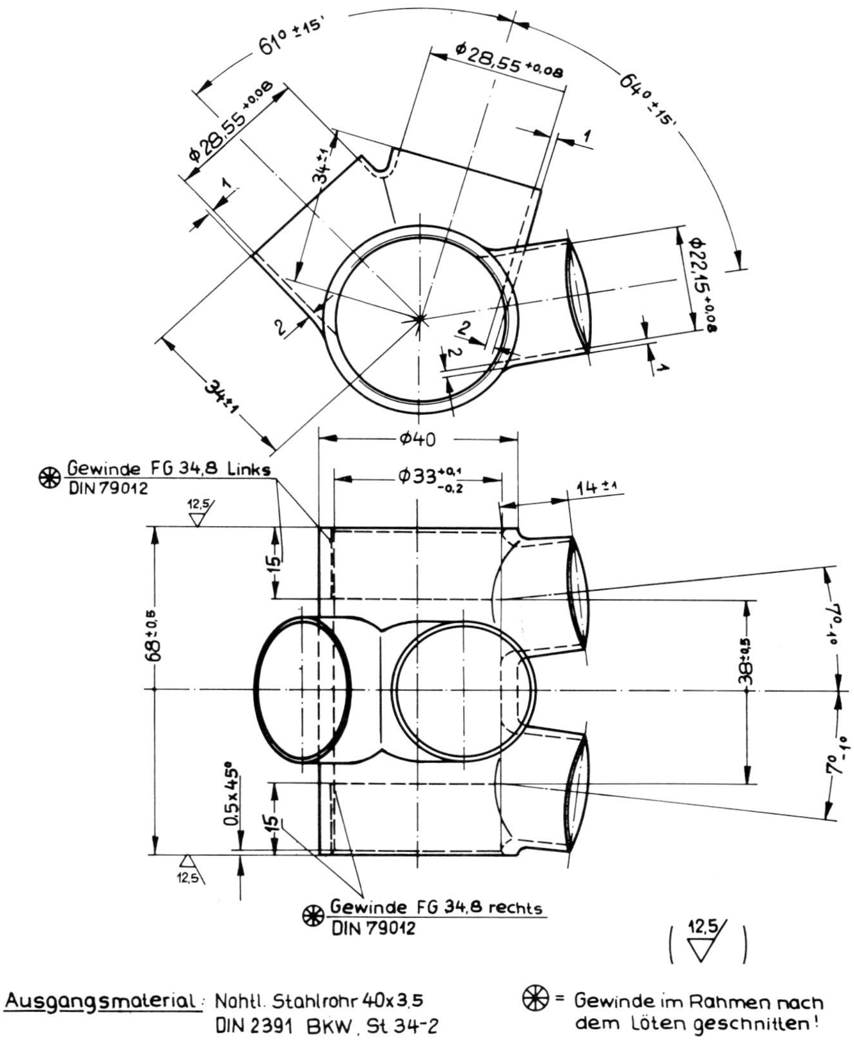

Abb. 199: BSA-Tretlagergehäuse für Rennsport-Rahmen.

Touren-Hinterrahmen

Der Touren-Hinterbau (oder Hinterrahmen) besteht aus den Hintergabelrohren und den Hintergabelstreben. Die Hintergabelrohre und Hintergabelstreben werden am flachgedrückten Ende mit dem Ausfallende zu einer linken und einer rechten Einheit verschweißt. Die beiden Einheiten werden durch den unteren Rahmensteg (der zur Befestigung der Seitenstütze und des Hinterradschutzblechs am unteren Ende dient) und mit der oberen Stegplatte (Pletscher-Platte) für die Befestigung des Hinterradschutzblechs oben, des Gepäckträgers und der Werkzeugdose zum Hinterrahmen verbunden.

Die Verbindung dieser Stege mit den Streben erfolgt durch „Warzenschweißung" (elektrische Widerstandsschweißung), auch „Buckelschweißung" genannt (s. hierzu Abb. 215 und 185).

Für den Hinterrahmen (Hinterbau) werden im Gegensatz zum Vorderrahmen meist Rohre mit nicht-kreisförmigem Querschnitt oder runde, die sich auf ihrer ganzen Länge oder auf einem Teil derselben konisch verjüngen, verwendet. Letztere insbesondere bei Sport- und Rennsport-Rahmen.

Der beim Touren-Hinterrahmen meist zu findende Rohrquerschnitt ist oval, wodurch sich in der Ebene der höchsten Beanspruchung ein besonders großes Widerstandsmoment ergibt. Manchmal finden sich auch Rohre mit D-förmigem Querschnitt oder konische Rohre mit einseitig nach innen hinein- oder nach außen herausgedrückten Sicken.

Des besseren Aussehens halber ist die Sikke bei der ersten Ausführung nach innen, bei der zweiten auf die Außenseite gelegt. Diese Sicken dienen auch zur Versteifung der Rohre.

Das rechte Hintergabelrohr trägt häufig noch eine Einpressung hinter der S-förmigen Krümmung im Bereich des unteren Rahmenstegs, um für das 46zähnige Kettenrad des Antriebs Raum zu schaffen. Dadurch kann die Breite des Antriebs etwas kleiner gehalten werden. In Abb. 204 ist ein Hintergabelrohr mit verschweißter Hintergabelstrebe aus Ovalrohr dargestellt. Das

Tabelle zu Abb. 200

Benennung	Abmessung	Gewicht (g) bei Wanddicke 1,2 mm	1,0 mm
Obere Lenkkopf-muffe	Ø 31,8×25,4 73°	21	17
Untere Lenkkopf-muffe	Ø 31,8×28,6 58° 30'	27	22
Tretlager-gehäuse (BSA)	Ø 28,6×22,2 58° 30' 64° 68 mm lang	205	
Sitzkopf-muffe	Ø 25,4×28,6 73°	30	25

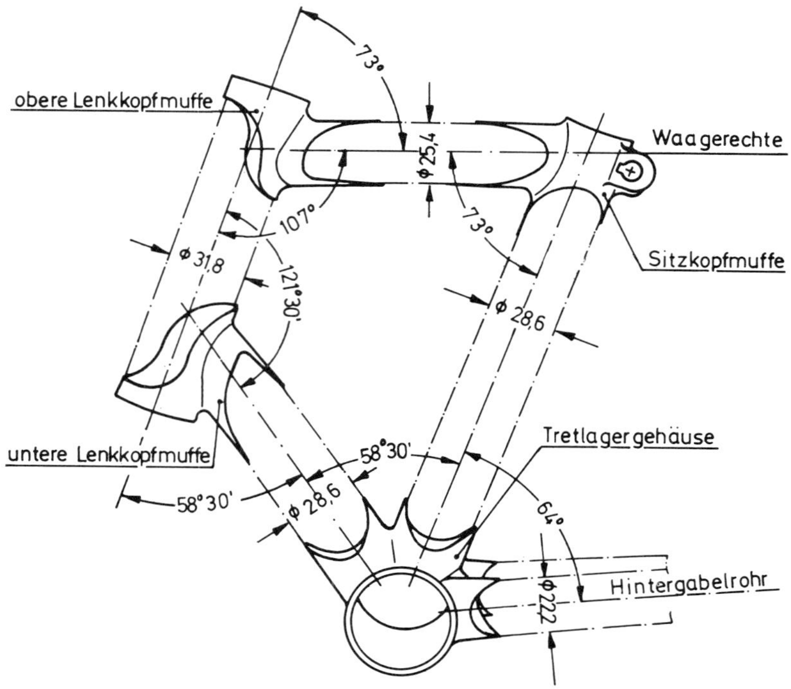

Abb. 200: Rennmuffen-Satz.

Hintergabelrohr wird aus dem Ausgangswerkstoff Stahlrohr 20 × 1,2 mm DIN 2393 oder 2394 BKW St 37-2 hergestellt.

Im Tretlageranschluß muß der Rohrdurchmesser 20 mm noch voll erhalten sein, im Bereich der S-förmigen Biegung wird das Rohr oval auf 16 × 24 mm gedrückt. Das andere Rohrende wird flachgepreßt. Um den Enden trotz dünner Rohrwand die notwendige Festigkeit und Steifheit zu geben, wird eine Blecheinlage 1,5 – 2 mm dick eingeschoben, die durch das Flachpressen festsitzt und nicht verschweißt oder hart verlötet zu werden braucht.

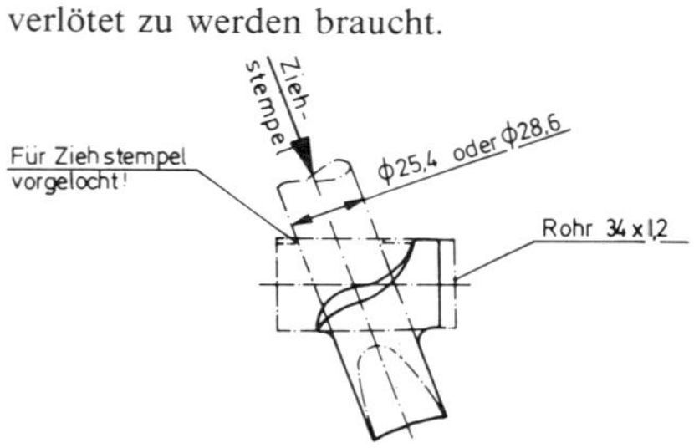

Abb. 201: Schematische Darstellung der Herstellung einer Muffe aus einem Rohrstück.

Im flachgepreßten Rohrende wird dann der Schlitz für die Aufnahme der Hinterradachse gestanzt.

Die Hintergabelstrebe wird auf ähnliche Weise gefertigt, Ausgangswerkstoff ist ein Stahlrohr 16 × 1,2 DIN 2393 oder 2394 BKW St 37-2. Die gesamte Länge der Strebe wird 13 × 19 mm oval gedrückt, gleichzeitig wird die obere S-förmige Biegung gepreßt. Der Anschluß an das Hintergabelrohr wird ebenfalls mit einer eingeschobenen Verstärkung flachgedrückt. Das obere Ende der Strebe, das mit dem Sattelklemmbolzen an die Sitzkopfmuffe geschraubt wird, muß ebenfalls mit einer 1 mm dicken Verstärkung versehen und flachgepreßt werden. Anschließend wird dieses Ende durch Stanzen gelocht und das Auge gerundet. Verschiedene Formen dieser Verrundungen haben nur dekorativen Zweck (Abb. 205). Mit dem 9 mm-Bolzenloch wird gleichzeitig, wie bei der Sitzkopfmuffe, die Aussparung zur Aufnahme des Nockens am Sattelklemmbolzen, der diesen gegen Verdrehung sichert, ausgestanzt.

Hintergabelrohr und Hintergabelstrebe werden dann im flachgedrückten Bereich der Hinterachsaufnahme (Ausfallende) elektrisch verschweißt.

Die sogenannten Ausfallenden am Hinterbau, in denen die Achse der Hinterradnabe geführt und festgeschraubt ist, sind heute meist aus Stahlblech gestanzt. Nur bei teuren Rennsport- und Rennrädern werden gesenkgeschmiedete Ausfallenden verwendet. Es gibt zwei grundsätzlich verschiedene Formen: Das nach hinten und das nach vorn offene Ende, s. Abb. 206 und 207.

Wie die Benennung schon sagt, kann die Hinterradachse (und damit das Hinterrad) bei der erstgenannten Ausführung nach hinten, bei der anderen nach vorn, schräg nach unten, herausgezogen werden. Das nach hinten offene Ausfallende ist die

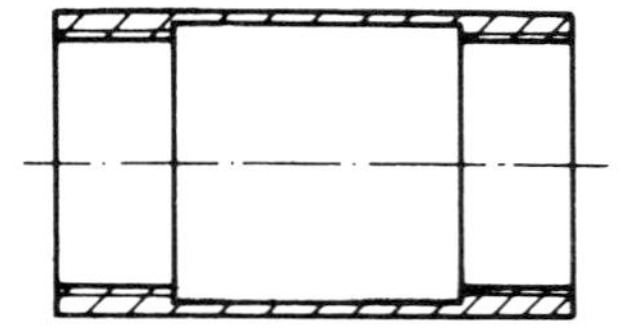

Abb. 202: Gewichtsverminderung am Tretlagergehäuse.

technisch bessere Lösung, da bei ihm mit geringem Aufwand Radstellung und Kettenspannung genau und unverrückbar fixiert werden können. Es wirken nämlich starke Kräfte radial zur Achse, die bestrebt

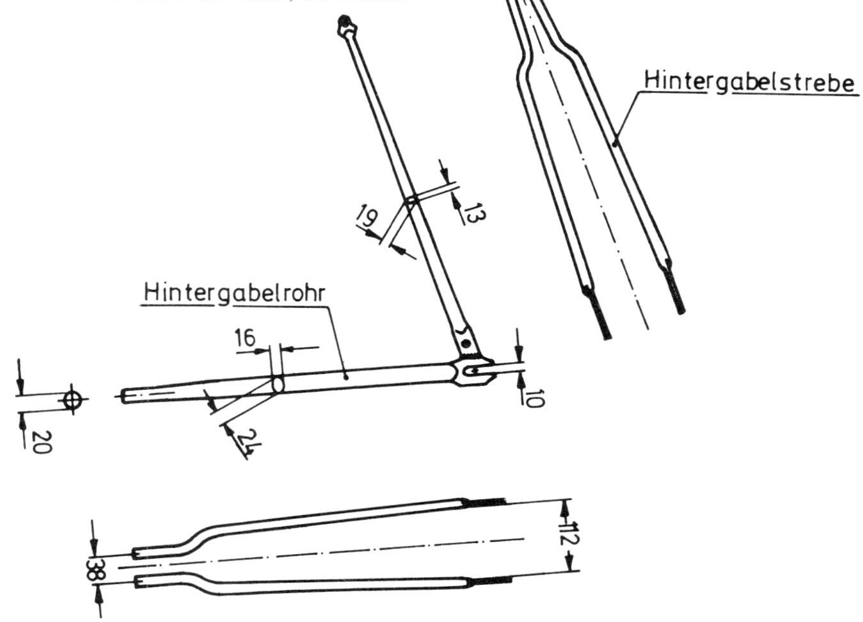

Abb. 204: Hintergabelrohr mit verschweißter Hintergabelstrebe links und rechts.

sind, diese besonders an der Kettenradseite nach vorn zu ziehen. Die Folgen sind Schrägstellung der Hinterrad-Mittelebene zur Rahmen-Mittelebene, nicht fluchtende Kettenräder und zu großer Kettendurchhang. Der Nachteil des nach hinten offenen Ausfallendes ist die umständliche Arbeit beim Radausbau – bei Wettbewerben

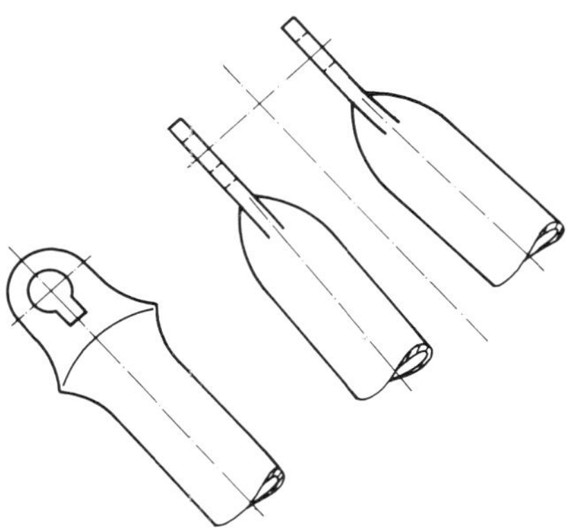
Abb. 205: Befestigungsauge der Hintergabelstrebe.

kann ein zu großer Zeitaufwand bei der Raddemontage recht nachteilig sein.

Deshalb sind bei Rennsport- und Rennrädern die Ausfallenden nach vorn offen, so daß das Rad sich nach Lockern der Achsmuttern nach vorn herausschieben läßt. Wenn die Führungsschlitze in den Ausfallenden etwas schräg nach vorn und unten liegen, fällt das Rad von selbst heraus (daher auch die Bezeichnung „Ausfallenden").

Auch Sporträder werden heute ausschließlich für Tourenzwecke verwendet. Ihren Käufern geht es vor allem um das „sportliche" Aussehen des Rades, und darum sind auch die Sporträder mit gestanzten, nach vorn geöffneten Ausfallenden ausgerüstet. Die Vor- und Nachteile dieser Bauart werden unter „Sport-Hinterrahmen" noch gesondert dargelegt.

Hintergabelrohre, Hintergabelstreben, Ausfallenden, dazu auch Vordergabelscheiden werden für alle Rahmenbauarten heute von Spezialfirmen rationell und daher preisgünstig hergestellt.

Beim Herren-Vorderrahmen, ebenso bei der Damen-Ausführung, sind alle Rohre an den Winkelstellen fest miteinander verbunden. Beim Touren-Hinterrahmen aber trifft das nur zum Teil zu. Immer fest mit dem Tretlagergehäuse verbunden sind die Hintergabelrohre und mit diesen die Ausfallenden. Meist besteht eine feste Verbindung auch zwischen den Ausfallenden und den unteren Enden der Hintergabelstreben. Die oberen Enden der letzteren jedoch sind beim Touren-Rahmen durch den Sattelklemmbolzen mit der Sitzkopfmuffe verschraubt (s. Abb. 176). Diese Verschraubung ist zugleich Klemmelement für die höhenverstellbare Sattelstütze samt dem Fahrersattel.

Im Gegensatz zum Touren-Rahmen sind beim Sport-, Rennsport- und Rennrad die oberen Enden der Hintergabelstreben angeschweißt oder hart angelötet. So bildet bei den Sportausführungen der ganze Rahmen ein geschlossenes Ganzes. Die Hintergabelstreben liegen bei den Sport-Ausführungen unterhalb des Klemmauges der Sitzkopfmuffe an beiden Seiten an.

Die Rahmenstege für den Hinterrahmen wurden im letzten Jahrzehnt entscheidend verbessert. Die früher üblichen Rundstege, die heute nur bei Rennsport-Rahmen zu

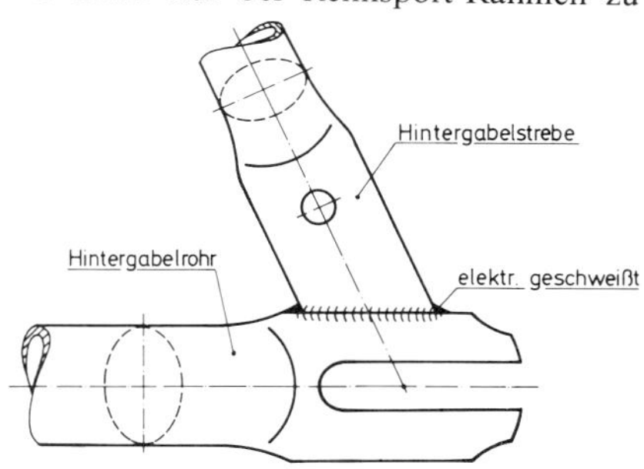

Abb. 206: Ausfallende, nach hinten offen, bevorzugt bei Tourenrahmen.

finden sind, wurden durch traversenartige[20] Stegplatten (Abb. 208 und 210) ersetzt – nicht, weil die Rundstege Mängel gehabt hätten, sondern weil die neuen Bauelemente neben ihrer ursprünglichen Aufgabe, die Rahmenstreben zu verbinden, noch weitere Funktionen übernahmen: der untere Rahmensteg hat so die Aufgabe, die Seitenstütze verdrehsicher

[20] Traverse = Querbalken, Querverbindung

mit nur einer Befestigungsschraube zu halten (Abb. 209) und von der oberen Stegplatte (Pletscher-Platte) werden allein fünf Befestigungsaufgaben (Abb. 211) erfüllt:

Rahmenstreben-Verbindung

Schutzblechbefestigung oben

Werkzeugdosen-Befestigung

Gepäckträger-Befestigung

Felgenbremsen-Befestigung horizontal (bei Sporträdern)

Die Stege sind zweckmäßig gestaltet und sehr verwindungssteif. Als Werkstoff wird Stahlblech U St 1203 oder Bandstahl St 2 K 32 LG DIN 1624, 2 mm dick, verwendet. Die gestanzten Platinen werden seitlich abgekantet und gelocht, gleichzeitig werden Versteifungssicken eingeprägt, die auch als „Warzen" oder „Buckel" für die elektrische Widerstandsschweißung benutzt werden. Diese gut durchdachten, ausgereiften und sehr zweckmäßigen Stege sind eine Erfindung des Schweizers Pletscher, daher die Bezeichnung „Pletscher-Platte". In Deutschland sind die Stege als ESGE-Marby-Stegplatten bekannt. Die frühere Befestigung der Anbauteile mit oft primitiven, wenig haltbaren und teilweise sogar häßlichen Schellen und Klemmen wurde durch die saubere, organische Pletscher-Konstruktion abgelöst.

Für die Befestigung des Kettenschutzes, des Sicherheitsschlosses und der Luftpumpen-Halter sind Winkel und Halter, sogenannte „Anschweißteile" (Kleinteile) notwendig. Ihre Abmessungen und Größe richten sich nach der Form des Kettenschutzes und des Sicherheitsschlosses. Beim Anschweißen der Halter oder Winkel an die Rahmenrohre ist zu beachten, daß die Teile am Rahmenrohr nicht in der auf Zug oder Druck beanspruchten Zone des Rohres, sondern in der neutralen Rohrzone angeschweißt werden (Abb. 212).
Die beiden Luftpumpenhalter (Abb. 213) sind meist hinten am Sitzrohr (bei Herren-Leichtlauf-Sporträdern unten am Oberrohr) angeschweißt. Beide Befestigungsstellen sind falsch gewählt, denn sie sitzen in der beanspruchten Zug- und Druckzone des Rohres (Abb. 214). Durch die Warzenschweißung in dieser Zone wird die Halt-

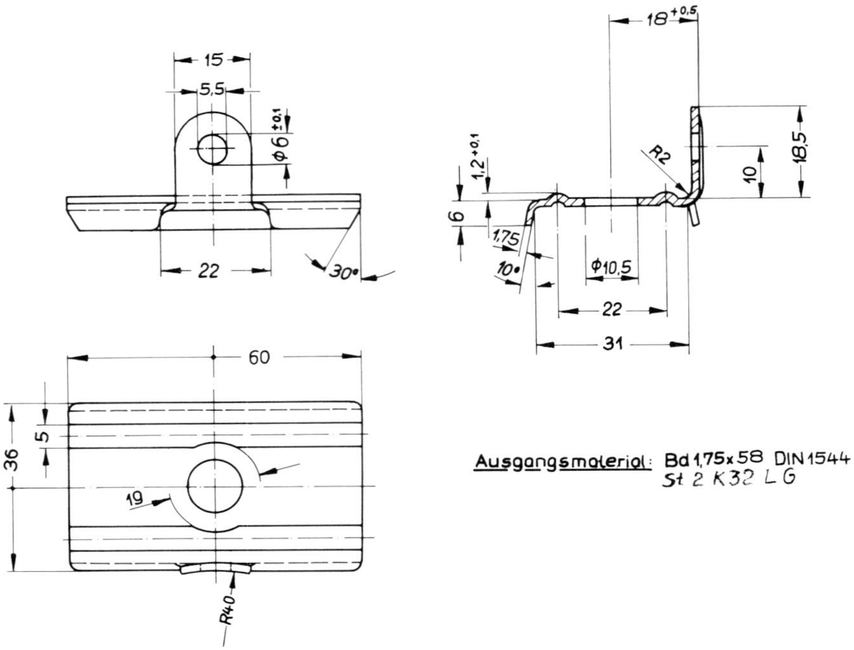

Abb. 208: Unterer Rahmensteg von ESGE.

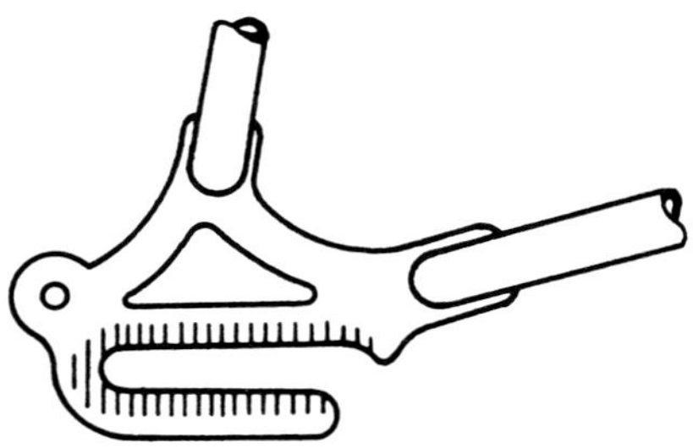
Abb. 207: Ausfallende, nach vorn offen, verwendet bei allen Sportrahmen.

Abb. 209: Unterer Rahmensteg mit Seitenstütze.

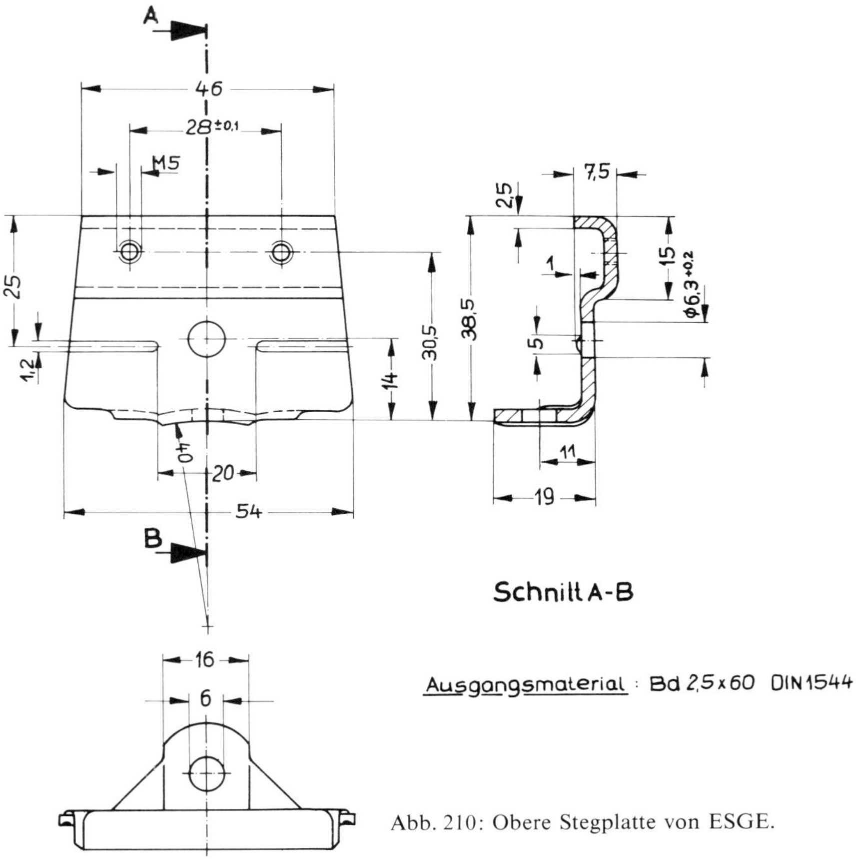

Abb. 210: Obere Stegplatte von ESGE.

Abb. 211: Obere Stegplatte mit Geräteanbau.

barkeit des Sitzrohrs beeinträchtigt. Abhilfe wäre das Anschweißen der Halter um 45° verdreht – aber die Luftpumpe würde dann schräg herausstehen, was häßlich aussieht und deshalb nicht in Frage kommt. Hier muß eine technisch richtige Anordnung der Pumpenhalter zugunsten der Optik zurückstehen. Mancher Sitzrohrbruch, besonders an Damen-Rahmen, könnte durch einen solchen Kompromiß verhindert werden.

In Abb. 215 ist ein kompletter Herren-Touren-Rahmen für Laufräder 716 mm (28″) gezeichnet.

Sport-Hinterrahmen

Der Sport-Hinterrahmen (Hinterbau) besteht aus den geraden Hintergabelrohren und den Hintergabelstreben (Sitzstreben), die wiederum mit den Ausfallenden zu je einer linken und einer rechten Einheit verschweißt sind. Die beiden Hinterstreben werden dann durch den unteren und den oberen Rahmensteg (Pletscher-Platte) miteinander durch Schweißung (Warzenschweißung, auch Buckelschweißung genannt) verbunden. An den Rohrstreben müssen vorher noch die Halter für die Kettenschutz-Befestigung, die Schloßplatte zur Aufnahme des Diebstahlschlosses, die Ösen für die Seilzughalterung und (bei Dynamoantrieb vom Hinterrad) der dafür not-

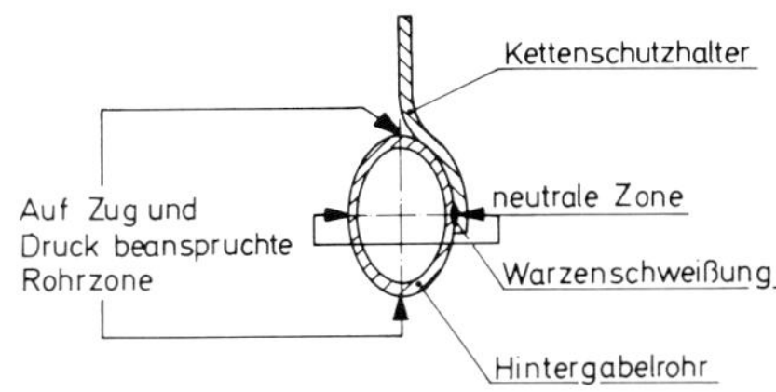

Abb. 212: Anschweißen eines Halters in neutraler Zone.

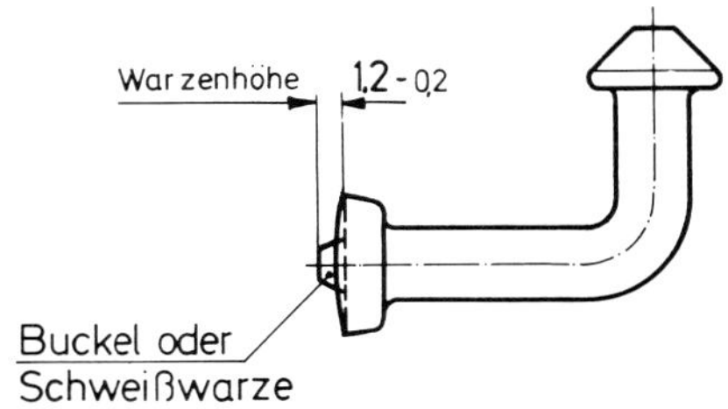

Abb. 213: Pumpenhalter mit Schweißwarze.

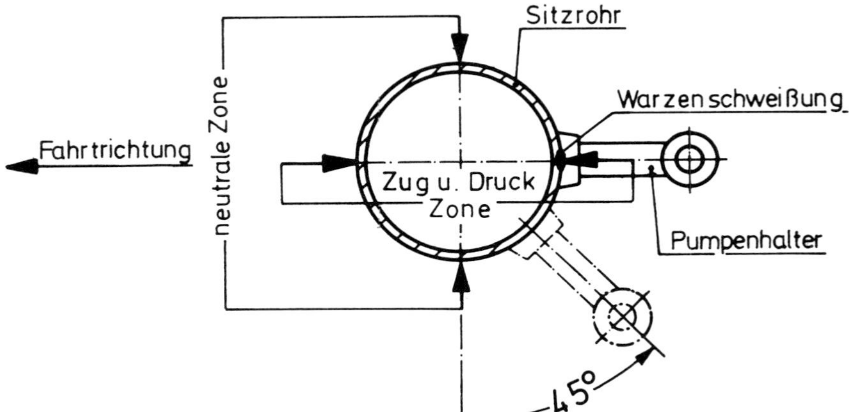

Abb. 214: Angeschweißter Pumpenhalter.

wendige Haltewinkel angeschweißt werden.

Die Hintergabelrohre sind nicht, wie bei den Tourenmodellen, oval und S-förmig gebogen, sondern aus geraden Rohren mit kreisrundem Querschnitt, die sich auf der gesamten Länge (oder auch nur einem Teil dieser Länge) konisch verjüngen, hergestellt.

Das konische Verjüngen (oder „Reduzieren“) erfolgt auf Spezialmaschinen durch „Zusammenhämmern“ oder Stauchen. Der verdrängte Werkstoff vom ursprünglichen Außendurchmesser auf den reduzierten Durchmesser wächst der Rohrwanddicke zu, d. h., die Wanddicke wird entsprechend der Reduzierung größer. Durch den Reduziervorgang wird der Werkstoff des Rohres verfestigt, auch die ursprüngliche Länge des Ausgangsrohrs wird geringfügig verändert. Je nach Größe der Verjüngung ist ein- oder mehrmaliges Zwischenglühen während der Arbeitsgänge erforderlich (Abb. 216).

Um die beiden Hintergabelrohre möglichst schmal halten zu können und den kleinsten Mittenabstand für die Kettenspur (Kettenlinie) von 39 – 41 mm zu erreichen, sind die beiden Hintergabelrohre im Bereich des

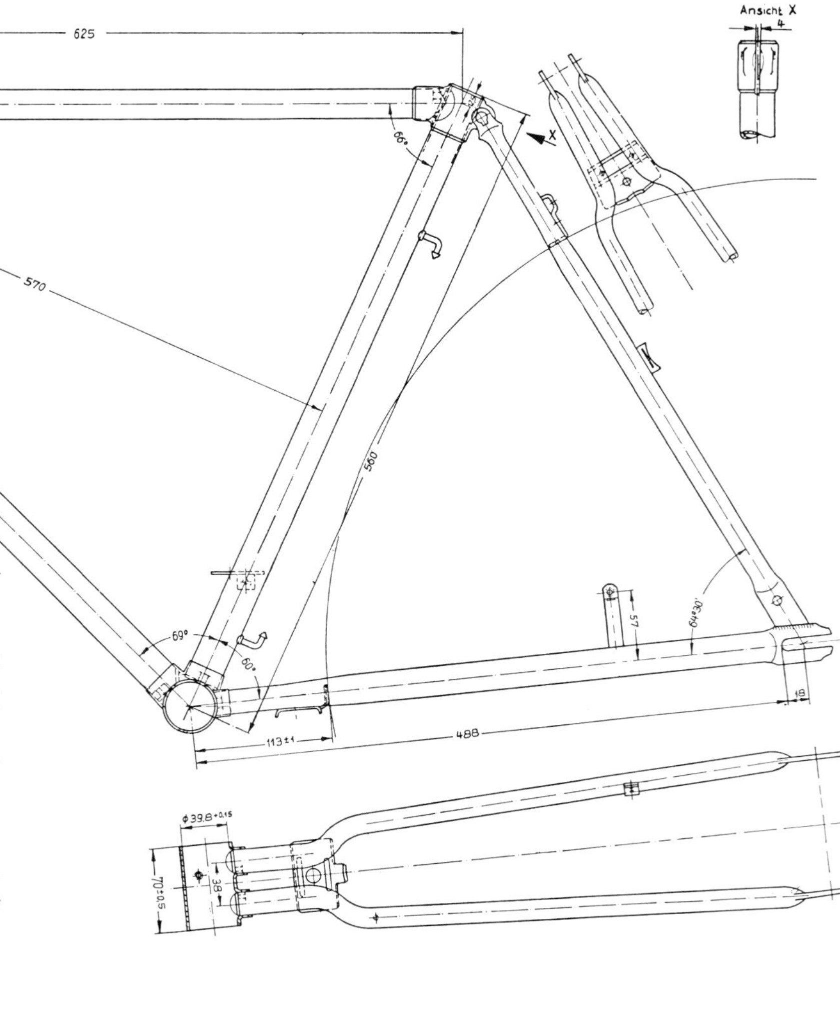

Abb. 215. Herren-Tourenrahmen für 716-mm-Räder (28″).

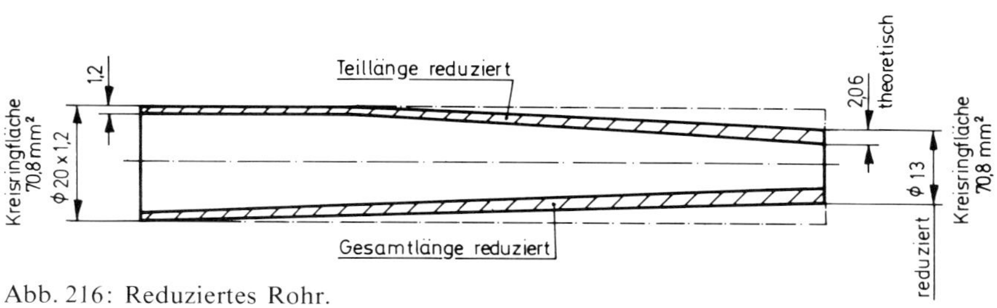

Abb. 216: Reduziertes Rohr.

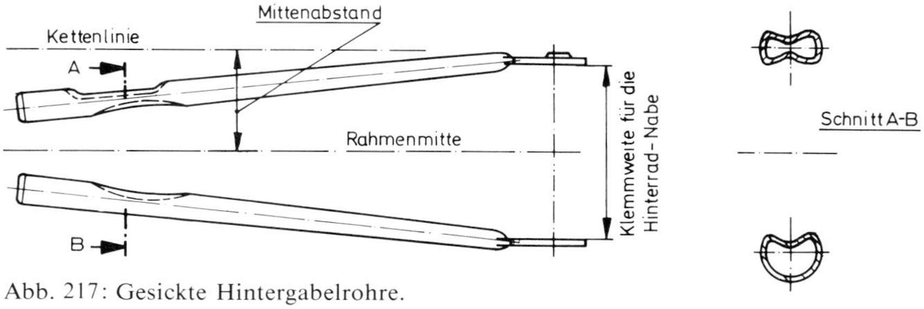

Abb. 217: Gesickte Hintergabelrohre.

Hinterradschutzblechs und des Reifens mit einer nach innen gedrückten Längssicke versehen. Damit genügend Luft zwischen dem rechten Hintergabelrohr und dem Kettenblatt vorhanden ist, wird im rechten Rohr außen eine Sicke nach innen eingepreßt. Durch diese Sicken werden im übrigen die Rohre gleichzeitig versteift (Abb. 217).

Reduzierte Hintergabelrohre, wie in Abb. 216 und 217 gezeigt, werden aus Ausgangsrohr 20 × 1,2 DIN 2393 (oder 2394) G St 37-2, für höhere Ansprüche St 42-2, hergestellt.

Die reduzierten Streben-Enden mit vergrößerter Wanddicke werden für die Verbindung mit den Ausfallenden flachgepreßt und mit der notwendigen Längenzugabe für den Abbrand bei der Schweißung (Abbrenn-Widerstandsschweißung) beschnitten.

Die Hintergabelstreben (Sitzstreben) für Sportrahmen sind meist aus zylindrischen Rohren gefertigt. Sportrahmen, die sich bereits der Preisklasse der Rennsport-Räder nähern, werden jedoch (hauptsächlich aus optischen Gründen) mit leicht verjüngten Sitzstreben gebaut.

Die oberen Enden der Hintergabelstreben liegen unterhalb des Klemmauges an beiden Seiten der Sitzkopfmuffe an und werden mit dieser durch Warzenschweißung verbunden. Damit die beiden Hintergabelstreben am Sitzrohr nicht mit dem vollen Streben-Durchmesser überstehen, sind die Enden ca. 20 mm schräg geschnitten und mit einer ellipsenförmigen Platte verschlossen. An der Sitzkopfmuffen-Anlage ist eine große Schweiß- oder Buckelwarze geprägt (Abb. 218).

Bei der Gesamt-Rahmenlötung wird diese Stelle gern noch zusätzlich hart verlötet – nicht nur aus Gründen der Haltbarkeit.

Bei der Lackierung des Rahmens wird die hintere Streben- und Muffen-Zone oft nur ungenügend mit Lack beaufschlagt, so daß dort örtliche Roststellen entstehen können.

Das untere Ende der Strebe wird flachgepreßt und, auch mit Längenzugabe für die Abbrennschweißung mit dem Ausfallende, beschnitten. Eine solche Strebe, gerade oder leicht verjüngt, wird aus Stahlrohr 13 × 1,0 DIN 2393 (oder 2394) BKW St 37-2 oder 42-2 hergestellt.

Die Ausfallenden wurden früher in die geschlitzten Strebenenden hart eingelötet, so wie das heute noch bei Renn- und Rennsport-Rahmen mit geschmiedeten Ausfallenden und hochverfestigten Strebenrohren mit Handlötung gemacht wird. Für Sporträder, die nur noch für Radtouristik verwendet werden, ist diese Herstellungsart zu teuer, deshalb werden die beiden Strebenrohre mit dem gestanzten Ausfallende durch Abbrennschweißung (elektrisches Preß-Schweißen) zu einer Baueinheit verbunden. Diese Herstellungsart ist kostengünstig bei gleichzeitiger Qualitätsverbesserung; der nur kurzzeitig erwärmte Bereich an der Schweißstelle bringt keinen so großen Festigkeitsabfall an den Streben wie bei einer längeren Ausglühzone durch die Hartlötung (Abb. 219).

Die Herstellung der Teile und die Verschweißung muß maßgenau erfolgen – eine nachträgliche Korrektur ist nicht mehr möglich. Der Hinterbau muß völlig span-

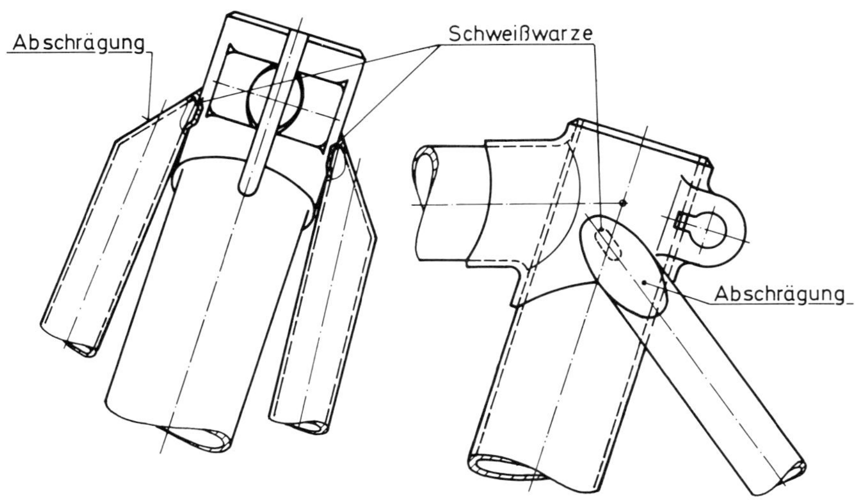

Abb. 218: Hintergabelstrebe oben mit Schweißwarze.

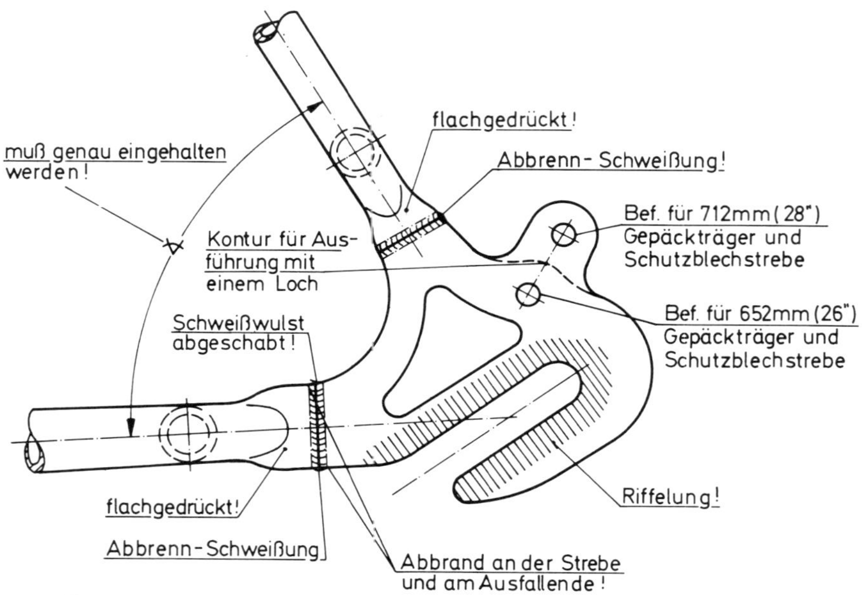

Abb. 219: Ausfallende mit verschweißtem Hintergabelrohr und Hintergabelstreben.

Abb. 220: Hintergabelstreben mit oberer Stegplatte.

nungsfrei, senkrecht und achsfluchtend am Rahmen-Vorderbau oben an der Sitzrohrmuffe angeschweißt und unten am Tretlagergehäuse hart verlötet werden.

Der Nachteil des nach vorn unten offenen Ausfallendes gegenüber dem nach hinten offenen ist der fehlende, feinregulierbare Kettenspanner (s. Abb. 1149). Damit beim Festziehen der Hinterradachse nicht die Achsstellung verschoben wird bzw. das Hinterrad schiefsteht (aus der Spur läuft), sind im Schlitzbereich Riefen eingekerbt. Zwischen Ausfallende und Anlagefläche der Achsmutter wird eine geriefte oder verzahnte Beilagscheibe oder Platte geklemmt, wodurch ein größerer Widerstand gegen ungewolltes Verschieben der Mutteranlage erreicht wird. Durch häufiges Anziehen und Lösen der Achsmuttern wird durch die gerieften Anlageflächen der Scheiben die Lackierung der Ausfallenden beschädigt, so daß häßliche Roststellen auftreten können. Deshalb ist bei den teuren Rennsport-Rahmen die erhabene Mutternauflage der geschmiedeten Ausfallenden verchromt.

Der Zweck nach vorn geöffneter Ausfallenden wird freilich verfehlt, wenn Hinterradnaben verwendet werden, deren Bremsgegenhalte-Hebel mit einer Bandage am Hinterrahmenrohr festgeschraubt sind.

Die äußere Form der Ausfallenden ist durch die Winkelstellung der Hinterstreben, durch den schräg nach vorn fallenden Achsschlitz und durch das Befestigungsloch für den Gepäckträger (der gleichzeitig Schutzblechstreben-Befestigung ist) bedingt. In Abb. 219 ist ein Ausfallende mit zwei Befestigungslöchern dargestellt. Diese Ausführung ermöglicht den Anbau eines einheitlich gleichen Gepäckträgers für 716 bis 712 mm (28″)- und 653 bis 652 mm (26″)-Räder. Bei 26er Rädern dient das untere, bei 28er Rädern das obere Loch zur Befestigung. Der Vorteil eines Einheits-Gepäckträgers liegt natürlich im billigeren Einkauf einer größeren Stückzahl und in vereinfachter Lagerhaltung beim Fachhandel. Ein geringfügiger Mehrpreis für die Ausfallenden mit zwei Befestigungslöchern durch den etwas höheren Materialverbrauch bei der Herstellung der Platine wird durch die aufgezeigten Vorteile aufgewogen.

Abb. 221: Hintergabelrohre mit unterem Rahmensteg und Seitenstütze.

Gestanzte Ausfallenden bestehen aus 3 bis 4 mm dickem Bandstahl St 2 K 32 BK DIN 1624.

Die Ausfallenden können auch aus mehreren Teilen, im Abbrenn-Schweißverfahren verbunden, hergestellt werden. Hierdurch wird ein etwas geringerer „Werkstoffverschnitt" und eine Kostensenkung erzielt.

Wie bereits beim Tourenmodell erwähnt, werden die Hintergabelrohre mit Ausfallenden und Hintergabelstreben (Sitzstreben) meist maßhaltig verschweißt von Spezialfirmen angeliefert. Beim Rahmenhersteller wird dann der Hinterbau nur noch komplettiert.

Die obere Stegplatte (Pletscherplatte, Abb. 220) ist bei Sporthinterrahmen, den geraden Sitzstreben entsprechend, etwas

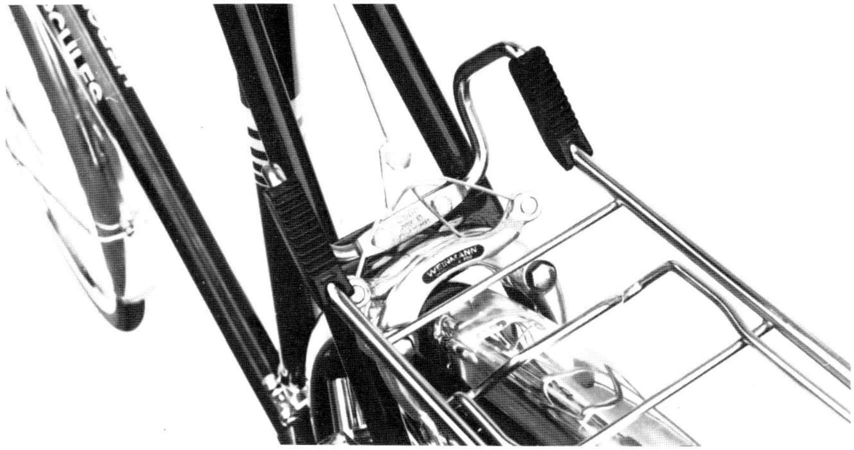

Abb. 222: Hinterbau mit Schutzblech, Gepäckträger und Felgenbremse.

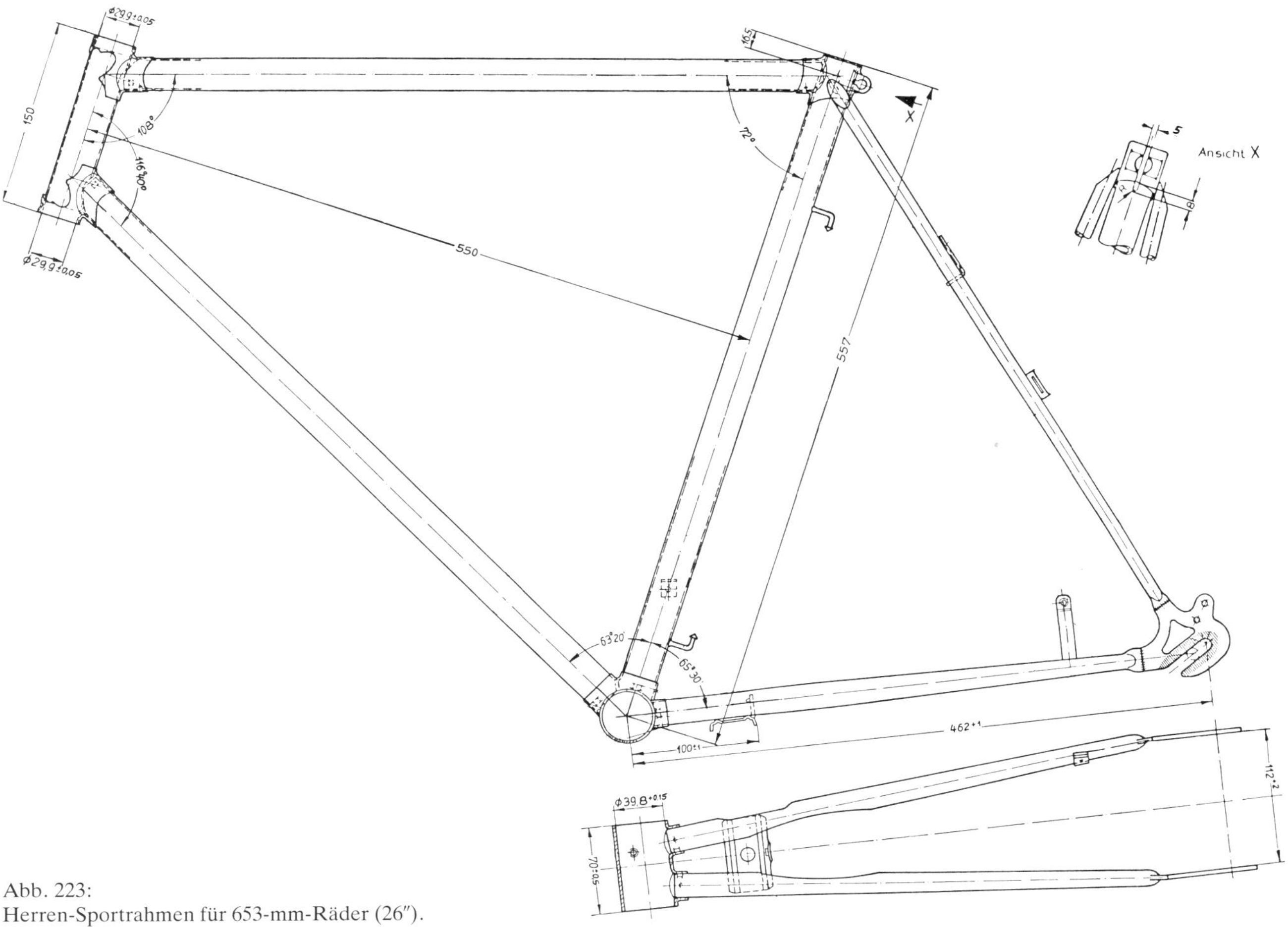

Abb. 223:
Herren-Sportrahmen für 653-mm-Räder (26").

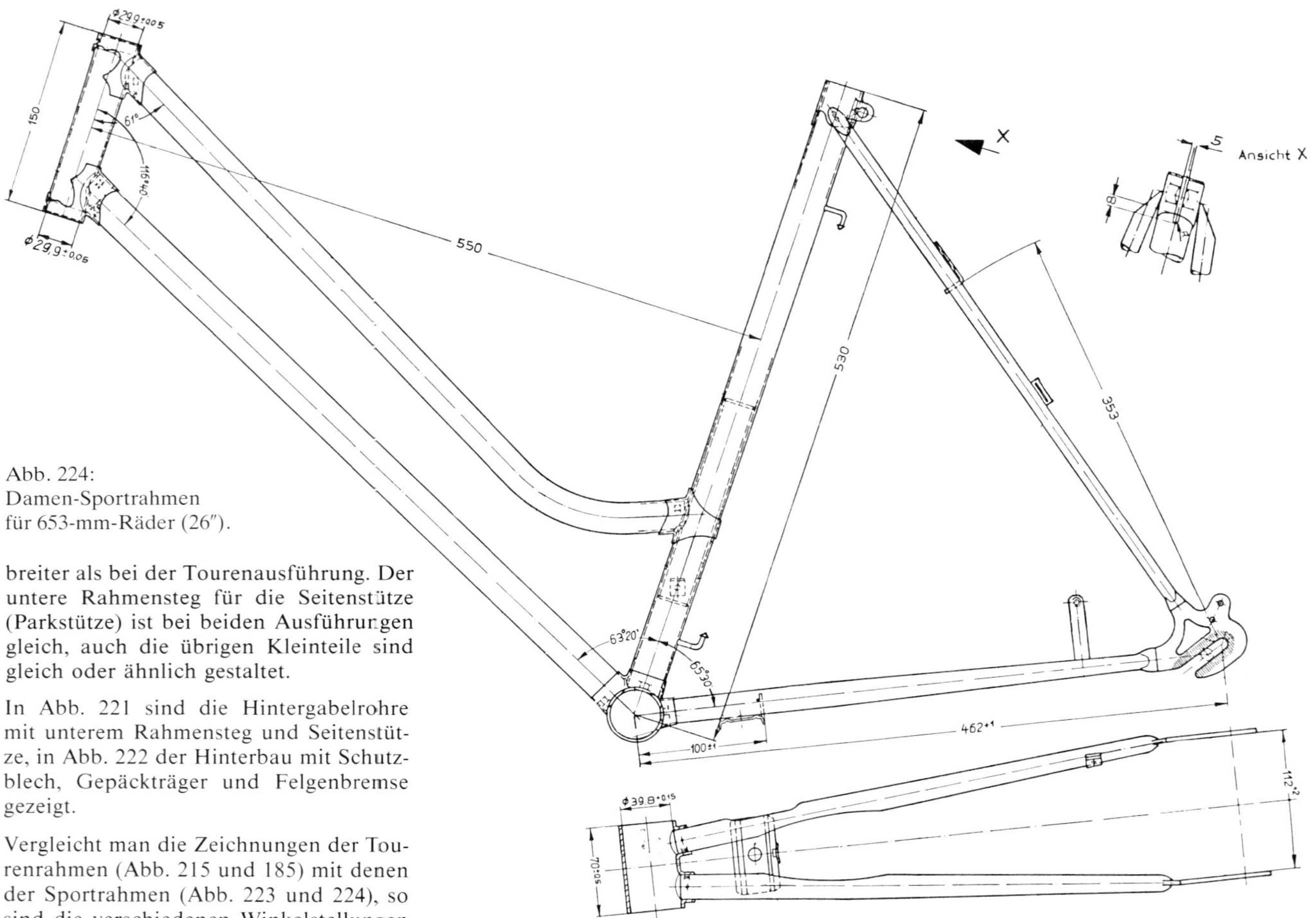

Abb. 224:
Damen-Sportrahmen
für 653-mm-Räder (26″).

breiter als bei der Tourenausführung. Der untere Rahmensteg für die Seitenstütze (Parkstütze) ist bei beiden Ausführungen gleich, auch die übrigen Kleinteile sind gleich oder ähnlich gestaltet.

In Abb. 221 sind die Hintergabelrohre mit unterem Rahmensteg und Seitenstütze, in Abb. 222 der Hinterbau mit Schutzblech, Gepäckträger und Felgenbremse gezeigt.

Vergleicht man die Zeichnungen der Tourenrahmen (Abb. 215 und 185) mit denen der Sportrahmen (Abb. 223 und 224), so sind die verschiedenen Winkelstellungen am Vorderrahmen erkennbar.

Die Abmessungen der Hinterrahmen kann man nicht miteinander vergleichen, da die Tourenmodelle für 716 mm (28″)-, die Sportrahmen für 653 mm (26″)-Räder konzipiert sind.

Der Rennsport-Hinterrahmen

Die beiden Hintergabelrohre sind bei Rennsport-Hinterrahmen aus einem Ausgangsrohr 22,2 × 1,0 mm (Zollmaß ⁷⁄₈) hergestellt. Der Durchmesser ist um 2 mm größer als bei den Sportrahmen-Hintergabelrohren, jedoch nur mit 1 mm Wanddicke. Um den Hinterbau möglichst schmal zu halten, sind – wie bei den Sport-Hintergabelrohren – Längssicken für den Reifen und das Kettenblatt eingepreßt. Nach dem Tretlageraustritt (mit 22,2 mm ∅) erfolgt die Verjüngung auf 20 und am Ende bis auf 13 mm ∅. Das Rohrende wird kugelig gepreßt, und für die Befestigung des Ausfallendes wird ein Schlitz gefräst, in den

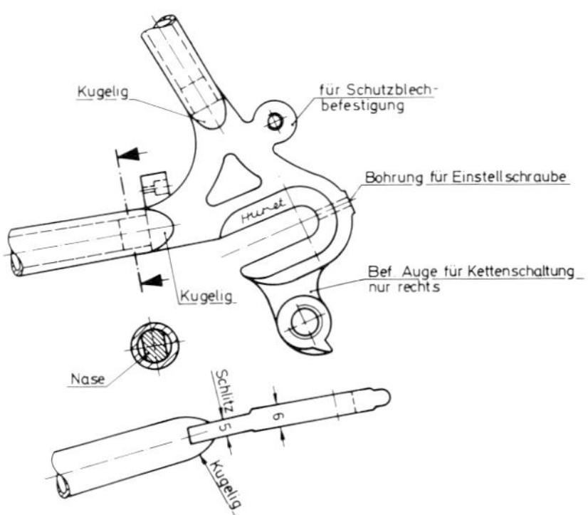

Abb. 225: Ausfallende für Rennsport-Rahmen von Huret.

das Ausfallende eingeschoben wird. Eine abgesetzte Nase am Ausfallende steckt im Rohr-Inneren und gibt der Verbindung, die hartverlötet wird, zusätzlichen Halt.

Die Hintergabelstreben (Sitzstreben) sind aus einem Ausgangsrohr 16 × 1 mm unten am Anschluß des Ausfallendes auf 11 mm ∅ reduziert. Damit die Sitzstrebe mit 16 mm ∅ am Anschluß der Sitzkopfmuffe nicht zu klobig wirkt, reduzieren manche Hersteller das Rohr im Bereich der dachförmigen Abschrägung geringfügig, was technisch nicht falsch ist. Der maximale Durchmesser der Sitzstreben liegt mit dem höchsten Widerstandsmoment im Bereich der größten Durchbiegung. Die Verbindung mit dem Ausfallende ist wie bei den Hintergabelrohren ausgeführt.

Für die beiden Rohrpaare des Hinterbaues wird als Ausgangswerkstoff die Qualität St 37-2 oder St 42-2 bevorzugt verwendet.

Durch den Reduziervorgang wird eine hohe Rohrfestigkeit erzielt.

Die Ausfallenden (Abb. 225) werden aus einem gut lötbaren Werkstoff mit 500 N/mm² Mindestzugfestigkeit im Gesenk geschmiedet. An der Seite der Kettenschaltung ist ein großes Auge für die Befestigung der Schaltung vorgesehen. Die Lage des Befestigungspunktes richtet sich nach der einzubauenden Kettenschaltung. Zur Erzielung optimaler Schaltfähigkeit muß der günstigste Befestigungspunkt für das jeweilige Schaltungsfabrikat ermittelt werden. Um das zu erreichen, entwickeln die Hersteller von Kettenschaltungen für ihr Erzeugnis bestgeeignete Ausfallenden, die dann von Spezialfirmen hergestellt und geliefert werden.

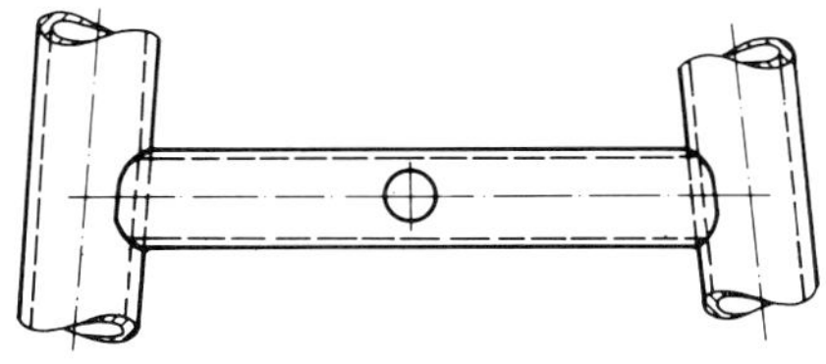

Abb. 226: Rohrsteg zur horizontalen Befestigung der Felgenbremse.

Der Schlitz für die Achsaufnahme wird rechtwinklich und maßhaltig (ohne große Luft für die Achse) gefräst. Die Anlageflächen für die Achsmuttern und die Hinterradnabe stehen etwas vor, damit plane Anlagen und eine sichere Achsbefestigung gewährleistet sind.

Für die Halterung einer Einstellschraube ist in Verlängerung des Achsschlitzes ein Gewindeloch für eine Anschlagschraube vorgesehen, damit beim Radwechsel die vorher justierte Achsstellung wieder erreicht wird (s. Abb. 225 u. 234). Befesti-

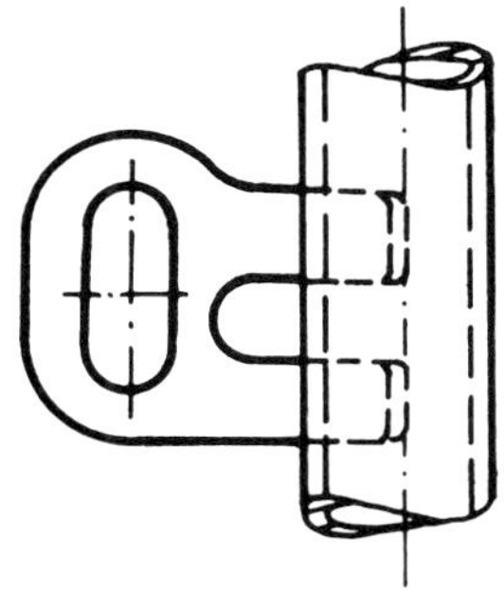

Abb. 227: Dynamo-Halter an der Hintergabelstrebe.

gungsaugen für den Bowdenzug der Schaltung und zur Befestigung der Schutzblech-Streben sind angeschmiedet.

Unter Verwendung geschmiedeter Ausfallenden wird ein besonders stabiler, spurtreuer Hinterrahmen geschaffen.

Im Gegensatz zu reinrassigen Rennrahmen wird bei der Rennsport-Ausführung zur

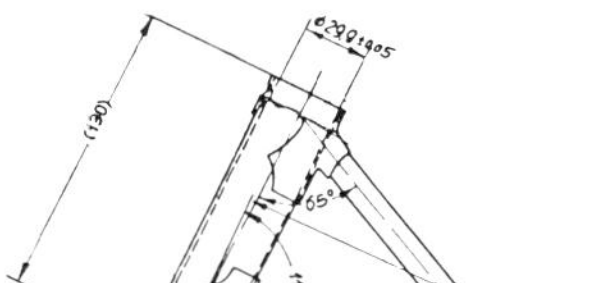

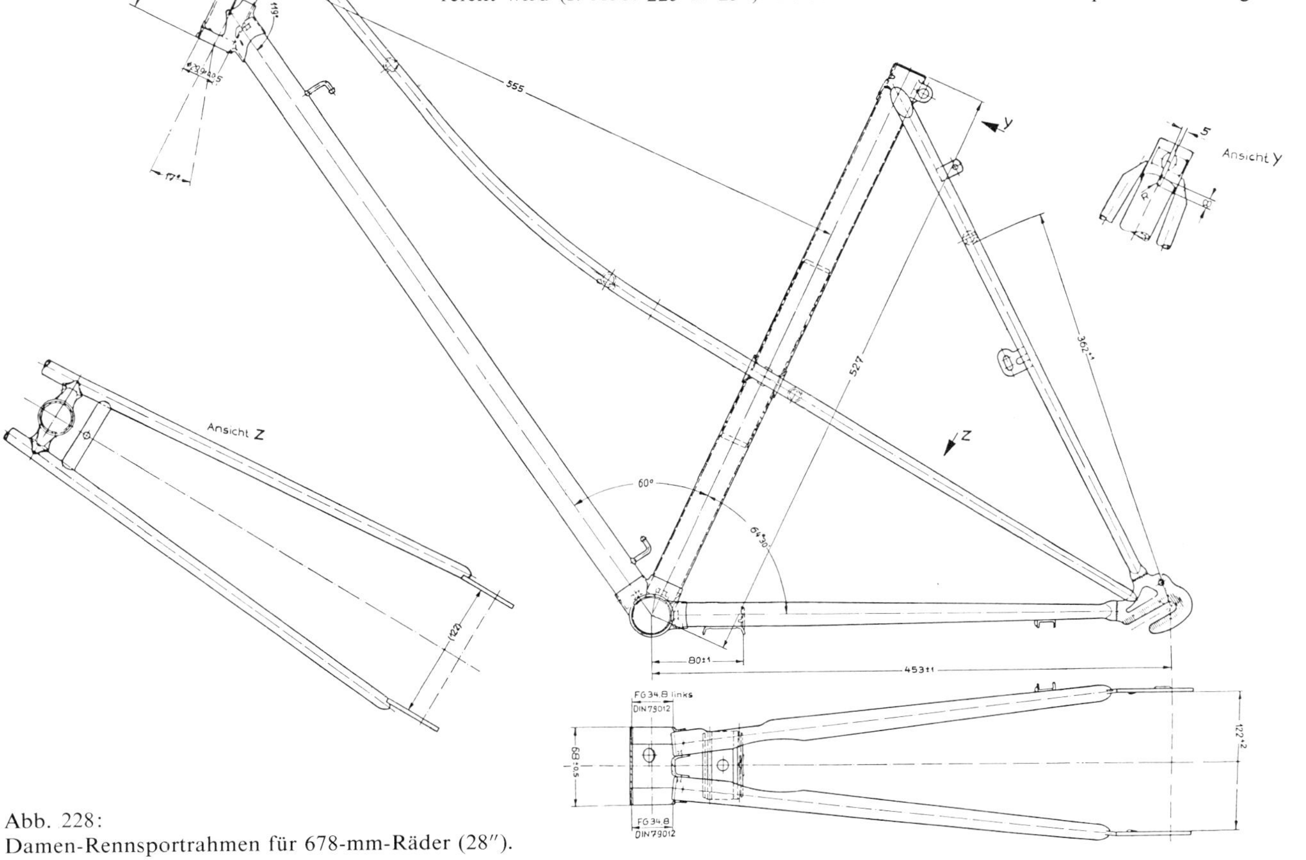

Abb. 228:
Damen-Rennsportrahmen für 678-mm-Räder (28″).

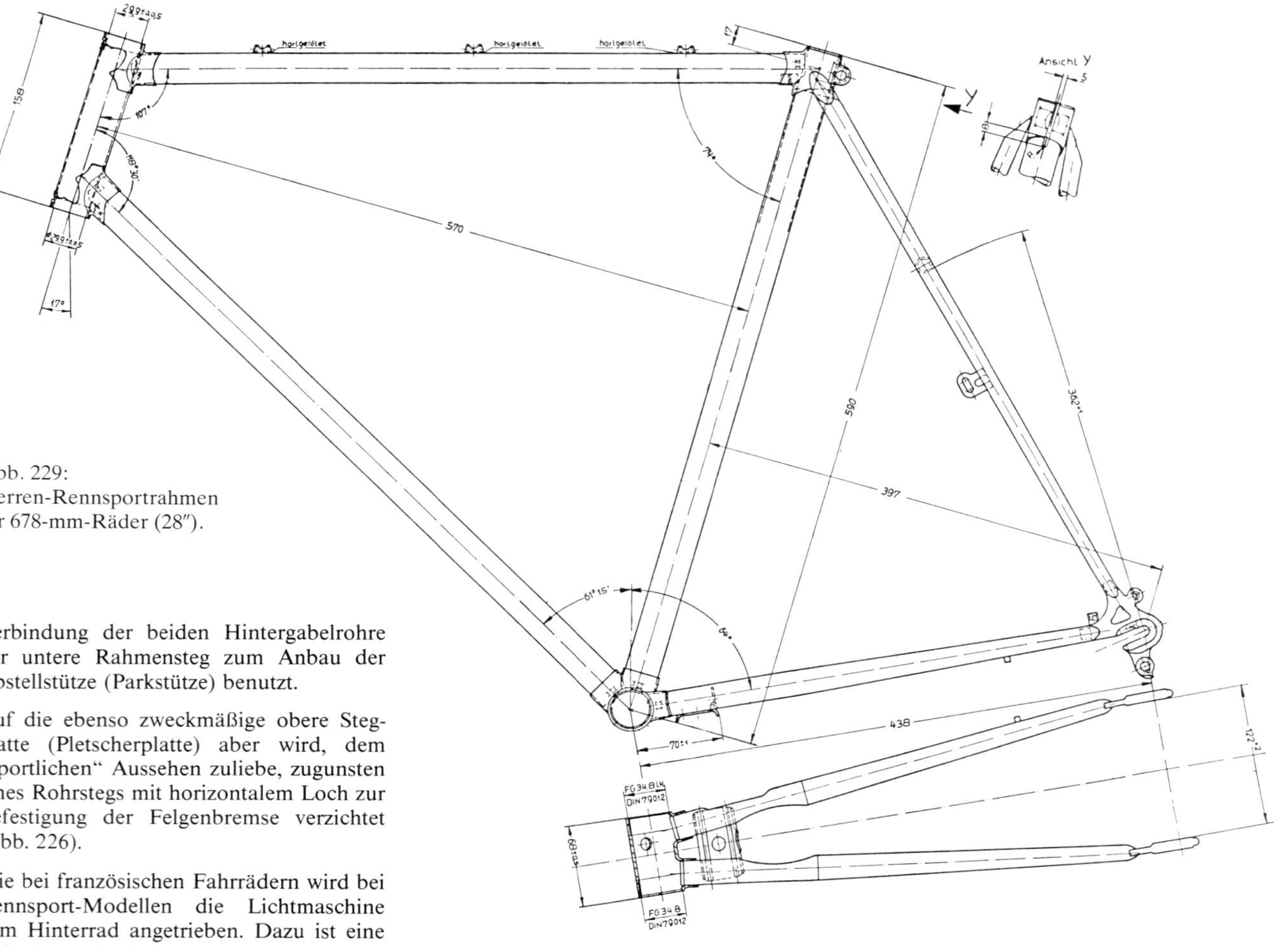

Abb. 229:
Herren-Rennsportrahmen
für 678-mm-Räder (28″).

Verbindung der beiden Hintergabelrohre der untere Rahmensteg zum Anbau der Abstellstütze (Parkstütze) benutzt.

Auf die ebenso zweckmäßige obere Stegplatte (Pletscherplatte) aber wird, dem „sportlichen“ Aussehen zuliebe, zugunsten eines Rohrstegs mit horizontalem Loch zur Befestigung der Felgenbremse verzichtet (Abb. 226).

Wie bei französischen Fahrrädern wird bei Rennsport-Modellen die Lichtmaschine vom Hinterrad angetrieben. Dazu ist eine Befestigungslasche an der linken Hintergabelstrebe notwendig, die in der neutralen Rohrzone angeschweißt wird (Abb. 227). Meist wird daran noch ein Halter für die Rückleuchte mit angeklemmt, oder der Dynamohalter wird so ausgebildet, daß er die Rückleuchte mit aufnehmen kann. Der linksseitige Anbau der Rückleuchte am Rahmen-Hinterbau statt am Schutzblech-

Abb. 230: Hintergabelrohre (Champion) für Rennrahmen, Werkstoff CrMo.

Ausführung	Wanddicke	Durchmesser			Längen			Gewicht pro Paar g
	d	D_1	D_2	D_3	l_1	l_2	L	
I	0,8	22,2	12,5	24	22	110	420	300
II	0,8	22,2	12,5	30 × 19	22	110	420	310
III	0,8	22,2	12,5	27 × 16	105	80	420	300

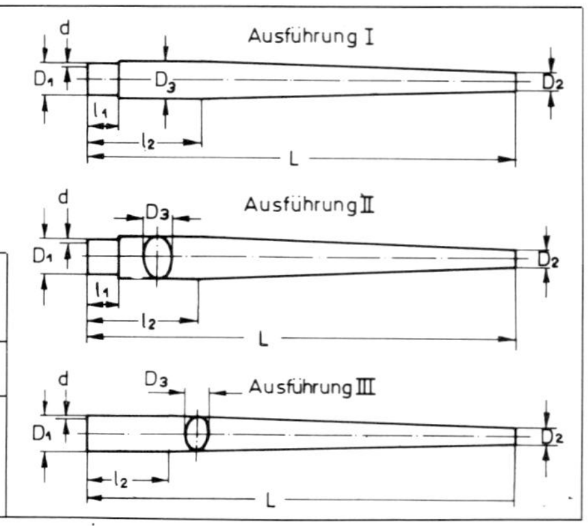

ende erfolgt beim Rennsport-Rad deshalb, damit beim sportlichen Fahren ohne Schutzbleche die vorgeschriebene einsatzfähige Beleuchtungsanlage vorhanden ist. Über Vor- und Nachteile des Antriebs der Lichtmaschine vom Hinterrad aus wird auf Seite 384 noch gesprochen.

Angeschweißte Luftpumpen-Halter werden bei Rennsport- und Renn-Rahmen nicht benötigt; eine lange Luftpumpe, deren Enden der Form des Rahmens angepaßt sind, wird vorn am Sitzrohr zwischen Oberrohr und Tretlagergehäuse unter Federspannung eingeklemmt.

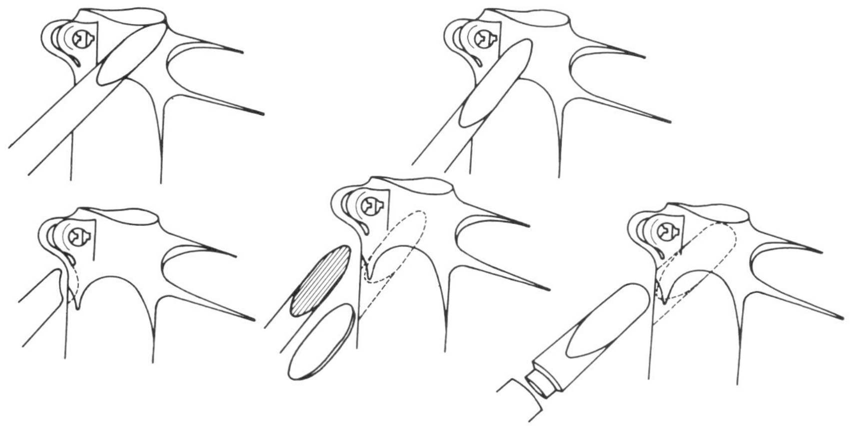

Abb. 232: Anschluß der Hintergabelstreben an die Sitzmuffe.

Der Renn-Hinterrahmen

Der Hinterbau muß beim Rennrahmen besonders stabil und verwindungssteif sein. Deshalb werden für die Hintergabelrohre größere Durchmesser mit höherem Widerstandsmoment als bei den Sport- und Rennsport-Rahmen verwendet. Der Tretlageranschluß ist wie beim Rennsportrahmen mit 22,2 mm ∅ ausgeführt, steigt aber am Tretlagergehäuse-Austritt (wo die stärkste Biegung auftritt) auf einen größeren Rohrdurchmesser an und verläuft dann, sich verjüngend, zum Ausfallende. Ebenfalls

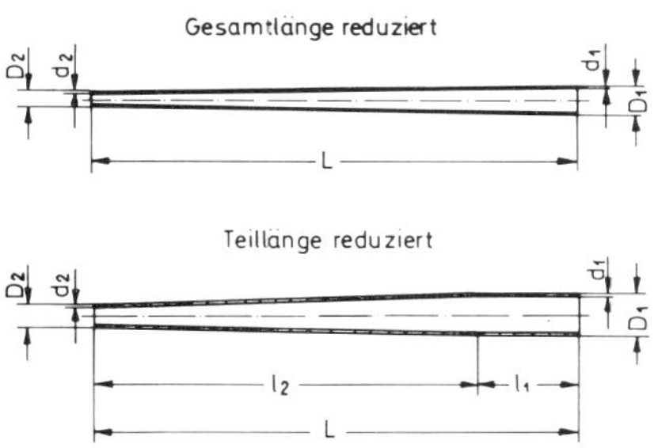

Abb. 231: Hintergabelstreben (Champion) für Rennrahmen, Werkstoff CrMo.

Durchmesser		Wanddicke	Längen			Gewicht pro Paar
D_1	D_2	d_1–d_2	l_1	l_2	L	g
14,5	11	0,8–1,0	280	320	600	325
15,9						355

aus Gewichtsgründen werden Streben mit Wanddicken von 0,8 mm (und weniger) bei einer Werkstoffgüte Chrom-Molybdän oder Mangan-Molybdän verarbeitet. In Abb. 230 sind Streben-Varianten[21] rund und oval dargestellt.

Auch die beiden Hintergabelstreben (Sitzstreben) müssen entsprechend den Hintergabelrohren in größeren Abmessungen ausgeführt werden. Wie bei den Rennsport-Rahmen gibt es zwei Arten von Sitzstreben – eine, die sich auf der gesamten Länge verjüngt, und eine, bei der nur ein Teil der Länge reduziert ist (Abb. 231).

Für die Verbindung der Hintergabelstreben und der Sitzkopfmuffe gibt es verschiedene Möglichkeiten, die in Abb. 232 gezeigt sind.

Bei der Mittendorf-Straßenrennmaschine sind in die Sitzstrebenenden am Anschluß der Sitzkopfmuffe Füllstücke hart eingelötet. Diese Füllstücke umgreifen formschlüssig die Außenform der Sitzmuffe, so daß eine große Lötfläche entsteht. Die Sitzkopfmuffe mit integrierter Klemmeinrichtung für die Sattelstütze (die im Dreieck der Muffe untergebracht ist, siehe Abb. 203) ist nicht geschlitzt und es kann dort kein Spritzwasser eindringen. Durch diese Anordnung entsteht ein besonders kompakter Verband der Hintergabelstreben im Sitzkopfbereich (Abb. 233).

Wie bereits bei den Rennsport-Hinterrahmen erwähnt, ist es beim Rennrahmen noch wichtiger, daß das zu der verwendeten Kettenschaltung optimal passende Ausfallende eingelötet wird. Zur Zeit sind die bekanntesten Hersteller von Kettenschaltungen die Firmen Campagnolo, Huret/Fichtel & Sachs, Simplex, Shimano und Sun Tour. Außer dem rechten Ausfallende mit dem Kettenschaltungs-Träger werden auch das linke hintere Ausfallende sowie die beiden Ausfallenden für die Vordergabel von Spezialfirmen geliefert. In Abb. 234 sind Ausfallenden für verschiedene Kettenschaltungen dargestellt.

---

[21] Variante = Abart, Spielart, Abwandlung

Abb. 233: Anschluß der Hintergabelstreben an die Sitzkopfmuffe mit integrierter Klemmung für die Sattelstütze, von Mittendorf.

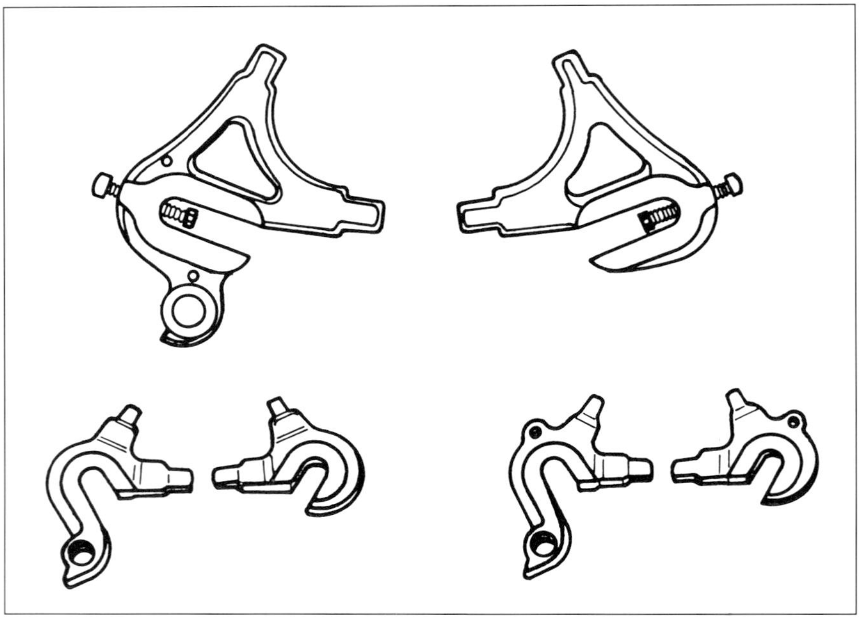

Abb. 234: Geschmiedete hintere Ausfallenden für verschiedene Kettenschaltungs-Fabrikate.

Eine Besonderheit ist das Mittendorf-Ausfallende für Rennmaschinen (Abb. 235). Damit das Kettenradpaket (sechs- bis achtfach) im Hinterbau untergebracht werden kann, muß das Hinterrad asymmetrisch (versetzt) zur Nabenflansch-Mitte gespeicht werden (A). Dies hat beachtliche Nachteile, z. B. verschieden lange Speichen, ungleiche Speichenspannung und dadurch möglicher Speichenbruch, unterschiedliche Lagerbelastung und schwierige Zentrierung des Hinterrades.

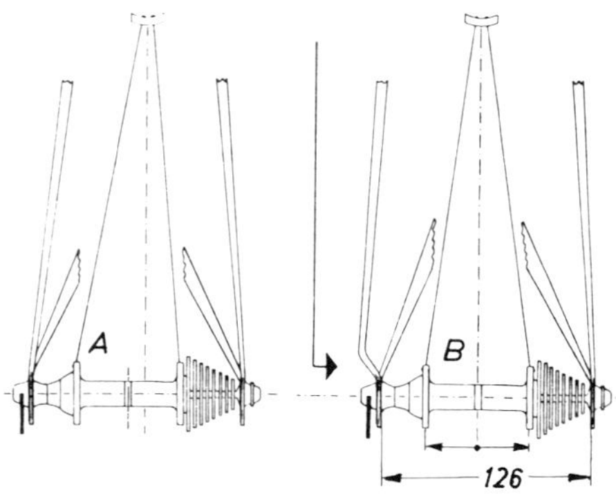

Abb. 235: Ausfallenden 029 von Mittendorf.

Das Mittendorf-Ausfallende (Abb. 236 und 237) ist an der linken Seite 16 mm gekröpft und ermöglicht damit den Einbau eines symmetrisch gespeichten Hinterrades (B).

Siehe hierzu auch Abb. 465.

Die Hintergabelrohre und die Hintergabelstreben werden durch zwei hart eingelötete Rohrstege und die Ausfallenden verbunden. Eine wichtige Rolle spielen aber auch die Kleinteile, die fast immer stumpf am Rahmen hart angelötet werden. Dadurch erübrigen sich schwere Schellen und Halter. Aus Abb. 238 sind die Befestigungsträger für die Schalthebel der Kettenschaltung sowie Ösen, Gegenhalter und Umlenkrohr für den Schaltungszug ersichtlich.

Für alle Rahmen-Anbauteile gibt es spezielle kleine Befestigungsteile, die von Spezialfirmen hergestellt werden. In Abb. 239 sind solche Kleinteile mit Pfeilen gekennzeichnet.

Ein optischer Vergleich eines Rennsport-Rahmens (Abb. 229) mit einem Rennrahmen (Abb. 240) läßt keine gravierenden Unterschiede erkennen – das entscheidend wichtige geringere Gewicht des letzteren wurde im Vorhergehenden herausgestellt.

In der Abb. 241 wird ein Rahmen mit Vorderradgabel für eine Profi-Straßenrennmaschine (in den Sitzrohrhöhen 520, 550, 580, 610 und 640 mm) für Schlauchreifen ∅ 680 mm gezeigt. Sämtliche Teile sind aus Reynolds-Rohren 531. Aus der Zeichnung und Tabelle sind die Baumaße ersichtlich.

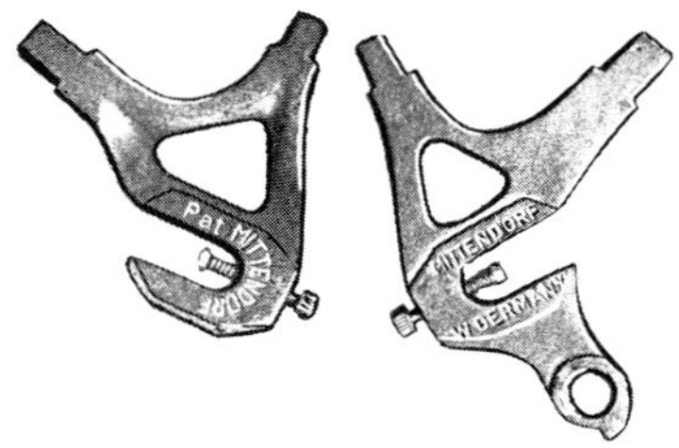

Abb. 236: Ausfallenden von Mittendorf.

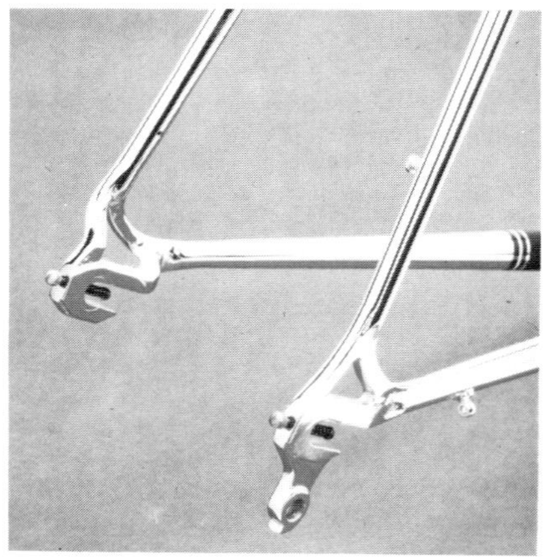

Abb. 237: Hinterbau mit Ausfallenden von Mittendorf.

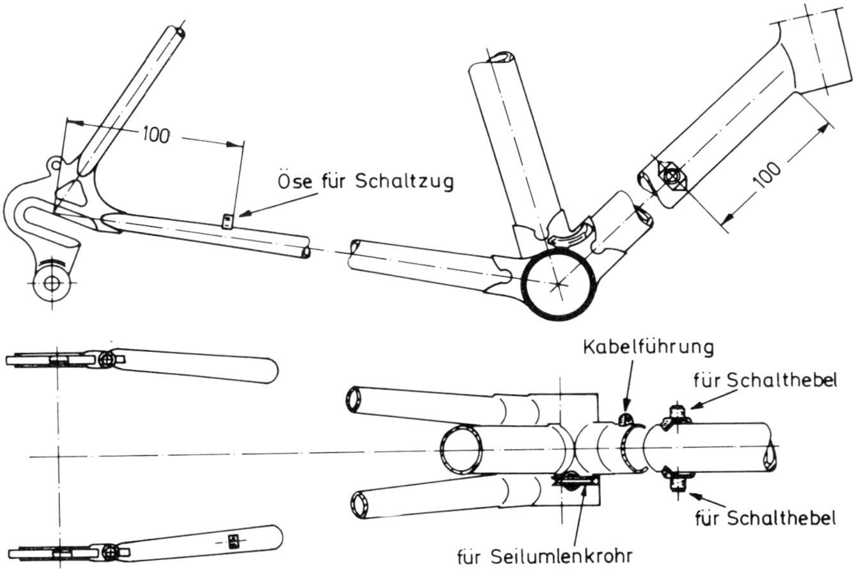

Abb. 238: Anlötteile am Rahmen für die Kettenschaltung (Criterium).

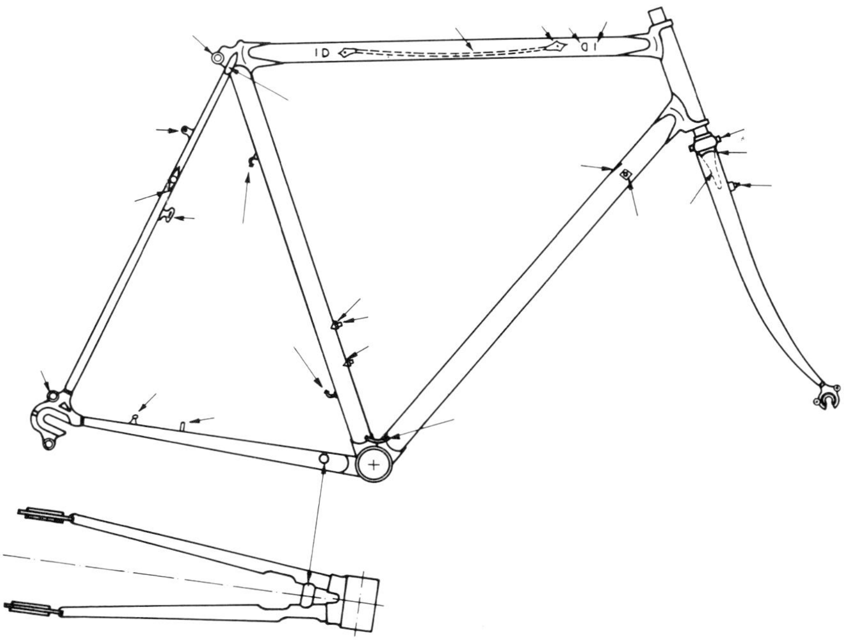

Abb. 239: Anlötteile für Rahmen und Vordergabel (Champion).

Rahmen-Dimensionen

Betrachtet man den Vorderrahmen nicht als Körper, sondern wegen der im Verhältnis zu den übrigen Abmessungen geringen Rohrdurchmesser nur als Ebene, so hat man lediglich zwei Dimensionen[22] (siehe Fußnote), Höhe und Länge bzw. Breite. Der Hinterrahmen jedoch hat durch seine Gabelung noch eine nicht unerhebliche Tiefe, er ist also dreidimensional. Man spricht deshalb auch (wenn auch mehr bei Motorrädern) von zwei- und dreidimensionalen Rahmen oder Rahmenteilen. In Wirklichkeit ist natürlich auch der Fahrrad-Vorderrahmen dreidimensional – noch mehr sind es die als solche bezeichneten Doppelrohr-Fahrradrahmen (s. Abb. 123) und der Gitter-Fahrradrahmen (s. Abb. 126).

Besonderheiten des Damen-Rahmens

Der Vorderbau des Damen-Rahmens ist weit ungünstiger als die Herren-Ausführung. Die Widerstandsfähigkeit gegen statische[23] und dynamische Belastungen, auch gegen Schwingungen, muß geringer sein als bei der Herren-Ausführung. Der Damen-Rahmen müßte im Ganzen kräftiger, mit größeren Rohrabmessungen gebaut sein, wodurch höheres Gewicht mit vielen Nachteilen unvermeidlich wäre.

Besonders ungünstig sind die Belastungsverhältnisse beim Damen-Tourenrahmen mit S-förmig gebogenem Ober- und Unterrohr, weil sich dabei noch zusätzliche Hebelarme ergeben, die die Verwindungs-Beanspruchungen des Rahmens erhöhen. Außerdem entstehen durch das Biegen Spannungen in der Rohrwandung. So sind Damen-Sportrahmen mit geraden Ober- und Unterrohren (s. Abb. 121) keine Modeerscheinungen, sondern technisch sehr wohl begründete Konstruktionen.

---

[22] Dimension (lateinisch) = Abmessung, Ausdehnung, Ausmaß, Größenordnung

[23] statisch, vom Lateinischen stare = stehen, und dynamisch vom Griechischen dynamo = Kraft

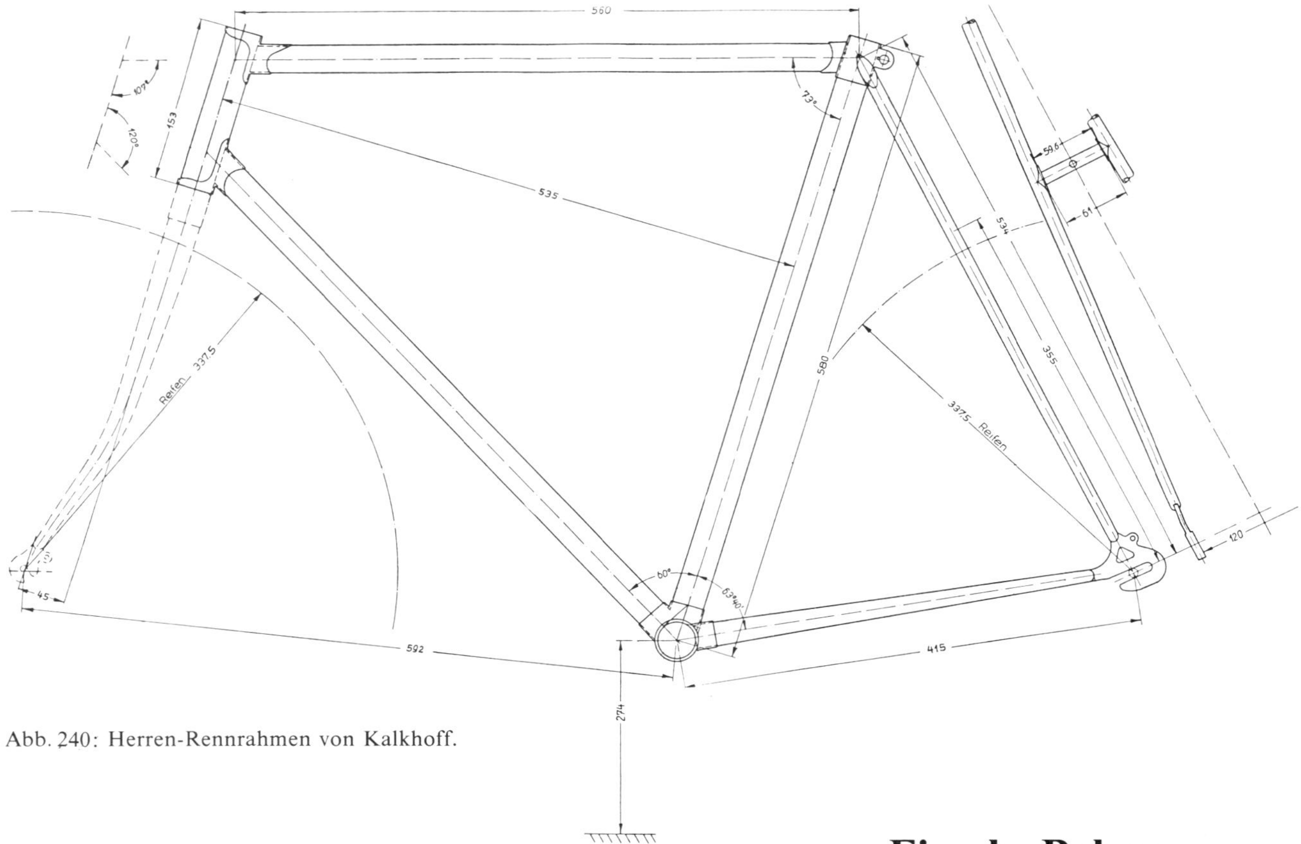

Abb. 240: Herren-Rennrahmen von Kalkhoff.

Die Fahrbahnstöße versuchen in den Krümmungen bei 2 (Abb. 242 die Rohre durchzubiegen. Deshalb versteift man an den beiden Punkten 1 und 2 die Rohre mit einem Rohrsteg gegeneinander. Die Stöße wirken an einem langen Hebelarm I und

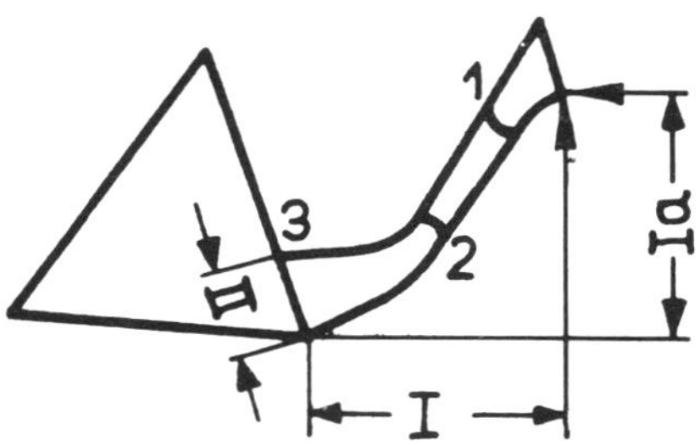

Abb. 242: Kräfte am Damenrahmen-Sitzrohr.

Ia, während die Verbindung 3 einen kurzen Hebelarm (II) hat. Die Stöße übertragen sich vielfach vergrößert auf Punkt 3 und versuchen, das Sitzrohr durchzubiegen. Es erhält deshalb unten bis über den Punkt 3 hinausgehend eine Verstärkung. Das sich durchbiegende Sitzrohr hat das Bestreben, auch das Tretlagergehäuse auseinanderzuziehen. Zudem wirkt noch nachteilig der im Bereich II technisch falsch angesetzte (angeschweißte) untere Pumpenhalter.

Damit Herren- und Damen-Rahmen weitgehende Baugleichheit der Einzelteile haben, wird für das Sitzrohr des Damen-Rahmens keine vergrößerte Rohrdimension verwendet, sondern das Damenrahmen-Sitzrohr im Bereich II der Centermuffe durch ein zusätzlich eingepreßtes Rohr verstärkt (s. hierzu Abb. 185, 224 und 228, die Damenrahmen-Zeichnungen mit Sitzrohrverstärkung zeigen).

Einrohr-Rahmen

Für Klapp-, Zerleg- und Allzweck-Räder (Pony-Räder) wird meist der Einrohr-Rahmen mit gebogenem Hauptrohr (40 × 2) bevorzugt. Die Kreuzform (s. Abb. 130) konnte sich, in Rohr- wie in Preßschalen-Bauweise, nicht durchsetzen. Im Gegensatz zum konventionellen Rahmen mit gelöteten Verbindungsmuffen ist der Einrohr-Rahmen mit stumpfgeschweißten Rahmenverbindungen eine reine Schweißkonstruktion. Wobei grundsätzlich festzustellen ist, daß gemuffte Rahmen nicht besser als stumpfgeschweißte Konstruktionen sind.

Die Einrohrbauweise unterscheidet sich noch durch verschiedenartige Hinterrahmen-Ausführungen: in herkömmlicher dreiecksartiger Form (s. Abb. 127) und in Trapezform (s. Abb. 128) oder Parallelogramm-Ausführung. Der Dreieck-Hinterbau ist für die Aufnahme der auftretenden Kräfte, die durch die Stöße von der Fahr-

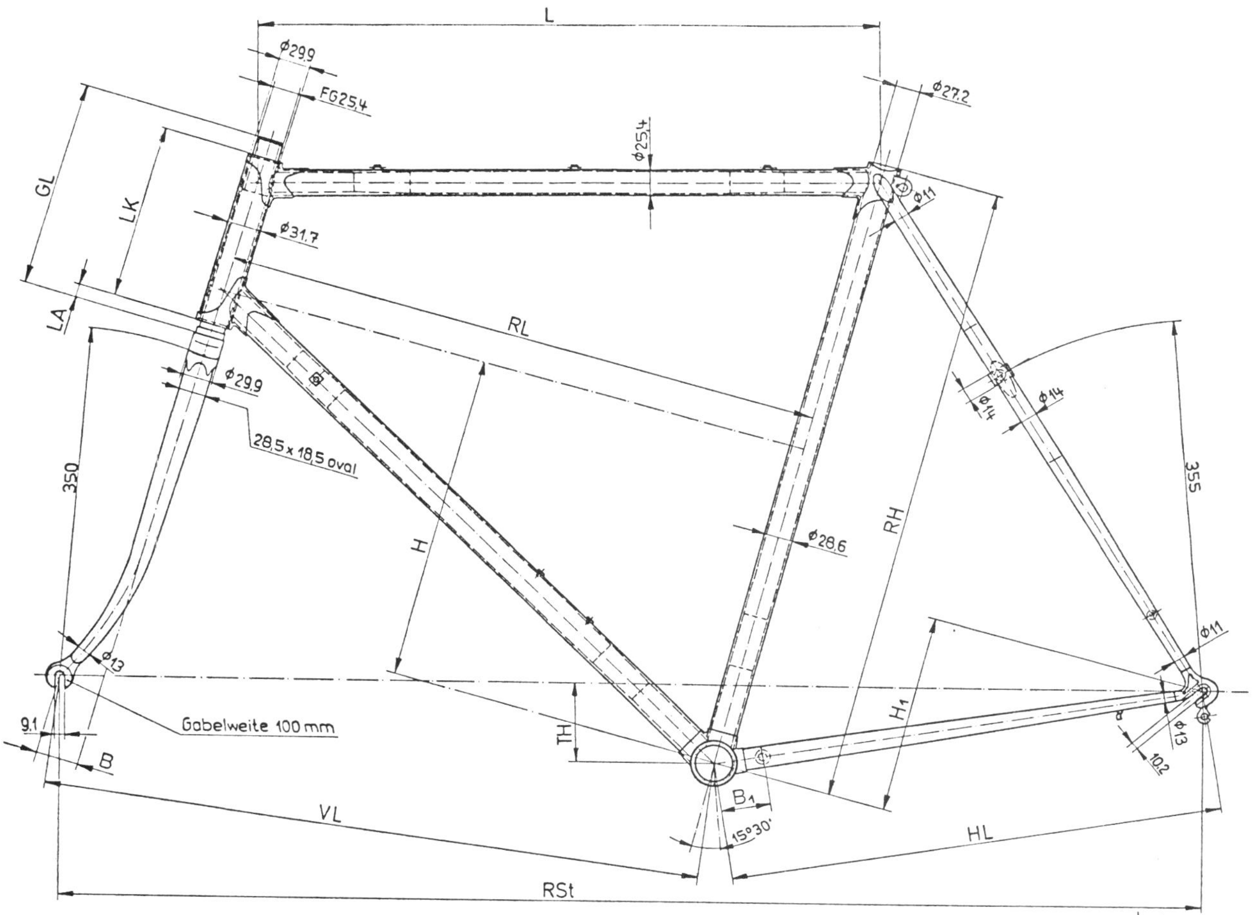

	Rahmen - Nennmaße (mm)				
	520	550	580	610	640
RH	516	548	580	607	637
RL	518	533	553	560	575
L	532	552	572,5	582,5	599
LK	109	135	161,5	190,5	218
GL	150	176	202,5	231,5	259
RSt	997	1002	1012	1013	1035
HL	415	420	420	420	430
VL	590	596	603	606	615
TH	80	80	80	80	80
H	322	318	318	318	318
H_1	179	192	192	192	192
B	42	42	42	42	42
LA	15	15	15	15	15
B_1	50	50	50	50	50

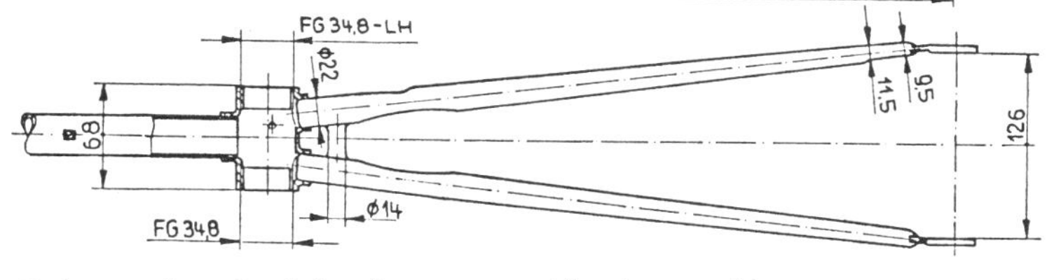

Abb. 241: Rahmen einer Profi-Straßenrennmaschine in verschiedenen Sitzrohrhöhen.

bahn über die Räder eingeleitet werden, besser geeignet als der trapezförmige Hinterrahmen. Beim Trapezhinterrahmen treten im Gegensatz zum Dreieckshinterrahmen neben Zug-Druck-Spannungen noch zusätzlich beachtliche Biegespannungen auf, denen die Rohranschlüsse auf die Dauer nicht gewachsen sind. Trapezform-Hinterrahmen werden deshalb verwendet, weil man sich von der Konkurrenz optisch unterscheiden will. Auch wird der normale (aufgeschraubte) Gepäckträger nicht benötigt, weil der Hinterrahmen oben gleich als Gepäckträger ausgebildet ist. Zudem gibt diese Ausführung dem ganzen Rad eine schönere Linie (Abb. 248).

Nicht ideal ist der gebogene Vorderrahmen. Nahezu in der Mitte des Rohrbogens erfolgt die Ausklinkung für das Tretlager-

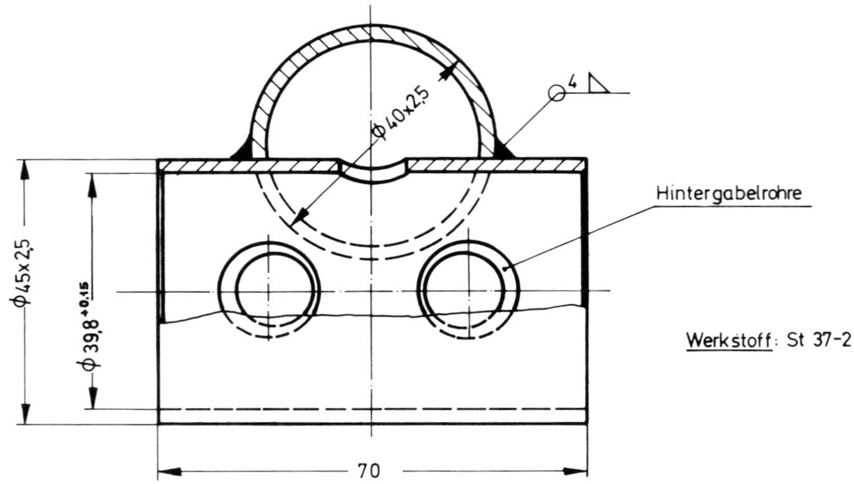

Abb. 243: Tretlagergehäuse im Rahmenrohr.

gehäuse, das bis in die Mitte des Rahmenrohr-Querschnitts ragt und mit dem Rahmenrohr verschweißt ist (Abb. 243). Das quer zu seiner Achse beanspruchte Rohrstück des Tretlagergehäuses ist elastischer als das aus dem Rahmenrohr ausgeklinkte Stück. Daher wird die Beanspruchung im Restquerschnitt des Rahmenrohrs erheblich größer, und Dauerbrüche sind an dieser Stelle vorprogrammiert. Die starken dynamischen Belastungen, die von der Fahrbahn über den scharnierartig schwingenden Hinterbau in das Tretlagergehäuse zum Rahmenrohr und vom Vorderrad über den Lenkkopf in das Rahmenrohr eingeleitet werden, bilden starke, ständig wechselnde Kräfte, die zusammen mit den Pedalkräften und dem einseitig wirkenden Kettenzug Spannungen erzeugen.

Abb. 244: Kerbwirkung durch Einbrand.

Als nachteilig kommt noch hinzu, daß in der Mitte des vorderen Rahmenrohres der Zerleg-Verschluß eingeschweißt ist und das Rahmenrohr auch dadurch unelastisch wird.

Bleiben die auftretenden Spannungen nicht innerhalb der Elastizitätsgrenze des Werkstoffs und der Schweißnaht, so kommt es unvermeidlich zum Bruch. Dieser wird noch durch die Kerbwirkung begünstigt, die an den Schweißstellen durch den Einbrand entsteht. In Abb. 244 ist diese Kerbwirkung durch Einbrand an drei verschweißten Flacheisen dargestellt.

Zu den auftretenden Spannungsspitzen bei der Schweißung führen Einbrand-Kerben. Der Einbrand selbst und die Gefügewandlungen in den Randzonen der Schweißnaht führen zu Störungen des Kraftflusses (Kerbwirkungen), die die Festigkeit der Verbindung besonders bei dynamischer Belastung erheblich herabsetzen.

Durch die sich dauernd ändernden, wechselnden Beanspruchungen entstehen Schwingungen im Werkstoff mit Spannungen, die zur Werkstoffermüdung führen. Auf der Außenseite bilden sich Anrisse, die tiefer gehen und schließlich den Bruch verursachen. Solche Schwingungs- oder Ermüdungs-Brüche werden Dauerbruch oder Zerrüttungsbruch genannt.

In Abb. 245 sind Bruchformen gezeigt.

Der Dauer- oder Zerrüttungsbruch wird durch Gleitvorgänge in den Kristallen und die damit verbundene Verfestigung hervorgerufen. Er unterscheidet sich schon rein äußerlich von einem bei einem statischen Versuch erzielten Gewaltbruch. Die Bruchfläche beim zügigen Zerreiß-Versuch ist körnig und zerklüftet. Bei einem Dauerbruch weist die Bruchfläche zwei Zonen auf, die überwiegend glatte Dauerbruchzone und die körnige Restbruchfläche, die nach entsprechender Querschnittsschwächung durch Gewaltbruch entsteht. An diesen möglichen Brüchen ist dann nicht die Schweißung schuld, sondern die Nichtbeachtung der schweißtechnisch richtigen Ausführung und der Festigkeitslehre über „fließtechnisches Gestalten“ von Schweißkonstruktionen.

Ein solcher konstruktiver Mangel kann durch beidseitig aufgeschweißte Blech-Konsole kaschiert werden (Abb. 246). Eine bessere Tretlageranordnung zeigt Abb. 249 bei der das Tretlagergehäuse nicht im Rahmenrohr eingelassen, sondern am Rahmenrohr mit Verstärkungsblechen aufgesetzt ist.

Das Lenkkopfrohr hat gleiche Abmessungen und Qualität wie das Rahmenrohr. Die beiden Enden sind auf 29,9 mm Ø für die Lenkungslager eingezogen. Der Anschluß des vorderen Rahmenrohrteils an das Lenkkopfrohr ist ausgefräst, die Verbindung maschinell elektrisch geschweißt. Zur Aufnahme der Sattelstütze ist das Rahmenrohr auf 25,4 mm Ø eingezogen und dreimal geschlitzt. Am geschlitzten Ende wird eine Klemmschelle mit Spannverschluß für die Klemmung der Sattelstütze aufgesteckt (Abb. 247).

Die Hintergabelrohre aus Stahlrohr 18 × 1,5 DIN 2393 oder 2394 BKW St 37-2 sind gebogen und werden mit dem Gepäckträgerrost (aus gleichem Werkstoff) verschweißt. Ausfallenden, unterer Rahmensteg, Gegenhalter für die Bremse, Schloßplatte, Kettenschutz-Halter und

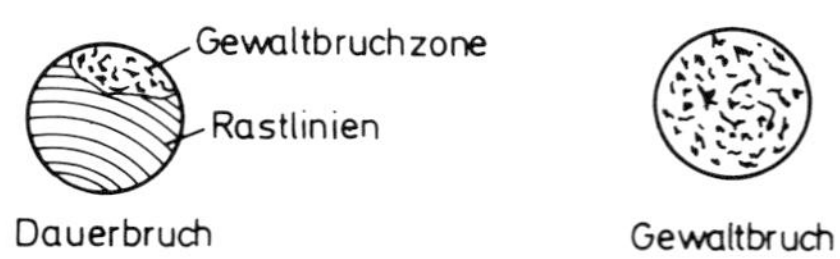

Abb. 245: Bruchformen.

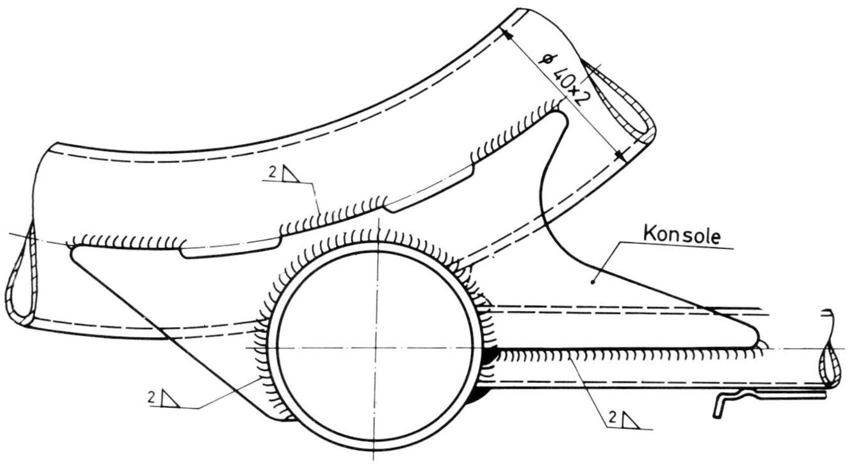

Abb. 246: Aufgeschweißte Konsole.

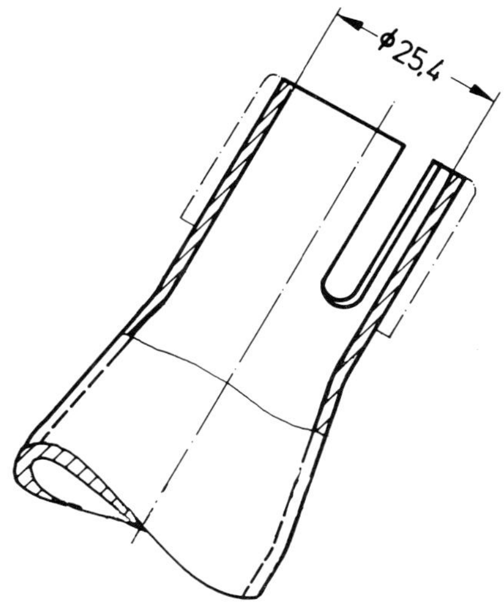

Abb. 247: Eingezogenes Rahmenrohr für die Sattelstütze.

Pumpenhalter werden vorher angeschweißt. Alle diese Teile gehören zum Hinterbau, der am Tretlagergehäuse und

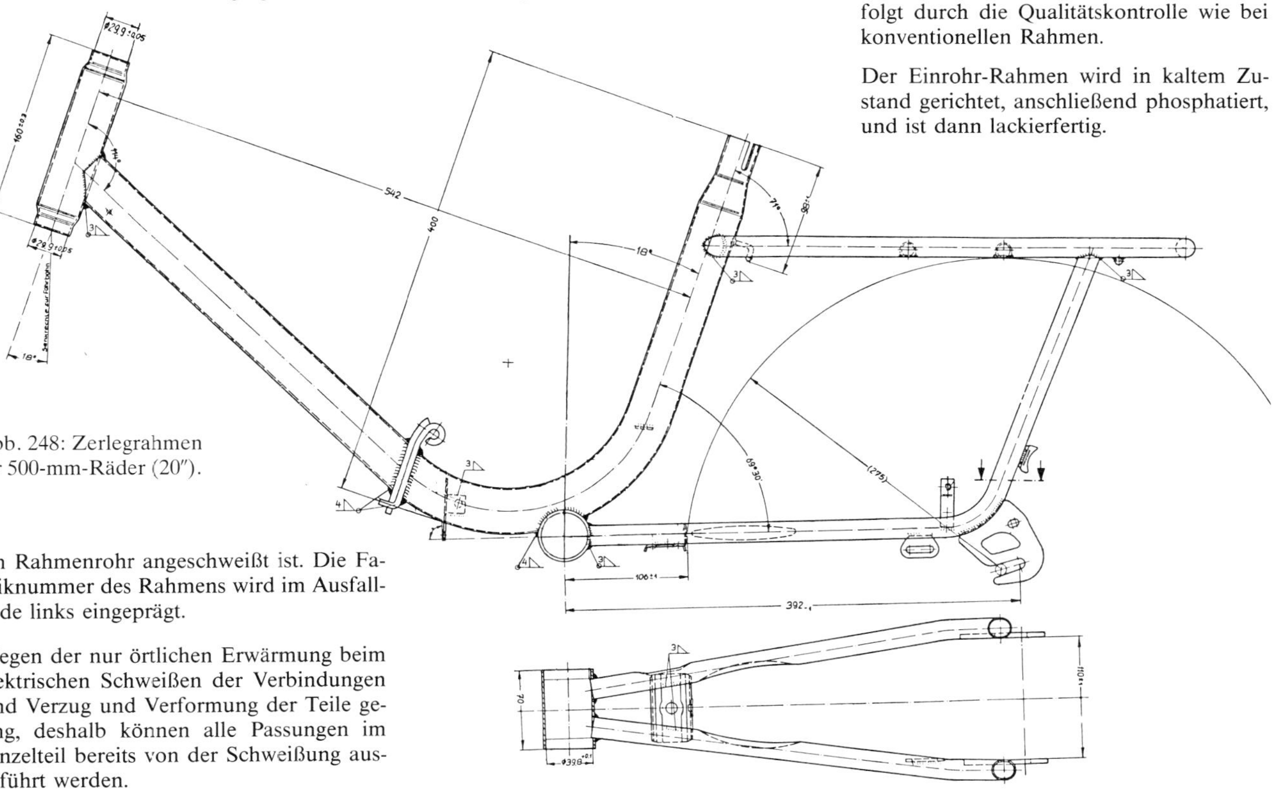

Abb. 248: Zerlegrahmen für 500-mm-Räder (20″).

am Rahmenrohr angeschweißt ist. Die Fabriknummer des Rahmens wird im Ausfallende links eingeprägt.

Wegen der nur örtlichen Erwärmung beim elektrischen Schweißen der Verbindungen sind Verzug und Verformung der Teile gering, deshalb können alle Passungen im Einzelteil bereits von der Schweißung ausgeführt werden.

Der maschinell elektrisch geschweißte Rahmen hat gegenüber der hartgelöteten Ausführung saubere, zunderfreie Verbindungen. Deshalb brauchen geschweißte Konstruktionen nicht sandgestrahlt zu werden. Die Überwachung der Fertigung erfolgt durch die Qualitätskontrolle wie bei konventionellen Rahmen.

Der Einrohr-Rahmen wird in kaltem Zustand gerichtet, anschließend phosphatiert, und ist dann lackierfertig.

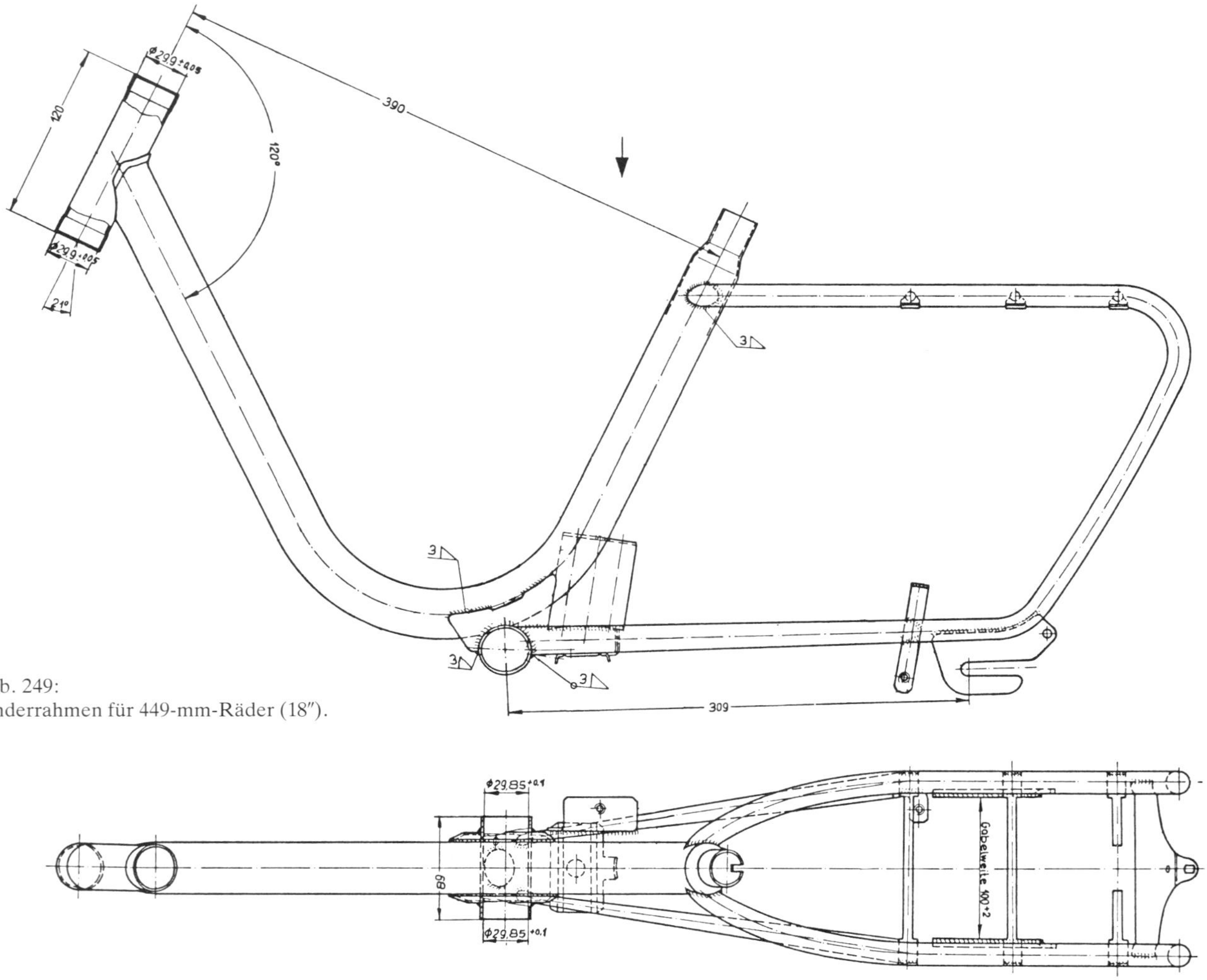

Abb. 249:
Kinderrahmen für 449-mm-Räder (18″).

Kinderfahrrad-Rahmen

Die Kinderfahrrad-Rahmen für die Laufradgrößen 327 mm (12½″), 399 mm (16″) und 448 mm (18″) sind ausnahmslos Einrohrrahmen. Für die Radgröße 500 mm (20 × 1,75) sind Knaben- und Mädchenrahmen mit denselben Rohrabmessungen wie Herren- und Damenrahmen ausgeführt, nur mit entsprechend verkürzten Längen- und Höhenmaßen. Dagegen sind die Kompakt- und High-Riser-Rahmen imitierte Kleinkraftrad-Rahmen.

Kinder-Einrohrrahmen

Die Einrohrrahmen für Kinderfahrräder entsprechen in der Konzeption der der Rahmen von Fahrrädern für Erwachsene, nur mit verkleinerten Abmessungen (Abb. 249). Für den Vorderrahmen werden U-förmig gebogene, runde Rohre, für die Kreuzform gerade, ovale Rohre verwendet. Der Hinterrahmen wird in Dreiecks- oder Trapezform ausgeführt (Abb. 131 und 132). Das kleinere Tretlagergehäuse für Wälzlagerung 30 mm ⌀ oder für Gleitbuchsen

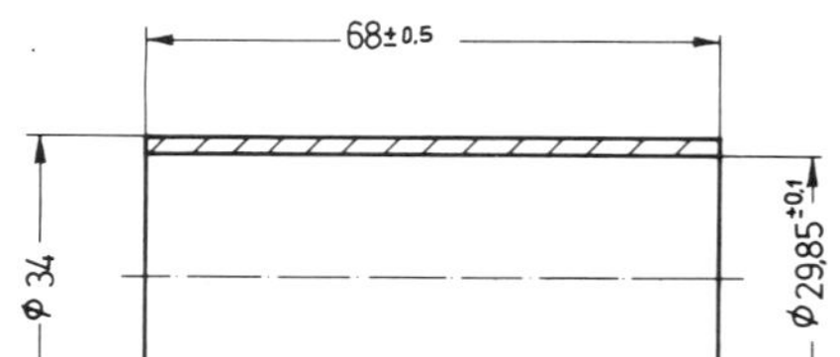

Abb. 250: Tretlagergehäuse für Kinderrahmen.

wird aus einem Stahlrohr 34 × 2,2 DIN 2393 oder 2394 GBK St 37-2 gefertigt (Abb. 250).

Die Verbindungen der Rahmenteile sind geschweißt, das dünnwandige Rahmen-Hauptrohr (35 × 1,5) wird häufig mit dem Lenkkopfrohr hart verlötet. Damit die Lötfläche größer wird, wird das Rahmenrohr umgebördelt.

Knaben- und Mädchen-Rahmen

Die Rahmen für Knaben- und Mädchen-Fahrräder mit Laufrädern 500 mm (20 × 1,75) werden in gemuffter, gelöteter Ausführung mit gleichen Rohrdurchmessern und auch mit einem Tretlagergehäuse für Lagerschalen 40 mm ∅ wie normale Sportrahmen gefertigt. Daher sind diese Rahmen verhältnismäßig teuer. Die Arbeitszeit für die Fertigung ist die gleiche wie bei Rahmen für Erwachsenen-Fahrräder. Die wenigen Zentimeter an Rohrlängen, die sich aus der kürzeren und niedrigeren Bauart ergeben, beeinflussen die Herstellungskosten nur unbedeutend.
Die sehr robuste Knaben-Konzeption und die weniger stabile Ausführung für Mädchen entspricht dem Naturell der 10- bis 11jährigen Knaben und Mädchen. Neuerdings gibt es auch Rennsportrahmen für Knaben und Mädchen. Die Hauptmaße der Knaben- und Mädchen-Sportrahmen sind aus Abb. 251 und 252 ersichtlich.

Kinder-Kompaktrahmen

Für Kompaktrahmen mit 500 mm (20″)-Laufrädern wird größtenteils die Klapprahmen-Grundform beibehalten. Je nach Verwendungszweck wird, für die Sitzbankbefestigung und die Abstützung imitierter Federbeine, ein gabelförmiges Oberrohr aufgeschweißt (ebenso für eine Motocross-[High-Riser]Ausführung mit Hinterradfederung durch Langschwinge mit Federbeinen). Diese steifen, robusten Rahmen sind durchweg Schweißkonstruktionen mit beachtlichem Gewicht (Abb. 253 und 254). Deshalb werden von den Käufern heute mehr leichtgewichtige Kinderräder in Sport-, neuerdings auch Rennsport-Ausführung verlangt.

BMX-Rahmen

Seine Bauart in Diamant-Form, mit einer etwas mehr länglichen und niedrigeren Bauweise, entspricht im Prinzip dem herkömmlichen Fahrradrahmen (Abb. 255).

Von dem trapezförmigen Vorderrahmen (Hauptrahmen) und dem dreieckigen Hinterbau, die aus Rohren verschiedener Durchmesser und Wanddicken hergestellt sind, werden alle im Fahr- und Sportbetrieb auftretenden Druck-, Zug-, Biegungs- und Schwingungs-Belastungen aufgenommen.

Diese Rohrrahmen-Konstruktion ist allen anderen Bauarten (z. B. Einrohrrahmen) hinsichtlich Festigkeit überlegen.

Die BMX-Rahmenabmessungen sind nicht genormt, sie variieren bei den verschiedenen Herstellern nur gering.

Der BMX-Rahmen ist nicht für eine Fahrzeug-Federung und maßlich nur für die Aufnahme von Laufrädern mit Bereifung bis 57-406 (20 × 2,125) ausgelegt.

Der BMX-Rahmen ist eine reine Schweißkonstruktion, im Gegensatz zum konventionellen hartgelöteten Fahrradrahmen. Bei sachgemäßer Schweißung ist diese stumpfgeschweißte Rahmenverbindung der hartgelöteten Ausführung nicht unterlegen.

Der Vorderrahmen (Hauptrahmen) ist im Lenkkopfbereich durch zwei aufgeschweißte oder eine eingeschweißte Konsole verstärkt (siehe Abb. 76). Gut gestaltete Konsolen ermöglichen nicht nur einen harmonischen Kräfteverlauf im Lenkkopfbereich, sondern sorgen auch für eine technisch einwandfreie Schweißung. Die Schweißnaht wird in der vorgesehenen Länge und am richtigen Ort durch die in die Konsole gestanzten Schweißstellen zwangsläufig bestimmt.

Der Sitzrohr-Innendurchmesser wird vorzugsweise für Sattelstützen mit 22,2 und 25,4 mm ∅ ausgeführt.

Nachdem verschiedenartige Tretlagersysteme (Fauber, BSA und Thompson) verwen-

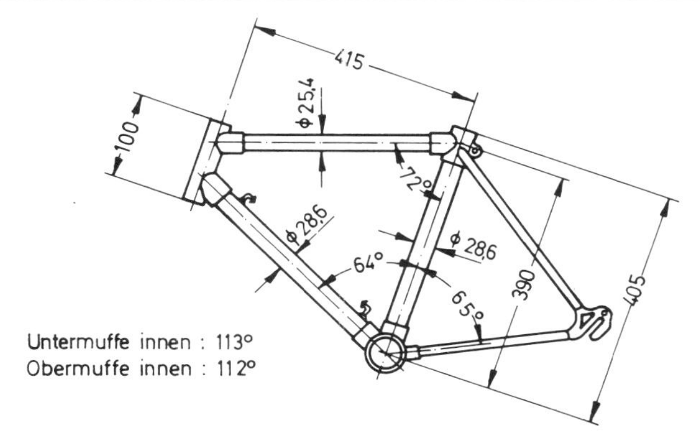

Abb. 251: Knaben-Sportrahmen für 500-mm-Räder (20″).

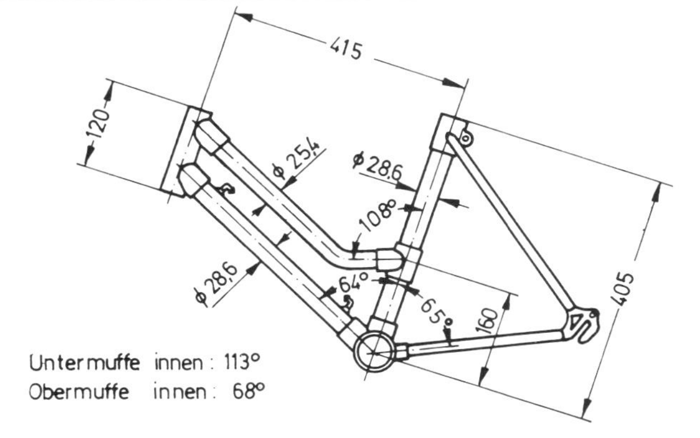

Abb. 252: Mädchen-Sportrahmen für 500-mm-Räder (20″).

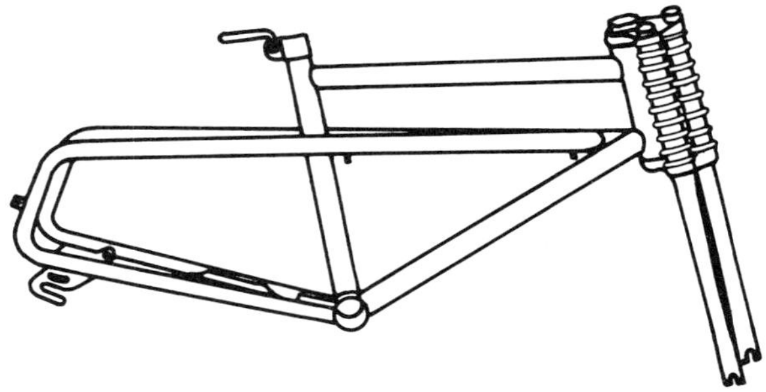

Abb. 253: Kinder-Kompaktrahmen für 399-mm-Räder (16″) mit imitierter Teleskop-Vordergabel.

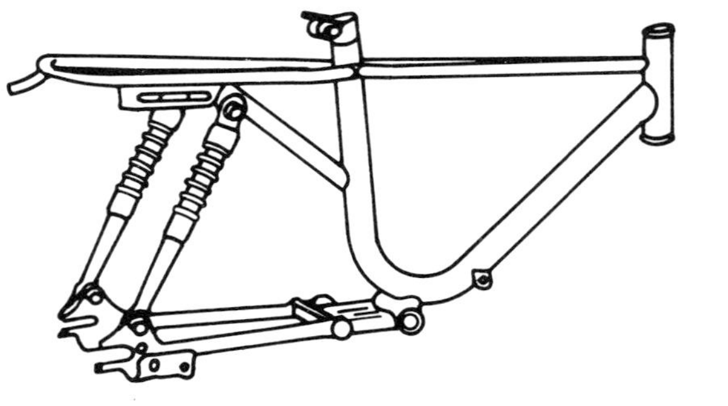

Abb. 254: Motocross-(High-Riser-)Kompaktrahmen mit Hinterradfederung durch Langschwinge mit Federbeinen für 500-mm-(20 × 1,75)Vorder- und 520-mm-(20 × 2,125) Hinterrad.

det werden, sind dazu auch maßlich unterschiedliche Tretlagergehäuse erforderlich. In der Abb. 256 mit Tabelle sind die Abmessungen der Tretlagergehäuse für die gebräuchlichen Tretlagerarten angegeben.

Eine zweckmäßige und elegante Konstruktion sind die BMX-Rahmen von Batavus und Haro. Anstelle von einem Oberrohr sind dort zwei im Durchmesser kleinere Rohre angeordnet (Abb. 257).

Die Hinterrahmen werden größtenteils aus einem Rohrstück gebogen und die Ausfallenden an die Rohrschleifen stumpf angeschweißt. Für die Rahmen der oberen Preisklasse (aus CrMo-Rohren) werden die Hintergabelrohre einzeln hergestellt. Für die einzuschweißenden Ausfallenden sind die Rohre geschlitzt (Abb. 258).

Die normalen Rohre sind aus handelsüblichen geschweißten Stahlrohren DIN 2393 oder 2394 der Stahlsorten St 34-2, St 37-2, St 42-2 und St 52-3 hergestellt. Die Rohrabmessungen (je nach Fabrikat gering unterschiedlich) sind aus der Abb. 255 ersichtlich.

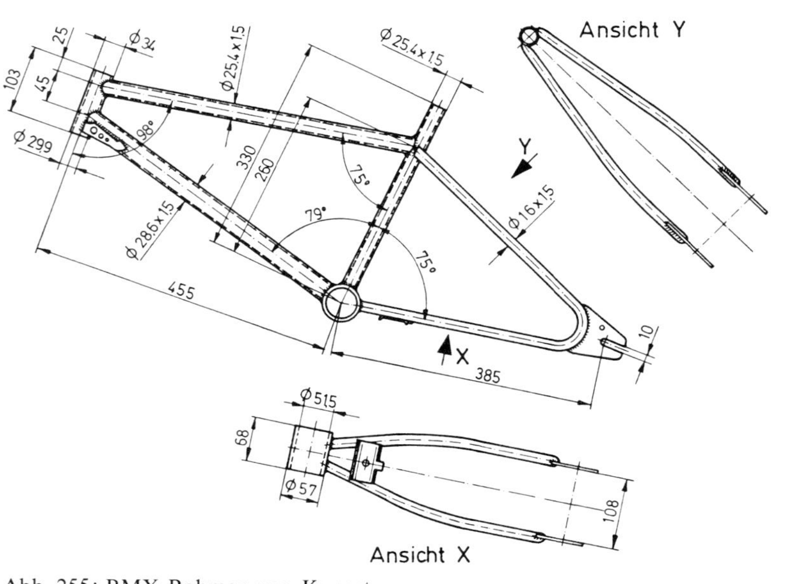

Abb. 255: BMX-Rahmen von Kynast.

Für sogenannte „Profi“-Rahmen (Spitzenerzeugnisse) werden wie bei den Rennmaschinen aus Festigkeits- und Gewichtsgründen dünnwandige konifizierte Rohre aus hochfesten Stählen (CrMo) verwendet. Siehe hierzu Abb. 161, 162 und 164 mit Angabe der chemischen Werkstoffzusammensetzung.

Mountain-bike-Rahmen

Der Rahmen der Mountain-bike und Cruiser hat eine unverfälschte „Diamant“-Form (Abb. 259) und unterscheidet sich in der Rahmengeometrie nur gering vom herkömmlichen Rahmen.

Verwendet werden Rahmen, die mit Rohren aus Stahl oder Alu-Legierung in gemuffter oder muffenloser Art hartgelötet bzw. geschweißt hergestellt werden (siehe Abb. 78, 79).

Grundsätzlich sind die MTB-Rahmen ca. 30 bis 50 mm niedriger als die Rahmen der Straßenfahrräder. Das Tretlager sitzt (wie bei allen Geländefahrrädern) etwas höher über dem Boden wegen der verwendeten langen Tretkurbeln (175 mm) und der notwendigen Bodenfreiheit in der untersten Pedalstellung.

Mehrheitlich ist das obere Rahmenrohr horizontal geführt, aber auch abfallend vom Lenkkopf zum Sitzrohr (siehe Abb. 79), oder die Rahmen sind mit einem gebogenen Oberrohr (siehe Abb. 97) konzipiert. Mit einem abfallenden Oberrohr wird ein kurzes Sitzrohr und somit eine niedrigere Sattelhöhe erreicht. Eine niedrige Sitzhöhe verhilft den Füßen zu einem schnellen Bodenkontakt im unwegsamen Gelände, und beim Abspringen vom Fahrrad ist ein solches Oberrohr weniger hinderlich. Das schrägabwärts zum Sitzrohr geführte Oberrohr ergibt auch ein kleineres und kompakteres Rahmendreieck und somit einen entsprechend kleineren Hinterbau (mit kürzeren Hintergabelstreben), der für die Aufnahme der voluminösen Bereifung 57–559 an sich breiter und dadurch noch unstabiler wäre als bei normalen Straßenfahrrädern.

In der Regel sind die Rahmen (muffenlos) stumpfgeschweißt. Als Rahmenrohre werden, je nach Ansprüchen und Fahrradpreis, handelsübliche Rohrqualitäten bis zur Werkstoffsorte CrMo in konifizierter Ausführung verwendet. Besondere MTB-Rahmenrohrsätze mit dünnwandigen, aber größeren Außendurchmessern und höherem Widerstandsmoment als normale Fahrradrohre (siehe Abb. 82, 83, 84, 86 und 87) bringen die notwendige Rahmenstabilität bei geringem Baugewicht. Diese überdimensionierten (oversized[24]) Rohre werden von einigen Herstellern auch oval oder tropfenförmig verformt und sorgen beim muffenlosen hartgelöteten oder stumpfgeschweißten Rahmen für einen harmonischen Rohrübergang an den Anschlußstellen Lenkkopf, Sitzrohr und Tretlagergehäuse und geben dem MTB ein wuchtiges Aussehen.

Die Damenrahmen der MTB werden weitgehend mit winklig laufendem Oberrohr hergestellt (Abb. 260). Das hoch angesetzte Oberrohr am Sitzrohr schafft einen steifen Rahmenverband, aber auf Kosten eines unbequemeren Rahmendurchstiegs (siehe Abb. 81, 84, 88, 92 und 94).

[24] oversized = Übergröße

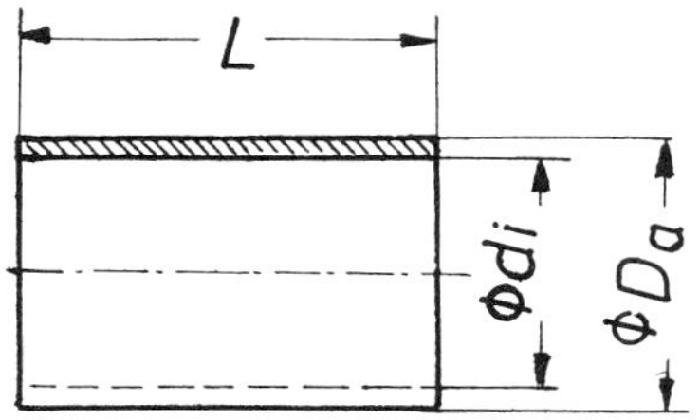

Abb. 256: BMX-Tretlagergehäuse.

Da	di	L	für Tretlager-Systeme
57	51,5	68–70	Fauber von Thun, mit Einschlag-Lagerschalen
51	45	64	Fauber von Thun, mit Einschlag-Lagerschalen
51	44,6	64 68–71	Fauber mit Einschraub-Lagerschalen (BSC Gewinde CN 46–24)
40	33	68–70	BSA mit Einschraub-Lagerschalen (Gewinde FG 34,8), Bef. Tretkurbel auf Vierkant
45	39,8	70	Thompson mit Einschlag-Lagerschalen, Bef. Tretkurbel auf Vierkant

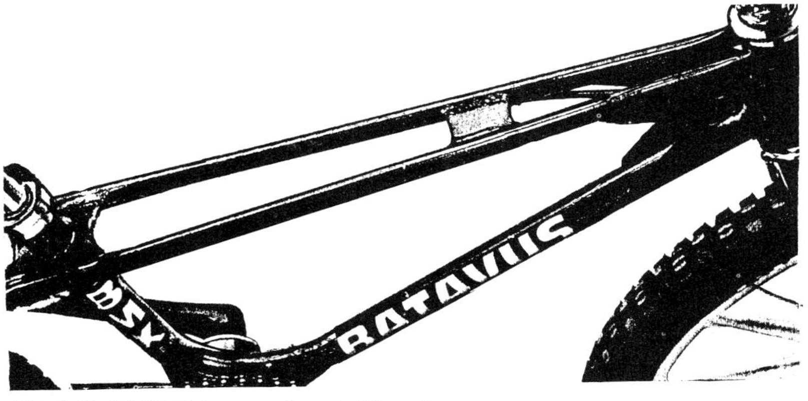

Abb. 257: BMX-Rahmen mit zwei Oberrohren.

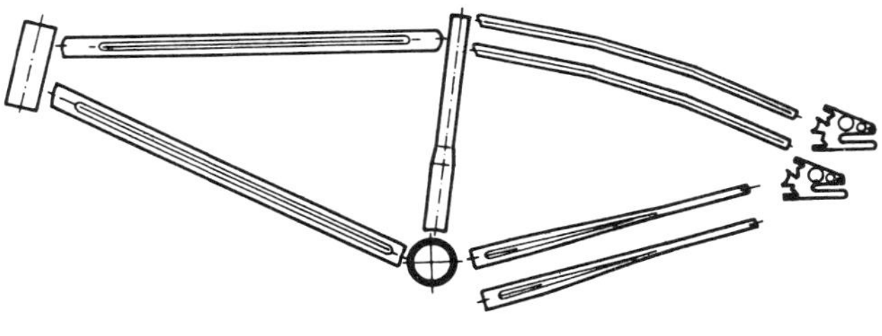

Abb. 258: Rahmenrohrsatz aus CrMo-Rohren.

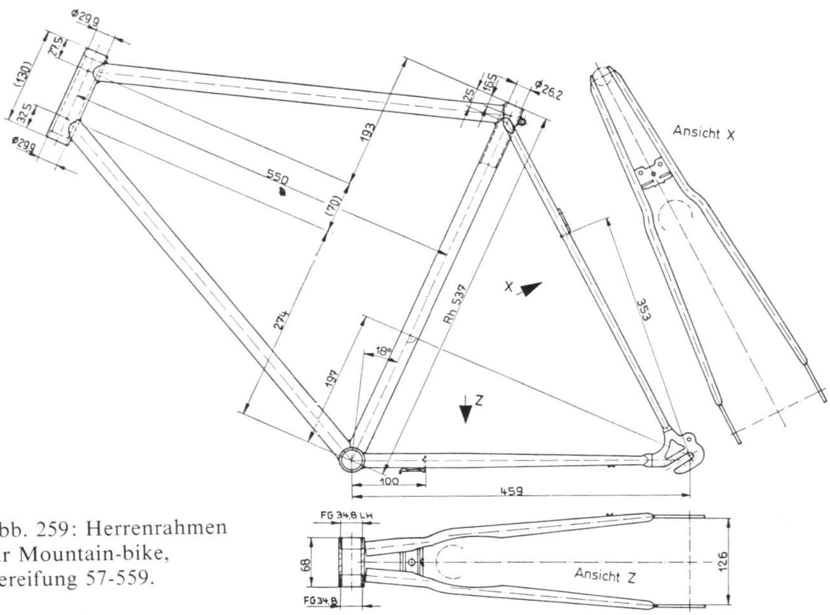

Abb. 259: Herrenrahmen für Mountain-bike, Bereifung 57-559.

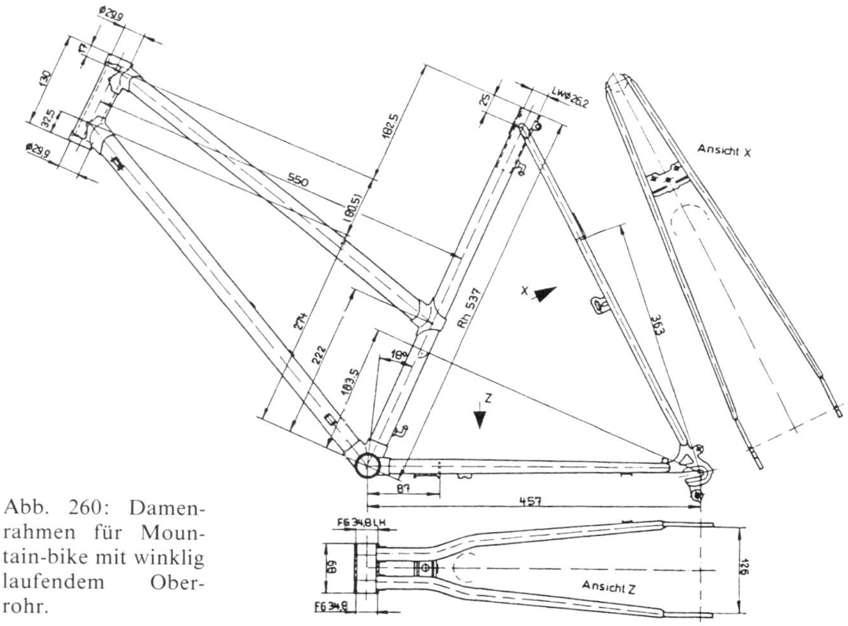

Abb. 260: Damenrahmen für Mountain-bike mit winklig laufendem Oberrohr.

Tandem-Rahmen

Für Tandem-Rahmen gibt es verschiedene Bauarten:

1. Rahmen, die auf der Basis des Diamantrahmens aufgebaut sind. Diese unterscheiden sich durch folgende Baumerkmale:

a) Rahmen mit nur einem Mittelrohr, vom Lenkkopf bis zu den Ausfallenden laufend;

b) Rahmen mit zwei Mittelrohren, erstes Rohr läuft vom Lenkkopf zum zweiten Tretlagergehäuse, zweites Rohr beginnt an der Sitzkopfmuffe am Rahmen des 1. Fahrers und läuft zum Ausfallende (siehe Abb. 137 u. 105);

c) zwei Diamant-Rahmen hintereinander gekoppelt vom ersten zum zweiten Tretlagergehäuse, anstelle von Hintergabelrohren ein verbindendes Rahmenrohr.

2. Rahmen, die aus Einrohr-Klapprahmen oder aus Mofa-Rahmenbauelementen gebildet werden. Diese Ausführung ist sehr tragfähig, aber schwer (siehe Abb. 107).

Das Problem des Tandem-Rahmens liegt in seiner Baulänge und im doppelten Tretantrieb. Hier können besonders große Verwindungskräfte auftreten, die durch die konstruktive Konzeption und die Abmessungen der Verbindungsteile abgefangen werden müssen. Durch die Länge des Rahmens und den Sitz des Fahrers ziemlich über der Mitte des Rahmens ist der ganze Verband auf Durchbiegung besonders beansprucht. Die Verbindung zwischen den beiden Tretlagergehäusen ist aus diesem Grund sehr wichtig.

Sollte das Tandem-Fahrrad in Deutschland größerem Interesse begegnen (was bei den heutigen Verkehrsverhältnissen unwahrscheinlich ist), so wird man neben Verbesserungen an Vordergabel, Tretantrieb, Bremsen und Bereifung vor allem an einen optimalen, gewichtsgünstigen Rahmen denken müssen.

Dreirad-Rahmen

Im Prinzip wird für den Dreirad-Rahmen der Klapprad-Rahmen verwendet. Am Hinterbau wird durch zusätzliche Streben und Abstützungen die Aufnahme der Hinterachse mit oder ohne Differential (Ausgleichgetriebe) und des Gepäckkorbes ermöglicht. Wegen der geringen Stückzahlen handelt es sich meist nur um Behelfskonstruktionen – unter Verwendung möglichst vieler Klapprad-Bauteile. Sogar der Klapp- und Zerlegeverschluß des Klapprades wird beibehalten, obwohl ein Dreirad kaum zerlegt in einem Pkw-Kofferraum verstaut werden kann. Der Rahmen ist für ein Gesamtgewicht von 150 kg (Fahrzeug plus Fahrer und Zuladung) ausgelegt, das er, auf drei Räder verteilt, gut tragen kann (Abb. 261).

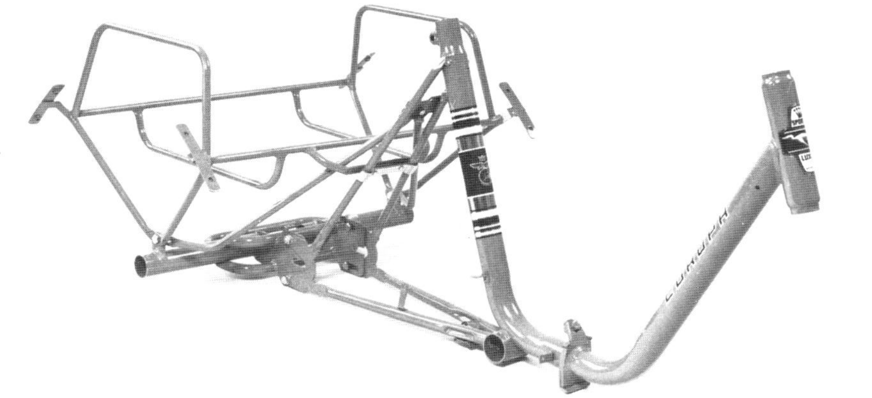

Abb. 261: Dreirad-Rahmen für 150 kg Gesamtgewicht von Kynast.

Rahmen für Fahrradanhänger

Der rechteckige Rahmen für den Anhänger ist eine Schweißkonstruktion und wird aus Fahrradrohren hergestellt.

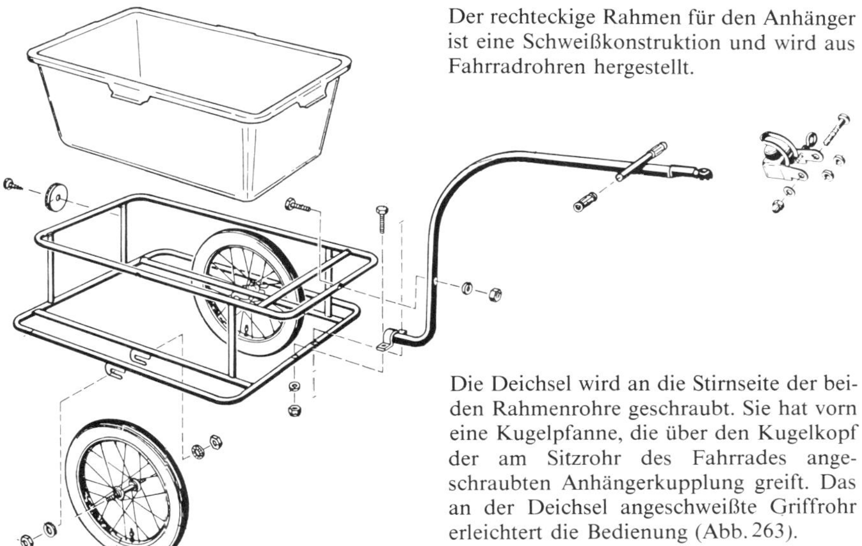

Die Deichsel wird an die Stirnseite der beiden Rahmenrohre geschraubt. Sie hat vorn eine Kugelpfanne, die über den Kugelkopf der am Sitzrohr des Fahrrades angeschraubten Anhängerkupplung greift. Das an der Deichsel angeschweißte Griffrohr erleichtert die Bedienung (Abb. 263).

Abb. 263: Explosiv-Darstellung des Anhänger-Rahmens mit seinen Anbauteilen, von Kynast.

Rahmen für Transportrad

Die schweren Rahmen der früheren Transporträder für zwei verschieden große Laufräder gibt es nicht mehr. Statt dessen werden an normalen, noch unlackierten Einrohrrahmen hinten und vorn Halter angeschweißt, an denen ein vorderer und ein hinterer kräftiger Rohr-Gepäckträger angeschraubt werden kann (Abb. 262).

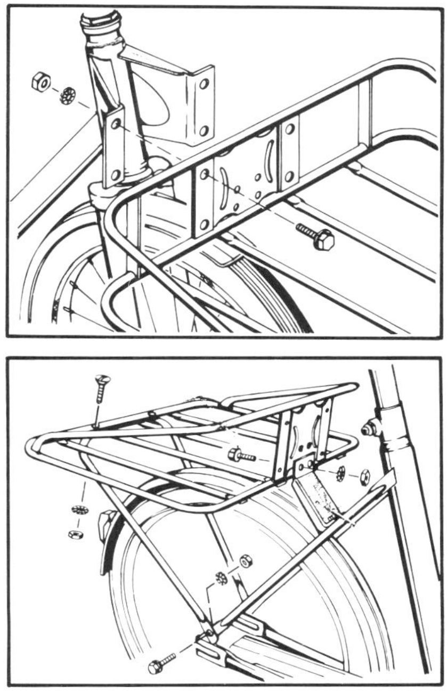

Abb. 262: Befestigung der Gepäckträger am Transportrad.

Für eine bessere Handlichkeit wird im U-förmigen Rahmenbogen ein Tragegriff eingeschweißt, der gleichzeitig den Rahmen bei starker Belastung gegen „Einknicken" versteift.

Ein Kippständer wird mit den Achsmuttern an die Ausfallenden geklemmt, damit das Transportrad mühelos abgestellt werden kann (siehe Abb. 108).

Fertigungshinweise für geschweißte Rahmen

Die für den Fahrzeugbau geeigneten Schweißverfahren:

1. Gas-Schmelz-Schweißung von Hand ohne und mit Zusatzdraht;
2. Elektrische Lichtbogenschweißung von Hand mit umhüllten Schweißelektroden;
3. Schutzgas-Lichtbogen-Schweißung ohne und mit stromlos zugeführtem Zusatzdraht mit nicht abschmelzender Wolfram-Elektrode (WIG-Verfahren);
4. Schutzgas-Lichtbogen-Schweißung mit stromführendem und abschmelzendem Zusatzdraht (MIG-Verfahren, CO2-Schweißung), Drahtdurchmesser 1,6 und 2,4 mm;
5. Dünndraht-Schweißung (Kurz-Lichtbogen-Schweißung), ähnlich dem vorhergehenden Verfahren, jedoch mit sehr dünnem Draht (0,6 – 1,0 mm ∅);
6. Unterpulver-Schweißung (UP-Verfahren);
7. Elektrische Widerstands-Schweißung, wie Punkt-, Warzen(Buckel)-, Rollnaht-Schweißung, Abbrand-Preßschweißung.

Schweißen von Stählen

Allgemeine Baustähle

Die allgemeinen Baustähle nach DIN 17100 sind unlegierte und niedrig legierte Stähle.

Als unlegierte Stähle gelten solche, die ohne Zusatz besonderer Legierungselemente hergestellt sind und bei denen die Stahlbegleiter Silizium, Mangan, Phosphor, Schwefel und Kupfer das herstellungsbedingte und für die Verarbeitung erforderliche Maß nicht überschreiten. Ihre wichtigsten Eigenschaften – Festigkeit und Verformungsfähigkeit – erhalten sie durch ihren Gehalt an Kohlenstoff. Der Kohlenstoffgehalt beträgt bei unlegierten Baustählen 0,1 – 0,6%.

Stahlsorten

Für die Fahrgestellkonstruktion kommt aus Gründen der Schweißsicherheit und der Haltbarkeit nur ein Teil der Stahlsorten nach DIN 17100 zur Anwendung: geeignet sind die Sorten St 34, St 37, St 42 und St 52. Hierbei ist dem Stahl St 37 der Vorzug zu geben. Ungeeignet sind alle übrigen Sorten, also St 33, St 50, St 60 und St 70.

Die Begründung dafür ist, daß St 33 weder in den chemischen Analysenwerten noch in den mechanischen Gütewerten festgelegt bzw. begrenzt ist. Die Stähle St 50, St 60 und St 70 sind wegen des hohen Kohlenstoff-Gehalts zum Schweißen ungeeignet. Der Stahl St 42 kann im Kohlenstoffgehalt so hoch liegen, daß er zum Schweißen nur bedingt tauglich ist.

In jeder Hinsicht narrensicher ist der Stahl St 37.

Der Stahl St 52 ist als niedrig legierter Stahl teuerer als St 37 und wird nur in doppelt beruhigter Form geliefert.

St 52 ist bei ruhender und fast ruhender Beanspruchung (Stahlhochbau, Brückenbau) hinsichtlich seiner Festigkeitswerte dem St 37 überlegen. Bei schwellender oder gar wechselnder Beanspruchung ist der St 52 hinsichtlich seiner Festigkeitswerte nicht wesentlich oder gar nicht überlegen.

Für den Fahrgestellbau ist dem Stahl St 37 der Vorrang zu geben.

Erschmelzungsart

Man unterscheidet:

Thomas-Stahl (T)
Windfrisch-Stahl (W)
Siemens-Martin-Stahl (M)

Diese Unterscheidung hängt davon ab, nach welchem Verfahren der Stahl erschmolzen wurde. Für den Fahrgestellbau ist immer dem M-Stahl der Vorrang zu geben.

Vergießungsart

Man unterscheidet:

unberuhigt vergossenen Stahl (U)
beruhigt vergossenen Stahl (R)
doppelt beruhigt vergossenen Stahl (RR).

Für die in Fahrgestellen zu verwendenden Stahl-Leichtprofile oder kalt abgekanteten Blechteile ist der unberuhigte Stahl vorzuziehen, weil er sich rißsicherer verformen läßt.

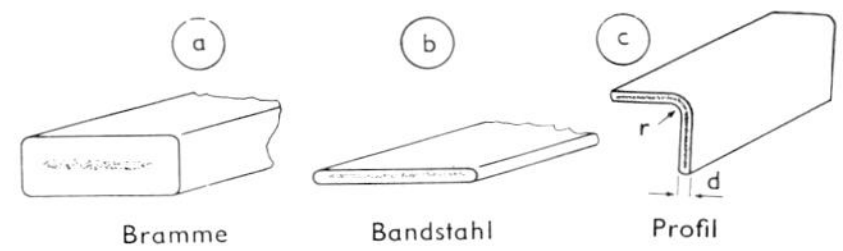

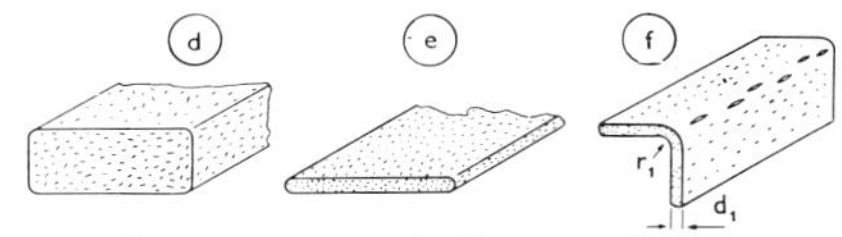

Abb. 264. Unberuhigt und beruhigt vergossener Stahl.

Beispiele

Da für Stahl-Leichtprofile und kalt zu verformende Bleche die Siemens-Martin-Stahl-Güte erforderlich und die unberuhigte Güte ausreichend ist, ergibt sich für die Stahlqualität die Bezeichnung nach DIN 17100: M U St 37-2.

Da der Stahl St 52 nur in doppelt beruhigter Form geliefert wird, ergibt sich für ihn die Qualitätsbezeichnung M RR St 52-3.

Bemerkung zur Entscheidung für unberuhigte Qualität: Werkstoff a, b, c hat eine sehr reine und glatte Oberfläche. Die Seigerungszone befindet sich in der Blech- bzw. Profilmitte. Keine Rißgefahr beim Verformen.

Bei d, e, f sind Verunreinigungen geringer, aber über den ganzen Querschnitt bis an die Oberfläche gleichmäßig verteilt (Seigerungsdurchbrüche). Beim Verformen können Risse in den Biegekanten entstehen.

Bemerkung zur Verarbeitung des Stahls M St 52-3: Wegen der größeren Festigkeit (Härte) des St 52 ist beim Abkanten und Walzen im kalten Zustand ein größerer Biegeradius vorzusehen als bei St 37. Dies kann bei kleinen Steghöhen der Stahl-Leichtprofile konstruktive Nachteile bringen.

Autogen gebrannte Blech- oder Profilkanten, die nicht durch Schweißung über den ganzen gebrannten Querschnitt (Stumpfnaht) aufgeschmolzen sind, sind an den Brennkanten infolge Aufhärtung rißgefährdet.

Beurteilung der Schweißnähte

Güteforderung

Die Güte einer Schweißnaht hängt von folgenden Einflußgrößen ab:

a) Bindung des Schweißgutes mit dem Grundwerkstoff;
b) Größe der Schweißspannungen;
c) Größe des Schrumpfes und des Verzugs;
d) Veränderung der mechanischen und metallurgischen Eigenschaften in der Übergangszone von Schweißgut und Grundwerkstoff;
e) Art des Schweißverfahrens und des Zusatzwerkstoffs;
f) Höhe der Erwärmung beim Schweißen;
g) Sauberkeit und Genauigkeit der Schweißkanten;
h) Umfang der Fehler.

Der Idealfall wäre erreicht, wenn das Schweißgut mechanisch und metallurgisch dem Grundwerkstoff entspricht und eine homogene, eigenspannungsarme Verbindung erreicht ist. Dieser Idealfall ist normalerweise nicht oder nur nach einer angemessenen Wärmenachbehandlung der Schweißnaht zu erreichen.

Güteklassen

Die Güteklasse einer Schweißverbindung wird durch folgende Voraussetzungen bestimmt:

a) Werkstoff: Schweißeignung gewährleistet;
b) Vorbereitung: Fachgerecht und überwacht;
c) Schweißverfahren: Nach Werkstoffarten, Werkstückdicke und Beanspruchung der Schweißverbindung ausgewählt;
d) Schweißgut: Zusatzwerkstoff auf den Grundwerkstoff abgestimmt, geprüft bzw. zugelassen;
e) Personal: geprüfte und bei der Arbeit überwachte Schweißer;
f) Prüfung: Nachweis fehlerfreier Ausführung (z. B. Durchstrahlungsprüfung, Oberflächenprüfung, Ultraschallprüfung).

Man unterscheidet folgende Güteklassen:
Güteklasse I: Alle Voraussetzungen nach a) bis f) sind zu erfüllen;
Güteklasse II: Die Voraussetzungen nach a) bis e) sind zu erfüllen;
Güteklasse III: Für die Schweißverbindung werden keine besonderen Bedingungen hinsichtlich Prüfung und Überwachung festgelegt; es werden keine geprüften Schweißer gefordert, die Ausführung muß aber fachgerecht sein.

Besondere Anforderungen: Sie sind an den Darstellungen der betreffenden Schweißnähte zu vermerken, wie z. B. öldicht, vakuumdicht, korrosionsbeständig.

Schweißnahtfehler und zerstörungsfreie Prüfung

Schweißnahtfehler

Beim Schweißen können folgende Arten von Fehlern auftreten.
A Gaseinschlüsse
B Schlackeneinschlüsse
C Bindefehler
D Wurzelfehler
E Risse
F Einbrandkerben

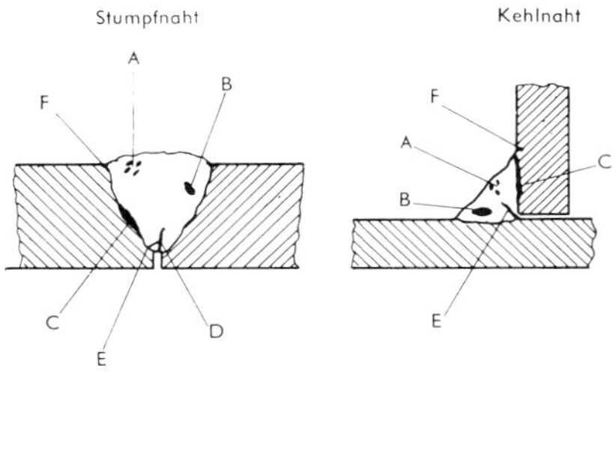

Diese Fehler können bei Stumpfnaht-Verbindungen durch Röntgenprüfung und durch Ultraschallprüfung festgestellt werden. Bei Kehlnähten sind nur Oberflächenfehler, Einbrandkerben, Anfangs- und Endkrater und unter bestimmten Umständen auch Wurzelfehler ohne Zerstörung der Schweißverbindung zu erkennen.

Beurteilung des Naht-Aussehens

Da im Fahrzeugbau vorwiegend Dünn- und Mittelbleche und Profile in den entsprechenden Wanddicken zur Verwendung kommen und vorwiegend Kehlnähte geschweißt werden, ist oft die Beurteilung des äußeren Befundes der Naht schon ausreichend. Prüfungen mit Ultraschall oder Röntgenstrahlen bringen, sofern überhaupt möglich, keine zusätzliche Sicherheit für die Beurteilung.

Die Form der Raupe läßt auf die Sorgfalt des Schweißers, die Durchführung der Schweißung und die Schweißmethode schließen. Die nachstehenden Skizzen c), d) und e) zeigen beispielsweise drei Raupenbilder einer autogenen Handschweißung unterschiedlicher Güte.

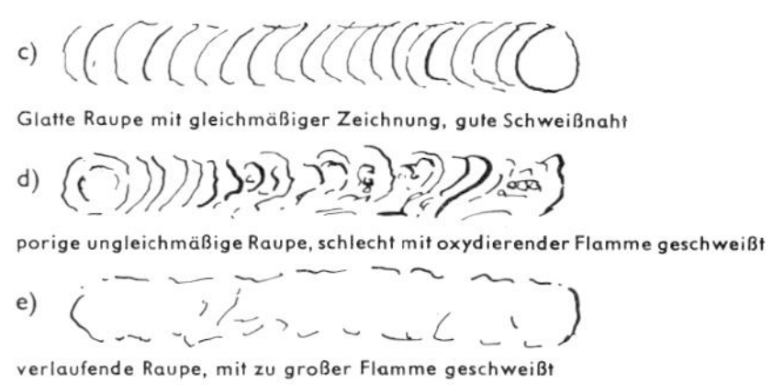

Abb. 265: Schweißnahtfehler bei Stumpf- und Kehlnaht-Schweißung.

Die Raupenbilder elektrischer Lichtbogenschweißungen von Hand sind in den nachstehenden Fotografien dargestellt. Während Bild f) eine fehlerfreie Kehlnahtschweißung zeigt, sind bei der Kehlnaht im Bild g) offene Poren und Einbrandkerben infolge zu schneller Schweißung zu erkennen. Im Zweiradmechaniker-Handwerk wird die Handschweißung angewendet, während im Fabrikationsbetrieb die maschinelle Schweißung aus Güte- und Kostengründen bevorzugt wird.

Grundsymbole für Schweißnaht-Arten
Tabelle 1

Nr.	Schweißnaht-Art	Symbol
1	Bördelnaht	⋏
2	I-Naht	‖
3	V-Naht	V
4	HV-Naht	V
5	Y-Naht	Y
6	HY-Naht	Y
7	U-Naht	Y
8	HU-Naht (Jot-Naht)	P
9	Gegenlage	◡
10	Kehlnaht	◺
11	Lochnaht	⊓
12	Punktnaht	○
13	Liniennaht (beim Rollnahtschweißen)	⊖
14	Steilflankennaht	⋃
15	Halb-Steilflankennaht	⊔
16	Stirnflachnaht	‖‖
17	Flächennaht	=
18	Schrägnaht	//
19	Falznaht	ꝺ

Zusatzsymbole Schweißnaht-Arten
Tabelle 2

Nahtform	Zusatzsymbol
hohl (konkav)	◡
flach (eben)	—
gewölbt (konvex)	◠

Abb. 266: Grund- und Zusatzsymbole für Schweißnaht-Arten.

Einfache Prüfmethoden

Das einfachste Hilfsmittel zur Feststellung von Fehlern auf der Oberfläche von Schweißnähten ist die Lupe. Daneben haben sich aber auch Eindringverfahren beim Auffinden von Oberflächenrissen bewährt. Eine oft angewandte Prüfung ist das Kalk-/Öl-Verfahren. Dieses ist heute auch in abgewandelter Form im Handel erhältlich und ist durch besser eindringende Prüfflüssigkeiten mit geringerer Oberflächenspannung und besserer Fehlererkennbarkeit infolge von zugesetzten Farbindikatoren gekennzeichnet.

Weiterhin kann als Oberflächen-Rißprüf-Verfahren die magnetische Prüfung (nur bei magnetischen Werkstoffen) erwähnt werden. Die Streuung magnetischer Feldlinien an Rissen, Kaltbindungen oder anderen Materialtrennungen an der Oberfläche der Schweißnaht kann zur Fehleranzeige herangezogen werden. Die Anzeige dieser Streuung erreicht man entweder auf magnetinduktivem Wege oder mit Eisenpulver unter Zusatz von Farb- oder Fluoressenzstoffen.

Symbole für Schweiß- und Lötverbindungen

Grundsymbole (Abb. 266)

Tabelle 1 gibt die Grundsymbole wieder. Die Grundsymbole Nr. 1 bis 13 sind in der Internationalen Norm ISO 2553-1974 enthalten.

Zusatzsymbole (Abb. 266)

Zusatzsymbole können die Ausführung der Oberflächenform der Nähte kennzeichnen (Tabelle 2). Die Oberflächenform kann auch durch Nacharbeit erzielt werden.

Rahmen aus Titan

Erstmals wurde im Radrennsport 1972/73 von Eddy Merckx ein Rahmen aus Titan (Ti) eingesetzt. Die charakteristischen Eigenschaften dieses Materials (das 1791 von Gregor entdeckt wurde) sind: Hohe Festigkeit, geringe Dichte (4,5 kg/dm^3), hohe Korrosionsbeständigkeit. Aufgrund dieser Eigenschaften hat der Werkstoff Titan ein weites Anwendungsgebiet in vielen industriellen Bereichen gefunden. Bevorzugt wird er in der chemischen Industrie und im Flugzeugbau verwendet.

Bei den Titan-Qualitäten unterscheidet man zwischen unlegiertem Titan und Titan-Legierungen. Unlegiertes Titan erhält durch verschiedene Gehalte an Begleitelemente, vornehmlich Sauerstoff, die erwünschten Festigkeitseigenschaften.

Mit unlegiertem Titan wird ein Festigkeitsbereich von 290 bis 740 N/mm² überdeckt. Um höhere Festigkeitswerte bei gleichzeitig guter Zähigkeit oder zusätzliche besondere Eigenschaften zu erhalten, wird Titan mit metallischen Elementen legiert.

Titanlegierungen

Titanlegierungen werden dort verwendet, wo die Festigkeitseigenschaften der unlegierten Titansorten nicht ausreichen. Aufgrund ihres im Vergleich zu Stahl hohen Verhältnisses von Festigkeit zu spezifischem Gewicht (Dichte) ermöglichen sie beträchtliche Gewichtsverminderungen (z. B. im Flugkörperbau). Außerdem erlauben sie beachtliche Leistungssteigerungen bei Komponenten des Maschinenbaus, die großen Beschleunigungskräften ausgesetzt sind.

Die Titanlegierungen werden nach ihrem Gefügezustand in drei Gruppen unterteilt. Man unterscheidet Alpha-Legierungen, bei denen das Gefüge bei Raumtemperatur aus hexagonalen[25] Alpha-Mischkristallen besteht, (Alpha- plus Beta-)Legierungen, bei denen die bei hohen Temperaturen beständige, kubisch[26]-raumzentrierte Beta-Phase teilweise bis zur Raumtemperatur stabilisiert ist, sowie Beta-Legierungen.

Das Umwandlungsverhalten und damit der Gefügezustand der einzelnen Titanlegierungen wird durch die verschiedenen Legierungszustände beeinflußt. Aluminium, das in fast allen Titanlegierungen als Legierungs-Element[27] vorhanden ist, stabilisiert die Alpha-Phase. Ähnlich wirken die Elemente Sn und Zr. Die Beta-Phase wird dagegen durch V, Mo, Mn und Cr stabilisiert. Durch Kombination der verschiedenen Legierungs-Elemente ergeben sich unterschiedliche Legierungstypen mit unterschiedlichen Eigenschaften:

Die Alpha-Legierungen zeichnen sich durch relativ hohe Warmfestigkeit und gute Kriechbeständigkeit bei Temperaturen bis etwa 500°C aus, sie sind außerdem schweißbar. Die Kaltumformbarkeit dieser Legierungen ist weniger gut als die von unlegiertem Titan oder von Titanlegierungen mit Beta-Phasenanteilen.

(Alpha- plus Beta-)Legierungen haben bei Raumtemperatur eine höhere Festigkeit als Alpha-Legierungen. Ihre mechanische Festigkeit kann durch Warmbehandlung erhöht werden.

Beta-Legierungen sind aufgrund ihrer kubischen Struktur gut kalt umformbar. Ihre Festigkeit läßt sich zusätzlich durch Aushärten steigern, ihre Warmfestigkeit wird jedoch bei Temperaturen über 300°C und Langzeitbeanspruchung von der der Alpha- und (Alpha- plus Beta-)Legierungen übertroffen.

Verarbeitung von Titan und Titanlegierungen

Warmverarbeitung

Titan und Titanlegierungen werden durch die üblichen Verarbeitungsmethoden, wie Schmieden, Walzen, Pressen, Ziehen usw., zu entsprechenden Halbzeugen verarbeitet. Bei der Wärmebehandlung ist zu beachten, daß die Erwärmung so durchgeführt wird, daß keine übermäßige Aufnahme von Wasserstoff, Sauerstoff und Stickstoff stattfinden kann. Es soll deshalb in neutraler oder leicht oxidierender Atmosphäre erwärmt bzw. geglüht werden. Bei gasbeheizten Öfen ist die unmittelbare Berührung mit der Gasflamme zu vermeiden. Sauerstoff wird bei kurzzeitiger Erhitzung nur in der Oberflächenzone aufgenommen. Diese Schicht muß nach der Warmumformung mechanisch oder chemisch entfernt werden. Wasserstoff dringt unter gleichen Bedingungen sehr schnell in das Werkstoffinnere ein. Eine reduzierte Atmosphäre ist deshalb in jedem Fall zu vermeiden. Die Verarbeitungs-Temperaturen sind so zu wählen, daß bei den einzelnen Titanqualitäten optimale mechanische Eigenschaften erreicht werden.

Weichglühen von Titan und Titanlegierungen erfolgt üblicherweise nach sämtlichen vorhergegangenen Umformvorgängen. Die unlegierten Titanqualitäten werden hierfür bei etwa 650 – 700°C geglüht. Die erforderlichen Glühzeiten sind abhängig von der vorhergegangenen Umformung sowie vom Querschnitt des Werkstücks. Als Haltezeit können etwa 3 Minuten/mm Wanddicke angenommen werden; die Mindestzeit soll jedoch 15 Minuten betragen (bei Schmiedestücken größeren Querschnittes ca. 2 Stunden).

Spannungsarm-Glühen kann bei tieferen Temperaturen durchgeführt werden. Unlegiertes Titan wird im Temperaturbereich zwischen 400 und 550°C, Alpha- (und Alpha/Beta-)Legierungen werden zwischen 600 und 650°C und Alpha-Legierungen mit höherem Legierungsgehalt zwischen 700 und 750°C geglüht.

Vor jeder Erwärmung muß der Werkstoff sorgfältig von anhaftenden Verunreinigungen gesäubert werden, um zu vermeiden, daß Zersetzungsprodukte in das Werkstück eindiffundieren[28]. Werkstücke mit geringem Querschnitt werden vielfach im Hochvakuum geglüht. Durch eine solche Behandlung kann gleichzeitig der Wasserstoffgehalt herabgesetzt werden. Vor der Hochvakuumglühung muß jedoch die Oxidschicht entfernt werden, da sonst Sauerstoff in das Werkstoffinnere diffundiert.

Blechumformung

Bei Raumtemperatur lassen sich die Qualitäten Tikrutan RT 12 und RT 15 gut, Tikrutan RT 18 und RT 20 mäßig, die Titanlegierungen nur bedingt umformen. Bei höheren Umformgraden ist es von Vorteil, sämtliche Qualitäten in erwärmtem Zustand zu verarbeiten. Die erforderlichen Temperaturen liegen je nach Umformgrad und Titansorte zwischen 200 und etwa 500°C.

Erfolgt das Umformen von Hand, so kann das Werkstück vorher unter leicht oxidierender Flamme erwärmt werden.

---

[25] hexagonal = sechseckig

[26] kubisch = dritten Grades, dritter Potenz, würfelförmig

[27] Elemente = Sn = Zinn, Zr = Zirkonium, V = Vanadium, Mo = Molybdän, Mn = Mangan, Cr = Chrom

[28] diffundieren = durchdringen (von Gasen oder Flüssigkeiten)

Wenn auf hydraulischen Pressen umgeformt werden soll, muß auch das Werkzeug auf die erforderliche Temperatur gebracht werden, da die Masse des Werkzeugs in den meisten Fällen um ein Vielfaches größer ist als die des Werkstücks.

Als Schmiermittel für die Blechumformung hat sich kolloidaler[29] Graphit bewährt.

Zum Umformen von Titanlegierungen müssen vorgeformte Teile längere Zeit bei höheren Temperaturen in der Fertigform belassen werden. Auf diese Weise wird eine Kriechverformung bewirkt, die zu höherer Maßgenauigkeit führt. Spezielle Umformverfahren, z. B. Streckziehen, Drücken oder Explosionsumformung, werden bei Titan ebenfalls angewendet.

Die durch Warmbehandlung entstandene Oxidschicht wird bei dickwandigen Teilen (Schmiedestücken) durch Sandstrahlen mit nachfolgendem Beizen entfernt. Nach dem Entzundern wird das Werkstück in einer wäßrigen Lösung von 20 Volumenprozenten HNO_3 (65%ig) und 2 Volumenprozenten H_2F_2[30] (40%ig) behandelt. Dünnwandige Abmessungen, insbesondere bei umgeformten Blechteilen, sollten nur gebeizt werden. Hierfür können auch elektrolytische oder Salzbeizen Verwendung finden. Mechanisch kann die Oberflächenschicht auch durch spanende Bearbeitung entfernt werden. Wesentlich ist, daß bei Schmiedeteilen nicht nur die an der Oberfläche befindliche Oxidschicht, sondern auch die darunterliegende, sauerstoffangereicherte Diffusionszone[31] mit erfaßt wird.

Spanabhebende Formgebung

Die spanabhebende Bearbeitung von Titan bereitet keine grundsätzlichen Schwierigkeiten, wenn beachtet wird, daß

1. die Werkzeugschneide aufgrund der relativ geringen Wärmeleitfähigkeit des Titans thermisch hoch belastet wird,

2. Titan aufgrund seines relativ geringen Elastizitätsmoduls dem Druck des Schneidwerkzeugs nachgibt und

3. Titan dazu neigt, mit dem Werkzeug zu verschweißen.

Titan muß daher mit geringer Schnittgeschwindigkeit, relativ großem Vorschub und guter Kühlung von einem möglichst starr eingespannten, scharfen Werkzeug bearbeitet werden.

Drehen und Fräsen

Wegen der Neigung des Titans, mit dem Werkzeugmaterial zu verschweißen, sollte das Gleichlauffräsen bevorzugt werden, da hierbei der kommaförmige Span an der dünnsten Stelle abgetrennt wird.

Bohren

Titan sollte bei großem Vorschub mit geringer Schnittgeschwindigkeit auf einer starren, vibrationsfreien Bohrmaschine mit starker Kühlung gebohrt werden.

Schnellstähle und Hartmetalle werden als Werkstoff für Bohrer verwendet. Der Freiwinkel sollte zwischen 10 und 15 Grad betragen.

Sägen

Titan kann ohne Schwierigkeiten mit den üblichen Bügelsägen gesägt werden. Starker Anpreßdruck bei reichlicher Kühlmittelzufuhr ist günstig. Zweckmäßig wird ein grobes Schnellstahlblatt (4 Zähne/Zoll) verwendet. Bei dünnwandigen Querschnitten empfiehlt sich ein feiner gezahntes Blatt. Es ist unbedingt darauf zu achten, daß vor dem Sägen die evtl. aufgehärtete Oberfläche durch Abschleifen oder Abdrehen entfernt wird.

Schleifen

Titan läßt sich gut schleifen. Es werden Aluminiumoxid- und Siliziumkarbid-Schleifscheiben verwendet.

Bei Schleifgeschwindigkeiten von 5 – 10 m/s erzielt man mit Aluminiumoxidscheiben die besten Ergebnisse. Siliziumkarbid-Schleifscheiben können bei Schleifgeschwindigkeiten von 20 – 30 m/s eingesetzt werden. Das Schleifen soll mit reichlicher Kühlmittelzufuhr erfolgen.

Es sei darauf hingewiesen, daß Titanschleifspäne pyrophor[32] sind und ihre Behandlung entsprechende Sorgfalt erfordert.

Kühlmittel

Die gebräuchlichsten Kühlmittel zur spanabhebenden Formgebung sind Lösungen auf Wasserbasis (Rostschutzmittel oder Emulsionsöl). Empfohlene Kühlmittel sind
1. eine 5%ige wäßrige Lösung von Natriumnitrit,
2. eine 5- bis 10%ige wäßrige Lösung von wasserlöslichem Öl,
3. geschwefeltes, chloriertes Öl bei geringen Schnittgeschwindigkeiten, bei denen die Gefahr der Entzündung ausgeschlossen ist.

Schweißen

Wegen der hohen Affinität[33] von Titan zu den meisten Elementen scheiden sämtliche Schweißverfahren aus, bei denen das schmelzflüssige Metall mit einem reaktionsfähigen Element in Kontakt kommen kann. Autogenes Schweißen ist deshalb nicht möglich. Als Schmelzschweißverfahren werden in erster Linie Schweißverfahren mit Edelgasatmosphäre (WIG- und MIG-Verfahren) angewendet. In speziellen Fällen sind auch Widerstandsschweißen und Ultraschallschweißen gut anwendbar.

Bei den unlegierten Titanqualitäten werden die mechanischen Eigenschaften des Grundmaterials in der Schweißnaht etwa erreicht. Eine geringe Abnahme der Duktilität[34] kann bei den Qualitäten höherer Festigkeit auftreten. Titanschweißnähte erweisen sich unter passivierenden[35] Bedingungen in ihrer Korrosionsbeständigkeit

---

[29] kolloidal = feinzerteilt

[30] HNO_3 = Salpetersäure, H_2F_2 = Fluorwasserstoff

[31] Diffusion = Durchdringung und Vermischung verschiedener, aber miteinander mischbarer Gase, Flüssigkeiten oder Feststoffe bei direkter Berührung

[32] pyrophor = feinverteiltes, in Verbindung mit Sauerstoff (Luft!) leicht entzündliches Metall

[33] Affinität = Verwandschaft, Anziehungskraft, Verbindungskraft

[34] Duktilität = Dehnbarkeit, Streckbarkeit, Verformbarkeit

[35] Passivieren = passiv machen, frühere Bezeichnung für Chromatieren

Mechanische Eigenschaften der Titanlegierungen

Krupp-Marke	Flieg-werk-stoff-Nr.	Zustand	Ab-mes-sungen mm	0,2%-Grenze min. N/mm²	Zugfestigkeit min. N/mm²	Zugfestigkeit max. N/mm²	Bruch-dehn-nung min. %	Bruch–ein-schnü-rung min. %
TIKRUTAN	3.7114	geglüht	0,4–5,0	780	830	–	10	–
LT 21		geglüht	< 100	760	790	–	10	25
(TiAl5Sn2,5)								
TIKRUTAN	3.7134	geglüht	0,6–5,0	860	930	–	10	–
LT 22		geglüht	< 65	820	890	–	10	20
(TiAl8Mo1V1)								
TIKRUTAN	3.7144	ausgehärt.	< 80	830	900	–	8	25
LT 24								
(TiAl6Sn2Zr4Mo2)								
TIKRUTAN	3.7124	geglüht	0,4–5,0	460	540	–	15	–
LT 25		geglüht	< 80	400	540	–	16	35
(TiCu2)		ausgehärt.	0,4–5,0	550	690	–	10	–
		ausgehärt.	< 80	540	650	–	10	30
TIKRUTAN	3.7164	geglüht	0,6–2,0	870	930	–	8	–
LT 31		geglüht	2,0–5,0	870	930	–	10	–
(TiAl6V4)		geglüht	< 80	830	900	–	10	25
		geglüht	< 160	830	900	–	8	20
		ausgehärt.	< 12,5	1070	1140	–	8	20
TIKRUTAN	3.7174	geglüht	0,6–5,0	1000	1070	–	8	10
LT 33		geglüht	< 100	930	1000	–	8	–
(TiAl6V6Sn2)		ausgehärt.	< 25	1170	1240	–	6	15
TIKRUTAN	3.7184	ausgehärt.	< 25	960	1100	1280	9	20
LT 34		ausgehärt.	25–100	920	1050	1220	9	20
(TiAl4Mo4Sn2Si)		ausgehärt.	100–150	870	1000	1200	9	20

dem Grundmaterial gleichwertig. Lediglich in Medien, in denen das Grundmaterial bereits angegriffen wird, wie das z. B. in reduzierend wirkenden Agenzien[36] geschieht, kann die Schweißnaht verstärkt angegriffen werden.

Argonarc-Schweißen (WIG/MIG-Verfahren)[37]

Wie beim Schmelzen von Titan muß auch beim Schweißen der Zutritt der Atmosphäre zur Schweiße selbst und zur erhitzten Randzone verhindert werden. Darüber hinaus muß auch die Wurzelseite vor dem Zutritt von Luft geschützt werden. Das Argonarc-Verfahren ist mit gewissen Modifikationen für das Schweißen von Titan am besten geeignet.

Als Schweißzusatzdraht wird Blankdraht der gleichen Qualität oder evtl. einer Titanqualität mit etwas geringerer Festigkeit als der des Grundwerkstoffs gewählt.

Zur Erzielung guter Schweißverbindungen trägt in hohem Maße die sorgfältige Schweißnahtvorbereitung bei. Zweckmäßigerweise wird unmittelbar vor dem Schweißen durch Schmirgeln, Bürsten oder Beizen der Schweißbereich von sämtlichen sichtbaren und unsichtbaren Oberflächenverunreinigungen befreit, um Porenbildung in der Naht zu vermeiden.

Da selbst Handschweiß im Bereich der Schweißnaht Aufhärtungen zur Folge hat, sollte unmittelbar vor Schweißbeginn der Schweißbereich mit einem fettlösenden Mittel, das keine Rückstände hinterläßt, nochmals gesäubert werden. Bis zu 2 – 2,5 mm Blechdicke kann in einer Lage geschweißt werden, bei größeren Dicken ist Zwei- oder Mehrlagenschweißung angebracht. Nach jeder Lage ist jedoch der Schweißbereich erneut gründlich von den Anlauffarben, die sich evtl. gebildet haben, zu reinigen. Das gilt entsprechend auch für Heftstellen, deren Anzahl durch sorgsame Überlegung bei der Konstruktion der Schweißvorrichtung auf ein Mindestmaß beschränkt werden sollte.

Zur Vermeidung örtlicher Sauerstoff-Anreicherungen sind auch vor jedem neuen Ansetzen die Oxydationsprodukte zu entfernen. Das gilt auch für die Spitze des Schweißzusatzdrahtes, sofern diese oxidiert ist.

Die Schweiße, die erhitzten Randzonen und auch die Wurzelseite müssen mit Argon[38] geschützt werden. Unter sehr günstigen Voraussetzungen kann der Schutz der Wurzelseite auch durch sattes Aufspannen des Werkstücks auf eine wärmeableitende, plane Unterlage erfolgen. Die Schweißgeschwindigkeit und damit die Schweiß-Stromstärke hängen von der Qualität des Schutzgasschleiers ab. Gute Ergebnisse werden mit einer Argonmenge von 6 – 8 l/Min. erzielt. Höhere Durchflußgeschwindigkeit bewirkt keine Verbesserung des Schutzes, sondern vielfach eine Wirbelbildung, die durch zu hohe Ausströmgeschwindigkeit des Argons hervorgerufen wird. Die Qualität der Schweißnaht kann hierunter leiden. Es sollte Reinst-Argon mit einem Reinheitsgrad von mindestens 99,99% verwendet werden.

Daneben ist der Feuchtigkeitsgehalt, der im allgemeinen in der Analyse nicht mit angegeben wird, von Interesse. Es kommt nur Argon mit besonders niedrigem Feuchtigkeitsgrad in Betracht. Der Taupunkt sollte möglichst unter -50° C liegen.

Beim Argonarc-Schweißen sind alle Bedingungen so zu wählen, daß die fertige Naht metallisch blank ist. Gelbliche bis bläuliche Anlauffarben sind allenfalls noch tragbar, das Auftreten dunkelblauer Anlauffarben aber oder gar einer grauen Oxidschicht deutet auf zu geringen Schutz der Schweißnaht und damit auf Versprödungserscheinungen durch Sauerstoff- und Stickstoff-Aufnahme hin.

Die Härte darf bei einer guten Schweißnaht bis max. 50 Härteeinheiten höher liegen als die des voll rekristallisierten Grundmaterials.

---

[36] Agenzien = treibende Kraft, wirksamer Stoff

[37] WIG und MIG siehe „Schweißverfahren"

[38] Argon = chemisches Element (Edelgas)

Liefert die Härteprüfung nach leichtem Überschleifen der Nahtoberfläche höhere Werte, so ist die Naht als versprödet anzusehen. Sie muß dann restlos entfernt werden!

Widerstandsschweißen

Titan läßt sich ohne weitere Vorkehrungen unter ähnlichen Bedingungen, wie sie für rostfreien Stahl gelten, punkt- und rollnahtschweißen. Preßstumpfschweißen läßt sich nur unter Argonschutz durchführen.

Wasserstoffversprödung

Die erwähnten Verarbeitungsverfahren zeichnen sich dadurch aus, daß eine Wasserstoffaufnahme des Titans weitgehend ausgeschlossen wird und Reaktionen mit Sauerstoff und Stickstoff bei erhöhten Temperaturen nicht erfolgen können. Titan reagiert mit molekularem Wasserstoff bei Temperaturen oberhalb 500° C spontan unter Bildung von Titanhydrid. Dieses scheidet sich bei Raumtemperatur plattenförmig im Gefüge aus und setzt schon bei niedrigen Gehalten die Kerbschlagzähigkeit von Titan herab.

Die Wirkung des Wasserstoffgehalts auf die verschiedenen Legierungstypen ist unterschiedlich. Während die im Zugversuch ermittelten Eigenschaften durch den Wasserstoffgehalt kaum beeinflußt werden, wird bei den Alpha-Legierungen die Kerbschlagzähigkeit, bei (Alpha plus Beta)-Legierungen die Zeitstandfestigkeit im gekerbten Zustand herabgesetzt.

Im Gegensatz zur Aufnahme von Sauerstoff und Stickstoff ist dieser Prozeß bei Wasserstoff reversibel[39]. Durch Vakuumglühung kann der evtl. aufgenommene Wasserstoff entfernt und die Beeinträchtigung der mechanischen Eigenschaften aufgehoben werden.

Momentaner Stand der Titanverwendung im Fahrradbau

Die Verbindungsstellen eines Rahmens aus Titanteilen sind meist ohne Muffen stumpfgeschweißt. Nachteilig ist, daß das Schweißverfahren (WIG und MIG) nur von wenigen Spezialfirmen ausgeführt werden kann. Die Oberfläche braucht nicht lackiert oder galvanisch veredelt zu werden, sie wird nur leicht poliert und ist dann praktisch für immer korrosionsbeständig. Nur wenige buntfarbige Zierstreifen oder -ringe schmücken den Titanrahmen und seine Vordergabel.

Durch den hohen Preis des Werkstoffs Titan, der aus erschmolzenen Blöcken erst zu Blechen, Bändern, Stäben, Drähten und Rohren verarbeitet werden muß, resultiert ein ebenfalls sehr hoher Preis für Rahmen und Vordergabel aus diesem an sich so verlockenden Werkstoff. Für einen nackten Rahmen samt Gabel in Standardmaßen muß man mit einem Preis zwischen 1800 DM und 3000 DM rechnen.

Trotzdem werden Rahmen aus Titan in Belgien, England, Frankreich, Italien und Japan hergestellt – meist in oder in der Nähe von Orten mit dort ansässiger Luftfahrt-Industrie.

---

[39] reversibel = umkehrbar

Rahmen aus Alu-Legierungen

Schon 1895 hat der Pariser Ingenieur G. Rupalley ein Fahrrad mit einem Rahmen aus Aluminium-Rohren hergestellt, das ein Gewicht von nur 20 Pfund (gegenüber 60 Pfund der damaligen Stahlrohr-Konstruktionen) hatte. Ihm ging es wohl seinerzeit hauptsächlich um die erzielbare Gewichtsverminderung. Heute wird mit einem Rahmen, der aus Rohren einer Alu-Legierung hergestellt ist, kein wesentlicher Gewichtsvorteil erreicht. Trotz der geringeren Dichte (spez. Gewicht) der Alu-Legierungen von nur 2,7 (gegenüber 7,85 von Stahl) müssen wegen der geringeren Zugfestigkeit der Alu-Legierung gegenüber den dünnwandigen hochfesten Stahlrohren Alu-Rohre mit größerer Wanddicke verarbeitet werden – was den „Dichte"-Vorteil wieder aufhebt. Der wirkliche Vorteil der Alu-Verwendung liegt in der absoluten Rostfreiheit des Werkstoffs. Dadurch ist der Alu-Rahmen wetterbeständig, von praktisch unbegrenzter Lebensdauer. Außerdem ist der Alu-Rahmen bei normalen Klimabedingungen pflegeleicht und völlig wartungsfrei. Ein Rahmen aus Alu hat jedoch nur dann einen Sinn, wenn konsequent auch alle anderen Bauteile aus Alu- oder sonstigen rostfreien Werkstoffen hergestellt sind. Denn was nützt ein wetterbeständiger Rahmen, wenn dann besonders Kleinteile in schwerer Ausführung nach kurzer Zeit verrostet sind?

Die Verbindung der Alu-Rahmenteile erfolgt heute meist durch Schweißen oder Kleben.

Geschweißte Rahmen aus Alu-Legierungen

Bekannt ist der Kettler-Alu-Touren-Rahmen (siehe Abb. 19). Statt einem sind hier zwei ovale Oberrohre 24 × 15 × 1,5 mm, die vom Lenkkopf bis zu den Ausfallenden durchgeführt und mit dem Sitzrohr verschweißt sind, angeordnet. Die beiden Hintergabelrohre haben die gleichen Abmessungen wie die Oberrohre. Das Sitzrohr (40 × 2 mm) hat keine Sitzkopfmuffe, es steht vielmehr über den beiden Oberrohren vor, ist oben reduziert und für die Klemmung der Sattelstütze geschlitzt. Eine aufgesteckte Klemmschelle, wie bei Klapprädern, klemmt die Sattelstütze fest. Das Lenkkopfrohr (42 × 2,5 mm) ist an beiden Enden zur Aufnahme der Lenkungslager auf 29,9 mm ∅ eingezogen. Das untere, ebenfalls ovale Rahmenrohr hat die Dimension 50 × 31 × 2,5 mm. Alle Verbindungsstellen sind ohne Muffen, stumpf maschinenverschweißt. Siehe weitere Fahrräder mit Alu-Rahmen Abb. 28, 82 bis 85, 93, 94, 97 bis 100.

Bevorzugt verwendet werden gut schweißbare, witterungs- und korrosionsbeständige Alu-Rohre nach DIN 1746 in den Qualitäten Knetlegierungen DIN 1725 Teil 1: AlMgSi1 F32, ALZnMg1 F36 oder AlMg4 F36. Die DIN-Kurzbezeichnung (z. B. F36) bedeutet die Mindestzugfestigkeit 360 N/mm^2.

Die Sport- und Rennsportrahmen der Firma Kettler für Damen und Herren haben die gleichen Abmessungen wie konventionelle Stahlrohr-Rahmen, sind jedoch mit Rohren aus einer Alu-Legierung und ohne Verbindungsmuffen stumpf geschweißt.

Grundsätzlich werden die Schweißverbindungen maschinell ausgeführt. Dadurch wird hohe, gleichbleibende Schweißgüte erzielt. Sie ist nicht, wie bei manueller Schweißung, dem Können und der Sorgfalt des Schweißers überlassen.

Schweißen von Aluminium und Alu-Legierungen

Beim Schweißen von Aluminium und Alu-Legierungen müssen die Eigenarten des Werkstoffs besonders berücksichtigt werden. Er besitzt hohe Wärmeleitfähigkeit und muß gut vorgewärmt werden. Infolge der großen Wärmeausdehnung können beim Schweißen schädliche Spannungen auftreten.

Der Übergang vom festen zum flüssigen Zustand erfolgt plötzlich.

Außerdem liegt der Schmelzpunkt des Aluminiumoxids sehr hoch über dem des Aluminiums. Die Oxidhaut des Aluminiums ist sehr zäh. Sie verunreinigt infolge der höheren Dichte (spez. Gewicht) sehr leicht die Schweißnähte.

Aluminiumwerkstoffe werden je nach Legierung in verschiedenen Härtegraden geliefert. Bei Reinaluminium kann durch Kaltverformung die Festigkeit gesteigert werden. In Fällen, wo die Festigkeit des reinen Aluminiums nicht ausreicht, werden Legierungen mit Zusätzen von Magnesium, Silizium, Mangan, Zink und Kupfer verwendet. Diese Zusätze wirken verfestigend. Die Korrosionsbeständigkeit der Legierungen ist unterschiedlich. Die aushärtbaren Legierungen sind nach einer Wärmebehandlung mit anschließendem Abschrekken in Wasser verhältnismäßig weich und gut kaltverformbar. Sie altern im Laufe der Zeit und erreichen ihre volle Ursprungsfestigkeit wieder. Reinaluminium bereitet bei Beachtung des oben Ausgeführten beim Schweißen keine Schwierigkeiten.

AlMn-Legierungen sind ebenfalls gut schweißbar. AlMn-Legierungen sind mit 3 – 7% Magnesium legiert. Die Verschweißbarkeit ist bei niedrigen Magnesiumgehalten besser als bei hohen. Legierungen mit hohen Magnesiumgehalten neigen zur Rißbildung. AlMgSi-Legierungen mit 3% Magnesium sind gut verschweißbar. Legierungen mit 0,6 – 1,4% Magnesium sind möglichst im weichen, abgeschreckten Zustand zu schweißen. Diese Legierung ist vergütbar. Ihre Festigkeit wird aber in den Schweißnähten nicht voll erreicht. Bei Schweißarbeiten wird deshalb die Legierung nur in unvergütetem Zustand verwendet.

AlSi-Legierungen sind Gußlegierungen, bei denen das Schweißen nur für Ausbesserungszwecke in Frage kommt. Die Werkstücke sind auf ca. 400°C vorzuwärmen. Wegen der Dünnflüssigkeit dieser Legierung wird in waagerechter Position geschweißt.

Die Schweißnähte an Aluminium und Alu-Legierungen weisen ein grobes Gußgefüge auf. In unbehandeltem Zustand lassen sich keine bedeutenden Gütewerte erreichen. Zur Kornverfeinerung müssen die Schweißnähte gehämmert und ausgeglüht werden. Sie müssen mit ausreichender Überhöhung geschweißt werden, damit sie nach der Kaltverformung noch ausreichenden Querschnitt aufweisen. Bei aushärtbaren Legierungen weisen die Schweißnähte starken Festigkeitsabfall auf. Die Ausgangsfestigkeit kann aber durch Nachveredelung wieder erreicht werden.

Schutzgasschweißung mit Wolfram-Elektroden

Die Schweißung mit Wolfram-Elektroden wird unter reinem Argongas ausgeführt. Als Schweißstrom dient Wechselstrom mit HF-Überlagerung. Die Schweißung erfolgt ohne Flußmittel-Zugabe und zeichnet sich durch besonders saubere, feingezeichnete Schweißnähte aus. Bei dickeren Teilen ist Vorwärmen zweckmäßig. Der Lichtbogen wird in kurzem Abstand unter Pendeln über die Schweißnähte geführt. Diese sind allgemein porenfrei, auftretende Poren deuten auf zu geringe Stromstärken.

Schutzgasschweißung mit verbrauchenden Elektroden

Hierbei wird ebenfalls reines Argongas als Schutzgas verwendet. Die Elektrode liegt am Gleichstrom-Pluspol. Vorgewärmt wird nur selten. Die Schweißung erfolgt im Gegensatz zu anderen Metallen, die nach dem gleichen Verfahren geschweißt werden, mit sehr kurzem Lichtbogen. Zur Erzielung porenfreier Nähte schweißt man zweckmäßig dünne Lagen. Die Nähte werden vor dem Schweißen gut geheftet, je nach Blechdicke betragen die Heftstellen-Abstände 100 – 350 mm. An den Enden der Bleche werden keine Heftstellen angebracht, die erste Heftstelle hat etwa 100 – 150 mm Abstand von der Blechkante. Bei Mehrlagenschweißung werden die oberen Lagen rasch gependelt. Nachlinks-Schweißung wird bevorzugt.

Gasschmelzschweißung für Reparaturzwecke

Die Gasschmelzschweißung wird in den meisten Fällen mit der Azetylen/Sauerstoff-Flamme ausgeführt. Beim Schweißen dünner Abmessungen werden auch Gase gewählt, die eine weniger heiße Flamme ergeben. Die Schweißung erfolgt mit Brennergrößen, die eine Nummer kleiner sind als bei der Stahlschweißung. Es werden dabei für die jeweilige Legierung geeignete Flußmittel verwendet. Gute Vorwärmung der Werkstücke ist wichtig, bei nicht vorgewärmten wird anfangs leicht mit zu großen Brennereinsätzen gearbeitet. Beim Fortschreiten der Schweißung wird das Schweißbad größer und ist dann nicht mehr zu beherrschen. Die Schweißung erfolgt mit leichtem Azetylen-Überschuß, zweckmäßigerweise wird der Sauerstoffdruck etwa 0,2 bar niedriger eingestellt als normal üblich. Der Nahtanfang wird etwa 80 – 100 mm von der Werkstückkante weggelegt und zurückgeschweißt. Die Schweißnähte werden in einer Lage aufgefüllt; Mehrlagenschweißung ist nicht erwünscht, da sich hierbei Poren bilden können.

Nach dem Schweißen müssen die Flußmittelreste sorgfältig entfernt werden, sie können sonst zur Korrosion der Teile führen.

Geklebte Verbindungen bei Rahmen aus Alu-Legierungen

Geklebte Rahmenverbindungen mit Muffen haben den Vorteil, daß die ausgehärteten Alu-Rohre (z. B. Vitus 979 Duralinox*) nicht durch Schweißen erhitzt zu werden brauchen, so daß sie ihre natürliche Festigkeit behalten. Schwierigkeiten bereiten die Klebestellen. Die Klebung muß bei bestimmter Raumtemperatur in völlig staubfreien Werkstatträumen erfolgen. Auch müssen die (genauen) Passungen der Klebestellen mit dem Kleber abgestimmt sein. Besteht eine zu große Preßpassung in der Verbindung, so wird beim Einpressen des Rohres der notwendige Klebefilm zerstört. Bei zu loser Passung dagegen wird keine haltbare Verbindung erreicht. Die Oberflächen der Klebestellen müssen metallisch völlig rein sein. In Trockenöfen wird die Klebung bei für den Kleber bestgeeigneter Aushärtetemperatur verfestigt. Für diese Klebearbeiten sind nahezu sterile Werkräume erforderlich, auch die Kleidung der dort Arbeitenden muß der in einem pharmazeutischen Betrieb entsprechen.

Eine andere Klebeverbindung ist durch eine Preßpassung zwischen Rohr und Muffe möglich, die dem Rahmen bereits vor der Klebung Halt gibt. Dazu muß eine kleine Kammer vorgesehen werden, die nach dem Einpressen des Rohrs in die Muffe von außen unter Druck mit Klebstoff gefüllt werden kann. Dieses „Depot“ wird durch eine seichte Rille im Rohr und in der Muffe erreicht. Ein kleines Entlüftungsloch bzw. ein ebensolcher Luftspalt ist für satte Füllung der Kammer mit dem flüssigen Kunststoff nötig.

Die Alu-Ausfallenden und -Rohrstege werden vorher mit den Rohrstreben verschweißt. Verwendet werden hochfeste, ausgehärtete Rohre aus Alu-Legierungen, die nicht schweißfähig sein müssen. Der Vorteil der Klebeverbindung ist, daß die Oberflächenbehandlung bereits am Rahmen-Einzelteil erfolgen kann. Im übrigen sind solche Klebeverbindungen natürlich auch mit Stahlmuffen und anderen Rohrwerkstoffen möglich.

In den Abbildungen 268, 269 und 270 mit Tabellen sind Standard-Abmessungen verschiedener Größen von geklebten Alu-Rahmen für Straßen-Rennräder zusammengestellt.

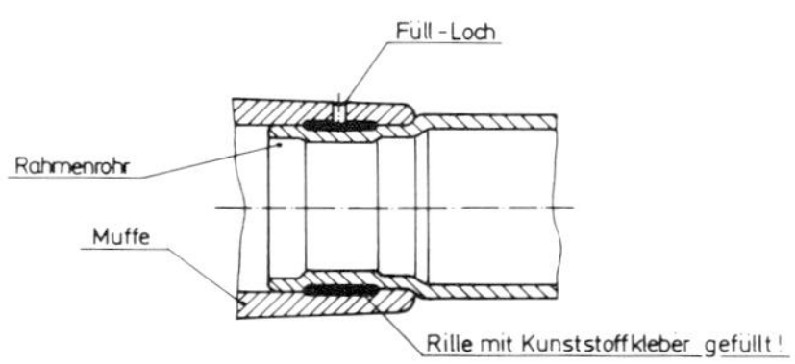

Abb. 267: Schematische Darstellung einer Kammer-Klebeverbindung.

*Duralinox = Dural, eine aushärtbare, sehr feste Alu/Magnesium-Legierung mit Zusätzen von Kupfer und Mangan

Aushärtung von Alu-Legierungen

Die dem Aluminium zulegierten zweiten und dritten Metalle können bei höheren Temperaturen unter Mischkristallbildung in sein Gitter eingebaut werden. Mit sinkender Temperatur geht jedoch die Aufnahmefähigkeit zurück. Bei langsamer Abkühlung scheiden sie sich als zweite oder dritte Kristallart aus dem Aluminium-Mischkristall aus. Durch Abschrecken kann man die Mischkristalle für normale Temperaturen erhalten. Lagern oder Anlassen bei niedrigen Temperaturen bewirken dann Zerfallvorgänge (Keimbildung, Atomumordnungen), die mit starker Härtung verbunden sind.

Der erste Teil der Aushärtungsbehandlung ist für alle Legierungs-Gattungen gleich:

> Glühen bei bestimmten hohen Temperaturen und schnelle Abkühlung, z. B. durch Abschrecken in Wasser. Die Legierungen der Aluminium-Kupfer-Magnesium-Gattung härten dann durch Lagern. Magnesiumfreie Legierungen sind bei etwa 120 – 170° C anzulassen. Zum Teil kann die Aushärtung durch Nachwalzen gesteigert werden.

Bei dem „Vitus"-Rahmen (Abb. 270) sind die drei Rahmen-Hauptrohre aus Kunststoff-Kohlefaser (Carbone), die Muffen und der Hinterbau aus Duralinox 979 (Dural) hergestellt. Die Abmessungen und Gewichte sind aus der Tabelle zu Abb. 269 ersichtlich. Siehe hierzu auch Kapitel „Rahmen mit Kunststoffrohren".

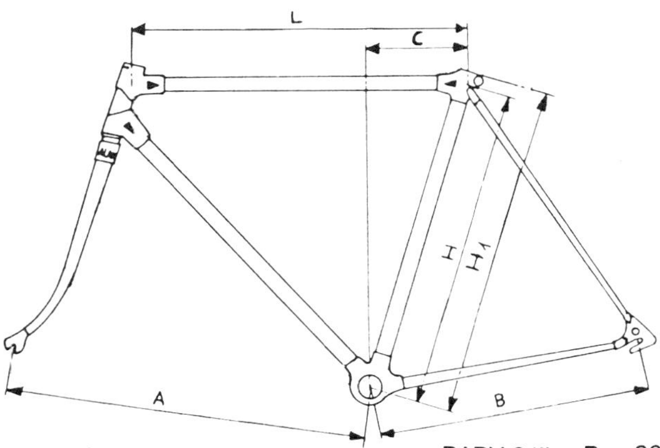

B = 410 mm BABY 24" B = 360 mm

Abb. 268: Rennrahmen aus Alu-Legierung, geklebt, Gewicht mit Vordergabel 2,1 kg, von Alan.

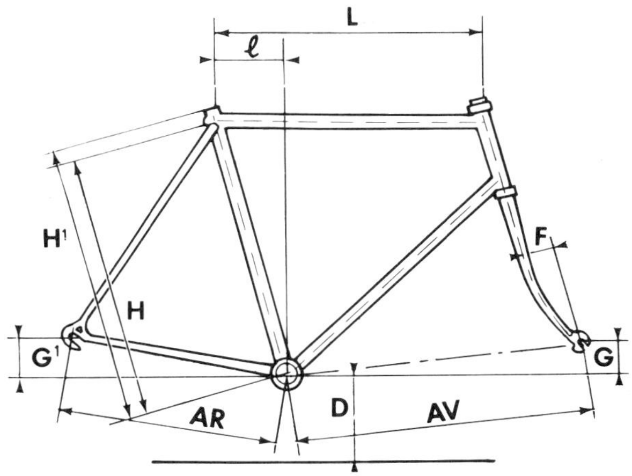

Abb. 269: Rennrahmen mit Vitus 979 Duralinox-Rohren von Bador.

Nr.	H mm	H1 mm	L mm	A mm
1	480	498	500	580
2	490	508	510	582
3	500	518	520	582
4	510	528	530	585
5	520	538	530	585
6	520	538	540	586
7	530	548	540	586
8	530	548	550	590
9	540	558	540	586
10	540	558	550	590
11	550	568	550	590
12	550	568	560	593

Nr.	H mm	H1 mm	L mm	A mm
13	560	578	560	593
14	570	588	570	593
15	580	598	570	593
16	590	608	580	596
17	600	618	590	602
18	610	628	600	603
19	620	638	600	603
20	630	648	610	613

BABY 24″

Nr.	H mm	H1 mm	L mm	A mm
21	460	478	480	515
22	420	438	440	515

H	H¹	L	AV	AR	l	G G¹	F	1	2
490	504	530	585	408	126	67,5	40	1716 g	1586 g
500	514	530	585	408	129	67,5	40	1740 g	1610 g
510	524	530	585	408	132	67,5	40	1760 g	1630 g
520	534	540	590	408	135	67,5	40	1772 g	1642 g
530	544	540	590	408	138	67,5	40	1783 g	1653 g
540	554	540	590	408	141	67,5	40	1808 g	1678 g
550	564	560	590	408	151	67,5	40	1827 g	1697 g
560	574	560	590	408	154	67,5	40	1830 g	1700 g
570	584	560	590	408	157	67,5	40	1840 g	1710 g
580	594	570	595	408	160	67,5	40	1850 g	1720 g
590	604	570	595	408	163	67,5	40	1858 g	1728 g
600	614	570	595	408	166	67,5	40	1890 g	1760 g

1 = Gewicht inkl. Gabel 2 = VITUS PLUS CARBONE D = 270 mm

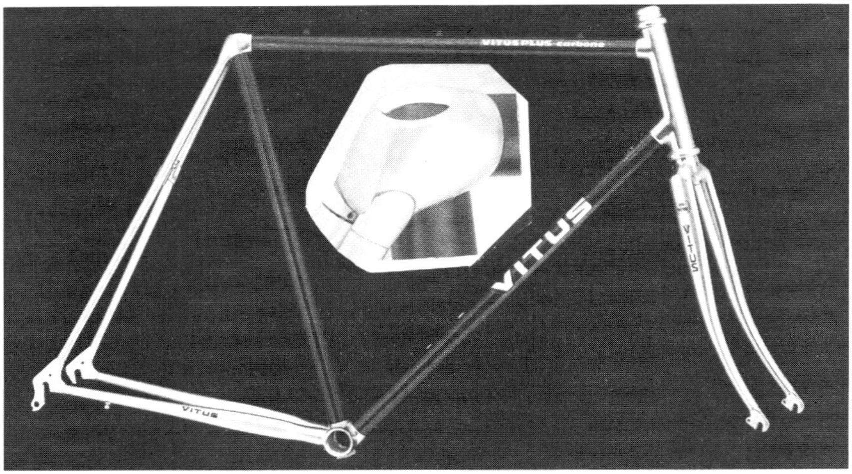

Abb. 270: Rennrahmen „Vitus 979" mit Rahmen-Hauptrohren aus Kohlefaser von Bador.

Patria-Rahmen mit Aluminium-Rohren und Stahl-Verbindungsmuffen

Der Patria-Rahmen ist eine Verbindung zwischen Aluminium- und Stahlteilen (Abb. 271).

Bei diesem Produktionsverfahren werden hochfeste Rahmenrohre aus Alu-Legierung und Stahl-Verbindungsteile (Lenkkopf- und Sitzkopfmuffen, Tretlagergehäuse) durch Preßsitz und Kleben miteinander verbunden.

Durch die Verwendung von normalen Stahlmuffen werden an den Winkelstellen des Rahmens die gleichen Festigkeitswerte wie bei einem vergleichbaren Stahlrahmen erreicht. Mit der löt- und schweißlosen Rahmenverbindung bleibt auch die ursprüngliche Festigkeit der Aluminiumrohre erhalten.

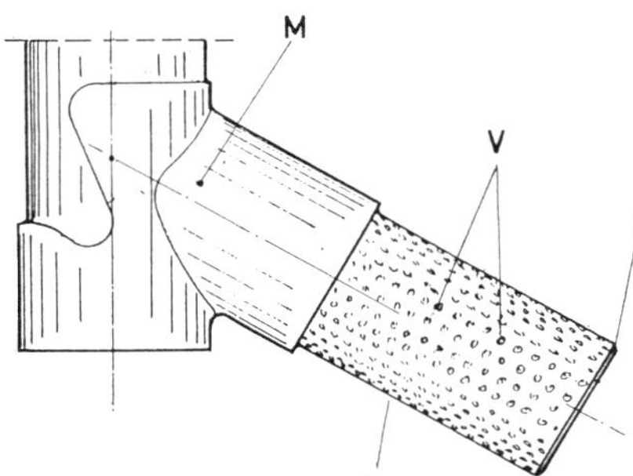

Abb. 272: Lenkkopfmuffe mit Rohrstutzen.

Nachdem sich bei den Versuchen herausgestellt hat, daß die Klebefläche zum Einkleben des Alu-Rohres in die Stahlmuffe zu kurz ist, kam die Idee, diese Klebefläche verdeckt in das Alu-Rohr zu verlegen, wo ausreichende Länge vorhanden ist.

Diese patentierte Rahmenverbindung geschieht so: In die Stahlmuffe (M) wird ein Rohrstutzen (R) eingepreßt, der zusätzlich mit der Muffe hartverlötet oder verschweißt wird (Abb. 272).

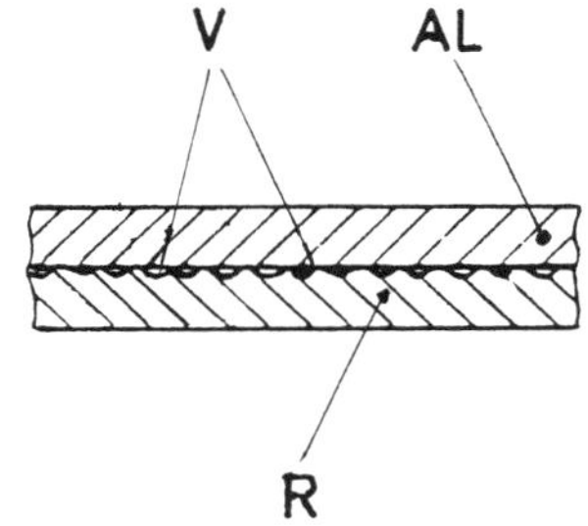

Abb. 273: Kleber-Kammern.

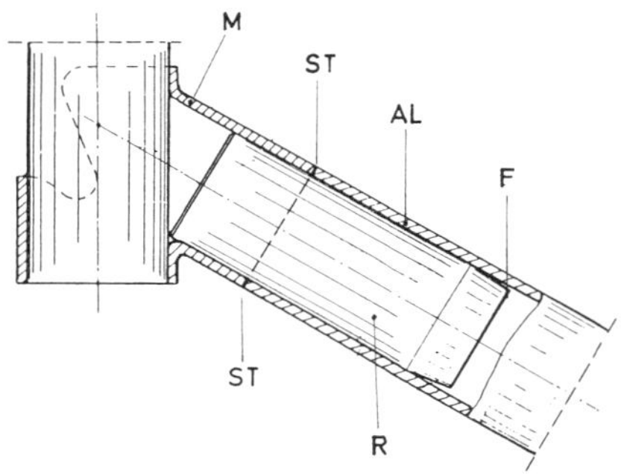

Abb. 274: Rahmenverbindung.

Der Rohrstutzen ist aus Stahl, die Außenseite (Oberfläche) wird durch kleine Vertiefungen (V) aufgerauht und vorn mit einer Fase (F) angeschrägt. An der griffigen Oberfläche haftet der Metallkleber. Die Vertiefungen (Kammern) füllen sich mit Kleber, der auch nach dem Aufpressen des Rahmenrohres (AL) dort verbleibt und nicht durch den Rohrpreßsitz restlos abgetrennt wird (Abb. 273).

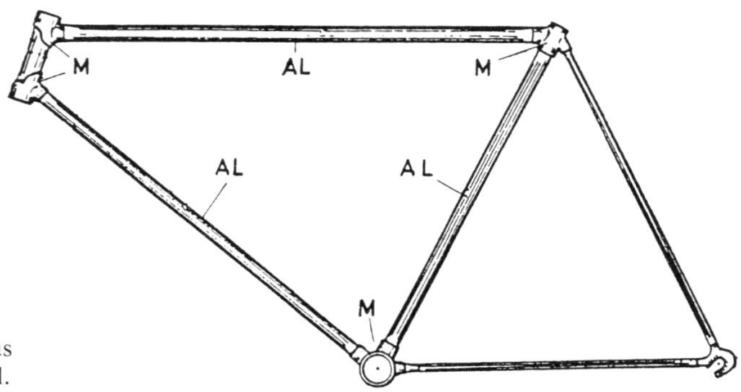

Abb. 271: Patria-Rahmen aus Aluminium + Stahl.

Die ringförmigen Stirnflächen (St) von Muffe (M) und Rahmenrohr (AL) liegen dicht an (Abb. 274).

Bei Zerreißversuchen wurden Werte bis zu 42000 N pro Verbindungsstelle gemessen.

Eine evtl. zu befürchtende Elektrolyse zwischen Alu + Stahl wird durch eine spezielle Lackierung und die isolierende Wirkung des Klebers unterbunden.

Mit diesem Produktionsverfahren können eloxierte Alu-Rohre verarbeitet werden. Es braucht also nicht lackiert zu werden. Dadurch ist ausgeschlossen, daß bei Beschädigung der Lackschicht das Aluminium Weißrost ansetzt und der Rahmen unansehnlich wird.

Rahmen mit Kunststoff-Verbindungsmuffen

Einen brauchbaren, nur aus Kunststoff hergestellten Fahrradrahmen in „Diamantform" gibt es zur Zeit noch nicht. Die Entwicklung für die Verwendung von Kunststoffen am Fahrradrahmen geht deshalb nur schrittweise vorwärts. Mit einem neuen Produktionsverfahren können jetzt Stahlmuffen durch Polyamid-Rahmenverbindungen ersetzt werden.

Nach mehrjähriger Entwicklungsarbeit der Baronia Fahrzeugfabrik in Rahden in Zusammenarbeit mit der Bayer AG Leverkusen ist es gelungen, die bisher im Fahrrad-Rahmenbau als Verbindungselemente zwischen den einzelnen Rohren verwendeten Stahlmuffen durch eine Kunststoff-Ummantelung zu ersetzen (Abb. 275).

Bei dem neuen Produktionsverfahren werden die fertig lackierten Rohre in das Werkzeug eingelegt und an den Verbindungsstellen mit Durethan BKV 40 Z, einem hochzähen glasfaserverstärkten Polyamid 6 (PA 6) der Bayer AG, umspritzt. Damit die Rohrenden nicht aus der Kunststoff-Ummantelung herausgezogen werden bzw. fest in der Kunststoffverbindung stekken bleiben, sind die Enden der Rohre und Streben an der Anschlußstelle umgebördelt. Im Lenkkopf ist ein Rohrstück eingespritzt, das an den Enden auf den Durchmesser für die Aufnahme der beiden Lenkungslager aufgeweitet ist und dadurch fest sitzenbleibt und nicht „wandern" kann (Abb. 276 und 277).

Durch diese neue Art der Herstellung von Verbindungsknoten entfallen das energie- und zeitaufwendige Verlöten der Stahlmuffen und der komplizierte Lackiervorgang nach der Rahmenfertigung. Weitere Vorteile sind vereinfachte Vormontage, die Integration weiterer Teile in die Verbindungsknoten (z. B. Tretlagergehäuse, Ständerplatte, Gepäckträgerplatte und Montageaufnahme für Schutzbleche und Luftpumpe) sowie geringerer Aufwand bei der Lagerhaltung (Abb. 278 und 279).

Neben zahlreichen statischen und dynamischen Prüfungen nach DIN 79100 bestätigten umfangreiche praxisnahe Tests die extreme Belastbarkeit des gewählten Chemiewerkstoffs. Die kraftschlüssige Polyamid-Verbindung zeichnet sich vor allem durch hohe dynamische Belastbarkeit sowie durch hohe Steifigkeit und Härte aus. Die Anforderungen an die Temperaturbeständigkeit – von minus 20° bis plus 100° Celsius – werden voll erfüllt.

In einem gezielten Testprogramm erwies sich die Kunststoff-Rahmenverbindung als absolut bruchsicher. Selbst das in Bordstein-Auffahrtests erfahrungsgemäß am stärksten gefährdete Lenkkopfelement aus Durethan (PA 6) blieb unbeschädigt. Demgegenüber verbogen sich die normüblichen Metallelemente des Rahmens. Die hervor-

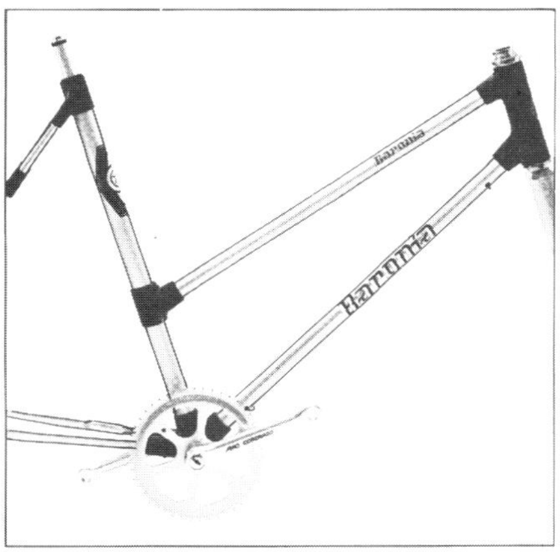

Abb. 275: Rahmen mit Kunststoff-Verbindungsmuffen von Baronia.

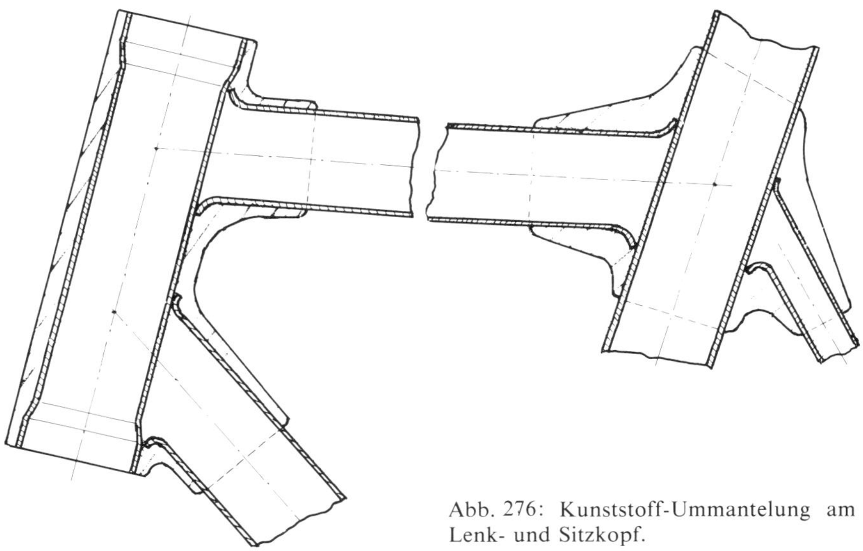
Abb. 276: Kunststoff-Ummantelung am Lenk- und Sitzkopf.

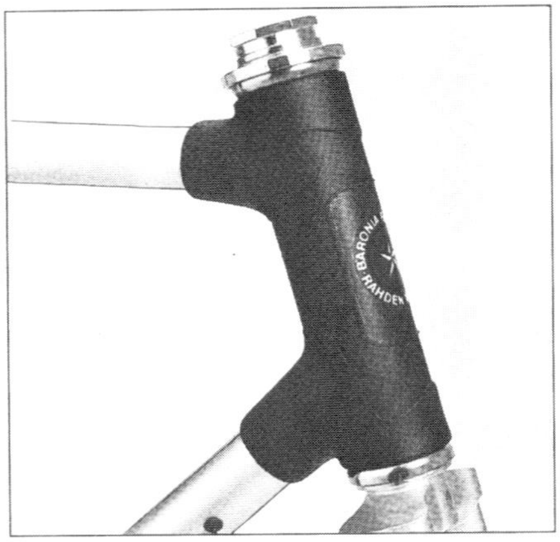

Abb. 277: Lenkkopf-Ummantelung mit plastisch ausgeformter Lenkkopfplakette.

Abb. 278: Tretlagergehäuse mit integrierter Ständerplatte, Schutzblech-Befestigungsschraube und heiß eingeprägter Rahmen-Nummer.

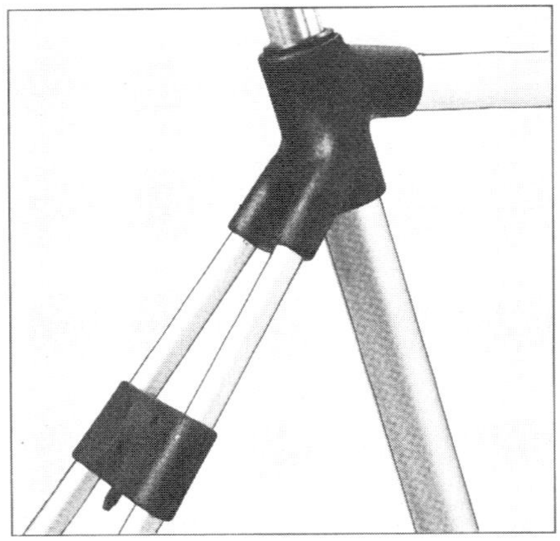

Abb. 279: Sitzkopfbereich mit integrierter Befestigung für Gepäckträger, HR-Felgenbremse, Werkzeugdose oder Bügelschloß und Schutzblech.

ragende Formstabilität des Chemiewerkstoffs belegen Dauer-Belastungstests mit Gewichten von über 500 kg. Dabei ließen sich keine Ermüdungs- oder Verformungserscheinungen feststellen.

Fahrtests auf Schotterwegen und über Eisenbahnschwellen, auf unwegsamen Waldstrecken und auf Kopfsteinpflaster bescheinigen den Kunststoff-Rahmenverbindungen volle Gebrauchstauglichkeit auch unter extremen Bedingungen.

Da das Polyamid die lackierten Metallrohre dicht umschließt, wird der Rostbildung in diesen beim konventionellen Rahmen besonders anfälligen Bereichen wirkungsvoll vorgebeugt. Hinsichtlich der Rohrmaterialien eröffnet dieses Verfahren ganz neue Möglichkeiten. Es können jetzt Rohre aus verschiedenen Metallen und Legierungen in fertiger Oberflächenbehandlung (lackiert, eloxiert, verchromt, poliert) miteinander mühelos zu einem Rahmen verbunden werden. Ein weiterer Vorteil ist, daß die Rahmenrohre nicht mehr durch Hartlötung geglüht werden und dadurch ihre natürliche höhere Festigkeit behalten.

Diese Ausführung ist unter 31 45 002.4 zum Patent angemeldet.

Diese Rahmenbauart konnte sich bisher in Deutschland nicht einführen.

Rahmen mit Kunststoff-Rohren

Einen brauchbaren Fahrradrahmen nur aus Kunststoff, ohne eingegossene metallische Verstärkungen, gibt es serienmäßig zur Zeit noch nicht. Bisher hat man sich damit begnügt, die Hauptbauteile des Rahmens, nämlich die Rohre, aus Chemie-Werkstoffen herzustellen, wobei die Verbindungsteile aus Metall (Stahl oder Alu) in die Rohre eingeklebt oder mit besonderen Konstruktionen geklemmt werden. Diese „Zwitter“-Bauweise ist aber sehr teuer und wird deshalb vorerst nur bei Rennrädern angewandt.

Zweifellos sind die Chemiker der Kunststoff-Entwicklung mit einer solchen Lösung noch nicht zufrieden. So wurde auf der IFMA in Köln 1976 bereits von einer japanischen Firma ein Fahrradrahmen gezeigt, dessen Rohrteile aus kohlefaserverstärkten Harzmatten gewickelt waren.

Stand der in Frage kommenden Kunststoff-Technik ist das Verstärken von Duroplasten (z. B. UP = ungesättigtes Polyesterharz) und EP-Harzen (Epoxid) mit Glasfasern in Form von Matten, Geweben und Rowings[40] sowie das Verstärken von Thermoplasten (z. B. PA = Polyamid) und PC (Polycarbonat) mit Kurzglasfasern. Die Forderung, auf bestimmten Anwendungsgebieten, besonders in der Raumfahrt und im militärischen Sektor, extremen Leichtbau zu betreiben, hat die Notwendigkeit gebracht, Verstärkungsmaterialien zu entwickeln, die noch höhere Festigkeit und Steifigkeit aufweisen als Glasfasern.

Während die Festigkeit eines Werkstoffs vor allem durch die Zahl der Fehlstellen im Material bestimmt wird (hier können Steigerungen durch verbesserte Verfahrenstechnik erzielt werden), ist der Elastizitätsmodul von den zwischenatomaren Bindungskräften abhängig. Diese werden nicht durch den Atomkern, sondern ausschließlich von der Anordnung (Konfiguration) der Elektronen der Außenschale bestimmt. Einen Wegweiser zu Materialien mit hohem spezifischem Elastizitätsmodul (Dehnbarkeitsgrad) stellt also das periodische System der Elemente dar. Von den theoretisch möglichen haben die Elemente Bor und Kohlenstoff in Faserform praktische Bedeutung; hinzugekommen ist noch eine organische Faser auf der Basis von aromatischen Polyamiden, die unter der Bezeichnung KEVLAR 49 des Herstellers Du Pont bekanntgeworden ist.

Diese Fasern stellen für sich allein kein technisch einsetzbares Material dar – das Einbettungsmaterial soll die spezifischen Werkstoff-Eigenschaften der Verstärkung so wenig wie möglich beeinflussen. Im technischen Bereich werden hauptsäch-

[40] Rowings = vorgesponnene Fasern

lich EP-Harze und (in geringerem Umfang) Beryllium als Matrix-(Basis-)Material eingesetzt.

Zur leichteren Verarbeitung und zur Erzielung konstanter Eigenschaften im Verbund mit Gießharzen werden die Bor- und Kohlenstoff-Fasern vorzugsweise in vorimprägnierter Form als Harzmatten geliefert.

Solche Verbundstoffe werden jetzt schon auf dem Sport- und dem Transportsektor verwendet, ein geringerer Anteil dürfte in Zukunft auch im Bereich der Luft- und Raumfahrt-Industrie anzutreffen sein.

Besondere stabförmige Sportgeräte bzw. Gegenstände mit großem Länge/Breite-Verhältnis werden zunehmend aus Verbundwerkstoffen mit hochfesten und steifen Verstärkungsfasern oder unter teilweiser Verwendung dieser Verbunde produziert: Golfschläger, Speere, Angelruten, Ski, Bogen, Hockey- und Kricket-Schläger, Stabhochsprung-Stäbe. In der Bundesrepublik sind vor allem Tennisschläger und Ruderboote bekannt geworden, die unter Verwendung von kohlefaserverstärktem EP-Harz gefertigt wurden. Zwar ist der Anteil dieser Anwendungen zur Zeit noch gering, er wird aber – zu Lasten der Glasfaser als Verstärkungsmaterial – zunehmen, wenn weiterhin eine positive Preisentwicklung erfolgt. Diese Prognose kann durchaus auch für Fahrräder (zunächst nur für Renn-Räder) zutreffen.

Vorteile der erwähnten kohlefaserverstärkten Rohre sind sowohl die große Elastizität als auch die korrosionsfreie Oberfläche und ein geringes Gewicht (der oben erwähnte japanische Hersteller hat seinerzeit als Gewicht die Hälfte des Gewichts eines Alu-Rohrs angegeben). Die Dichte solcher verstärkter Duroplaste liegt zwischen 1,2 und 1,9 g/cm³. Aber der zur Zeit noch recht hohe Preis solcher Rohre und der – in der Herstellung sehr lohnintensiven – Spezial-Verbindungsmuffen schlagen sich in einem hohen Rahmen-Gestehungspreis nieder, der nur für die Rennmaschinen der Spitzenfahrer tragbar ist.

Vom Peugeot Profi-Rennrad PY 10/FC, Baujahr 1984, sind die drei Rahmen-Hauptrohre aus Kunststoff-Kohlefaser (Carbone), die Muffen und der Hinterbau aus Duralinox (Dural) hergestellt. Siehe hierzu auch Abb. 270.

In der Abb. 280 sind deutlich die Schichten des Carbon-Fiber Rahmenrohrs für den Rahmen der Firma Tano zu erkennen. Die Verbindungsmuffen für diesen Rahmen sind aus Metall.

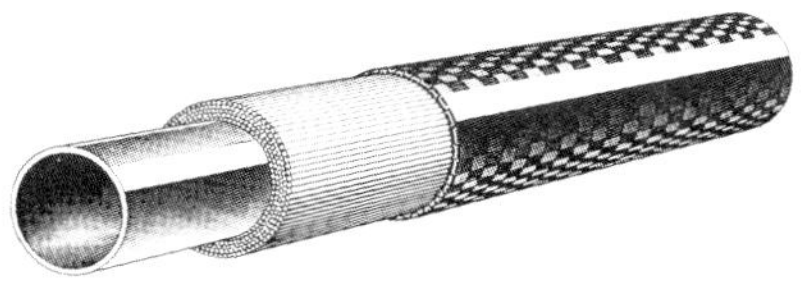

Abb. 280: Carbon-Fiber Rahmenrohr von Tano.

Beispiele ausgeführter Fahrradrahmen aus Kunststoff

Auf der RAI, der Internationalen Zweiradausstellung in Amsterdam, wurde bereits 1964 von einem Hersteller aus USA ein Plastik-Fahrrad vorgestellt. Aber die Konstruktion eines Kunststoffrahmens und der dazugehörigen Vordergabel erfordert festigkeitsmäßig andere, d. h. größere Querschnitte. Dadurch entsteht zwangsläufig eine andere Rahmen-Bauform, d. h., der Kunststoffrahmen bedeutet wahrscheinlich eine völlige Abkehr vom jetzigen Fünfeck-Rahmen. Versuche mit Rahmenformen jedoch, die nicht der traditionellen Form des Diamant-Rahmens (aus Alu-Guß und Preßschalen) entsprechen, wurden bisher nie zu einem Verkaufserfolg – auch wenn sie keinerlei technische Mängel zeigten.

So wurde auch der Kunststoffrahmen der Plastik Bike Co. aus USA ein Fehlstart. Was nicht hinderte, daß 1979 auf dem Pariser Zweirad-Salon ein Kunststoff-Velo, genannt „Speelo" (aus „Speed" und „Velo") als Neuheit gezeigt wurde (Abb. 281). Die Firma Cycles France-Loire will mit der Serienfertigung ihres neuartigen Rennsport-Rades aus Kunststoff beginnen. Bei ihm wird weitgehend glasfaserverstärktes Polyamid als Werkstoff verwendet, das Gewicht soll unter 10 kg liegen. Alles, was möglich schien, wurde in den Kunststoffrahmen und die Gabel integriert: eine neuartige Sattelklemmeinrichtung, die ebenfalls aus Polyamid hergestellten Felgenbremsen, ein als Kotflügel-Teilstück ausgebildeter Rahmenteil.

Am Lenkkopf ist das Rad teilbar und kann dann im Kofferraum eines Pkw verfrachtet werden. Die 700-mm-Laufräder sind ebenfalls mit Felgen aus Polyamid ausgestattet.

Von der schwedischen Firma Itera wurde ein Fahrrad (speziell der Rahmen) eigens im Hinblick auf die Verwendung von thermoplastischen Kunststoffen entwickelt (Abb. 282).

Abb. 281: Das „Speelo" – auch mit ihm ist der Durchbruch des Kunststoff-Fahrrades nicht gelungen.

Abb. 282: Itera-Fahrrad aus thermoplastischem Polyester (Rynite) von DuPont.

Mit den Konstruktionen des „direkten Ersatzes" (Rahmen in Diamantform) aus reinen Chemiewerkstoffen konnte die Steifigkeit von Metall nicht erreicht werden.

Das Bemühen, kunststoffgerecht zu konstruieren, fällt besonders am Itera-Rahmen auf. Er besteht aus dem thermoplastischen Polyester (Rynite) 545 von DuPont und erfüllt die gleiche Funktion wie mehrere verschweißte, fertigbearbeitete und lackierte Rohre und Muffen aus Metall. „Rynite" ist das eingetragene Warenzeichen für thermoplastische Polyester von DuPont.

Die Integral-Bauweise (Kettenschutz, Traggriff, Werkzeugbehälter, Diebstahlsicherungsgehäuse usw.) führt einen Schritt vorwärts.

Kunststoffrahmen werden sich weiter in zwei Entwicklungsrichtungen bewegen. Die erste konzentriert sich auf Monoblockkonstruktionen aus Polyester und wird mit Hilfe neuer Stylingideen zur Umwandlung des Diamantrahmens in eine „Karosserie" des Fahrrads führen. Siehe hierzu Abb. 42 und dazugehöriger Text. In der anderen Richtung liegt eine Mischform, die technische Kunststoffe mit traditionellen Metallrahmen kombinieren wird.

Keine dieser Konstruktionen hatte bisher Marktchancen.

Wissenswertes über Kunststoffe

Kunststoffe haben in den zurückliegenden Jahren als Konstruktions-Werkstoffe beachtliche Bedeutung gewonnen. Auch in der Zweirad-Branche werden immer mehr Bauteile aus Chemiewerkstoffen verwendet. Zwar ist beim Zweirad der Kunststoffanteil nicht so kräftig angestiegen wie beispielsweise beim Pkw (weil die Anwendungsmöglichkeiten eben geringer sind) – aber der Kunststoffanteil ist steigend. Das ist durch die günstigen Verarbeitungsmöglichkeiten sowie die spezifischen Eigenschaften, nicht zuletzt aber auch durch die günstigen Preise solcher Kunststoffprodukte begründet.

Zu den für den Konstrukteur, auch den der Zweirad-Industrie, interessanten Kunststoffen zählen vor allem die teilkristallinen Thermoplaste und die mit Glasfasern, mit Glasgewebe oder auch mit Kohlefasern verstärkten Duroplaste. Um entscheiden zu können, wann einem Metall und wann einem Kunststoff (und welchem) der Vorzug zu geben ist, muß der Konstrukteur die wichtigsten Unterscheidungsmerkmale kennen. Leicht ist es nicht, sich hier zurechtzufinden, da die chemischen Bezeichnungen der Kunststoffe teilweise schlecht aussprechbar und die vielen verschiedenen Handelsbezeichnungen der jeweiligen Herstellerfirmen für das gleiche Produkt schier unübersehbar sind (so wird beispielsweise Polyäthylene von BASF Lupolen, von Höchst Hostalen und von Hüls Vestolen genannt).

Titan und die Kunststoff-Werkstoffe wurden hier deshalb so verhältnismäßig ausführlich behandelt, weil diese Werkstoffe im Fahrradbau noch Neuland sind – im Gegensatz zu den Baustählen, den Alugußー, Alu-Knet- und Magnesium-Legierungen, die seit Jahren zum Stande der Technik gehören.

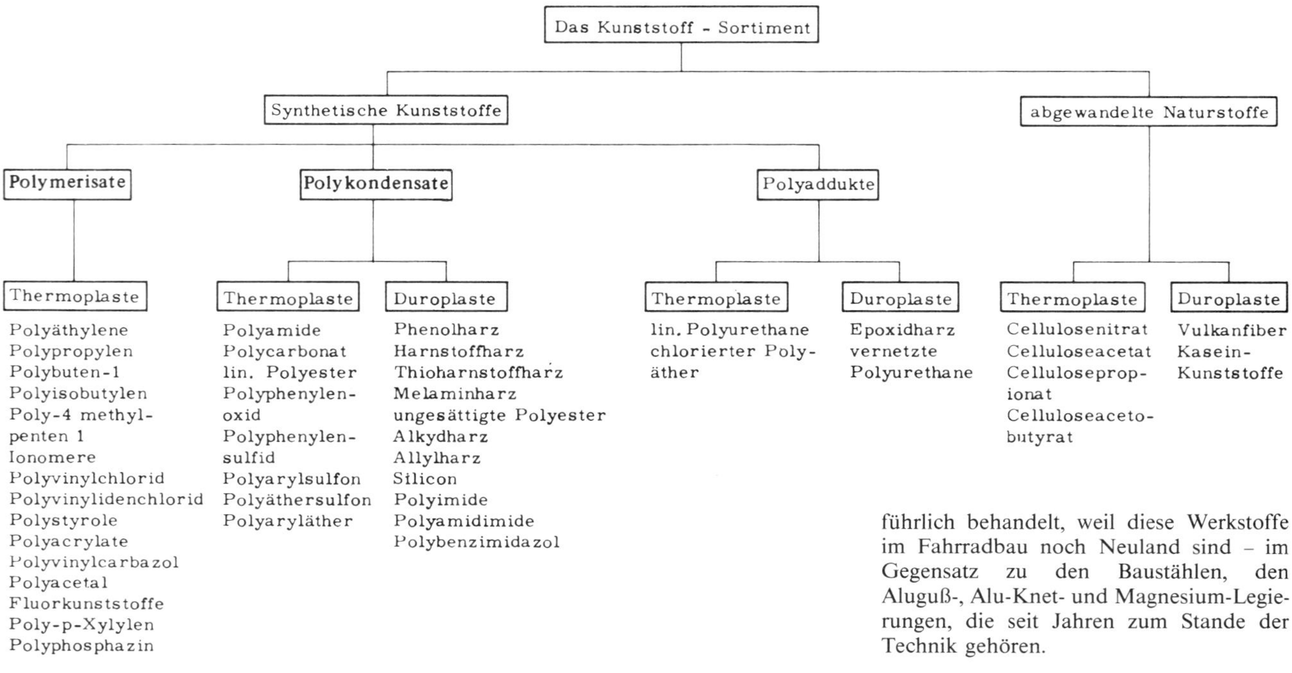

Kunststoff-Übersichtstabelle

Die gebräuchlichsten Kunststoffe mit ihren chemischen Bezeichnungen und Handelsnamen

Kunststoff-Übersichtstabelle

Kurzz.	Chem. Bezeichn.	Handelsname	Hersteller		Kennzeichnende Merkmale	Typische Anwendungsbeispiele
ABS	Acrylnitril-Butadien-Styrol-Copolymere	Novodur Terluran Starabs Ronfalin Cycolac Lustran	Bayer BASF Eurostar DSM Borg-Warner Monsanto	BRD BRD BRD NL NL Belgien	hart, biegesteif, kerbschlagzäh, harte glänzende Oberfläche, geringe elektrostatische Aufladung, opak. Sondereinstellungen galvanisierbar und lackierbar	Gehäuse aller Art, Haushaltsgeräte, Teile für Kraftfahrzeug- und Textilindustrie, Spielwaren, Sportartikel, Transportbehälter Kettenschützer
ASA	Acrylester-Styrol Acrylnitril-Copolymere	Luran	BASF	BRD	sehr schlagzäh bei hoher Steifigkeit, hohe Witterungs-, Vergilbungs- und Alterungsbeständigkeit	Gehäuse und Abdeckungen
SB	Polystyrol schlagfest Styrol-Butadien-Copolymere	Polystyrol Vestyron Hostyren	BASF Hüls Hoechst	BRD BRD BRD	zähhart, schlagzäh auch bei tiefen Temperaturen, bei Einwirkung von UV-Strahlung (Sonnenlicht) begrenzt alterungsbeständig, opak.	Gehäuse für Haushaltmaschinen, für Elektrogeräte, Kühlschrankteile, Filter- und Rieseleinbauten, technische Teile, Schuhabsätze.
SAN	Styrol-Acrylnitril-Copolymere	Luran Lacsan Starasan Tyril	BASF Ato Chimie Eurostar DOW Chemical	BRD BRD BRD BRD	hart, steif, gute Festigkeiten, harte, kratzfeste Oberfläche, temperaturwechselbeständig, gut alterungsbeständig	Gehäuse und Skalenscheiben für Rundfunk- und Fernsehempfänger, Teile für Fernmeldetechnik, Leuchtenabdeckungen, Schaugläser, Schilder, Haushaltsgeschirr
PS	Polystyrol	Polystyrol Vestyron Hostyren Styron Lustrex Lacgrene Afcolene Cosden	BASF Hüls Hoechst DOW Chemical Monsanto Ato-Chimie Rhone-Poulenc Brenntag	BRD BRD BRD BRD USA BRD Frankreich BRD	sprödhart, schlagempfindlich, glasklar, glatte, glänzende Oberfläche, durchschnittliche Festigkeit, geringe Bruchdehnung, gut fließfähig, geringe Schwindung, keine Nachschwindung.	Verpackungen, Spielzeug, Werbeartikel, Galanteriewaren, Toilettenartikel.
CA	Celluloseacetat	Cellidor Cellon Ecaron Setilithe	Bayer Dynamid Nobel Celluloid Sp. Akzo Plastics	BRD BRD BRD NL	zähhart, schlagzäh bis zu tiefen Temperaturen, schalldämpfend, elektrisch isolierend, formbeständig in der Wärme, transparent.	Werkzeug- u. Besteckgriffe, Lenkradumkleidungen, Bauteile für Fernmelde- und Feinwerktechnik, Lichtkuppeln, Brillenfassungen
PA 6	Polyamid 6	Ultramid Durethan Grilon Technyl Akulon Wellamid Maranyl Rilsan Resistan Staramide	BASF Bayer Emser-Werke Rhone-Poulenc Akzo-Plastics Wellmann Deutsche ICI Ato-Chimie Resopal-Werke Eurostar	BRD BRD Schweiz Frankreich NL BRD BRD BRD BRD BRD	zähhart, hornartig, steif, verschleißfest, kratzfeste, sehr gleitfähige, hohe Formbeständigkeit in der Wärme, hohe Wasseraufnahme, alterungs- und witterungsbeständig, elektrisch isolierend, von hoher Kriechstromfestigkeit	Maschinenelemente und technische Teile, z.B. Gehäuse, Schiffspropeller, Armaturen, Lüfterräder, Zahnräder und Ritzel, Lagerschalen, Wälzlagerkäfige, Kupplungselemente Gleitschienen, elektrische Isolierteile, medizinische Geräte und Prothesen, Werkzeuggriffe, Spielwaren Werkzeuggriffe, Spielwaren, Sattelträger, Kunststoff-Laufräder

Eine Gewähr für die Ergebnisse bei der Anwendung dieser Produkte kann nicht übernommen werden.

Abb. 283: Aufstellung der gebräuchlichsten Kunststoffe mit ihren chemischen Bezeichnungen und Handelsnamen.

Auszugsweise einige der in der linken Spalte genannten Materialtypen mit deren technischen Werten. Fehlende Angaben entnehmen Sie bitte den Unterlagen der Rohstoffhersteller	Physikalische Eigenschaften							Chemische Eigenschaften									
	Rohdichte DIN 53457	Schwund Din 53457	Licht-durchlässigkeit	Wasseraufnahme DIN 53495	Streckspannung oder Zugfestigkeit DIN 53455	Reibungskoiffizient od. Abriebfestigkeit u. DIN 53516	Biegefestigkeit oder Grenzbiegespannung DIN 53452	Kraftstoff (Benzin) DIN	Kraftstoff (Super) DIN	Kraftstoff (Diesel) DIN	Benzol	Mineralöl	tierische und pflanzliche Öle	schwache Laugen	starke Laugen	schwache Säuren	starke Säuren
Handelsname	g/cm³	%	%	mg	N/mm²	mm³	N/mm²										
Novodur PM	1.03–1.06	0,4-0,6		25-30	46			X	X	/	–	X	X	X	X	X	X
Novodur PM/3C	1.03–1.06	0,4-0,6		25-30	41			X	X	/	–	X	X	X	X	X	X
Novodur P 2 T	1.03–1.06	0,4-0,6		25	51			X	X	/	–	X	X	X	X	X	X
Terluran 886 T	1.05	0,4-0,7			35			X	X	X	/	X	X	X	X	X	/
Terluran 967 K	1.05	0,4-0,7			45			X	X	X	/	X	X	X	X	X	/
Terluran 877 T	1.06	0,4-0,7			45			X	X	X	/	X	X	X	X	X	/
Cycolac T	1.04	0,5			42			X	X	X	X	X	X	X	X	/	–
Cycolac EP 3510	1.07	0,5			44			X	X	X	X	X	X	X	X	/	–
Cycolac L	1.02	0,7			33,5			X	X	X	X	X	X	X	X	/	–
Cycolac X 7 hochwärmebest.	1.05	0,6			47			X	X	X	X	X	X	X	X	/	–
Luran S 757 R	1.07	0,4-0,7			56			X	X	X	/	X	X	X	X	X	/
Luran S 757 RE																	
Luran S 776 S	1.07	0,4-0,7			42			X	X	X	/	X	X	X	X	X	/
Luran S 776 SE																	
Polystyrol KR 2750	1.05	0,4-0,6						–	–	–	–	/	/	X	X	X	/
Polystyrol KR 2720 WU	1.15	0,4-0,6		7	25		42	–	–	–	–	/	/	X	X	X	/
Vestyron HI schlagfest	1.03	0,5						–	–	/	X	X	X	X	X	X	X
Hostyren S 3200	1.04	0,6		2,2	38		49	X	X	X	/	X	X	X	X	X	/
Luran 378 P	1.08	0,4–0,6			78			X	X	X	X	/	X	X	X	X	/
Luran 378 P G 7, glasfaser																	
Starasan SAN. 20.0.V	1.22	0,1-0,2			110		135	X	X	X	/	X	X	X	X	X	/
Starasan SAN. 30.0.V	1.31	0,05-0,1			130		160	X	X	X	/	X	X	X	X	X	/
Starasan SAN. 20.10.V.K.glask.	1.31	0,05-0,1			120		140	X	X	X	/	X	X	X	X	X	/
Staras.SAN.0.25.F* (*Fybexfasern v. Du Pont)	1.26	0,05-0,1			85		120	X	X	X	/	X	X	X	X	X	/
Styron 678 E	1.04	0,4-0,6			51			–	–	–	–	/	/	X	X	X	/
Styron 492	1.04	0,4-0,6			47			–	–	–	–	/	/	X	X	X	/
Polystyrol 168 N standard	1.05				56			–	–	–	–	/	/	X	X	X	/
Vestyron D/DG	1.05	0,4-0,6			40		90	–	–	/	X	X	X	X	X	X	X
Hostyren N2000	1.04	0,5		0	34		56	/	/	X	–	/	X	X	X	X	X
Cosden 510 standard	1.04	0,6		2,7	40		80	/	/	X	–	/	X	X	X	X	/
Cosden BX 1016 schlagfest	1.04				25		60	/	/	X	–	/	X	X	X	X	/
Cosden BX 1034 hochschlagfest	1.04				27,5		50	/	/	X	–	/	X	X	X	X	/
Cellidor SM	1.28	0,4-0,6		60	50			X	X	X	X	X	X	–	–	–	–
Cellidor U	1.32	0,4-0,6		55	36			X	X	X	X	X	X	–	–	–	–
Cellidor U/GV glasfaser	1.46	0,4-0,6		55	45			X	X	X	X	X	X	–	–	–	–
Ultramid B 3 K	1.13	1-2			50			X	X	X	/	X	/	X	X	X	/
Ultramid B 3 WG 7 glasfaser	1.4	0,3-1			130			X	X	X	/	X	/	X	X	X	/
Durethan 40 SK	1.13	0,6-0,8		20	80			X	X	X	/	X	X	X	/	X	/
Durethan BKV 30 H glasfaser	1.36-1.60	0,2-0,5		14-16	100			X	X	X	/	X	X	X	/	X	/
Grilon PK - 5 H glaskugel	1.55	1.0-1.4		1.6	41		57	X	X	X	X	X	X	X	/	/	–
Technyl C 216	1.14	1-2		9.9				X	X	X	X	X	X	X	–	/	–
Akulon K 2 - 62 V	1.36	0,2-1,0		8	100		140	X	X	X	X	X	X	X	–	/	–
Wellamid 6000	1.14	1-2		11	48		100	X	X	X	X	X	X	X	–	/	–
Well-Sphere 6000 glaskugel	1.32	0,5-1,9		8,5	53		110	X	X	X	X	X	X	X	–	/	–
Maranyl A 125	1,14	1-2,5			85		130	X	X	X	X	X	X	/	–	/	–
Maranyl A 190 glasfaser	1.39	0,4			190		280	X	X	X	X	X	X	/	–	/	–

X gut, / bedingt, – nicht

Kunststoff-Übersichtstabelle

Kurzz.	Chem. Bezeichn.	Handelsname	Hersteller	Kennzeichnende Merkmale	Typische Anwendungsbeispiele
PA 66	Polyamid 66	Zytel Minlon Ultamid Wellamid Technyl Akulon Grilon Maranyl Resistan Staramide	Du Pont BRD Du Pont BRD BASF BRD Wellmann BRD Rhone-Poulenc Frankreich Akzo-Plastics NL Emser-Werke BRD Deutsche ICI BRD Resopal-Werke BRD Eurostar BRD	zähhart, hornartig, steif, verschleißfest, kratzfeste, sehr gleitfähige, hohe Formbeständigkeit in der Wärme, hohe Wasseraufnahme, alterungs- und witterungsbeständig, elektrisch isolierend, von hoher Kriechstromfestigkeit	Maschinenelemente und technische Teile, z.B. Gehäuse, Schiffspropeller, Armaturen, Lüfterräder, Zahnräder und Ritzel, Lagerschalen, Wälzlagerkäfige, Kupplungselemen Gleitschienen, elektrische Isolierteil medizinische Geräte und Prothesen Werkzeuggriffe, Spielwaren Werkzeuggriffe, Spielwaren, Sattelträger, Kunststoff-Laufräder Tretkörper für Pedale
PA 6 10	Polyamid 610	Technyl	Rhone-Poulenc Frankreich		
PA 11	Polyamid 11	Rilsan Staramide	Ato-Chimie BRD Eurostar BRD		
PA 12	Polyamid 12	Vestamid Staramide Grilamid Rilsan	Hüls BRD Eurostar BRD Emser-Werke Schweiz Ato-Chimie BRD		
PA	Polyamid amorph	Trogamid	Dynamid Nobel BRD	beständig transparent	wie PA6 - PA12
PBTP	Polybutylen- terephthalat	Vestodur Hostadur Ultradur Deroton Pocan Starester Arnite Grastin	Hüls BRD Höchst BRD BASF BRD Deutsche ICI BRD Bayer BRD Eurostar BRD Akco-Plastics NL Ciba-Geigy Schweiz	sehr maßhaltig, hart, steif, beständig bei hoher u. tiefer Temperatur, spannungsrißbeständig, gute Gleit- eigenschaften leicht zu verarbeiten, opak.	Funktionsteile und Gehäuse im Maschinenbau und Kraftfahrzeugbau und in der Elektrotechnik
PETP	Polyäthylen- terephthalat	Vestodur Arnite Grastin	Hüls BRD Akco-Plastics NL Ciba-Geigy Schweiz	im amorphen Zustand transparent, im teilkristallinen opak, teilkristallinen wie bei PBTP, jedoch noch härter und steifer und schwieriger zu verarbeiten.	Flaschen und Dosen für Lebensmittel und Kosmetika, sonst wie bei PBTP Werkzeugdosen
PPO	Polyphenyl- enoxyd modifiziert	Noryl	General Electric BRD	schlagzäh, selbstverlöschend, gute Kriechstromfestigkeit, temperaturbeständig, hohe Streckdehnung, galvanisierbar, strukturschaumbar	Temperatur- und feuchtigkeits- belastbare Konstruktionsteile im Automobilbau, Feinwerk- und Elektrotechnik, Wasseraufbereitung, Haushaltsmaschinen und -Geräte
PPS	Polyphenylen- sulfid	Ryton	Phillips Petroleum Co. USA	ähnlich PPO, aber sehr hohe Temperaturbeständigkeit.	ähnlich PPO und für bis 260° C beanspruchbare Lacke.
PSO	Polysulfon	Starsulfon UDEL	Eurostar BRD Deutsche ICI BRD	ähnl. PC, aber höhere Temp.-Stand- festigk., außerordentl. hohe Formbest., bernsteingelb, transp., hohe Korrosionsb.	Schalter und Relaissockel, Isolatormuffen, Dichtungsringe, Lebensm.-Verp., Isolierfolien alkal. Batt.-Gehäuse u. Batt.-Teile, Haartrock- ner, Eierkocher, TV- u. Stereo-Bauteile.
PES	Polyäthersulfon	PES	ICI England		
PC	Polycarbonat	Makrolon Lexan	Bayer BRD General Electric BRD	zähhart, steif, schlagzäh bis zu tiefen Temperaturen, unzerbrechlich, glänzende, farbabweisende Oberfläche, elektrisch isolierend, formbeständig in der Wärme bis 135°C, sterilisierbar	unzerbrechliche Isolierteile und Abdeckungen von hoher Formbe- ständigkeit in der Wärme für die Licht- u. Elektrotechnik. Sicherheitshelme, hochwertige Haushaltsartikel und Gegenstände des täglichen Bedarfs.

Auszugsweise einige der in der linken Spalte genannten Materialtypen mit deren technischen Werten. Fehlende Angaben entnehmen Sie bitte den Unterlagen der Rohstoffhersteller

	Physikalische Eigenschaften							Chemische Eigenschaften									
	Rohdichte DIN 53457	Schwund Din 53457	Licht-durchlässigkeit	Wasseraufnahme DIN 53495	Streckspannung oder Zugfestigkeit DIN 53455	Reibungskoiffzient od. Abriebfestigkeit u. DIN 53516	Biegefestigkeit oder Grenzbiegespannung DIN 53452	Kraftstoff (Benzin) DIN	Kraftstoff (Super) DIN	Kraftstoff (Diesel) DIN	Benzol	Mineralöl	tierische und pflanzliche Öle	schwache Laugen	starke Laugen	schwache Säuren	starke Säuren
Handelsname	g/cm^3	%	%	mg	N/mm^2	mm^3	N/mm^2										
Zytel 101 L	1.13-1.15	1,5		1,7				X	X	X	/	X	/	X	/	X	/
Zytel 103 HSL stabilisiertes	1.13-1.15	1,5		1,7				X	X	X	/	X	/	X	/	X	/
Zytel 408 SG	1.08-1.10	1,5						X	X	X	/	X	/	X	/	X	/
Minlon 10 B1–40 Mineralverst.	1.5	1		2,5				X	X	X	X	X	X	X	/	X	/
Ultramid A 3 K	1.14	1-2			70			X	X	X	/	X	/	X	X	X	/
Ultramid A 3 WG 7 glasfaser	1.4	0,3-1			160			X	X	X	/	X	/	X	X	X	/
Wellamid 6600	1.14	1-2		8	58		115	X	X	X	X	X	X	X	–	/	–
Well–Sphere 6600 glaskugel	1,32	0,8-2		7	65		125	X	X	X	X	X	X	X	–	/	–
Technyl A 216 V 30	1.37	0,4-0,8						X	X	X	X	X	X	X	–	/	–
Akulon R–M 40	1,49	0,38		5,3	51		77	X	X	X	X	X	X	/	–	/	–
Technyl D 316	1,09							X	X	X	X	X	X	X	–	/	–
Rilsan BMN								X	X	X	X	X	X	X	–	X	–
Rilsan BZM 30 % glasf.	1,02-1,04				40			X	X	X	X	X	X	X	–	X	–
Rilsan BMNY TL selbst-schmierend								X	X	X	X	X	X	X	–	X	–
Vestamid L 1801	1,01	1-2			54		50	X	X	X	X	X	X	X	/	X	/
Vestamid L 1700	1,02	1,5-1,8			55		50	X	X	X	X	X	X	X	/	X	/
Vestamid L 2124	1,02	1-2			40		12	X	X	X	X	X	X	X	/	X	/
Vestamid L 1930 30 % glasfas.	1,21	0,5-0,6			65		95	X	X	X	X	X	X	X	/	X	/
Grilamid LKN - 5H glaskugel	1,44	0,4-0,6		6	56		105	X	X	X	X	X	X	X	/	/	–
Grilamid L 22 N 150	1,05	0,8-2,0		8	16		13	X	X	X	X	X	X	X	/	/	–
Rilson AMN	1,02-1,04				40			X	X	X	X	X	X	X	–	X	–
Trogamid T transparent	1,12	0,4-0,6		40	85		125	X	X	X	X	X	X	X	/	X	–
Vestodur B X3067	1,31	1,8			55		80	X	X	X	/	X	X	/	–	X	–
Vestodur B X3068 30 GV glasf.	1,53	0,5-1,0			140		200	X	X	X	/	X	X	/	–	X	–
Vestodur B X3069 30 GV; V–0	1,63	0,5-1,0			120		185	X	X	X	/	X	X	/	–	X	–
Vestodur B X3109 50 GV	1,71	0,3-0,7			130		225	X	X	X	/	X	X	/	–	X	–
Ultradur B 4500	1,29	1-2,3			60			X	X	X	/	X	X	X	/	X	/
Pocan B 1505	1,30	1.5-2,5		2,9	55			X	X	X	X	X	X	/	/	/	/
Arnite TV 4 260 S	1,69	0,25-0,7		2,3			130	X	X	X	/	X	X	/	–	/	–
Vestodur A X2271 : amorph	1,33	0,2			55		85	X	X	X	–	X	X	/	/	X	–
Vestodur A X2273 : teilkristallin	1,38	1,8			70		120	X	X	X	X	X	X	/	–	X	–
Arnite A04 102/103 (amorphe)	1,34			14	61		38	X	X	X	/	X	X	/	–	/	–
Arnite AV4 900	1,38	1,6-2,0		8	81		42	X	X	X	/	X	X	/	–	/	–
Arnite AV4 331 18 % glasf.	1,5			8			130	X	X	X	/	X	X	/	–	/	–
Arnite AV2 360 S 33 % glasf.	1,73	0,15		5			165	X	X	X	/	X	X	/	–	/	–
Arnite AV 370 36 % glasf.	1,63			6			185	X	X	X	/	X	X	/	–	/	–
Noryl SEO/110/SE 100	1,06	0,5-0,7		6	50		95	/	/	/	–	/	/	X	X	X	X
Noryl 731/SE1	1,06	0,5-0,7		6	55		100	/	/	/	–	/	/	X	X	X	X
Noryl GFN 1/GFN 1–SE1	1,14	0,3-0,5		7	75		110	/	/	/	–	/	/	X	X	X	X
Noryl GFN2/GFN2-SE1	1,21	0,2-0,4		7	90		135	/	/	/	–	/	/	X	X	X	X
Noryl GFN3	1,27	0,1-0,3		7	100		150	/	/	/	–	/	/	X	X	X	X
Ryton R-6	1,3	0,5-1,5		1	67		98	X	X	X	X	X	X	X	X	X	X
Ryton R-4 GV glasf.	1,6	0,1-0,9		< 1	137		200	X	X	X	X	X	X	X	X	X	X
Starsufon 15.10.V.K.	1,40	0,3			110		150	X	X	X	X	X	X	X	X	X	X
Udel P 1700	1,24	0,7			72		108	X	X	X	X	X	X	X	X	X	X
PES 200 P	1,37	0,5-0,7			84		120	X	X	X	X	X	X	X	X	X	X
Lexan 120/140/160/100	1,2	0,5-0,7		10	>60			/	/	/	–	/	X	X	/	X	X
Lexan 500 10% glasf.	1,25	0,2-0,55		9	70			/	/	/	–	/	X	X	/	X	X
Lexan 3412 20 % glasf.	1,35	0,2-0,5		10				/	/	/	–	/	X	X	/	X	X
Makrolon 2600–3200	1,2	0,7-0,8		1,8	> 60			/	/	/	–	X	X	–	–	X	X
Makrolon 8320 20 % glasf.	1,33	0,25-0,5		1,8	> 90			/	/	/	–	X	X	–	–	X	X
Makrolon 9310 10 % glasf.	1,27	0,25-0,5		1,8	> 65			/	/	/	–	X	X	–	–	X	X

Kunststoff-Übersichtstabelle

Kurzz.	Chem. Bezeichn.	Handelsname	Hersteller	Kennzeichnende Merkmale	Typische Anwendungsbeispiele
POM	Acetal-homopolymerisat	Delrin	Du Pont BRD	zähhart, steif, schlagzäh, unzerbrechlich, gute Festigkeitseigenschaften, hohe Streckdehnung, harte, reibungsarme, verschleißfeste Oberfläche, formbeständig in der Wärme, elektrisch isolierend, opak.	Zahnräder, Gehäuse, Armaturen im Kraftfahrzeug-, Büromaschinen- und Haushaltmaschinenbau, Teile für Feinwerktechnik und Textilmaschinen, Elektro- und Hochfrequenztechnik, Beschläge, Aerosoldosen, Tretkörper für Pedale, Lenkungslagerteile, Kugelkäfige.
	Acetal-copolymerisat	Hostaform Ultraform	Hoechst BRD BASF BRD		
PUR	Polyurethan	Desmopan Simputhan Elastolan	Bayer BRD Freudenberg Carl BRD Elast.-Polyureth.-Chem. BRD	weich-elastisch, einreißfest, verschleißfest, hohe Bruchdehnung, gutes mech. Dämpfungsvermögen, bis 80°C anwendb., kurzzeitig bis 120°C, in der Kälte bis −40° C, opak	Dichtung. aller Art, Staubk., wartungsfr. Gleitlager u. Führungen, Zahnr., Mansch., Lagerschalen f. Kugelgelenke.
TFE + FEP + PFA	Polytetrafluoräthelen Hexafluorpropylen Copolymerisat	Teflon	Du Pont BRD	zäh, flexibel, sehr gut formbeständig in der Wärme, witterungsbeständig, elektrisch isolierend, durchscheinend, schwierig verarbeitbar, da hohe Maßetemperatur.	Kälte- und wärmebeständige Isolierteile der Elektro- und Hochfrequenztechnik wie Spulenkörper und Schalter, korrosionsbeständige Teile im chemischen Apparatebau.
ETFE	Polytetrafluoräthylen	Tefzel Hostaflon	Du Pont BRD Hoechst BRD		
PMMA	Polymethylmethacrylat	Degalan Diakon Plexiglas Resarit	Degussa BRD ICI England Röhm BRD Resart BRD	sprödhart, steif, glänzend, farbabweisende Oberfläche, gute Kriechstromfestigkeit, gute Festigkeitseigenschaften, glasklar.	Leuchtenabdeckungen, insbes. f. Rück- u. Blinkleuchten an Kraftfahrz., Rückstrahler, Straßen-Raumleuchten, Lichtkuppeln, Gehäuseteile u. Skalen, Optik, Modellbau, Meß-, Schreib- u. Zeichengeräte, opt. Gläser, anspruchsv. Gegenstände d. tägl. Bedarfs, Konstruktionselemente f. d. Feinwerktechnik.
PP	Polypropylen	Hostalen Vestolen Propathen Stamylan Starpylen Eltex	Hoechst BRD Hüls BRD ICI England DSM NL Eurostar BRD Solvay BRD	steif, harte, kratzfeste Oberfläche, gute Chemikalienbeständigkeit, keine Spannungsrißbildung, sterilisierbar, metallisierbar, durchscheinend.	Haushaltsgeräte, Fittings, Installationsmaterial, Teile für Wasch- und Geschirrspülmaschinen, für Kraftfahrzeug-, Textil- und Elektroindustrie, Koffer, Damenschuhabsätze. Kettenschützer, Werkzeugdosen.
HD PE	Polyäthylen hart Niederdruck	Vestolen Hostalen Lupolen Boylon Polyäthylen Natene Stamylan	Hüls BRD Hoechst BRD BASF BRD Bayer BRD DOW BRD Rhone-Poulenc Frankreich DSM NL	zähhart, unzerbrechlich, steif, sterilisierbar, opak.	Transportbehälter, Flaschen- und Fischkästen, Mülleimer, Haushaltsgegenstände, Sport- und Campingartikel, Teile für Kraftfahrzeug-, Elektro- und Textilindustrie.
LD PE	Polyäthylen weich Hochdruck	Hostalen Lupolen Polyäthylen	Hoechst BRD BASF BRD DOW-Chemical BRD	schlagzäh, flexibel, unzerbrechlich, durchscheinend bis transparent.	Haushaltsgegenstände, Sport- und Campingartikel, Spielwaren, Behälter, Fittings, elektrische Isolierteile.
PVC	Polyvinylchlorid weich	Vinoflex Trosiplast Vestolit	BASF BRD Dyn. Nobel BRD Hüls BRD	weich, flexibel, unzerbrechlich	Bezüge, Auskleidungen, Folien, Keder, Kabelisolierungen, Schläuche, Griffe, Tüllen, Haushaltsartikel, Kettenschützer, Fahrradschutzbleche
	Polyvinylchlorid hart	Vinoflex Vinoflex Vestolit Vestolit Hostalit Hostalit Trosiplast	BASF BRD BASF BRD Hüls BRD Hüls BRD Höchst BRD Höchst BRD Dyn. Nobel BRD	zäh, unzerbrechlich	

Auszugsweise einige der in der linken Spalte genannten Materialtypen mit deren technischen Werten. Fehlende Angaben entnehmen Sie bitte den Unterlagen der Rohstoffhersteller	Physikalische Eigenschaften							Chemische Eigenschaften									
	Rohdichte DIN 53457	Schwund Din 53457	Licht-durchlässigkeit	Wasseraufnahme DIN 53495	Streckspannung oder Zugfestigkeit DIN 53455	Reibungskoiffizient od. Abriebfestigkeit u. DIN 53516	Biegefestigkeit oder Grenzbiegespannung DIN 53452	Kraftstoff (Benzin) DIN	Kraftstoff (Super) DIN	Kraftstoff (Diesel) DIN	Benzol	Mineralöl	tierische und pflanzliche Öle	schwache Laugen	starke Laugen	schwache Säuren	starke Säuren
Handelsname	g/cm³	%	%	mg	N/mm²	mm³	N/mm²										
Delrin 100/107	1,42	2						X	X	X	/	X	X	X	/	/	–
Delrin 500 CL	1.42	2-3						X	X	X	/	X	X	X	/	/	–
Delrin 570 GV 20 glasf. (NC-000)	1,56	1,3						X	X	X	/	X	X	X	/	/	–
Delrin AF	1,54	1,3						X	X	X	/	X	X	X	/	/	–
Delrin 8010	1,42	2						X	X	X	/	X	X	X	/	/	–
Delrin 8020	1,42	2						X	X	X	/	X	X	X	/	/	–
Delrin 500	1,42	2						X	X	X	/	X	X	X	/	/	–
Hostaform C 9021	1,41	2-3		30	73			X	X	X	X	X	X	X	X	X	/
Hostaform C 9021 GV 1/30 glf.	1,56	0,3-1		40	130			X	X	X	X	X	X	X	X	X	/
Ultraform N 2200	1,41	1,5-3			68			X	X	X	/	X	/	X	X	X	/
Ultraform S 2210	1,41	1,5-3			70			X	X	X	/	X	/	X	X	X	/
Elastolan 75A–74D	1,18-1,26	0,8-2			45			X	X	X	/	X	X	X	–	/	–
Elastolan C 85 A	1,19	0,8-2			40			X	X	X	/	X	X	X	–	/	–
Elastolan C 64 D	1,24	0,8-2			40			X	X	X	/	X	X	X	–	/	–
Teflon PTFE	2,14-2,19			0	25-35		–	X	X	X	X	X	X	X	X	X	X
Teflon PTFE 60 % Bronze	3,88			0	13-14		8	X	X	X	X	X	X	X	X	X	X
Teflon PTFE 25 % Glasfaser	2,23			0	15-19		4,2	X	X	X	X	X	X	X	X	X	X
Teflon FEP 100	2,14-2,17			0	19-22		–	X	X	X	X	X	X	X	X	X	X
Teflon PFA 9704	2,14-2,17			0	27-30		–	X	X	X	X	X	X	X	X	X	X
Tefzell 200 ETFE unverstärkt	1,7			0	28			X	X	X	X	X	X	X	X	X	X
Tefzell 280 unverstärkt								X	X	X	X	X	X	X	X	X	X
Tefzell 210 wie 200, Viskosität niedriger								X	X	X	X	X	X	X	X	X	X
Tefzell HT mit 25 % Glasfaser	1,86				–			X	X	X	X	X	X	X	X	X	X
Plexiglas 5 N	1,18	0,3-0,5		30	62			X	X	X	–	X	X	X	X	X	–
Plexiglas 7 N	1,18	0,5-0,7		30	70		--	X	X	X	–	X	X	X	X	X	–
Resarit 810	1,18	0,5-0,8		40	77			X	X	X	–	X	X	X	X	X	–
Resarit 840	1,18	0,4-0,7		30	74			X	X	X	–	X	X	X	X	X	–
Degalan 6	1,18	0,3-0,7		30	72			X	X	X	–	X	X	X	X	X	–
Degalan 6 E	1,18	0,3-0,7		30	75			X	X	X	–	X	X	X	X	X	–
Vestolen P 2200	0,907	1,2-3,0		0,5	37		50	/	/	/	/	X	/	X	X	X	/
Vestolen P 6500	0,903	1,2-3,0		0,5	30		40	/	/	/	/	X	/	X	X	X	/
Hostalen PPH 1050	0,902	1,8-2,2		0	31		43	/	/	X	/	X	X	X	X	X	/
Hostalen PPN 1060	0,905	1,5-1,9		0	35		55	/	/	X	/	X	X	X	X	X	/
Host. PPN VP7790 GV1/30 glf.	1,14	1,5		0	42			/	/	X	/	X	X	X	X	X	/
Starpylen PP.0.30.K	1,13	1-1,1			28		43	/	/	X	/	X	X	X	X	X	/
Stamylan P	0,9-0,91	1-1,5		0				/	/	X	/	X	X	X	X	X	/
Vestolen A 5043	0,950	0,2-2,0		0	25		34	/	/	/	/	X	/	X	X	X	/
Vestolen A 6013	0,958	0,2-2,0		0	30		40	/	/	/	/	X	X	X	X	X	/
Hostalen GC 7260	0,958	1,5-2,0		0	29			/	/	/	/	X	X	X	X	X	/
Host. GC VP7260 GV1/20 glf.	1,09	1,5		2,5	30			/	/	/	/	X	X	X	X	X	/
Lupolen 5261 Z	0,952	1-3			28			X	X	X	/	X	X	X	X	X	X
Hostalen H 1018/H 3018	0,918	1,5-3		0	10			/	/	/	–	/	X	X	X	X	X
Hostalen S 1018	0,918	1,5-3		0	10			/	/	/	–	/	X	X	X	X	X
Lupolen 1810 H	0,918	1,5-3,5		0	9			/	/	/	–	/	X	X	X	X	X
Vinoflex 522, 535	1,30-1,20				30-10			X	/	X	–	X	X	X	X	X	X
Trosiplast, weich	1,30-1,25				15			X	/	X	–	/	/	X	X	X	/
Vestolit SSp	1,28-1,15				30-10			X	/	X	–	/	/	X	X	X	/
Vinoflex 516/526	1,38				55			X	–	X	–	X	X	X	X	X	X
Vinoflex 719	1,34				45			X	–	X	–	X	X	X	X	X	X
Vestolit SSp Z	1,39	0,2			55			X	–	X	–	X	X	X	/	X	/
Vestolit HI/SSp Z	1,35				45			X	–	X	–	X	X	X	/	X	X
Hostalit Z 820/70	1,38				70			X	–	X	–	X	X	X	X	X	X
Hostalit Z 870/70	1,35				70			X	–	X	–	X	X	X	/	X	X
Trosiplast, hart	1,38				60			X	–	X	–	X	X	X	X	X	/

Serienmäßige Rahmenfertigung

Vorbereitung zur Fertigung

Für die serienmäßige Rahmenfertigung in einer modernen Fabrik sind umfangreiche organisatorische Vorbereitungen notwendig.

Zunächst muß vom herzustellenden Gerät (in diesem Fall dem kompletten Fahrrad) eine Stückliste, nach den einzelnen Baugruppen (Rahmen, Vordergabel, Räder usw.) unterteilt, erstellt werden. Nach dieser werden die benötigten Teile disponiert[41]. In jeder Baugruppe sind detailliert[42] die Einzelteile und die Hilfs-Untergruppen (z. B. Sitzrohr vollständig – mit Pumpenhalter) in der erforderlichen Stückzahl aufgeführt. Aus einem Index[43] sind die „Bezugsart" des betreffenden Teils oder eine eventuelle Weiterbearbeitung erkennbar.

Bezugsart

1 = im Hause als Eigenfertigung hergestellt;
2 = das Teil wird fertig von auswärts bezogen;
3 = das von auswärts bezogene Teil erhält eine zusätzliche Nachbehandlung, wie span- oder spanlose Weiterbearbeitung, Schweißung, Warmbehandlung (geglüht, vergütet, gehärtet), Oberflächenbehandlung (verzinkt, verchromt, lackiert);
4 = fest verbundene Montagen.

Jedes Teil erhält eine mehrstellige Teil-Nummer. Diese ist zugleich die Registratur[44]-Nummer für die Konstruktionszeichnung des betreffenden Teils.

Die komputergerechte Teil-Nummer ist mehrfach aussagefähig über

Typ;
Schlüsselung der Teile (wie Muffen, Streben, Scheiben usw.);
Einzelteil oder Zusammenbau (Untergruppe);
Zähl-Nummer;
Oberflächen-Kennummer (nur bei verkaufsfähigen Teilen), z. B.:

000 = blank, geölt,
001 = phosphatiert,
002 = brüniert,
003 = verkupfert,
004 = verzinnt,
005 = verzinkt,
006 = verkadmet,
007 = vernickelt,
008 = verchromt,
009 = kombinierte Oberfläche, wie verchromt/lackiert,
ab 010 = lackiert (z. B. Strato-Silber).

Eine solche Teil-Nummer kann sich z. B. zusammensetzen aus

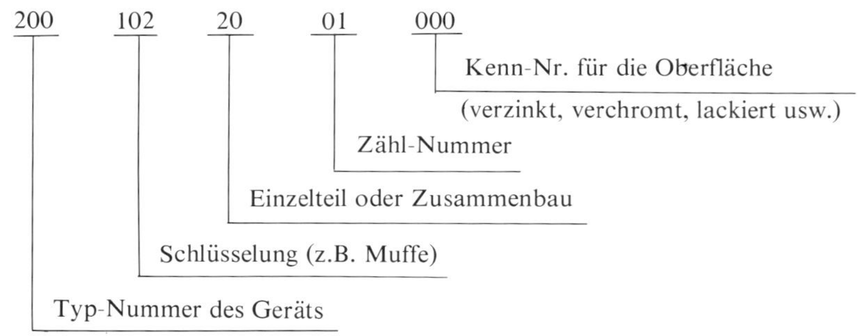

Nach diesem Nummersystem werden dann

die Halbfertig-Erzeugnisse in den betrieblichen Zwischenlagern,
die einbaufertigen Teile in den Montage-Lagern,
die Ersatzteile in den Kundendienststellen

eingelagert. Das hat den Vorteil, daß z. B. alle Muffen im Lagerregal beieinander liegen, weil alle Muffen die gemeinsame Schlüsselung (102) aufweisen. Dadurch wird vermieden, daß artfremde Teile, z. B. Sättel oder Bereifungen, dazwischen eingelagert sind.

Auf der vom Konstrukteur erstellten Zeichnung müssen dann alle Daten, wie

Maße und Toleranzen (Abb. 1137),
Bearbeitungszeichen mit zulässigen Rauh-Tiefen (Abb. 1138),
Schweißverfahren mit Angabe der Nähte (Abb. 266),
Halbzeuge (z. B. Rohr, Band, Rundstahl usw.),
Werkstoffqualität (z. B. St 37-2),
Warmbehandlung (geglüht, vergütet, gehärtet),
Oberflächenbehandlung (z. B. verzinkt, verchromt, lackiert mit Angabe der Schicht-Dicken),
besondere Hinweise und Kontrollvorschriften (z. B. gefettet),
Einstell-Vorschriften

enthalten und genau nach den entsprechenden Normen festgelegt sein.

Nach der Zeichnungsangabe wird ein Arbeitsplan (Unterweisung) erstellt, der aussagt, auf welcher Maschine die Arbeitsoperation auszuführen ist und mit welchen Betriebsmitteln (Stanz-, Ziehwerkzeug, Bohr-, Dreh-, Schweiß-, Richt- und Kontrollvorrichtung) die Arbeit ausgeführt werden muß.

Die genaue Reihenfolge der Arbeitsgänge, (z. B. Platine stanzen, Form prägen, Stutzen

[41] disponiert = eingeordnet, eingeteilt, aufgelegt

[42] detaillieren = im Einzelnen bestimmen

[43] Index = angehängtes Unterscheidungszeichen

[44] Registratur = Ablage zum Sammeln, Ordnen, Aufbewahren wichtiger Schriftstücke

Firma
Ort
Abt. Konstruktion

Stückliste

	Teil-Nummer	Bem.	Teil-Benennung	DIN Bezeichng	Bezugsart	Ausführungsarten u. Stückzahl						
						200						
1	200 100 00 01 010		Rahmen, vollständig	590 mm	4	1						
2												
3	200 100 01 01		Vorderrahmen, vollst.		4	1						
4												
5	200 102 30 01		Lenkkopfrohr, vollst.		4	1						
6												
7	200 102 27 01	a	Lenkkopfmuffe oben		2	1						
8	200 102 28 01		Lenkkopfrohr		1	1						
9	200 102 27 02	a	Lenkkopfmuffe unten		2	1						
10	200 995 98 01		Lötring		2	2						
11												
12												
13	200 103 05 01	e	Rahmenrohr oben		2	1						
14	200 995 98 02		Lötmessing	3 x 3,5 x 6	2	4						
15												
16	200 100 40 01		Sitzrohr vollständig		4	1						
17	200 103 06 01	e	Sitzrohr		2	1						
18	200 102 20 01	a	Sitzkopfmuffe									
19	200 995 98 03		Lötmessing	3 x 6 x 7	2	2						
20	200 995 98 01		Lotring		2	2						
21												
22												
23	200 103 07 01	e	Rahmenrohr unten		2	1						
24	200 995 98 02		Lötmessing	3 x 3,5 x 6	2	2						
25												
26	200 110 24 01	a	Tretlagergehäuse	BSA	2	1						
27	200 995 98 01		Lotring		2	2						
28	200 995 98 02		Lötmessing	3 x 3,5 x 6	2	2						
29												
30												
31	200 100 02 01		Hinterrahmen vollst.		4	1						
32												
33	200 154 01 01		Hintergabel li.vollst.		4	1						
34	200 154 14 01	b	Hintergabelrohr links		2	1						
35	200 106 12 01	c	Ausfallende links		2	1						
36	200 154 13 01	c	Hintergabelstrebe li.		2	1						
37	200 168 45 01		Halter f. Dynamo		1	1						
38	200 978 55 01	c	Öse	f. Schaltung	2	1						
39	200 995 97 01		Lötdraht	Ø 1 x 20	2	2						
40												
41	200 154 02 01		Hintergabel re.vollst.		4	1						
42	200 154 14 02	b	Hintergabelrohr re.		2	1						
43	200 106 12 02	c	Ausfallende rechts		2	1						
44	200 154 13 02	b	Hintergabelstrebe re.		2	1						
45	200 997 55 01	c	Umlenkrohr	f. Schaltung	2	1						
46	200 995 97 01		Lötdraht	Ø 1 x 20	2	2						
47												
48												
49	200 968 45 01	d	Rahmensteg unten		2	1						
50												
51	200 101 11 01		Rohrsteg oben		1	1						
52												
53												
54												

Bemerkungen	Änderungen	Gültigkeitsvermerk	Typ:
a = von Fa. Zach	Zeile 28, war Lötring 200 995 98 01	12.03.1980 Winkler	200
b = von Fa. Hermes	Änderungsmitteilung 30/80 v.02.05.80	Gruppe: 01	Blatt Nr.
c = von Fa. Huret		Rennsport Rahmen	
d = von Fa. ESGE		Herren	1
e = von Fa. Reynolds			

autogen verschweißen, verschleifen, kalibrieren usw.) ist anzugeben.

Für jeden Arbeitsgang ist außerdem die genau bemessene Arbeitszeit in Minuten anzugeben, damit die Herstellkosten für das betreffende Teil ermittelt werden können. Zeichnung und Arbeitsplan müssen in ihren Aussagen völlig übereinstimmen.

Für die Ausführung der zu beschaffenden Kaufteile ist die Zeichnungsvorschrift verbindlich. Die Eingangskontrolle prüft nach der Zeichnung die angelieferten Kaufteile auf Serienbrauchbarkeit; mit dem Befundbericht werden die Teile dann für die Weiterverarbeitung freigegeben.

Analog werden alle anderen Stücklisten-Gruppen, wie Vordergabel, Räder usw., erstellt.

Werkstatt-Fertigung

Die Rahmen-Einzelteile werden, wie unter „Aufbau des Rahmens“ bereits genau erläutert, gefertigt. Dazu werden die vorgesehenen Kaufteile von Spezialfirmen beschafft.

Der komplette Rahmen besteht aus den beiden großen Untergruppen Vorderrahmen und Hinterrahmen, diese wieder aus mehreren Fertigungs-Untergruppen.

Einzelne Bauteile werden zu solchen Untergruppen vormontiert, z. B. Sitzrohr mit angeschweißten Pumpenhaltern – oder bei Damen-Rahmen Sitzrohr mit Pumpenhalter, Sitzkopfmuffe, Centermuffe und eingepreßter Sitzrohrverstärkung. Solche Fertigungs-Hilfsgruppen werden in der Stückliste z. B. mit „Sitzrohr vollständig“ bezeichnet. Sie sind keine verkaufsfähigen oder Ersatzteile (nur der vollständige Rahmen wird auch als Ersatzteil gehandelt).

Auch an den Streben des Hinterbaues werden vorher Kleinteile angeschweißt, denn es ist leichter und einfacher an einem kleineren Einzelteil Teile anzuschweißen als am sperrigen, unhandlichen Komplett-Rahmen.

Die Schweiß- und Zusammenpreß-Vorrichtungen haben feste Begrenzungen (Anschläge), damit gleichbleibend genaue Teile produziert werden. Alle Einzelteile und Untergruppen werden laufend von der Qualitäts-Kontrolle überwacht. Besonders die Schweißverbindungen werden schärfstens geprüft und untersucht. Periodisch werden geschweißte und hartgelötete Teile aus der laufenden Fabrikation entnommen, die Verbindungen auf der Zerreißmaschine mit der vorgeschriebenen Prüflast gewaltsam zerstört, und dabei wird geprüft, ob die Schweiß- bzw. Lötverbindung der Güte-Norm entspricht.

Der zusammengepreßte Rahmen ist dann für die Gesamt-Hartlötung im Lötapparat bereit.

Die nur scheinbar altmodische Muffen-Hartlötung hat Jahrzehnte überdauert.

Heute noch ist die Rahmen-Hartlötung, trotz des bekannten Nachteils der Rohr-Glühung, sehr kostengünstig. Mit dem Lötapparat können in einem Arbeitsgang (der allerdings erhebliche Vorbereitungsarbeiten und geringe Nacharbeiten erfordert) folgende Verbindungen gleichzeitig verlötet werden:

Obere Lenkkopfmuffe mit Lenkkopfrohr und oberem Rahmenrohr.

Untere Lenkkopfmuffe mit Lenkkopfrohr und unterem Rahmenrohr.

Sitzkopfmuffe mit oberem Rahmenrohr und Sitzrohr.

Centermuffe mit oberem Rahmenrohr und Sitzrohr.

Tretlagergehäuse mit unterem Rahmenrohr, Sitzrohr und Hintergabelrohren.

Bei Damen-Tourenrädern zwei Rohrstege, bei Bedarf können noch unterer Rahmensteg, obere Stegplatte und Hintergabelstreben (Sitzstreben) an der Sitzkopfmuffe gelötet werden.

Hartlötung wird besonders bei dünnen Teilen angewandt, da diese beim Schweißen leicht ihre ursprüngliche Form verlieren würden. Die Dünnflüssigkeit des Lots wird dabei ausgenützt, um Verbindungen in engen Spalten zu schaffen.

Während man in der Reparaturwerkstatt nur das Löten mit der Flamme kennt, wird bei fabrikmäßiger Herstellung eine Reihe verschiedener Lötverfahren angewandt. Vielfach wird allerdings auch hier noch mit dem Lötbrenner von Hand gearbeitet; dabei werden Lotgut und Flußmittel vom Löter nach Bedarf zugesetzt. So werden Rahmen mit hitzeempfindlichen Rohren heute noch von Hand gelötet. Dieses Verfahren setzt hohes Können des Löters und gewissenhafte Arbeit voraus, die heute sehr teuer ist. Deshalb wurden die „maschinellen" Lötverfahren entwickelt.

Das maschinelle Löten verlangt besondere Vorbereitungen schon am Einzelteil und vor dem Zusammenpressen des Rahmens. Dieser wird in eine Vorrichtung gespannt, die alle Teile fest in der richtigen Lage hält und dem Verziehen beim Erwärmen der Lötstellen entgegenarbeitet. Die Vorrichtung und die Lötbrenner sind so einstellbar, daß alle Lötstellen gleichzeitig schnell erwärmt werden und auch Rahmen für verschiedene Laufradgrößen eingespannt werden können.

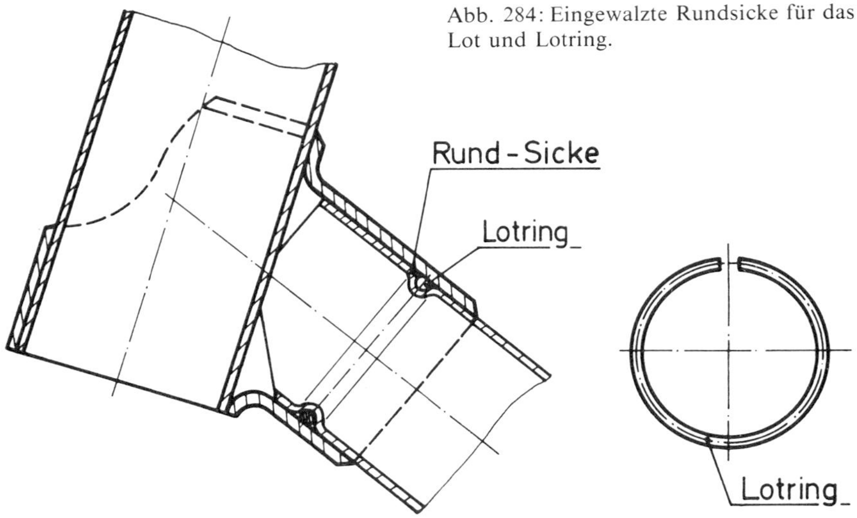

Abb. 284: Eingewalzte Rundsicke für das Lot und Lotring.

Vorbereitet wird die Lötung an der Lötstelle dadurch, daß an dem in der Muffe verschwindenden Teil des Rohres Lötgut und Flußmittel eingebracht werden.

Bei Außenlötung gibt es verschiedene Möglichkeiten, das Lötgut anzusetzen. Eine früher vielfach angewandte Methode der Lotversorgung ist bei langen, geraden Muffen-Stutzen (Touren-Rahmen) eine eingewalzte Rundsicke (Abb. 284) am Rohrende. In dieser Sicke wird das Lotgut in Form eines offenen Rings samt Flußmittel beigegeben und das Rohr in die Muffe gedrückt. Im Sitzrohrbereich und am Lenkkopfrohr ist wegen der Aufnahme der Sattelstütze bzw. der Lenkungslager die Rundsicke nicht brauchbar, zumal durch die eingepreßte bzw. eingerollte Sicke die Rohrpassung beeinträchtigt wird.

Bei einer anderen Ausführung wird das Lot in Form eines Lotrings beigefügt. Ein runder Drahtring mit zwei angebogenen Ösen (mit denen er beim Einführen in die Muffe gehalten werden kann) wird in die Muffe gesteckt. Er liegt an der Rohrausklinkung an und wird beim Einpressen des Rohrs in den toten Raum der Muffe geschoben. Bei diesem Verfahren braucht also das Rohr keine Sicke zu erhalten (Abb. 285).

Wird eine größere Lotmenge benötigt (für die aber auch ein dicker Draht allein nicht ausreicht), so wird durch längere Ösen ein größeres Lotvolumen erreicht.

Das meistverwendete Lotspeicher-System ist die sogenannte Lotkammer: eine (oder zwei gegenüberliegende) kleinere Kam-

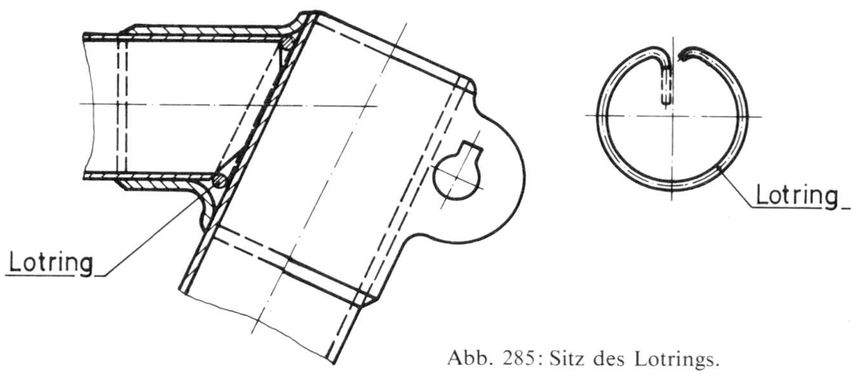

Abb. 285: Sitz des Lotrings.

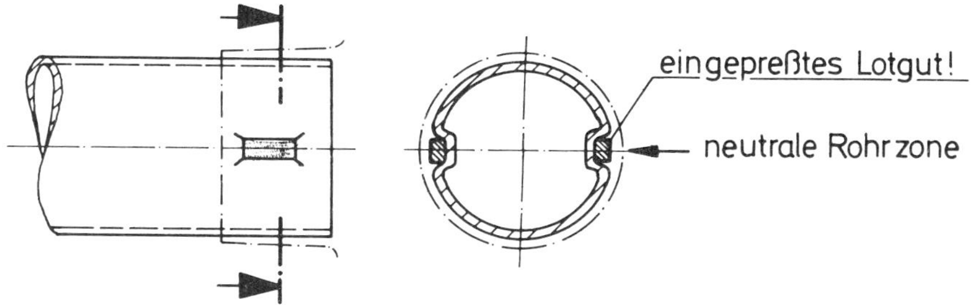

Abb. 286: Eingeprägte Lotkammern mit Lot im Rahmenrohr.

mern werden (Abb. 286) in das Rohrende eingeprägt. Dabei wird mit einer Presse und einem Folge-Werkzeug mit automatischem Drahtvorschub die Lotkammer geprägt, mit Lotgut gefüllt und verpreßt. Das Lotgut sitzt fest und fällt auch beim Transport in der Werkstatt nicht heraus. Abmessungen und Anzahl der Lotkammern richten sich nach der Größe der Lötfläche. Für die normalen Rahmenrohre sind die Abmessungen $3 \times 3{,}5 \times 6$ mm, für das Tretlagergehäuse $3 \times 6 \times 7$ und $3 \times 6 \times 4$ üblich. Es gibt auch Rahmenhersteller, die anstelle rechteckiger Lotkammern und rechteckigem Lotgut halbrunde Lotkammern einprägen und mit rundem Lotdraht befüllen. Bei zwei gegenüberliegenden Lotkammern bleibt die Unrundheit am Rohr gering.

Es gibt auch Lötstellen, die nicht mit dem gezeigten, im Nahtinneren gut verpackten Lotspeicher gelötet werden können. Da muß dann die Lötstelle mit außenliegenden Lot-Formteilen (Abb. 287), die clipsartig aufgesteckt werden, versorgt werden.

Für die Rahmenlötung wird nicht einheitlich ein Lotkammernsystem angewandt, vielmehr wird, jeder Lötstelle entsprechend, die günstige Art der Lotbeigabe gewählt (Abb. 288).

Lotgut- und Flußmittel-Menge müssen so bemessen werden, daß das Lot nach dem Erhitzen gerade die Lötfuge voll ausfüllt. Keinesfalls darf überschüssiges Lot in größerer Menge aus der Muffe nach außen austreten. Außerhalb der Muffe festsitzende Lot- und Flußmittel-Reste verursachen eine zeitraubende und entsprechend teure Nachbearbeitung. Bei Handlötung mit dem Brenner ist dieser Übelstand leichter zu vermeiden.

Haben sich beim Löten Zunder oder Flußmittel-Krusten gebildet, so müssen die fertig gelöteten Teile nachgearbeitet werden. Flußmittelreste und Krusten müssen deshalb restlos entfernt werden, weil sie unter der Lackierung schnell „ausblühen". Es bilden sich dann unter dem Lack pockennarben-artige Erhöhungen, die aufplatzen, als weißliches Pulver austreten und die Lackierung zerstören. In einer Rahmenfabrik ist solches Nacharbeiten durch „Rahmenfeiler" nicht nur, weil es zeitraubend und teuer ist, verpönt. Im Werkstattjargon wurden die Rahmenfeiler übrigens auch „Schlangenmenschen" genannt, weil sie sich den ganzen Tag schlangenartig drehend um die Rahmen winden mußten, um die Lotreste mit der Feile zu entfernen. Aber jeder Feilstrich hinterläßt Kratzer, die nach dem Lackieren sichtbar sind. Bei einer modernen automatischen Rahmenlötung, die exakt arbeitet, ist das Befeilen der Lötstellen nicht mehr erforderlich.

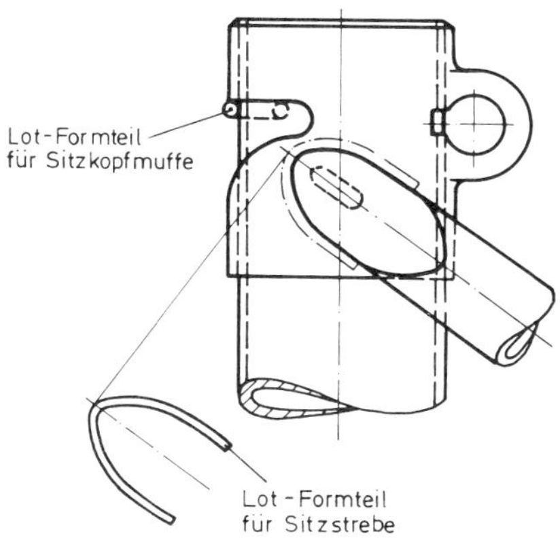

Abb. 287: Außenliegende Lot-Formteile.

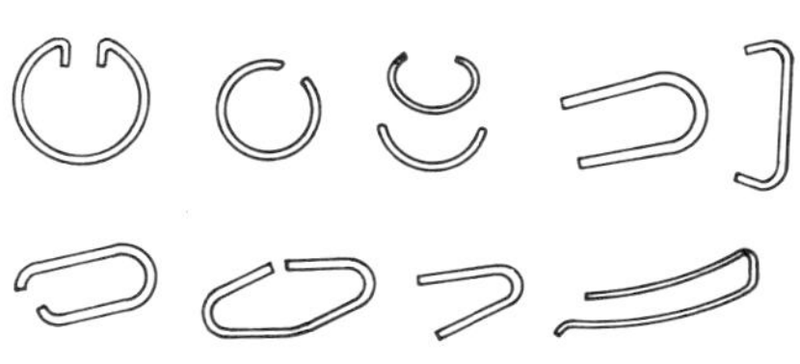

Abb. 288: Lot-Formteile (Bügel).

Die Grundlagen der Hartlötung

Was ist Löten?

Beim Löten werden zwei oder mehrere Werkstücke mit Lot unter Verwendung eines Flußmittels durch Wärme fest verbunden. Im Gegensatz zum Schweißen (wo Zusatz- und Grund-Werkstoff verschmelzen) wird beim Löten nur der Zusatzwerkstoff (das Lot) geschmolzen. Beim Löten bleiben die zu verbindenden Grundwerkstoffe also fest. Bei richtiger Arbeitsweise werden sie vom flüssig gewordenen Lot nur benetzt – das Lot breitet sich aus und bindet beim Erkalten.

Unterschied zwischen Hart- und Weichlöten

Beim Hartlöten liegt die Arbeitstemperatur oberhalb 450° C, beim Weichlöten unterhalb 450° C.

Stahl-Hartlötung

Bei der Stahl-Hartlötung werden die zu verbindenden Werkstoffe auf die Arbeitstemperatur erhitzt. Infolge des niedrigeren Schmelzpunkts des Zusatz-Werkstoffs (Lot) wird erreicht, daß das abschmelzende Lot in den aufgelockerten Grundwerkstoff eindringt und so eine innige Verbindung schafft. Bei der Stahl-Hartlötung darf der Grundwerkstoff nicht überhitzt oder angeschmolzen werden, weil dabei eine starke Oxydation[45] auftreten würde, die die Güte der Verbindung beeinträchtigt.

Die Handlötung wird mit den gleichen Geräten wie bei der Gasschmelz-Schweißung, jedoch mit neutraler Flamme, durchgeführt. Auch hier gilt, daß bei Stahl-Hartlötung der Grundwerkstoff keinesfalls angeschmolzen, sondern nur angewärmt werden darf. Vorteilhaft ist die Verwendung von Lötdrähten mit Flußmittelumhüllung, wobei dann keine weitere Flußmittelzugabe erforderlich ist.

Warum braucht man Flußmittel?

Flußmittel sind Lösungsmittel für Metalloxide. Sie beseitigen die Oxidhäute auf den Lotflächen und halten diese während des Lötvorganges oxidfrei. Lote benetzen, verlaufen und binden nur auf metallisch reinen Oberflächen. Das Flußmittel muß die Lötstelle vor Zutritt des Luftsauerstoffs schützen, damit die Bildung neuer Oxidschichten verhindert wird.

Die Auswahl der Flußmittel erfolgt nach den Grundwerkstoffen und nach der Arbeitstemperatur des einzusetzenden Lots.

Jedes Hartlöt-Flußmittel hat einen Wirk-Temperaturbereich. Die Arbeitstemperatur des zu verwendenden Lots muß im Wirk-Temperaturbereich des Flußmittels liegen. Flußmittel werden als Paste (auch spritzfähige Paste), als Pulver und in flüssiger Form geliefert. Die Flußmittel werden vor dem Erwärmen der Lotstelle auf das kalte Werkstück aufgetragen, wobei Pasten auch an geneigten oder senkrechten Flächen haften und nicht, wie Pulver, durch den Druck der Flamme weggeblasen werden. Jede Lötung kann nur optimal sein, wenn Lot und Flußmittel stimmen. Deshalb sollten die selbst anzusetzenden Flußmittel (aus 2 Teilen Borsäure und 1 Teil Weißöl) nicht verwendet werden. Hartlöt-Flußmittel der DIN-Gruppe 8511 haben den Vorteil, daß sich nach Original-Rezeptur[46] in optimaler Konsistenz[47] geliefert werden.

Schmelzpunkt – Schmelzbereich – Arbeitstemperatur

Nur reine Metalle und eutektische[48] Legierungen haben einen definierten[49] Schmelzpunkt. Oberhalb des Schmelzpunktes wird das Material flüssig, unterhalb bleibt es fest. Lote dagegen haben meist einen Schmelzbereich – auch Schmelzintervall genannt. Dieser Schmelzbereich wird nach

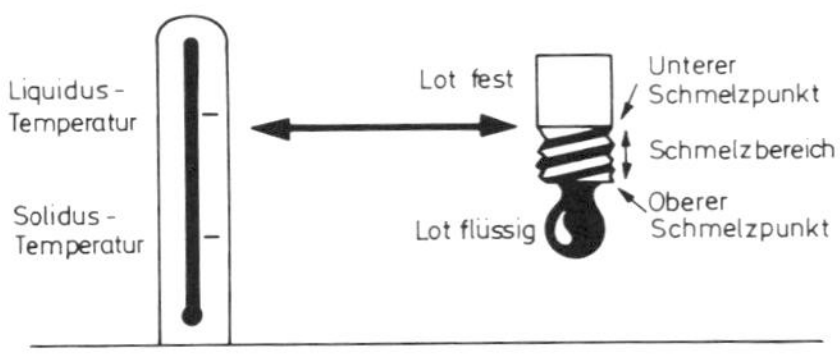

Abb. 289: Schmelzpunkt-Schmelzbereich.

unten vom unteren Schmelzpunkt („Solidus-Temperatur“), nach oben vom oberen Schmelzpunkt („Liquidus-Temperatur“) begrenzt. Nach Erreichen der Solidus-Temperatur geht das Lot innerhalb des Schmelzbereichs vom festen in den flüssigen Zustand über und ist bei Erreichen der Liquidus-Temperatur vollständig flüssig. Im oberen Bereich des Schmelzbereichs erreicht das Lot die Arbeitstemperatur. Das ist die niedrigste Oberflächentemperatur an den zu verbindenden Grundwerkstoffen, bei der das Lot benetzen, sich ausbreiten und binden kann. Die Arbeitstemperatur kann auch der Liquidus-Temperatur entsprechen oder über ihr liegen. Sie liegt jedoch nie unter der Solidus-Temperatur, weil das Lot dort noch fest ist.

Welches Lot ist zu verwenden?

Bei der Auswahl des Lots für eine bestimmte Lötaufgabe sind folgende Gesichtspunkte zu beachten:

1. Die Eigenschaften der zu lötenden Werkstoffe (z. B. Temperatur-Empfindlichkeit);
2. Die Anforderungen an das gelötete Teil im Gebrauch (z. B. Betriebstemperatur, Betriebsdruck);
3. Das Lötverfahren, das angewandt werden soll (z. B. Handlötung, Maschinenlötung).

Zugfestigkeit der Hartlöt-Verbindung

Bei der konstruktiven Festlegung der erforderlichen Mindest-Lötfläche zwischen Rahmenrohr und Muffe sollte bei Fahrradrahmen aus Sicherheitsgründen nur mit 50% der in den Hartlot-Tabellen angegebenen Zugfestigkeiten gerechnet werden (Abb. 292). Zum Beispiel: Rohr- und Muffen-Qualität St 37 mit Hartlot L-Cu Zn 40 (L Ms 60) gelötet, angegebene Zugfestigkeit 350 N/mm² minus 50% = Zugfestigkeit 175 N/mm².

Bei der Zugprobe darf die hartgelötete Rohr-Überlappverbindung, die mit einer Zugvorrichtung auf ihre Belastbarkeit geprüft wird, nicht ausreißen. Die Lötstelle muß unversehrt bleiben, das Rohr (Grundwerkstoff) reißt nach dem Austritt aus der Muffe ab (s. Abb. 290).

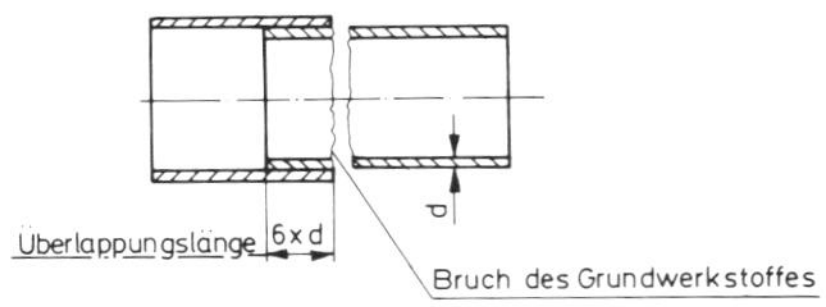

Abb. 290: Überlapp-Verbindung.

Als Faustformel gilt bei dünnwandigen Teilen, die Überlapplänge der Überlapp-Verbindung auf das Sechsfache der Wanddikke des dünneren Werkstückteils zu bemessen; Muffenaussparungen beachten!

---

[45] Oxydation = Veränderung eines Stoffes durch Zufuhr von Sauerstoff

[46] Rezeptur = Anfertigung von Rezepten

[47] Konsistenz = Dichte, Haltbarkeit, Stoff-Beschaffenheit

[48] Eutektische Legierung = Das Eutektikum ist dasjenige Mischungsverhältnis einer Legierung verschiedener Metalle, das nicht in einem Temperaturbereich, sondern – wie reines Metall – bei einer bestimmten Temperatur einheitlich in feiner Verteilung erstarrt

[49] definiert = bestimmt, umrissen

Das automatisierte Löten des Rahmens

Das Hartlöten ist im Fahrradbau weit verbreitet und wird nach vielseitigen, oft traditionellen Verfahren praktiziert, besonders bei der Rahmen- und Vordergabel-Fertigung. Schweißverfahren haben bisher wenig Eingang gefunden – mit Ausnahme bei Einrohrrahmen. Sehr gebräuchlich ist noch immer die Handlötung mit Schweißbrenner. Auch der Eigenbau einer Ofenmuffel (aus einigen Schamottesteinen) mit Anwärmbrennern war in der Fahrradindustrie lange üblich. Es finden sich Tauchlöt-, Ofenlöt- sowie eine Vielzahl von Eigenbauanlagen für mechanisiertes flammbeheiztes Löten.

Nicht geeignet für den Rahmenbau ist die Schutzgaslötung, und kaum geeignet die Induktionslötung.

Die Schutzgaslötung

Das Löten in einem Durchlaufofen unter Schutzgas ist bei großen Stückzahlen und kleineren Bauteilen, wie z. B. Auspuffanlagen für Mofa/Moped, sehr wirtschaftlich. Die Arbeitsstücke laufen dabei mit einer bestimmten Geschwindigkeit auf einem wandernden Rost durch einen tunnelartigen, gasbeheizten Ofen und verlassen diesen auf der Rückseite fertiggelötet, abgekühlt und durch den Schutzgasmantel während der Erwärmungsperiode vollständig blank. Die Lötfugen werden vorher mit einer Kupfer-Hartlotpaste (Schmelzbereich 1083° C) eingestrichen. Die Arbeitstemperatur beträgt 1100° C. Durch diese hohe Temperatur würden Fahrradrahmen-Teile total ausgeglüht.

Die Induktionslötung

Das moderne, sehr saubere, elektrische Löten mit mittelfrequentem Wechselstrom ist wegen der Sperrigkeit des Rahmens für diesen schlecht geeignet. Durch Induktion[50] entsteht beim Induktionslöten auf

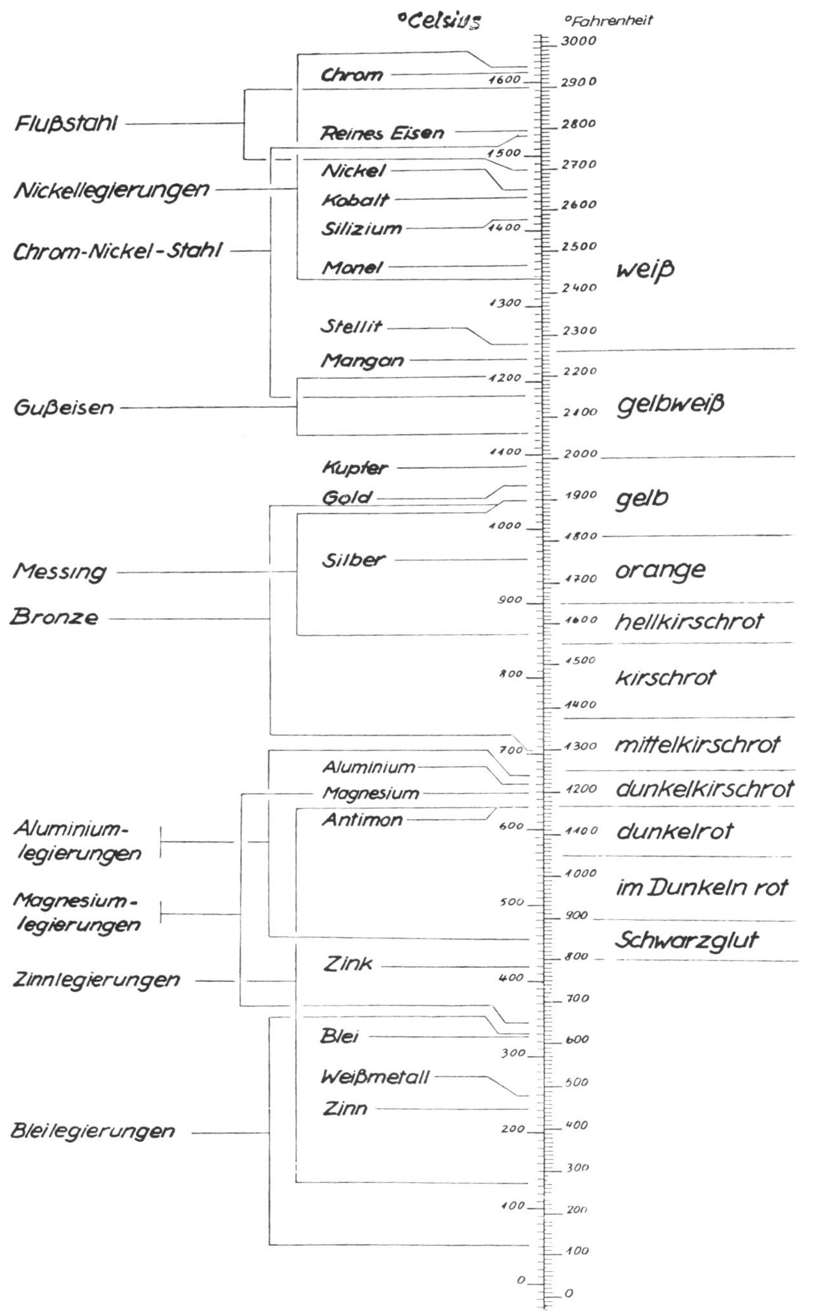

Abb. 291: Schmelzpunkte verschiedener Metalle und zugehörige Glühfarben.

[50] Induktion = Entstehung einer elektrischen Spannung durch Änderung eines Magnetfeldes

Spezialhartlote

(Abb. 292)

Cadmiumfreie Hartlote

Hartlot Normen DIN 8513	Hartlot Normen Sonst.	Zusammensetzung Gewichts-% Ag	Cu	Zn	Sonstige	Schmelzbereich °C	Arbeitstemperatur (DIN 8505) °C	Zugfestigkeit (DIN 8525) N/mm² an St37	St50	Dichte g/cm³	Wichtigste Anwendungsgebiete	Wichtigste Grundwerkstoffe	Flußmittel DIN 8511
L-CuZn40	LMs60	–	60	39,8	0,2 Si	900–890	900	350	400	8,4	Für Lötstellen mit Betriebstemperaturen bis 300 °C	Verzinkte Stahlrohre, Stähle, Gußeisen, Temperguß, Nickel, Nickellegierungen	F-SH 2
L-CuZn39Sn	LM 58	–	59	39,4	0,1 Si; 1,0 Sn 0,5 Mn	890–870	900	380	420	8,4			
L-CuNi10Zn42	–	–	48	41,8	10 Ni; 0,2 Si	920–890	910	400	450	8,7	bis 500 °C		

Flußmittelumhüllte Hartlote

Hartlot Normbezeichnung DIN 8513	Zusammensetzung des Lotanteils Gewichts-% Ag	Cu	Zn	Cd	Sonst.	Schmelzbereich °C	Arbeitstemperatur (DIN 8505) °C	Mantelfarbe	Wichtigste Anwendungsgebiete	Wichtigste Grundwerkstoffe	Umhüllung mit Flußmittel nach DIN 8511 Blatt 1 Typ
L-CuZn40	–	60	39,8	–	0,2 Si	900–890	900	weiß	Cadmiumfreie Hartlote für universelle Anwendungen	Beliebige Stähle, Kupfer- und Kupferlegierungen	F-SH 2
L-CuZn 39 Sn	–	59	39,4	–	0,1 Si 1,0 Sn 0,5 Mn	890–870	900	weiß			
L-CuNi 10 Zn 42	–	48	41,8	–	10,0 Ni 0,2 Si	920–890	910	weiß			

Niedrigschmelzende Hartlote (Silberlote)

Hartlot Normen DIN 8513 ISO 3677	Zusammensetzung Gewichts-% Ag	Cu	Zn	Cd	Schmelzbereich °C	Arbeitstemperatur (DIN 8505) °C	Zugfestigkeit (DIN 8525) N/mm² an St37	St50	Dichte g/cm³	Wichtigste Grundwerkstoffe Anwendungsgebiete	Flußmittel Gruppe nach DIN 8511
L-Ag40Cd B Ag40ZnCdCu 595–630	40	19	21	20	595–630	610	410	510	9,3	Beliebige Stähle, Kupfer und Kupferlegierungen, Nickel und Nickellegierungen Für Lötstellen mit Betriebstemperaturen bis 200 °C	F-SH 1
L-Ag30Cd B Ag30CuZnCd 600–690	30	28	21	21	600–690	680	380	470	9,2		
L-Ag20Cd B Cu40ZnAgCd 605–765	20	40	25	15	605–765	750	350	430	8,8		
L-Ag12Cd B Cu50ZnAgCd 620–825	12	50	31	7	620–825	800	350	430	8,3		

Flußmittelumhüllte, niedrigschmelzende Hartlote (Silberlote)

Hartlot Normen DIN 8513 ISO 3677	Zusammensetzung des Lotanteils Gewichts-% Ag	Cu	Zn	Cd	Sonst.	Schmelzbereich °C	Arbeitstemperatur (DIN 8505) °C	Hartlot Mantelfarbe	Wichtigste Anwendungsgebiete	Wichtigste Grundwerkstoffe	Umhüllung mit Flußmittel nach DIN 8511 Blatt 1 Typ
L-Ag40Cd B Ag40ZnCdCu 595–630	40	19	21	20	–	595–630	610	weiß	Niedrig schmelzende Hartlote für universelle Anwendungen	Beliebige Stähle, Kupfer und Kupferlegierungen	F-SH 1
L-Ag30Cd B Ag30CuZnCd 600–690	30	28	21	21	–	600–690	680	gelb			
L-Ag20Cd B Cu40ZnAgCd 605–765	20	40	25	15	–	605–765	750	dunkelbraun			

Hartlot für Aluminium-Lötungen

Hartlot DIN 8512	Zusammensetzung Gewichts-% Al	Si	Schmelzbereich °C	Arbeitstemperatur (DIN 8505) °C	Zugfestigkeit (DIN 8525) N/mm²	Dichte g/cm³	Wichtigste Anwendungsgebiete	Wichtigste Grundwerkstoffe	Flußmittel DIN 8511
L-AlSi12	88	12	590–575	590	100	2,65	Reparatur und Fertigung von Einzel- und Massenteilen	Aluminium und Al-Legierungen mit Solidustemperaturen von mindestens 640 °C	F-LH 1

Erklärung der chemischen Zeichen: Ag = Silber, Al = Aluminium, Cd = Cadmium, Cu = Kupfer, Zn = Zink, Si = Silicium, Sn = Zinn, Mn = Mangan, Ni = Nickel, P = Phosphor.

eng begrenztem Teil im Arbeitsstück die Arbeitswärme, die das vorher eingelegte Silberlot (L-AG 40 Cd, Schmelzbereich 595-630° C, Arbeitstemperatur 610° C) in wenigen Sekunden zum Fließen bringt. Für die Lötung einzelner Untergruppen ist die Induktionslötung gut brauchbar, aber, wie bereits gesagt, weniger für die Rahmen-Gesamtlötung.

Die Firma Gazelle hat eine Großanlage für induktive Rahmenlötung (vorerst Tourenmodelle) entwickelt und installiert. Bei der Induktionslötung wird jede Oxydation verhindert. Die Lötstelle bleibt blank und braucht nicht mehr nachbehandelt zu werden.

Abb. 293: ELGA-Multimat-Rundtisch-Lötmaschine.

Die Lötung mit flammbeheizten Anlagen

Zur Rationalisierung der Lötvorgänge beim Rahmen wurde eine Anzahl flammbeheizter Anlagen mit unterschiedlichen Kapazitäten entwickelt. Zum Teil sind das Universalanlagen, die verschiedene Lötarbeiten am Fahrrad, z. B. an Vorderradgabeln, ausführen können. Der gemuffte Rahmen aber kann nur dann in einem Arbeitsgang automatisch gelötet werden, wenn alle Lotdepots im Innern gut verstaut sind. Außenliegende Lot-Formteile sind erfahrungsgemäß weniger gut geeignet – wegen der anfallenden Nacharbeiten. Daher ist die Versorgung mit Lot durch eingepreßte, gefüllte Lotkammern oder durch innenliegende Lotringe, wie bereits besprochen, notwendig.

Beim Flußmittelauftrag schwört jeder Anwender auf seine Methode. Meist wird Flußmittelpaste gleich beim Zusammenpressen der Rahmenteile durch Dosiergeräte beigegeben. Ein rationelles Verfahren ist es, Flußmittelpaste durch Erhitzen im Wasser- oder Ölbad auf 90° C in „wäßrigen" Zustand zu bringen und den montierten Rahmen mehrmals unter Drehen einzutauchen. Der lötfertige Rahmen wird in die Vorrichtung senkrecht eingelegt und auf eine Fahrwagen-Anlage gestellt.

Der relativ kleine automatische Lötapparat (z. B. der ELGA-Multimat) ist eine Rundtisch-Konstruktion mit vier gleichzeitig aufgespannten Rahmen. Er arbeitet in vier Arbeitstakten und kann pro Stunde 80 Rahmen löten. Innerhalb einer Taktzeit von 45 Sekunden wird der Rahmen an Station 1 abgenommen und montiert. In Station 2 wird der Rahmen vorgewärmt, in Station 3 fertiggelötet. Mehrere Brennergruppen werden über Zeitrelais gesteuert, sie sind getrennt regelbar.

Wichtig ist die Wahl der richtigen Brennerform und -größe für die unterschiedlichen Lötstellen. Rundbrenner, Reihenbrenner, Breitbrenner und Sonderbrenner in „maßgeschneiderter" Form werden eingesetzt. Meist ist die Maschine mit Brennern für Gas und Druckluft bestückt. Zusätzliche Luft-Injektoren[51] gleichen den beträchtlichen Luftverbrauch aus. Die Arbeitstemperatur richtet sich nach dem verwendeten Grundwerkstoff und Lötgut, z. B. St 37 und L-Cu Zn 40 (L Ms60) 900 – 950° C.

Die Gasart als Wärmequelle – ob Stadt-, Erd- oder Flüssiggas – bringt keine wesentlichen Unterschiede, sie wird den örtlichen Gegebenheiten angepaßt.

In Station 4 wird mit atmosphärischer Luft gekühlt (das kann auch durch Wasserkühlung erfolgen). Oft wird der Rahmen noch in heißem Zustand aus der Löt- in die Richtvorrichtung gelegt und neu „positioniert"[52].

Rahmen mit wärmeempfindlichen Rohren werden von Hand mit dem Handbrenner gelötet.

Die Entfernung der glasharten Flußmittelreste kann auf zweierlei Art erfolgen: durch Sandstrahlen des Rahmens im „Sandfunker"[53] oder im Säurebad durch Beizen. Beim Sandstrahlen werden alle Krusten und kleine, nicht fest angebundene Lotreste entfernt. Die Rahmenoberfläche ist nach dem Sandstrahlen völlig metallisch rein und gewährleistet eine hervorragende Lackhaftung. Die Körnung des Strahlmittels (Quarz und Eisen) darf allerdings nicht zu grob sein, sonst wird die Rahmenoberfläche porig und „orangenhaut-ähnlich", was eine glatte, satte Lackoberfläche verhindert. Das Sandstrahlen erfolgt unmittelbar vor der Lackierung, denn die sandge-

---

[51] Injektion = Einspritzung

[52] positionieren = in eine Lage (Position) bringen

[53] Sandfunker = Strahlgebläse, bei dem eine Mischung aus Quarzsand und Eisenspänen unter Druck auf das Werkstück gestrahlt wird

strahlte, fettfreie Oberfläche wird innerhalb weniger Stunden sofort wieder von Rost befallen.

Zur Entfernung der Flußmittelreste durch Abbeizen im Säurebad ist es notwendig, daß der Rahmen anschließend „gebondert“ wird. In einem Bad erhält er einen Phosphat-Überzug, der einen geringen Rostschutz, vor allem aber einen sehr guten Haftgrund für die Lackierung bildet. Der lackierfähige Rahmen wird durch Sichtkontrolle geprüft, ob alle Lötstellen richtig mit Lot durchflutet und die Muffenränder satt mit Lot angefüllt sind. Je besser die Passung der Lotverbindung ausgeführt ist, desto weniger treten eingesunkene Lötstellen auf. Eine fachmännisch richtig ausgeführte Lötung ist durch dünne gelbe Striche an der Fuge erkennbar.

Die Fertigbearbeitung des Rahmens, Bearbeitung der Sitze für die Lenkungslager (Abb. 294), für die Tretlagerschalen (Abb. 295 und 296) und die Sattelstütze erfolgt in einer selbsttätig spannenden Vorrichtung, in der gleichzeitig die Spur des Rahmens gefluchtet und die Klemmweite des Hinterbaues kalt gerichtet wird (Abb. 297).

Die Bearbeitung der Passungen kann durch Feinbohren, Reiben oder Aufdornen und Kalibrieren erfolgen. Die Gewinde im BSA-Tretlagergehäuse werden meist erst im lackierten Rahmen, unmittelbar vor der Tretlagermontage, geschnitten. Auch werden zwei Löcher im Rahmen für das Lichtkabel gebohrt, das vorn am Lenkkopf und hinten am Hintergabelrohr austritt.

Die Bohrung für die Sattelstütze in der Sitzkopfmuffe wird 0,2 – 0,4 mm größer gebohrt als das Nennmaß des Sattelstützen-Durchmessers. Das Klemmauge und das Sitzrohr werden geschlitzt, der Schlitz gut entgratet.

Als letzter Arbeitsgang wird die Rahmen-Nummer maschinell eingestempelt. Vom Gesetzgeber wird beim Fahrrad zwar keine Rahmen-Nummer gefordert; seriöse Firmen stempeln aber diese Nummer dennoch aus folgenden Überlegungen ein:

Bei Diebstahl des Fahrrades wird die Nachforschung erleichtert.

An Hand der eingestempelten Nummer ist der genaue Herstellungstag des Rahmens zu ermitteln.

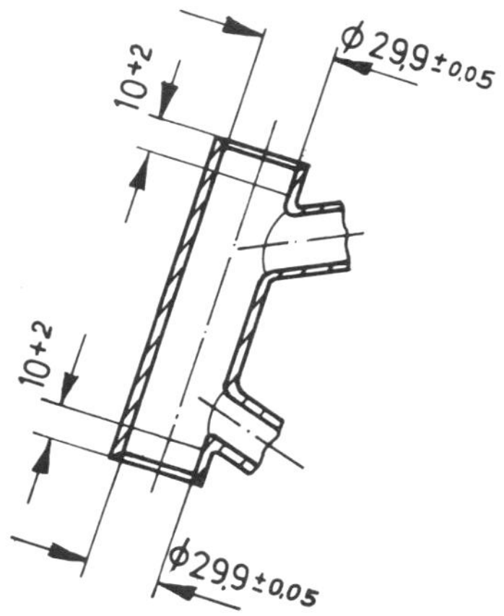

Abb. 294: Passungen im Lenkkopf.

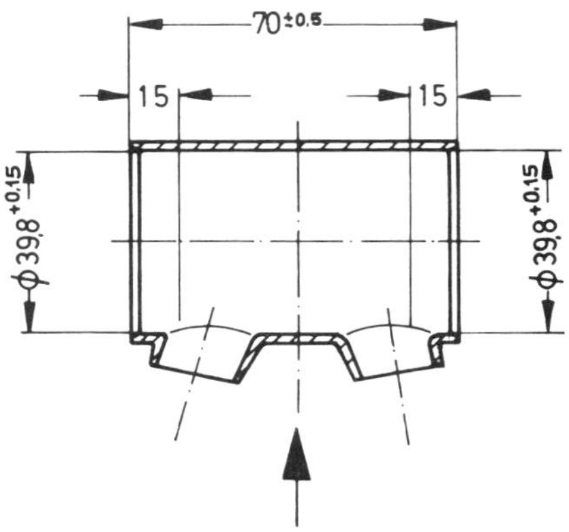

Abb. 295: Passungen im Thompson-Tretlagergehäuse.

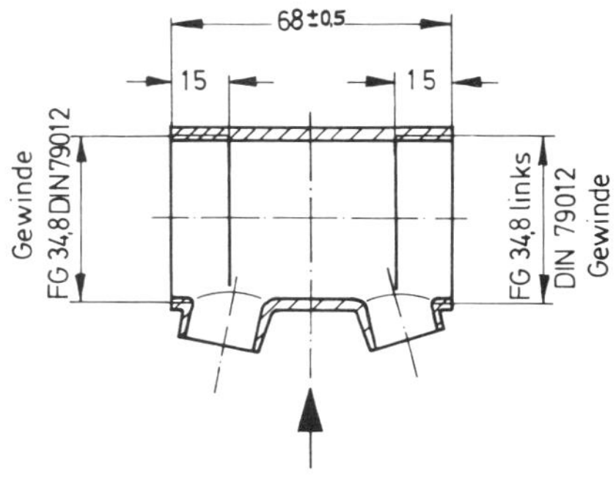

Abb. 296: Gewinde im BSA-Tretlagergehäuse.

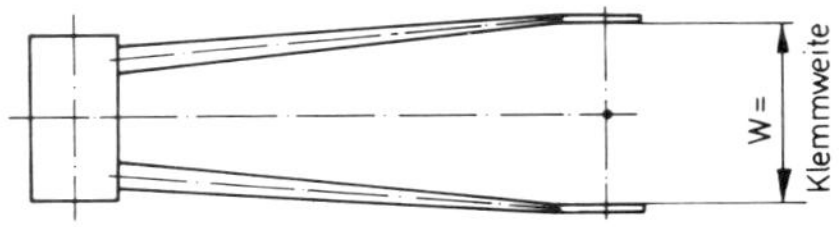

Abb. 297: Klemmweiten am Hinterbau.

Hinterrad-Nabe	W mm
Jet	105 + 2
Komet	109 ± 1
Torpedo	108
Torpedo Duomatic	112
Torpedo 3 Gg. Rücktr.	116,5
Torpedo 3 Gg. Leerl.	108
Nabe mit 5 – 6fach Zahnkr.	122
Torpedo 5 Gg. Rücktr.	122
Nabe mit 6 – 7fach Zahnkr.	126

Bei einem evtl. auftretenden Fehler in der Fertigung kann der Mangel genau eingegrenzt werden.

Die Garantiezeit des Rahmens ist festgelegt.

Die Rahmen-Nummer wird am Ausfallende hinten, am Tretlagergehäuse oben oder unten oder am Sitzrohr unterhalb der Sitzkopfmuffe eingeprägt. Anschließend erfolgt die Lackierung des Rahmens, über die noch gesondert gesprochen werden wird.

Vordergabel und Lenkorgane

Der Lenkvorgang

Die Lenkung des einspurigen Zweirades erfolgt auf andere Weise als die eines mehrspurigen Fahrzeugs. Bei diesem werden die gelenkten Räder vom Fahrer mit am Lenker (Lenkrad) ansetzender Kraft in eine bestimmte Winkelstellung zur bisherigen Fahrtrichtung gebracht, so daß sie in der neuen Richtung laufen und die anderen Räder in diese folgen müssen. Im Gegensatz dazu wird der Lenkvorgang beim einspurigen Fahrzeug durch Schräglage, durch Verlagerung der Fahrzeug-Mittelebene aus der Senkrechten in einem mehr oder weniger großen Winkel eingeleitet. Der „Lenker" hat hier, wie sich im Laufe der folgenden Betrachtungen zeigen wird, eine ganz andere Bedeutung und Aufgabe als das Lenkrad beim mehrspurigen Fahrzeug.

Theoretisch bedeutet allein schon jede Schräglage eines Einspurfahrzeugs eine Abweichung von der Geradeaus-Fahrtrichtung, selbst wenn beide Räder starr, ohne Schwenkmöglichkeit des einen, im Fahrgestell gelagert wären.

Das Fahrzeug legt ja bei jeder Radumdrehung einen Weg entsprechend dem Radumfang zurück. Dieser aber ist abhängig vom Radius des Rades, und zwar vom sogenannten Rollradius, der deshalb immer kleiner als der Radius des unbelasteten Rades ist, weil ja unter Belastung eine mehr oder weniger starke Abplattung an der Auflagefläche eintritt (Abb. 298).

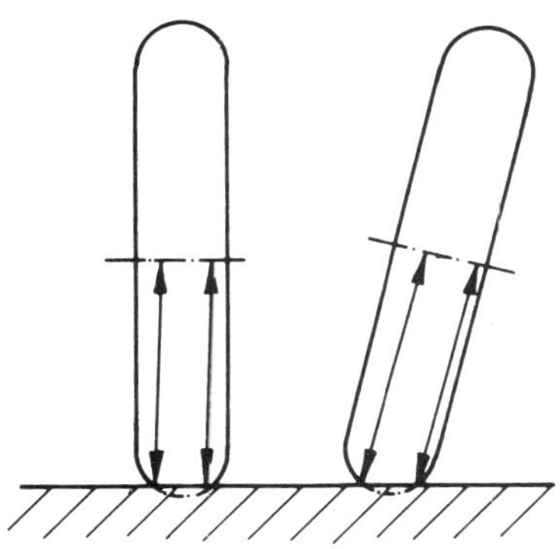

Abb. 298: Reifenauflage und Rollradien bei Geradeaus- und Kurvenfahrt.

Betrachtet man diese schematische Skizze, so erkennt man, daß bei senkrecht stehendem Rad (Geradeausfahrt entsprechend) die Rollradien an beiden Seiten der Auflagefläche gleich groß sind – ebenso also auch der Weg, den die Seitenpunkte der Auflagefläche bei einer Radumdrehung zurücklegen. Wird jedoch das Rad in eine Schräglage gezwungen, so verlagert sich die Auflagefläche nach der Seite, und es bilden sich, wie aus der Skizze ersichtlich, verschieden große Rollradien aus, auf der Neigungsseite kann das Rad nun bei jeder Umdrehung nur einen kleineren Weg zurücklegen als auf der Außenseite mit dem größeren Rollradius. Es muß also zum Abschwenken aus der bisherigen Fahrtrichtung kommen.

Da nun aber, wenn die Räder – wie angenommen – ohne gegenseitige Schwenkmöglichkeit mit dem Fahrgestell verbunden sind, die Räder (weil sich verschiedene Mittelpunkte für eine Kreisbewegung ausbilden) sich gegenseitig bei der Befolgung der durch die unterschiedlichen Rollradien bedingten Kurvenbewegung behindern, muß die starre Verbindung durch Schwenkbarkeit des einen Rades ersetzt werden. Dabei muß die Anlenkung des schwenkbaren Rades so erfolgen, daß sich Richtkräfte an ihm auswirken können. Das ist bei der bekannten „Möbel"- oder „Gepäckkarren-Rolle" der Fall.

Abb. 299 zeigt das Prinzip schematisch: da ist eine Rolle (bzw. ein Rad) mit seiner Aufhängung (Gabel), die im Fahrgestell drehbar gelagert ist. Die Achse des Rades liegt nicht in der verlängerten Achse des Lagerzapfens, sondern mehr oder weniger außerhalb derselben. Bewegt sich das Fahrgestell mit der Lagerung parallel zur Fahrbahn, so muß unter der Einwirkung der Reifenreibung am Boden (Rollwiderstand) eine „Richtkraft" entstehen, die das Rad in die Bewegungsrichtung der Gabel-Lagerung einstellt, es dieser also „nachlaufen" läßt.

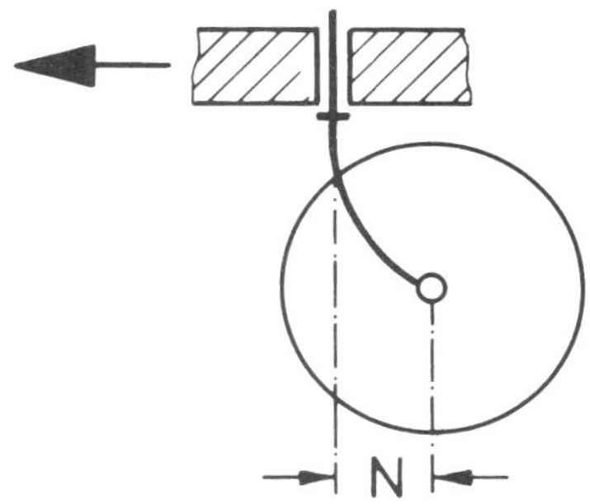

Abb. 299: Einfache Lenkrolle.

Das in Abb. 299 angegebene Maß N bezeichnet den „Nachlauf" (fälschlicherweise, wie man hieraus ersieht, oft als „Vorlauf" bezeichnet). Er wird dargestellt durch den Abstand zwischen den Auftreffpunkten des verlängerten Lagerzapfenmittels und der Senkrechten von der Radachsenmitte auf der Fahrbahn.

Dieser Nachlauf spielt sowohl für den Geradeauslauf als auch bei der Kurvenfahrt (insgesamt also der „Lenkung" eines einspurigen Zweirades) eine wichtige Rolle. Ein großer Nachlauf verbessert die Fahrzeug-Stabilität bei hohen und verschlechtert sie bei geringen Geschwindigkeiten. Je größer der Nachlauf, desto größer wird die das Rad einstellende Richtkraft – aber um so empfindlicher wird das Rad gegen seitliche Impulse, die etwa durch Unebenheiten oder geringe Hindernisse auf der Fahrbahn entstehen können.

Für die Wirkung des Radsystems (mit Nachlauf) auf die Lenkung eines Fahrzeugs ergibt sich freilich noch ein Unterschied je nach Lage des gelenkten Rades vorn oder hinten.

Am deutlichsten zeigt sich dieser Unterschied an einem mehrspurigen Fahrzeug, etwa an einem der auf Bahnhöfen benutzten Gepäckkarren oder dem Einkaufswagen im Supermarkt. Liegen die gelenkten (schwenkbaren) Räder vorn, so stellen sie sich zwar unter dem Richtdruck, den der den Karren Schiebende ausübt, in die gewünschte Fahrtrichtung ein, und das Fahrzeug folgt ihnen sofort in die neue Richtung. Durch das ungünstige Hebelarmverhältnis muß der aufzuwendende Richtdruck aber verhältnismäßig groß sein. Liegen dagegen die gelenkten (schwenkbaren) Räder hinten, so ist das Hebelarmverhältnis günstiger, die aufzuwendende Richtkraft folglich geringer – aber das Fahrzeug schwenkt zunächst mit seinem hinteren Teil seitlich aus und zwingt dadurch das Vorderteil in die neue Richtung. Dieses seitliche Ausschwenken kann bei Straßenfahrzeugen natürlich gefährlich werden, weshalb Frontlenkung hier das Übliche ist (also auch bei Einspurfahrzeugen). Möglich jedoch wäre Hecklenkung (was an jedem Auto bei Rückwärtsfahrt und an jedem Schiff demonstriert wird).

Ebenso kann auch der Antrieb sowohl über die Hinter- als auch über die Vorderräder erfolgen (für beide Varianten lassen sich Vor- und Nachteile aufführen). Frontantrieb bedingt aber bei gleichzeitiger Frontlenkung einen höheren technischen Aufwand; bei Einspurfahrzeugen muß die Kraftquelle vorteilhaft im gelenkten Vorderrad selbst sitzen – und damit ist Frontantrieb beim Fahrrad praktisch kaum realisierbar. Hier überwiegen die Vorteile des Systems „Vorderradlenkung/Hinterradantrieb".

Die Lenkung des Fahrrades auf der Basis des gelenkten Rades ist nun durchaus nicht so einfach wie die eines Gepäckkarrens. Es muß nämlich – einmal wegen der Einspurigkeit, zum anderen aber auch wegen der höheren Geschwindigkeiten und der ungünstigeren Massenverhältnisse – mit einer Krafteinwirkung gerechnet werden, die bei mehrspurigen Fahrzeugen eine wesentlich kleinere Rolle spielt: mit der Fliehkraft.

Jede in Bewegung befindliche Masse hat das Bestreben, ihre Bewegungsrichtung beizubehalten, deutlicher gesagt: sich geradlinig weiterzubewegen. Schwingt man einen an einem Seil befestigten Stein im Kreis herum, so wird dem Stein zwar durch das ihn haltende Seil eine kreisförmige Bewegung aufgezwungen, er hat aber an jedem Punkt der Kreisbahn das Bestreben, sich geradlinig von der Kreisbahn fort zu bewegen (Abb. 300). Er zieht dabei über das Seil an der haltenden Hand mit einer Kraft, deren Größe von seiner Masse und seiner Geschwindigkeit abhängig ist. Diese Kraft ist die Fliehkraft, und diese wirkt sofort, wenn ein in Bewegung befindliches Fahrzeug von der Geradeausfahrt in eine Kreisbogenfahrt

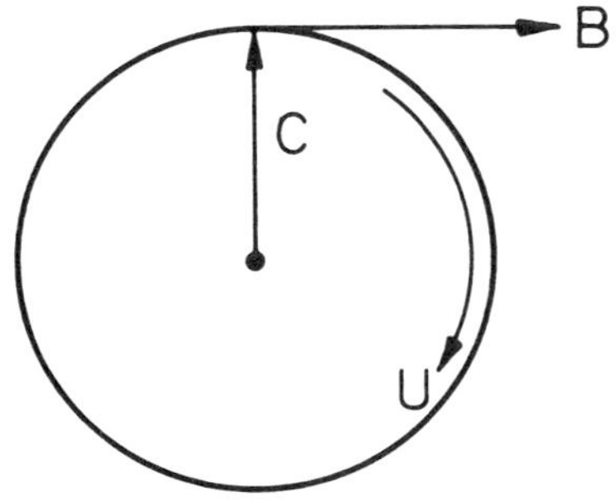

Abb. 300: Wirkung der Fliehkraft.

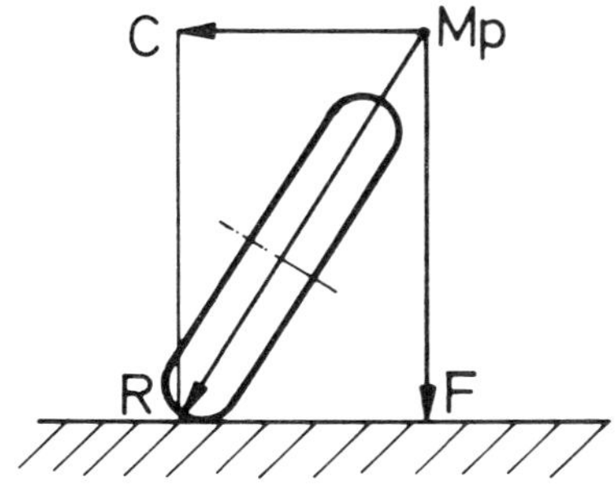

Abb. 301: Einfluß der Fliehkraft bei Kurvenfahrt.

(Kurvenfahrt) übergeht. Sie greift am Massenschwerpunkt an und zieht diesen nach außen. Dem entgegen wirkt die Bodenhaftung der Bereifung; das ganze Fahrzeug müßte also nach außen kippen, wenn der Massenschwerpunkt nicht in die sich aus der Fliehkraft und der Anziehungskraft der Erde nach dem Parallelogramm der Kräfte (Abb. 301) ergebende Resultierende gebracht würde. Anders gesagt: das Fahrzeug muß während der Kurvenfahrt eine mehr oder weniger große seitliche Neigung einhalten.

Entgegen weitverbreiteter Ansicht wird die Kurvenfahrt selten durch Körperverlagerung, sondern – meist unbewußt – durch einen leichten, der Kurvenneigung entgegengesetzten Lenkeinschlag eingeleitet. Durch die Fliehkraft und den Hebelarm des Nachlaufs neigt sich dann die Maschine nach der Kurveninnenseite. (Diese „entgegengesetzte" Lenkbewegung ist es übrigens, die das Erlernen des Radfahrens erschwert!).

Nach dem Gesagten könnte es als Widerspruch erscheinen, daß das Vorderrad eines einspurigen Zweirades vor dem Rahmen-Lenkkopf liegt, also offensichtlich gar nicht nachläuft, sondern geschoben wird. Tatsächlich wird auch ein gewisser Teil der Massen (nämlich der untere Teil der Gabelscheiden, die Nabe und ein Teil der Speichenlänge) geschoben. Die viel wirksameren Massen der Felge samt Bereifung einschließlich des Restes der Speichen aber werden gezogen, laufen also nach. Das ist in der Schrägstellung des Lenkkopfs (Abb. 302) begründet.

Als Nachlaufwert N erkennt man wieder, wie schon in Abb. 299, den Abstand der Schnittpunkte zwischen der Senkrechten von der Radmitte und der verlängerten Lenkkopfachse mit der Fahrbahn. Auf dieser ergibt sich wieder ein vom Lenkkopfwinkel und der Durchbiegung der Gabelscheiden abhängiger Nachlaufwert.

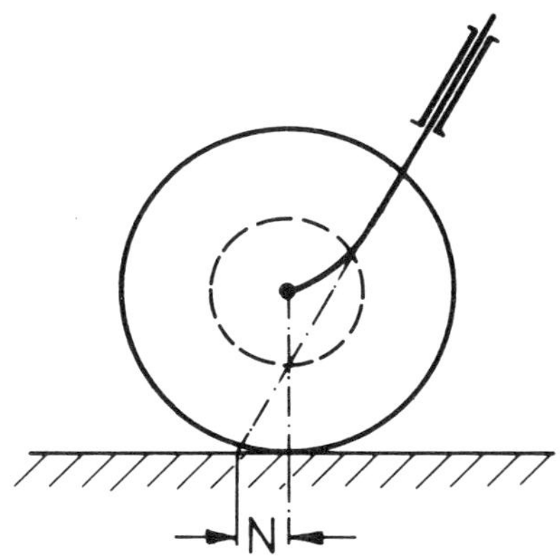

Abb. 302: Nachlauf eines Fahrrad-Vorderrades.

Radmassen, die sich (s. Abb. 302) außerhalb eines durch den Schnittpunkt der Senkrechten und der verlängerten Lenkkopfachse um den Radmittelpunkt geschlagenen Kreises befinden, laufen nach; nur was innerhalb des Kreises liegt, wird geschoben.

Die Lenkung des Fahrrades, das automatische Einstellen des Vorderrades, beruht also auf dem gemeinsamen Wirken verschiedener Vorgänge, die eingeleitet werden durch ein Neigen oder seitliches Drücken des Fahrzeugs aus der Senkrechten bei Geradeausfahrt. Diese Neigung ist gleichzeitig erforderlich, um der auftretenden Fliehkraft zu begegnen. Aus diesem Grund läßt sich ein Fahrrad auch nicht nur freihändig fahren, sondern auch lenken.

Erfahrungsgemäß sollte der Nachlauf (N) bei normalen Fahrrädern 55 mm, bei BMX-Fahrrädern 62 bis 75 mm und bei Straßenrennrädern 58 bis 63 mm betragen. Der Nachlauf wird am Boden (Fahrbahnebene) zwischen senkrechter Verlängerung der Vorderachsmitte und der verlängerten Gabelschaftmitte festgestellt (Abb. 302).

In der Abb. 303 ist der Nachlauf (N) eines käuflichen Straßen-Rennrahmens (Romani) in Verbindung mit einer konstanten Gabelbiegung (B) und unterschiedlichen Rahmenhöhen (RH) ersichtlich. Nach DIN ISO 8090 ist für die Gabelbiegung (B) die fachlich richtige Benennung: Rücksprung.

Zum Messen des Nachlaufs wird eine Meßvorrichtung benützt, an der mühelos der Wert abgelesen werden kann (Abb. 304).

Es wurde bereits gesagt, daß ein nachlaufendes Rad um so empfindlicher auf Seitenimpulse ist, je größer der Nachlauf ist.

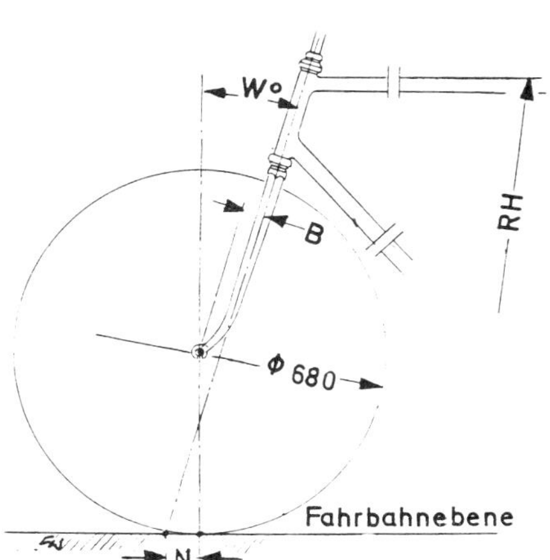

	B	N	W°
	mm	mm	Grad
RH 570 mm	42	58	16°35'
RH 600 mm	42	54	15°45'
RH 630 mm	42	48	14°50'

Abb. 303: Nachlaufwerte bei konstanter Gabelbiegung und unterschiedlichen Rahmenhöhen.

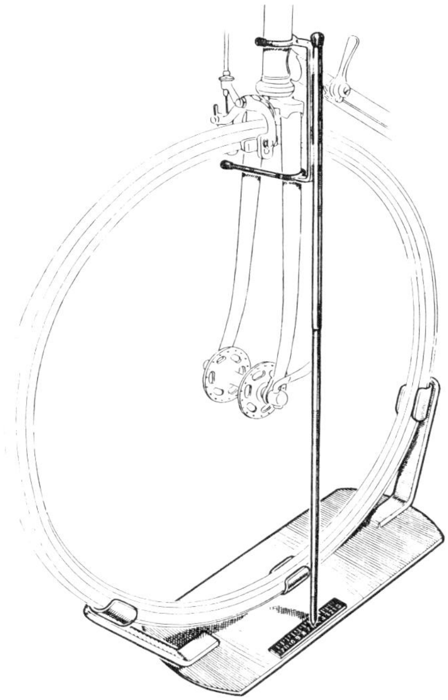

Abb. 304: Nachlauf-Kontrollgerät von VAR.

An sich setzt schon das Rad solchen seitlich einwirkenden Kräften Widerstand entgegen, nicht nur durch seine Massenträgheit, sondern auch durch die Kreiselwirkung seiner schnell umlaufenden Massen. Wohl jeder Radfahrer hat schon einmal festgestellt, daß ein ausgebautes, in schnelle Umdrehungen versetztes Rad sich an einem Achsende halten läßt, ohne umzukippen. Es setzt sogar jedem Versuch, es aus seiner Achsrichtung herauszubringen, fühlbaren Widerstand entgegen – diese Erscheinung beruht auf der Kreiselwirkung. Auch die Einstellungsänderung eines nachlaufenden Rades bedeutet eine Achsrichtungsänderung, dem sich das Rad durch die Kreiselwirkung seiner rotierenden Massen widersetzt.

Diese Selbststabilisierung der Lenkung reicht aber auch zusammen mit der Massenträgheit des Rades nicht aus, um das Nachgeben gegen seitliche Impulse ganz zu verhindern oder sie ganz von der Bereifung aufnehmen zu lassen, besonders nicht bei langsamer Fahrt, wenn die Kreiselwirkung noch gering ist. Die Lenkung bedarf einer Dämpfungseinrichtung, die beim Fahrrad in Verkennung der tatsächlichen Verhältnisse „Lenker“ genannt wird.

Bekanntlich läßt sich ein Fahrrad fahren und lenken, ohne daß der Lenker überhaupt berührt wird – der beste Beweis dafür, daß er zur eigentlichen Lenkung des Einspurfahrzeugs gar nicht erforderlich ist und seinen Namen zu Unrecht führt. Jeder freihändig fahrende Radfahrer greift aber sofort nach ihm, wenn er merkt, daß sein Vorderrad unruhig wird, daß es infolge seitlich einwirkender Impulse zu pendeln beginnen will. Die Massenträgheit seiner Hände und Unterarme bewirkt dann eine Dämpfung der einsetzenden Pendelbewegungen des Rades – bei normaler Fahrt, mit den Händen am Lenker, läßt sie diese gar nicht erst aufkommen.

Der „Lenker“ ist also ein sehr wichtiges Lenkungsorgan beim Fahrrad, aber in durchaus anderem Sinn, als man es nach seiner Bezeichnung annehmen könnte. Andere Aufgaben des Lenkers, z. B. Abstützen des Oberkörpers und Abfangen von Stößen, aber auch Einsetzen eines größeren Gegenmoments, als es das Körpergewicht allein ergibt, bei starkem Treten durch Festhalten am Lenker, sind Nebenaufgaben, die die Lenkung zwar beeinflussen können, mit ihr selbst aber nichts zu tun haben.

Die Lenkorgane

Im vorhergehenden Abschnitt wurden bereits einige Bauteile, die zur Lenkung gehören, erwähnt. Diese besteht aus der Vorderradgabel, der Gabelschaftlagerung mit den Lenkungslagern und dem Lenker bzw. gegebenenfalls dem Lenkervorbau mit Klemmeinrichtung und dem Lenkerbügel. An sich gehört auch der Lenkkopf des Rahmens zur Lenkung; da er aber fester Bestandteil des Rahmens ist, scheidet er bei Betrachtung der einzelnen Lenkungsteile aus.

Für alle Lenkungsteile gilt, daß eine Selbstanfertigung in der normalen Zweiradmechaniker-Werkstatt nicht in Frage kommt – so wenig wie eine Reparatur dieser Teile.

Die Eigenanfertigung ist schon deshalb kaum möglich, weil hierzu Maschinen und Spezialwerkzeuge erforderlich sind, über die eine durchschnittliche Mechanikerwerkstatt nicht verfügt. Selbst der Zusammenbau fabrikmäßig hergestellter Einzelteile, wie etwa das Einlöten neuer Gabelscheiden und Gabelschaftrohre in den Gabelkopf, ist keine Aufgabe für den Zweirad-Mechaniker. Auch die Reparatur anderer Lenkungsteile ist aus Sicherheitsgründen abzulehnen. Selbstverständlich kann ein leicht verbogener Lenker (kalt) gerichtet werden. Bei einer Gabelscheide wäre das sträflicher Leichtsinn, weil danach die volle Verkehrssicherheit des Fahrzeugs nicht mehr gewährleistet wäre. Denn bei einer verbogenen ovalen Gabelscheide, die gerichtet wird, ist in jedem Fall die entstandene Zerrung im Werkstoff erheblich größer als im kreisrunden Querschnitt eines Lenkerrohrs. Hierzu kommt, daß die Beanspruchungen in der Gabel durch Stöße und Schwingungen während der Fahrt um ein Vielfaches höher sind als im Lenkerrohr. Deshalb gilt für den verantwortungsbewußten Zweirad-Mechaniker bei der Behebung von Schäden an Lenkungsteilen: **defekte Teile auf den Schrott und durch neue ersetzen.**

Die Fahrradgabel

Die Vorderradgabel ist das empfindlichste Bauteil am Fahrrad – ihr Bruch kann für den Fahrer tödlich sein. Sie ist den höchsten Beanspruchungen ausgesetzt, auch wenn diese Beanspruchungen an den einzelnen Stellen verschieden hoch sind. Meist handelt es sich um Biegebeanspruchungen durch Fahrbahnstöße, die sich besonders bei der durch die Eigenart der Lenkung bzw. der Gabel eines einspurigen Fahrzeugs bedingten Bauform, bei der Durchbiegung der Gabelscheiden und durch die Schräglage des Lenkkopfs (Lenkkopfwinkels, s. Abb. 154) auswirken.

Den Zusammenhang zwischen Bauform und Beanspruchung hat man schon lange erkannt, aber es sind – auch in neuerer Zeit – nur vereinzelte Versuche gemacht worden, die Fahrrad-Vordergabel durch konstruktive Maßnahmen widerstandsfähiger gegen die auftretenden Beanspruchungen zu machen. Dagegen haben fertigungstechnische (technologische) Verbesserungen – verbesserte Hartlöt- und Schweißverfahren, Feinstanz- und Fließpreßtechnik z. B. – erhöhte Betriebssicherheit gebracht. Mit einem Bruch an der Vordergabel braucht deshalb – von Unfällen abgesehen – kaum mehr gerechnet zu werden.

Vorderradfederung bei Fahrrädern

Die Frage, warum man die Fahrrad-Vordergabel nicht in ähnlicher Weise als Federgabel ausbildet wie sie bei Mofa, Moped und Mokick selbstverständlich ist, liegt nahe. Gerade aber die Erfahrungen, die man bei der Entwicklung des Mofas aus dem Fahrrad mit Hilfsmotor gemacht hat, zeigten, daß es mit einer Federung am Vorderrad allein noch nicht getan ist, daß vielmehr optimale Verhältnisse erst durch Allradfederung mit Dämpfung zu schaffen sind. Eine solche gedämpfte Federung ist aber beim Fahrrad praktisch nicht realisierbar, weil nicht nur für die Abfederung, sondern auch für unbedingt einwandfrei bleibende Geradführung der relativ großen Laufräder gesorgt werden muß. Allein die durch den Tretantrieb auftretenden, ständig wechselnden starken Seitenkräfte machen hier die zuverlässige Geradführung eines weich gefederten Laufrades sehr schwierig. Auch ein gefedertes Vorderrad allein bedingt einen technischen Mehraufwand, der sich gewichtsmäßig und preislich unerwünscht auswirken muß. Und betrachtet man eine Rad-Abfederung lediglich als Verbesserung des Fahrkomforts, als erhöhte Bequemlichkeit für den Fahrer, so muß man sich die Frage stellen, ob sich bei den normalerweise in Frage kommenden Geschwindigkeiten und den heutigen Betriebs- und Straßenverhältnissen der große Aufwand überhaupt lohnt.

Anders, wenn eine Federung nur dem Zweck dienen sollte, die Vorderradgabel zu entlasten und zu schonen und damit Bruchfestigkeit und Verkehrssicherheit zu erhöhen. Gerade bei der empfindlichen starren Vordergabel des Fahrrades wäre wahrscheinlich eine begrenzte Federung doch überlegenswert. Da sie nur diesem speziellen Zweck (und nicht der Komforterhöhung) dienen würde, könnte sie leichter und einfacher konzipiert werden, d. h., mit geringem Federweg, einfacher Federungscharakteristik durch moderne Federungselemente und insgesamt geringerem Bauaufwand als bei der Abfederung motorisierter Einspurfahrzeuge.

Seit der Erfindung des Tretrades wurde versucht, die lästigen Erschütterungen, die den ersten Fahrrädern den Beinamen „Knochenschüttler" brachten, zu mildern. Es hat seitdem an den verschiedensten Vorschlägen und – auch ausgeführten – Konstruktionen nicht gefehlt, die aber allesamt bis in die heutige Zeit keinen durchschlagenden Erfolg hatten. Auch die in den siebziger Jahre aufgekommenen schwerfälligen High-Riser-Modelle mit Allradfederung (s. Abb. 64) für Jugendliche sind praktisch wieder vom Markt verschwunden. Lediglich in England konnte sich das „Allround"[54]-Rad „Moulton" mit Allradfederung und kleinen 16″-Rädern als Faltrad zur Mitnahme auch in der Eisenbahn und sonstigen öffentlichen Verkehrsmitteln noch behaupten (s. Seite 406).

Nachfolgend sollen einige Beispiele von Fahrrad-Federungen gezeigt werden.

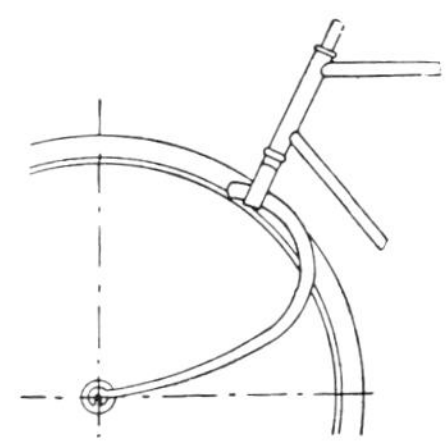

Abb. 305: Sichelgabel.

In Abb. 305 ist die Sichelgabel der ehemaligen Anker-Fahrradwerke, Bielefeld (Anfang der dreißiger Jahre) schematisiert dargestellt. Die Federung erfolgte durch die sichelförmige Ausbildung der Gabelscheiden. Aber das dürfte keine verkehrssichere Konstruktion gewesen sein – Ermüdungsbrüche sind hier nicht auszuschließen. 1968 wurde das bekannte, etwas exzentrische italienische Pony-Rad „Duemilla" mit einer ähnlichen, allerdings um 180° verdrehten Gabel ausgerüstet.

[54] allround = vielseitig

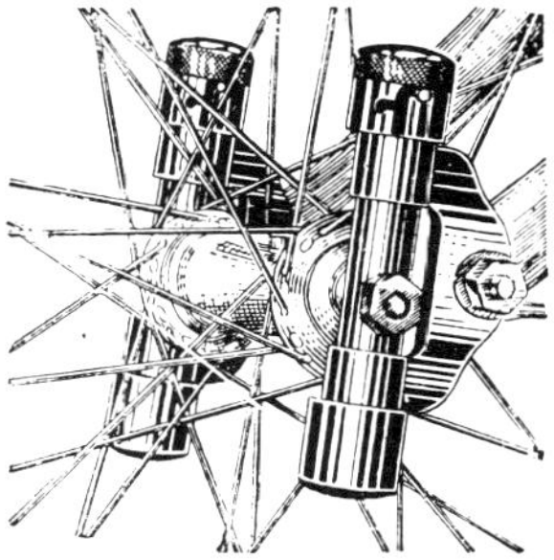

Abb. 306: Freyler-Vordergabelstoßdämpfer.

Auch die „Freyler-Stoßdämpfer“, die es – s. Abb. 306 und 307 – für Vorder- und Hinterrad Ende der vierziger Jahre gab, konnten sich wegen mangelnder Radführung nicht einführen.

Eine vielversprechende Konstruktion war das 1939 Aufsehen erregende „Schwingrad“ der Zittauer Firma Phänomen (Abb. 308). Die Hinterrad-Langschwinge mit einem Silentbloc im Tretlagergehäuse (Abb. 309) erhielt durch das Gewicht des

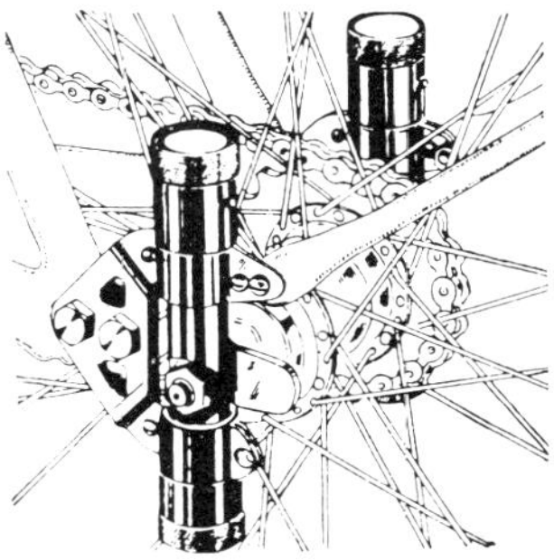

Abb. 307: Freyler-Hintergabelstoßdämpfer.

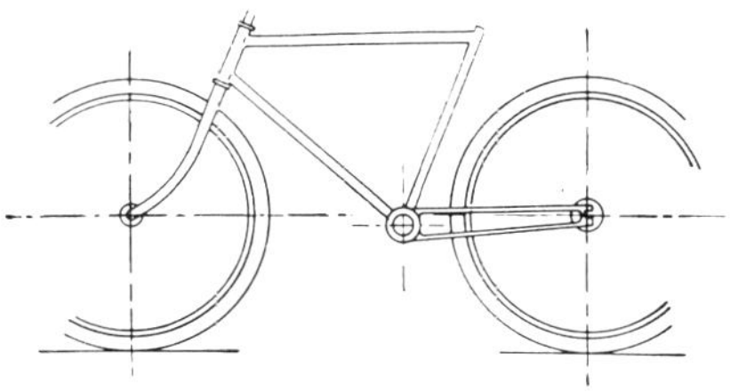

Abb. 308: Phänomen-Schwingrad mit Silentbloc-Federung in vorgespannter Stellung.

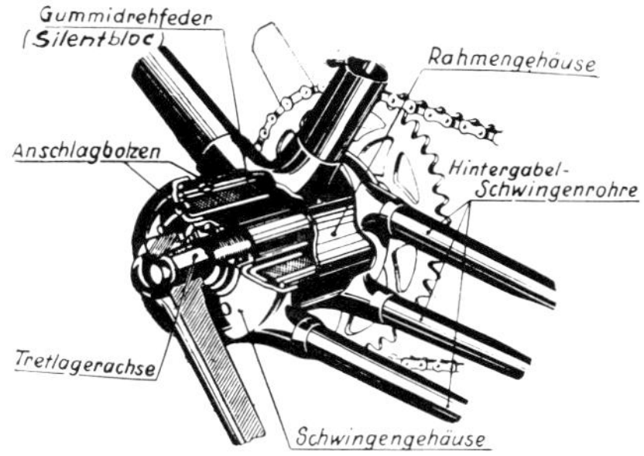

Abb. 309: Phänomen-Schwingrad Silentbloc-Federung im Tretlagergehäuse.

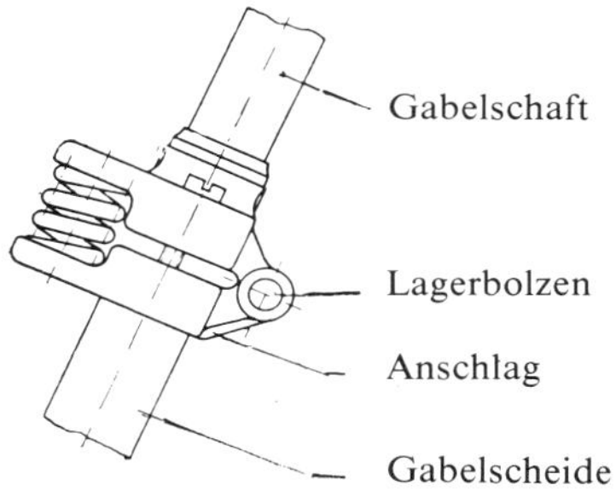

Abb. 310: Victoria-Gabelfederung.

Fahrers die erforderliche Vorspannung. Die Ausführung befriedigte aber in der Praxis nicht, weil sie den festen Bau des Fünfeck-Rahmens aufgab, wodurch ein labiles Fahrverhalten entstand.

Bei der Motorisierung normaler Fahrräder mit dem 38 cm³-Victoria-Einbaumotor in den Jahren 1947 – 1953 stellte sich erneut die ungelöste Frage der Rad-Abfederung, denn bei der immerhin 40 km/h betragenden Geschwindigkeit des motorisierten Fahrrades brachen die damaligen konventionellen Gabeln. Abhilfe wurde mit der in Abb. 310 gezeigten Victoria-Gabelfederung geschaffen. Aber da wegen des nur ganz geringen Federweges keine Verbesserung des Fahrkomforts geschaffen wurde, erhielt die Gabel bald im Händlerjargon den Beinamen „Wackelgabel“. Eine ähnliche Konstruktion war übrigens später die „Lutz“-Gabel, bei der aber anstelle der beiden Druckfedern ein Gummiblock eingespannt war.

Oft wurde versucht, Bauteile wie Lenker oder Sattelstütze elastisch federnd auszubilden, damit die Fahrbahnstöße gemildert würden. In Abb. 311 ist ein gefederter Lenker und in Abbildungen 312 und 313 sind gefederte Sattelstützen gezeigt. Das notwendige Spiel zwischen den gleitenden Teilen (das sich am Hebelarm noch entsprechend vergrößerte) brachte eine Labilität, die den Fahrer verunsicherte.

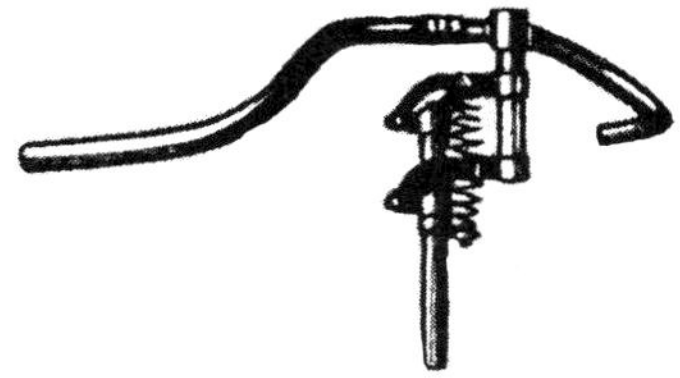

Abb. 311: Lichtenfeld-Lenkerfederung.

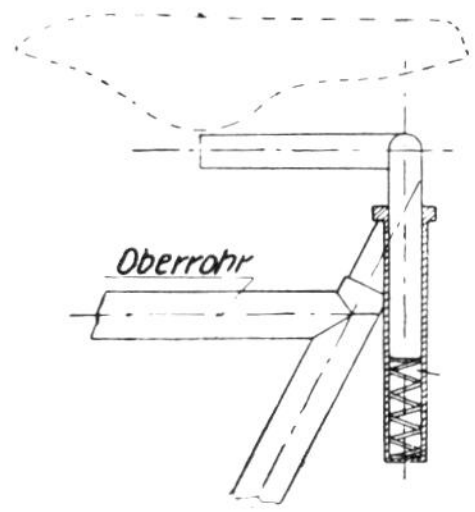

Abb. 312: Dürkopp-Sattelstützfederung.

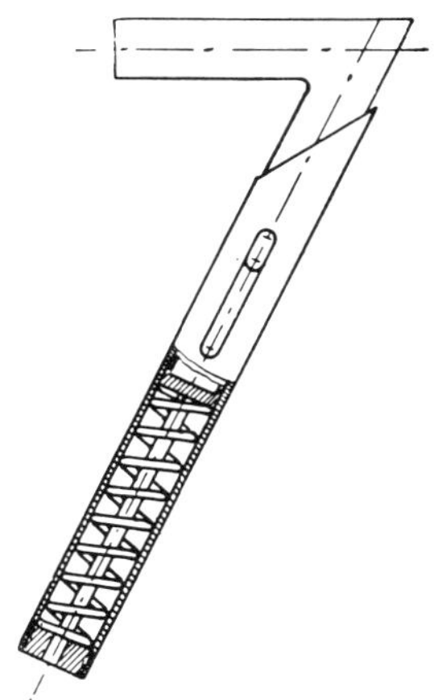

Abb. 313: Sattelstützfederung.

Rixe-Hinterradfederung für Touren-Sportrad

Schon seit der Erfindung des Tretrades wurde versucht, die lästigen Erschütterungen (verursacht durch die unebene Fahrbahn) durch Federung der Laufräder zu mildern. Deshalb wurde bereits im Jahre 1889 der Kreuz-Rover-Rahmen mit gefedertem Hinterbau hergestellt (Abb. 314).

Abb. 314: Kreuz-Rover mit gefedertem Hinterbau.

Seitdem hat es nicht an verschiedensten Vorschlägen und ausgeführten Konstruktionen gefehlt (siehe Abb. 64, 307, 308 und 309), die aber bis in die heutige Zeit keinen durchschlagenden Erfolg hatten.

Erst das Aufkommen hervorragender Chemiewerkstoffe sowie die Einführung neuer Technologien und Fertigungsmethoden haben erneut zur Entwicklung einer besseren Fahrradfederung geführt (siehe Abb. 102).

Die ehemaligen Fahrradwerke Rixe in Bielefeld hatten in Zusammenarbeit mit der 3 M Deutschland in Neuss eine Hinterradfederung mit beweglich angelenktem Hinterbau (Langschwinge) entwickelt. Dieser Hinterbau stützt sich nicht wie bei den bekannten Konstruktionen über Druckfedern, Federbeine oder Gummiblock ab, sondern wird mit neuartigen „Gelegeblattfedern" aus Kunststoff abgefedert (Abb. 315).

Dieses Federungs-System (Abb. 316) besteht aus zwei parallel angeordneten glasfaserverstärkten Gelegeblattfedern (a) mit der Abmessung 280 × 30 × 10 mm, die zwischen Sitzrohr und Hinterradschutzblech angeordnet sind. Das untere Ende des Federnpaares ist am Sitzrohr des Rahmens in einen Metallschuh (b) geführt und starr

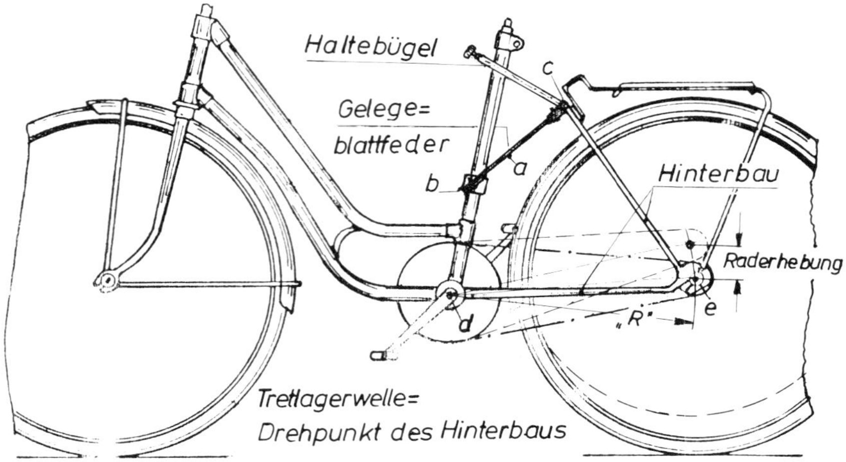

Abb. 315: Rixe-Federungsrad.

Abb. 316: Anordnung der Gelegeblattfedern.

befestigt. Die oberen Federenden sind an den Hintergabelstreben (c) beweglich gelagert und lenken zusammen mit dem im Tretlager integrierten Drehpunkt (Abb. 315 d) des Hinterbaues die Federn aus.

Die dynamisch hochbelastbaren Federn (Abb. 316 a) sind aus dem korrosionsbeständigen und ermüdungsfreien glasfaserverstärkten 3 M Kompositwerkstoff „Scotchply" hergestellt. Der Chemiewerkstoff hat sich bereits in der Raumfahrt, bei Rotoren für Hubschrauber und anderen Blattfedern-Anwendungen mit hohen dynamischen Anforderungen bewährt.

Die Tretlagerwelle ist zugleich der Drehpunkt für die Bewegung des Hinterbaues mit Laufrad. Der Achsstand zwischen Tretlager und Laufradachse bleibt konstant (Abb. 315 d/e). Dadurch wird eine unterschiedliche Kettenspannung mit erhöhtem Kettenverschleiß vermieden.

Die Lagerung des Hinterbaues (Drehpunkt) mit Gleitlagern ist einfach (Abb. 317). Der Rahmen mit der Muffe (A) steckt im Verbindungsstück (B) des Hinterbaues. Das Lagerrohr (C) für die Tretlagerwelle sitzt in der Muffe (A). Die beiden Lagerbüchsen aus Messing (D) gleiten auf dem Lagerrohr und „führen" den beweglichen Hinterbau. Der Tretantrieb ist mit zwei leichtlaufenden, wartungsfreien Rillen-Kugellagern ausgestattet.

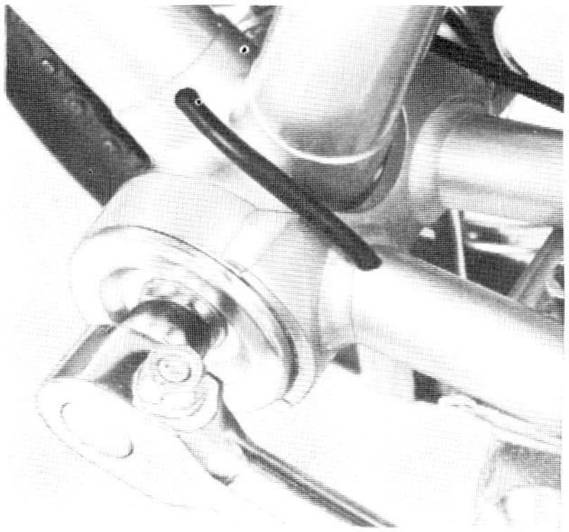

Abb. 318: Tretlager mit Lagerung des Hinterbaues.

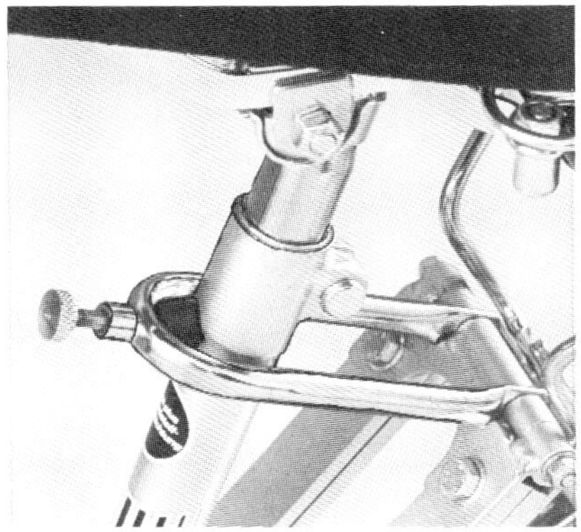

Abb. 319: Haltebügel mit Stellschraube.

Gegen grobe Verschmutzung wird die Lagerung mit einer Staubkappe geschützt (Abb. 318).
Ein Haltebügel mit Stellschraube (Abb. 319) verhindert eine „Auslenkung" der Gelegeblattfedern bei hartem Bremsen. Mit der gerändelten Stellschraube wird ein zwischen Haltebügel und Sitzrohr befindlicher Gummiblock für den Ausgleich unterschiedlicher Fahrergewichte entsprechend vorgespannt.
Bei den konventionellen Fahrrädern ermöglichen nur Reifen und Sattel eine sehr begrenzt wirksame Federung. Das neue Federungssystem dagegen bringt einen relativ langen Federweg von ca. 70 mm am Hinterrad und dadurch erhöhten Fahrkomfort. Das Fahrrad kann vom Werk mit Federblättern in verschiedener Dicke, je nach Fahrergewicht, geliefert werden. Bis 75 kg Fahrergewicht wird eine Federblattdicke von 5,5 mm und über 75 kg Fahrergewicht von 6,3 mm empfohlen. Diese Hinterradfederung konnte sich nicht einführen.

Fendt-Hinterradfederung für Fahrrad mit Wellenantrieb

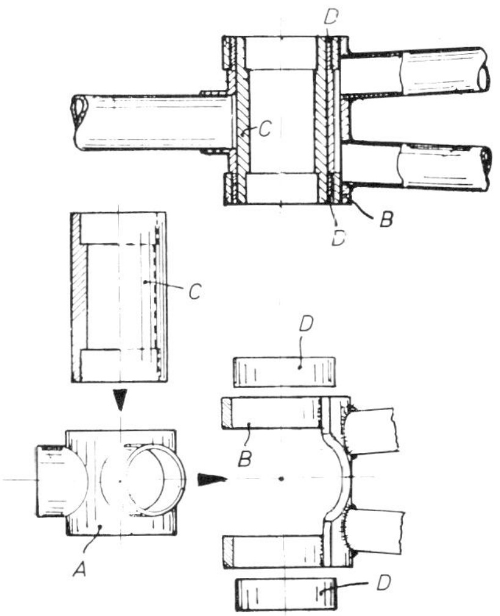

Abb. 317: Lagerung des Hinterbaues.

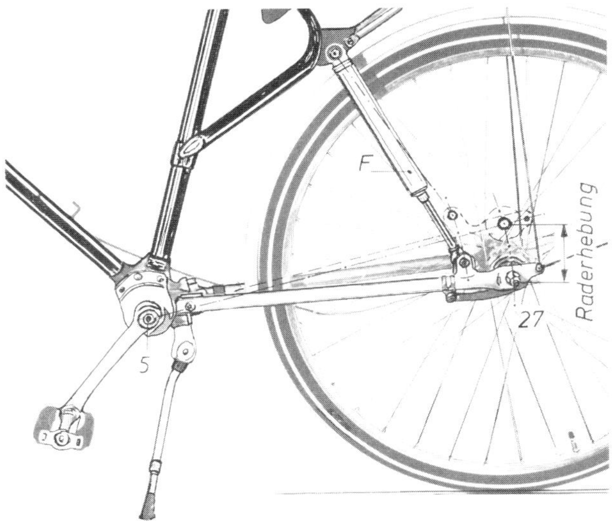

Abb. 320: Fendt-Hinterradfederung.

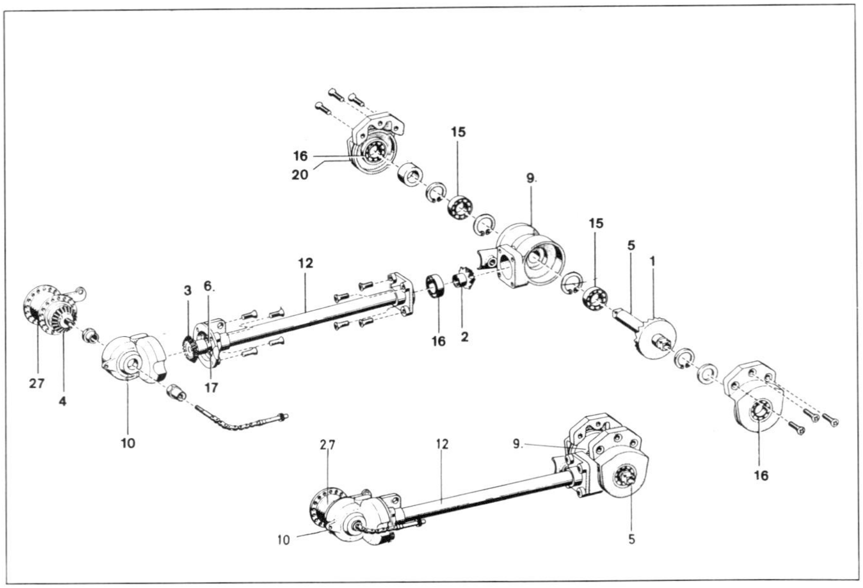

Abb. 321: Explosiv-Darstellung des Wellenantriebs von Fendt.

Beim Fendt-Fahrrad „Cardano“ mit Wellenantrieb und Hinterradfederung (siehe Abb.103) ist die Hinterradgabel als Langschwinge ausgebildet und beweglich am Tretlager angelenkt (Abb. 320).

Der Drehpunkt ist die Tretlagerwelle (5). Die Hintergabel mit dem Laufrad stützt sich auf zwei Federbeine (F) ab. Wie beim Motorrad ermöglicht dieses Federungssystem einen relativ langen Federweg bei guter Spurhaltung. Der Achsabstand zwischen Tretlagerwelle (5) und der Dreigang-Nabe (27) bleibt konstant. Deshalb bietet sich der Wellenantrieb für eine Langschwingenfederung buchstäblich an (Abb. 321).

Das rechte (im Durchmesser vergrößerte) Hintergabelrohr (12) nimmt die Antriebswelle (6) völlig geschützt auf, an deren Enden zur Kraftumlenkung und Übersetzung (i = 1 : 2,18) je ein Kegelradpaar (1 – 2, 3 – 4) sitzt. Die Lagerung der Tretlagerwelle, der Hinterradschwinge und des Wellenantriebs erfolgt durch in Ölbad laufende Rillenkugellager (15 – 16, 16 – 17). Die Abdichtung der Lagerung geschieht durch reibungsarme O-Ringe (20), die verhindern, daß Öl austritt oder Schmutz und Wasser hineingelangen.

Der Wellenantrieb am Fahrrad ist nicht neu, er wurde um die Jahrhundertwende bis Ende der dreißiger Jahre von Dürkopp (ohne Federung) und zeitweise auch von Wanderer gebaut (Abb. 322).

Die Abb. 323 zeigt den Wellenantrieb von Fendt und Patria.

Fazit[55] der Erfahrungen mit Fahrrad-Federungen

Die Konstruktionen von Federungen, die die harten Fahrbahnstöße abfangen sollen, bringen unvermeidlich ein höheres Baugewicht mit sich. Andererseits aber, bei zu weitgehend weicher Federung, durch die gewissermaßen nachpendelnden Bewegungen des Fahrers Schwingungen, die den Fahrer beim Treten behindern und ihn dadurch zur Mehrleistung zwingen. Zudem wird durch die unvermeidlichen Scharnier- und Gelenkstellen das Fahrwerk labil. Und alles zusammen erweist sich rein gefühlsmäßig als lästige Schwergängigkeit. Deshalb finden Fahrräder mit Hinterradfederung nur sehr wenig Käufer.

[55] Fazit = Endergebnis

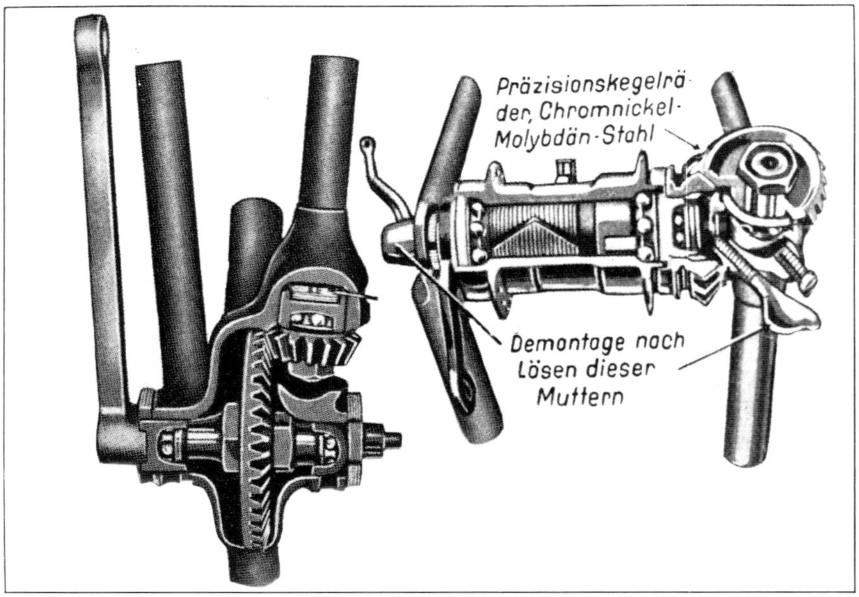

Abb. 322: Wellenantrieb von Dürkopp

Abb. 323: Wellenantrieb von Fendt und Patria.

Konventionelle Fahrradgabeln

Für jede Rad-Kategorie wird, wie beim Rahmen, eine spezielle Gabelausführung eingesetzt, z. B. Touren-, Sport-, Rennsport-, Renn-, Mountain-bike- und Kinderfahrrad-Gabeln.

Die Gestaltung der Gabel ist auf den jeweiligen Fahrradtyp zugeschnitten. Die einzelnen Gabeltypen unterscheiden sich wiederum nach dem Arbeitsverfahren, mit dem die Verbindung der Einzelteile erfolgt: hartgelötete, geschweißte oder verpreßte (lötungslose) Ausführung.

Und schließlich gibt es noch Unterschiede bei Spezialgabeln (Renn- und Rennsportgabeln) hinsichtlich des verwendeten Werkstoffs – Stahl oder Alu-Legierung.

An der Fahrradgabel sind deutlich drei Hauptbauteile zu erkennen: der Gabelkopf (auch als Gabelkrone bezeichnet), die Basis[55] der kompletten Gabel, außerdem die beiden Gabelscheiden und der Gabelschaft (das Gabelschaftrohr). Die Gabelscheiden und das Gabelschaftrohr sind mit dem Gabelkopf fest verbunden. In Abb. 327 sind verschiedene Gabelkopfausführungen aus unterschiedlichen Werkstoffen mit Maßangaben dargestellt.

Der Gabelkopf muß genügende Starrheit besitzen, die nicht allein durch den Werkstoff, sondern auch durch seine besondere Formgestaltung erreicht wird. Meist ist er als geschlossener Hohlkörper ausgeführt – oder als offener Kasten, der dann mit zwei kleineren, kammerartigen Füllstücken verschlossen werden muß, die zugleich als Lotdepot dienen. Vorwiegend werden heute aus Stahlblech gepreßte Gabelköpfe verwendet. Aus Preisgründen werden die hochwertigeren Gabelköpfe aus Temperguß (GTW 40 S DIN 1692) heute nur für Spezialausführungen eingesetzt. Die Außenform der Gabelkrone wird durch die Querschnittsform der verwendeten Gabelscheiden mitbestimmt. Rein optische Gründe spielen zwar oft eine Rolle, aber die Optik muß letztlich doch zurücktreten hinter sicherheitstechnischen Überlegungen.

Bei Gabeln mit Tempergußkopf wird bei Fahrrädern der unteren und mittleren Preisklasse die Gußoberfläche nicht vorbehandelt, sondern durch eine übergestülpte Zierkappe abgedeckt, die, dekorativ gestaltet und verchromt, aus Messingblech 0,5 mm dick (CuZn 36 F 30 DIN 17670) oder aus poliertem Alu-Blech (Al 99 F 10) hergestellt wird. Zierkappen aus Kunststoff müssen mit dickerer Wandung gespritzt oder im Vakuumverfahren gezogen werden. Sie wirken aber nicht so organisch mit dem Gabelkopf verbunden wie eine dünnwandige Metallkappe.

Die Breite des Gabelkopfes richtet sich nach der Reifenbreite, ist aber geringer als die Gabelklemmweite an den Ausfallenden, denn die Gabelscheiden laufen nicht parallel, sondern in einem spitzen Winkel auf den Gabelkopf zu. Das bedeutet nicht nur Werkstoff- und Gewichtsersparnis, sondern auch erheblich größere Widerstandsfähigkeit der Gabel gegen Seitenkräfte im Fahrbetrieb. Auch ist zu beachten, daß ein gepreßter kurzer Gabelkopf biege- und verdrehsteifer ist als ein längerer. Vor allem werden seitlich auf das Rad wirkende Kräfte von der Gabelscheide dieser Seite zum Teil als Druck- statt als Biegebeanspruchung aufgenommen.

Wie bei den Rahmenmuffen werden heute vorwiegend gepreßte Gabelkronen verwendet. Dadurch ist die Innenlötung für die Gabelscheiden verlassen worden, die beim gegossenen Gabelkopf sich dadurch anbot, daß die hohlen Stutzen für die Aufnahme der Gabelscheiden mühelos angegossen werden können. Eine Ausnahme machen die Rennsport-Gabeln aus Alu-Legierungen, bei denen auch am geschmiedeten Alu-Kopf die Zapfen für die Gabelscheiden angepreßt werden können.

So hat die moderne Gabel aus Stahl heute durchweg im Gabelkopf eingesetzte Scheiden – ob es sich dabei um eine hartgelötete, geschweißte oder verpreßte (lötungslose) Verbindung handelt.

Zwischen Außen- und Innenlötung (s. Abb. 324 und 325) besteht festigkeitsmäßig kaum ein Unterschied, aber die heute bevorzugte Außenlötung hat fertigungs- und damit kostenmäßige Vorteile. Abb. 326 zeigt einen aus Stahlblech gepreßten Gabelkopf für Außenlötung, Werkstoff Stahlblech 2 mm dick U St 1303 oder Bandstahl

---

[56] Basis = Grundlage, Unterbau

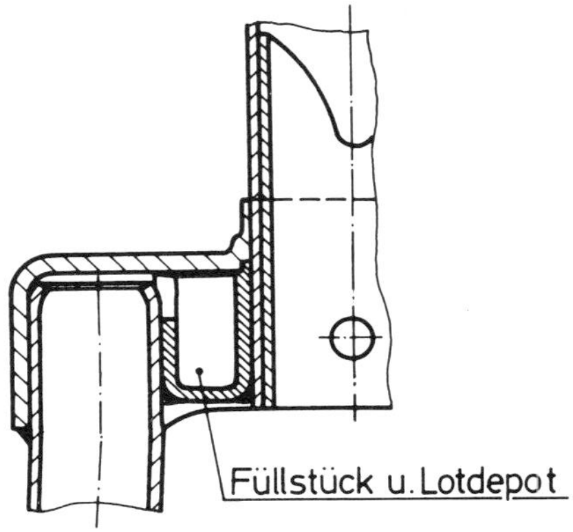

Abb. 324: Außenlötung einer Gabelscheide mit gepreßtem Stahlblech-Gabelkopf.

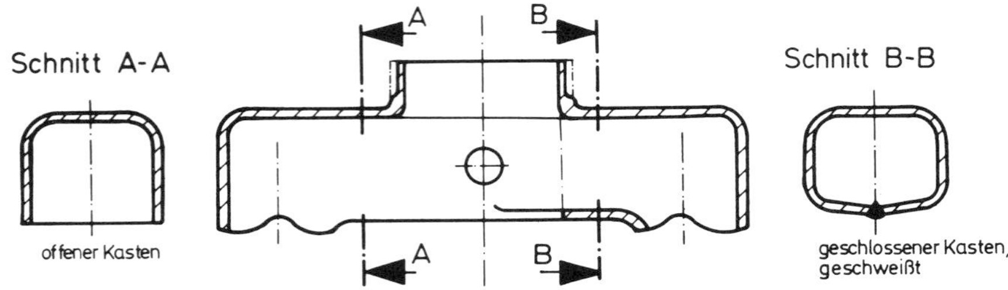

Abb. 326: Gabelkopf aus Stahlblech.

2 mm dick St 3 LG RPG DIN 1624. Die rechte Gabelkopfseite ist im Bild als geschlossener, die linke als offener Kasten gezeichnet.

Geschweißte Fahrradgabeln

Nur wenig wird noch die elektrische Schweißung für die Verbindung des Gabelkopfes mit den Gabelscheiden und dem Gabelschaft bei Stahlausführung des Kopfes angewandt. In Abb. 328 ist eine Schweißkonstruktion der Firma Kynast dargestellt. Bei der Schweißkonstruktion sind die Passungen für die Verbindungen als Festsitz ausgeführt; nach dem strammen Einpressen der Teile erfolgt die elektrische Schweißung. Interessant ist die zusätzliche Lochschweißung an sechs Stellen des Gabelkopfes.

Das Profil der Gabelscheiden kann sehr verschieden sein – kreisrund, halbrund oder oval. Kreisrunde Profile, wie sie meist nur noch bei Rennmaschinen zu finden sind, haben nach allen Richtungen gleich große Widerstandsmomente gegen Biegekräfte. Bei ovalen Querschnitten dagegen ist das Widerstandsmoment in Richtung der Oval-Längsachse (also in Fahrtrichtung) sehr groß, quer dazu aber verhältnismäßig gering. Die Widerstandsmomente bei Halbkreis- oder D-förmigen Querschnitten liegen zwischen den beiden erstgenannten Profilen.

Heute wird für fast alle Fahrradgabeln die ovale Gabelscheide eingesetzt. Die Gründe dafür liegen nicht nur in den verschiedenen Widerstandsfähigkeiten, sondern auch im günstigen Herstellungsverfahren ovaler Scheiden.

Kreis- und halbkreisförmige Gabelscheiden werden schon aus optischen Gründen konisch ausgeführt. Das Verjüngen (Reduzieren) der Scheidenrohre wird durch zusätzliche Arbeitsgänge erzielt (und kostet deshalb Geld). Es erfolgt nicht durch Aufweiten nach dem dickeren, sondern durch „Zusammentreiben" nach dem dünneren Ende zu. Es handelt sich dabei um das gleiche Herstellungsverfahren wie bei den Hintergabelrohren bzw. -streben. Die Wanddicke nimmt dabei im gleichen Maß wie die Verjüngung zu.

Das Reduzieren der Scheidenrohre ist nicht ganz einfach – ebenso die Ausbil-

Fortsetzung auf Seite 146.

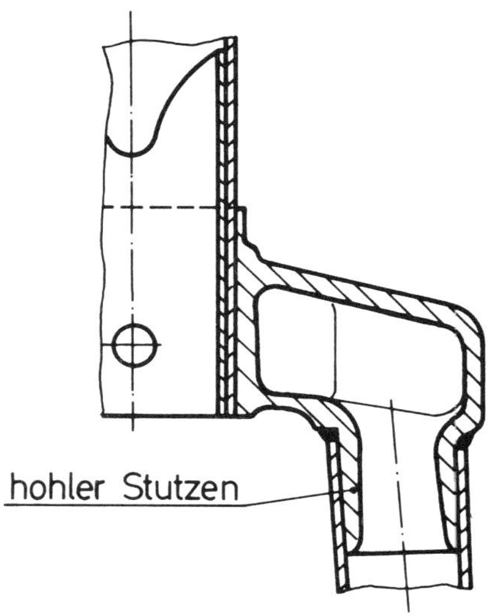

Abb. 325: Innenlötung der Gabelscheide mit Temperguß-Schrägschulter-Gabelkopf.

Abb. 327: Verschiedene Gabelkopf-Ausführungen.

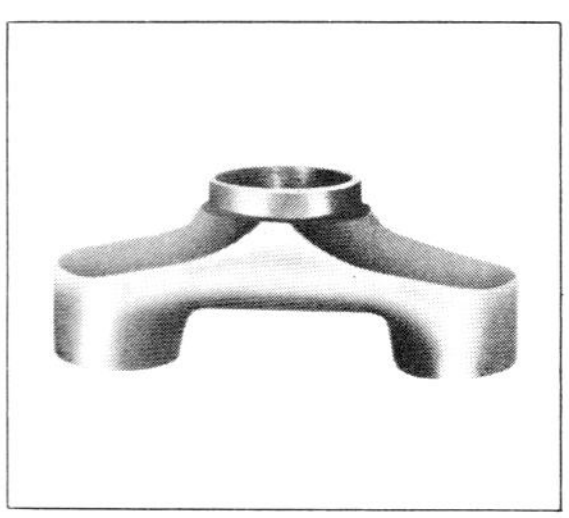

No. 1151

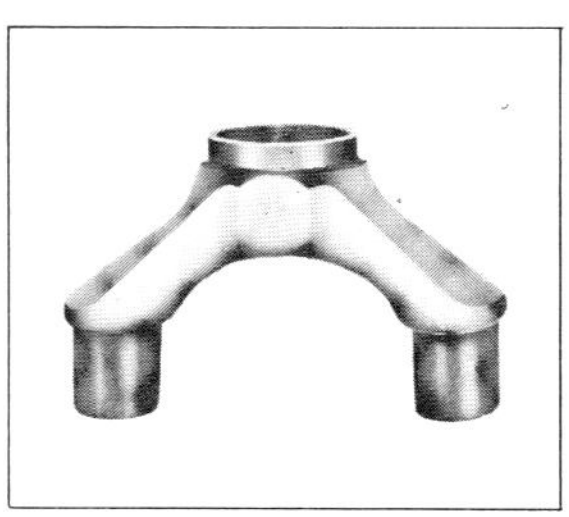

No. 1152

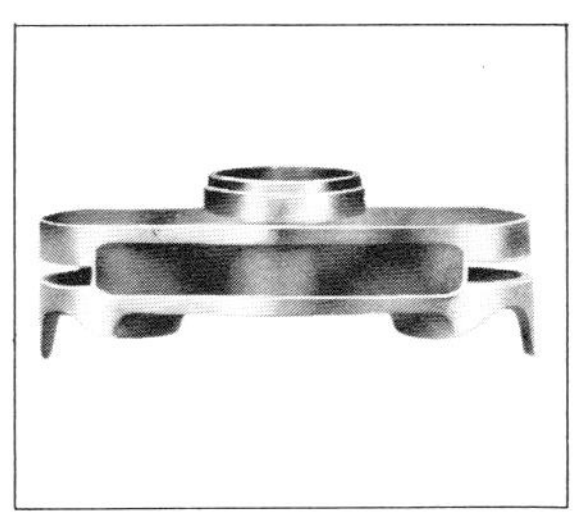

No. 1154

No. 1155

Erläuterungen zu den in der Tabelle (Abb. 327) angegebenen Werkstoffen „Fein- und Sphäro-Guß“

Feinguß

ist ein modernes Gießverfahren; die in diesem Verfahren gegossenen Teile zeichnen sich durch besonders glatte Oberfläche, hohe Maßgenauigkeit und Festigkeitswerte von Gesenkschmiedeteilen aus. Komplizierte Teile (wie z. B. Gabelköpfe) und selbst Motorteile mit schwieriger Formgebung, die hohe Festigkeit aufweisen müssen (Kipphebel, Schwinghebel, Stößel, ja selbst Pleuel) und die üblicherweise im Gesenk geschmiedet werden, können schon bei geringer Stückzahl in Feinguß hergestellt werden, da die Festigkeit in den meisten Fällen an die von Gesenkschmiedeteilen aus hochwertigen Werkstoffen heranreicht.

Abmessungen nach „Champion“

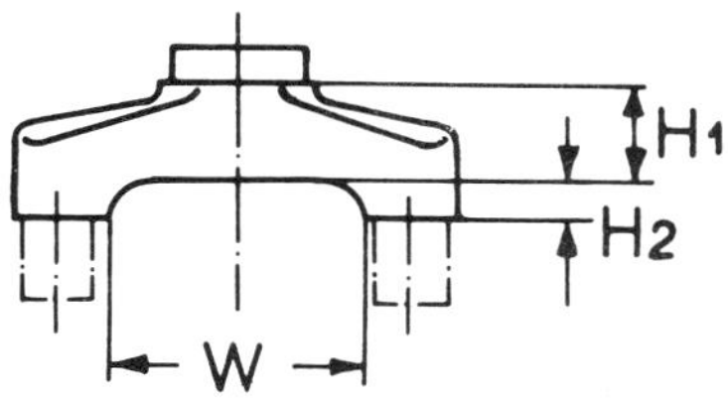

Nr.	Werkstoff	Gewicht g	Maße in mm			
			W	Profil	H 1	H 2
151	Fein- oder Sphäroguß	150	45	23 oval	18	13
152	Fein- oder Sphäroguß	170	47	23 oval	17	14
154	Fein- oder Sphäroguß	155	43,5	23 ∅ rund	17	4,5
155	Fein- oder Sphäroguß	150	39	24 ∅ rund	21	8,0
156	Fein- oder Sphäroguß	150	46	23 oval	17,5	9,0
117	Stahlblech	130	45	28,7 » 16,4 oval	23	5,5
159	Fein- oder Sphäroguß	210	47	23 oval	20	17

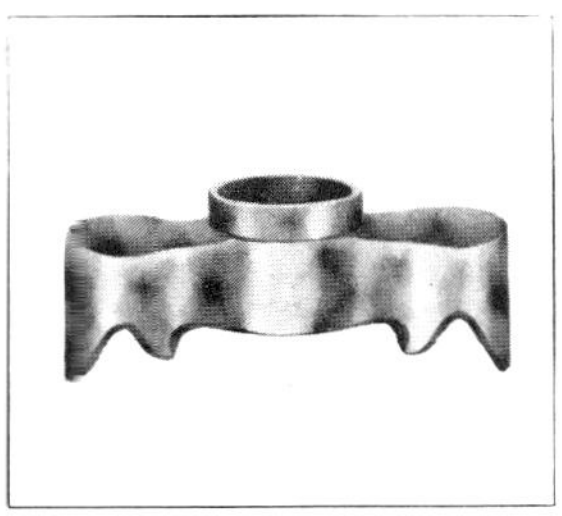

No. 1156

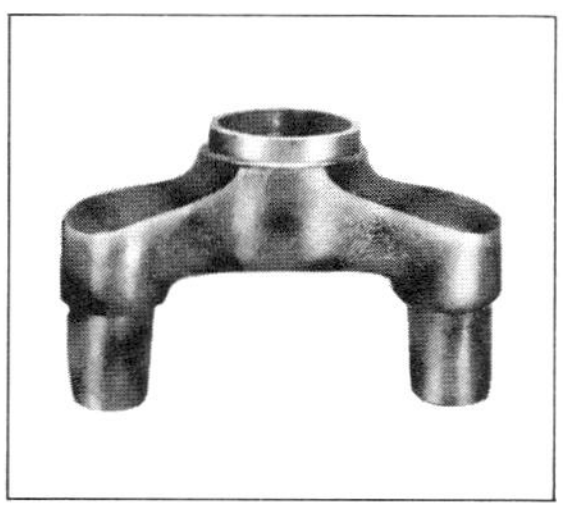

No. 1159

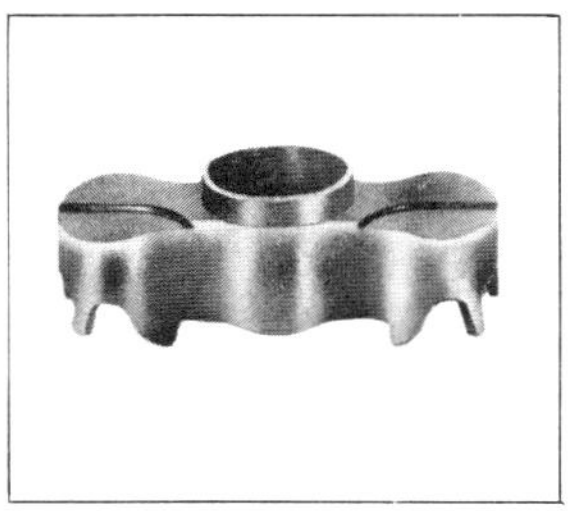

No. 1117

Damit man sich ein Bild vom Herstellungsvorgang machen kann, sei dieser nachstehend beschrieben.

Ausgangsobjekt ist ein Holz-, noch besser ein Messing-Modell des betreffenden Teiles (z. B. Gabelkopf), das sehr glatt poliert und, wenn aus Holz, sauber lackiert sein muß. Genau wie dieses Modell (das um das Schwindmaß von 4% größer bemessen sein muß) sieht dann das fertige Gußstück aus.

Zunächst wird das Modell, ähnlich wie beim Sandgußverfahren, in einem geteilten Formkasten eingeformt, aber statt Sand wird eine flüssige Kunststoffmasse verwendet, die die Form sauber ausfüllt und nach dem Erhärten eine vollkommen glatte Negativform ergibt, die so teilbar ist, daß das Modell entfernt werden kann. Nachdem der Formkasten wieder zusammengesetzt wurde, wird in den Hohlraum unter Druck flüssiges Wachs eingespritzt, das die Form restlos ausfüllt. Auf diese Weise kann eine beliebige Menge von Wachsmodellen hergestellt werden. Diese werden dann an eine Wachssäule angeklebt (besser gesagt angeschmolzen) und schräg so aufwärts gerichtet, daß die Form eines Tannenbaumes entsteht.

Wird dieser Tannenbaum-Körper mehrmals in eine keramische Flüssigkeit getaucht und getrocknet, so entsteht eine genügend dicke Schale mit großer Festigkeit, worauf das Wachs ausgeschmolzen wird (was sehr leicht möglich ist, da ja in den Hohlräumen überall Gefälle vorhanden ist). Zum Gießen wird dieser Körper dann auf 1000°C erhitzt, und der flüssig eingefüllte Stahl füllt die Hohlräume bis in die äußersten Ecken sauber aus.

Nach dem Erkalten wird die Form zertrümmert, die einzelnen Gußteile werden dann von der Säule abgetrennt. Schließlich erfolgt noch eine spezielle Wärmebehandlung, um das Gußgefüge zu verfestigen.

Es können natürlich auch verschieden geformte Teile (die nur aus demselben Werkstoff bestehen müssen) zu einer solchen Traube vereinigt werden, so daß auch eine kleinere Stückzahl gegossen werden kann.

Für den Guß sind fast alle Stahlsorten (wie z. B. St 50, C 45, 16 MnCr 5 u. a.) geeignet.

Das Verfahren kommt, wie gesagt, sogar für Pleuelstangen in Frage, und nach Auskunft des Herstellers können auch hier die Festigkeiten gesenkgeschmiedeter Pleuel erreicht werden. Besonders für Gleitlagerpleuel mit ihrer komplizierten Formgebung (die normalerweise gesenkgeschmiedet werden) bedeutet das Feinguß-Verfahren eine wesentliche Verbilligung, weil das teure Gesenk gespart wird.

Feingußteile sind, wenn das Modell sauber war, so glatt wie feinbearbeitete Flächen. Bohrungen können ebenfalls genau gegossen werden, so daß sie nur mehr gerieben zu werden brauchen. Darin liegt ein bedeutender Vorteil gegenüber gesenkgeschmiedeten Teilen, bei denen alle Bohrungen und Hohlräume erst ausgearbeitet werden müssen. Infolge dieser erheblichen Einsparung bei der Bearbeitung können bestimmte Feingußteile sogar bei größeren Stückzahlen mit Gesenkschmiedeteilen konkurrieren.

Sphäroguß und Temperguß

Sphäroguß (Gußeisen mit Kugelgraphit, Bezeichnung z. B. GGG 42 und höher nach DIN 1693) ist ein Eisenwerkstoff (Dichte 7,2 kg/dm³), dessen freier Kohlenstoff in kugeliger Form vorhanden ist. Er hat stahlähnlichen Charakter, läßt sich aber wie Grauguß mit Lamellen-Graphit mit fast gleicher Gießeinrichtung vergießen.

Seine mechanischen Eigenschaften sind denen des Gußeisens (z. B. GG 15 DIN 1691) mit lamellarem Graphit und denen des Tempergusses (z. B. GTW 40 DIN 1692) überlegen. Infolge der Kugelform des ausgeschiedenen Graphits sind die bei Grauguß vorhandenen „Innenkerben" und Spannungsspitzen an den Graphit-Lamellen abgebaut.

Sphäroguß kann vergütet, gehärtet und oberflächengehärtet werden (Flammen-, Induktions-Härtung). Er kann auch autogen oder elektrisch geschweißt und nach den üblichen Verfahren hartgelötet, die Oberfläche kann durch galvanische Metallabscheidung (Verzinken, Verkupfern, Vernickeln, Verchromen usw.) veredelt werden.

Temperguß ist weißgegossenes Gußeisen, das durch oxydierende Glühbehandlung entkohlt ist. Temperguß ist zäh und kann kalt gerichtet werden, er ist gut schweißbar und kann hartgelötet werden.

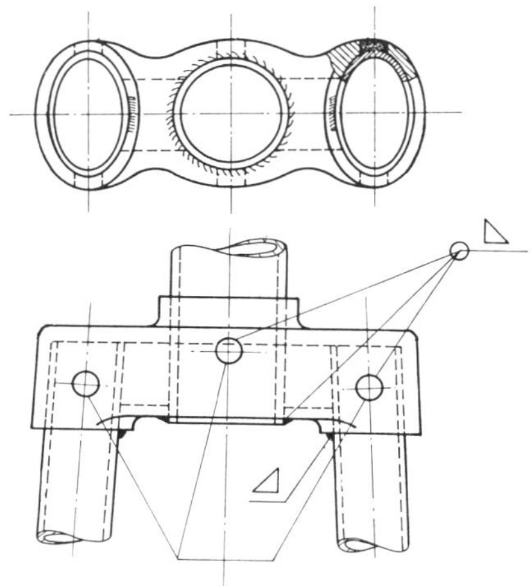

Abb. 328: Geschweißte Fahrradgabel von Kynast.

Konventionelle Fahrradgabeln

Fortsetzung von Seite 144.

dung der Ausfallenden. Bei den ovalen Scheiden der Tourengabeln bleibt dank nur geringer Verjüngung der Außendurchmesser nahezu erhalten. Daher ist es leicht, durch vollständiges Flachpressen des ovalen Rohrs am unteren Ende genügende Breite zum Ausstanzen der Achsaufnahme zu erhalten. Damit die Ausfallenden 4 – 5 mm dick und dadurch entsprechend steif werden, wird ein vor dem Verjüngen zylindrisch gerollter Blechstreifen (Schlitzrohr) in das Rohrende eingepreßt und gemeinsam mit dem Rohr reduziert (Abb. 329). Der Gesamtquerschnitt ist dann groß genug, um ein ausreichend dickes und breites Ausfallende zu pressen (Abb. 330)

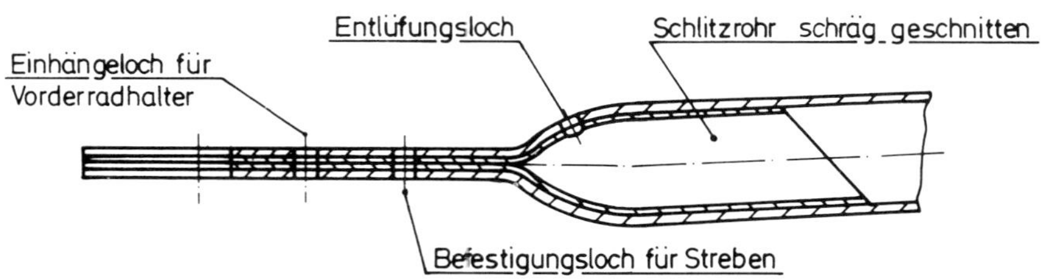

Abb. 329: Beispiel einer Verstärkung im Ausfallende einer Tourengabel.

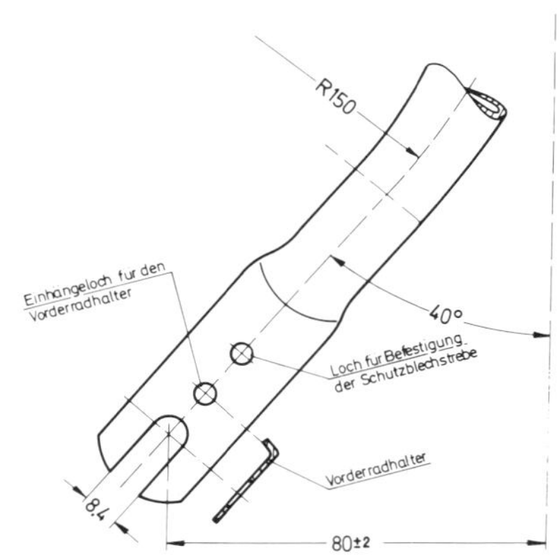

Abb. 330: Angepreßtes Tourengabel-Ausfallende mit Vorderradhalter (Radausfall-Sicherung).

Bei ovalen Gabelscheiden für Sporträder ist das verjüngte Ende meist kreisrund. Trotz des Reduzierens genügt die Werkstoff-Verdickung nicht zum Flachpressen bzw. zum Erhalt eines Ausfallendes aus dem Rohrmaterial. Dieses wird vielmehr ohne Rücksicht auf die entstehende Breite flachgepreßt, und es wird ein aus 3 – 4 mm dickem Bandstahl der Qualität St 2 K 32 Bk DIN 1624 gestanztes Ausfallende im elektrischen Abbrenn-Schweißverfahren stumpf angeschweißt (Abb. 331).

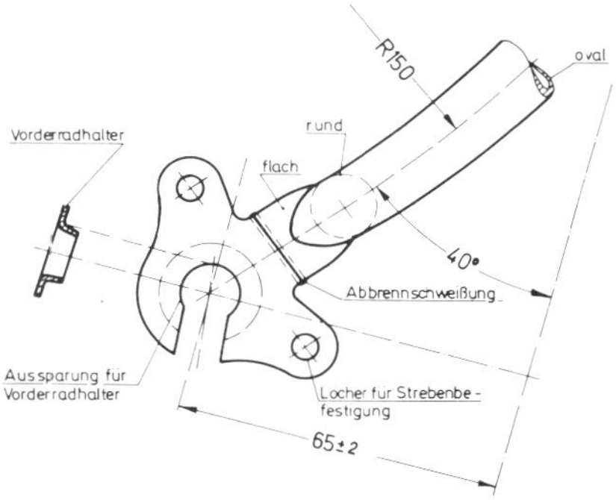

Abb. 331: Stumpf angeschweißtes Sport-Ausfallende, geeignet für Vorderradhalter (Radausfall-Sicherung), nach Hermes.

Werden Gabelscheiden aus normalem Werkstoff (St 37-2) mit Wanddicke von nur 1,0 mm verarbeitet, so erhalten die Scheidenrohre vor dem Eindrücken in die Gabelkrone oben eine Innenverstärkung (Abb. 332). Diese kann aus einem gerollten oder gepreßten Blech oder Rohrstück (Schlitzrohr) bestehen, das dem Scheidenquerschnitt entspricht. Die unteren Enden solcher Verstärkungen werden unten so ausgeklinkt, daß sie vorn und hinten weiter in die Scheiden ragen als seitlich. Die Lötung braucht nicht auf der ganzen Länge zu erfolgen; es genügt, wenn im Bereich des Gabelkopfes die eingepreßte Verstärkung bei der Lötung der Scheiden mit angebunden wird.

Die solidere Ausführung ist die Verwendung dickerer Scheidenrohre von 1,4 mm ohne Verstärkungen, wie es heute von den meisten Herstellern praktiziert wird.

Die Gabelscheiden werden jetzt durchweg aus geschweißtem Rohr hergestellt. Der Ausgangswerkstoff für Standard-Scheiden ist St 37-2. Die Mindest-Zugfestigkeit muß nach DIN 420 N/mm² betragen.

Gebräuchliche Abmessungen für Gabelscheidenrohre sind:

Querschnitt rund	**Querschnitt oval und D-förmig**
20,0	22,0 × 18,0
21,0	23,0 × 19,0
22,0	24,0 × 20,0
23,0	25,0 × 17,5
24,0	28,0 × 19,0
	28,7 × 16,4
	29,0 × 16,0

Wanddicken für alle Querschnitte möglich: 0,9 – 1,0 – 1,1 – 1,2/1,25 – 1,4 – 1,5 mm.

Beachtenswert ist das erheblich unterschiedliche Gewicht der Gabelscheiden – zwischen 520 und 320 g pro Paar (Tabelle Abb. 333).

Bei Gabelscheiden mit extrem geringen Wanddicken (0,9 mm) wird bei Renngabeln anstelle von eingeschobenen Gabelscheiden-Verstärkungen an der Innenseite der Holme eine gelochte Verstärkungsplatte mit dem Holm und dem Gabelkopf verlötet. Dadurch wird an der am stärksten beanspruchten Stelle Gabelkopf/Gabelscheide ein harmonischer Kräfteübergang vom Gabelkopf zur Gabelscheide erreicht – siehe hierzu Abb. 334 der gelochten Verstärkungsplatte und Abb. 351 einer Renngabel.

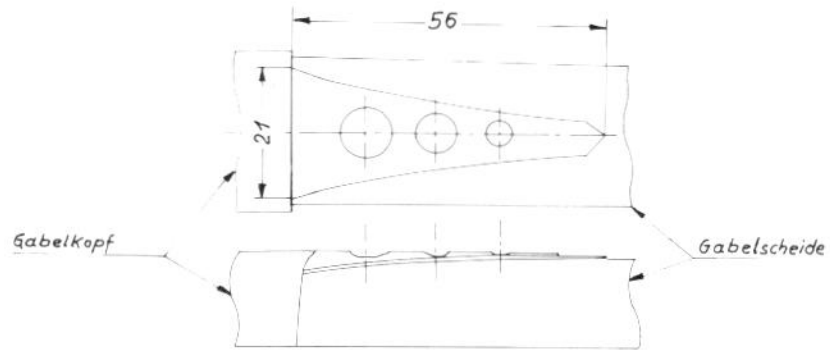

Abb. 334: Gelochte Verstärkungsplatte am Gabelholm innen.

Die Gabelausfallenden werden meist vom Hersteller der hinteren Ausfallenden mitbezogen. Sie sind aus einem gut lötbaren Werkstoff mit 500 N/mm² Mindest-Zugfestigkeit im Gesenk geschmiedet. Die Befestigung erfolgt in der gleichen Weise wie bei den hinteren Ausfallenden.

Der Gabelschaft (das Gabelschaftrohr) für normale Gabelausführungen wird aus geschweißtem, für die Rennsport-, Renn- und Tandem-Modelle aus konifiziertem Rohr hergestellt. Für den Außendurchmesser gilt international das Maß 25,4 ± 0,08 mm. Die Wanddicke beträgt 1,5 – 1,55 mm. Das ergibt 22,4 ± 0,1 – 22,3 ± 0,1 mm Innendurchmesser, so daß sich ein 22 ± 0,15 mm dicker Lenkerschaft trotz auftragender Verchromung noch ohne Gewalt einschieben läßt. Nach DIN muß die Mindest-Zugfestigkeit des Gabelschaftrohrs 420 N/mm² betragen. Im Außendurchmesser gibt es bei manchen Herstellern geringfügige Abweichungen.

Das am Oberteil des Schaftrohres befindliche ca. 25 mm lange Gewinde FG 25,4

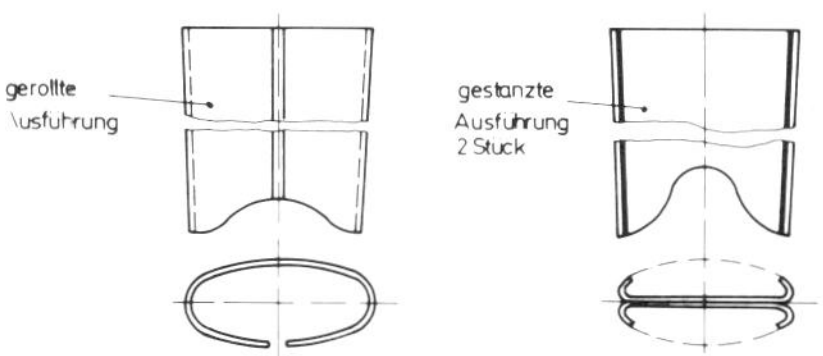

Abb. 332: Verschiedenartige Gabelscheiden-Verstärkungen.

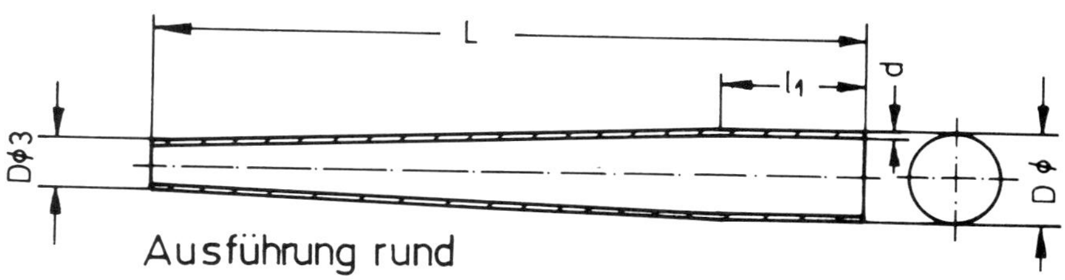

Abb. 333: Gabelscheiden für Sport-, Rennsport und Renngabeln (Champion-Rohre).

Ausführung rund (Zeichnung Vorseite)							
Nr.	d	∅ D	∅ D 3	l_1	L	Werkstoff	Gewicht Paar
1623	1,25	23	13	80	400	NAW 50	520 g
1602	1,1	23	12,5	80	400	NAW 50	390 g
1608	1,1	24	12,5	80	400	NAW 50	390 g
1603	0,9	23	12,5	80	400	NAW 50	320 g

Ausführung oval

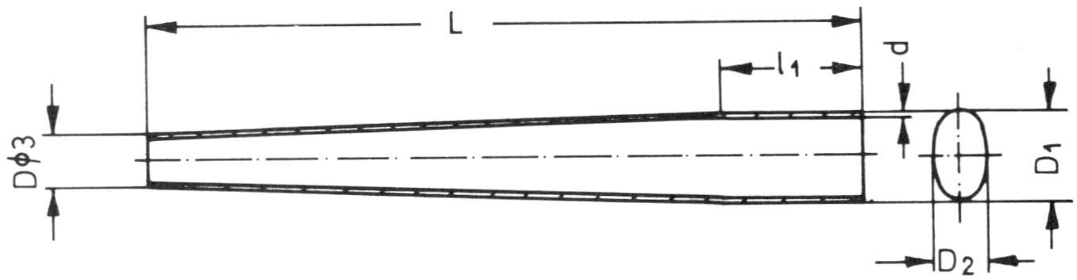

Ausführung oval							
Nr.	d	D 1 + D 2	∅ D 3	l_1	L	Werkstoff	Gewicht Paar
1622	1,25	28,6 x 16,4	13	80	400	NAW 50	520 g
1601	1,1	28,6 x 16,4	12,5	80	400	NAW 50	390 g
1600	0,9	28,6 x 16,4	12,5	80	400	NAW 50	320 g

Der in den vorstehenden Tabellen angegebene Champion-Rohrwerkstoff NAW 50 ist ein schlagfester Spezialstahl. Chemische Zusammensetzung:

NAW 50						
C	Si	Mn	P	S	Cu	Ti
0,12	0,15–0,35	0,90	0,06–0,12	0,035	0,25–0,50	0,15

Ausführung oval für „Professional"

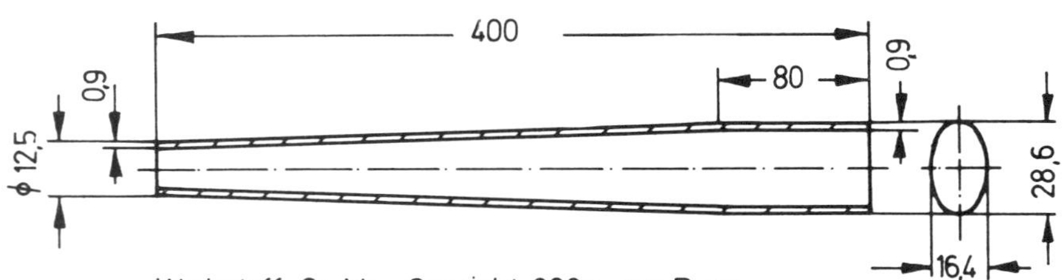

Werkstoff Cr-Mo , Gewicht 300g pro Paar

24 Gang (s. Gewindedaten Abb. 1140) wird neuerdings von ausländischen Herstellern auch als M 25 × 1 ausgeführt. Problematisch ist die am Gewindestück eingefräste Längsnut für den Eingriff der Nase des Sicherungsrings zur Konterung des Stellkonus am Lenkungslager. Durch die scharfkantige Nut ist ein Bruch des Rohres möglich, außerdem werden die Gewindegänge durch das Einfräsen der Nut vergratet. Die bessere Lösung ist deshalb ein kurzes ausgestanztes Fenster (s. Abb. 337) im oberen Bereich des Schaftrohres.

Die Länge des Gabelschaftrohres richtet sich nach der Länge des Rahmen-Lenkkopfes. Bei richtiger Abstimmung der Gabelschaftlänge auf den Rahmen und die verwendeten Lenkungslager reichen 25 ± 2 mm Gewindelänge zur Aufnahme und spiellosen Einstellung der oberen Lenkungslager-Teile aus.

Weniger günstig sind die Verhältnisse bei den sogenannten Einheits-Reparaturgabeln, deren Schaftlänge für jede Lenkkopf-Länge der verschiedensten Rahmen ausreichend sein soll. Bei kürzeren Lenkköpfen wird der Schaft dann auf das richtige Maß abgeschnitten. Sorgen bereitet aber dann u. U. das Gewinde. Denn wenn die Reparaturgabel für kurze und lange Lenkköpfe verwendbar sein soll, so erfordert das für den kurzen ein sehr weit auf dem Schaftrohr herunterreichendes Gewinde, für den langen eine größere Schaftlänge. Die Verwendung solcher Reparaturgabeln bedeutet für die Werkstatt zwar Zeitersparnis und wesentlich verringerte Lagerhaltung – sie birgt aber eben auch Gefahren in sich.

Bei der Art der Wälzlagerung des Gabelschaftes ist der Schaft wechselnden Biegebeanspruchungen ausgesetzt, die unmittelbar am Austritt des Schaftes am Gabelkopf am größten sind und nach oben hin stetig abnehmen. Bedingt ist diese Veränderung der Biegemomente durch die Veränderung der wirksamen Hebelarm-Verhältnisse. Aus Abb. 336 ist ersichtlich, daß die auf die Gabel einwirkende Kraft F durch die Hebelarme H_1 und H_2 unmittelbar am unteren Gabelschaftlager mehrfach, durch die Hebelarme H_1 und H_3 jedoch nur unbedeutend übersetzt (vergrößert) wird. (Bei sehr langem Lenkkopf könnte im zweiten Fall sogar eine Untersetzung stattfinden.)

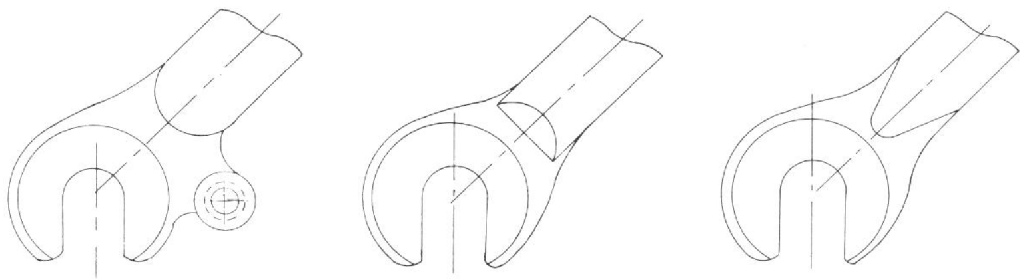

Abb. 335: Geschmiedete Ausfallenden für Vordergabeln.

Auf jeden Fall verursachen diese Momente Zugspannungen auf der Rückseite des Gabelschaftes. Jeder in die Gabelschaftwand eingeschnittene Gewindegang bedeutet eine Schwächung derselben gegenüber den auftretenden Zugspannungen, die nach dem bisher Gesagten um so gefährlicher werden können, je weiter die Gewindelänge zum Gabelkopf herunterreicht. Bei im Verhältnis zur Lenkkopf-Länge sehr weit herunterreichendem Gewinde entsteht erhöhte Bruchgefahr für den Gabelschaft. Daran ändert sich auch nicht viel dadurch, daß der Gabelschaft durch den eingeschobenen Lenker eine Verstärkung erhält. Sitzt der Lenkerschaft nicht sehr gut passend im Gabelschaftrohr, so muß der größte Teil der Biegemomente doch vom Gabelschaft allein aufgenommen werden. Das aber ist meist der Fall, denn eine wirklich feste Verbindung zwischen den beiden Rohren besteht nur an der Klemmstelle des Lenkerschaftes.

Diese Klemmung kann übrigens eine andere Gefahr in sich bergen. Denn durch sie entstehen in der Gabelschaftwandung radial verlaufende Drücke, die der Schaft in seinem vollen Teil gut aufnehmen kann, nicht aber im Gewindeteil. Kommt die Lenkerschaftklemmung bei Verwendung einer Reparaturgabel mit weit heruntergeschnittenem Gewinde in einem längeren Lenkkopf in den Gewindeteil des Gabelschaftrohres, so wird dieses an der Klemmstelle zumindest aufgebaucht. Dabei entstehen Anrisse im Grunde der Gewindegänge, und ein Bruch ist durch diese Schwächung auf die Dauer nicht vermeidbar. Deshalb eben sind derartige Reparaturgabeln mit weit heruntergeschnittenem Gewinde nur bedingt verwendbar. Es ist bei ihnen gut darauf zu achten, daß die Lenkerklemmung im Bereich des gewindelosen Gabelschaftes liegt (was auch sonst immer der Fall sein sollte!).

Besser ist es, aber auch umständlicher, wenn das Gabelschaftgewinde erst beim Einbauen einer Reparaturgabel in der richtigen Länge geschnitten wird. Das muß mit einer Schneidvorrichtung mit Geradführung erfolgen, denn ein schieflaufendes Gewinde bedeutet nicht nur einseitiges Tragen des oberen Lenkungslagers, sondern auch Schwächung der Gabelschaft-Wanddicke auf einer Seite.

Die einwandfreie Lösung ist im Reparaturfall im Hinblick auf die geschilderten Risiken die Verwendung einer Originalgabel für das betreffende Modell.

Wie Abb. 336 („Kräfteverlauf in der Gabelschaft-Lagerung") erkennen läßt, tritt die höchste Beanspruchung des Gabelschafts unmittelbar nach dem Austritt aus dem Gabelkopf und im Bereich des unteren Lenkungslagers auf. Man kann aus Sicherheitsgründen die Wandung des Schaftrohres innerhalb dieses Bereiches dicker halten und den Schaft am unteren Ende konisch verlaufen lassen. Das geschieht bei besonders hoch beanspruchten Gabeln, z. B. Rennsport-, Renn- oder Tandem-Gabeln. Bei normalen Fahrradgabeln genügt ein gerolltes Verstärkungsblech oder ein schräg geschnittenes, geschlitztes Rohrstück, das bei der Gesamtlötung mitgelötet wird (s. Abb. 337, 349 und 350).

In einem modernen Fertigungsbetrieb erfolgt die Gabellötung auf automatischen Lötmaschinen. Beim Zusammenpressen der Teile wird das Lotgut beigegeben. Bietet die Gabelkonstruktion keine Kammer an, die als Lotdepot dienen kann, so wird in die Gabelscheiden das Lotgut in Form

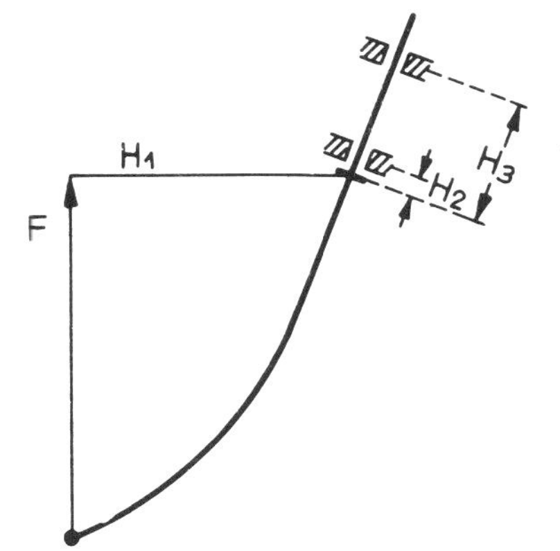

Abb. 336: Kräfteverlauf in der Gabelschaft-Lagerung.

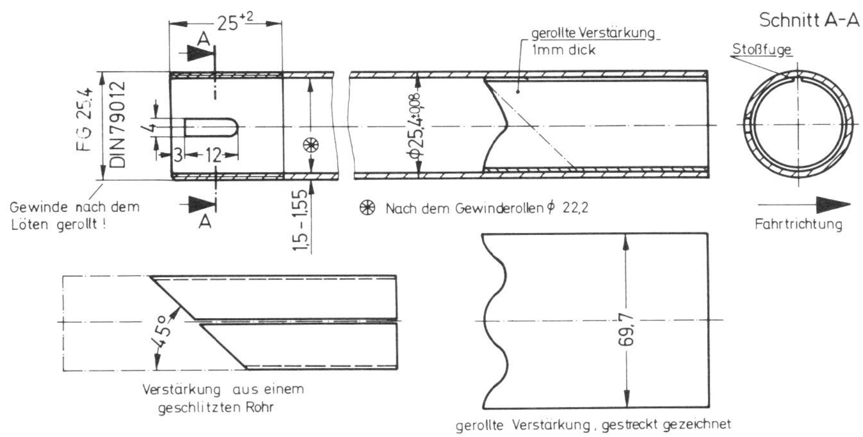

Abb. 337: Normaler Gabelschaft mit Verstärkung.

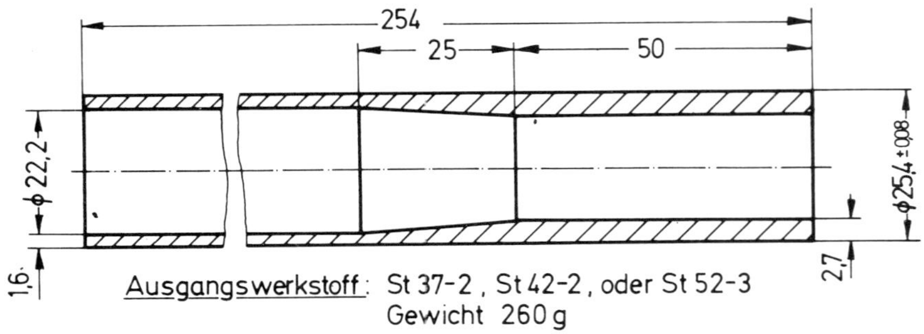

Abb. 338: Konifizierter Gabelschaft für Rennsport- und Renngabeln.

Die Firma Markana verbindet deshalb ihre Gabeln nach einem löt- und schweißlosen System. Die Einzelteile werden hierbei stramm zusammengepreßt und durch Aufweitungen und hinterschnittartiges Verpressen gesichert. Der Gabelschaft wird zusammen mit einem Verstärkungsrohr in die nach unten konisch erweiterte Bohrung des Temperguß-Gabelkopfes mit hohem Druck eingepreßt. Das Gabelschaftrohr mit dem Verstärkungsrohr wird dann kräftig aufgeweitet (Abb. 341). Durch Nasen in der Gabelkopfbohrung, in die das Gabelschaftende hineingepreßt wird, ist der Schaft gegen Verdrehen gesichert.

Vor dem Einpressen der Gabelscheiden in den Gabelkopf wird im oberen Ende der Gabelscheiden ein schlanker, in der Mitte an den Schmalseiten eingeschnürter Keil aus Temperguß eingesetzt, der ähnlich einer Gabelscheidenverstärkung bei gelöteten Gabeln noch ein Stück über den Gabelkopf hinausragt. Unter einer Presse wird der Gabelkopf dann im Scheidenbereich so zusammengestaucht, daß die Gabelscheiden auch nicht mit Gewalt aus dem Gabelkopf herausgezogen werden können (Abb. 342). Damit wird eine fest bleibende, unlösliche Verbindung zwischen Gabelkopf, Gabelschaft und Gabelscheiden erreicht. Der Vorteil dieser Gabelkonstruktion ist, daß keine Warmbehandlung erfolgt und dadurch die ursprünglichen Werkstoffeigenschaften voll erhalten bleiben.

Es ist zweifellos interessant, sich die Beanspruchungsverhältnisse der Gabelscheiden klarzumachen. Aufschlußreich ist da die Abbildung 343, in der der Verlauf der auf die einzelnen Punkte einer Scheide einwirkenden Biegemomente dargestellt ist. (Unter Moment versteht man das Produkt aus Hebelarm und Kraft, die Maßeinheit dafür ist cmN = Zentimeter-Newton.) Angenommen, daß an den unteren Scheidenenden, genau an der Achsmitte, eine senkrecht gerichtete Kraft F von 300 N wirkt. Das ergibt dann an einem 2,8 cm weiter rechts liegenden Punkt auf der Mittelachse der Gabelscheide ein Moment von 2,8 × 300 N = 840 cmN.

von Granulat[57] oder Lotstücken eingelegt. Das notwendige Flußmittel muß wie bei der Rahmenlötung in optimaler Form beigegeben werden.

Die vorbereiteten Teile werden vom Bedienenden auf die Aufnahmedorne des Plattenbandes aufgesteckt (Abb. 340). Die Anlage wird durch eine elektronische Steuerung gelenkt. Ist in der Flammenzone die Löttemperatur von 950°C erreicht, dann ist der Lötvorgang abgeschlossen. Sobald die Teile auf 700°C abgekühlt sind, passieren sie eine Wasserdusche, wo sie abgeschreckt werden, damit die Festigkeit des Ausgangswerkstoffs weitgehend erhalten bleibt. Wichtig ist, daß keine Werkstoffe verwendet werden dürfen, die durch die Wasserkühlung gehärtet werden. Überschüssiges Flußmittel wird abgeschwemmt, und die Teile werden soweit abgekühlt, daß die Maschinenbedienung die Gabeln von der Vorrichtung abnehmen und in eine Richt- und Biegevorrichtung für die Gabelkrümmung einlegen kann.

Die Gabeloberfläche muß, wie nach der Rahmenlötung, durch Sandstrahlen oder Beizen zum Lackieren vorbereitet werden.

Die Fertigung der Gabel, insbesondere das Löten, muß mit größter Sorgfalt erfolgen, denn von der Güte der Lötverbindung hängt weitgehend die Festigkeit der Gabelscheiden unterhalb der Lötstelle ab. Die Beanspruchung dieser Stellen ist besonders groß – man kann mit Recht die Zone unterhalb des Gabelkopfs als die empfindlichste am ganzen Fahrrad bezeichnen. Hinzu kommt, daß durch die Erwärmung beim Lötvorgang auch ohne Überhitzung die durch das Walzen und Ziehen im Werkstoff erzielte natürliche Härte verringert wird.

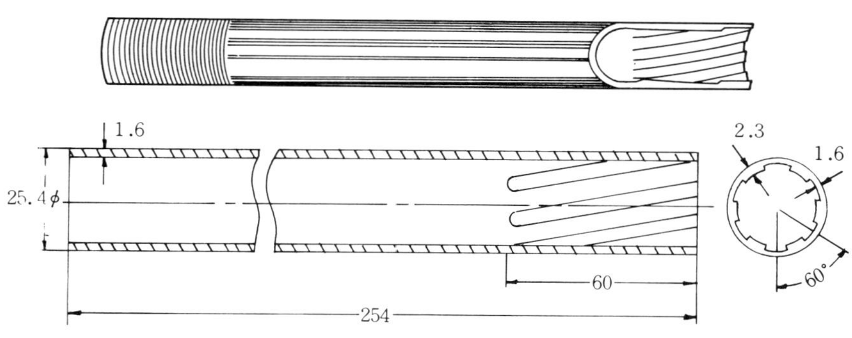

Werkstoff: CrMo (Chrom-Molybdän) Gewicht 220 g

Abb. 339: Spezial-Gabelschaft für Renngabeln.

[57] Granulat = lateinisch granula (körnig): körnig angefertigte (urspr.) Medikamente

Abb. 340: Gabel-Lötautomat Super III, stündliche Kapazität 400 Stück, von ELGA.

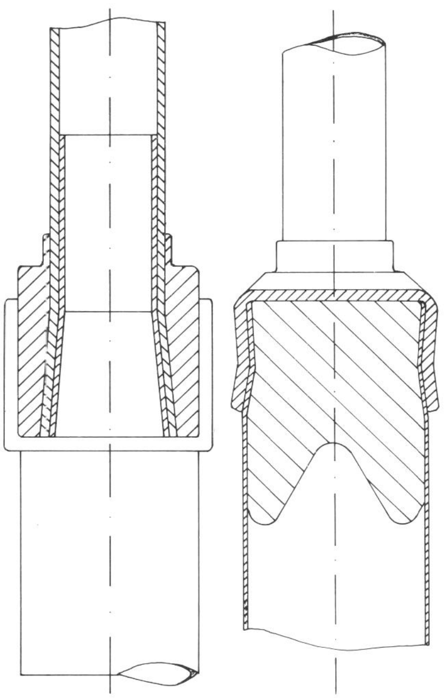

Abb. 341 und 342: Lötungslose Gabelschaft- und Scheiden-Befestigung.

Das Moment wird nach oben zu immer größer und erreicht bei der gezeichneten Gabelscheide und der angenommenen Kraft unter dem Gabelkopf bereits 5100 cmN, ein Vielfaches des am unteren Scheidenende wirksamen Moments.

Erinnern wir uns an das bereits im Abschnitt „Belastungsverhältnisse im Fahrradrahmen" über Träger gleicher und ungleicher Festigkeit und über das Entstehen von Schwingungen Gesagte. Die übliche Fahrrad-Sportgabelscheide stellt mit guter Näherung einen Träger gleicher Festigkeit dar. Bei Gleichheit der Querschnittsfläche an jeder Stelle der Gabel und elliptischem Querschnitt mit ungefähr konstantem Achsenverhältnis ist das Widerstandsmoment W proportional den Ellipsenachsen und diese sind wiederum ungefähr proportional dem Hebelarm der Kraft F. Somit ergibt sich hieraus eine konstante Spannung für jeden Punkt der Gabel, d. h., die Gabelscheiden sind als Träger gleicher Festigkeit gestaltet. Die Querschnittsgleichheit bedeutet aber nicht gleiche Festigkeit gegenüber den Biegekräften an den verschiedenen Punkten, denn bei den einwirkenden Biegemomenten spielen auch die Hebelarme eine wesentliche Rolle. Gerade durch den gleichmäßigen Werkstoff-Querschnitt werden – umgekehrt wie die Biegemomente – die Widerstandsmomente an den einzelnen Punkten nach oben hin immer größer. So handelt es sich bei den üblichen Gabelscheiden tatsächlich nahezu um Träger gleicher Festigkeit. Wie auch die Abb. 343 zeigt, wirken sich alle auftretenden Kräfte am stärksten im Bereich unterhalb des Gabelkopfes aus.

An dieser Stelle müssen die Biegemomente elastisch aufgenommen werden. Steigen die Kraft F und damit das Biegemoment zu weit an, kommmt es primär hier zur Verformung und Verbiegung. Selbst wenn die Belastung innerhalb der Elastizitätsgrenze bleibt, die Scheide also an der fraglichen Stelle wie eine Blattfeder wirkt, so entstehen hier doch erhebliche Spannungen innerhalb des Gabelscheiden-Werkstoffes: auf der Vorderseite des Scheidenrohres ergeben sich Drücke in der Wandung, auf der Rückseite starke Zugspannungen. Eine federnd aufgenommene Kraft, d. h., eine, die nicht zur Verformungsarbeit ausgenutzt oder in Wärme umgewandelt werden kann, muß immer zurückgegeben werden. Die Federung hat nur die Funktion eines Kraftspeichers. So

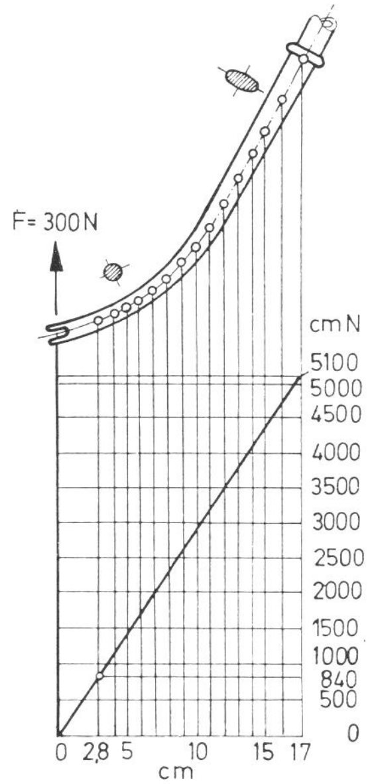

Abb. 343: Biegemomente an einer Gabelscheide.

muß nach einem Stoß auch die Gabelscheide die aufgenommene Kraft wieder abgeben. Sie schwingt zurück über die Ruhelage hinaus und pendelt dann um diese mit immer kleiner werdenden Ausschlägen vor und zurück, bis sie schließlich zur Ruhe kommt. Dabei ändern sich auch die Spannungsverhältnisse im Werkstoff des höchstbeanspruchten Teils der Scheiden unter dem Gabelkopf. Druck- und Zugspannungen auf der Vorder- und Rückseite wechseln im Rhythmus der Schwingungen, und dabei entstehen Spannungen. Sie sinken im gleichen Maß ab wie die Schwingungsausschläge.

Es wäre gut, wenn die Verhältnisse nur so wären, wie bisher geschildert. Tatsächlich sind sie aber noch komplizierter. Zunächst einmal verläuft die Zone, in der diese Spannungen entstehen, nur nach unten hin einigermaßen allmählich. Nach oben ist sie durch den plötzlichen Übergang der Scheide zum praktisch starren Gabelkopf scharf begrenzt. Hier müssen besonders starke Spannungen auftreten.

Im Fahrbetrieb hat man es aber nicht nur mit einem Stoß und mit dem sanften Abklingen der verursachten Schwingungen zu tun; die Stöße folgen vielmehr in unregelmäßigen Zeitabständen ständig aufeinander. Sie beeinflussen sich gegenseitig, und selbst geringe Stöße können durch eine bestimmte zeitliche Folge starke Schwingungen der Gabelscheiden und damit beachtliche Spannungen bewirken. Diese sind es, die dann durch sogenannte Materialermüdung einen Bruch verursachen können. Eine „gesunde“ Gabelscheide bricht durch Gewalteinwirkung nicht, sie wird nur verbogen.

Tritt ein Bruch ein, so verläuft er so, daß sich an der Stelle der höchsten Zerr-Beanspruchungen (an der Rückseite der Scheide) ein oft kaum wahrnehmbarer Anriß bildet. Der endgültige Bruch erfolgt dann bei einem besonders heftigen Stoß oder einer raschen Folge schwächerer Stöße, die der Fahrer nicht einmal wahrzunehmen braucht. Das ist die Erklärung dafür, daß der Endbruch oft auf ebener glatter Fahrbahn erfolgt, was dann schnell zur Mutmaßung eines Werkstoff- oder Fertigungsfehlers führt. Tatsächlich treten auch auf der besten Fahrbahn Erschütterungen in den Gabelscheiden auf, schon allein durch den Tretantrieb und die Walkarbeit in der Bereifung. Auch eine ebene Straße muß man sich als schnelle Folge sehr kleiner und kleinster Hindernisse vorstellen, die nur von der Bereifung soweit aufgenommen (geschluckt) werden, daß der Fahrer sie nicht empfindet. Die Stöße bleiben unterhalb der Reizschwelle – aber sie sind vorhanden und können Schwingungen in der Spannungszone der Scheiden verursachen. Der Reifen-Luftdruck, die Größe der Reifen-Aufstandsfläche und nicht zuletzt das Reifenprofil spielen dabei eine wichtige Rolle.

Die Bruchfläche zeigt immer ein grobes mehr oder weniger mattglänzendes Korn. Die Bruchlinie verläuft selten glatt bzw. gerade, sondern meist etwas kurvenförmig.

Außer als Ermüdungsbruch bezeichnet man solche Brüche auch als Dauer- oder Zerrüttungsbruch, weil sie die Folge dauernder Schwingungs- und Zerr-Spannungs-Erscheinungen sind (s. hierzu auch Abb. 245 über „Bruchformen“).

Es drängt sich die Frage auf, ob es nicht möglich sei, die Gabelscheiden nach unten hin bewußt schwächer zu machen, d. h., daß sie infolge höherer Elastizität ein größeres Energieaufnahmevermögen erhalten, wodurch auftretende Stöße kleinere Gabelspannungen zur Folge haben. An Versuchen, solche Gabeln serienmäßig einzuführen, hat es nicht gefehlt – solche Gabeln mit elastischen Scheiden sind unter verschiedenen Namen, z. B. „Elastic“-Gabeln auf den Markt gekommen. Aber sie haben sich nicht bewährt, da wie bereits erläutert, jede Renngabel näherungsweise als Träger gleicher Festigkeit ausgebildet ist und hiermit das Optimum an Energieaufnahmevermögen verwirklicht ist. Jede Abweichung von dieser idealen Gestaltung hat zwangsläufig Spannungserhöhungen bei Stoßeinwirkung mit Gabelscheidenbrüchen zur Folge. Dadurch war diese Konstruktion nicht brauchbar.

Bisher wurde hier nur von der Beanspruchung der Gabel in Fahrtrichtung gesprochen; es muß aber auch ihr Verhalten bei auftretenden Seitenmomenten untersucht werden. Diese seitlich einwirkenden Momente können in erster Linie in der Nähe der Reifenauflage auf der Fahrbahn auftreten – durch eine seitliche Stoßkraft und den vom Abstand des Reifens zur Radachse, also vom Radradius, gebildeten Hebelarm. Diese Momente wirken zuerst einmal auf die Achse, sie versuchen, diese S-förmig zu verbiegen. Da sie in den Ausfallenden der Gabel fest eingespannt ist, wird das Biegemoment auch auf die Gabel übertragen. Das durch Gabelkopf, Gabelscheiden und Achse gebildete Trapez wird dadurch in doppelter Weise verzerrt: einmal verschieben sich die durch die Scheiden gebildeten Schrägseiten seitlich in Stoßrichtung, zum anderen wird durch die S-Biegung der Achse auch theoretisch der Abstand an den Ausfallenden verkürzt (Abb. 344). Jedoch sind diese Verzerrungen so geringfügig, daß sie mit Bestimmtheit innerhalb der Elastizitätsgrenze der Gabelscheiden bleiben. Es besteht auch kaum Gefahr, daß sie zu gefährlichen, weil immer wiederkehrenden Spannungen in irgend einem Scheidenteil führen könnten. Voraussetzung ist, daß Gabelweite und Klemmbreite der Nabe zueinander passen und die Gabel an den Ausfallenden nicht zu eng oder zu weit ist, weil es dann durch das Einspannen der Nabe zu

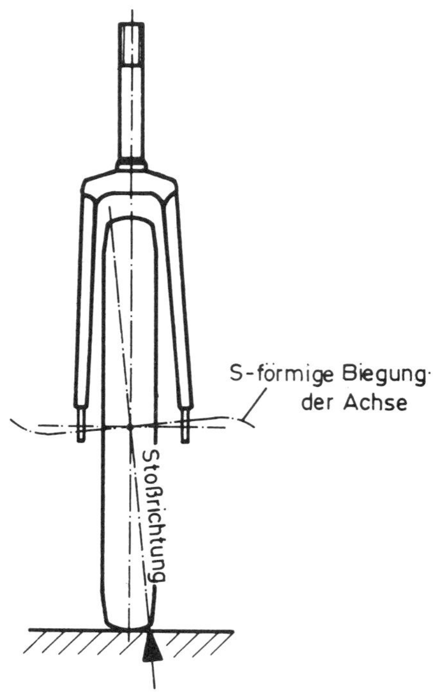

Abb. 344: Seitlich einwirkende Kräfte an der Gabel.

Dauerspannungen in den Gabelscheiden kommen könnte.

Ein sehr wichtiges Problem ist der an die Gabelscheide angeschweißte Halter für die Lichtmaschine. Der Dynamohalter sollte nämlich nur in der neutralen Zone des Gabelscheidenrohres (Abb. 345) angeschweißt werden. Ein vorn, in der Mitte

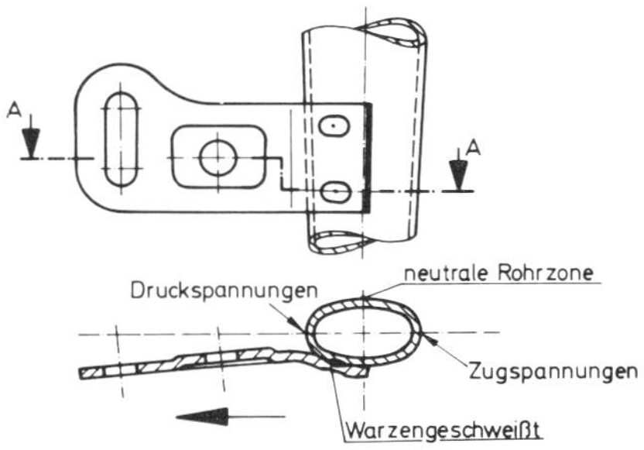

Abb. 345: Richtig angeschweißter Halter für die Lichtmaschine.

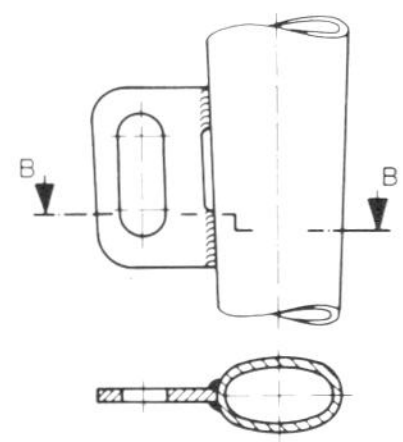

Abb. 346: Falsch angeschweißter Dynamo-Halter.

der Gabelscheide angeschweißter Halter (Abb. 346) nimmt der Scheide ihre Elastizität und führt zwangsläufig zum Bruch. Für die Festigkeit der Gabel ist es am besten, wenn keinerlei Halter an ihren Scheiden angeschweißt werden. Deshalb erfolgt bei den französischen Fahrrädern von Peugeot und Motobécane der Lichtmaschinen-Antrieb auch vom Hinterrad. Der Dynamohalter ist dort an der weniger empfindlichen Hintergabelstrebe angeschweißt (s. Abb. 227). Das Gleiche gilt übrigens auch für an der Gabelscheide angeschweißte Platten zur Aufnahme eines Sicherheitsschlosses.

Wird die Lichtmaschine an der Vordergabel nicht mit einem angeschweißten Halter, sondern einer Rohrschelle befestigt, so besteht die Gefahr, daß die Gabelscheide verformt, verletzt oder beschädigt wird. Die Rohrschelle kann an der konischen Scheide nicht satt anliegen, sondern nur am größten Querschnitt. Die Folge ist, daß trotz der Verformung die Schelle locker wird. Dabei kann der Dynamo in die Radspeichen geraten. Die tatsächliche Halterung wird zudem meist der Masse-Kontaktschraube an der Klemmschelle übertragen, aber deren angedrehte Kegelspitze dringt in die Gabelscheide ein und beschädigt sie. Aus Sicherheitsgründen sollten solche mangelhaften Dynamo-Befestigungen an der Vordergabel unterbleiben.

Das Gabelschaftgewinde (FG 25,4 – Gewindedaten s. Abb. 1140) und auch die Lagerpassung 26,7 – 0,1 mm wird nach dem Löten geschnitten bzw. gedreht. Es gibt verschiedene Herstellverfahren für die Gewinde, sie richten sich nach der zur Verfügung stehenden Betriebseinrichtung. Die Gewinde können gefräst (= spanabhebend), gestrehlt (geschält) oder auch gerollt werden. Das gerollte (gewalzte) Gewinde hat den Vorteil, daß die Gewindeflanken glatt und der Gewindegrund rißfrei sind. Auch wird der Faserverlauf im Werkstoff nicht unterbrochen (Abb. 347). Beim Gewinderollen braucht der Außendurchmesser (im Gegensatz zum normalen Gewinderollen) nicht mehr auf den Flankendurchmesser 24,2 mm abgedreht zu werden, sondern kann direkt auf den Nenn-Außendurchmesser 25,4 mm ge-

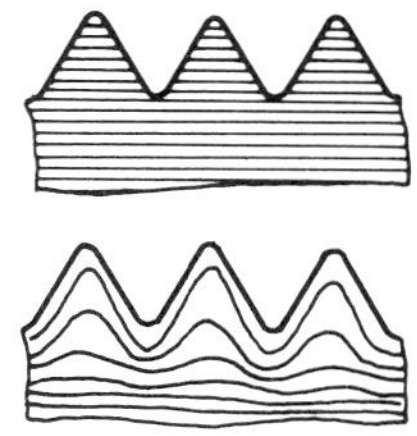

Abb. 347: Faserverlauf bei geschnittenem (oben) und gerolltem Gewinde (unten).

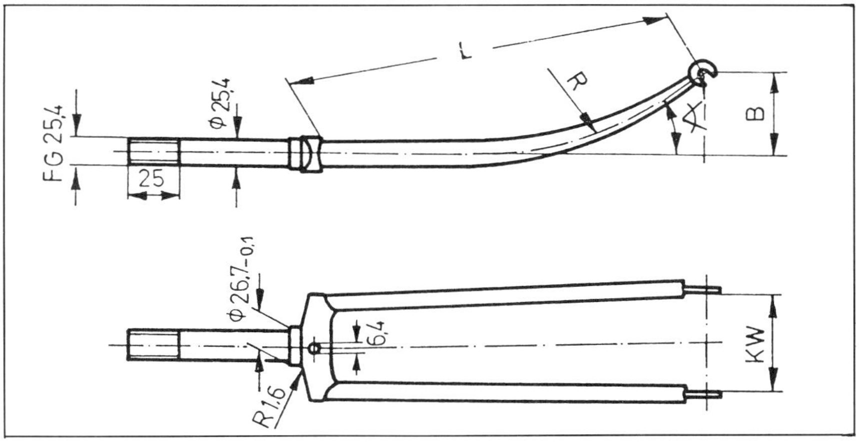

Abb. 348: Vordergabel-Hauptabmessungen.

Rad-Typ	Bereifung		L ± 1 mm	B ± 2 mm	R mm	∢ °	kw ± 1 mm
Touren	47-622	28″	386	80	150	40	93
Sport	47-559	26″	355	65	150	40	93
Sport	47-622	28“	382	65	150	40	93
Rennsport	25-622	28″	357	45	360	24	98
Renn	675 ∅	27″	357	40	350	20	98
Jugend	47-507	24″	330	65	150	40	93
Klapprad	47-406	20″	275	40	150	25	93
Kinder	47-406	20″	275	40	150	25	81
Kinder	47-355	18″	251	50	150	32	81
BMX	57-406	20″	281	27,5	–	–	96 + 7

walzt werden. Dabei muß im Gabelschaft-Innendurchmesser ein harter Dorn in der Abmessung des größtmöglichen Lenkerschaftrohres eingeführt werden, damit der Innendurchmesser nicht verformt wird. Auf 25 mm Gewindelänge wird der Gabelschaft beim Rollen um ca. 5 mm gestreckt, er muß deshalb entsprechend kürzer disponiert erden. Bei zugblankharten Rohren

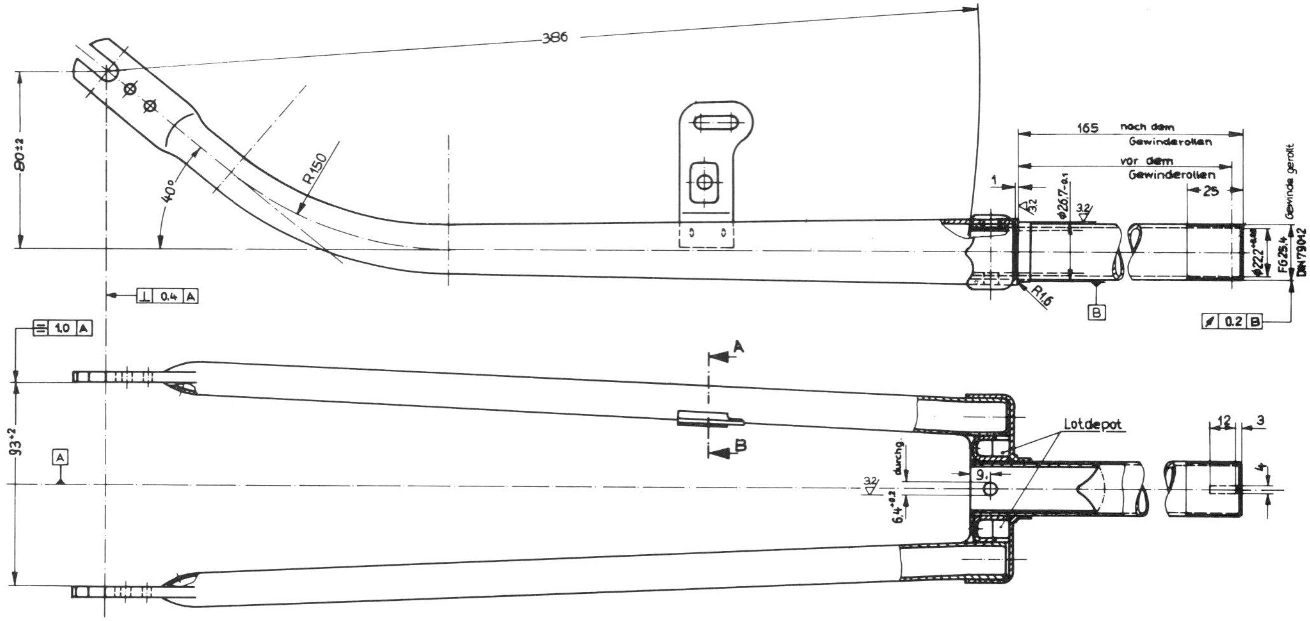

Abb. 349: Touren-Vordergabel für Bereifung 47-622 (28″).

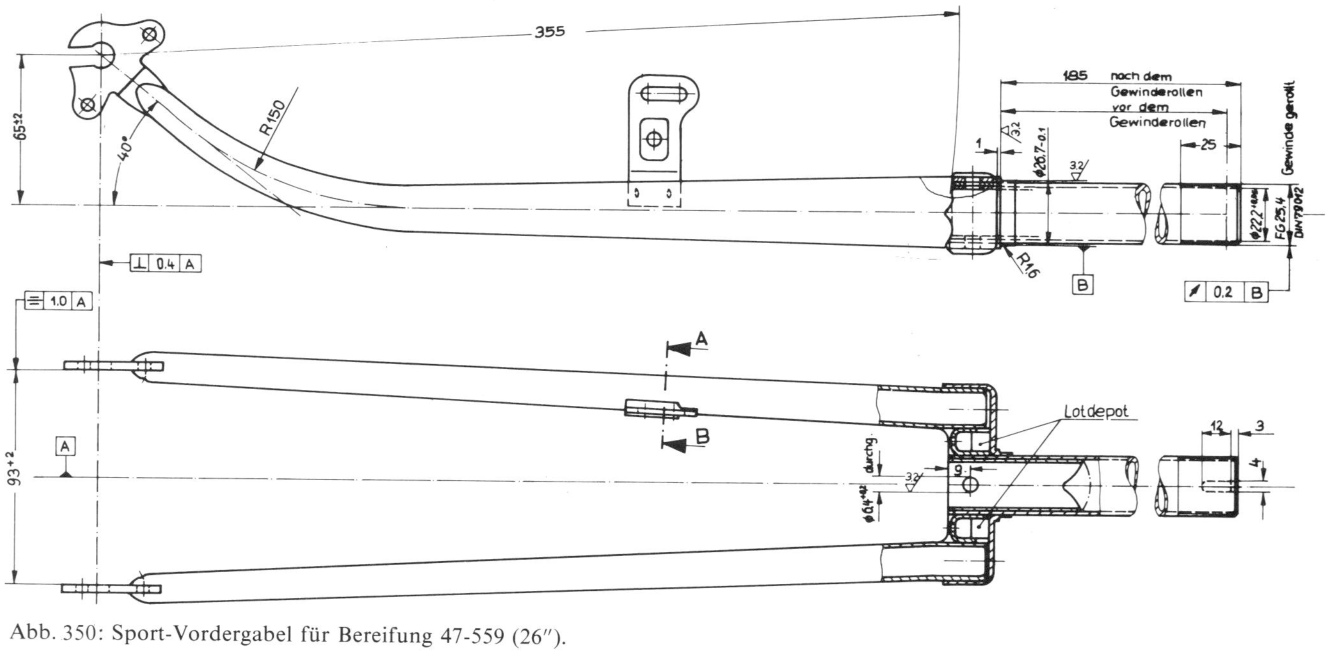

Abb. 350: Sport-Vordergabel für Bereifung 47-559 (26″).

über 590 N/mm² ist eine geringe Deformierung der Rohrinnenwand nicht zu vermeiden.

Bei Vordergabeln aus Leichtmetall-Legierungen werden wegen des Feingewindes am Gabelschaft Stahlrohre verarbeitet.

Die Passung für das Lenkungslager, d. h., den Gabelkonus, vor allem der Ausrundungs-Radius 1,6 mm, muß sehr sorgfältig gedreht werden. Ein scharfkantiger Übergang ist eine vorprogrammierte Sollbruchstelle am Gabelschaft-Austritt – siehe Abbildungen 349 und 350 einer Touren- und einer Sportgabel.

Vorderradgabeln, die die Prüfung (nach DIN 79 100) für die Verwendung von Nabenbremsen bestehen, dürfen am Gabelausfallende mit T gekennzeichnet werden.

Ein Novum ist die Vorderradgabel für Renn- und Geländeräder mit geraden Holmen von Colnago. Das Ungewöhnliche daran sind die geraden Gabelscheiden (Abb. 353), im Gegensatz zu den herkömmlichen Vorderradgabeln mit einer Gabelbiegung (siehe Maß „B“ in Abb. 303 und 348).

Mit der Größe der Gabelbiegung „B“ (die fachlich richtige Benennung nach ISO 8090 ist „Rücksprung“) wird der Nachlauf (N) bestimmt.

Bei der Vorderradgabel von Colnago (mit geraden Holmen) wird das Maß „B“ für den notwendigen Nachlauf mit einer Schrägstellung der Holme im Gabelkopf erreicht.

Vorderradgabeln mit einer Gabelbiegung sind elastisch und haben einen gewissen Federungseffekt, solche mit geraden Holmen sind steifer.

Vorderradgabeln für BMX und Mountain-bike

BMX-Vorderradgabel

Wegen der hohen Anforderungen ist die Konstruktion der herkömmlichen Vorderradgabeln (mit Gabelschaft, Gabelkopf und Gabelscheiden) für BMX-Vorderradgabeln aus Festigkeitsgründen nicht gut geeignet. Um mit einer solchen Bauart die notwendige Festigkeit zu erreichen, wären sehr dickwandige Gabelscheiden (die schwer und unelastisch sind) und ein geschmiedeter Gabelkopf erforderlich.

Als zuverlässige, stabile Konstruktion hat sich die sogenannte „Cross-Ausführung“ (bügelförmige Rohr-Schweißkonstruktion) bewährt, die heute allgemein „BMX-Vorderradgabel“ genannt wird.

In der Abb. 354 ist eine solche einfache, solide Rohr-Schweißkonstruktion dargestellt. Mit nur sechs leicht herzustellenden Einzelteilen wird eine unfallsichere, stabile Vorderradgabel geschaffen.

Wie bei der konventionellen Fahrradgabel muß auch bei der BMX-Vorderradgabel der Gabelkopf eine genügende Starrheit besitzen. Hier geschieht es nicht durch einen separaten Gabelkopf, sondern durch die sinnvolle Schweißverbindung der Gabelholme mit dem Gabelschaft.

Die beiden Rohrholme sind halbbügelförmig gebogen und schräg zum Gabelschaft geführt. Die Holmenden an der Gabelschaftseite sind mit einem Fräser (Durchmesser des Holmträgers) bearbeitet. Die Anschlußstelle ist dadurch nicht rund, sondern elliptisch. Am unteren Gabelschaft ist ein dickwandiges Rohrstück aufgepreßt und verschweißt, dessen unterer verstärkter Teil als Holmträger bezeichnet wird. Daran werden die beiden Gabelholme geschweißt, die mit ihrer schalenförmigen Ausfräsung um den Holmträger greifen und somit eine längere (eiförmige) Schweißstelle bilden.

Die beiden Ausfallenden sind nicht in die Rohrmitte gesetzt und geschweißt, sondern außermittig, damit sie nicht voll in der Biegezone des Holms zu liegen kommen. Besser wäre es, die Ausfallenden in der neutralen Rohrzone (um 90° versetzt) anzuschweißen.

Die Werkstoffe dazu sind Baustähle nach DIN 17 100, handelsübliche Stahlrohre DIN 2393/2394 der Stahlsorten St 37-2

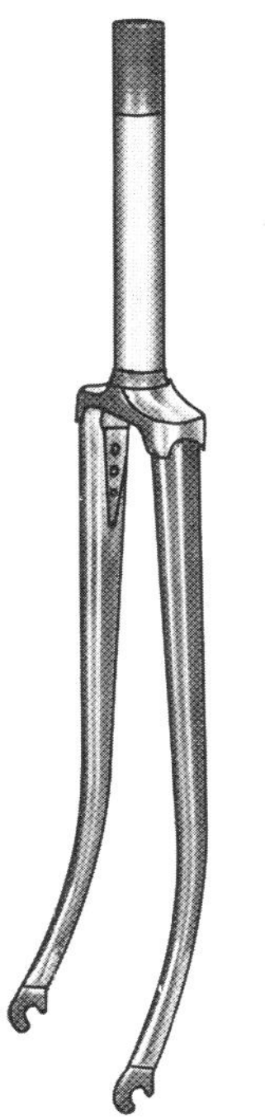

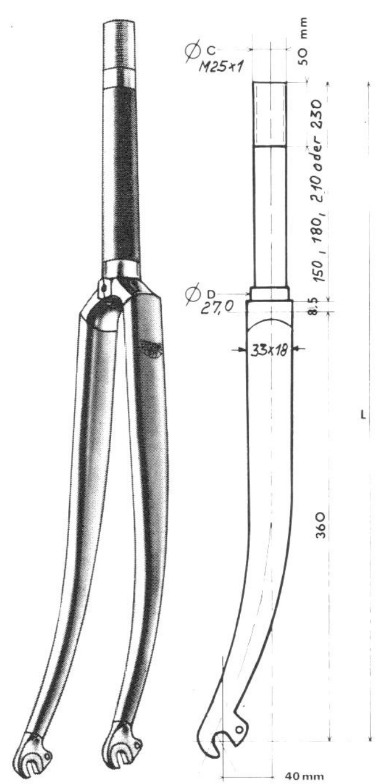

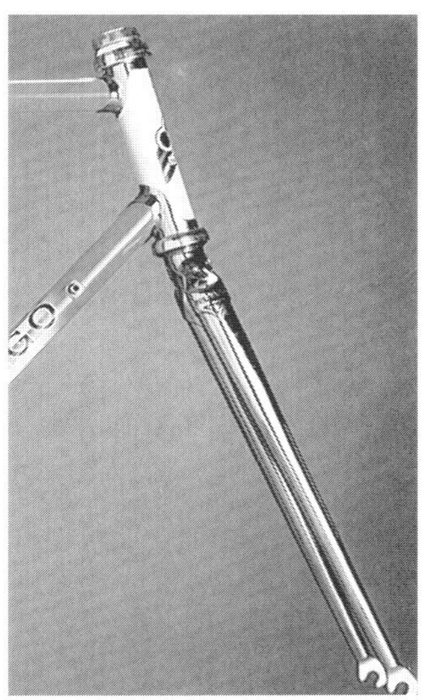

Links: Abb. 351: Champion-Renngabel, Gabelscheiden und Gabelschaft aus Werkstoff CrMo (Chrom-Molybdän).

Mitte: Abb. 352: Bador-Renngabel aus Alu-Legierung Vitus 979 Duralinox.

Rechts: Abb. 353: Vorderradgabel mit geraden Holmen von Colnago.

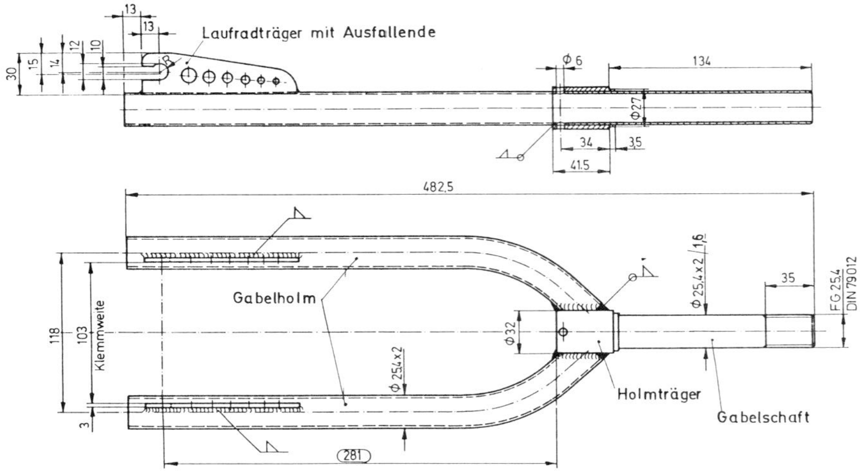

Abb. 354: BMX-Vorderradgabel.

und St 42-2 für den Gabelschaft. Die Abmessungen der Werkstoffe hierzu siehe Abb. 354.

Für Profi-Wettkampfräder mit höchsten Ansprüchen gibt es BMX-Vorderradgabeln aus dünnwandigen, hochfesten Rohren der Werkstoffsorte CrMo (25 CrMo4 DIN 17200). Für die Schweißung dieser Rohre wird der Schweiß-Zusatzwerkstoff (Schweißelektrode) CrMo1 DIN 8575 empfohlen.

Der Gabelschaft aus CrMo (siehe Abb. 339, jedoch nur 170 mm lang) ist zur Unterstützung im besonders hoch beanspruchten Teil des unteren Lenkungslagers mit spiralförmigen Rippen verstärkt.

Vorderradgabel für Mountain-bike

Die Vorderradgabeln der Mountain-bikes (Abb. 355) entsprechen im Prinzip den Touren-Vorderradgabeln, lediglich der Gabelkopf (meist in Schrägschulter-Ausführung, wie Abb. 325) ist breiter, passend für die Geländebereifung 57-559.

Bei den derzeitigen Modellen wird jedoch mehrheitlich eine speziell für das Mountain-bike entwickelte hartgelötete oder geschweißte Vorderradgabel verwendet (Abb. 356 und 357).

Diese besteht aus einer bügelförmigen Rohrkonstruktion mit gebogenen und verjüngten Gabelholmen und geschmiedeten Ausfallenden (siehe Abb. 335) und Anlötsockeln (siehe Abb. 896) für die Cantilever-Felgenbremse. Die Verbindung der Gabelholme mit dem Gabelschaft erfolgt bei der hartgelöteten Ausführung mit einem gepreßten, hosenförmigen Gabelkopf (Abb. 356).

Bei der Schweißkonstruktion ist der ellipsenförmige Anschluß der beiden Gabelholme, die schräg zum Gabelschaft geführt sind, elektrisch verschweißt und ergibt somit eine sehr stabile Verbindung.

Für hohe Ansprüche – und entsprechendem Fahrradpreis – werden hochfeste, dünnwandig-konifizierte Gabelholme und ein konifizierter Gabelschaft der Werkstoffsorte CrMo verwendet (Abb. 357).

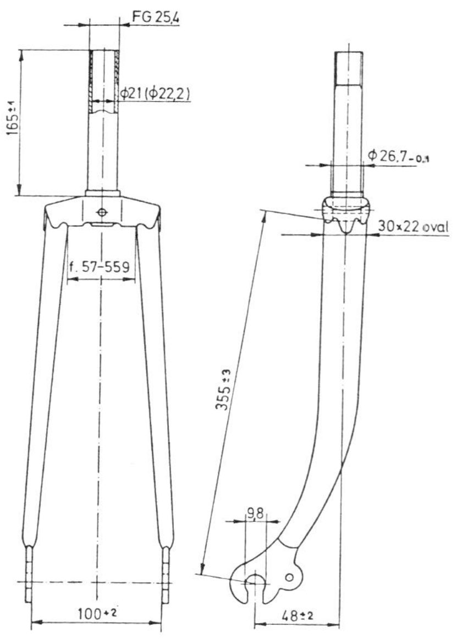

Abb. 355: Vorderradgabel für Mountain-bike.

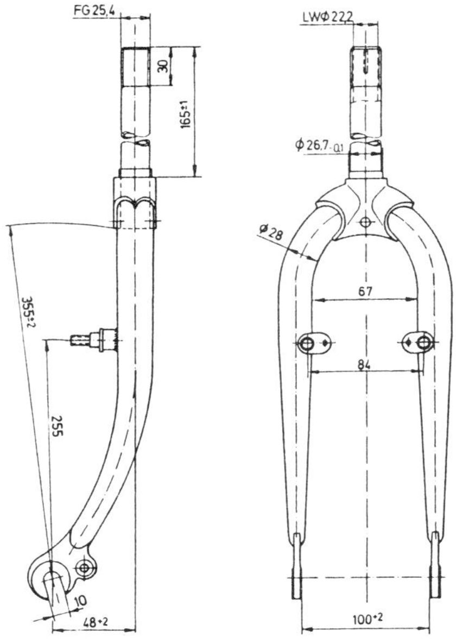

Abb. 356: MTB-Vorderradgabel, hartgelötet.

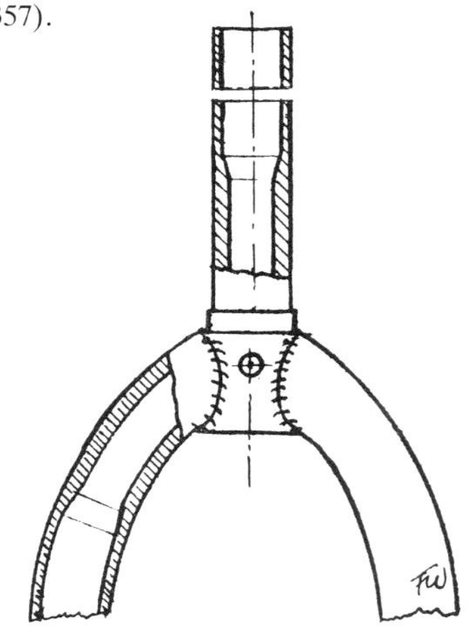

Abb. 357: Schweißverbindung der Gabelholme mit dem Gabelschaft.

Die Herstellung einer ähnlichen bügelförmigen Rohrschweißkonstruktion ist im vorhergegangenen Kapitel „BMX-Vorderradgabel" (siehe Abb. 354) ausführlich erläutert.

Vordergabel-Lagerung und Lenkungslager

Mit Vordergabel und Lenker kann der Fahrer das Fahrrad lenken. Dazu ist eine möglichst spielfreie und hemmungslose Lenkungs-Lagerung erforderlich (Abb. 358). Für die Erfüllung dieser Forderung ist die Lagerung des Gabelschafts in Wälzlagern, beim Fahrrad mit Kugeln, notwendig. Das Konus-Kugellager des Gabelschaftes unterscheidet sich in seinen Betriebsverhältnissen und in der Bauart nur wenig von den anderen Kugellagern am Fahrrad – denen in den Radnaben und im Tretlager. Allerdings rotiert weder der innere noch der äußere Lagerteil, beide verschieben sich, entsprechend dem jeweiligen Lenkeinschlag, nur um einen verhältnismäßig kleinen Winkel.

Die Lenkungs-Lagerung muß außerdem ständig die Drücke in Richtung der Lenkkopfachse (Längs[Axial-]drücke) wie auch quer zu dieser (Quer[Radial-]drücke) aufnehmen.

Eine wesentliche Forderung an die Gabelschaftlagerung ist leichte Einstell-, Auswechsel- und Zerlegbarkeit. Die Kugeln in den Kugelhaltern und die Kugellaufbahnen müssen vor Schmutz und eindringendem Wasser durch einfache Labyrinthe geschützt sein.

Eine preisgünstige Fertigung kann nur bei serienmäßiger Herstellung der Lenkungslager in Spezialfabriken, die über optimale Produktionseinrichtungen verfügen, erfolgen.

Der Lenkungs-Lagersatz besteht aus zwei Lagern, dem unteren und dem oberen, zu denen noch die als Konter- bzw. Feststellmutter ausgebildete Abschlußmutter am oberen Lager kommt. Beide Lager sind sogenannte Kegel- oder Konuslager – diese Lagerausführung entspricht den oben angegebenen Forderungen am besten.

Für jeden Fahrrad-Typ wird, wie bei Rahmen und Gabel, das jeweils optimale Lenkungslager ausgewählt. Im einzelnen setzen sich die Lager wie folgt zusammen:

Unteres Lager aus: Gabelkonus, Kugelhalter mit Kugeln, unterer Lagerschale.

Oberes Lager aus: Oberer Lagerschale, Kugelhalter mit Kugeln, Gewindekonus, Nasenscheibe oder verzahntem Sicherungsring, Abschlußmutter.

Für das obere Lager gibt es zwei verschiedene Ausführungen, deren Unterschied in der Ausbildung der Lagerschalen und der Gewindekonen besteht. Die Tragfähigkeit beider Lagerausführungen ist gleich. Für die Verwendung in der unteren Preisklasse sind günstigste spanlose Fertigungsmöglichkeiten (also niedrigste Herstellkosten), für die mittlere Klasse bestmögliche Schmutzabdichtung und für Rennmodelle schließlich Gewichtsgründe maßgebend für die Wahl der Lagerausführung (Abb. 359 und 360).

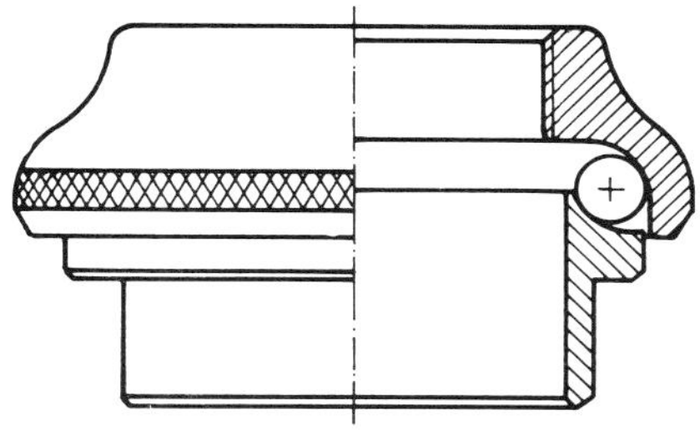

Abb. 360: Oberes Lager mit fließgepreßter Lagerschale (Thun Nr. 30).

Abb. 361 zeigt ein komplettes preisgünstiges Lenkungslager mit zwei gleichen, aus Stahlblech gepreßten Lagerschalen – eine Ausführung, die bei Kinder-, Jugend-, BMX- und Touren-Rädern verwendet wird. Die Lagerung selbst ist gut, aber die obere Schmutzabdeckung lediglich mit einem waagerechten Luftspalt schützt nur unvollkommen gegen das Eindringen von Wasser und Schmutz.

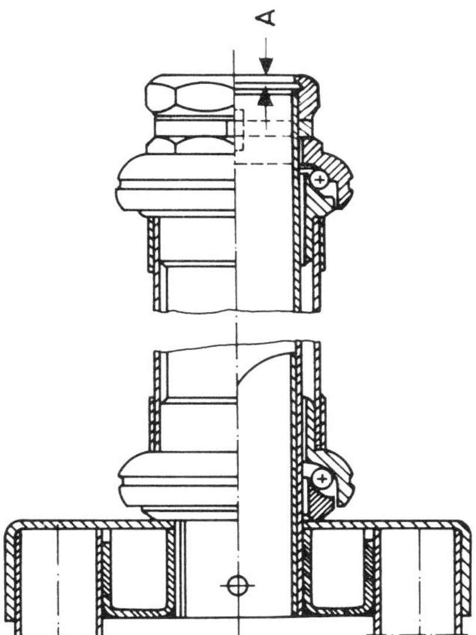

Abb. 358: Schnitt durch eine Lenkungs-Lagerung.

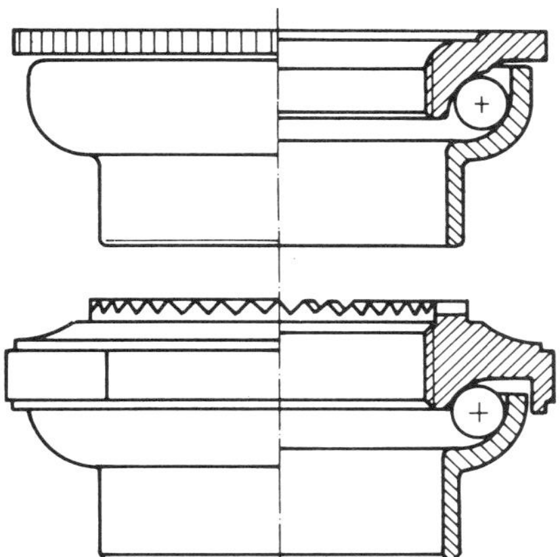

Abb. 359: Oberes Lager mit gepreßten Lagerschalen (Thun Nr. 0 und 25).

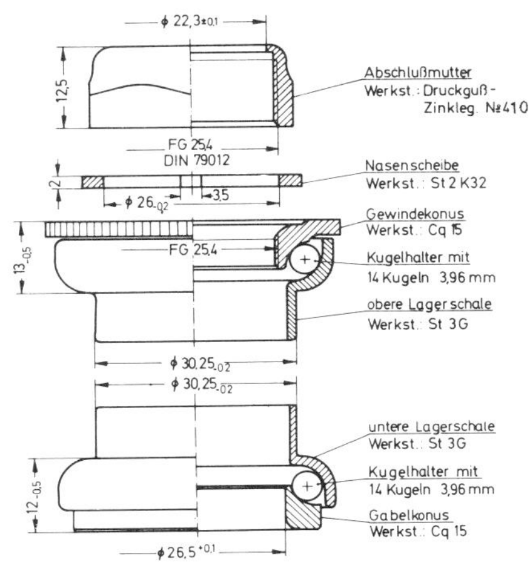

Abb. 361: Lenkungslager Nr. 0, verchromt, Gewicht nur 120 g, von Thun.

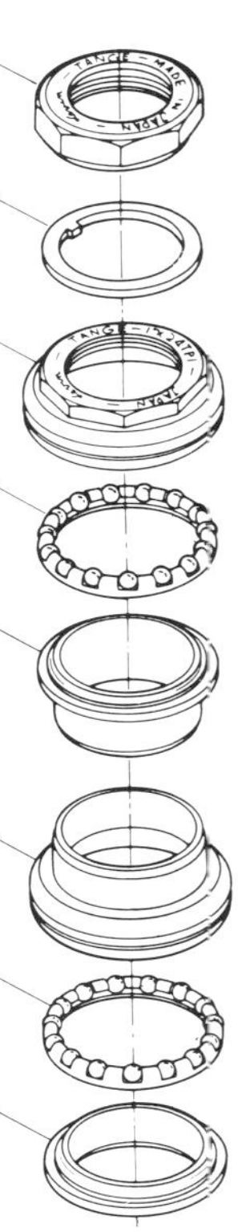

Abb. 362: Japanisches Sport-Lenkungslager „Levin“ in kaltfließgepreßter Ausführung.

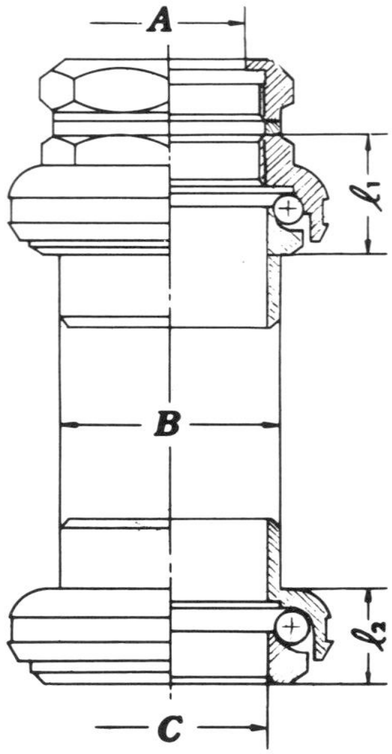

Abb. 363: Schnittzeichnung „Levin“-Lenkungslager.

Lenkerschaft in die Lagerung eindringt (Abb. 369).

Durch diese Bauweise kann das Schmiermittel nicht aus den Wälzlagern austreten oder Schmutz und Wasser hineingelangen. Die Kontermutter, der Gewindekonus und die untere Lagerschale (mit Kugelbahnen aus Stahl) sind aus einer hochfesten Alu-Legierung hergestellt (wie z. B. Dural = eine aushärtbare Alu-Legierung mit Zusätzen von Kupfer und Magnesium – AlCuMg1 DIN 1725). Die Oberfläche ist fein poliert und silberfarbig anodisiert (d. h. eloxiert = elektrolytische Oxydation von Alu).

Gegen frühzeitigen Verschleiß ist der Gabelkonus mit Titan beschichtet. Die Kugelhalter aus Stahl sind mit 20 Kugeln 4,76 mm (3/16″) bestückt.

Die Schwachstelle des Fahrradlenkungslagers ist die untere Lagerung am Gabelkonus. Verschleiß- und frühe Abnützungserscheinungen treten dort zuerst auf. Deshalb hat Stronglight ein Lenkungslager mit höherer Tragkraft entwickelt, das an Stelle von Kugeln mit Walzen ausgerüstet ist (Abb. 370).

A	B	C	Gewinde	ℓ_1	ℓ_2	Kugelhalter	Gewicht g
Ø 22,4	Ø 30,0 Ø 30,2	Ø 27,0 Ø 26,4	FG 25,4 M25 x 1	16,5 ± 0,2	12,5 ± 0,2	mit 14 Kugeln 3,96 mm	155

Dagegen weist das in Abb. 363 gezeigte „Levin“-Sport-Lenkungslager in kaltfließgepreßter Ausführung mit zwei verschiedenen Lagerschalen eine „dachförmige“ Abdichtung mit senkrechtem, kleinem Luftspalt auf; es schützt wesentlich besser gegen normalerweise auftreffendes Spritzwasser und sonstige Verschmutzung.

Die Abdichtung der Lenkungslager ist ein besonderes Problem. Von der Wirksamkeit der Lagerabdichtung hängt weitgehend die Lebensdauer, aber auch die ständig erforderliche Leichtgängigkeit der Lenkung ab.

Das Shimano-Lenkungslager HP-7400 ist eine vollverkapselte Bauart (Abb. 367).

Das untere und das obere Lager ist mit einer lippenartigen Dichtungsmanschette verschlossen (Abb. 368). Ein in der Kontermutter montierter O-Ring verhindert, daß Spritz- oder Regenwasser über den

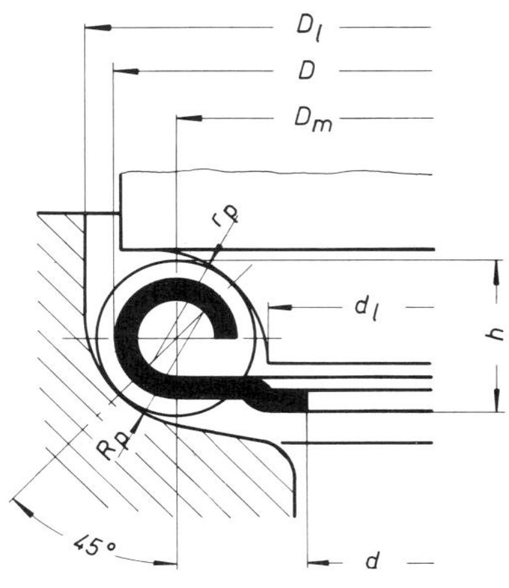

Star Kugelhalter	Abmessungen D	d	D_m	h	Ø (mm)	Kugelanzahl	Einbaumaße D_l	d_l	R_p	r_p (mm)	Gewicht ca. kg/1000
0104-011-00	36,4	26,5	33,2	4	3,969 = (5/32″)	14	38,05	28,35	3,5	3,5	6

Abb. 364: Abmessungen und Einbaumaße des „Star“-Kugelhalters für Fahrrad-Lenkungslager.

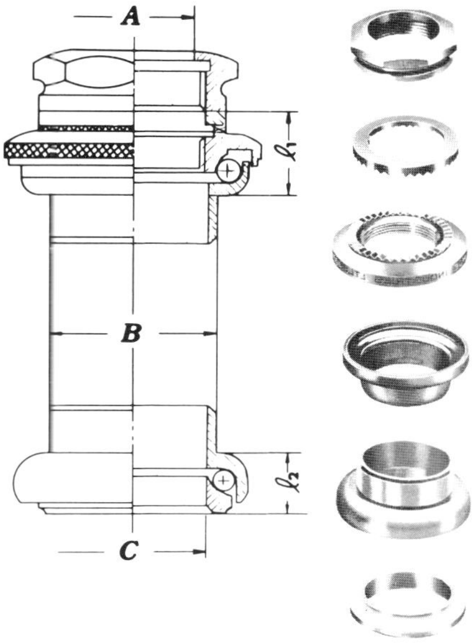

Abb. 365:
Lenkungslager „Tange“

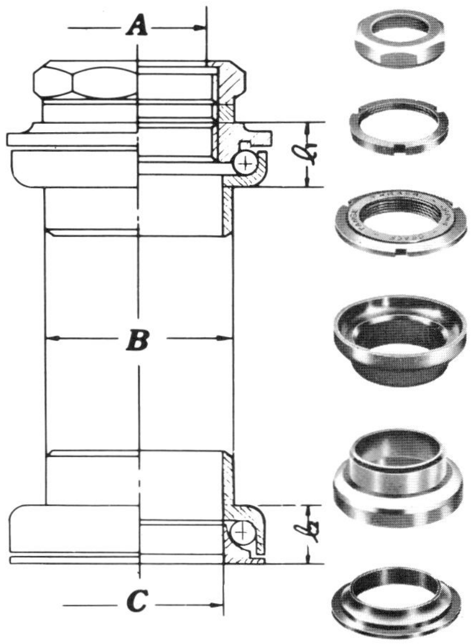

Abb. 366:
Lenkungslager „Grace“

Modell	A	B	C	Gewinde	ℓ_1	ℓ_2	Kugeln	Gewicht g
MA 40	∅ 22,4	∅ 30,0	∅ 27,0	FG 25,4 M 25 x 1	11,0 ± 0,2	11,0 ± 0,2	Kugel- halter oder 25 Stck. 3,96 mm	140
Grace	∅ 22,4 ∅ 21,15	∅ 30,0	∅ 27,0 ∅ 26,4	FG 25,4	14,0 ± 0,2	11,0 ± 0,2	25 Stck. 3,96 mm	122

Abb. 365: Lenkungslager „Tange“ MA 40 für Rennsport-Räder. Es handelt sich um eine kalt-fließgepreßte Ausführung mit verzahnter Nasenscheibe als Verdrehsicherung – beide Lagerschalen sind gleich. Die Abdichtung oben erfolgt durch einen geringen Überstand des Gewindekonus und senkrechten Luftspalt. Anstelle eines Kugelhalters mit 14 Kugeln 3,96 mm ∅ können zur Erhöhung der Lager-Tragkraft 25 bis 26 lose Kugeln eingelegt werden.

Abb. 366: Lenkungslager „Grace“ für Rennräder. Auch hier handelt es sich um eine kalt-fließgepreßte Ausführung mit gleichen Lagerschalen und gleichen Höhenmaßen. Statt einer Nasen- oder verzahnten Scheibe wird ein Gewindering mit Nuten zum Kontern des ebenfalls genuteten Gewindekonus verwendet. Bei Rennmodellen wird meist auf den Kugelhalter verzichtet. Die Abdichtung der horizontalen Luftspalte gegen Schmutz und Wasser ist nicht besonders gut; ein Fettpolster, in das die losen Kugeln eingelegt werden, verhindert grobe Verschmutzungen wenigstens für kurze Zeit.

Der Käfig aus Polyamid (Kurzzeichen PA 6) ist mit zylindrischen Walzen 2,5 ∅, 4 mm lang bestückt. Die Laufflächen sind aus gehärtetem Stahl. Dieses Lenkungslager gibt es in mehreren Varianten, es zählt zu den leichtesten am Zweiradmarkt (Abb. 371).

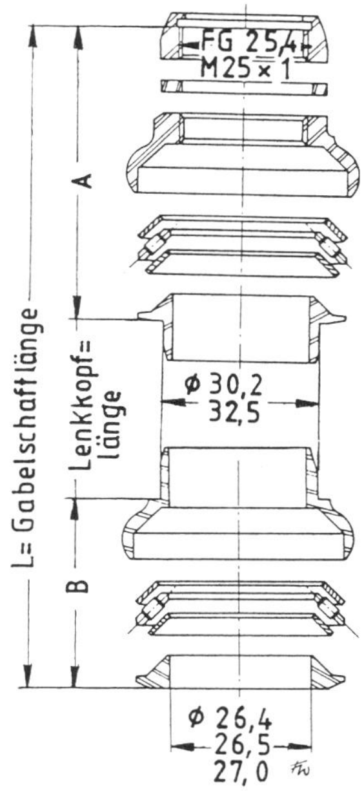

A + B (mm) =		
delta	A 9	B10 u. C11
39	40	43

Abb. 371: Explosiv-Darstellung Lenkungslager von Stronglight.

Typ delta: Gewindekonus, untere Lagerschale und Kontermutter aus Alu-Legierung, silberfarbig eloxiert, mit drei Dichtungen aus Nitrilkautschuk für Gewindekonus, untere Lagerschale und Kontermutter. Gewicht 86 g.

Typ A 9: Wie delta, jedoch ohne die drei Nitrildichtringe. Gewicht 78 g.

Typ B 10: Kontermutter aus Alu-Legierung, Gewindekonus und untere Lagerschale aus schwarzem Kunststoff (Delrin, Kurzzeichen POM, von DuPont). Gewicht 66 g.

Typ C 11: Alle Teile (außer Walzenlaufflächen) aus Delrin. Gewicht nur 59 g.

Ein herkömmliches Lenkungslager besteht aus ca. acht Teilen. Die einbaufertige FAG-Lenkungslager-Einheit aus Stahl und Kunststoff mitAxial-Schrägkugellagern (Abb 372) hat im wesentlichen nur fünf Teile: Eine Kontermutter (1), eine Anstellmutter (2) und zwei identische kompakte Lagereinheiten (3) mit Axial-Schrägkugellagern (Abb. 373). Ein mitgeliefertes Kontaktblech, das auf eine der beiden Lagereinheiten aufgeschoben wird, stellt den elektrischen Massekontakt für die Fahrradbeleuchtung her.

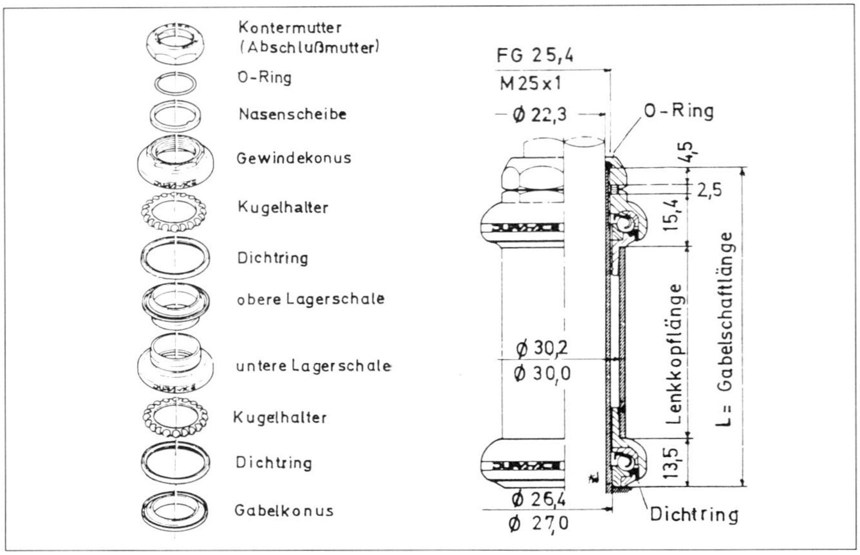

Abb. 367: Abgedichtetes Lenkungslager, Gewicht 113 g, von Shimano.

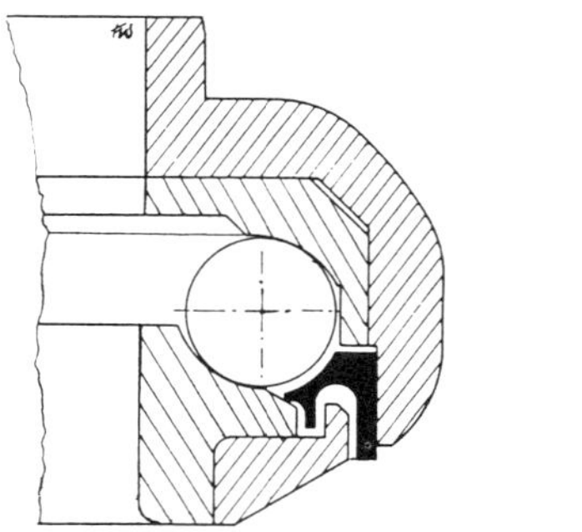

Abb. 368: Teilschnitt, unteres Lenkungslager mit Dichtung.

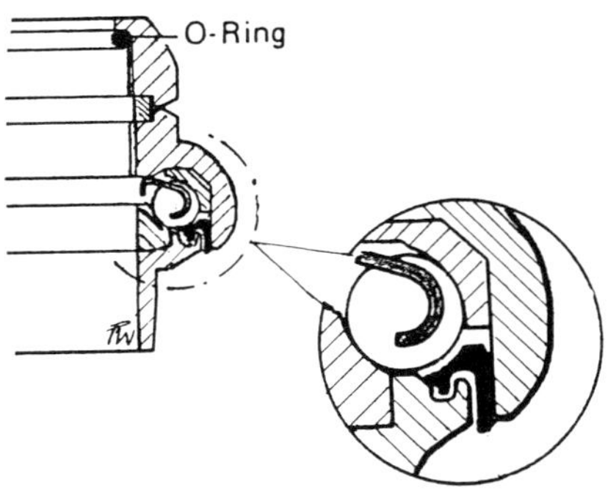

Abb. 369: Teilschnitt, oberes Lenkungslager mit Dichtungen.

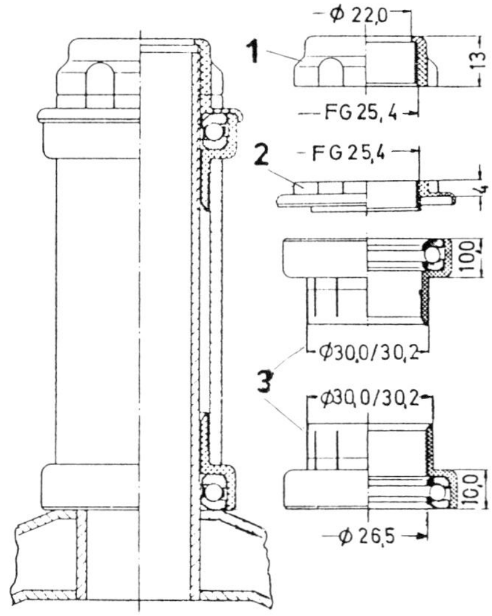

Abb. 372: Lenkungslager-Einheit von FAG.

Die Lagerringe und Präzisionskugeln sind aus durchgehärtetem Wälzlagerstahl (z. B. 100 Cr6), die Ringe sind zusätzlich noch beschichtet. Die Beschichtung schützt vor Korrosion und unterstützt die Schmierung.

Die Lagerringe haben tiefe Laufrillen. Dadurch nehmen sie auch hohe Radialkräfte aus der Momentenbelastung auf.

Abb. 370: Lenkungslager von Stronglight.

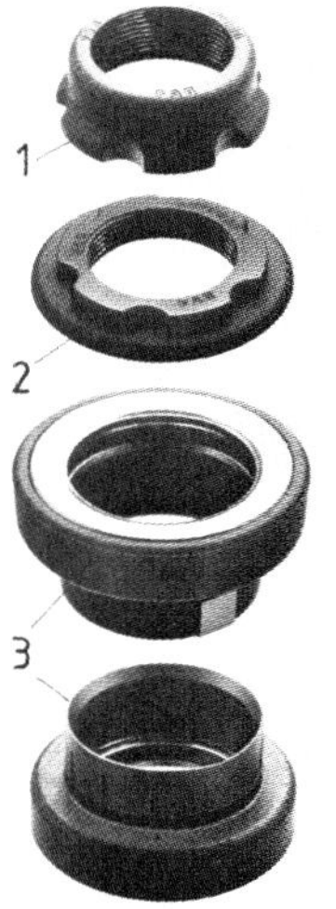

Abb. 373: Bauteile der Lenkungslager-Einheit von FAG.

Anstellmutter und Kontermutter sowie die Kugelkäfige und Winkelhülsen (Kappen) der Lagereinheiten sind aus hochfestem glasfaserverstärktem Polyamid (z. B. PA 12). Deshalb wiegt das komplette Lenkungslager nur 80 g. In die Lagereinheiten wird hochwertiges Lithiumseifenfett mit Hochdruckzusätzen eingefüllt. Die Lager sind für die Lebensdauer (for-life) gefettet.

Die Kugelkäfige wirken gleichzeitig als Dichtung. Die Dichtlippen berühren die Lagerringe. So entsteht eine wirksame Abdichtung nach außen und innen.

Beim Anziehen der Anstellmutter (2) wird der innere Bund zwischen Lager und Gabelschaftrohr geklemmt und dadurch der radiale Lagersitz hergestellt. Die Kontermutter (1) hat ein konisches Gewinde. Nach dem Kontern ist durch die Verspannung eine einwandfreie Sicherung hergestellt. Die sonst übliche Nasenscheibe und die Nut im Gabelschaftrohr entfallen.

Zum Montieren und Demontieren werden von FAG entsprechende einfache Hilfswerkzeuge geliefert.

Die einbaufertigen Lenkungslager mit Axial-Schrägkugellagern werden immer mehr verwendet. Das liegt einerseits an deren hervorragender Qualität, Leichtgängigkeit und Lebensdauer und andererseits an unzureichender Präzision so manch anderer Lenkungslager am Markt.

Ein Lenkungslager mit Kugellaufringgehäuse aus Kunststoff, Werkstoff-Kurzzeichen POM (Delrin 100 Polyacetale), hat die Firma Thun in Zusammenarbeit mit DuPont entwickelt (Abb. 374).

Das selbstsichernde Kunststoffgewinde FG 25,4 ist enger vorgeschnitten und dadurch auch für Gabelschaftgewinde mit gröberer Toleranz geeignet. Eine Konterung, wie bei herkömmlichen Lenkungslagern, ist durch die Gewindeselbsthemmung nicht erforderlich.

Bei den besonders breiten Lenkerbügeln der BMX- und Mountain-bikes-Modelle macht sich das geringe Spiel (0,1 bis 0,4 mm) zwischen Abschlußmutter und Lenkerschaftrohr, das sich zwangsläufig aus den Bearbeitungs- und Rohrtoleranzen ergibt, bemerkbar. Durch die Hebellänge vom Lenkergriff bis zur Klemmstelle des

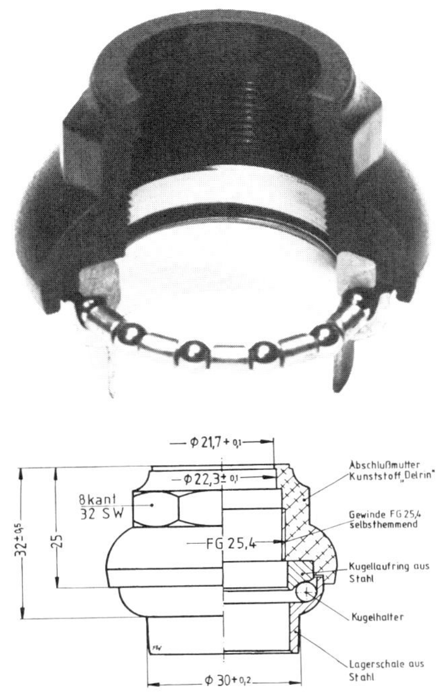

Abb. 374: Lenkungslager Nr. 66 aus Kunststoff von Thun.

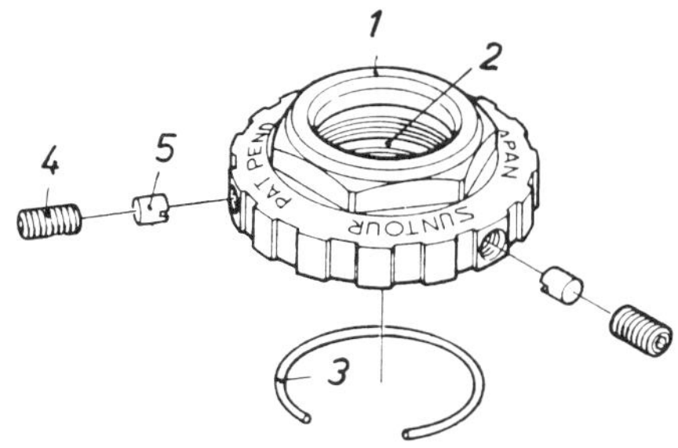

Abb. 375: Abschlußmutter mit Klemmeinrichtung für Lenkerschaft von Sun Tour.

Lenkerschaftrohres im Gabelschaft vergrößert sich dieses Spiel fühlbar am Lenker.

Um dies auszuschalten, gibt es Abschlußmuttern, die das Lenkerschaftrohr am Austritt der Abschlußmutter klemmt und es dadurch spiellos macht (Abb. 375).

In der mit Stollenzähnen und Sechskant versehenen Abschlußmutter (1) ist im Gewinde FG 25,4 eine Nut (2) eingedreht, in der ein Sicherungsring (3) liegt. Mit drei am Umfang verteilten Stiftschrauben (4) wird der Sicherungsring über Druckbolzen (5) an das Lenkerschaftrohr gedrückt und gespannt, wodurch es spiellos wird.

Für die Lenkungslager werden Stahlkugeln nach DIN 5401 der „Güteklasse I, geeignet für Wälzlager" mit 3,96 ± 0,0125 mm (5/32″) Durchmesser aus Wälzlagerstahl wie 100 Cr 6 gehärtet, Härte HRc 63-3, ob im Kugelhalter (Abb. 364) oder als lose Kugeln verwendet.

Aber auch Kugelhalter mit Kugeln 4,76 mm (3/16″) sind gebräuchlich.

Der Gabelkonus (auch als Gabel-Laufring bezeichnet) muß schließend und mit seiner Kugellauffläche genau rechtwinklig zur Gabelschaftachse auf dem vorgesehenen Kragen des Gabelkopfs mit leichter Preßpassung sitzen. Obwohl die Gabelkonen aus Einsatzstahl mit nur gehärteter Oberfläche und weichem Kern hergestellt werden, darf die Preßpassung nicht zu groß ausgeführt werden, da sonst starke Radialkräfte evtl. den Konus sprengen könnten. Früher wurden diese Konen aus niedrig gekohlten, unlegierten Stählen der Güte C 15 (oder für leichte Zerspanung in Automaten-Drehqualität 15 S 20) gefertigt. Wegen der Drehriefen auf der Kugellauffläche wurde der Konus dann geschliffen. Abgesehen von den hohen Bearbeitungskosten mußte der Konus um die erforderliche Schleifzugabe von ca. 0,2 mm tiefer eingesetzt und gehärtet werden – aber die Kugellaufbahn hatte dann nach dem Schleifen die niedrigste Einsatzhärte. Außerdem entstand an der Schleifstelle eine zur Weichheit neigende Schleifhaut.

In einer modernen Spezialfabrik werden deshalb solche und ähnliche Teile im Kalt-Fließpreßverfahren maßgenau hergestellt. Die Kugellaufbahn ist völlig glatt und riefenfrei. In einem besonderen Verfahren wird die Laufbahn mit drehenden Kugeln unter Druck „rolliert", dabei verdichtet und bis auf 1 my Rauhtiefe geglättet. Lediglich die leicht konische Bohrung wird paßgerecht ausgedreht, wobei zur Bearbeitung der Konus am Kugellauf aufgenommen und so ein völlig zentrischer Rundlauf der Bohrung zur Kugellaufbahn erreicht wird. Verarbeitet wird dazu ein Spezial-Kalt-Fließpreß-Werkstoff Cq 15, der 0,5–0,6 mm tief eingesetzt und gehärtet wird und eine Härte von HRc 63-3 bei 500–600 N/mm² Kernhärte erreicht. (Siehe hierzu „Härte – und Methoden ihrer Messung" auf Seite 164).

Der Gewindekonus wird aus demselben Werkstoff und nach dem gleichen Verfahren gefertigt. Die Schwierigkeit dabei ist nur, daß Gewinde und Kugellauf konzentrisch und rechtwinklig zueinander laufend hergestellt werden müssen. Die Gabelkonusbohrung ist an der Gabelkopf-Auflage ausgerundet, damit der 1,6-mm-Radius am Kragen des Gabelkopfes genügend Platz hat, sich beim Aufpressen ringsum gerade anspitzt und dann rechtwinklig aufpreßt.

In der Fabrik erfolgt das Aufpressen mit einer hydraulischen Presse, wobei mittels des niedrigsten und des höchsten Arbeitsdrucks die Preßpassung kontrolliert wird.

Die Bearbeitung der Lagerschalen geschieht heute nicht mehr spanabhebend. Die Rohlinge werden vielmehr kalt gepreßt, gezogen, kalibriert und rolliert. Als Werkstoff wird meist unberuhigter Bandstahl St 3 G oder St 4 G DIN 1624 verarbeitet, der aufgekohlt und im Einsatzverfahren gehärtet wird.

Nasenscheiben, verzahnte Sicherungsringe oder Ringmuttern verhüten Verdrehung oder Verstellung des richtig eingestellten Lagerspiels am Gewindekonus. Solche Zwischenscheiben werden aus Bandstahl wie St 2 K 32 gestanzt (oder feingestanzt), geprägt und planiert. Oft wird noch der Lampenhalter dazwischengeklemmt, der mit einer Nase gegen Verdrehung gesichert ist. Der Nachteil bei der Sicherung des Lenkungs-Lagerspiels durch eine Nasenscheibe ist, daß bei dem verhältnismäßig dünnwandigen Gabelschaftrohr die Nut für die Sicherungsnase nur in Form eines auch nach oben hin geschlossenen Fensters (Langlochs) möglich ist (s. Abb. 337). Um die Scheibe einfädeln zu können, muß ihre Lochung so weit sein, daß die Scheibe auch nach dem Einsetzen noch eine unerwünscht große Bewegungsfreiheit hat. Die konstruktiv beste Lösung ist die doppelte Konterung mit einem Gewindering und ohne Fenster im Gabelschaft, wie in Abb. 366 („Grace-Lenkungslager") dargestellt.

Die Abschlußmutter hat oben einen nach innen vorstehenden schmalen Rand, der die Stirnfläche des Gabelschaftrohrs abdeckt (s. hierzu die Schnittdarstellungen der vier verschiedenen Lenkungslager in den Abbildungen 361, 362, 365 und 366).

Um die Abschlußmutter gegen den Gewindekonus anziehen zu können, muß zwischen der Stirnfläche des Gabelschafts und dem Bund der Abschlußmutter ein geringer Abstand bleiben, denn wenn das Gabelschaftrohr zu lang ist, dann zieht sich der Bund der Abschlußmutter gegen die Gabelschaft-Stirnfläche, und die Lager bleiben lose (s. Abb. 358-A „Schnitt durch eine Lenkungslagerung"). Die Form der Abschluß- oder Ziermuttern ist verschieden. Am zweckmäßigsten sind Sechs- oder Achtkant-Profile. Auch Halsmuttern mit Nuten zum Ansetzen eines Hakenschlüssels sind gebräuchlich. Für preisgünstige Ausführungen wird eine aus Zinkspritzguß-Legierung Nr. 410 hergestellte Mutter verwendet, für die mittleren Preisklassen halsförmige, gedrehte Ausführungen aus Automatenstahl 9 S Pb 23 mit höherem Schwefel- und Phosphorgehalt sowie geringen Zusätzen von Blei, geeignet für höchste Bearbeitungs-Schnittgeschwindigkeiten und mit bester Zerspanbarkeit. Für die Lenkungslagersätze der oberen Preisklasse werden kaltfließgepreßte Muttern in Schraubenqualität 6 verwendet.

Die Oberfläche der Lenkungslager-Teile gibt dem Fahrrad eine besondere Note. Deshalb werden auch in der unteren Preisklasse keine galvanisch verzinkten Sätze, sondern nur noch verchromte und in der Spitzenklasse kontrastierend wirkende schwarzverchromte oder farbig eloxierte Lenkungslager-Teile eingebaut.

Wurde die Lenkungs-Lagerung spiel- und hemmungsfrei eingestellt und danach die Abschlußmutter fest angezogen, so wird man oft feststellen, daß die Lenkung wieder schwergängig ist. Die Ursache erkennt man aus Abbildung 376.

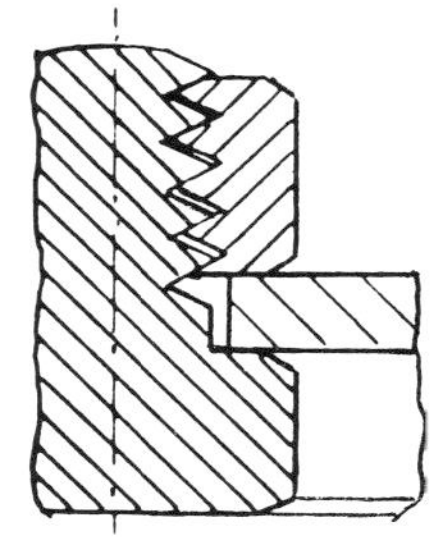

Abb. 376: Anlage der Gewindeflanken in einer Verschraubung.

Jede Verschraubung hat zwischen Innen- und Außengewinde Spiel. Beim Festziehen legen sich die Gewindegänge der Mutter je nach der Druckrichtung mit der einen Flanke an eine Flanke des Bolzengewindes an. Dabei entsteht zwischen den anderen Flanken der beiden Gewinde ein Spiel, wie es übertrieben in Abb. 376 dargestellt ist.

Wird die Mutter durch eine zweite gekontert, so verschiebt sie sich wieder axial um dieses Spiel, bis die vorher nicht tragenden Flanken zur Anlage kommen und so das Spiel auf der Gegenseite entsteht. Den gesamten Druck übernimmt dann die Gegen-(Konter-)mutter.

Das gleiche tritt beim Festziehen der Lenkungs-Lagerung ein: das vorher genau eingestellte Schraubteil des Lagers wird um das Gewindespiel nach unten verschoben, auch wenn es sich selbst nicht verdreht. Zum Ausgleich muß vor dem Festziehen der Abschlußmutter Spiel in der Lagerung belassen werden. Das geschieht am besten so, daß die Abschlußmutter zunächst nur leicht gegen das eingestellte Lagerteil angezogen wird. Dann wird das letztere geringfügig zurückgedreht und die Mutter angezogen – eine Spielprüfung ergibt, ob die Abschlußmutter nun festgezogen oder (nach geringfügiger Lockerung derselben) das Lagerteil noch weiter zurückgenommen werden muß, worauf dann die Mutter endgültig festgezogen werden kann, wenn das Lagerspiel stimmt.

Klemmt ein Lenkungslager durch zu stramme Einstellung oder durch Rost, Schmutz u. ä., so wird zunächst das leichte Einspielen der Lenkung behindert. Außerdem aber besteht die Gefahr, daß die Lagerteile beschädigt werden. Solche Schäden treten auch auf, wenn die Lenkungs-Lagerung zuviel Spiel hat, wodurch die einzelnen Teile sich gegeneinander stoßend und schlagend bewegen können. Zwischen den Konen und den Lagerschalen liegen die Kugeln, die als Körper mit kreisrundem Querschnitt nur mit je einem Punkt auf den beiden Lagerteilen tragen. Dadurch ist die spezifische[58] Belastung an diesen Punkten viel größer, als wenn die auftretenden Drücke von größeren Flächen aufgenommen würden. Voraussetzung für eine funktionsfähige Wälzlagerung mit hoher Lebensdauer ist ausreichende Härte (mindestens HRc 59) sowohl der Kugeln als auch der Laufbahnen. Härte aber bedeutet geringe Dehnung und Zähigkeit des Werkstoffes. Bei dünnwandigen, durchgehärteten Lagerschalen besteht evtl. die Gefahr, daß diese zerspringen. Deshalb werden die Lagerteile im „Einsatzverfahren" gehärtet, bei dem sich eine harte Oberfläche (mit Härtetiefe ganz nach Vorschrift des Konstrukteurs) ergibt, während der innere Kern weich und zäh bleibt.

Bei unlegierten Einsatzstählen (wie C 15) beträgt nach der Abschreck-Härtung die Kernfestigkeit 500–650 N/mm^2, bei legierten Stählen (wie 16MnCr5) dagegen 800–1100N/mm^2.

Aber auch eine harte Oberfläche ist nicht absolut starr – es bleibt immer eine gewisse Elastizität, die die Lagerkugeln an den Auflagepunkten geringfügig eindringen läßt. Rollt die Kugel auf der Laufbahn ab, so tritt außerdem eine Art Walzvorgang auf, der sich bei der Lenkungs-Lagerung besonders auswirkt, weil bei dem verhältnismäßig geringen Lenkeinschlag-Winkel die Kugel immer auf dem gleichen, engbegrenzten Laufbahnstück in beiden Richtungen walzt. Die Kugeln arbeiten sich deshalb mit der Zeit ein, die Laufbahnen werden „gepunktet" – es entstehen die sogenannten „Rattermarken" und damit in der Lenkungs-Lagerung ein mehr oder weniger großes Spiel, das sich nicht mehr „ausstellen" läßt. Denn ein Nachstellversuch würde nur zum Klemmen der Kugeln außerhalb der eingedrückten Punkte führen, so daß dann bei größeren Lenkausschlägen auch die Laufbahnstellen zwischen den eingeschlagenen Vertiefungen angegriffen und mit der Zeit die Kugeln zerstört würden.

Zwar spielt bei den Vorgängen auch der natürliche Verschleiß von Kugeln und Laufbahnen eine Rolle, aber mehr noch die Schlagwirkung der Fahrbahnstöße bei zu großem Lagerspiel. Dazu kommt, daß die Wirkung dieser Schläge deshalb besonders groß ist, weil sie sich nicht gleichmäßig auf alle Kugeln verteilt: durch die Schrägstellung des Lenkkopfes einerseits, die Durchbiegung der Gabelscheiden andererseits tritt ein Verkanten in der Lenkungs-Lagerung ein. Dabei nimmt das untere Lager die auftreffenden Kräfte vornehmlich mit dem in Fahrtrichtung vorn liegenden Lagerteil, das obere mit dem rückwärtigen auf. Die stärkste Belastung liegt an der Vorderseite des unteren Lagers.

Außer den Drücken in Fahrtrichtung unterliegen beide Lager auch Querdrücken. Und wenn die Lager auch so ausgelegt sind, daß sie alle diese Belastungen aufnehmen können, so machen sich mit der Zeit doch Auswirkungen bemerkbar.

Wichtig in diesem Zusammenhang ist die Größe und damit die Anzahl der Kugeln – je kleiner diese sind, desto mehr können bei gleichen Lagerabmessungen untergebracht und so die Drücke auf mehr Auflagepunkte verteilt werden (dem entgegen steht jedoch die Tatsache, daß bei gleichem Druck die Eindrücktiefe einer kleinen Kugel größer als bei einer größeren ist).

Die Leichtgängigkeit eines richtig eingestellten Konus-Kugellagers hängt nicht allein vom Widerstand ab, den die Kugeln beim Abwälzen auf den Laufbahnen finden, sondern auch von der gegenseitigen Reibung der Kugeln. Zwei in gleicher Richtung rollende, sich berührende Kugeln bewegen sich an den Berührungsstellen in entgegengesetzten Richtungen. Dadurch kommt es zur mehr oder weniger starken Reibung (Abb. 377).

Sind Anzahl und Durchmesser der Kugeln sowie Laufbahndurchmesser so gewählt, daß zwischen jeweils zwei benachbarten Kugeln eine geringfügige Lücke verbleibt, so können – theoretisch gesehen – die Kugeln sich nicht berühren. Tatsächlich ist das aber nicht so. Denn schon durch die unvermeidlichen Herstellungs-Toleranzen besteht die Möglichkeit, daß eine der Kugeln einen größeren Weg bei ihrer Drehung zurücklegt als die anderen, oder daß sie etwas mehr Druck aufnimmt. Sie läuft auf die benachbarte Kugel auf und reibt an ihr. Erst beim Rückdrehen der Lenkung löst sie sich von der Nachbarin, um evtl. anschließend auf die Kugel an ihrer anderen Seite aufzulaufen und an ihr zu reiben. Nicht ohne Einfluß ist bei diesen Vorgängen auch der unterschiedliche Druck, der aus den dargelegten Gründen auf die Kugelreihe wirkt.

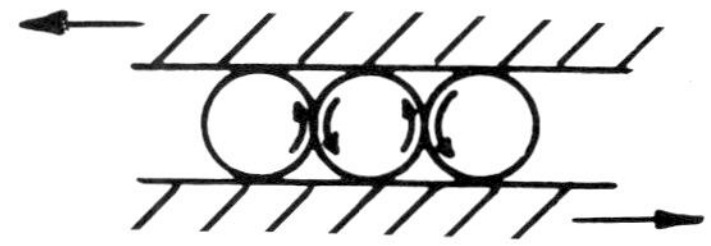

Abb. 377: Kugelbewegung in einem Kugellager ohne Käfig.

Normalerweise werden deshalb in Wälzlagern die Wälzkörper voneinander durch einen Käfig getrennt, und heute werden die Lenkungslager durchweg mit einem Kugelkäfig (Kugelhalter) ausgestattet. Dessen Vorteil liegt außerdem bei den günstigeren Verhältnissen, die sich auf diese Weise bei der Montage und im Reparaturfall ergeben.

Die Reibung der Kugeln an den Käfigstegen ist zwar erheblich geringer als bei käfigloser Lagerung, aber eine Schmierung (mit einem sogenannten Lifetime-Fett) ist trotzdem erforderlich.

[58] spezifisch = arteigen, eigentümlich, kennzeichnend

Der Lenker

Im Abschnitt „Lenkvorgang“ (Seite 135.) wurde bereits darauf hingewiesen, daß der Lenker eines Fahrrades nicht allein als „Lenkorgan“ (wie das Lenkrad eines Automobils) anzusehen ist. Seine Aufgabe ist auch die Dämpfung seitlicher Schwingungen des Vorderrades, die durch dessen Nachlauf entstehen. Eine weitere wichtige Funktion erfüllt der Lenker dadurch, daß über ihn das Gegenmoment beim Treten verstärkt wird und der Fahrer sich dabei festhalten kann. Die Lenkerholme werden nicht gleichmäßig, sondern im Rhythmus des Tretens auf Biegung beansprucht. Dabei wird nicht nur wechselweise in der linken oder rechten Lenkerrohrhälfte, sondern auch im Lenkermittelteil und im Lenkerschaft eine Spannungszone erzeugt. An diesen Stellen ist ein Dauerbruch möglich, wenn auch die Belastungsverhältnisse hier günstiger sind als bei den Gabelscheiden.

Beanspruchungen, die an gleicher Stelle in entgegengesetzter Richtung entstehen, wenn der Fahrer seinen Oberkörper mit beiden Armen darauf abstützt, sind gering.

Entsprechend der Form der Lenkerholme treten an bestimmten Stellen auch Verdrehungsbeanspruchungen im Lenkerrohr auf. Es bereitet aber keine Schwierigkeiten, alle Lenkerteile entsprechend den Beanspruchungen zu bemessen.

Härte – und Methoden ihrer Messung

Härte ist ein Maß für den Widerstand, den ein Körper dem Eindringen eines anderen entgegensetzt. Durch eine Härteprüfung lassen sich – weitgehend zerstörungsfrei – Werte gewinnen, aus denen sich Rückschlüsse auf Festigkeit (Zugfestigkeit bei Stahl), Verschleißverhalten und Zerspanbarkeit ergeben.

Die Härtemessung kann nach verschiedenen Methoden erfolgen, von denen nachstehend die wichtigsten angeführt sind.

Brinellhärte

Bei der Messung wird eine gehärtete Stahlkugel mit bestimmtem Durchmesser mit einer bestimmten Kraft während einer bestimmten Zeit auf den zu prüfenden Werkstoff gedrückt. Nach Ausmessen des Eindruck-Durchmessers wird der Härtegrad in HB der Tabelle entnommen.

Rockwellhärte

Bei der Messung wird ein Diamantkegel mit 120° Spitzenwinkel, bei weichen Werkstoffen eine gehärtete Stahlkugel mit festgelegtem Durchmesser auf den zu prüfenden Werkstoff aufgesetzt und zunächst mit einer Vorkraft belastet. Diese Prüfkraft wird dann bis zu einer festgelegten Maximalkraft gesteigert. Die unter dem Druck der Vorkraft verbleibende Eindrucktiefe wird mit einer Meßuhr gemessen und ergibt den Wert der Rockwellhärte HR.

Vikershärte

Hier wird bei der Messung eine vierseitige Diamantpyramide mit 136° Spitzenwinkel mit einer festgelegten Prüfkraft auf den Werkstoff gedrückt. Die Messung der verbleibenden Eindruck-Diagonale ermöglicht die Ablesung des Härtewerts HV aus der Tabelle.

Shorehärte von Gummi

Zur Feststellung der Shorehärte von Gummi wird der Werkstoff auf eine Auflagefläche angedrückt, aus der von unten ein Stahlstift mit festgelegtem Durchmesser um ein festgelegtes Maß unter Federdruck herausragt. Der gemessene Wert des Federwegs beim Zusammendrücken ergibt den Wert der Shorehärte.

Die Formen der Lenker bzw. der Lenkerarme sind verschieden. Soweit es sich nicht um Sonderzwecke handelt – etwa bei Lenkern für High-Riser, BMX und Mountainbikes oder für Renn- bzw. wirklich sportlich gefahrene Sporträder – sind der Grund der mannigfaltigen Formen und Abmessungen die Unterschiede der menschlichen Körper. Der Fahrer hat nur zwei Möglichkeiten, die Maschinen seinen eigenen Körpermaßen anzupassen, um einerseits eine möglichst bequeme und ermüdungsfreie, andererseits im Hinblick auf den Tretantrieb eine möglichst wirksame Körperhaltung zu erreichen: durch die Einstellung des Sattels und die des Lenkers bzw. die Wahl der Lenkerform. Wichtig ist bei der Wahl der Form die Entfernung vom Sattel, die Höhenlage im Verhältnis zu diesem sowie die Richtung der Handgriffe (Lenkergriffe).

Diese sollen so liegen bzw. gerichtet sein, daß sie dem Fahrer einen natürlichen Zugriff ohne Verdrehen der Arme und der Handgelenke ermöglichen. Extrem breite Lenker sind genauso widersinnig und unbequem wie übertrieben schmale. Bei zu schmalem Lenker wird dem Fahrer eine unfreie und ungesunde Körperhaltung, eine eingeengte Brust und dadurch behinderte Atmung sowie auf die Dauer eine lähmende Handhaltung aufgezwungen. Auch ist der Hebelarm zum Lenken zu klein, so daß daraus ein unsicherer Fahrstil resultiert. Zu schmale Lenker sind außerdem in ihrer Funktion als Lenkungsdämpfer beeinträchtigt.

Für die Lenkerbreite ist auch die Schulterbreite des Fahrers maßgebend. Zweckmäßige Lenkerbreiten sind

Touren	Sport	Renn	Klapp/Polo	Kinder	BMX	Mountain-bike
540–560	490–520	390–420	570–610	410–420	580–740	640–680 mm

Lenker gibt es in zwei grundsätzlichen Bauarten: als ungeteilte und als geteilte Lenker (Abb. 378 und 379).

Wie bei Rahmen, Gabeln und Lenkungslagern wird auch beim Lenker die zu den anderen Bauteilen optimal passende Form ge-

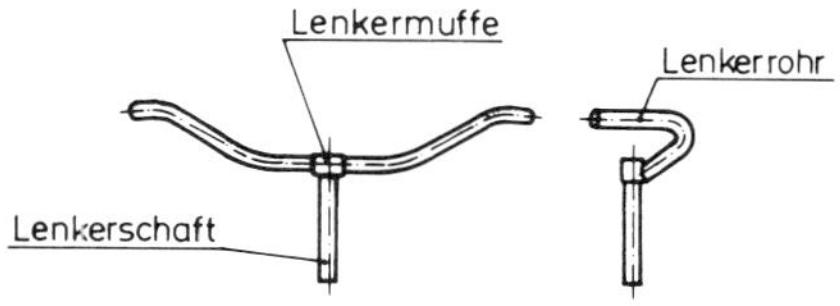

Abb. 378: Ungeteilter Lenker.

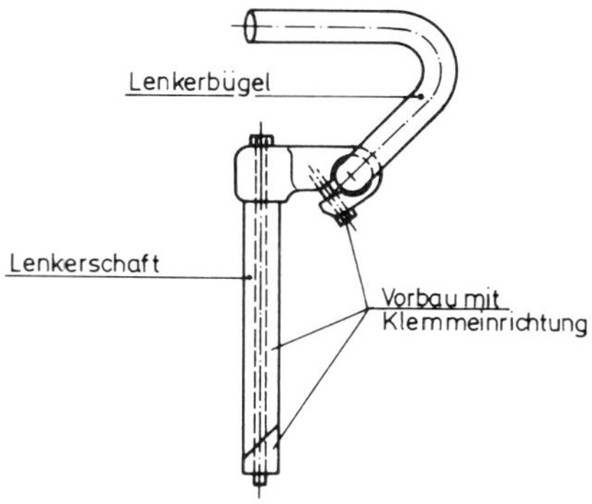

Abb. 379: Geteilter Vorbau-Lenker.

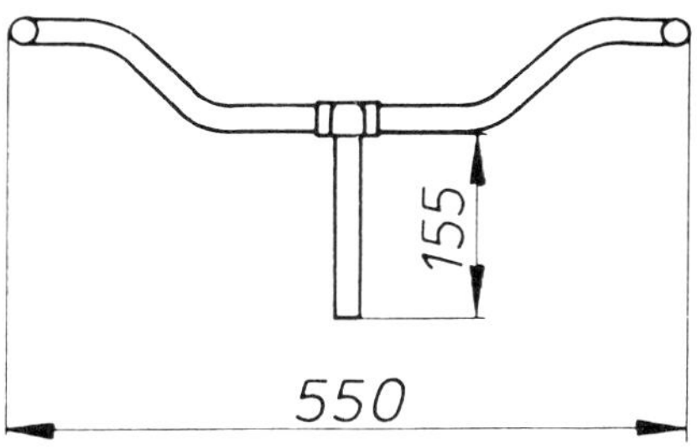

Abb. 380: Tourenlenker; NSU-Form.

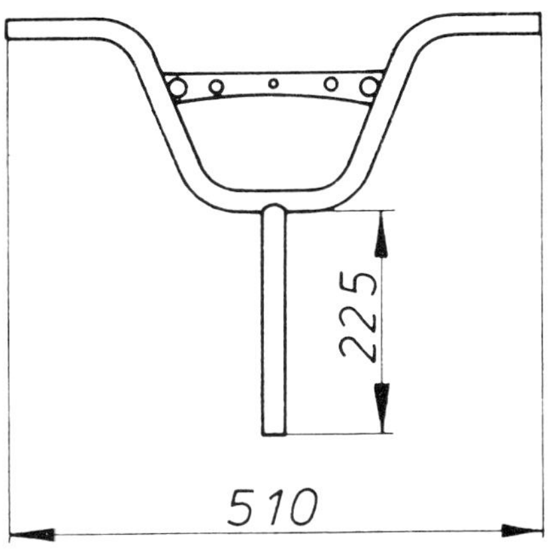

Abb. 381: Kleiner Motocross-Lenker.

wählt, entsprechend dem jeweiligen Modell-Typ. Nachstehend werden Lenkerausführungen, Lenkerbügelformen und Lenkervorbauten schematisch dargestellt.

Beim Touren-Lenker wird das Lenkerrohr mit dem Lenkerschaft über eine Muffe hart verlötet. Verwendete Rohre: St-Rohr 22 × 1,2 DIN 2393 oder 2394 GBK, St 34-2, s. Abb. 380.

Der kleine Motocross-Lenker wird für High-Riser mit Laufrädern 396 mm ∅ (16 × 1,75 × 2) verwendet. Zwischen den Holmen des Lenkerbügels ist ein (gelochtes) Verbindungsstück eingeschweißt. Lenkerrohr und Lenkerschaft aus St.-Rohr 22 × 2 DIN 2393 oder 2394 GBK, St 34-2, elektrisch verschweißt, s. Abb. 381.

Der große Motocross-Lenker (Abb. 382) wird für High-Riser mit Laufrädern 448 mm ∅ (18 × 1,75 × 2) verwendet. Ausführung und St.-Rohre wie bei Abb. 381 angegeben.

Der Kinderrad-Lenker wird für Kinderfahrräder mit Laufrädern 327 mm ∅ (12 ½") und 399 mm ∅ (16 × 1,75 × 2) verwendet. Das Lenkerschaftrohr ist am Lenkerrohr-Anschluß leicht gebogen; Lenkerrohr und Schaftrohr aus St.-Rohr 22 × 1,5 DIN 2393 oder 2394 GBK, St 34-2, elektrisch verschweißt, s. Abb. 383.

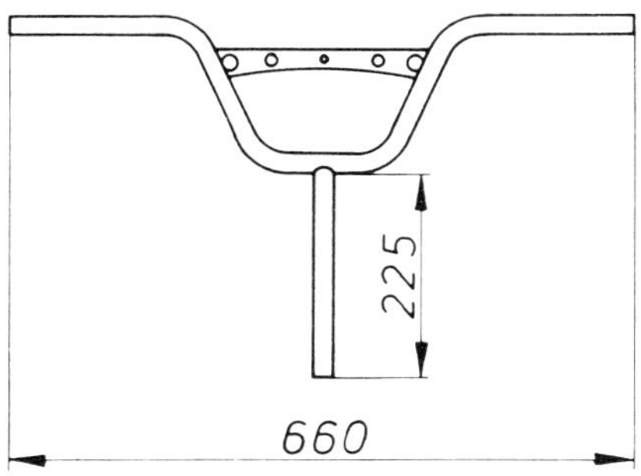

Abb. 382: Großer Motocross-Lenker.

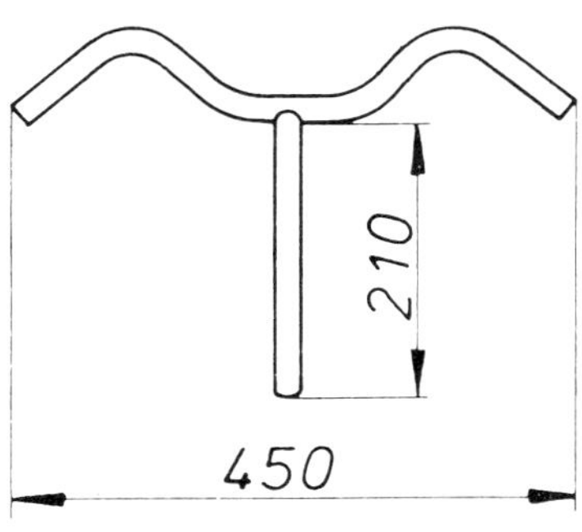

Abb. 383: Kinderrad-Lenker.

Der ungeteilte Mountain-bike-Lenker ist eine relativ breite Rohrkonstruktion (Abb. 384). Die einzelnen Teile sind miteinander hart verlötet.

Den langen Vorbau bilden zwei leicht hochsteigende Rohrstücke, die vom Gabelschaftrohr zum Lenkerbügel führen und ein Dreieck bilden. Die Lötstellen am Gabelschaftrohr sind durch zwei hart eingelötete Stege aus Bandstahl (3 mm dick und 12 mm breit) entlastet. Die Klemmung im Gabelschaft erfolgt durch einen Schrägkonus.

Lenkerbügel und beide Vorbau-Rohrstücke sind aus St.-Rohr 22 × 1,8 GBK, das Gabelschaftrohr aus 21 × 2 BK (oder 22 × 1,8) DIN 2393 oder 2394 St 37-2.

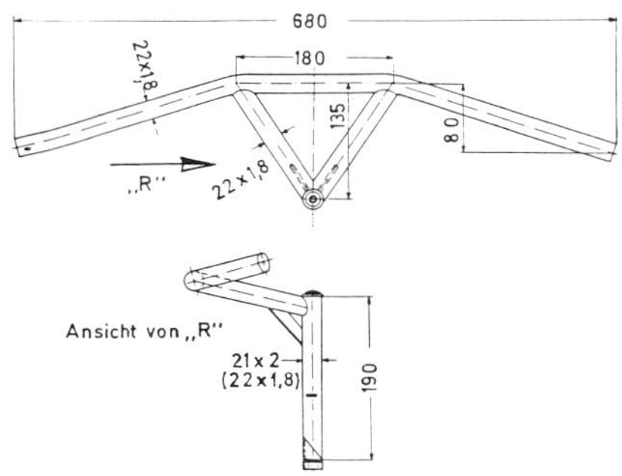

Abb. 384: Mountain-bike-Lenker von Friko.

Die gleiche Machart hat der Lenker Abb. 385, jedoch aus CrMo-Stahlrohren.

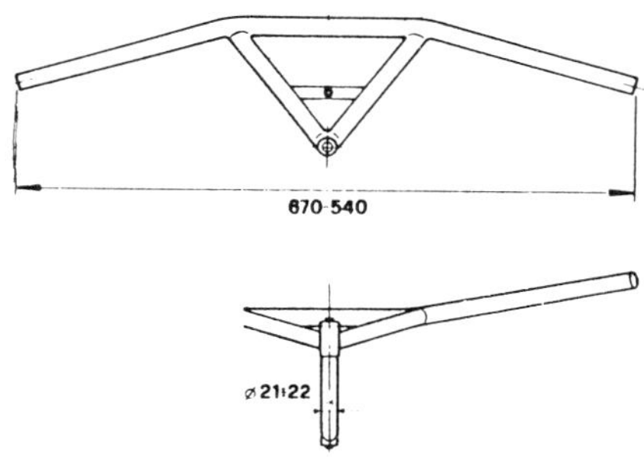

Abb. 385: Mountain-bike-Lenker aus CrMo-Stahlrohren.

Vorbau für geteilte Lenker

Der kurze Vorbau (25 mm) wird bevorzugt für Sport-, Jugend-, Knaben-, Mädchen- und Kinderräder verwendet. Die Klemmmuffe ist aus 3 mm Bandstahl St 3 LG DIN 1624 gepreßt. Das Gabelschaftrohr (St.-Rohr 22 × 1,5 DIN 2393 oder 2394 BK St 37-2) ist mit der Muffe elektrisch verschweißt oder hart verlötet, s. Abb. 386.

Der lange Vorbau (55 – 60 mm) aus Stahl wird für Sporträder verwendet. Der Vorbau ist aus 3 mm Bandstahl St 3 LG DIN 1624 oder aus Temperguß (GTW 40 S DIN 1692) hergestellt. Das Gabelschaftrohr 22 × 1,2 DIN 2393 oder 2394 BK St 37-2 ist mit dem Vorbau verschweißt oder hart verlötet. Bei der Tempergußausführung wird das Schaftrohr nur eingepreßt. Die Lenkerschaftlänge ist unterschiedlich und richtet sich nach den Rahmen- und Gabelmaßen, s. Abb. 387.

Die Ausführung mit Griffmutter zum schnellen Verdrehen des Lenkers bei Klapp- und Zerlegrädern zwecks Verstauen im Kofferraum von Pkw oder Mitnahme in anderen Verkehrsmitteln ähnelt der in Abb. 387 gezeigten, jedoch hat der Lenkerschaft hier 1,5 mm Dicke (wegen der größeren Schaftlänge und im Hinblick auf die Verwendung extrem hoher Lenkerbügel, s. Abb. 388). Der sogenannte Schwanenhals-Vorbau wird auch für Klapp- und Zerlegräder verwendet. Die Befestigung im Gabelschaftrohr erfolgt durch eine am geschlitzten Gabelschaftrohr sitzende Klemmschelle mit Spannvorrichtung. Das Klemmauge aus 3 mm Bandstahl ist am Lenkerschaftrohr (22 × 1,5 mm) elektrisch angeschweißt, s. Abb. 389.

Die aus Alu-Legierungen gegossenen Vorbauten werden meist für Rennsport-Räder verwendet, wobei es verschiedene Vorbaulängen (50 – 110 mm) gibt. Für Damen-Modelle werden die kurzen Ausführungen bevorzugt (s. Abb. 390 und 391).

Der in der Explosiv-Darstellung Abb. 392 gezeigte Vorbau ist aus Stahl, die Oberfläche verchromt. Die Muffe ist aus Stahlblech gepreßt und mit dem Lenkerschaftrohr verschweißt oder hart verlötet. Die Klemmung des Lenkerbügels erfolgt durch einen Bundbolzen mit Mutter. Gegen Verdrehung sichert eine angepreßte Nase am Bolzen, die im eingestanzten Schlitz der Schelle steckt. Die Befestigung des Lenkerschafts im Gabelschaftrohr geschieht durch den Rundkonus. Der Lenkerschaft ist unten seitlich geschlitzt. Mit der Klemmschraube, die durch den ganzen Lenkerschaft reicht, wird der Lenkerschaft durch den hereingezogenen Konus gespreizt und fest an das Gabelschaftrohr angepreßt. Der Konus (aus Grauguß GG 15 DIN 1691 oder Cq 35 DIN 1654 kaltfließgepreßt) ist durch eine Nase, die im Schlitz geführt ist, unverdrehbar. Der Nachteil dieser Klemmung mit Rundkonus ist, daß der Gabelschaft durch die hohe Flächenpressung der schmalen, nur strichförmigen Anlage des Konus, vor allem nach mehrfach kräftigem Anziehen, aufgebaucht wird. Der hohe Anpreßdruck ist aber notwendig, damit eine ausreichende Haftung mit der glatten Oberfläche des verchromten Lenkerschaftes erreicht wird (den aber nur der volle Querschnitt des gewindelosen Teils des Ga-

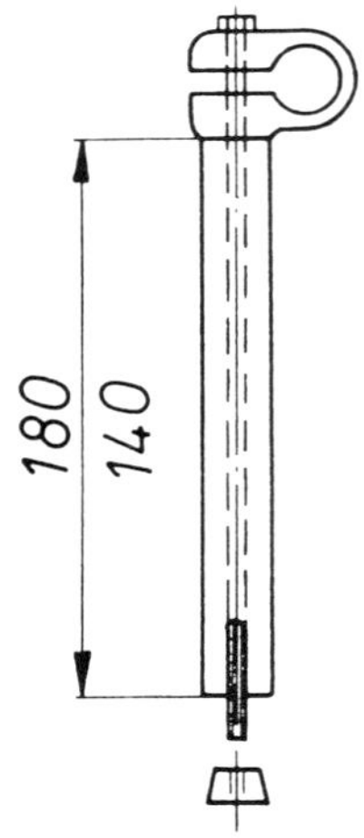

Abb. 386: Kurzer Vorbau.

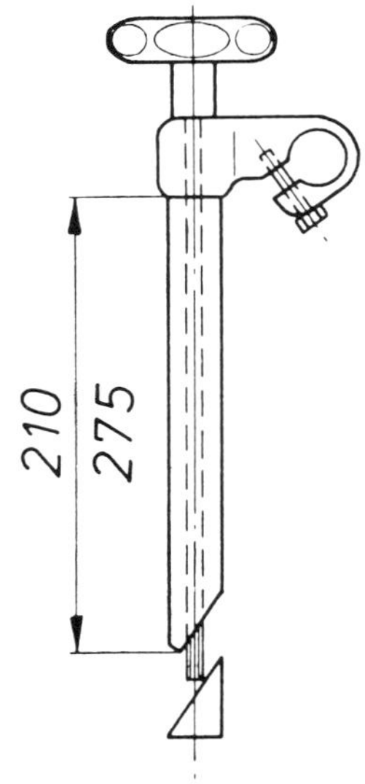

Abb. 388: Vorbau mit Griffmutter (Schnellverschluß).

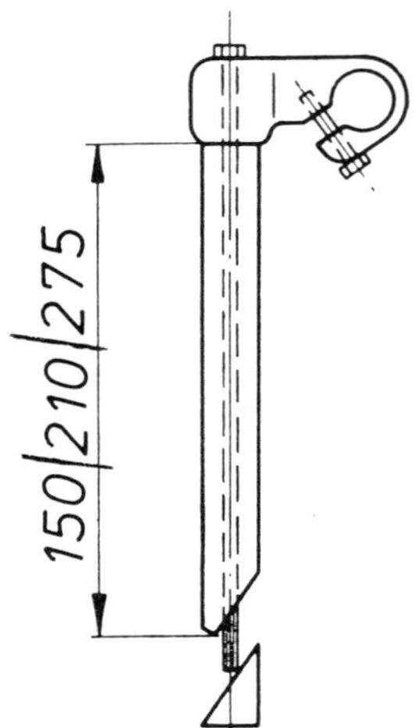

Abb. 387: Langer Vorbau.

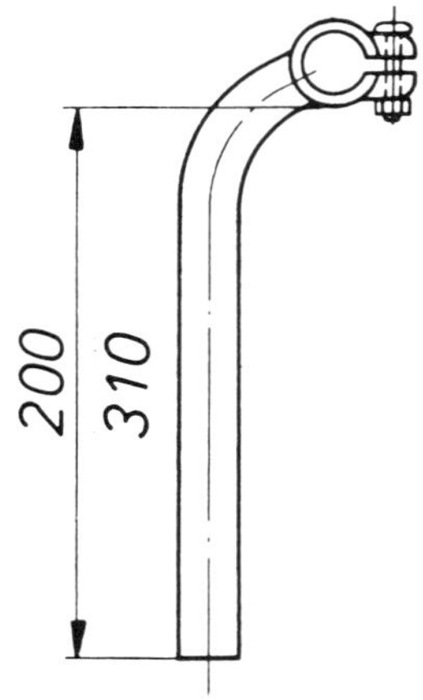

Abb. 389: Schwanenhals-Vorbau.

belschaftrohrs aushalten kann). Die Klemmschraube mit Gewinde M8 (früher auch Klemmspindel genannt) wird aus Schraubenwerkstoff 6 oder 8.8 hergestellt.

Beim BMX-Fahrrad garantiert nur eine stabile Bauweise des Lenkervorbaues eine sichere Befestigung (Klemmung) des Lenkerbügels. Deshalb erfolgt die Klemmung des Lenkerbügels generell mit vier Befestigungsschrauben und die Klemmung des Lenkerschaftes in der Vorderradgabel durch einen Schrägkonus. In der Abb. 393 ist ein verchromter Lenkervorbau aus gepreßtem Stahlblech mit vier Klemmschrauben und einem Lenkerschaft aus St.-Rohr 22 × 2 DIN 2393 oder 2394 BK St 37-2 dargestellt.

Für die obere Preisklasse wird aus Gewichtsgründen der Vorbau aus hochfesten

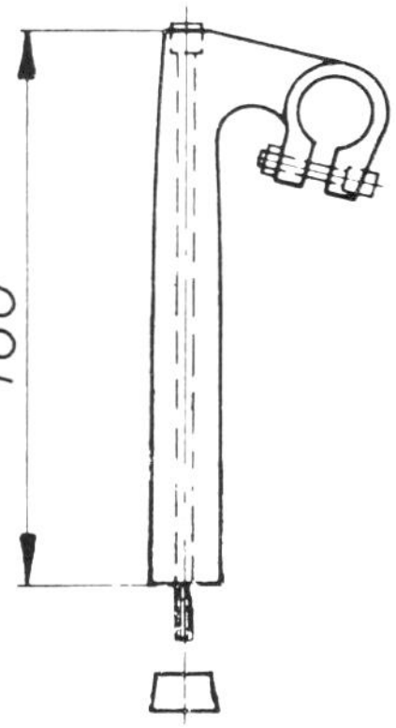

Abb. 390: Gegossener kurzer Vorbau.

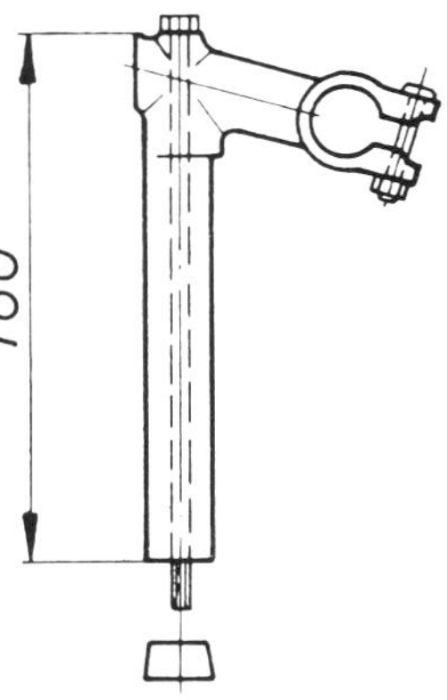

Abb. 391: Gegossener langer Vorbau.

Alu-Legierungen, z. B. Dural = AlCuMg1 oder AlZnMgCu1,5, hergestellt. Die Oberflächenbehandlung erfolgt durch farbiges

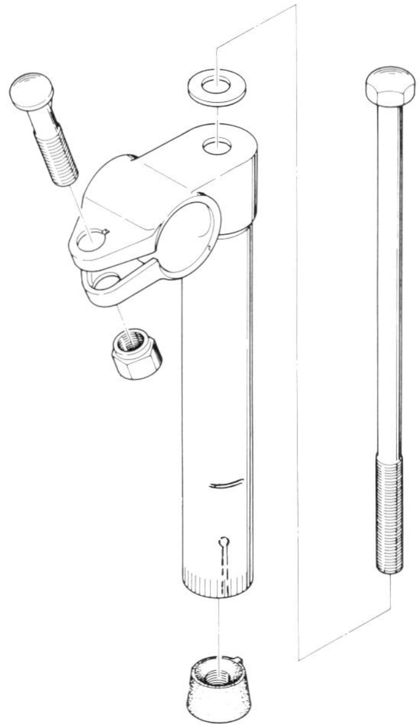

Abb. 392: Explosiv-Darstellung eines kurzen Lenkervorbaues aus Stahl mit Rundkonus.

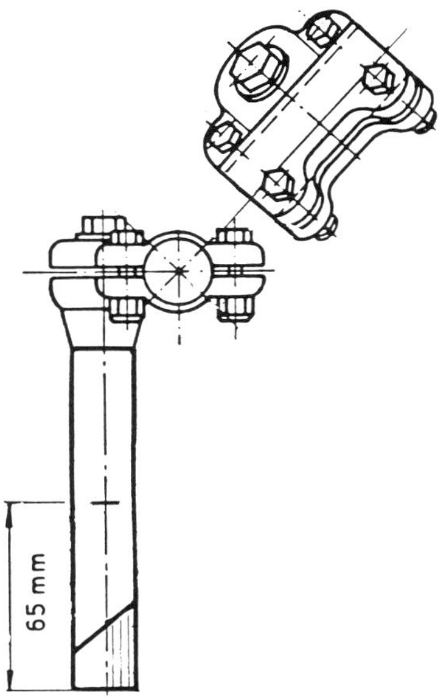

Abb. 393: BMX-Lenkervorbau aus Stahl.

Eloxieren. Die obere Halbschale wird meist einteilig, aber auch zweiteilig ausgeführt (Abb. 394).

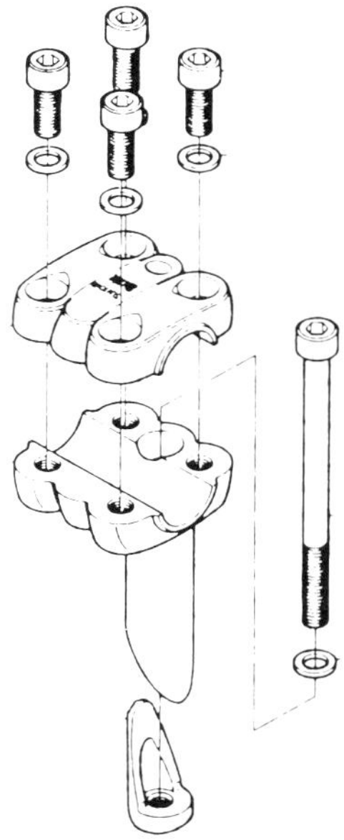

Abb. 394: BMX-Lenkervorbau aus Dural von Sun Tour.

Für die Mountain-bikes wurden (ähnlich der BMX-Vorbauten) Lenkervorbauten für eine sichere Befestigung des Lenkerbügels entwickelt.

In der Abb. 395 ist ein doppelarmiger Lenkervorbau zu sehen. Aus Gewichtsgründen werden jedoch mehr einarmige Vorbauten verwendet, die das Lenkerrohr auch sicher klemmen (Abb. 396).

Die Abb. 397 zeigt einen verstellbaren Lenkervorbau mit Schnellspannvorrichtung für die Veränderung der Vorbaulänge nach Wunsch oder nach den Armlängen des Fahrers.

Die Vorbaulänge kann auch unterwegs ohne Werkzeug (z. B. für Bergauf- oder Bergabfahrten) verstellt werden. Die Skalaeinteilung beträgt pro Verstellschritt 2 mm Längenveränderung. Der Vorbaukopf ist aus Alu-Legierung, das Lenkerschaftrohr aus Stahl.

Der Tandem-Lenkervorbau (Abb. 398) aus Alu-Legierung sitzt an der Sattelstütze des vorderen Fahrers und kann durch

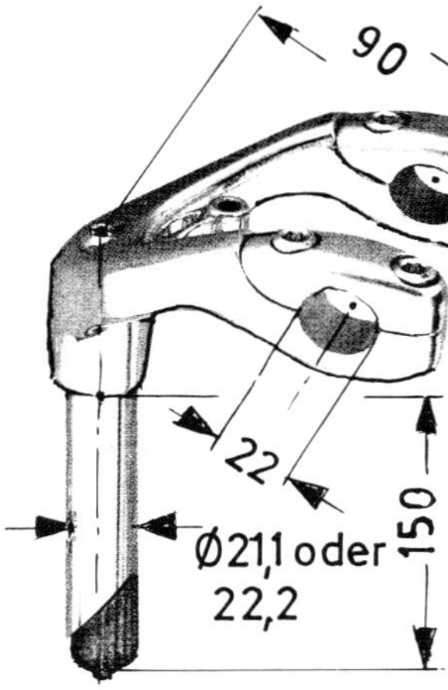

Abb. 395: Doppelarmiger MTB-Lenkervorbau aus geschmiedeter Alu-Leg., Lenkerschaft aus Stahl, von Kalloy.

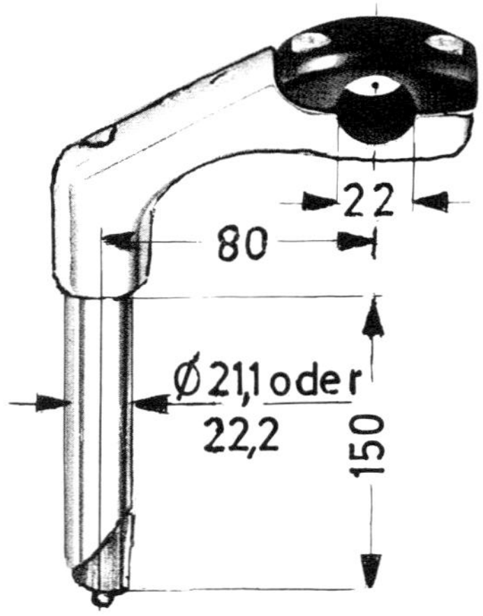

Abb. 396: MTB-Lenkervorbau aus geschmiedeter Alu-Leg., Lenkerschaft aus Stahl, von Kalloy.

Lösen der Klemmschraube in der Höhe verstellt werden.

Diese Lenkerhalter gibt es für Sattelstützen-Durchmesser 26,6 – 26,8 – 27,0 und 27,2 mm.

In Abb. 399 ist ein in Kokille[59] gegossener Lenker-Vorbau für Rennsport-Räder gezeigt. Der Kokillenguß (z. B. GK AlMg 5 DIN 1725) wird wegen seiner höheren Dehnung an Stelle von Druckguß verwen-

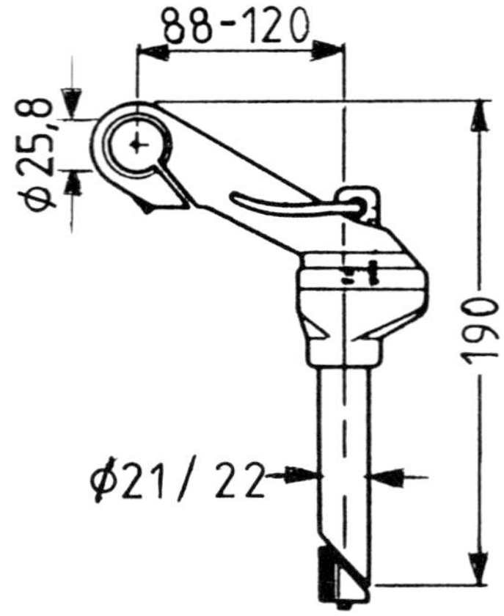

Abb. 397: MTB-Lenkervorbau mit Schnellverstellung (Verstellbereich 88–120 mm), von Manubri.

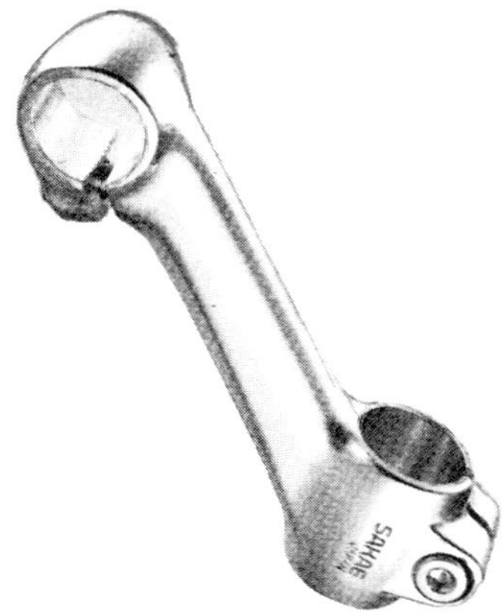

Abb. 398: Tandem-Lenkervorbau für Klemmung an der Sattelstütze beim vorderen Fahrer, von Sakae.

det – auch muß der Werkstoff chemisch beständig, polierbar und eloxierbar sein. Trotz der niedrigen Dichte von 2,6 – 2,8 kg/dm³ ergibt sich gegenüber der Stahlausführung gewichtsmäßig ein nur geringer Unterschied. Wegen der niedrigeren Festigkeitswerte der Alu-Legierung gegenüber Stahl müssen zum Ausgleich die Wände dicker gehalten werden (in der Zeichnung sind die konisch verlaufenden Wanddicken ersichtlich). Die Verjüngung läuft entgegengesetzt zur Zugrichtung der Gießkerne (Innenformen), die vor dem Entformen herausgezogen werden müssen. Die Konizität der Kerne beträgt bei den Aluguß-Legierungen (DIN 1725) 1 – 2° und bei den Magnesium-Legierungen (DIN 1729) nur 0,5 – 1°. Das ist notwendig, damit das erkaltende Werkstück nicht auf den Gießkern aufschrumpft, sondern ohne Gewaltanwendung leicht aus der Gießform ausgeworfen wird. Die Oberfläche wird poliert und bei besonders hochwertigen Ausführungen eloxiert (Eloxieren ist eine künstliche Verstärkung der natürlichen, auf Aluminium an der Luft immer vorhandenen Oxidschicht durch elektrolytische, anodische Oxydation – Schichtbildung durch Diffusion[60] und Verbindungsbildung).

Für Rennmaschinen werden besondere Lenker-Vorbauten unterschiedlicher Längen benötigt, damit eine optimale Sitzposition, daß heißt, richtige körperliche Haltung bei größtmöglicher Leistungsausnutzung, einstellbar ist. Die Vorbaulängen sind von 50 bis 110 mm gestaffelt. Bei den Lenkerschaftlängen (145 – 180 mm) wird aus Gewichtsgründen gegeizt. Wie aus der

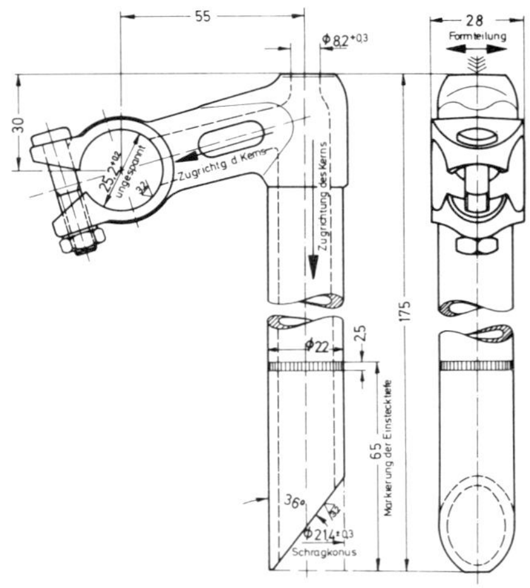

Abb. 399: Aus Alu-Legierung gegossener Lenkervorbau.

---

[59] Kokille = metallische Gußform für Metalle

[60] Diffusion = Durchdringung und Vermischung verschiedener, aber miteinander mischbarer Gase, Flüssigkeiten oder Feststoffe bei direkter Berührung

Explosiv-Darstellung Abb. 400 ersichtlich, erfolgt die Klemmung durch einen Schrägkonus aus Grauguß GG 15 DIN 1691 oder aus Cq 35 DIN 1654 kaltfließgepreßt. Die Schrägkonus-Klemmung, obwohl geringfügig teurer als die Rundkonus-Ausführung, wird heute für fast alle Lenkerarten bevorzugt. Bei niedrigem Schrauben-Anzugsmoment wird durch die bedeutend größere, elliptisch verlaufende Anpreßfläche bei geringerer spezifischer Flächenpressung (kei-

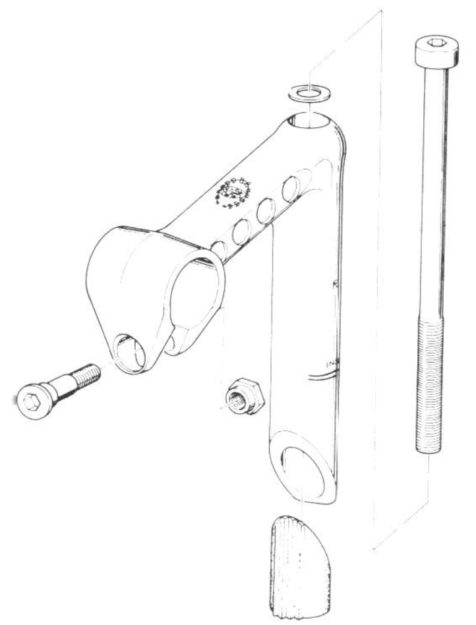

Abb. 400: Explosiv-Darstellung eines Rennlenker-Vorbaues aus Alu-Legierung mit Schrägkonus.

ne Deformierung des Gabelschaftrohres!) eine bessere Haftung zwischen Lenker und Gabel erreicht.

Außerdem ist das Losbrechmoment nach dem Lösen der Befestigungsschraube geringer, da hier keine Aufweitung und Verbiegung des geschlitzten Lenkerschaftrohres durch die Keilwirkung des Rundkonus erfolgt – mühelos kann der Lenker gelöst, verstellt und wieder festgeklemmt werden. Die Zylinderschrauben mit Innensechskant (DIN 6912 Güte 8.8) für die Klemmeinrichtung sind versenkt im Vorbau angeordnet, damit bei einem Sturz keine Verletzungen durch einen hervorstehenden Schraubenkopf entstehen können.

Für Super-Profi-Rennmaschinen werden Lenker-Vorbauten aus geschmiedeten Aluminium-Knetlegierungen nach DIN 1712 (wie AlZnMgCu 1,5 ausgehärtet, mit 520 N/mm^2 Zugfestigkeit, Streckgrenze 460 N/mm^2 und 14% Bruchdehnung verarbeitet. Die vollgeschmiedeten Preßlinge werden aus Gewichtsgründen dünnwandig ausgebohrt. Die polierte Oberfläche wird zusätzlich eloxiert.

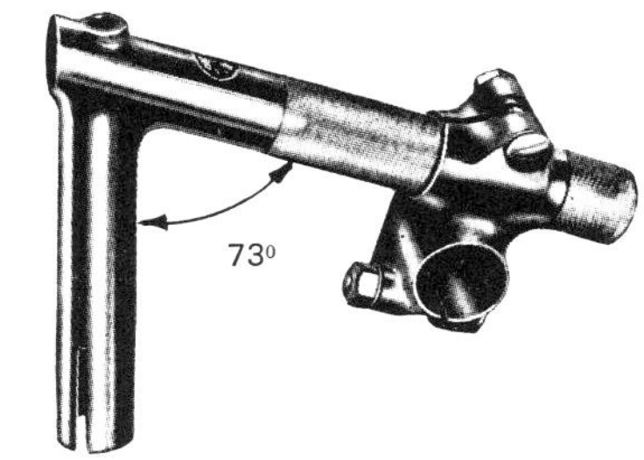

Abb. 401: Verstellbarer Vorbau von Cinelli.

Der in Abb. 401 gezeigte Vorbau der Firma Cinelli aus Stahl (Modell 4) hat den besonderen Vorteil, daß die Vorbaulänge verstellbar ist: der Fahrer kann die seinen Körpermaßen entsprechende optimale Einstellung wählen. Dieser Vorbau wird aber aus Gewichtsgründen bei Straßenrennen nicht benutzt, sondern nur an Trainingsmaschinen und von sportlichen Individualisten.

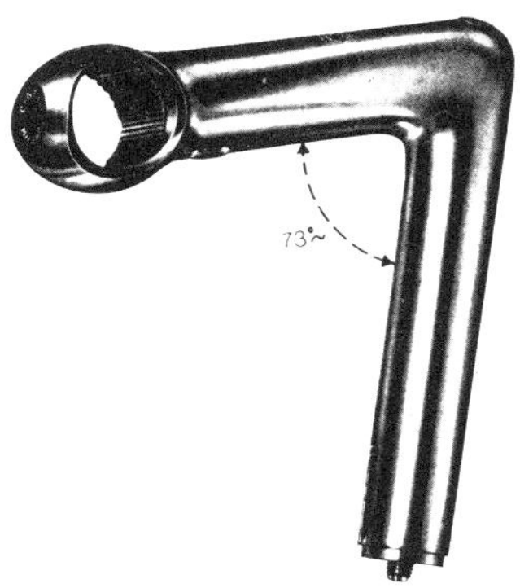

Abb. 402: Cinelli-Vorbau „Record".

Ein sehr eleganter Vorbau ist das Modell 1/Record, ebenfalls von Cinelli (Abb. 402) aus Dural-Alu-Leg. Durch ein neuartiges, patentiertes System wird der Lenkerbügel geklemmt, wobei die Klemmung nicht, wie bei herkömmlichen Vorbauten, über den geschlitzten Kopf mittels eines Klemmbolzens erfolgt, sondern durch eine geriefte Halbschale, die durch einen Keil an den Lenkerbügel gepreßt wird (Abb. 403).

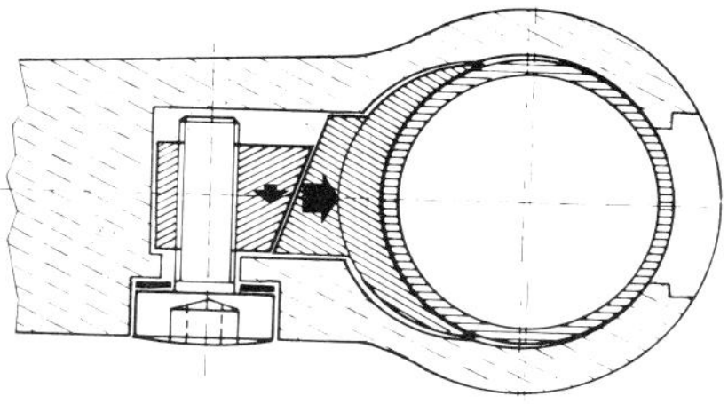

Abb. 403: Klemmvorrichtung des „Record"-Lenkervorbaues von Cinelli.

Lenkerbügel für geteilte Lenker

Beim einteiligen Lenker kann die Griffstellung nur in der Höhe durch mehr oder weniger tiefes Einschieben des Lenkerschaftes in das Gabelschaftrohr erfolgen – eine andere Verstellmöglichkeit gibt es nicht. Eine weitere Lenkerbügel- und damit Griffstellungs-Verstellung ermöglicht der zweiteilige Lenker.

Hier wird der Lenkerbügel im Vorbau geklemmt. In dieser Klemmvorrichtung kann das Lenkerrohr verdreht werden, soweit das die Längen der Seilzüge für Bremsen und Schaltung zulassen. Das Klemmauge am Vorbau ist 25,2 – 25,5 mm weit, damit ein Lenkerrohr mit 22 oder 23,5 mm Ø mit seinen engen Biegungen bis zur Mitte durchgeschoben werden kann. Die Lenkerbügelmitte muß dann durch eine Hülse oder Einlage mit der Weite des Klemmauges versehen werden. Solche Klemmhülsen am Lenkerrohr sind aber nur noch bei Rennbügeln aus Leichtmetallrohr zu finden. Der Klemmbereich des Lenkerbügels wird ansonsten heute aufgeweitet. Das erfolgt bereits am geraden, abgelängten Rohr. Ein bis in dessen Mitte eingeführtes Rohrstück wird mit einem entsprechend langen Stempel auf 25_{h12} mm Ø aufgedornt. Um die Haftung in der glatten verchromten Oberfläche der Klemmstelle zu erhöhen, wird der Lenkerbügel an der Klemmstelle mit einem groben Rändel (Teilung 1 mm nach DIN 82) gerieft. Grundsätzlich wird der gerändelte Durchmesser immer um die halbe Teilung des Rändels größer (im vorliegenden Fall 1/2 Teilung von 1 mm = 0,5 mm, also $25{,}5_{-0{,}2}$ mm Ø – s. hierzu Abb. 404).

Aluminium-Legierungen neigen in Verbindung mit verchromten Oberflächen zum

„Schmieren“. Deshalb ist die gerändelte Rohroberfläche, die in das weichere Aluminium eindringt, gegen Verdrehung besonders vorteilhaft. Ein weiterer Vorteil ist das festsitzende, mit aufgeweitete Rohrstück, das als Verstärkung wirkt und die Deformierung des dünnwandigen Lenkerrohrs beim Klemmen verhindert.

Lenkerrohre werden kalt gebogen, dazu ist ein geeigneter Werkstoff (Stahl oder Alu-Legierung) erforderlich. Für komplikationslose Kaltbiegung von Rohren gilt die Regel: 3mal Rohrdurchmesser ist kleinstmöglicher Biegeradius, bezogen auf die Rohrmitte.

Die Oberfläche muß bei Stahlrohren Verchromen, bei Alurohren Polieren und Anodisieren ohne kostenträchtige Vorbehandlung ermöglichen. Für Lenkerrohre aus Stahl mit aufgeweiteter Klemmstelle wird St.-Rohr 22 × 1,2 DIN 2393 GBK St 34-2, für Lenkerrohre ohne Aufweitung St.-Rohr 22 × 1,2 DIN 2394 GBK verwendet.

Lenkerbügel für Rennsport- und Rennmaschinen werden auch aus Leichtmetallrohren mit 23,5 und 23,8 mm (15/16″) ∅ mit 1,8 – 1,6 mm Wanddicke hergestellt. Bei höheren Qualitäten werden Handelsbezeichnungen für den Werkstoff wie „Dural“ genannt, was der Alu-Knetlegierung AlCuMg1DIN 1725 Teil 1 und DIN 1746 mit einer

Mindest-Zugfestigkeit	380 N/mm^2
Streckgrenze	260 N/mm^2
Bruchdehnung	12%
Dichte	2,8 kg/dm^3

entspricht. Weitere Qualitäten für Alu-Rohre nach DIN 1746 sind: AlMgSi1 F 32, AlZnMg F 36 und AlMg4 F 36. Vielfach wird die veredelte Oberfläche im Sichtbereich mit einer dekorativen Ziselierung (Gravur oder Ätzung) ähnlich wie bei Jagdwaffen verziert.

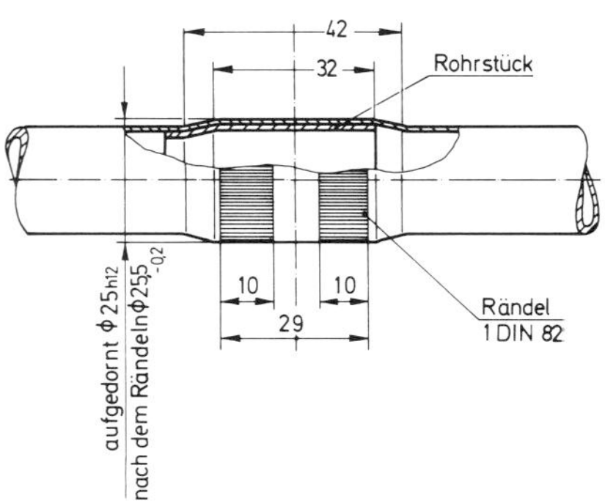

Abb. 404: Aufgeweitete Klemmstelle des Lenkerbügels.

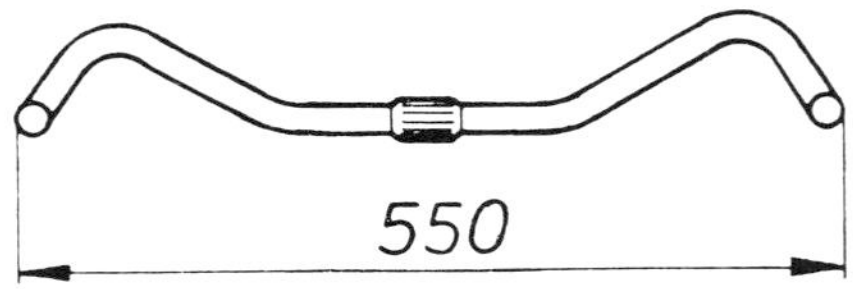

Abb. 405: Touren-Lenkerbügel NSU-Form.

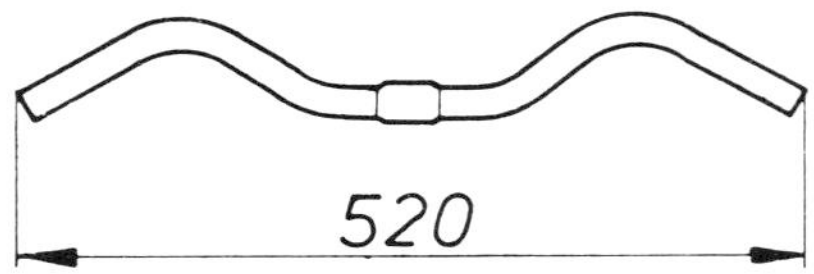

Abb. 406: Hawicht-Lenkerbügel.

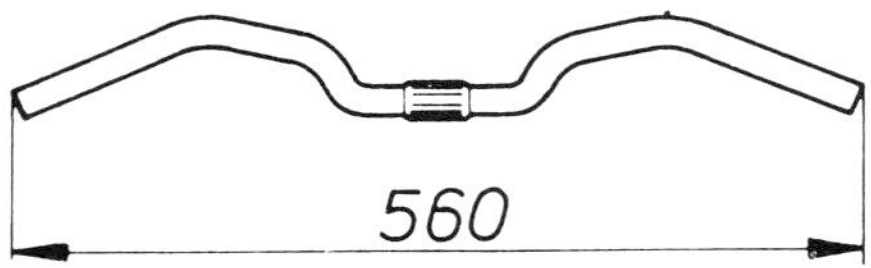

Abb. 407: Diamant-Lenkerbügel.

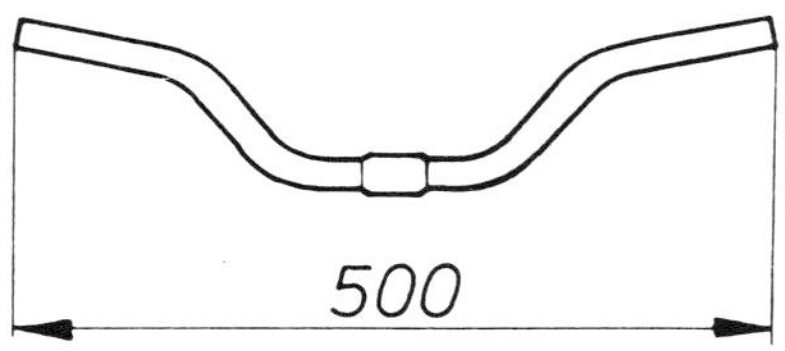

Abb. 408: Anatom-Lenkerbügel.

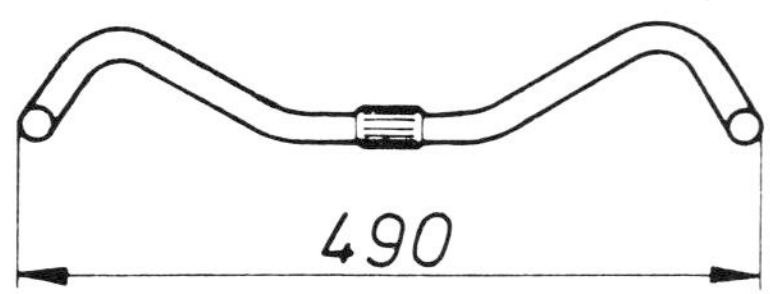

Abb. 409: „Berliner“ Lenkerbügel.

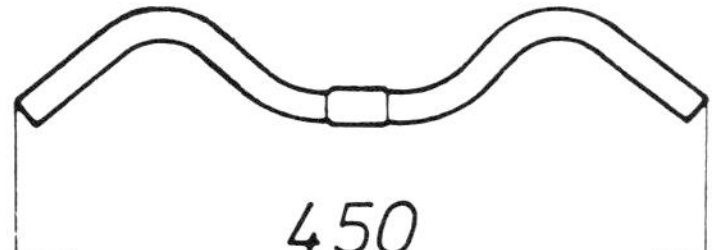

Abb. 410: Kinder-Lenkerbügel.

Die Formen der BMX-Lenkerbügel sind nur geringfügig unterschiedlich. Das liegt an den genormten Maßen (Höhe und Breite).

In der Regel werden für alle Lenkerbügel St.-Rohre nach DIN 2393 oder 2394 GBK 22 mm ∅ (Wanddicke 1,2 bis 1,6 mm je nach Werkstoffsorte) verwendet.

Zur Versteifung des Lenkerbügels ist zwischen den beiden Holmen eine gerade oder leicht gebogene Querstrebe (Zwischenstrebe) geschweißt oder hart gelötet, damit die Rohrenden bei extremer Belastung nicht verbogen werden (Abb. 413). Die Querstrebe ist aus St.-Rohr von 14 bis 20 × 1,2 DIN 2394 GBK St 34-2 hergestellt und dient zugleich für die Befestigung des Abdeckpolsters (Körperschutz) und des Start-Nummernschildes.

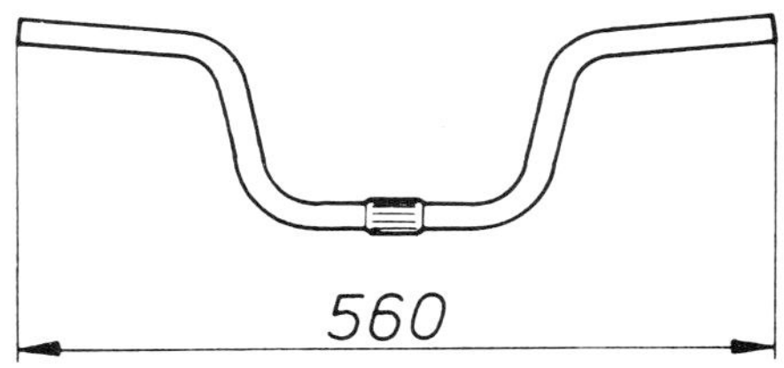

Abb. 411: Klapprad-Lenkerbügel.

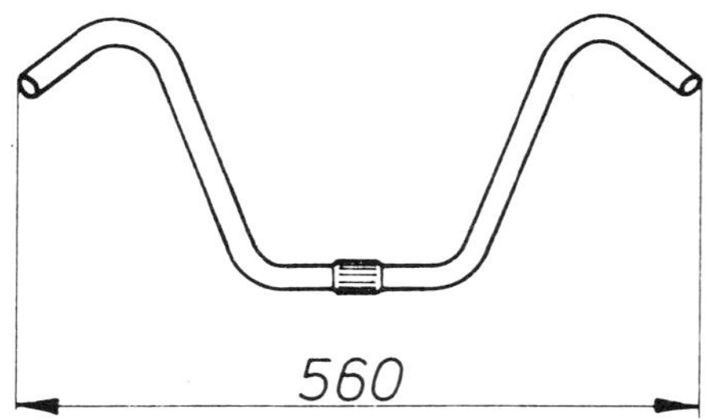

Abb. 412: High-Riser-Lenkerbügel.

BMX-Lenkerbügel der Spitzenklasse sind aus hochfesten Alu-Legierungen (z. B. AlCuMg1 = Dural oder AlMg4 F 36) farbig eloxiert, Rohrdurchmesser 22,2 mm und Wanddicken von ca. 1,6 bis 1,8 mm gefer-

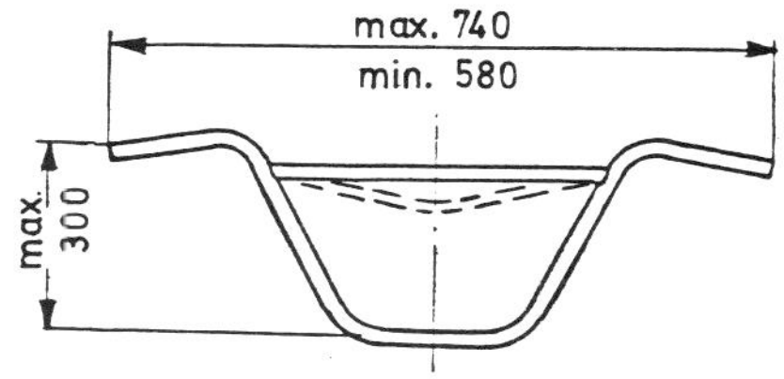

Abb. 413: BMX-Lenkerbügel.

tigt. Ein solcher Lenkerbügel in der Bauform, wie in der Abb. 413 dargestellt, hat ein Gewicht von nur 430 g, dagegen in Stahl 905 g.

Der Klemmbereich des Lenkerbügels braucht beim BMX-Lenker nicht aufgeweitet zu werden. Bei den Lenkerbügeln der normalen Fahrräder ist dies notwendig, damit der Lenkerbügel mit seinen engen Biegungen bis zur Mitte des Klemmauges des Vorbaues durchgeschoben werden kann. Die Klemmstelle für den Lenkerbügel am BMX-Lenkervorbau ist in der Mitte in zwei Halbschalen geteilt. In den unteren Teil wird der Lenkerbügel eingelegt und mit dem oberen Teil geklemmt. Diese Bauart ist erforderlich, weil der BMX-Lenkerbügel wegen der Querstrebe nicht eingeschoben werden kann.

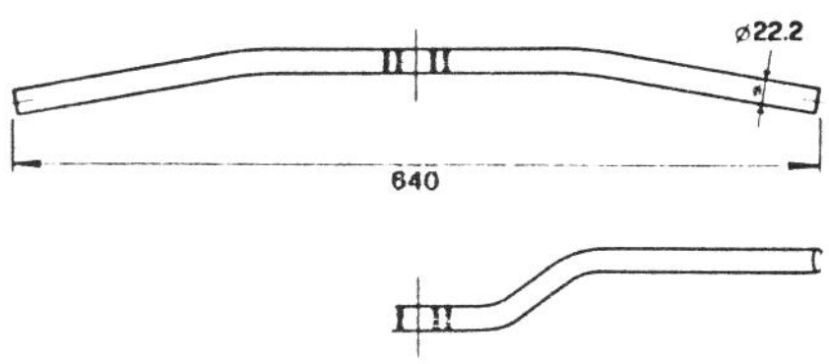

Abb. 414: MTB-Lenkerbügel aus CrMo von Manubri.

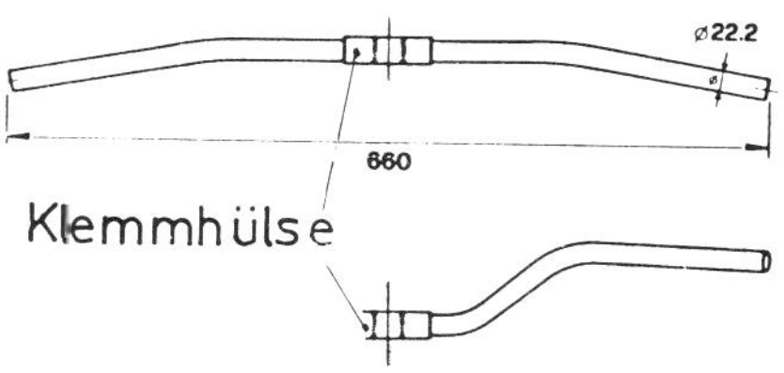

Abb. 415: MTB-Lenkerbügel aus Alu-Leg. von Manubri.

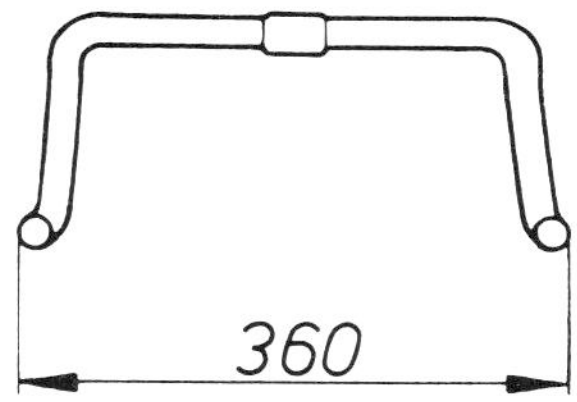

Abb. 416: Rennbügel für Jugendräder.

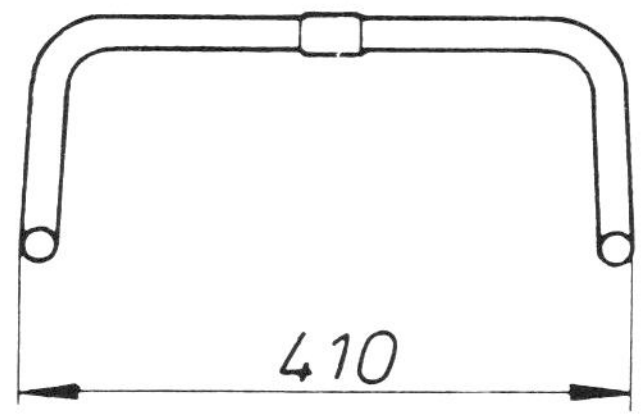

Abb. 417: Rennbügel aus Stahl, Gewicht ca. 650 g.

Für die Mountain-bikes werden breite, aber flache Lenkerbügel aus Stahl oder Alu-Legierung verwendet, damit beim Fahren im Gelände (beim Verlassen ausgefahrener Spurrillen und auf weichen Böden) die Arme nicht übermäßig beansprucht werden (Abb. 414 und 415).

Damit das Lenkerrohr an der Klemmstelle durch die hohe Klemmspannung des Vorbaues nicht deformiert und dabei lose wird, ist zur Verstärkung ein Rohrstück eingepreßt. Das Einpressen erfolgt bereits am abgelängten, noch geraden Rohr.

Lenkerbügel für Rennsport-Modelle

Für den Rennsport wurden verschiedene Lenkerformen entsprechend der jeweiligen Sportart entwickelt. Aus Gewichtsgründen sind solche Lenker aus Leichtmetall-Legierungen hergestellt. Die Lenkerform-Bezeichnungen kommen aus dem Mutterland des Fahrrad-Rennsports, Frankreich.

Die wenigsten sogenannten Rennlenker werden allerdings für Rennen benutzt. Meist werden sie nur für sportliches Radfahren gewünscht bzw. angeboten. Die Form „Pista" ist für Bahnrennen (Pisten) vorgesehen und wird nur unten gefaßt, während die Formen „Maes" für Straßenrennen und „Randonneur" für Trainingsfahrten durchweg oben gegriffen werden. Für Damen-Rennräder hat sich der flache Lenkerbügel (auch Trainingsbügel genannt) durchgesetzt – s. hierzu die Abbildungen 418 – 421.

Für den Radsport, wie Zeitfahren, Triathlon usw. haben sich besondere Lenkerformen eingeführt, die auch „Büffelhornlenker" genannt werden (Abb. 422).

Beim Büffelhorn-Lenkerbügel Abb. 423 sitzen die Lenkerrohrhörner ca. 30 mm tiefer als die zentrale Klemmstelle. Neben der Klemmstelle des Lenkervorbaus links und rechts, dort wo der Lenkerbügel meistens gegriffen wird, ist die hintere Rohrseite ähnlich einem halben Sechskant (mit gerundeten Ecken) verformt und sorgt somit für einen rutschfesten Griff.

Hier wurden nur einige wenige Lenkerformen gezeigt, viele andere – wie deutscher Lenker, englischer Lenker, französische Lenkermodelle, skandinavische Modelle, US-Modelle, Gesundheitslenker, Form München oder Stuttgart, Modell Parisienne usw. sowie Rennlenker, die nach bekannten Rennfahrern benannt sind – ergeben ein vielfältiges Markt-Angebot.

Abgesehen von den sich durch die Lenkerform, die Länge des Vorbaues und die Einstellmöglichkeiten des Lenkers ergebenden Veränderungen der Höhenlage, der Entfernung vom Sattel und der Richtung der Lenkergriffe ist die Form des Lenkers belanglos. Maßgebend bleiben stets die Hebelarme, die sich aus den direkten Verbindungslinien von den Griffen zum Lenkkopf ergeben. Im Gegensatz zu den meist lackierten Teilen des Fahrrades werden die Lenker gegen Verrosten (und des besseren Aussehens wegen) verchromt. Neuere Versuche, das Lenkerrohr mit einem PVC-Schlauch aus farbigem Plastik-Material oder mit imitierten Ledermanschetten zu überziehen,

Abb. 418: Maes-Rennbügel, Modell „Philippe Professional", aus Dural 23,5 mm ∅, Klemmteil 25,4 mm ∅, Länge 400 – 420 mm, Gewicht 300 g, von ATAX.

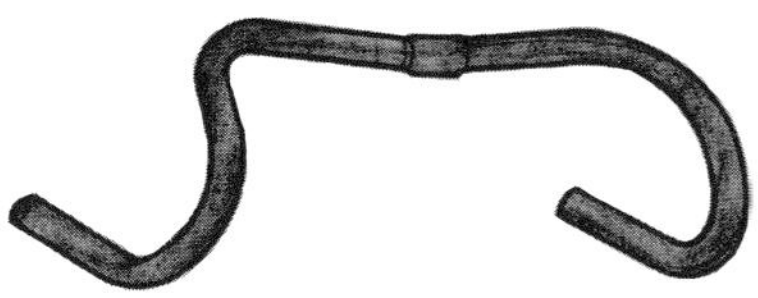

Abb. 419: Randonneur-Rennbügel, Modell RN L aus Alu-Legierung, 23,8 mm ∅, Länge 420 mm, Gewicht 290 g, von Sakae.

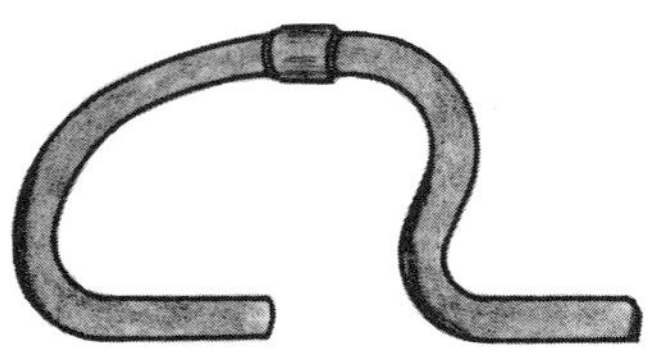

Abb. 420: Pista-Rennbügel für Bahnmaschinen.

Abb. 421: Flacher Trainingsbügel aus Dural, 23,5 mm ∅, Länge 480 mm, Gewicht 220 g, von ATAX.

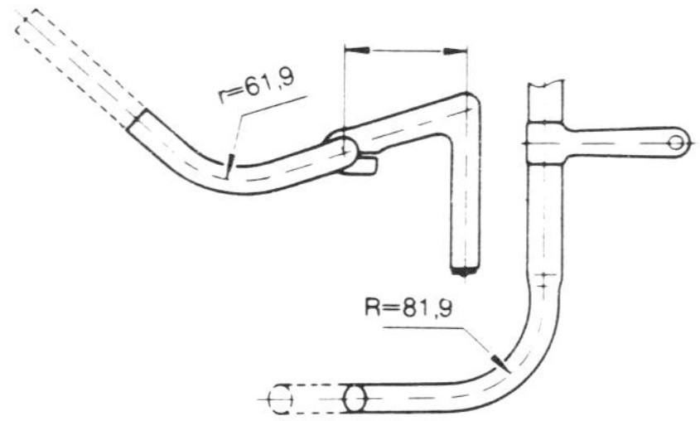

Abb. 422: Büffelhorn-Lenkerbügel aus CrMo von Manubri.

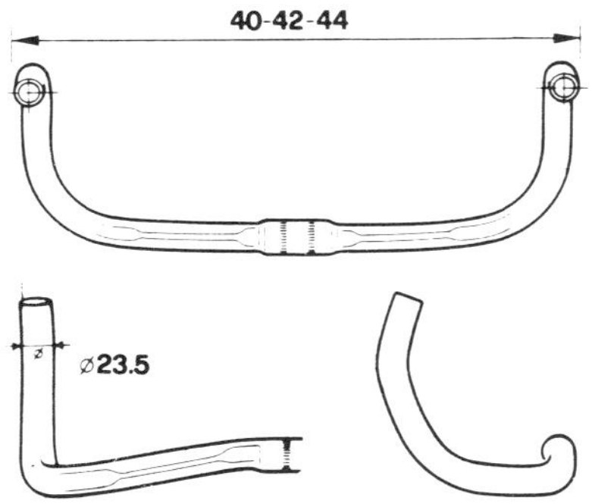

Abb. 423: Büffelhorn-Lenkerbügel aus Alu-Leg. von Manubri.

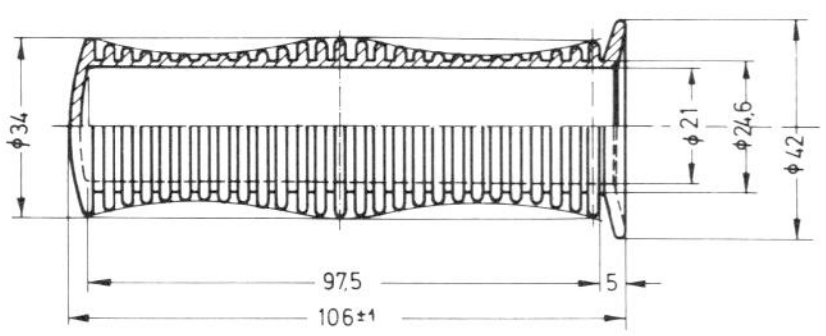

Abb. 424: Lamellen-Festgriff.

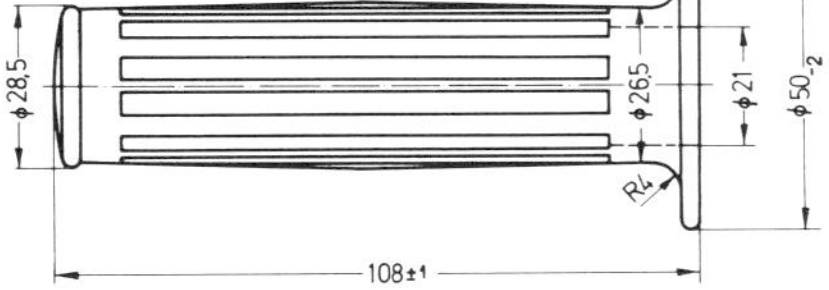

Abb. 425: Festgriff.

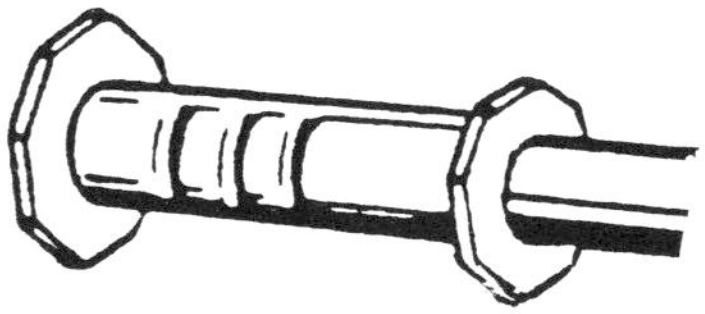

Abb. 426: BMX-Lenkergriff.

Abb. 427: Lenkerstopfen für Rennbügel.

konnten sich, obwohl ohne technische Nachteile, nicht einführen, weil der Käufer im verchromten (polierten, eloxierten) Lenker ein besonders wertvolles und dekoratives Bauteil seines Fahrrades sieht. Über Ausführung und Qualität der Verchromung und anderer Metallveredelungsverfahren s. unter „Galvanische Oberflächen" Seite 413.

Die **Lenkergriffe** an den Lenkerrohr-Enden (bzw. die Umwicklung mit Lenkerband) sorgen für sicheren Griff und machen die glattflächige Verchromung oder Eloxierung des Lenkers griffiger. Die Lenkergriffe werden aus Kunststoff (Polyvinylchlorid – PVC) gespritzt, sind verschleiß- und abriebfest, schmutzen nicht und färben nicht ab und können leicht saubergehalten werden. Die Oberfläche der Griffe muß „handsympathisch" sein. Dazu ist eine bestimmte Weichheit des Werkstoffs (55 ± 5 Shore) erforderlich. Zwischen den Handflächen und dem Griff müssen Luftkammern bleiben, damit gute Griffigkeit vorhanden ist und bei längerer Fahrt die Hände nicht schwitzen.

Das wird durch längs oder quer zum Lenkerrohr verlaufende Rippen oder Lamellen erreicht, s. Abb. 424, 425 und 426. Die früher häufig verwendeten Griffe mit Noppen im Bereich der Finger findet man heute nur noch selten.

Das Umwickeln der Rennlenker-Bügel mit Lenkerband ist eine Geduldsarbeit. In der Fabrik ist es eine der wenigen verbliebenen Handarbeiten, die viel Zeit und Geld kosten. Lenkerbänder aus Kunststoff haben sich nicht bewährt, sie sind zu glatt und „rutschig“ und neigen zu Handschweiß-Bildung. Daher werden selbstklebende Textilbänder (Baumwolle), die sehr handfreundlich, griffest und zugleich schweißhemmend und schweißaufsaugend sind, heute bevorzugt verwendet. Auch sind Lederbänder und einteilige Rauhleder-Überzüge gebräuchlich. Die Lenkerenden müssen mit Stopfen verschlossen werden, die oft mit einem Rückstrahler kombiniert sind (Abb. 427). Durch verloren gegangene Lenkergriffe und -stopfen, die nicht rechtzeitig ersetzt wurden, sind schon viele vermeidbare Unfälle verursacht worden.

Hinweise auf die DIN

Nach der DIN 79 100 Fahrräder (Neuausgabe 1991) darf der Lenker eine Höchstbreite von 700 mm und bei Kinderstraßenfahrrädern 500 mm nicht über- und eine Mindestbreite von 350 mm nicht unterschreiten.

Für BMX-Fahrräder DIN 79 105 (Ausgabe 1986) soll der Lenkerbügel (einschl. Handgriffe) eine Höchstbreite von 740 mm nicht über- und eine Mindestbreite von 580 mm nicht unterschreiten. Der Lenkerbügel darf nicht höher als 300 mm sein.

Bei Kinderfahrrädern DIN 79 110 (Ausgabe 1980) ist die maximale Lenkerbreite von 500 mm und eine Mindestbreite von 350 mm vorgeschrieben.

Der Lenkerschaft muß eine dauerhafte Markierung haben, die auf die erforderliche Mindesteinstecktiefe in den Gabelschaft von 65 mm hinweist.

Die Enden der Lenker müssen mit Handgriffen oder Lenkerstopfen versehen sein, die einer Abzugskraft von 70 N standhalten.

Für die notwendige Klemmspannung zwischen Lenkerbügel und Lenkervorbau sowie zwischen Lenkerschaft und Gabelschaft sind in den Fahrrad-Normen Mindestwerte vorgesehen, die in speziellen Prüfvorrichtungen gemessen werden.

Laufräder

Die starre Nabe im Vorder- und Hinterrad

Von den einzelnen Bauteilen der Laufräder – den Naben, Felgen und Speichen – ist die Hinterradnabe außerdem Bestandteil der Kraftübertragung, also des Tretantriebs, in vielen Fällen auch der Bremseinrichtung. Im Sinne der korrekten Einteilung der zu behandelnden Baugruppen werden hier zunächst nur normale Vorderrad- und einfache, starre Hinterradnaben besprochen. Freilauf-Rücktritt- und Mehrgangschaltungsnaben werden unter „Kraftübertragung“ (Seite 223) bzw. „Bremsen“ (Seite 322 ff) behandelt.

Bei Radnaben steht die Achse immer still, während der Nabenkörper rotiert. Das ist wichtig im Hinblick auf die Lebensdauer der verwendeten Wälzlager.

Bei einer konstanten Lastrichtung ist die Lebensdauer bei umlaufendem Nabenkörper (Außenring des Wälzlagers) und stillstehendem Innenring (Achse) geringer als bei umlaufendem Innenring (Welle).

Bei der Betrachtung des Kugellagers in der Nabenlagerung muß man sich zuerst über die Bewegungsverhältnisse und die eintretende Belastung (Umfangs- oder Punktlast) im klaren sein. Die Unterscheidung von Umfangs- und Punktlast ist aus der Abb. 428 ersichtlich.

Maßgebend für die Lebensdauer der Nabenlagerung ist, welcher der beiden Laufringe (Außen- oder Innenring) die Punktlast bekommt, d. h., zu welchem Ring die Lastrichtung relativ in Ruhe ist. Der Außenring kann die Punktlast besser ertragen als der Innenring, und zwar aus folgenden Gründen:

1. Beim Außenring ist die Krümmung der Kugellaufbahn in beiden Richtungen konkav, was geringe Hertz'sche Pressungen verursacht. Beim Innenring dagegen ist die Krümmung in Umfangsrichtung konvex, was hohe Pressungen zur Folge hat.
2. Die Überrollhäufigkeit ist bei stillstehendem Innenring im Verhältnis der Laufbahnradien größer.

Die Wälzgeschwindigkeit spielt keine Rolle, solange die Lagertemperatur dadurch nicht unzulässig ansteigt, was bei der Fahrrad-Nabenlagerung normalerweise der Fall ist.

Ein wichtiger Faktor beim Lauf der Kugeln ist der Schlupf. Darunter versteht sich das „reibende Gleiten“ der Kugeln auf dem Laufring. Die Kugeln setzen der Bewegung des Innenlaufrings einen bestimmten Widerstand (Rollwiderstand) entgegen, sie wälzen sich nicht korrekt auf dem Laufring ab, sondern gleiten mehr oder weniger auf ihm. Der Rollwiderstand ist aber von verschiedenen, zur Einwirkung kommenden Faktoren abhängig: von

den elastischen Eigenschaften der Werkstoffe von Laufringen und Kugeln,
deren Oberflächen-Beschaffenheit (Rauhtiefe und Härte),
der Form und gegenseitigen Lage der Laufflächen,
der Größe der Normalkraft,
der Größe und Richtung der Tangentialkraft,
der Rollgeschwindigkeit,
der Temperatur und

Bewegungsverhältnisse	Beispiel	Schema	Belastungsfall	Passung
Innenring rotiert Außenring steht still Lastrichtung unveränderlich	Welle mit Gewichtsbelastung	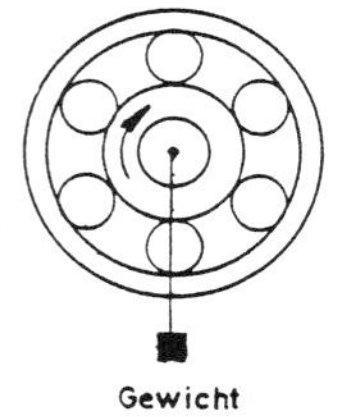	Umfangslast für den Innenring und Punktlast für den Außenring	Innenring: feste Passung notwendig Außenring: lose Passung zulässig
Innenring steht still Außenring rotiert Lastrichtung rotiert mit dem Außenring	Nabenlagerung mit großer Unwucht	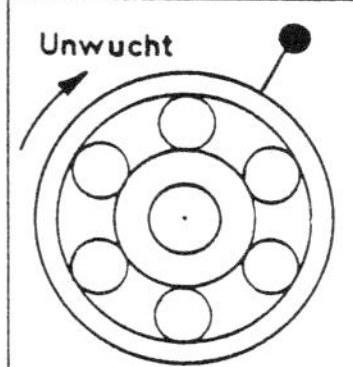		
Innenring steht still Außenring rotiert Lastrichtung unveränderlich	Fahrrad-Naben Kfz-Vorderrad	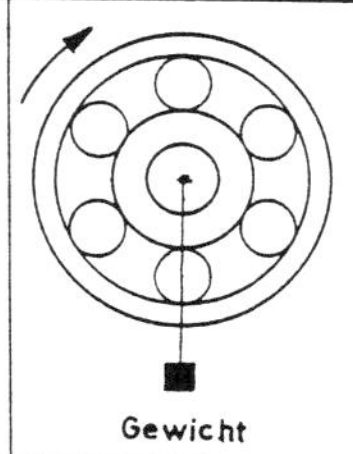	Punktlast für den Innenring und Umfangslast für den Außenring	Innenring: lose Passung zulässig Außenring: feste Passung notwendig
Innenring rotiert Außenring steht still Lastrichtung rotiert mit dem Innenring	Zentrifuge Schwingsieb	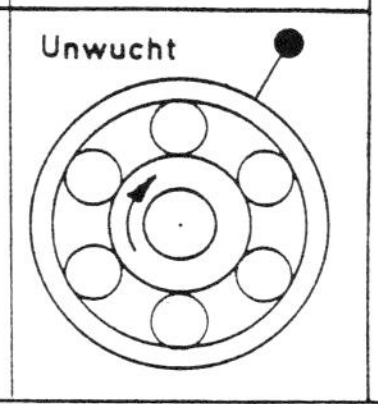		

Abb. 428: Unterscheidung von Umfangs- und Punktlast im Wälzlager.

der Beschaffenheit des Schmiermittels (Viskosität[61], Kapillareigenschaften[62], Haftvermögen) sowie der umgebenden Luft.

Der Widerstand der Kugel entsteht aber auch durch die hohe spezifische Belastung in den Berührungsflächen. Theoretisch berühren die Kugeln die Laufbahnen zwar nur in einem Punkt; aber trotz der Laufbahn- und Kugel-Härte müßte es zur Zerstörung der Laufflächen kommen, wenn nicht auch diese harten Teile eine gewisse Elastizität aufwiesen. Durch den auf den Kugeln lastenden Druck wird die Auflagefläche durch die elastische Verformung der Werkstoffe vergrößert, aber sie drückt sich auch in die Laufbahn ein. Verformung und Eindrucktiefe sind minimal, genügen aber, um der Kugelbewegung Widerstand entgegenzusetzen und auf die Dauer an den bewegten Teilen Verschleiß zu verursachen: an den Auflageflächen entstehen sich zurückbildende Mulden. Das bewirkt, daß der Werkstoff verschoben (weitergewalzt) wird und daß sich vor der Druckfläche eine Art Wulst – im hinteren Teil eine Vertiefung – bildet. Besonders schnell bemerkbar macht sich der Verschleiß, wenn Innen- und Außen-Laufring sich nicht konstant voll drehen, sondern nur in einem Winkelbereich gegeneinander nach links und rechts verschieben (wie das bei der Gabelschaftlagerung der Fall ist).

Bei den Nabenlagerungen sind die Verhältnisse durch die gleichmäßige Drehung und Drehrichtung günstiger. Bei sich drehendem Außenring und stehender Achse (wie es bei den Nabenlagerungen der Fall ist) sind die Verhältnisse zwar im Prinzip die gleichen wie bei sich drehendem Innen- und feststehendem Außenring. Die Umfangsgeschwindigkeit des umlaufenden Außenrings, das heißt, die Geschwindigkeit eines jeden Punktes an der Laufbahn, ist wegen der verschiedenen Außendurchmesser bei gleicher Drehzahl aber größer. Alle geschilderten Vorgänge treten in entsprechend schnellerer Folge auf, und das ist der Grund, warum bei gleichen Betriebsbedingungen der Verschleiß eines solchen Kugellagers größer, die Lebensdauer geringer sein müssen als bei Lagerungen mit umlaufendem Innenring. Dieser Verschleiß zeigt sich in unrund werdenden Kugeln und Rillenbildung in den Laufbahnen.

Nicht nur durch teilweises Gleiten der Kugeln auf den Laufbahnen ist der Reibungswiderstand bedingt. Die sich in gleicher Richtung drehenden Kugeln reiben außerdem besonders innerhalb der Druckzone stark gegeneinander, wenn sie sich berühren. Um diese Berührung zu verhindern, bringt man die Kugeln in einem Käfig (Kugelhalter) unter (Abb. 429).

Abb. 429: Star-Kugelhalter für Konus-Kugellager.

Leider können Kugelhalter nicht bei allen Nabenlagerungen verwendet werden. Eine Lagerung nämlich, die beispielsweise entsprechend der anzusetzenden Belastung und Drehzahl neun Stück Kugeln bestimmter Größe erfordert, wird durch die Verwendung eines Kugelhalters größer als bei käfigloser (vollkugeliger) Lagerausführung. Es gibt natürlich Fälle, bei denen ein größerer Lagerdurchmesser nur durch grundlegende Änderungen an berührenden anderen Bauteilen (z. B. Mehrfach-Zahnkranz) möglich wäre, was aber aus Beschaffungs-, Kosten-, Gewichts- und Ersatzteileversorgungs-Gründen nicht machbar ist.
Kugelhalter werden aus Stahlblech oder – heute vielfach – aus Kunststoff PA (Polyamid 66) hergestellt.

Schließlich hängt der Reibungswiderstand eines Kugellagers außer von der Oberflächenrauhigkeit auch stark von den Eigenschaften des verwendeten Schmiermittels ab. Denn zu den verschiedenen mit den Wälzkörpern zusammenhängenden Widerstandsfaktoren kommt auch noch der Widerstand hinzu, der von der Berührung der Körper mit dem Schmiermittel und der umgebenden Luft herrührt. Da sich zwischen den Berührungsflächen nur eine sehr geringe Schmiermittelmenge halten kann, wird der auf den Oberflächen befindliche Schmiermittelüberschuß weggepreßt, was sowohl unter innerer wie unter Reibung gegenüber der Oberfläche der Wälzkörper geschieht. Innerhalb und in der Nähe der Berührungsstelle entstehen im Schmiermittel Druck- und Saugkräfte, die dem gegenseitigen Annähern und Entfernen der Oberflächen Widerstand entgegensetzen.

Den geringsten Reibwiderstand bringt beim Kugellager dünnflüssiges, säure- und harzfreies Öl. Im Gegensatz zur Fettschmierung verlangt aber die Ölschmierung häufige Wartung des Lagers, das heißt Reinigung und Neuschmierung. Ölschmierung erfordert absolute Abdichtung der Lagerstelle, damit das Schmiermittel nicht austreten kann. Die bei Fahrradnaben üblichen Labyrinth-Abdichtungen (durch ineinandergreifende Blechkappen) sind hierfür nicht geeignet. Deshalb werden diese Lagerstellen heute bereits im Herstellerwerk mit sogenannten „Lifetime-Fetten“ (Fetten für die ganze Lebensdauer des Lagers) versorgt. Der Schmierstoffvorrat bleibt dann unter normalen Bedingungen über mehrere Jahre wirksam.

Viel häufiger als normaler Verschleiß ist bei den Konuskugellagern in Fahrradnaben die Zerstörung durch „Anfressungen“ an den Laufflächen und den Kugeln. Sie entstehen durch kleine, aus den Kugeln und Laufbahnen ausgebrochene Metallteilchen infolge

Überlastung des Lagers,
starke Stoßbelastung,
exzentrischen Laufes der Lagerschale zum Konus,
zu strammer Einstellung der Lager,
eingedrungener Fremdkörper (Sandkörner),

---

[61] Viskosität = ein Maß für die innere Reibung einer Flüssigkeit (DIN 51 550).

[62] Kapillarität = die Erscheinung, daß in sehr engen, in eine Flüssigkeit getauchten Röhren die Flüssigkeit höher oder tiefer steht als im Außengefäß, je nachdem, ob es sich um eine benetzende oder nichtbenetzende Flüssigkeit handelt. So steigt z. B. Wasser in einer Glasröhre, die Oberfläche des Flüssigkeitsspiegels ist dabei konkav. Umgekehrt ist es (konvex) bei Quecksilber.

Verrostung durch Feuchtigkeit oder ungeeignete Schmiermittel,
Schmiermittelmangel,
rauher, riefiger Oberfläche der Kugellaufbahnen,
zu geringer Einsatz-Härtetiefe (weniger als 0,3 mm),
zu geringer Oberflächenhärte der Konen und Lagerschalen (unter HRc 60),
Weichfleckigkeit der gehärteten Oberflächen,
zu geringer Kernhärte der Konen und Lagerschalen (unter 650 N/mm²), magnetisierter Lagerteile.

Ausgebrochene Metallteilchen oder Sandkörner werden von den Kugeln in die Laufbahnen „eingewalzt", wodurch wieder neue „Ausblätterungen" entstehen und neue Metallteilchen freiwerden. Bis zur restlosen Zerstörung des Lagers ist es dann nicht mehr weit.

Schon zu Beginn der Schäden läuft das Lager rauh und später mit hörbarem Geräusch. Bei einem Schaden an einem Konuslager sollten nicht nur offensichtlich beschädigte, sondern alle Teile ausgewechselt werden.

Die Kugellager am Fahrrad, auch die in einer normalen Fahrradnabe, weichen in ihrer Bauart nicht sehr von den sonst im Maschinenbau üblichen Kugellagern ab, etwa den bekannten Rillenkugellagern nach DIN 625. Bei der heute vorherrschenden Bauart dieser Lager (Abb. 430) sind die Rillen der beiden Lagerringe (Innen- und Außenring) verhältnismäßig tief und ist die Schmiegung zwischen Kugeln und Rillen sehr eng. Das Einfüllen der Kugeln beim Zusammenbau des Lagers erfolgt bei gegenseitig exzentrischer Lage der Ringe (Abb. 431). Nach dem Einfüllen werden die Kugeln gleichmäßig über den Umfang verteilt, und der Käfig, der gewöhnlich aus zwei gleichen Hälften besteht, wird eingelegt und vernietet. Dank der Größe der Kugeln und der engen Führung hat das Lager eine relativ hohe Tragfähigkeit sowohl für radiale als auch axiale Kräfte. Es eignet sich daher gut für alle Lastrichtungen und kann häufig, insbesondere bei hohen Drehzahlen (je nach Lagergröße von 1000 – 48000 U/min), zur Aufnahme von Längsbelastungen zweckmäßiger sein als ein spezielles Axialkugellager. Da es nicht einstellbar ist, erfordert es gute Gleichachsigkeit von Welle und Gehäuse. Rillen-Kugellager können durch einfache Konstruktionen mit Deck-(Stahl) oder Dichtscheiben (Kunststoff) abgedichtet werden. Es gibt Lagerausführungen, die auf einer, aber auch solche, die auf beiden Seiten abgedichtet sind. Lager mit beidseitiger Abdichtung erhalten bereits bei der Herstellung eine Fettfüllung. Für normale Betriebsbedingungen werden Lithiumseifen-Fette mit einem Gebrauchs-Temperaturbereich von minus 30 bis plus 120° C verwendet. Lager mit Dichtscheiben können deshalb mit Rücksicht auf die Temperaturbeständigkeit der Dichtungen nur bis ca. 100° C eingesetzt werden.

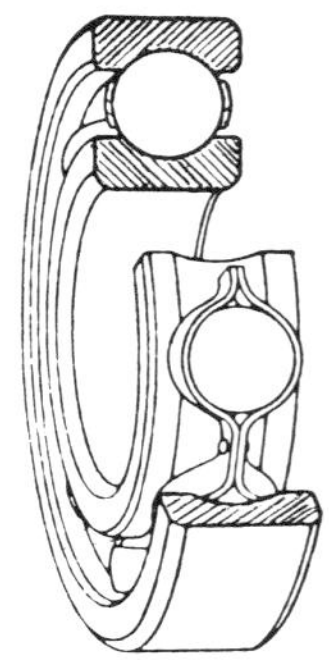

Abb. 430: Einreihiges Rillen-Kugellager ohne Füllnut.

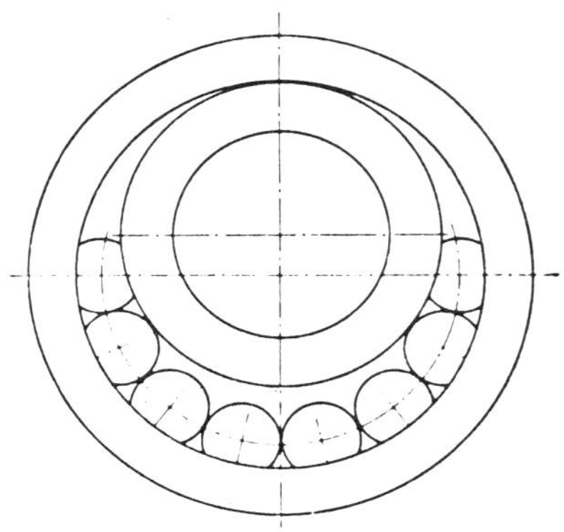

Abb. 431: Einlegen der Kugeln beim Rillen-Kugellager ohne Füllnut.

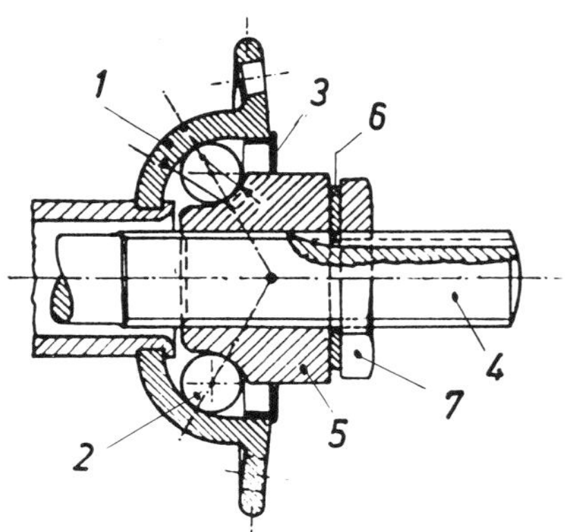

Abb. 432: Einstellbares Konus-Kugellager.

Aus den aufgeführten Gründen und wegen seiner Preiswürdigkeit ist das Rillen-Kugellager die wohl am meisten verwendete Wälzlager-Ausführung. Selbstverständlich erfordern solche Kugellager eine höhere Fertigungsgenauigkeit als Konus-Kugellager. Auch müssen die Kugeln immer in einem Käfig geführt werden. Als Werkstoff werden keine Einsatzstähle, sondern verschleißfeste, ölhärtbare, legierte Wälzlagerstähle (100 Cr6) verwendet.

Im Fahrradbau handelt es sich durchweg nur um sogenannte Konus- oder Kegel-Kugellager, wie sie bereits – in besonders flacher Ausführung – bei der Gabelschaftlagerung besprochen wurden (siehe unter „Lenkungslager" Seite 157). Abb. 432 zeigt im Schnitt ein solches Konus-Kugellager.

Der Innenlaufring (Konus 5) ist auf die Nabenachse (4) aufgeschraubt. Damit er nicht schräg oder exzentrisch auf der Achse sitzt, müssen die Gewinde im Konus und auf der Achse rechtwinklig und zentrisch geschnitten sein. Durch das Absetzen zur Bildung der Laufbahn erhält der Innenlaufring (5) angenäherte Konus-Form, weshalb er auch allgemein Lagerkonus und die ganze Lagerbauart Konus-Kugellager genannt wird. Diese speziell für den Fahrradbau entwickelte Lagerung hat einen verstellbaren Konus. Seine Feststellung erfolgt über eine Nasenscheibe (6) als Verdrehsicherung mittels Gegenmutter (7). Zur Abdichtung gegen Schmutz und Wasser wird eine Dichtungskappe (3) verwendet, aber wirksamer wäre eine Labyrinth-Abdichtung (Abb. 466).

An den Fahrrädern der frühen Baujahre bis ungefähr 1940 wurden an den Vorderradnaben, Hinterradnaben und Tretlagern die Konuskugellager über einen Öler nachgeölt. Diese Öler sind verschwunden, die Konuskugellager sind derzeitig mit sogenannten Lifetime-Fetten (für mehrere Jahre) versorgt.

Sun Tour hat den alten Öler wiederentdeckt und einen verbesserten Öler bei der Baukomponentengruppe XC-Pro (für Naben, Tretlager, Pedale und Lenkungslager) eingeführt (Abb. 433).

Schmierfette neigen bei ungenügender Lagerabdichtung zum Verseifen. Ständig über Öler frisch nachgeölte Konuskugellager laufen leichtgängiger, besonders bei niedrigen Temperaturen.

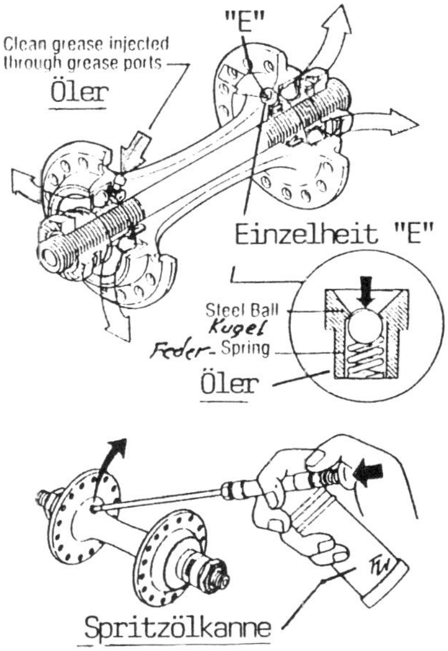

Abb. 433: Ölschmiersystem WTB/Sun Tour Grease Guard.

Der Sun Tour-Öler besteht aus einer Kugel, die mit Federdruck den Ölkanal verschließt und die Lagerstelle gegen Verschmutzung abdichtet (Abb. 433, Einzelheit bei „E"). Die Nachölung erfolgt mit einer Spritzölkanne, auch Schmierkartusche genannt. Mit dem langen Spritzrohr der Kartusche wird die Kugel zurückgedrückt und der Ölkanal zum Nachölen geöffnet. Passionierte Fahrer, besonders Rennfahrer, schätzen dieses Schmiersystem.

Nabenbauarten

Vorder- und Hinterradnaben werden in zwei Hauptgruppen unterteilt: Niederflansch- und Hochflansch-Naben.

Diese beiden Hauptgruppen unterscheiden sich wieder durch den für den Nabenkörper verwendeten Werkstoff: Stahl oder Alu-Legierungen. Eine weitere Untergliederung erfolgt dann nach Spezialausführungen für Touren-, Sport-, Rennsport-, Renn-, Kinder-, Transport- und BMX-Räder usw.

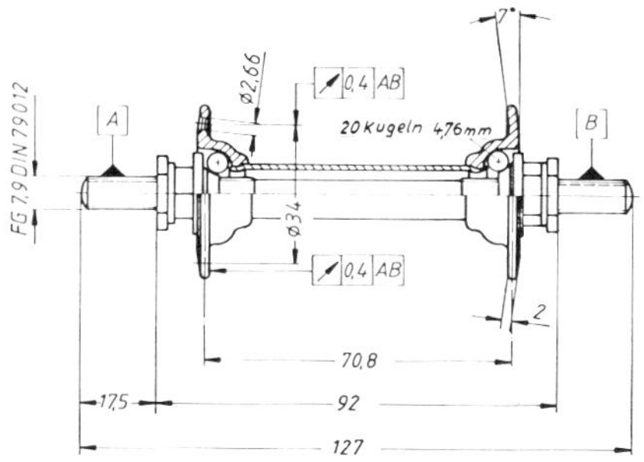

Abb. 434: Vorderrad-Niederflanschnabe, Standardausführung von Union.

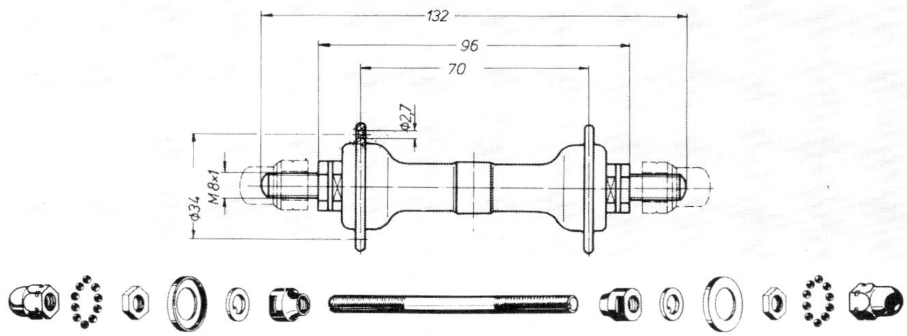

Abb. 435: Vorderrad-Niederflanschnabe mit Achsgewinde M8×1 von Sachs.

In Abb. 434 und 435 ist eine Niederflanschnabe dargestellt. Es handelt sich um eine Standardausführung, die in ähnlicher Ausführung von den verschiedensten Herstellern für den größten Teil aller Fahrräder (Touren-, Klapp-, Kinder- und Sporträder) gefertigt wird.

In der Regel sind die Nabenflansche mit 36 Speichenlöchern (je 18) ausgeführt, bei billigen Klapp- und Jugendrädern werden auch 32- und 28-Loch-Naben verwendet. Kinderrad-Naben sind je nach Laufradgröße mit 28, 24 oder 20 Speichenlöchern ausgestattet. Für spezielle (seltene) Sonderkonstruktionen sind aber auch noch Naben mit 40 Speichenlöchern im Gebrauch.

Die Naben-Klemmbreite beträgt bei Kindermodellen nur 81 – 82 mm mit entsprechend kürzerer Achse. Die fließgepreßten Nabenflansche sind aus Cq 15 für Einsatz- oder Cq 45 für Induktionshärtung der Laufbahnen hergestellt. Die Kugeln laufen direkt in den fertiggepreßten Laufbahnen, die lediglich durch „Rollieren"[63] nachgeglättet werden. Austauschbare Lagerschalen, wie sie früher bei allen Naben eingepreßt wurden (Abb. 436), werden heute nur noch selten, allerdings immer bei Nabenkörpern aus Leichtmetall-Legierungen und Kunststoffen verwendet.

Die beiden Flansche werden auf ein an den Enden leicht abgesetztes Rohrstück aufgepreßt und verbördelt. Auch die Konen sind bis auf das Gewinde fertig fließgepreßt – aus den gleichen Werkstoffen wie die Nabenflansche. Die Achsgewinde FG 7,9, M8 × 1 und M9 × 1 DIN 79012 (s. Tabelle zu Abb. 1139) werden heute meist nicht mehr geschnitten, sondern „gerollt", wie dies bei hochwertigen Schrauben und den Fahrradspeichen erfolgt.

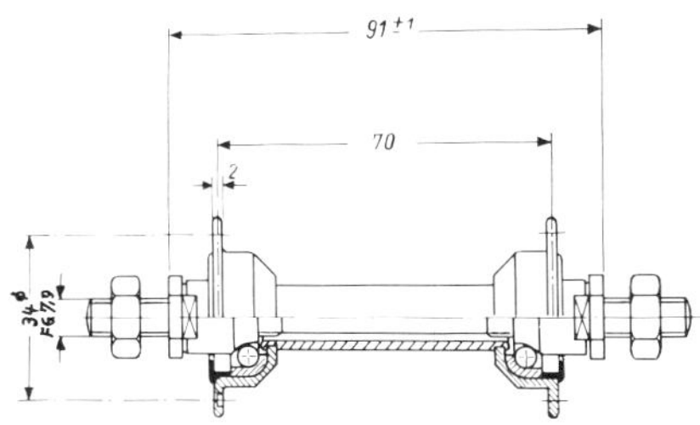

Abb. 436: Vorderrad-Niederflanschnabe mit eingepreßten, austauschbaren Lagerschalen.

Dieses Verfahren bringt eine beachtliche Erhöhung der Bruchfestigkeit in den Gewindeabschnitten der Achse. Verwendet wird dabei ein genau gezogener Rundstahl (nach DIN 671). Dieser Werkstoff in der

[63] Rollieren = Glätten und Verdichten durch unter Druck stehende Kugeln oder Walzen

Qualität 35 S 20 K + V, Zugfestigkeit 650 – 850 N/mm², oder 45 S 20 K + V, Zugfestigkeit 750 – 900 N/mm², ist bereits vergütet und braucht nicht mehr warmbehandelt zu werden, wodurch die Achse völlig gerade und rundlaufend hergestellt werden kann.

Beim Gewinde-Rollen wird mit einem Rollwerkzeug (Rollbacken) auf einer Spezialmaschine das Gewinde, ohne daß ein Span abgehoben wird, gewissermaßen in die Oberfläche des Bolzens hineingewalzt. Es erfolgt dabei keine Unterbrechung der Werkstoff-Fasern, sondern lediglich eine Verformung, wobei der Werkstoff zum einen Teil (am Gewindegrund = Kerndurchmesser) hinein-, zum anderen Teil (an den Gewindespitzen = Außendurchmesser) nach außen gepreßt wird. Die vorher geradlinige Faser verläuft dann innerhalb der Gewindegänge ohne Unterbrechung der Gangsteigung entsprechend zickzackförmig (Abb. 347), wobei sich die Zickzack-Linie zum Kerndurchmesser hin immer mehr dem geradlinigen Faserverlauf nähert. Durch das teilweise Herauspressen des Gewindes aus dem Rundstahl ergibt sich, daß der Gewinde-Außendurchmesser stets größer ist als der Ausgangsdurchmesser des

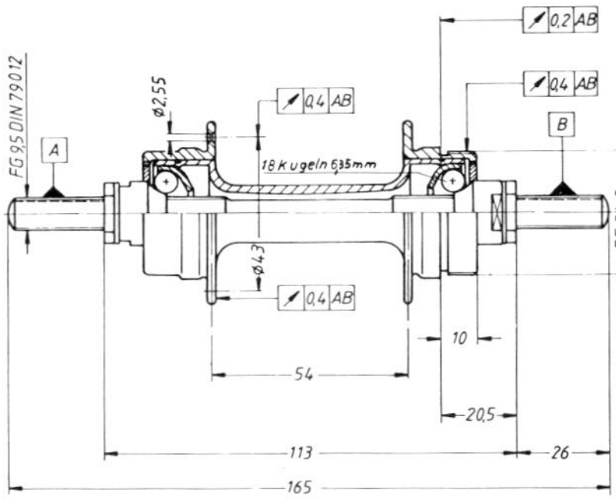

Abb. 437: Hinterrad-Niederflanschnabe von Union.

Rundstahls. Deshalb muß der Durchmesser des Ausgangsmaterials dem Flankendurchmesser des Nenn-Gewindes (bei FG 7,9 = 7,41 mm) entsprechen (s. hierzu Abb. 1140, „Fahrradgewinde“).

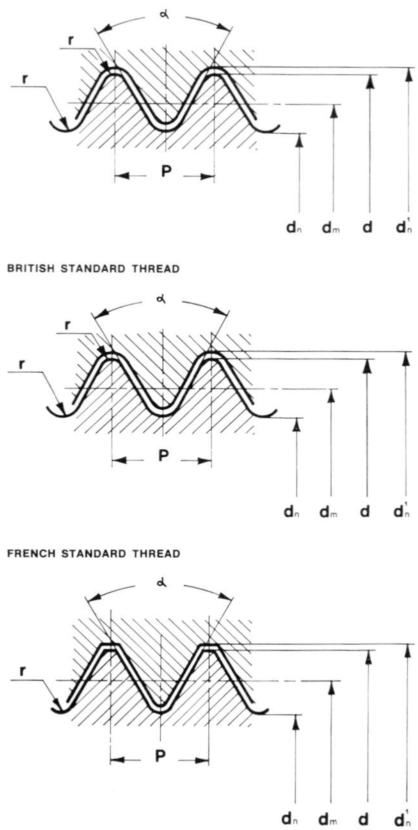

Abb. 438: Italienische, britische und französische Gewindemaße für Hinterradnaben, Leerlauf-Zahnkränze (Freewheels) und BSA-Tretlager.

Eine Fahrradachse oder Schraube mit gerolltem Gewinde ist an dem um mehrere Zehntel-Millimeter dünneren Mittelteil bzw. Schraubenschaft leicht zu erkennen. Für Vorderachsen werden Gewinde FG 7,9 und M8 × 1 bevorzugt, für BMX und Transportrad-Naben mit verstärkter Achse M9 × 1 und Gewinde FG 9,5 (FG = Fahrrad-Gewinde nach DIN 79012). Die Nasenscheiben und Gegenmuttern (siehe Abb. 432) werden ebenfalls gestanzt bzw. gepreßt. Bis auf die Nuten in der Achse für die Aufnahme der Nasenscheiben-Nase sind alle Einzelteile dieser Naben-Ausführung rationell, weil kalt und spanlos verformt, hergestellt. Dadurch wird ihr günstiger Preis erzielt.

Es gibt auch Naben, bei denen auf eine Verdrehsicherung durch Nasenscheiben verzichtet wird, so daß die beiden Nuten in der Achse nicht gefräst zu werden brauchen; diese Ausführung gestattet aber keine so einfache Einstellung der Konen bzw. des Lagerspiels.

Die Naben-Standard-Ausführung ist verchromt, noch preisgünstigere Naben werden galvanisch verzinkt und chromatisiert[64].

Das Pendant zur beschriebenen Vorderradnabe ist die in Abb. 437 gezeigte Hinterrad-Niederflanschnabe, geeignet für einen aufschraubbaren Leerlauf-Mehrfachzahnkranz („Freewheel“). Sie wird für Sporträder der unteren Preisgruppe eingesetzt.

Der Nabenkörper wird aus einem Stahlrohrstück gefertigt, dessen Enden zur Aufnahme der auswechselbaren Lagerschalen aufgeweitet sind. Topfartig gepreßte Speichenflansche, die über den Lagersitzen durch elektrische Rollnahtschweißung be-

[64] Siehe „nichtmetallische und metallische galvanische Überzüge“, Seite 413.

Theoretische Gewinde-Werte								
Standard-Gewinde für	Steigung P	Gangzahl pro 1 Zoll	Kern-Ø dn −0,1	Flanken-Ø dm −0,1	Außen-Ø d −0,1	Außen-Ø d'n + 0,2	Flanken ∢ α	Rundung r
	mm		mm	mm	mm	mm	°	mm
Italian	1,058	24,0	33,646	34,323	35,000	35,000	55	0,14
British, entspr. DIN 79012	1,058	24,0	33,670	34,234	34,798	34,798	60	0,17
French	1,000	25,4	33,400	34,050	34,700	34,700	60	0,11

festigt sind, verstärken zugleich den Lagerschalensitz. Auf der rechten Nabenseite wird das Gewinde FG 34,8 DIN 79012 zum Befestigen des Leerlauf-Zahnkranzes geschnitten (gestrehlt oder gefräst). Mit dem Gewinde der Leerlauf-Zahnkränze und zwangsläufig mit dem Gewinde der Hinterradnaben gibt es besonders in Deutschland viel Ärger. Und zwar deshalb, weil es hier keinen Leerlaufzahnkranz-Hersteller mehr gibt und der gesamte Bedarf aus dem Ausland gedeckt werden muß. Das wäre zwar an sich nichts Außergewöhnliches, aber es gibt leider drei verschiedene praktizierte Gewindeausführungen, die sich zwar nur geringfügig – hauptsächlich im Gewinde-Flankenwinkel und in der Gewinde-Steigung (Gangzahl auf 1 Zoll) – unterscheiden, aber deshalb untereinander nicht austauschbar sind. Das verursacht Ärger und Kosten bei den Fahrrad-Herstellern wie bei den Naben-Herstellern und vor allem beim Zweiradmechaniker-Handwerk wegen der schwierigen Ersatzteile-Bevorratung.

Um die verschiedenen Gewinde vor allem für das Zweirad-Handwerk sichtbar zu machen, sind in Abb. 438 die drei Gewindeausführungen gegenübergestellt und maßlich festgehalten: Italien Standard Thread, British Standard Thread (entspricht zugleich der DIN-Norm 79012) und French Standard Thread.

Die in Deutschland nach DIN 79012 genormten Fahrradgewinde stimmen mit den „British Standard Threads" (britische Norm B.S.811 1950) völlig überein. Nachdem für die BSA-Tretlager und Tretlagergehäuse die gleichen Gewinde auch linkssteigend (linksgängig), wie bei den Leerlauf-Zahnkränzen und Hinterradnaben, angewendet werden, liegen hier die gleichen mißlichen Verhältnisse vor (s. hierzu auch Abb. 1140 „Fahrradgewinde").

Entsprechend der größeren Belastung am Hinterrad sind Achsen und Konen mit Gewinde FG 9,5 oder M10 × 1 DIN 79012 versehen. Die Herstellung beider Teile erfolgt – wie bei der Vorderradnabe – in der gleichen Art und aus den gleichen Werkstoffen. Die eingepreßten auswechselbaren Lagerschalen, aus C15 oder Cq15 gepreßt und im Einsatz gehärtet, sind für 6,35-mm-Kugeln ausgeführt. Die Oberflächenbehandlung entspricht der der Vorderradnabe.

Für Sporträder der mittleren Preisklasse werden Hochflanschnaben, meist aus Stahl, eingebaut. Diese Hochflansch-Ausführungen sind in Aufbau und Herstellung den beiden besprochenen Niederflanschnaben gleich, lediglich die niedrigeren Speichenflansche sind durch Hochflansche ersetzt (Abb. 439 und 440).

Für die oberste Preisklasse der Sporträder und die mittlere der Rennsport-Räder werden Hochflanschnaben mit Nabenkörper aus Alu-Legierungen ohne Schnellspann-Vorrichtung eingebaut, während die Super-Rennsport-Räder mit Hochflanschnaben mit Schnellspann-Vorrichtung ausgestattet sind. Die Nabenkörper werden im Kokillen- oder Niederdruckguß-Verfahren (GK-AlSi10Mg oder GD-AlSi7Cu3 DIN 1725) gegossen. Wegen der Bruchgefahr an den Speichenlöchern muß ein Werkstoff mit hoher Dehnung gewählt werden, der polierfähig, anodisierbar und korrosionsbeständig ist. In Abb. 441 ist eine Vorderrad-Hochflanschnabe und in Abb. 442 eine Hinterrad-Hochflanschnabe dargestellt, beide werden mit einer Schnellspann-Vorrichtung zwischen den Ausfallenden geklemmt.

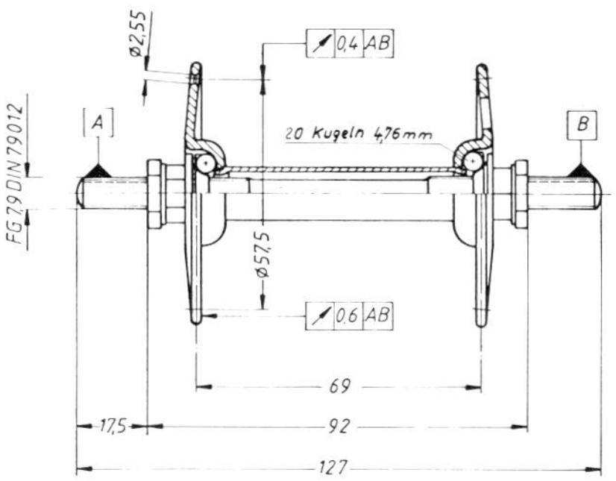

Abb. 439: Vorderrad-Hochflanschnabe aus Stahl von Union.

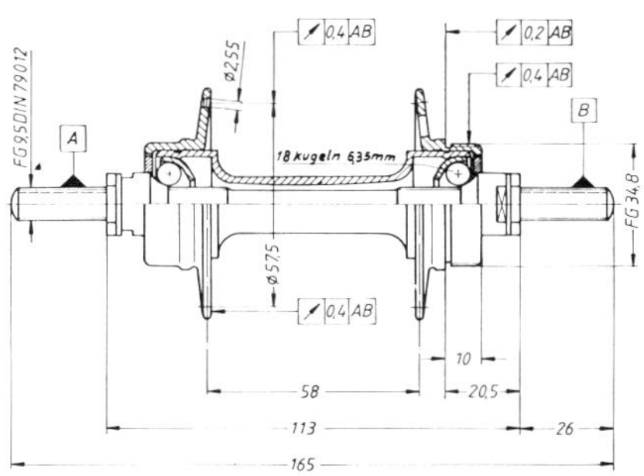

Abb. 440: Hinterrad-Hochflanschnabe aus Stahl von Union.

Für Rennräder werden aus Gewichtsgründen Niederflanschnaben aus Alu-Legierungen bevorzugt (Abb. 443 und 444). Diese Naben sind praktisch baugleich – bis auf den kleineren Speichenflansch mit den Ausführungen nach Abb. 441 und 442.

Die Schnellspannung, s. hierzu Abb. 444, funktioniert folgendermaßen:

Durch die hohle Achse (3 in Abb. 444) wird der Spannbolzen mit Kopf

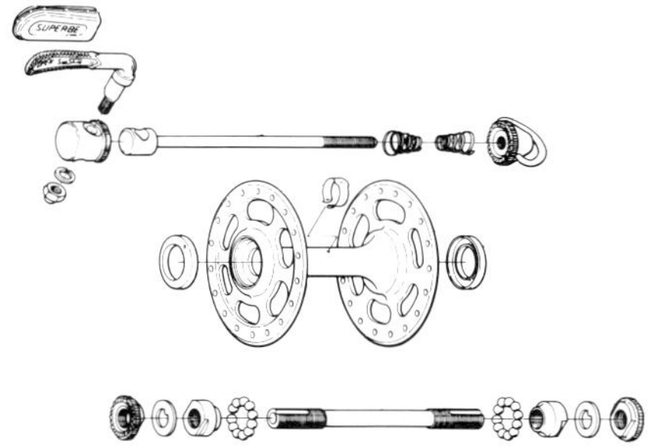

Abb. 441: Vorderrad-Hochflanschnabe mit Schnellspann-Vorrichtung von Sun Tour.

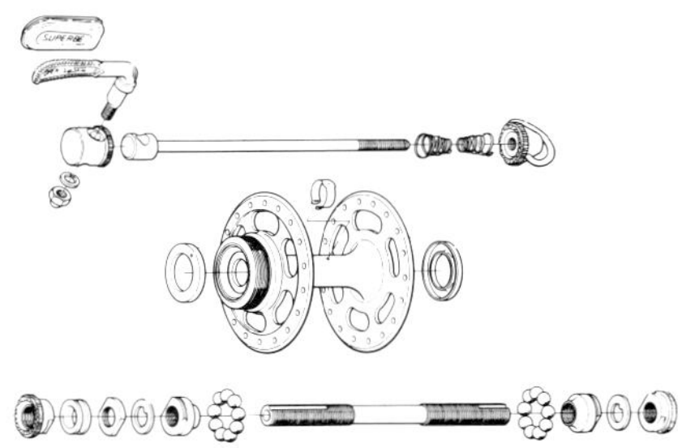

Abb. 442: Hinterrad-Hochflanschnabe mit Schnellspann-Vorrichtung von Sun Tour.

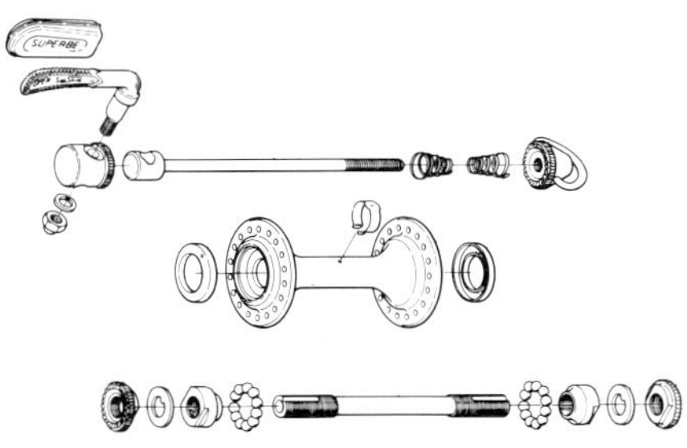

Abb. 443: Vorderrad-Niederflanschnabe mit Schnellspann-Vorrichtung von Sun Tour.

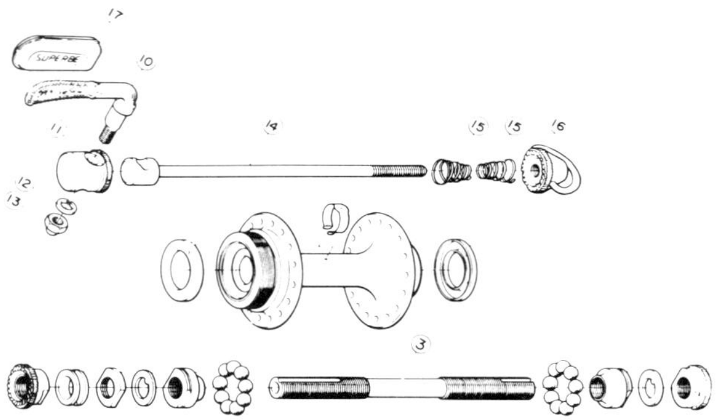

Abb. 444: Hinterrad-Niederflanschnabe mit Schnellspann-Vorrichtung von Sun Tour.

(14) gesteckt. An dessem Gewinde wird die verzahnte Stellmutter mit Drahtschlaufe (16) aufgeschraubt, mit ihr wird die axiale Luft eingestellt. Damit die Vorrichtung im gelösten Zustand unter leichtem Druck bleibt, liegt je eine konische Druckfeder (15) am Kopf des Spannbolzens und der Stellmutter. Die verzahnte Büchse (11) wird auf den Kopf des Spannbolzens gesteckt, dabei wird der Exzenter-Spannhebel (10) in die Bohrungen eingeführt und durch die Sechskantmutter (13) und den Federring (12) drehbar befestigt. Durch Verdrehen des Exzenter-Spannbolzens wird die Büchse (11) und die Stellmutter (16) fest an das Ausfallende gepreßt. Zum Lösen braucht der Exzenter-Spannhebel nur kurz um ca. 45° zurückgedreht zu werden, dann ist die Achse lose, und das Laufrad kann herausgenommen werden. Zum Schutz gegen Verletzungen ist über den Griff des Exzenter-Spannhebels eine Gummimuffe (17) gestülpt.

In der Abb. 445 ist eine Vorderrad-Schnellspannabe mit Lippendichtungen an den Konuskugellagern dargestellt. Diese Dichtungen verhindern, daß Schmiermittel aus der Lagerung austritt oder Schmutz und Wasser hineingelangen.

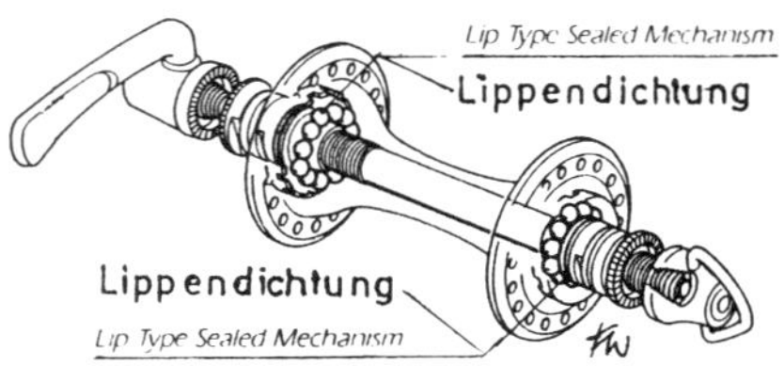

Abb. 445: Vorderradnabe mit Lippendichtungen für die Kugellager von Shimano.

Die Achsbefestigung in den Ausfallenden kann auf dreierlei Weise vorgesehen werden: mit Flügelmuttern (Abb. 446), gewöhnlichen Sechskantmuttern oder Hutmuttern (Abb. 447), mit Kappen aus Metall oder Kunststoff und Schnellspanner. Flügelmuttern sind nur noch selten an Importrädern zu finden, weil sie nicht den Sicherheitsbestrebungen der DIN Norm 79 100 entsprechen. Sie sind entweder aus Preßmessing (CuZn 40 Pb 3 DIN 17660) gepreßt, aus einer Alu-Knetlegierung (AlCuMg2 F42 DIN 1725 Teil 1) geschmiedet oder aus Temperguß (GTW 40 DIN 1692) gegossen. Die Sechskantmuttern aus Stahl sind gepreßt oder gedreht in Normgüte 6.

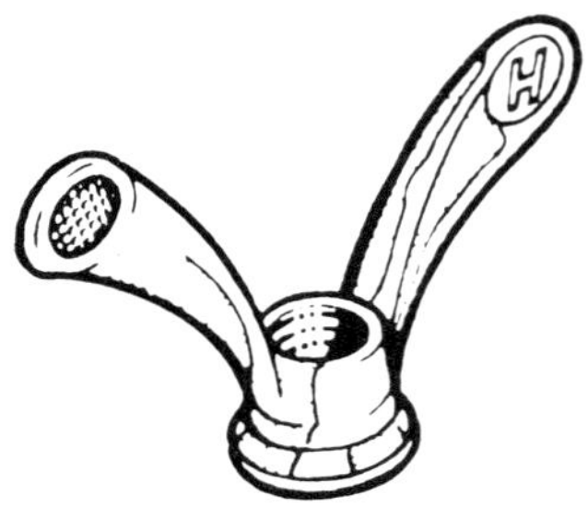

Abb. 446: Flügelmutter.

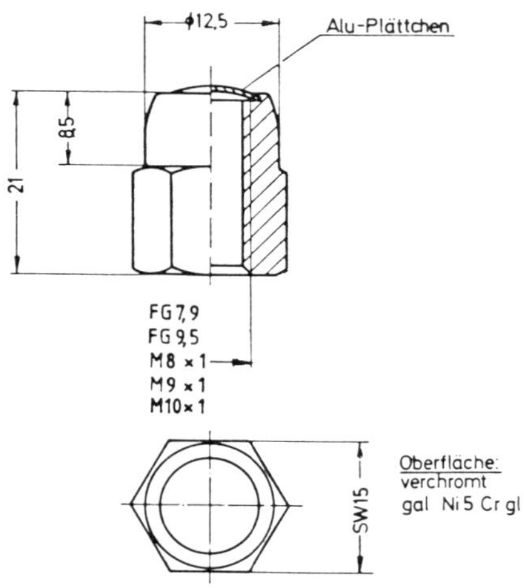

Abb. 447: Hutmutter für Achsbefestigung.

Nach den DIN-Normen 79 100, 79 110 und 79 105 ist es Vorschrift, für das Vorderrad eine Halterung vorzusehen, die bei gelösten Achsmuttern das Herausfallen des Laufrades verhindert (Abb. 448).

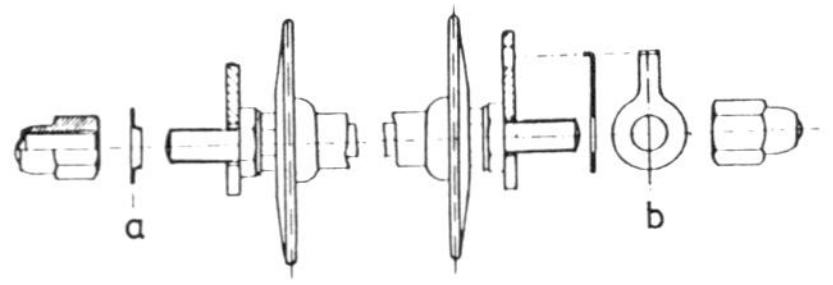

Abb. 448: Vorderradhalter.

Die Vorderradhalterung erfolgt entweder durch zwei Scheiben mit Kragen (a), deren Kragen (Bund) in das Achsloch des Ausfallendes ragt, oder durch zwei Scheiben mit einer Fahne (b), die am Ende rechtwinklig abgebogen ist und in ein im Ausfallende dafür vorgesehenes Loch greift (siehe hierzu auch Abb. 330 und 331). Naben mit Schnellspannern brauchen keinen Vorderradhalter (DIN 79 100).

Naben aus Kunststoff

In der Fahrradindustrie hat sich in den letzten Jahren eine ständige Weiterentwicklung vollzogen. Die Gründe hierfür sind die Notwendigkeit, Produktionskosten zu senken, eine Gewichtsreduzierung zu erreichen und Korrosionsprobleme zu meistern. Diese Faktoren sind für die Fahrradhersteller Anlaß, nach neuen Methoden für die Produktion zu suchen. Häufig sind hier Chemiewerkstoffe die richtige Lösung.

Wie bei den Kunststoffpedalen hat es auch bei den Naben Jahre gebraucht, technische Kunststoffe zu verwenden. Bisherige Versuche im Ausland mit Kunststoffnaben (von Metallvorbildern ausgehende Kunststoff-Konstruktionen) erschienen vielversprechend. Im praktischen Einsatz stellten sich jedoch Werkstoffprobleme ein, wie Kriechen, Fließlinien und Ausreißen von Gewinden durch Drehkräfte.

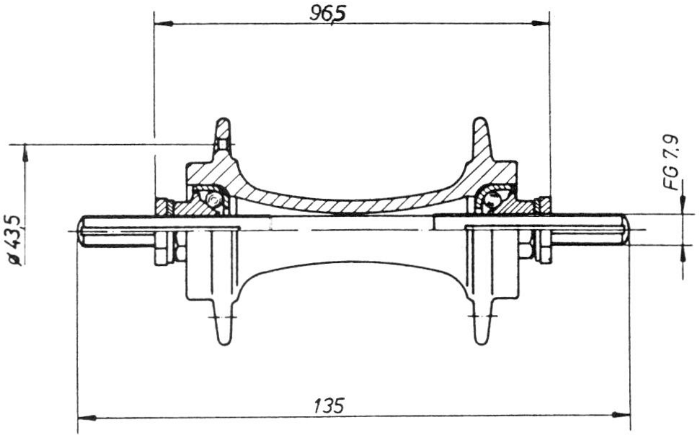

Abb. 449: Vorderrad-Leichtnabe mit Konuskugellager.

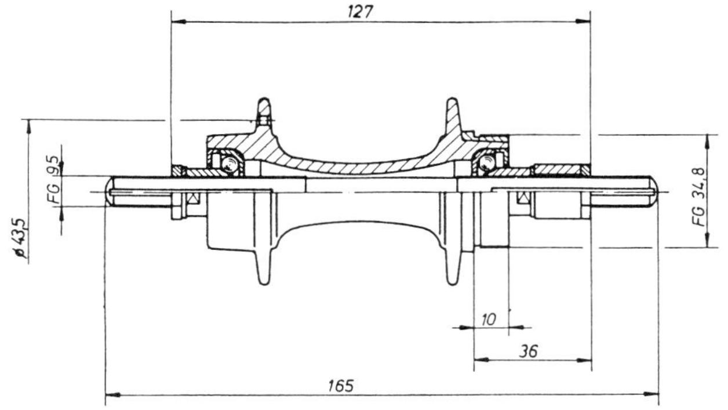

Abb. 450: Hinterrad-Leichtnabe mit Konuskugellager.

Abb. 451: Kunststoffnabe mit Speichenflanschen aus Alu von Ofmega. ◄

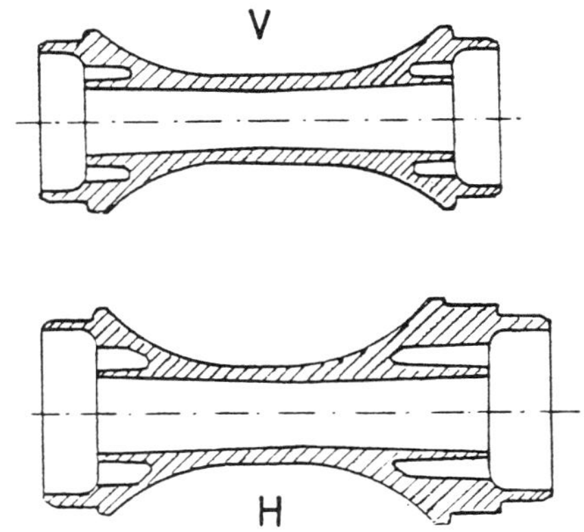

Abb. 452: Kunststoff-Nabenkörper. ►

In den Abb. 449 und 450 ist eine nahezu kunststoffgerechte Nabengarnitur dargestellt.

Für diese Kunststoffnaben wird zähes, hochschlagfestes, glasfaserverstärktes Polyamid 66 (Kurzzeichen PA 66), UV-stabilisiert (= schützende Zusätze im Kunststoff gegen schädliche Einwirkung ultravioletter Strahlung), verwendet.

Gute Ergebnisse brachten Naben aus technischen Kunststoffen mit aufgepreßten Alu-Speichenflanschen (Abb. 451).

Die beiden Nabenkörper (Abb. 452 V und H) aus glasfaserverstärktem Polyester (Rynite = Thermoplastisches Polyester von DuPont) bieten einen Kompromiß zwischen Verzugsfreiheit, Bruchdehnung und gutes Aussehen.

Alle Fahrradnaben aus Chemiewerkstoffen müssen besonders sorgfältig konstruiert und erprobt sein, da die Dauerwechselbelastung durch die Zugbelastung der Speichen nicht problemlos ist.

Radial-Naben

Die Weco-Radialnaben sind eine neue Leichtnaben-Generation mit erheblichen Vorteilen (Abb. 453 und 454). Der Nabenkörper ist eine Kombination von verschiedenen Werkstoffen. Eine Besonderheit ist das verwendete, mit 40% glasfaser-verstärkte Polyamid „Zytel" (PA 66/6, 40% Gv) von DuPont für den Grundnabenkörper mit den zwei verchromten Speichenringen aus Vergütungsstahl (Zugfestigkeit 700 N/mm²) zum Einhängen der Geradspeichen und dem Gewindering aus Alu-Legierung (am Hinterradnabenkörper) für den Leerlaufzahnkranz, der formschlüssig mit dem Kunststoff-Grundkörper verbunden ist.

Für die Lagerung werden keine Konuskugellager, sondern Rillenkugellager nach DIN 625 mit zwei Deckscheiben (608 2Z R vorn, 6000 2Z R hinten) eingebaut.

Die entscheidendste Neuerung ist jedoch die Verwendung von Geradspeichen (siehe Abb. 498 und 499) ohne Biegung.

Die Weco-Radial-Einspeichung (siehe Abb. 514) vermeidet den hauptsächlich antriebsseitig auftretenden Speichenbruch an der Kröpfung.

Die Einspeichung wird müheloser und billiger. Die sogenannte „Igelbildung" durch die gesamte Anzahl der eingefädelten Speichen im Nabenkörper wird einfacher. Die Radialnabe wird mit vier Speichen auf jeder Seite in der Felgenmitte vorzentriert (Abb. 455).

Muß dennoch eine durch äußere Einwirkung beschädigte Speiche gewechselt

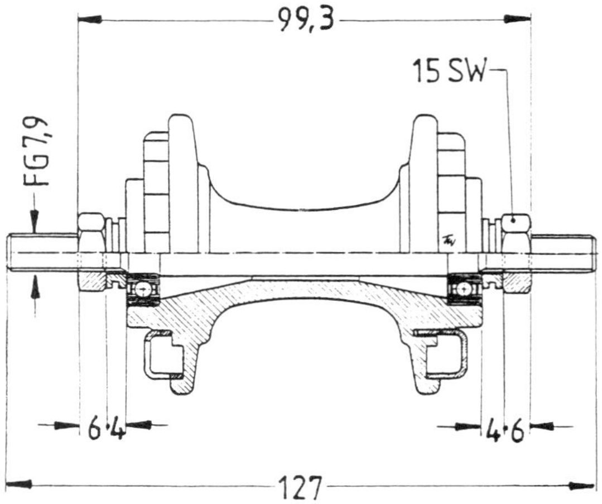

Abb. 453: Vorderrad-Radialnabe 88 V, 214 g, von Weco.

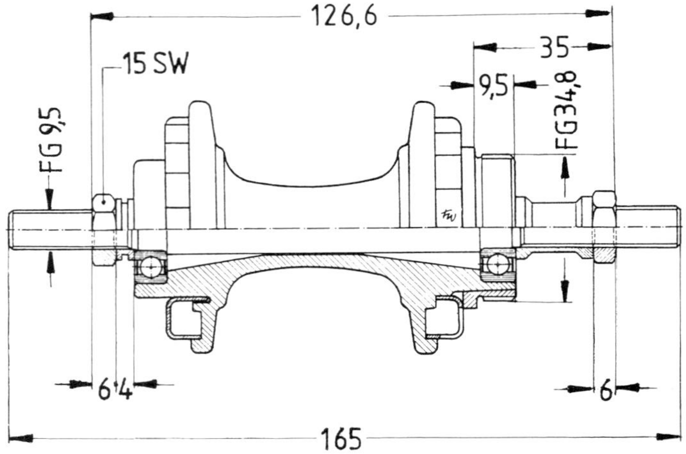

Abb. 454: Hinterrad-Radialnabe 88 H, 304 g, von Weco.

werden, so braucht dabei der Reifen nicht abgenommen und das Laufrad nicht ausgebaut zu werden. Bei unversehrtem Speichennippel kann diese Arbeit jeder ausführen.

Diese Naben gibt es auch mit einer Schnellspanneinrichtung unter der Modellbezeichnung 288 V und 288 H.

Kassettennabe

Eine Hinterradnabe für Kettenschaltung wird als Kassettennabe bezeichnet, wenn die Nabe und der Zahnkranzkörper zu einer Baueinheit vereinigt sind (Abb. 456).

Der Vorteil dieser Zahnkranz-Kassette liegt darin, daß die Zahnkranzeinheit nicht mehr als Ganzes aufgeschraubt, sondern (mit den unterschiedlichsten Zahnkranz-Kombinationen) einfach auf die „Kassette" des Freilaufs aufgesteckt wird. Bei gleichzeitig verbesserter Stabilität wurden durch diese konstruktive Lösung das Gewicht sowie die Baugröße der Nabe verringert. Ein wesentlicher Vorteil der Zahnkranz-Kassette ist der leichte und schnelle Austausch einzelner Zahnkränze der Kombination, wobei viele Auswahlmöglichkeiten für die unterschiedlichsten Gangabstufungen zur Verfügung stehen.

Der Aufbau des herkömmlichen Leerlauf-Mehrfachzahnkranzes brachte für den Fah-

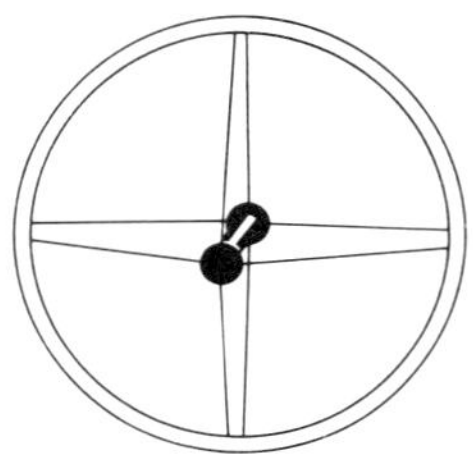

Abb. 455: Radialnabe mit Speichen in der Felge vorzentriert.

rer Probleme – besonders wenn Zahnkränze gleicher Zähnezahl benutzt wurden, beispielsweise mit 15 Zähnen, dann benötigte der Fahrer sowohl Gewinde- als auch Steck-Zahnkränze. Dadurch, daß diese Bauteile nicht untereinander austauschbar waren, mußten sie in größerer Anzahl bereitgehalten werden. Die Kassettennabe bietet mit ihrer Zahnkranz-Kassette ein System, das alle Zahnkränze in den verschiedensten Abstufungen austauschbar macht. Die gesamte Zahnkranz-Kombination wird lediglich durch einen einzigen Gewindekranz (den für den kleinstmöglichen Gang) abgeschlossen. Die Austauschoperation erfolgt mit wenigen Handgriffen.

Die Sachs-Galaxie ist eine neue Freilaufnabe (Freilauf im Nabenflansch integriert, Abb. 459 – „F") mit einem Nabenkörper aus Alu-Legierung und einzeln aufsteckbaren Zahnkränzen (Abb. 457 und 458).

Die Steckachse und die separate Lagerung von Nabenkörper und Antreiber ermöglichen eine schnelle Trennung von Nabe und Zahnkranzpaket (Abb. 459).

Dabei bleiben Zahnkränze, Schaltwerk und Kette beim Herausnehmen des Hinterrades fest am Rahmen. Dadurch ist ein schneller, müheloser Radwechsel möglich ohne Nachjustierung der Schaltung, die sofort nach dem Radeinbau wieder voll funktionsfähig ist, und ohne dabei schmutzige Hände zu bekommen.

Eine vielfältige Ausstattung für Fünf- oder Sechsfach-Zahnkranzpakete, mit starrer Achse, Steckachse oder Achse mit Schnellspanneinrichtung, aber auch eine Ausführung mit integrierter Trommelbremse ist lieferbar. Die möglichen Zähnezahlen siehe Abb. 460.

Als Pendant zur Galaxie wird die Orbit-Vorderradnabe verwendet (Abb. 461), die auch mit Starrachse oder mit Schnellspanneinrichtung und mit Trommelbremse im Lieferprogramm ist.

Bei der Shimano Freilauf-Kassettennabe (Abb. 462) mit Sechs- oder Fünffach-Zahnkranzpaket und Achse mit Schnellspanneinrichtung werden Freilauf (32), Antreiber (31) und Niederflansch-Nabenkörper mit einem Bundbolzen mit Innensechskant (19) zu einer Einheit verschraubt.

Der Gewindezahnkranz (34) ist mit 12 bis 15 Zähnen erhältlich. Die Steckzahnkrän-

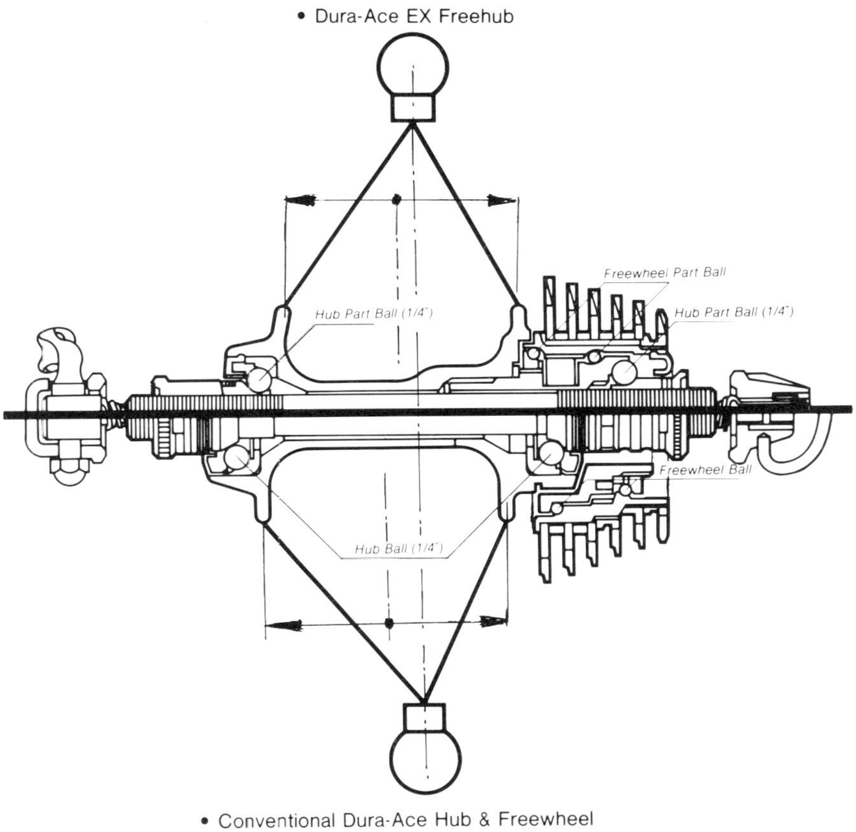

Abb. 456: Shimano-Kassettennabe (oben); untere Hälfte der Zeichnung zeigt konventionelle Nabe mit Sechsfach-Zahnkranz.

ze (35) sind mit 13 bis 17 Zähnen und (36) mit 15 bis 24 sowie 26 und 28 Zähnen lieferbar.

Zur Ergänzung der Hinterradnabe ist eine Niederflansch-Vorderradnabe mit Schnellspanneinrichtung vorgesehen.

Die Kassettennabe für acht Zahnkränze ist die ideale Konstruktion für Rennmaschinen (Abb. 463).

Durch einen verkleinerten Abstand zwischen innerstem Zahnkranz und Nabenspeichenflansch konnte der asymmetrische Versatz der Felge zur Nabenkörpermitte (selbst bei dem weiter ausladenden Achtfach-Zahnkranzpaket) kleiner gehalten werden.

Das Konuskugellager an der Zahnkranzseite wurde nahe an das Ausfallende verlegt. Dadurch ist die Hinterachse gegen Verbiegung nicht anfällig.

Effektive Dichtungen verschließen die beweglichen Teile der Nabe und verhindern, daß Fett aus der Nabe austritt oder Schmutz und Wasser eindringen. In der Abb. 464 ist die gesamte Kassettennabe mit dem Zahnkranzpaket dargestellt. Siehe hierzu auch Abb. 700.

Mit den Freilaufnaben Abb. 456, 458, 462 und 463 (und bei anderen Naben schon ab Fünffach-Zahnkranzpaketen) ist es nicht möglich, das Hinterrad mittig zu den Speichenflanschen der Nabe einzuspeichen. Dies ist nur mit einem gekröpf-
Fortsetzung auf Seite 185.

Abb. 457: Freilaufnabe Galaxie von Sachs.

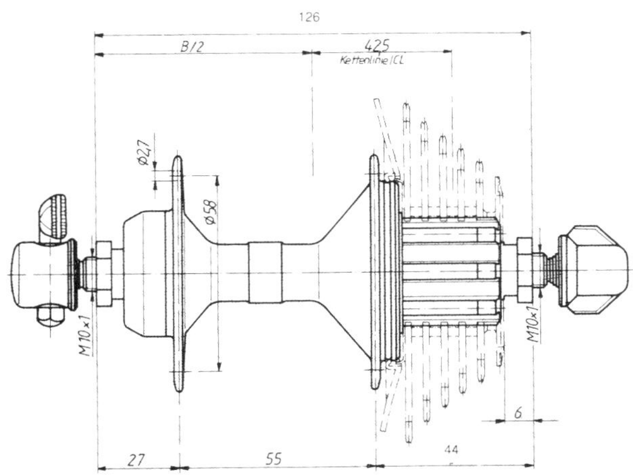

Abb. 458: Einbaumaße der Freilaufnabe Galaxie von Sachs.

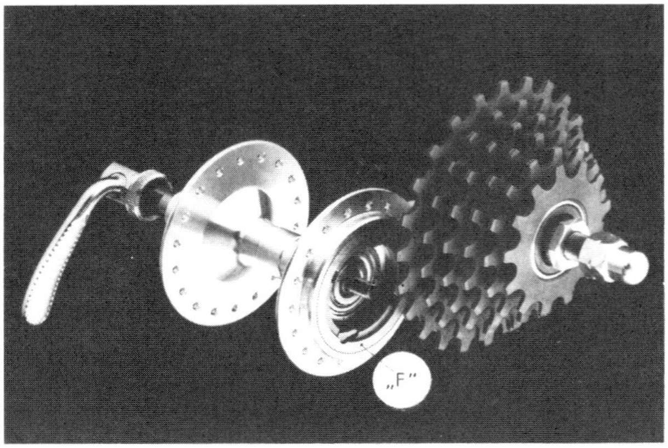

▲
Abb. 459: Freilauf der Galaxie-Nabe.

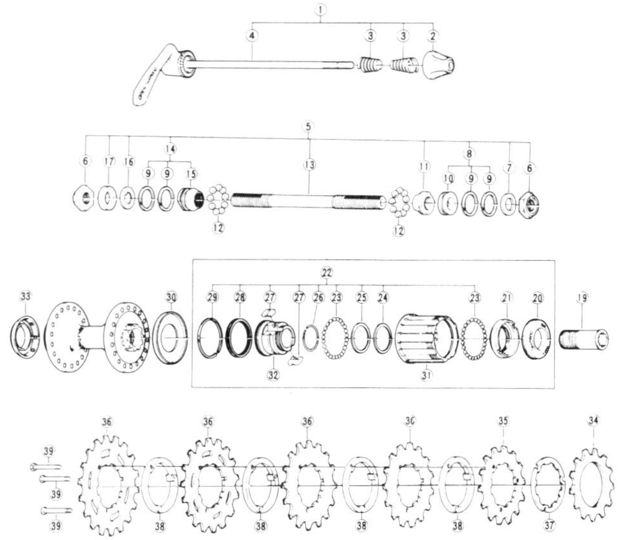

Abb. 462: Explosiv-Darstellung der Freilauf-Kassettennabe von Shimano. ▶

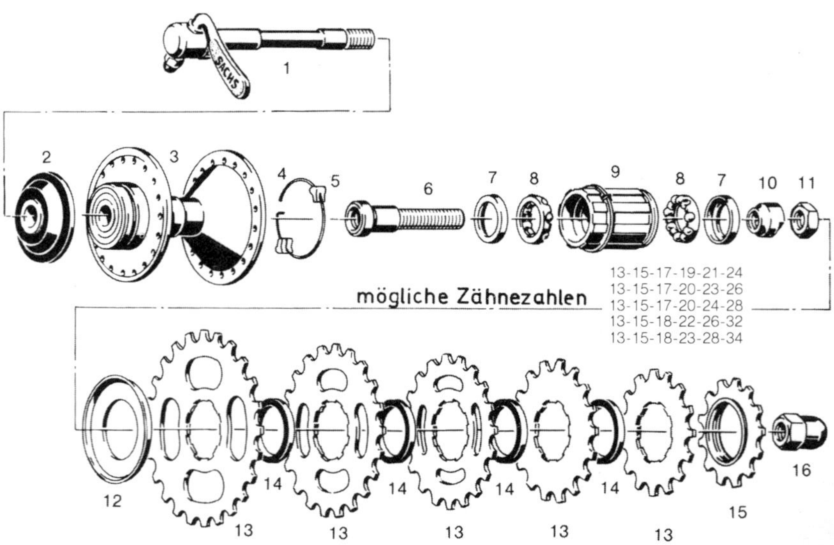

Abb. 460: Explosiv-Darstellung der Freilaufnabe Galaxie von Sachs.

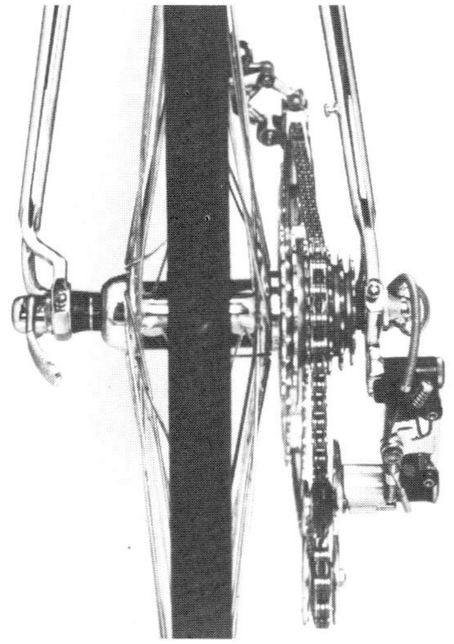

Abb. 465: Mittig gespeichtes Hinterrad mit Ausfallenden von Mittendorf.

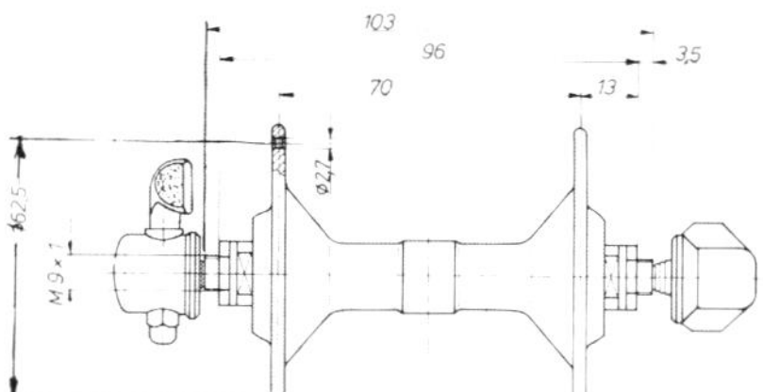

Abb. 461: Orbit-Vorderrad-Hochflanschnabe mit Schnellspanneinrichtung von Sachs.

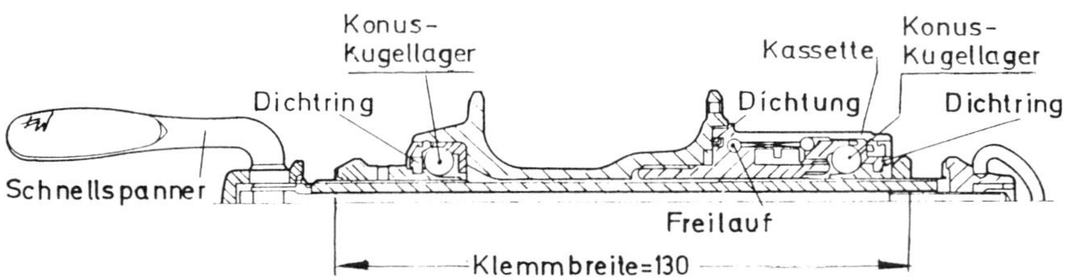

Abb. 463: Teilschnitt durch die Kassettennabe für acht Zahnkränze von Shimano.

Zusammenstellung verschiedener Naben-Maße

Speichen-Lochkreisdurchmesser

Niederflansch vorn, Standard	34 mm ∅
Niederflansch vorn, Super	40 mm ∅
Niederflansch hinten, Standard	43 mm ∅
Niederflansch hinten, Super	45 mm ∅
Hochflansch, Standard	57,5–63 mm ∅
Hochflansch, Super	67 mm ∅

Klemmbreiten

Vorn:

Kinder	81–82 mm
Niederflansch, Standard	90–91–96 mm
Niederflansch, Super	98–100 mm
Hochflansch, Standard	90–92–100 mm
Hochflansch, Super	90–100–102 mm

Hinten:

Kinder	96 mm
Niederflansch, Standard	113–121–124–128 mm
Niederflansch, Super	120–126, 130 mm
Hochflansch, Standard	113–120–122–126 mm
Hochflansch, Super	120–122–126 mm

Achslängen

Vorn	110–121–127–133 mm
Hinten	127–133–152–165 mm

Für die Achsgewinde sind die nachstehenden Abmessungen gebräuchlich:

Vorderachse:

Normalausführung	FG 7,9 und M 8 × 1
Transportnabe	FG 9,5
Bremstrommelnabe	FG 9,5 und M 9 × 1
BMX-Nabe	M 9 × 1 und FG 9,5

Hinterachse:

Leerlauf- und starre Naben	FG 9,5 und M 10×1
F & S Torpedo Freilaufnabe mit Rücktrittbremse	FG 9,5
F & S Torpedo	
Jet-Nabe mit Rücktrittbremse	FG 9,5
Duomatic mit Bremse Typ R 2110	FG 9,5
Duomatic mit Bremse Typ A 2110	FG 9,5
Dreigang-Leerlaufnabe 415	FG 10,5/26 Gg
Dreigangnabe ohne Bremse Typ H 3102	FG 10,5/26 Gg
Dreigangnabe mit Rücktrittbremse Typ H 3111	FG 10,5/26 Gg
Fünfgangnabe mit Rücktrittbremse Typ H 5111	FG 10,5/26 Gg
Sturmey Archer	
AW 3 Dreigang	FG 10,3/26 Gg ($\frac{13}{32}$)
S3C Dreigang-Freilauf-Rücktrittnabe	FG 10,3/26 Gg ($\frac{13}{32}$)
SAB Dreigangnabe mit Bremstrommel	FG 10,3/26 Gg ($\frac{13}{32}$)
S5/2 Fünfgangnabe ohne Bremse	FG 10,3/26 Gg ($\frac{13}{32}$)
SBR/SBF Bremstrommelnabe	FG 9,5 ($\frac{3}{8}$)

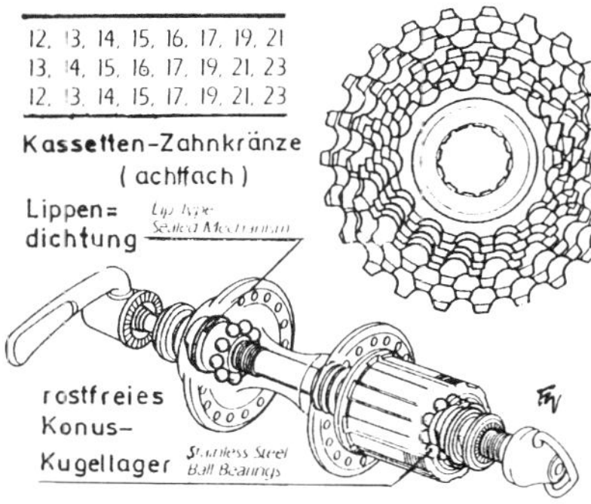

Abb. 464: Kassettennabe für acht Zahnkränze von Shimano.

Fortsetzung von Seite 183.
ten linken Ausfallende am Rahmen (Abb. 465) zu erreichen. Siehe hierzu auch Abb. 235.

Die Kassetten-Freilaufnaben sind ganz besonders für Trainings-Rennmaschinen von Vorteil.

Lagereinstellung

Die Eigenart der Laufring-Ausbildung als Lagerschale und Konen bringt es mit sich, daß die Druckrichtung in den belasteten Kugeln nicht wie bei einem Ringrillen-Kugellager senkrecht, sondern in spitzem Winkel zur Achse verläuft (s. Abb. 432). Das hat eine Druckkomponente zur Folge, die in Achsrichtung nach außen läuft und den Konus nach außen zu drücken versucht. Auch diese Kraft muß vom Achs- und Konusgewinde, besonders aber der den Konus sichernden Gegenmutter, aufgenommen werden. Dementsprechend bildet sich auch die nach längerer Laufzeit entstehende Verschleißrille in den Laufbahnen aus. Verstärkt werden durch die axial verlaufende Druckkomponente auch die Reibungskräfte, die die Konen auf der Achse zu verdrehen suchen. Aus diesen Gründen muß das Lagerspiel eines Konus-Kugellagers sorgfältig eingestellt werden.

Daß eine solche Einstellung überhaupt möglich ist, ist der hauptsächliche Vorteil dieser Lagerbauart. Vielfach besteht die Ansicht, daß Verschleiß an den Laufbahnen und Kugeln durch „Nachstellung ausgestellt" werden könne. Diese Meinung ist falsch. Ein Lager, das durch Verschleiß (von echten Zerstörungserscheinungen ganz abgesehen) ein zu großes axiales Spiel erhalten hat, muß erneuert werden.

Der Verschleiß, der sich auf alle Lagerteile erstreckt, erfolgt nie ganz gleichmäßig. Es gibt immer einen Bereich, in dem ein unverhältnismäßig großes – oder ein zu geringes Spiel besteht. Das Lager läuft also ungleichmäßig, was zur Folge hat, daß dem Verschleiß bald die Zerstörung folgt.

Die Einstellung eines Konuslagers erfolgt so, daß ein geringes Spiel eingestellt wird, das sich beim Anziehen der Gegenmutter dann noch vermindert. Zweckmäßig wird die Einstellung am kompletten Laufrad vorgenommen. Allein durch das Schlauchventil entsteht am Rad eine Unwucht, die das Rad nach unten pendeln läßt. Ein gerade noch wahrnehmbares Lagerspiel schadet nichts, klemmende Kugeln schaden dagegen sehr.

Abdichtung an den Nabenlagern

Von der Wirksamkeit der Lagerabdichtung hängt die Lebensdauer jedes Wälzlagers ab. Können Fremdkörper (Schmutz, Sand und Wasser) in das Lager eintreten, so wird es nach kürzester Laufzeit zerstört.

Aber die Abdichtung der Nabenlager ist problematisch. Reibende Filzringe, Manschetten- bzw. Lippendichtungen, die sich

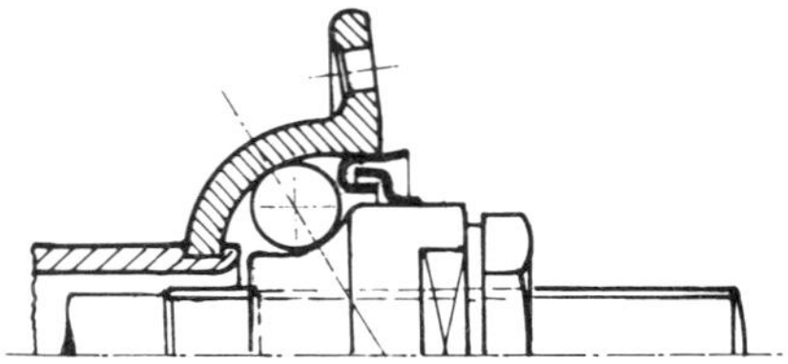

Abb. 466: Labyrinth-Abdichtung am Konus-Lager.

mit leichtem Federdruck anlegen, oder anlaufende Scheiben verursachen Reibung und damit den Aufwand größerer Muskelkraft des Fahrers. Deshalb werden bei Fahrrad-Nabenlagern nur einfache Blechkappen in die verlängerte Lagerpassung eingepreßt, die mit geringem Spalt am feststehenden Konus laufen (s. Abb. 437). Grobe Fremdkörper werden so zwar vom Lager ferngehalten, aber mit auftretendem Spritzwasser wird Schmutz in das Lager gespült und dieses vorzeitig verschlissen und zerstört.

Wirksamer wäre eine sogenannte Labyrinth-Dichtung (Abb. 466), die aber aus Platz- und Kostengründen meist nicht verwendet wird.

Denkbar wäre auch eine Kunststoff-Abdichtung aus Teflon, die geringen Reibwert hat, aber sehr teuer ist (s. Abb. 445).

Abdichtungen, bei denen ein Teil der Kugeln von außen sichtbar ist, sind äußerst mangelhaft, sie sind unwirksam und rechtfertigen überhaupt nicht die Bezeichnung „Abdichtung".

Seitensteifigkeit eines Drahtspeichenrades

Durchmesser und Abstand der Speichenflansche voneinander sind nicht nebensächlich. Der kleinstmögliche Durchmesser ergibt sich aus der Speichenlochzahl (z. B. 18), dem Speichenloch-Durchmesser (2,5 – 2,7 mm) und dem Durchmesser der Speichenköpfe. Zwischen den Speichenlöchern muß noch genügend Platz für die Speichenköpfe und auch genügend „Fleisch" stehen bleiben, damit der Speichenkranz nicht unter dem Speichenzug ausreißt. Der Lochkreis-Durchmesser der Speichenlöcher und der Flanschabstand haben Einfluß auf die Festigkeit des gespannten Laufrades, besonders gegen seitlich einwirkende Kräfte.

In Abb. 467 ist schematisch der Speichenverlauf bei gleichen Felgen und Naben mit gleichem Speichenflansch-Abstand sowie bei gleichem Lochkreis-Durchmesser und verschiedenem Flansch-Abstand gezeigt. Aus diesen Darstellungen wird klar ersichtlich, warum die Festigkeit der gespannten Räder mit den Naben nach b und d (Abb. 467) größer sein muß als bei den Naben nach a und c. Das mit den Speichen gebildete Trapez ist an der Lochkreis-Seite der Nabe bei der Ausführung b-d breiter als bei a-c. Zu beachten ist hierbei, daß bei gleicher Speichen-Zugkraft die seitliche Biegebeanspruchung an den Flanschen um so größer wird, je schräger die Speichen angreifen, das heißt, je größer der Lochkreis-Durchmesser oder der Flanschabstand ist. Die richtige Bemessung der Flanschdicke und die Festigkeit des verwendeten Materials müssen beachtet werden.

Natürlich beeinflussen Lochkreis-Durchmesser und Flanschabstand auch die Länge der zu verwendenden Speichen, worüber unter „Speichen" Seite 195 ff noch gesprochen wird.

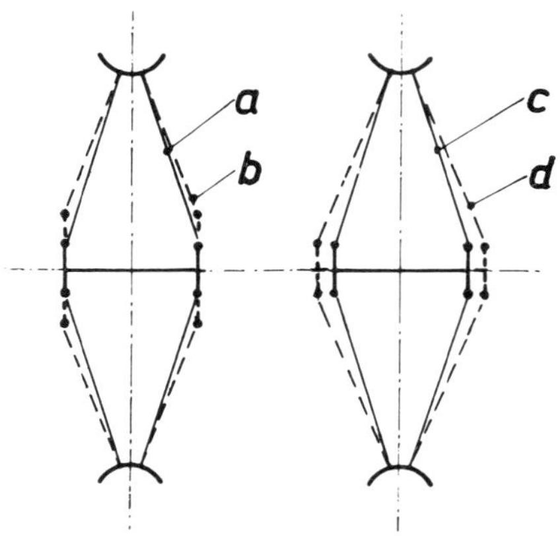

Abb. 467: Seitensteifigkeit eines Drahtspeichenrades bei verschiedenen Naben-Abmessungen.

Zu den Speichenlöchern in den Flanschen ist zu sagen, daß sie auf der Speichenkopfseite versenkt und gut ausgerundet sein müssen, damit Scherbeanspruchungen oder Kerbwirkungen durch scharfe Kanten an den fast rechtwinklig abgebogenen Speichen vermieden werden. Die Lochbilder beider Speichenflansche sind gegeneinander um die halbe Lochteilung versetzt, das heißt, die beiden Lochreihen stehen „auf Lücke".

Die Felge – Aufbau und Normabmessungen

Jeder Reifengröße ist eine bestimmte Felgengröße zugeordnet.

Die Felge ist der Teil des Laufrades, der den Reifen trägt. Ihre Abmessungen sind in der ETRTO (= EUROPEAN TYRE AND RIM TECHNICAL ORGANISATION) und in der DIN 7815 Teil 1 festgelegt.

Die ETRTO wurde 1964 gegründet. In der 1977 veröffentlichten Satzung wurde folgendes Hauptanliegen genannt: Angleichung der bestehenden nationalen Normen mit dem Ziel, eine universelle Austauschbarkeit von Reifen, Felgen und Ventilen in Europa zu erreichen und die Festlegung einheitlicher Abmessungen, Zuordnungen, Felgen- und Reifenbezeichnungen in Millimeter.

Die in den Normen erarbeiteten Größenangaben definieren jeden Reifen eindeutig und unmißverständlich hinsichtlich seiner Abmessungen und der ihm zugeordneten Felge. Damit zusammenhängend wurde auch die Felge genormt.

Die früher üblichen, oft widersprüchlichen Felgen- und Reifenbezeichnungen in Zoll wurden verlassen. Nach den Normen der Felgen (DIN 7815) und der Reifen (DIN 7800) ergeben sich folgende genormte Abmessungen (Abb. 468).

Die Bezeichnung der Felge
ergibt sich durch die Nennwerte Felgeneckpunktdurchmesser „d_1" und Maulweite „a".
Der Felgeneckpunktdurchmesser d_1 wird gerundet (z. B. 558,8 = 559) und gilt als Felgendurchmesserbezeichnung.

Die Bezeichnung des Reifens
setzt sich aus zwei Teilen zusammen – der erste „b" gibt die Breite des aufgepump-

ten, unbelasteten Reifens an, der zweite den gerundeten Felgendurchmesser „d_1“ in Millimeter.

Die Felgengröße, z. B. 559 × 27, muß auf der dem Reifen abgewandten Seite dauerhaft (= eingeprägt) angegeben sein.

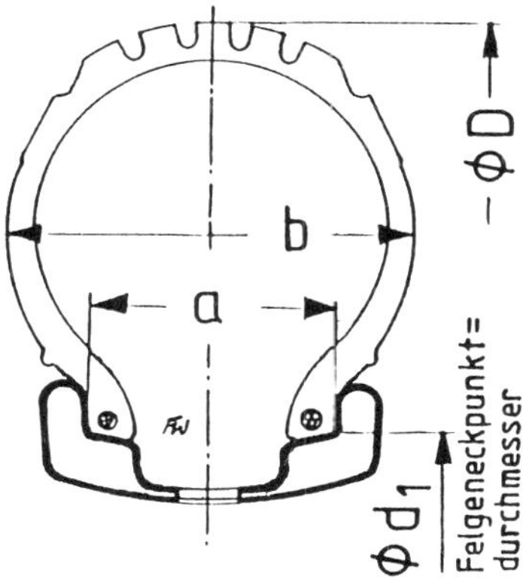

Abb. 468: Genormte Reifen- und Felgenabmessungen.
a = Maulweite der Felge
b = Höchstbreite des aufgepumpten, unbelasteten Reifens auf der Felge
d_1 = Felgeneckpunktdurchmesser
D = Reifenaußendurchmesser

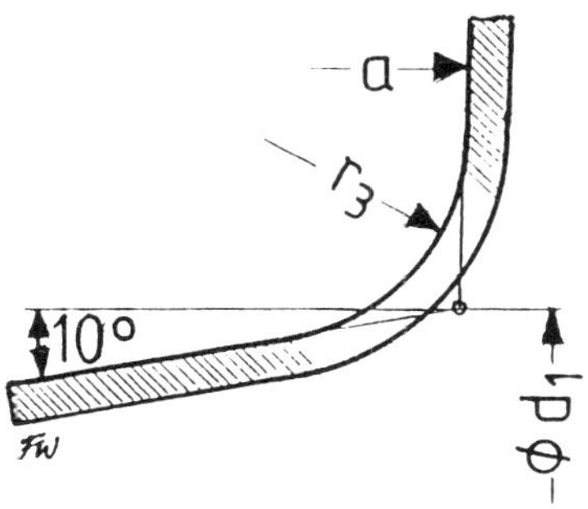

Abb. 469: Bemaßung des Felgeneckpunktdurchmessers.

Beispiel:

Felge d_1 = 559 (gerundet), a = 27, ergibt die Felgengröße 559 × 27 (frühere Bezeichnung bis 1981 26 × 2, später 26 × 1,75 × 2).

Reifen b = 47, d_1 = 559, ergibt die Reifenbezeichnung 47-559 (frühere Bezeichnung 26 × 1,75 × 2).
Über andere Reifenabmessungen siehe Abb. 532, 533, 536 und dazugehöriger Text.

Über diese Festlegungen (ETRTO und DIN 7815) hinaus sind die Felgen nach der Fahrradnorm DIN 79100 (Neufassung 1991) zusätzlich zu kennzeichnen:

1. Herstellername oder -zeichen 2. Typbezeichnung 3. Werkstoff: z. B. Alu (alloy), Stahl (steel).

Die Typbezeichnung ist eine Kennung für den Werkstoff und für die Oberflächenformgebung und Oberflächenbeschaffenheit der Reibfläche der Felge.

Diese Kennzeichnung soll erreichen, daß bei der Felgenbremse die Reibpaarungen zwischen Felge und Bremsklotz optimal abgestimmt werden. (Siehe hierzu auch Kapitel „Felgenbremse – Bremsklötze“.)

Da sich der Felgeneckpunktdurchmesser d_1 wegen des Hornfußradius r_3 einer direkten Messung entzieht (Abb. 469), wird der Umfang der Felgenschultern mit einem Felgenmeßband (nach DIN 7837 Teil 1) geprüft. Die zulässigen Abweichungen des Umfangs betragen nach DIN 7815 ± 1 mm (Meßmarkenabstand).

Die Fahrradfelge hat, zusammen mit der Fahrrad-Bereifung, eine lange Entwicklungszeit hinter sich. Eine Hauptaufgabe der Felge ist es, die aufgepumpte Bereifung sicher zu halten und eine einwandfreie, zwanglose Montage und Demontage im Reparaturfall zu ermöglichen. Durch die Anlage des Reifens wirken die Beschleunigungs- und Verzögerungskräfte auf die Felge ein, das heißt, alle Antriebs- und Bremskräfte, die von der Felge auf die Bereifung (und umgekehrt) übertragen werden. Diese Kräfte-Übertragung erfolgt nur durch die Haftreibung zwischen Felge und Bereifung an der Auflagestelle. Die Haftreibung ist, abgesehen von Felgen- und Reifensystem, von Gestaltung und Bemessungen beider Bauteile an den Auflagestellen abhängig – aber auch von der Felgenoberfläche (verchromt) und der Adhäsionsfähigkeit[65] des Reifens und von dessen Werkstoffhärte nach Shore A[66] nicht zuletzt vom Anpreßdruck zwischen Felge und Reifen, der von dem in der Bereifung herrschenden Überdruck (Reifenluftdruck) abhängt. Seitlich angreifende Stöße, die ständige Verformung des Reifenquerschnitts (Walkarbeit) an der Auflagestelle des Reifens auf der Fahrbahn und die Fliehkraft bei schnell umlaufendem Rad (z. B. bei Talfahrt) sind weitere Kräfte, die aufgenommen werden müssen – ob durch sie die Haftreibung am gesamten Felgenumfang oder nur stellenweise erhöht oder verringert wird.

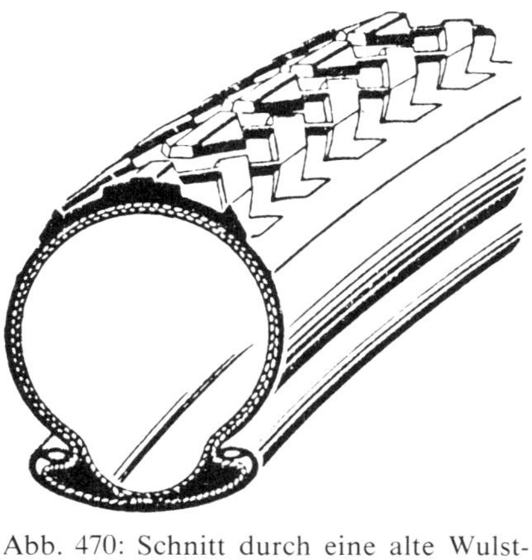

Abb. 470: Schnitt durch eine alte Wulstbereifung samt Felge.

Bei den veralteten, heute nicht mehr verwendeten Wulstreifen mit den zugehörigen Felgen wurde eine sehr gute Haftung erreicht, indem der Reifen an seinen Rändern mit je einem seitlichen Wulst ausgestattet wurde, der in die zur Hohlkehle ausgebildeten Felgenränder eingriff und sich darin verkeilte. Durch den Reifendruck wurden die Wulste so kräftig in die Felgenränder gedrückt, daß allein schon durch die entstehende Haftreibung (auch bei geringerem Reifen-Luftdruck) alle auftretenden Kräfte sicher aufgenommen werden konnten (Abb. 470).

Bei der Reifen-Montage und -Demontage mußten die durch die Gewebeumhüllung nur noch wenig elastischen Gummiwülste gewaltsam über den Felgenrand gezwängt werden, was häufig zur Verletzung der Reifenwulste und der Felge führte. Die Felge war in ihrer damaligen Form (wegen des offenen Felgenhorns) nicht steif, was oft Speichenbrüche zur Folge hatte.

Diese Mängel (einschließlich der schwierigen Montageverhältnisse) sowie die Erkenntnis, daß bei genügendem Reifen-Luftdruck und ausreichender Anlagefläche zwischen Reifen und Felge die entstehende Haftreibung zur Aufnahme und

[65] Adhäsion = Aneinanderhaften
[66] Shore A = Härtemessung von Weichgummi, siehe hierzu auch Seite 164.

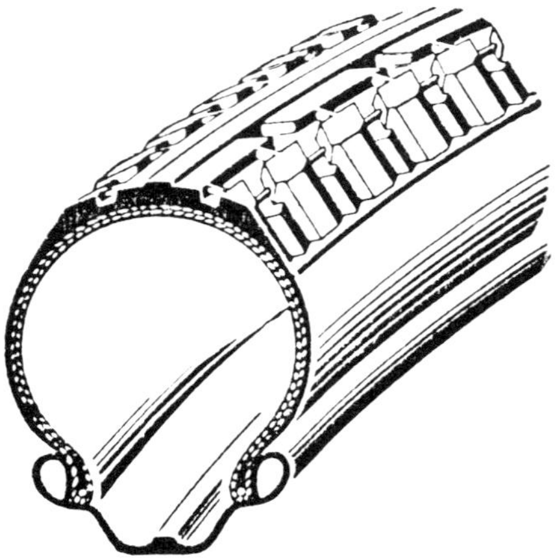

Abb. 471: Tiefbettfelge mit Drahtreifen.

Übertragung aller Kräfte ausreicht, führten zur Entwicklung des heutigen Drahtreifens und der Tiefbettfelge.

Zur Zeit ihrer Einführung wurde diese Bereifung auch als „SS"-Bereifung (von straight side = Geradeseite) bezeichnet, da ja die neuen Reifen gerade verlaufende Seitenwände und die Felge geraden Rand und gerade Schultern aufweisen. Die später übliche Bezeichnung als „Drahtreifen" (heute nur noch „Reifen" DIN 7800) genannt, stammt daher, daß in die Reifenränder Drahtseile einvulkanisiert sind. Ein solcher Drahtreifen läßt sich nicht über die Felge zwängen, da die Drahteinlagen jede elastische Dehnung unmöglich machen. Um die Montage eines Drahtreifens zu erleichtern bzw. überhaupt zu ermöglichen, ist die Felge am Boden soweit vertieft, daß sich die Reifeninnenwand über den Felgenrand heben läßt, wenn der im Reifendurchmesser entgegengesetzte Reifenwulst in den vertieften Felgenboden geschoben ist.

Nach ihrem vertieften Felgenboden (Felgenbett) wird diese Felge für den Drahtreifen Tiefbettfelge (DIN 7815, Teil 1) genannt (Abb. 471).

Es war notwendig, sich bereits im Vorhergehenden auch mit der Bereifung zu befassen, da diese und die Felge in engem Zusammenhang stehen und die Form der Felge wesentlich durch die Gestaltung des Reifens bedingt ist. In Abb. 472 ist der Querschnitt einer Tiefbettfelge gezeigt, die in dieser Ausführung heute als überholt bezeichnet werden muß. Diese aus Bandstahl gerollte Felge, deren äußere Ränder zwar nach innen umgelegt sind, so daß der Felgenrand eine steife Hohlrippe bildet, aber keine Verbindung mit der Felgenschulter hat, bleibt trotz des doppelten Felgenrandes labil. Deshalb wird ein solches Profil nur noch bei Kinderrädern und – selten – bei billigen Tourenrädern verwendet.

Die Felge soll aber nach jeder Richtung hin steif und gegenüber dem Speichenzug widerstandsfähig sein. Mit geringem Mehraufwand wird beim sogenannten „Westwood-Profil" (Abb. 473) eine größere Steifheit erreicht, da hier der Rand des verbreiterten Bandstahlstreifens parallel zur Felgenschulter nochmals abgewinkelt und mit der Schulter im elektrischen Rollnaht-Schweißverfahren verschweißt wird.

Die Felgenränder bilden dabei zwei geschlossene Hohlkörper, und die Felgenschulter wird ebenfalls verstärkt, was größere Steifheit gegenüber der Ausführung nach Abb. 472 bringt. Das Westwood-Profil hat einen halbkreisförmigen Felgenboden und gerundete Felgenränder, weshalb

Abb. 472: Tiefbettfelge mit offenem inneren Felgenrand.

Abb. 473: Westwood-Felgenprofil.

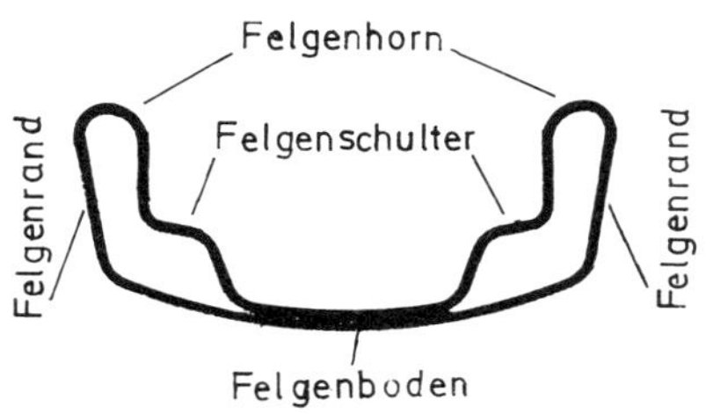

Abb. 474: Tiefbettfelge in Kastenform.

nur eine Rücktritt-, Trommel- oder Stoßbremse, aber keine Felgenbremse in ein mit dieser Felge ausgerüstetes Fahrrad eingebaut werden können. Das ist der Grund, weshalb in Deutschland die Westwood-Felge nicht, dagegen stark in Großbritannien (Commonwealth) und Holland (im restlichen Europa weniger) zur Verwendung kommt.

Zur europäischen Standardform hat sich die Tiefbettfelge in Kastenform (Abb. 474) entwickelt. Mit zwei geschlossenen Kästen als Felgenwand und doppeltem Felgenboden ergibt sich eine um ein Mehrfaches höhere Steifheit gegenüber den einfachen Ausführungen nach Abb. 472 und 473. Ein weiterer Vorteil ist die resultierende breite Reibfläche für den Angriff der Bremsklötze einer Felgenbremse.

Damit der Reibwert zwischen der glatten, noch zusätzlich verchromten Felgenrand-Oberfläche und den Bremsgummis erhöht wird, werden von den Felgenherstellern die verschiedenartigsten Flächenunterbrechungsmuster leicht vertieft eingeprägt, wie

- dreieckige Punkte,
- Rautenmuster,
- radiale Riefen,
- wellenförmige Linien,
- fischgrätenähnliche Muster usw.

Jeder Hersteller schwört auf die Wirksamkeit seiner Riefung; tatsächlich aber sind für eine gute Bremsverzögerung Werkstoff und Formgebung des Bremsgummis ausschlaggebender als die diversen Muster (Abb. 475).

Bei völlig trockenem Felgenrand ist bei sonst gleichen Voraussetzungen hinsichtlich der Bremseinrichtung kein Unterschied zwischen geriefter und ungeriefter Felgenrandausführung meßbar. Nur bei Nässe sorgt die Riefung für schnelleres Trocknen und für Selbstreinigung der Bremsfläche (bei trockener Bremsfläche werden in jedem Fall günstigere Verzögerungswerte erreicht als bei nasser). Deshalb verzichten heute viele Felgenhersteller auf eine Felgenriefung.

Je nachdem, ob Stahl-, Aluminium- oder Kunststoffelgen verwendet werden, wird nur dann eine optimale Bremswirkung erreicht, wenn der Bremsklotzwerkstoff auf den jeweiligen Felgenwerkstoff abgestimmt ist.

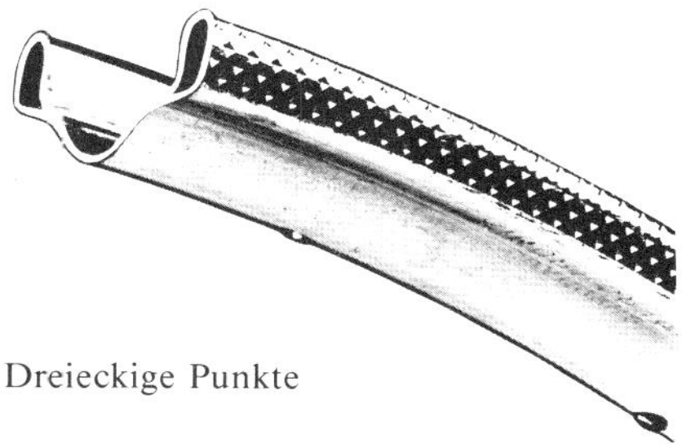

Dreieckige Punkte

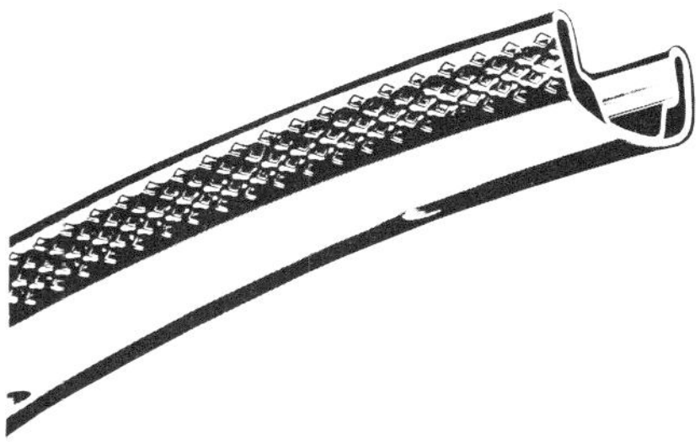

Rauten-Muster

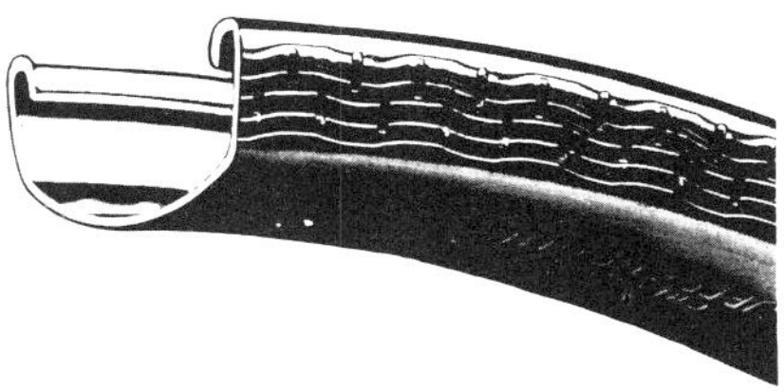

Wellenförmige Linien

Fischgräten-Muster

Abb. 475: Verschiedene Felgen-Riefungen

Bei der Herstellung von Stahlfelgen werden lange blanke Bandstahlbänder, 0,5 – 0,6 mm dick, nach DIN 1544 (Qualität 2 K 40 LG DIN 1624) auf einer Rollmaschine unter gleichzeitiger Formgebung durch stufenförmig angeordnete Profilwalzen zu einer Wendel mit vielen Windungen gerollt. (Eine Wendel wird oft fälschlicherweise als „Spirale" bezeichnet; eine Spirale aber ist z. B. eine Uhrfeder [Spiralfeder]. Druck- und Zugfedern haben Wendel-[Schrauben-]Form). Der Durchmesser der Bandstahl-Wendel entspricht dem der herzustellenden Felge, er kann am Rollenstuhl der Walzmaschine durch Verstellen der Walzen eingestellt werden.

Die Windungen werden dann in der Länge des gestreckten Umfangs der gewünschten Felgengröße getrennt, der Stoß wird durch elektrische Abbrenn-Schweißung verschweißt und verputzt. Anschließend wird die Felge nachgerichtet.

Der Umfang der Felgenschulter wird mit einem Felgenmeßband nach DIN 7837 Teil 1 geprüft, die zulässige Abweichung des Umfangs vom Sollmaß darf ± 1 mm betragen (Meßmarkenabstand).

Die Speichenlöcher 4,4 +0,1 und 4,7 +0,1 (für Speichennippel FG 2,3 und FG 2,6), im Normalfall 36 Stück (18 Stück je Seite), aber je nach Felgen- und Nabengröße auch 32, 28, 24 oder 20 Stück müssen – von der Felgenmitte nach außen versetzt – in genauer Teilung gestanzt werden. Die Einhaltung dieser Teilung ist heute im Hinblick auf die automatischen Speichen-, Spann- und Zentriermaschinen besonders wichtig. Denn bei einem Teilungsfehler von nur 0,2 mm von Loch zu Loch ergibt sich am 18. Loch eine theoretische Abweichung von 3,6 mm. Das aber bedeutet, daß das letzte Spannelement der Maschine nicht mehr in den Schlitz bzw. Sechskant des Speichennippels eingreifen kann und diese Speiche somit nicht gespannt wird. Solche Fehler müssen dann von Hand (mit hohen Kosten) korrigiert werden.

Das Ventilloch $8{,}3\ {}^{+0{,}3}_{\ \ 0}$ mm ∅ bei Normalrädern, $6{,}2\ {}^{+0{,}3}_{\ \ 0}$ mm für Hochdruckventile (Sclaverand) bei Rennsport- und Rennrädern, wird in Felgenmitte zwischen zwei Speichenlöcher gestanzt, wobei beachtet werden muß, daß keine Löcher direkt in die Stoß-Schweißnaht gestanzt werden.

Am Felgenrand innen werden beidseitig über den Umfang verteilt mehrere ca. 2 mm große Löcher eingestanzt. Diese haben den Zweck, eventuell beim Verchromen eingedrungene Chromsäure wieder auslaufen bzw. beim Spülen auswaschen zu lassen. Zurückgebliebene Reste von Chromsäure „schwitzen" später an undichten Stellen, z. B. an den Speichenlöchern aus, bilden Grünspan und zerstören die verchromte Oberfläche. Außerdem besteht die Gefahr, daß auf diese Weise die galvanischen Bäder verunreinigt werden, wenn die aus dem zu verchromenden Teil nicht restlos ausgelaufenen Rückstände von einem in das andere Bad verschleppt werden. Nur mit Verchromungsbädern in genau dosierter Zusammensetzung aber ist ein haltbarer Kupfer/Nickel/Chrom- oder Nickel/Chrom-Überzug zu erreichen.

Die Sichtflächen der Felge müssen für die Verchromung vorbehandelt werden. Das erfolgt durch Beizen, Bürsten, Schleifen und Polieren auf automatischen Maschinen und richtet sich nach dem gewünschten Glanzgrad des zu verchromenden Teils. Die Verchromung, ein galvanischer Überzug, ist in der Norm DIN 50967[67], in der galvanische Überzüge und Überzugssysteme, ihre Kurzzeichen, Mindestschichtdicken und deren Beziehung zu Kurzzeit-Korrosionsprüfungen erfaßt sind, festgelegt.

Der Querschnitt durch ein gespanntes Rad quer zur Mittelebene zeigt kein von den Verbindungslinien zwischen den Speichenlöchern in der Felge und den Nabenflanschen gebildetes spitzwinkliges Dreieck, sondern ein Trapez (Abb. 476).

Wenn auch die obere Trapez-Seite infolge des geringen Abstandes der Nippellöcher von der Radmittelebene nur klein ist, so wird dadurch doch die Stabilität des ganzen Verbandes erhöht. Außerdem wird der Austrittswinkel des Speichennippels aus der Felge in der Querebene kleiner.

Speiche und Nippel stehen aber nicht nur durch ihre Richtung von der Felge zum Nebenflansch schräg zur Radmittelebene, sie laufen auch tangential zum Lochkreis im Nabenflansch (Abb. 477). Für diese doppelte Schrägstellung muß der Nippel im Felgenloch genügend Bewegungsfrei-

[67] Näheres über DIN 50967 s. Seite 413.

heit haben. Bei Felgen für motorisierte Zweiräder, bei denen sich eine größere Schrägstellung der Speichen ergibt, wird die Partie des Felgenlochs in Richtung der Speiche ballig nach außen durchgeprägt, so daß sich die Richtung des Nippels von selbst ergibt und der Nippelkopf vertieft liegt. Diese Ausführung nennt man „gepunzte Felge". Bei der normalen Fahrradfelge verzichtet man auf die Punzung (Abb. 478), aber bei hochwertigen verchromten Stahl-, rostfreien Edelstahl- oder Leichtmetallfelgen werden die Speichenlöcher auch gepunzt.

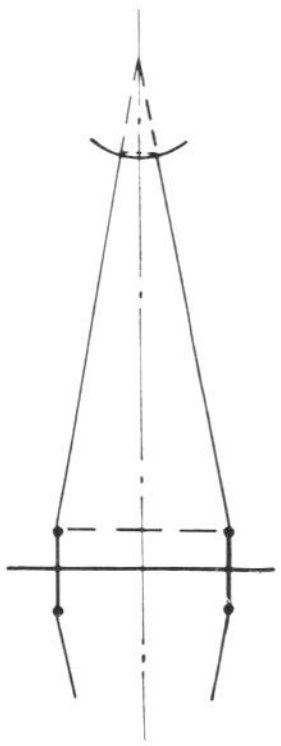

Abb. 476: Durch die Speichenstellung im Drahtspeichenrad gebildetes Trapez.

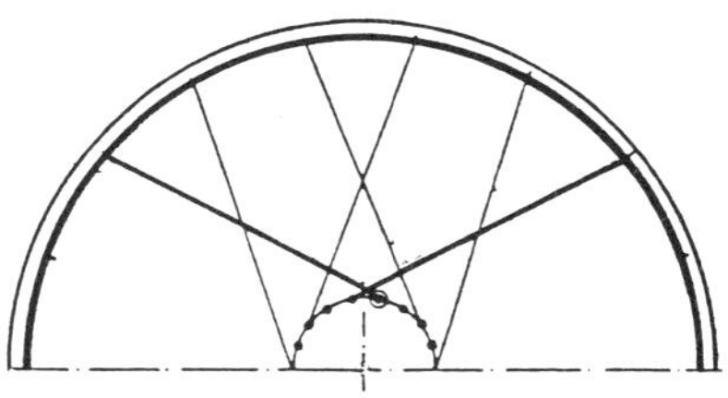

Abb. 477: Speichenstellung tangential zum Lochkreis im Nabenflansch.

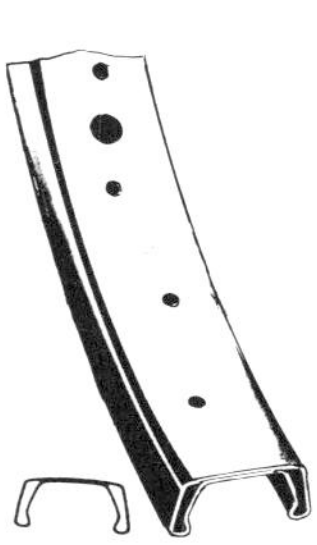

Abb. 478: Ungepunztes Speichenloch in der Felge.

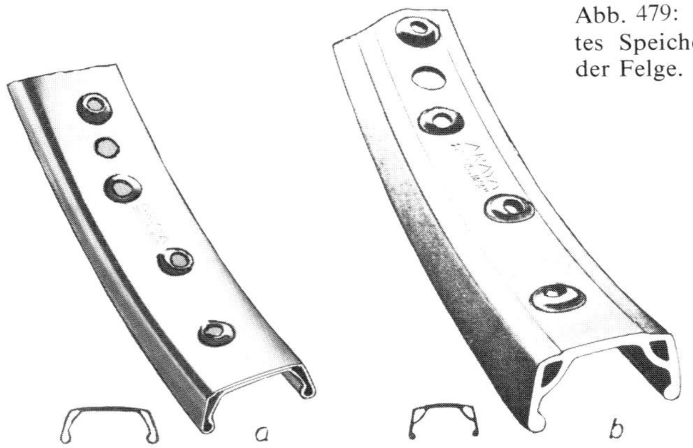

Abb. 479: Gepunztes Speichenloch in der Felge.

Die Abb. 479 zeigt die Punzung einer Stahlfelge (a) und einer Leichtmetallfelge (b).

Durch die zunehmend verschmutzte Luft, vor allem aber durch die Mengen an Streusalz werden heute größere Anforderungen an die Felgen (und alle anderen verchromten Teile) gestellt als früher. Die Galvaniseure haben sich bemüht, die metallischen Überzüge an den stärker beanspruchten Stellen zu verstärken, z. B. an den Felgenrändern (wegen des Abriebs durch die Bremsgummis der Felgenbremsen). Durch Zuschalten von speziellen Anoden in den Verchromungsbädern werden höhere Schichtdicken dabei nur an bestimmten Stellen aufgebracht.

Ausgesprochene Schwachpunkte einer verchromten Felge sind die Speichenlöcher. In das relativ kleine Loch strahlt nur sehr wenig Überzugsmaterial ein, so daß es dort schnell zur Rostbildung kommt. Manche Felgenhersteller lackieren deshalb mit einem Farbnebel das Innenprofil der Felge, damit Farbe auch in die Speichenlöcher dringt und diese nicht mehr so rasch vom Rost befallen werden.

Praktisch auf Lebenszeit korrosionsbeständig sind Felgen aus rostfreiem Edelstahl. Anstelle von Baustahl-Bändern werden solche aus Edelstahl verarbeitet, was meist mit den gleichen Fabrikationseinrichtungen erfolgen kann, obwohl die Edelstahlbänder durch die Legierungszugaben höhere Kenndaten als normaler Bandstahl aufweisen. Die nicht rostenden Stähle sind in der DIN 17440 festgelegt, wobei sich die Qualitäten X 2 Cr NiN 1810 oder X 2 Cr NiMoN 1812 gut für Fahrradfelgen eignen. Ein Nachteil der rostfreien Edelstahl-Felgen ist allerdings der hohe Werkstoffpreis.

Die polierte Oberfläche hat einen leicht gelblichen „Farbstich" und ist nicht so hellglänzend wie eine verchromte.

Statt der Stahlfelgen werden heute, vor allem bei Rennsport- und Rennrädern, Felgen aus Leichtmetall verwendet. Ihr Profil entspricht dem der Stahlfelgen, nur die Wand ist dicker. Oft weisen die Profile Hohlräume auf und sind dadurch sehr steif.

Auch hier werden die gezogenen geraden Profilstangen zu einer Wendel gerollt, ge-

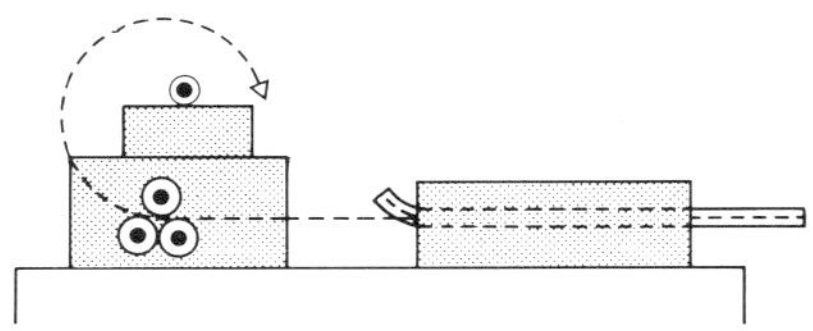

Abb. 480: Felgen-Biegemaschine (schematisch).

Abb. 481: Felgenverbindung.

trennt und wie Stahlfelgen am Stoß verschweißt, heute jedoch meistenteils mit zwei Stiften zusammengesteckt.

Leichtmetall-Profilfelgen sind sehr stabil und massiv. Bei richtiger Werkstoffwahl gibt es keine Korrosions-Probleme (z. B.: AlMg Si 1 Alu-Knetlegierung nach DIN 1725 Teil 1 in schweißbarer, aushärtbarer Zieh- und Preßbarkeit, witterungs- und korrosionsbeständig sowie anodisierbar).

Eine besondere Alu-Felgenausführung ist die „Staral"-Felge von Reynolds. Bei ihr erfolgt die Verbindung nicht durch Schweißen, sondern durch zwei gerändelte 4-mm-Stifte am Stoß; zusammengehalten wird die Felge nur durch den Speichenzug. Reynolds liefert dazu den Fahrrad-Herstellern nur die Profilstangen in gerader Form sowie eine Biegemaschine, die nötigen Vorrichtungen – und das erforderliche Know-how[68]. Der Fahrradhersteller wird mit diesen Felgen sein eigener Felgenhersteller.

Die angelieferten, bereits polierten Profilstangen (Werkstoff: AlMgSi 0,5 DIN 1725 Teil 1) werden auf die richtige Länge (den gestreckten Umfang der gewünschten Felge) abgesägt. Bereits im gestreckten Teil werden die Speichenlöcher und das Ventilloch gestanzt, dann wird die gelochte Profilstange auf der Biegemaschine rund gewalzt (Abb. 480).

Die Speichenlöcher werden dabei leicht oval. Mit zwei zylindrischen Stiften wird dann die Felge am Stoß fixiert (Abb. 481). Etwas empfindlicher reagieren Stoßfelgen jedoch, wenn sie extrem außermittig gespeicht werden.

Diese Art der Felgenverbindung ist heute Stand der Technik und wird allgemein angewendet.

In der Abb. 482 sind unterschiedliche Felgenprofile 18, 20, 22, 24, 27 und 30,5 verschiedener Hersteller dargestellt. Diese Profile werden für fast alle Felgen (vom Rennsport- bis zum Kinderrad) verwendet.

Die Profilmaße und die Felgenabmessungen hierfür sind aus der Abb. 484 und den beiden Tabellen ersichtlich. Die Maße entsprechen der ETRTO und der DIN 7815.

Die DIN 7815 Tiefbettfelgen für Fahrräder (und DIN 7800 Reifen) stehen zur Ergänzung an, auch die Reifenzuordnung

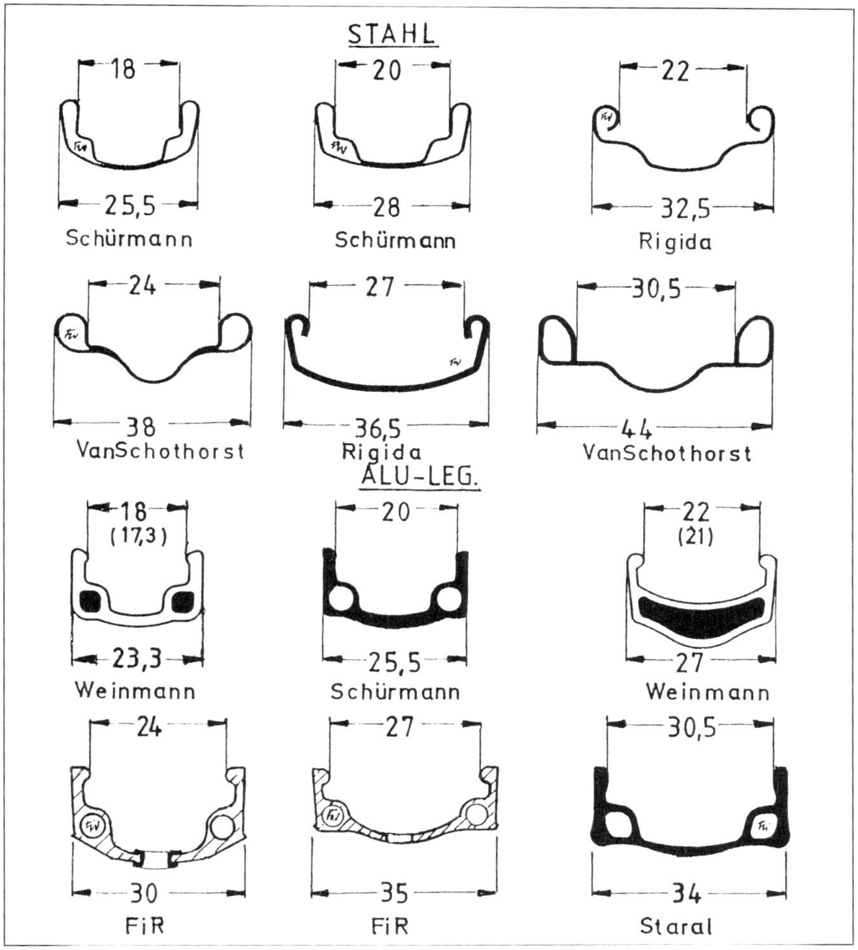

Abb. 482: Felgenprofile 18 – 30,5.

wird erweitert. Siehe hierzu unter „Reifen" die neue gültige Reifen/Felgen-Zuordnung (n. WdK 117 Bl. 4) Abb. 534.

Viele Felgenhersteller nützen zugunsten eines geringeren Felgengewichtes (besonders bei Leichtmetallfelgen) die zulässige Toleranz der Maulweite ±1 (nach DIN 7815 und ETRTO) nach der Minusseite hin voll aus.

Eine Entwicklung für Holland ist die reflektierende Felge (Abb. 483).

Im Felgenrand ist ein Streifen aus reflektierendem Material eingeklebt, der dafür sorgt, daß der Radfahrer in der Dunkelheit auch von der Seite von Autofahrern rechtzeitig erkannt wird.

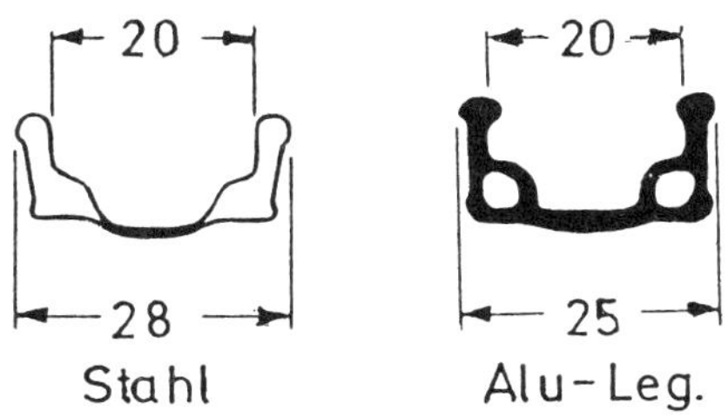

Abb. 483: Reflektierende Felge von Van Schothorst.

Wegen des Abriebs durch den Bremsklotz ist die reflektierende Felge für eine Felgenbremse nicht geeignet, sondern nur für eine Trommelbremse.

[68] Know-how – das Wissen um die technische Verfahrensweise.

Felgen für Rennräder

Bis Ende der dreißiger Jahre wurden Straßen- und Bahn-Rennräder mit Schlauchreifenfelgen aus Holz ausgerüstet (Abb. 485).

Diese Holzfelgen waren sehr material- und arbeitszeit-aufwendig. Ausgesuchte Hölzer (wie Ahorn-, Hickory- oder Buchenholz) wurden in mehreren Schichten verschiedener Faserrichtung („gesperrtes" Holz) zusammengeleimt, auf genaue Form gedrechselt, die Löcher für die Speichennippel gebohrt. Holz ist aber, anders als Metall, ein lebender Werkstoff,

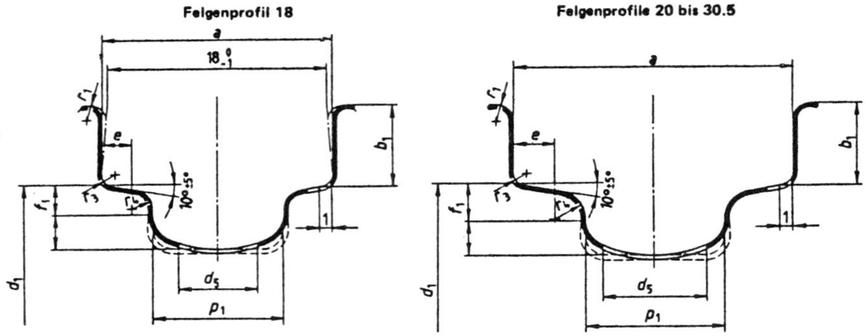

Abb. 484

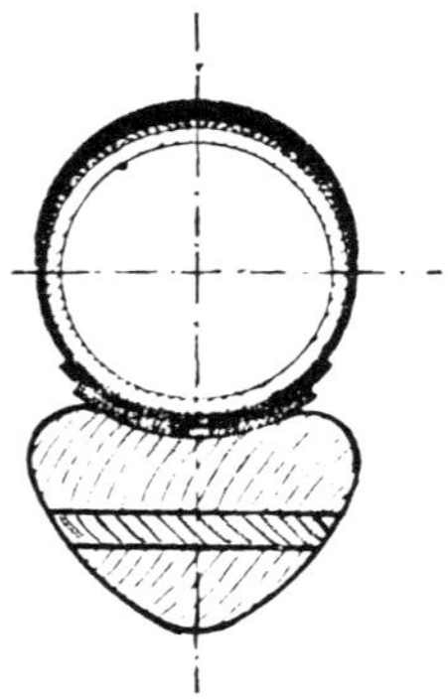

Abb. 485: Schlauchreifenfelge aus Holz (Straßenmodell).

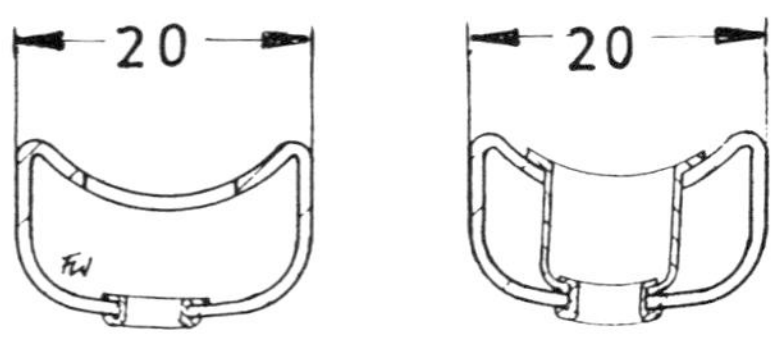

Abb. 486: Schlauchreifenfelgen mit eingebördelten Hülsen von FiR.

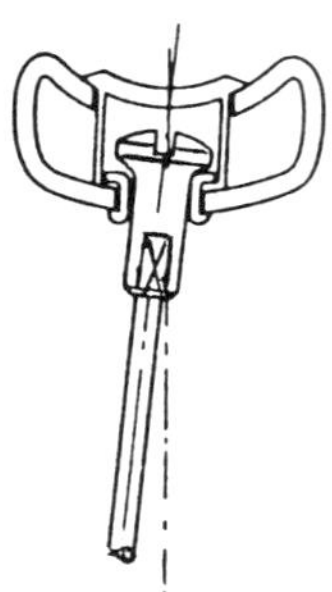

Abb. 487: Schlauchreifenfelge mit Speiche.

Tabelle 1. Felgenprofil

Felgen-profil	Maulweite a ± 1	b_1 $\pm 0{,}5$	d_5	e min.	f_1 min.	p_1 min.	r_1 min.	r_3 max.	r_4 min.
18	18	6,5	$6{,}2\ ^{+0{,}3}_{0}$ oder $8{,}3\ ^{+0{,}3}_{0}$	1,8	1,8	10	1,5⁴)	1	1,5
20	20	6,5		2	2	11	1,8⁴)		1,5
22	22	6,5		2,2	3	11	1,8⁴)		2
24	24	7		3	3	11	2 ⁴)		2,5
27	27	7,5		3,5	3,5	14	2,5		2,5
30,5	30,5	8		3,5	3,5	14	2,5		2,5

Tabelle 2. Felgengröße

Felgengröße Felgennenn-durchmesser × Maulweite mm	frühere Felgen-bezeichnung	Felgen-durch-messer d_1	Maul-weite a	Zugehörige Reifengröße
622 × 18 630 × 18*	700 C Carrera	622,3 629,7	18 18	28-622 28-630
540 × 20 584 × 20 590 × 20 622 × 20	24 × 1⅜ 26 × 1⅜ × 1½ 26 × 1⅜ 28 × 1¼ × 1¾ 28 × 1⅝ × 1⅜ NL 28 × 1⅜ × 1⅝	539,6 583,9 590,2 622,3	20 20 20 20	37-540 37-584 37-590 37-622
584 × 22 635 × 22*	26 × 1½ 28 × 1½	583,9 634,7	22 22	40-584 40-635
584 × 24 635 × 24*	26 × 1⅝ × 1½ 28 × 1⅝ × 1½	583,9 634,7	24 24	44-584 44-635

* nur für Ersatzbedarf

Fortsetzung nächste Seite

(Fortsetzung von Seite 192)

Tabelle 2. Felgengröße

Felgengröße Felgennenndurchmesser × Maulweite mm	frühere Felgenbezeichnung	Felgendurchmesser d_1	Maulweite a	Zugehörige Reifengröße
305 × 27	16 × 1,75 × 2	304,7	27	47-305
355 × 27	18 × 1,75 × 2	355,0	27	47-355
406 × 27	20 × 1,75 × 2	405,6	27	47-406
507 × 27	24 × 1,75 × 2	507,3	27	47-507
559 × 27	26 × 1,75 × 2	558,8	27	47-559
584 × 27	26 × 1,75 × 1½	583,9	27	47-584
622 × 27	28 × 1,75	622,3	27	47-622
203 × 30,5	12½ × 2¼	203,2	30,5	62-203
305 × 30,5	16 ×2,25	304,7	30,5	62-305
406 × 30,5	20 × 2,00	405,6	30,5	54-406
	20 × 2,125 × 2			57-406
				62-406
507 × 30,5		507,3	30,5	57-507
559 × 30,5		558,8	30,5	57-559

Abb. 484: Felgenprofile 18 – 30,5 und Felgengrößen. Ventilloch $6{,}2^{+0{,}3}_{0}$ u. $8{,}3^{+0{,}3}_{0}$

der immer arbeitet, d. h., quillt und schwindet, je nach seinem Feuchtigkeitsgehalt, einseitig und hauptsächlich quer zur Faser. Durch die verschiedene Faserrichtung der Schichten sollte die Formveränderung in der einen Schicht der der anderen entgegenwirken, so daß die allgemeine Felgenform erhalten blieb. Aber bei zu stark ausgetrocknetem Holz platzten die Profile, während sich die Felge bei nassem Holz verzog und „krumm“ wurde. Mit Speziallacken mußte die Oberfläche gegen Witterungseinflüsse geschützt werden.

Heute gibt es die Holzfelge nicht mehr. An ihre Stelle ist die Leichtmetall-Schlauchreifenfelge getreten (Abb. 486), in sehr leichter Bauweise, mit extrem schmalem, aber steifem Profil.

Die Punzung erfolgt nicht durch ballige „Ausprägungen“, sondern in die (in Speichrichtung eingebrachten) Löcher werden eloxierte Alu- oder Messing-Hülsen eingebördelt (Abb. 487). Die Felgen werden je nach Werkstoffqualität aus 0,8 – 1,2 mm dicken gezogenen Profilrohren (Al Zn Mg 1 F 36 oder Al Cu Mg 1) gerollt. Aber auch Profilfelgen aus speziellen Alu-Legierungen werden jetzt immer häufiger verwendet (Abb. 488).

Die Schlauchreifen-Felgen (für Straßen-, Bahn- und Saalsportmaschinen) sind nicht in die DIN 7815 aufgenommen worden. In Abb. 489 sind die Maße einer Schlauchreifen-Felge (700 c) für ein 680-mm-Laufrad dargestellt.

Die Reifenauflage wird von manchen Herstellern mit einem leichten „Waffelmuster“ versehen, damit der aufgeklebte Reifen gut haftet. Die Oberfläche wird

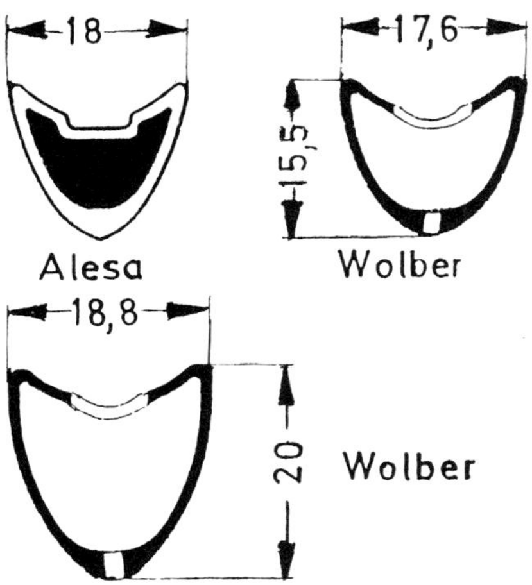

Abb. 488: Profilfelgen für Schlauchreifen.

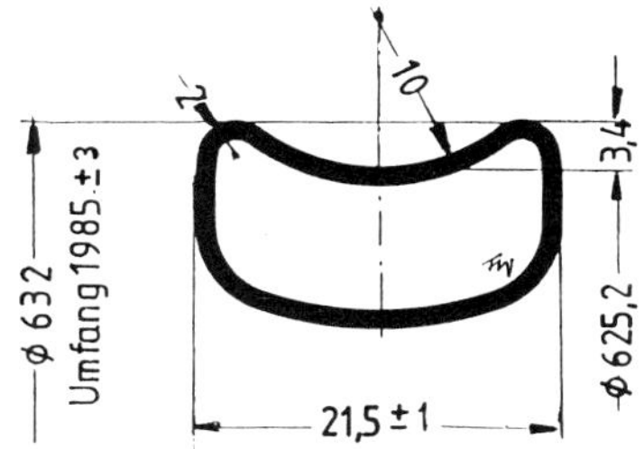

Abb. 489: Maße der Felge (700 c) für Schlauchreifen 680 mm ∅.

eloxiert, die messingfarbenen Hülsen in den Speichenlöchern geben einen Kontrast und heben sich gut ab.

Eloxierte Felgen sind modisch und optisch schön, mindern aber den Reibwert zwischen Felge und Bremsklotz und beeinträchtigen die Bremswirkung negativ.

Auf die Schlauchreifen-Felge wird der Schlauchreifen aufgeklebt. Diese Befestigung ist heute sicherer geworden, aber sie ist nach wie vor umständlich.

Mit der Einführung der neuen leichten und schmalen Fahrradreifen mit Schlauch wurde eine echte Alternative zum Schlauchreifen geschaffen. Rennräder, die bisher (vor allem zum Training) mit den teuereren und empfindlicheren Schlauchreifen gefahren wurden, können teilweise mit den extrem schmalen Reifen in herkömmlicher Bauweise (nur 18 mm breit und 220 g Gewicht) ausgerüstet werden. Auftretende Reifenpannen können wie bei einer Normalbereifung behoben werden.

Dazu entsprechend wurden schmale, aber doch widerstandsfähige Felgen aus Leichtmetallprofilen entwickelt.

Während noch für den 28 mm breiten Reifen eine Tiefbettfelge mit Maulweite 16 zugeordnet ist, sind die Reifen mit den

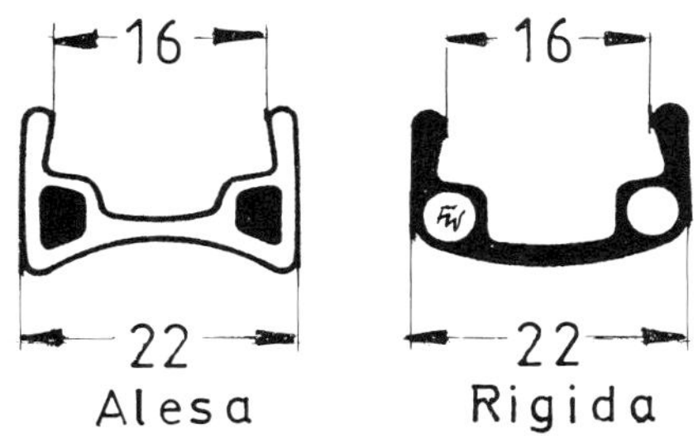

Abb. 490: Felgenprofil 16.

extrem schmalen Querschnitten (18, 20, 23 und 25) zur Montage auf Hakenprofilfelgen (13 C und 15 C) vorgesehen.

In der Abb. 490 ist das Felgenprofil 16 für den schmalen Fahrradreifen (25, 28 und 32 mm) dargestellt.

Die Profilmaße (16) und die Felgengrößen nach ETRTO und WdK (= Wirtschaftsverband der deutschen Kautschukindustrie) sind aus der Abb. 491 ersichtlich.

Weitere Felgengrößen mit dem Profil 16 (Abb. 490 und 491) sind künftig auch in den Felgendurchmessern nach DIN 7815 möglich. Die Reifenzuordnung zur Felge mit diesem Profil wurde ergänzt.

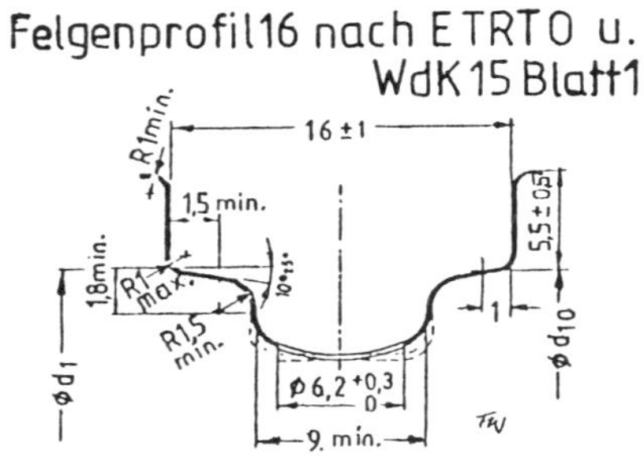

Felgendurchmesser d_1 = 590, 622, u. 630 mm.

$\phi d_{10} = d_1 - 2 \cdot \tan 10°$

Tabelle Felgengröße

Felgengröße Felgennenndurchmesser × Maulweite mm	Felgen durchmesser d_1	Maulweite a	Zugehörige Reifengröße
590 × 16	590,2	16	28-590 32-590
622 × 16	622,3	16	25-622 28-622 32-622
630 × 16*	629,7	16	28-630 32-630

* nur für Ersatzbedarf

Abb. 491: Felgenprofil 16 und Felgengrößen.

Bei den Hakenprofilfelgen ist der Speichensitz ähnlich wie bei der Schlauchreifenfelge ausgeführt. Der Nippel sitzt im Felgenboden, im Speichenloch wird eine Hülse eingebördelt (Abb. 492 FiR, 13).

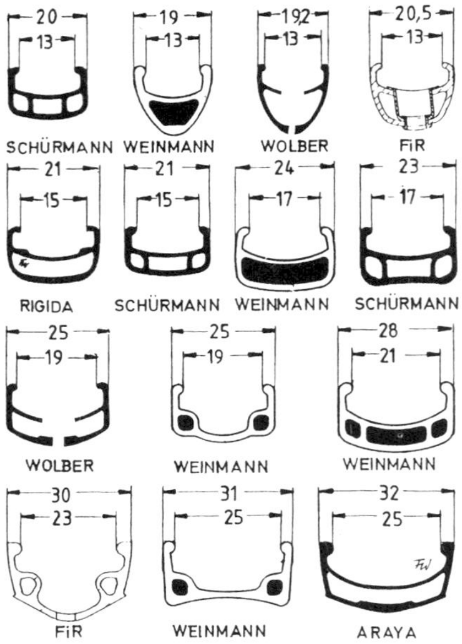

Abb. 492: Hakenfelgenprofile.

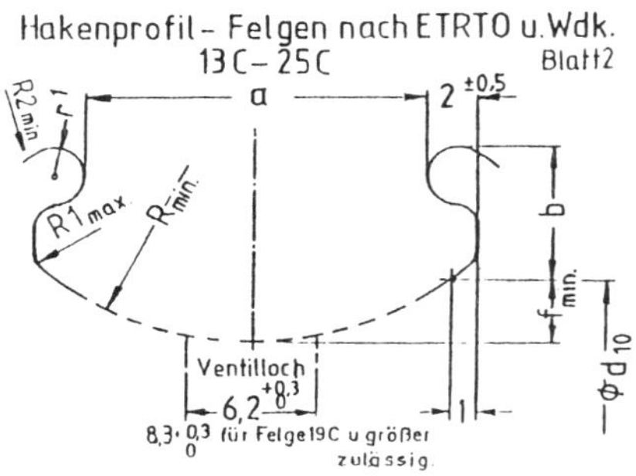

Felgen= profil	Maulw. a ± 0,5	b ± 0,5	f min.	r_1	zulässige Reifen
13 C	13	5,0	2,0	±0,1 0,9	18, 20, 23, 25
15 C	15				23, 25, 28, 32
17 C	17	5,5	2,2	1,1 +0,2 −0,1	25, 28, 32, 35, 37
19 C	19	6,5	3,5		28, 32, 35, 37, 40, 44
21 C	21	7,0			35, 37, 40, 44, 47
23 C	23	7,5	4,5		40, 44, 47, 50
25 C	25				44, 47, 50

Felgendurchmesser= bezeichnung	Meßstellen ϕ d_{10}	Reifen= breiten= bezeichnung
590	589,85	
622	621,95	

Abb. 493: Hakenprofilfelgen 13 C – 25 C und Felgengrößen.

Werkstoff und Oberflächenbehandlung wie bei den bereits besprochenen Leichtmetallfelgen. Die Abb. 492 zeigt die Hakenprofilfelgen 13 C bis 25 C. Das Programm der Hakenprofilfelgen wurde von 13 C und 15 C auf 25 C erweitert.

Aus der Abb. 493 und Tabelle sind die Maße der Felgenprofile 13 C bis 25 C und die Felgengröße sowie die Reifenzuordnung nach ETRTO und WdK zu ersehen.

Künftig sind neben den Hakenprofilfelgen (Abb. 492) auch die sonst üblichen Felgen mit geraden Hornflanken (Abb. 490) beim gleichen Reifen zugelassen. Siehe hierzu die neue Reifen/Felgen-Zuordnung Abb. 534.

Hakenprofilfelgen sind dann zu verwenden, wenn Reifenluftdrücke von über 5 bar empfohlen werden. Erst mit diesem Reifenluftdruck schmiegen sich die Reifenwände kraftschlüssig an das Hakenfelgenprofil.

Für den Radsport (Rennen, Triathlon, All-Terrain und Radtourismus) wurden zu den Fahrrädern der oberen Preisklasse äußerst verwindungssteife Felgen entwickelt. Die hohe Widerstandsfähigkeit und Elastizität wurden erreicht durch speziell geformte Profile mit Hohlkammern, verschweißter Stoßfuge sowie die Verwendung einer Alu-Legierung, die zusätzlich mit Chrom, Magnesium oder Titan (Firma Wolber) angereichert und warmbehandelt (= vergütet) wurde. Die Oberfläche mit 60 my (my = 0,001 mm) ist besonders hoch anodisiert (= eloxiert). Siehe hierzu Abb. 492.

Felgen aus Kunststoff

Die Firma ACS hat 1983 für „Querfeldein"-Fahrräder Felgen aus Kunststoff mit größerem Durchmesser (24 und 26″) für gespeichte Laufräder entwickelt (Abb. 494).

Dazu ist ein Chemiewerkstoff mit bestimmten „Schwerpunkt"-Eigenschaften wie Zähigkeit, Steifigkeit, Ermüdungs- und Korrosionsbeständigkeit unter den verschiedensten Umfeldbedingungen notwendig. Am besten eignet sich dafür ein modifizier-

Abb. 494: Felge aus Kunststoff für gespeichte Laufräder von ACS.

tes hochzähes Polyamid (Kurzzeichen PA 66) von DuPont bis 20-Zoll-Felgen Zytel FE 8018 mit 14% Glasfaserverstärkung und von 20 bis 24 Zoll Zytel 80G-33 mit 30% Glasfaserverstärkung, während größere Durchmesser möglicherweise ein Polyamid mit 40% Verstärkung bedingen.

Die Speiche im gespannten Rad

Das Drahtspeichenrad unterscheidet sich in seinem System grundsätzlich von anderen Laufrädern. Ob es sich bei diesen um Scheiben- oder Speichenräder handelt – die Belastung durch das Fahrzeug wird hauptsächlich durch Druck auf die zwischen Nabe und Auflagestelle (Felge) am Radumfang liegende Verbindung durch eine oder mehrere Speichen oder durch einen Teil der Radscheibe (Segment[69]) übertragen. Die Radscheibe (bzw. die Speichen) müssen den maximal auftretenden Kräften entsprechend bemessen sein. Beim Drahtspeichenrad ist die Nabe dagegen in der Felge nicht völlig starr aufgehängt. Die Übertragung der auf der Nabe ruhenden Last erfolgt auf einem Umweg. Aus Abb. 495 ist ersichtlich, wie die Belastung beim Scheibenrad (a) bzw. beim normalen Druckspeichenrad sich unmittelbar über der Auflagestelle auf die Fahrbahn überträgt, wie aber beim Drahtspeichenrad (b) die Belastung zunächst als Zugkraft entgegengesetzt zur Auflagestelle nach oben geht und von dort über die Felge geteilt verläuft.

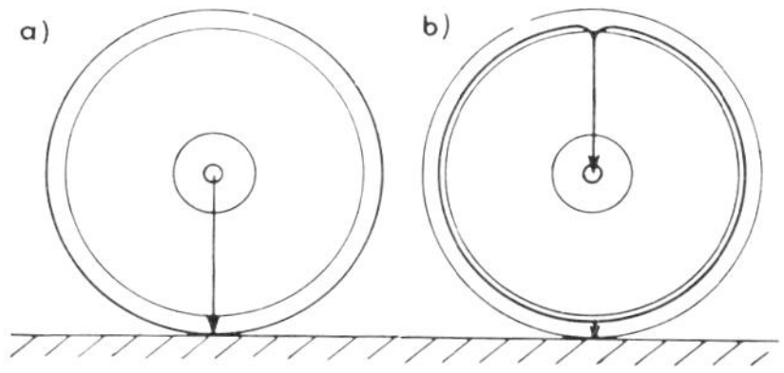

Abb. 495: Kräfteverlauf in einem starren (a) und einem Drahtspeichen-Rad (b).

Angenommen wurde in den Skizzen eine ruhende (statische) Belastung. Bei dynamischer Belastung, wie sie bei Stößen von der Fahrbahn aus auftritt, werden die Verhältnisse erheblich komplizierter.

Denkt man sich nur wenige Drahtspeichen oberhalb der Nabe zur Aufnahme der Zugkräfte und die entsprechenden Gegenspeichen unterhalb der Nabe (ohne daß das Rad sich dreht), so erkennt man, daß die Felge die Last nicht aufnehmen kann. Unter der Belastung am oberen Umfang über diese Speichen müßte die Felge oval zusammengedrückt werden. Die unteren Speichen nützen hierbei nichts, denn sie müßten Druckkräfte aufnehmen, was sie aber, weil dafür nicht bemessen, nicht können. Sie können nur seitlich ausbiegen und dann knicken. Es müssen auch die nicht unmittelbar in Lastrichtung liegenden sonstigen Speichen Kräfte aufnehmen und übertragen – aber wieder nur Zugkräfte.

Wäre die Felge ausreichend starr, so würden alle Speichen, die oberhalb des Durchmessers quer zur Belastungsrichtung liegen, an der Zugkraft-Übertragung beteiligt – die in Lastrichtung liegenden am stärksten, nach beiden Seiten absinkend bis zu den quer zur Lastrichtung wirkenden Kräften.

Umgekehrt müßten dann die Verhältnisse in der unteren Speichenhälfte sein; hier müßten Druckkräfte bis zu einem Maximum in den Speichen in Lastrichtung entstehen – wenn sich nicht eine weitere Schwierigkeit ergäbe.

Diese wird durch zwei weitere Tatsachen hervorgerufen. Einmal ist die Felge nicht starr, sondern ziemlich elastisch. Außerdem stehen aber auch die Drahtspeichen im Gegensatz zu einem Speichenrad bzw. zur Scheibe eines Scheibenrads schon unter Vorspannung, das heißt, unter einer Vorbelastung. Die Belastung der Speichen sinkt im Fahrbetrieb durchaus nicht an den quer zur Belastungsrichtung liegenden Speichen auf Null. Der geringste, durch die Vorspannung noch immer über Null liegende Wert kann erst unmittelbar vor den untersten „Gegenspeichen" erreicht werden. Die übrigen unteren Speichen müssen den Teil der Last aufnehmen, der die elastische Felge in Ovalform drücken will. Alle diese Speichen sind in von oben nach unten zu abnehmendem Maße auf Zug beansprucht.

Theoretisch wäre denkbar: das ganze System von Nabe, Speichen und Felge wird so hoch belastet, daß die Felge, weil sie von den Speichen am Ovalwerden gehindert wird, an der Stelle, wo die Zug- zur Druckbelastung wird, sich in umgekehrter Richtung verformt, also einknickt. In der Praxis kann dieser Fall durch übergroße Stoßbelastung eintreten.

Die Beeinflussung der Verhältnisse durch die Vorspannung der Speichen ist ein Problem für sich. Durch die heute verwendeten automatischen Speichen-Anziehmaschinen werden zwar alle Speichen gleichmäßig mit einem bestimmten Drehmoment (0,750 Nm) angezogen. Trotzdem ist die Vorspannung in den einzelnen Speichen nicht gleich, sie schwankt als Folge der verschiedenen Reibwerte z. B. in den Gewinden der Speichen und Nippel, durch die Gewindetoleranzen, durch trockene oder ölige Gewinde, durch die Rauhigkeit der Oberflächen von Speichen-Nippel und Felge usw. Bei manueller Nachzentrierung der Laufräder bzw. einer Reparatur in der Mechaniker-Werkstatt werden die Speichen nur nach Gefühl nachgezogen. Im gespannten Zustand steht jede Speiche schon unter einer Zugbelastung, die nicht vernachlässigt werden darf. Sie addiert sich zu den Zugkräften, die durch statische oder dynamische Belastungen im Fahrbetrieb an den Speichen entstehen, und sie wird geringer, wenn an einer Speiche unter besonderen Umständen (z. B. festgerostete Nippel in der Felge) sogar Druckkräfte auftreten. Da auch ein sehr hart gespanntes Rad niemals starr,

[69] Segment = Abschnitt eines Kreises oder einer Kugel

sondern immer noch elastisch ist, kann das bei einem besonders starken Stoß, den weder die Bereifung noch die zugbelasteten Speichen aufnehmen können, leicht der Fall sein. Im günstigsten Fall federt danach die Felge zurück – im ungünstigsten Fall kommt es zum Einknikken der Felge.

Nun ist aber das Charakteristikum eines Rades, daß es sich dreht. Selbst wenn Belastung und Belastungsrichtung gleichbleiben, ändert sich beim Drehen doch die Belastung an den einzelnen Speichen fortwährend – entsprechend der Drehzahl in einem bestimmten Rhythmus. Verändert man die Zugspannung in einem Körper aber in einem bestimmten Rhythmus, so kann der Körper wie eine Violinsaite zu Schwingungen veranlaßt werden – auch eine Drahtspeiche. Solche Schwingungen sind auf die Dauer gefährlicher als Überlastungen. Zwar brauchen Speichenbrüche nicht immer auf Schwingungen zurückzuführen sein, aber in vielen Fällen sind sie die Hauptursache.

Man hat schon sehr früh Schwingungen als Ursache von Speichenbrüchen erkannt. Als Gegenmaßnahme werden bei Rennrädern oft zwei Speichen am Kreuzungspunkt mit dünnem Draht, Gummi oder Isolierband umwickelt. Dadurch wird zwar die Speiche selbst nicht stärker, aber ihre Länge wird in zwei Hälften mit anderen Eigenschwingungszahlen unterteilt. Diese liegen dann so hoch, daß es nicht mehr zur Schwingungs-Anregung kommen kann.

Irrig ist die Meinung, daß sich gegeneinander am Kreuzungspunkt reibende Speichen durchscheuern. Markierungen an diesen Punkten entstehen meist nicht durch Reibung, sondern durch Aufeinandertreffen der schwingenden Speichen. Auch das kann natürlich durch schwingungsdämpfende oder -verhütende Maßnahmen am Kreuzungspunkt verhindert werden.

Eine ähnliche Wirkung wie durch das Umwickeln der Kreuzungen erhoffte man sich früher von dem heute nicht mehr üblichen „Verflechten" der Speichen, wobei die auf der Außenseite des Nabenflansches austretende Speiche an der Kreuzungsstelle hinter der Speiche aus der Nabenflansch-Innenseite durchgeführt wird, wodurch sich die gespannten Speichen am Kreuzungspunkt dann fest gegeneinanderlegten. Wenn solche Hilfsmittel, wenigstens bei Tourenrädern, heute nicht mehr notwendig sind, so liegt das vor allem an der Weiterentwicklung der Felgen, durch deren Versteifung sich jede Belastung auf einen größeren Umfangsteil und damit mehr Speichen verteilt.

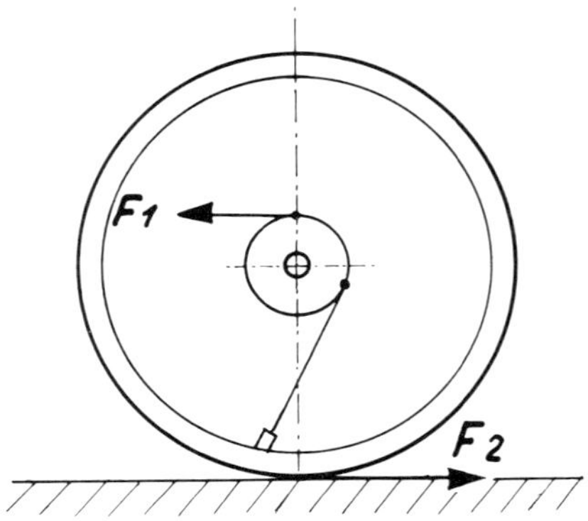

Abb. 496: Beanspruchung der Speichen durch die Antriebskraft.

Auf die Speichen wirken aber auch noch andere Kräfte ein, die Beschleunigungs- und Verzögerungskräfte im Fahrbetrieb. Die sich hieraus ergebenden Verhältnisse sind im Prinzip im Vorder- wie im Hinterrad gleich, die Werte der Kräfte können aber, je nachdem ob die Kräfte am Vorder- oder Hinterrad angreifen, verschieden sein. Am angetriebenen Hinterrad ergibt sich eine größere Beschleunigungskraft, am Vorderrad dagegen eine größere Verzögerungskraft, wenn dieses gebremst wird.

Beim Beschleunigen, etwa beim Anfahren, wirkt (Abb. 496) die Kraft F1 an der Hinterradnabe tangential[70] zum Nabenumfang, genauer gesagt zum Speichenlochkreis, in Fahrtrichtung. Am Radumfang wirkt, ebenfalls tangential, aber in entgegengesetzter Richtung, die sich aus der Trägheit der Fahrzeugmasse ergebende Kraft F2. Sie setzt sich aus den in Fahrtrichtung und Drehrichtung zu beschleunigenden Radmassen, dem Rollwiderstand usw. zusammen. Diese Kräfte müssen von den Speichen aufgenommen werden, die Nabe und Felge daran hindern, sich gegenseitig zu verdrehen.

---

[70] Tangente = gerade Linie, die eine Kurve in einem Punkt berührt; tangential = eine krumme Linie oder Fläche berührend, in Richtung der Tangente wirkend

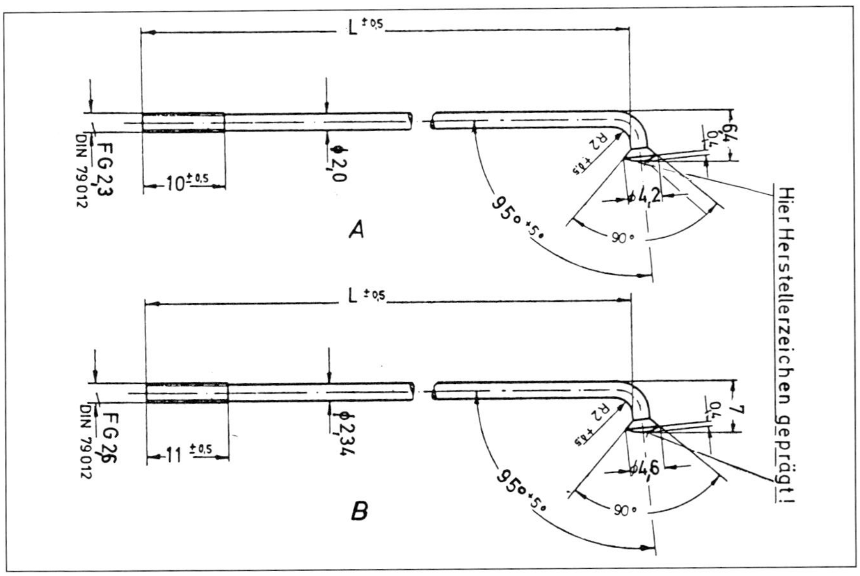

Abb. 497: Standardspeiche 2 mm mit Gewinde FG 2,3 und verstärkte Speiche 2,34 mm mit Gewinde FG 2,6.

Auf die Belastungsverhältnisse der Speichen quer zur Radmittelebene wurde schon hingewiesen. Auf Seite 186 wurde unter „Seitensteifheit eines Drahtspeichenrads" (Abb. 467) bereits gezeigt, daß die Seitensteifheit des Laufrades in hohem Maße vom Winkel zwischen Speiche und Radmittelebene abhängt, daß große oder weit auseinanderstehende Nabenflansche günstiger wirken als kleinere oder enger zusammenstehende.

Die Verspannung der Speichen auf beiden Radseiten ist aber noch aus einem anderen Grund wichtig: nur gleiche Vorspannung der jeweils mit dem Flanschabstand ein Dreieck bildenden Speichen kann die Felgen-Mittelebene und die gesamte Mittelebene rechtwinklig zur Nabenachse halten. Ändert sich die Spannung in einer der Speichen, so muß die Felge nach der Seite mit der größeren Spannung nachgeben. Seitlich auftreffende Stöße stören das Spannungs-Gleichgewicht zwischen den Speichen der beiden Radseiten genau so, wie das in der Umlaufrichtung Beschleunigungs- und Verzögerungskräfte tun. Solche seitlich verlaufenden Stöße sind aber meist wesentlich schwächer als in Richtung der Radmittelebene verlaufende, sie werden meist restlos von der Bereifung aufgenommen.

Aus allen diesen Überlegungen ergeben sich zwei Fragen:

1. Wie müssen eine Fahrradspeiche und ein Speichennippel bemessen und ausgebildet sein?

2. Nach welchem Speichenplan (Spann-Netz) müssen die Speichen zusammen im Laufrad gespannt werden, damit die auftretenden Belastungen aufgenommen werden können?

Die erste Frage wird in den folgenden Beschreibungen (und mit den Zeichnungen) der heute üblichen Speichen und Nippel beantwortet, die zweite im anschließenden Abschnitt „Das Spannen des Drahtspeichenrades".

Fahrradspeichen gibt es in verschiedenen Dicken und Längen mit den dazugehörigen Nippeln. Sie werden kalt verformt aus Stahldraht hergestellt, an dessen einem Ende das Nippelgewinde gewalzt wird.

Kinder- und Spielräder: Runddraht 1,8 mm, Nippelgewinde FG 2 DIN 79012.

Standardspeiche für fast sämtliche Fahrräder: Runddraht 2 mm, Nippelgewinde FG 2,3 DIN 79012 (Abb. 497-A).

Verstärkte Speiche für Mountain-bike, BMX-, Tandem-, Transportfahrräder und Dreiräder: Runddraht 2,34 mm, Nippelgewinde FG 2,6 DIN 79012 (Abb. 497-B).

Motorisierte Zweiräder (Mofa) und stabile Fahrradanhänger: Runddraht 2,63 mm, Nippelgewinde M3.

Hier sollen nur die Standardspeiche mit Gewinde FG 2,3 und die verstärkte Speiche mit Gewinde FG 2,6 besprochen werden.

Für eine Speiche kann nur erstklassiger, physikalisch geprüfter und analysierter Grundwerkstoff verarbeitet werden. Ausgangsmaterial ist Runddraht der Qualität D 35-2 DIN 17140, die Zugfestigkeit beträgt im fertigen Zustand der Speiche 1200 ±100 N/mm²; bei der rostfreien Ausführung werden Werkstoffe ähnlicher Festigkeit, jedoch nach DIN 17440, verwendet. Der Speichenkopf wird angestaucht und abgewinkelt. Die Innenseite des Kopfes ist 90° abgeschrägt, während die Außenseite leicht ballig gehalten wird. Auf die Außenseite wird meist das Markenzeichen des Herstellers, ca. 0,1 mm erhaben, geprägt. Das Abwinkeln des Kopfes erfolgt (nicht rechtwinklig) mit 95°, um die Werkstoff-Faser auf der Außenseite nicht übermäßig zu zerren. Durch einen leicht bogenförmigen Verlauf der Abwinklung, als Hakenhöhe bezeichnet, ergibt sich hinter dem Speichenkopf noch eine freie gerade Länge, die der Dicke des Nabenflansches entspricht.

Das andere Speichenende erhält das Speichengewinde, das in der schon beschriebenen Weise (s. Abb. 347) gerollt wird. Die engen Gewindetoleranzen für Speichen und Nippel sowie die präzise Einhaltung der Speichenkopf-Abwinklung sind für eine maschinelle Laufrad-Montage unabdingbar. In Abb. 497 sind Speichen, wie vorstehend beschrieben, als Fabrikationszeichnung gezeigt.

Für die Radial-Naben (siehe Abb. 453 und 454 und dazugehörigen Text) sind Geradspeichen (ohne Kröpfung) erforderlich.

Eine mögliche Bruchstelle an der Speichenbiegung, wie bei den Standardspeichen, ist bei den Geradspeichen konstruktiv bedingt ausgeschlossen. Damit sich die Speiche beim Spannen nicht dreht, sorgen ein Vierkant vor dem Kopf (Abb. 498) oder zwei Kerben am Kopf (Abb. 499) als Verdrehsicherung.

Abb. 498: Geradspeiche 2 mm mit Gewinde FG 2,3, mit Vierkant als Verdrehsicherung, von Berg-Union.

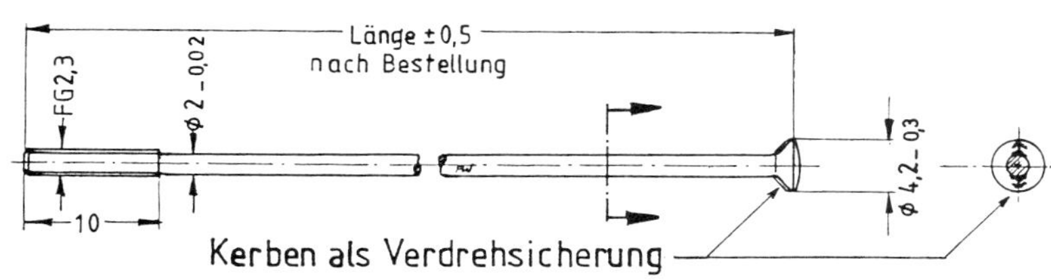

Abb. 499: Geradspeiche 2 mm mit Gewinde FG 2,3, mit Kerben als Verdrehsicherung, von Prym.

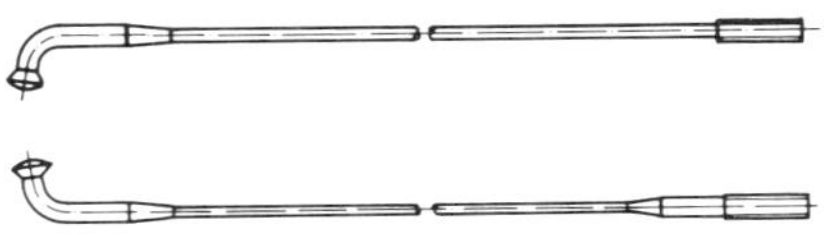

Abb. 500: Eindickendspeiche und Doppeldickendspeiche.

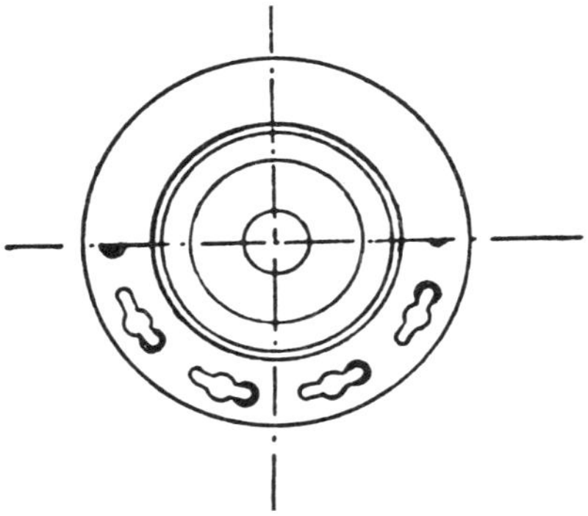

Abb. 501: Paarweise verbundene Speichenlöcher.

Für Fahrrad-Speichen und Nippel gibt es keine DIN-Norm, Speichen und Nippel ab Gewinde M3 (für motorisierte Zweiräder oder Sonder-Fahrräder) sind in der DIN 74371 festgelegt. Dort findet man auch die „Eindickend-Speichen“ für höchste Beanspruchungen mit verdicktem Kopfhaken (Abb. 500), die meist bei Bremstrommel-Naben mit paarweise verbundenen Speichenlöchern (Abb. 501) eingesetzt werden.

Außerdem gibt es noch die Doppeldickend-Speiche, bei der beide Enden den Nenn-Durchmesser der Speiche haben, das freie Mittelteil dünner gehalten ist.

Für höhere Beanspruchung (z. B. bei den Mountain-bikes) gibt es jetzt auch die 3D-Speiche (2,34 × 1,75 × 2,0) mit Gewinde FG 2,3 (Abb. 502). Diese Speiche ist auch eine Doppeldickendspeiche, jedoch mit zwei verschiedenen Dickenden und einem sehr dünnen Mittelteil.

Für Renn-Laufräder werden vereinzelt auch sogenannte „Flachspeichen“ verwendet. Das Speichenmittelteil wird hier rechteckförmig flachgepreßt. Der Nutzen dieser Speichen ist jedoch umstritten.

Um den Speichen ein besseres Aussehen zu geben und sie gegen Witterungseinflüsse (Rosten) zu schützen, wird die Oberfläche durch einen galvanischen metallischen Überzug geschützt. Bei Fahrrädern werden für preisniedrige Modelle verzinkt-chromatisierte, für die normalen Modelle verchromte Speichen verwendet. Neuerdings werden auch schwarzverchromte und buntfarbig eloxierte Speichen, die sich von den Naben und Felgen abheben, bei Renn- und Rennsport- und BMX-Rädern verwendet.

Die Speichen sind mit am stärksten den ungünstigen Witterungs-, Umwelt- und Straßenverhältnissen ausgesetzt. Deshalb müssen sie besonders gut gegen Korrosion geschützt werden, was nicht einfach ist. Wegen des Nippelgewindes können nicht beliebig hohe Schichtdicken der metallischen Überzüge aufgebracht werden; die Gewindeflanken würden dann zu dick beaufschlagt werden und nicht mehr schraubbar sein. Deshalb muß am Gewindeteil das Schraubengewinde entsprechend der Schichtdicke des galvanischen Überzugs kleiner (nach der Toleranzlage „g“ und „e“) und das Muttergewinde größer (nach der Toleranzlage „H“ und „G“) hergestellt werden. Aus diesem Grund gilt für Schrauben, Muttern und ähnliche Gewinde-Formteile (und dazu zählen auch die Speichen und Speichennippel) für die galvanischen Überzüge nicht die DIN 50967, sondern die DIN 267 Blatt 9.

Bei Qualitätsspeichen kommen folgende Schichtdicken zur Anwendung:

galvanisch verzinkt-chromatisierte Speichen: Zink 12 my, Kurzzeichen dafür gal Zn 12 gl cC DIN 267 Blatt 9;

verchromte Ausführung: Kupfer 4 my, Nickel 8 my, Chrom 0,3 my, Kurzzeichen dafür gal Cu4 Ni8 Cr gl DIN 267 Blatt 9.

Die in den Kurzzeichen verwendeten Buchstaben besagen

gal = galvanisch
gl = glänzend (oder mt = matt, bk = blank, hgl = hochglänzend)
c = chromatiert nach den Verfahrensgruppen B, C und D

Die Symbole (Elemente) bedeuten Zn = Zink, Cu = Kupfer, Ni = Nickel, Cr = Chrom.

Werkstücke aus stark kaltverfestigten Stählen mit einer Zugfestigkeit von 1000 N/mm² oder darüber (und dazu gehören die Speichen) müssen unmittelbar nach dem Galvanisieren eine bei Speichen zwei Stunden dauernde Wärmenachbehandlung bei 190–210°C erhalten, um der Gefahr einer durch Wasserstoff verursachten Schädigung (Wasserstoff-Versprödung) des Grundwerkstoffes zu entgehen.

Zur Speiche gehört der passende Speichen-Nippel, das Gegenstück zum Speichenkopf. Er wird auf das Gewinde am Speichenende aufgeschraubt. Es gibt vier verschiedene Ausführungen:

11,5 mm lang mit Schlitz im Rundkopf (Abb. 503)
11,5 mm lang mit Sechskantkopf (Abb. 504)
15,8 mm lang mit Schlitz im Rundkopf (Abb. 505)
15,8 mm lang mit Sechskantkopf (Abb. 506)

Für normale Tiefbettfelgen werden die kurzen Nippel (11,5 mm) verwendet, die lange Ausführung (15,8 mm) für Leichtmetallfelgen mit doppeltem Felgenboden (Abb. 486 und 492) in Rennsport- und Rennrädern. Die früher übliche Linsenkopfform gibt es nur noch selten. Die heutige Kopfform mit Rundkopf und Schlitz oder mit Sechskant ist im Hin-

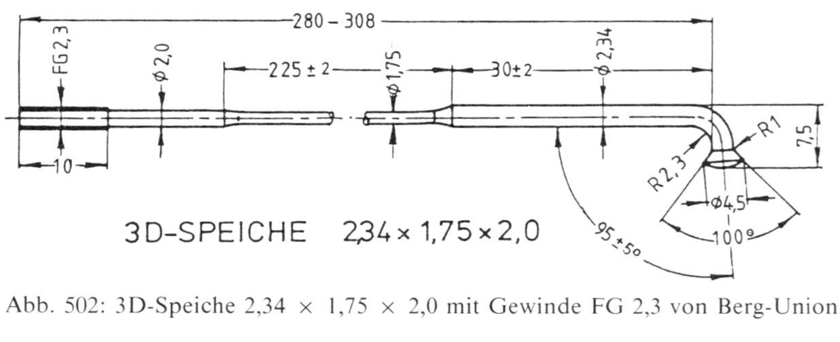

Abb. 502: 3D-Speiche 2,34 × 1,75 × 2,0 mit Gewinde FG 2,3 von Berg-Union.

blick auf die automatischen Speichennippel-Anziehmaschinen erforderlich. Der „Schrauber“ dieser Maschinen greift wie ein Steckschlüssel am Speichen-Nippel an, und durch die besondere Kopfgestaltung des Nippels ist sicherer Speichenanzug gewährleistet. Durch die Aussenkung mit 2,4 (2,7) mm Durchmesser unten am Gewinde, 3 und 4,8 mm tief, wird das Speichengewinde geführt, und der Nippel setzt beim Aufschrauben korrekt am Gewinde an. Auch kann im freige-

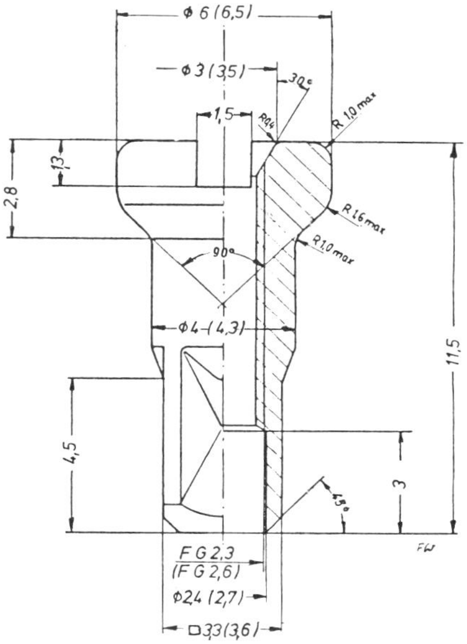

Abb. 503: Speichennippel FG 2,3 (und FG 2,6) mit Schlitz im Rundkopf 11,5 mm lang.

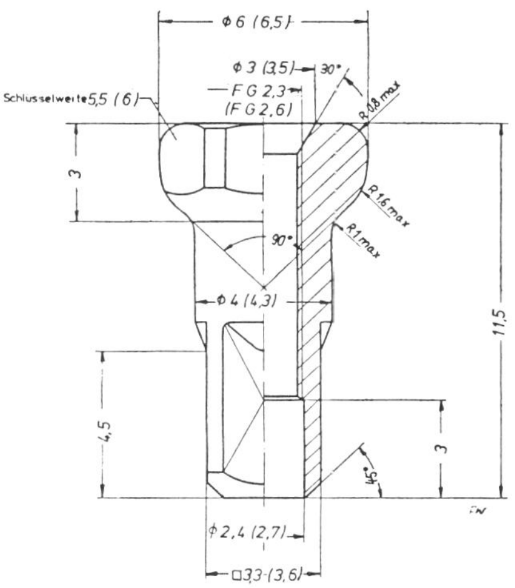

Abb. 504: Speichennippel FG 2,3 (und FG 2,6) mit Sechskantkopf 11,5 mm lang.

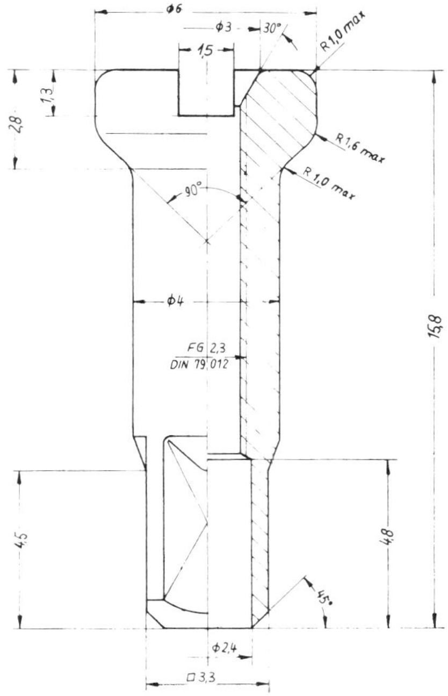

Abb. 505: Speichennippel FG 2,3 mit Schlitz im Rundkopf 15,8 mm lang von Berg-Union.

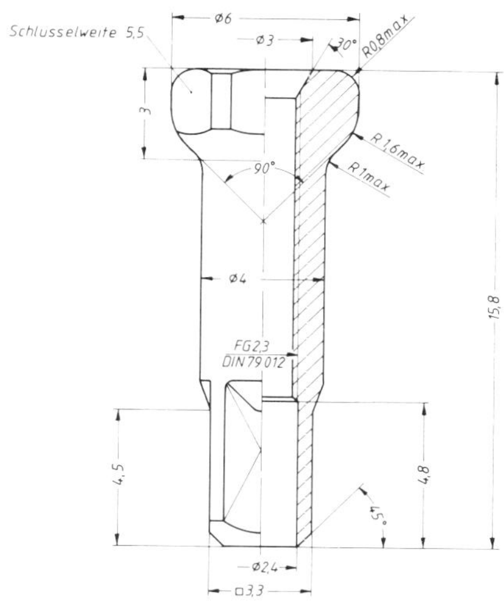

Abb. 506: Speichennippel FG 2,3 mit Sechskantkopf 15,8 mm lang von Berg-Union.

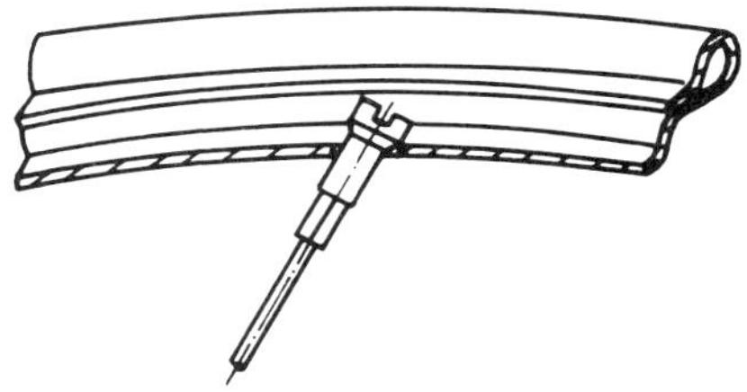

Abb. 507: Lage des Speichennippels im ungepunzten Speichenloch.

bohrten Ansatz von 2,4 (2,7) mm die überstehende Gewindelänge voll verschwinden, so daß die Speiche mit ihrer glatten Länge aus dem Nippel hervortritt. Ein aus dem Nippel hervorstehendes Speichengewinde ist das Zeichen für eine falsch (zu kurz) disponierte Speichenlänge. Die Speiche darf allerdings auch nicht zu lang sein, denn nach oben herausstehende Gewinde zerstören Felgenband und Luftschlauch. Die Speichen müssen am Schlitzgrund bzw. an der Gewindeaussenkung oben enden.

Bei Fahrrädern werden heute ausschließlich Nippel aus Messing, nur sehr selten aus Stahl, verwendet. Die Nippel werden aus Messingdraht 3,8 mm DIN 1756 in Qualität Cu Zn 36 Pb 1 DIN 17672 gepreßt.

Bei normalen Fahrradfelgen sind die Nippellöcher nicht entsprechend der tangentialen Speichenlage gepreßt (im Gegensatz zu den teureren gepunzten Felgen). Dadurch liegt der Nippelkopf selbst bei genügender Weite des Felgenlochs mit nur einer Seite auf (Abb. 507). Unter dem Speichenzug versucht der Nippel sich dann radial einzustellen und die Speiche am Austritt aus dem Nippel zu biegen, was bei der entsprechend der Speichenlage gepunzten Ausführung (Abb. 508) nicht der Fall ist.

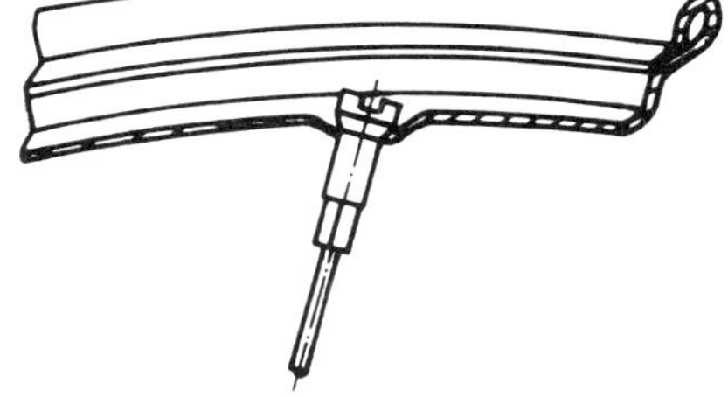

Abb. 508: Lage des Speichennippels im gepunzten Speichenloch.

Obwohl die Speichen-Nippel (Messing) aus nicht witterungsempfindlichem Werkstoff hergestellt sind, muß die Oberfläche nicht nur des besseren Aussehens halber, sondern auch aus Korrosionsschutzgründen oberflächenbehandelt werden.

Stahlnippel werden meist verzinkt oder verchromt. Messingnippel werden bisher überwiegend vernickelt (gal Ni 5 gl). Ein vernickelter Messing-Nippel in einer verchromten Stahlfelge setzt unter den heutigen Umweltbedingungen (Luftverschmutzung) schnell Rost an. Das geschieht durch die sogenannte „Kontakt-Korrosion“: bei der gegenseitigen Berührung zweier verschiedener Metalle entstehen schwache elektrische Ströme, die trotz ihrer geringen Spannung und Stärke im Lauf der Zeit zur Zersetzung eines dieser Metalle führen. Ein Messing-Nippel mit verzinkter Oberfläche (gal Zn 12 gl cC) verhält sich gegen Korrosion in einer verchromten Stahlfelge besser als ein vernikkelter Messing-Nippel.

Spannen des Drahtspeichenrades

Liegen die zu verwendende Felge und Nabe sowie deren Lochkreisdurchmesser fest, so kann die erforderliche Speichenlänge ermittelt werden. Aus den bisher aufgezeigten Zusammenhängen geht hervor, daß die Speichenlänge nicht nur vom Unterschied der Flanschabstände, den Lochkreisen der Nabenflansche und dem Felgendurchmesser, sondern auch vom tangentialen Verlauf der Speiche zum Lochkreis abhängt. An der Felge liegen die Verhältnisse fest: jedes sich kreuzende Speichenpaar endet in zwei aufeinanderfolgenden Löchern der gleichen Felgenseite.

Wie aus „Die Speiche im gespannten Rad“ (Seite 195) hervorging, sollen die Speichen am Lochkreis möglichst tangential austreten, das heißt, daß die Speichennippel möglichst weit auseinanderliegen sollen. Je nach den Verhältnissen ergibt sich zwischen den zu einem Speichenpaar gehörenden Löchern im Nabenflansch eine Anzahl freier Löcher, die anderen Speichenpaaren zugeordnet sind. Der Abstand der zu einem Speichenpaar gehörenden Löcher wird als „Speichenschritt“ bezeichnet.

Bei den nun folgenden Betrachtungen ist von einem Laufrad mit 36 Speichen ausgegangen. Liegen z. B. zwischen einem sich kreuzenden Speichenpaar an der jeweiligen Felgenseite (pro Seite 18 Löcher) vier freie Löcher, so ergibt das einen Speichenschritt von 1 auf 6, bei zwei freien Löchern einen Schritt von 1 auf 4 – und so fort. So einfach diese Definition[71] ist (da sie klar und deutlich angibt, mit welchem Lochabstand die einzelnen Speichenpaare einzufädeln sind), so wird sie doch nur wenig benutzt. Man bezeichnet vielmehr die verschiedenen Spannsysteme (auch Spann-Netze genannt) nach der Anzahl der Kreuzungen einer Speiche auf ihrer gesamten Länge. Die Bezeichnung „Dreifach-Kreuzung“ beispielsweise hat sich, obwohl sie nicht ganz so klar verständlich ist, seit der Einführung des Drahtspeichenrades allgemein eingebürgert, so daß sie kaum mehr ausgemerzt werden kann. Man kommt mit dieser Bezeichnung noch zurecht, wenn man sich merkt, daß der Speichenschritt immer gleich der doppelten Kreuzungszahl ist. „Dreimal gekreuzt“ entspricht einem Speichenschritt von 1 auf 6 (Abb. 509).

Mit der Kreuzungszahl wachsen Festigkeit und Starrheit des Laufrades.

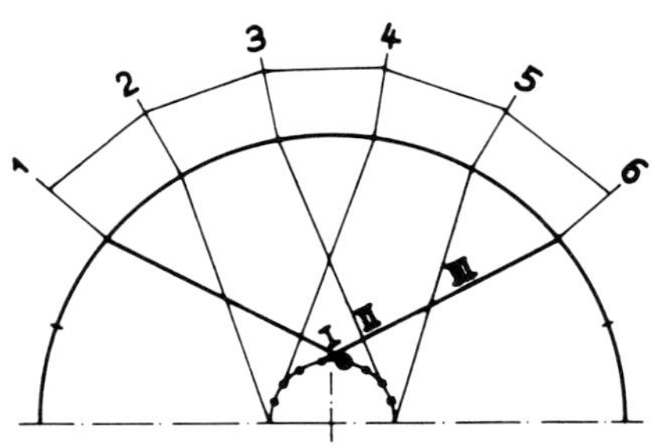

Abb. 509: Speichenschritt von 1 auf 6 (entspricht Dreifach-Kreuzung - I - II - III).

Jedes Speichenpaar besteht aus einer Außen- und Innenspeiche, wobei die Außenspeiche am Nabenflansch außen, die Innenspeiche folgerichtig innen austritt.

Erfahrungsgemäß ist bei Fahrrädern mit 653 mm (26″) und 716 mm (28″)-Laufrädern die Dreifach-Kreuzung am günstigsten. Ist aber der Lochkreis-Durchmesser besonders groß, wie z. B. bei Bremstrommel-Naben, bei denen der Speichenflansch auf der Bremstrommel angeordnet ist, dann kann ein Speichenschritt von 1 auf 6 zu groß sein, weil die Speichen in zu spitzem Winkel zur Felge und die Speichennippel zu schräg im Felgenloch stehen. Man muß dann mit nur zwei Kreuzungen (Speichenschritt 1 auf 4) arbeiten (Abb. 512).

Grundsätzlich muß man von einer Kreuzungswahl ausgehen, die noch eine korrekte Stellung des Speichennippels, ohne übermäßige Verkantung des Kopfes erlaubt. Bei normalen Felgen, Niederflansch-, Hochflansch-, Freilauf- und Getriebenaben kommt man mit der dreifachen Kreuzung der Speichen zurecht. Spannsysteme mit vierfacher Kreuzung werden bei Renn- und BMX-Laufrädern selten, mit einfacher Kreuzung fast nicht angewendet.

Im Herstellerwerk wird die Speichenlänge bei der Erstfestlegung für ein neues Modell durch zeichnerischen Aufriß ermittelt. Sie kann aber nach der folgenden Formel auch mittels Taschenrechner leicht gefunden werden:

Hierin bedeuten (Abb. 510):

- l = Speichenlänge
- r_1 = halber Lochkreis-Durchmesser
- r_2 = Lochkreis-Radius der Felge
- a = Flanschabstand von Radmittelebene (Flanschdicke + Speichendicke)
- n = Speichen-Anzahl
- k = Speichen-Kreuzungszahl

Bei der Berechnung nach dieser Formel sind Differenzen von ± 1 mm möglich.

Der Zweiradmechaniker weiß im Reparaturfall aus Katalogen, Ersatzteillisten und eigener Erfahrung, welche Speichenlänge

[71] Definition = Begriffsbestimmung, Festlegung

$$l = \sqrt{r_1^2 + r_2^2 + a^2 - 2r_1 \cdot r_2 \cdot \cos(\frac{720}{n} \cdot k)^\circ}$$

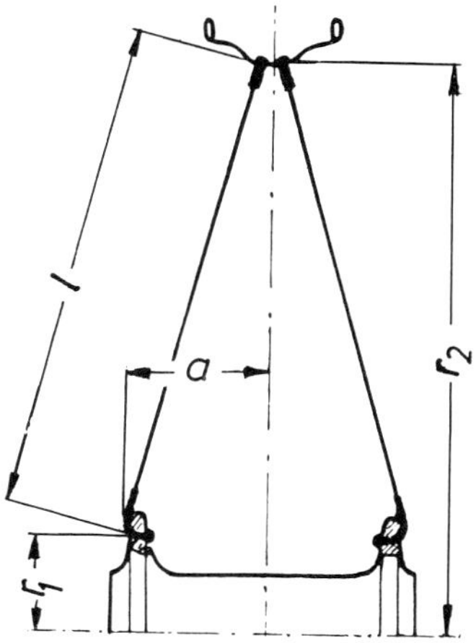

Abb. 510: Maße zur Errechnung der Speichenlänge.

er für die in Arbeit befindliche Nabe und Felgengröße braucht – bzw. er kann, beim Ersatz von Speichen, die benötigte Länge an der alten Speiche abmessen.

Im gespannten Zustand darf die Speiche nicht über den Nippelkopf hinausragen und nur mit dem gewindelosen Schaft aus dem Nippel austreten. Zu lange Speichen, die von Hand abgeschliffen werden müssen, kosten unnötig viel Geld, sie sollten deshalb unbedingt vermieden werden.

Das Verfahren beim Einfädeln der Speichen ergibt sich nach dem bisher Gesagten eigentlich von selbst. Bei dreifacher Kreuzung wird die erste Speiche von außen in ein versenktes Nabenkranzloch gesteckt und in die Felge eingefädelt (es ist eine Innenspeiche). Die zweite Speiche wird dann von der Nabenflansch-Innenseite in das Nabenkranzloch gesteckt und in das sechste Felgenloch geführt (als Außenspeiche).

Zweckmäßig geht man von links nach rechts vor, man kann aber auch in entgegengesetzter Richtung arbeiten. Nur muß die einmal gewählte Richtung beibehalten werden.

Die Reihenfolge beim Einspeichen (zu Abb. 511 und 512)			
mit dreifacher Kreuzung (6 Speichenschritte)		mit zweifacher Kreuzung (4 Speichenschritte)	
Nabenloch	Felgenloch	Nabenloch	Felgenloch
1 und 6	2 und 1	1 und 4	2 und 1
3 und 8	4 und 3	3 und 6	4 und 3
5 und 10	6 und 5	5 und 8	6 und 5
7 und 12	8 und 7	7 und 10	8 und 7
9 und 14	10 und 9	9 und 12	10 und 9
11 und 16	12 und 11	11 und 14	12 und 11
13 und 18	14 und 13	13 und 16	14 und 13
15 und 2	16 und 15	15 und 18	16 und 15
17 und 4	18 und 17	17 und 2	18 und 17

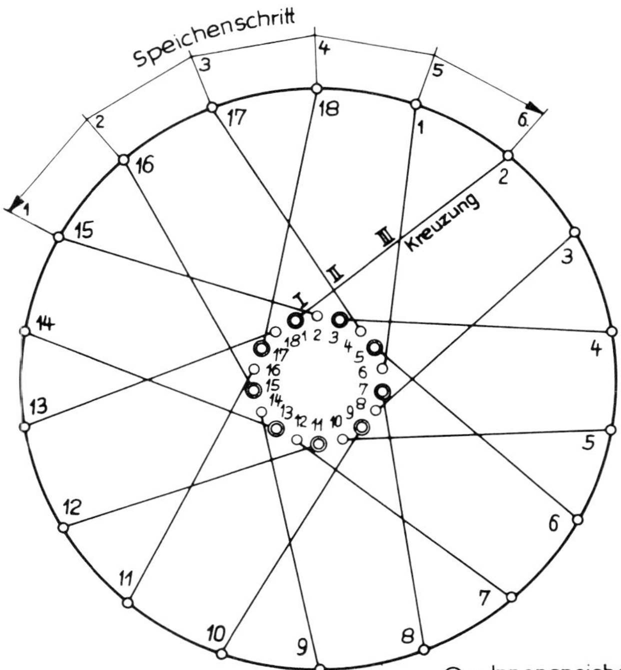

Abb. 511: Speichenverlauf bei Dreifach-Kreuzung.

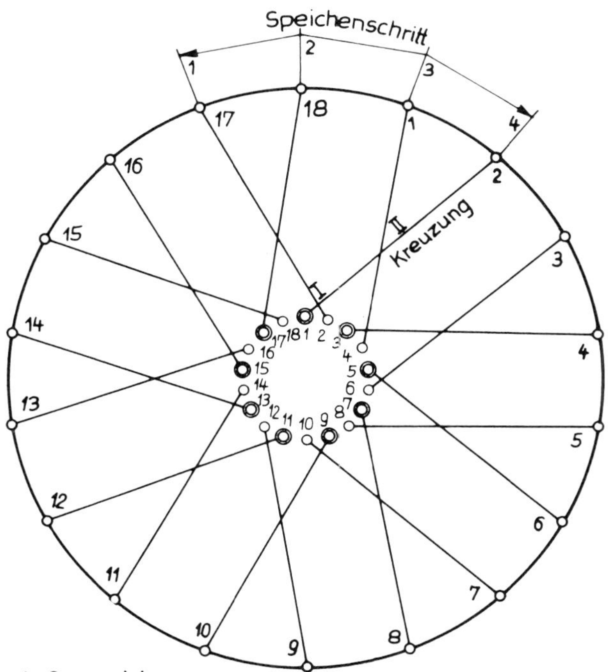

◎ = Innenspeiche ○ = Außenspeiche

Abb. 512: Speichenverlauf bei Zweifach-Kreuzung.

Ist die Nabe mit einem Öler ausgestattet, so sollte darauf geachtet werden, daß dieser entgegengesetzt zum Ventilloch der Felge liegt – auch wenn er als Gegengewicht zum Ausgleich der durch die Ventilmasse entstehenden Unwucht des Laufrades kaum von Bedeutung sein kann, weil seine Schwungmasse (schon wegen des geringen Abstands zum Rotationsmittel) erheblich kleiner ist als die des Reifenventils.

Die eingefädelten Speichen werden gekreuzt und mit den Nippeln in zwei benachbarten auf der gleichen Felgenseite liegende Löcher festgelegt. Der Nippel wird dabei nur soweit aufgeschraubt, daß er beim weiteren Einfädeln nicht wieder abfallen kann.

Das nächste Speichenpaar kommt nicht nur in die unmittelbar folgenden Nabenlöcher – bei wechselseitig versenkten Nabenlöchern kämen die Speichenköpfe dabei auch auf den nicht versenkten Seiten der Löcher zu liegen –, sondern in die übernächsten, bei dreifacher Kreuzung (sechs Speichenschritte) in die Nabenlöcher 3 und 8 (Abb. 511). Die zunächst freibleibenden Nabenlöcher 2 und 7 werden erst beim Einsetzen der letzten Speichen belegt.

Das dritte Speichenpaar kommt in die Nabenlöcher 5 und 10 – usw. Stimmt das ganze Systen, so muß die letzte Speiche ihren Platz in Loch 4 finden. In der Felge wird nie ein Loch übersprungen; nach der Kreuzung kommen die Enden des ersten Speichenpaares, wie schon gesagt, in die nächsten beiden folgenden Löcher, Felgenloch 1 und 2, die des nächsten Speichenpaares in die Felgenlöcher 3 und 4 usw.

Bei dem ebenfalls häufig vorkommenden Spannsystem mit zweifacher Kreuzung (vier Speichenschritte), bei kleinen Felgen oder großen Nabenlochkreis-Durchmessern, ergibt sich eine entsprechend andere Reihenfolge, hierzu Abb. 512.

Das Spannsystem mit vierfacher Kreuzung (8 Speichenschritte) wird für Renn- und BMX-Laufräder nur selten angewendet. Das Einfädeln der Speichen erfolgt nach dem Speichenplan Abb. 513.

Beim radial gespeichten Laufrad verläuft die Speiche vom Nabenloch direkt zum gegenüberstehenden Felgenloch (Abb. 514).

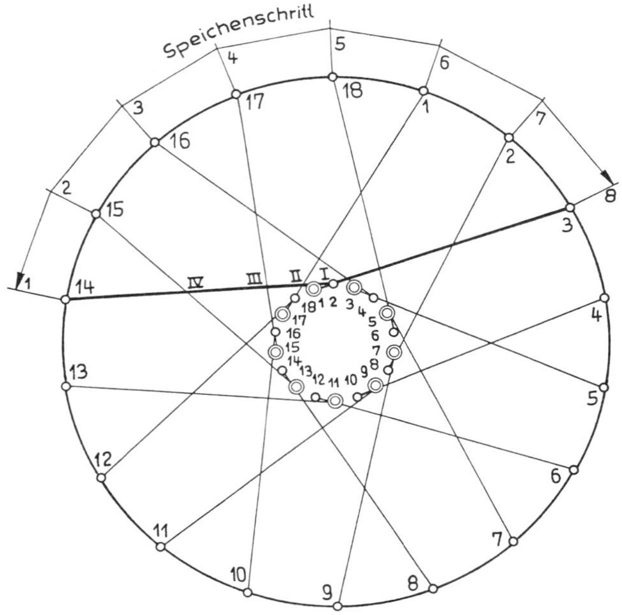

Abb. 513: Speichenverlauf bei Vierfach-Kreuzung.

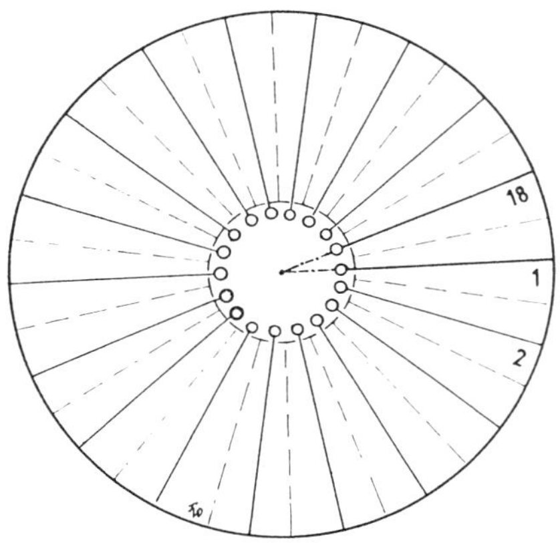

Abb. 514: Speichenverlauf bei Radial-Speichung.

Die Radial-Speichung ist das einfachste Speichennetz. Keine Speichen kreuzen sich. Deshalb können auch keine so hohen Antriebs- und Bremskräfte übertragen werden, wie bei einem Speichennetz mit Mehrfach-Kreuzung. Dort treten die Speichen am Nabenlochkreis fast tangential aus (siehe Abb. 511 und 513).

Sind alle Speichen eingefädelt, so werden zunächst die Speichennippel – nur leicht – angezogen. Das geschieht natürlich in der heutigen modernen Fertigung nicht mehr von Hand, sondern durch sogenannte „Halbautomaten", bei dem die Speichennippel aus einem Sortiertopf automatisch zugeführt, in das Felgenloch eingeführt und dann hydraulisch bis zu einer vorbestimmten Tiefe auf das Speichengewinde aufgeschraubt werden. Dabei sind Nabe und Felge so fixiert, daß das Laufrad etwa mittig zur Naben-Klemmbreite steht und keinen groben Stirnschlag oder Rundlauffehler aufweist. Das Zentrieren des Laufrades erfolgt im Herstellwerk heute größtenteils maschinell (nicht mehr wie früher manuell auf einem optischen Zentrierstuhl, der den „Mittenfehler" durch einen elektrischen Lichtstrahl anzeigte; dieser Fehler wurde dann durch eine Bedienungsperson durch Spannen oder Nachlassen der Speichen korrigiert).

In Abb. 515 ist eine solche automatische Speichennippel-Anziehmaschine gezeigt. Das leicht vorgespannte Laufrad wird in einer Vorrichtung genau mittig zentrisch geführt und mit einem hydraulischen Mechanismus arretiert.

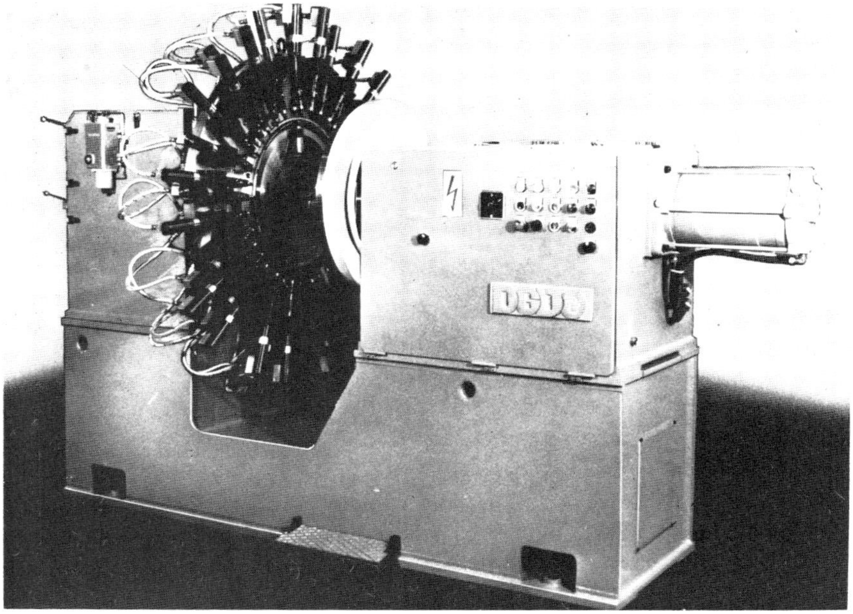

Abb. 515: Automatische Speichennippel-Anziehmaschine von Deutsche Gardner-Denver.

Abb. 516: Felgen-Stanzautomat von Deutsche Gardner-Denver.

Entsprechend der Speichen-Anzahl greift auf jedem Nippel ein Vorschub-Schrauber an, gemeinsam werden dann alle Speichen mit dem am Schrauber einzustellenden Drehmoment angezogen und so gespannt. Die Kapazität einer solchen Maschine beträgt 250–300 Laufräder pro Stunde. Voraussetzung für einwandfreie Funktion sind maßlich genau hergestellte Einzelteile. Besonders hohe Fertigungsgenauigkeit muß die Felge aufweisen:

Felgendurchmesser-Toleranz ± 0,5 mm, bei hoher Rundlauf-Genauigkeit,

Teilungsgenauigkeit der Speichenlöcher ± 0,5 mm, bezogen auf die theoretische Lochteilung, der seitliche Lochversatz darf nur ± 0,5 mm betragen.

Toleranz der Felgenbreite ± 0,5 mm (nach DIN 7815 beträgt schon die Toleranz der Maulweite ± 1 mm), bei möglichst geringem Stirnschlag.

Eine so hohe Fertigungsgenauigkeit der Felgen kann nur mit Spezial-Felgenstanzmaschinen erreicht werden, die alle Löcher teilungsgenau gemeinsam in die gerollte Felge stanzen (Abb. 516).

Die Endkontrolle des fertigen Laufrades erfolgt durch Rundlauf-Sichtproben. Nach DIN 79100 für Normal- und DIN 79110 für Kinderräder darf an der Felge die Rund- und Planlauf-Toleranz 2 mm (bei Kinderrädern 3 mm) nicht überschreiten. Diese zulässige Toleranz ist sehr groß, sie wird deshalb von qualitätsbewußten Herstellern nur zur Hälfte ausgenutzt.

Der Zweiradmechaniker, der sich hauptsächlich mit Laufrad-Reparaturen befaßt, benötigt dafür keine teuren Geräte. Mit einer einfachen Zentriergabel, mit der sich nach einiger Übung schnell und gut arbeiten läßt, wird das Rad zentriert.

An einem fertig gespannten und zentrierten Laufrad sollen alle Speichen, wenn sie mit einem Metallstück angeschlagen werden, im gleichen Ton klingen. Ein dumpfer Ton bedeutet geringere Spannung der Speiche. Auf diese Weise kann zu jeder Zeit nachgeprüft werden, ob sich etwa im Fahrbetrieb eine Speiche gelockert hat oder gar gebrochen ist.

Auf das geprüfte Laufrad kann dann die Bereifung montiert werden.

Speichenbruch

Zu diesem leidigen Thema wäre zu sagen: Die Speichen verlaufen wechselnd von der Außen- und Innenseite des Speichenflansches zur Felge. Die Praxis zeigt, daß bei einer gleichen Belastung der beiden Speichen die Innenspeiche meistens früher bricht. Daraus ist zu schließen, daß die Außenspeiche besser geeignet ist, größere Kräfte aufzunehmen. Die größten Kräfte treten jeweils beim Tritt am Berg und beim Bremsen auf. Deshalb wählt man (bei einem öfter an gleicher Stelle auftretenden Speichenbruch, z. B. Tandem) die Speichenanordnung so, daß die Außenspeiche bei Verwendung einer Nabenbremse (= Rücktritt- oder Trommelbremse) nach vorn (Abb. 517) und bei Verwendung einer Felgenbremse nach hinten (Abb. 518) laufend gespeicht wird.

Das ist das Rezept für ein gut gespeichtes Laufrad. Dazu sollte noch sichergestellt sein: die Verwendung einer gepunzten Felge mit den beiden richtig zur Nabe stehenden Punzungswinkeln (s. Abb. 476, 477, 479 und 508), passender Speichenkopfwinkel sowie einwandfrei angesenkte Speichenlöcher, damit keine Kerbwirkung entsteht, und nicht zu große Speichenlöcher in der Nabe (max. 2,8 ∅).

Für extrem hohe Belastungen wird das Speichennetz mit Vierfachkreuzung empfohlen (s. Abb. 513).

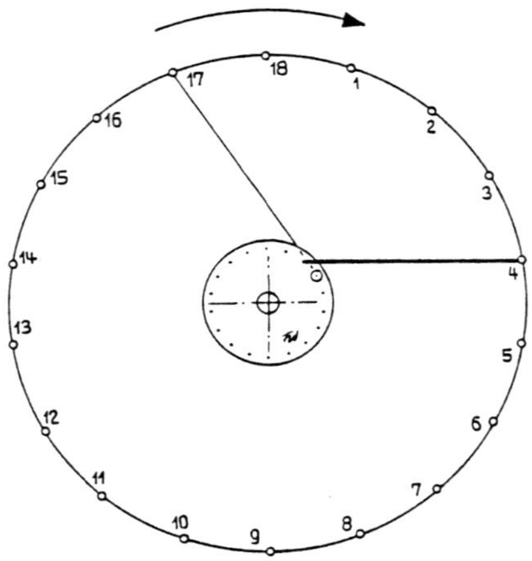

Abb. 517: Außenspeiche (4) nach vorn laufend, für Laufrad mit Nabenbremse.

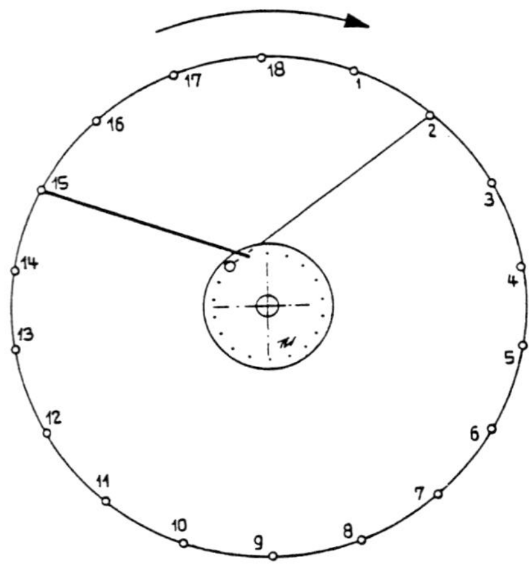

Abb. 518: Außenspeiche (15) nach hinten laufend, für Laufrad mit Felgenbremse.

Beim Einspeichen der Laufräder in der Fabrik wird jedoch die Vierfachkreuzung nicht gespeicht und auch die Richtung der Außenspeiche zur jeweiligen Bremseinrichtung nicht beachtet. Bei Grenzfällen wird in Deutschland auf die nächstdickere Speiche (FG 2,6 s. Abb. 497-B) ausgewichen. Die Engländer verwenden in solchen Fällen Laufräder mit 40 anstatt 36 Speichen.

Bei extrem aus der Mitte gespeichten Felgen von Rennsportmaschinen treten wegen des großen Raumbedarfs für den Leerlaufzahnkranz (siehe Abb. 235-„A“) öfter Speichenbrüche auf. Das Speichennetz des hinteren Laufrades verliert wegen der unterschiedlichen linken und rechten Speichenstellung beim Kurvenfahren an Spannung, die Felge bricht aus der Mittenstellung aus und „achtert“.

Ideal wäre jedoch ein Spannetz mittig gespeicht mit Geradspeichen, wie es bei den Motorrad-Laufrädern in den Jahren nach 1950 praktiziert wurde.

Leichtmetall- und Kunststoff-Laufräder

Leichtmetallräder

Bei den motorisierten Zweirädern (Mofa, Moped, Mokick, Klein- und Leichtkraftrad, Motorroller und Motorrad) hat das Leichtmetall-Gußrad das Drahtspeichenrad nahezu völlig verdrängt. Obwohl durch die Gußlaufräder (aus Legierungen mit einer Dichte von 2,8) keine spürbare Gewichtserleichterung (außer bei Rädern aus Magnesium-Legierung mit Dichte 1,8, z. B. MgAl6Zn F28 DIN 1729) eingetreten ist, sind die gespeichten Laufräder auf diesem Sektor praktisch „über Nacht" vom Markt verschwunden. Das hatte mehrere Ursachen (außer modischen bzw. Tendenz-Einflüssen):

der Trend zu kleineren Laufrädern bei optimal großen Alu-Vollnabenbremsen mit kurzen Speichen,
die hohen Kosten bei manueller Einspeichung,
die teuren Leichtmetall- oder gut verchromten Stahlfelgen,
das Vordringen der baueinfacheren Scheibenbremsen-Naben,
die Möglichkeit, schlauchlose Reifen zu verwenden.

Durch diese Faktoren ist das gespeichte Laufrad auf dem motorisierten Sektor weitgehend auch in eine Preisschere geraten, die schließlich zwangsläufig zur Ablösung führte.

Beim Fahrrad liegen die Verhältnisse anders, und vor allem wird beim Sportrad ein leichtes, graziles Aussehen verlangt, das mit den dickwandigen Gußlaufrädern schwer erzielbar ist.

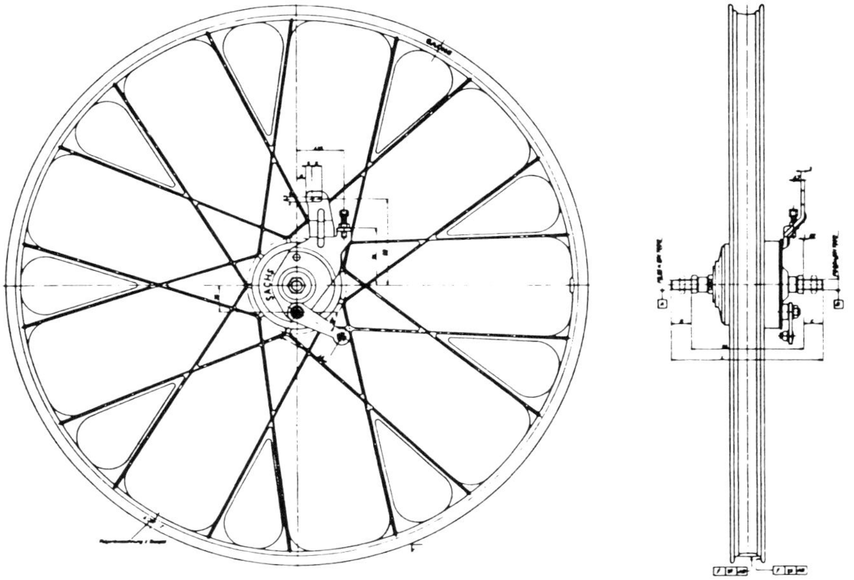

Abb. 520: Sachs-Leichtmetall-Vorderrad für schlauchlosen Reifen 37-622.

Einen Anfang hat 1979 die bekannte italienische Nabenfabrik Grimeca mit Gußlaufrädern für Fahrräder gemacht.

In Abb. 519 ist die Form der Vorder- und Hinterrad-Leichtmetall-Gußräder in der Felgengröße 507 × 27 für die Bereifung 47-507 von Grimeca gezeigt.

In diese Vorder- und Hinterräder sind Innenbackenbremsen 70 mm ∅ integriert, deren Betätigung über zwei Handhebel am Lenker und Bowdenzüge erfolgt. Am Hinterrad ist ein Einfach-Leerlaufzahnkranz für die Antriebskette aufgeschraubt.

Neu entwickelt wurden Leichtmetall-Gußräder für Sporträder mit 18 filigranen Speichen in der Felgengröße 622 × 20 auch für schlauchlose Bereifung 37-622 (s. Abb. 520 und 521)

Das Vorderrad ist mit einer Sachs-Trommelbremse 70 mm ∅ und das Hinterrad mit einer Sachs-Dreigangnabe mit Rücktrittbremse ausgerüstet.

Kriterium eines Leichtmetall-Gußlaufrades ist die Haltbarkeit des Werkstoffes. Neben der Zugfestigkeit ist eine möglichst hohe

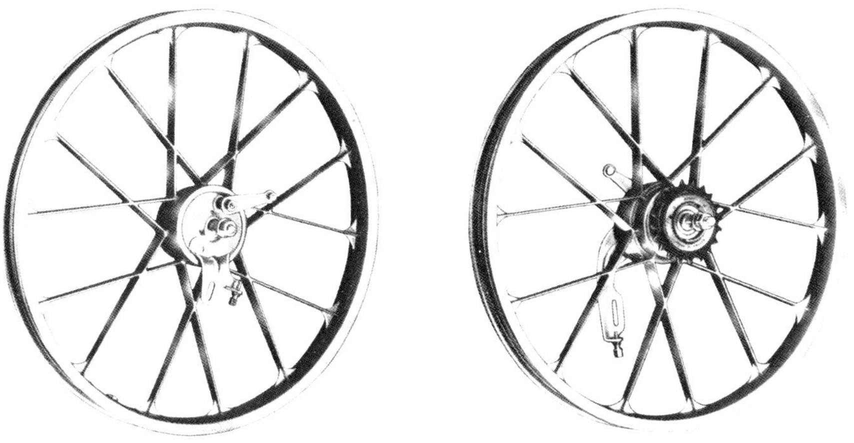
Abb. 519: Leichtmetall-Gußlaufrad mit 14 Speichen und Trommelbremse 70 mm ∅ (Grimeca).

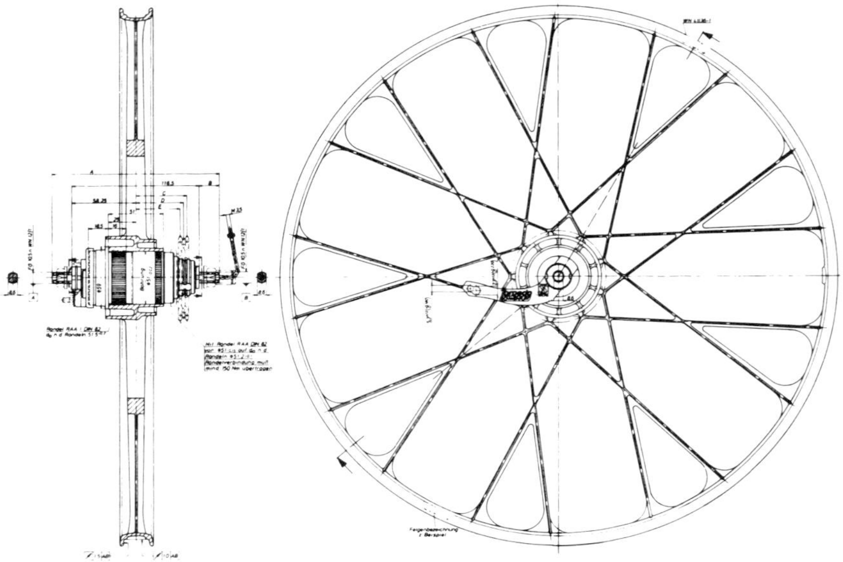

Abb. 521: Sachs-Leichtmetall-Hinterrad für schlauchlosen Reifen 37-622.

Dehnung erforderlich. Diese wird bei Grimeca z. B. durch ein Niederdruck-Gießverfahren erreicht. Auf einer Druckguß-Maschine wird der flüssige Werkstoff nicht, wie beim normalen Druckguß-Verfahren unter Druck in die Gußform gespritzt (daher für Druckguß auch die Werkstattbezeichnung „Spritzguß"), sondern wie beim Kokillenguß drucklos in die geschlossene Gußform eingegossen. Die gefüllte Gießform wird durch eine Spezial-Hydraulik unter leichten Druck gesetzt und so das Werkstoffgefüge verdichtet. Dadurch wird ein zäher Guß mit hoher Dehnung erreicht. Der Werkstoff muß freilich „hüttenrein" vergossen werden, das heißt, daß die Metallbarren original, wie von der Hütte angeliefert, verschmolzen werden, ohne daß die anfallenden Gußabfälle (Angüsse, Steiger und Gußgrat) wieder mit eingeschmolzen werden. Vergossen wird die aushärtbare, hochbeanspruchbare und schwingungsfeste Qualität GD AlSi10Mg nach DIN 1725. Die Reifensitzauflage wird nicht spanabhebend bearbeitet, sondern bleibt gußroh. Für das Feindrehen der Kugellagersitze wird der Gußkörper im Felgendurchmesser aufgenommen und gespannt, dadurch wird zentrischer Rundlauf erreicht. Die Oberfläche wird pulverbeschichtet lackiert. In der gleichen Art werden auch die höher beanspruchten Leichtmetall-Gußräder für Motorräder hergestellt.

Sollte auch beim Fahrrad die schlauchlose Bereifung mehr verwendet werden, dann ist das Leichtmetall-Gußrad dafür besonders prädestiniert[72]. Aus optischen Gründen konnte sich das Gußrad nicht einführen.

Kunststoffräder

Kunststoff-Laufräder konnten sich bisher nur für großvolumige Reifen (47/57-406), z. B. für BMX-Fahrräder und Kinderspielräder, einführen und bewähren.

Beim Sportrad gelten andere Kriterien, hier wird ein leichtes, graziles Aussehen verlangt, das mit den Kunststoffrädern z. Z. noch nicht erreichbar ist.

Das erste Kunststoff-Laufrad für Fahrräder wurde 1976 von Skyway Recreation Products auf den Markt gebracht (Abb. 522).

Das speziell auf die hohen Belastungen bei „Cross-Rädern" ausgelegte „Tuff Wheel" für eine Bereifung 57-406 (20 Zoll) verlangte einen Werkstoff von leichtem Gewicht, aber mit einer Kombination von außergewöhnlicher Zähigkeit und Steifigkeit. Nach intensiven Versuchen entschied man sich für einen hochschlagfesten Polyamid-Typ (Kurzzeichen PA 66) „Zytel" mit Glasfaserverstärkung von DuPont.

Kunststoff-Laufräder erfordern Chemiewerkstoffe mit bestimmten „Schwerpunkt-Eigenschaften", wie Zähigkeit, Steifigkeit, Kriech-, Ermüdungs- und Korrosionsbeständigkeit unter den verschiedensten Umfeldbedingungen. Dadurch ist die Wahl auf glasfaserverstärkte Polyamide mit modifizierter Schlagzähigkeit beschränkt. Die Steifigkeitsanforderungen richten sich allgemein nach dem Laufrad-Durchmesser und Verwendungszweck des Fahrrades, z. B. BMX.

Am besten eignet sich für Laufräder bis zu einer Reifengröße 57-406 (20 Zoll) das hochzähe Polyamid von DuPont Zytel FE 8018 mit 14% Glasfaserverstärkung und sehr geringem Baugewicht (Rohdichte 1,18).

Für Laufräder von 20 bis 24 Zoll eignet sich Zytel 80G-33 mit 30% Glasfaserverstärkung, während noch größere Laufrad-Durchmesser einen Polyamid-Typ mit 40% Verstärkung bedingen.

Ebenfalls sehr bestimmend für die Eignung ist die richtige Gestaltung des Laufrades und die Beanspruchung bei Querfeldeinfahrten.

Durch den Erfolg des „Tuff Wheels" wurden auch europäische Firmen zur Arbeit an Kunststoff-Laufrädern (für BMX-, Cross- und Straßenfahrräder) angeregt. So entwikkelte die Firma Heinz Kettler für ihr „Thunderbird" ein Laufrad aus hochzähem glasfaserverstärktem Zytel (Abb. 523).

Die Zähigkeit und Steifigkeit dieses Polyamids garantieren dem Laufrad Formbeständigkeit auch im unebenen Gelände.

Der richtig gewählte technische Kunststoff gewährleistet nicht allein die volle Tauglichkeit. Wesentlich maßgebend dafür sind auch die Formgestaltung des Rades, die Anzahl der Speichen und in welcher Profi-

[72] prädestiniert = vorherbestimmt

Abb. 522: Kunststoff-Laufrad „Tuff Wheel" von Skyway.

Abb. 523: Kunststoff-Laufrad mit sieben Speichen von Kettler.

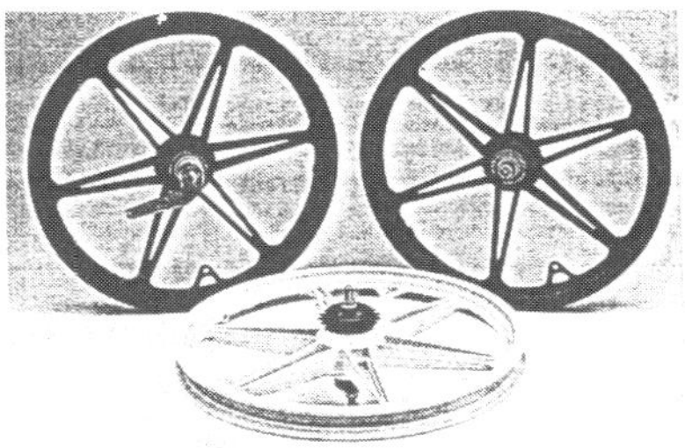

Abb. 524: Kunststoff-Laufrad mit sechs Doppelspeichen von ACS.

lierung diese ausgeführt und angeordnet sind (Abb. 524).

Der Markt zeigt unterschiedlich gestaltete Laufräder mit beispielsweise 5, 6, 7 und 12 Speichen. Die Speiche ist die Verbindung zwischen Felge und Nabe, sie hat bei der Herstellung des Kunststoff-Laufrades eine „spritztechnische Funktion" zu erfüllen. Die Speichen sorgen dabei für einen möglichst schnellen und hemmungsfreien Fluß der Kunststoffmasse ohne entstehende Luftkammern (Lunker) von der zentralen Angußstelle der Spritzgußmaschine, d. h., von der Nabenmitte bis zum Felgenbett.

Die Bremsnabe oder eine Nabenhülse wird in das Laufrad mit einem leichten Festsitz eingepreßt oder eingespritzt. Für die Mitnahme des Nabenkörpers und als Verdrehsicherung sorgen Nasen oder ein Rändel (Abb. 525), die in den Kunststoffkörper greifen.

Ein besonderes Problem ist beim Kunststoff-Laufrad der an die Felge angreifende Bremsklotz der Felgenbremse. Bei einer langen Talfahrt mit starkem Gefälle kann sich beim ständigen Bremsen der Felgenrand stark erwärmen und verformen und den Bremsgummi dabei zerstören. Damit dieser Fall nicht eintritt, wurde ein für die Kunststoff-Felge geeigneter spezieller Bremsgummi entwickelt (z. B. Weinmann 1743-1), der sicher greift und die Felge sowie die Bremsfläche des Gummis nicht zerstört.

Ein Nachteil der Kunststoff-Laufräder ist z. B. die nicht einfache Verbindung zwischen der Rücktrittbremse und dem Kunststoff-Nabenkörper. Bei einer extremen Warmbremsung kann die gestaute Wärme nur ungenügend über den Kunststoffkörper abfließen und dabei den Sitz der Verbindung schädigen.

Wird z. B. mit einem BMX-Fahrrad ein besonders kantiges Hindernis unachtsam überfahren, besteht die Gefahr, daß das Felgenhorn beschädigt wird und das gesamte Laufrad ausgetauscht werden muß. Bei gespeichtem Laufrad dagegen können evtl. deformierte Felgen notdürftig ausgebeult und gebrochene Speichen ohne große Kosten ersetzt werden. Dies ist der Hauptgrund, warum bei BMX-Wettkampfrädern größtenteils gespeichte Laufräder verwendet werden.

Besondere Vorteile des Kunststoff-Laufrades sind:

1. Volle Korrosionsbeständigkeit (auch gegen aggressive Säuren).
2. Keine zusätzliche Lackierung erforderlich, da der Kunststoff in den verschiedensten Farben, passend zur Bereifung eingefärbt, gespritzt wird.
3. Die luftdichte Felge (keine Speichenlöcher) ist für eine schlauchlose Bereifung geeignet.
4. Bei einer Bereifung mit Luftschlauch kann evtl. auf das Felgenband verzichtet werden, wenn der Formteilungsgrat im Felgenbett sorgfältig entfernt wird.
5. Günstige Herstellungskosten, besonders niedrige Montagezeit ohne mühevolles Einfädeln der Speichen.

Mit der Entwicklung neuer technischer Kunststoffe wurde der Beweis geführt, daß sorgfältig ausgewählte Kunststoffe bei richtiger, kunststoffgerechter Gestaltung der Bauteile durch Zuverlässigkeit, Haltbarkeit, Korrosionsbeständigkeit, geringes Baugewicht und geringe Herstellungskosten andere Werkstoffe leistungsmäßig übertreffen können. Die relativ hohen Werkzeugkosten für die Spritzgußformen amortisieren sich schnell.

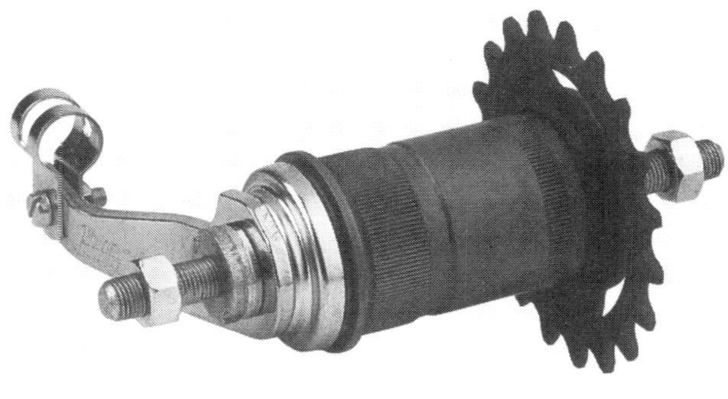

Abb. 525: Torpedo-Jet-Einstecknabe für Kunststoff-Laufrad.

Scheibenräder

Die Idee, die Speichen im Laufrad durch eine Scheibe zu ersetzen, ist schon sehr alt. Schon 1896 schrieb Archibald Sharp in seinem „Bicycles & Tricycles", London, über die Verwendung der „Disc Wheels" (Scheibenräder).

Der Einsatz der Scheibenräder bei Wettkämpfen kam erst viel später. Gute Ergebnisse mit Scheibenrädern erreichten 1977 A. Brook und auch N. Gall mit seinem „Torpedofahrrad" von G. Martin.

Auf breiter Basis wurden 1982 Scheibenräder in motorlosen Zweiradfahrzeugen von Anne E. Daugherty (Universität Texas) wissenschaftlich untersucht.

Für einen sensationellen Durchbruch des Scheibenrads im Wettkampfsport sorgte jedoch erst Francesco Moser mit seinem 1984 in Mexiko aufgestellten Stundenweltrekord (51,151 km/h). Die Fachwelt war erstaunt, als man zum ersten Mal während des Bahnrennens in Mexiko die „linsenförmigen" Räder sah.

Die von der technischen Kommission der UCI untersuchten und genehmigten Scheibenräder haben nicht nur zu Mosers Weltrekord beigetragen (der bis heute noch steht), sondern auch weltweit großes Interesse bei den Entwicklungsingenieuren ausgelöst.

Die erste Generation gestalteten Dal Monte und eine Gruppe von italienischen Technikern. Seither werden immer mehr Rennmaschinen mit Scheibenrädern bei Zeitfahren auf Straße und Bahn gefahren.

Die Firma Campagnolo arbeitet seit Ende 1983 an Scheibenrädern und Spezialnaben für Moser-Rekordräder.

Die „Linsenräder" stellten in den achtziger Jahren die erste Generation der Scheibenräder dar. Diese waren so entwickelt, daß das Gewicht von Fahrer + Maschine und die auftretenden Kräfte von den eingepreßten (druckbeanspruchten) Seitenwänden aus Kunststoff getragen wurden. Für die erforderliche Festigkeit waren dicke Wandungen notwendig, deshalb war das Vorderrad um 0,800 und das Hinterrad um 1,150 kg schwerer als ein Speichenräderpaar gleicher Größe (siehe Abb. 528).

Nach gründlichen konstruktiven Überlegungen zur Gewichtsminderung und Verbesserung entschied sich Campagnolo für die Übernahme der Struktur des Speichenrades (Zug- statt Druckbeanspruchung). Durch eine herabgesetzte Speichenvorspannung werden die nunmehr dünneren und leichteren Seitenscheiben gestützt. Die Bestimmung der Kräfteverteilung, der günstigsten Profile und optimalen Abmessungen wurden durch Computer ermittelt. Die Seitenwände aus Kunststoff sind spiellos in der Nabe und Felge befestigt.

Diese zweite Generation von (strömungsdynamischen) Scheibenrädern nennt Campagnolo „Dynamisch fließende Räder" (Abb. 526).

Im Diagramm (Abb. 527) ist die aufzubringende Leistung (die wesentlich von der Geschwindigkeit abhängt) für ein Fahrrad mit dynamisch fließenden Campagnolo-Rädern gegenüber einem Fahrrad mit Speichenrädern dargestellt. Im Schaubild ist die Leistung noch mit Hp (= horsepower) angegeben, ein Hp (1,014 PS) = 745,7 Watt.

Speichenräder verursachen turbulente, d. h. wirbelnde Strömungen und bewirken stets einen größeren Luft- und Fahrwiderstand als die hauptsächlich auftretenden laminaren Strömungen bei den Scheibenrädern. Hier gleiten verschiedene Schichten von Gasen oder Flüssigkeiten, ohne sich zu vermischen (verwirbeln), neben- oder übereinander vorbei. Turbulenzen entstehen schon, wenn eine Strömung um mehr als 10° abgelenkt wird, wogegen jede einzelne Speiche weit höhere Ablenkungswerte auslöst. Bei den „strömungsdynamischen" Campagnolo-Scheibenrädern bleiben diese Werte jedoch unter 10° und sparen somit Antriebsleistung.

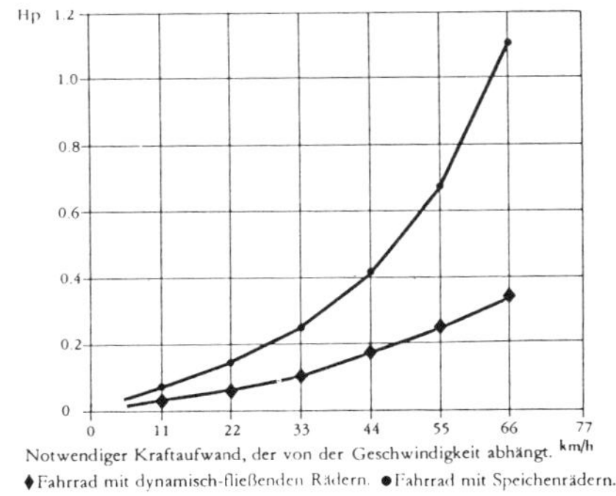

Abb. 527: Leistungsbedarf für Fahrräder mit Scheiben- und Speichenrädern nach Campagnolo.

Empfindlich reagieren Fahrräder mit Scheibenrädern aber bei starkem Seitenwind.

Die Linsenräder der ersten Generation (1600 + 2050 g) waren mehr als doppelt so schwer wie gleichgroße Speichenräder (800 + 900 g). Das Mehrgewicht (1950 g) mußte der Fahrer bewegen. Für gleich-

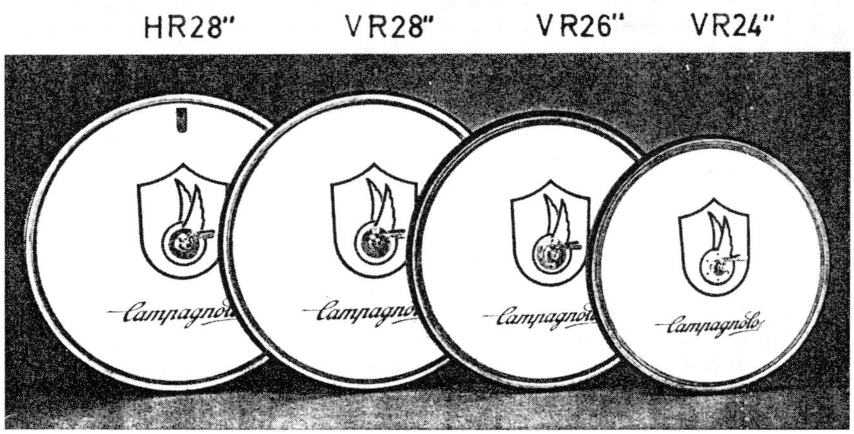

Abb. 526: Dynamisch fließende Räder von Campagnolo.

mäßige Fahrgeschwindigkeit, rhythmische Beschleunigung und auch zum Bremsen war deshalb eine zusätzliche Leistung notwendig, die der Fahrer aufbringen mußte.

Die neuen Campagnolo-Scheibenräder sind durch die Verwendung superleichter Werkstoffe und in Verbindung mit der neuen Konstruktion nahezu gewichtsgleich mit entsprechenden Speichenrädern und sind damit auch voll geeignet für Bergstrecken (Abb. 528).

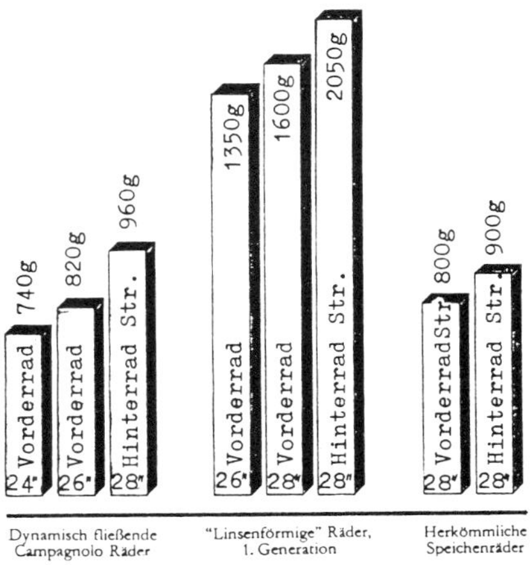

Die Gewichte verstehen sich je Rad mit Nabe und 32 Speichen, ohne Schnellspanner.

Abb. 528: Gewichtsvergleich der Laufräder.

Die Tragfähigkeit, die Seitensteifigkeit und die Elastizität wurden gegenüber den Linsenrädern stark verbessert und entsprechen jetzt dem Niveau der Speichenräder mit hochwertigen Felgen.

Die Bremseigenschaften der Campagnolo-Scheibenräder sind mit denen von Speichenrädern gleich. Die Bremsklötze greifen auf eine relativ harte Alu-Felge mit 13 mm breiten Reibflächen. Das Felgenprofil für den Schlauchreifen ist nur 18 mm.

Gute Lenkeigenschaften beruhen unter anderem auf möglichst niedrigem Laufradgewicht. Nachdem die schweren Linsenräder stärker als Speichenräder „untersteuerten", löst das kleinere Baugewicht der neuen Campagnolo-Scheibenräder auch einen wesentlich geringeren Kreiseleffekt aus und verbessert somit die Lenkfähigkeit bei höherer Geschwindigkeit in den Kurven (Abb. 529).

Die Campagnolo-Scheibe ist innen hohl und bindet die Felge mit Kevlarstreifen an die Nabe, die wie bei einem gespeichten Laufrad unter Spannung steht.

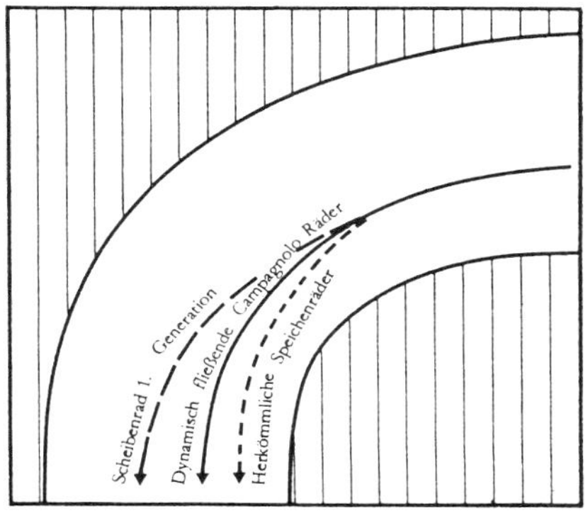

Abb. 529: Lenkbarkeit in der Kurve.

Zum Reifenaufpumpen ist in der Seitenwand am Ventil ein rechteckiges Fenster ausgeschnitten, durch das der Luftpumpenanschluß eingeführt werden kann. Danach muß dieses Fenster durch mitgeführte selbstklebende Flicken wieder verschlossen werden (Abb. 530).

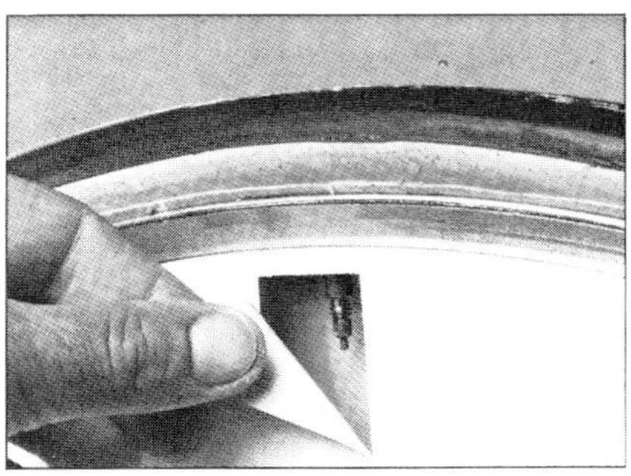

Abb. 530: Fenster für Schlauchreifen-Aufpumpen.

Inzwischen gibt es neben Campagnolo mehrere Hersteller von Scheibenrädern mit unterschiedlichen Konstruktionen, einige z. B. Bodemann, FIR, Gipieme, Iko, Lutz, Mavic, Sticha, Wolber usw.

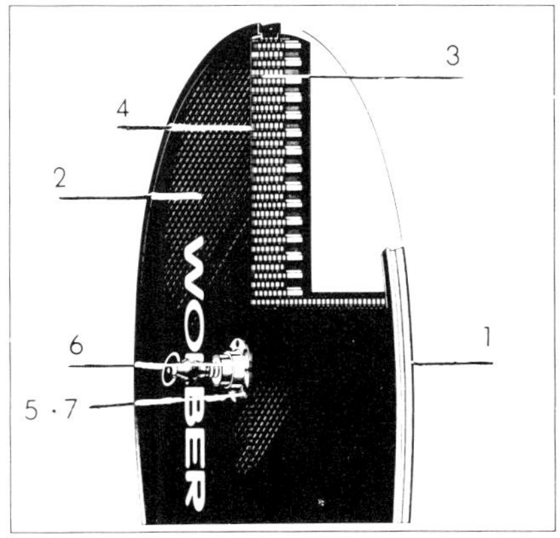

1 — Felgenzusammensetzung Kohlenstoff.
2 — Seitengewebe aus Kohlenstoff, aeronautisch, harzimprägniert.
3 — Bienenwaben aus Aramid Kevlar.
4 — Kleben/Zusammensetzen mit Epoxy Harz bei 120 °C
5 — Zusammensetzen Nabe - Rad mit aerodynamischen Klebstoff.
6 — Nabe
  — Frankreich ZEUS Ø 34,7 x 100 METRIC
  — Shimano new dura-ace Ø 34,7 x 100 METRIC
  — Export
  — Shimano new dura-ace Ø 34,7 x BSA
  — NEU Ø 34,7 x BSA
7 — Wandlockschraube.

Abb. 531: Scheibenrad im Schnitt von Wolber.

Die Abb. 531 zeigt im Schnitt den interessanten Aufbau des Scheibenrads DICJET von Wolber.

Die Wolber-„Scheibe" ist sehr schmal, die Felge aber etwas breiter, damit die Bremsklötze der Felgenbremse das Seitengewebe beim Bremsen nicht abschleifen. Die Wabenkonstruktion der Scheibe ist äußerst stabil und hält jeden Vergleich mit einem stramm gespeichten Laufrad stand. Dies wurde jedoch erst möglich durch die Verwendung hochfester und sehr leichter Kunststoffe, die für die Luft- und Raumfahrt entwickelt wurden.

Die Entwicklung der jetzt noch teueren Scheibenräder ist noch nicht abgeschlossen.

Die Fahrrad-Bereifung

Bei der Besprechung der Felge wurde schon einiges auch über die Bereifung gesagt. Man unterscheidet zwischen den Bereifungen für normale Gebrauchs-Fahrräder (bestehend aus Reifen, Schlauch und Felgenband) und den aufgeklebten Schlauchreifen für den Radsport.

Die Abmessungen der normalen Reifen sind in der ETRTO (= EUROPEAN TIRE AND RIM TECHNICAL ORGANISATION) und in der DIN 7800 festgelegt. Wie bei der Felge wurden die früher üblichen, oft widersprüchlichen Größenbezeichnungen in Zoll aufgegeben.

Zu jeder Reifengröße gehört eine bestimmte Felgengröße, andere als in den Normen für den jeweiligen Reifen genannte Felgen sind nicht zulässig.

Die neue Reifen-Größenbezeichnung setzt sich zusammen aus der Reifenbreite (b) und dem Felgendurchmesser (d), angegeben in mm. So hat z. B. ein Reifen der Größe 37-622 eine Nennbreite (b) von 37 mm und einen Felgen-Nenndurchmesser (d) von 622 mm (Abb. 532).

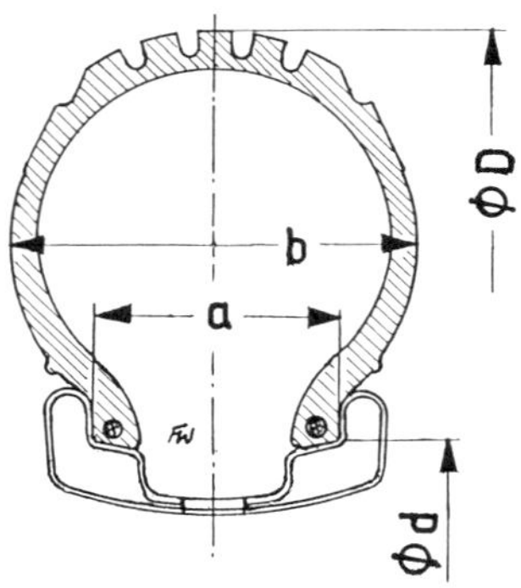

Abb. 532: Genormte Reifenabmessungen.

Die Reifenmaße gelten für den aufgepumpten, unbelasteten Reifen. Die Reifengröße ist in die Seitenwand einvulkanisiert, z. B. 37-622. Eine zusätzliche Kennzeichnung mit der früheren Reifenbezeichnung ist nicht mehr vorgeschrieben, wird aber zur Erleichterung für den Altreifenersatz von den Reifenherstellern noch zusätzlich angegeben.

Den ungefähren Reifen-Außendurchmesser (D) erhält man durch die Faustformel

„Zweimal die Reifenbreite (b) addiert zum Felgendurchmesser",

was beispielsweise (2 × 37) + 622 = 696 mm als Außendurchmesser (D) des Reifens 37-622 ergibt.

In der Tabelle Abb. 533 sind neben der neuen Bezeichnung noch die alten Zoll-

Abb. 533: Reifenmaße nach ETRTO und DIN 7800.

Reifengröße			Reifenmaße		Felge nach ETRTO, DIN 7815 u. W. d. K.
ETRTO u. DIN 7800	frühere Bezeichnungen Zoll	frühere Bezeichnungen französische	Breite b max.	Außen-∅ D ± 6	zulässige Maulweite a
28-390			28	446	16, 18, 20
28-440			28	496	16, 18, 20
28-490			28	546	16, 18, 20
28-540			28	596	16, 18, 20
28-590		650 × 28 A	28	646	16, 18, 20
28-622	28 × 1 1/8 × 1 3/4	700 × 28 C	28	678	16, 18, 20
28-630	27 × 1 1/4 fifty		28	686	16, 18, 20
32-340			32	404	16, 18, 20
32-357			32	421	16, 18, 20
32-540	24 × 1 1/4 × 1 3/8	600 × 32 A	32	604	16, 18, 20
32-584			32	648	16, 18, 20
32-590	26 × 1 3/8 × 1 1/4	650 × 32 A	32	654	16, 18, 20
32-622	28 × 1 5/8 × 1 1/4	700 × 32 C	32	686	16, 18, 20
32-630	27 × 1 1/4		32	694	16, 18, 20
35-451			35	521	18, 20, 22
35-501			35	571	18, 20, 22
35-584			35	654	18, 20, 22
35-590			35	660	18, 20, 22
35-622			35	692	18, 20, 22
35-630			35	700	18, 20, 22
35-635			35	705	18, 20, 22
37-288			37	362	18, 20, 22
37-298			37	372	18, 20, 22
37-340	16 × 1 3/8 NL		37	414	18, 20, 22
37-349	16 × 1 3/8 × 1 1/8		37	423	18, 20, 22
37-390			37	464	18, 20, 22
37-406			37	480	18, 20, 22
37-440			37	514	18, 20, 22
37-451	20 × 1 3/8		37	525	18, 20, 22
37-490	22 × 1 3/8	550 × 35 A	37	564	18, 20, 22
37-540	24 × 1 3/8	600 × 35 A	37	614	18, 20, 22
37-584	26 × 1 3/8 × 1 1/2	650 × 35 B	37	658	18, 20, 22
37-590	26 × 1 3/8	650 × 35 A	37	664	18, 20, 22
37-622	28 × 1 3/8 × 1 5/8	700 × 35 C	37	696	18, 20, 22
37-635		700 × 35 B	37	709	18, 20, 22

und die französischen Bezeichnungen zum Vergleich aufgeführt. Diese Reifengrößen von 28-390 bis 62-406 werden für fast alle Fahrräder (vom Rennsportrad bis zum Kinderrad) verwendet. Die Felgenmaße siehe hierzu Abb. 484.

Die DIN 7800 Reifen für Fahrräder (und DIN 7815 Tiefbettfelgen) stehen zur Ergänzung an, auch die Felgenzuordnung wird erweitert. Siehe die neue gültige Reifen/Felgen-Zuordnung (n. WdK 117 Bl. 4) Abb. 534.

Die extrem schmalen und leichten Fahrradreifen mit Schlauch für Rennräder mit empfohlenen Felgen sind in der Tabelle Abb. 535 aufgeführt.

Diese Reifen mit schmalen Querschnitten entsprechen der ETRTO-Norm, sind aber nicht in der DIN 7800 enthalten. Dafür wurden vom WdK (= Wirtschaftsverband der deutschen Kautschukindustrie) die Leitlinie 117 Blatt 3 für die Fahrradreifen 20, 23 und 25 und Blatt 4 für die Felgenzuordnung erlassen.

REIFEN / FELGEN – ZUORDNUNG								
Reifen-breiten-bezeichnung	Zulässige Felgen							
	Tiefbettfelgen n. DIN 7815 Teil 1				Felgen m. Hakenprofil n. ETRTO u. Wdk 15 Bl. 2			
18	–	–	–	–	13C	–	–	–
20	–	–	–	–	13C	–	–	–
23	16•	–	–	–	13C	15C	–	–
25	16•	18	–	–	13C	15C	17C	–
28	16•	18	20	–	15C	17C	19C	–
32	16•	18	20	–	15C	17C	19C	–
35	–	18	20	22	17C	19C	21C	–
37	–	18	20	22	17C	19C	21C	–
40	20	22	24	–	19C	21C	23C	–
44	20	22	24	27	19C	21C	23C	25C
47	–	22	24	27	–	21C	23C	25C
50	–	24	27	30,5	–	–	23C	25C
54	–	–	27	30,5	–	–	–	–
57	–	–	27	30,5	–	–	–	–
62	–	–	27	30,5	–	–	–	–

• Felge nach Wdk 15 Blatt 1.

Abb. 534: Reifen/Felgen-Zuordnung nach WdK.

Reifengröße	Reifenmaße		Zulässige Felgen	
nach ETRTO und WdK	Breite b	Außen-Φ D±6	Felgen m. Hakenprofil n. ETRTO u. WdK 15 Bl. 2	Tiefbettfelge n. DIN 7815 Teil 1
18-622	18	663	622-13 C	
20-622	20	667	622-13 C	
23-622	23	673	622-15 C 622-13 C	622-16•
25-622	25	677	622-15 C 622-13 C 622-17 C	622-16• 622-18

• Felge nach WdK 15 Bl. 1

Abb. 535: Reifenmaße der extrem schmalen Reifen mit Schlauch für Rennräder.

Künftig sind für die Reifen mit schmalen Querschnitten neben den Hakenprofilfelgen auch die sonst üblichen Felgen mit geraden Hornflanken (beim gleichen Reifen) zugelassen. Hakenprofilfelgen sind aber dann zu verwenden, wenn Reifenluftdrücke von über 5 bar empfohlen werden. Erst mit diesem Reifenluftdruck schmiegen sich die Reifenwände kraftschlüssig an das Hakenfelgenprofil.

Bei den jetzigen Mountain-bikes wird nicht mehr generell, wie in den Anfangsjahren die großvolumige, gewichtsschwere und kräftezehrende Bereifung 57-559 verwendet. Mehrheitlich werden jetzt schmälere und leichtere Reifen, meist mit Allroundprofil (für Gelände und Straße) montiert:

Reifengröße			Reifenmaße		Felge nach ETRTO, DIN 7815 u. W.d.K.
ETRTO u. DIN 7800	frühere Bezeichnungen Zoll	französische	Breite b max.	Außen-∅ D ± 6	zulässige Maulweite a
40-534			40	614	20, 22, 24
40-540	24 × 1½ × 1⅜	600 × 38 A	40	620	20, 22, 24
40-571			40	651	20, 22, 24
40-584	26 × 1½	650 × 38 B	40	664	20, 22, 24
40-590			40	670	20, 22, 24
40-622	28 × 1½ × 1⅝	700 × 38 C	40	702	20, 22, 24
40-635	28 × 1½	700 × 38 B	40	715	20, 22, 24
44-194			44	282	20, 22, 24, 27
44-203			44	291	20, 22, 24, 27
44-288			44	376	20, 22, 24, 27
44-406			44	494	20, 22, 24, 27
44-484			44	572	20, 22, 24, 27
44-584	26 × 1⅝ × 1½	650 × 42 B	44	672	20, 22, 24, 27
44-622	28 × 1⅝ × 1¾	700 × 42 C	44	710	20, 22, 24, 27
44-635	28 × 1⅝ × 1½	700 × 42 B	44	723	20, 22, 24, 27
47-203	12½ × 1,75 × 2¼		47	297	22, 24, 27
47-305	16 × 1,75 × 2		47	399	22, 24, 27
47-355	18 × 1,75 × 2		47	449	22, 24, 27
47-406	20 × 1,75 × 2		47	500	22, 24, 27
47-507	24 × 1,75 × 2		47	601	22, 24, 27
47-559	26 × 1,75 × 2		47	653	22, 24, 27
47-571	26 × 1,75		47	665	22, 24, 27
47-584	26 × 1,75 × 1½	650 × 45 B	47	678	22, 24, 27
47-622	28 × 1,75	700 × 45 C	47	716	22, 24, 27
54-305	16 × 2		54	413	27, 30,5
54-400			54	508	27, 30,5
54-406	20 × 2,00		54	514	27, 30,5
57-203			57	317	27, 30,5
57-305	16 × 2,125		57	419	27, 30,5
57-406	20 × 2,125		57	520	27, 30,5
57-507	24 × 2,125		57	621	27, 30,5
57-559	26 × 2,125		57	673	27, 30,5
62-203	12½ × 2¼		62	327	27, 30,5
62-305	16 × 2¼		62	428	27, 30,5
62-406	20 × 2,25		62	530	27, 30,5

54-559 (26 × 1,95)	Außen-∅ 667 mm
50-559 (26 × 1,90)	Außen-∅ 659 mm
44-559 (26 × 1,50 - 1,75)	Außen-∅ 647 mm

Diese Reifengrößen sind noch nicht in den Normen enthalten und festgeschrieben.

Schlauchreifen sind nur in die ETRTO-Norm und nicht in die DIN 7800 aufgenommen worden.

Bereifung für normale Fahrräder

Der heute gebräuchliche Fahrradreifen ist das Ergebnis jahrzehntelanger Entwicklung, der technische Fortschritt ist hier nicht weniger zu erkennen als bei Motorrad- oder Autoreifen. Der schwer laufende Ballonreifen in Wulstausführung wurde vom schmaleren und leichter laufenden Reifen mit Drahtkerneinlage abgelöst (Abb. 536). Die Entwicklung fin-

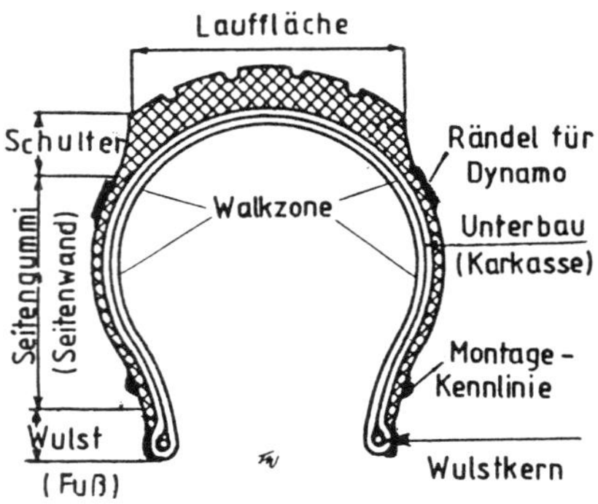

Abb. 536: Aufbau eines Reifens.

det heute ihre Fortsetzung im Trend zu noch schmaleren Sportreifen. Durch den Einsatz neuer Werkstoffe – insbesondere Nylon[73] – konnte der Rollwiderstand weiter gesenkt werden. Gleichzeitig wurde mit Nylon die Durchschlagsfestigkeit des Reifens beachtlich erhöht. Die Defektanfälligkeit ging damit weiter zurück. Auch das Gewicht konnte durch die Verwendung von Nylon gesenkt werden, was dem leichten Lauf des Fahrrades zugute kommt (Abb. 537).

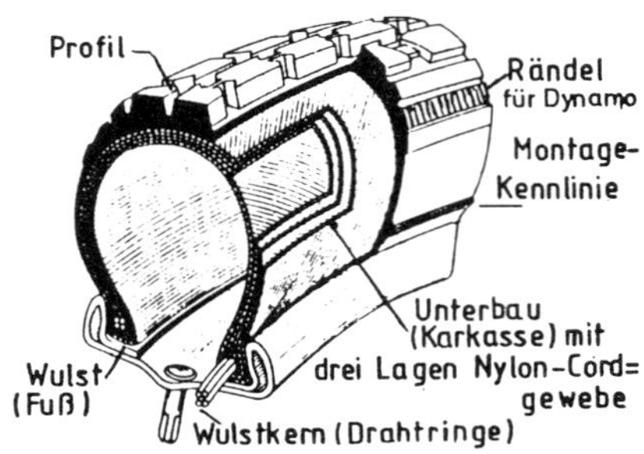

Abb. 537: Lage des Nyloncord-Gewebes.

Für den jeweiligen Fahrradtyp muß der richtige, optimale Reifen ausgewählt werden, der sich durch gute Lenk- und Führungseigenschaften, geringen Rollwiderstand, hohe Durchschlagsfestigkeit und geringe Defektanfälligkeit auszeichnet.

Vredestein Leuchtreifen

Eine weitere Reifenentwicklung ist der sogenannte Sicherheits-Leuchtreifen, dessen Aufbau mit Luftschlauch, Felgenband und Felge in Abb. 538 gezeigt ist. In

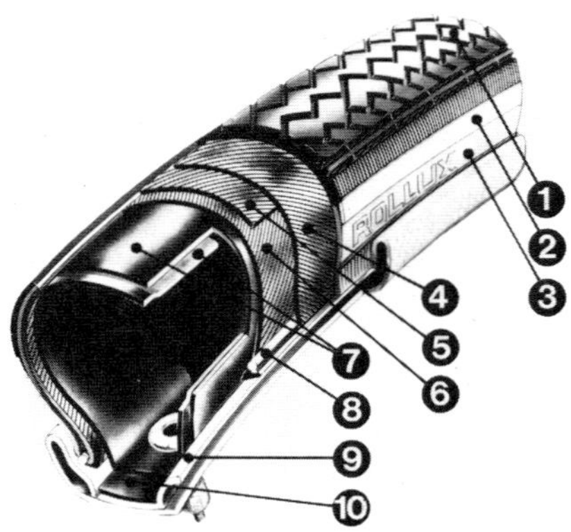

Abb. 538: Aufbau eines Leuchtreifens.

1 = Laufstreifen (schwarz), 2 = Reflexstreifen (silber), 3 = Seitengummi (farbig), 4 = erste Nyloncordgewebeschicht, 5 = zweite Nyloncordgewebeschicht, 6 = dritte Nyloncordgewebeschicht, 7 = Luftschlauch mit Überlappung im Ventilbereich, 8 = Wulstkern, 9 = Felge, 10 = Felgenband.

die Flanken eines solchen Sicherheits-Leuchtreifens ist ein Streifen aus reflektierendem Material eingearbeitet, der dafür sorgt, daß der Zweiradfahrer in der Dunkelheit auch von der Seite von jedem Autofahrer rechtzeitig erkannt werden kann. Auftreffendes Scheinwerferlicht wird bereits aus über 150 m Entfernung strahlend hell zurückgeworfen. Diese reflektierenden „Scotchlite"-Reifenfolien sind ein Erzeugnis der weltbekannten Firma 3M, die die Folien an die Reifenhersteller zum Einvulkanisieren liefert. Die Reflexfolien sind bei Tageslicht silbergrau, bei Dunkelheit ist das zurückgestrahlte Scheinwerferlicht des Gegenverkehrs weiß.

Das Rückstrahlsystem ist auf einem hochflexiblen, elastomeren[74] Trägerwerkstoff aufgebracht. Reflexstoffe sind lichttechnische Baustoffe, die unter Verwendung einer großen Anzahl sehr kleiner, katadioptrisch (das heißt, spiegelnd und brechend) wirkender Teile gerichtet auffallendes Licht überwiegend in die Lichteinfallsrichtung mit einer gewissen Streuung zurückstrahlen. Diese katadioptrisch wirkenden Teile sind meist kleine Glaskügelchen mit 0,001 bis 0,1 mm Durchmesser und einer bestimmten Brechzahl des Glases. Je nach Größe und Verteilung der Glaskügelchen kann ein Quadratmeter Reflexstoff mit etwa 80 Millionen dieser

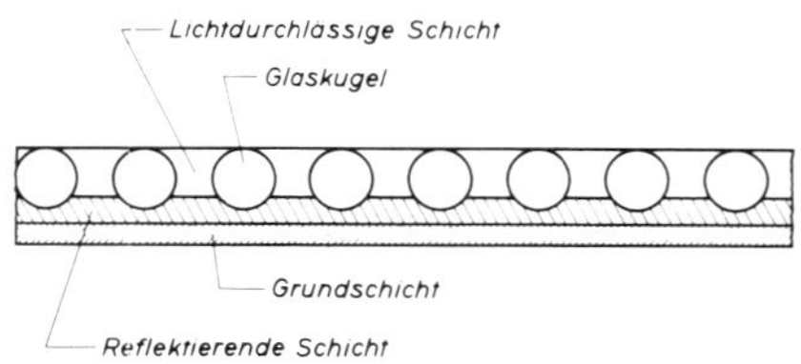

Abb. 538 A: Aufbau der Reflexstoffe.

Glaskügelchen bedeckt sein. Abb. 538 A zeigt in einem Vertikalschnitt den grundsätzlichen Aufbau eines Reflexstoffes in

[73] Nylon = Polyamid 66 (PA 66), ein von der US-Firma DuPont (W. C. Carothers) erstmals 1938 hergestellter spinnbarer Polyamidfaden, der unter dem Handelsnamen „Nylon" bekannt wurde.

[74] Elastomeren = synthetischer Vielzweck-Kautschuk (Athylen/Propylen/Terpolmere), Kurzzeichen EPDM

sehr starker Vergrößerung. Die Grundschicht (der Trägerwerkstoff) ist eine Folie, die reflektierende Schicht ist farbig, die Glaskugeln bestehen aus Klarglas.

Viele Unfälle mit Radfahrern geschehen nur deshalb, weil diese bei Dunkelheit von Autofahrern zu spät wahrgenommen werden. Ein Autofahrer, der mit 100 km/h fährt, bewegt sich pro Sekunde um 27,8 m vorwärts. Taucht vor ihm ein Hindernis auf, so braucht er etwa 30 m, um es wahrzunehmen und zu reagieren. Der Bremsweg eines 100 km/h schnellen Fahrzeugs beträgt im allgemeinen weitere 100 m. Rechnet man dazu noch 20 m Sicherheitsspanne, dann sind 150 m die Mindestentfernung, aus der der Radfahrer wahrgenommen werden muß, gerade bei Dunkelheit. Deshalb sind „leuchtende" Reifen für seine Sicherheit so wichtig.

Neben dem ausgezeichneten Rückstrahleffekt, der selbst nach Jahren nur geringfügig nachläßt, haben leuchtende Reifen noch weitere Vorteile:

- Aus welchem seitlichen Winkel auch immer das Fahrrad in der Dunkelheit angeleuchtet wird – die Reifen werfen das Licht strahlend zurück;
- Die große Elastizität der Reflexfolie macht sie unempfindlich gegen Stoß- und Schlagbeschädigungen;
- Die Reflexfolie wird auf der unvulkanisierten Reifenkarkasse als letzter Arbeitsgang bei der Reifenfertigung aufgebracht, wofür es Spezial-Applikatoren gibt.
- Die Folie wird dann mit dem Reifen gepreßt und mit dem Reifengummi vulkanisiert. Der Reflexstreifen wird dadurch ein Teil des Reifens selbst und kann nicht abgelöst werden, ohne den Reifen zu zerstören. Somit entspricht die Haltbarkeit der Reflexschicht der des Reifens.
- Die leuchtenden Reifen werden in ihrer Wirkung weit weniger durch Verschmutzung beeinträchtigt, als man annehmen könnte. Tests haben gezeigt, daß die Reflexwirkung auch nach 5000 Fahrkilometern noch durchschnittlich 80% beträgt, die Sicherheitswirkung also praktisch voll erhalten bleibt.

In Deutschland konnte sich der Leuchtreifen wegen des erheblichen Mehrpreises nicht einführen. In Holland ist seit 1. 1. 1987 ein geschlossener kreisförmiger Seitenreflex für das Fahrrad gesetzlich vorgeschrieben. Neben Leuchtreifen gibt es auch Leuchtfelgen (siehe Abb. 483).

Wird kein Leuchtreifen verwendet, so kann ein ähnlicher Effekt durch je zwei Seitenstrahler pro Laufrad, die an den Speichen befestigt sind, erzielt werden (s. Abb. 1113).

Grundsätzliches über Fahrradreifen

Es wurde bereits gesagt, daß durch Verwendung neuer Materialien der Fahrradreifen erheblich verbessert wurde. An die Stelle des früher verwendeten Leinengewebes ist das Nyloncord-Gewebe getreten, bei dem es sich nicht um ein Gewebe im herkömmlichen Sinn handelt (Abb. 537).

Basis des Reifens ist der Unterbau, die Karkasse[75], volkstümlich auch „Gewebe" oder „Leinen" genannt. Beim Nyloncord-„Gewebe" besteht die Karkasse aus Lagen von Fäden, die schräg zur Reifen-Mittelebene laufen, bei der einen von links nach rechts, bei der nächsten von rechts nach links. Die Fäden sind (deshalb ist auch die Bezeichnung „Gewebe" nicht korrekt) nicht miteinander verwebt, sie kreuzen sich, berühren sich aber an den Kreuzungspunkten nicht und ebensowenig mit den benachbarten Parallelfäden. Jeder Faden ist praktisch für sich im Gummi des Reifenunterbaues eingebettet und kann sich mit diesem bewegen. Hierdurch entsteht die Walkfähigkeit des Unterbaues (s. hierzu auch Abb. 537 und 538). Diese Walkfähigkeit schafft die Voraussetzung dafür, daß großvolumige Reifen, wie 47-559, mit relativ geringem Reifendruck (2,5 – 3 bar) gefahren werden können. Diese sogenannten Niederdruckbereifungen haben ein größeres Stoßaufnahme-Vermögen als ein Hochdruckreifen (z. B. 25-622), mit einem Druck von 6 – 7 bar, müssen aber ein größeres Luft-Fassungsvermögen aufweisen und bringen erhöhten Rollwiderstand[76]. Für den Fahrradreifen gilt, daß das Reifenvolumen um so kleiner und der Reifen-Luftdruck um so höher sein wird, je höher die Geschwindigkeit ist, die von der Maschine gefordert wird. Extreme Verhältnisse bilden einerseits der Tourenreifen mit einem Druck von 2,5 bar, andererseits der nur fingerdicke Schlauchreifen mit nur 125 g Gewicht für Bahn-Rennmaschinen mit einem Reifendruck von 10 bis 11 bar.

Geringere Rollverluste werden mit Härte und mangelhaften Stoßaufnahmevermögen erkauft, die eine solche Bereifung für die Straße unbrauchbar machen. Bei extrem schnellen Maschinen sind auch andere Gründe maßgebend: Beim schnellen Antritt, beim Beschleunigen, hat der Fahrer durch seine Muskelkraft nicht nur die Masse seiner Maschine zuzüglich seines Körpergewichts in waagerechte, sondern auch die Masse seiner Bereifung in kreisförmige Bewegung zu setzen. Bei dieser kreisförmigen Bewegung spielen die Massen, die sich am weitesten vom Mittelpunkt der Drehbewegung befinden, die Hauptrolle. Beim Laufrad des Fahrrades liegen aber die Hauptmassen des Rades (Bereifung, Felge, Nippel und ein Teil der Speichen) ganz am bzw. in Nähe des Umfangs. An dieser Stelle ist deshalb jedes Gramm Gewicht mehr oder weniger von Bedeutung. Die beim normalen Fahrrad übliche Bereifung stellt einen Kompromiß zwischen den gegensätzlichen Forderungen nach höchstem Fahrkomfort und geringstem Kraftbedarf dar.

Beim früheren Wulstreifen teilte sich die Karkasse unmittelbar vor den Wulsten in zwei Lagen, von denen die äußere den Wulst umfaßte (Abb. 470). Ähnlich ist auch beim Drahtseilreifen der Verlauf der Karkasse, die ebenfalls einen schmalen Gummikern (in dessem Inneren das Drahtseil liegt) umfaßt. Dabei ist die Bezeichnung „Drahtseil" nicht korrekt, denn die eingelegten Drähte sind keineswegs miteinander verseilt, sondern zu mehreren, nebeneinanderliegenden Windungen gerollt. Bei einem nur aus einer Windung bestehenden Runddraht muß dieser am Stoß geschlossen werden. Bei mehreren Windungen aus dünnem Draht ergibt sich nicht nur eine größere Unnachgiebigkeit in radialer Richtung als bei einem Seil, sondern die Drähte brauchen auch an den Enden nicht geschlossen zu werden. Durch das Einbetten in Gummi

---

[75] Karkasse = Gerippe

[76] Rollwiderstand = der Rollwiderstand entsteht durch Formveränderungsarbeit an Rad und Fahrbahn

kann sich auch eine an den Enden offene Drahtspirale nicht aufziehen. Außer dieser Ausführung des „Drahtseils" gibt es aber auch andere, z. B. aus einer Nylon-Seele, die besonders bei den schmalen Reifen verwendet wird (Abb. 540).

Für die schmalen Reifen verwendet Michelin einen Wulstkern aus Aramid. Die Weltraumfaser Aramid ist nicht nur leicht und geschmeidig, sondern auch sehr fest. Die einzelnen Aramid-Fasern werden miteinander verklebt, so daß der Wulstkern nicht „aufsplittern" kann (Abb. 541).

So ein Wulstkern ermöglicht es, daß der Reifen schadlos zu einem kleinen Paket gefaltet und als Ersatzreifen mitgeführt werden kann.

Das Walken, die elastische Formveränderung des Reifenquerschnitts, erfolgt hauptsächlich innerhalb der Seitenwände. Deren Dicke und ihr Übergang zur Lauffläche in der richtigen Gummimischung sind wichtig.

Anderen Beanspruchungen ist die Reifenlauffläche, die auf der Fahrbahn abrollt, ausgesetzt. Auch hier erfolgt eine Walkarbeit an der Auflagefläche, dazu kommt die Beanspruchung durch Verzerrungen in und parallel zur Radmittelebene beim Beschleunigen und Verzögern, die Reibung auf der Fahrbahn und durch das Eindringen kleiner Hindernisse (Fremdkörper) in die Lauffläche. Der Reifen „rollt" nicht einfach auf der Fahrbahn ab, es tritt vielmehr Schlupf ein, der durch die Reibung zwischen Lauffläche und Fahrbahn einen Teil der Antriebskraft in Wärme umsetzt. Ein weiterer Teil wird, gefördert durch die Reibungswärme, in ein gegenseitiges Abschleifen zwischen den reibenden Teilen, also Verschleiß an der Lauffläche (und der Fahrbahnoberfläche) umgesetzt. Dadurch entsteht wieder zusätzlich Wärme – und betroffen ist natürlich am wenigsten die härtere Straßendecke, sondern die weichere Reifenlauffläche, die sich nach gewisser Betriebszeit entsprechend abnutzt.

Aus diesem Grund wird nicht nur eine möglichst abriebfeste Gummiqualität für die Lauffläche verwendet, sondern sie wird auch so gestaltet, daß der unvermeidliche Schlupf möglichst gering bleibt. Die Reifenlauffläche muß „greifen", deshalb ist sie nicht glatt, sondern mit einem „Profil" ausgerüstet. Dieses besteht in einer Unterteilung der stärker gehaltenen Laufflächenschicht in einzelne Blöcke, umlaufende Rillen, schräge Stollen, Zickzack-Rillen usw. Beim normalen Fahrradreifen ist die Profilgestaltung ein Kompromiß, um den Reifen für die verschiedensten Straßenverhältnisse geeignet zu machen – dagegen wird für Rennmaschinen jeweils entsprechend den Fahrbahn- und Witterungsbedingungen das optimale Reifenprofil ausgewählt.

Der Reifen muß nicht nur in Laufrichtung greifen, er soll auch seitlich nicht auf der Fahrbahn rutschen, vielmehr auch bei extremer Schräglage des Fahrrades „Spur halten". Auch hier gibt es wieder zwei Extreme: nur quer angeordnete Blöcke ohne Stollen bewirken sehr gute Griffigkeit des Reifens in Laufrichtung, aber geringere Spurhaltung als eine mit umlaufenden Rillen ausgebildete Lauffläche. Bei einer solchen aber ist wieder die Griffigkeit geringer. So wird je nach dem Verwendungszweck des Reifens das Profil als eine Kombination beider Profilarten konzipiert. In Reifenmitte liegen einige umlaufende Rillen, seitlich davon querliegende Blöcke, und dazwischen zickzack-förmige Rillen usw.

Am Übergang zwischen Lauffläche, Schulter und Seitenwänden (Seitengummi) ist die Außenfläche oft gerändelt, damit die Dynamo-Antriebsrolle auch bei nasser Fahrbahn sicher greift (Abb. 539).

Abb. 539: Reifen mit Rändel für Dynamo.

Jeder Hersteller schwört auf die Wirksamkeit seines Reifenprofils (Abb. 542 und 543), vor allem auch bei Nässe. Tatsächlich hat ja das Profil auch Bedeutung bei nasser, glatter Fahrbahn. Besonders bei gerade beginnendem Niederschlag bildet sich auf der Fahrbahn aus Wasser, Staub, Öl, Abriebsteilchen usw. oft ein Schmierfilm, der zähe ist und die Haftung des Reifens auf der Fahrbahn mindert. Dieser schmierige Film muß vom

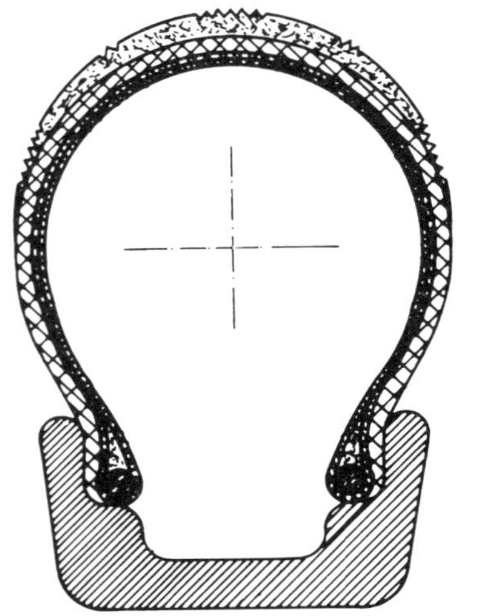

Abb. 540: Schmaler Reifen 28-622 für Rennsporträder.

Profil durch scharfkantig wirkende Stollen oder Blöcke durchbrochen werden, auch dieser Gesichtspunkt ist für die Profilgestaltung wichtig. Die dem Reifen im Neuzustand mitgegebenen Laufeigenschaften sollen sich auch während der fortschreitenden Abnutzung nur wenig ändern. Es ist aber unvermeidlich, daß der Reifenschlupf größer und die Spurhaltung schlechter wird, je mehr das Profil abgefahren ist.

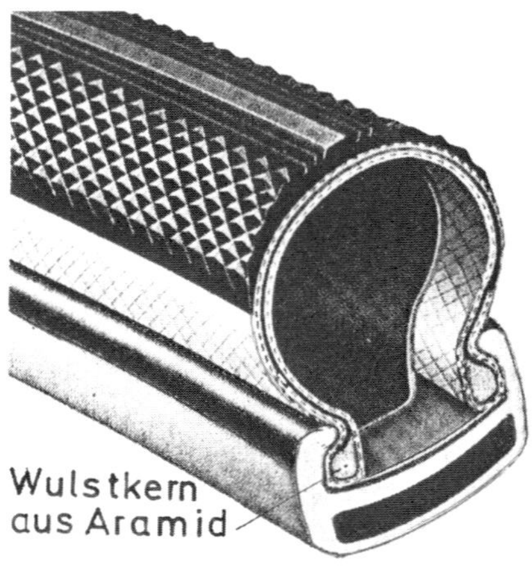

Abb. 541: Extrem schmaler und leichter Reifen 20-622 für Rennräder.

Allwetterprofile
für trockene und nasse Straße

Abb. 542: Allwetterprofile.

Profile für Mountain-bike
Berg-steiger | Straße/Gelände | Alles-könner | Quer-feldein

Abb. 543: Profile für Mountain-bike.

Beim Kurvenfahren verlagert sich die Auflagefläche von der Mitte auf die eine Reifenseite, deshalb muß das Reifenprofil eine entsprechende Breite haben. Bei Kurvenfahrt wird der Reifen-Anpreßdruck auf der Fahrbahn durch die Fliehkraft erhöht, außerdem verläuft die Druckrichtung nicht mehr senkrecht zur Fahrbahn, sondern in einem spitzen Winkel zu dieser. Es besteht die Gefahr, daß das Rad seitlich aus der Kurve herausrutscht. Deshalb muß das Profil auch an den Seiten gutes Spurverhalten gewährleisten.

Die Profilausbildung an den Seiten wird auch durch den allmählichen Übergang von der dickeren Lauffläche zu den dünneren, dem Walken ausgesetzten Seitenflanken, die nicht brechen oder einreißen dürfen, beeinflußt. Die Reifenwände tragen beidseitig eine dünne, erhabene umlaufende „Spurrille", die erkennen läßt, ob der Reifen zentrisch zur Felge sitzt.

Die Bereifung hat nur eine begrenzte Lebensdauer. Es handelt sich bei ihren Elementen um Verschleißteile, die allerdings hinsichtlich ihrer Betriebszeit nicht nur von den Betriebsbedingungen, sondern auch von den chemischen Eigenschaften des Reifenmaterials abhängig sind. Gummi unterliegt einem Alterungsprozeß, er wird mit der Zeit spröde und ist nicht voll ozon- und lichtbeständig. Deshalb müssen Bereifungs-Vorräte trocken, kühl und dunkel gelagert werden. Zersetzend wirken Öle, Benzin und besonders Benzol sowie starke Laugen. Schließlich hängt die Lebensdauer der Bereifung aber auch von Wartung und Pflege ab.

Reifendruck

Reifengröße		Luftdruck/bar vorn	hinten
Normal-Räder			
57-305 (16 × 2,125)		2,0	2,5
57-406 (20 × 2,125)		2,0	2,5
57-507 (24 × 2,125)		2,0	2,5
57-559 (26 × 2,125)		2,0	2,5
47-305 (16 × 1,75 × 2)		2,5	3,0
47-406 (20 × 1,75 × 2)		2,5	3,0
47-507 (24 × 1,75 × 2)		2,5	3,0
47-559 (26 × 1,75 × 2)		2,5	3,0
47-622 (28 × 1,75 × 2)		2,5	3,0
37-540 (24 × 1⅜)		3,5	4,0
37-590 (26 × 1⅜)		3,5	4,0
37-622 (28 × 1⅜ × 1⅝) (28 × 1⅝ × 1⅜ NL)		3,5	4,0
32-590 (26 × 1⅜ × 1¼ NL) (26 × 1¼ × 1⅜)		4,0	4,5
32-622 (28 × 1⅝ × 1¼ NL)		4,0	4,5
Rennsport-Räder			
28-622 (28 × 1⅛ × 1¾)		4,5	5,0
Rennräder			
25-622		6,0	6,5
23-622		6,5	7,0
20-622		6,5	7,0
18-622		9,0	9,2
Rennräder mit Schlauchreifen 680 ∅			
Schlauchreifengewicht (g)	Körpergewicht des Fahrers (kg)	Luftdruck/bar vorn	hinten
180–240	bis 60	5,0	6,0
200–260	60–75	5,5	6,5
220–300	75–80	6,0	7,0
280–350	über 80	7,0	8,0

Abb. 545: Luftdruckempfehlung.

Die Standardreifen wurden in den vergangenen Jahren leichter, die Profile und die Reifenwände aber auch dünner. Die Pannenmöglichkeit wurde dadurch zwar nicht vergrößert, aber auch nicht verbessert.

Namhafte Reifenhersteller bemühen sich jetzt um Reifen mit höherem Pannenschutz (Abb. 544).

Der Top Touring ist ein Fahrrad-Gürtelreifen (mit 4 Lagen) für Stadt, Berg und Gelände. Das Allroundprofil (2 mm tief) mit massivem Mittelsteg sorgt für ein ruhiges Abrollen auch auf fester Fahrbahn.

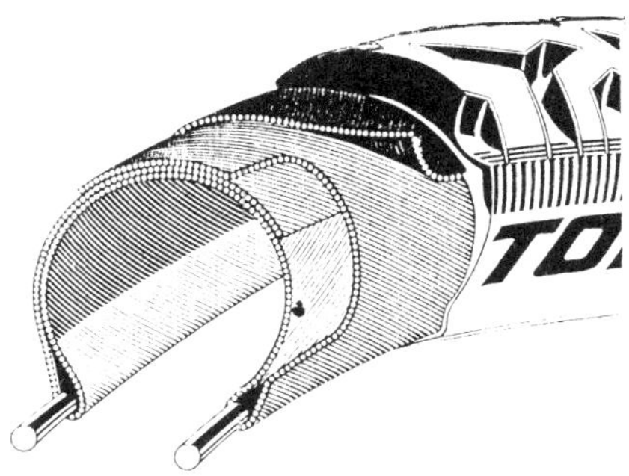

Abb. 544: Allroundreifen Top Touring von Conti.

Die Pannenhäufigkeit wurde auf ca. ein Drittel verringert durch:

1. Doppelt dichtes Polyamidgewebe (360 Fäden pro 10 cm, statt 180 Fäden beim Standardreifen).
2. Drei Gewebelagen unter der Lauffläche.
3. Zusätzlicher Gürtel im pannengefährdeten Laufflächenbereich.

Zu geringer Druck im Reifen erhöht den Rollwiderstand des Fahrzeugs, verringert die Fahrsicherheit (weil das Rad zum „Schwimmen" neigt), führt dazu, daß sich der Reifen stark verformt, und bei Fahrbahnunebenheiten kann der Reifen durchschlagen. Richtiger Luftdruck ist beim Fahrrad genau so wichtig wie bei Motorrad und Auto (Abb. 545).

Normale Fahrradreifen sind richtig aufgepumpt, wenn sie sich bei der üblichen „Daumendruck-Probe" nicht merklich eindrücken lassen. Die letzten Pumpenstöße müssen Kraft abverlangen.

Das gilt freilich nicht für den schmalen Reifen und Schlauchreifen (6–7 bar). Dafür gibt es Luftpumpen, bei denen der gewünschte Luftdruck eingestellt werden kann (s. Abb. 1023).

Gegen Klebrigwerden des Reifens und des Schlauches hilft Einpudern mit Talkum.

Schmale Reifen

Schmale Reifen werden für Rennsporträder (Abb. 540), die extrem schmalen (Abb. 541) für Rennräder verwendet.

Sie sind eine echte Alternative zum Schlauchreifen, wie er für reinrassige Rennräder (Wettbewerbsräder) verwendet wird. Sie werden aber auch für die Rennsporträder der neuen Generation, die für „Trimm-Dich"-Zwecke und sportliches Training eingesetzt werden, disponiert.

Der aufgeklebte Schlauchreifen ist trotz Verbesserung der Klebetechnik nicht problemlos. Mancher unangenehme Sturz wurde durch einen von der Felge abgesprungenen Schlauchreifen verursacht. Bei langen, rasanten Talfahrten mit häufigem Bremsen wird die Felge warm und der Kitt der Klebung lose.

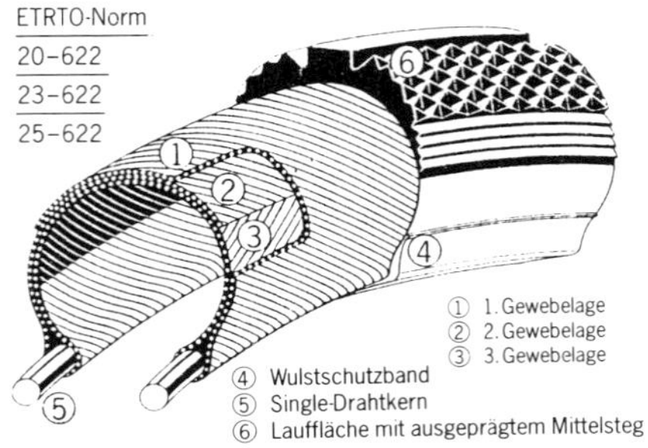

Abb. 546: Lagenaufbau beim extrem schmalen und profilierten Reifen von Conti.

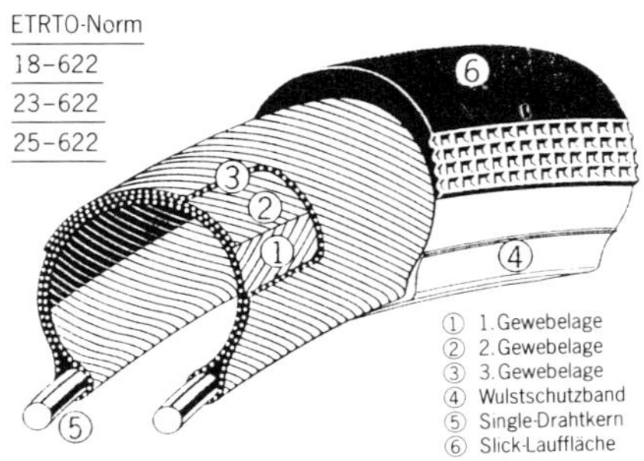

Abb. 547: Lagenaufbau beim extrem schmalen Reifen mit Slick-Lauffläche von Conti.

Für die extrem schmalen Reifen (18, 20, 23 und 25 mm) mit Schlauch (Abb. 546 und 547) sind nicht alle Felgen geeignet (siehe Abb. 492 und 535). Vorgesehen sind Felgen mit Hakenprofil, aber künftig sind auch Felgen mit geraden Hornflanken zugelassen. Diese Reifen sind sehr leicht (205 bis 280 g + Schlauch 85 bis 90 g). Als Luftdruck (je nach Reifen) werden 6,0 bis 9,2 bar empfohlen.

Das Schlauch-Hochdruckventil System Sclaverand (DIN 7760 und 7769) braucht in der Felge ein Loch mit 6,2 mm ∅. Das normale Felgenband wird hier durch einen selbstklebenden offenen Textilstreifen, der in das Felgenbett geklebt wird, ersetzt.

Schlauchloser Fahrradreifen

Die Einführung schlauchloser Fahrradreifen ist bisher an den gespeichten Laufrädern gescheitert. Gespeichte Felgen mit den vielen Löchern für die Speichennippel könnten nur äußerst schwierig (mit erheblichem technischem Aufwand und entsprechendem Preis) luftdicht hergestellt werden, was aber die Voraussetzung für die Verwendung schlauchloser Fahrradreifen ist.

Leichtmetall-Guß- oder Kunststoff-Laufräder (siehe Abb. 519 bis 524) haben luftdichte Felgen. Die Hornflanken (Innenseiten des Felgenhorns) können den Erfordernissen schlauchloser Reifen entsprechend gestaltet werden. Wie beim schlauchlosen Kraftfahrzeug-Reifen sind plane, rundlaufende Hornflanken und Felgenschultern notwendig.

Abb. 548: Darstellung des schlauchlosen Reifens 37-622.

In den Abbildungen 520 und 521 ist ein solches Leichtmetall-Gußrad-Paar mit Felgengröße 622 × 20 (passend für den schlauchlosen Reifen 37-622, Abb. 548) dargestellt.

Richtiger Luftdruck im schlauchlosen Reifen ist wichtig. Ungenügender Luftdruck erhöht nicht nur den Rollwiderstand des Fahrrades und verringert die Fahrsicherheit (weil das Rad schwimmt), sondern gibt dem Reifen auf der Felge weniger Halt, da die Reifenwände nicht genügend in das Felgenbett gedrückt werden.

Für den Radfahrer hat der schlauchlose Reifen besondere Vorteile:

Höhere Pannensicherheit gegen kleine Nägel, Dornen usw. Sie werden von der schlauchlosen Innenseele umschlossen, so daß kein wesentlicher Luftdruckverlust eintritt. Bei größeren Fremdkörpern wie Nägeln, kleineren Scherben tritt langsamer Luftverlust ein. Montage und Demontage sind nicht schwerer als bei normalen Reifen mit Schlauch.

Das Flicken ist einfach. Eine Reparatur- und Montageanleitung liegt jedem Reifen bei.

Der Luftschlauch

Damit der Luftschlauch bei der Walkarbeit des Reifens, die er zwangsläufig mitmachen muß, von den Speichennippelköpfen nicht verletzt wird, ist das Felgenbett mit den Nippelköpfen durch das Felgenband abgedeckt. Das Felgenband ist ein endloses Band, etwas kleiner im Durchmesser als die Felge, aus elastischem Gummi ohne Gewebeeinlage und daher dehnbar. Am Loch für das durchzusteckende Schlauchventil sitzt ein Aufkleber als Verstärkung. Sehr dünne Felgenbänder aus Plastik verfehlen ihren Zweck und sind daher nutzlos.

Jede Reifengröße erfordert einen genau passenden Luftschlauch. Der Luftschlauch hat die gleiche Bezeichnung und Kennzeichnung wie der Reifen, dem er zugeordnet ist, z. B. 37-622. Die jeweilige Reifengröße ist am Schlauch haltbar aufgedruckt. Der Schlauch besteht meist aus einer dehnbaren, besonders luftundurchlässigen Butylkautschuk-Mischung[77].

Der Fahrrad-Luftschlauch kann nach Art der Motorrad-Schläuche als Formstück (als ringförmiger, in sich geschlossener Schlauch ohne Verbindungsstelle) hergestellt werden. Man spricht da von vulkanisierten, formgeheizten Schläuchen. Ein Vorteil dieser Herstellungsmethode ist die dabei erreichte Ringform, deren innerer Umfang kleiner ist als der äußere. Der Schlauch liegt deshalb homogen zwischen Felge und Reifen. Qualitäts-Fahrräder sind mit solchen Schläuchen ausgerüstet.

Mit einem neueren Verfahren wird der „gesplicte Schlauch" (splice = versplei-ßen) hergestellt. Die beiden Enden des abgelängten Schlauchstrangs werden stumpf aneinander gestoßen (ähnlich dem Abbrandschweißen) und vulkanisiert. Die Formgebung des Schlauchs erfolgt in einer beheizten Metallform.

Die preislich günstigere Ausführung ist die geklebte. Ein solcher Schlauch wird Flachschlauch (FLS) genannt, früher auch als „Dornschlauch" bezeichnet. Da wird der Schlauch als gerade Röhre gespritzt, abgelängt, der Stoß ca. 30 mm überlappt und verklebt. Dabei bleibt der Innen- gleich dem Außenumfang. Beim Aufpumpen entsteht am äußeren Umfang eine größere Spannung im Werkstoff als im inneren, was die Dehnung des Materials ausgleichen muß. Der zu große Innenumfang kann sich beim Einlegen des Schlauchs durch geringe Faltenbildung bemerkbar machen. Die Verdoppelung der Wanddicke in der Überlappung bringt an dieser Stelle eine Gewichtserhöhung. Man nutzt das aus, um die Unwucht des ganzen Laufrades durch das Ventil wenigstens zum Teil auszugleichen, indem man dieses entgegengesetzt zur Überlappung einsetzt. Im Schlauch wird eine verstärkte Öffnung für das einzusetzende Ventil vorgesehen.

Gruppenschläuche sind mehrere, nahe beieinanderliegende Schlauchgrößen, für die eine gemeinsame Größe gefertigt und geliefert wird, z. B.

37/47-559/590 für die Einzelschläuche 37-590 und 47-559.

Wie Schlauchgrößen als „Gruppenschlauch" zusammengefaßt werden, dafür gibt es keine Normen oder Vorschriften. Dies bleibt den Herstellern von Luftschläuchen überlassen, die eigene Erfah-

[77] Butyl = synthetischer Kautschuk auf petrochemischer Grundlage

Abb. 549: Endlicher Fahrradschlauch.

rung über die zulässige und praxisgerechte Dehnung von Schläuchen und deren Anpassungen an die Reifenquerumfänge haben.

Endlicher Fahrradschlauch

Im Gegensatz zum herkömmlichen endlosen Fahrradschlauch hat der „endliche Fahrradschlauch" naturgemäß zwei Enden, die mühelos durch Zusammenschieben verbunden werden (Abb. 549).

Dadurch läßt er sich bequem am komplett montierten Rad in den Reifen einlegen. Der Reifen muß dazu nur an einer Seite von der Felge abgenommen werden.

Diese für den Radfahrer verbraucherfreundliche Schlauchneuheit erübrigt bei Pannen – besonders unterwegs – das Ausbauen der Laufräder, die mühevolle Demontage und Montage vor allem des Hinterrades mit Gangschaltung und deren Neujustierung, der öligen Kette oder des voll geschlossenen.Kettenkastens.

Der endliche Fahrradschlauch hat sich leider nicht bewährt. Wegen der Verdikkung bei der Überlappung der Enden läuft der Reifen unrund.

Schlauchreifen

Fahrrad-Schlauchreifen sind für den Rennsport unentbehrlich. Sie werden von Spezialfirmen hergestellt. Im Rennsport werden an diese Reifen höchste Anforderungen gestellt. Ihr Gewicht soll möglichst niedrig sein (Abb. 550). Für die Spitzenfahrer werden diese Reifen teilweise sogar mit Heliumgas statt Luft befüllt, weil dieses Gas leichter als Luft ist. Für jede Fahrbahnstruktur – im Gelände, auf der Straße oder der Bahn – wird der Reifen im Hinblick auf minimalsten Rollwiderstand mit der optimalen Lauffläche gewählt (Abb. 551).

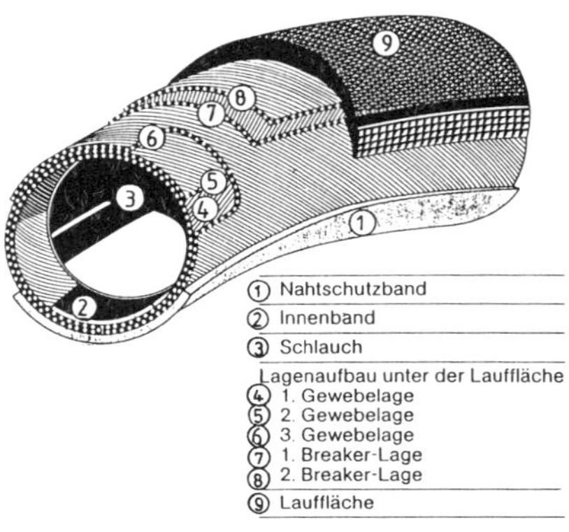

Abb. 550: Aufbau eines Schlauchreifens von Conti.

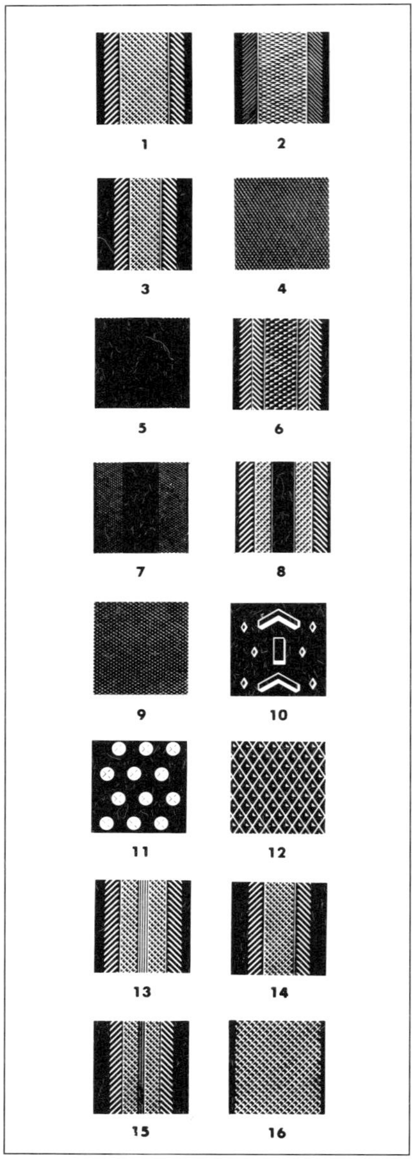

Abb. 551: Verschiedene Schlauchreifen-Profile.

Bei keiner Reifengattung gibt es ein so vielfältiges Angebot von Reifen mit speziellen Laufdeckenprofilen wie beim Schlauchreifen.

Die in Abb. 551 dargestellten Reifenprofile (Firma Wolber) werden empfohlen für

Hochleistungs-Wettbewerbe 1 bis 4, Straßenrennen 5 und 6, Straße und Training 7 und 8, Piste 9, Cross 10 bis 12, Triathlon 13, Junioren 14, Radtouristik 8, 15 und 16.

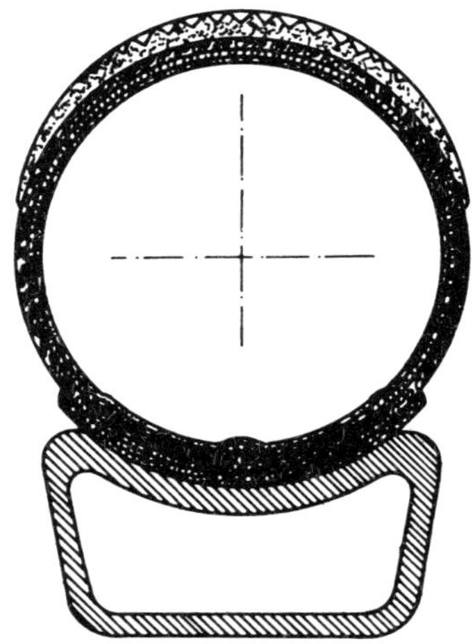

Abb. 552: Schlauchreifen 680 mm ∅ mit Felge.

Die Karkasse muß trotz des geringen Gewichts äußerst fest sein, um den hohen Innendruck (von fast 15 bar) aushalten zu können. Die Herstellung solcher Reifen erfordert ausgesuchte Werkstoffe in gleichbleibender Qualität sowie Facharbeiter mit exzellenten Spezialkenntnissen und viel Erfahrung mit den zum Großteil in Handarbeit gefertigten Reifen (Abb. 550 und 552).

Ein solcher Reifen besteht aus einem dünnen Schlauch, der in einen Mantel eingenäht ist. An der Klebeseite der Felge läuft ein Band, damit der Reifen nicht bei der Walkarbeit beschädigt wird. Der Reifen wird auf die Felge (s. Abb. 486, 487, 488 und 489) nach besonderer Anweisung der Reifenhersteller aufgekittet.

Schlauchreifen werden auch für Saalsport-Maschinen in den Größen 20 × 1, 22 × 1, 24 × 1, 24 × 1⅛, 26 × 1, 26 × 1⅛ und 26 × 1¼ von Conti geliefert.

Für Trainings-, Sport- und Wanderfahrten bestimmt, hat Wolber einen Schlauchreifen mit größerer Widerstandsfähigkeit gegen eindringende Fremdkörper geschaffen. Durch ein flexibles feinmaschiges Gewebe aus rostfreiem Stahl, das zwischen der Lauffläche und dem Mantel sitzt, werden Reifenpannen weitgehend verhindert (Abb. 553).

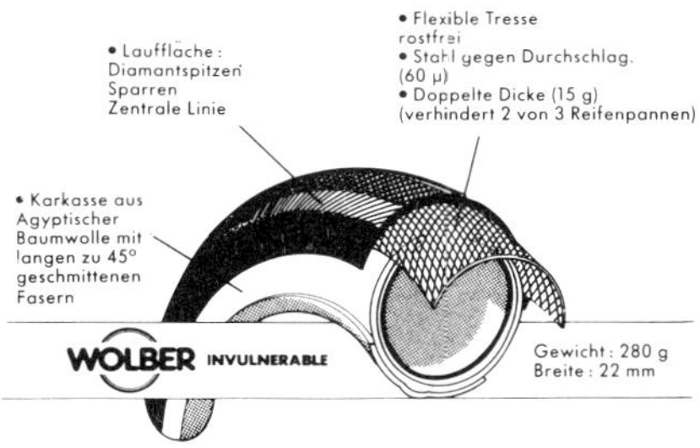

Abb. 553: Schlauchreifen mit Pannenschutz von Wolber.

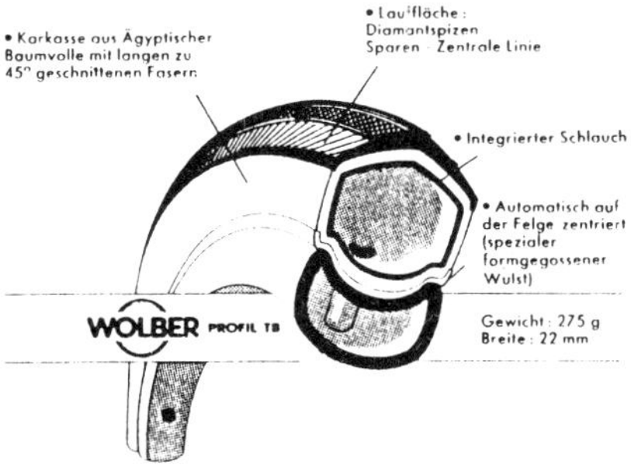

Abb. 554: Schlauchreifen TB von Wolber.

Einfach im Gebrauch, vor allem bei der Montage und zur Instandhaltung, sind die Wolber-Schlauchreifenprofile TB. Diese Schlauchreifen sind besonders gut für Triathlons geeignet, nachdem dort bei einer Panne fremde Hilfe nicht erlaubt ist.

Durch die spezielle Formgebung an der Felgenseite des Reifens, die weitgehend dem Felgenbett entspricht, paßt er sich zwangsläufig dem Felgenprofil an und zentriert sich automatisch bei der Montage (Abb. 554).

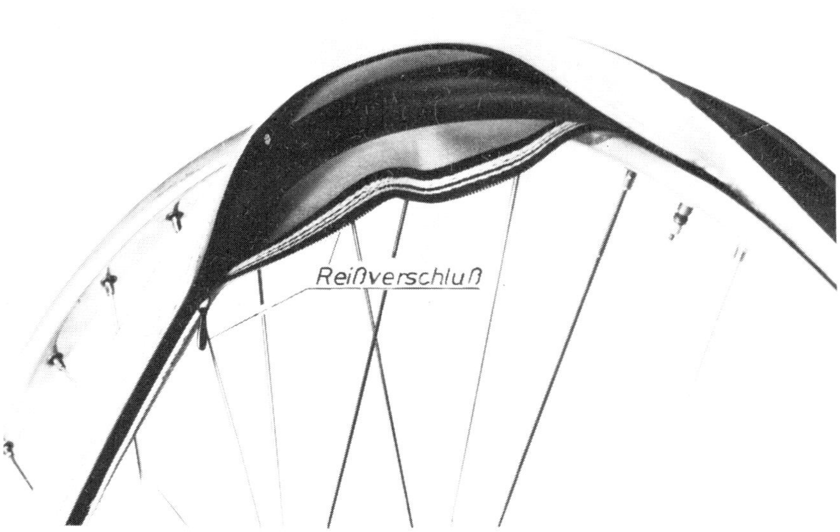

Abb. 555: Schlauchreifen mit Reißverschluß-Öffnung von Conti.

Schlauchreifen für Rennräder mit Reißverschlußöffnung

Für die Reparatur eines Schlauchreifens (siehe Abb. 550, 551 und 552) braucht man viel Geschick und Geduld (s. Seite 425).

Conti hat mit einem neuen Schlauchreifen, der nicht mehr wie bisher genäht, sondern bei dem die Handnaht durch einen Reißverschluß ersetzt ist, einen vielversprechenden Versuch unternommen (Abb. 555).

Dadurch wären Schlauchreparaturen leichter auszuführen. Ist der Reifen von der Felge abgenommen, kann der Reißverschluß wie bei einem Kleidungsstück geöffnet und der Schlauch „zum Flicken" herausgenommen werden.

Wegen Schwierigkeiten bei der Serienfertigung konnte dieser Schlauchreifentyp nicht in den Handel kommen.

Das Fahrrad-Schlauchventil

Das Ventil im Luftschlauch hat die Aufgabe, die Luftstöße der Pumpe in den Schlauch hinein-, den Überdruck aber nicht wieder herauszulassen. Für Fahrrad-Schläuche gibt es drei verschiedene Ventil-Systeme:

1. Das Dunlop- oder Woods-Ventil.
2. Das Sclaverand-Ventil.
3. Das Schrader- oder Auto-Ventil.

Das Dunlop-Ventil (Abb. 556) ist das bekannteste und gebräuchlichste Fahrrad-Schlauchventil, es wird bei fast allen normalen Fahrrädern verwendet. Vielfach wird es auch einfach als „Schlauchventil" bezeichnet. Diese Bezeichnung hat nichts mit seiner Verwendung in Luftschläuchen zu tun, sondern rührt daher, daß ein kurzes Schlauchstück (Ventilschlauch) als abdichtendes Bauteil fungiert. Der Ventilschlauch ist über den Ventilkegel bis in den Kegelsitz des Ventilkörpers gezogen.

Diese allgemein verbreitete Ventilbauart hat den Nachteil, daß sich mit ihr unnötig schwer pumpen läßt, weil mit jedem Pum-

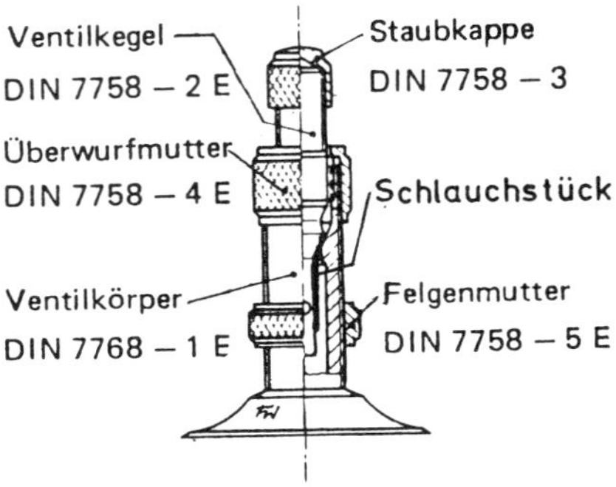

Abb. 556: Dunlop-Ventil mit Gummifuß DIN 7768-26.5 G und ETRTO V1-04-1.

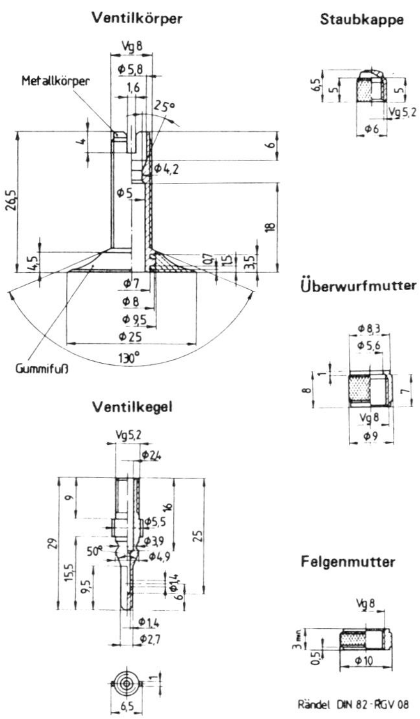

Abb. 557: Einzelteile des Dunlop-Ventils DIN 7768-26.5 G.

penstoß die Spannkraft des Ventilschlauches überwunden werden muß.

Das Ventilloch in der Felge hat 8,3 mm ∅. Die Ventilteile werden allgemein aus Messing (CuZn40 Pb3 DIN 17660) hergestellt und zusätzlich vernickelt.

In Abb. 557 sind die Einzelteile eines Dunlop-Ventils gezeigt; daraus ist zu ersehen, wieviel an Teilen, Arbeitsaufwand und Präzision notwendig ist, das meist kaum beachtete und als besonders einfach geltende Ventil herzustellen. Früher wurden nur Metallfußventile verwendet. Der Ventilkörper wurde in die am Schlauch vorbereitete verstärkte Öffnung eingeknöpft und mit der Mutter samt Scheibe festgeklemmt (siehe Abb. 563).

Die bessere und modernere Ventilbefestigung ist die mit Gummifuß (Abb. 556). Dazu ist eine Felgenmutter zur Halterung im Felgenloch erforderlich (Abb. 556 und 557).

Beim Ventil mit Gummifuß und Gummihülle ist keine Felgenmutter notwendig. Hier erfolgt die Fixierung des Ventilkörpers im Felgenloch durch die leicht konisch ausgeführte Gummihülle (Abb. 558).

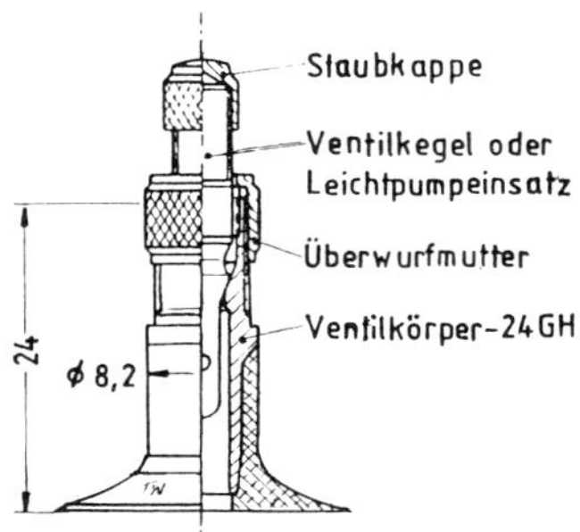

Abb. 558: Dunlop-Ventil mit Gummifuß und Gummihülle WdK 72-24 GH.

Diese Ventilart (die auf die Felgenmutter verzichtet) hat sich nicht besonders bewährt und konnte sich deshalb nur zögernd einführen.

Der Ventilkörper des Dunlop-Ventils mit Gummifuß und Gummihülle (Abb. 558) hat in der Regel keinen Schlitz (zur Arretierung des Ventilkegels) und eignet sich deshalb besonders gut für Leichtpumpeinsätze unterschiedlicher Fabrikate.

Der Gummifuß am Ventilkörper (aus Naturkautschuk oder Butylgummi) wurde früher nur bei hochwertigen, formgeheizten Fahrradschläuchen aufvulkanisiert.

Leichtpumpeinsätze

Damit sich Luftschläuche mit Dunlop-Ventilen auch von Frauen und Kindern mühelos und ohne besondere Kraftanstrengung aufpumpen lassen, gibt es besondere Ventileinsätze mit Rückschlagventilen. Anstelle des Ventilkegels mit dem Ventilschlauch können Alligator-Ventile (Abb. 559) oder EHA-Atom-Ventile (Abb. 560) eingesetzt werden.

Die Funktion des **Alligator-Blitzventils** (Abb. 559):

Die Überwurfmutter hält das Blitzventil am Ventilkörper fest. Der „Kegelgummi", der aus Perbunan gefertigt ist, um ein Festkleben des Ventils im Ventilkörper zu vermeiden, verhindert das Ausströmen der Luft zwischen Blitzventil und Ventilkörper. Durch den Überdruck im Luftschlauch wird der Einsatzkegel mit Dichtung auf seinen Sitz gedrückt und so das Ventil geschlossen.

Die Arbeitsweise des **EHA-Atom-Ventils** (Abb. 560):

Der Gummiring am EHA-Atom-Ventil dichtet das Ventil nach außen ab, während ein im Innern angebrachter, frei beweglicher Dichtkörper die Bohrung abdichtet (Skizze 2 in Abb. 560). Der Luftdruck im Reifen drückt den Dichtkörper gegen den Dichtkonus, wobei eine zuverlässige Abdichtung erfolgt.

Das Sclaverand-Ventil (Abb. 561)

wird nicht nur für die schmalen Reifen und Schlauchreifen von Rennsport- und Rennrädern verwendet, sondern wegen seiner verläßlichen Funktion in einigen Ländern auch als Ventil für normale Fahrrad-Schläuche. Diese Ventile sind jetzt auch mit Ventilkörpern mit Gummifuß (Abb. 561) oder mit Gummifuß und Gummihülle (Abb. 562) ausgerüstet.

Ventilkörper mit Metallfuß werden für Neukonstruktionen nicht mehr verwendet (Abb. 563).

Wegen der verschieden hohen doppelbödigen Rennfelgen gibt es das Ventil mit verschieden langen Ventilkörpern. Das Felgenloch hat nur 6,2 mm ∅. Die Abdichtung ist einfach. Der Gummikegel auf einer unverdrehbaren Gewindestange

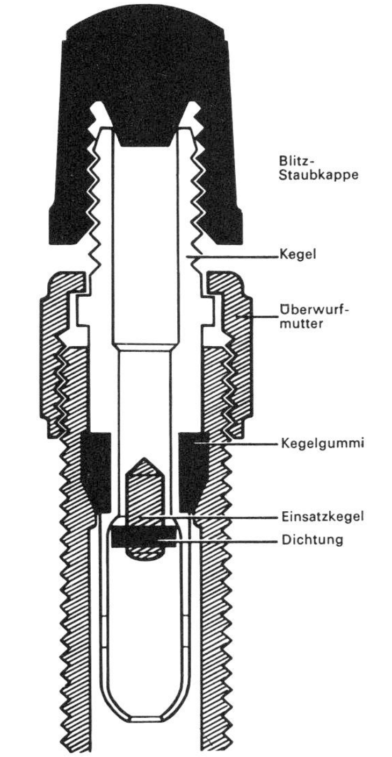

Abb. 559: Alligator-Blitzventil.

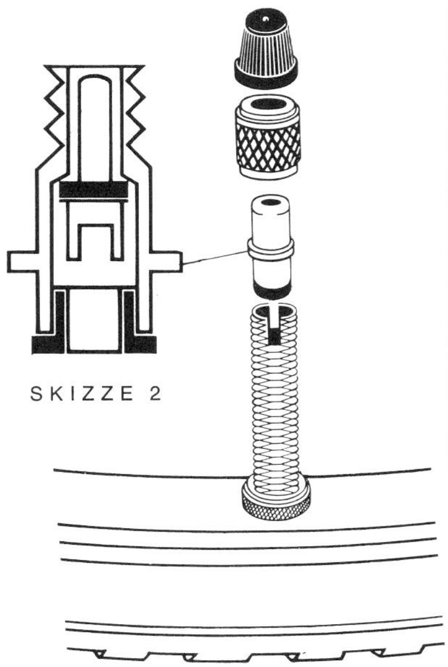

Abb. 560: EHA-Atom-Ventil.

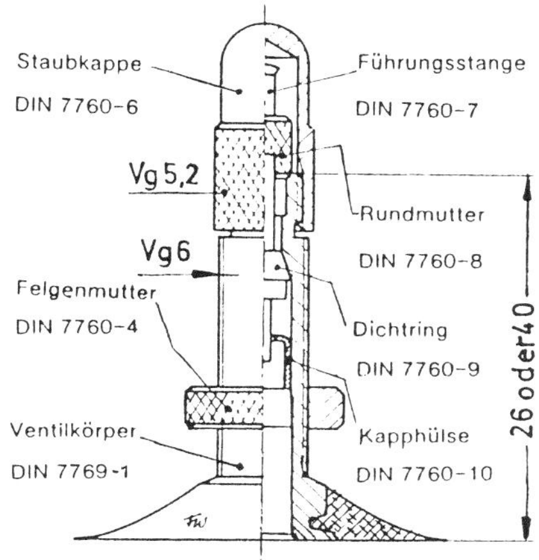

Abb. 561: Sclaverand-Ventil mit Gummifuß DIN 7769 und ETRTO V1-02-1.

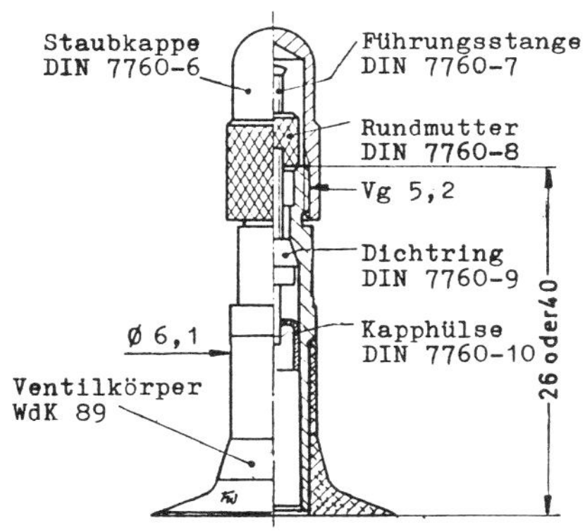

Abb. 562: Sclaverand-Ventil mit Gummifuß und Gummihülle WdK 89-26 GH.

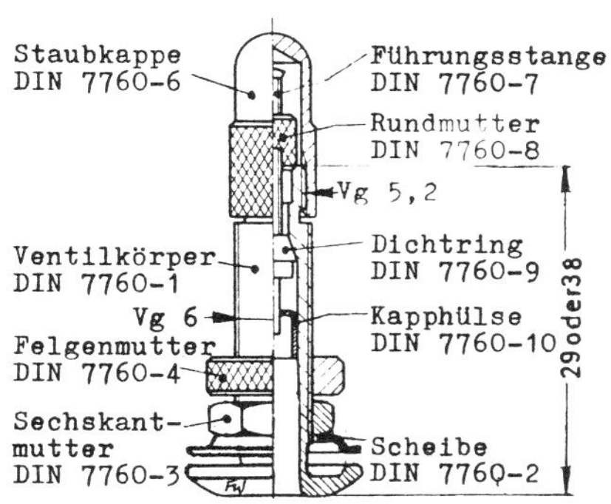

Abb. 563: Sclaverand-Ventil mit Metallfuß DIN 7760.

wird mit einer Rändelmutter (Rundmutter) in den Konus des Ventilkörpers gezogen (Abb. 564).

Vor dem Reifenfüllen muß die Rändelmutter gelöst werden, damit der Gummikegel durch den Pumpenluftdruck geöffnet werden kann (Abb. 565). Vor dem Aufschrauben der Staubkappe muß die Rändelmutter wieder angezogen werden.

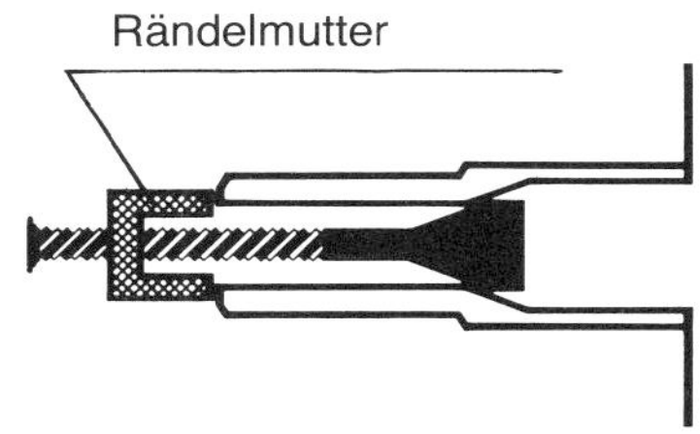

Abb. 564: Sclaverand-Ventil, geschlossen.

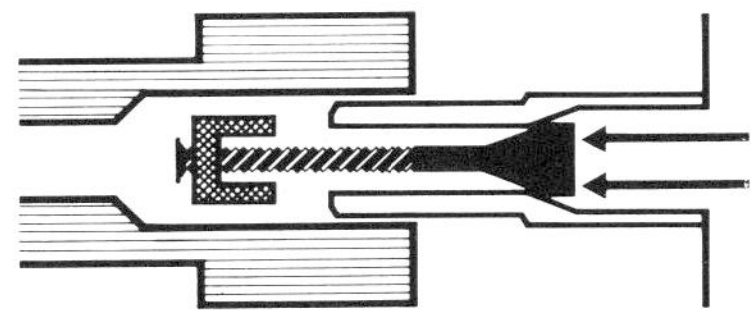

Abb. 565: Sclaverand-Ventil beim Befüllen des Luftschlauches.

Das Schrader- oder Auto-Ventil (Abb. 566)

wird Schrader-Ventil, neuerdings auch Auto-Ventil genannt und hat einen eingeschraubten Ventileinsatz. Verwendet wird es in den USA schon seit vielen Jahren auch bei der Fahrradbereifung. Während es in Deutschland bisher bei Mofas und Krafträdern, später auch bei großvolumigen Fahrradreifen der High-Riser- und BMX-Modelle eingesetzt wurde, sind jetzt Luftschläuche mit Auto-Ventil für fast alle Reifengrößen erhältlich (Abb. 567).

Das Ventil hat einen eingeschraubten kurzen Ventileinsatz DIN 7757-20, der beim Fahrrad bevorzugt wird, oder den langen Ventileinsatz DIN 7757-33 (Abb. 568). Über eine auf einer Stange sitzenden Druckfeder mit Ventilplatte wird durch den Reifenluftdruck das Ventil auf seinen Sitz gepreßt und geschlossen.

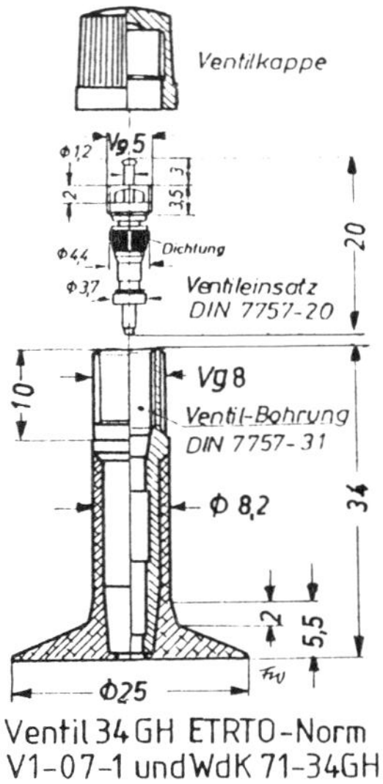

Abb. 566: Schrader/Auto-Ventil 34 GH mit Gummifuß und Gummihülle für Fahrrad-Luftschlauch.

Beim Reifenbefüllen wird die Stange nach unten gedrückt und so das Ventil geöffnet. Der Ventilkörper hat einen aufvulkanisierbaren Gummifuß mit Gummihülle für ein Ventilloch in der Felge von 8,3 mm ∅.

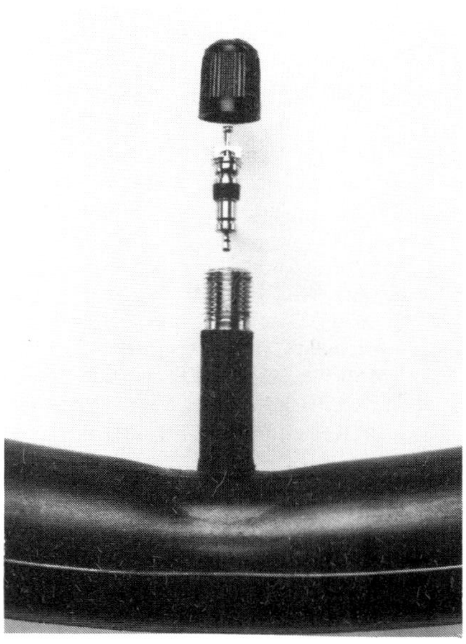

Abb. 567: Fahrrad-Luftschlauch mit Schrader/Auto-Ventil 34 GH.

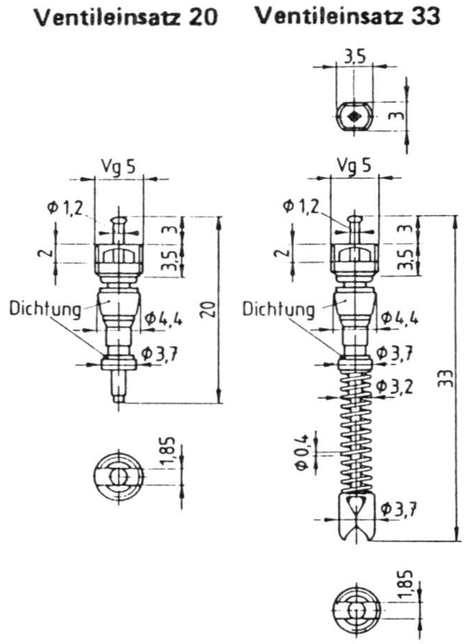

Abb. 568: Schrader-Ventileinsatz (20 und 33) DIN 7757.

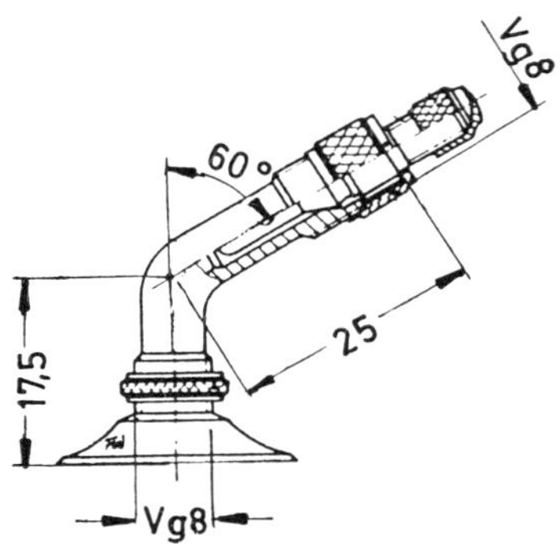

Abb. 569: Winkelventil mit Gummifuß DIN 78028.

Nachpumpen und Druckprüfung ist an jeder Tankstelle möglich. Wegen des kleinen Luftvolumens im Schlauch aus Sicherheitsgründen nicht direkt vom Kompressor aufpumpen!

Für besondere Fälle gibt es gebogene Ventile, die durch Abwinkeln (mit einem Biegewerkzeug) aus verlängerten geraden Ventilkörpern entstehen (Abb. 569).

Für jede der drei gezeigten Ventilbauarten muß die Luftpumpe mit einem geeigneten Mundstück (oder Einsteckschlauch) passend für Dunlop-, Sclaverand- oder Schrader/Auto-Ventile versehen sein.

In der Tabelle mit Abb. 1142 sind die Ventilgewinde (Vg) und Abmessungen aufgeführt, die im Zweiradmechaniker-Handwerk meist nicht bekannt sind. Zugleich erfolgt eine Gegenüberstellung dieser Gewinde und der britischen, französischen und italienischen Bezeichnung.

Die Kraftübertragung

Der Tretantrieb

Mit dem Tretkurbelantrieb muß der Radler das Fahrrad zuerst beschleunigen und dann die Geschwindigkeit trotz hindernder Gegenkräfte aufrechterhalten. Welche Widerstände sind auf Straßen und Radwegen dafür verantwortlich, daß beispielsweise ein durchschnittlicher Radfahrer auf einer Radtour nur etwa fünfzehn Kilometer in der Stunde vorankommt und nicht eine beliebig höhere Reisegeschwindigkeit erreicht?

Auf ebenen Strecken wirken zunächst zwei Kräfte, die Rollreibung und der Luftwiderstand. Auf guter Fahrbahn spielt dabei der Luftwiderstand die weitaus größere Rolle. In bergigem Gelände wird außerdem sehr deutlich die sogenannte „Hangabtriebskraft" spürbar, das ist die Kraft, mit der das voll belastete Fahrrad beim Abwärtsfahren durch das Gefälle vorangetrieben, beim Hinauffahren aber am leichten Vorwärtskommen gehindert wird. Vor allem wegen dieser Hangabtriebskraft werden die Fahrräder möglichst leichtgewichtig gebaut, damit der Fahrer bergauf nicht unnötige Arbeit leisten muß und Zeit spart. Zum guten, raschen Vorankommen, auch auf mäßigen Steigungen, dient ein möglichst leichtes Fahrrad mit einer passenden Übersetzung. Dieses Bestreben zieht sich durch die ganze Fahrradentwicklung von Anfang bis heute.

Durch die Bewegung der Tretkurbeln leistet die fahrende Person mechanische Arbeit. Diese wird mit dem Formelbuchstaben W (englisch: work) bezeichnet und als Produkt

Arbeit = Kraft mal Kraftweg

$$W = F \cdot s$$

berechnet. Es bedeuten:

F Kraft in Newton (N)
s Kraftweg in Meter (m)
W mechanische Arbeit in Newtonmeter = Joule (J)

Damit lassen sich folgende praktische Fälle zahlenmäßig genau im Zusammenhang betrachten:

Ein Fahrer mit 75 kg Gewicht (Masse) stellt sich mit seiner ganzen Gewichtskraft von 750 N auf ein Pedal, wenn dieses gerade den oberen Totpunkt verläßt (Abb. 567). Wenn das Pedal unter dem Einfluß dieser Trittkraft den unteren Totpunkt erreicht, hat es wegen der Tretkurbellänge z. B. $r = 170$ mm einen Halbkreis mit der Bogenlänge $\pi \cdot r = 0{,}534$ m zurückgelegt. Das ist jedoch nicht der für die geleistete Arbeit maßgebende Kraftweg. Die Gewichtskraft des Fahrers wirkt senkrecht, und nur der in senkrechter Richtung zurückgelegte Höhenunterschied $s = 2 \cdot r = 0{,}34$ m ist als Kraftweg in die Formel einzusetzen, was die Arbeit

$$W = 750\ \text{N} \cdot 0{,}34\ \text{m} = 255\ \text{J (Joule)}$$

ergibt.

Bei einer ganzen Kurbelumdrehung leistet der Fahrer zweimal diese Arbeit, demnach 510 J. Die Kraftübertragung zum Hinterrad bringt vernachlässigbare Verluste, z. B. Schlupf zwischen Reifen und Fahrbahn, Wirkungsgrad des Kettentriebes ≈ 95% usw. Das Fahrrad wird mit nahezu der vom Fahrer geleisteten Arbeit vorangetrieben. Falls das Fahrrad bei einer Tretkurbelumdrehung[78] 5,41 m (= Entfaltung bei einem Laufrad mit Bereifung 47-622, 712 mm ∅, und mit einer Übersetzung von 46 auf 19 Zähne) vorankommt, ist diese Fahrtstrecke ein echter Kraftweg: Die Umfangskraft des Hinterrades wirkt auf die Fahrbahn gegen die Fahrtrichtung ein und erzeugt dadurch eine gleichgroße Gegenkraft, die das Fahrrad in Fahrtrichtung vorantreibt.

Betrachten wir den Grenzfall, daß der Fahrer eine steile Steigung erklimmt, die seine ganze Gewichtskraft ständig als Trittkraft erfordert, so läßt sich die mittlere Umfangskraft des Hinterrades errechnen:

$$F_1 = \frac{W}{s_1} = \frac{510\ \text{Nm}}{5{,}41\ \text{m}} = 94{,}3\ \text{N}$$

Die Gewichtskraft von Fahrer, Fahrrad und Gepäck läßt sich mit insgesamt 1000 N (entspricht 100 kg Masse) veranschlagen. Dann kann auf der Fahrtstrecke 5,41 m ein Höhenunterschied von

$$S_3 = \frac{W}{F_3} = \frac{510\ \text{Nm}}{1000\ \text{N}} = \text{rund } 0{,}5\ \text{m}$$

überwunden werden. Das entspricht etwa 9 m Höhenunterschied auf 100 m Straßenlänge.

Dieser letzte Zusammenhang macht deutlich, daß ein leichtes Fahrrad die Berggängigkeit fördert: Der Nenner des Bruchs wird kleiner. In einer solchen Situation kann es besser sein, das Gepäck als Rucksack zu tragen, statt es auf dem Gepäckträger abzusetzen: Die von der Trittkraft abhängige Arbeit im Zähler des Bruchs wird dadurch größer, und der Nenner bleibt unverändert. Im Ergebnis kann man dann einen größeren Höhenunterschied auf 100 m Fahrtstrecke bewältigen, ohne angestrengt am Lenker ziehen zu müssen, um die Trittkraft zu vergrößern.

Bei steilen Anstiegen macht sich eine weitere physikalische Größe, das Drehmoment, bemerkbar, und zwar um so mehr, je langsamer man fährt. Bei waagerechter Stellung der Tretkurbel wird das Fahrrad spürbar beschleunigt, so daß es kurz vor dem unteren Totpunkt der Kurbel annehmbar schnell fährt. Aber diese Geschwindigkeit geht anschließend rasch wieder verloren. Diese ungleichmäßige Vorwärtsbewegung kann arg störend wirken. Die Ursache, das wechselnde Drehmoment, wird auf Seite 57 erklärt. Vorerst betrachten wir das Drehmoment nur als eine gleichbleibende Größe. Das Drehmoment wird berechnet:

$$M = F \cdot l$$

Es stellt die Drehwirkung dar, die eine an einem Hebel angreifende Kraft ausübt. Es bedeuten:

F Kraft in N
l wirksame Hebellänge in m
M Drehmoment in Nm

Weil das Drehmoment genau wie die mechanische Arbeit ein Produkt aus einer Kraft und einer Länge ist, muß der Unter-

[78] Die für den menschlichen Körper günstigste Drehzahl der Tretkurbelwelle liegt zwischen 40 und 60 U/min

schied zwischen diesen beiden physikalischen Größen sorgfältig beachtet werden: Beim Drehmoment ist der wirksame Hebelarm nicht in Kraftrichtung, sondern genau im rechten Winkel zu dieser als Abstand von der Drehachse zu messen (Abb. 571). Aus Drehmoment und Drehzahl (Drehfrequenz) läßt sich die mechanische Leistung berechnen nach der Formel

$$P = 2\pi \cdot M \cdot n$$

Es bedeuten:

P Leistung in Watt (W)[79]
M Drehmoment in Newtonmeter (Nm)[80]
n Drehzahl in Umdrehungen je Sekunde = Drehfrequenz in 1/s
Kreiszahl Pi (π) = 3,14159 . . .[81]

Wichtig ist, daß das an der Tretkurbelwelle entstehende Drehmoment sich über- oder untersetzen läßt. In Verbindung mit dem Drehmoment spricht man dabei von einer Wandlung. Um die Möglichkeiten einer Drehmomentwandlung und ihre Bedeutung für den Fahrzeugantrieb verstehen zu können, muß man sich die obenstehende Formel noch näher ansehen.

Ist nämlich $P = 2\pi \cdot M \cdot n$

so ist auch $M = \frac{P}{2\pi \cdot n}$

Das bedeutet: Bei gleichbleibender Drehzahl muß eine Änderung der Antriebsleistung auch eine Änderung des Drehmoments zur Folge haben. Wichtiger ist für die Praxis, daß bei gleichbleibender Antriebsleistung durch Veränderung der Drehzahl das Drehmoment und damit die Umfangskraft, in unserem Fall am angetriebenen Hinterrad, geändert werden kann.

Was eine Veränderung der Umfangskraft am Hinterrad bedeutet, dürfte klar sein: von ihr hängen entscheidend Beschleunigung und Bergsteigefähigkeit ab.

Wird eine größere Umfangskraft, gleichbedeutend mit einem größeren Drehmoment, am Hinterrad gebraucht (etwa um eine Steigung der Fahrbahn zu nehmen), ohne daß es möglich ist, das Antriebsdrehmoment zu erhöhen, so läßt sich dennoch das Drehmoment am Hinterrad steigern. Das geschieht in einfacher Weise innerhalb der Kraftübertragung durch Verkleinern des Übersetzungsverhältnisses, das heißt auf Kosten der Drehzahl am Hinterrad und somit der Fahrgeschwindigkeit.

Bessere Beschleunigung bzw. stärkeres Durchziehen durch Wandlung des Drehmoments mittels einer Kettenschaltung oder einer Getriebenabe ist das Primäre, woraus sich zwangsläufig eine Verminderung der Fahrgeschwindigkeit ergibt – und nicht umgekehrt. Bei Verbrennungsmotoren, wie sie u. a. auch in motorisierten Zweirädern als Kraftquelle dienen, liegen die Verhältnisse anders, weil mit einer Verringerung der Motordrehzahl auch das Drehmoment des Motors absinkt, so daß die Umfangskraft am Antriebsrad auch bei langsamer Fahrt nicht mehr ausreicht, um das Fahrzeug in Bewegung zu halten – der Motor würde stehenbleiben. Hier kann tatsächlich die Notwendigkeit, die Fahrgeschwindigkeit unter einen bestimmten Wert zu verringern, zur Erhöhung des Drehmoments am Antriebsrad zwingen.

Der Verlauf des Drehmoments beim menschlichen Muskelmotor ist wesentlich günstiger als beim Verbrennungsmotor. Je langsamer der Mensch seine Kraft wirken läßt, um so größere Kraft kann er am Pedal entfalten. Mit anderen Worten: seine Leistung sinkt nicht, wie die des Verbrennungsmotors, mit der Drehzahl ab, sondern bleibt (innerhalb gewisser Grenzen) praktisch immer gleich. Sinkt seine Drehzahl, so muß sein Drehmoment im umgekehrten Verhältnis steigen. Tatsächlich kann der Mensch das größte Drehmoment auch bei Drehzahl Null entfalten.

In einem gleichen sich dann Mensch und Motor doch wieder: bei Überdrehzahlen – beim Menschen bei einer größeren als seiner Natur entsprechenden Bewegungsgeschwindigkeit – sinkt bei beiden das Drehmoment wieder ab.

Entscheidend für die Leistung des Menschen ist die Ermüdung, die die Maschine in diesem Sinne nicht kennt. Trotz der durch Ermüdung gesunkenen Antriebsleistung des Menschen wird aber immer noch eine ausreichende Umfangskraft am Hinterrad erbracht – freilich unter Verringerung der Fahrgeschwindigkeit. Natürlich interessiert die Frage, welche Antriebsleistung denn dem normalen Radfahrer eigentlich zur Verfügung steht, und wie hoch die Watt-Leistung eines Menschen als Motor ist.

Die Antwort darauf lautet: sie ist ebenso unterschiedlich wie der Mensch selbst durch seinen jeweiligen körperlichen Zustand. Will man ungefähre Werte ermitteln, so muß man erst einmal eine Art „Normal-Mensch" fixieren: einen noch nicht ermüdeten, mit durchschnittlichen Körperkräften und durchschnittlichem Gewicht (ermittelt aus männlichen und weiblichen Personen) ausgestatteten Menschen. Das Körpergewicht ist bei der Berechnung der menschlichen „Muskelmotor-Leistung" wichtig. Die eigentliche Körperkraft selbst wirkt sich erst beim Sport- und Rennfahrer aus, bei Normalfahrern nur an Steigungen und kurzzeitig bei starkem Antritt.

Als Körpergewicht eines Menschen werden für solche Berechnungen 75 kg angenommen. Es ist aber schwierig, die mechanische Leistung eines Fahrers mit Hilfe des Drehmoments und der Tretkurbel-Drehzahl zu bestimmen.

Schon der Faktor Kraft schwankt wegen der Unterschiede in den Körperverhältnissen. Wie bereits gesagt, hängt die Leistung des Menschen als Fahrrad-Motor sehr vom Körpergewicht und sodann von zusätzlicher Körperkraft ab. Das Moment an der Tretkurbelwelle kommt durch den Pedaldruck und den jeweils durch die Tretkurbeln gebildeten Hebelarm zustande. Der wirksame Druck auf die Pedale wird durch den tretenden Fahrer erzeugt.

Jede Kraft aber, das lehrte bereits Newton[82], kann nur zusammen mit einer gleichgroßen Gegenkraft existieren, im vorliegenden Fall, wenn sich der Fahrer in der

[79] 1 W = 1 Watt = 1 Joule/Sekunde = 1 Newtonmeter/Sekunde ist die notwendige Leistung, um einen Gegenstand mit der Geschwindigkeit 1 Meter/Sekunde fortzubewegen, wenn dabei die Gegenkraft 1 Newton (z. B. als Reibung) wirkt.

Die frühere Leistungsangabe in PS (Pferdestärke) ist nicht mehr zulässig, 1 PS = 75 kpm/s (736 Watt)

[80] Nm (Newtonmeter) = die Arbeit, die verrichtet wird, wenn ein Gegenstand mit einer Kraft von 1 Newton (N) in Kraftrichtung um 1 Meter (m) verschoben wird

[81] Kreiszahl Pi (π) 3,14159 . . . = konstante (gleichbleibende Zahl)

[82] Newton = englischer Physiker, Mathematiker und Astronom, 1643 – 1727

der Kraftrichtung entgegengesetzten Richtung abstützen kann. Die Möglichkeit dazu bietet ihm das eigene Körpergewicht.

Körperkraft zusätzlich zum Körpergewicht kann der Radfahrer nur einsetzen, wenn er sich zur weiteren Abstützung am Lenker festhält.

Kurzzeitig kann, nach Messungen, der Pedaldruck um bis zu 100 Prozent erhöht werden. Dadurch ließe sich bei einem angenommenen Körpergewicht von 75 kg die Gewichtskraft von 750 Newton (N) auf 1500 Newton (N) steigern. Dieser Wert ist aber ein Extrem, das nur von kräftigen und durchtrainierten Fahrern erreicht werden kann. Beim normalen Tourenfahrer wird der zusätzliche Druck gegenüber dem Druck durch das Körpergewicht gering sein. Von der Möglichkeit, den Pedaldruck durch Festhalten am Lenker zu vergrößern, macht der Normalfahrer nur dann Gebrauch, wenn er schwerer treten muß. Unbewußt allerdings tut er das auch, wenn die Stellung der Tretkurbeln ihm die Möglichkeit gibt, den ausgeübten Druck besonders wirksam werden zu lassen.

Selbstverständlich sind dabei auch die sogenannten Verhältnisgrößen des Fahrrades (Lage der Tretkurbeln, des Sattels, des Lenkers usw. zueinander) und die sich daraus ergebende Körperhaltung des Fahrers ebenso entscheidend wie seine eigenen Körpermaße.

Alle diese Faktoren sind beim normalen Fahrrad anders als beim Rennrad. Dieses ist auf höchste Kraftentfaltung konzipiert, während beim Normalrad ein gewisser Fahrkomfort eine nicht unerhebliche Rolle spielt.

Mehr als 150 Newton zusätzlicher Pedaldruck kann nicht angenommen werden, und das auch nur während weniger Minuten, so daß man mit einem maximalen Pedaldruck von

$$750\ \text{N} + 150\ \text{N} = 900\ \text{N}$$

rechnen kann. Diese 900 N Pedaldruck wirken sich an einem Hebelarm aus, der in der günstigsten Stellung der Länge der Tretkurbel (170 mm) entspricht, einem Hebelarm also von 0,170 m Länge. Demnach entsteht an der Tretkurbelwelle ein Drehmoment (M) von

$$M = 900\ \text{N} \cdot 0{,}170\ \text{m} = 153\ \text{Nm}.$$

Bei normaler Fahrweise läßt der Fahrer nicht sein gesamtes Körpergewicht auf die Pedale wirken. Ein großer Teil davon ruht auf dem Sattel, solange der Fahrer sich nicht voll auf die Pedale stellt. Außerdem wirkt beim tretenden Bein das Gewicht des anderen, von der leerlaufenden Tretkurbel hochgehobenen Beines entgegen. Die für den tatsächlichen Pedaldruck maßgebenden Faktoren, Körpergewicht, Körperkraft, Fahrtechnik und Fahrstil, sind sehr unterschiedlich. Beim Durchschnittsfahrer kann man daher nicht mit dem theoretischen Wert von 153 Nm rechnen. Man muß Abstriche machen, sofern man nicht eine kurzfristige Spitzenleistung, sondern die Dauerleistung errechnen will.

Dazu kommt noch ein besonderer Umstand: die wirksame Länge der Tretkurbel. Die Länge als solche ändert sich nicht, wohl aber die wirksame Länge des Hebelarms an der Tretkurbelwelle. Eine Kurbel wird nur dann gleichmäßig angetrieben, wenn die Drehkraft immer rechtwinklig zur jeweiligen Kurbelstellung wirkt, das heißt ständig mit der Drehung ihre Richtung ändert und dabei das Drehmoment gleich groß bleibt. Bei einer handgetriebenen Kurbel (Winde) wird das in ungefähr erreicht, weil der Betätigende sich beugt und streckt, vor und zurück tritt, drückt und zieht und so die Richtung der Drehkraft entsprechend der Kurbelstellung ständig ändern kann (Abb. 570).

Die Tretkurbeln am Fahrrad werden aber durch die ständig ungefähr senkrecht nach unten wirkenden Beinkräfte des Fahrers angetrieben. Im oberen Totpunkt, wenn die

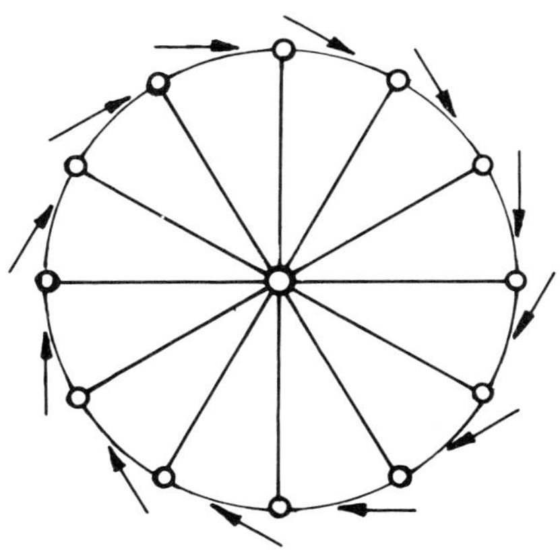

Abb. 570: Gleich große Hebelarme am Handkurbeltrieb.

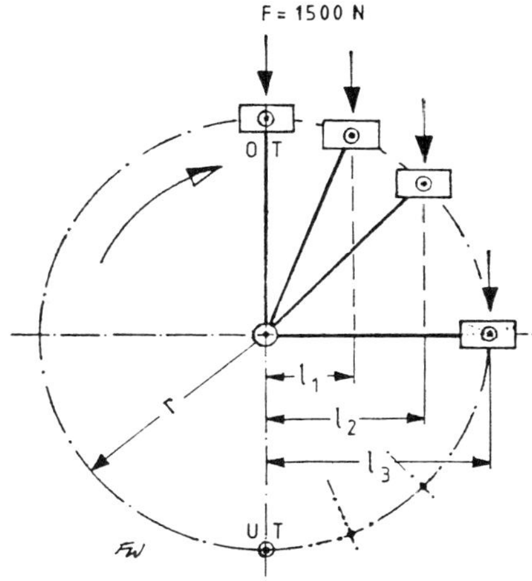

Abb. 571: Hebelarmbildung an der Tretkurbel.

Kurbel senkrecht nach oben steht, ist der wirksame Hebelarm gleich Null. Er entsteht überhaupt erst, wenn der obere Totpunkt überschritten ist (Abb. 571). Er wird dann immer größer (Abb. 571 l_1 und l_2) und erreicht das Maximum, die volle Tretkurbellänge, erst, wenn er im rechten Winkel zur Druckrichtung steht (Abb. 571 l_3). Von da ab wird er wieder kleiner und im unteren Totpunkt schließlich wieder Null. Das volle Drehmoment ist nur in einer bestimmten Kurbelstellung und nur kurzfristig zu erreichen.

Bei diesem Beispiel mit einer in Größe (1500 N) und Richtung (senkrecht) gleichbleibenden Kraft kann man zwar den für Arbeit und Leistung maßgebenden Mittelwert

$$M_{mittel} = F \cdot r \cdot 2/\pi$$

errechnen, also rund 64% des Maximalwertes $F \cdot r$, aber eine solche Kraft kommt nur beim Fahren im stehenden Tritt näherungsweise vor. Viel genauer kann jeder Radler seine persönliche Leistung aus dem Gesamtgewicht von Fahrer, Fahrrad und Gepäck (auf Personenwaage), dem Höhenunterschied einer Steigung (aus Landkarte) und aus der Fahrzeit berechnen, die er zum Hinaufradeln braucht.

In der Praxis sind solche Rechnungen dann brauchbar, wenn man auf guter Fahrbahn mit geringer Geschwindigkeit steil bergauf fahren muß. Die Steigung setzt dann dem Vorwärtskommen die sogenannte Hangabtriebskraft entgegen, aber die Straßenreibung und der Luftwiderstand bleiben im Vergleich dazu vernachlässigbar gering. Die vom Fahrer erzeugte mechanische Arbeit wird hinreichend vollständig in einen entsprechenden Gewinn an Höhe umgesetzt. Beträgt beispielsweise das Gesamtgewicht 100 kg (Masse) und der Höhenunterschied 670 m (z. B. Oppenauer Steige im Schwarzwald), so ergibt sich die zum Hinaufkommen notwendige mechanische Arbeit (W) als das Produkt aus der Gewichtskraft (F = 1000 N) und dem Kraftweg (s = 670 m) zu W = F · s = 1000 N · 670 m = 670000 J. Ein trainierter Fahrer mit großer persönlicher Leistung vollbringt diese Arbeit in einer kürzeren Zeit als ein anderer, der weniger fit ist. Es gilt also der Grundsatz: Je kürzer die Fahrzeit, desto größer die Leistung. Unter der mechanischen Leistung stellt man sich am einfachsten die durchschnittlich in einer Sekunde erzielte mechanische Arbeit vor. Um diese als Rechenergebnis zu bekommen, dividiert man die mechanische Arbeit durch die Anzahl der Sekunden, die man zum Vollbringen dieser Arbeit benötigte. Wurde die Steigung beispielsweise in 70 min = 4200 s Fahrzeit bewältigt, so beträgt die Leistung

$$P = \frac{670000\,\text{J}}{4200\,\text{s}} = 160\,\text{J/s} = 160\,\text{Watt}$$

Zusammengefaßt lautet der Zusammenhang:

$$P = \frac{F \cdot s}{t}$$

P Leistung in W
F Gewichtskraft in N
(Gewichtskraft in N = Masse in kg mal Fallbeschleunigung in $\frac{m}{s^2}$
Die Norm-Fallbeschleunigung an der Erdoberfläche beträgt 9,806 m/s^2. Man rechnet mit 10 m/s^2 = 10 N/kg)
s Höhenunterschied in m
t Fahrzeit in s

Die Erfahrung zeigt, daß die Kenntnis der persönlichen Leistung gut brauchbar ist, um die Zeit zum Überwinden einer langen Steigung vorauszuberechnen, sogar dann, wenn es sich um einen steil aufwärts führenden Fußmarsch ohne Fahrrad handelt. Man rechnet mit der umgestellten Formel

$$t = \frac{P}{F \cdot s}$$

Aber der Mensch ist keine Maschine. Wer sich nicht allmählich auf Ausdauer trainiert hat, soll nicht die Höchstleistung, die er eine Stunde lang abgeben kann, ohne weiteres beliebig längere Zeitspannen durchhalten wollen. Rechtzeitig eingelegte Pausen, ehe ein zu sehr „abgekämpfter" Zustand erreicht ist, verhindern den großen Leistungsabfall und bringen deshalb mehr Gewinn als die oft viele Stunden dauernde Erholung aus einer zu tiefen Erschöpfung der Leistungsreserven.

Das Tretlager

Die Tretlagerwelle und ihre Lagerung

Die Tretlagerwelle (Tretkurbelwelle) wird häufig als Tretlagerachse oder Tretkurbelachse bezeichnet. Das ist nicht richtig. Denn mit „Achse" bezeichnet man Träger von Maschinenteilen, z. B. Räder, die keine Drehmomente übertragen und nur auf Biegung beansprucht werden. Zur Übertragung von Drehkräften dagegen dienen Wellen, sie werden entweder auf Drehung oder auf Drehung und Biegung beansprucht. Letzteres trifft auf die Tretlagerwelle voll zu, weshalb auch im Folgenden nur diese fachlich richtige Bezeichnung zu finden sein wird.

Wie schon im Kapitel „Tretantrieb" erwähnt, muß die Tretlagerwelle besonders an der linken Kurbelseite (gegenüber der Kettenradseite!) den maximalen Pedaldruck als Drehmoment aufnehmen – das höchste Drehmoment, das innerhalb des gesamten Fahrradantriebs auftreten kann. Dementsprechend muß nicht nur die Welle selbst, sondern auch ihre Lagerung bemessen sein. Wenn die Lagerung auch selbst kein Drehmoment zu übertragen hat, so wird sie doch durch die Drücke beansprucht, die das Drehmoment erzeugt. Wenn die Tretlagerwelle und ihre Lagerung im Prinzip auch mit einer Naben-Achse vergleichbar sind, so müssen beide doch erheblich kräftiger bemessen sein. Größere Abmessungen der Lagerung ergeben sich zwangsläufig schon durch das größere auf die Tretlagerwelle zu übertragende Drehmoment.

Im Laufe der Zeit wurden verschiedene Tretlagersysteme entwickelt, woraus sich auch verschiedenartige Tretlagerwellen-Ausführungen ergaben. Man unterscheidet hauptsächlich zwei Tretlagersysteme:

1. das Thompson-Lager mit eingepreßten Lagerschalen;
2. das BSA-Lager mit eingeschraubten Lagerschalen.

Beide Lagerausführungen können mit Wellen für Tretkurbelbefestigung (Pedalarmbefestigung) durch Keil, konischen Vierkant oder Keilwellenprofil versehen sein. Für jeden Fahrrad-Typ wurden spezielle Tretlagerbauarten entwickelt, die sich außerdem auch nach dem verwendeten Werkstoff unterscheiden.

Tretlager für Touren-Räder (Glockenlager)

Die gebräuchliche Tretlagerausführung für Tourenräder ist das sogenannte „Glockenlager" (Abb. 572). Es hat seinen Namen nicht von einer bestimmten Art der Lagerung, sondern von den glockenartigen Schalen an den Tretkurbeln. Diese Glocken haben einen doppelten Zweck: einmal decken sie die Ränder des Tretlagergehäuses und die Lager nach außen ab und schützen sie gegen das Eindringen von Schmutz und Wasser – zum anderen bildet die rechte Glocke ein Stück mit dem Kettenrad. Die Befestigung der Tretkurbeln erfolgt durch einen schlanken Vierkant (Verjüngung 1:17,5). Die beiden Enden der Tretlagerwelle sind zylindrisch gedreht, auf ihnen wird dann der leicht konische Vierkant angefräst. In den Tretkurbeln wird die Gegenform in ein entsprechend vorgebohrtes Loch eingeprägt. Die Tretkurbeln werden auf die Tretlagerwelle stramm aufgedrückt und mit Rundmuttern verschlossen. Die Stirnseite der Kurbeln trägt ein Gewinde, damit im Reparaturfall ein Abzieher angesetzt werden kann, mit dem die sehr fest sitzenden Kurbeln abgezogen werden können.

Die Konusbefestigung der Tretkurbeln hat gegenüber der Keilbefestigung den Vorteil, daß größere Drehmomente übertragen werden können und die Tretlagerwelle nicht durch kantige Nuten für die Keile geschwächt wird.

Nachteilig ist die Notwendigkeit, für die Kurbeldemontage einen Abzieher zu benutzen, was bei Keilbefestigung nicht notwendig ist. Deswegen wurde auch die Keilbefestigung vielfach bevorzugt. Bei Getrieben aus Leichtmetall-Legierungen, wie sie heute meist bei Rennsport-Rädern verwendet werden, ist die „keillose" Befestigung durch ähnliche konische Vierkante oder durch Keilwellenprofile wegen der etwas weicheren Leichtmetallkurbeln notwendig.

Die Konus-Kugellager mit Einschlagschalen sind maßlich mit den Thompson-Keiltretlagern gleich. Auf der rechten Tretlagerseite befindet sich der „Festkonus", der auf

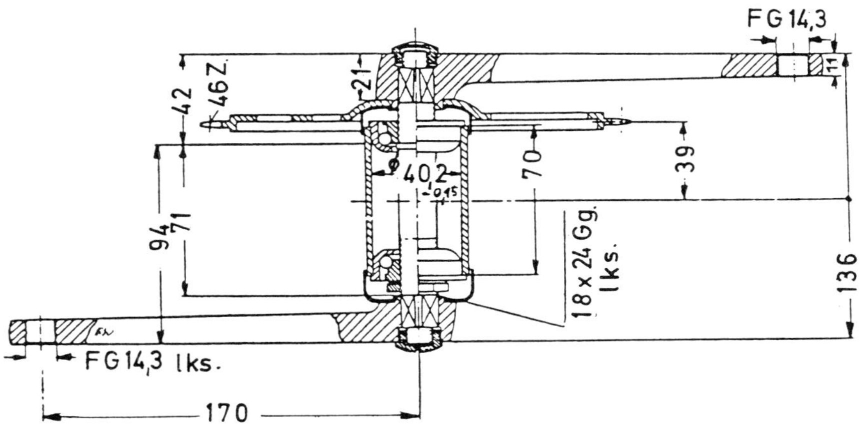

Abb. 572: Tretlager mit Glocken.

das stramm gängige Gewinde der Welle fest aufgeschraubt ist, bei neueren Konstruktionen auch gleich an der Welle angepreßt sein kann. An der linken Seite befindet sich das Einstell-Lager; mit dem Stellkonus, der über eine Nasenscheibe mit der Gegenmutter gekontert wird, wird das Lagerspiel eingestellt.

Die Innenteile des Antriebs werden meist nur verzinkt, während die Sichtteile verchromt sind.

Die Kurbelarme werden im Gesenk aus Werkstoff St 60-2 oder C 45 DIN 17 100 warm geschmiedet, zwischen den beiden Augen ist das Profil oval gehalten. In einer modernen Fertigung (für große Stückzahlen), wie bei der Firma Thun, werden die Pedalarme im Kaltfließpreßverfahren aus einem Runddraht gestaucht, gezogen und verformt. Dabei wird der weiche Stahldraht durch mehrere aufeinander folgende Verformungsprozesse hoch verfestigt, so daß im Endzustand die Zugfestigkeit über 600 N/mm² liegt.

An der rechten Tretkurbel wird am Kragen für die Kettenradmitnahme ein grober Rändel gewalzt. Das weichere Kettenrad aus Bandstahl 3 mm dick (St 2 K 32 Bk DIN 1624) wird auf den Rändel aufgepreßt, der Kragen dann mit der dazwischen geklemmten Staubkappe umgebördelt.

Damit das Kettenrad seitensteif ist, wird es geprägt und die Form (das „Design") ausgestanzt. Es gibt zwei Arten von verformten Kettenrädern (im Fach auch „Kettenblätter" genannt): mit angeprägtem Rand (Abb. 573) und mit angewalztem Rand (Abb. 574).

Die Ausführung mit angewalztem Rand bringt kleineren Stirnschlag (Planrundlauffehler) und größere Seitensteifigkeit als die geprägte Ausführung. An der vorher ausgestanzten „Ronde" wird ein innenlaufender ringförmiger Wulst mit einem Spezialverfahren unter Druck angewalzt.

Die Lagerschalen werden aus Bandstahl (St 3 G DIN 1624) gepreßt oder im Kaltfließpreßverfahren (Werkstoff Cq 15 DIN 1654) verformt und im Einsatz gehärtet. Genau so wird auch die Tretlagerwelle entweder aus Werkstoff 45 S 20 K + V DIN 1651 auf Mehrspindel-Automaten gedreht oder aus Cq 35 DIN 1654 in kaltfließgepreßter (matrizierter) Ausführung hergestellt.

In den Tretkurbeln muß das Pedalgewinde FG 14,3 DIN 79012 (s. Tabelle Abb. 1139 und 1140 rechtwinklig eingeschnitten sein. An der linken Kurbel ist es linksgängig.

Für die Thompson-Konuskugellager werden Kugelhalter mit neun Kugeln 6,35 mm Ø verwendet.

Bei Tretlagern in Standard-Qualität für Touren-, Sport-, Klapp- und Kinder-Räder sollte der Rundlauffehler am Fußkreis der Verzahnung des Kettenrades 0,6 mm und der Stirnschlag 0,4 mm, ausgehend von 46 Zähnen, nicht überschreiten.

Die Verzahnung des Kettenrades richtet sich nach der Kette. Für Fahrräder gelten folgende Kettenabmessungen:

Kette 12,7 × 3,3 (½ × ⅛) Rollen-Ø 7,75 mm nach DIN/ISO 8187 Nr. 081 für alle Fahrräder außer mit Mehrfach-Kettenschaltungen;

Kette 12,7 × 2,38 (½ × 3/32) Rollen-Ø 7,75 mm nach DIN/ISO 8187 Nr. 082 für Räder mit Mehrfach-Kettenschaltungen.

Die Herstellung der Zahnform (Profilabmessung) des Kettenrades erfolgt nach DIN 8196.

Die Kettenlinie ist eine Parallele von Mitte Rahmen bis Mitte Kette, sie beträgt für die jeweiligen Getriebe 39, 41, 43 oder 43,5 mm.

Tretkurbeln gibt es in verschiedenen Längen. Für die europäischen Erwachsenen-Räder haben sich 170 mm als Standard-Länge herausgebildet. Rennräder werden auch mit Leichtmetall-Kurbeln in den Längen 165, 172, 175 und 180 mm, aber nur mit konischer Vierkantbefestigung, ausgeführt. Kinder- und Jugend-Räder sind mit den Längen 90,110,125,145,152 und 165 mm, je nach Land, im Handel. Allgemein gilt die Regel, daß 1/10 Körpergröße oder Hälfte der Oberschenkellänge Pedalarmlänge sein sollte.

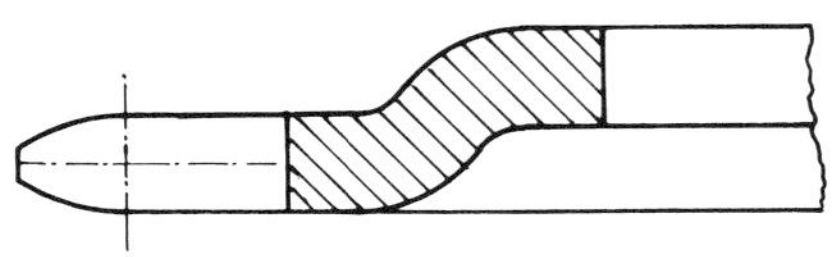

Abb. 573: Angeprägter Kettenrad-Rand.

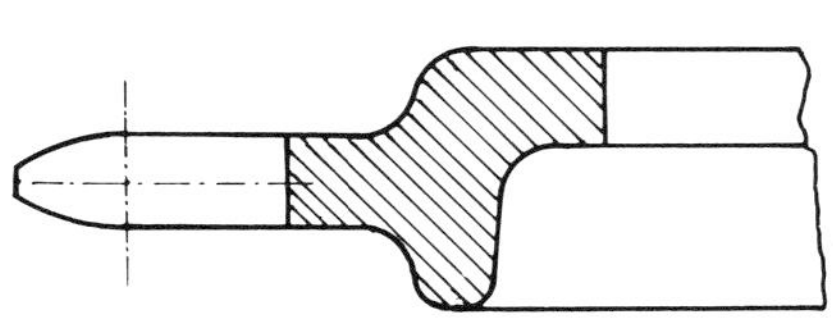

Abb. 574: Angewalzter Kettenrad-Rand.

Das Thompson-Tretlager

Das Baumerkmal der sogenannten „Thompson"-Getriebe sind die eingepreßten zylindrischen Lagerbuchsen (im Gegensatz zu den eingeschraubten Lagerschalen des BSA-Antriebs (Abb. 575).

Die Einschlagschalen für die Konus-Kugellager haben den Vorteil, daß sie mit einfachen Betriebsmitteln vom Außendurchmesser zum Kugellauf gut zentrisch laufend gefertigt werden können (beim BSA-Lager muß das über die Gewindeflanken erfolgen, was fertigungstechnisch nicht ganz einfach ist). Auch braucht im Tretlagergehäuse des Rahmens kein Gewinde geschnitten zu werden. Das Einpressen der Lagerschalen bei der Tretlagermontage erfolgt schneller als das Einschrauben. Der zentrische Rundlauf ist deshalb beim Thompson-Lager zwangsläufig genauer als bei der BSA-Ausführung. Außer der Tretkurbelbefestigung durch Keile ist die sonstige Ausführung und Fertigung die gleiche wie beim Touren-Antrieb nach Abb. 572.

Bei Keilbefestigung endet die Tretlagerwelle auf beiden Seiten zylindrisch. Kurz vor den Enden sind um 180° quer zur Mittelachse versetzte parallele Nuten für die Keilflächen vertieft gefräst (Abb. 576).

So leicht die Keilbefestigung bei Montage und Demontage ist – problemlos ist sie deshalb nicht; die Passungen (Welle und Kurbelbohrung, Keilfläche zum Abstand Keilloch im Kurbelarm, sowie die Toleranz des Keillochs und der Keil selbst) sollten eng gehalten werden, damit der Keil sich unter Last nicht einarbeiten und lose werden kann – Verdrehungsbrüche an der Keilnut der Welle könnten sonst auftreten.

Die Tretkurbeln mit rechteckigem Profil haben senkrecht zum großen Auge die Keilbohrung (die etwas in die Bohrung für die Welle hineinragt), in die der Keil eingesetzt wird. Die Keile werden aus gezoge-

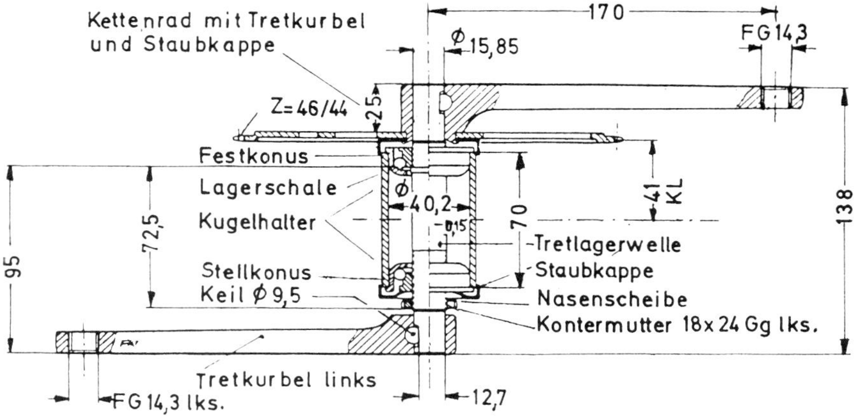

Abb. 575: Tretlager-Ausführung Thompson.

nem Rundstahl 9,5 mm 9 S 20 K DIN 1651 (für Kinder-Tretlager 8 mm) hergestellt. Das eine Ende ist gut verrundet, das andere trägt, exzentrisch zum Keilschaft, das Gewinde für die Mutter (Abb. 577).

Das Gewinde wurde bisher mit 6,35 mm (¼″) ausgeführt, verschiedene Hersteller verwenden das kräftigere Gewinde M 7. Länge des Keils und Neigung der Keilfläche (ca. 7°) müssen so bemessen sein, daß der fest eingetriebene Keil mit der Kuppe noch einige Millimeter vorsteht. Das Gewinde darf über die angezogene Befestigungsmutter nur gering vorstehen, damit die Gefahr, sich zu verletzten oder mit den Hosen hängen zu bleiben, vermieden wird. Hutmuttern mit Plastikkappen sind deshalb für diesen Zweck gut geeignet. Die Neigung der Keilfläche ist nicht genormt, die Hersteller verwenden verschiedene

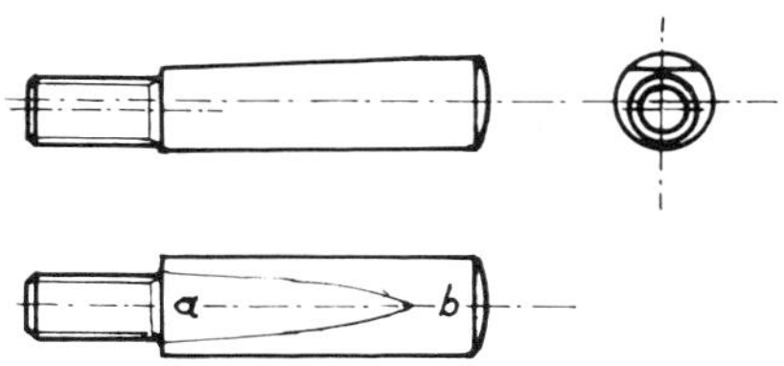

Abb. 577: Tretkurbel-Keil.

Schrägungen (zum Ärger der Kunden und zum Leidwesen der Zweirad-Mechaniker).

Beim Handwerk gibt es verschiedene Meinungen darüber, von welcher Seite der Kurbelkeil montiert werden soll. Tatsächlich sind die Einbauverhältnisse so: durch die Schrägung ist die Keilfläche vorn am Gewinde breit und läuft zum anderen Ende spitz zu. Die Keilflächen der Tretlagerwelle stehen aus Gründen einfacherer Herstellung parallel zueinander (Abb. 578). Damit die beiden Kurbeln fluchten, muß der eine Keil entgegengesetzt zum anderen eingetrieben werden (Abb. 579).

Die Keile sollen immer so eingesetzt werden, daß der Fußdruck, der um das Vielfache verstärkt auf die Keile wirkt, von der breiten Keilfläche (a in Abb. 577) übernommen und weitergegeben wird. Denn der schmale Teil der Keilfläche (b in Abb. 577) würde bei den starken Druckstößen auf die Dauer in die Keilfläche eindringen und sie beschädigen, was man häufig feststellen kann.

Der Fußdruck rechts wird ohne Beanspruchung von Keil und Welle direkt auf das Kettenrad und die Kette übertragen; der Druckverlauf der Fußkraft links geht über den linken Keil der Tretlagerwelle und den rechten Keil auf das Kettenrad. Soll nun diese Fußkraft immer von der breiten Seite der Keilfläche übernommen werden, müßten beide Keile – bei hochstehender linker Kurbel in Fahrtrichtung – der Keilfläche (a– a in Abb. 580) von der gleichen Seite eingeführt werden.

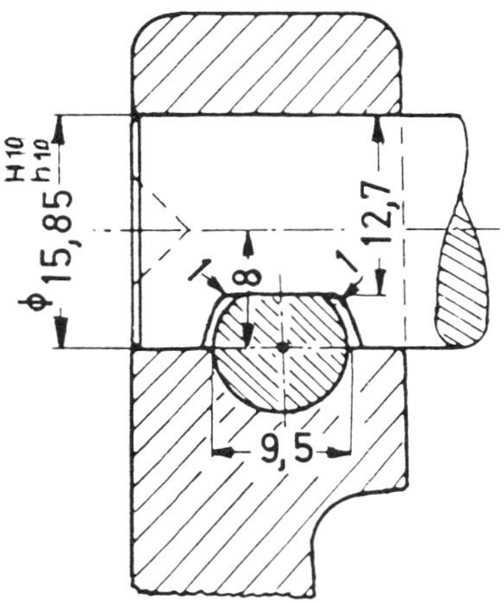

Abb. 576: Tretkurbelbefestigung durch Keil.

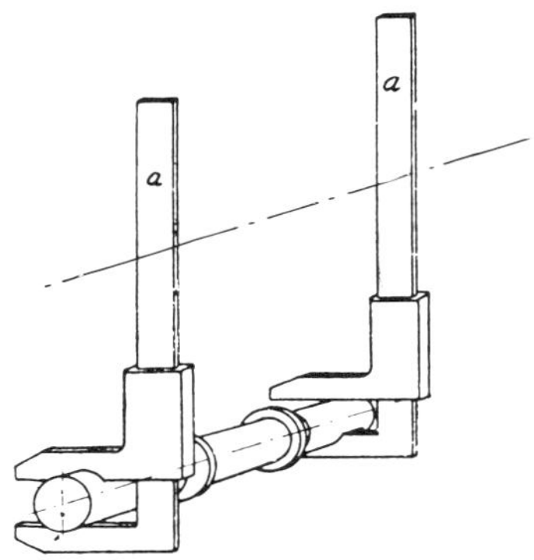

Abb. 578: Nachmessen der Keilflächen-Richtung.

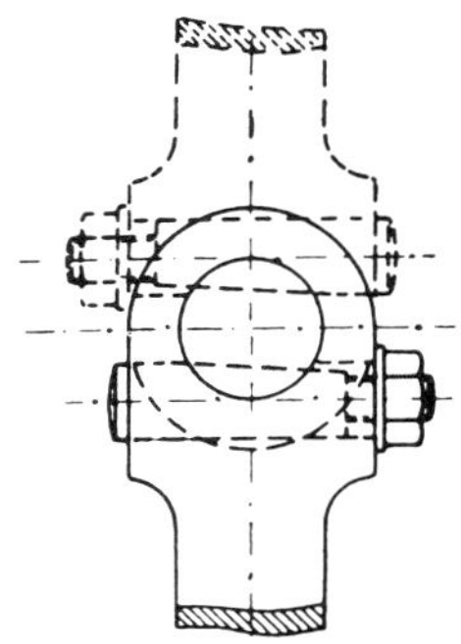

Abb. 579: Serienmäßige Kurbelkeil-Anordnung.

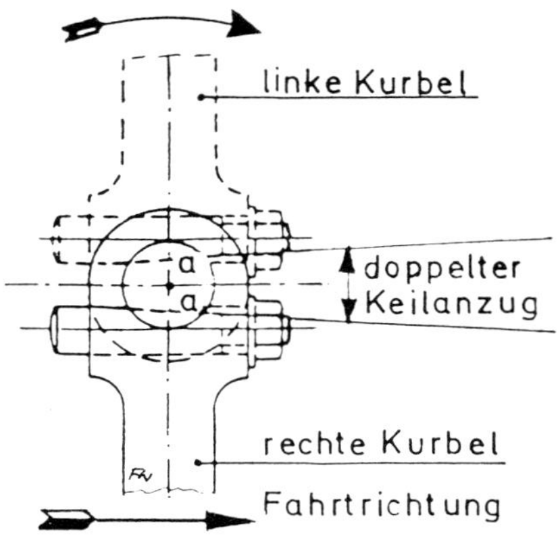

Abb. 580: Kurbelkeil-Anordnung, wie sie dem Druckverlauf entsprechen würde (nicht ausgeführt).

Die Wellen-Keilflächen müßten dann mit doppeltem Keilanzug von der Parallelen abweichend gefräst werden, was die Herstellung der Tretlagerwelle sehr erschweren und verteuern würde. Bei der tatsächlichen (gebräuchlichen) Ausführung mit entgegengesetzt eingeführten Keilen und parallelen Wellen-Keilflächen (wie in Abb. 579) wird – wie auch der erste Keil eingeführt wird – der Druck bei einem der beiden Kurbelkeile immer über die schmale Keilfläche (b in Abb. 577) laufen.

Thompson-Tretlager werden hauptsächlich in Deutschland für preisniedrige Sport-, Jugend- und Kompakt-, verkleinert auch für Kinder-Räder verwendet.

Einkeiliges Thompson-Tretlager

Das einkeilige Thompson-Tretlager der Firma Thun, Typ TS, hat den Vorteil, daß es nur einen Kurbelkeil (an der linken Kurbel) hat. Dieser ist so montiert, daß der Pedaldruck immer über die breite Seite der Keilfläche läuft. Das Kettenrad ist direkt auf die Tretlagerwelle, die einen groben Rändel (fast wie eine Kerbverzahnung) aufweist, aufgepreßt. Die Tretlagerwelle und die rechte Tretkurbel sind durch Preßschweißung unlösbar verbunden (Abb. 581).

Die gleiche Ausführung gibt es für Kinder-Räder mit entsprechend kleineren Abmessungen (Abb. 582).

BSA-Tretlager mit Keilbefestigung der Kurbeln

Eine völlige Umkehrung der Lageranordnung des Thompson-Lagers zeigt der sogenannte BSA-Antrieb. Er wird besonders bei Sport-Rädern mit Kettenschaltung in Stahlausführung und bei Rennsport- und Renn-Rädern mit Leichtmetall-Doppelkettenrädern und Leichtmetall-Tretkurbeln mit konischer Vierkantbefestigung verwendet.

Bei der BSA-Ausführung liegen die Lagerschalen nicht innen fest im Lagergehäuse und die Konen aufgeschraubt auf der Außenseite der Welle, sondern die Konen sind feste Bestandteile der Welle und liegen an der Innenseite der Lager (Abb. 583).

Die Lagerschalen sind in das Tretlagergehäuse eingeschraubt. Die rechte Lagerschale ist mit einem Bund fest gegen die Stirnfläche des Tretlagergehäuses gezogen, die linke (bundlose) Schale dient zum Einstellen des Lagerspiels. Nach dem Einstellen wird sie mit einem Gewindering gekontert. Schalen und Gegenring besitzen Sacklöcher und Nuten zum Ansetzen eines Zapfen- und eines Hakenschlüssels.

Die Gewinde FG 34,8 (Abmessungen siehe Tabelle bei Abb. 1140 und 438) müssen zentrisch zu den Kugellaufbahnen laufen. Die Kugelhalter enthalten sieben Kugeln 6,35 mm ∅.

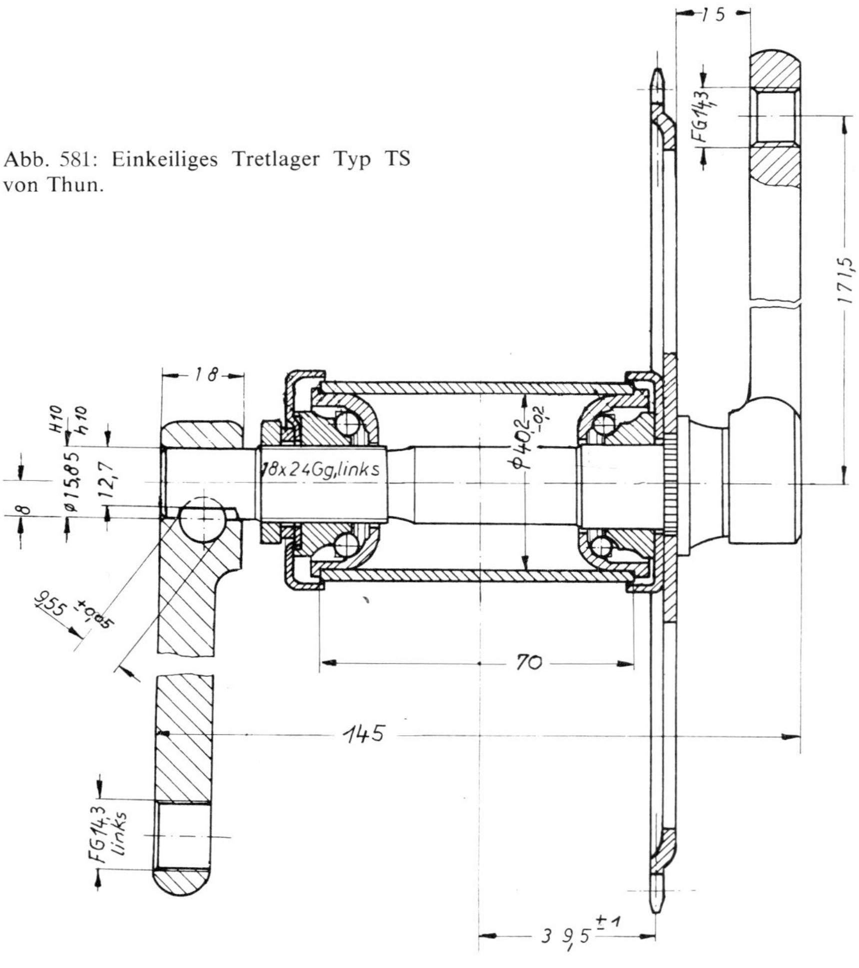

Abb. 581: Einkeiliges Tretlager Typ TS von Thun.

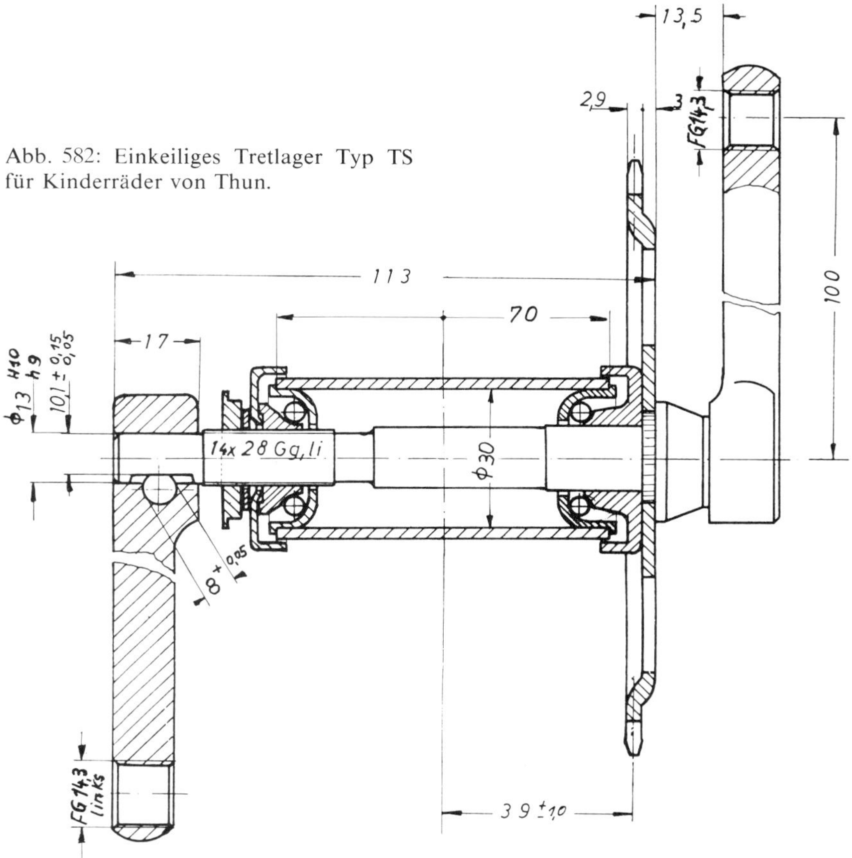

Abb. 582: Einkeiliges Tretlager Typ TS für Kinderräder von Thun.

Bei Verwendung einer Rücktrittbremse besteht beim BSA-Antrieb die Gefahr, daß sich die nicht gekonterte Lagerbuchse durch die Rücktrittbewegung lockert.

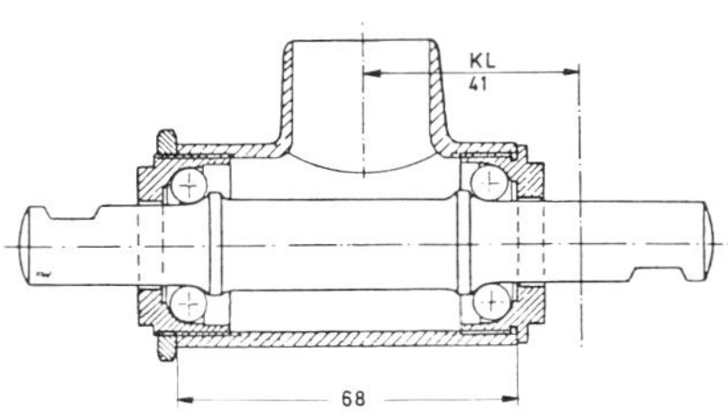

Abb. 583: BSA-Tretlagerwelle für Kurbelkeile.

Die Herstellung erfolgt ähnlich der des Thompson-Antriebs.

Der Hauptvorteil des BSA-Antriebs liegt in der besseren Abdichtung gegen Schmutz und Wasser als beim Thompson-Lager. Eine besonders einfache, reibungslose Dichtung ergibt sich dadurch, daß die Welle nur mit einem geringen Luftspalt durch die Lagerschalen führt. Hinzu kommt das geringere Gewicht, und außerdem kann die zur Verfügung stehende Breite des Tretlagers besser ausgenutzt werden: die Lager stehen weiter auseinander, und damit wird die Belastungsfähigkeit des geringfügig kleineren Tretlagergehäuses größer. Auch läßt sich das Lagerspiel einstellen, ohne daß vorher die linke Tretkurbel abgenommen werden muß (Abb. 584). Die Herstellkosten sind allerdings höher als die eines gleichen Thompson-Antriebs.

BSA -Tretlager mit Doppelkettenblatt und Leichtmetall -Tretkurbeln

Im Zuge des Trends zum leichten Fahrrad wurde von der Firma Thun ein Antrieb mit Leichtmetall-Kettenrädern und -Tretkurbeln entwickelt (Abb. 585), der auch in ein Thompson-Tretlagergehäuse (Einschlagschalen) montiert werden kann (Abb. 586).

Dabei ist vorgesehen, daß bereits im Gebrauch befindliche Fahrräder mit Thompson- und BSA-Getrieben aus Stahl (Abb. 587) umgerüstet werden können. Eine Besonderheit sind die Leichtmetall-Tretkurbeln (170 mm) aus Schmiedeguß (sie sind gegossen, nachgeschmiedet, dadurch verdichtet, und ausgehärtet). Die Kettenräder sind aus gewalztem Dural-Aluminium und am Stern fünfmal befestigt, mit Zähnezahlen 52/42 und 52/47 für Kette 12,7 × 2,38 mm erhältlich. Die Kugelhalter enthalten acht Kugeln mit 6,35 mm ∅. Das Gewicht beträgt nur 650 g (ohne Kettenschutzscheibe).

Tretlager für Rennsport- und Renn-Räder

Tretlager für Rennsport-, vor allem auch für Renn-Räder, sind hochwertige Präzisionsteile, die sich durch besonders genauen Rundlauf (Leichtgängigkeit !) und niedriges Gewicht auszeichnen. In Abb. 588 ist ein Antrieb der Firma SAKAE gezeigt.

Aus Gewichtsgründen sind in den Kettenrädern und der Schutzscheibe viele kleine Löcher ausgestanzt. Die Kettenradbefestigung erfolgt auf Drei- oder Fünffach-Stern, wobei für Renn-Räder aus Festigkeitsgründen (trotz des etwas höheren Gewichts) der Fünffach-Stern bevorzugt wird. Das große Tretkurbelauge ist leicht zurückgesetzt, um Knöchelverletzungen zu vermeiden. Um alle Übersetzungsmöglichkeiten auszunutzen, sind Kettenräder von 42 bis zu 54 Zähnen erhältlich. Auch die Tretkurbeln gibt es in Längen von 165, 170, 172, 175 mm und darüber, damit größtmögliche Leistungsnutzung durch optimale Kraftübertragung erreicht werden kann. Als Leichtmetall wird meist Dural oder eine ähnlich hochfeste Alu-Legierung verarbeitet, die Oberfläche der Tretkurbeln und Kettenräder wird

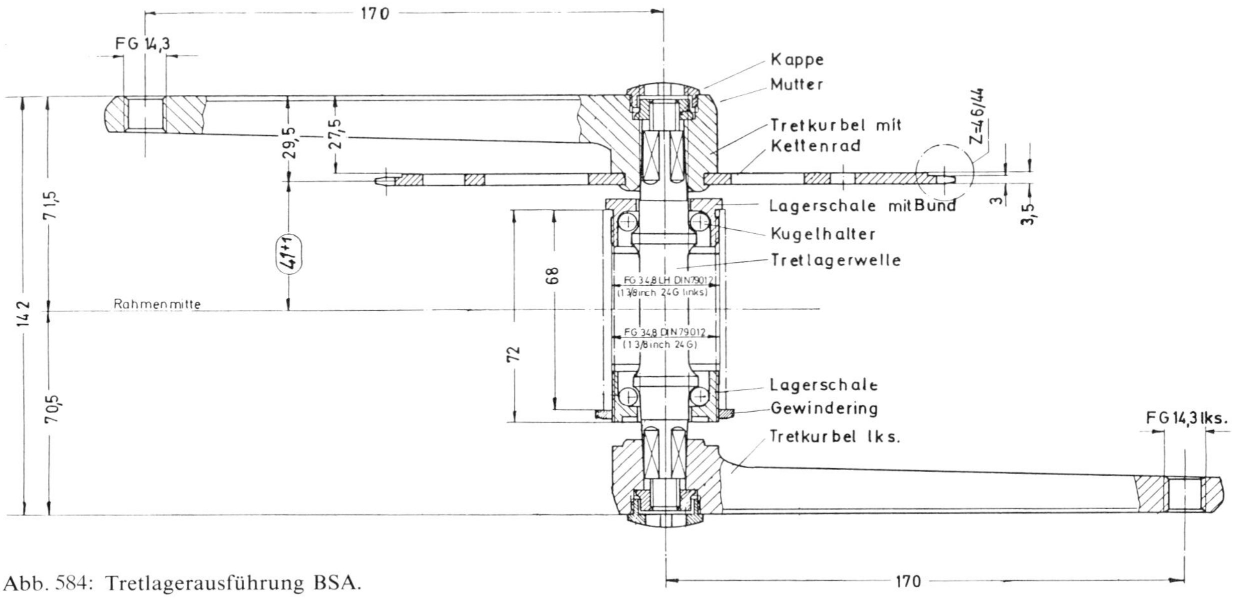

Abb. 584: Tretlagerausführung BSA.

fein poliert und anodisiert. Es gibt auch zwei verschieden lange Wellen, für Tretlagergehäuse mit 68 und mit 70 mm Breite. Die Tretlagerwelle ist brüniert, damit die Kugellaufbahnen nicht mit metallischem Überzugswerkstoff behaftet sind, der im Fahrbetrieb abblättern könnte. Durch den hohen Material- und Arbeitsaufwand ist ein solcher Antrieb zwar teuer, aber trotzdem preiswürdig.

In den Abbildungen 589 bis 595 ist ein hochwertiges Tretlager mit dazugehöriger Kettenradgarnitur für Renn- und Rennsporträder detailliert dargestellt.

Die Besonderheiten gegenüber herkömmlichen Tretlagern mit einer Konuslagerung sind die Abdichtung gegen Schmutz und eindringendes Wasser (Abb. 590) sowie die Konuslagerung selbst (Abb. 591) und die relativ kurze Tretlagerwelle von 109 mm Länge (Abb. 592).

Die Kettenräder sind an den fünf sternförmigen Armen der Tretkurbel mit Schrauben befestigt (Abb. 593).

Mit den geschmiedeten, schräg nach innen laufenden Leichtmetallkurbeln wird hauptsächlich die kurze Ausführung der Tretlagerwelle erreicht (Abb. 594).

Damit eine vom Kettenrad ablaufende Kette sich nicht zwischen Kurbelarm und Kettenblatt einklemmt, ist dort ein Sicherungsbolzen im Kettenrad fest eingeschraubt (Abb. 593).

Die Außenseiten der Kettenradzähne sind im Zahnkopfbereich pro Seite unterschiedlich angeschrägt (Abb. 595), damit sich die Kette problemlos von einem zum anderen Kettenrad mit dem Kettenwerfer schalten läßt.

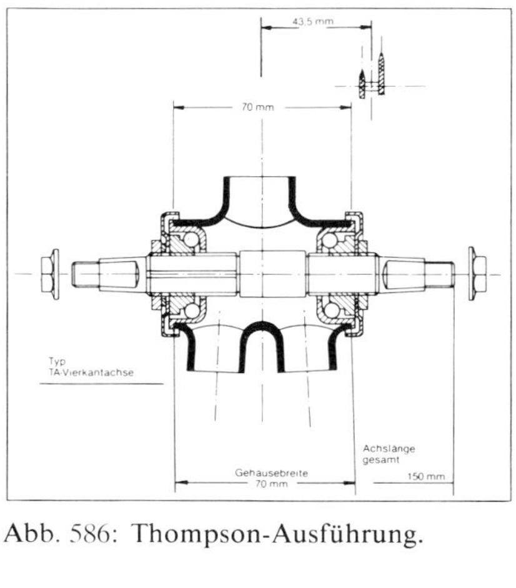

Abb. 586: Thompson-Ausführung.

Damit für jedes Gelände die Körperkraft in optimale Leistung umgesetzt werden kann, gibt es Renn-Antriebe auch mit drei Kettenrädern (Abb. 596). Wird dazu noch auf der Hinterradnabe ein Siebenfach-Leerlaufzahnkranz (Freewheel) montiert, dann sind nicht weniger als 21 Gangstufen verfügbar.

Die Kettenräder werden hier an einer Fünffach-Punktbefestigung (kurzer Stern)

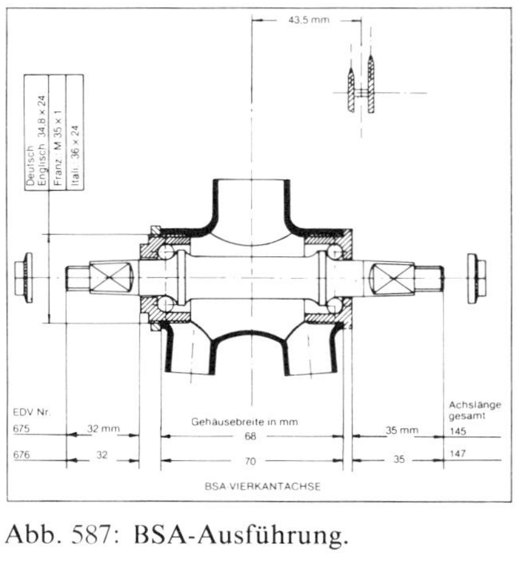

Abb. 587: BSA-Ausführung.

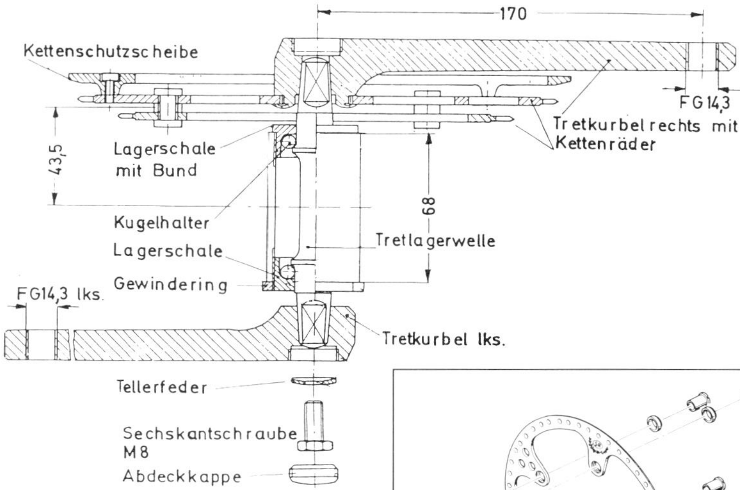

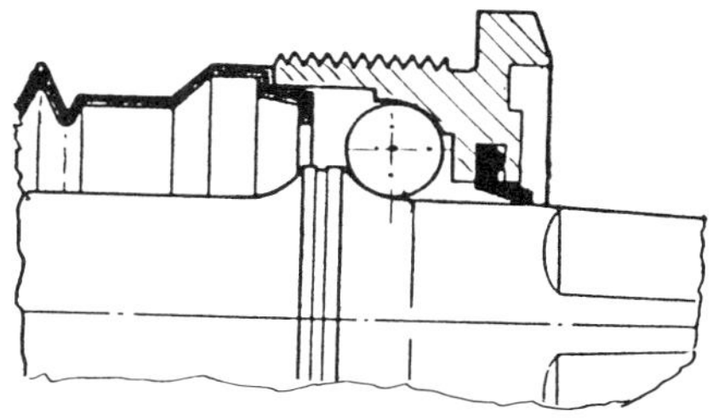

Abb. 590: Abdichtung der Tretlager-Konuslagerung bei Sun Tour.

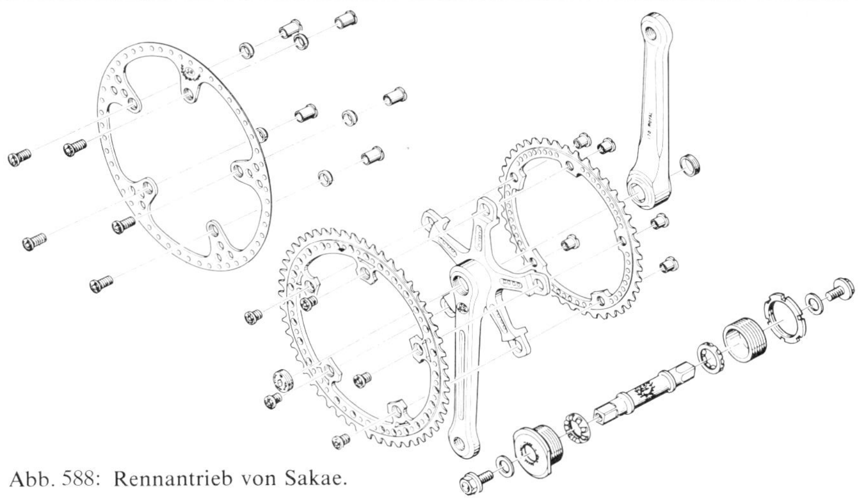

Abb. 588: Rennantrieb von Sakae.

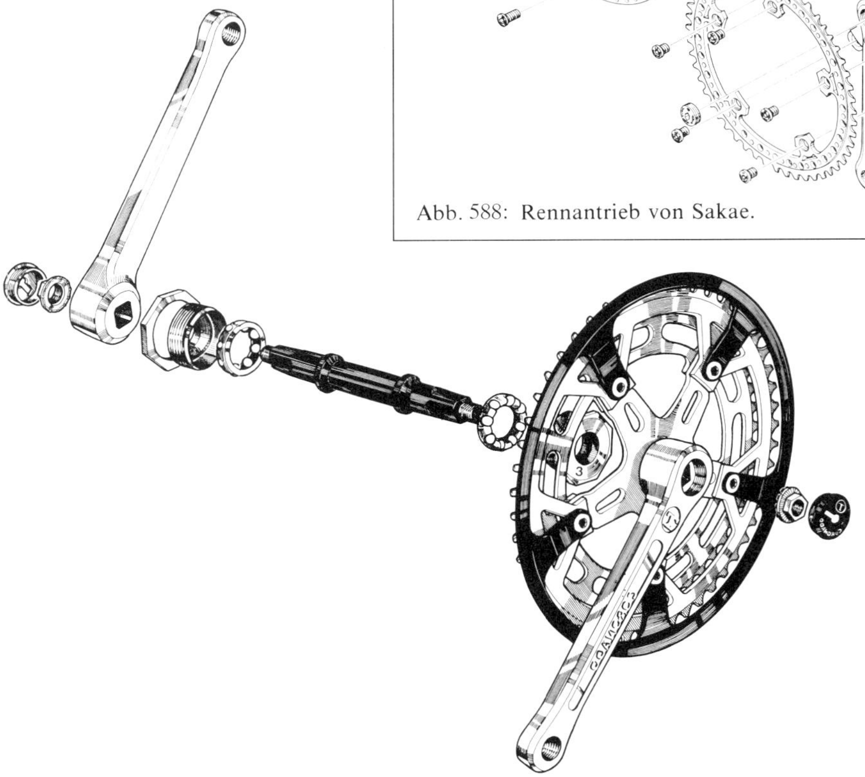

Abb. 585: Leichtmetall-Antrieb „Coronado" mit zwei Kettenrädern von Thun.

befestigt, sie sind mit 28 bis 45, das äußere große Kettenrad mit bis 54 Zähnen erhältlich. Das Gewicht beträgt 944–1000 g.

Die Abb. 597 zeigt eine Dreifach-Kettenradgarnitur für eine extreme Gangabstufung, wie sie beim Mountain-bike ver-

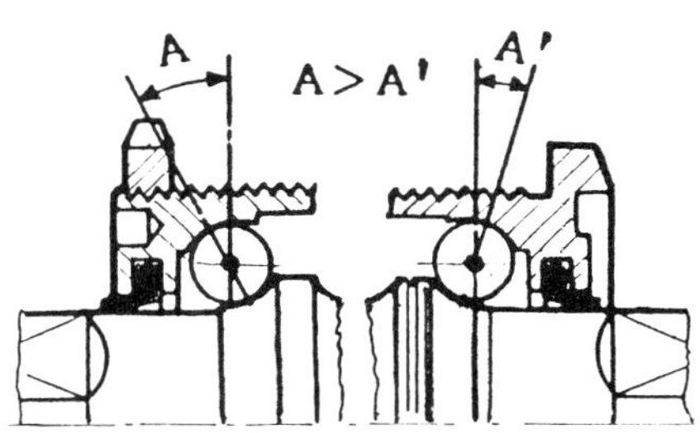

Abb. 591: Unterschiedliche Berührungswinkel (Kugelberührungspunkte) an der Tretlager-Konuslagerung bei Sun Tour.

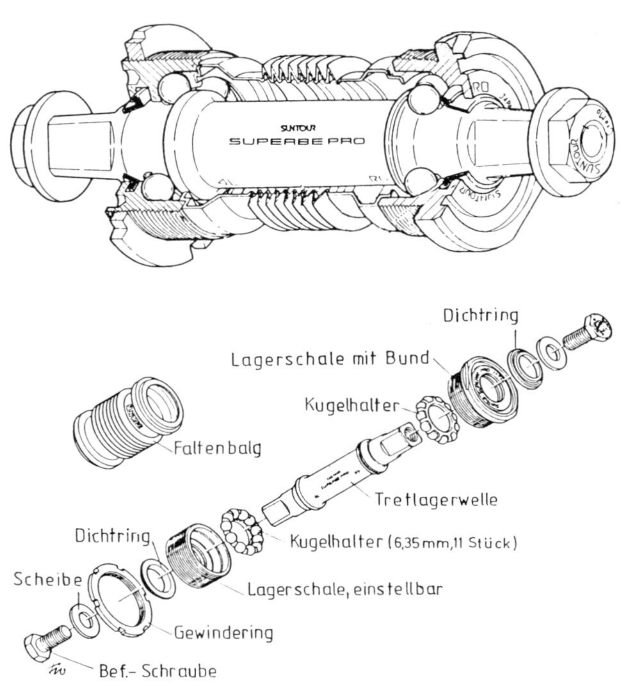

Abb. 589: Tretlager CW-SB 10 von Sun Tour.

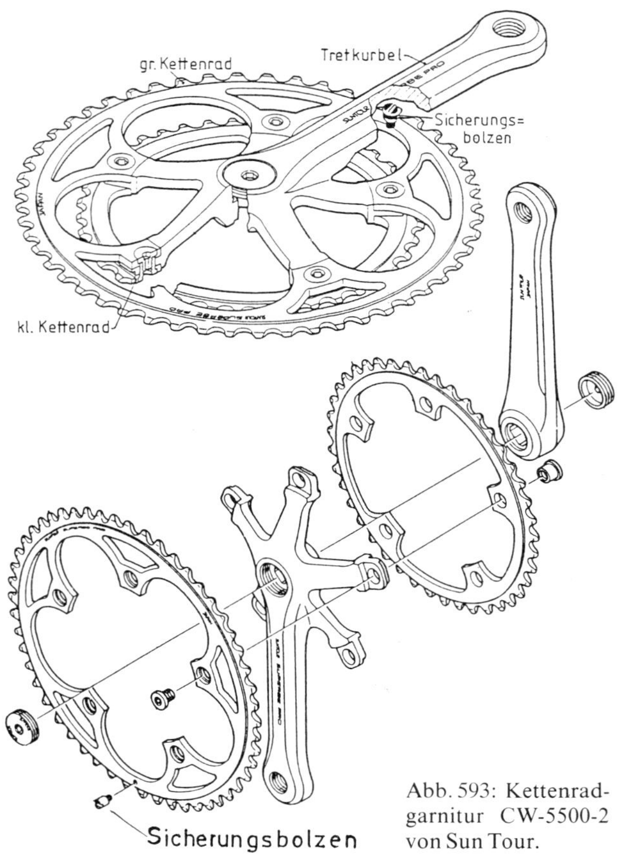

Abb. 593: Kettenradgarnitur CW-5500-2 von Sun Tour.

wendet wird. Zu beachten ist das kleinere innere Kettenrad mit nur 26 Zähnen. Mögliche Zähnezahlen sind:

großes Kettenrad	46, 48, 50, 52 Zähne,
mittleres Kettenrad	38, 40, 44, 46 Zähne.
kleines Kettenrad	26, 28, 32, 34 Zähne.

Die Kettenradgarnitur mit Leichtmetallkurbeln ist passend für BSA-Innenantriebe mit Tretkurbelbefestigung auf konischem Vierkant.

Manchmal kommt es vor, daß die Vierkantbefestigung der Leichtmetall-Tretkurbel auf der Tretlagerwelle überdreht. Dies hat dann verschiedene Gründe. Entweder es wurde eine unvergütete Leichtmetall-Legierung (unter 420 N/mm²) mit zu geringer Zugfestigkeit verwendet, oder die Maße der Vierkantbefestigung (siehe Abb. 598) sind in der Kurbel unterschiedlich zur Welle ausgeführt. Das Vierkant trägt dann in der Kurbel nicht auf der gesamten Länge, sondern nur an einer kurzen Stelle und wird bei starker Belastung überdreht.

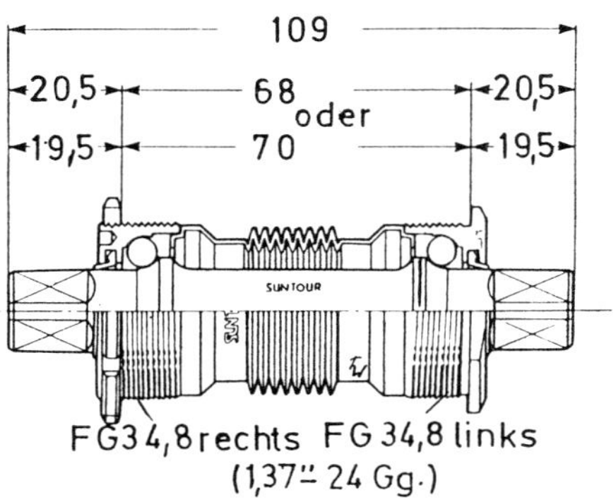

Abb. 592: Einbaumaße für Tretlager CW-SB 10 von Sun Tour.

Tretlager mit Tretkurbelbefestigung auf Keilwelle

Eine Besonderheit ist der Shimano-Antrieb „Selecta Cassette“ (Abb. 599) Die Pedalkraft wird hier durch ein Keilwellenprofil übertragen (Abb. 600).

Hinter der rechten Tretkurbel sitzt eine Scheibe mit fünf Speichen auf einer Nabe (Adapter genannt), die wiederum auf dem größeren Keilwellenprofil der Welle sitzt. An diesem Adapter sind die beiden Kettenräder angeschraubt. Die Kraftübertragung erfolgt nicht über die Befestigungsschrauben, sondern über Stollen am Adapter, die in die Kettenräder eingreifen. Der Vorteil

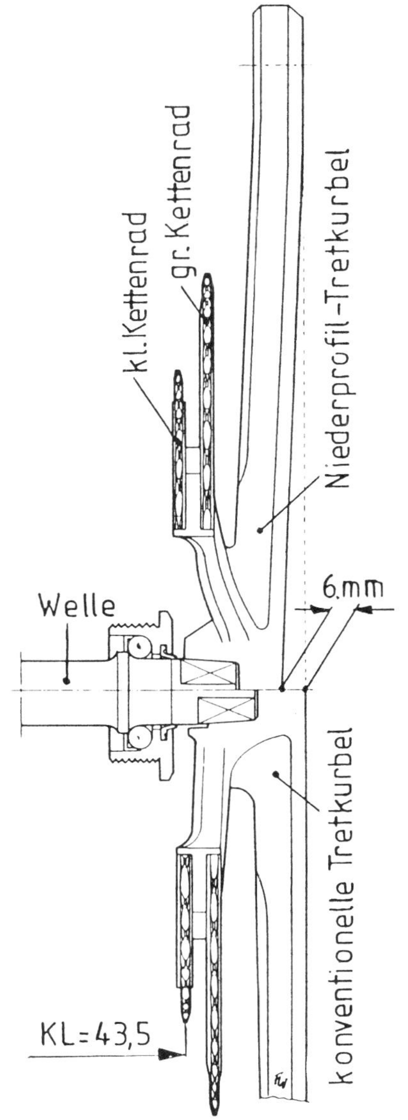

Abb. 594: Zweifach-Kettenrad von Sun Tour.

dieser Konstruktion liegt in der „Kassetten"-Anordnung der Kraftübertragungsteile: Blitzschnell können die Kettenräder für eine Übersetzungsänderung mit nur wenigen Handgriffen gewechselt werden. Diese schnelle Auswahl (Selektion) ist besonders bei Trainingsmaschinen nützlich. Der Antrieb konnte sicht nicht verbreiten.

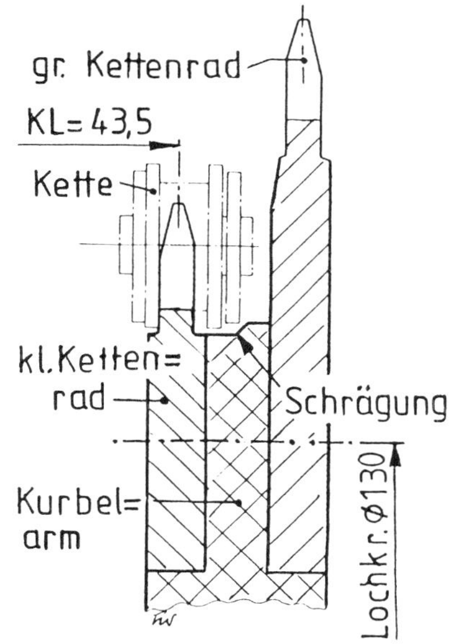

Abb. 595: Spezielle Anschrägung der Kettenradzähne bei Sun Tour.

Eine Eigenart ist der Shimano-Antrieb FC-MX 61 (speziell für BMX-Fahrräder) mit geschmiedeten Leichtmetalltretkurbeln und geschraubtem (auswechselbar von 39 bis 44 Zähne) Leichtmetallkettenblatt (Abb. 601). Dazu gehört die Welle mit Lagerung BB-MX 60. Die Tretkurbeln sind auf einem Keilwellenprofil befestigt. Sie sind (Z-förmig) gekröpft, daher ist das große Auge der Kurbeln leicht zurückversetzt, um Knöchelverletzungen zu vermeiden. Die Kurbeln haben ein eigenwilliges Profil, das aber sehr wirksam gegen Verbiegung gestaltet ist. Die Kurbelarmlänge von 170 mm kann an der Pedalseite mit einem Exzenter mit Raster (172,5–175–177,5) auf 180 mm verändert werden. Die Länge der Kurbel ist nach der Beinlänge des Fahrers und seiner körperlichen Leistungskraft entsprechend einstellbar. Es kann auch die Zweifach-Kettenblattgarnitur FC-MX 62 mit 40 Zähnen für das äußere und 34 bis 38 Zähnen für das innere Kettenblatt eingebaut werden.

Tretlager mit Kugellagern

Die Firmen Batavus, FAG Kugelfischer, SKF, Stronglight und Sun Tour brachten einen Tretlagersatz mit Kugellagern auf den Markt, der in ein BSA-Tretlagergehäuse eingeschraubt werden kann.

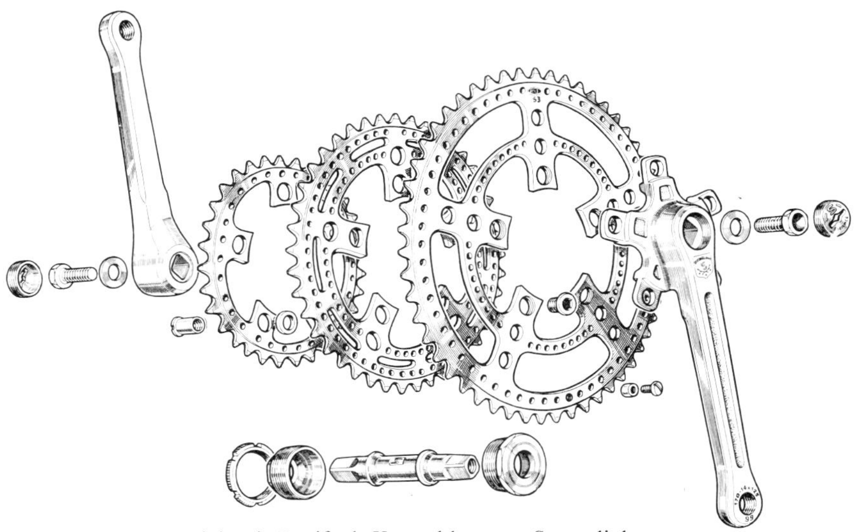

Abb. 596: Rennantrieb mit Dreifach-Kettenblatt von Stronglight.

Abb. 597: Dreifach-Kettenradgarnitur für Mountain-bikes von Sugino.

Der Mantel aus Leichtmetall, die durchbohrte Welle aus rostgeschütztem, einsatzgehärtetem Stahl und die spielfrei eingestellten Kugellager bilden eine Einheit. Schwimmende Labyrinth-Dichtungen auf beiden Seiten gewährleisten reibungs- und verschleißarmen Lauf. Zugleich sorgen sie für optimale Abdichtung gegen Schmutz und Wasser – auch dann, wenn der Fahrer zur Entspannung vorübergehend rückwärts tritt. Einzubauen ist die Lagereinheit innerhalb weniger Minuten, wobei die Arbeit des Lagerspiel-Einstellens entfällt. Ist es notwendig oder erwünscht, so kann das Spiel trotzdem leicht nachreguliert werden. Da die

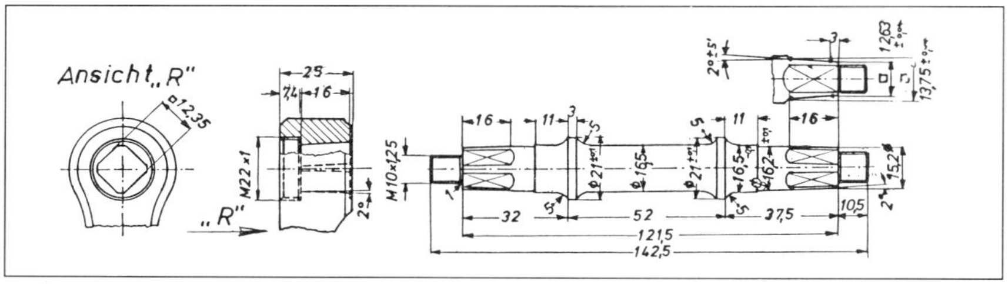

Abb. 598: Maße für die Vierkant-Kurbelbefestigung.

Abb. 602: Tretlagereinheit „nadax favorit“ mit spielfrei eingestellten Schrägkugellagern von FAG.

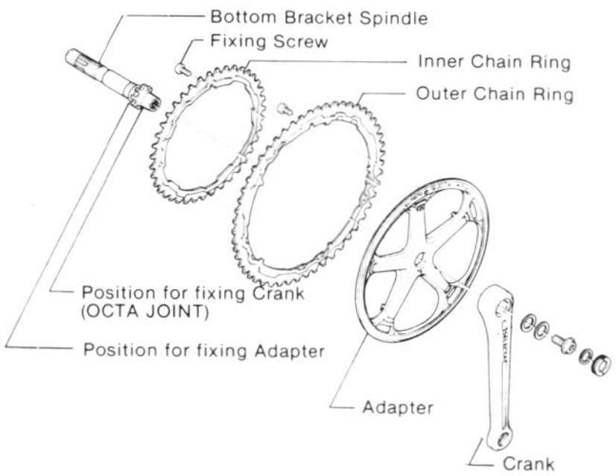

Abb. 599: Rennantrieb „Selecta Cassette“ von Shimano.

Die Abb. 602 und 603 zeigen eine Tretlagereinheit in Leichtbauweise von FAG Kugelfischer für Sport- und Rennrahmen. Diese Tretlagereinheit gibt es für Rahmen mit englischem, französischem und italienischem Gewinde (siehe Abb. 438).

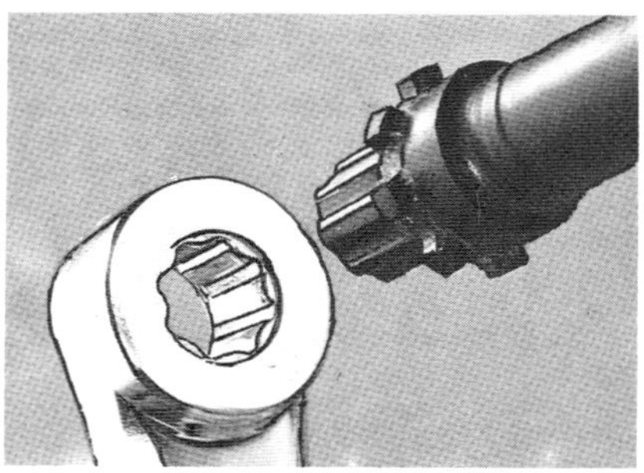

Abb. 600: Keilwellenprofil auf der Tretlagerwelle und in der Tretkurbel.

Abb. 601: BMX-Tretlager FC-MX 61 von Shimano.

Lager vom Hersteller für die ganze Lebensdauer mit einem Spezialfett versorgt werden, ist keinerlei Wartung der rostgeschützten Einheit erforderlich.

Das Gewicht beträgt (bei FAG Kugelfischer-Einheit) 250 g, ohne Tretkurbeln und Kettenräder.

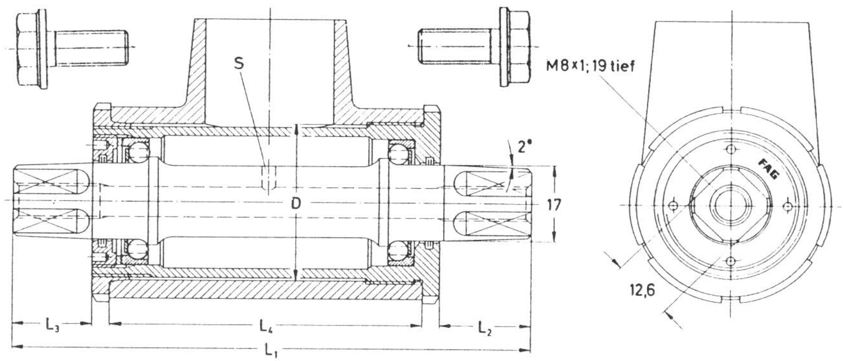

Abb. 603: Tretlagereinheit „nadax favorit" von FAG.

Die Winkelhülsen sind aus einem hochfesten Kunststoff (glasfaserverstärktem Polyamid) hergestellt. Sie sind so gefertigt, daß eine sichere Verbindung zwischen Winkelhülsen und Lageraußenringen gegeben ist. Die Tretlagerwellen sind korrosionsgeschützt.

Lieferbar sind Tretlagereinheiten zum Einschrauben (BSA-System) mit Tretkurbelbefestigung auf konischem Vierkant oder durch Keil (Abb. 605) sowie Einheiten zum Einpressen (Thompson-System) mit Kurbelbefestigung auf konischem Vierkant oder durch Keil (Abb. 606).

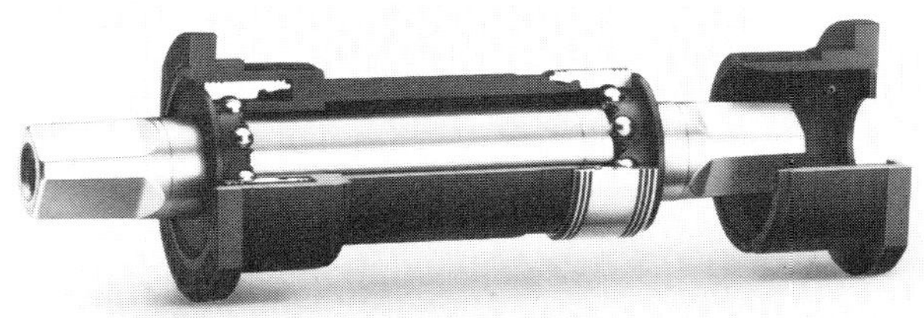

Abb. 604: Tretlagereinheit von FAG.

Die Firma FAG hat neben der Tretlagereinheit für Rennsporträder „nadax favorit" hochwertige, aber preisgünstige Tretlagereinheiten für Serienfahrräder entwickelt. Sie sind universell einsetzbar, auch für BMX-Fahrräder. Die bei den Fahrrad-Herstellern und Händlern einbaufertig angelieferten Tretlagereinheiten brauchen nur noch mit der Kettenradgarnitur und den Tretkurbeln ergänzt zu werden. Beim Tretlagereinbau sind nur zwei Hülsen einzuschrauben oder einzupressen (Abb. 604).

Die Tretlagerwelle läuft in innenringlosen Rillenkugellagern. Die in die Welle eingeschliffenen Kugellaufbahnen sind gehärtet.

Die präzise Führung der Welle wird durch die bei der Fertigung vorgegebene enge Radialluft erzielt. Ein Einstellen beim Einbau oder ein Nachstellen nach längerer Betriebszeit entfällt. Die Rillenkugellager haben Käfige aus glasfaserverstärktem Polyamid. Die Käfige sind gleichzeitig als Dichtung ausgebildet. Sie verhindern, daß Fett aus der Tretlagereinheit austritt oder Schmutz und Wasser hineingelangen. Die Tretlagereinheiten sind mit Fett auf Lebensdauer geschmiert. Sie sind wartungsfrei.

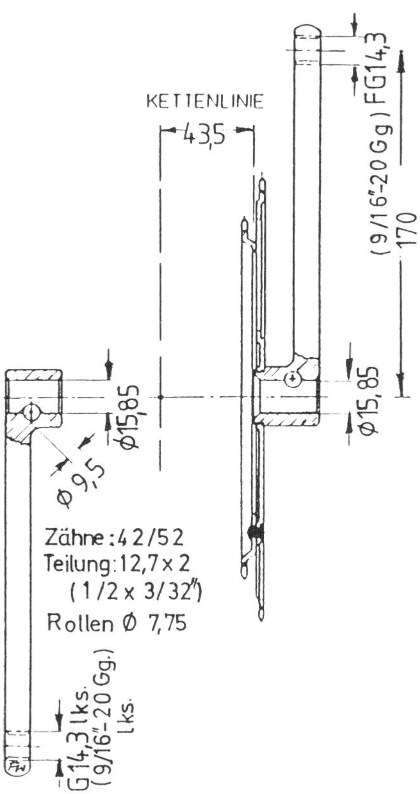

Abb. 609: Kettenradgarnitur mit Tretkurbeln aus Stahl für Keilbefestigung von Thun.

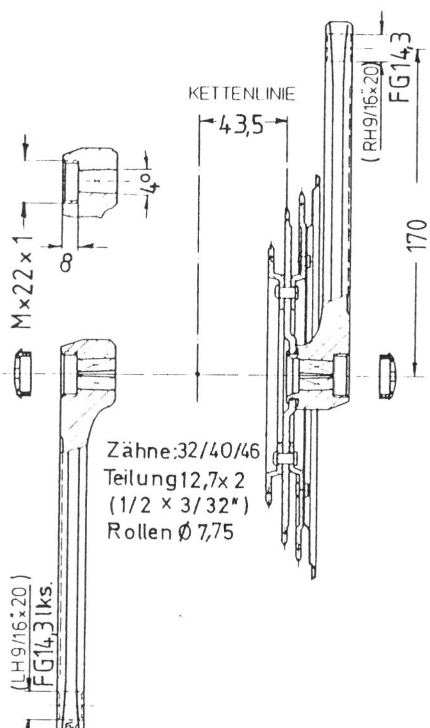

Abb. 610: Kettenradgarnitur mit Tretkurbeln aus Leichtmetall für Befestigung auf konischem Vierkant von Thun.

Zum Montieren und Demontieren werden von FAG entsprechende, einfache Hilfswerkzeuge geliefert.

Die Unternehmensstrategie der Firma Thun hat sich in den letzten Jahren verändert. Der Massenanbieter von damals hat sich heute zunehmend zum Ziel gesetzt, neben den preiswerten auch qualitativ hochwertige Fahrradprodukte auf den Markt zu bringen. Thun arbeitet deshalb (in fremden Bereichen) mit kompetenten Partnern zusammen.

Ein Beispiel ist die Kooperation mit SKF-Deutschland. SKF fertigt die hochwertigen Leichtlauf-Tretlagereinheiten und Thun komplettiert den Set mit entsprechenden Kettenradgarnituren und Lenkungslagern und organisiert den Vertrieb weltweit.

Die SKF-Tretlagereinheiten wurden auf einem im Automobilbereich erworbenen Know-how (vor allem auf dem Gebiet Wasserpumpenlager) als neue Lagerungseinheit entwickelt (Abb. 607 und 608).

Die Tretlagereinheiten heben sich durch vier wesentliche Vorteile von anderen Fabrikaten ab: Leichtlauf – konstante, minimale Lagerluft – einteiliger, metallischer Außenring – austauschbare Adapter.

Die Konstruktion basiert auf einem zweireihigen Schrägkugellager in O-Anordnung mit großem Stützabstand. Die Adapter werden aus glasfaserverstärktem Polyamid (PA 66) gespritzt und stehen als Einschraub- oder Einpreßversion zur Verfügung. Die integrierte Spaltdichtung schützt vor Verschmutzung.

Für die Topausstattung (Modell „Competition") werden Adapter aus Alu-Legierung mit speziellen Lippendichtungen angeboten.

Die Tretlager mit Rillen-Kugellagern werden immer mehr verwendet. Das liegt einerseits an deren hervorragender Qualität, Leichtgängigkeit und Lebensdauer und andererseits an unzureichender Präzision so manch anderer Tretlager am Markt.

Für Tretlagereinheiten mit Kugellagern (Abb. 605–608) sind dazu passende Kettenradgarnituren in Abb. 609, 610 und 611 dargestellt.

Die Thun-Kettenradgarnitur „Revolution" hat ein außergewöhnliches Design (Abb. 611).

Die Formgebung des Kurbelquerschnitts ist stark asymmetrisch, die Oberflächen sind glatt mit sehr weichen Querschnittsübergängen. Durch die verkröpfte Tretkurbel aus Alu-Legierung wurde ein höheres Widerstandsmoment erreicht. Bei gleicher Lebensdauer gegenüber herkömmlichen Kurbeln wurde das Gewicht reduziert.

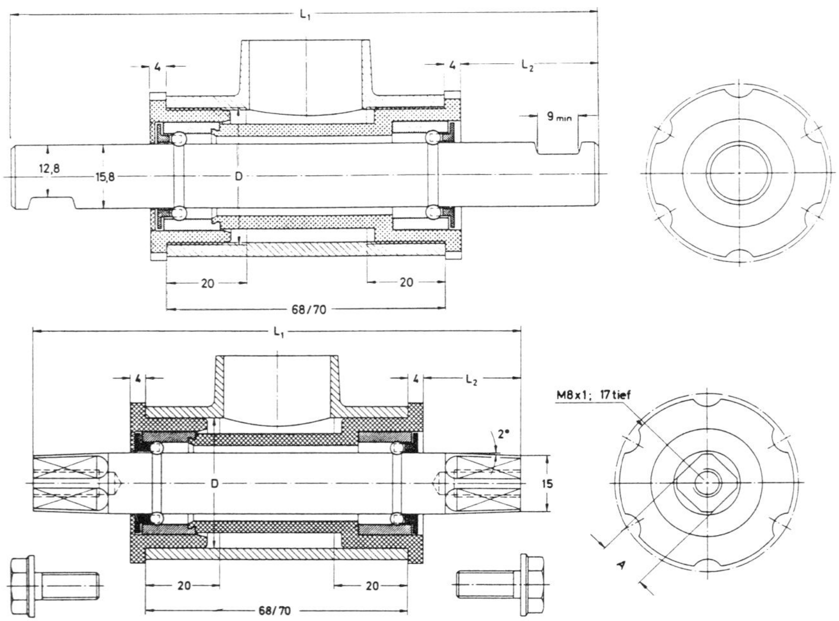

Rahmen Gewindebohrung D mm	Welle Tretkurbelbefestigung konischer Vierkant A mm	Keil	Länge L1 mm	L2 mm	Tretlagereinheit Kurzzeichen FAG
BSA	12,63	–	119	23	L66BSA-V119/23
1.37" × 24 Tpi links/rechts	12,5	–	119	23	L66BSA-EV119/23
(FG 34,8 DIN 79012)	12,63	–	127	25,5	L66BSA-V127/25
Kettenblattseite Links-,	12,5	–	127	25,5	L66BSA-EV127/25
Gegenseite Rechtsgewinde	–	●	142	32,5	L66BSA-K142/32
	–	●	142	37,5	L66BSA-K142/37
FRA	12,63	–	119	23	L66FRA-V119/23
M 35 × 1 rechts/rechts	12,5	–	119	23	L66FRA-EV119/23
	12,63	–	127	25,5	L66FRA-V127/25
	12,5	–	127	25,5	L66FRA-EV127/25
ITA	12,63	–	119	23	L66ITA-V119/23
36 × 24 F rechts/rechts	12,5	–	119	23	L66ITA-EV119/23
	12,63	–	127	25,5	L66ITA-V127/25
	12,5	–	127	25,5	L66ITA-EV127/25

Der Ein- und Ausbau erfolgt mit dem Handschlüssel
FAG WKZG. 564414

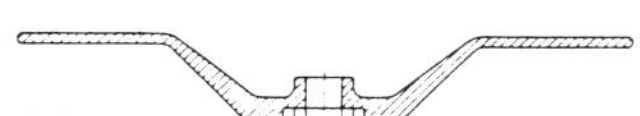

Abb. 605: Tretlager zum Einschrauben von FAG.

Abb. 611: Kettenradgarnitur Revolution von Thun.

Tretkurbelgetriebe mit elliptischem Kettenrad

Durch das elliptische[83] Kettenrad soll eine bessere Anpassung des Tretkurbelgetriebes an dem menschlichen Körperbau erreicht werden, da der Fahrer in Nähe der Totpunktlage der Kurbeln auf die Pedale weniger Kraft auszuüben vermag, als wenn die durch die Pedale bestimmte Ebene annähernd parallel zu den Tretkurbelarmen liegt (Abb. 612).

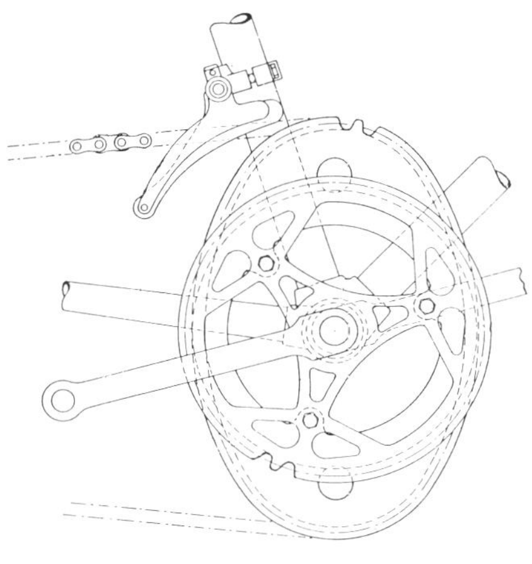

Abb. 612: Elliptisches und kreisrundes Kettenblatt von Puch.

Vor allem beim Bergauffahren soll durch das elliptische Kettenrad der Kraftaufwand verringert werden. Es hat sich aber gezeigt, daß beim Bergabfahren oder beim Fahren in der Ebene bei schnellerem Treten wegen der durch das elliptische Kettenrad bedingten Ungleichmäßigkeit sich für den Menschen unangenehme Bewegungsabläufe ergeben. Deshalb wurde seitens der Firma Puch neben dem elliptischen noch ein kreisrundes Kettenrad vorgesehen. Durch einen handbetätigten Kettenumwerfer

---

[83] elliptisch = länglich-rund, eirund

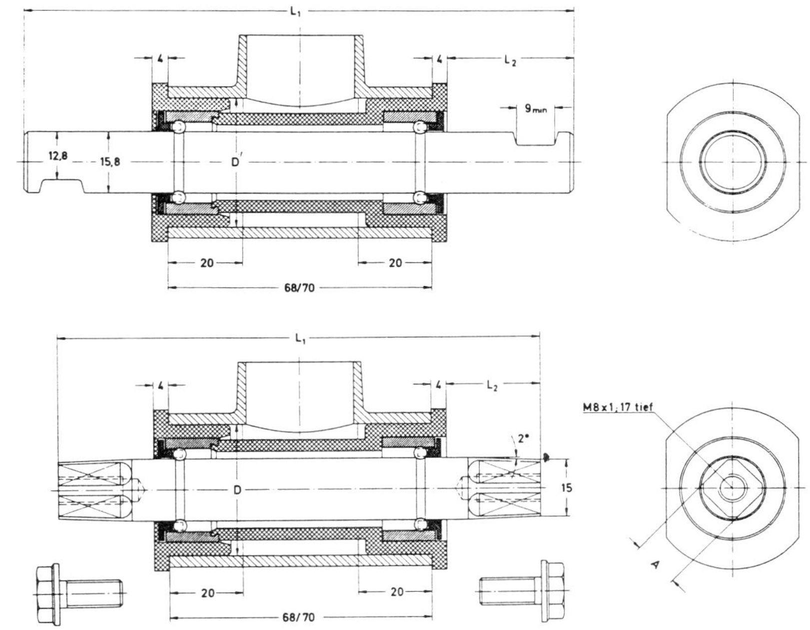

Rahmen glatte Bohrung D mm	Welle Tretkurbelbefestigung konischer Vierkant A mm	Keil	Länge L1 mm	L2 mm	Tretlagereinheit Kurzzeichen FAG
THO	12,63	–	119	23	L66THO-V119/23
$\varnothing$ 39,9 $^{H9}(^{+0,062}_{0})$	12,5	–	119	23	L66THO-EV119/23
	12,63	–	127	25,5	L66THO-V127/25
	12,5	–	127	25,5	L66THO-EV127/25
	–	●	142	32,5	L66THO-K142/32
	–	●	142	37,5	L66THO-K142/37
THT	12,63	–	119	23	L66THT-V119/23
$\varnothing$ 34 $^{H9}(^{+0,062}_{0})$	12,5	–	119	23	L66THT-EV119/23
	12,63	–	127	25,5	L66THT-V127/25
	12,5	–	127	25,5	L66THT-EV127/25
	–	●	142	32,5	L66THT-K142/32
	–	●	142	37,5	L66THT-K142/37

Der Ein- und Ausbau erfolgt mit dem Montagesatz FAG 562291

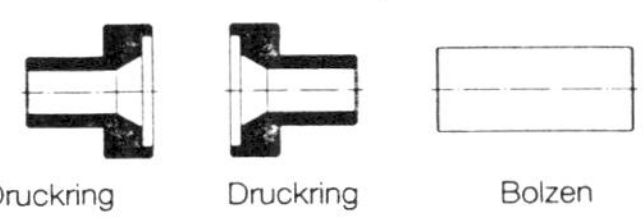

Abb. 606: Tretlager zum Einpressen von FAG.

kann von einem auf das andere Kettenrad umgeschaltet werden.

Wie auch bei Kettenschaltungen hat Shimano Pionierarbeit an einem schon sehr lange bekannten, aber verbesserungsfähigem Fahrradteil geleistet: das elliptische Kettenrad (siehe Abb. 612) verfeinert und verkaufsreif entwickelt.

Seit Shimano mit den „biopace"-Kettenradgarnituren für Tretlager am Fahrradmarkt auftauchte, sind ovale Zahnkränze praktisch straßenfähig geworden.

Unter „biopace" versteht man bei Shimano eine effizientere (Effizienz = Wirkkraft) Pedalkraftnutzung. Shimano setzte für diese Entwicklung eine moderne Computer-Simulatortechnik (Simulator = Apparatur zur Herstellung besonderer Gegebenheiten der Natur) ein, um die Pedalbewegungsabläufe zu analysieren (= zerlegen, durchdenken). Es wurde dabei festgestellt: das konventionelle runde Kettenrad hat nicht die optimale Form für eine effiziente Nutzung der menschlichen Beinkraft.

Weitere computergestützte Berechnungen führten zur Entwicklung des neuen Typs Kettenrad „biopace". Die spezielle Biopaceform, eine punktsymetrische Ellipse genannt, ist nicht einfach oval. Diese oval-ähnliche Kettenradform macht die Beinmuskelkraft des menschlichen Körpers dann am besten nutzbar, wenn sie bei der Drehbewegung des Tretens am stärksten ist und die Muskeln entlastet. Verglichen mit runden Kettenblättern spart „biopace" Energie (Abb. 613). Es können längere Strecken mit weniger Ermüdung gefahren werden. Damit erklimmt man Berganstiege leichter, langgezogenes Bergfahren wird müheloser.

Biopace II ist eine Weiterentwicklung und Spezialversion, die die Schaltwilligkeit, besonders bei den Dreifach-Kettenradgarnituren für Mountain-bikes optimiert (optimal = bestmöglich). Jedes der drei Kettenräder hat ein anderes Zahnkopfprofil. Das am äußeren großen Kettenrad ist höher und spitzer geformt, am mittleren Zahnkranz ist es leicht verkürzt und etwas breiter, dagegen hat das klein-

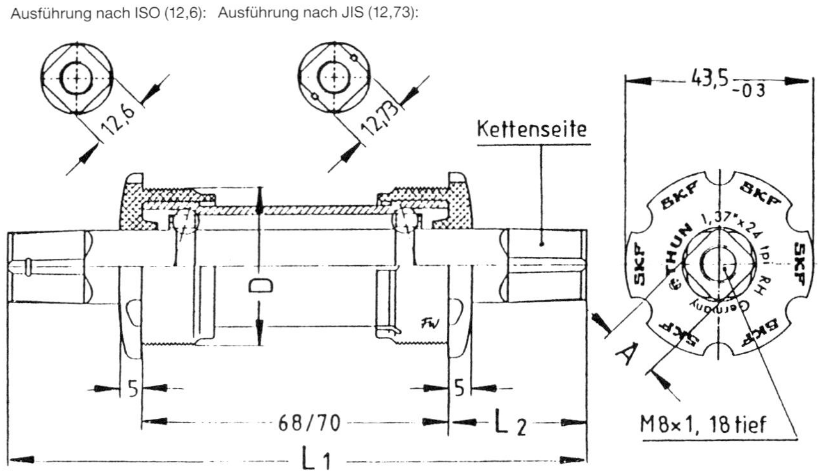

Abb. 607: Tretlagereinheit zum Einschrauben von SKF.

Ausführung	Abmessungen		
Rahmen–D	L1	L2	A
BSA-Gewinde	119	27	ISO
1,37" x 24 lpi l/r	119	27	JIS
(FG 34,8 DIN 79012)	119	24,5	ISO
Kettenblattseite	127	29,75	ISO
Links-, Gegenseite	127	29,75	JIS
Rechtsgewinde	132	32,25	ISO
	132	32,25	JIS
ITA-Gewinde	119	27	ISO
36 x 24 r/r	127	29,75	ISO
	127	29,75	JIS
	119	27	JIS

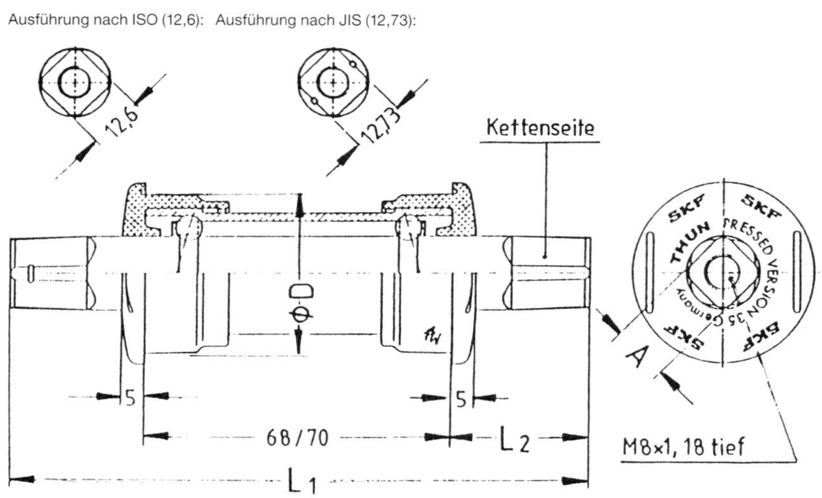

Abb. 608: Tretlagereinheit zum Einpressen von SKF.

Ausführung	Abmessungen		
Rahmen–D	L1	L2	A
THO	119	27	ISO
∅ 39,9 H9 ($^{+0,062}_{0}$)	127	29,75	ISO
	127	29,75	JIS
	119	27	JIS
	132	32,25	ISO
	132	32,25	ISO
∅34,95 ∓ 0,04	119	27	ISO
	127	29,75	ISO
	127	29,75	JIS

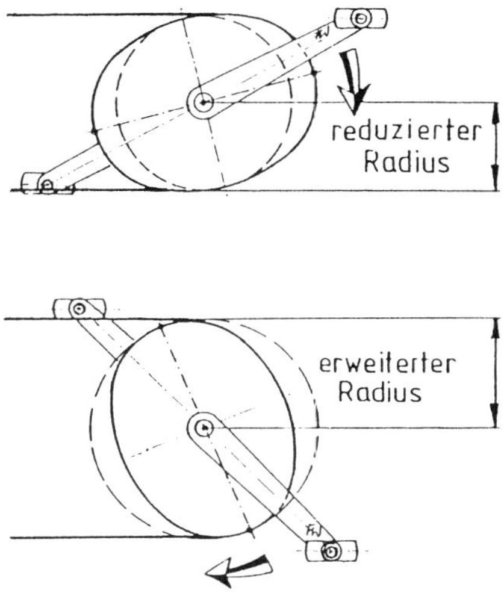

Abb. 613: Schematische Darstellung der Shimano „biopace"-Kettenradform.

ste Kettenblatt die kürzeste Zahnkopfhöhe und den breitesten Zahnkopf der drei Kettenräder. Diese drei verschieden gestalteten Zahnkopfprofile sorgen für ein glattes Wechseln der Kette von z. B. 48 Zähne über 38 auf 28 Zähne, was sonst im Gelände nicht problemlos wäre.

Ausfräsungen an der Innenseite der Kettenräder (Plateaus) unterstützen den Kettenwechsel und verhindern ein Kettenklemmen. Vorsprünge an den Befestigungsaugen am kleinsten Zahnkranz erleichtern das Wiederauflegen einer nach innen abgelaufenen Kette (Abb. 614).

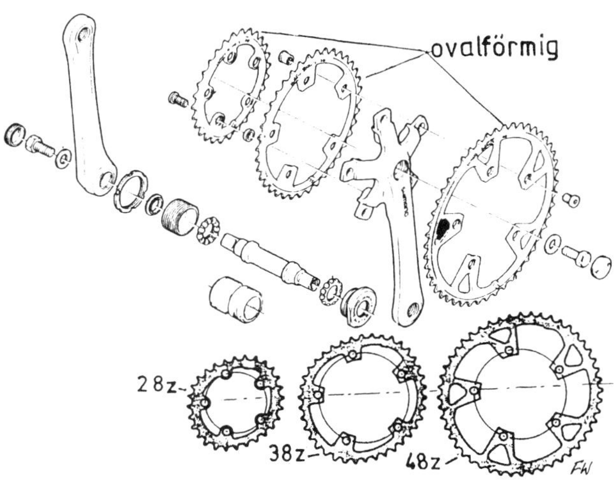

◀ Abb. 614: Mountain-bike-Antrieb mit Dreifach-Kettenblatt „biopace II" von Shimano.

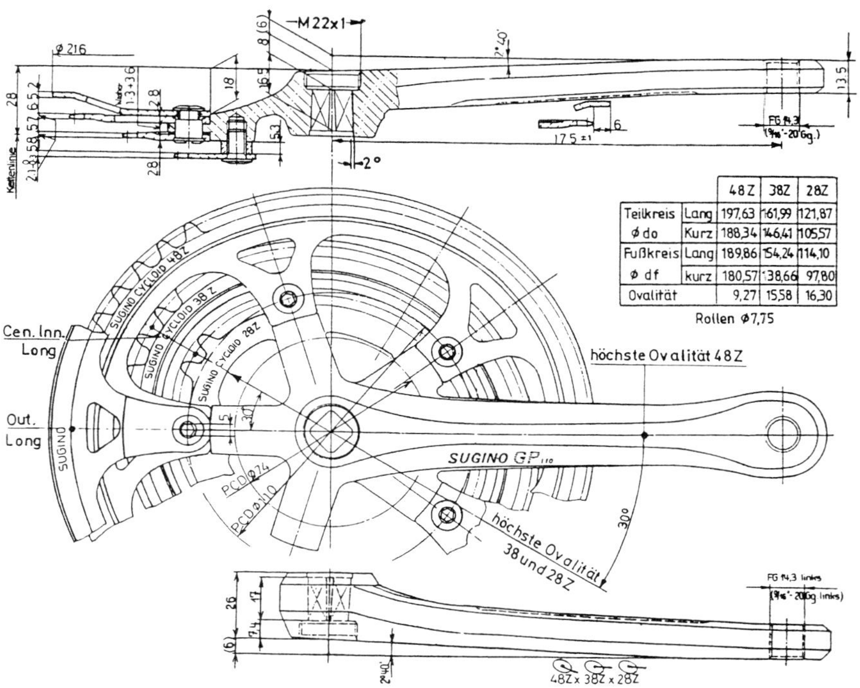

		48 Z	38Z	28Z
Teilkreis ϕ do	Lang	197,63	161,99	121,87
	Kurz	188,34	146,41	105,57
Fußkreis ϕ df	Lang	189,86	154,24	114,10
	kurz	180,57	138,66	97,80
Ovalität		9,27	15,58	16,30

Abb. 616: Cycloid-Kettenradgarnitur für Mountain-bike von Sugino.

Abb. 615: Kettenradgarnitur XCD, mit einem runden und zwei ovalen Kettenrädern, von Sun Tour. ▶

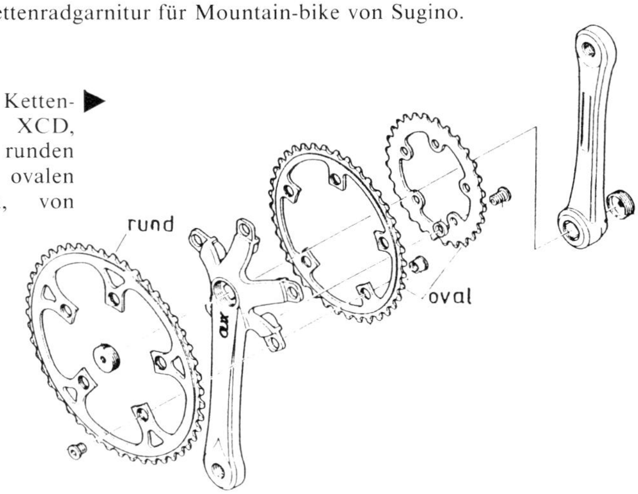

Diese Shimano-Kettenradform verwenden inzwischen, mehr oder weniger gut, auch andere Hersteller von Tretlagern, die unter Cycloid (Sugino), Oval Tech (Sakae), Bio-Strong (Stronglight), Biorythm (Nervar) und XCD (Sun Tour) usw. bekannt sind.

Die Beurteilung dieses Systems unter verschieden wechselnden Geländeverhältnissen durch die Fahrer ist größtenteils positiv, der Nutzen aber auch umstritten. Deshalb verwendet Sun Tour neben zwei ovalen auch ein rundes Kettenrad (Abb. 615).

Auch die Sachs-ATB-Dreifach-Kettenradgarnitur ist mit einem runden großen und zwei ovalen kleineren Kettenrädern bestückt.

Die Funktionstüchtigkeit der oval-ähnlichen Kettenräder liegt nicht nur an der besonderen Formgestaltung der Unrundheit, sondern auch daran, daß die Größe der Ovalität gegenüber bisher bekannter ellipsenförmiger Kettenräder reduziert wurde und nur ca. 16 mm beträgt.

Beim Cycloid-Antrieb von Sugino sind die drei Kettenräder unterschiedlich oval. Das große Kettenrad (48 Zähne) ist nur 9,29 mm, das mittlere mit 38 Zähnen 15,58 mm und das kleinste Kettenrad (28 Zähne) 16,3 mm abweichend von der kreisrunden Ausführung. Auch die Stellung der Tretkurbelarme zur Ovalität ist nicht gleich, sondern verschieden. In der Abb. 616 sind die Maße der unrunden Teilkreise der Verzahnungen und auch die Stellungen der Tretkurbelarme zur Ovalität ersichtlich.

Diese geringe Ovalität schluckt der Kettenspanner am Schaltwerk, so daß sich bei unterschiedlicher Tretfrequenz die Kette nur wenig aufschaukelt und nur unwesentlich die Funktion des Kettenwerfers am Tretlager erschwert.

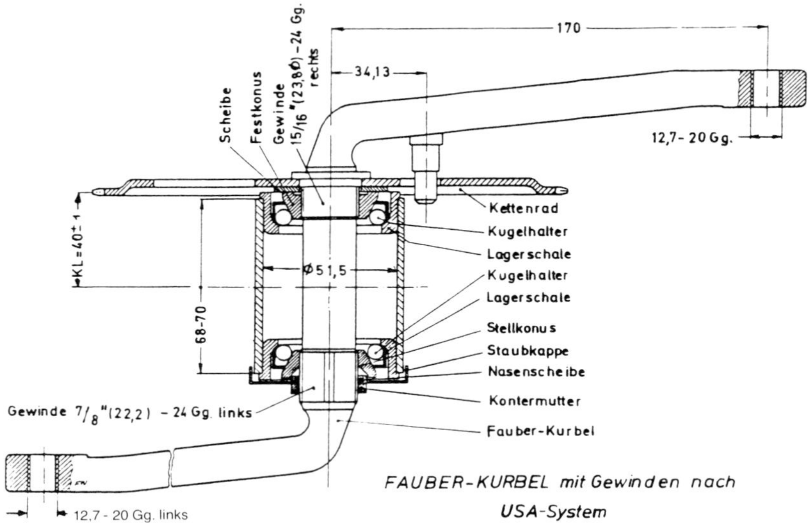

Abb. 617: Fauber-Tretlager mit Einschlag-Lagerschalen 51,5 mm Ø von Thun.

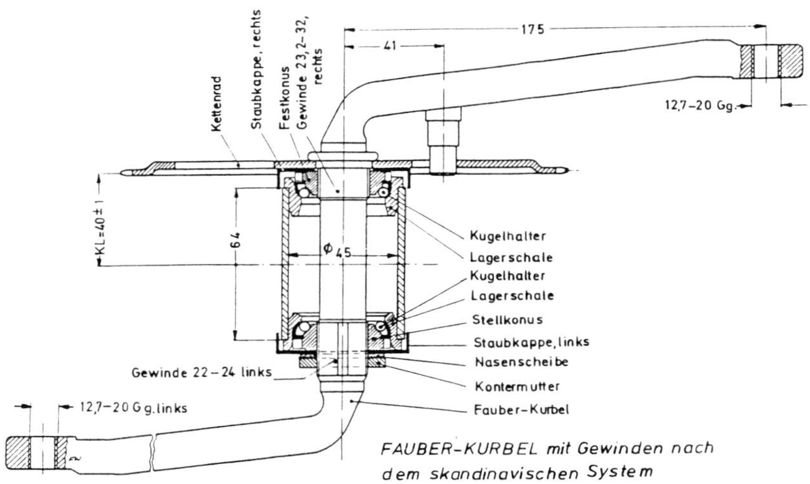

Abb. 618: Fauber-Tretlager mit Einschlag-Lagerschalen 45 mm Ø von Thun.

Der „Fauber-Antrieb“

Eine Besonderheit unter den Tretlager-Konstruktionen ist der „Fauber“-Antrieb (so benannt nach seinem Erfinder). Tretlagerwelle und Tretkurbeln sind hier aus einem Stück gefertigt. Am rechten Tretarm ist ein Bolzen (10–12 mm Ø) angeschmiedet, der in das Kettenrad eingreift und es mit der Tretlagerwelle verbindet. Der Innendurchmesser des Tretlagergehäuses ist gegenüber Thompson- und BSA-Systemen größer, damit der linke Tretkurbelarm durch das Gehäuse „gefädelt“ werden kann.

Dadurch ergeben sich relativ große Lagerdurchmesser und kräftige Konus-Kugellager. Es gibt Fauber-Antriebe mit eingepreßten Lagerschalen und eingeschraubten Lagerbüchsen wie bei der Thompson- und der BSA-Ausführung.

Fauber Tretlager mit Einschlag-Lagerschalen

Die Abbildungen 617 und 618 zeigen zwei Fauber-Antriebe für Tretlagergehäuse unterschiedlicher Größe, 70 × 51,5 Innen-Ø und 64 × 45 Innen-Ø (siehe hierzu Abb. 256).

Der kleinere Lager-Durchmesser (Abb. 618) wurde durch ein Konus-Kugellager mit kleineren Kugeln erreicht.

Leider gibt es zum Ärger der Kunden und des Zweiradmechaniker-Handwerks zwei verschiedene Fauber-Tretkurbel-Ausführungen, die eine mit dem USA-Gewindesystem und die andere mit dem skandinavischen Gewindesystem.

USA-Gewindesystem:

Für den Stellkonus Gewinde 7/8″ (22,2 ∅) – 24 Gang linkssteigend und für den Festkonus an der Kettenradseite 15/16″ (23,8 ∅) – 24 Gang rechtssteigend (siehe Abb. 617).

Skandinavisches Gewindesystem:
Für den Stellkonus Gewinde 22-24 Gang linkssteigend und für den Festkonus an der Kettenradseite 23,2-32 Gang rechtssteigend (siehe Abb. 618, 619, 620 und Tabelle Abb. 1141).

Der Gewinde-Unterschied ist sehr gering und für den Laien mit dem bloßen Auge kaum erkennbar, aber trotzdem sind die Kurbeln nicht untereinander austauschbar.

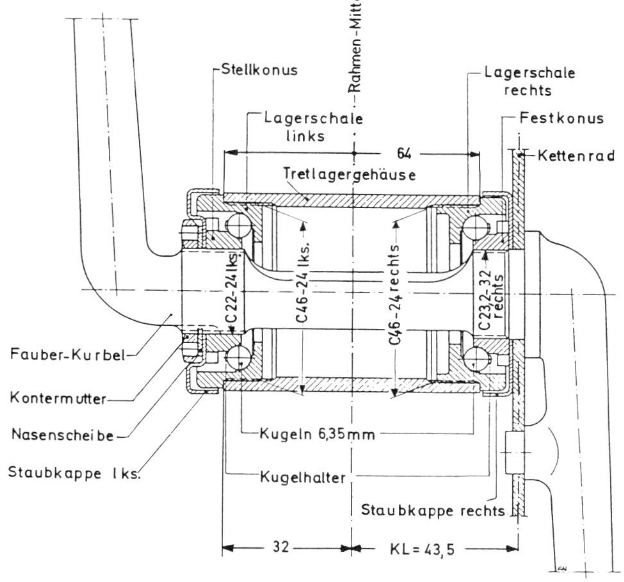

Abb. 619: Fauber-Tretlager mit eingeschraubten Lagerschalen von Monark-Crescent, Schweden.

Fauber-Antrieb mit eingeschraubten Lagerschalen

Fauber-Tretlager mit eingeschraubten Lagerschalen (Lagerbüchsen) benötigen auch wegen des Innenaufbaues ein relativ großes Tretlagergehäuse (Außen-∅ 51 mm, Innen-∅ 44,6 mm, Länge 64, 68 oder 71 mm, siehe hierzu Abb. 256).

Im Gegensatz zur BSA-Ausführung ist in der rechten Seite des Tretlagergehäuses das Gewinde C46-24Gg. rechtsgängig und in der linken Seite linksgängig geschnitten. Die großen Konus Kugellager mit Kugeln 6,35 mm (¼″) ∅ sind sehr tragkräftig und stabil. Diese Teile müssen äußerst genau zentrisch hergestellt werden, damit die Lager rund laufen und sich ein konstantes Lagerspiel einstellen läßt. Die Abb. 619 zeigt eine Fauber-Tretlager-Ausführung nach der schwedischen Norm SMS 1390 mit Gewinden nach dem skandinavischen System.

In der Abb. 620 ist die dazugehörige geschmiedete einteilige Fauber-Kurbel (nach der schwedischen Norm SMS 385) dargestellt. Die Zeichnung gibt Aufschluß, wie durch Verformung des Mittelteils der Kurbel die Verdickung für die beiden Konengewinde erreicht wird. Für BMX-Wettkampfräder werden Fauber-Kurbeln aus

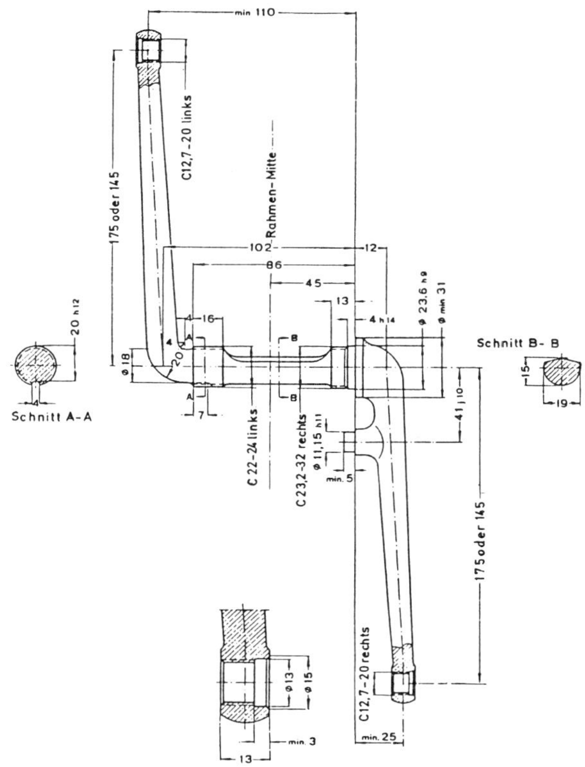

Abb. 620: Geschmiedete einteilige Fauber-Kurbel von Monark-Crescent, Schweden.

Stahl CrMo (Chrom-Molybdän) geschmiedet.

Das Fauber-System ist schon seit Jahrzehnten bekannt. In Deutschland wurde dieser Antrieb bisher nicht, in den skandinavischen Ländern und USA für normale Sport- und Kinderfahrräder dagegen sehr viel verwendet. Der Einbau des Fauber-Antriebs war aber auch in diesen Ländern wegen des aufkommenden Rennrad-Booms rückläufig. Durch die BMX-Fahrräder, bei denen Keillager verboten sind, ist er erneut aktuell geworden.

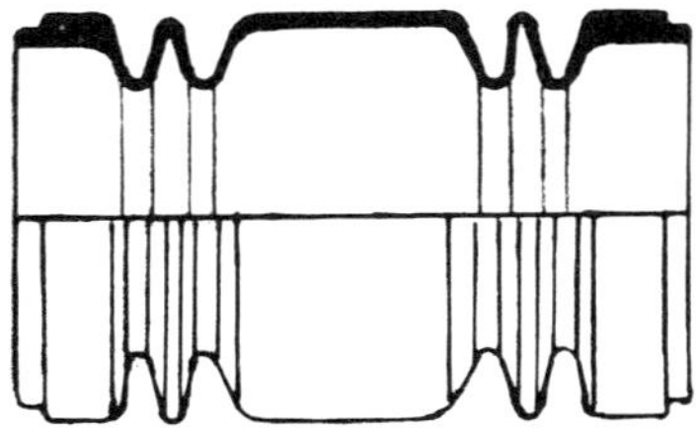

Abb. 622: Faltenbalg für Tretlager.

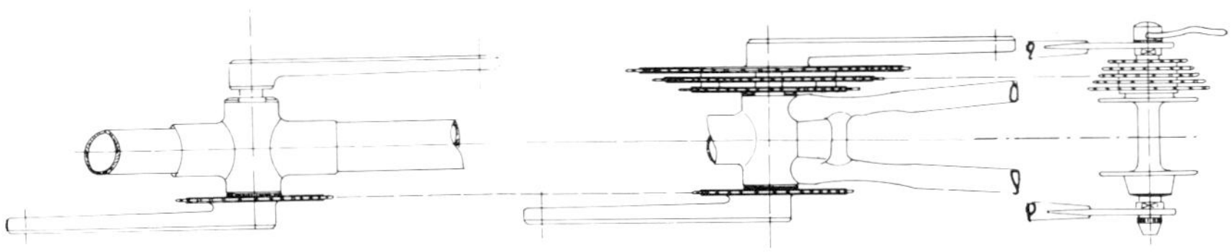

Abb. 621: Tretantrieb für ein Renn-Tandem.

Antrieb für Renn-Tandem

In Abb. 621 ist die Anordnung eines Tretantriebes für ein Renn-Tandem gezeigt.

Das hintere Tretlager ist das Stronglight mit Dreifach-Kettenrädern (Abb. 596): mit einem Fünf- oder Sechsfach-Leerlauf-Zahnkranz auf der Hinterradnabe können 15 bzw. 18 Gangstufen gewählt werden. Zwischen vorderem und hinterem Tretlager muß ein Ketten-Spannrad vorgesehen werden; die mitlaufende Spannrolle braucht aber Kraft, und deshalb ist es besser, wenn die Kettenspannung mittels einer Exzenter-Buchse, in der das vordere Tretlager sitzt, reguliert werden kann.

Faltenbalg zum Schutz der Konus-Kugellager

In den Tretlagern der dreißiger Jahre war häufig zwischen die beiden Lagerschalen ein Rohr geklemmt, damit Fremdkörper und Schmutz von den Lagern ferngehalten wurden. Im Rohr war ein Loch, durch das der Hals des im Tretlagergehäuse eingeschraubten Ölers ragte. Nachdem aber die Dauerfettschmierung die Ölschmierung verdrängt hat, wurden Öler und Ölrohr weggelassen. Seitdem sind die Wälzlager nicht mehr besonders geschützt (nicht bei einem Tretlagereinsatz mit Rillenkugellager), Fremdkörper und Regenwasser können in die oben offene Sattelstütze durch das Sitzrohr in das Tretlager gelangen, auch können Zunder, verkrustetes Flußmittel, nicht fest angebundenes Lötgut oder Sandstrahlreste in die Lager kommen. Um das zu vermeiden wird bei Qualitätsrädern zwischen die Lagerschalen an Stelle des Schutzrohres ein Faltenbalg aus Kunststoff (PVC) montiert (Abb. 622). Ein solcher Faltenbalg kann auch nachträglich eingebaut werden.

Mehrgang-Tretlagergetriebe

Bereits vor den heutigen Getriebenaben und Kettenschaltungen gab es Mehrgang-Wechselgetriebe für Fahrräder, die – mit zwei, drei oder gar vier Gängen – in das Tretlager eingebaut waren. Diese Konstruktionen konnten sich aber nicht durchsetzen. Sie hatten – wegen des zu übertragenden hohen Drehmoments – kräftige Zahnräder, die vollständig gekapselt und deshalb anspruchslos waren. Jedes solcher Getriebe benötigte aber ein spezielles Tretlagergehäuse, also einen ganz speziellen Rahmen, nachträgliche Einbaumöglichkeiten gab es nicht.

Mit einem solchen Getriebe wurde das Fahrradgewicht deutlich höher – und ebenso der Preis des Fahrrades. Die Konstruktionen wurden, in entsprechend verkleinerter Ausführung, von Kraftradgetrieben übernommen. Die Abb. 623 und 624 zeigen, als nur ein Beispiel aus einer ganzen Anzahl ausgeführter Tretlager-Getriebe jener Zeit, das Rappa-Viergang-Getriebe mit Ziehkeilschaltung, die sich bis heute bei einigen Getriebekonstruktionen für motorisierte Zweiräder noch erhalten hat.

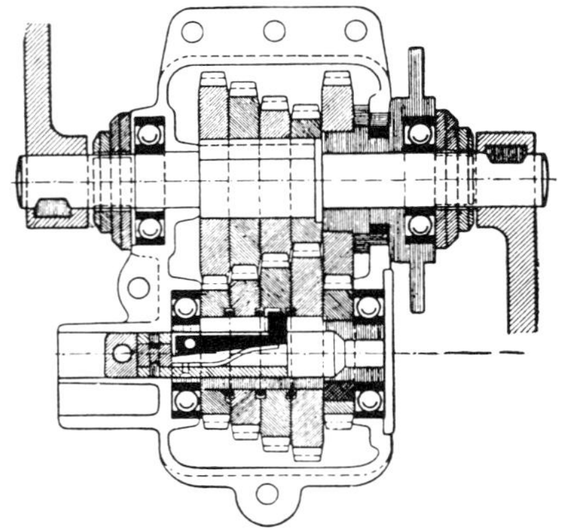

Abb. 623: Fahrrad-Viergang-Tretlagergetriebe von Rappa.

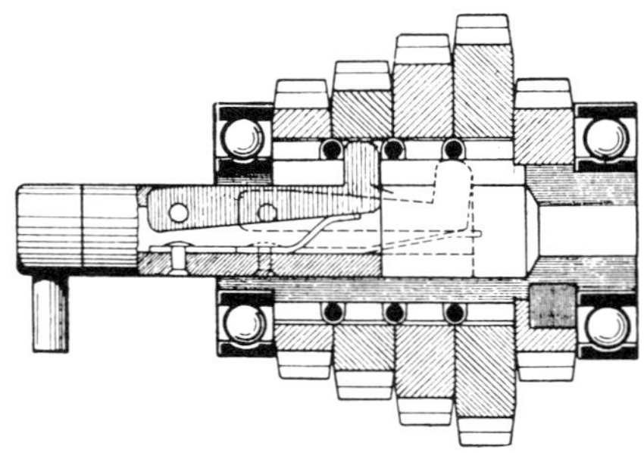

Abb. 624: Rappa-Vierganggetriebe mit Ziehkeilschaltung.

Die Pedale

Bei den Pedalen steht nicht wie bei den Naben die Achse zur Lastrichtung still, sondern der Pedalkörper. Die Pedalachse ist fest mit der Tretkurbel verschraubt und dreht sich mit dieser mit. Der Pedalkörper wird immer von oben belastet, deshalb erhält sein Lageraußenring Punktlast, die Achse dagegen Umfangslast. Die Lagerverhältnisse sind deshalb anders als bei der Nabenlagerung, d. h. günstiger. Noch günstiger ist das Pedal ohne Rennhaken, da es um 180° gedreht werden kann, und die Überrollhäufigkeit für den Außenring verteilt sich (statistisch) je zur Hälfte auf beide Pedalstellungen. Das Pedalsystem ist einheitlich, obwohl die konstruktive Durchbildung der Pedale unterschiedlich sein kann. Deshalb kann hier nur eine allgemeine Beschreibung erfolgen.

Der grundsätzliche Aufbau eines Touren-Universal-Pedals mit Rückstrahler, in verschiedenen Größen für Herren-, Damen- und Kinder-Räder, ist in Abb. 625, ein Sportpedal in Abb. 626 und ein Rennsportpedal („Rattrap") in Abb. 627 und 631 gezeigt.

Die wichtigsten Bauteile des Pedals sind die Achse und die Lagerung.

Das Lagergehäuse ist aus mehreren Teilen zusammengesetzt. Vielfach werden heute auch aus Alu-Legierung gegossene oder aus technischen Kunststoffen im Spritzverfahren hergestellte einteilige Pedalkörper verwendet. Abgesehen von den teueren Spezialpedalen (für Rennsport, BMX usw.) sind die preisniedrigen Pedale heute nicht mehr zerlegbar, das heißt, daß die Lagerung nicht nachgestellt werden kann; sie wird bereits im Herstellerwerk eingestellt und wartungsfrei gefettet.

Alle Teile werden nach neuesten Fertigungsmethoden hergestellt, so daß verhältnismäßig günstige Preise möglich sind.

Die Gummiteile der Fußauflage aus Weich-PVC mit stabilisierenden und rutschhemmenden Füllstoffen müssen griffig und rutschfest sein. Die äußeren Teile bestimmen die Unterschiedlichkeit der verschiedenen Pedaltypen.

Die Straßenverkehrs-Zulassungs-Ordnung (StVZO) bestimmt in Paragraph 67, daß an beiden Längsseiten des Pedals gelbliche Rückstrahler angebracht sein müssen, die prüfungspflichtig sind. Damit ist auch das Pedal ein sogenanntes „bauartgenehmigungspflichtiges Teil", das eine Prüfnummer hat, die im Rückstrahler und auch am Pedal dauerhaft angebracht sein muß. (Eine besondere Schwierigkeit liegt darin, daß fast alle Staaten ebenfalls, aber voneinander abweichende Prüfbestimmungen für die Pedalrückstrahler haben.)

An diese Rückstrahler werden in der Bundesrepublik Deutschland sehr hohe Leistungsanforderungen gestellt.

Ab Januar 1985 gelten neue Reflektionswerte. Diese müssen den technischen Bestimmungen sowie weiteren Anforderungen der TA 18 (Technische Anforderungen an Fahrzeugteile bei der Bauartprüfung nach § 22a StVZO) entsprechen hinsichtlich:

1. Mindest-Rückstranlwerten,
2. Farbortgrenzen,
3. Wasserdichtigkeit,
4. Salznebelbeständigkeit,
5. Wärmebeständigkeit,
6. Kraftstoff- und Schmiermittel-Beständigkeit,
7. Staubdichtigkeit,
8. Vibrationsbeständigkeit.

Das Pedal muß auch nach der DIN 79 100 bzw. 79 110 sowie nach der DIN 79 105 (BMX-Fahrräder) neben einem Rutsch-Prüftest eine

statische Prüfung der Pedalachse,
statische Prüfung des Pedalrahmens, horizontal,
statische Prüfung des Pedalrahmens, vertikal,
und eine
dynamische Laufprüfung

bestehen. Erst dann wird eine Prüfnummer erteilt, die z. B. so aussieht:

~~~ K 10 490

Rennräder sind für die Dauer der Teilnahme an Rennen von den Vorschriften (Paragraph 67) befreit, brauchen also in dieser Zeit keine Pedalrückstrahler. Bei Kinder-Fahrrädern ist zu unterscheiden, ob sie als Spielräder außerhalb des Straßenraums (auch bei gelegentlicher Mitbenutzung des angrenzenden Straßenrandes) oder als Verkehrsmittel benutzt werden. Etwa vom schulpflichtigen Alter (6 Jahre) an kann angenommen werden, daß solche Fahrräder auch als Verkehrsmittel benutzt werden (z. B. auf dem Schulweg oder beim Familienausflug), und trifft das zu, so muß auch ein Kinder-Fahrrad sowohl eine Beleuchtungseinrichtung als auch Pedalrückstrahler aufweisen.

Kinderpedale an einem Spielrad (das keine Pedalrückstrahler haben muß) müssen aber trotzdem die statische und dynamische Prüfung nach DIN 79 110 bestehen. Seriöse Hersteller von Kinder-Fahrrädern montieren aus Sicherheitsgründen auch bei Spielrädern Pedale mit Rückstrahlern, weil Kinder in der Stadt ja doch nicht nur Spielplatz und Gehsteig zum Fahren benutzen.

Die Lagerung der Pedalachse erfolgt durch kleine Kugeln ohne Kugelhalter, weil in diesen kleinen Lagern für einen Käfig kaum Platz ist, was bei der geringen Umfangsgeschwindigkeit der Lager auch bedeutungslos ist. Eine Nachstellung der Lagerung ist, wie bereits gesagt, nur bei den Spezialpedalen durch einen schraubbaren Konus mit Nasenscheibe und Gegenmutter möglich, während bei normalen Pedalen der Konus mit der Pedalachse vernietet ist (s. Abb. 625, 626 und 627).

Die zerlegbare (nachstellbare) Ausführung ist die bessere (Abb. 632). Das Lagerspiel wird an der Achse (1) mit einem schraubbaren Konus (6) ein- bzw. nachgestellt. Die Feststellung des Konus erfolgt über eine Nasenscheibe (7) mittels Kontermutter (8). Über die abnehmbare Staubkappe (10) wird die Lagerstelle zum Nachstellen und Nachfetten zugänglich.

Die Achse ist das wichtigste Bauteil des Pedals, sie wird am stärksten beansprucht. Den inneren Konus bildet die Achse selbst. Bei deren verhältnismäßig langem Hebelarm ergibt sich ein großes Biegemoment, dessen Maximalwert sich für die einzelnen Punkte auf der Achslinie errechnen läßt. Man erkennt dabei, daß das Biegemoment nach außen hin abnimmt, und deshalb ist die Achse (Abb. 629) als Träger gleicher Festigkeit (wie in Abb. !44 gezeigt) ausgebildet.
~~~

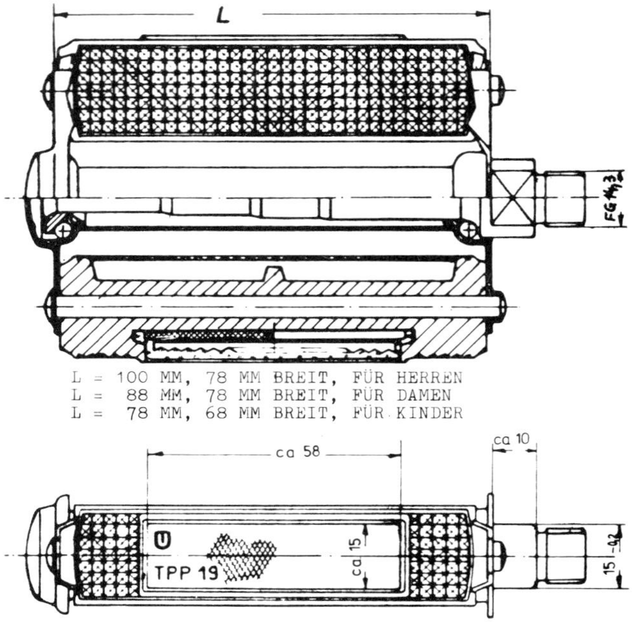

Abb. 625: Touren-Universalpedal von Union.

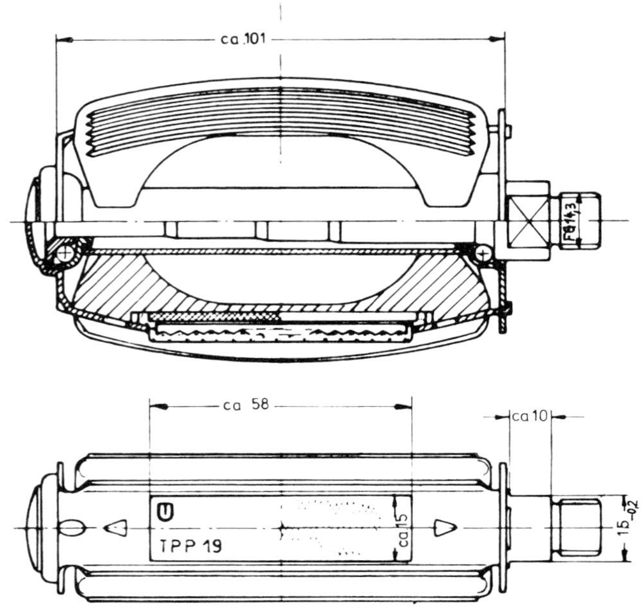

Abb. 626: Sportpedal von Union.

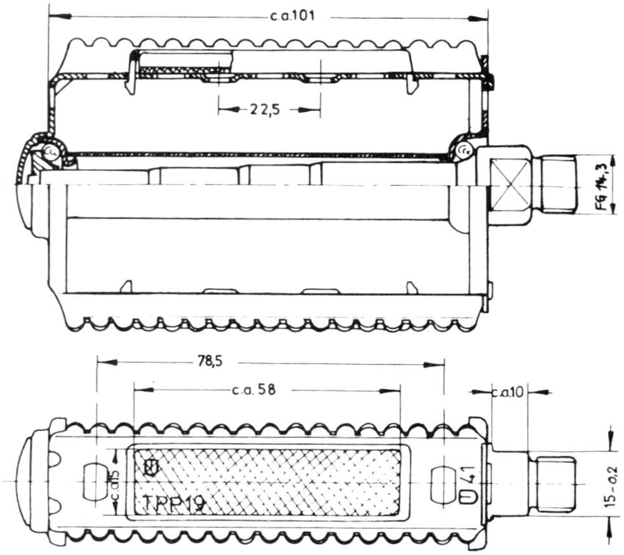

Abb. 627: Rattrap-Pedal mit aufgeklipsten Rückstrahlern von Union.

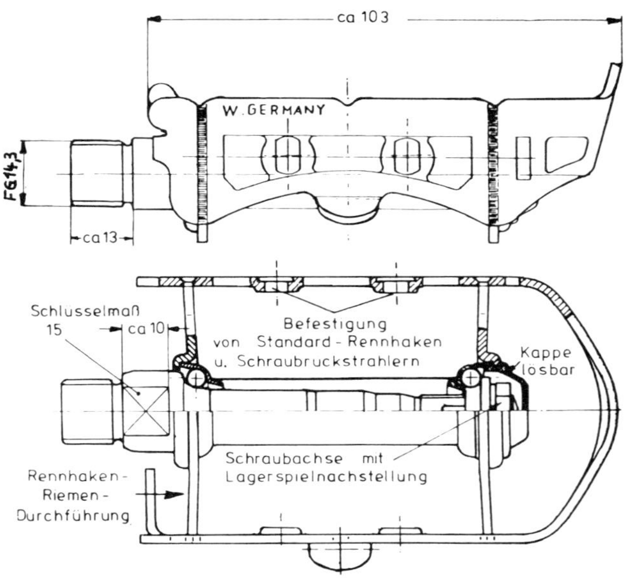

Abb. 628: Leichtmetall-Rennpedal von Union.

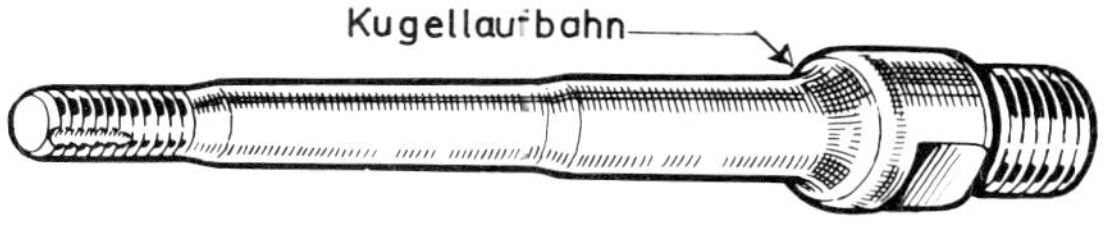

Abb. 629: Pedalachse.

Vom angepreßten Konus verjüngt sich die Achse bis zum Außenlager.

Mit der Ausbildung des an der Achse festen Konus ergeben sich zusätzliche Vorteile: der Konus bildet nämlich bereits einen Teil der Verjüngung und außerdem einen allmählichen Übergang zum dickeren zylindrischen Innenende der Achse, was für deren Bruchsicherheit wichtig ist.

Natürlich spielt auch der Werkstoff für die Festigkeit und leichte Herstellung der Pedalachse eine Rolle. Für preisniedrige Pedale wird die Achse aus Cq 35 im Kaltfließpreßverfahren, für hochbeanspruchte Renn- und BMX-Pedale jedoch aus CrMo hergestellt. Die Kugellaufbahn ist gehärtet. Der kurze zylindrische Teil hinter dem Konus hat zwei Flächen für 15 SW zum Ansetzen eines Maulschlüssels. Das Gewinde zur Befestigung in der Tretkurbel, zumeist gewalzt, gibt es in drei verschiedenen Ausführungen:

FG 14,3 DIN 79012 (siehe Tabelle Abb. 1139) entspricht dem Gewinde 9/16″-20Gg, in Deutschland bei allen Fahrrädern verwendet, dies ist auch die Standard-Ausführung in fast allen Ländern;

M14 × 1,25 bevorzugt in Frankreich;

C12,7-20Gg (1/2″ × 20Gg) für Fauber-Tretkurbeln wegen des kleineren Auges am Tretarm.

Damit sich die Pedalachsen beim Treten nicht leicht lösen, werden sie (und entsprechend die Tretkurbeln) weltweit rechts mit Rechts- und links mit Links-Gewinde versehen.

Weshalb Rechts- und Linksgewinde erforderlich sind, hat folgenden Grund:

Wenn man sich vorstellt, daß das Pedalgewinde mit Spiel im Tretkurbelauge sitzt, vielleicht durch unvollständiges Einschrauben, so wird durch die Fußkraft der Gewindebolzen im Muttergewinde verkantet, auf der Kurbelaußenseite stets nach unten, auf der Kurbelinnenseite stets nach oben. Nun dreht sich beim Pedalieren die Lastrichtung relativ zum rechten Dorn links herum und zum linken Dorn rechts herum (Abb. 630). Dadurch wälzt sich das rechte Bolzengewinde im Muttergewinde links herum ab und dreht sich dabei selber nach rechts wie das Planetenrad in einem Planetengetriebe, es wird dadurch in das Muttergewinde hineingeschraubt. Daß dies so ist, kann man jederzeit mit Hilfe einer Schraube und einer Mutter mit möglichst viel Gewindespiel nachprüfen, indem man auf die Schraube eine Querkraft ausübt, deren Richtung man um die Schraube kreisen läßt, ohne jedoch diese selbst zu drehen. Bei Rechtsdrehung wird sich die Schraube links herum drehen und umgekehrt.

Dennoch müssen die Pedale fest in die Kurbelarme eingeschraubt werden.

In der Abb. 630 ist links das rechte und rechts das linke Pedal, beide von außen gesehen, auf ihrem Weg vom oberen zum unteren Totpunkt in Tretrichtung schematisch dargestellt.

Die Stirnseiten der Pedalachsen sind mit „L“ und „R“ gekennzeichnet, damit sofort die richtige Pedalseite erkannt werden kann.

Optimale Kraftübertragung wird nur durch Treten mit dem Fußballen (nicht mit der Fußwölbung) erreicht. Dazu sind die Rennhaken nützlich, die verhindern, daß der Fuß nach vorn rutscht, bis der Schuhabsatz am Pedal zur Anlage kommt. Es gibt einfache, offene Rennhaken ohne Lederriemen. Aber schon bei Sporträdern mit Rattrap-Pedalen* werden meist Haken mit Riemen verwendet. In Abb. 631 ist ein Rattrap-Pedal mit Riemen und Schnalle in Explosivdarstellung gezeigt. Bei dieser Ausführung sind auch vorschriftsmäßige Pedalrückstrahler montiert.

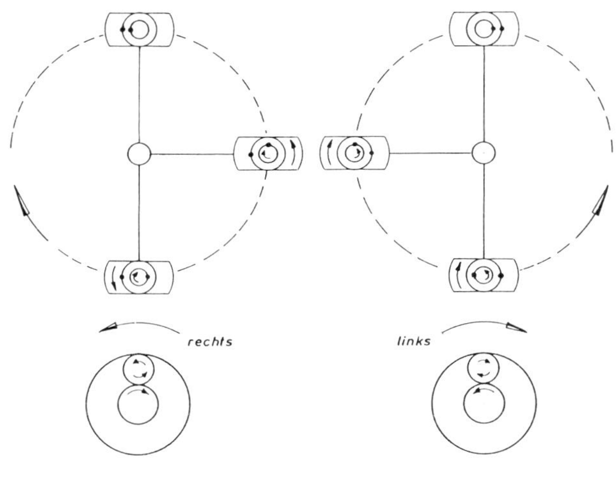

Abb. 630: Widerstandsrichtung im rechten und linken Pedal.

Rennpedale

Rennsportfahrer benutzen keinen Turn- oder Sportschuh, sondern einen speziellen Rennschuh, in dem eine Kunststoff- oder Stahl-Einlage in die Sohle eingearbeitet ist. Zusätzlich kann eine Einrastplatte, die in das Pedal eingreift, auf die Sohle aufgeschraubt werden. Dazu muß aber die Fußauflage des Pedalrahmens entsprechend gestaltet sein.

Die früher übliche rechteckige Form des Pedalrahmens (siehe Abb. 631), die beim Pedalieren beidseitig benutzt werden kann, wurde verlassen. Die Pedalform wurde vor allem verändert mit dem Ziel, einen größeren „Kurvenwinkel“ zu erreichen, d. h., die

---

*Rattrap = englisch Klapperkasten, freie deutsche Übertragung „Rattenfalle“

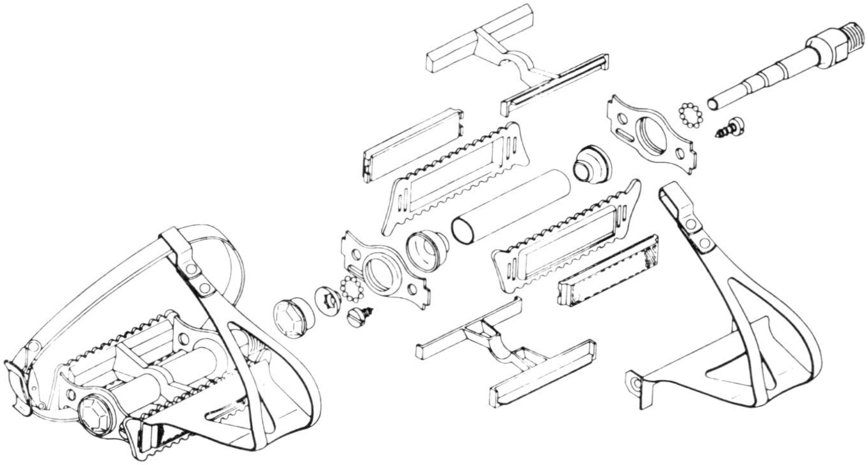

Abb. 631: Rattrap-Pedal mit Rennhaken und Rückstrahler von Union.

Maschine kann dadurch stärker geneigt werden, ohne daß das Pedal die Fahrbahn berührt. Dafür bietet sich der Leichtmetall- oder Kunststoff-Pedalkörper mit einseitiger Trittfläche besonders an.

Das Shimano-Rennpedal (Abb. 632) ist eine Entwicklung nach biomechanischen[84] Gesichtspunkten – für rhythmisches Treten ohne unnötigen Kraftverlust.

Das Design, aerodynamisch gestaltet, hat nichts mit einem konventionellen Pedal gemeinsam.

Die Lagerung erfolgt mit einstellbaren Konus-Kugellagern im Pedalkörper aus Alu-Legierung mit Stahllagerschalen und einer Achse aus CrMo (Chrom-Molybdän-Stahl). Die Rennhaken auf der fächerförmigen Platte sind nach allen Richtungen verstellbar. Nach Angabe des Herstellers beträgt der Kurvenwinkel (Radneigung) 31°, während bei üblichen Sportpedalen nur 29,5 Grad erreicht werden.

Ein Vorteil gegenüber dem seitherigen Shimano-Rennpedal DD ist das normale Achsgewinde FG 14,3 bzw. das in Frankreich gebräuchliche M14 × 1,25. Das Gewicht einschließlich Rennhaken beträgt nur 440 g pro Paar.

Eine gute Konstruktion ist die Lagerung des KKT-Rennpedals (Abb. 633) mit einem Kugellager vorn (3) für die Fixierung und einem Nadellager hinten (2) mit hoher Tragkraft. Die Lagerung wird mit einer Radial-Dichtung (4) gegen austretendes Schmierfett und eindringendes Wasser abgedichtet. Diese Lagerung braucht nicht nachgestellt und nicht nachgefettet zu werden. Der Pedalrahmen (61 × 61 mm), ist am Pedalkörper aus Leichtmetall befestigt. Die Hohlachse ist aus CrMo, das Gewicht mit Reflektoren (ohne Rennhaken) beträgt 395 g pro Paar.

Die Abb. 634 zeigt das Maillard-Rennpedal mit einseitiger Trittplatte, das mit Rennhaken und Reflektoren (Rückstrahler) ausgerüstet werden kann.

Das hakenlose Shimano-Pedal macht Fußhaken und Halteriemen durch einen Rastmechanismus überflüssig (Abb. 635).

Das Einrasten der Schuhplatte am Sportschuh geschieht durch „Einsteigen" ins Pedal und das Ausrasten durch seitliches Drehen.

Die Pedallagerung im gegossenen Leichtmetallkörper besteht aus einem Nadellager und zwei Kugellagern. Der Kurvenneigungswinkel beträgt 34°.

Ein fortschrittliches Konzept im Sport ist das Shimano-Pedalsystem SPD (steht für Shimano Pedaling Dynamic).

Dieses System schließt nicht nur die jeweiligen Spezialpedale, sondern auch den optimal tauglichen Rennschuh für jeden Fahrstil ein und bringt so eine maximale Fuß-Pedalverbindung.

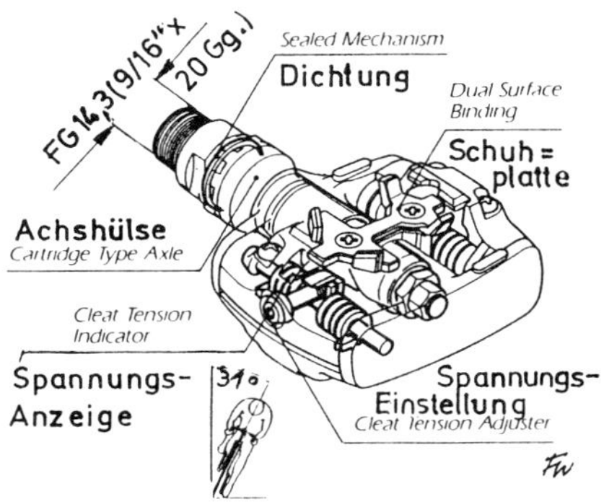

Abb. 636: Geländesportpedal PD-M737 von Shimano.

[84] bio = Leben

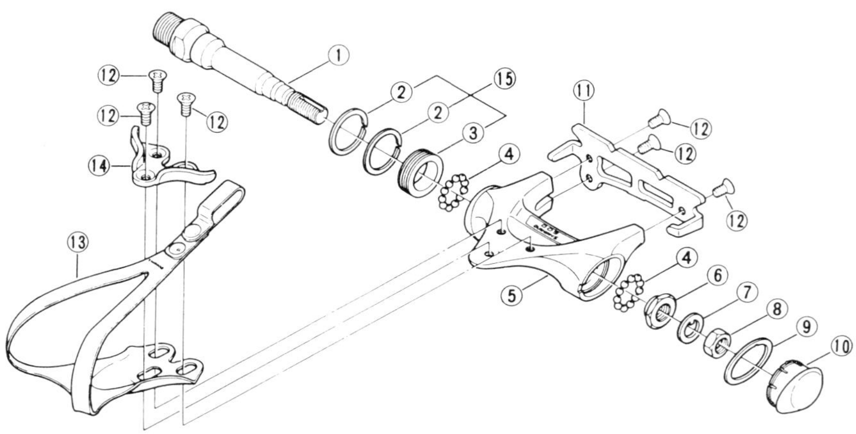

Abb. 632: Rennpedal PD 6207 von Shimano.

Die Abb. 636 zeigt das kompakte, doppelseitig benutzbare Geländesportpedal für hakenloses Off-Road-Fahren. Der Pedalkörper ist aus einer Alu-Legierung hergestellt. Die Achse (aus CrMo-Stahl) wird wie von einer Patronenhülse (Cartridge) überdeckt und gegen eindringenden Schmutz abgedichtet (Sealed Mechanism).

Der dazu besonders abgestimmte Geländerennschuh (SH-M100) hat eine rutschsichere Gummiprofilsohle mit vertiefter Schuhplatte. Mit diesem Rennschuh kann man hakenfrei ein- und ausrasten, aber auch laufen wie mit einem guten Wanderschuh (Abb. 637).

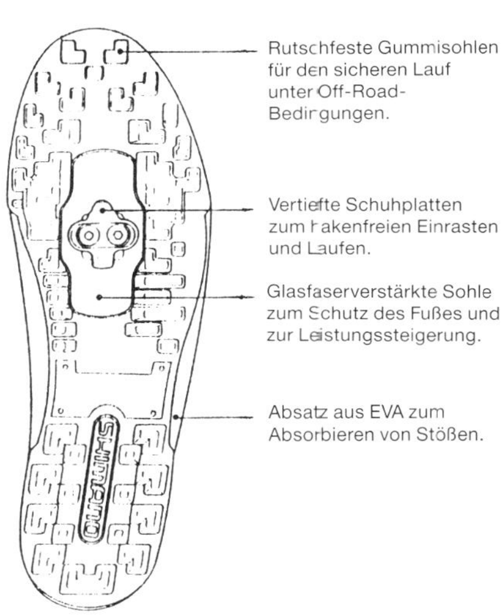

Abb. 637: Fahrradschuh von Shimano.

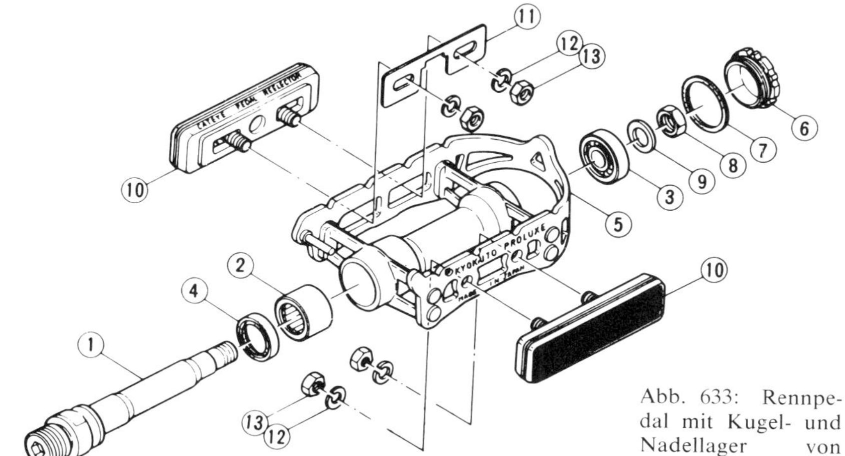

Abb. 633: Rennpedal mit Kugel- und Nadellager von KKT.

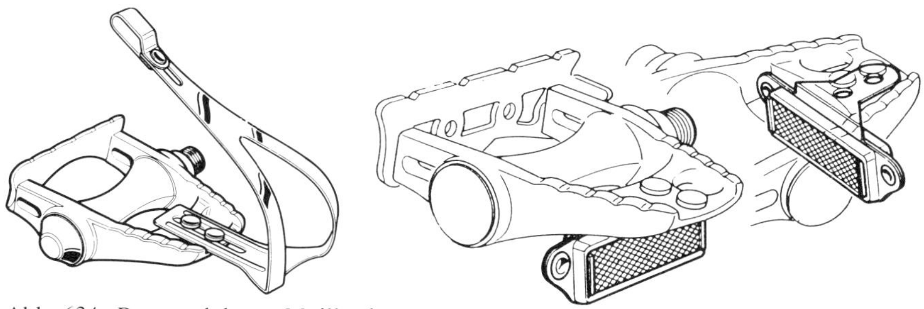

Abb. 634: Rennpedal von Maillard.

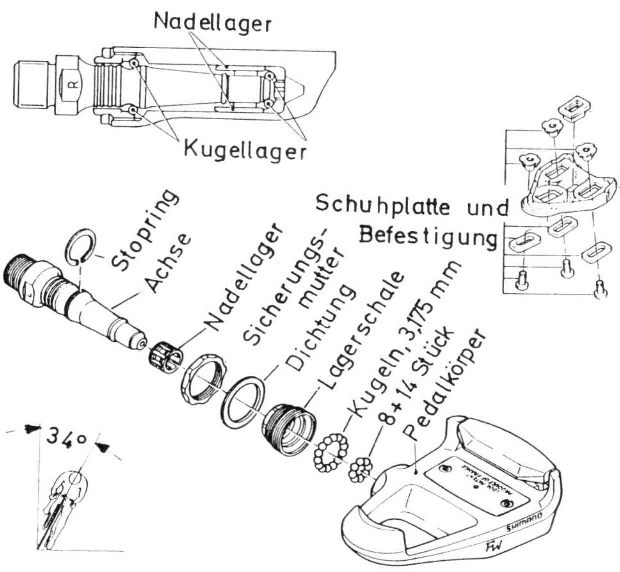

Abb. 635: Hakenloses Rennpedal von Shimano.

Spezialpedale

Eine Besonderheit unter den Pedalen ist das Universal-Pedal von Sun Tour (Abb. 638). Es eignet sich nicht nur für BMX-Wettkampfräder, sondern auch für Mountain-bikes sowie sportliche Touren- und Rennsporträder. Bei Bedarf können Rennhaken und Rückstrahler (Reflektoren) montiert werden. Es hat einen besonders breiten, ovalen gezahnten Pedalrahmen (92 mm lang), der mit sechs Senkschrauben am Leichtmetall-Pedalkörper befestigt und leicht auswechselbar ist. Das einstellbare Konus-Kugellager auf der Hohlachse aus

Fortsetzung auf Seite 251.

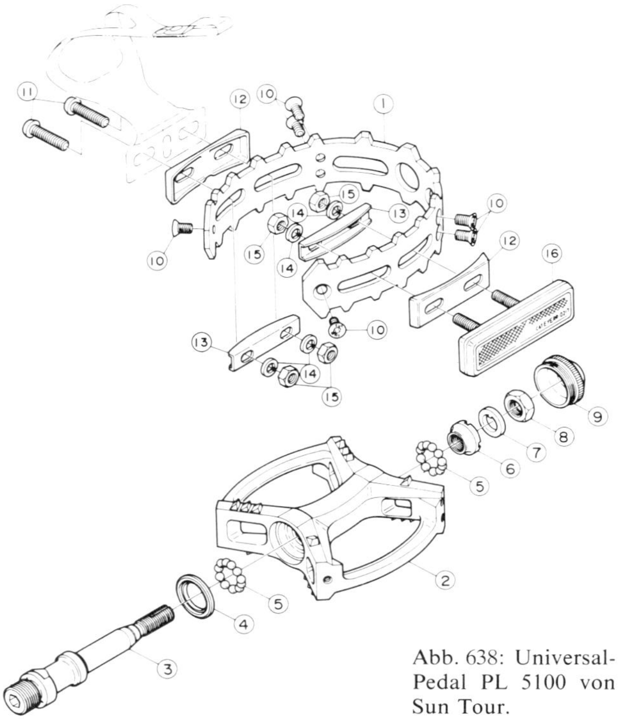

Abb. 638: Universal-Pedal PL 5100 von Sun Tour.

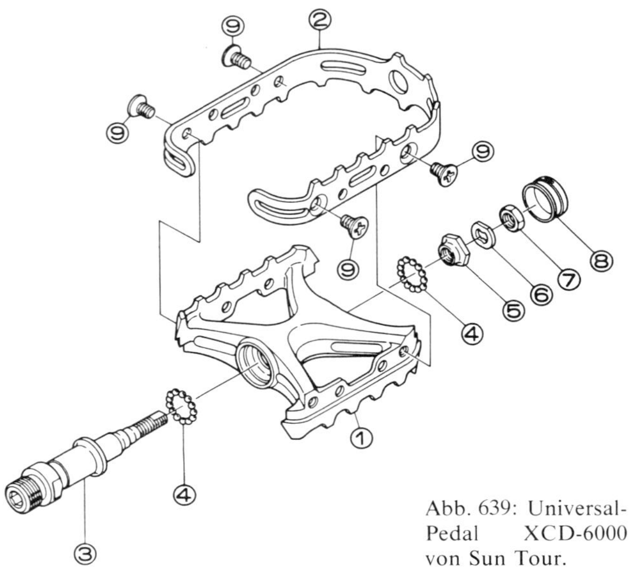

Abb. 639: Universal-Pedal XCD-6000 von Sun Tour.

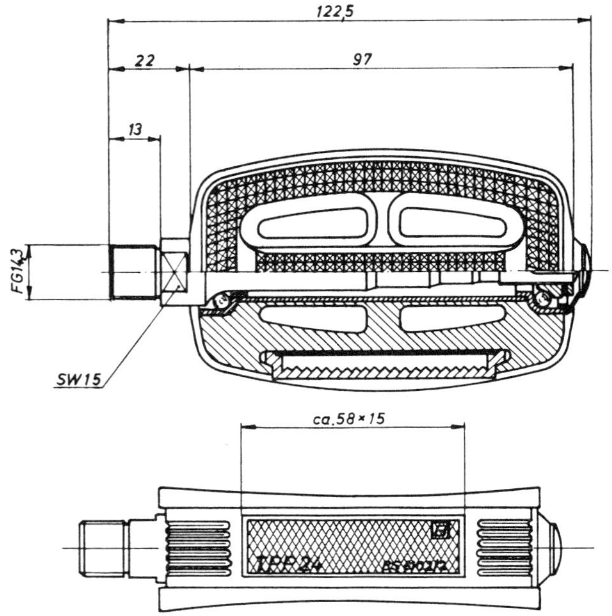

Abb. 640: Kunststoffpedal Modell 442 von Weco.

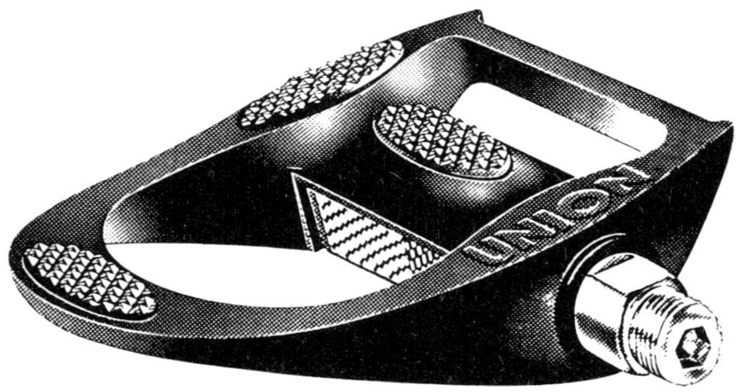

Abb. 641: Kunststoffpedal von Union.

Abb. 642: BMX-Pedal mit Kunststoffkörper von Sakae.

Fortsetzung von Seite 249.

CrMo ist mit Kugeln 3,96 mm ∅ und mit einem Radialdichtring (hinten) ausgestattet. Das Gewicht ohne Reflektoren beträgt 435 g pro Paar.

Das Universalpedal (Abb. 639) hat auch einen angeschraubten auswechselbaren, gezahnten Pedalrahmen aus Stahl. Nur eine Seite pro Trittfläche hat Stahlzähne, während die andere Seite Alu-Zähne hat, die am Pedalkörper angegossen sind.

Pedale aus Stahl werden mit verzinkter und verchromter Oberfläche, Alu-Ausführungen, aber auch mit polierten und eloxierten Sichtflächen geliefert.

Pedale aus Kunststoff

Anfang der siebziger Jahre wurden Pedale aus technischen Kunststoffen entwickelt. Die Lagerung der Achse erfolgte hier direkt im Pedalkörper als Gleitlager. Deswegen konnte sich diese Konstruktion beim Fahrrad nicht einführen. Wegen ihres sehr geringen Gewichts wurden diese Pedale für Schweizer Mofas (bei denen es wegen des gesetzlich festgelegten niedrigen Baugewichts immer Probleme gab) verwendet.

Die neuen Pedale aus Kunststoff mit integrierten Rückstrahlern und Konus-Kugellagern sind leichtgängig und bringen Gewichts- und Kostenvorteile; sie werden wohl eine neue Generation von Pedalen einleiten.

In der Abb. 640 ist ein solches Kunststoff-Pedal dargestellt. Der Pedalkörper ist aus Polyvinylchlorid (Kurzzeichen PVC) mit stabilisierenden Füllstoffen. Die integrierten Reflektoren entsprechen bereits den ab Januar 1985 gültigen Richtwerten.

In einem besonderen Design wurde ein leichtes Pedal aus faserverstärktem Kunststoff geschaffen, das alle Funktionen erfüllt (Abb. 641). Es bietet eine große rutschsichere Trittfläche, die mit körnigem, verschleißfestem Silicium-Carbid beschichtet ist und dem Fuß einen sicheren Halt gibt.

Aktuell ist das BMX-Pedal mit einem Pedalkörper aus glasfaserverstärktem Kunststoff mit angespritzter großer, einseitiger Trittfläche (75 × 93 mm) mit Sägezähen und Noppen sowie integrierten Rückstrahlern (Abb. 642). Die Achse für die Konus-Lagerung ist aus CrMo. Das Gewicht betägt 430 g pro Paar.

Ketten und Kettenabmessungen

Gelegentlich wird immer wieder die Ansicht geäußert, daß die Kraftübertragung durch Kette beim Fahrrad veraltet sei. Diese Auffassung berücksichtigt nicht die besonderen Verhältnisse und Betriebsbedingungen des Fahrrades. Tatsächlich ist auch beim heutigen Stand der Technik der Kettenantrieb für ein Fahrrad die optimale Kraftübertragung.

Kraftübertragungen, die mit Reibung arbeiten (Reibrollen- oder Keilriemenantrieb) sind wegen des Schlupfes, des schlechten Wirkungsgrades und ihrer Witterungsabhängigkeit wenig geeignet. Auch der Zahnriemen (aus Kunststoff mit Drahtseele) ist noch keine Alternative zur Kette. Zahnradübertragungen scheiden schon wegen des großen Abstandes zwischen Tretlager und Hinterradnabe aus – bliebe also nur noch der Wellenantrieb über Kegelradpaare, wie er derzeitig von Fendt wieder versucht wird (siehe Abb. 321). Gegen diese Übertragungsart, die in den zwanziger und dreißiger Jahren auch in Deutschland (z. B. von Dürkopp und Wanderer) versucht wurde, spricht zunächst der erheblich größere technische Aufwand gegenüber dem Kettenantrieb (siehe Abb. 322).

Zur Kraftumlenkung sind an beiden Wellenenden Kegelradpaare erforderlich, die eine besondere Lagerung haben müssen. Da der Fahrradrahmen elastischen Verwindungen ausgesetzt ist, müßte, um diesen nachgeben zu können, die Welle eigentlich zwischen Kardangelenken liegen, was den Aufwand weiter erhöhen würde. Auf jeden Fall sind Wirkungsgrad und Elastizität schlechter als beim Kettenantrieb, das heißt, die Kraftverluste sind größer, die Zahngeräusche stärker und das Baugewicht höher. Zudem verlangt der Wellenantrieb einen speziellen Rahmen und eine geeignete Hinterradnabe, die schwerer und teurer sind (siehe Abb. 320 und 323).

So bleibt auch heute noch nur der Kettenantrieb. Er ist leicht, anspruchslos, ausreichend elastisch, arbeitet ohne Schlupf, hat einen guten Wirkungsgrad und ist relativ kostengünstig. Dazu kommt, daß die Kette leicht auszuwechseln und das Übersetzungsverhältnis ohne große Schwierigkeiten zu ändern ist. Seine Verschleißfestigkeit ist ausreichend. Alle diese Eigenschaften sind beim Fahrrad wichtig – so wie bei der geringen, dem Radfahrer zur Verfügung stehenden Antriebsleistung jedes Prozent mehr oder weniger Verlust in der Kraftübertragung bedeutsam ist. Alle genannten Gesichtspunkte kann bis heute nur die Kette als Fahrradantrieb erfüllen. Voraussetzung für ihre Bewährung allerdings ist, daß alle Teile des Kettenantriebs unter Betriebsbedingungen arbeiten, die der Eigenart dieses Antriebs entsprechen – wobei es ganz ohne (wenn auch geringe) Pflege seitens des Fahrers nicht abgeht. Leider fehlt es hieran in der Mehrzahl der Fälle – die Folge sind erhöhter Verschleiß und zunehmende Kraftverluste.

Die Kritiker des Kettenantriebs verurteilen seine offene, ungeschützte Bauweise – und sie haben damit nicht so unrecht. Beim motorisierten Zweirad hat es Jahre, ja Jahrzehnte gedauert, bis der gekapselte Kettenantrieb realisiert wurde (der heute, des „sportlichen“ Aussehens halber, wieder verlassen wurde). In Holland wird der geschlossene Kettenkasten beim Fahrrad schon lange praktiziert – nicht allein um die Kette zu schonen, sondern vor allem auch, um die Kleidung des Fahrers gegen Verschmutzung zu schützen. Im Zuge des rückläufigen Absatzes von Tourenrädern und der Zunahme der Sporträder mit Kettenschaltung (die keine Vollkapselung zulassen) hat die Kapselung des Kettenantriebs wieder an Dringlichkeit verloren. Was der Antriebskette heute bei Kettenschaltungen sowohl an Verschmutzung als auch an planmäßig in Kauf genommenen Spurfehlern (Abb. 653) zugemutet wird, ist ein Beweis für die Güte der heute zur Verwendung kommenden Fahrradketten.

Kettenantriebe gibt es nicht nur in Zweiradfahrzeugen, sondern vielfach im Fahrzeug- und allgemeinen Maschinenbau. Dadurch ist eine Vielzahl von Kettenbauarten entstanden, ihre Berechnung und Durchbildung für die verschiedensten Anwendungsfälle ist eine eigene kleine Wissenschaft geworden. An dieser Stelle kann natürlich nur von der Fahrradkette gesprochen werden. Für Fahrräder kommen ausschließlich sogenannte Rollenketten (nach DIN 8187) in folgenden Abmessungen zur Verwendung:

12,7 × 3,3 (1/2 × 1/8) ISO Nr. 081 für Normalräder
12,7 × 2,38 (1/2 × 3/32″) ISO Nr. 082 für Kettenschaltungen.

Hierin sind 12,7 die Teilung (p) und 3,3 bzw. 2,38 die innere Breite (b1) der Kette; der Rollendurchmesser (d1) beträgt 7,75 mm (Abb. 643).

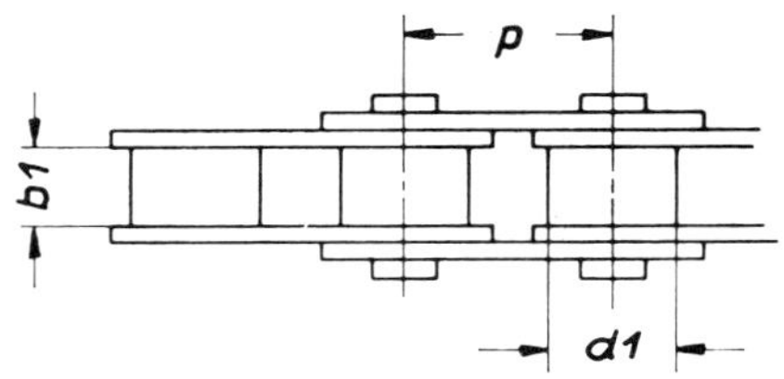

Abb. 643: Kennmaße von Rollenketten.

Der Aufbau einer Rollenkette ist aus Abb. 644 zu ersehen. Sie setzt sich aus Innen- und Außengliedern zusammen.

Das Innenglied besteht aus zwei Innenlaschen, zwei in die Laschenaugen eingepreßten Hülsen und zwei auf diesen Hülsen sich drehenden Rollen. Das Außenglied besteht aus zwei Außenlaschen und zwei Nieten (auch als „Stiftbock mit Außenlasche“ bezeichnet). Die Verbindung der Innenglieder zu einer Kette erfolgt durch Hinzufügen der Außenglieder, deren Stifte vernietet werden.

Die Ketten-Einzelteile sind aus Vergütungsstahl (C 45) hergestellt und werden vor dem Zusammensetzen hoch vergütet. Die für Fahrräder verwendeten beiden Rollenketten sind aus den Schnittzeichnungen in Abb. 645 ersichtlich. Die Maße der Ketten, der Raumbedarf sowie die Bruchlast (FB) sind in der beigefügten Tabelle zusammengestellt.

Der Vorteil der Rollenkette für den Fahrrad-Tretantrieb liegt u. a. darin, daß sich die auf den Hülsen drehenden Rollen mit nur geringer Reibung an den Zahnflanken der Kettenräder abrollen, so daß immer

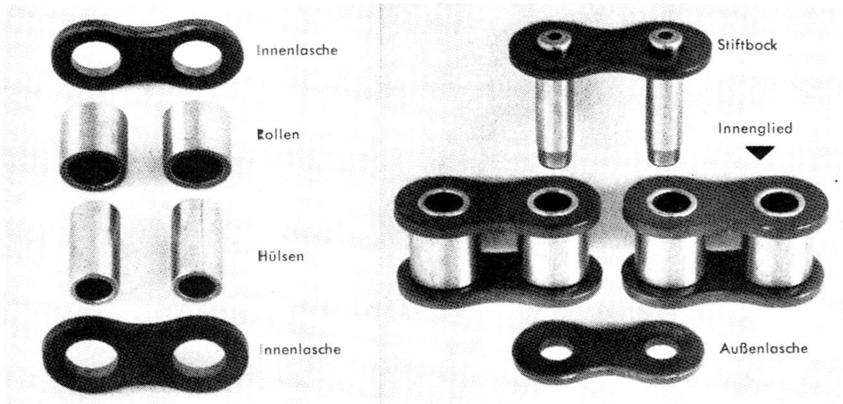

Abb. 644: Aufbau einer Rollenkette.

wieder eine andere Stelle ihres Umfangs zum Tragen kommt. Dank des Fettpolsters zwischen Rollen und Hülsen läuft eine Rollenkette besonders geräuscharm, stoßdämpfend und leichtgängig. Die Rollenketten werden von ihren Herstellern offen abgeliefert. Geschlossen wird die Kette erst bei der Fahrradmontage (bzw. beim Zweirad-Mechaniker) unter Verwendung nachstehend aufgeführter Verbindungsglieder (Abb. 646).

Für Kettenschaltungen sind Kettenverbindungsglieder mit vorstehenden Köpfen, die

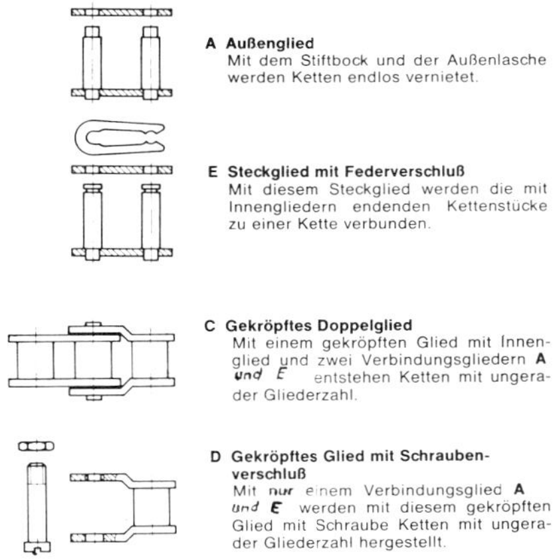

Abb. 646: Verbindungsglieder von Ketten.

das Schalten am Mehrfachzahnkranz durch die eng nebeneinander angeordneten Zahnkränze behindern würden, ungeeignet.

Bei der Montage wird die Kette über das Hintergabelrohr geführt und mit dem Außenglied „A“ endlos vernietet. Bei allen anderen Ketten werden zur Verbindung Steckglieder mit Federverschluß „E“, die sehr leichte Montage und Demontage er-

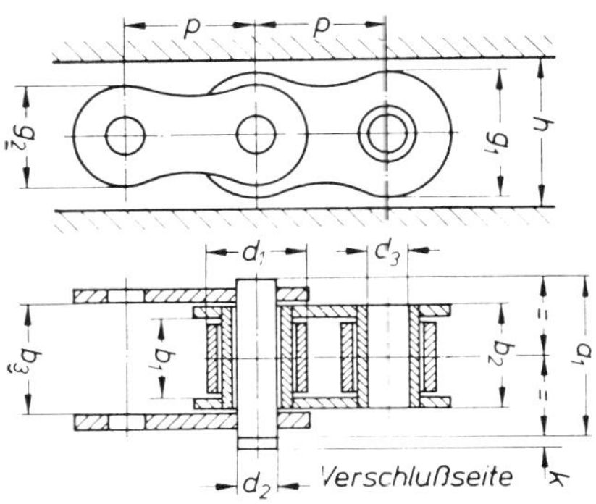

Kette p x b_1	DIN ISO Nr.	P	b_1 min.	b_2 max.	b_3 min.	d_1 max.	d_2 h 9	d_3 h 11	g_1 max.	g_2 max.	h min.	k max.	a_1 max.	FB Newton
12,7 x 3,3	081	12,7	3,3	5,8	5,93	7,75	3,66	3,71	9,91	9,91	10,17	1,5	10,2	8 200
12,7 x 2,38	082	12,7	2,38	4,6	4,73	7,75	3,66	3,71	9,91	9,91	10,17	–	8,2	10 000

Abb. 645: Abmessungen der Fahrrad-Rollenketten.

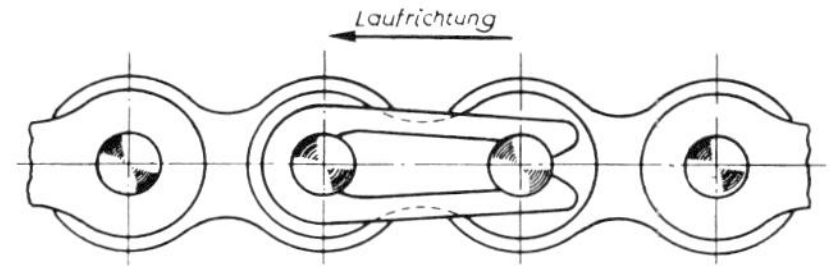

Abb. 647: Montagerichtung der Verschlußfeder.

möglichen, benutzt. Die geschlossene Seite der Verschlußfeder muß in Laufrichtung stehen (Abb. 647).

Verschiedentlich (USA und Japan) werden auch Steckglieder mit einer Lasche (Snap-on Verschluß) an Stelle einer Verschlußfeder für die BMX-Kettenverbindung verwendet (Abb. 648).

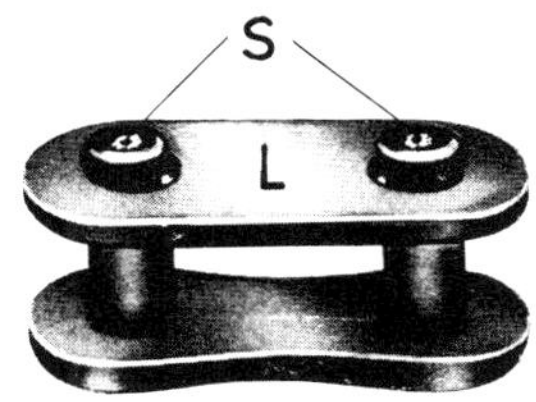

Abb. 648: Snap-on Verschluß.

Um die Außenlasche (L) zu montieren, muß man den Stiftbock mit den beiden Stiften (S) mit Hilfe der freien Kettenenden etwas schräg zueinander halten. Mit dem Daumen läßt sich dann die Außenlasche (L) über die Stifte (S) drücken.

Einen Vorteil gegenüber dem Federverschluß bringt dieses System keinesfalls.

Gekröpfte Verbindungsglieder („C“ und „D“) schwächen die Kette und vermindern die Bruchkraft um ca. 20%. Deshalb finden sich bei Qualitätsrädern nur Ketten mit geraden Gliederzahlen. Nur als Notbehelf sollten bei der notwendig werdenden Kürzung einer „gelängten“ Kette gekröpfte Glieder montiert werden.

Beim in Funktion befindlichen Kettenantrieb muß zwischen ziehendem und ablaufendem Kettentrumm unterschieden werden. Beide können wechseln: beim normalen Treten liegt das ziehende Trumm oben, beim Rücktrittbremsen unten. Bei jedem Wechsel muß erst eine gewisse „Lose“ im ablaufenden Trumm, der Kettendurchhang, überwunden werden. Dieser Durchhang ist notwendig, damit die Kettenrollen ohne Zwang auf den Zahnflanken der Kettenräder auf- und ablaufen können. Dem Durchhang verdankt aber andererseits der Kettenantrieb auch im wesentlichen seine Elastizität. Die Größe des richtigen Durchhangs hängt vom Achsabstand, dem Kettengewicht und der Kettenbelastung ab. Diese Größen liegen beim Fahrrad in ziemlich engen Grenzen fest. Bei normalen Fahrrädern (ohne Kettenschaltung) soll

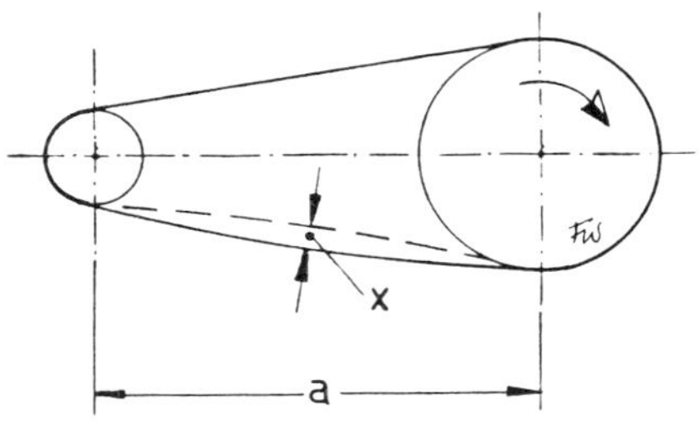

Abb. 649: Kettendurchhang.

das Maß (x) (Abb. 649) zwischen dem tiefsten Punkt des unteren Trumms und dem höchsten nach Anheben der Kette an dieser Stelle 20 – 25 mm (für BMX und Kinder 10 – 15 mm) betragen.

Im ziehenden Trumm liegen nur die Kettennieten einseitig mit Druck an der Innenwand der Kettenhülsen an. Reibung an diesen Stellen kann nur auftreten, wenn die Kette schwingt. Anders ist es bei den auf den Kettenrädern aufliegenden Kettengliedern. Hier wird die Kette von Zahnlücke zu Zahnlücke um einen der Zahn- bzw. Kettenteilung entsprechenden Winkel abgebogen – um einen um so größeren, je größer die Zahnteilung und je kleiner die Zähnezahl ist. Bei einer bestimmten Zahnteilung ist die Zähnezahl schon mit Rücksicht auf den Biegungswinkel zwischen den Kettengliedern und durch die innerhalb der belasteten Glieder entstehende Reibung nach unten begrenzt.

Die Antriebskraft wird nicht von allen jeweils auf den Kettenrädern aufliegenden Kettengliedern auf die Zähne übertragen. Ein Teil von ihnen gehört noch zum unbelasteten Kettentrumm und liegt deshalb nur lose auf.

Wie das Verhältnis zwischen belasteten und unbelasteten Kettengliedern ist, hängt auch wieder von der Zähnezahl des Kettenrades ab, außerdem aber auch vom Übersetzungsverhältnis und nicht zuletzt vom Verschleißzustand der Kette. Bei großem Übersetzungsverhältnis, Übertragung von einem besonders großen auf ein sehr kleines Kettenrad (oder umgekehrt) wird zwar ein erheblich größerer Teil als die Hälfte der Zähne bei einem großen Kettenrad von der Kette umfaßt, bei dem kleinen liegt die Kette aber nur auf wenigen Zähnen auf. Der Umschlingungswinkel ist beim großen Kettenrad groß, beim kleinen aber sehr klein. Das kann soweit gehen, daß beim kleinen Kettenrad die Rollen aller aufliegenden Kettenglieder unter Druck in den Zahnlücken und an den Zahnflanken anliegen und der Druck an den einzelnen Rollen übermäßig groß wird. Nicht nur die Reibung zwischen den Kettennieten und den Innenwänden der Kettenhülsen, sondern auch die der Rollen auf dem Außenumfang der Hülsen steigt dabei an. Die Rolle, die sich normalerweise um die Hülse auf der Zahnflanke abrollt, wird dadurch gezwungen, auf der Zahnflanke zu rutschen. Das verursacht Verschleiß an der Kette (Abb. 650) und an den Zähnen (Abb. 651)

Schließlich kann die Kette sogar an den Zahnflanken hochsteigen und über- oder abspringen. Auch bei einer zu stark verschlissenen und dadurch gelängten Kette sinkt die Zahl der kraftübertragenden, auf den Zähnen aufliegenden Kettenglieder, weil die Kettenteilung nicht mehr stimmt. Das gleiche tritt aber auch ein, wenn eine neue Kette auf einem Kettenrad mit abgenutzten Zähnen arbeiten soll. Im Extremfall ist dann jeweils nur noch ein einziges Kettenglied an der Kraftübertragung beteiligt.

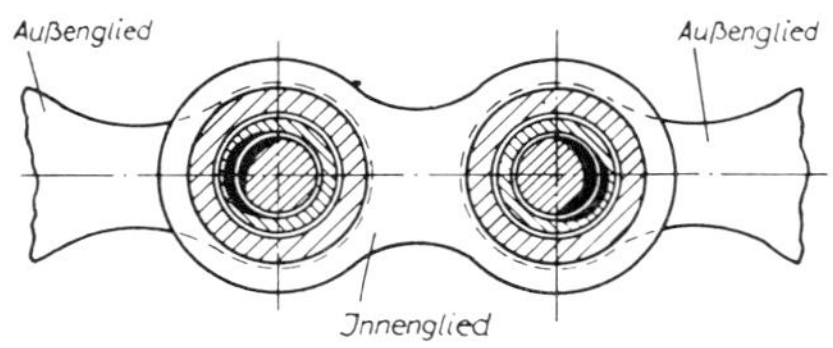

Abb. 650: Abnutzung der Kette.

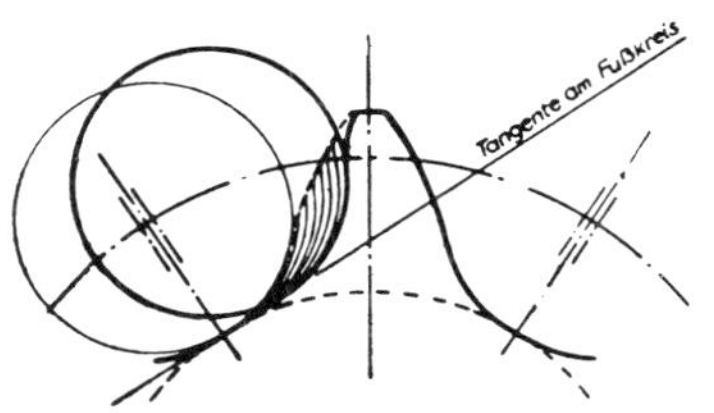

Abb. 651: Abnutzungs-Charakteristik am Kettenrad.

Die sonst an jeden Kettentrieb zu stellende Forderung, daß die Kettenräder „fluchten" müssen, läßt sich bei Fahrrädern mit Kettenschaltung nicht erfüllen. Unter „Fluchten" wird die Lage der Mittelebenen beider Kettenräder in einer gemeinsamen Ebene bei absoluter Achsparallelität verstanden (Abb. 652).

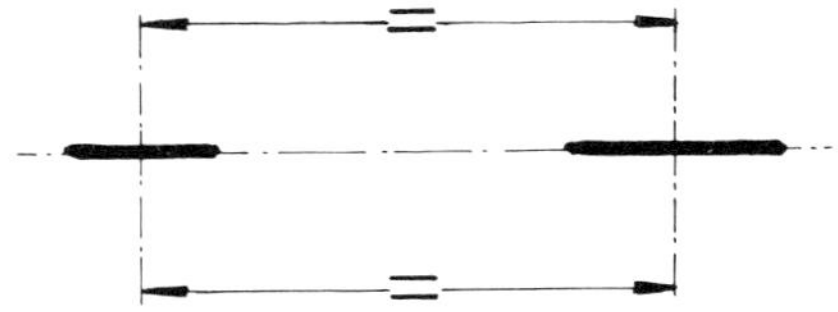

Abb. 652: Kettenspur-Ideallinie.

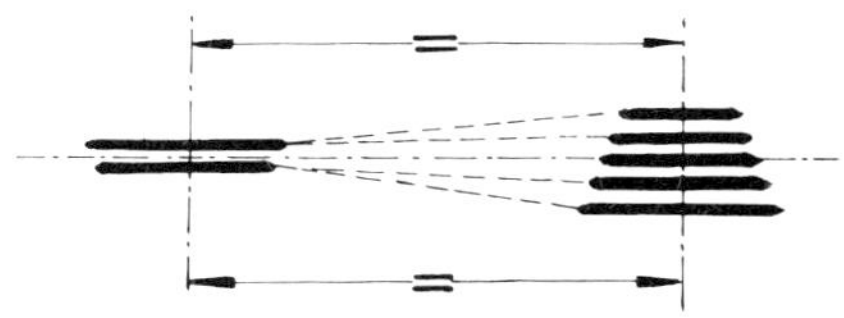

Abb. 653: Kettenspuren bei Mehrfach-Kettenschaltungen.

Bei Kettenschaltungen fluchtet die Kette nur in der Schaltstellung der mittleren Zahnkränze, während in allen übrigen Gängen die Kette schräg läuft Abb. 653). Der Schräglauf verursacht Reibung, erhöhten Verschleiß an Kette und Kettenrädern sowie verringerte Lebensdauer aller beteiligten Teile.

Spezialketten für Kettenschaltungen

Für Kettenschaltungen mit Mehrfach-Zahnkränzen, besonders bei sieben und acht Zahnkränzen in Verbindung mit Doppel- oder Dreifach-Kettenrädern am Tretlager, wurden Spezial-Ketten mit besonders geformten Laschen entwickelt. Diese Ketten ermöglichen in Verbindung mit besonders präparierten Zähnen an den Kettenrädern weicheres, sichereres und geräuschärmeres Schalten.

In den Abb. 654, 655 und 656 sind Schaltungsketten mit „ausgestellten" Außenlaschen dargestellt.

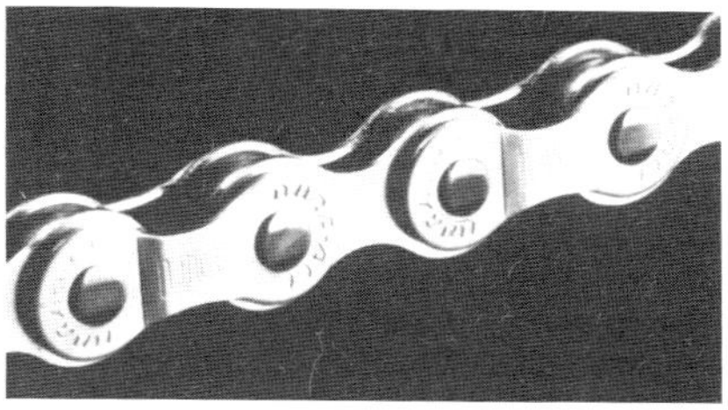

Abb. 654: Schaltungskette Uniglide von Shimano.

Abb. 655: Sachs Commander Schaltungskette „L“ mit ausgestellten Außenlaschen.

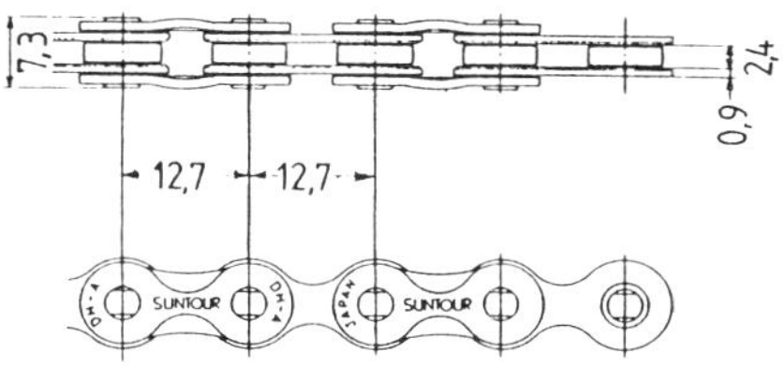

Abb. 656: Schaltungskette SP-6000 von Sun Tour.

Die Wippermann Schaltungskette (12,7 × 2,38, max. Breite 7,4 mm) hat „ausgestellte“ Innenlaschen. Die Außen- und Innenlaschen sowie die Rollen sind vernickelt (Abb. 657).

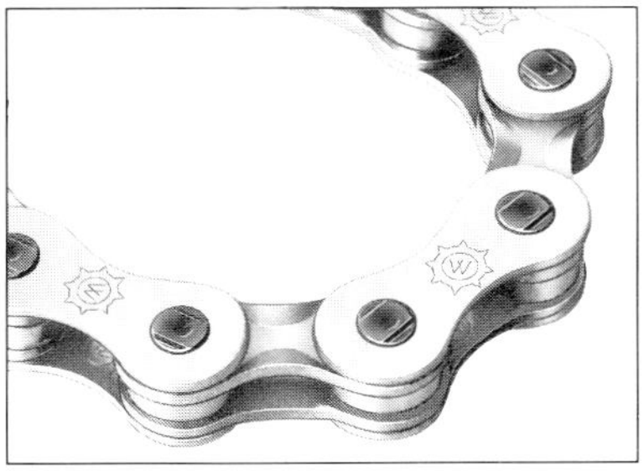

Abb. 657: Schaltungskette 2000 Sport von Wippermann.

Statt ausgestellter Außen- bzw. Innenlaschen ist bei der Schaltungskette SP-6200 von Sun Tour die eine Kettenseite der Innenlaschen bogenförmig ausgeschnitten (Abb. 658).

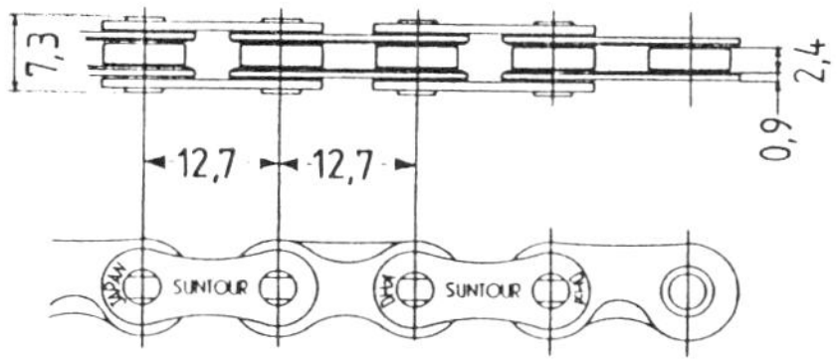

Abb. 658: Schaltungskette SP-6200 von Sun Tour.

Die Aussparung ist so bemessen, daß beim Kettenwechsel ein Teil des Zahnkopfs Platz findet und dadurch die Kette von einem Kettenrad zum anderen mühelos wechseln kann (Abb. 659).

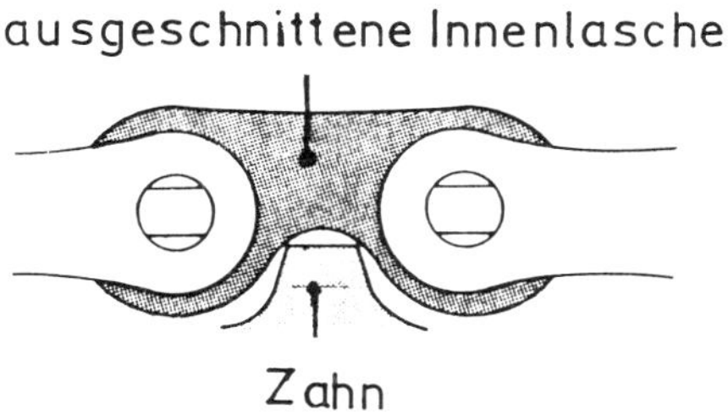

Abb. 659: Ausgeschnittene Ketteninnenlasche.

Die Kettenseite mit den ausgeschnittenen Laschen muß am Zahneingriff liegen (Abb. 660).

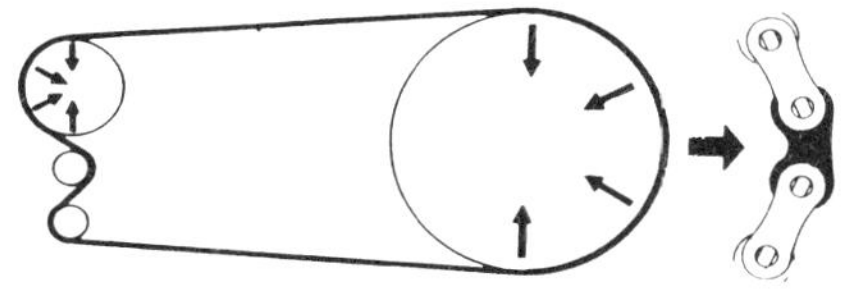

Abb. 660: Montage der Kette SP-6200 von Sun Tour.

Für den Geländesport wurde eine Sedis-Spezialkette mit stark angeschrägten Kettenlaschen entwickelt, die große Zahnkranzsprünge ermöglichen (Abb. 662).

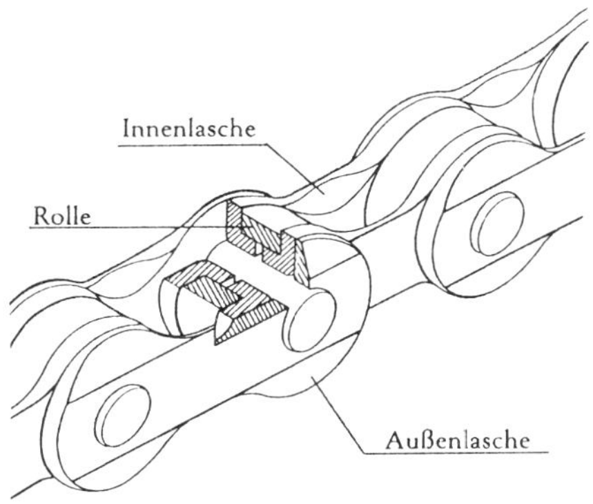

Abb. 662: Sedis-ATB-Kette mit angeschrägten Kettenlaschen.

Ein Novum ist die „Sedis“-Sportkette (Abb. 661) mit ausgestellten Innenlaschen (Schnitt B-B) und angepreßten Krägen für die Führung der drehbaren Rollen – an Stelle von Hülsen (siehe hierzu Abb. 644).

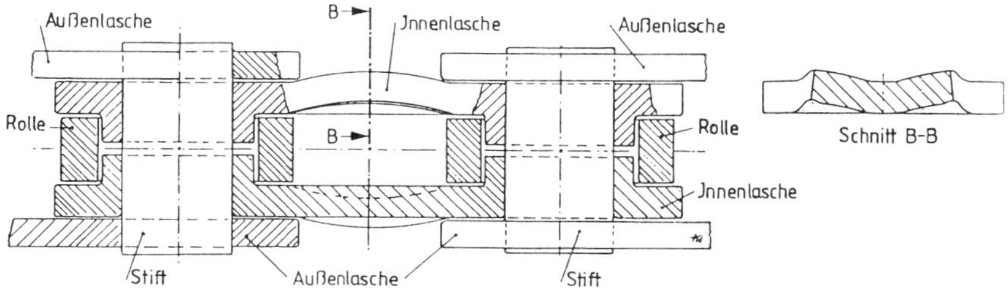

Abb. 661: „Sedis“-Sportkette.

Kettenräder und Zahnformen

Ablauf der Kette, Wirkungsgrad des Tretantriebs, Geräuschbildung, Schaltfähigkeit bei Kettenschaltungen und Verschleiß sind wesentlich von der richtigen Gestaltung und einwandfreien Ausführung der Kettenräder abhängig. Die zweckmäßige Ausführung der Zahnform ist daher für das einwandfreie Arbeiten des Kettentriebs ebenso von Bedeutung wie eine genau gearbeitete, widerstandsfähige Kette. Die Verzahnung muß so ausgebildet sein, daß sich die Kette nahezu reibungslos an ihr abwickelt. Sie muß aber auch bis zu einer bestimmten Grenze der unvermeidlichen Kettenlängung gewachsen sein.

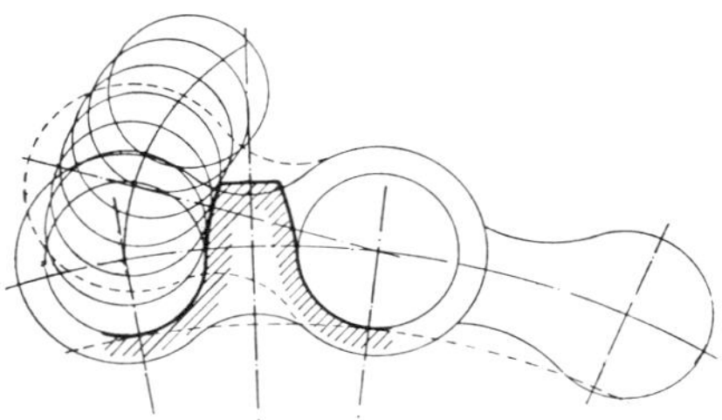

Abb. 663: Ungünstige Verzahnung.

Abb. 663 zeigt eine sehr ungünstige Zahnform. Sie wurde theoretisch durch die Hüllkurve der Rolle am einschlagenden Kettenglied erzeugt, und sie ist häufig bei Kettenrädern anzutreffen. Die hohen, breiten Zähne umfassen bis zur Hälfte die Kettenrollen und behindern dadurch die freie Beweglichkeit der Kette, woraus sich bei hoher Kettengeschwindigkeit unruhiger, hakender Lauf und lästiges Geräusch einstellen. Mit zunehmender (verschleißbedingter) Vergrößerung der Zahnlücken bilden sich die Zähne hakenförmig aus und verursachen vorzeitigen Kettenverschleiß.

Eine günstige Verzahnung, die diese Fehler vermeidet, ist in Abb. 664 gezeigt. Die Zähne sind hier kurz und gestatten infolge des spitzen Zahnkopfs ungehinderten Ein- und Austritt der Kette.

Bei Gestaltung der Zahnform muß auch die Kettenlängung im Betrieb berücksichtigt werden (Abb. 665).

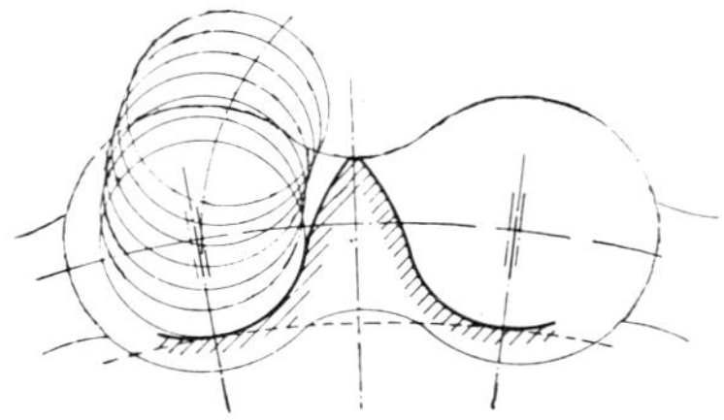

Abb. 664: Günstige Verzahnung.

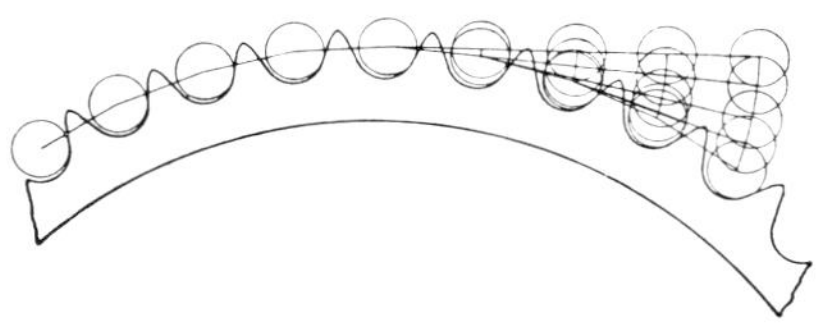

Abb. 665: Zahnform im Hinblick auf eintretende Kettenlängung.

Eine ausgelängte Kette ist bestrebt, sich eine höhere Teilkreislage zu suchen, wie aus der Abbildung ersichtlich ist. Dementsprechend muß die Zahnform ausgebildet sein.

Regelmäßige Wartung und Pflege der Kette verlängert deren Lebensdauer; gründliche Schmierung entsprechend den Herstellervorschriften nach vorheriger Reinigung der Kette empfiehlt sich deshalb.

Einfluß der Kettenrad-Zähnezahl

Da die Drehbewegungen des Bolzens in der Kettenhülse den Verschleiß verursachen, ist leicht einzusehen, daß von zwei Kettentrieben, die unter gleichen Betriebsbelastungen arbeiten, die Kette auf einem Ritzel mit kleiner Zähnezahl und hoher Drehzahl einem wesentlich größeren Verschleiß unterliegt als die Kette auf einem Rad mit größerer Zähnezahl und niedriger Drehzahl (Abb. 666).

Außer erhöhtem Verschleiß, durch den eine rasche Kettenlängung erfolgt und der Kettentrieb frühzeitig unbrauchbar wird, sind unruhiger und geräuschvoller Lauf sowie größerer Ungleichförmigkeitsgrad die

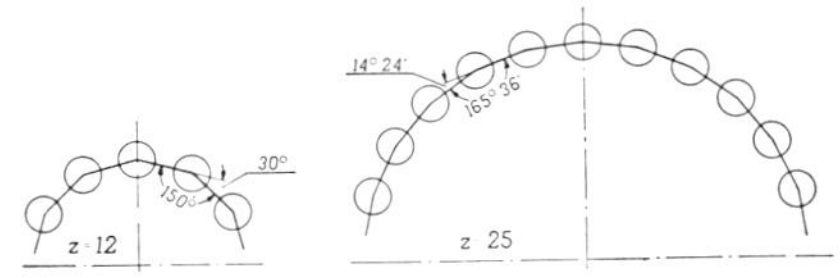

Abb. 666: Winkelbewegungen bei Kettenrädern mit 12 und 25 Zähnen.

Nachteile der besonders kleinen Zähnezahlen.

Im übrigen übt die Zähnezahl des treibenden Ritzels einen größeren Einfluß auf Lebensdauer und Laufruhe eines Kettentriebs aus, als zumeist angenommen wird. Nach Möglichkeit sollten deshalb für das kleine treibende Kettenritzel bei schnellaufenden Trieben nicht weniger als 19 Zähne vorgesehen werden. Bei langsam laufenden Kettentrieben wie beim Fahrrad sollten zehn Zähne als Mindestzahl nicht unterschritten werden. Es ist günstig, wenn die Zähnezahl eine Primzahl[85] ist (z. B. 11, 13, 17, 19, 23 usw.), weil dann durch dauernden Wechsel der Kettenzahnradeingriffe in die Kette sich Kette und Kettenrad gleichmäßig abnutzen.

Für das große Kettenrad ist es ratsam, 120 Zähne nicht zu überschreiten (was beim Fahrrad ja ohnehin nicht in Frage kommt), weil sich sonst die unvermeidlichen Toleranzen der Kettenteilung nachteilig bemerkbar machen können. Bei Kettenlängung erfolgt der Eingriff der Kette mehr und mehr an den Zahnköpfen; die Folge ist, daß die Gelenkflächen schneller verschleißen und die Kette unbrauchbar wird.

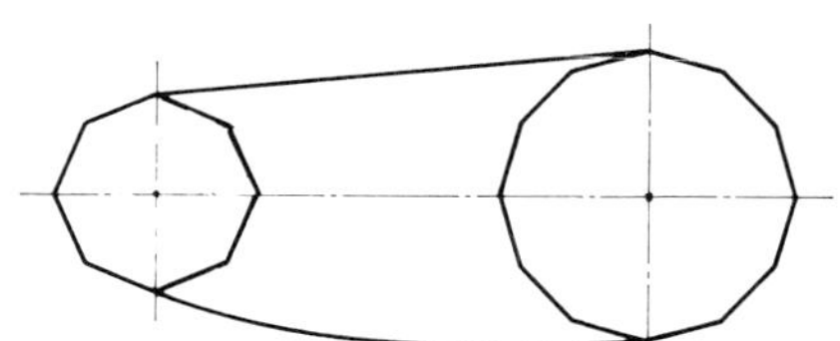

Abb. 667: Polygon der Kettenräder.

Aus Abb. 667 ist ersichtlich, daß jedes Kettenrad ein Polygon (Vieleck) ist, dessen Eckenzahl der Zähnezahl entspricht. Haben allerdings Kettenräder mehr als 19 Zähne, so ist der sogenannte „Polygon-Effekt“ nur gering.

---

[85] Primzahl = ganze Zahl, die nur durch sich selbst (und durch 1) teilbar ist

Prüfung der Kettenräder

Werden abgenutzte Kettenräder durch neue ersetzt, so muß geprüft werden, ob die Verzahnung auch zur Kette paßt. Bei richtig ausgeführten Zähnen muß sich die Kette leicht um den ganzen Zahnkranz legen lassen – bei unrichtiger Zahnform (oder Teilungsfehlern) läßt sich die Kette nur mit Zwang in die Kettenradzähne hineindrükken – oder sie zeigt leichtes Spiel in Längsrichtung.

Wichtig ist der Kranzdurchmesser (ds) des Kettenrades. Ist er zu groß, dann liegen die Kettenlaschen auf und verschleißen rasch (Abb. 668). Es ist deshalb darauf zu achten, daß die Kettenlaschen freigängig sind.

Die Zahnbreite (B_1), muß ca. 10% schmäler sein als die innere Breite (b_1) der Kette (s. Abb. 645), sonst streifen die Innenlaschen, werden gegen die Außenlaschen gedrückt, und versteifte Kettenglieder sind die Folge. Das tritt vor allem auch bei nicht stimmender Kettenspur ein. Bei Fahrrad-Ketten ist die Zahnbreite (B_1) 3,0 mm für die Kette 12,7 × 3,3 und 2,1 mm für die Kette 12,7 × 2,38.

Die nachstehend aufgeführten Prüfmethoden sollen helfen, in der Mechaniker-Werkstatt bei mangelhaften Erzeugnissen die Kettenrad-Daten nachzumessen.

Für die Prüfung der Kettenräder auf Schlag und Exzentrizität gilt für Verzahnung nach DIN 8196 bei Ketten DIN 8187

Rundlaufabweichung maximal 0,76 mm,
Planlaufabweichung maximal 1,14 mm.

Diese Toleranzen sind sehr reichlich angesetzt, für Qualitäts-Fahrräder sollte eine Rundlaufabweichung von 0,6 mm und eine Planlaufabweichung von 0,4 mm nicht überschritten werden.

Besonders wichtig ist die Kontrolle des Teilkreisdurchmessers (do). Um eine umständliche Berechnung zu ersparen, folgt eine Tabelle, aus der der Teilkreisdurchmesser (do) und das über Stifte gemessene Prüfmaß M von 6 bis 110 Zähnen ersichtlich ist (Abb. 680). Die zulässige Toleranz für den Zahn-Fußkreisdurchmesser (df) sowie für das Prüfmaß M ist nach „ISO-Abmaße" Toleranzfeld h11 (s. Tabelle Abb. 1137).

Damit ein qualifizierter Mechaniker die Möglichkeit hat, die Verzahnungsdaten für ein Spezial-Kettenrad (mit nicht handelsüblicher Zähnezahl, beispielsweise für eine Saalsportmaschine oder ein Behinderten-Fahrzeug) selbst zu errechnen, ist auf Seite 261 eine Kettenrad-Konstruktion nach DIN 8196 für eine Rollenkette DIN 8187 mit 12,7 mm Teilung (p) und 7,75 mm Rollendurchmesser (d1) dargestellt (Abb. 681).

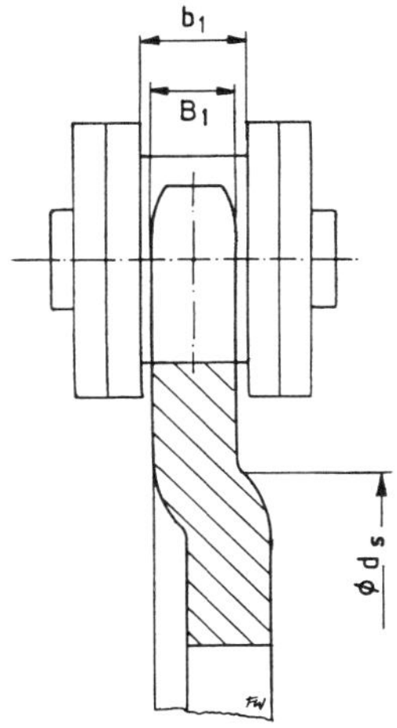

Abb. 668: Richtig ausgeführtes Kettenrad, bei dem die Laschen nicht aufliegen.

Zahnriemenantrieb

An Versuchen, den Kettenantrieb beim Fahrrad durch andere Konstruktionen zu ersetzen, hat es bisher nicht gefehlt. Schon seit der Zeit der Einführung des Zahnriemens für den Nockenwellenantrieb im Motorenbau wurden auch Versuche mit Zahnriemen als Fahrradantrieb durchgeführt. Die damaligen Zahnriemen mit trapezförmigen Zähnen und Stahldrahtseele (Zahnteilung 9,525 und 25,4 mm breit) waren für die Übertragung der Pedalkräfte (beim Antreten) nur wenig geeignet und vor allem zu breit.

Continental hat einen Zahnriemenantrieb für Fahrräder entwickelt und zusammen mit der Universität Hamburg erprobt, der von den Firmen Patria und Fendt in bestimmte Fahrradmodelle eingebaut wird.

Verwendet wird der Conti SYNCHROBELT HTD Zahnriemen in einer verstärkten und besonders robusten Sonderausführung (HTD = HighTorqueDrive, steht für die Übertragung hoher Drehmomente). Er hat als Weiterentwicklung des Trapezzahnriemens (Abb. 669) ein neugestaltetes Zahnprofil (Abb. 670). Dieses Profil bewirkt eine gleichförmige Kraftübertragung beim Zahneingriff, günstigere Spannungseinleitung in den Zugstrang, gleichmäßige Spannungsverteilung im Zahn selbst, und damit eine minimale Zahnverformung (Abb. 671 und 672).

Der Aufbau des HTD-Zahnriemens und seine Elemente sind aus der Abb. 673 ersichtlich.

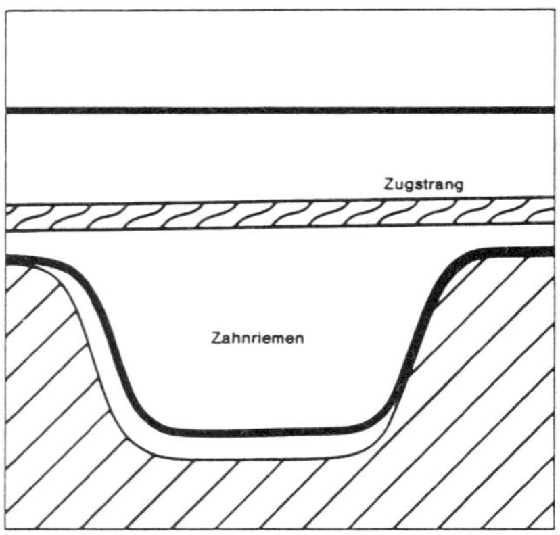

Abb. 669: Trapezzahnform.

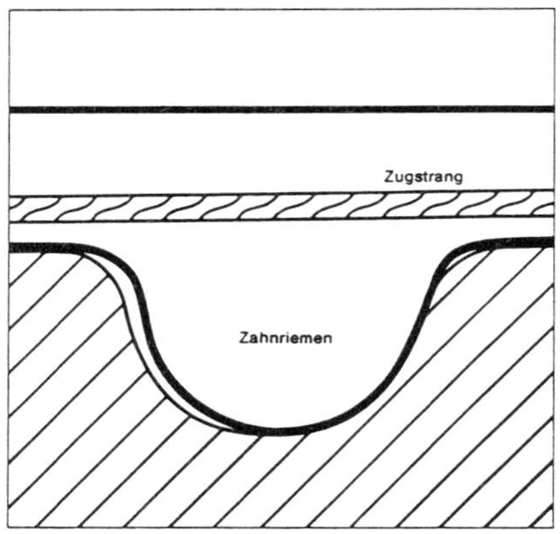

Abb. 670: HTD-Zahnform

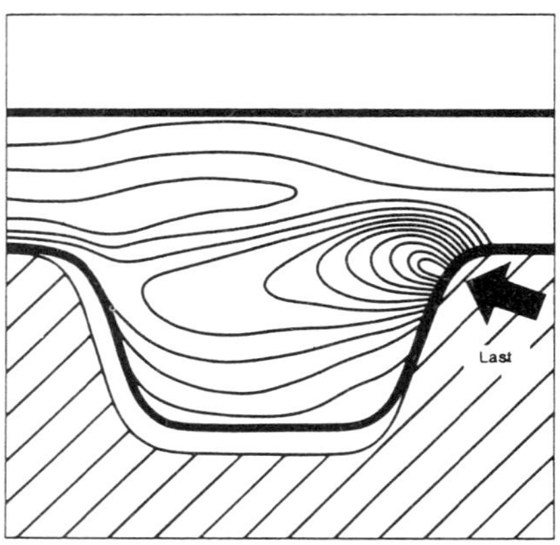

Abb. 671: Spannungsverteilung im Trapezzahn.

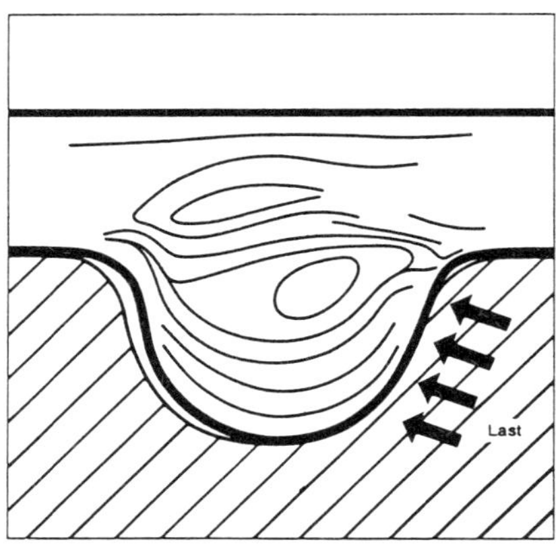

Abb. 672: Spannungsverteilung im HTD-Zahn.

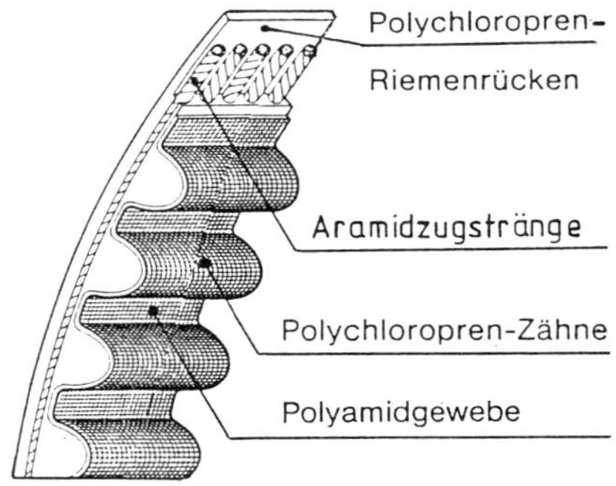

Abb. 673: Aufbau des HTD-Zahnriemens 8 M, 15 mm breit.

Durch die hochbelastbaren Aramidzugstränge erhält der Zahnriemen eine hohe Längenkonstanz und Zugfestigkeit. Er ist ermüdungstüchtig, gut alterungsbeständig und beständig gegen normale äußere Einflüsse.

Für den Fahrradantrieb wurde das HTD-Profil 8 M (= 8 mm Zahnteilung) mit 15 mm Riemenbreite gewählt, die nur wenig breiter ist als eine normale Kette.

Der HTD-Zahnriemen wird nach folgenden techn. Daten benannt, die am Riemenrücken aufgedruckt sind:

Wirklänge in mm, z. B. 1280.
Die Wirklänge des Zahnriemens ist der Gesamtumfang, gemessen auf der biegeneutralen Wirklinie. Die Wirklänge liegt in der Mitte des Zugstrangs. Die genaue Wirklänge kann nur mit einer speziellen Meßvorrichtung bestimmt werden.

Zahnteilung in mm, z. B. 8 M.
Die Zahnteilung ist der lineare Abstand zwischen zwei benachbarten Zähnen in Höhe der Wirklinie (Abb. 674).

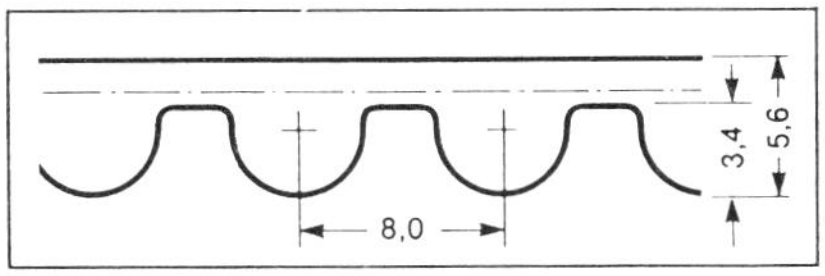

Abb. 674: Zahnprofil 8 M.

Zahnriemenbreite in mm, z. B. 15.
Die Zahnriemenbreite und die Breitenbezeichnung sind identisch.

Insgesamt ergibt dies z. B. folgende Zahnriemen-Kennzeichnung:
HTD 1280 – 8 M – 15

Die Funktion des Zahnriemenantriebs hängt von der Güte der dazugehörigen Zahnräder ab, die hier HTD-Zahnscheiben genannt werden (Abb. 675).

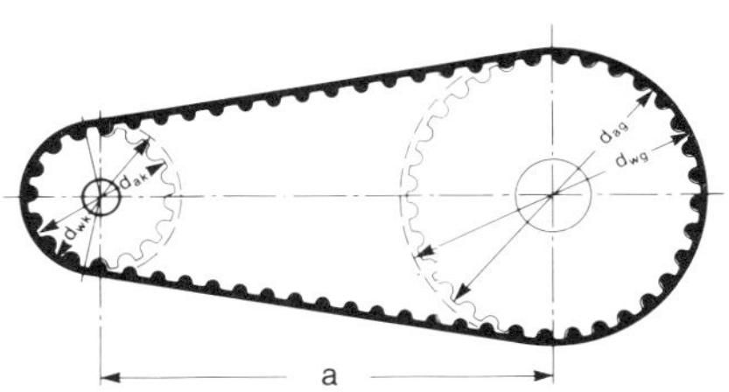

Abb. 675: Fahrrad-Zahnriemenantrieb.

Die Zahnform der Scheiben muß glatt und gratfrei ausgeführt sein. Als Werkstoff wird Alu-Legierung (AlCuMg Pb F36 oder F38) oder Kunststoff (PA6 und 6.6, POM, PBTB oder PC) empfohlen.

Die kleine Zahnscheibe an der Hinterradnabe, nur wenig breiter als der Zahnriemen selbst, und auch die große Antriebsscheibe sind an beiden Seiten mit einem Bord geschlossen, so daß der Zahnriemen seitlich nicht „ablaufen" kann. (Abb. 676). Die seitlichen Bordscheiben sind mindestens so hoch wie der Riemenrükken.

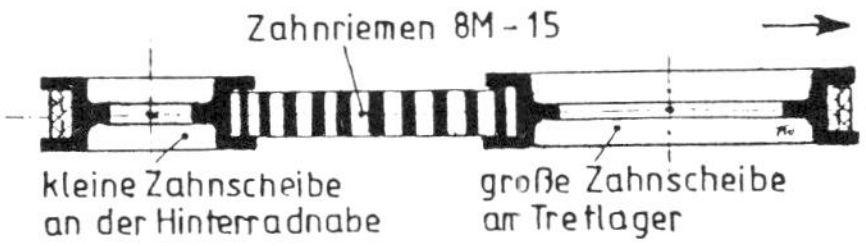

Abb. 676: Zahnscheiben mit Bordscheiben.

Abb. 677: Zahnscheibe am Tretlager.

Abb. 678: Sicherungsrolle.

Eine Rolle aus Kunststoff (Sicherungsrolle) ist unterhalb der hinteren Zahnscheibe angeordnet und verhindert bei kräftigem Antritt ein Hochsteigen oder Überspringen der Zähne des Riemens. Im normalen Fahrbetrieb berührt die Rolle den Zahnriemen nicht (Abb. 678).

Bei einem weiterentwickelten Zahnriemenantrieb mit höherem Leistungsvermögen ist eine Sicherungsrolle nicht mehr erforderlich.

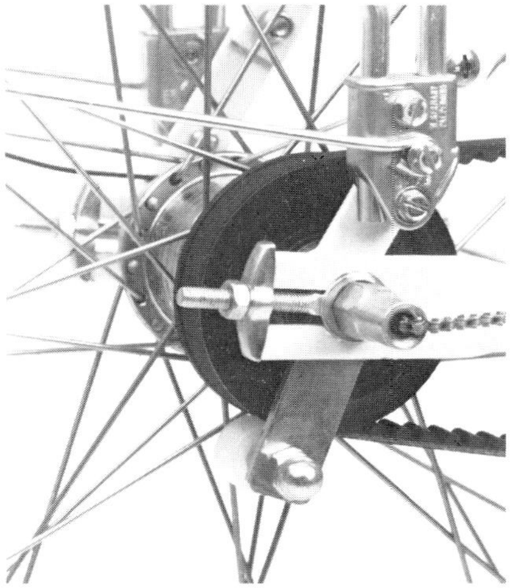

Abb. 679: Zahnriemenspanner.

Mit zwei, wie bei den Tourenrädern bewährten Kettenspannern (siehe Abb. 1149) wird der Zahnriemen auf die notwendige Spannung gebracht (Abb. 679).

Damit der endlose Zahnriemen montiert werden kann, muß die Hintergabelstrebe an der Antriebsseite eine Handbreit über der Achse zu öffnen sein.

Die Vorteile des Fahrradantriebs mit Zahnriemen sind:

Ein gleichförmiger „runder" Pedaltritt des korrosionsbeständigen ölfreien Antriebs. Er ist äußerst geräuscharm (kein Schlagen und Klappern) durch den längenstabilen Zahnriemen. Fast keine Wartung notwendig, wie Nachspannen des Riemens und kein Schmieren.

Leerlauf-Zahnkränze

Einfach-Leerlaufzahnkranz

Bei einer starren Kraftübertragung ist der Radfahrer gezwungen, dauernd mitzutreten bzw. wenigstens mit seinen Beinen den Pedalkurbel-Bewegungen zu folgen. Das ist in vielen Fällen nicht erwünscht. Deshalb ist in Ein- und Mehrfach-Zahnkränzen bzw. in Bremsnaben mit oder ohne Rücktrittbremse ein „Freilauf" integriert.

Der Mensch braucht als Muskelkraftmaschine während des Tretens ab und zu Ruhepausen, um vorzeitige Ermüdung oder Verkrampfung zu vermeiden. Während dieser Ruhepausen kann die in der Masse von Fahrzeug und Nutzlast gespeicherte Bewegungsenergie genutzt werden, um das Fahrzeug noch eine Strecke weiterrollen zu lassen. Es wäre sinnlos, wenn der Fahrer während dieser Ruhepausen die Beine bewegen müßte, nur um den Pedalkurbelbewegungen zu folgen. Auf längeren Gefällstrekken könnte die Drehgeschwindigkeit der Kurbeln so groß werden, daß die Pedale den Füßen des Fahrers voreilen bzw. wegrutschen möchten. Tatsächlich war vor der Erfindung des Freilaufes das „Pedalverlieren" auch eine häufige Sturzursache. Erst durch den Freilauf ist der Tretantrieb den tatsächlichen Bedürfnissen gerecht geworden. Es erscheint heute naheliegend, daß Ernst Sachs den Freilauf seinerzeit auch mit der von ihm gebrachten ebenso notwendigen Hinterradbremsnabe kombinierte.

Inzwischen gibt es verschiedene Freilauf-

Fortsetzung auf Seite 263.

$$M = p \cdot n_t + d_1$$

a) bei gerader Zähnezahl

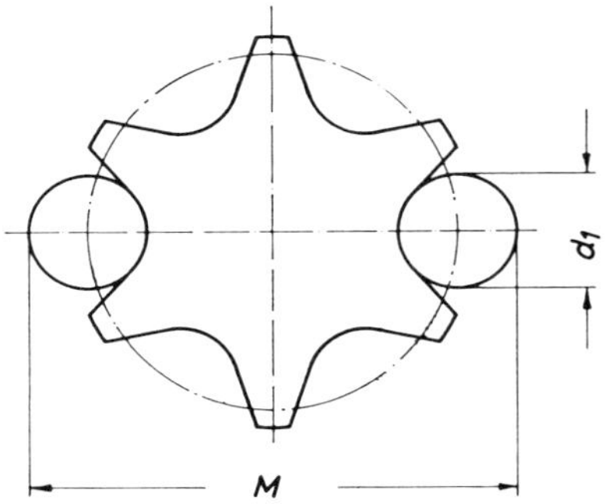

$$M = d_0 \cdot \cos \frac{90^\circ}{z} + d_1$$

b) bei ungerader Zähnezahl

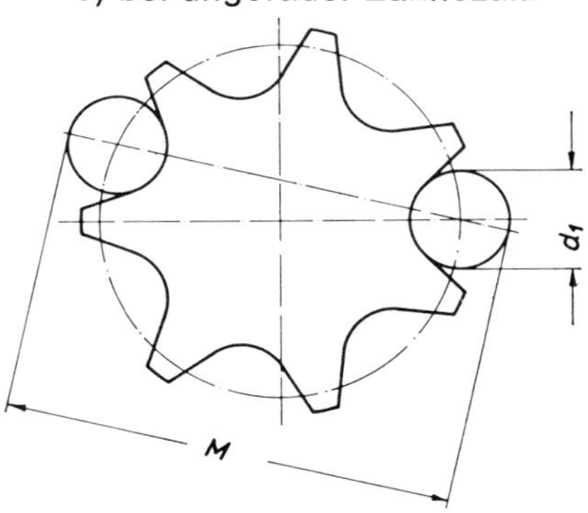

Abb. 680: Durchmesser M über zwei Stifte gemessen, Teilung 12,7 mm, Rollendurchmesser 7,75 mm. ▶

Zähnezahl	Teilkreisdurchm. do	Durchm. über 2 Stifte Ø 7,75	Zähnezahl	Teilkreisdurchm. do	Durchm. über 2 Stifte Ø 7,75	Zähnezahl	Teilkreisdurchm. do	Durchm. über 2 Stifte Ø 7,75
6	25,40	33,15	41	165,91	173,53	76	307,32	315,07
7	29,27	36,29	42	169,94	177,69	77	311,36	319,05
8	33,19	40,94	43	173,98	181,62	78	315,40	323,15
9	37,13	44,32	44	178,02	185,77	79	319,44	327,13
10	41,10	48,85	45	182,06	189,70	80	323,49	331,24
11	45,08	52,37	46	186,10	193,85	81	327,53	335,22
12	49,07	56,82	47	190,14	197,78	82	331,57	339,32
13	53,07	60,43	48	194,18	201,93	83	335,61	343,30
14	57,07	64,82	49	198,22	205,87	84	339,65	347,40
15	61,08	68,50	50	202,26	210,01	85	343,69	351,39
16	65,10	72,85	51	206,30	214,00	86	347,74	355,49
17	69,12	76,57	52	210,34	218,09	87	351,78	359,47
18	73,14	80,89	53	214,38	222,04	88	355,82	363,57
19	77,16	84,65	54	218,42	226,17	89	359,86	367,55
20	81,18	88,93	55	222,46	230,12	90	363,90	371,65
21	85,21	92,72	56	226,50	234,25	91	367,94	375,64
22	89,24	96,99	57	230,54	238,20	92	371,99	379,74
23	93,27	100,80	58	234,58	242,33	93	376,03	383,72
24	97,30	105,05	59	238,62	246,29	94	380,07	387,82
25	101,33	108,88	60	242,66	250,41	95	384,11	391,81
26	105,36	113,11	61	246,70	254,37	96	388,15	395,90
27	109,40	116,96	62	250,74	258,49	97	392,19	399,89
28	113,43	121,18	63	254,79	262,46	98	396,24	403,99
29	117,46	125,04	64	258,83	266,58	99	400,28	407,98
30	121,50	129,25	65	262,87	270,54	100	404,32	412,07
31	125,53	133,12	66	266,91	274,66	101	408,36	416,06
32	129,57	137,32	67	270,95	278,63	102	412,40	420,15
33	133,61	141,20	68	274,99	282,74	103	416,45	424,15
34	137,64	145,39	69	279,03	286,71	104	420,49	428,24
35	141,68	149,29	70	283,07	290,82	105	424,53	432,23
36	145,72	153,47	71	287,11	294,79	106	428,57	436,32
37	149,75	157,37	72	291,15	298,90	107	432,61	440,32
38	153,79	161,54	73	295,20	302,88	108	436,65	444,40
39	157,83	165,45	74	299,24	306,99	109	440,70	448,40
40	161,87	169,62	75	303,28	310,96	110	444,74	452,49

Kettenrad-Konstruktion

Beispiel

Benötigt wird ein Kettenrad mit 46 Zähnen (z) für eine Kette mit 12,7 mm Teilung (p), 7,75 mm Rollendurchmesser (d_1) und 3,3 mm innerer Breite (b_1).

Teilkreisdurchmesser	$d_o = p \cdot n_t$ (siehe Tabelle)	$= 12{,}7 \cdot 14{,}6536$	$= 186{,}10$ mm
Fußkreisdurchmesser	$d_f = d_o - d_1$	$= 186{,}10 - 7{,}75$	$= 178{,}35$ mm
Kopfkreisdurchmesser	$d_k = d_o + k_o$	$= 186{,}10 + 5{,}4$	$= 191{,}5$ mm
Zahnkopfhöhe	k_o = siehe Tabelle	$= 5{,}4$ mm	
Hilfsmaß	$d_h = d_o \cdot \cos\alpha = p \cdot \cot\alpha$	$= 12{,}7 \cdot 14{,}6195$	$= 185{,}66$ mm
Hilfsmaß	$h = \approx 0{,}165\, d_1$	$= 0{,}165 \cdot 7{,}75$	$= 1{,}27$ mm
Zahnfußhalbmesser	$R_1 = (0{,}51 \pm 0{,}05) \cdot d_1$	$= 0{,}51 \cdot 7{,}75$	$= 3{,}95$ mm
Zahnkopfhalbmesser	$R_2 = (0{,}8 \pm 0{,}2) \cdot p$ bei $z < 50$	$= 0{,}8 \cdot 12{,}7$	$= 10{,}1$ mm
Teilungswinkel	$2\alpha = \frac{360°}{z}$; $\alpha = \frac{180°}{z}$	$= 3° \, 54' \, 47''$	
Zahnflankenwinkel	$\gamma = 15° \pm 2°$ bei $V < 12$ m/s	$= 15° \pm 2°$	
Zahnlückenspiel	$u = 0{,}02 \cdot p$	$= 0{,}02 \cdot 12{,}7$	$= 0{,}254$ mm
Freidrehung	$d_s = d_o - s$ (siehe Tabelle)	$= 186{,}10 - 16$	$= 170{,}1$ mm
Kettenbreite	$B_1 = 3{,}0$ mm		

V = Geschwindigkeit in m/s

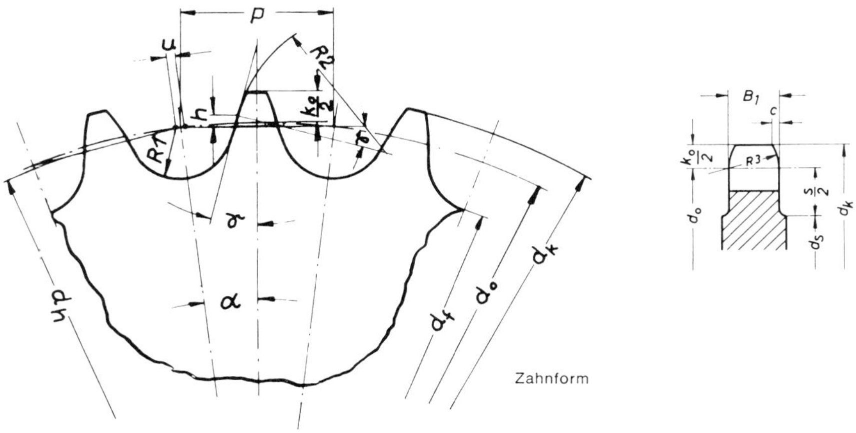

Abb. 681: Kettenrad-Konstruktion, siehe auch Tabelle Seite 262.

Teilkreisdurchmesser $d_o = \dfrac{p}{\sin \frac{180°}{z}} = p \cdot n_t$

Zähnezahlfaktor $n_t = \dfrac{1}{\sin \frac{180°}{z}}$ siehe Tabelle

Fußkreisdurchmesser $d_f = d_o - d_1$

Kopfkreisdurchmesser $d_k = d_o + k_o$

Zahnkopfhöhe k_o siehe Tabelle

Hilfsmaß $d_h = d_o \cdot \cos\alpha = p \cdot \cot\alpha$

Hilfsmaß $h \approx 0{,}165\, d_1$

Zahnfußhalbmesser $R_1 = (0{,}51 \pm 0{,}005) \cdot d_1$

Zahnkopfhalbmesser $R_2 = (0{,}8 \pm 0{,}2) \cdot p$ bei $z \leqq 50$
$\approx 0{,}5\, d_1$ bei $z > 40$

Teilungswinkel $2\alpha = \dfrac{360°}{z}$; $\alpha = \dfrac{180°}{z}$

Zahnflankenwinkel $\gamma = 15° \pm 2°$ bei $v < 12$ m/s
$19° {}^{+3°30'}_{-3°}$ bei $v > 8$ m/s

Zahnlückenspiel $u = 0{,}02\, p$

Zähnezahlfaktor n_t und cot α für z = 6 bis 110

z	n_t	cot α	z	n_t	cot α	z	n_t	cot α	z	n_t	cot α	z	n_t	cot α
6	2,0000	1,7321	27	8,6138	8,5555	48	15,2898	15,2571	69	21,9710	21,9482	90	28,6537	28,6363
7	2,3048	2,0765	28	8,9314	8,8752	49	15,6079	15,5758	70	22,2893	22,2667	91	28,9720	28,9547
8	2,6131	2,4142	29	9,2491	9,1948	50	15,9260	15,8945	71	22,6074	22,5853	92	29,2902	29,2731
9	2,9238	2,7475	30	9,5678	9,5144	51	16,2441	16,2133	72	22,9256	22,9038	93	29,6085	29,5916
10	3,2361	3,0777	31	9,8845	9,8338	52	16,5622	16,5320	73	23,2437	23,2223	94	29,9267	29,9100
11	3,5495	3,4057	32	10,2023	10,1532	53	16,8803	16,8507	74	23,5620	23,5408	95	30,2449	30,2284
12	3,8637	3,7321	33	10,5201	10,4725	54	17,1984	17,1693	75	23,8802	23,8593	96	30,5632	30,5468
13	4,1786	4,0572	34	10,8380	10,7917	55	17,5166	17,4880	76	24,1984	24,1778	97	30,8815	30,8653
14	4,4940	4,3813	35	11,1558	11,1109	56	17,8347	17,8066	77	24,5167	24,4963	98	31,1998	31,1837
15	4,8097	4,7046	36	11,4737	11,4301	57	18,1529	18,1253	78	24,8349	24,8147	99	31,5180	31,5021
16	5,1258	5,0273	37	11,7916	11,7492	58	18,4710	18,4439	79	25,1531	25,1332	100	31,8363	31,8205
17	5,4422	5,3495	38	12,1096	12,0682	59	18,7891	18,7625	80	25,4713	25,4517	101	32,1545	32,1389
18	5,7588	5,6713	39	12,4275	12,3872	60	19,1073	19,0811	81	25,7896	25,7702	102	32,4728	32,4574
19	6,0755	5,9927	40	12,7455	12,7062	61	19,4255	19,3997	82	26,1078	26,0886	103	32,7910	32,7758
20	6,3925	6,3138	41	13,0635	13,0251	62	19,7437	19,7183	83	26,4261	26,4071	104	33,1093	33,0942
21	6,7095	6,6346	42	13,3815	13,3441	63	20,0619	20,0369	84	26,7443	26,7256	105	33,4275	33,4126
22	7,0267	6,9552	43	13,6995	13,6630	64	20,3800	20,3555	85	27,0625	27,0440	106	33,7458	33,7310
23	7,3439	7,2755	44	14,0175	13,9818	65	20,6982	20,6740	86	27,3808	27,3625	107	34,0641	34,0494
24	7,6613	7,5958	45	14,3356	14,3007	66	21,0164	20,9926	87	27,6990	27,6809	108	34,3823	34,3678
25	7,9787	7,9158	46	14,6536	14,6195	67	21,3346	21,3111	88	28,0172	27,9994	109	34,7006	34,6862
26	8,2962	8,2357	47	14,9717	14,9383	68	21,6528	21,6297	89	28,3355	28,3178	110	35,0188	35,0046

Kette nach DIN 8187	B1 mm	k_o		c mm	R3 mm	s mm
		z < 12	z > 12			
12,7 x 3,3 12,7 x 2,38	3,0 2,1	3,3	5,4	0,5	7	16

(< = kleiner als 12, > = größer als 12 Zähne)

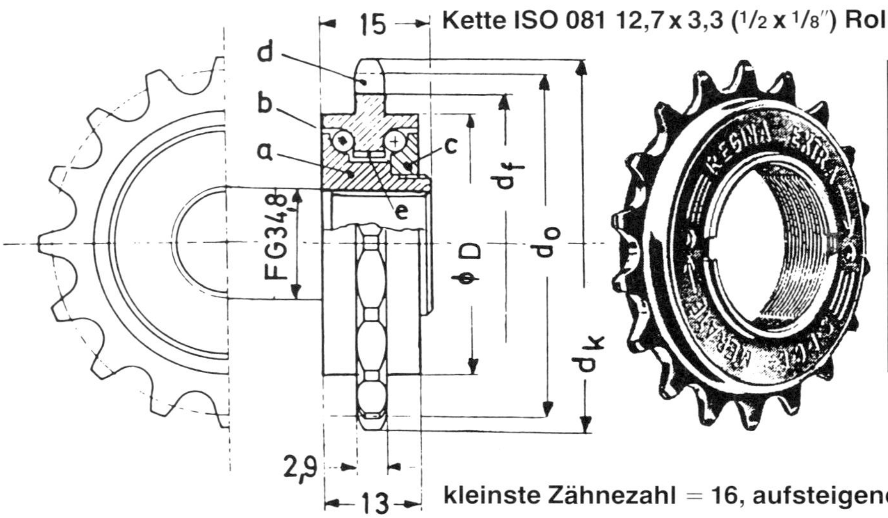

Zähne	∅ D mm	d_o mm	d_k mm	d_f
16	55,00	65,09	68,50	$d_f = d_o - 7{,}75$
17	55,00	69,11	72,50	
18	61,00	73,13	76,50	
19	61,00	77,15	80,50	
20	61,00	81,18	84,55	
21	61,00	85,21	88,55	
22	61,00	89,23	92,55	
23	61,00	93,26	96,65	
24	61,00	97,29	100,65	

Abb. 682: Lagerung und Einbaumaße der Einfach-Leerlaufkränze von Regina.

Fortsetzung von Seite 260.

arten: den Freilauf-Zahnkranz mit einem oder mehreren Zahnkränzen in Verbindung mit einer starren Nabe oder den in die Rücktrittbremsnabe integrierten Freilauf. Beim Freilauf-Zahnkranz gibt es wieder zwei hauptsächliche Systeme. Der konstruktive Unterschied ist bei beiden Arten gering. Aus Abb. 682 ist der Aufbau gut zu erkennen. Auf einem Innenkörper (a), der auf den Gewindeansatz FG 34,8 der Hinterradnabe geschraubt wird, sitzen außen zwei schmale Konus-Kugellager (b). Der Gewindeansatz FG 34,8 braucht nicht gekontert zu werden, da keine rückläufige Bewegung einsetzt. Das gleiche gilt für den Schraubkonus (c). Zwischen den beiden Konen läuft das ringförmige Kettenritzel (d), dessen Inneres zu zwei Lagerschalen ausgebildet ist. Das Kettenritzel kann sich auf dem Innenkörper bzw. den Konen (oder umgekehrt) drehen. Die Mitnahme erfolgt am ringförmigen Innenteil des Kettenritzels und am gegenüberliegenden Innenkörper durch flache Klinken (f) oder durch halbmondförmige Mitnehmer (h). Darin allein liegt der Unterschied zwischen beiden Systemen.

Bei dem einen System, in der Abb. 683 dargestellt, ist der ringförmige Teil des Kettenritzels sägeartig gezahnt. Solche Zähne werden Rasten- (e) oder Ratschenzähne genannt. Der Steg am Innenkörper (a) hat zwei oder mehrere Aussparungen, in die die flachen Klinken (f) eingelegt sind. Das eine Ende der Klinke ist gerundet und liegt drehbar auf der einen Seite der Aus-

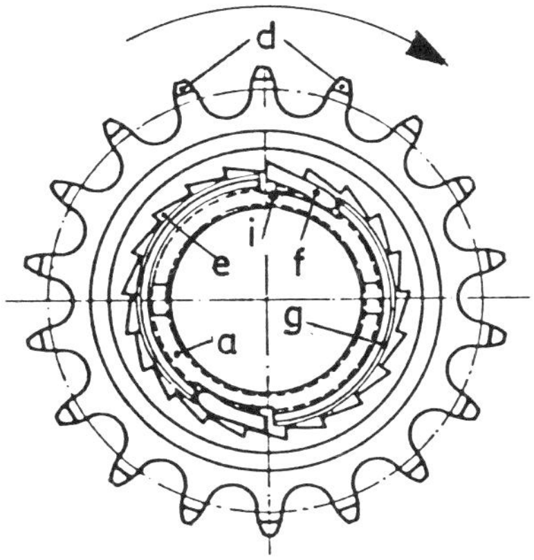

Abb. 683: Freilauf mit Klinken.

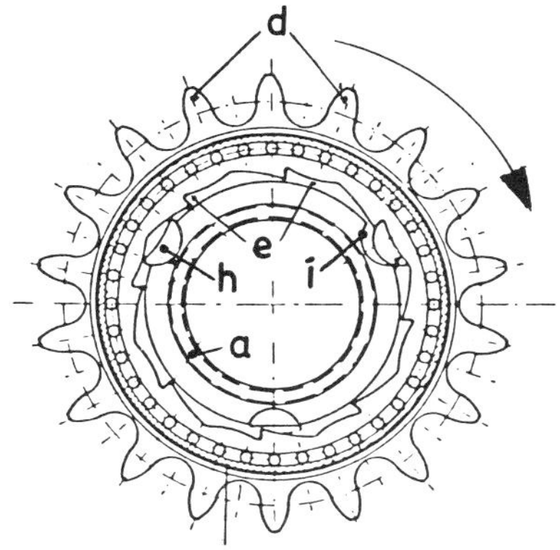

Abb. 684: Freilauf mit halbmondförmigen Mitnehmern.

sparung, die schräg gehalten ist, so daß die gerundete Klinke nicht herausrutschen kann, aber bei Druck vom anderen Klinkenende darin gehalten wird. Das andere freie scharfkantige Klinkenende wird von einer kleinen Feder (g) nach außen gedrückt und legt sich mit leichtem Druck gegen die Zähne (e) im Kettenritzel (d) an. Dreht sich der Zahnkranz in Tretrichtung, so greift die Klinke (f) unter dem Federdruck in die nächste Zahnlücke ein und sperrt, so daß der Innenkörper und damit die Nabe und das Hinterrad mitgenommen werden.

Beim zweiten System sperren statt der Klinken halbmondförmige Mitnehmer (h), die freibeweglich in ebenso geformten Aussparungen (i) am Innenkörper (a) liegen (Abb. 684).

Das Funktionsprinzip ist das gleiche wie beim zuerst beschriebenen „Klinken-System“. Bleibt das Kettenritzel (d) bei noch rollendem Laufrad stehen, so werden Klinke (f) oder Mitnehmer (h) durch die schrägen Zahnflanken (e) in die Aussparungen (i) des Innenkörpers (a) gedrückt und die Rastenzähne (e) im Kettenritzel (d) gleiten darüber hinweg. Klinken und Mitnehmer springen zwar nach Überlaufen durch die Zahnspitze unter ihrem Federdruck wieder nach außen in die nächste Zahnlücke, werden aber vom nächsten Rastenzahn erneut heruntergedrückt. Dadurch entsteht das zwar leise, aber deutlich hörbare ständige „Klicken“, wenn die Hinterradnabe freiläuft.

In der Abb. 685 ist ein kompletter Freilauf mit halbmondförmigen Mitnehmern dargestellt, aus ihr ist die Gestaltung der Einzelteile gut sichtbar.

Die Innenteile des Freilaufs sind hoch beansprucht. Bei den relativ kleinen Teilen und deren sehr geringen Angriffsflächen ist der Verschleiß trotz Verwendung hochwertiger, gehärteter Stähle groß. Für eine solide Lagerabdichtung, die notwendig wäre, ist kein Raum, deshalb wird der Verschleiß noch gefördert durch eindringendes Schmutzwasser, vor allem in Gebieten mit längeren Schlechtwetterperioden.

Mini-Einfach-Leerlaufzahnkranz

Damit am Tretlager Kettenblätter mit weniger Zähnezahl bei gleichem Übersetzungsverhältnis verwendet werden können, wurden sogenannte „Mini-Einfach-Leerlaufzahnkränze“ zum Aufschrauben mit einem kleinstmöglichen Kettenritzel von 14 Zähnen entwickelt (Abb. 686).

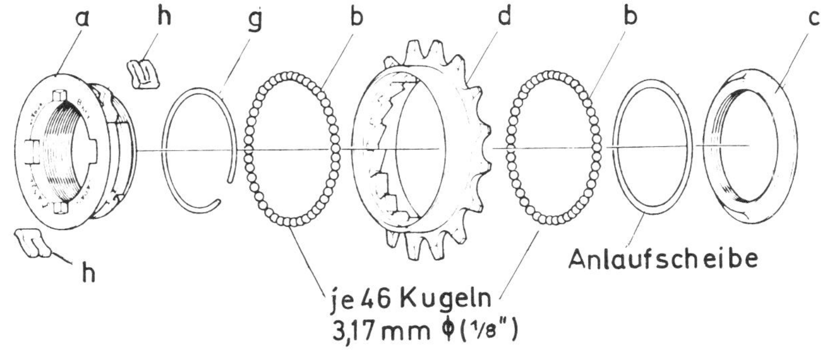

Abb. 685: Explosiv-Darstellung eines Einfach-Leerlaufzahnkranzes von Sun Tour.

Abb. 686: Mini-Einfach-Leerlaufzahnkranz 14 Zähne MF 1000 von Sun Tour.

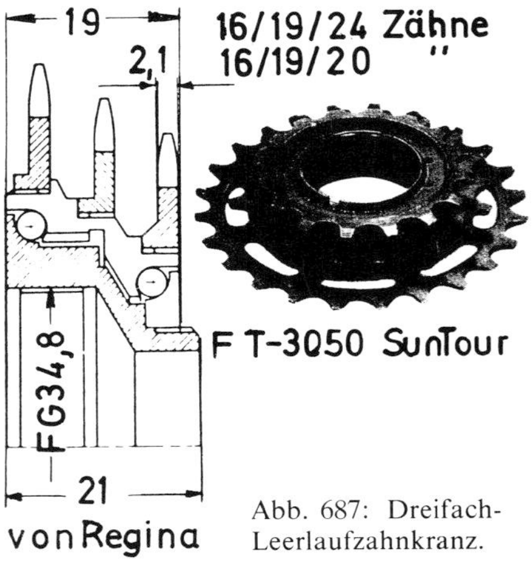

Abb. 687: Dreifach-Leerlaufzahnkranz.

Durch das kleinere Aufschraubgewinde (M30 × 1) wurde der Innenaufbau im Durchmesser kleiner, und dadurch konnten 14 Zähne ermöglicht werden. Dazu ist aber eine spezielle Hinterradnabe mit einem Gewindesatz von M30 × 1 notwendig.

Mehrfach-Leerlaufzahnkranz

Für die Kettenschaltung ist der Fünffach-Leerlaufzahnkranz (Freewheel) zur Standardausrüstung geworden (Abb. 688), und für die gehobenen Rennsport- und Rennräder gibt es heute Sechs- bis Achtfach-Leerlaufzahnkränze (Abb. 689). Der Dreifach-Leerlaufzahnkranz dagegen wird nur noch wenig verwendet (Abb. 687). Die Befestigung der Kettenräder kann durch Gewinde (Abb. 687 und 688) erfolgen, aber meist sind sie aufgesteckt, die Mitnahme übernehmen Nasen-, Prismen- oder Keilprofile. Das Kettenradpaket wird vielfach durch das Schluß-Kettenrad geklemmt, das aufgeschraubt ist (Abb. 690).

Die Lebensdauer der Mehrfach-Leerlaufzahnkränze (Freewheel) ist problematisch, sie hängt weitgehend von der Abdichtung der Kugellager ab.

Wegen der beengten Raumverhältnisse ist eine intensive Abdichtung schwierig. Deshalb wird bei der preisgünstigen Ausführung auf eine wirksame Abdichtung (wie Labyrinth- oder Lippendichtungen) verzichtet und nur mit einer sogenannten „Spaltdichtung“ gearbeitet (siehe Abb. 682, 687 und 688). Durch den nur kleinen Spalt kann das Schmiermittel austreten, Schmutz und Wasser hineingelangen und die Kugellager zerstören.

Labyrinthdichtungen sorgen zwar nicht für eine völlige Abdichtung, sind aber absolut leichtgängig, da sich die Dichtstellen nicht berühren, keine Reibung verursachen und unbegrenzt lange Zeit brauchbar bleiben (siehe Abb. 690).

Beim Aris-Freewheel erfolgt die Abdichtung der Lagerstellen durch Lippendichtungen aus Kunststoff (Abb. 691).

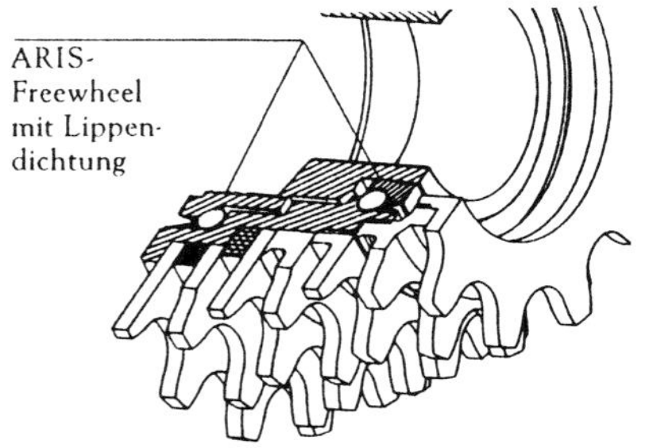

Abb. 691: Aris-Freewheel mit Lippendichtungen von Sachs.

Bei den Mehrfach-Zahnkränzen wird die Zahnform nicht, wie in Abb. 664, spitz ausgeführt, sondern die Zahnkopfhöhe (ko) ist gekürzt, und der Zahn wird dadurch am verkleinerten Kopfkreisdurchmesser (dk), wie in Abb. 690 erkennbar, breiter. Dies geschieht, damit vor allem bei nahe aneinanderliegenden Zähnezahlen (z. B. 13 und

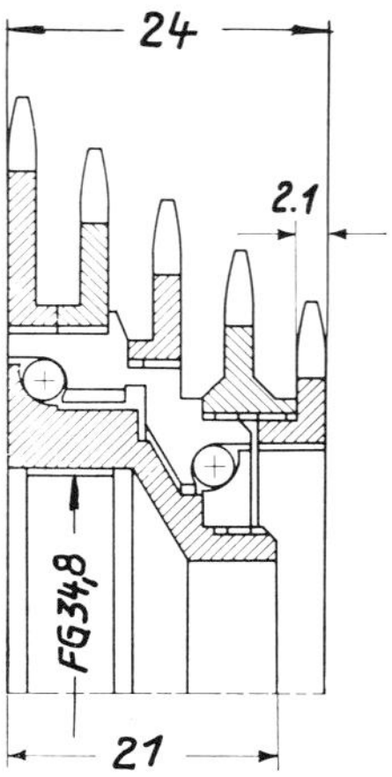

Abb. 688: Fünffach-Leerlaufzahnkranz von Regina.

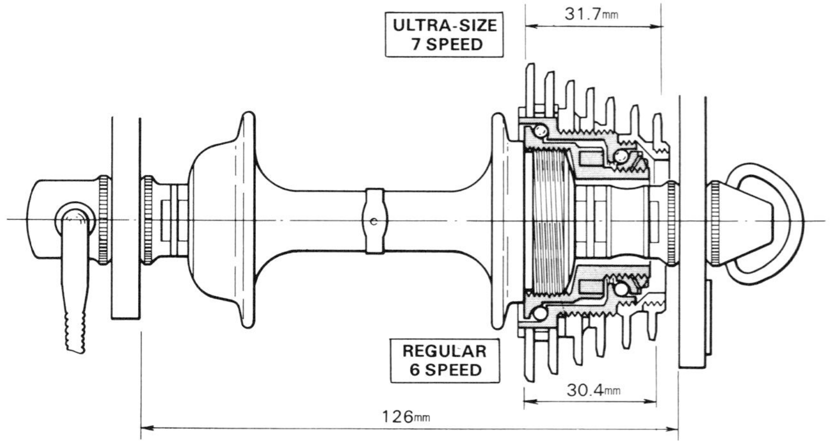

Abb. 689: Sechs- und Siebenfach-Leerlaufzahnkranz Ultra von Sun Tour.

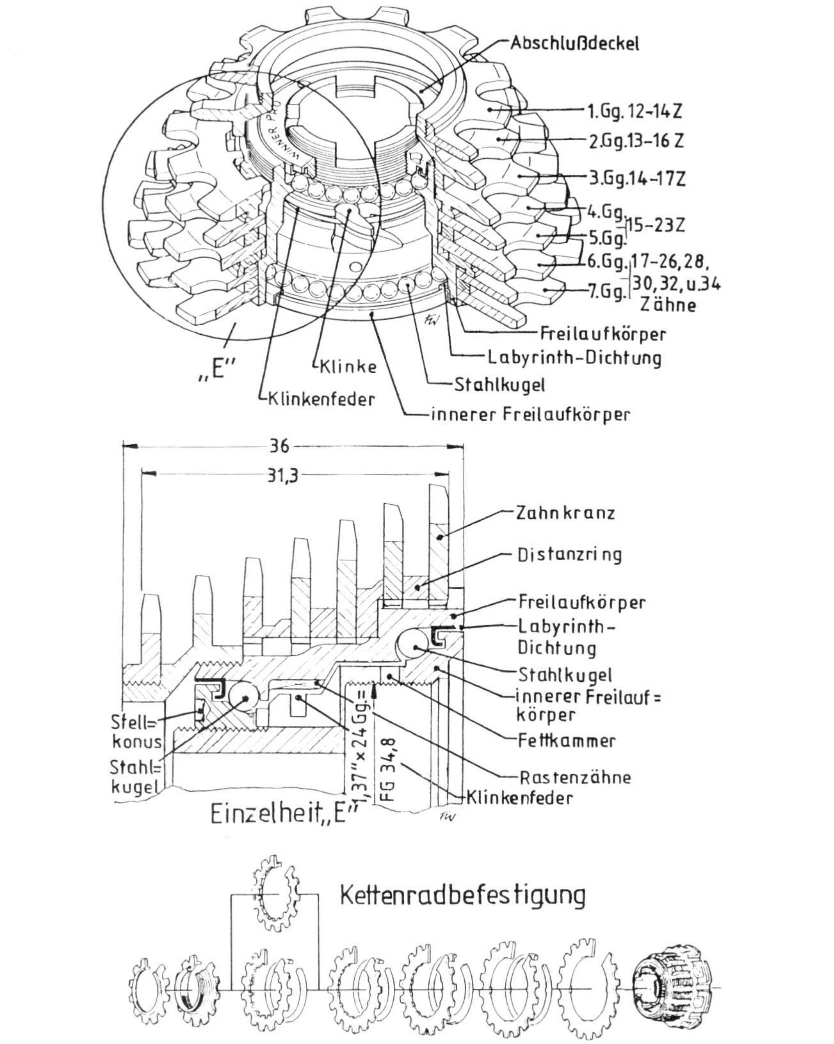

Abb. 690: Siebenfach-Leerlaufzahnkränze von Sun Tour.

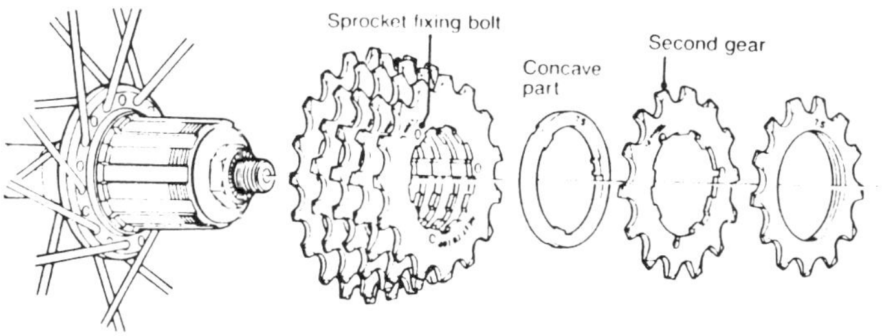

Abb. 692: Kettenradsatz der Kassettenausführung von Shimano.

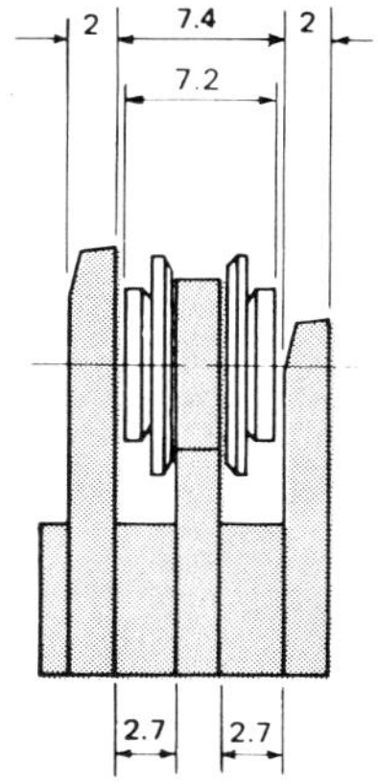

Abb. 693: Zahnform der Kettenräder von Sun Tour.

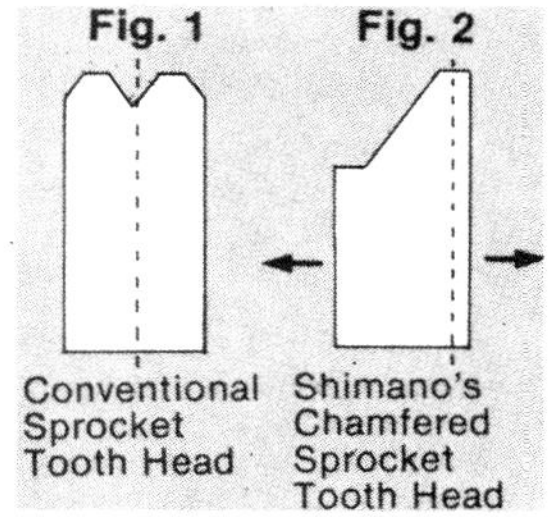

Abb. 694: Angeschrägte Zähne bei Shimano.

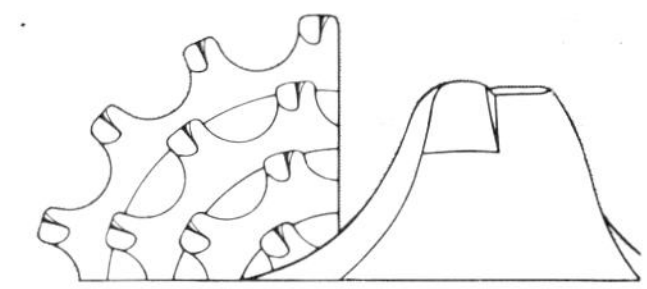

Abb. 695: Sachs-Maillard RGS-Zahnprofil.

Abb. 696: Kettenräder mit entfernten Zwischenzähnen, ältere Bauform.

14) genügend freier Weg vorhanden ist, um auf das andere Kettenritzel zu wechseln, und die Kette vom ersten greifenden Zahn fixiert wird.

Eine Besonderheit ist die Kassetten-Ausführung (Abb. 692), bei der alle Kettenräder auf einer Keilwelle sitzen und mit dem letzten Zahnkranz, der aufgeschraubt wird, geklemmt werden. Der Freilauf ist hier ein Bestandteil der Hinterradnabe (s. hierzu auch Abb. 456).

Durch besondere Gestaltung der Zahnformen an den Kettenrädern wurde in Verbindung mit hierzu speziell entwickelten Schaltungs-Ketten sicheres, schnelles und geräuschloses Schalten in nahezu völliger Perfektion erreicht. In Abb. 693 ist eine abgeschrägte Zahnform der Sun Tour-Ultra-Typen gezeigt (hierzu gehört die Spezialkette lt. Abb. 656). Auch bei Shimano gibt es Zähne mit abgeschrägter Form, wie in Abb. 694/2 gezeigt. Die konventionelle Form, mit einer eingedrehten Rille im Zahnkopf, ist in derselben Abb. 694/1 dargestellt.

Das RGS-Zahnprofil (RGS steht für „Rapid Grip and Shift") der Sachs-Aris-Zahnkränze ist ein spezielles Doppelprofil und sorgt für einen schnellen Gangwechsel (Abb. 695).

Sobald das Schaltwerk eine axiale Schaltbewegung einleitet, greift der vordere Profilteil mit der Mittelrille die Kettenlasche und hebt die Kette auf den nächsten Zahnkopf. Die Profilspitze am hinteren Zahnkopf weist die Kette dann sofort in die Zahnzwischenräume ein. Dazu hilft die Sachs-Sedissportkette (siehe Abb. 661 und 662)

Damit beim Schalten die Kette leichter von einem zum anderen Kettenrad gleiten kann, ist bei beiden großen Kettenrädern jeder zweite Zahn entfernt (Abb. 696). Das ist natürlich bei 10- oder 12zähnigen Ritzeln nicht möglich, sondern erst ab 26 Zähnen.

Das Uniglide-Prinzip von Shimano

Das Uniglide-System ist eine konsequente Entwicklung der Schaltungsorgane, die gemäß den technischen Bewegungsabläufen gestaltet wurden, damit die Schaltvorgänge präzise, leicht und leise ablaufen. Die Zähne der Kettenräder haben als wichtigstes Konstruktionsmerkmal eine neue Form; ähnlich einer Schrägverzahnung wurden die Zähne oberhalb des Fußkreises (df) leicht schräg gestellt (geschränkt), wobei die Schrägung dem Gleitwinkel der Kette beim Schaltvorgang entspricht (Abb. 697 und 698). Dazu ist die Uniglide-Kette (Abb. 654) notwendig. Die gekröpften Außenlaschen der Kettenglieder geben den erforderlichen Spielraum für den Drehwinkel (Gleitwinkel), der beim Schaltvorgang zwischen dem Kettenglied und den Kettenrädern wirksam wird.

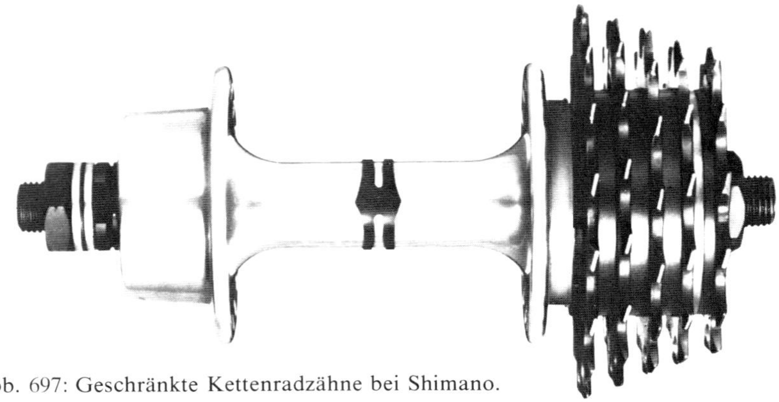

Abb. 697: Geschränkte Kettenradzähne bei Shimano.

Abb. 698: Gleitwinkel der Kette entspricht der Zahnschräge.

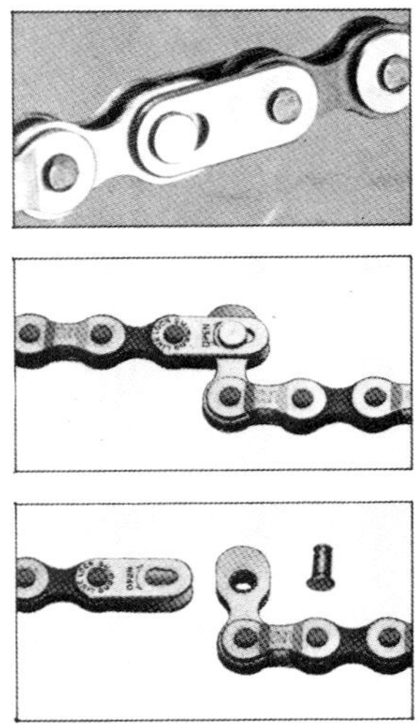

Abb. 699: Kettenverschluß der Uniglide-Kette von Shimano.

Die schräg gestellten Zähne bewirken einen exakten und weichen, sicheren und schnellen Schaltvorgang beim Hinauf- wie beim Herunterschalten, da die Kettenglieder von den Zähnen exakt erfaßt werden. Dadurch nimmt der Gangwechsel weniger Zeit in Anspruch als bei konventionellen Konstruktionen. Außerdem verringern sich die Geräusche, die sonst durch hohe Reibung beim Überschalten zwischen einzelnen Kettenrädern entstehen.

Durch die Verhinderung von Schaltfehlern, Überspringen von Zähnen und Reibung durch Überschalten bringt das Uniglide-System eine Verlängerung der Lebensdauer, weil die Kettenräder und Kettenlaschen geschont werden und die Funktion der Schaltmechanik wesentlich vom Zustand der Zähne sowie der Kette abhängt.

Zur Uniglide-Kette wurde von Shimano auch ein neuer Kettenglieder-Verschluß entwickelt (Abb. 699). Wird das Verschlußglied rechtwinklig abgebogen, so kann der Bolzen entfernt werden. Bei geradegestelltem Verschlußglied wird der Bolzen durch die Lasche verriegelt, kann also nicht herausfallen.

Die Entwicklung der Spezial-Schaltungskette war dringend notwendig, weil im Grunde die konventionelle Kette eine Entwicklung für den schaltungsfreien Fahrradantrieb war und erst später Aufgaben im Zusammenhang mit den Mehrfach-Kettenschaltungen ohne wesentliche Änderungen übernehmen mußte, für die sie gar nicht vorgesehen war; sie mußte dabei nicht mehr nur Kräfte übertragen, sondern auch horizontale und vertikale Bewegungen ausführen können, was ihre Lebensdauer verringerte.

Inzwischen gibt es Zahnkranzpakete mit acht Zahnkränzen und geschränkten Zähnen (Abb. 700).

Nachstehend nur einige der möglichen Zahnkranz-Kombinationen der verschiedenen Hersteller:

Fünffach

12	13	14	15	16
13	14	15	16	17
13	15	17	19	21
14	16	18	20	22
14	16	18	21	24
14	17	20	24	28
14	17	21	26	32
14	17	22	28	34
14	17	22	28	38
15	17	19	21	24

Sechsfach

11	12	13	14	15	16
11	12	13	15	17	19
11	13	15	17	19	21
12	13	14	15	16	17
13	14	15	16	17	18
13	15	17	19	21	23
13	15	17	22	26	32

Siebenfach

12	13	14	15	16	17	18
12	13	14	15	17	19	21
13	15	17	20	24	28	32
14	16	18	21	24	28	32

Achtfach

12	13	14	15	16	17	18	19
12	13	14	15	16	17	19	21
13	14	15	16	17	19	20	23
13	14	16	18	20	22	24	26

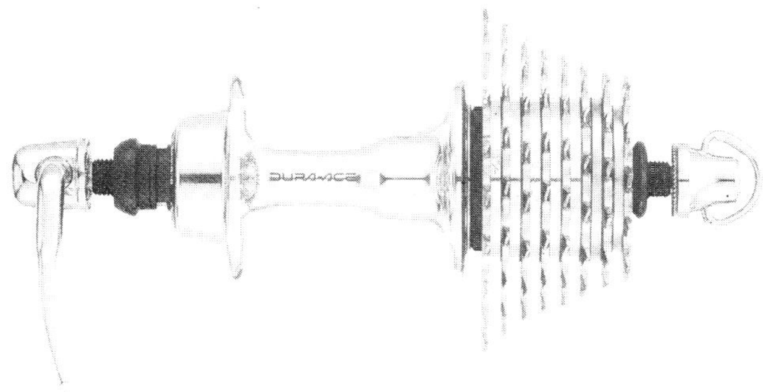

Abb. 700: Kassettennabe mit acht Zahnkränzen und geschränkten Zähnen von Shimano.

Warum eigentlich veränderliche Übersetzungen am Fahrrad?

Unter einer veränderlichen Übersetzung am Fahrrad versteht man entweder eine Kettenschaltung oder eine Mehrgang-Getriebenabe.

Die Antriebskraft am Fahrrad ist die Kraft des menschlichen Körpers. Da diese begrenzt ist, muß mit ihr sparsam umgegangen werden. Die Beine des Radfahrers bewegen die Tretkurbeln, an denen das Antriebskettenrad befestigt ist, das über eine Kette den Zahnkranz der Hinterradnabe und damit das Laufrad antreibt. Für den menschlichen Körper liegt die günstigste Drehzahl der Tretkurbeln zwischen 40 und 60 Umdrehungen in der Minute.

Beim Fahren auftretende Widerstände sind der Rollwiderstand, der Luftwiderstand und der Steigungswiderstand. Sie werden durch die Kraft, die das Hinterrad auf die Fahrbahn ausübt, überwunden. Diese Kraft hängt in erster Linie von der Übersetzung des Antriebs ab. Natürlich ist auch die Länge der Tretkurbelarme sowie der Reifendurchmesser und die Reifenbreite maßgebend.

Bei einer konstanten Übersetzung wählt man die Zähnezahlen so, daß mit einer Tretkurbeldrehzahl zwischen 40 und 60 in der Minute eine Fahrgeschwindigkeit von 12 bis 15 km in der Stunde erreicht wird. Bei Windstille tritt dabei der Luftwiderstand kaum in Erscheinung. Hat man aber stärkeren Gegenwind oder steigt das Gelände an, dann sinkt die Tretkurbeldrehzahl rasch ab, weil ein größerer Kraftaufwand nötig wird. Für kurze Zeit ist der menschliche Körper dieser Mehrbelastung gewachsen. Bei längerer Strecke treten aber bald Ermüdungserscheinungen auf, und der Fahrer muß pausieren. Umgekehrt ist es beim Befahren von Gefällen oder bei sehr starkem Rückenwind. Hier kann man die Fahrgeschwindigkeit steigern. Sobald jedoch die Tretkurbeldrehzahl über 60 steigt, kommt der Fahrer nicht mehr mit dem Treten mit, „er strampelt sich ab“.

Aus diesen Gründen versucht man die Tretkurbeldrehzahl durch veränderliche Übersetzungen den jeweiligen Geländeverhältnissen anzupassen.

Während früher nur Luxusfahrräder und solche für typische Radtouristen mit verstellbaren Übersetzungen ausgestattet waren, besitzt heute fast jedes Sportrad eine solche Einrichtung. Nach dem zweiten Weltkrieg hat sich die aus Frankreich und Italien gekommene Kettenschaltung bei Renn- und Rennsporträdern voll durchgesetzt.

Auf der Hinterradnabe sitzen hier bis zu acht und auf dem Tretlager bis zu drei Zahnkränze mit unterschiedlichen Zähnezahlen. Die Kette wird mit besonderen Vorrichtungen, die vom Fahrer mit der Hand bedient werden, auf die einzelnen Zahnkränze geschaltet.

Da diese Schaltvorrichtungen ungeschützt der Witterung ausgesetzt sind und durch den zwangsläufigen Kettenspurfehler auch der Kettenverschleiß größer als bei normalen Antrieben ist, hat sich die Mehrgang-Getriebenabe mit und ohne Rücktrittbremse (bis zu fünf Gänge) für die Tourensporträder sehr gut eingeführt.

Fahrrad-Kettenschaltungen

Eine veränderliche Übersetzung mit insgesamt geringem Gewicht der dazu erforderlichen Bauteile war schon immer der Wunsch vieler Fahrrad-Besitzer. In Frankreich, dem klassischen Land des Fahrrades, wurde zuerst die Kettenschaltung entwickelt und bereits 1928 auf den Markt gebracht. Dem deutschen Radfahrer, der solche Schaltungen bis dahin nur als ausländische Fabrikate kannte, wurde erstmals 1934 von der Firma Fichtel & Sachs eine Kettenschaltung angeboten. Jedoch blieben bei der Weiterentwicklung solcher Schaltungen auch weiterhin die Franzosen und Italiener dominierend, bis es in jüngster Zeit zu beachtlichen Entwicklungen der Japaner auch auf diesem Spezialgebiet kam.

Allgemeiner Aufbau der Kettenschaltung (Friktion)

Für den an sich einfachen Vorgang, die Tretkette von einem auf ein anderes Kettenrad umzusetzen, wurden im Laufe der Entwicklung verschiedenartige Konstruktionen angewandt.

Beim Begriff „Kettenschaltung“ muß man zwischen zwei Grundausführungen unterscheiden: einem Schaltwerk mit Einfachschalter (Fünf- oder Sechsgang) und einem Schaltwerk mit Doppelschalter (Zehn-, Zwölf- oder Vierzehngang). Dazu gehören der entsprechende Mehrfach-Leerlaufzahnkranz am Hinterrad und die Kettenblätter am Tretlager.

Das Schaltwerk übernimmt den Übersetzungswechsel und den Kettenlängenausgleich (Kettenspannung) und ist am rechten Ausfallende des Rahmen-Hinterbaus befestigt.

Der Kettenwerfer dient zur Verdoppelung, evtl. Verdreifachung, der Übersetzungsmöglichkeiten und ist am Rahmen-Sitzrohr befestigt. Er regelt den Übersetzungswechsel am Tretlager, das heißt, das Umsetzen der Kette auf die verschieden großen Kettenblätter. Der Kettenwerfer war früher lediglich eine einfache, gefederte Gabel, die in Tretlagerrichtung bewegt wurde. Heute besteht er aus einer speziell gestalteten Kettenführung, die durch ein gefedertes Parallelogramm so bewegt wird, daß das Umsetzen der Kette möglichst nahe an den Zähnen der Kettenblätter erfolgt.

Der Gesamtschaltweg wird durch verstellbare Anschläge begrenzt. Den Kettenlängenausgleich übernimmt auch hier das Kettenschaltwerk (Abb. 701).

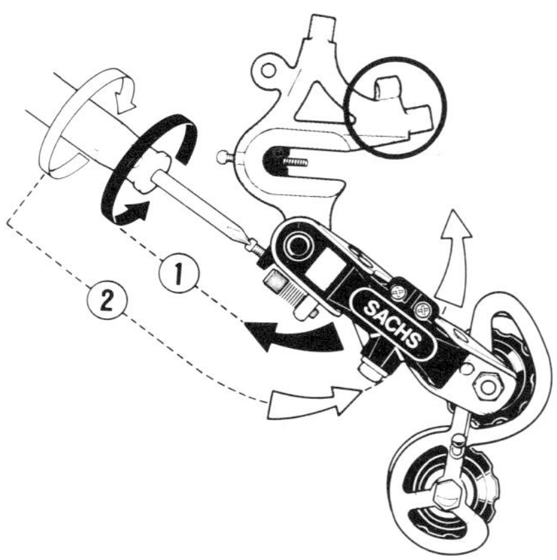

Abb. 701: Schaltwerk.

Der Mehrfach-Zahnkranz kann starr auf einer Freilaufnabe oder als Leerlauf-Zahnkranz (Freewheel) auf einer starren Hinterradnabe montiert sein. Die Standard-Ausführung hat fünf Zahnkränze, meistens wird mit sechs oder sieben und in Ausnahmefällen mit acht Zahnkränzen gefahren.

Bei Zehn- oder Zwölfgang-Schaltungen (und mehr) schalten versierte Fahrer so, daß die Kette das innere, kleinere Kettenblatt am Tretlager immer nur mit den größeren Zahnkränzen des „Freewheels“ bzw. das größere, äußere Kettenblatt mit den kleineren Zahnkränzen verbindet. Dadurch wird ein ruhiger und verschleißärmerer Kettenlauf erreicht (hierzu Abb. 653).

Bei Fünf- oder Sechsgang-Schaltungen mit nur einem Kettenblatt entfällt eine solche Schaltpraxis, weil bei eingehaltener Kettenlinie der Schräglauf über alle Zahnkränze geringer ist. Voraussetzung für eine gut funktionierende Kettenschaltung ist deshalb eine möglichst mit der Fahrrad-Längsachse parallel laufende Kettenlinie (Abb. 702).

Die Fahrrad-Kettenschaltungen gruppieren sich in

Friktions-Kettenschaltung
Index-Kettenschaltung
Positionierte Kettenschaltung

Die Friktionsschaltung wird nur noch für einfache, preisniedrige Fahrräder verwendet. Der Schaltvorgang wird stufenlos mit dem Lenkerschalter ausgelöst, der nach dem Friktionsprinzip (Friktion = Reibung, Friktionsscheibe mit glatter Lauffläche) arbeitet.

Der Schaltweg wird am Schaltwerk mit Einstellschrauben begrenzt.

Bei der Index-Kettenschaltung hat jeder Gang am Schalthebel eine exakt bestimmte

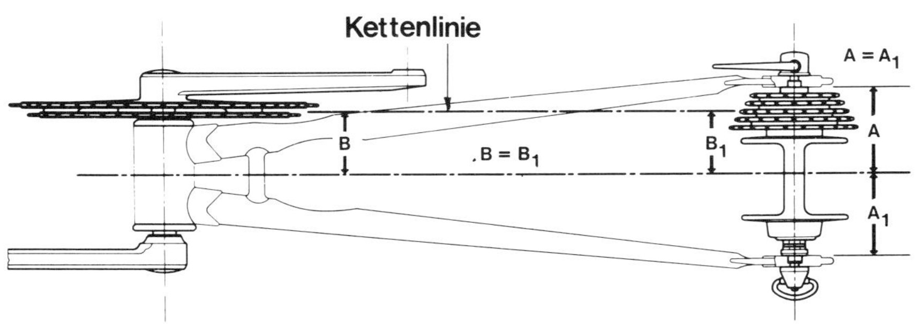

Abb. 702: Kettenlinie.

Stellung, die durch die Rasterscheibe im Hebel markiert ist und einem Zahnkranzabstand an der Hinterradnabe entspricht (siehe Abb. 738 und 739). Dieses Schaltsystem wird mehrheitlich bevorzugt.

Unter positionierter Kettenschaltung versteht man einen zwangsläufig arbeitenden Umschalt- bzw. Vorwahlmechanismus. Die Gänge sind in exakten Stellungen fixiert. Die Betätigung erfolgt durch ein Druck/Zug-Kabel. Die Gangwahl kann sowohl bei Stillstand als auch während des Rollens erfolgen.

Bei der positionierten Kettenschaltung erfolgt die Fixierung der Gänge nicht nur am Schalthebel, z. B. durch Rasten oder durch Kugeleinrastung (siehe Abb. 769), sondern auch am Schaltwerk. Dazu ist ein besonders präpariertes Schaltwerk mit einer Kurvenscheibe notwendig, an der die Gangstellung auch am Schaltwerk festgelegt ist (siehe Abb. 766 und 1204). Nach erfolgter Einregulierung der Schaltung brauchen keine ständigen Einstellungskorrekturen vorgenommen zu werden.

Das jeweilige Schaltwerk arbeitet unabhängig von der Kettenschaltungsart nach einem Schwenksystem (Parallellogramm) und deren Abwandlungen die unter Pantograph, Slant-Mechanismus, Servo-Panta-Mechanismus usw. bekannt sind. Siehe hierzu Abb. 706 – 709 und dazugehöriger Text.

Zu beachten ist, daß ab Vierfach-Zahnkranz die Zahnkranzdicke (2,1 mm) auf die Rollenkette 082 (½ × 3/32) ausgelegt ist, damit der Mehrfach-Zahnkranz nicht zu breit baut und somit der (unvermeidliche) Schräglauf in Grenzen bleibt.

Zweirollen-Kettenschaltwerk mit Parallelogramm-Betätigung

Ausgehend vom Einrollen-Schaltwerk aus dem Jahr 1934 und dem Zweirollen-Schaltwerk von 1956 wurde das Zweirollen-Kettenschaltwerk mit Parallelogramm-Betätigung der Firmen Fichtel & Sachs und Huret entwickelt.

Das Schaltwerk hat eine angefederte Hebelmechanik (Parallelogramm) und wird mit einer am Ausfallende befestigten Verbindungslasche mit der Kettenführung so verbunden, daß diese in jeder Schaltstellung parallel zum Halteblech bleibt, siehe „Anbau und Einstellung der Kettenschaltung“ Ziffer 1, auf dieser Seite).

Der Schaltweg wird durch verstellbare Anschläge in beiden Richtungen begrenzt. Zudem läßt sich die gesamte Einrichtung um ihren Befestigungspunkt am Halteblech – bei Rennsport- und Rennrädern direkt am Ausfallende – zwischen (eventuell verstellbaren) Anschlägen beim Radausbau schwenken.

Eingesetzt wird das Parallelogramm besonders deshalb, weil es robust ausgeführt werden kann und auch verschmutzt noch problemlos funktioniert. Außerdem kann das Parallelogramm so angelenkt werden, daß die obere Laufrolle (Leitrolle) bei der Schaltbewegung ungefähr im gleichen Abstand an allen Zahnkränzen vorbeigeführt wird (was geringeren Überschaltweg bei den kleinen Zahnkränzen bedeutet).

Diese Ausführung ist sowohl mit Zwei- als auch mit Dreipunkt-Kettenführung auf dem Markt.

Bei der Zweipunkt-Kettenführung ist die obere Laufrolle zugleich Schwenkpunkt der gesamten Kettenführung. Die untere Laufrolle fungiert – angefedert an diesem Schwenkpunkt – ausschließlich als Spannrolle des unteren Kettenstücks, dessen Länge sich bei jedem Schaltvorgang verändert.

Die Dreipunkt-Kettenführung hat einen separaten Schwenkpunkt für die Kettenführung. Dieser ist so zwischen den beiden Laufrollen angeordnet, daß bei entsprechender Kettenlänge der Abstand der oberen Laufrolle zu jeder Zahnkranzgröße annähernd gleich bleibt.

Bei dieser Anordnung ist die obere Laufrolle zusätzlich an der Kettenspannung beteiligt und bewirkt eine Vergrößerung des Umschlingungswinkels bei den kleinen Zahnkränzen.

Außerdem gibt es Kettenschaltwerke, bei denen die gesamte Einrichtung um ihren Befestigungspunkt angefedert schwenkbar ist; dabei muß die Drehfeder mit der Kettenführungs-Drehfeder entsprechend abgestimmt sein.

Die Schaltwerke werden bei der Friktions-Schaltung mit einem stufenlosen Reibschalter und bei der Index-Schaltung mit einem Rasterschalter betätigt.

Das Schaltwerk der positionierten Schaltung mit seiner speziellen Einrichtung, die Gänge fixieren und im Stillstand schalten zu können, braucht auch einen gerasteten Schalter.

Der Schaltvorgang bei den Systemen Index- und positionierter Schaltung ist nicht nur allein dem Gefühl des Fahrers überlassen, sondern die Gänge rasten sicher und spürbar ein.

Anbau und Einstellung der Kettenschaltung

1. Kettenschaltwerk (Abb. 703)

Vor der Montage muß sichergestellt sein, daß die Ausfallenden parallel zur Längs-

Abb. 703: Einzelteile des Kettenschaltwerks.

achse des Fahrrades gerichtet sind. Je nach Ausführung wird dann das Kettenschaltwerk mittels der Verbindungslasche oder direkt am Ausfallende schwenkbar befestigt. Danach wird das Hinterrad mit dem Mehrfach-Zahnkranz in die Ausfallenden eingeschoben, ausgerichtet und festgeschraubt. Bei der Montage der Kette muß darauf geachtet werden, daß sie über die obere Laufrolle durch die Kettenführung läuft. Wenn sie dabei über dem kleinsten Kettenblatt und dem kleinsten Zahnkranz liegt, muß das untere Kettenstück gerade noch gespannt sein.

Dadurch ist im Rahmen der Gesamtkapazität die günstigste Länge und Spannung der Kette für einwandfreies Schalten gewährleistet. Aus Platzgründen kann zum Schließen der Kette kein Kettenschloß Verwendung finden (Spezialwerkzeug notwendig).

Damit die Kette nicht über den erforderlichen Gesamt-Schaltweg hinaus bewegt werden und vom Mehrfach-Zahnkranz abspringen kann, sind die beiden Einstellschrauben am Parallelogramm entsprechend zu justieren.

Zur Sicherung gegen Speichenschäden durch Abspringen der Kette als Folge falscher Einstellung des Kettenschaltwerks ist zwischen den Speichen und dem Mehrfach-Zahnkranz eine Speichenschutzscheibe montiert (s. Abb. 997).

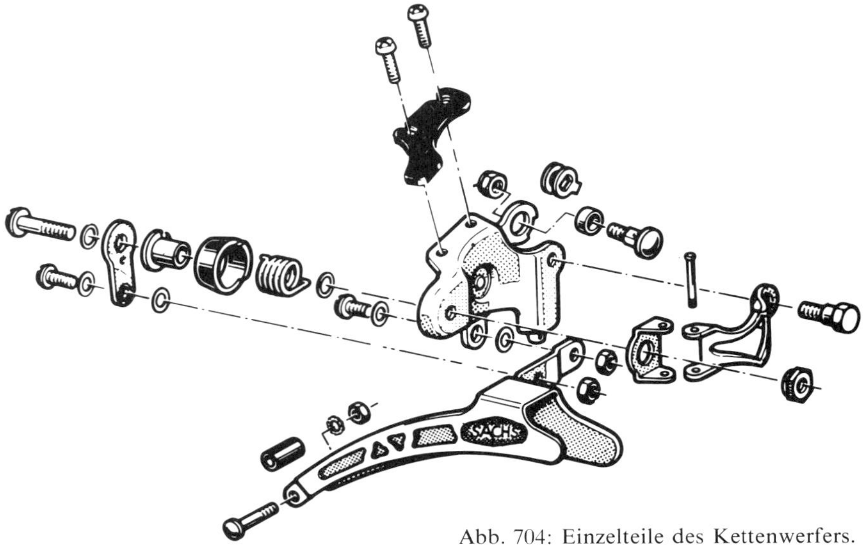

Abb. 704: Einzelteile des Kettenwerfers.

2. Kettenwerfer (Abb. 704)

Seine Montage ist sehr einfach. Es muß lediglich beachtet werden, daß die Kettenführung zu den Kettenblättern parallel steht und das vordere Leitblech in möglichst geringem Abstand über die Zahnspitzen des großen Kettenblattes bewegt werden kann. Über die beiden Einstellschrauben ist der Schaltweg so zu begrenzen, daß die Kette nicht abspringt.

3. Schalter und Seilzüge (Abb. 705)

Die Betätigung des Schaltwerks bei Fünf- oder Sechsgang-Schaltungen und mehr erfolgt durch einen Einfach-Schalter, während Schaltwerk und Kettenwerfer bei Zehn- oder Zwölfgang-Kettenschaltungen und mehr mittels eines Doppelschalters bedient werden.

Es gibt Schalter für das untere Rahmenrohr bzw. den Lenkerschaft. Je nach Schalterausführung werden für die Verlegung der Zugseile und Seilhüllen Umlenkteile und Gegenhalter benötigt, die an den entsprechenden Stellen des Rahmens zu montieren bzw. anzulöten sind.

Bei der Montage der Zugseile ist zu beachten, daß der jeweilige Schalthebel in die richtige Anschlagstellung zu bringen ist, damit das Zugseil den gesamten Schaltweg übertragen kann. Nachdem das Zugseil eingehängt und durch den Schalter und die bereits genannten Zubehörteile geführt ist, muß dessen Ende am Kettenschaltwerk bzw. Kettenwerfer mit der vorgesehenen Klemmvorrichtung (straffgezogen) befestigt werden. Alle Enden der Seilhüllen müssen senkrecht in den Gegenhaltern sitzen, und die notwendigen Verlegungsbögen müssen ausreichend groß sein, damit der Schaltvorgang leichtgängig ist und das Schaltwerk beim Radausbau ohne Schwierigkeiten zurückgeschwenkt werden kann. Es empfiehlt sich, die Zugseile vorher im Bereich der Seilhüllen leicht zu fetten. Zur Funktionskontrolle sollen alle Gänge auf dem Montageständer in der Werkstatt oder bei einer Probefahrt überprüft und, wenn notwendig,

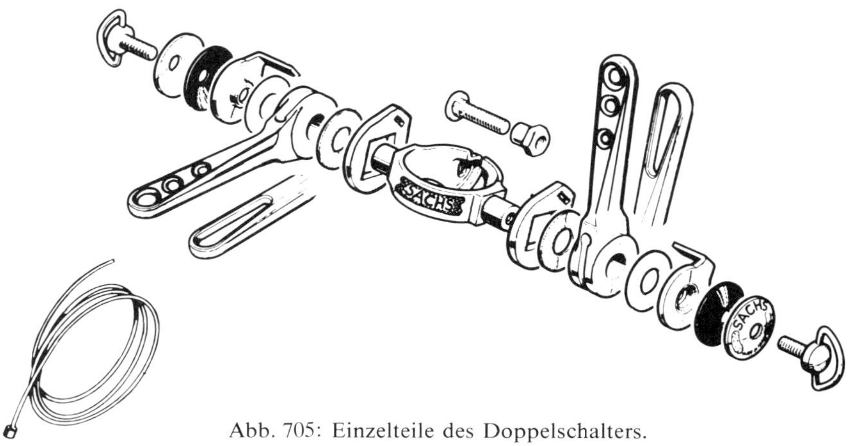

Abb. 705: Einzelteile des Doppelschalters.

feineingestellt werden. Keinesfalls soll bei stehenden Tretkurbeln geschaltet werden – Ausnahme: vorwählbare (positionierte) Schaltung.

4. Wartung

Alle beweglichen Teile der Schaltung, insbesondere die Kette, sollen öfters gereinigt und geölt werden. Beim Ausbauen des Hinterrades soll die Kette auf den kleinsten Zahnkranz geschaltet sein.

5. Übersetzungs-Kapazität

Ein normales, handelsübliches Schaltwerk hat eine Gesamtkapazität von etwa 30 Zähnen. Damit kann ein Mehrfach-Zahnkranz zwischen 13 und 28 Zähnen und ein Mehrfach-Kettenblatt zwischen 40 und 52 Zähnen problemlos geschaltet werden. Bei Sonderkonstruktionen kann die Gesamtkapazität auch noch höher liegen. Bei Mountain-bikes z. B. beträgt sie 32 und mehr Zähne.

Kenndaten einer Kettenschaltung

Die Kenndaten einer Kettenschaltung sind:

1. Größtes mögliches Kettenritzel, das eingebaut (und geschaltet!) werden kann;

2. Die Gesamtkapazität einer Kettenschaltung ist die Summe der Zahndifferenz vom größten zum kleinsten Zahnkranz vorn und hinten, z. B.

doppeltes Kettenblatt 52 und 40 Zähne, Differenz = 12 Zähne,

kleinster Zahnkranz 14 und größter Zahnkranz 28 Zähne, Differenz = 14 Zähne,

Gesamtkapazität: 26 Zähne (12 + 14);

3. Der „Schaltweg" sagt aus, für welchen Mehrfachzahnkranz er ausreichend ist (z. B. sechsfach);

4. Der Übersetzungsbereich ist das Verhältnis vom größten zum kleinsten Kettenritzel, z. B. 34 : 14 = 2,43.

Kettenschaltungs-Systeme

Das Schaltwerk (Rear derailleur) muß ein Schwenksystem sein, das den Kettenführungskäfig mit der Führungs- und Spannrolle parallel zur vertikalen Rad-Ebene verschiebt. Die gebräuchlichste Konstruktion, die sich heute durchgesetzt hat, ist das Parallelogramm-System. Man unterscheidet folgende Parallelogramm-Versionen:

> Den Parallelogramm[86]-Mechanismus (Abb. 706 und 707), den Slant*-Parallelogramm-Mechanismus (Abb. 708) und den sogenannten Pantograph[87]-Mechanismus (Abb. 709),

wobei die Slant- und Pantograph-Ausführung auch nur eine Abwandlung der Parallelogramm-Verschiebung darstellen. Alle Versionen versetzen den Kettenkäfig parallel. Jede Ausführung hat Vor- und Nachteile.

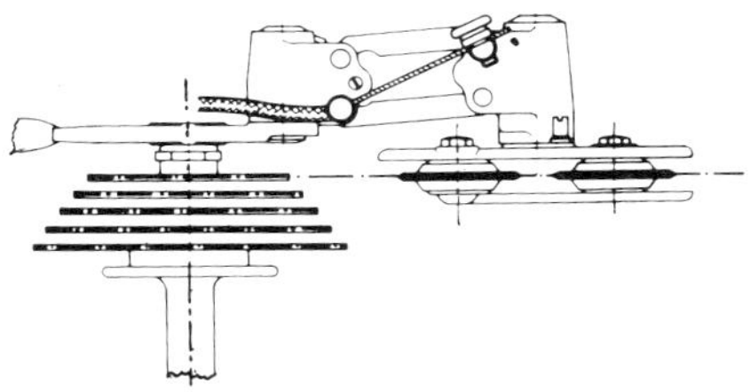

Abb. 706: Schaltung mit Parallelogramm-Mechanismus, Schaltstellung 5. Gang.

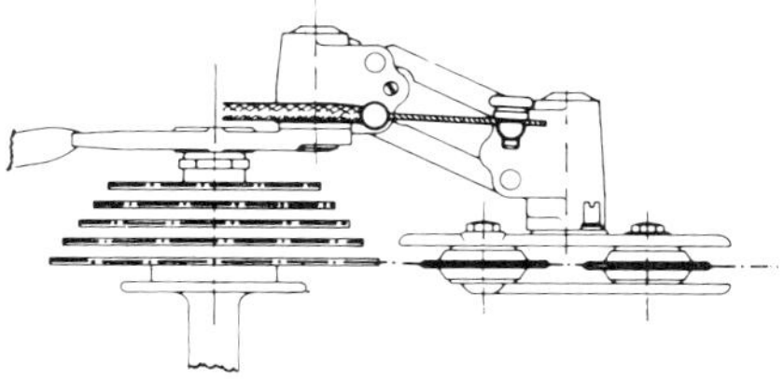

Abb. 707: Schaltung mit Parallelogramm-Mechanismus, Schaltstellung 1. Gang.

Bei der Schaltung (z. B. Simplex), wie sie in der Abb. 706 in der Stellung des fünften Ganges gezeigt ist, ist der Abstand von der Rolle zum Kopfkreis des ersten Kettenritzels größer als im ersten Gang (Abb. 707).

Diese Ausführung hat kurze Schaltwege und läßt sich dadurch schnell schalten, was für Rennfahrer vorteilhaft ist – sie benötigt aber größere Bedienungskräfte.

Der Slant-Mechanismus von Sun Tour, wie in der Abb. 708 veranschaulicht, erreicht durch eine Schräglage des Parallelogramms eine günstigere Schaltfunktion, da neben der Parallelverschiebung gleichzeitig eine Bewegung entlang der Zahnkranzhüllkurve erreicht wird, d. h., daß die Kettenführungsrolle im gleichen Abstand zum jeweils geschalteten Kettenritzel wandert und daß dadurch die Schaltung weich funktioniert. Besonders große Kettenritzel (ab 28 Zähne) schalten sich leichter.

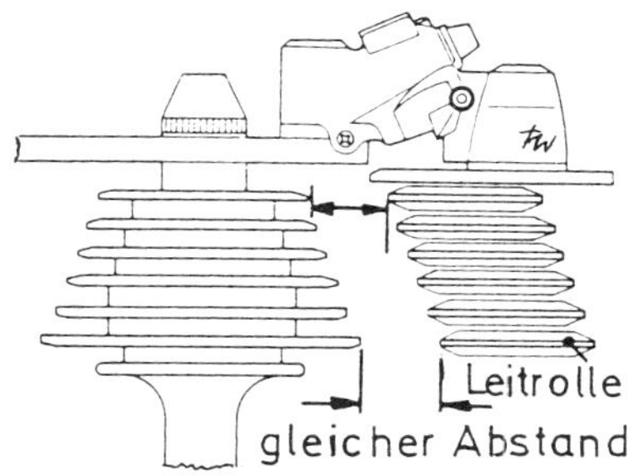

Abb. 708: Schaltung mit Slant-Mechanismus von Sun Tour.

Der sogenannte Pantograph-Mechanismus ist eine Bezeichnung für die Dreipunktlagerung der Kettenführung und nur im Vergleich zur Zweipunktlagerung der anderen Schaltwerke zu sehen. Bei der Konstruktion der Kettenschaltung mit Servo[88]-Pantograph ist unterhalb der Befestigung im Ausfallende ein gefedertes Drehgelenk angeordnet, durch dessen Drehfeder der Effekt des Pantographen verstärkt wird, so daß je nach der verfügbaren Kettenlänge gewährleistet ist, daß der Kettenkäfig samt Führungsrolle in gleichbleibendem Idealabstand zwischen Schaltarm und den Zahnkränzen gebracht wird. Die Führungsrolle folgt immer genau den Kettenritzeln (Abb. 709). Dadurch kann bei jeder Geschwindigkeit und in jedem Gang (gleich

---

[86] Parallelogramm = Viereck, dessen gegenüberliegende Seiten parallel verlaufen

[87] Pantograph = Storchschnabel (ursprünglich Zeicheninstrument zum maßstabgerechten Nachzeichnen)

*Slant = engl. Neigung, schiefe Ebene

[88] Servo = Hilfskraft

Abb. 709: Servo-Pantograph-Schaltung von Shimano.

ob mit doppeltem oder dreifachem vorderen Kettenblatt) präzise, schnell und weich geschaltet werden.

Diese Feder am Drehgelenk wird nicht nur von Shimano, sondern neuerdings auch von anderen Herstellern verwendet.

Schaltwerke

Simplex ist der älteste Hersteller (1928) von Kettenschaltungen und zugleich Pionier für die Anwendung von technischen Kunststoffen bei Schaltungsteilen.

Das Schaltwerk SX 1 mit Parallelogramm-System für Sporträder ist geeignet für ein Zahnkranzpaket siebenfach und hat eine Gesamtkapazität von 30 Zähnen. Das Gehäuse und die Kettenleitstücke sind aus Polyacetale (Delrin 100 von Du-Pont), das Gewicht beträgt nur 200 g (Abb. 710).

Die Indexschaltung Sachs-Huret Rival 6000 ist besonders gut geeignet für Freizeitsportler.

Das Schaltwerk in Pantograph-Ausführung mit Dreipunktlagerung ist aus geschmiedetem Leichtmetall für ein Sechs-Siebenfach-Zahnkranzpaket ausgelegt und wiegt 285 g. Die Gesamtkapazität beträgt 32 Zähne (Abb. 711).

Der Gelenkkopf ist gegen Verschmutzung abgedichtet. Bei einem möglichen Sturz verhindert ein „Speichenabweiser", daß das Schaltwerk in die Speichen gelangt.

Die Bowdenzuglagerung am Schaltwerk ist elastisch angeordnet (Cable saver), sie federt die auftretenden Schaltkräfte ab und verhindert, daß sich die Einstellung des Schaltsystems verändert (dejustiert), Abb. 712.

Ein Spitzenerzeugnis aus Leichtmetall-Legierung mit Dreipunktlagerung der Kettenführung (Pantograph), das allen Anforderungen entspricht, die von Radprofis an eine Rennschaltung gestellt werden, ist das Campagnolo-Schaltwerk Super Record für ein Sechsfach-Zahnkranz-

Abb. 710: Schaltwerk SX 1 von Simplex.

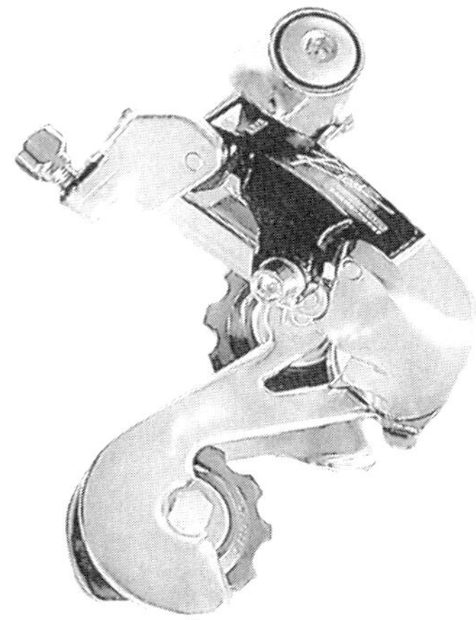

Abb. 711: Schaltwerk Rival 6000 von Sachs-Huret.

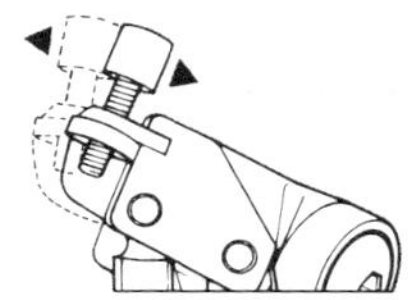

Abb. 712: Elastische Bowdenzuglagerung von Sachs-Huret.

Abb. 713: Schaltwerk für Radprofis Super Record von Campagnolo.

Abb. 714: Schaltwerk Jubilee von Sachs-Huret, ältere Bauform.

paket. Die Gesamtkapazität beträgt 31 Zähne und das Gewicht 182 g (Abb. 713).

Mit 148 Gramm ist die „Jubilee" eine sehr leichte Kettenschaltung mit Parallelogramm (Abb. 714). Durch das geringe Gewicht ist sie die ideale Rennschaltung für Spezialeinsätze, z. B. Straßenkriterien, Zeitfahren. Die Gesamtkapazität beträgt 31 Zähne.

Eine besonders leichte und formschöne Schaltung für den Rennsport aus einer Leichtmetall-Legierung mit Slant-Mechanismus ist die Superbe. Die Gesamtkapazität beträgt 26 Zähne für ein Siebenfach-Zahnkranzpaket, und sie wiegt nur 194 g (Abb. 715 und 716).

Für den Wettkampf und zum Training ist das Index-Schaltsystem Rival 7000 von Sachs-Huret gedacht.

Das Schaltwerk Rival 7000 ist für einen Direktanbau am Rahmen vorgesehen und für ein Achtfach-Zahnkranzpaket ausgelegt. Die Gesamtkapazität beträgt 32 Zähne (Abb. 717).

Die Shimano Kettenschaltung (Abb. 718 und 719) der Dura Ace Serie für Rennsport aus geschmiedetem Leichtmetall mit Servo-Pantograph-Mechanismus ist ausgelegt für ein Sieben-Achtfach-Zahn-

Abb. 715: Schaltwerk Superbe von Sun Tour.

kranzpaket und eine Gesamtkapazität von 26 Zähnen, Gewicht 205 g.

Das Index-Schaltsystem Sachs-Huret „New Success Aris" ist vorgesehen für Rennfahrer, Triathleten und alle engagierten Freizeit-Radsportler.

Das Schaltwerk in Pantograph-Ausführung mit Dreipunktlagerung ist aus geschmiedetem Leichtmetall (Gewicht 230 g) für acht Zahnkränze bemessen. Die Gesamtkapazität beträgt 28 Zähne (Abb. 720).

Abb. 717: Schaltwerk Rival 7000 von Sachs-Huret.

Weitere Ausstattungsmerkmale: Cable saver, Speichenabweiser und Gelenkkopfabdichtung.

Für extreme Übersetzungsunterschiede, wie sie für Mountain-bikes notwendig sind, ist eine Schaltung mit einer großen Gesamtkapazität erforderlich, die 32 Zähne und mehr beträgt. Zu erkennen sind solche Schaltwerke am längeren Kettenleitstück (Long Cage). Es muß auch schaltfähig für Kettenritzel mit 32 Zäh-

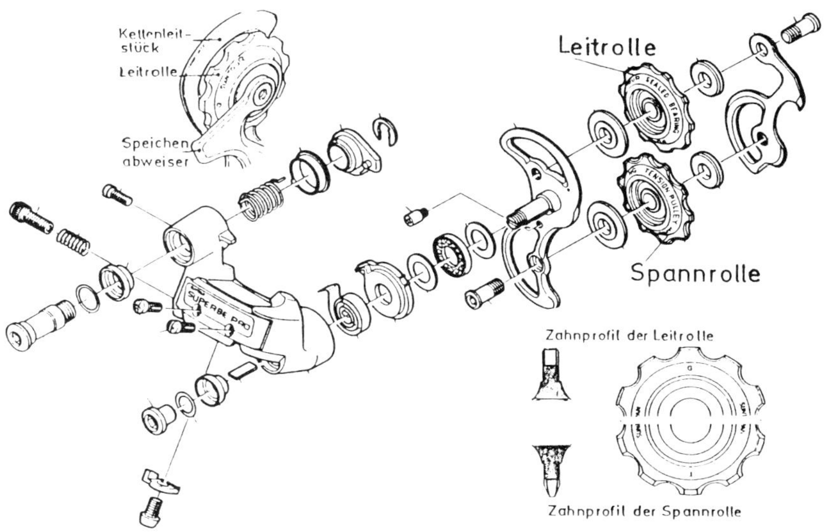

Abb. 716: Einzelteile des Schaltwerks Superbe Pro von Sun Tour.

Abb. 718: Schaltwerk Dura Ace von Shimano.

Abb. 720: Schaltwerk New Success Aris von Sachs-Huret.

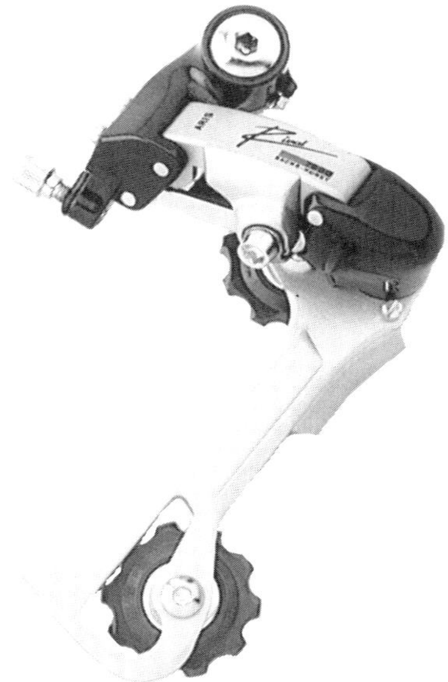

Abb. 722: Schaltwerk Rival 7000 ATB, Pantograph-Ausführung, Gesamtkapazität 32 Zähne, Gewicht 360 g, von Sachs-Huret.

nen und ein Siebenfach-Zahnkranzpaket sein.

In den Abb. 721 bis 725 sind solche Schaltwerke für Mountain-bikes dargestellt.

Für den Geländesport gehört das Schaltwerk New Success mit längerem Kettenleitstück (long Cage) für sieben Zahnkränze ausgelegt. Dazu passen die indexierten Schaltdrehgriffe Aris Power Grip (sieben Gänge am Hinterrad und drei Gänge am Tretlager), Gesamtkapazität 34 Zähne, Gewicht 253 g (Abb. 725).

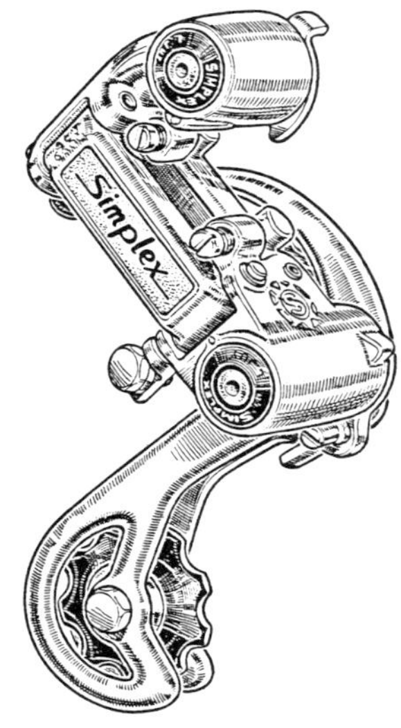

Abb. 721: Schaltwerk (Parallelogramm-System) SLJ 6600 von Simplex.

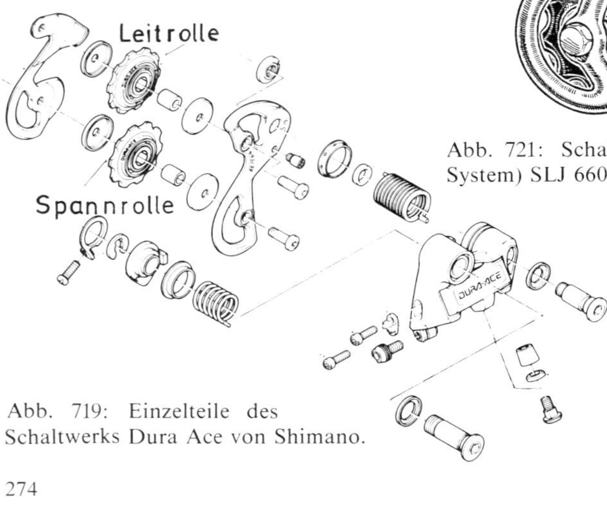

Abb. 719: Einzelteile des Schaltwerks Dura Ace von Shimano.

Abb. 723: Schaltwerk Deore XT, Servo-Panta-Mechanismus, Gesamtkapazität 38 Zähne, Gewicht 265 g, von Shimano.

Kettenwerfer mit trapezförmiger Führung

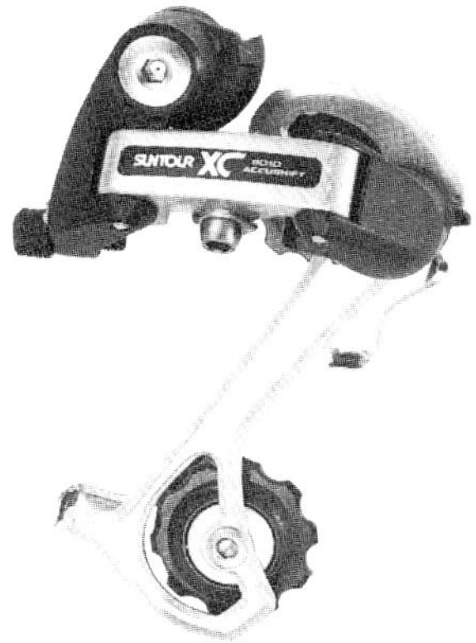

Abb. 724: Schaltwerk XC, Slant-Mechanismus, Gesamtkapazität 40 Zähne, Gewicht 265 g, von Sun Tour.

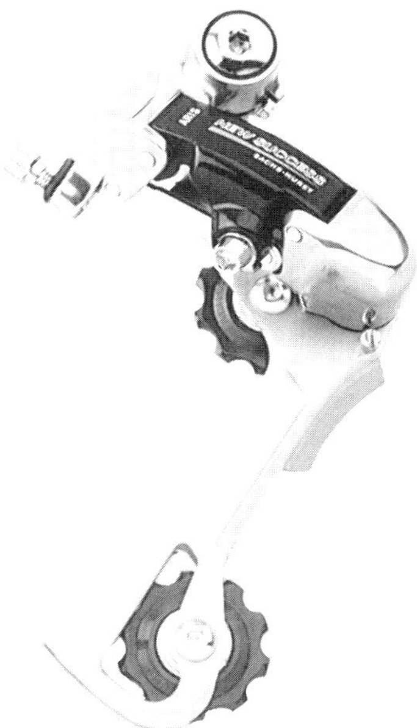

Abb. 725: Schaltwerk New Success ATB von Sachs-Huret.

Beim konventionellen Kettenwerfer verschiebt der Schwenkmechanismus beim Schalten die Gabel parallel in fast horizontaler Richtung (Abb. 726). Das verursacht

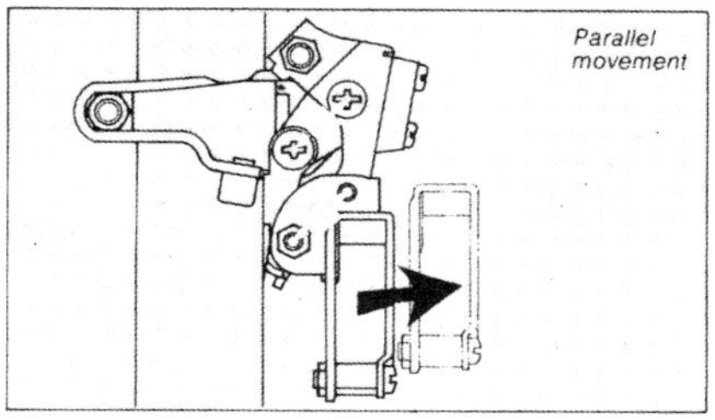

Abb. 726: Konventioneller Kettenwerfer.

störende Geräusche. Die Konstruktion des Shimano-Umwerfers mit Trapez-Führung verbessert nicht nur den Schaltvorgang, sondern ermöglicht auch eine weitere Öffnung der Schaltgabel und vermeidet damit unerwünschte Nebengeräusche. Die Bewegungen der Schaltgabel sind dem Weg der Kette besser angepaßt, und besonders das Schalten vom kleinen zum größeren Gang wurde hier nahezu perfektioniert. Die Kette wird nicht horizontal verschoben, sondern gleichzeitig, weit mehr als bisher, durch den inneren Steg des Umwerfers trapezförmig geführt. Obwohl der gleiche Schaltweg wie beim konventionellen Umwerfer erreicht wird, ist bei wesentlich geringerer Handkraft schnelleres und genaueres Schalten möglich (Abb. 727).

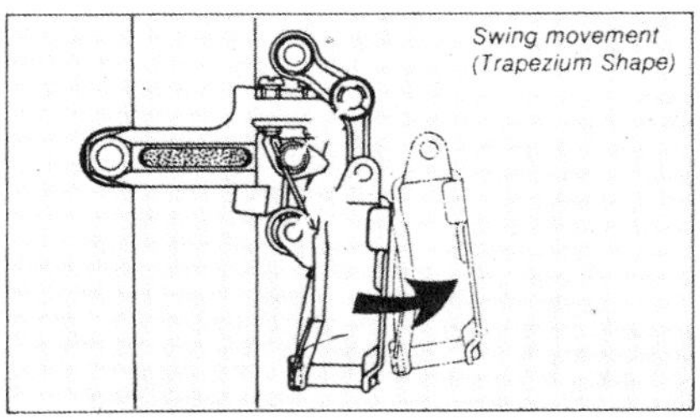

Abb. 727: Kettenwerfer mit Trapezführung von Shimano.

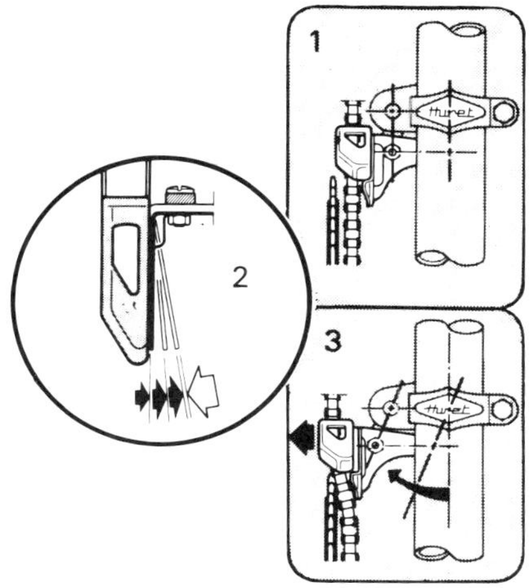

Abb. 728: Kettenwerfer-System von Sachs-Huret.

Das „SPP-System" von Sachs-Huret wird bei Spezial-Kettenwerfern eingebaut. Es erleichtert das Schalten vom kleinen zum großen Gang. Bei diesem System ist an der Innenseite des Kettenführungsblechs eine Druckplatte aus gehärtetem Federstahl (Abb. 728-2) angebracht. Beim Schalten vom kleinen Kettenrad wird die Druckplatte durch den Gegendruck der Kette nach innen gepreßt (Abb. 728-1). Die unter Spannung stehende Feder schnellt daraufhin zurück und hebt die Kette weich und genau auf das große Kettenrad (Abb. 728-3). Dabei verhindert die Druckplatte ein „Stocken" der Kette.

Bei Bedarf können Kettenblätter mit bis zu 27 Zähnen Differenz (Doppel- oder Dreifach-Kettenblätter) geschaltet werden (Abb. 729).

Aus der Abb. 730 ist die Konstruktion und aus Abb. 731 sind die Einzelteile des Kettenwerfers „Superbe Pro" für Schellenbefestigung und für Direktanbau am Rennrahmen (Anlötausführung) ersichtlich.

Die Parallelogramm-Ausführung des Kettenwerfers gehört zum gleichnamigen Schaltwerk (siehe Abb. 715 und 716).

Die Schaltkapazität beträgt 16 Zähne und mit ovalen Kettenrädern 12 Zähne. Das Gewicht der Schellenausführung ist 96 g.

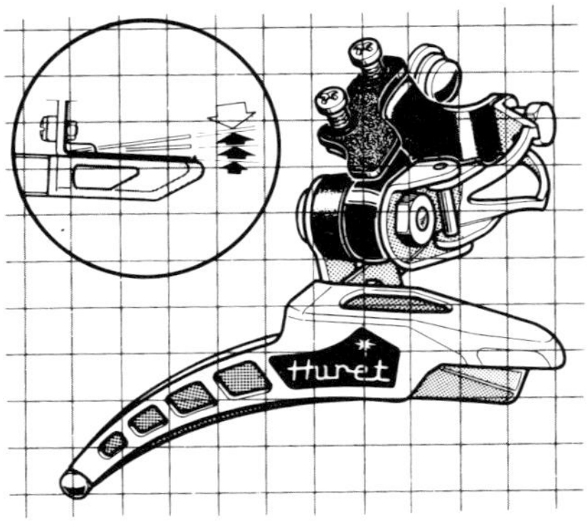

Abb. 729: Kettenwerfer Success/Duopar von Sachs-Huret.

Elektrisch betätigter Kettenwerfer

Die Sun Tour Browning Electronic Accushift Transmission

Gegenüber herkömmlichen Kettenwerfern (die mechanisch von Hand betätigt werden) ist die SunTour BEAST (steht für **B**rowning **E**lectronic **A**ccu**s**hift **T**ransmission) ein völlig neues Schaltungskonzept, um die Gänge an den drei Tretlagerkettenrädern zu wechseln. Das heißt, die Kette wird durch eine elektrische „Weichenstellung" (die mit Knopfdruck mittels einer Batterie ausgelöst wird) mit der Tretbewegung auf die unterschiedlichen Kettenräder transportiert. Die BEAST gestattet ein präzises Schalten auch bei hoher Fahrgeschwindigkeit und im unterschiedlichsten Gelände, sogar bei extremen Steigungen. Perfektes Schalten wird selbst bei voller Kraftausübung auf die Pedale erreicht. Dazu sind keinerlei Schaltkenntnisse (Tricks, wie verhalten schalten, nicht unter Last schalten usw.) für ein glattes Schalten notwendig. Daher ist BEAST bei besonders schwierigen Bedingungen, wie Querfeldeinfahren, ideal. Der Gangwechsel funktioniert ähnlich wie das Schalten einer Weiche (Geleisgabelung) bei Eisenbahngeleisen. Dafür ist eine spezielle Kettenradgarnitur erforderlich.

Ein gering schwenkbarer Bereich (90 Grad) am großen und mittleren Kettenblatt arbeitet so wie eine Weiche, die es ermöglicht, einen Zug von einem zum anderen Geleis zu wechseln. Das ausschwenkbare Kettenradsegment am großen und mittleren Kettenrad erleichtert es, die Kette vom einen zum anderen Kettenrad zu leiten. Dieses Schaltsystem verträgt sich auch mit allen anderen SunTour-Antriebskomponenten.

Der elektronische Kettenwerfer funktioniert im wesentlichen so: Das Kernstück ist die Dreifach-Kettenradgarnitur mit den beiden nach links und rechts schwenkbaren 90 Grad großen Zahnsegmenten am großen und mittleren Kettenrad (Abb. 732).

Die Rasterung (Verzahnung) an den Zahnsegmenten hat den Zweck, daß nach dem Kettenwechsel, wenn die Segmente wieder eingeschwenkt sind, der Fußkreis der Kettenradverzahnung ungefähr rund läuft und daß durch den Kettenzug keine weitere grobe Unrundheit entsteht. In der Rastermitte sitzt je ein Rundstift zur beweglichen Lagerung der Segmente und bildet dort den Schwenkdrehpunkt nach links und rechts. Die Segmentschwenkung wird eingeleitet durch eine nach oben und unten kippbar gelagerte U-förmig gebogene Klinke (Pawl), die dann über die Steuerkurvenleitführung (Cam guide) durch eienen Elektromagneten nach oben oder unten bewegt wird.

In der Abb. 733 ist durch die sog. „Weichenstellung" zu ersehen, wie die Kette vom großen zum mittleren Kettenrad (Figur 1) und vom mittleren zum großen Kettenrad (Figur 2) geleitet wird. Mit umgekehrter Segmentschwenkung erfolgt das Schalten vom mittleren auf das kleine Kettenrad.

Das zweite Kernstück bilden die elektromechanischen Bauteile. Der Schaltvorgang

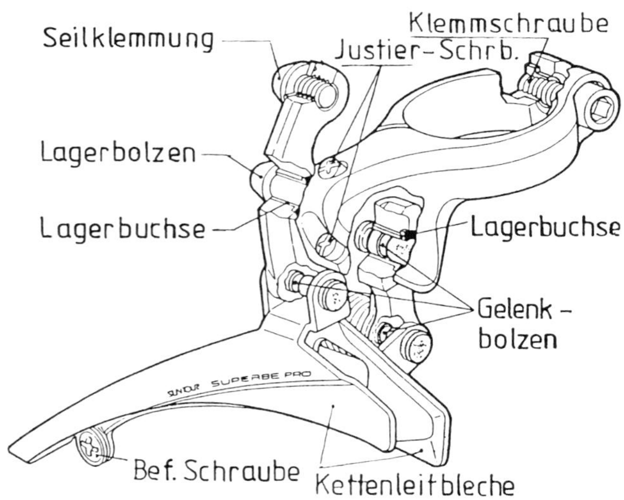

Abb. 730: Kettenwerfer Superbe Pro von Sun Tour.

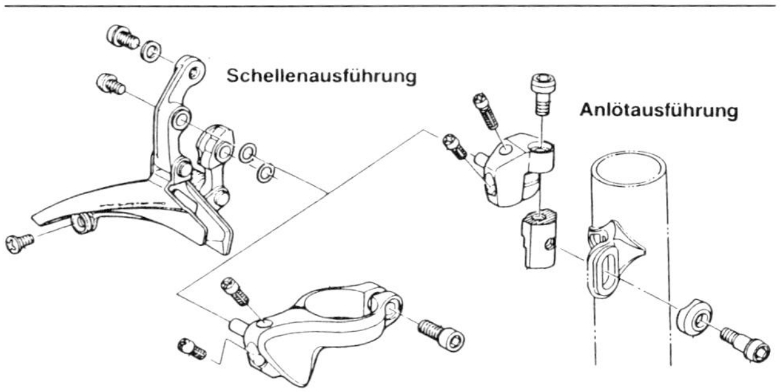

Abb. 731: Einzelteile des Kettenwerfers Superbe Pro von Sun Tour.

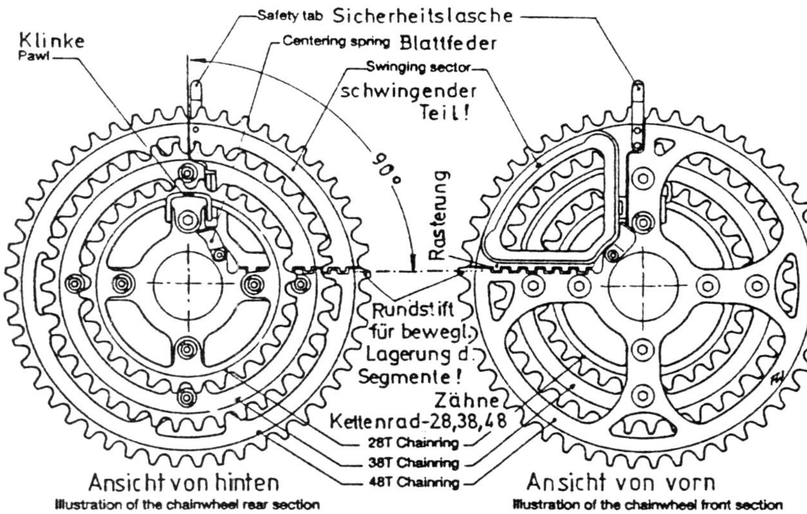

Abb. 732: Kettenradgarnitur BEAST von SunTour.

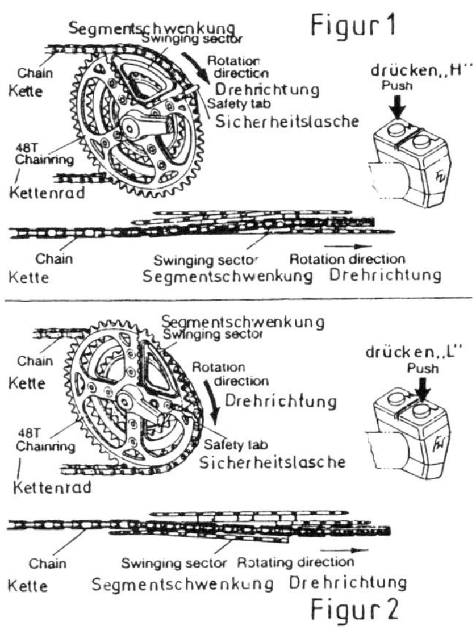

Abb 733: Schwenkung der Zahnsegmente.

wird durch den elektrischen Druckknopfschalter, der am Lenkerrohr befestigt ist, eingeleitet (Abb. 734).

Der Schalter hat zwei runde Druckknöpfe, einer trägt die Aufschrift H (steht für high = hoch) und der andere ein L (low = niedrig).

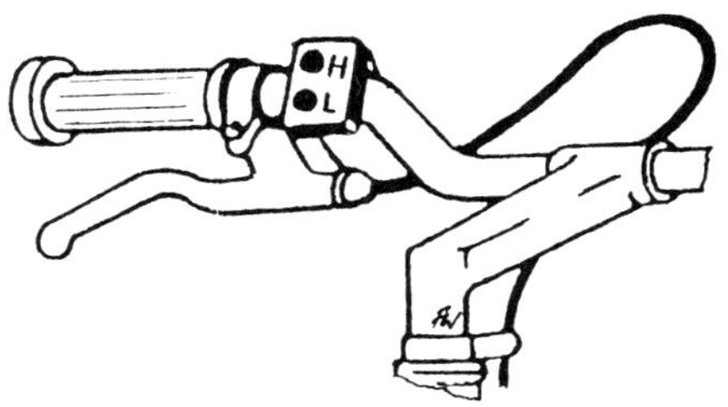

Abb. 734: Druckknopfschalter.

Der Schalter ist durch eine elektrische Leitung mit dem Batterie-Elektronikgehäuse, das am unteren Rahmenrohr in der Nähe des Tretlagergehäuses mit einer Bandage befestigt ist, verbunden (siehe Abb. 735).

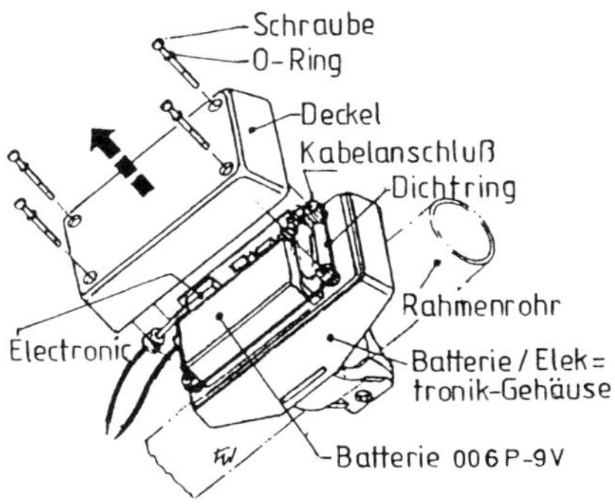

Abb. 735: Batterie-Elektronikgehäuse.

Die Abb. 735 zeigt das Batterie-Elektronikgehäuse (bei geöffnetem Gehäusedeckel) mit dem Sitz der Batterie (006 P – 9 V) und die seitliche Anordnung der elektronischen Bausteine.

Der eigentliche Schaltvorgang wird ausgeführt mit der Steuerkurve (Cam), in die die kleine Nase der Klinke (Pawl) bei der Tretbewegung einläuft (siehe Abb. 732). Die Steuerkurve (Cam) hat am auslaufenden Bereich einen nach links und nach rechts beweglichen Teil, der als Steuerkurvenleitführung (Cam guide) bezeichnet ist (Abb. 736).

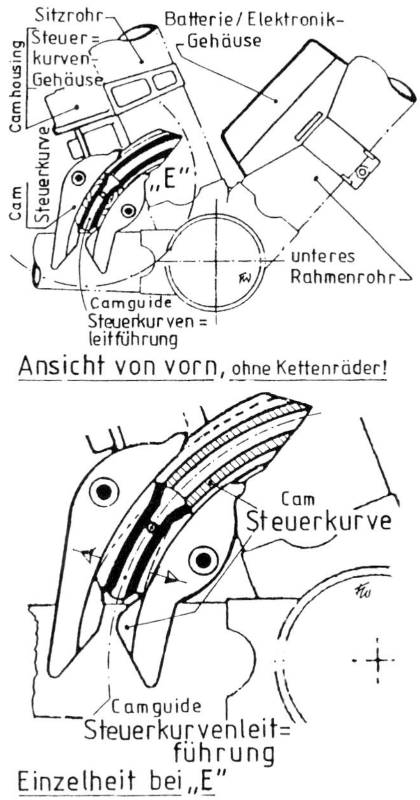

Abb. 736: Steuerkurvenleitführung.

Die schwenkbare Steuerkurvenleitführung (Cam guide) wird auf Befehl (des Druckknopfschalters) nach oben oder unten von einem kleinen Elektromechanismus bewegt. Das Gehäuse dieses Mechanismus (Cam housing) ist mit einer Klemmschelle

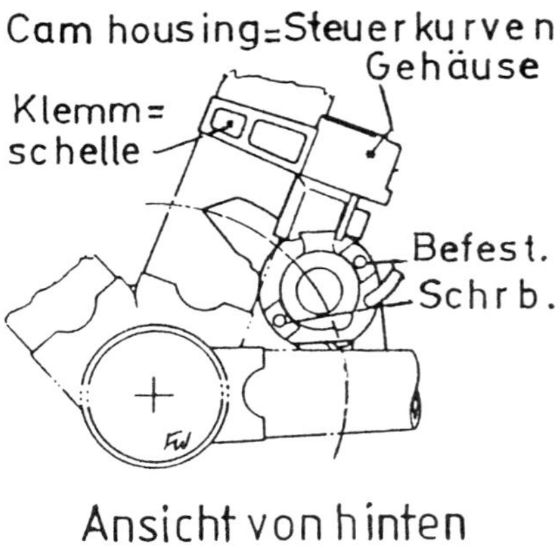

Abb. 737: Steuerkurvengehäuse.

(verstellbar) am Sitzrohr befestigt. Eine elektrische Leitung führt vom Batterie-Elektronikgehäuse zum Steuerkurvengehäuse (Cam housing, Abb. 737).

Das zylindrische Mechanismusgehäuse (Cam housing) muß in genauer Position zur Kettenradgarnitur stehen, damit die kleine Nase der Klinke (Pawl) maßgenau in die Steuerkurve (Cam) einlaufen kann. Nach jedem Schaltvorgang wird die bewegliche Steuerkurvenleitführung (Cam guide) wieder in die Mittelstellung gebracht. Durch die Bewegung der Leitkurve (Cam guide) nach oben oder unten (siehe Abb. 736, Einzelheit bei „E") wird die eingreifende Klinke (Pawl) am Kettenrad auch entsprechend nach oben oder unten bewegt, somit das jeweilige Zahnsegment nach links oder rechts ausgeschwenkt (siehe Abb. 733) und mit der Tretbewegung der gewünschte Kettenwechsel vollzogen.

Der elektrisch betätigte Kettenwerfer ist eine technisch äußerst interessante Konstruktion, der deshalb in der Herstellung nicht billig sein kann. Dies ist eine Erfindung der amerikanischen Firma Browning, die von Sun Tour in Lizenz übernommen wurde.

Schalter für Indexschaltung (Rasterschaltung)

Der Schalter für die Friktions-Kettenschaltung arbeitet stufenlos. Durch verstellbare Anschläge am Schaltwerk, aber auch durch Endanschläge am Schalthebel wird der Schaltweg begrenzt (siehe Abb. 705).

Bei der Rasterschaltung dagegen hat jeder Gang am Schalthebel eine exakt bestimmte Position. Jede dieser eingenommenen Stellungen entspricht einem Zahnkranzabstand an der Hinterradnabe. Diese Mechanik wird auch als Indexsystem (Index = Ablesemarke, Meßziffer) bezeichnet. Der eingeleitete Schaltvorgang am Schalthebel wird vom Schaltwerk nachvollzogen, da der Abstand zwischen den Zahnkränzen den gewählten Positionen am Schalter entspricht (Abb. 738 und 739).

Durch die Parallelogramm-Ausführung mit Dreipunktlagerung des Schaltwerks (Pantograph und Slant-Mechanismus) bleiben die Abstände zwischen der Kettenleitrolle und den Zahnkränzen gleich (siehe Abb. 708).

Der Doppelschalthebel für Renn- und Rennsporträder wird jetzt nur noch am Lenkerschaft (nicht mehr am unteren Rahmenrohr) mit einer Klemmschelle oder im Direktanbau mit Anlötsockeln montiert.

Derzeitig werden jedoch größtenteils sogenannte „Daumenschalthebel" in speziell abgewandelter Form für Renn- oder MTB-Lenker verwendet (siehe Abb. 744 und 748), aber auch kombinierte Rennhandbremshebel mit doppelter Funktion, die Bremsen und (durch seitliches Kippen) Gangschalten ermöglichen, siehe Abb. 746.

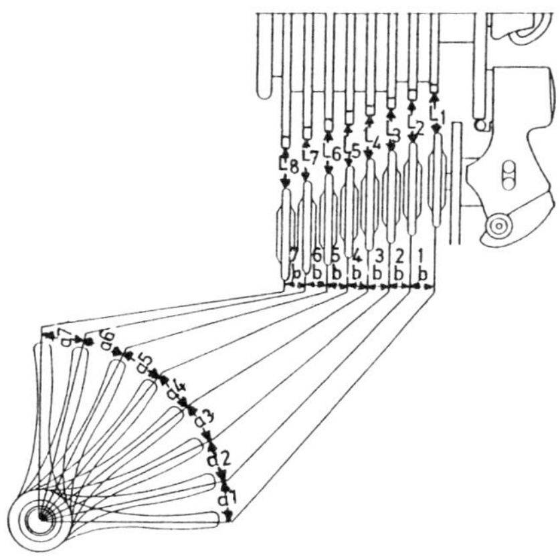

Abb. 738: Index SIS von Shimano.

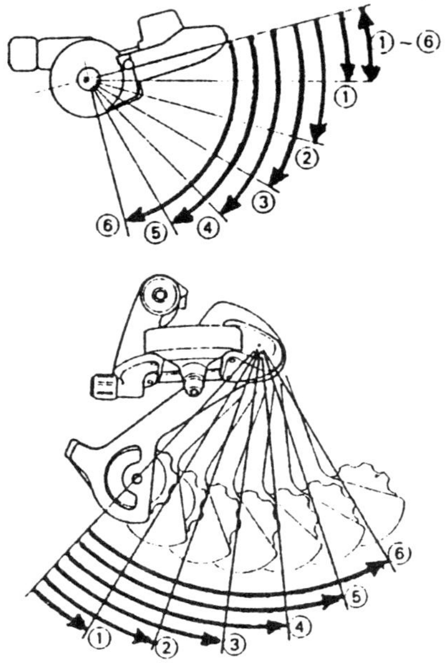

Abb. 739: Indexschaltung Rapidfire SIS von Shimano.

Der Zweck dieser Schalterentwicklung ist, beim Gangwechsel möglichst wenig die Hand vom Lenker nehmen zu müssen. Diese Forderung erfüllt besonders der Sachs-Drehgriffschalter (siehe Abb. 751).

Mit dem rechten Schalthebel wird die Kettenschaltung am Hinterrad und mit dem linken der Kettenwerfer am Tretlager betätigt. Der rechte Schalter ist mit dem Indexsystem versehen, während der linke für den Kettenwerfer als Reibschalter (Friktion) bei Zweifachkettenblättern arbeitet.

Für die Dreifachkettenblätter werden aber auch „indexierte" Schalthebel verwendet (siehe Abb. 751).

Die Index-System-Schaltung ist ein wesentlicher Fortschritt im Bereich hochwertiger Kettenschaltungen. Das Indexsystem beendet die Ungenauigkeit der bisherigen Friktions-Kettenschaltungen. Mit dem Rastersystem tritt das Schalten in eine neue Aera. Bis dahin mußten auch geübte Fahrer ungenaue Schaltvorgänge, wie etwa springende Ketten, verhaltenes gefühlvolles Schalten, korrigieren. Die Indexschaltung ist ein technischer Durchbruch, der exaktes und schnelles Schalten nicht mehr vom Können und der Erfahrung des Fahrers abhängig macht, sondern sie durch eine fortschrittliche Technik garantiert.

Beim Mountain-bike kommen diese Vorteile besonders zur Geltung. Im schwierigen Gelände soll der Fahrer in seiner Konzentration nicht abgelenkt werden. In solchen Fahrsituationen bringt dieses System Sicherheit, weil fehlerfreies Schalten ohne besondere Aufmerksamkeit möglich wird. Ein leichter „Klick" am Schalthebel, und der gewünschte Gang rastet sicher ein.

Unumgänglich bei Indexschaltungen ist die Verwendung einer Seilhülle (am Bowdenzug) mit Längsseilen. Dies ist ein „Muß" für jede funktionierende Rasterschaltung. Solche Seilhüllen stauchen und verkürzen sich durch den Schaltvorgang weniger und die Einstellung der Schaltung bleibt längere Zeit konstant. Siehe hierzu Abb. 1016 und dazugehöriger Text.

Um den Schaltvorgang weiter zu perfektionieren, gehören dazu besonders entwickelte Zahnformen am Zahnkranzpaket (siehe Abb. 693 – 695, 697, 698 und 700) und eine schaltungsfreundliche Kette mit speziell gestalteten Kettenlaschen (siehe Abb. 654 bis 662).

In der Abb. 738 ist schematisch das System einer Indexschaltung für acht Zahnkränze dargestellt, die mit einem am Lenkerschaft befestigten Schalthebel betätigt wird.

Und in der Abb. 739 ist eine mit einem Daumenschalthebel betätigte Indexschaltung für sieben Zahnkränze gezeigt.

Die Gestaltung der Schalthebel und auch die Hebelanordnung wurden weitgehend dem Verwendungszweck der zugedachten Fahrradmodelle angepaßt.

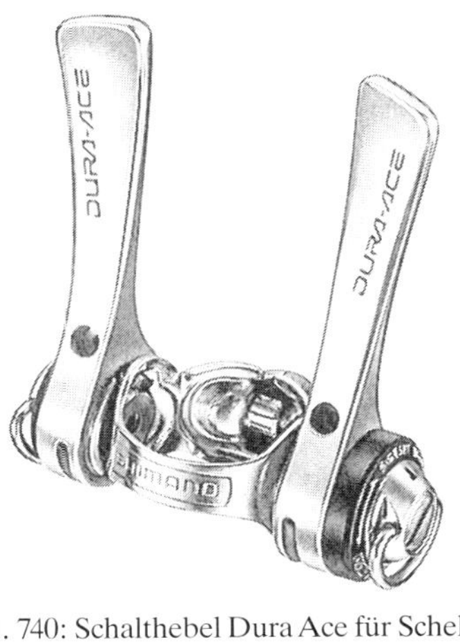
Abb. 740: Schalthebel Dura Ace für Schellenbefestigung von Shimano.

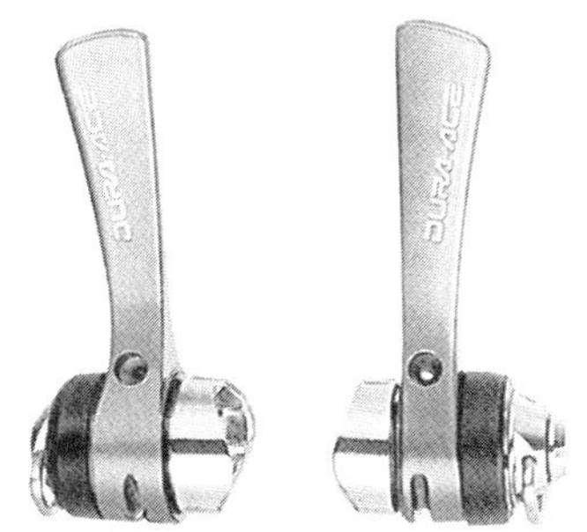
Abb. 741: Schalthebel Dura Ace für Sockelbefestigung von Shimano.

Der ursprünglich fast einheitlich aussehende Schalthebel sowie auch die Befestigungsstellen am oberen Rahmenrohr sind nicht mehr gebräuchlich. Selbst die Befestigung am Lenkerschaft wird teilweise nur noch wenig bei Rennsporträdern praktiziert.

Neue handgerechte und bedienungseinfache Schalthebel für kleine und große Hände wurden zu den jeweiligen Modellen entwickelt.

Der sogenannte „Daumenschalthebel" z. B. wurde eigens für das Mountain-bike konzipiert. Es hat sich aber gezeigt, daß er gut auch für andere Modelle mit einem flachen Lenkerbügel geeignet ist.

In den Abb. 740 – 743 sind konventionelle Schalthebel für Rennsporträder (für sieben bis acht Zahnkränze) zur Befestigung am Lenkerschaft dargestellt.

Bei einem konventionellen Gangschalthebel muß beim Schalten (je nach Übersetzung der Schaltung) eine Betätigungskraft von ca. 35 N angewandt werden. Sun Tour hat einen Schalthebel (Shift lever) entwickelt, der über einen Ratschenmechanismus (Power lever mechanism) betätigt wird und den Kraftaufwand beim Schalten deutlich spürbar auf ca. 15 N

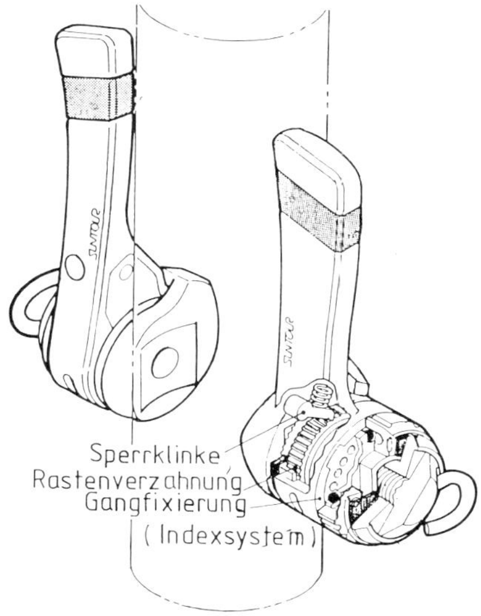

Abb. 742: Schalthebel Superbe Pro mit Power Control von Sun Tour.

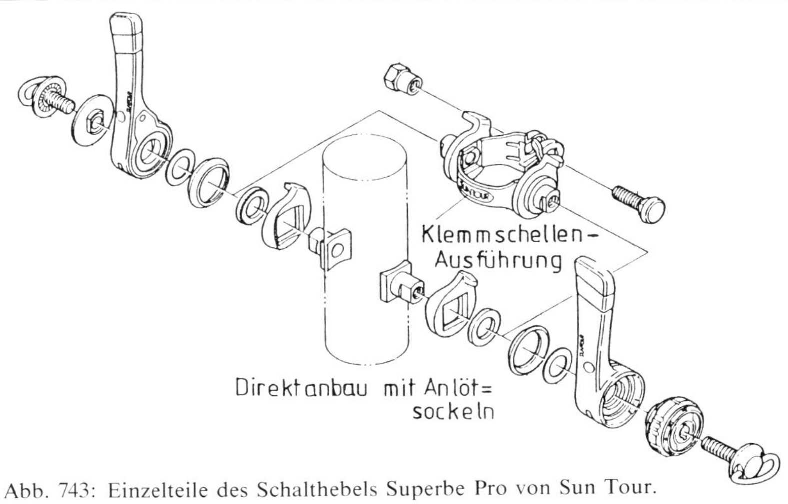

Abb. 743: Einzelteile des Schalthebels Superbe Pro von Sun Tour.

vermindert. Die Hebelübersetzung erfolgt über eine Sperrklinke, die in einen Ring mit Rastenverzahnung eingreift (Abb. 742).

Für die Gangfixierung ist im rechten Schalthebel der Indexmechanismus integriert. Der linke Schalthebel für den Kettenwerfer ist nur mit dem Ratschenmechanismus ausgestattet (Abb. 743).

Der SunTour Command-Schalthebel (Abb. 744) ist ein Spezialschalthebel, verwendbar nur für Standard-Rennbügel (siehe Abb. 418 – 420).

Er wird an der Innenseite der Handbremshebelschelle montiert und gestattet eine leichte Handhabung der Schaltbewegungen, ohne die Hand vom Lenker zu nehmen.

Der Command-Schalter sitzt in einer bequemen Stellung und bietet bei der Schaltbetätigung die Möglichkeit zum Drücken, aber auch zum Ziehen des Hebels.

Dieser auf das Herunter- und Hinaufschalten konstruierte Hebel ist ideal für Rennräder zum Einstieg in den Rennsport.

Wenig verbreitet sind die Lenkerenden-Gangschalter für Rennräder, die in den Lenkerrohrenden mit einer geteilten Konusbüchse geklemmt werden. Ausstattung bei Sun Tour auch mit Ratschenmechanismus und Gangfixierung für das Schaltwerk (Abb. 745).

Eine Besonderheit ist der kombinierte Bremshebel für Rennlenker mit zweifacher Funktion, mit dem gebremst und auch die Kettenschaltung betätigt werden kann (Abb. 746).

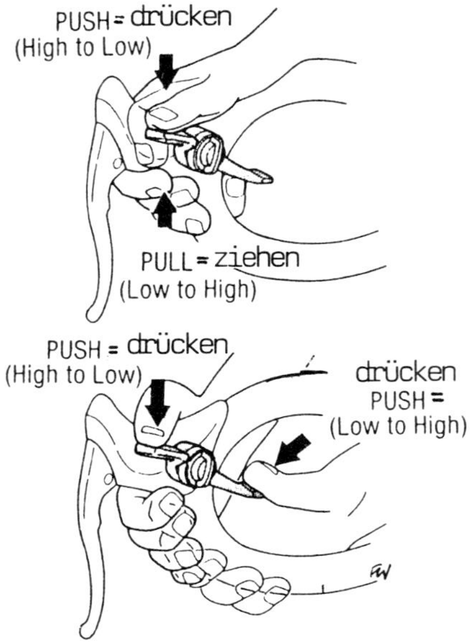

Abb. 744: Command-Schalthebel von Sun Tour.

Das indexierte Schalten erfolgt durch Kippen des Haupthebels, bei gleichzeitiger Betätigung des Auslösehebels. Dies ist notwendig, damit der Brems- und der Schaltvorgang getrennt bleiben.

Der Rastenmechanismus für acht Zahnkränze ist aus der Abbildung deutlich zu ersehen, aber auch die Einhängung der beiden Bowdenzüge ist gut zu erkennen.

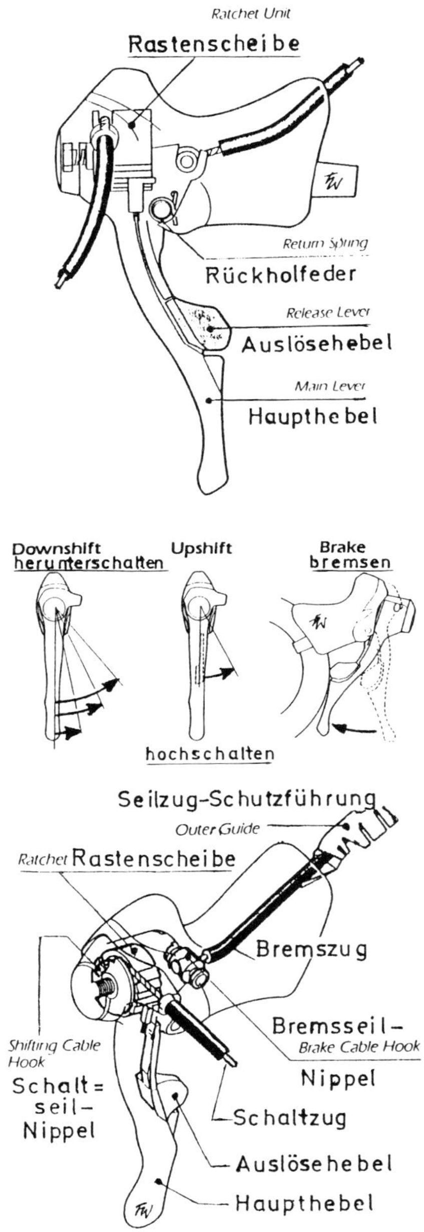

Abb. 746: Kombinierter Rennbrems-Schalthebel Dual Control Lever von Shimano.

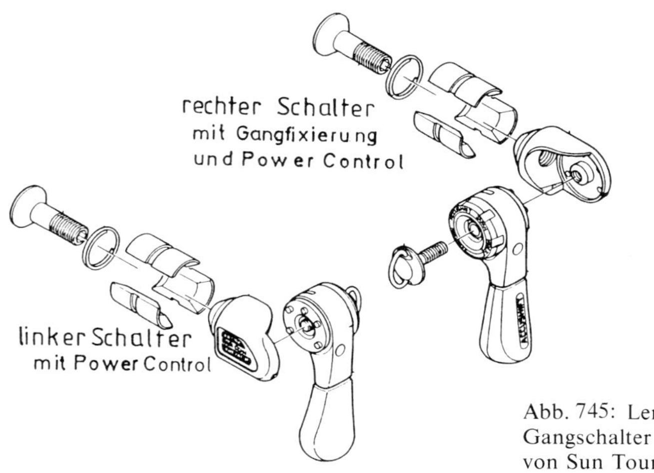

Abb. 745: Lenkerenden-Gangschalter Barcon von Sun Tour.

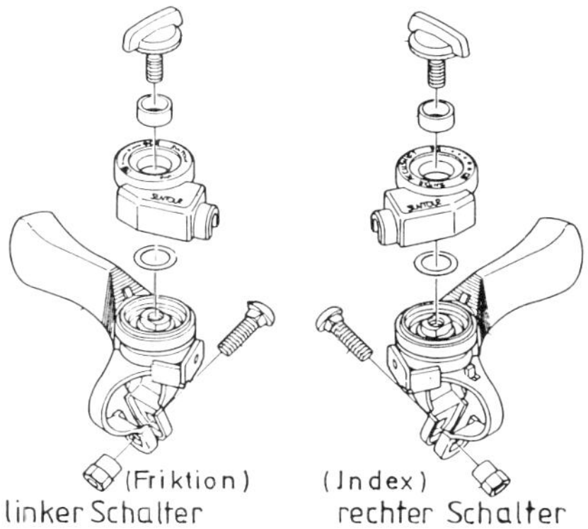

Abb. 747: Lenkerschalter SL 2000 von Sun Tour.

Bei dieser Konstruktion kann der Lenker ständig gegriffen bleiben und dadurch eine maximale Pedalkraft erreicht werden, was bei steilen Bergauffahrten und ebenso bei Abfahrten von Vorteil ist.

Ein Handicap ist, daß beim Schalten die Hand vom Lenker genommen werden muß, wodurch im Gelände oder bei besonderen Verkehrssituationen Fahrunsicherheit auftreten kann. Deshalb haben alle Hersteller von Schaltungen sogenannte „Lenkerschalter" entwickelt, mit denen die Schaltung mit Daumen oder Finger, ohne die Hand vom Lenker zu nehmen, betätigt werden kann (Abb. 747).

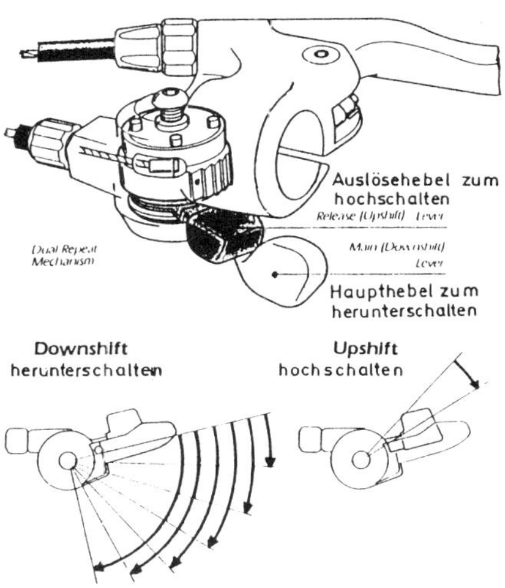

Abb. 748: Indexschalthebel Rapidfire von Shimano.

Die Funktion und mechanische Ausstattung der Lenkerschalter ist die gleiche wie bei den Schalthebeln am Lenkerschaft.

Der indexierte Fingerschalthebel „Rapidfire" für sieben Zahnkränze ist für die Straße und im Gelände gleich gut geeignet (off-road-bicycle). Der Hersteller nennt ihn schlicht 4-Finger-lever (Abb. 748).

Für Mountain-bike gibt es spezielle Gangschalter, die direkt am Moto-Cross-Handbremshebel nach Fingerlänge einstellbar montiert sind (Abb. 749).

Die Lenkerbügel der Mountain-bikes sind schmäler und dadurch handlicher geworden. Bei der Verwendung der bisherigen Brems- und Schalthebel war daher eine funktionsgerechte Montage am Lenker schwierig (Abb. 750, Figur 2).

Sun Tour hat deshalb das Multimount-Control-System entwickelt. Die Befestigungsschellen der Schalt- und Bremshebel beanspruchen hier viel weniger Raum (Abb. 750, Figur 1).

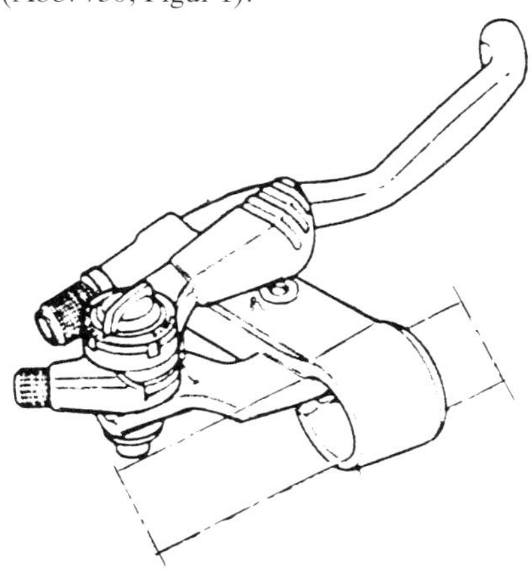

Abb. 749: Kombination Handbremshebel-Gangschalter von Sun Tour.

Diese kompakten Schalthebel ermöglichen eine Montage entweder vor oder nach dem Bremshebel. Multimount beschränkt sich nicht nur auf die traditionellen Daumenschalthebel, auch die „X-Preßschalthebel" entsprechen dem Multimount-System (Abb. 750, Figur 3).

Der Fahrer kann die jeweils günstigste Position auswählen, ganz gleich, ob er kleine schmale oder große breite Hände hat. Er

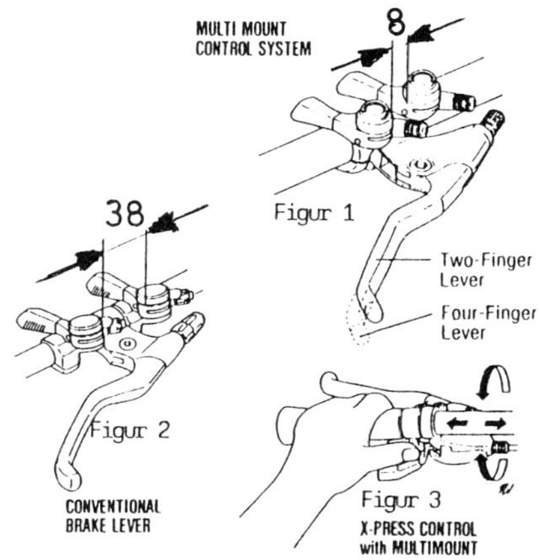

Abb. 750: Multimount-Schalt- und -Bremshebel von Sun Tour.

kann über oder unter dem Bügel hinauf- oder herunterschalten durch Drücken und Ziehen.

Die Hebel sind stabiler, leichter und handlicher geworden.

Der Gangwechsel erfordert besonders im Gelände entscheidende Handgriffe. Sachs hat mit dem „Aris-Power-Grip" (Aris steht für Avanced-Rider-Index-System) eine neue Dimension von Ergonomie (= Lehre von der Arbeitsanpassung an den Menschen), von Bedienungskomfort und Schaltsicherheit erreicht. Die Schaltkunst liegt im Griff, genauer gesagt, im Power-Grip. Alle Schaltgänge werden per Drehbewegung mit dem Lenkergriff ausgeführt (Abb. 751).

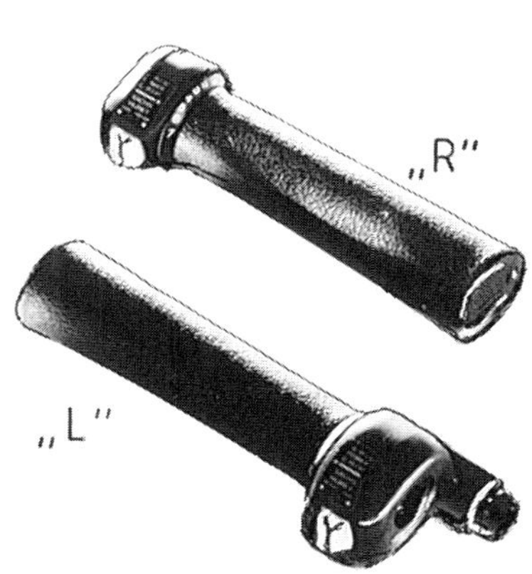

Abb. 751: Schaltdrehgriff Aris-Power-Grip von Sachs-Huret.

Schnell, ohne Zwischenstufen, exakt und sicher wird der nächste Gang gewählt. Die Hand bleibt dabei, wo sie hingehört: am Lenker. Die Ganganzeige erleichtert die Gangkontrolle. Eine Gangsicherung verhindert in besonderen Situationen ein ungewolltes Schalten.

Mit dem rechten Drehgriffschalter (R) werden die sieben Zahnkränze am Hinterrad bedient, und mit dem linken (L) für den vorderen Kettenwerfer werden die drei Gänge für die Dreifachkettenräder am Tretlager indexiert geschaltet. Den linken Drehgriffschalter gibt es auch wahlweise mit dem Friktionssystem.

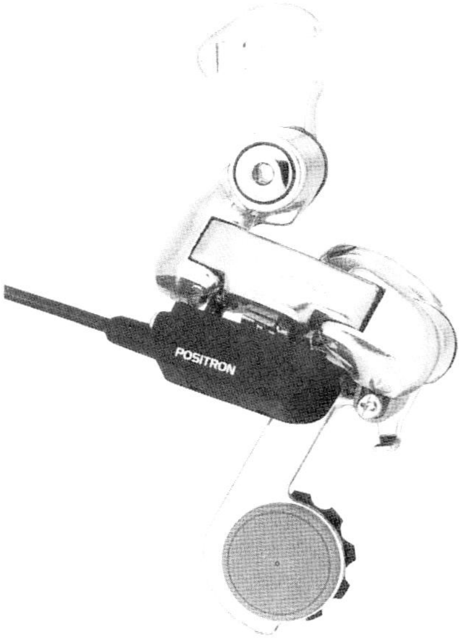

Abb. 752: Positron-Kettenschaltung von Shimano.

Abb. 753: Schaltwerk Elysee, Gewicht 275 g, von Sachs-Huret.

Positionierte Kettenschaltungen

Positron-Kettenschaltung von Shimano

In diese Kettenschaltung ist ein zwangsläufig arbeitender Umschalt- bzw. Übersetzungs-Vorwahlmechanismus eingebaut. Das System sorgt dafür, daß Kette und angetriebenes Kettenrad stets korrekt ausgefluchtet sind. Der Gangwechsel erfolgt präzise in schnellen Reaktionen, die Gangwahl kann sowohl bei Stillstand als auch während des freien Rollens erfolgen. Die Gänge sind in exakten Raststellungen fixiert, die Betätigung erfolgt über ein Druck/Zug-Kabel, mit dem die Handschaltvorrichtung leichter betätigt werden kann. Der Schalthebel läßt sich von hoher auf niedrige Übersetzung und umgekehrt mit gleichmäßiger Leichtigkeit schalten. Nach erfolgter Einstellung brauchen bei der Positron-Schaltung keine ständigen Einstellungskorrekturen vorgenommen zu werden (Abb. 752).

Sachs-Huret Elysee Kettenschaltung

Die Schaltung „Elysee“ von Sachs-Huret für Stadt- und Ausflugsräder ist ein positioniertes Schaltsystem, das perfekte Rasterung und eine einfache, problemlose Bedienung miteinander vereint (Abb. 753).

Geschaltet werden kann auch im Stand. Sobald getreten wird, schaltet das System in den vorgewählten Gang. Das Elysee-Schaltwerk (Pantograph mit Dreipunktlagerung, Gesamtkapazität 28 Zähne) ist

Abb. 754: Rechter Lenkerschalter mit Seilzug und Click-Box von Sachs-Huret.

für fünf bis sieben Zahnkränze bzw. bei Verwendung eines vorderen Kettenwerfers für 10 bis 14 Gänge ausgelegt und nimmt die Vorwahlbox (Click-Box) auf.

Mit der Click-Box, in der die Positionierung unveränderbar vorgegeben ist, und mit den abgestimmten Sachs-Komponenten ist die Elysee eine Schaltung, die eine zuverlässige und dauerhafte Funktion bei einfachster Montage und Einstellung bringt.

Die Schaltstellen sind in der Click-Box wie in einem Computer gespeichert. Bereits im Werk sind Schalter, Schaltzug und Click-Box vormontiert und die Raststufen eingestellt. Diese Stufen sind mit Schaltsprüngen im Schalter und den Zahnkranzabständen abgestimmt. Die Einstellung kann nicht verändert werden, die Funktion bleibt so auf Dauer erhalten.

Die Montage ist durch eine einfache Steckverbindung leicht und schnell erledigt. Eingestellt muß lediglich der größte bzw. der kleinste Zahnkranz werden.

Zur Schaltung gehört der rechte Lenkerschalter mit Seilzug und Click-Box für das Hinterrad (Abb. 754) und der linke Lenkerschalter (mit Reibfunktion) für den Kettenwerfer am Tretlager.

Sachs-Orbit-Getriebenabe und Commander-Kettenschaltung

Das Sachs-Orbit Commander-Schaltsystem (Abb. 755) soll die Sicherheit, Bedienungs- und Wartungsfreundlichkeit einer Nabenschaltung mit der Sportlichkeit und dem großen Übersetzungsbereich einer Kettenschaltung verbinden und dem Benutzer der Kettenschaltung nachstehende Vorteile bieten:

feinfühliges Umschalten durch einfache Schalttechnik;

durch das Umschalten mit der Zweigangnabe entfallen Schaltungsprobleme mit dem vorderen Kettenwerfer bzw. dem doppelten Kettenblatt;

im Gegensatz zum Kettenwerfer bei der Zweigangnabe Möglichkeit der Gangvorwahl auch im Stand, beispielsweise zum Anfahren im kleinen Gang der Getriebenabe;

zwölf (oder zehn) optimal abgestufte Gänge, die exakt, schnell und geräuscharm zu schalten sind;

fühlbares, hörbares und sichtbares Einrasten der Gänge am Schalter.

Die Orbit-Zweigangnabe (Abb. 756)

Kennzeichen des Systems sind:

integrierter Nabenfreilauf;

Antrieb über einen Antreiber, der Bestandteil der Nabe ist und auf den die einzelnen Schaltungs-Zahnkränze aufgesteckt werden;

in einer Ebene liegender Getriebesatz;

im Antriebsteil längsverschiebbares Kupplungsteil.

Kraftfluß im Normalgang: (i = 1 : 1) Antreiber (31) – Sperrklinkenträger (21) – äußere Sperrklinke (24) – Nabenhülse (14) (siehe hierzu auch Abb. 757).

Berggang: (i = 1 : 0,74) Antreiber (31) – Planetengetriebe (28) – Planetenradträger (26) – innere Sperrklinke (22) – Sperrklinkenträger (21) – äußere Sperrklinke (24) – Nabenhülse (14) (siehe hierzu auch Abb. 758).

Funktion im Normalgang: Ganganzeige des Commander/Orbit-Schalters steht auf „H“:

durch die aufgesteckten Zahnkränze wird der Antreiber (31) angetrieben, der über eine radiale

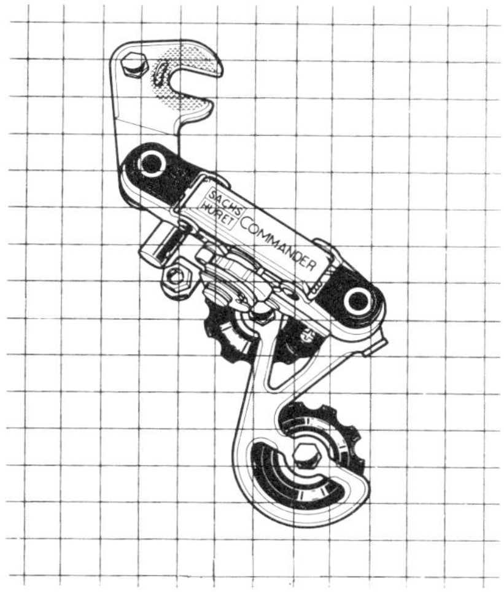

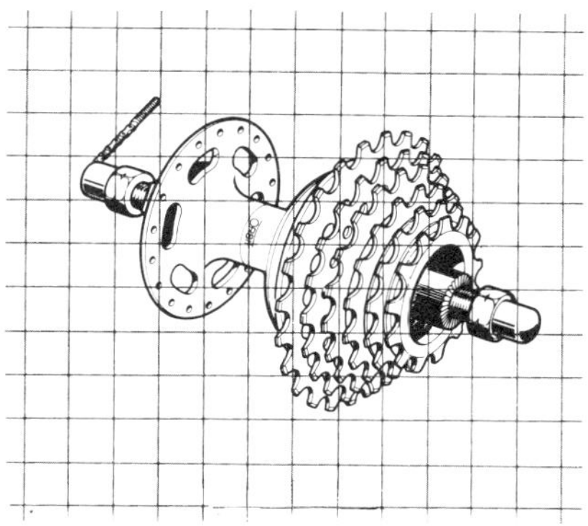

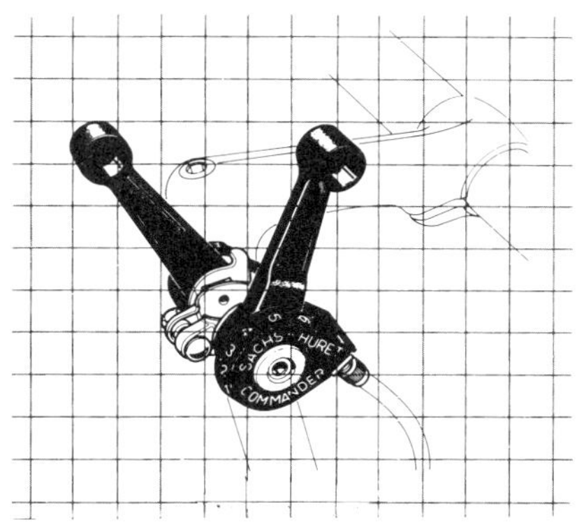

Abb. 755: Sachs-Orbit-Nabe mit Commander-Schaltung.

Zahnkupplung formschlüssig mit dem Sperrklinkenträger (21) verbunden ist. Der Sperrklinkenträger (21) überträgt über das äußere Sperrklinkenpaar (24) die Antriebskraft auf die Nabenhülsen-Verzahnung und somit auf das Hinterrad;

Berggang: Ganganzeige des Commander/Orbit-Schalters steht auf „L":

über das Zugstängchen (7) wird der Schubklotz (19) und damit der gesamte Sperrklinkenträger (21) ganz nach links gezogen. Somit greifen die inneren Sperrklinken (22) in die Verzahnung des Planetenradträgers ein, und die Zahnkupplung ist gelöst.

Über Antreiber (31), Planetengetriebe (28), Planetenradträger (26), inneres Sperrklinkenpaar (22), Sperrklinkenträger (21) und äußeres Sperrklinkenpaar (24) wird über die Verzahnung in der Nabenhülse das Hinterrad angetrieben. Die Übersetzung des Planetengetriebes bewirkt eine Geschwindigkeitsverminderung um ca. 26 %.

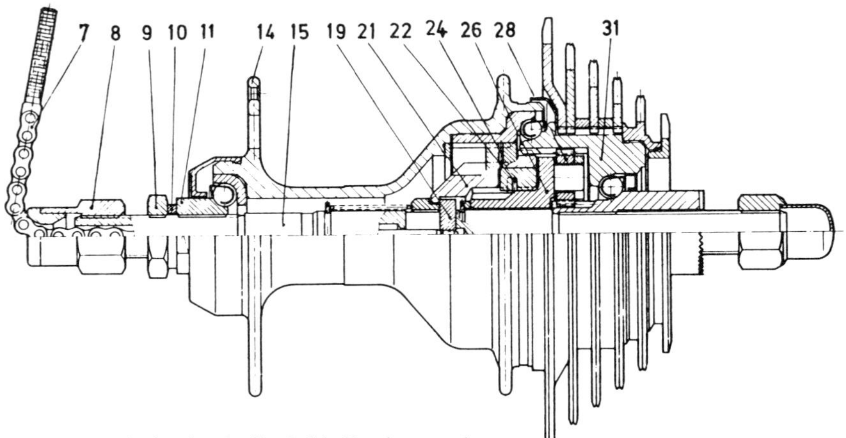

Abb. 756: Schnitt durch die Orbit-Zweigangnabe.

Einstellung und Bedienung

Die Maße des Rahmenhinterbaues müssen mit den Nabenmaßen (Abb. 759) übereinstimmen.

Beim Einbauen des Hinterrades ist darauf zu achten, daß beim Aufschrauben der Kettenleitmutter das Zugkettchen nicht beschädigt wird.

Bei der Einstellung ist wie folgt vorzugehen:

1. Linken Schalthebel in Gangstellung „H" (Schnellgang) bringen;

2. Fixierhülse (1) so weit auf das Zugkettchen (2) schieben, bis das Zugseil straff ist (Abb. 760);

3. Schaltkontrolle durchführen – linken Schalthebel in Leerlaufstellung halten, Pedalarm muß sich dann frei durchdrehen lassen (Abb. 761).

Eine Korrektur der Einstellung kann notwendig werden, wenn

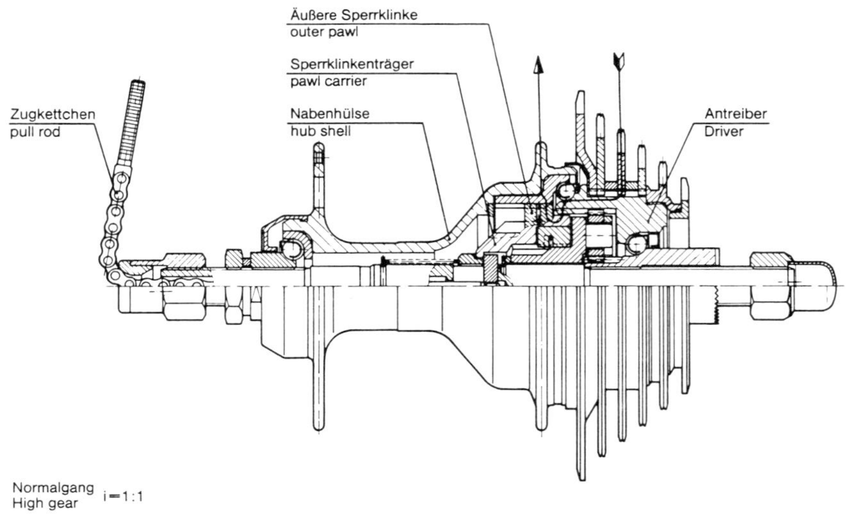

Abb. 757: Kraftfluß im Normalgang bei Schalterstellung H.

die Seilführungsteile nicht richtig festgeschraubt sind (Gegenhalter, Umlenkbügel)

das Zugseil sich in der ersten Zeit nach Inbetriebnahme etwas gelängt hat.

Wenn nach einer gewissen Laufzeit das seitliche Spiel des Hinterrades zu groß geworden ist, muß die Lagerung nachgestellt werden. Das erfolgt bei ausgebautem Hinterrad auf der Zugkettchen-Seite (Abb. 762). Nach spielfreier Einstellung Sicherungsmuttern fest gegeneinander kontern!

Die Orbit-Nabe läßt sich leicht und problemlos über den Commander/Orbit-Schalter schalten, wenn ohne Kraft weitergetreten wird.

Unabhängig vom Wetter, aber besonders bei langen Steilabfahrten, bringt die Trommelbremse eine gute Bremsleistung. Deshalb werden immer mehr Touren-Sporträder mit Trommelbremsen ausgerüstet.

Für die Orbit-Zweigangnabe gibt es ein Pendant mit einer Trommelbremse 70 mm (Abb. 763 und 764)

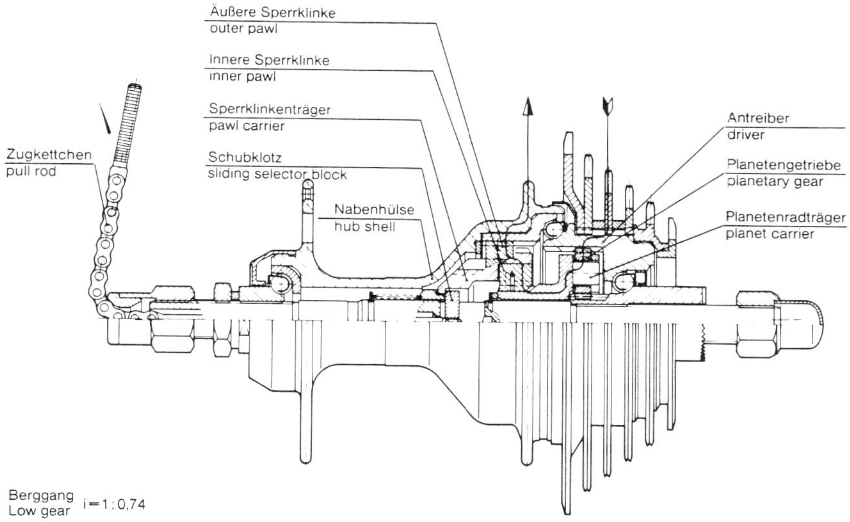

Abb. 758: Kraftfluß im Berggang bei Schalterstellung L.

Commander-Kettenschaltung

(Abb. 765)

Kennzeichen dieses Systems sind:

durch vorprogrammierbare Schalterstellungen keine Überlastung der Schaltung

robustes Kettenschaltungs-Parallelogramm mit Dreipunkt-Kettenführung und angefedertem Gelenkkopf

Gangvorwahl über Rasterung am Schalthebel und Kurvenscheibe mit dazugehöriger Vorwahl am Schaltwerk

Verwendung gängiger Zugseile und Umlenkteile

Verwendung gängiger guter Schaltungsketten und Zahnkränze.

Funktion des Schaltmechanismus

Ausgehend von dem gerasterten Schalter (Abb. 769) wird der Schaltweg über das Zugseil auf eine Seilrolle, die mit einer

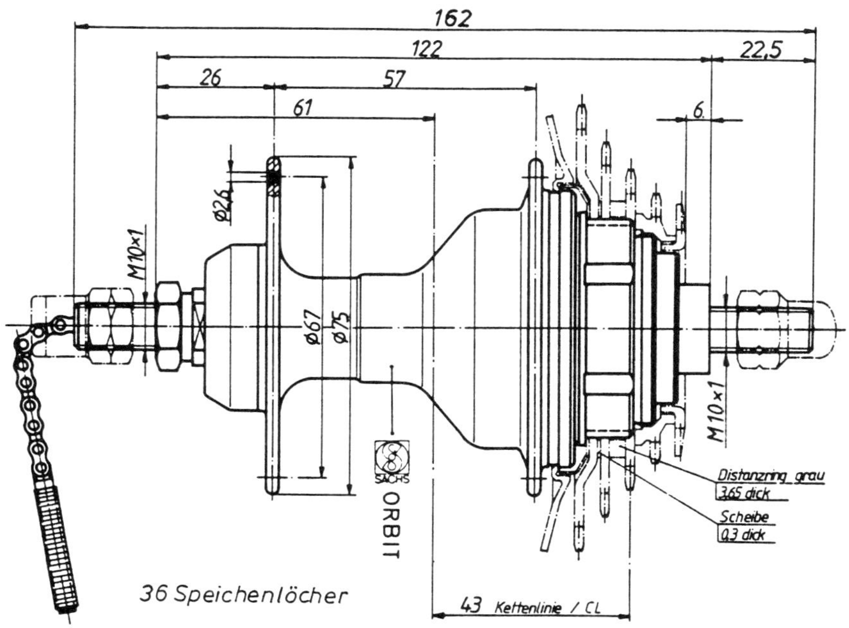

Abb. 759: Einbaumaße der Sachs-Orbit-Zweigangnabe.

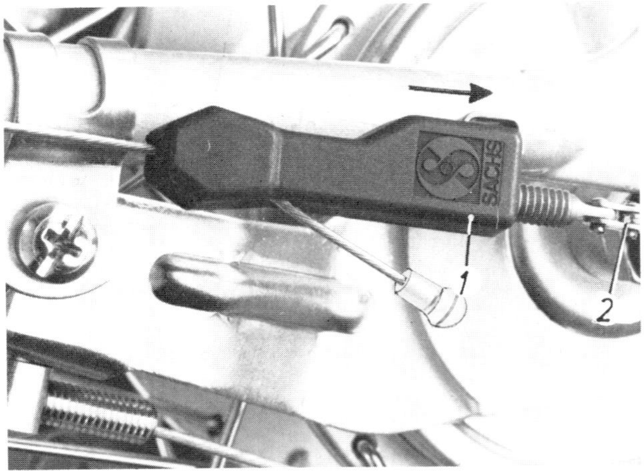

Abb. 760: Einstellung der Sachs-Orbit-Zweigangnabe.

Abb. 761: Schaltkontrolle der Sachs-Orbitnabe.

Kurvenscheibe verbunden ist, übertragen. Die einzelnen Gangstufen werden an der Kurvenscheibe durch verschieden große Radien, deren Pol der Mittelpunkt der Scheibe ist, dargestellt. Gleichzeitig findet über den Kreisbogen der einzelnen Gangstufen ein Seilzug-Längenausgleich statt.

Am Drehpunkt des Parallelogramms zum Gelenkkopf hin ist der Vorwahlhebel, der mit der einen Seite mit der Abtastrolle auf die Kurvenscheibe aufläuft, auf der anderen Seite fest gegen den Anschlag am Gelenkkopf drückt und somit die Schaltbewegung auf das Parallelogramm überträgt, drehbar gelagert (Abb. 766).

Zwei übereinander angeordnete Drehfedern sitzen auf dem Bolzen des Drehpunktes für den Vorwahlhebel. Deren innere stützt sich am Vorwahlhebel und am Parallelogramm ab und sorgt dafür, daß im geschalteten Zustand die Rolle auf die Kurve drückt. Die äußere Feder stützt sich am Vorwahlhebel und am Gelenkkopf ab und drückt die Stellschraube im geschalteten Zustand auf den Anschlag. Das Zusammenwirken der Federn und des Hebels gewährleistet, daß der gewählte Gang am Schaltwerk sofort einrastet. Der im Stillstand vorgewählte Gang springt bei erneuter Betätigung der Pedale selbsttätig ein.

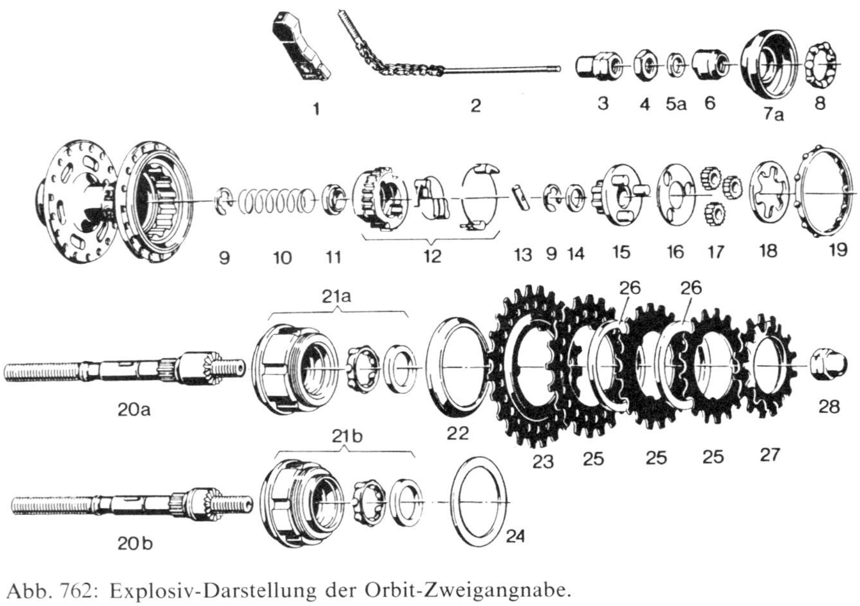

Abb. 762: Explosiv-Darstellung der Orbit-Zweigangnabe.

Der Commander-Schalter (Abb. 767) ist am Lenkrohr so zu befestigen, daß der Schalthebel in beiden Endpositionen weder den Lenker noch bei Lenkbewegungen das Rahmenrohr berührt.

Sofern der Seilzug nicht bereits vormontiert ist, wird er bei Schalterstellung 2 eingelegt und über Gegenhalter, Seilhülle und Umlenkteile zum Kettenschaltwerk geführt. Dann ist der Schalthebel bis zum Anschlag in Fahrtrichtung nach vorn zu schalten und die Einstellschraube bis auf zwei Gewindegänge in den Schalter einzuschrauben. Die Justierschraube am Kettenschaltwerk ist so zu verdrehen, daß die Kettenführungsrolle des Schaltwerks genau zum äußeren Zahnkranz (dem kleinsten) fluchtet. Der Seilzug am Schaltwerk ist in die Seilrolle der Kurvenscheibe einzulegen, von Hand straffzuziehen, um 90° um die Klemmschraube zu legen (Abb. 768), dann ist die Klemmschraube festzudrehen. Mit der Einstellschraube am Schalter ist das Zugseil leicht zu span-

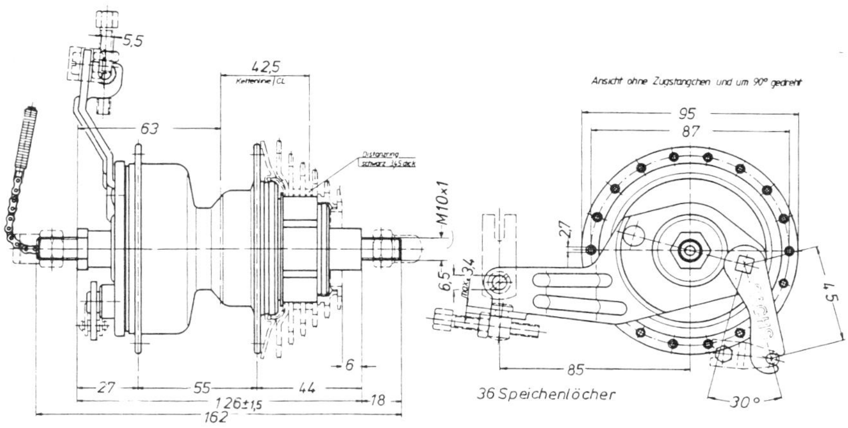

Abb. 763: Sachs-Orbit-Zweigangnabe mit Trommelbremse.

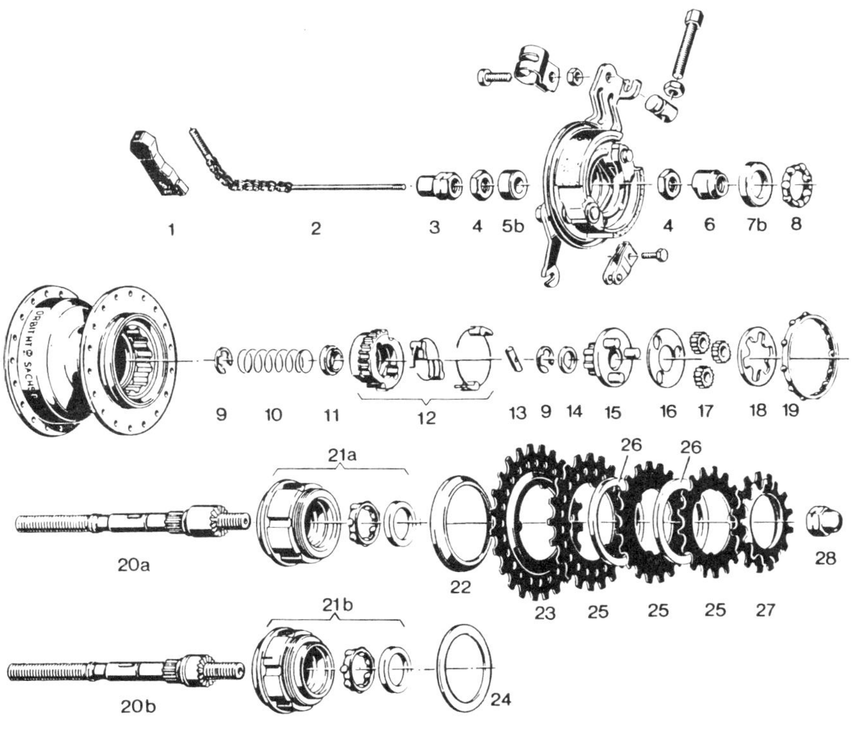

Abb. 764: Explosiv-Darstellung der Sachs-Orbit-Zweigangnabe mit Trommelbremse.

nen, die Kontermutter fest dagegenzuschrauben. Bei Kettengeräuschen oder Schaltschwierigkeiten beim Durchschalten ist die Flucht der Kettenführungsrolle unter einem der mittleren Zahnkränze mittels der Stellschraube am Kettenschaltwerk nochmals nachzujustieren.

Funktion der Vorwahl bei Stillstand der Pedale:

Schalten in Richtung der großen Zahnkränze des Mehrfach-Zahnkranzes:

Der gewünschte Gang wird mit dem Schalter am Lenker eingestellt. Das Zugseil zieht die Kurvenscheibe in die entsprechende Position. Der Vorwahlhebel hebt hierbei vom Anschlag ab. Beim Betätigen der Pedale zieht die Feder den Hebel wieder an den Anschlag. Die Kettenführung nimmt, gesteuert durch den eingestellten Radiusabstand der Kurvenscheibe, die Stellung unter dem gewählten Zahnkranz ein.

Schalten auf die kleinen Zahnkränze:

Mit dem Schalthebel am Lenker wird der gewählte Gang eingerastet, wodurch die Spannung des Zugseils nachläßt. Die Feder dreht die Kurvenscheibe zurück und strafft das Zugseil. Beim Betätigen der Pedale wird durch die Feder der Hebel wieder an die Kurvenscheibe gedrückt, wodurch das Parallelogramm zwangsläufig die gewählte Gangstellung einnimmt.

Einbau der Commander-Kettenschaltung

Der Einbau des Commander-Kettenschaltwerks sowie der notwendigen Widerlager- und Umlenkteile für den Schaltzug erfolgt in der gleichen Weise wie bei anderen Kettenschaltungen.

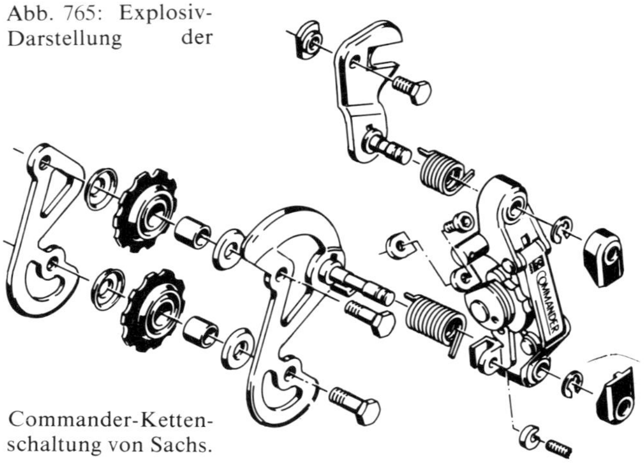

Abb. 765: Explosiv-Darstellung der Commander-Kettenschaltung von Sachs.

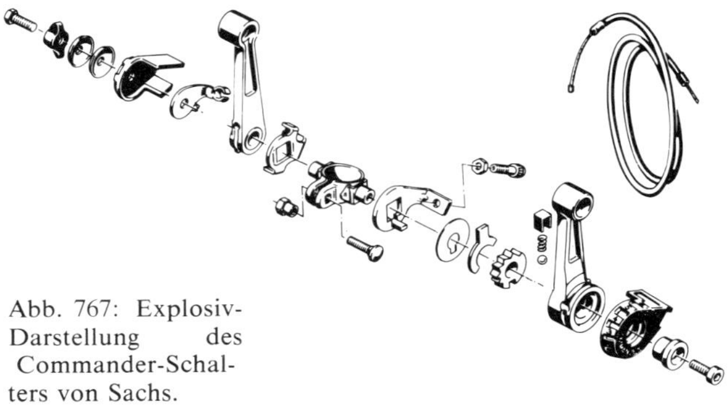

Abb. 767: Explosiv-Darstellung des Commander-Schalters von Sachs.

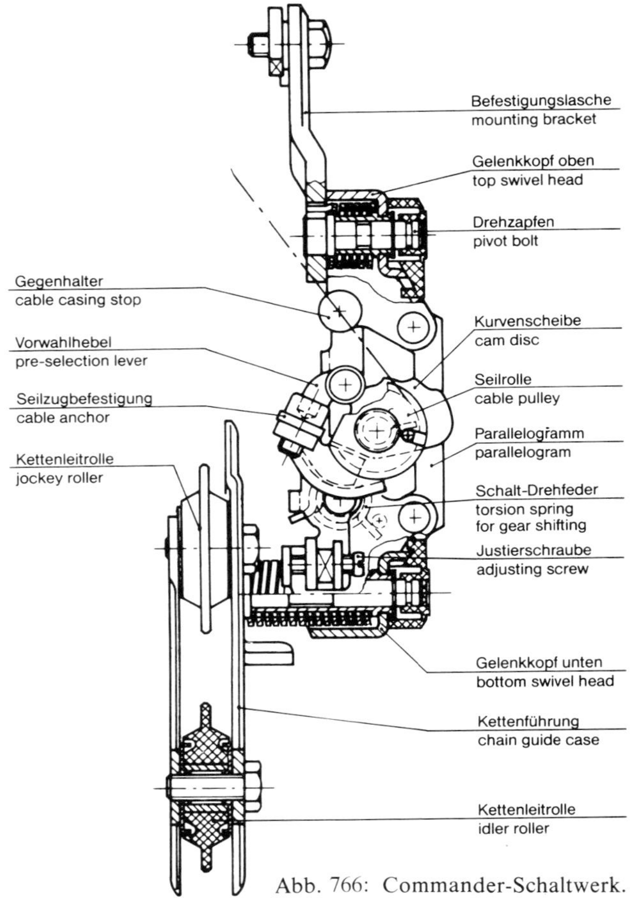

Abb. 766: Commander-Schaltwerk.

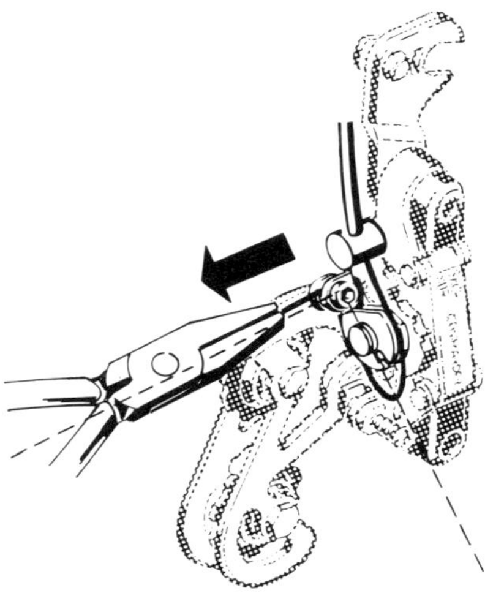

Abb. 768: Befestigung des Seilzugs am Schaltwerk.

Sachs-Sechsgang-Schaltung „Torpedo 2 × 3"

Die Sachs-Torpedo 2 × 3 Schaltung ist eine Kombination, bestehend aus der Dreigang-Nabe S mit Rücktrittbremse (Typ 3111) mit zwei aufgesteckten Zahnkränzen und der Zweigang-Kettenschaltung Sachs-Sport (Abb. 770).

Die bewährte Dreigang-Nabe (siehe hierzu Beschreibung Seiten 302 bis 307) dient vor allem der Sicherheit und dem Komfort der zahlreichen Radfahrer, die seit Jahren an die herkömmliche Rücktrittbremse gewöhnt sind und sich mit einer diffizileren Felgenbremse nicht anfreunden können.

Das problemlose zweistufige Schaltwerk verdoppelt die Zahl der verfügbaren Gänge auf sechs (Abb. 771).

Geschaltet wird mit einem handlichen, am Lenkerschaft montierten Doppelschalter, der die für Nabe und Kettenschaltung gewählten Gänge sichtbar anzeigt. Mit dem linken Hebel wird die Kettenschaltung und mit dem rechten die Dreigang-Nabe geschaltet (Abb. 772).

Die beiden Schalthebel sind logisch zu betätigen. Nach vorn drücken bringt schnelleres Fahren bzw. größere Geschwindigkeit –

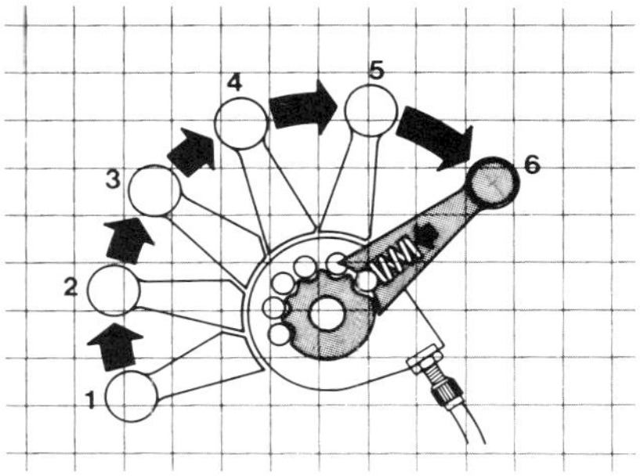

Abb. 769: Exaktes Schalten durch Kugeleinrastung.

Abb. 771: Sachs-Torpedo 2 × 3.

nach hinten ziehen bedeutet bei gleicher Tretgeschwindigkeit langsameres, bequemeres Vorwärtskommen am Berg und bei Gegenwind (Abb. 773).

Die Sachs-Torpedo 2×3 ermöglicht durch den vergrößerten Schaltbereich und die verfeinerte Gangabstufung eine optimale Anpassung der Getriebeübersetzung in nahezu jeder in der Praxis vorkommenden Fahrsituation. In ihrer Wirkung kommt sie einer Zehngang-Kettenschaltung (die effektiv auch nur sechs nutzbare Gangstufen hat) nahe. Sie ist aber einfacher zu bedienen und bietet zusätzlich die Sicherheit der Rücktrittbremse.

Im Übersetzungs-Diagramm (Abb. 774) ist der Unterschied zwischen einfacher Dreigang-Nabe und der „Torpedo 2×3″ deutlich sichtbar.

Der Einbau ist möglich (für Erstausstattung und Nachrüstung) in gängige Fahrräder mit Sport-Ausfallenden (siehe Abb. 219, 223 und 224) und mit nach unten offenem Kettenschutz (siehe Abb. 114 und 994). Ausgenommen sind Rahmen mit nach hinten offenen Ausfallenden (siehe Abb. 185, 206 und 215). Ein eventuell geschlossener Kettenkasten ist im Nabenbereich durch Ausschneiden zu öffnen oder

Abb. 770: Bauteile der Sachs-Torpedo 2 × 3 Schaltung.

Abb. 772: Doppelschalthebel.

gegen einen unten offenen Kettenschutz auszutauschen.

Einstellung der Schaltung siehe Abb. 812 bis 817 mit dazugehörigem Text.

Technische Daten

Zahnkränze:
Zwei Stück aufsteckbare Zahnkränze 12,7 × 3,175 (½ × ⅛), max. Zähnezahldifferenz 3 Zähne (z. B. 18 und 21 Zähne für ein Kettenblatt mit 46 Zähnen und Reifen 32-622).

Kette:
Handelsübliche Rollenkette 12,7 × 3,3 (½ × ⅛) DIN-ISO Nr. 081-1 (siehe Abb. 645) endlos (ohne Kettenschloß), max. Kettenbreite 9,6 mm.

Kettenlänge:
Kette darf nur so lang sein, daß gerade noch auf den größten Zahnkranz geschaltet werden kann (dadurch kleinstmöglicher Totgang beim Rücktritt).

Seilzuglänge:
Für die Nabe 1 350 mm und das Schaltwerk 1 600 mm.

Diese Schaltung konnte sich nicht einführen.

Gang / Gear / Vitesse	Schalterstellung / Control position / Position des manettes: links (Kettenschaltung) / left (derailleur) / gauche (dérailleur)	rechts (Nabe) / right (hub) / droite (moyeu)	Fahrstrecke (m) bei 1 Pedalumdrehung / Distance (m) travelled by the bike with 1 pedal revolution / Distance parcourue (m) pour 1 tour de manivelle
1	L	1	3,5
2	H	1	4,0
3	L	2	4,7
4	H	2	5,5
5	L	3	6,4
6	H	3	7,5

Abb. 773: Schaltpositionen.

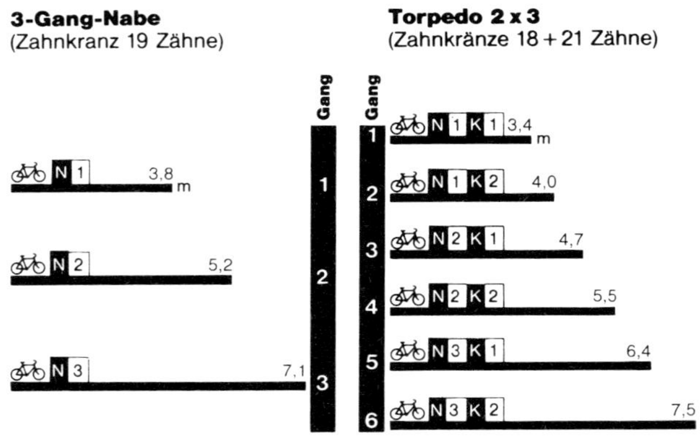

Abb. 774: Übersetzungs- und Schalttabelle.

N = Schaltstellung Nabe
K = Schaltstellung Kettenschaltung
*Fahrstrecke in m bei 1 Pedalumdrehung
Kettenblatt: 46 Zähne; Reifen: 32 – 622 (28" x 1¼ x 1¾)

Das Frontfreilauf-System

Beim Frontfreilaufsystem von Shimano ist der Freilauf vorn im Tretlager (Abb. 775) und nicht hinten im Mehrfachzahnkranz untergebracht.

Die Mitnahme im Mehrfach-Zahnkranz erfolgt durch eine Friktionskupplung (Reibkupplung), die auf eine bestimmte zu übertragende Kraft eingestellt ist und die bei Mehrbelastung rutscht. Bei stehenden Tretkurbeln können sich auf diese Weise die vorderen Kettenblätter drehen, das heißt, die Kette läuft dauernd um, solange sich das Hinterrad dreht. Die ohne Last laufende Kette läßt sich leicht schalten. Das System hat den Vorteil, daß wie folgt geschaltet werden kann:

Gleichzeitig hinten und vorn,
auch bergauf ohne zu treten,
schon beim Schieben.

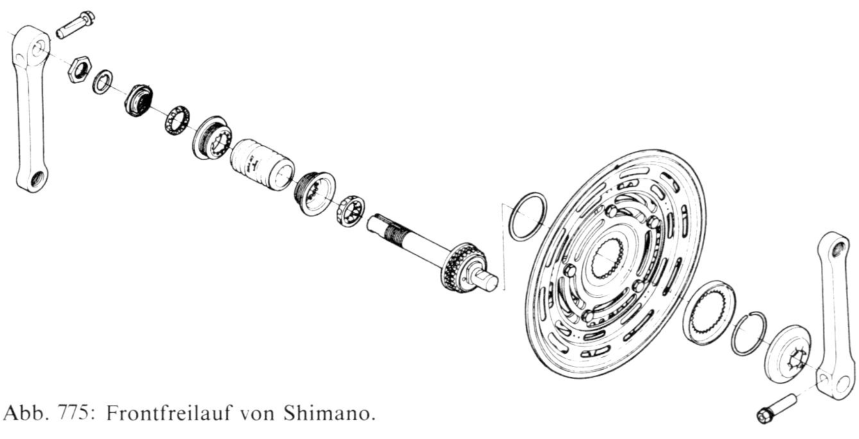

Abb. 775: Frontfreilauf von Shimano.

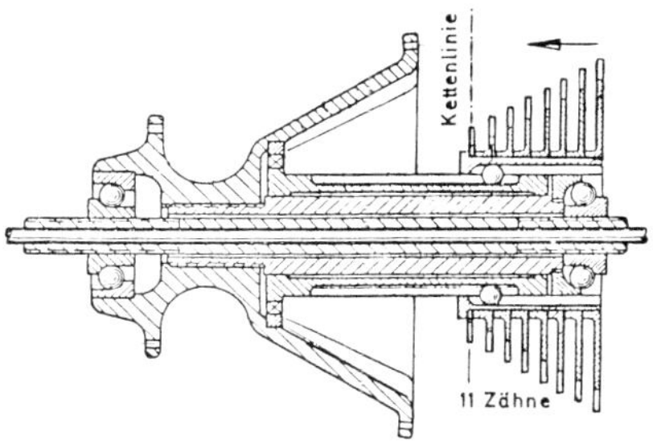

Abb. 776: Ultra-Shift-Ketten-Nabenschaltung.

Auch beim Rückwärtstreten wird beim Schalten die Schaltung nicht beschädigt.

Der Frontfreilauf konnte sich in Deutschland nicht einführen.

Ultra-Shift-Ketten-Nabenschaltung

Bei den herkömmlichen Kettenschaltungen fluchtet die Kette nur in der Schaltstellung der mittleren Zahnkränze, während in den übrigen Gängen die Kette schräg läuft (siehe Abb. 702). Der Schräglauf verursacht Reibung, erhöhten Verschleiß an Kette und Kettenrädern sowie verringerte Lebensdauer aller beteiligten Teile. Diesen Nachteil hat die „Ultra-Shift-Ketten-Nabenschaltung" nicht.

Das wichtigste Konstruktionsmerkmal der Schaltung ist, daß die Kette in jeder Gangstufe stets in einer Ideallinie läuft. Zum Schalten wird das Zahnkranzpaket (achtfach) auf der Keilwelle der Nabe verschoben (Abb. 776).

Der große Zahnkranz liegt dabei, im Gegensatz zur konventionellen Kettenschaltung, außen. Im voll ausgefahrenen Zustand läuft die Kette auf dem kleinsten Zahnkranz mit 11 Zähnen. Wird der größte Zahnkranz unter die Kette geschaltet, rükken die übrigen Kettenräder in den glokkenförmig aufgeweiteten Nabenkörper ein. Bewegt wird das Zahnkranzpaket wie bei einer Nabenschaltung. Im Gegensatz dazu kommt das Schaltkettchen nicht rechts, sondern links aus der Hohlachse heraus.

Nicht problemlos ist die mögliche Verschmutzung der Keilwelle und der Zahnkranzkassette. Auch ist die Herstellung des trichterförmigen Nabenkörpers nicht einfach und nicht preisgünstig, deshalb konnte noch keine Serienreife erreicht werden.

Ketten- oder Getriebenaben-Schaltung?

Die Kettenschaltung wurde besonders in den letzten Jahren entscheidend verbessert und auf einen hohen technischen Stand gebracht. Deshalb konnte sie sich außer bei Renn- und Rennsporträdern auch bei den einfacheren Sporträdern in großem Umfang einführen. Ihre Vorteile sind:

1. Große und leicht veränderbare Übersetzungsverhältnisse,
2. relativ geringe Reibungsverluste in den Gleitlagern der Führungs- und Spannrolle,
3. guter Wirkungsgrad des Kettenwechselgetriebes,
4. geringes Baugewicht,
5. gute Zugänglichkeit im Reparaturfall,
6. nachträglich möglicher Einbau,
7. günstiger Verkaufspreis.

Diesen Vorteilen stehen als Nachteile der Kettenschaltung gegenüber:

1. größerer Verschleiß an Kette und Kettenräder durch vorprogrammierte Spurfehler,
2. offene Bauweise, dadurch stärkere Verschmutzung und verringerte Lebensdauer,
3. Notwendigkeit häufigen Nachstellens der Arbeitswege bzw. der Betätigungsbowdenzüge,
4. Möglichkeit von Sturzbeschädigungen des vorstehenden Schaltwerks.

Deshalb stellt sich oft die berechtigte Frage, ob Ketten- oder Getriebenaben-Schaltung besser sei.

Das veränderbare Übersetzungsverhältnis ist bei einer Nabenschaltung geringer als bei der Kettenschaltung. Auch sind die Reibungsverluste durch die Zahn- und Achsreibung des im Ölbad laufenden Nabengetriebes größer, wenn dagegen auch die wartungsarme, sichere, robuste, „lebenslang" haltende Konstruktion der Getriebenabe steht, bei der auch Vollkapselung des Kettentriebs möglich ist. Außerdem wird durch die stets korrekte, konstante Kettenspur nahezu der Idealzustand eines Kettentriebs erreicht.

Aber weil eben Vorteile neben Nachteilen stehen, bleibt der Markt sicher auch in den kommenden Jahren geteilt: Bei Rennsport- und „Trimm-Dich"-Rädern hat die Kettenschaltung den Vorzug, für die sportliche Radtouristik die Mehrgang-Getriebenabe.

Freilauf-Rücktrittnaben

Beim Fahrrad-Antrieb kann man unterscheiden zwischen

Eingang-Freilaufnaben ohne Bremse

Freilauf-Naben mit Kettenschaltung

Eingang-Freilaufnaben mit Rücktrittbremse

Mehrgang-Getriebenaben mit Freilauf und Rücktrittbremse

Mehrgang-Getriebenaben mit Freilauf und über Handhebel betätigte Trommelbremsen.

Eingang- und Mehrganggetriebe-Naben mit Rücktritt- oder Trommelbremse haben den Vorteil, daß dem Fahrer auf längere Zeit ein sicherer, nahezu wartungsfreier und den nationalen und internationalen Sicherheitsbestimmungen (DIN 79100 und 79110, CPSC[89]) entsprechender Antrieb zur Verfügung steht.

Die Rücktrittbremse gilt als die sicherste Fahrradbremse. Für die Bremskraftübertragung ist die Kette im Vergleich zu den Seilzügen weit weniger defektanfällig. Auch sitzt die Bremseinrichtung im Innern der Nabe und ist somit gegen äußere Einflüsse, wie Nässe und Schmutz, völlig geschützt. Deshalb kommt es bei Regen zu keiner wesentlichen Veränderung der Bremswirkung. Im Straßenverkehr, vor allem in der Stadt, nehmeres als eine fußbetätigte Bremse, da die Hände zum Zeichengeben für die Änderung der Fahrtrichtung sowie zur Betätigung der Schaltung und der Klingel frei sind.

Bei offiziellen BMX-Wettkampfveranstaltungen des Bund Deutscher Radfahrer (BDR) sind Rücktrittbremsen an BMX-Wettkampfrädern nicht erlaubt.

Abb. 777: Torpedo-Kometnabe mit Rücktrittbremse.

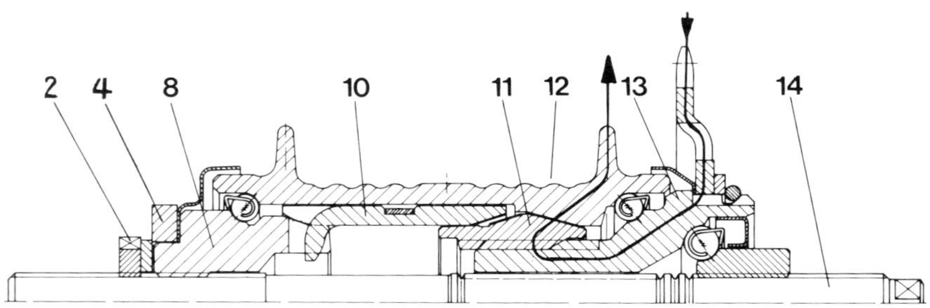

Abb. 778: Teilschnitt durch die Torpedo-Kometnabe.

Eingangnaben mit Rücktrittbremse

Die beiden gängigsten Antriebssysteme sind der Konusantrieb und der Walzenantrieb.

Konusantrieb

Diese Antriebs-Bauart ist einfach, robust und wartungsarm. Nach diesem Prinzip arbeiten u. a. die von der Firma Fichtel & Sachs hergestellte Torpedo-Jet und Torpedo-Komet-Nabe (Abb. 777).

In Abb. 778, die die Torpedo-Komet-Nabe im Schnitt zeigt, und Abb. 779 sind die wichtigsten Bauteile mit Ziffern bezeichnet. Der den Zahnkranz tragende „Antreiber“ (13) ist auf der Achse (14) gelagert und weist einen Hals mit Flachgewinde auf.

Auf der anderen Nabenseite ist, fest mit der Achse verschraubt, der Hebelkonus (8) mit Bremshebel (4) und Nuten sowie Zentrierbund zur Abstützung des Bremsmantels (10) angeordnet. Am Antreiber (13) und Hebelkonus (8) sind Lagerstellen zur Lagerung der Nabenhülse (12) vorgesehen. Die Nabenhülse hat als Innenform einen zylindrischen Teil als Bremsfläche und einen kegeligen Teil zum Einrücken des Antriebskonus (11). Der Antriebskonus mit geriffeltem Doppelkegel und Innenflachgewinde ist auf dem Antreiber (13) gelagert und dient als Antriebsorgan (Kegel-Freilauf) sowie zur Aufspreizung des Bremsmantels (10).

[89] CPSC = Consumer Product Safety Commission

Die Wirkungsweise

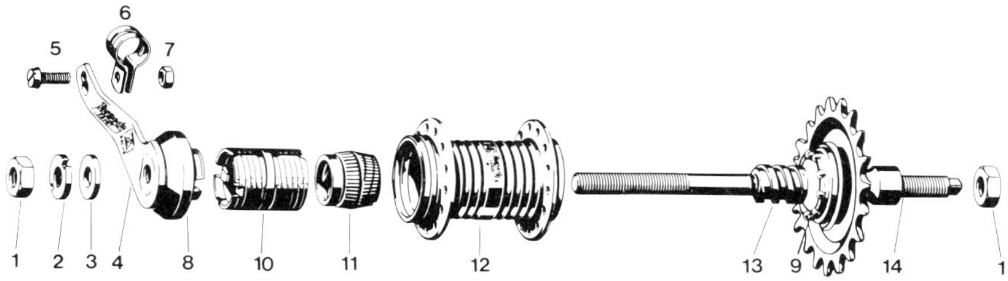

Abb. 779: Explosiv-Darstellung der Torpedo-Komet-Nabe.

Beim Antreiben der Nabe wird die Antriebskraft vom Antreiber (13) über dessen Flachgewinde auf den Antriebskonus (11) übertragen. Dieser steht unter dem Reibmoment der stillstehenden Bremsmantelhälften (10), die durch die Spannkraft eines Sprengrings auf eine Zentrierfläche am Bremskonus (11) gepreßt werden. Der sich drehende Antreiber (13) schraubt sich in den Antriebskonus (11) hinein und bringt diesen in engen Kraftschluß mit der Kegelbohrung der Nabenhülse (12). Das schlupffreie Eingreifen des Antriebskonus (11) ist eine wichtige Voraussetzung für störungsfreien Betrieb der Nabe und wird durch eine riffelartige Verzahnung auf der Kegelmantelfläche (Abb. 780) erreicht, die den dort stets vorhandenen Schmiermittelfilm durchtrennt und für metallischen Kontakt der beiden Kupplungsteile sorgt. Wichtig ist hier u. a. die richtige Abstimmung der Geometrie von Kegel und Flachgewinde.

Im Freilauf erfolgt die Relativbewegung von Antreiber (13) und Nabenhülse (12) umgekehrt wie beim Antreiben, infolgedessen erfolgt selbsttätig leichtes Lösen der Verbindung zwischen Antriebskonus (11) und Nabenhülse (12), bis der Antriebskonus (11) die Nabenhülse (12) nicht mehr berührt.

Beim Bremsen durch Rückwärtstreten wird der Antriebskonus (11) zunächst durch das bereits erwähnte Reibmoment der Bremsmantelhälften am Mitdrehen gehindert, so daß er eine Axialbewegung bis zum Eingreifen in die Kegelfläche des Bremsmantels ausführt.

Die Kegelflächen der Bremsmantelhälften haben jeweils einige Zähne, die in die Antriebskonus-Verzahnung passen. Dadurch wird schlupffreies Aufspreizen des Bremsmantels (10) gegen die Nabenhülse (12) unter hoher Axialkraft ermöglicht. Das Lösen der Bremse erfolgt lediglich durch Wegnehmen der Pedalkraft unter Mithilfe des federnden Bremsmantel-Sprengrings.

Aus der Abb. 781 sind die Einbaumaße der Torpedo-Komet-Nabe ersichtlich.

Abb. 780: Geriffelter Bremsmantel und Antriebskonus.

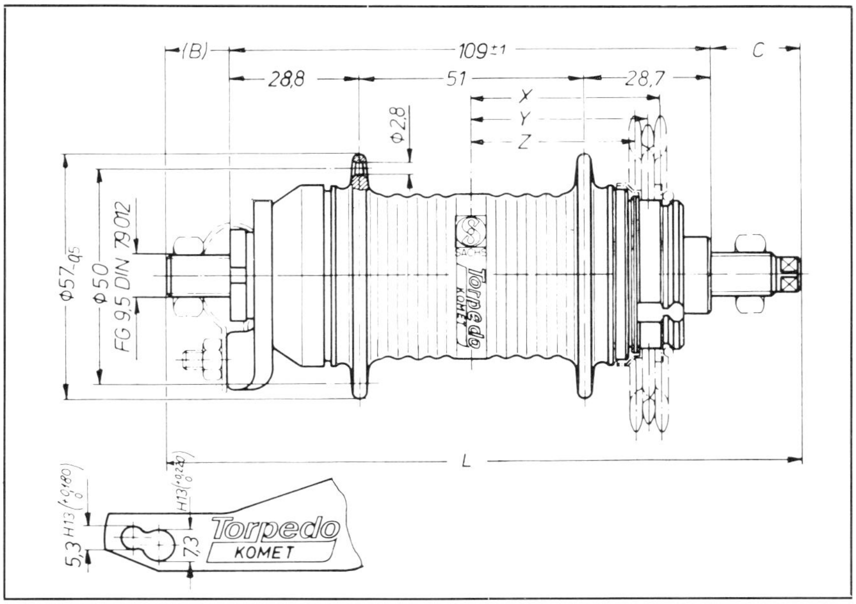

Abb. 781: Einbaumaße der Torpedo-Kometnabe.

Walzenantrieb der Torpedo-Freilaufnabe

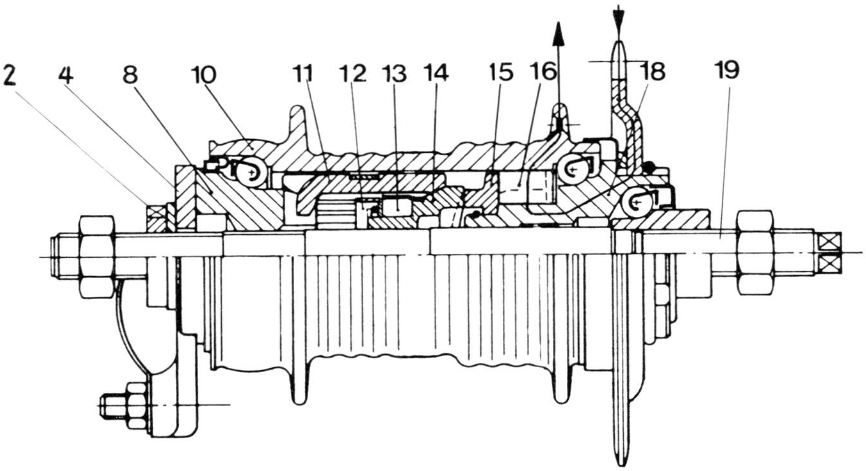

Abb. 783: Schnitt durch die Torpedonabe.

Der Antrieb des Hinterrades erfolgt bei der Torpedo-Nabe (Abb. 782) mit fünf Walzen (Abb. 783 und 784, Ziffer 16), die gleichmäßig über den Umfang verteilt sind und durch den Walzenführungsring (15) geführt werden.

Beim Beschleunigen durch die Antriebskraft steigen diese Walzen an den spiralförmig angeordneten Steigkurven des Antreibers (18) auf und pressen sich gegen die Innenwand der Nabenhülse (10), wodurch diese sicher mitgenommen wird.

Der Freilauf des Rades setzt selbsttätig ein, sobald die Antriebskraft unterbrochen wird. Die Walzen (16) rollen dann von selbst wieder in die tiefste Lage zurück (Abb. 784).

Beim Bremsen wird der Bremskonus (14), bedingt durch das Reibmoment der Friktionsfeder (12), die auf dem Bremskonus sitzt, am Mitdrehen gehindert und über die beiden Steigzähne am Walzenführungsring (15) und am Bremskonus (14) in den Bremsmantel gedrückt (Abb. 785).

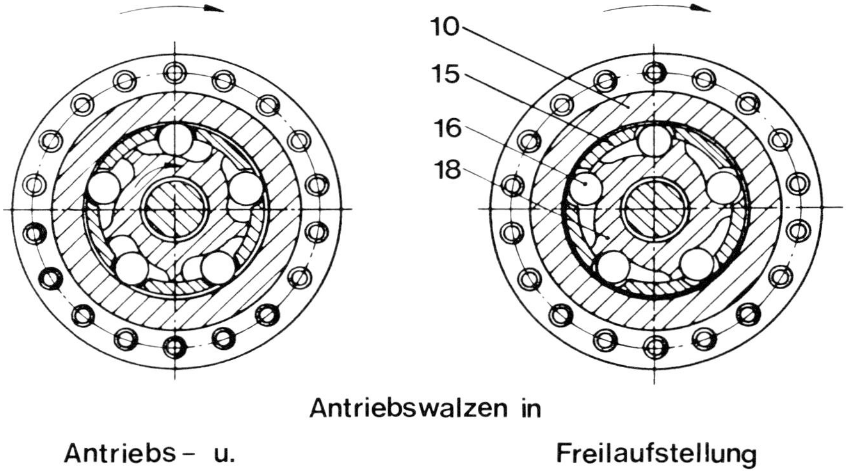

Abb. 784: Walzenfreilauf.

Abb. 782: Torpedonabe mit Rücktrittbremse.

Über die beiden Kegelflächen am Brems- (14) und Hebelkonus (8) wird der Bremsmantel (11) gegen die rotierende Nabenhülse (10) gepreßt und diese damit abgebremst. Das Reaktionsmoment wird über die Haltenasen des Bremsmantels (11), die in den Schlitzen des Hebelkonus (8) liegen, über den Bremshebel (Abb. 786, Ziffer 4) auf den Rahmen übertragen. Aus diesem Grund muß der Bremshebel (4) mittels einer genau passenden Rohrschelle mit passender Schraube (5) (Abb. 786, Ziffer 5 u. 6) fest mit dem Hintergabelrohr verbunden sein; die Verbindung muß spielfrei sein, da sonst die Bremse ruckartig einsetzt, wodurch Schäden an Rahmen und Nabe entstehen können. Aus der Abb. 787 sind die Einbaumaße der Torpedonabe ersichtlich.

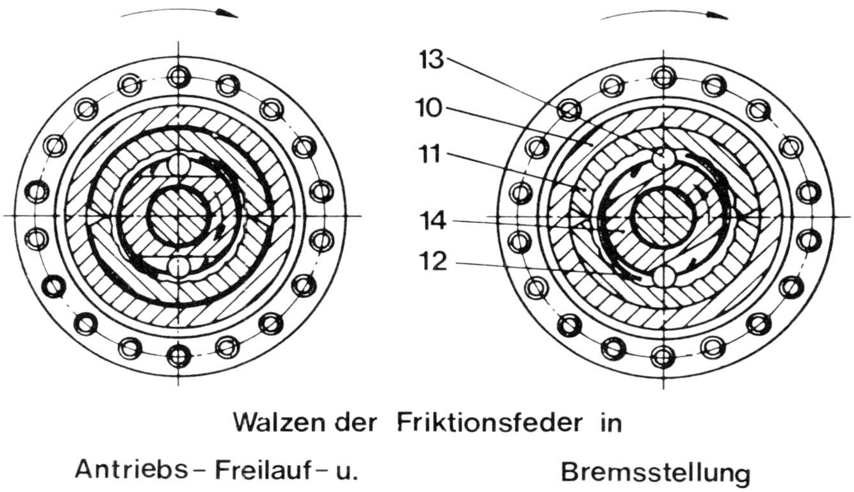

Abb. 785: Walzenstellungen der Friktionsfeder.

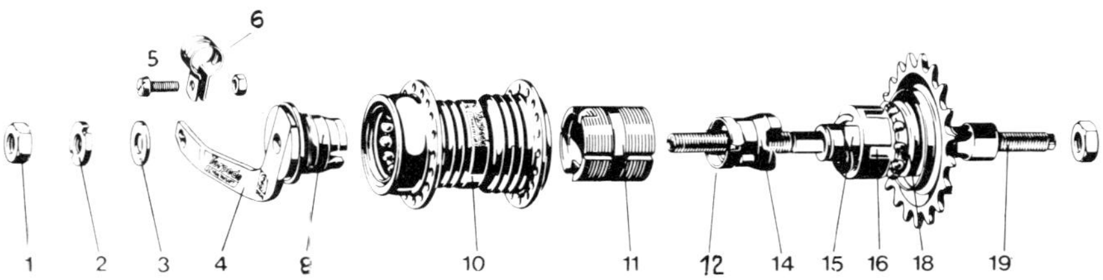

Abb. 786: Explosiv-Darstellung der Torpedonabe.

Nachstellen der Lagerung

(Abb. 778 und 783)

Wenn nach einer gewissen Laufzeit das seitliche Spiel der Hinterrad-Lagerung sich vergrößert hat, muß die Lagerung nachgestellt werden. Das erfolgt bei ausgebautem Hinterrad auf der Bremshebelseite (4). Nach Lösen der Sicherungsmutter (2) wird durch Drehen des Bremshebels (4) bzw. der Achse das Axialspiel eingestellt; anschließend muß die Sicherungsmutter (2) wieder gekontert werden. Die Einstellung stimmt, wenn die Nabe bei fest angezogener Sicherungsmutter (2) leicht „spielt".

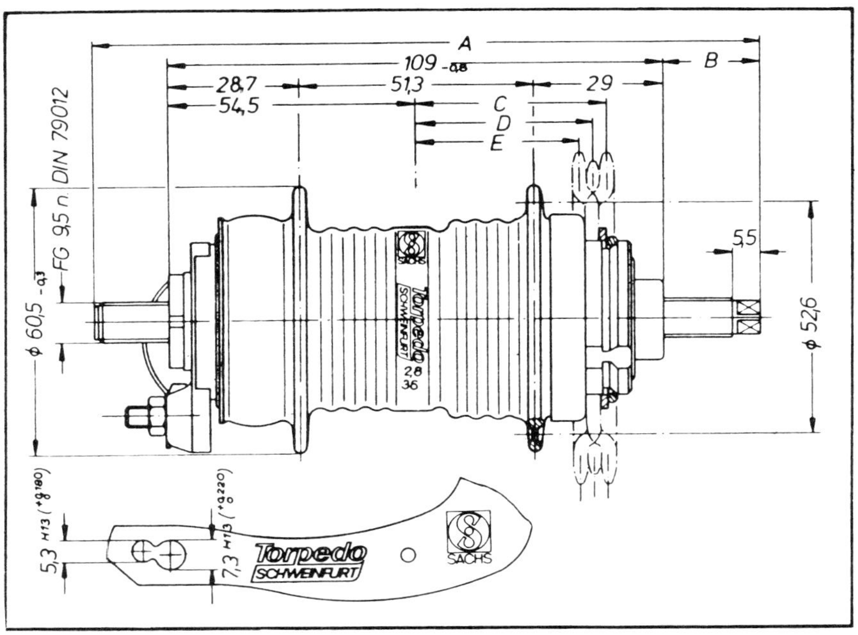

Abb. 787: Einbaumaße der Torpedonabe.

Mehrgang-Getriebenaben

Für Mehrgang-Getriebenaben hat sich das achsgleiche Planetengetriebe als besonders geeignet erwiesen. Außer kompakter Bauweise gibt diese Bauart die Möglichkeit, die Antriebsleistung über mehrere Planetenräder zu leiten; das gestattet kleine Zahnmodule[90] und damit geringe Naben-Durchmesser. Außerdem haben Planetengetriebe einen höheren Wirkungsgrad, als er bei Stirnradgetrieben für diesen Einsatzzweck bei gleicher Übersetzung zu erwarten wäre.

Getriebenaben (Schaltungsnaben) unterscheiden sich nicht nur im Aufbau, sondern auch in der Wirkungsweise wesentlich von den Kettenschaltungen. In der Nabe ist ein echtes Getriebe integriert, mit dem eine weitere Unter- oder Übersetzung zwischen dem über den Kettentrieb angetriebenen Teil und der Nabenhülse erfolgen kann.

Die Übersetzung zwischen Tretkurbel-Kettenblatt und Naben-Kettenritzel (Zahnkranz) bleibt dabei unverändert. Man muß hier also zwischen einem unveränderlichen Primärtrieb[91] zwischen Tretlagerwelle und Naben-Zahnkranz durch Kette – und einem veränderlichen Sekundärtrieb[92] – innerhalb der Nabe durch Zahnräder – unterscheiden.

Am häufigsten werden in Deutschland wie im Ausland die Getriebenaben von Fichtel & Sachs, Sturmey-Archer, Sun Tour und Shimano verwendet. Bei den Zwei-, Drei- und Fünfgang-Naben dieser Hersteller wird die in den einzelnen Getriebestufen zur Verfügung stehende Übersetzung innerhalb der Nabe durch Planeten-(bzw. Doppel-Planeten-)Getriebe bewirkt.

Wirkungsweise eines Planetengetriebes

In Abb. 788 ist schematisch ein Planetengetriebe dargestellt. Bei dieser eigenartigen Zahnrad-Kombination kreisen um ein zentrales Zahnrad mehrere andere wie Planeten um die Sonne – deshalb wird das zentrale Rad auch als Sonnenrad (a) bezeichnet, die umlaufenden als Planetenräder (c). Prinzipiell würde ein einziges Planetenrad für die Funktion genügen; in der Praxis werden aber im Hinblick auf die zu übertragende Leistung und geringe Zahnradgrößen drei oder vier angeordnet.

Außen greifen die Planetenräder (c) in ein großes Zahnrad (b) mit Innenverzahnung, Hohlrad genannt, ein. Die Zähnezahl der Planetenräder spielt für das Übersetzungsverhältnis keine Rolle, sie fungieren wie Zwischenräder in einem normalen Zahnradgetriebe zur Überbrückung des Abstandes zwischen Zahnrad a und b.

[90] Modul = eine komplexe Zahl zweier reeller Zahlen; z. B. in der Verzahnungstechnik ist Modul (m) diejenige Zahl, die angibt, wievielmal die Zähnezahl (z) im Teilkreis (dt) enthalten ist.

[91] Primär vom Lateinischen primus – der Erste

[92] Sekundär – sekundus – der Zweite

Abb.788

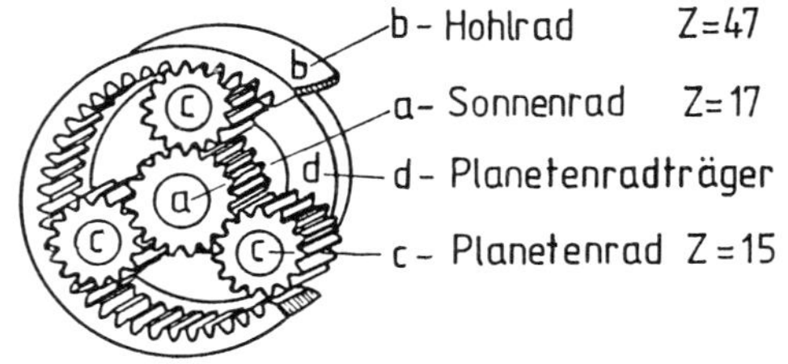

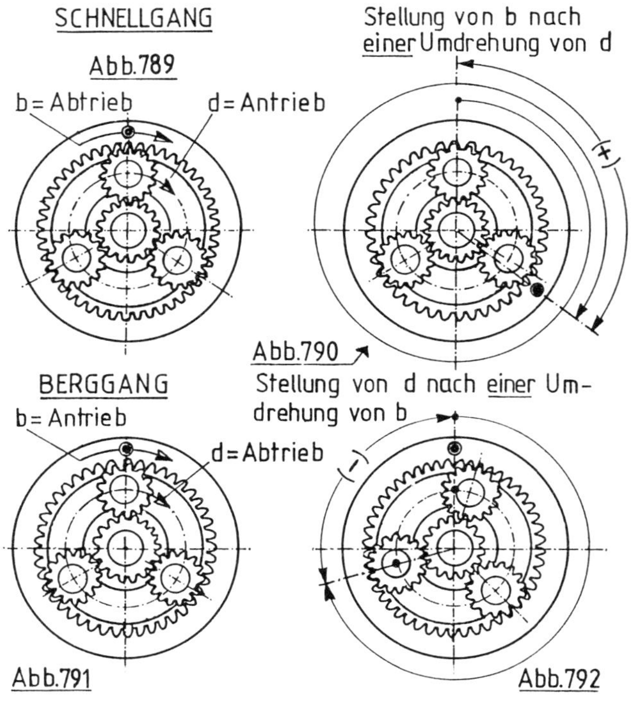

Abb. 788 bis 792: Schematische Darstellung eines Planetengetriebes.

Die Planetenräder können (im Unterschied zu den Rädern a und b, die sich nur um ihre Mittelachse drehen können) eine zweifache Bewegung ausführen: einmal um das Sonnenrad (a) herum, zum anderen um ihre eigene Achse. Sie sind deshalb drehbar auf Achszapfen auf einem Planetenradträger (d) gelagert, der sich um die Achse des Sonnenrades (a) drehen kann.

Willkürlich sei angenommen, daß im Schemabild Abb. 788 das Sonnenrad (a) 17, die Planetenräder (c) je 15 und das Hohlrad (b) 47 Zähne haben.

Im Schnellgang wird der Planetenradträger (d) angetrieben (Abb. 789), der über die Planetenräder (c) das Hohlrad (b) antreibt. Nach einer Umdrehung des Planetenradträgers hat das Hohlrad die Stellung nach Abb. 790 erreicht. Es hat den Planetenradträger um einen gewissen Betrag (der von der Übersetzung zwischen a und b abhängt) überholt, hier um 36%.

zum Rechnen:

$$n_2 = n_1 + \frac{a}{b} = 1 + \frac{17}{47} = 1{,}361$$

Verbindet man in diesem Fall das Hohlrad mit dem Antrieb des Nabenkörpers, dann erhält dieser eine Geschwindigkeitserhöhung von ca. 36% gegenüber dem Antriebszahnkranz.

Im Normalgang laufen Hohlrad und Antriebszahnkranz mit der gleichen Drehzahl um, es erfolgt deshalb keine Geschwindigkeitsänderung zwischen Nabenkörper und Antriebszahnkranz.

Im Berggang wird das Hohlrad (b) mit dem Antriebszahnkranz gekuppelt (Abb. 791) und der Planetenradträger (d) angetrieben. Nach einer Umdrehung des Hohlrades hat der Planetenradträger die Stellung nach Abb. 792 eingenommen, er ist um ein bestimmtes Verhältnis (ca. 27%) zurückgeblieben. In diesem Gang ist der Planetenradträger mit dem Antrieb des Nabenkörpers verbunden, dieser bleibt gegenüber dem Antriebszahnkranz um ca. 27% zurück, also eine Übersetzung ins Langsame.

zum Rechnen:

$$n_2 = \frac{1}{n_1 + \frac{a}{b}} = \frac{1}{1 + \frac{17}{47}} = \frac{1}{1{,}361} = 0{,}734.$$

$$100 - 73{,}4 = 26{,}6$$

Diese Getriebe-Kombination ergibt somit eine Abstufung 1,36 – 1 – 0,73 für eine Dreigangnabe.

Gut demonstrieren läßt sich die Wirkungsweise eines Planetenradgetriebes an Hand eines Kugel- oder Rollenlagers. Hält man den Innenring fest und dreht den Außenring, dann sieht man deutlich, wie der Führungskorb mit den Wälzkörpern zurückbleibt. Dreht man dagegen den Führungskorb, dann sieht man, wie der Außenring überholt.

Noch etwas über die Kräfte, die bei einer solchen Fahrradnabe mit Planetengetriebe auftreten.

Die höchste Trittkraft, die ein normalgewichtiger Fahrer von 75 kg Körpergewicht (Masse) entwickelt, ist – wie allgemein angenommen wird – die Gewichtskraft von 750 N. Messungen haben aber ergeben, daß bei besonders trainierten Fahrern durch verstärktes Ziehen am Lenker diese auf das Doppelte (1500 N) ansteigen kann.

Bei der gebräuchlichen Tretkurbelarmlänge von 170 mm beträgt das Antriebsmoment 1500 N · 17 cm = 25 500 cmN.

Das Moment an der Nabe beträgt dann bei einem Kettenritzel mit 19 und einem Kettenblatt mit 46 Zähnen:

$25\,500 \text{ cmN} \cdot \frac{19}{46} \cdot 0{,}95$ (Wirkungsgrad der Kette) $= 10\,006$ cmN.

In der Regel werden aus Festigkeitsgründen drei Planetenräder verwendet. Nimmt man an, daß die Zahnflanken der drei Planetenräder zusammen gleichmäßig tragen (was nicht der Fall ist), dann beträgt die Belastung, die auf ein Zähnchen kommt, 1 282 N.

Derart hohe Belastungen können nur durch Zahnräder aus hochwertigen Werkstoffen (z. B. Chrom-Einsatzstahl 16 MnCr5) mit besonders ausgebildeten (korrigierten) Zähnen übertragen werden.

Fichtel & Sachs - Schaltungsnaben

Zweigang-Getriebenaben

weisen einen übersetzten und einen direkten Gang auf. Man unterscheidet zwischen zwei Nabentypen, der Schnellgang- und der Berggang-Nabe. Bei der letzteren erfolgt der Antrieb über das innenverzahnte Rad (Hohlrad), der Antrieb über den Planetenradträger (Steg), sofern der übersetzte Gang eingeschaltet wird. Bei der Schnellgangnabe dagegen erfolgt der Antrieb im übersetzten Gang über den Planetenradträger (Steg), der Abtrieb über das innenverzahnte Außenrad (Hohlrad).

Dieses Antriebssystem wird angewendet bei den F & S-Torpedo-Duomatic- und Torpedo-Automatic-Naben.

Torpedo-Duomatic-Nabe R 2110 mit Rücktrittbremse

Diese Getriebenabe (Abb. 793) schaltet zwei Gänge über eine eingebaute schaltzuglose Schalteinrichtung nach folgender Konzeption (Abb. 794):

1. Ein in einer Ebene liegendes Planetengetriebe (26) mit achsfestem Sonnenrad (32) wird am Planetenradträger (26) angetrieben. Die Drehzahl des Planetenradträgers (i = 1:1) und die des innenverzahnten Hohlrades (24) (i = 1:1,36 ins Schnelle) werden wahlweise zum Antrieb der Nabenhülse (12) eingesetzt. Diese Auslegung ergibt die Schnellgang-Nabe.

2. Die Nabenhülse wird über zwei Freiläufe, von denen einer ausschaltbar ist, angetrieben. Der ausschaltbare Freilauf (22) ist mit dem Hohlrad (24) verbunden. Sind beide Freiläufe im Eingriff, so treibt der schneller drehende Hohlrad-Freilauf (22), während der Freilauf (16) des Bremskonus (14) überholt wird.

3. Ein Steuerteil (20) beeinflußt das Hohlradgesperre, indem es relativ zum Hohlrad (24) zwei Schaltzustände („Aus" oder „Ein") einnimmt. Ein Wechsel des Schaltzustandes tritt beim Rückwärtstreten ein, während der Schaltzustand bei Antrieb und Freilauf erhalten bleibt.

Die konstruktive Ausführung
(Abb. 795)

Der Planetenradträger (29 bzw. komplett 26) dient sowohl zur Lagerung der Planetenrädchen (28) als auch zur Aufnahme des Antriebs-Zahnkranzes (35) und zur Lagerung der Nabenhülse (12). Die Achse ist zweiteilig: der Achskörper (32) ist einfach zylindrisch mit zwei Gewindeenden aus ungehärtetem, durch Rollen kaltverfestigtem Werkstoff. Ein einsatzgehärteter Festkonus ist lösungssicher auf dem Achskörper befestigt und enthält alle Funktionsstellen, die verschleißfest und deshalb hart sein müssen: die Lagerung für den Planetenradträger (26), die Sonnenradverzahnung und eine Plan-Riffelverzahnung zur direkten Überleitung des Sonnenrad-Drehmoments auf den Fahrrad-Rahmen. Durch die letztgenannte Einzelheit bleibt der Achskörper frei von Getriebe-Reaktionsmomenten.

Das Getriebe hat durch eine Spezialverzahnung mit starkem Zahnfuß eine hohe Bruchfestigkeit, durch einsatzgehärtete Werkstoffe zudem hohe Verschleißfestigkeit. Damit ein Kräfteausgleich der (drei) Planetenräder (28) stattfinden kann, wird das Hohlrad (24) in der Getriebeebene nicht gelagert, sondern nur im Zahneingriff der Planetenräder radialbeweglich geführt. Auf Kugeln fest gelagert ist dagegen der Planetenradträger (26).

Vom Planetengetriebe führen zwei Antriebswege zur Nabenhülse:

Normalgang:

Planetenradträger (26) – Antriebsbuchse (18) – Bremskonus (14) – Sperrklinken (16) – Nabenhülse (12) – Sperrklinken (22) – außer Eingriff.

Schnellgang:

Planetenradträger (26) – Planetenräder – Hohlrad (24) – Sperrklinken (22) freigegeben durch Steuerbuchse (20) – Mitnehmerring (21) – Nabenhülse (12) – Sperrklinken werden überholt.

Bremsen

(in beiden Gängen gleich): Planetenradträger (26) – Antriebsbuchse (18) – Bremskonus (14) – Bremsmantel (11) – Nabenhülse (12).

Aus der Abb. 796 sind die Einbaumaße der Torpedo-Duomatic-Nabe R 2110 ersichtlich.

Abb. 793: Torpedo-Duomatic-Nabe R 2110.

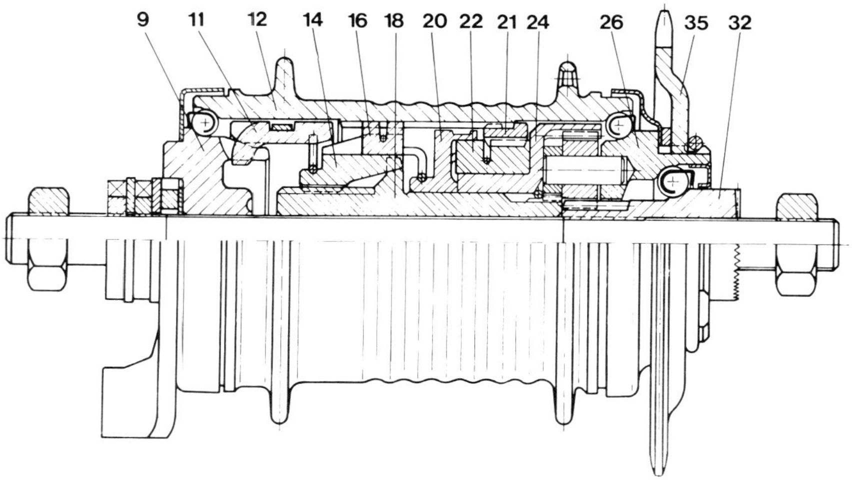

Abb. 794: Schnitt durch die Torpedo-Duomatic-Nabe R 2110.

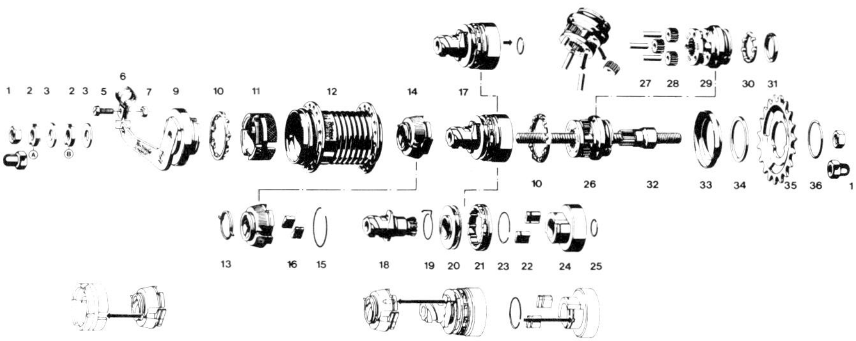

Abb. 795: Explosiv-Darstellung der Torpedo-Duomatic-Nabe R 2110.

Torpedo-Zweigang-Automatic-Nabe mit Rücktrittbremse

Diese Getriebenabe von F & S (Abb. 797) hat, wie die Torpedo-Duomatic-Nabe, auch keinen Schaltzug. Eine Fliehkraft-Schalteinrichtung innerhalb der Nabe besorgt die automatische Umschaltung und ist dabei so kompakt gestaltet, daß auch hier noch eine Rücktrittbremse bei Beibehaltung des Außendurchmessers der Nabenhülse Platz findet. Wie bei der Duomatic handelt es sich auch hier um eine Schnellgangnabe mit einem direkten (i = 1:1) und einem Schnellgang (i = 1:1,362).

Beim Anfahren ist ohne Zutun des Fahrers stets der kleinere Gang eingeschaltet. Erreicht der Fahrer eine Geschwindigkeit von 16 – 18 km/h, so wechselt der erste automatisch in den zweiten Gang über. Verringert sich das Tempo wieder unter 16 – 18 km/h, so schaltet bei kurzem Verlangsamen der Pedale (zur Entlastung der Getriebeteile während des Schaltvorganges) der zweite Gang wieder in den ersten, kleineren, zurück. Auch bei ständigem Fahren in der Nähe des Schaltpunktes ist die Funktion frei von Übergangserscheinungen: entweder der Normalgang ist noch voll eingeschaltet, oder aber der Schnellgang rastet spontan ein.

Das Kernstück dieser Getriebenabe ist die automatische Schalteinrichtung (Abb. 798). Die Fliehgewichte (18a) des Schaltmechanismus wiegen zusammen 41 g, die daraus resultierenden Fliehkräfte nur 0,194 N. Diese geringe Fliehkraft steuert Antriebskräfte von über 3000 N (bei 800 N Pedalkraft). Das Schaltsystem ist also ein mechanisches Relais, bei dem die Steuerkräfte zu den Antriebskräften ein Verhältnis von 1:15000 erreichen. Die konstruktiven Merkmale, die das ermöglichen, sind F & S geschützt.

Das Schaltsystem bildet mit dem Hohlrad (18d) des Planetengetriebes eine Baueinheit. Das Hohlrad (18d) trägt den zu steuernden Sperrklinkensatz (18c, siehe auch Abb. 799) mit Wirkung auf die Nabenhülse sowie zwei rotationssymmetrisch angeordnete Fliehgewichte (18a). Diese stehen unter dem Einfluß einer Rückholfeder (18e), welche die Schaltdrehzahl bestimmt. Beide Fliehgwichte sind über eine zentral gelagerte Steuerscheibe (18b) so miteinander gekoppelt, daß die Bewegungen beider Fliehgewichte synchronisiert[93] ablaufen. Hierdurch werden Stöße durch Fahrbahnunebenheiten sowie die Eigengewichte kompensiert. Die Bewegung der Fliehgewichte verdreht die Steuerscheibe (18b), die dann durch Profilkurvenausschnitte den Sperrklinkensatz aus- oder einschaltet.

Die Rückholfeder (18e) ist so ausgelegt, daß bei der Antriebsdrehzahl des Zahnkranzes (29), die einer Fahrgeschwindigkeit von 16–18 km/h entspricht, die Fliehgewichte nach außen schwenken und die Sperrklinken freigeben – der Schnellgang ist eingeschaltet. Fällt die Geschwindigkeit wieder unter 16 km/h oder die Pedale werden ganz angehalten, so klappen die Fliehgewichte nach innen und schalten die Sperrklinken (18c) aus – der direkte Gang ist wieder eingeschaltet.

Wie aus der Schnittzeichnung Abb. 798 ersichtlich, läuft der Kraftfluß im

[93] synchron = gleichlaufend

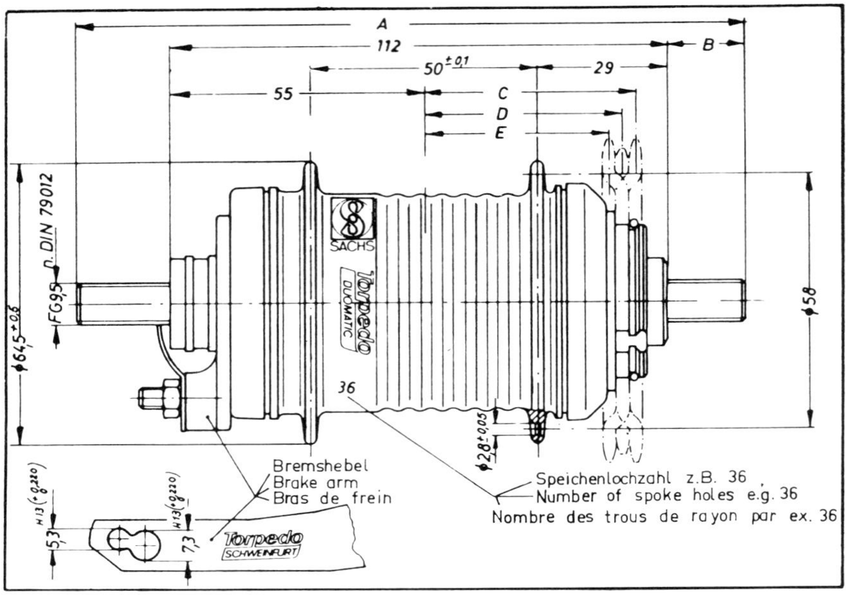

Abb. 796: Einbaumaße der Torpedo-Duomatic-Nabe R 2110.

Normalgang:

Zahnkranz (29) – Planetenradträger (20) – Antriebsbuchse (17) – Bremskonus (14) – Sperrklinken (16) – Nabenhülse (12).

Die gleiche Verbindung dient auch der Kraftübertragung beim Bremsen, wobei durch den Rücktritt der Bremskonus (14) über das Flachgewinde axial in den Bremsmantel (11) gedrückt wird. Die Klinken (16) werden von der Nabenhülse (12) überholt. Die Bremsbetätigung erfolgt immer direkt ohne Entkupplung.

Schnellgang:

Zahnkranz (29) – Planetenradträger (20) – Planetengetriebe – das schneller drehende Hohlrad (18d) – die auf dem Hohlrad sitzenden Sperrklinken (18c) – Mitnehmerring (18f).

Da das Getriebe immer im Eingriff ist, dreht auch das Hohlrad (18d) mit den Sperrklinken (18c) stets schneller als der Zahnkranz (29), d.h. der Schnellgang wäre immer eingeschaltet, wenn nicht der Eingriff der Sperrklinken (18c) in den Mitnehmerring (18f) ausgeschaltet würde. Das Ausschalten und Freigeben der Klinken aber besorgt die Fliehkraft-Schalteinrichtung automatisch in Abhängigkeit von der Zahnkranz-Drehzahl.

Die beschriebene Schaltautomatic arbeitet zwangsläufig mit der Rücktrittbremse zusammen: nach starkem Bremsen beschleunigt die Nabe anschließend stets im kleinen Gang.

Aus Abb. 800 sind die Einbaumaße der Torpedo-Zweigang-Automaticnabe ersichtlich.

Abb. 797: Torpedo-Zweigang-Automatic-Nabe mit Rücktrittbremse.

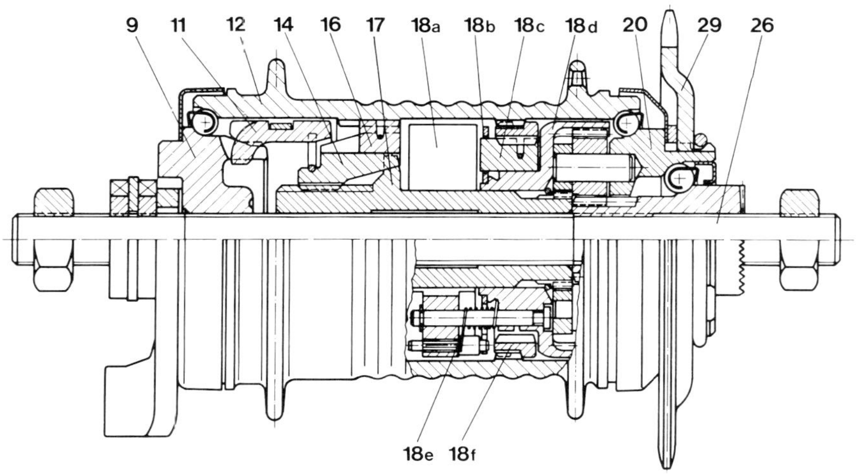

Abb. 798: Schnitt durch die Torpedo-Zweigang-Automatic-Nabe mit Rücktrittbremse.

Abb. 799: Hohlrad mit Sperrklinkensatz.

Übersetzungstabellen

der F & S-Torpedo-Zweigang-Duomatic- und Automatic-Naben

Normalräder

Kettenblatt	46		48		50		52	
Zahnkranz	2	1	2	1	2	1	2	1
14	4,46	3,29	4,66	3,43	4,86	3,57	5,05	3,71
15	4,17	3,06	4,35	3,20	4,53	3,33	4,71	3,46
16	3,91	2,88	4,09	3,00	4,25	3,13	4,42	3,25
17	3,68	2,71	3,84	2,82	4,00	2,94	4,16	3,06
18	3,48	2,56	3,63	2,67	3,78	2,78	3,93	2,89
19	3,29	2,42	3,44	2,53	3,58	2,63	3,72	2,74
20	3,13	2,30	3,26	2,40	3,40	2,50	3,54	2,60
21	2,98	2,19	3,11	2,29	3,24	2,38	3,37	2,48
22	2,84	2,09	2,97	2,18	3,09	2,27	3,21	2,36

Klapp- und Miniräder

Kettenblatt	38		40		42		44	
Zahnkranz	2	1	2	1	2	1	2	1
14	3,69	2,71	3,89	2,86	4,08	3,00	4,27	3,14
15	3,45	2,53	3,63	2,67	3,81	2,80	3,99	2,93
16	3,24	2,38	3,40	2,50	3,57	2,62	3,74	2,75
17	3,04	2,24	3,20	2,35	3,36	2,47	3,52	2,59
18	2,87	2,11	3,02	2,22	3,17	2,33	3,32	2,44
19	2,72	2,00	2,86	2,11	3,01	2,21	3,15	2,32
20	2,58	1,90	2,72	2,00	2,86	2,10	2,99	2,20
21	2,46	1,81	2,58	1,90	2,72	2,00	2,85	2,10
22	2,35	1,72	2,47	1,82	2,60	1,91	2,72	2,00

Abrollumfang (Reifendurchmesser × 3,14) der verschiedenen Reifengrößen (DIN 7800) siehe Seite 210 „Die Fahrradbereifung".

Die Abwicklung des Reifenumfangs auf der Straße pro Tretkurbelumdrehung = Abrollumfang × Übersetzung (= Entfaltung), z. B. 2,13 m × 4,46 = 9,5 m.

Dreigang- und Fünfgang-Getriebenaben

Torpedo-Dreigang-Getriebenabe mit Rücktrittbremse

Bei den heutigen Standard-Lösungen der Dreigangnaben erfolgt der Antrieb nicht direkt über den Planetenradträger oder das Hohlrad, sondern über ein besonderes Antriebsteil. Durch die Verwendung eines einzigen Getriebesatzes ist diese Lösung in der Herstellung am einfachsten. Durch Verschieben eines im Antriebsteil geführten Kupplungsteils werden wahlweise die drei Gänge geschaltet (Abb. 801 und 802). Dieses Prinzip kommt seit Jahren bei der Dreigangnabe von Fichtel & Sachs zur Anwendung, so auch beim Typ H 3111, der im Unterschied zur alten Dreigangnabe, Typ 515, aus Sicherheitsgründen keinen Leerlauf hat. Somit ist stets ein Gang im Eingriff. Dieser Effekt kommt wie folgt zustande:

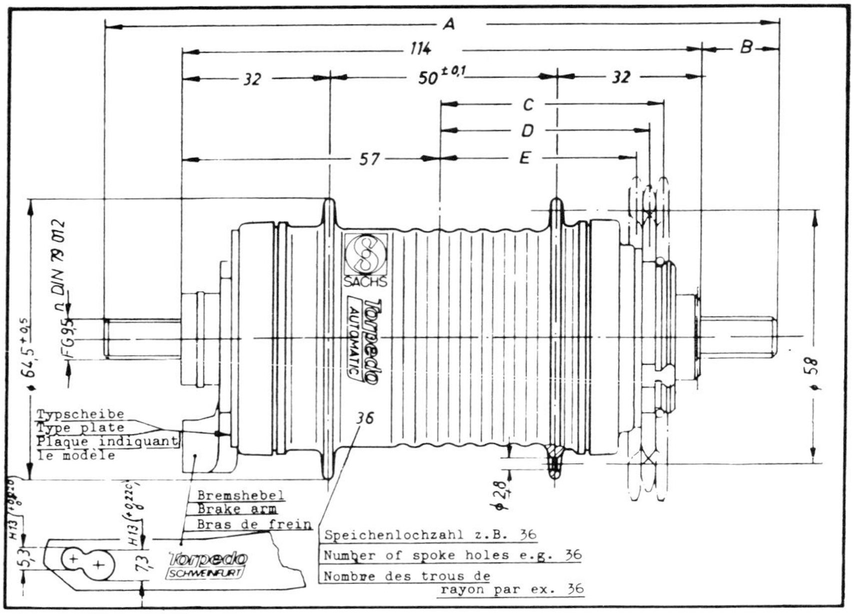

Abb. 800: Einbaumaße der Torpedo-Zweigang-Automatic-Nabe.

„Der sternförmige Mitnehmer auf dem Kupplungsrad greift im Schnellgang in die stirnseitig am Planetenradträger angeordnete Verzahnung ein. Gelangt das Kupplungsrad in die Zwischenstellung, wird es sowohl beim Bremsen als auch beim Antrieb über die schrägen Kanten an der Vorderseite des Planetenträgers zwangsläufig abgewiesen, und die Kupplungsverzahnung des Kupplungsrades greift in die entsprechende Verzahnung des Hohlrades ein."

Abb. 801: Torpedo-Dreigangnabe mit Rücktrittbremse.

Der Kraftfluß in den einzelnen Gängen (Abb. 803):

Schnellgang:

Antriebsteil (37) – Kupplungsteil (31) – Klauen des Planetenradträgers (26) – Planetengetriebe (25) – Hohlrad (30) – Klinkenfreilauf (33) – Nabenhülse (13).

Normalgang:

Antriebsteil (37) – Kupplungsteil (31) – Hohlrad (30) – Klinkenfreilauf (33) – Nabenhülse (13).

Berggang:

Antriebsteil (37) – Kupplungsteil (31) – Klinkenfreilauf (33) ausgeschaltet – Hohlrad (30) – Planetengetriebe (25) – Planetenradträger (26) – zweiter Klinkenfreilauf (16) – Nabenhülse (13).

Übersetzungsverhältnis:

1. Gang (Berggang): 1:0,73 (–27%)
2. Gang (Normalgang): 1:1
3. Gang (Schnellgang): 1:1,36 (+36%)

1. Schnellgang (Abb. 804)

Ganganzeige steht auf „3"

Durch den aufgesteckten Zahnkranz (44) wird der Antreiber (37) angetrieben. Über die Kupplungszähne in der Bohrung des Antreibers wird das verschiebbare Kupplungsrad (31) mitgenommen (Stellung des Kupplungsrades: ganz links in Endstellung).

Auf der kleinen Verzahnung des Kupplungsrades ist eine sternförmige Mitnehmerscheibe (29) befestigt, die in die Aussparungen auf der Stirnseite des Planetenradträgers (26) eingreift und diesen mitnimmt. Die drei Planetenrädchen (25) rollen auf dem mit der Achse feststehenden Sonnenrad (34) ab und treiben dabei das Hohlrad (30) mit erhöhter Geschwindigkeit (~ 36 Prozent) an. Die Sperrklinken (33) auf dem Hohlrad (30) greifen in die Verzahnung der Nabenhülse (13) ein und übertragen so die Antriebskraft auf das Hinterrad.

Ein zweites Klinkengesperre (16) für den Berggang befindet sich auf dem Bremskonus (15). Dieser ist über ein Flachgewinde mit dem Planetenradträger (26) verbunden – er wird durch die schneller umlaufende Nabenhülse (13) überholt.

2. Normalgang (Abb. 805)

Ganganzeige steht auf „2“

Über Schalter, Seilzug und Zugstängchen (48) wird das Kupplungsrad (31) durch den Schubklotz (47) nach rechts gezogen. Jetzt greift die kleine Verzahnung des Kupplungsrades (31) in die entsprechende Kupplungsverzahnung des Hohlrades (30) ein. Der Antrieb erfolgt nun direkt (also im Verhältnis 1:1) über die Sperrklinken (33) auf die Nabenhülse (13). Über die Innenverzahnung des Hohlrades (30) wird das Getriebe leer mitgenommen und bleibt somit wirkungslos.

3. Berggang (Abb. 806)

Ganganzeige steht auf „1“

Über das Zugstängchen (48) wird der Schubklotz (47) und damit das Kupplungsrad (31) ganz nach rechts gezogen. Die Mitnehmerscheibe (29) schiebt dabei das Hohlrad (30) bis an die Planseite des Antreibers (37). Die Sperrklinken (33) werden dadurch über den Konus in die kleinere Bohrung der Nabenhülse (13) gezo-

Abb. 802: Dreigang-Getriebesatz der F & S-Dreigangnabe.

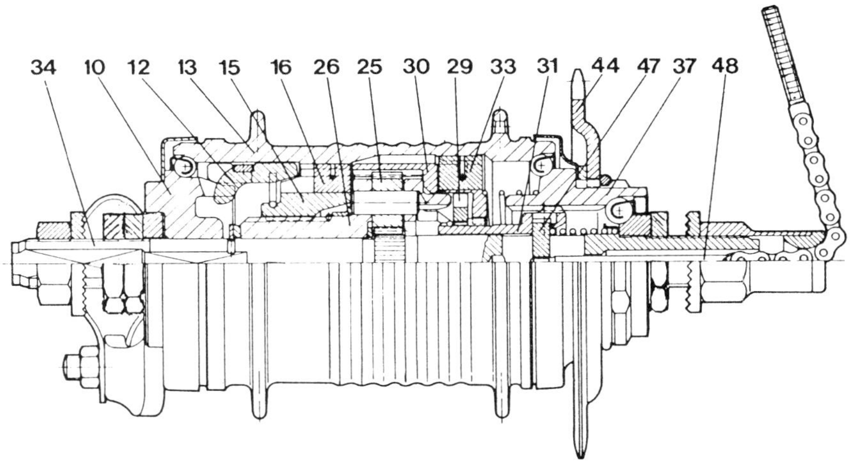

Abb. 803: Schnitt durch die Torpedo-Dreigangnabe mit Rücktrittbremse.

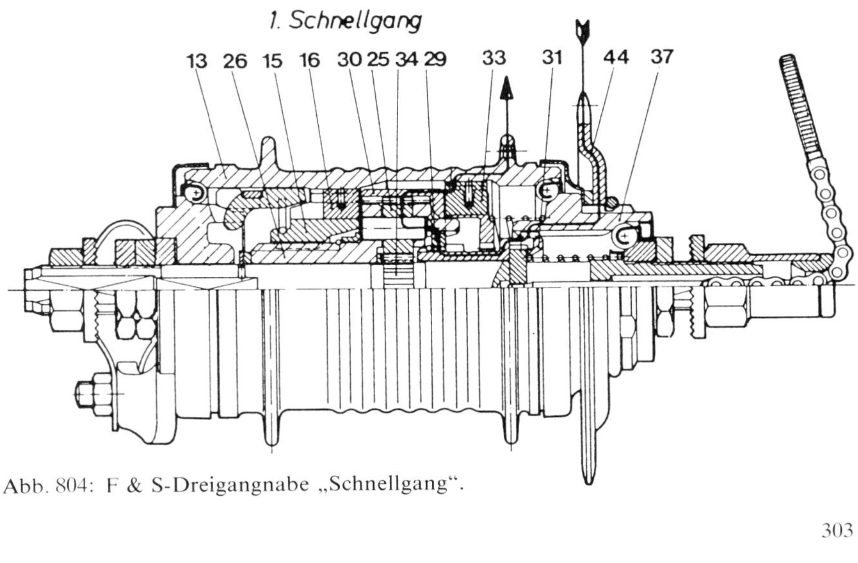

Abb. 804: F & S-Dreigangnabe „Schnellgang“.

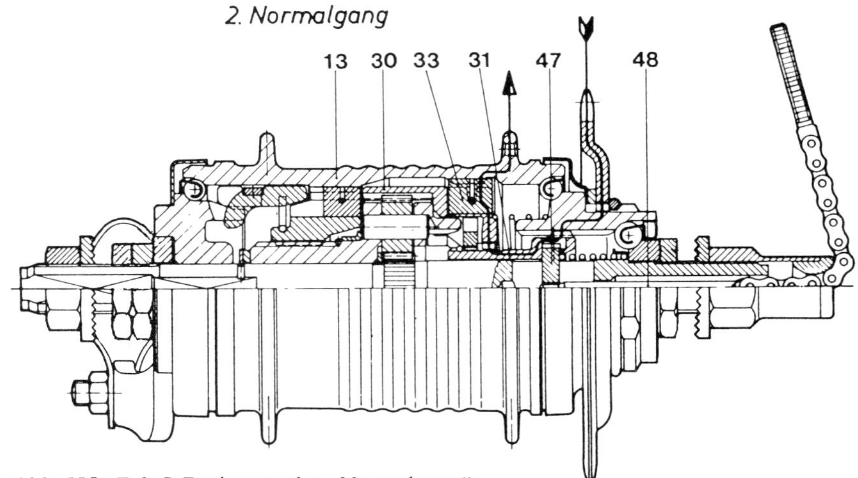

Abb. 805: F & S-Dreigangnabe „Normalgang“.

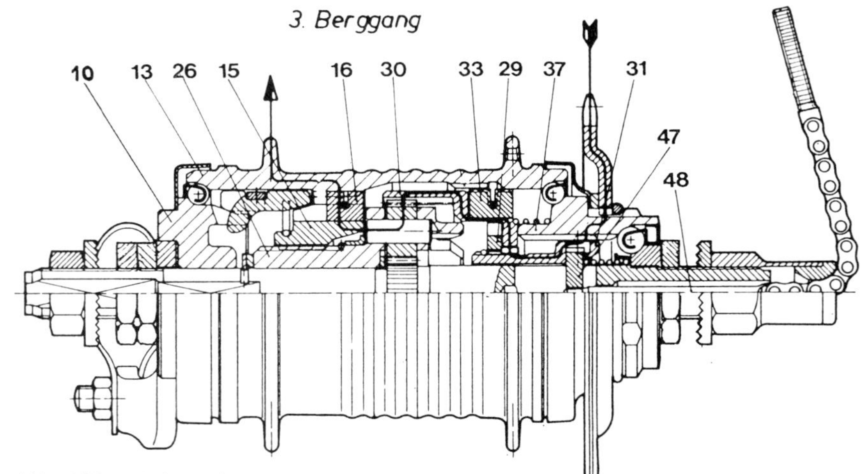

Abb. 806: F & S-Dreigangnabe „Berggang“.

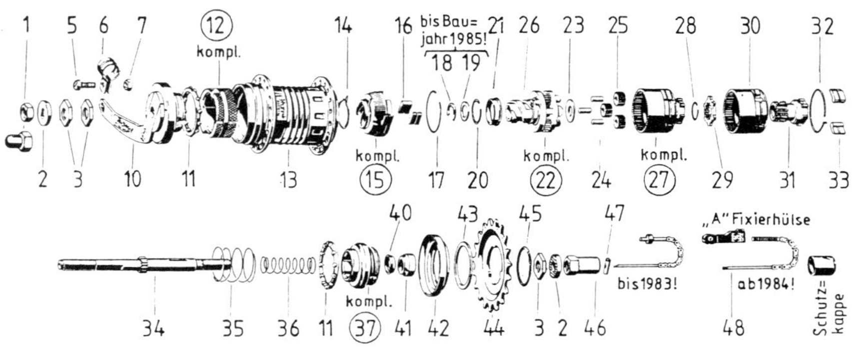

Abb. 807: Explosiv-Darstellung der Torpedo-Dreigangnabe mit Rücktrittbremse.

gen und somit am Eingreifen in die Klinkenverzahnung gehindert. Der Kraftschluß des Planetengetriebes wird jedoch nicht unterbrochen, er erfolgt jetzt über das Hohlrad (30), Planetenradträger (26), Bremskonus (15) und Sperrklinken (16) auf die Verzahnung der Nabenhülse (13). Die Übersetzung des Planetengetriebes bewirkt jetzt eine Geschwindigkeitsverminderung um ca. 27 Prozent.

4. Rücktrittbremse

(Abb. 803 und 807)

Beim Rückwärtstreten wird der Bremskonus (15) über das Flachgewinde des Planetenradträgers (26) in den Konus des zweiteiligen Bremsmantels (12) gedrückt und schiebt diesen auf die konische Fläche des Hebelkonus (10). Die beiden Hälften des Bremsmantels (12) werden auseinandergespreizt, pressen sich gegen den Bremszylinder der Nabenhülse (13) und bremsen das Hinterrad ab. Das Bremsmoment wird über den feststehenden Hebelkonus (10) und den Bremshebel auf den Fahrrad-Rahmen übertragen.

Der Bremskraftverlauf erfolgt im Schnellgang direkt vom Antreiber (37) über das Kupplungsrad (31) und den Planetenradträger (26) zum Bremskonus (15). Im Normal- oder im Berggang wird die Bremskraft vom Antreiber (37) über Kupplungsrad (31), Hohlrad (30) und Planetenradträger (26) zum Bremskonus (15) übertragen. Bei diesem Kraftverlauf wirkt sich die Übersetzung im Planetengetriebe aus, sie bewirkt eine Steigerung der Bremsleistung.

5. Freilauf

Hört der Tretantrieb auf, so dreht sich die Nabenhülse frei auf den beiden äußeren Kugellagern. Beide Klinkengesperre (16 und 33) werden überholt und erzeugen dabei ein gleichmäßig tickendes (unbedenkliches) Geräusch.

Bedienung

Die Nabe läßt sich leicht und problemlos über einen Clickschalter (Abb. 808), Speed Shift (Abb. 809) oder Sachs-Schalter (Abb. 810) schalten, wenn ohne Kraft weiter getreten und vor Steigungen rechtzeitig

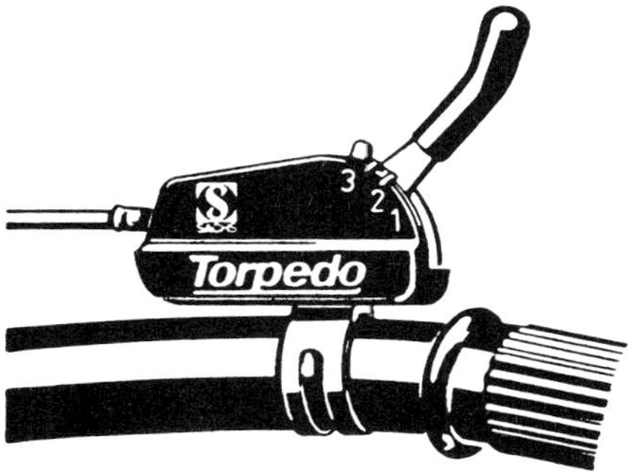

Abb. 808: Clickschalter.

Abb. 809: Speed Shift.

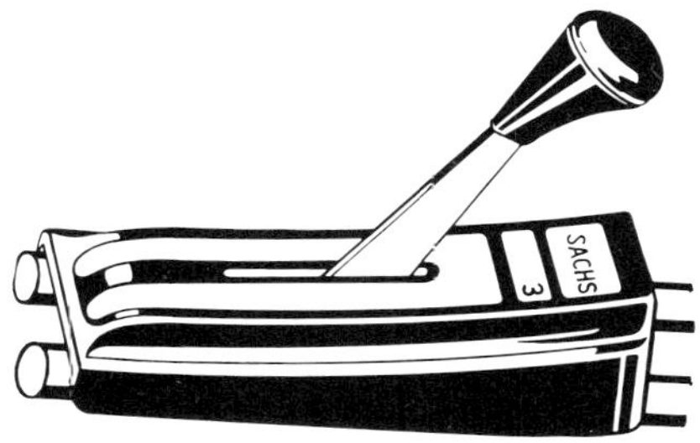

Abb. 810: Sachs-Schalter für Doppelrohrrahmen.

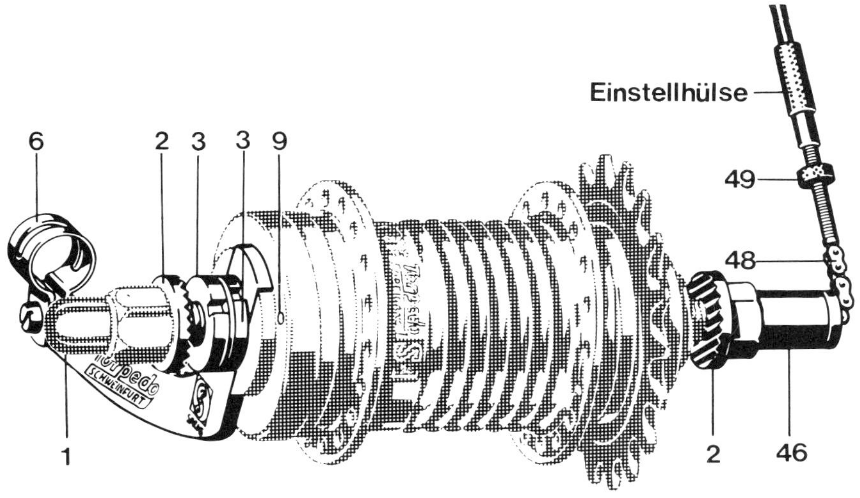

Abb. 812: Zugseil-Einstellung der Torpedo-Dreigangnabe.

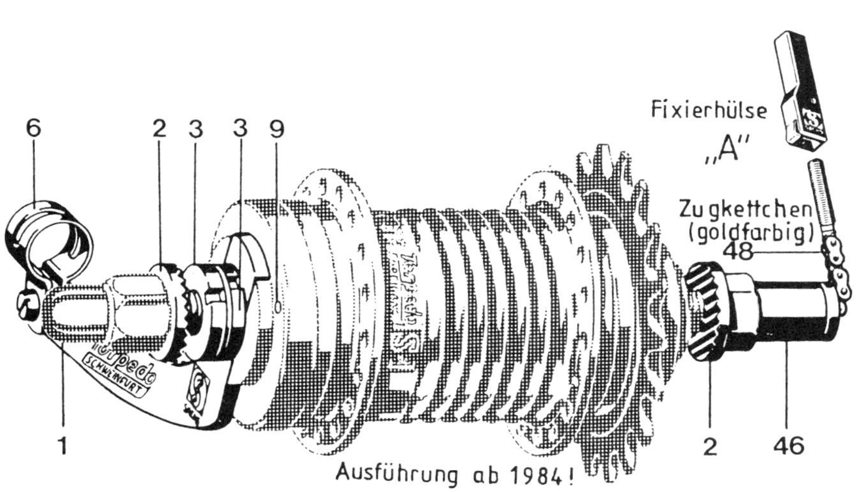

Abb. 813: Zugseil-Einstellung der Torpedo-Dreigangnabe mit Fixierhülse.

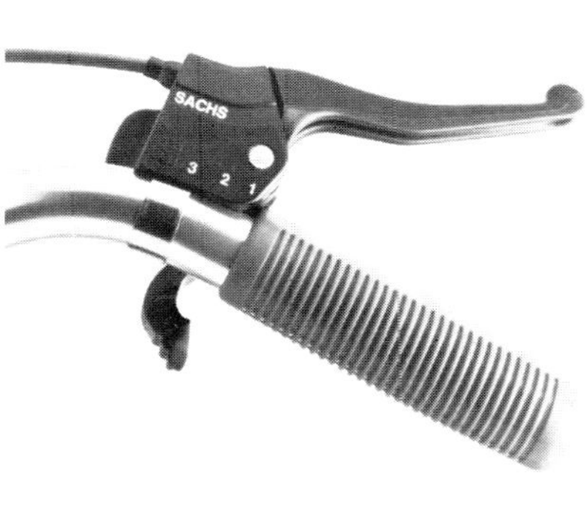

Abb. 811: Sachs Combiclick.

umgeschaltet wird. Greift der gewünschte Gang nicht sofort ein, so ist die Tretbewegung kurz zu unterbrechen.

Für Dreigangnaben mit Handhebel betätigten Trommelbremsen (siehe Abb. 819–821) wurde ein kombinierter Schalter geschaffen, mit dem geschaltet und gebremst werden kann, ohne die Hand vom Lenker zu nehmen (Abb. 811).

Der Schalter läßt sich mühelos „antippen", Ecken und Kanten sind verletzungssicher gerundet. Die Schalt- und Bremskombination sitzt genau dort, wo sie zum Schalten mit einem leichten Daumendruck erreichbar ist und zum Bremsen sicher gegriffen werden kann.

Zur Montage des „Combiclicks" und des Wulstgriffes muß das Lenkerrohrende 125 mm lang und gerade sein.

Beim Einbauen des Hinterrades ist darauf zu achten, daß die Fixierscheiben (2, Abb. 812) auf beiden Achsenden mit der geriffelten Fläche gegen den Rahmen gedrückt werden und der Bremshebel spielfrei mit dem Rahmen verbunden wird,

d. h. es muß eine passende Rohrschelle (6) samt Schraube verwendet werden.

Das Zugstängchen (48) ist nicht fest einzuschrauben, d. h., beim Anschließen an die Schaltvorrichtung ist es entsprechend nach links zurückzuschrauben. Außerdem ist darauf zu achten, daß beim Aufschrauben der Kettenleitmutter (46) das Zugkettchen (48) nicht beschädigt wird.

Da die Nabe keinen Leerlauf mehr zwischen zweitem und drittem Gang hat, ist sie wie folgt einzustellen:

1. Schalter in Gangstellung 3 bringen (Abb. 808, 809, 810 und 811).

2. Bei lockerem Zugseil durch Bewegen des Pedalarmes den Gang in der Nabe einrasten lassen.

3. Zugseil durch Verdrehen der Einstellhülse soweit leicht spannen, bis das Zugkettchen sich gerade aus der Kettenleitmutter (46) bewegt.

4. Lassen sich alle Gänge einwandfrei schalten, so ist die Schaltung richtig eingestellt (Abb. 812).

5. Einstellhülse festhalten und Rändelmutter (49) fest dagegenschrauben.

Fixierhülse (Abb. 813)

Für eine leichte Montage, Demontage und Einstellung der Schaltung der Dreigangnabe wurde ab 1984 die Einstellhülse, die Kontermutter (49) und das Zugkettchen (48) durch die Fixierhülse mit neuem Zugkettchen ersetzt (Abb. 814).

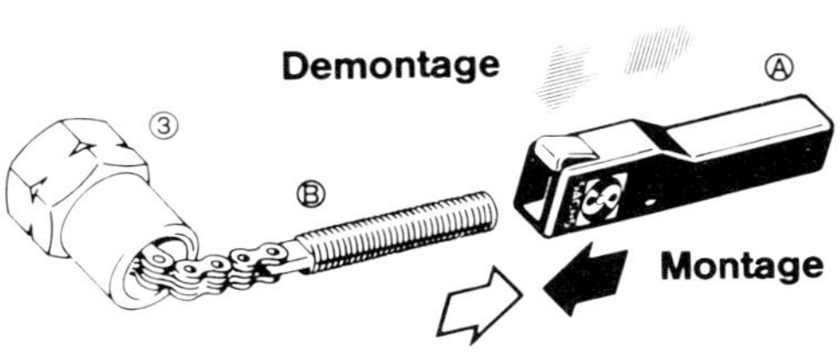

Abb. 814: Fixierhülse.

Mit der Fixierhülse wird beim Radwechsel der Seilzug vom Zugkettchen schnell gelöst und wieder verbunden sowie die Einstellung der Nabe einfacher.

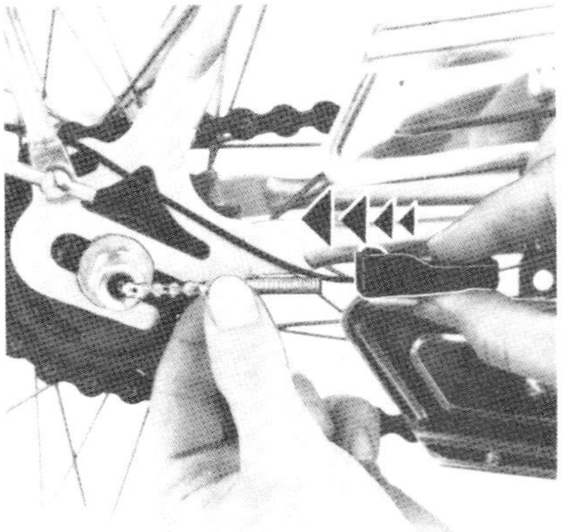

Abb. 815: Zugseil und Zugkettchen mit Fixierhülse zusammenstecken.

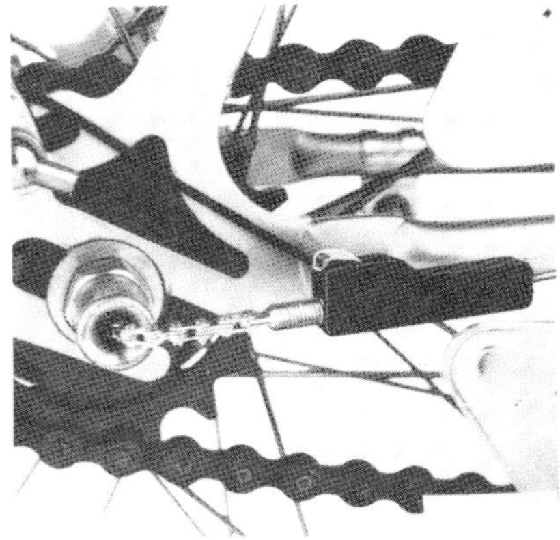

Abb. 816: Einstellung der Gangschaltung.

Übersetzungstabellen der Torpedo-Dreigang-Naben

Normalräder

Kettenblatt	46			48			50			52		
Zahnkranz	3	2	1	3	2	1	3	2	1	3	2	1
14	4,46	3,29	2,40	4,66	3,43	2,50	4,86	3,57	2,61	5,05	3,71	2,71
15	4,17	3,06	2,24	4,35	3,20	2,34	4,53	3,33	2,43	4,71	3,46	2,53
16	3,91	2,88	2,10	4,08	3,00	2,19	4,25	3,13	2,28	4,42	3,25	2,37
17	3,68	2,71	1,98	3,84	2,82	2,06	4,00	2,94	2,15	4,16	3,06	2,23
18	3,48	2,56	1,86	3,63	2,67	1,95	3,78	2,78	2,03	3,93	2,89	2,11
19	3,29	2,42	1,77	3,44	2,53	1,85	3,58	2,63	1,92	3,72	2,74	2,00
20	3,13	2,30	1,68	3,26	2,40	1,75	3,40	2,50	1,83	3,54	2,60	1,90
21	2,98	2,19	1,60	3,11	2,29	1,67	3,24	2,38	1,74	3,37	2,48	1,81
22	2,84	2,09	1,53	2,97	2,18	1,59	3,09	2,27	1,66	3,21	2,36	1,72

Klapp- und Miniräder

Kettenblatt	38			40			42			44		
Zahnkranz	3	2	1	3	2	1	3	2	1	3	2	1
14	3,69	2,71	1,98	3,89	2,86	2,09	4,08	3,00	2,19	4,27	3,14	2,29
15	3,45	2,53	1,85	3,63	2,67	1,95	3,81	2,80	2,04	3,99	2,93	2,14
16	3,24	2,38	1,74	3,40	2,50	1,83	3,57	2,62	1,92	3,74	2,75	2,01
17	3,04	2,24	1,63	3,20	2,35	1,72	3,36	2,47	1,80	3,52	2,59	1,89
18	2,87	2,11	1,54	3,02	2,22	1,62	3,17	2,33	1,70	3,32	2,44	1,78
19	2,72	2,00	1,46	2,86	2,11	1,54	3,01	2,21	1,61	3,15	2,32	1,69
20	2,58	1,90	1,39	2,72	2,00	1,46	2,86	2,10	1,53	2,99	2,20	1,61
21	2,46	1,81	1,32	2,58	1,90	1,39	2,72	2,00	1,46	2,85	2,10	1,53
22	2,35	1,72	1,26	2,47	1,82	1,33	2,60	1,91	1,39	2,72	2,00	1,46

Abrollumfang (Reifendurchmesser × 3,14) der verschiedenen Reifengrößen (DIN 7800) siehe Seite 210 „Die Fahrradbereifung“.

Die Abwicklung des Reifenumfangs auf der Straße pro Tretkurbelumdrehung = Abrollumfang × Übersetzung (= Entfaltung), z. B. 2,13 m × 4,46 = 9,5 m.

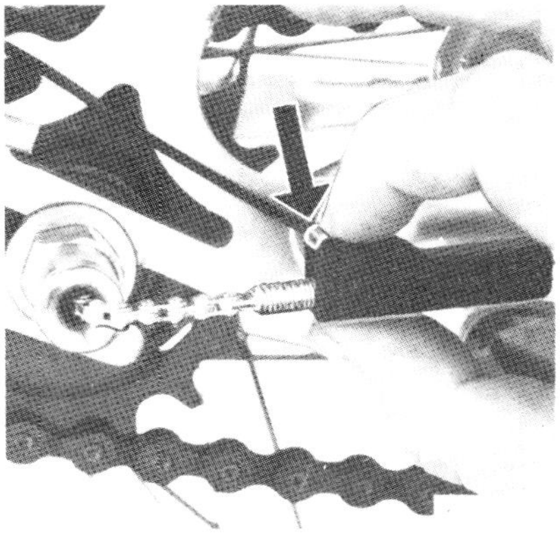

Abb. 817: Lösen der Verbindung Zugkettchen-Zugseil.

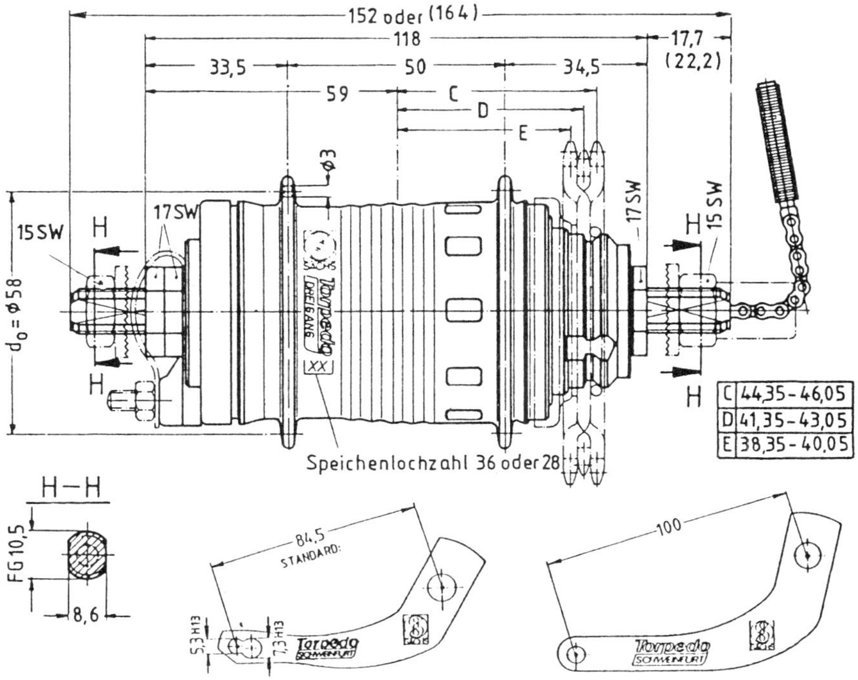

Abb. 818: Einbaumaße der Torpedo-Dreigangnabe mit Rücktrittbremse.

Montage und Einstellung

Das Zugseil und das neue Zugkettchen B (goldfarbene Oberfläche) mit der Fixierhülse A einfach zusammenstecken (Abb. 815).

Zur Einstellung der Schaltung (Schalter in Gangstellung „3") wird die Fixierhülse soweit auf den gerillten Teil des Zugkettchens aufgeschoben, bis das Zugseil straff ist (Abb. 816).

Ist die Einstellung (Zugseil) zu lose, dann läßt sich das Zugkettchen B von Hand weiter aus der Kettenleitmutter (3) ziehen. Ist dagegen die Einstellung (Zugseil) zu stramm, läßt sich der Schalthebel nur schwer in Gangstellung „1" bringen.

Die Demontage erfolgt durch Druck auf die Metalltaste der Fixierhülse, und die Verbindung zwischen Zugkettchen und Zugseil ist gelöst (Abb. 817).

Da sich die Schaltzugeinstellung in der ersten Zeit nach Inbetriebnahme etwas längt, ist eine gelegentliche Kontrolle zu empfehlen. Diese wird auch dann notwendig, wenn die Seilführungsteile in Gegenhalter und Seilrolle nicht festgeschraubt sind sowie wenn die Kette nachgespannt wird.

Die Rücktrittbremse der Nabe ist nicht unbegrenzt belastbar. Je höher die Bremsleistung, desto stärker erhitzt sich die Nabe, was zu Schmiermittelverlust führen kann. Deshalb sollte bei langen und steilen Abfahrten abwechselnd auch die zweite Bremse mitbenutzt werden, damit sich die Hinterradnabe abkühlen kann. Aus Abb. 818 sind die Einbaumaße der Torpedo-Dreigang-Nabe ersichtlich.

Torpedo-Dreigang-Getriebenabe mit Trommelbremse

Naben mit Trommelbremse (technisch richtige Bezeichnung = Innenbackenbremse) werden für Fahrräder immer mehr verwendet.

Abb. 819: Torpedo-Dreigangnabe T Typ H 3120 mit Trommelbremse.

Im Gegensatz zur Rücktrittbremse fällt auch bei langen und steilen Abfahrten die Bremsleistung der Trommelbremse nur wenig ab. Trommelbremsen sind ein Sicherheits-Plus für den Radtouristen, Wetter und Nässe beeinträchtigen ihre Wirkung nicht.

Deshalb war es naheliegend, die bewährte Torpedo-Dreigangnabe mit einem Leichtmetall-Nabenkörper und einer 70-mm-Trommelbremse zu liefern (Abb. 819).

Die Trommelbremsnabe kann in fast alle Fahrräder eingebaut werden (Abb. 820).

Geschaltet wird sie mit dem Clickschalter (Abb. 808), aber noch zweckmäßiger mit dem Combiclick (Abb. 811).

Das Getriebe entspricht der Dreigangnabe „L" ohne Rücktrittbremse.

In der Abb. 821 ist die Torpedo-Dreigangnabe mit Trommelbremse in ihren Einzelteilen gezeigt.

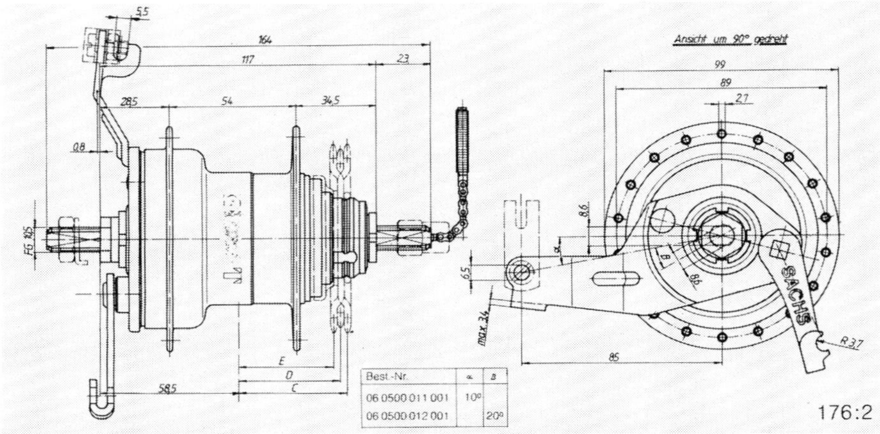

Verwendbare Zahnkränze Sprockets to be used Pignons utilisables			
Kettenlinien Chain lines Lignes de chaîne			Zähnezahl Number of teth Nombre de dents
Versetzt Offset Déporté	Gerade Flat Droit	Versetzt Offset Déporté	
C	D	E	
		38,4	16 . . . 22
		40,1	16 . . . 22
	41,4		15, 16, 18 . . . 20
	43,1		14, 16, 18 . . . 20
44,4			15 . . . 22
46,1			15 . . . 22

Abb. 820: Einbaumaße der Torpedo-Dreigangnabe T mit Trommelbremse.

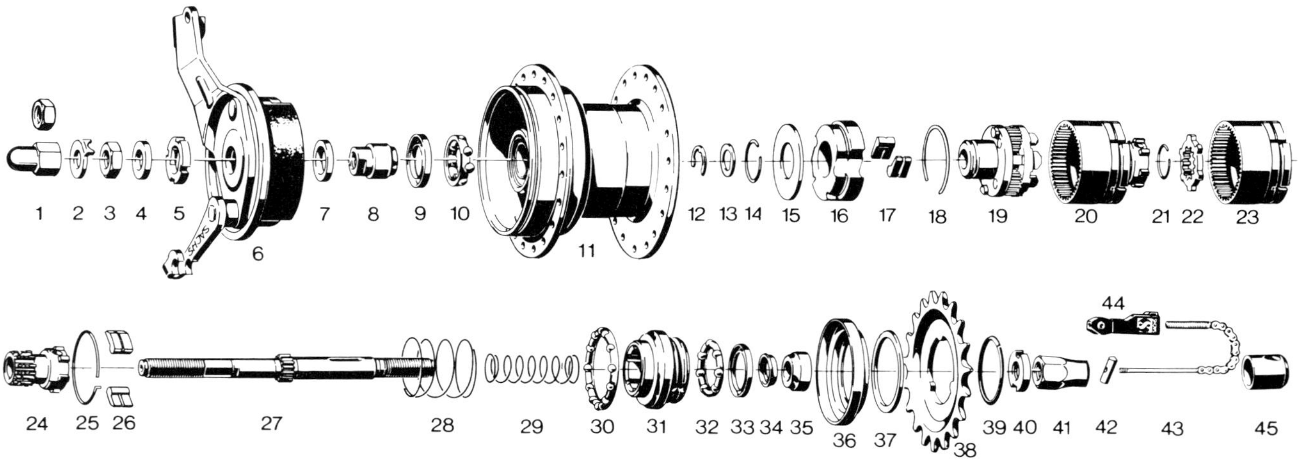

Abb. 821: Explosiv-Darstellung der Torpedo-Dreigangnabe T mit Trommelbremse.

Torpedo Pentasport-Fünfgang-Getriebenabe mit Rücktrittbremse

Mit der sportlichen Torpedo Pentasport-Fünfgangnabe von Sachs, Typ H 5111, wird erstmals auch für Leichtlaufräder eine brems- und schaltungssichere Alternative zu den bislang verwendeten Fünf- und Sechsgang-Kettenschaltungen geboten (Abb. 822).

Abb. 822: Torpedo Pentasport-Fünfgangnabe mit Rücktrittbremse von Sachs.

Die kompakte, leichtgewichtige Baueinheit von Antrieb, Freilauf und Rücktrittbremse garantiert eine hervorragende Sicherheit. Mit der wartungsarmen Rücktrittbremse, die unabhängig von äußeren Einflüssen sofort reagiert und immer gleichmäßig verzögert, werden in vielerlei Hinsicht neue Maßstäbe gesetzt. Stete Bremsbereitschaft in allen Gängen, kurze Bremswege, geringe Pedalkraft, auch bei nasser Fahrbahn, sind die Vorteile der Rücktrittbremse (Abb. 823).

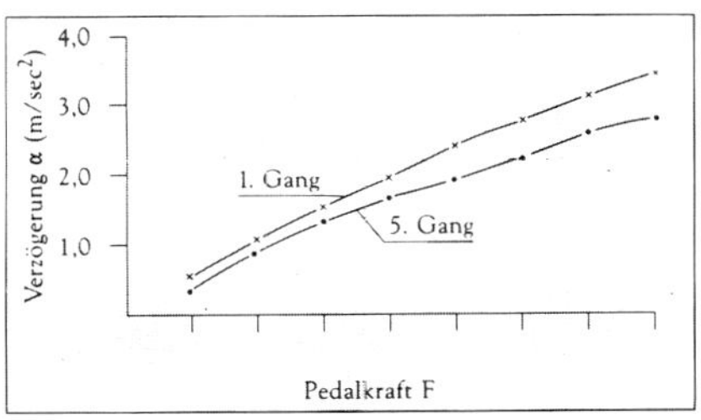

Abb. 823: Bremsdiagramm.

Durch die Sicherheitskupplung im Planetengetriebe ist eine ständige Antrittsbereitschaft vorhanden, ein Durchrutschen zwischen zwei Gängen ist ausgeschlossen.

Mit den fünf ideal abgestimmten Gängen (Übersetzungsverhältnis 224%) bietet die Torpedo Pentasportnabe mehr als die meisten Fünf- bis Sechsgang-Kettenschaltungen (215%). Dieser Übersetzungsvorteil wird ohne Gewichtsnachteile erreicht. Die Pentasport ist ähnlich leicht wie ein Kettenschaltsystem mit Felgenbremse (Abb. 824 und 825).

Griffbereit am Lenker ist der Rastenschalter montiert (auch als Lenkerschaft-Ausführung vorhanden). Das Schalten der Gänge funktioniert auch im Stand, je-

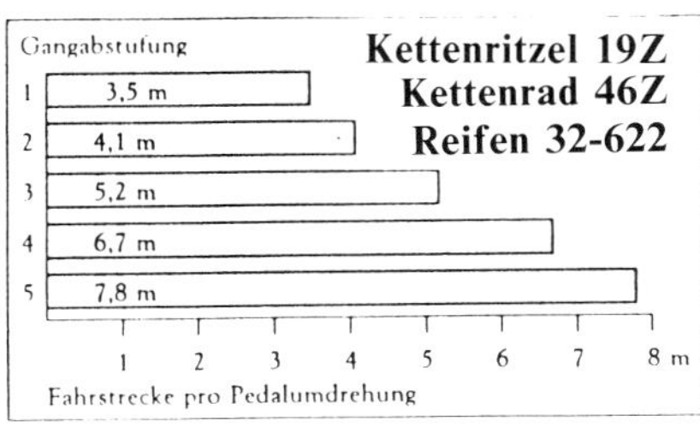

Abb. 824: Übersetzungstabelle.

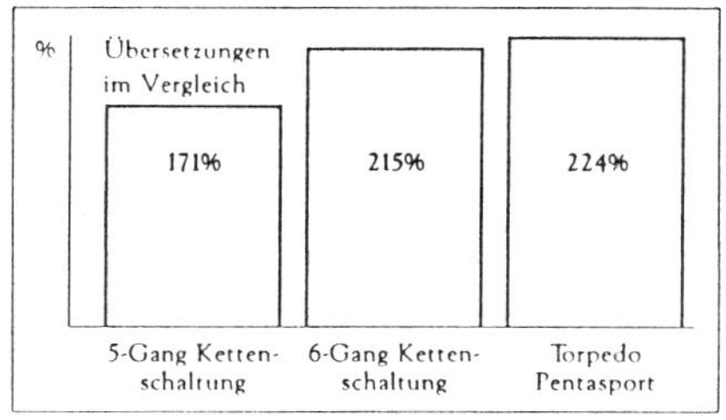

Abb. 825: Übersetzungen im Vergleich.

der Gang rastet schnell und sicher ein. Der jeweils eingelegte Gang erscheint im Sichtfenster des Schalters.

Technische Daten der Fünfgangnabe

Gesamtübersetzung 224%

1. Gang (großer Berggang)
   Übersetzung 1 : 0,67 (–33%)
2. Gang (kleiner Berggang)
   Übersetzung 1 : 0,78 (–22%)
3. Gang (Normalgang)
   Übersetzung 1 : 1
4. Gang (kleiner Schnellgang)
   Übersetzung 1 : 1,28 (+ 28%)
5. Gang (großer Schnellgang)
   Übersetzung 1 : 1,50 (+ 50%)

Zahnkränze: 15 bis 24 Zähne

Gewichte: Nabe (ohne Zubehör)	1 400 g
Lenkerschalter	95 bzw. 105 g
Zubehör	175 g
Gesamtgewicht	1 680 g

Zum Vergleich: eine Sechsgang-Kettenschaltung (Sachs-Huret) mit Felgenbremse wiegt 1 565 g.

Einbauvoraussetzungen sind eine gute Festigkeit des Rahmenhinterbaues (wie für Rücktrittbremsen üblich), die Klemmweite des Rahmens von 122 mm und die Kettenlinie 43,5 – 46,5 – 49,5 mm. Aus der Abb. 826 sind die Einbaumaße der Nabe ersichtlich.

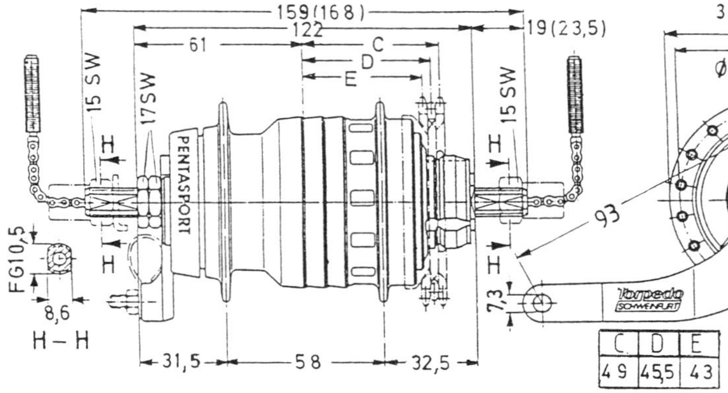

Abb. 826: Einbaumaße der Torpedo Pentasport-Fünfgangnabe mit Rücktrittbremse.

Funktionsbeschreibung

Torpedo Pentasport-Fünfgangnabe mit Rücktrittbremse H 5111

Für eine anschauliche Gesamtübersicht und zum besseren Verständnis bei der Beschreibung der Funktionen ist die Nabe in einer Explosivdarstellung vorweg gezeigt (Abb. 827). Die angegebenen Positionsnummern sind die gleichen wie in den folgenden Schnittzeichnungen 828 bis 833.

Großer Schnellgang (Abb. 828)

Schalter steht auf – 5 –

Durch den aufgesteckten Zahnkranz (40) wird über den Antreiber (37) das verschiebbare Kupplungsrad (30) angetrieben. Auf der linken Verzahnung des Kupplungsrades ist eine sternförmige Mitnehmerscheibe (30A) befestigt, die in die Aussparungen auf der Stirnseite des Planetenradträgers (18) eingreift und diesen mitnimmt. Die drei Doppel-Planetenräder (18A), welche in die beiden Sonnenräder (24 und 22) eingreifen, stützen sich dabei in dem über das Zugstängchen (2) nach links geschobenen und so mit der Achsverzahnung (23A) gekuppelten Sonnenrad (24) ab und treiben dabei das Hohlrad (31) mit erhöhter Geschwindigkeit (50%) an. Die Sperrklinken (33) auf dem Hohlrad (31) greifen in die Verzahnung (03) der Nabenhülse (04) ein und übertragen so die Antriebskraft auf das Hinterrad.

Auf dem Bremskonus (13), der über ein Flachgewinde mit dem Planetenradträger (18) verbunden ist, befindet sich ein weiteres Klinkengesperre (14) für die beiden

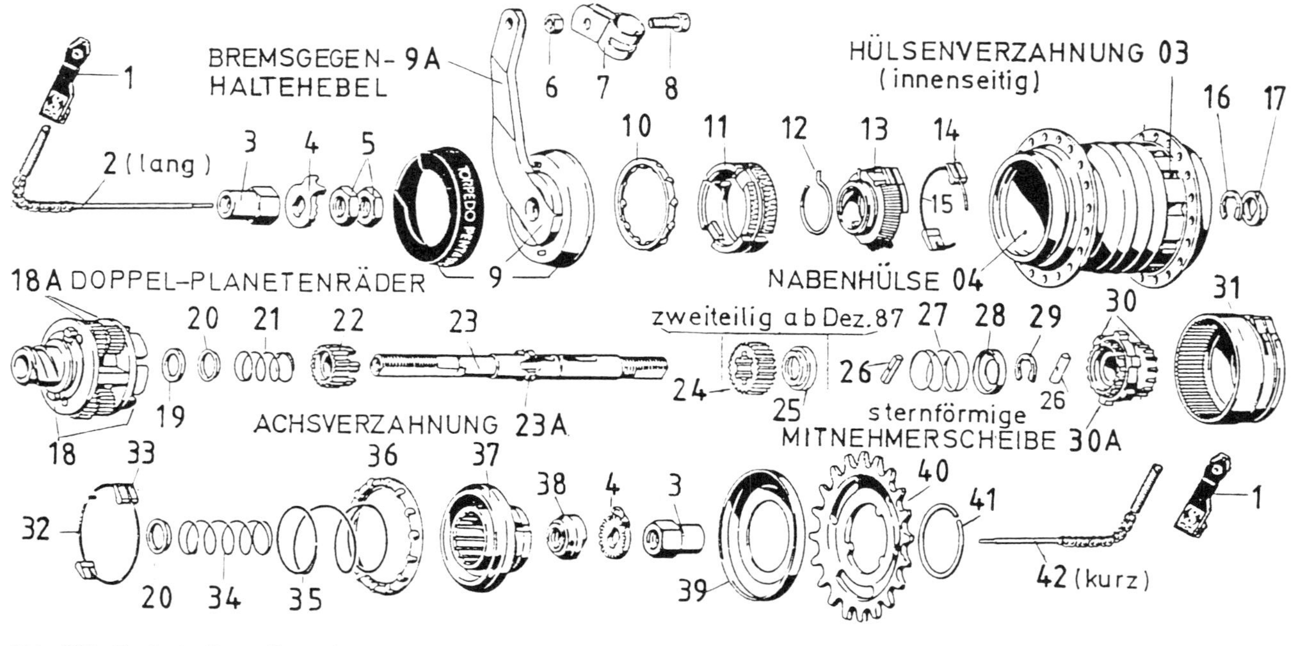

Abb. 827: Explosiv-Darstellung der Torpedo Pentasport-Fünfgangnabe mit Rücktrittbremse.

Berggänge. Dieses Klinkengesperre wird durch die schneller umlaufende Nabenhülse überholt.

Kleiner Schnellgang (Abb. 829)

Schalter steht auf – 4 –

Über den Schalter wird durch Lösen der Seilspannung für das linke Zugstängchen (2) ein Umkuppeln der beiden Sonnenräder bewirkt. Durch die Feder (21) wird dabei das Sonnenrad (22) nach rechts geschoben und so mit der Achsverzahnung (23A) gekuppelt.

Die axiale Position des Kupplungsrades (30) bleibt unverändert.

Der Antrieb erfolgt nun vom Zahnkranz (40) über Antreiber (37), Kupplungsrad (30) und Mitnehmerscheibe (30A) auf den Planetenradträger (18). Die drei Doppel-Planetenräder (18A) stützen sich nun in dem Sonnenrad (22) ab und treiben dabei das Hohlrad (31) mit erhöhter Geschwindigkeit (ca. 29%) an. Durch die Sperrklinken (33) auf dem Hohlrad wird die Antriebskraft über die Nabenhülse (04) auf das Hinterrad übertragen.

Normalgang (Abb. 830)

Schalter steht auf – 3 –

Über das Zugstängchen (42) und den Schubklotz (26) wird das Kupplungsrad (30) so weit nach rechts verschoben, bis die linke Verzahnung des Kupplungsrades (30) in die entsprechende Kupplungsverzahnung des Hohlrades (31) eingreift. Der Antrieb erfolgt nun direkt vom Zahnkranz (40) über Antreiber, Kupplungsrad, Hohlrad und Sperrklinke (33) auf die Nabenhülse (04) und schließlich auf das Hinterrad.

Kleiner Berggang (Abb. 831)

Schalter steht auf – 2 –

Über das Zugstängchen (42), Schubklotz (26) und Kupplungsrad (30) wird das Hohlrad (31) nach rechts verschoben und so die Sperrklinke (33) aus der Verzahnung (03) ausgekuppelt.

Nun erfolgt der Antrieb vom Zahnkranz (40) über Antreiber, Kupplungsrad, Hohl-

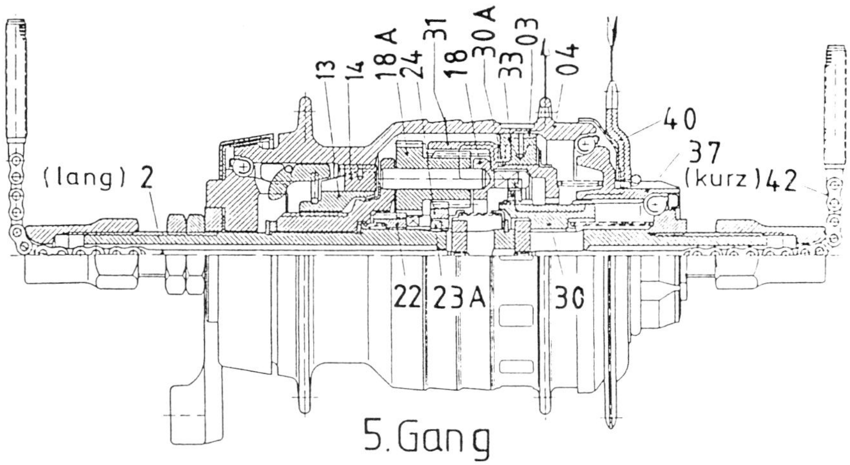

Abb. 828: Schnitt durch die Torpedo Pentasport-Fünfgangnabe, 5. Gang.

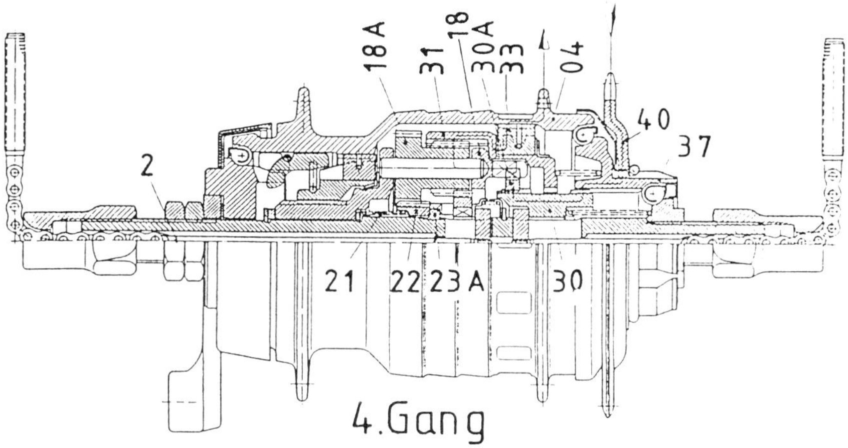

Abb. 829: Schnitt durch die Torpedo Pentasport-Fünfgangnabe, 4. Gang.

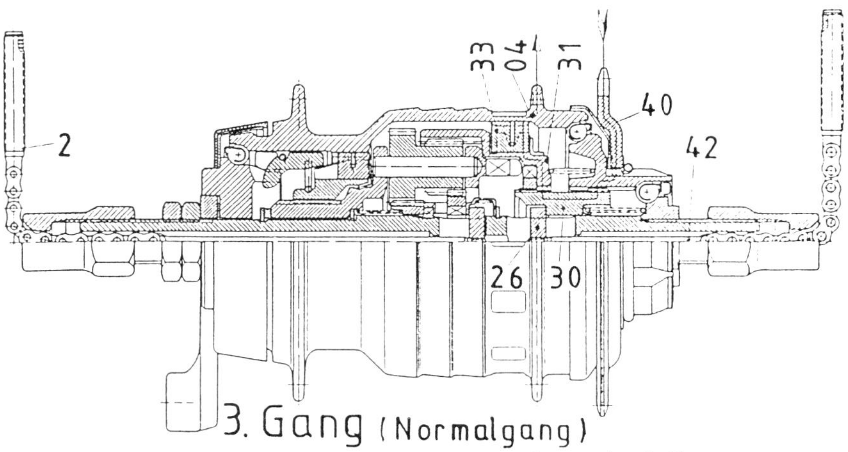

Abb. 830: Schnitt durch die Torpedo Pentasport-Fünfgangnabe, 3. Gang.

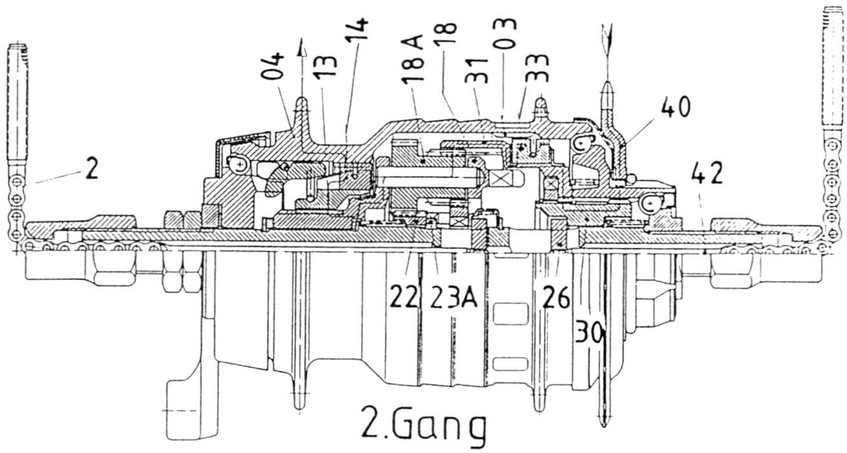

Abb. 831: Schnitt durch die Torpedo Pentasport-Fünfgangnabe, 2. Gang.

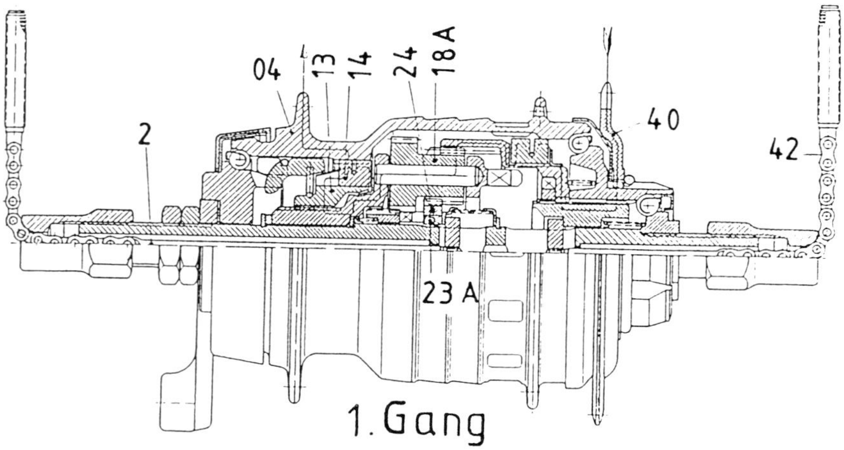

Abb. 832: Schnitt durch die Torpedo Pentasport-Fünfgangnabe, 1. Gang.

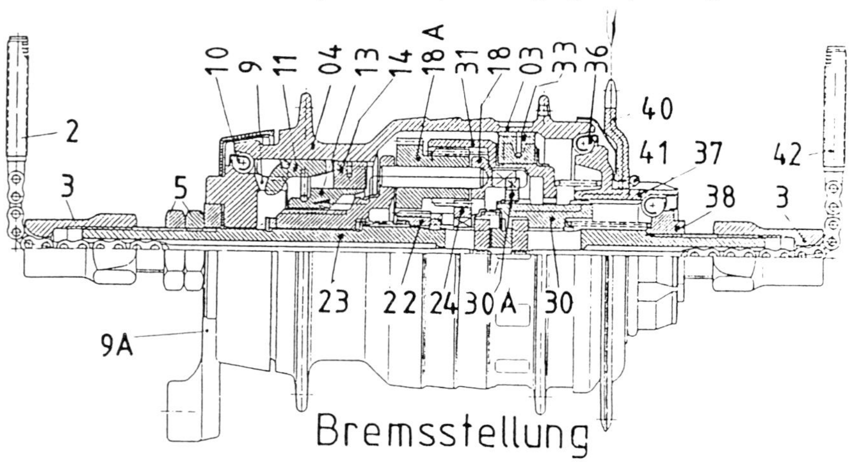

Abb. 833: Schnitt durch die Torpedo Pentasport-Fünfgangnabe, Bremsstellung.

rad auf die drei Doppel-Planetenräder (18A). Diese stützen sich in dem mit der Achsverzahnung (23A) gekuppelten Sonnenrad (22) ab und treiben so den Planetenradträger (18) mit verminderter Geschwindigkeit (ca. 22%) an. Über den Bremskonus (13), der über ein Gewinde mit dem Planetenradträger verbunden ist, die Sperrklinken (14) und die Nabenhülse (04) wird das Hinterrad so mit verminderter Drehzahl angetrieben.

Großer Berggang (Abb. 832)

Schalter steht auf – 1 –

Über das linke Zugstängchen (2) und den Schubklotz wird das große Sonnenrad (24) nach links verschoben und so mit der Achsverzahnung (23A) gekuppelt.

Der Antrieb erfolgt nun wieder vom Zahnkranz (40) über Antreiber, Kupplungsrad, Hohlrad auf die drei Doppel-Planetenräder (18A). Diese stützen sich jetzt im großen Sonnenrad (24) ab und treiben den Planetenradträger mit reduzierter Geschwindigkeit (ca. 33%) an. Über den Bremskonus (13), die Sperrklinken (14) und die Nabenhülse (04) erfolgt der Antrieb schließlich auf das Hinterrad.

Rücktrittbremse (Abb. 833)

Bremsstellung

Beim Rückwärtstreten wird der Bremskonus (13) über das Flachgewinde des Planetenradträgers (18) in den Konus des zweiteiligen Bremsmantels (11) gedrückt und schiebt diesen auf die konische Fläche des Hebelkonus (9). Die beiden Hälften des Bremsmantels werden auseinandergespreizt, pressen sich gegen den Bremszylinder der Nabenhülse (04) und bremsen diese ab. Das Bremsmoment wird über den feststehenden Hebelkonus und den Bremsgegenhaltehebel (9A) auf den Hinterrahmen übertragen.

Der Bremskraftverlauf erfolgt in den beiden Schnellgängen direkt vom Antreiber (37) über Kupplungsrad (30), Mitnehmerscheibe (30A) und Planetenradträger (18) auf den Bremskonus (13).

Wird die Bremse im Normalgang oder einem der beiden Berggänge betätigt, überträgt sich die Bremskraft vom Antreiber (37) über Kupplungsrad (30) und Hohlrad (31) auf die drei Doppel-Planetenräder (18A). Diese stützen sich je nach eingelegtem Gang auf einem der beiden Sonnenräder (24 und 22) ab und leiten die Bremskraft über den Planetenradträger (18) zum Bremskonus (13). Bei diesem Kraftverlauf wirkt sich die Übersetzung des Planetengetriebes aus und bewirkt eine Steigerung der Bremskraft.

Freilauf (siehe Abb. 833)

Hört man auf zu treten, dreht sich die Nabenhülse (04) frei auf den beiden äußeren Kugellagern (10 und 36). Die Sperrklinkenpaare (33 und 14) werden von der Hülsenverzahnung (03) überholt und erzeugen dabei ein gleichmäßig tikkendes Geräusch.

Die Gangentwicklung (Entfaltung) für die Fünfgangnabe mit den Kettenrädern 46, 48, 50 und 52 und den Zahnkränzen 15 bis 24 Zähne für den Reifen 32-622, 686 mm ∅, ist in der Tabelle Abb. 834 aufgezeigt.

Schalter

Die Fünfgangnabe läßt sich problemlos mit nur einem Schalter vom ersten bis zum fünften Gang schalten. Zur Verfügung stehen ein Lenkerschalter, verstellbar für jede Lenkerform, und ein Lenkerschaftschalter für die Befestigung am Lenkerschaft (Abb. 835).

Übersetzungstabelle TORPEDO PENTASPORT-Fünfgangnabe
Gangentwicklung (m) bei einer Pedalumdrehung

Kettenrad	46					48					50					52				
Zahnkranz	5	4	3	2	1	5	4	3	2	1	5	4	3	2	1	5	4	3	2	1
15	9,91	8,45	6,61	5,15	4,43	10,34	8,82	6,89	5,38	4,62	10,77	9,19	7,18	5,60	4,81	11,20	9,56	7,47	5,82	5,00
16	9,29	7,93	6,19	4,83	4,15	9,69	8,27	6,46	5,04	4,33	10,10	8,62	6,73	5,25	4,51	10,50	8,96	7,00	5,46	4,69
17	8,74	7,46	5,83	4,55	3,90	9,12	7,78	6,08	4,74	4,07	9,50	8,11	6,34	4.94	4,24	9,88	8,43	6,59	5,14	4,41
18	8,26	7,05	5,50	4,29	3,69	8,62	7,35	5,74	4,48	3,85	8,97	7,66	5,98	4,67	4,01	9,33	7,96	6,22	4,85	4,17
19	7,82	6,67	5,21	4,07	3,49	8,16	6,97	5,44	4,24	3,65	8,50	7,26	5,67	4,42	3,80	8,84	7,55	5,90	4,60	3,95
20	7,43	6,34	4,95	3,86	3,32	7,75	6,62	5,17	4,03	3,46	8,08	6,89	5,39	4,20	3,61	8,40	7,17	5,60	4,37	3,75
21	7,08	6,04	4,72	3,68	3,16	7,39	6,30	4,92	3,84	3,30	7,69	6,56	5,13	4,00	3,44	8,00	6,83	5,33	4,16	3,57
22	6,76	5,76	4,50	3,51	3,02	7,05	6,02	4,70	3,67	3,15	7,34	6,27	4,90	3,82	3,28	7,64	6,52	5,09	3,97	3,41
23	6,46	5,51	4,31	3,36	2,89	6,74	5,75	4,50	3,51	3,01	7,02	5,99	4,68	3,65	3,14	7,30	6,23	4,87	3,80	3,26
24	6,19	5,28	4,13	3,22	2,77	6,46	5,51	4,31	3,36	2,89	6,73	5,74	4,49	3,50	3,01	7,00	5,97	4,67	3,64	3,13

Reifengröße 32–622 Φ=686 mm

Abb. 834: Übersetzungstabelle Torpedo Pentasport-Fünfgangnabe.

Die Lage des Lenkerschalters kann mit einer Feineinstellung (Schraube „a") nachträglich am Lenkerrohr (nach der Fingerlänge) korrigiert werden (Abb. 836).

Für die Schaltbetätigung sind zwei Seilzüge notwendig. Diese stützen sich am Gegenhalter (Rohrschelle 28∅) ab, der am unteren Rahmenrohr (unterhalb der Rahmenmuffe) geklemmt ist. Am Sitzrohr (kurz über dem Tretlagergehäuse) ist die Seilrollenschelle (28 ∅) für die beiden Seilzüge montiert. Der linke Seilzug läuft von der Seilrolle an die Umlenkschelle (14 – 15,5 oval), die am Hintergabelrohr (vor der Nabenachse) befestigt ist.

Die Zugseile am Schalter sind (in Gangstellung „1" des Schalters) so einzuhängen, daß das rechte Zugseil durch die markierte Öffnung „R" und das linke Zugseil durch die Öffnung „L" am Schalter geführt wird (Abb. 837).

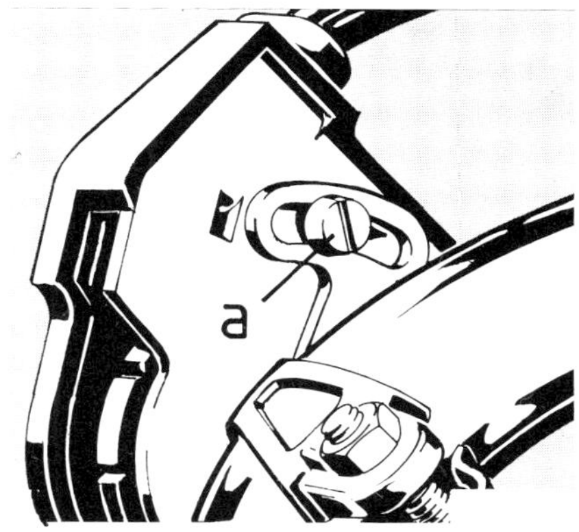

Abb. 836: Feineinstellung des Lenkerschalters.

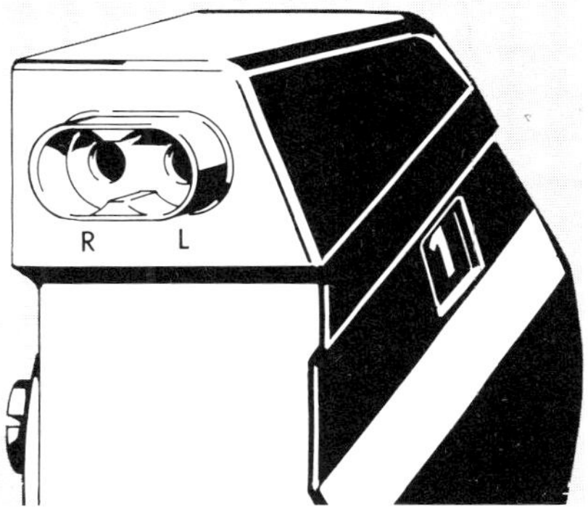

Abb. 837: Zugseilmontage am Schalter.

Abb. 835: Lenkerschalter und Lenkerschaftschalter.

Einstellung

Zum Einstellen der Schaltung müssen beide Zugseile im vierten Gang gestrafft werden, um die Schalterbewegung direkt auf die Nabe zu übertragen.

Die Tretkurbel mehrmals drehen, um sicherzustellen, daß die Nabe in ihrer Grundeinstellung eingerastet ist. Schalter in Gangstellung „4" bringen. Beide Seilzüge mit der Nabe verbinden (Abb. 838). Dazu auf beiden Seilzügen die Fixierhülse (1) soweit auf das Zugstängchen (2 bzw. 42) schieben, bis das Zugseil straff ist. Das Zugkettchen dabei nicht aus der Kettenleitmutter (3) ziehen.

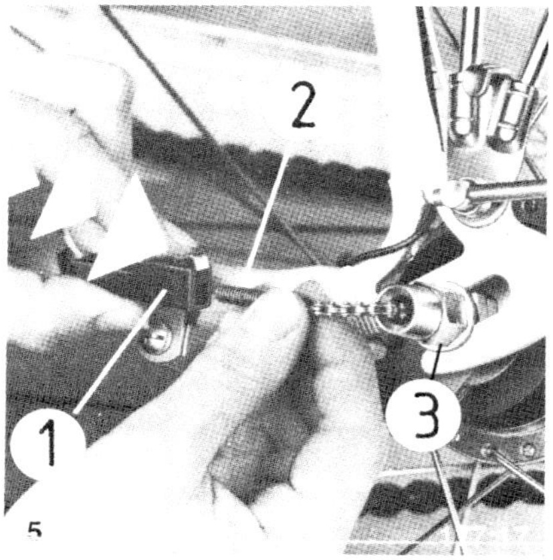

Abb. 838: Zugseil und Zugstängchen mit Fixierhülse verbinden.

Zur Kontrolle ist der Gangschalter in Gangstellung „1" zu schalten und der Kurbeltrieb zu drehen, um festzustellen, ob der erste Gang tatsächlich eingerastet ist.

An beiden Seilzügen ist nachzuprüfen, ob sich das Zugkettchen noch weiter aus der Kettenleitmutter ziehen läßt. Ist dies der Fall, dann muß das betreffende Zugseil mit der Fixierhülse (1) nachgespannt werden.

Bei falscher Einstellung kann ein kurzer Ruck beim Antritt und ein leicht knakkendes Geräusch auftreten. Dann ist die Einstellung zu wiederholen.

Die Nabe ist mit einer Dauerschmierung versehen und unter normalen Betriebsbedingungen wartungsfrei. Durch eine außergewöhnlich starke Belastung der Rücktrittbremse kann die Bremswirkung zu scharf werden. Dann muß der Bremsmantel (11) mit Sachs-Spezialfett Typ A nachgefettet werden.

Schalten und Bremsen

Während des Schaltens wird ohne Kraft weitergetreten. Greift der gewünschte Gang nicht sofort ein, dann ist die Tretbewegung kurz zu unterbrechen. Vor Steigungen ist rechtzeitig zurückzuschalten.

Bei langen und steilen Abfahrten unbedingt die zweite Bremse abwechselnd mitbenutzen, damit die Hinterradbremse abkühlt. Zu starke Erhitzung der Nabe kann zu Schmiermittelverlust führen.

Die gute Bremsleistung wird, bedingt durch die Servowirkung der Getriebeübersetzung, im ersten Gang mit noch weniger Kraftaufwand erreicht als im fünften Gang.

Torpedo Pentasport-Fünfgang-Leerlaufnabe

Mit der Torpedo Pentasport-Fünfgang-Leerlaufnabe, Typ H 5100, wird auch für Leichtlauf-Sporträder mit zwei Felgenbremsen eine schaltungssichere Alternative zu den bisher verwendeten Kettenschaltungen geboten (Abb. 839).

Der geringe, äußerlich sichtbare Unterschied zu der Pentasportnabe mit Rücktrittbremse ist der nicht notwendige Bremsgegenhaltehebel.

Die technischen Daten sind die gleichen wie die der Nabe mit Rücktrittbremse, siehe hierzu Abb. 822 und dazugehörigen Text.

Die nicht vorhandene Rücktrittbremseinrichtung (wie Bremsmantel, Bremskonus usw.) verringert das Gewicht der Leerlaufnabe ohne Zubehör auf 1237 Gramm.

Die Leerlaufnabe wird geschaltet mit dem Lenkerschalter oder Lenkerschaftschalter, siehe Abb. 835 und dazugehörigen Text.

Aus der Explosiv-Darstellung der Leerlaufnabe sind die Einzelteile ersichtlich (Abb. 840).

Die in der Explosiv-Darstellung unterstrichenen Positionsnummern sind unterschiedliche Bauteile gegenüber der Rücktrittbremsnabe (siehe auch Abb. 827).

Eingestellt wird die Schaltung genau wie die Rücktrittbremsnabe, siehe hierzu Abb. 838 und dazugehörigen Text.

Torpedo Pentasport-Fünfgangnabe mit Trommelbremse

Es war naheliegend, die vorzügliche Fünfgangnabe auch mit einer 70-mm-Trommelbremse zu liefern, so wie es auch bei der Dreigangnabe geschehen ist (Abb. 841).

Der innere Aufbau der Fünfgangnabe mit Trommelbremse, Typ H 5120, entspricht der Leerlaufnabe.

Die Trommelbremsnabe kann für viele Fahrradmodelle verwendet werden (Abb. 842).

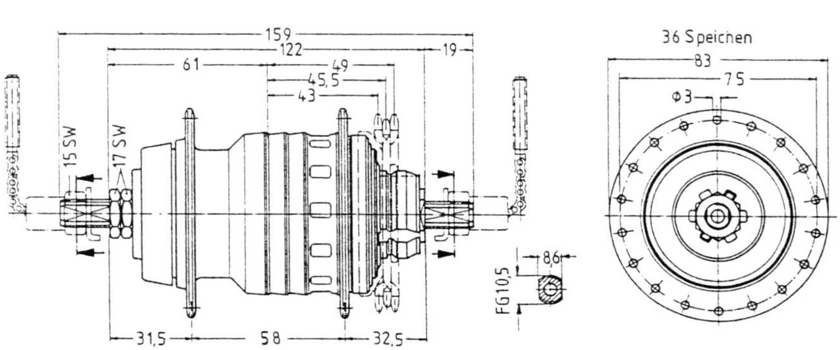

Abb. 839: Einbaumaße der Torpedo Pentasport-Fünfgang-Leerlaufnabe.

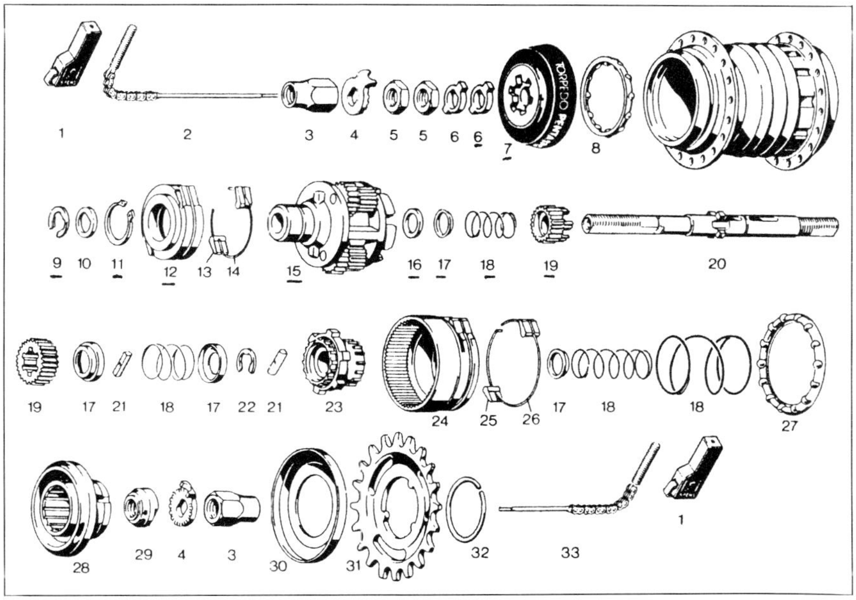

Abb. 840: Explosiv-Darstellung der Torpedo Pentasport-Fünfgang-Leerlaufnabe.

Trommelbremsen greifen bei Nässe, im Gelände und bergab in allen Situationen sicher zu und bringen eine gute Verzögerung. Im Diagramm der Abb. 867 ist ein Vergleich der Bremswege (aus 25 km/h) zwischen den Sachs-Trommelbremsen und den herkömmlichen Felgenbremsen dargestellt.

Abb. 841: Torpedo Pentasport-Fünfgangnabe mit Trommelbremse.

Vorteilhaft ist, daß die Wartung der Trommelbremsnabe nur wenig Arbeit macht. Die verwendeten Bremsbeläge sind abriebfest, ohne Asbest und daher umweltfreundlich.

Die technischen Daten sind die gleichen wie die der Rücktrittbremsnabe, siehe hierzu Abb. 822 mit dazugehörigem Text. Lediglich das Gewicht ohne Zubehör beträgt 1585 Gramm. Dies ist bedingt durch den hier erforderlichen Bremsbackenträger (Abb. 843, Pos. 9). Die Einzelteile der Fünfgangnabe mit Trommelbremse sind aus der Abb. 843 ersichtlich.

Die dort unterstrichenen Positionsnummern der Einzelteile sind unterschiedliche Bauteile gegenüber der Grundausführung mit Rücktrittbremse (siehe hierzu Abb. 827).

Geschaltet wird die Trommelbremsnabe (wie bei der Grundausführung) mit dem Lenkerschalter oder Lenkerschaftschalter, siehe Abb. 835 und dazugehörigen Text.

Die Schaltung wird genau wie bei der Rücktrittbremsnabe eingestellt, siehe hierzu Abb. 838 und dazugehörigen Text.

Muß bei einer Reifenpanne das Hinterrad ausgebaut werden, ist das Bremsseil zuvor auszuhängen (Abb. 844).

Der Bremshebel (3) wird mit dem Daumen zurückgedrückt und die Stellschraube (2) für den Seilzug einige Gänge zurückgedreht. Dann kann das Bremsseil (1) ausgehängt werden. Die Befestigungsschraube (4) der Rohrschelle am Bremsträger abschrauben. Nach Lösen der Achsmuttern und der beiden Schaltzüge kann das Hinterrad herausgenommen werden. Die Montage erfolgt in entgegengesetzter Reihenfolge.

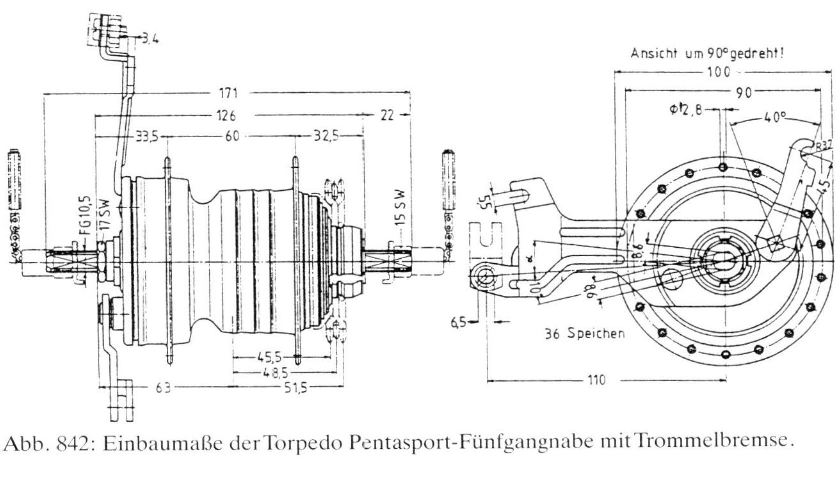

Abb. 842: Einbaumaße der Torpedo Pentasport-Fünfgangnabe mit Trommelbremse.

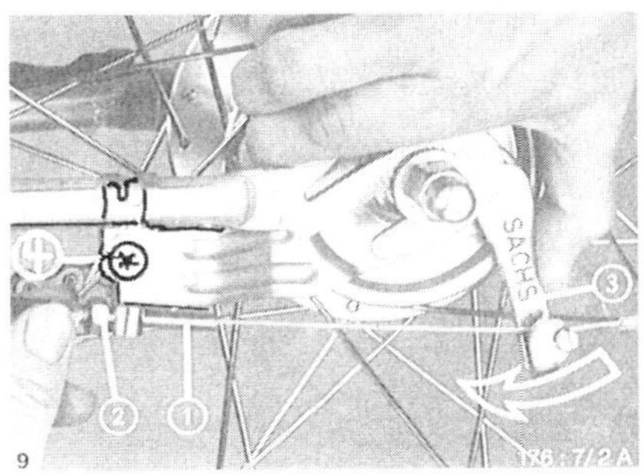

9

Abb. 844: Bremsseil an der Trommelbremse aushängen.

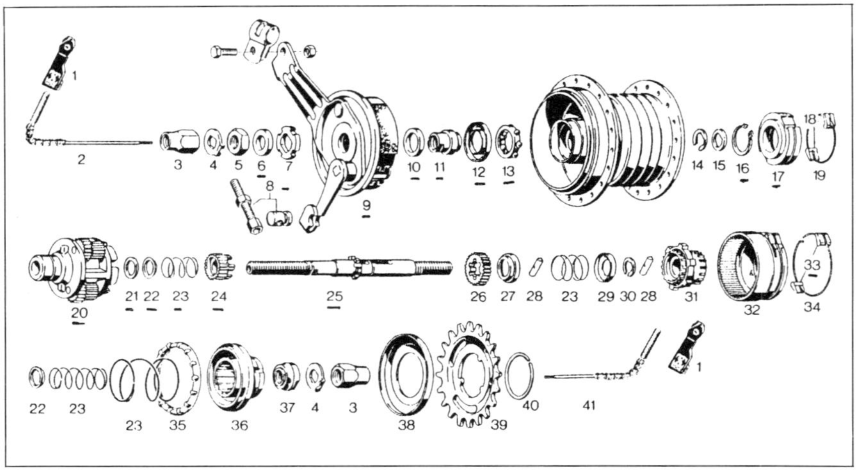

Abb. 843: Explosiv-Darstellung der Torpedo Pentasport-Fünfgangnabe mit Trommelbremse.

Mehrgang-Getriebenaben von Sturmey-Archer

Die englische Firma Sturmey-Archer stellt verschiedene Getriebenaben her, die weithin verbreitet sind. Die in Deutschland bekanntesten Naben sind die Dreigang-Ausführungen AW, S3C und SAB mit konstruktiven Varianten als Leerlauf-, Rücktritt- und Bremstrommelnaben oder mit integrierter Lichtmaschine für die Fahrrad-Beleuchtung. Die Fünfgang-Nabe S5/2 ohne Rücktrittbremse steht in direkter Konkurrenz zu den Kettenschaltungen. Sie bietet fünf Gangstufen, in denen zwei hintereinander angeordnete Planetengetriebe arbeiten. Das äußerlich erkennbare Merkmal dieser Nabe sind die an beiden Achsenden herausgeführten Zugkettchen für den Doppelschalthebel am Rahmen.

In Abb. 845 ist die Dreigang-Leerlaufnabe Typ AW gezeigt; ihre technischen Merkmale sind:

Übersetzungsverhältnis:	1. Gang 1 : 0,75 2. Gang 1 : 1 3. Gang 1 : 1,33
Achslänge:	146 mm (5 ¾″) oder 158,7 mm (6 ¼″)
Achsgewinde:	FG 10,3/26 Gg. (13/32″)
Nabenklemmbreite:	109,5 mm (4 5/16″)
Speichenlochzahl:	28, 36 oder 40
Zahnkranz:	Teilung 12,7 × 3 mm (½ × ⅛″) Zähnezahlen 13–22

Die Dreigangnabe mit Rücktrittbremse S3C (Abb. 846) entspricht den Anforderungen auf sicheres Schalten und Bremsen unter allen Witterungsbedingungen. Diese Nabe findet bei vielen Fahrradmodellen Verwendung, sie entspricht den internationalen Sicherheitsbestimmungen der CPSC. Für die Schaltbetätigung kann ein

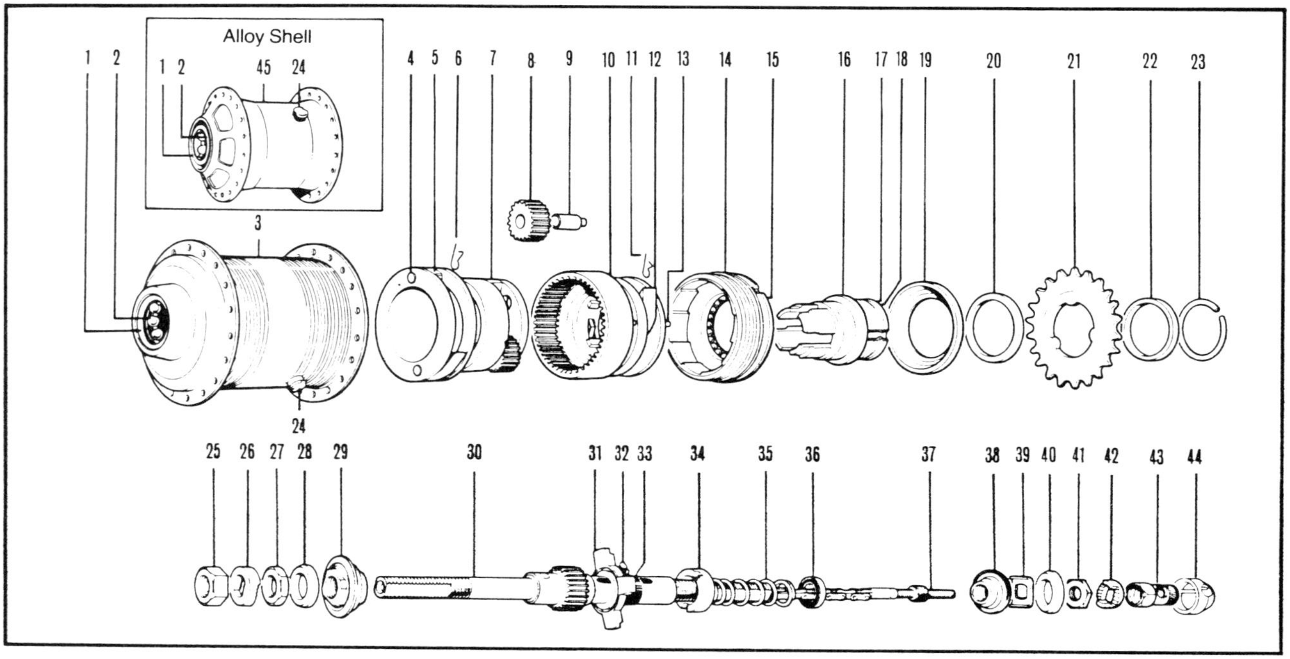

Abb. 845: Explosiv-Darstellung der Dreigang-Leerlaufnabe Typ AW von Sturmey-Archer.

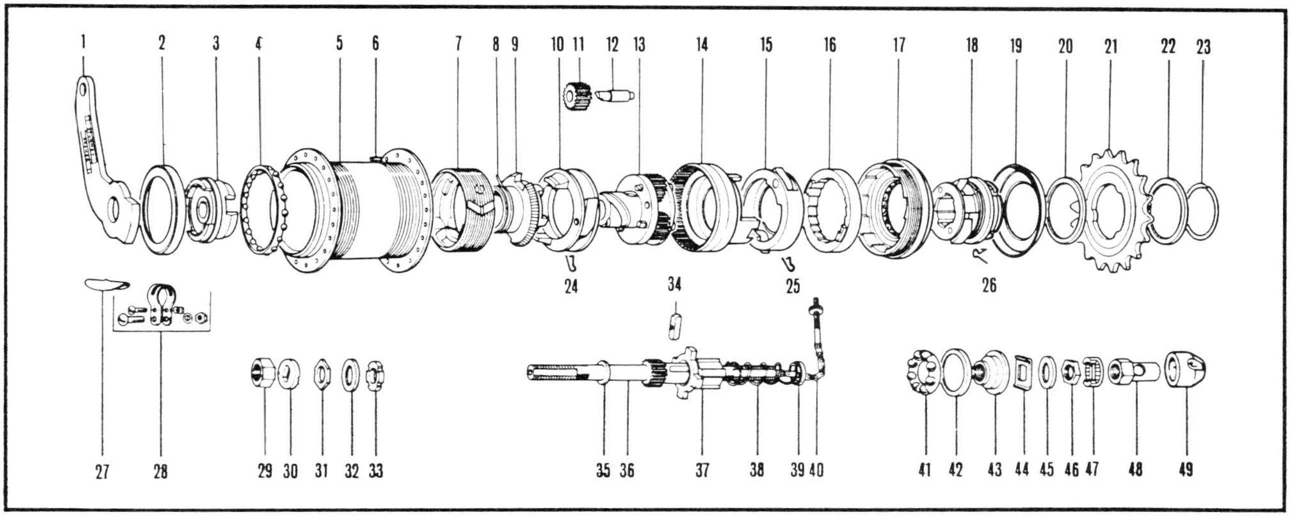

Abb. 846: Explosiv-Darstellung der Dreigangnabe mit Rücktrittbremse Typ S3C von Sturmey-Archer.

Clickschalter (Trigger) am Lenker oder ein Drehgriffschalter mit automatischer Gangeinstellung am Lenkerrohr verwendet werden.

Die technischen Daten dieser Nabe:

Übersetzungsverhältnis:	1. Gang 1 : 0,75 2. Gang 1 : 1 3. Gang 1 : 1,33
Achslänge:	152,4 mm (6″) oder 158,7 mm ($6\,^{1}/_{4}$″)
Achsgewinde:	FG 10,3/26 Gg. ($^{13}/_{32}$″)
Nabenklemmbreite:	112,7 mm ($4\,^{7}/_{16}$″)
Speichenlochzahl:	28, 36 oder 40
Zahnkranz:	Teilung 12,7 × 3 mm ($^{1}/_{2} \times ^{1}/_{8}$″) Zähnezahlen 13–22

Die Schwäche einer jeden Rücktrittbremse mit Bremsmantel zeigt sich bei steilen und langen Abfahrten: sie kann nur begrenzt belastet werden. Bei zu hoher Bremsleistung erhitzt sich die Nabe so stark, daß das Schmiermittel dünnflüssig wird und austritt, was zum Ausfall der Bremse führen kann. Diesen Nachteil hat eine Bremstrommel-Nabe wie in Abb. 847 gezeigte Dreigang-Getriebenabe in Kombination mit einer Bremstrommel, Sturmey-Archer-Modell SAB, nicht. Wie bei motorisierten Zweirädern wird die außenliegende Bremstrommel gut gekühlt und ist bei jeder Bremswirkung stark belastbar. Die Bremsbacken mit aufgeklebtem Reibbelag können bei Abnutzung leicht ausgewechselt werden. Die technischen Daten dieser Nabe:

Übersetzungsverhältnis:	1. Gang 1:0,75 2. Gang 1:1 3. Gang 1:1,33
Achslänge:	146 mm ($5^{3}/_{4}$″) oder 158,7 mm ($6^{1}/_{4}$″)
Achsgewinde:	FG 10,3/26 Gg. ($^{13}/_{32}$″)
Nabenklemmbreite:	111,1 mm ($4^{3}/_{8}$″)
Speichenlochzahl:	28 und 36
Zahnkranz:	Teilung 12,7 × 3 mm ($^{1}/_{2} \times ^{1}/_{8}$″) Zähnezahlen 13–22
Bremstrommel ∅:	69,85 mm ($2^{3}/_{4}$″)
Bremsbacken:	Druckguß-Alu-Legierung mit aufgeklebten Bremsbelägen
Bremsbetätigung:	durch Handhebel am Lenkerrohr über Bowdenzug

Die Fünfgang-Leerlauf-Getriebenabe S5/2 und die Bremstrommelnabe AT5 waren die ersten Fünfgangnaben auf dem Fahrradmarkt. Die Gangstufen ermöglichen zwei hintereinander geschaltete Planetengetriebe. Geschaltet werden sie mittels eines Doppel-Schalthebels, wobei mit dem linkel Hebel der kleinste (1.) und der größte (5.) Gang, mit dem rechten 2., 3. und 4. Gang geschaltet werden (Abb. 848).

Die technischen Daten der Nabe S5/2:

Übersetzungsverhältnis:	1. Gang 1:0,66 2. Gang 1:0,79 3. Gang 1:1 4. Gang 1:1,26 5. Gang 1:1,50
Achslänge:	149,2 mm ($5^{7}/_{8}$″) oder 155,6 mm ($6^{1}/_{8}$″) oder 161,9 mm ($6^{3}/_{8}$″)
Achsgewinde:	FG 10,3/26 Gg. ($^{13}/_{32}$″)
Nabenklemmbreite:	114,3 mm ($4^{1}/_{2}$″)
Speichenlochzahl:	28 und 36
Zahnkranz:	Teilung 12,7 × 3 mm ($^{1}/_{2} \times ^{1}/_{8}$″) Zähnezahlen 13–22

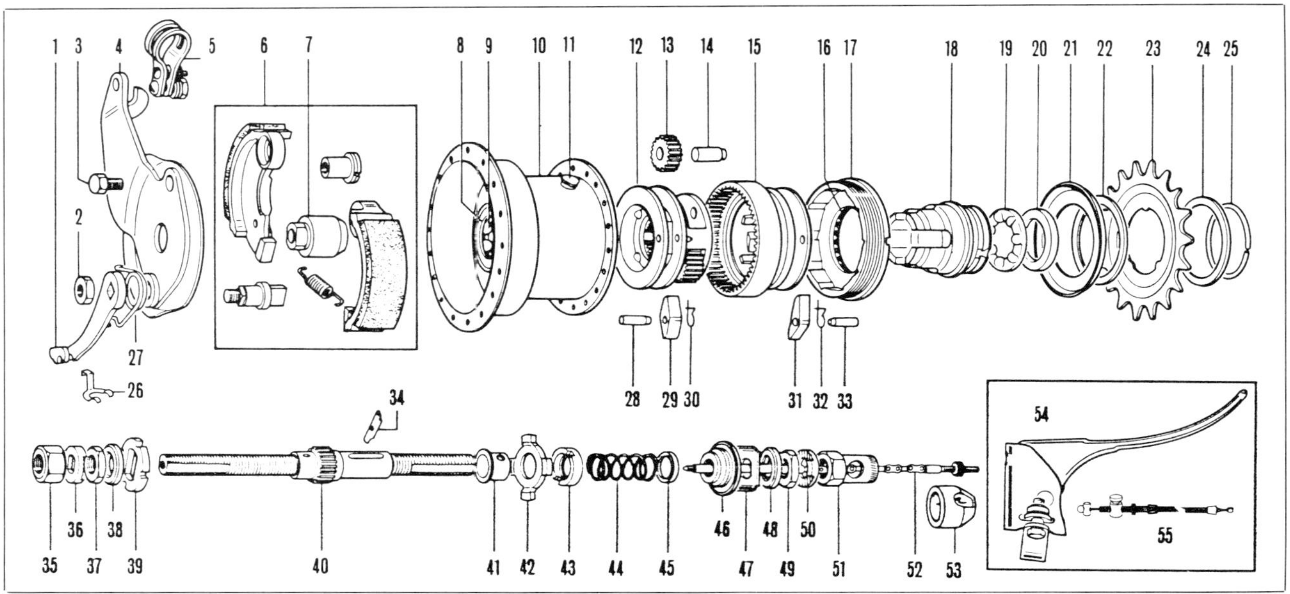

Abb. 847: Explosiv-Darstellung der Dreigang-Hinterrad-Bremstrommelnabe Typ SAB von Sturmey-Archer.

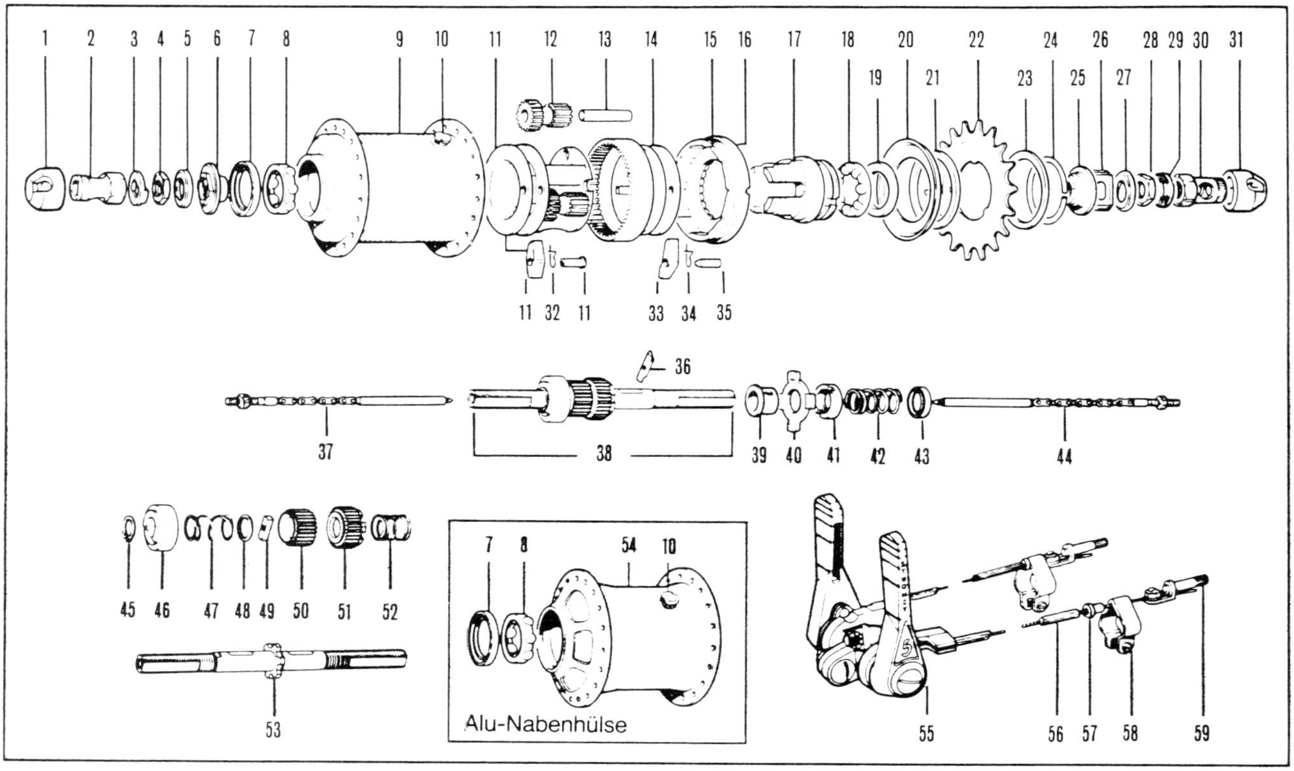

Abb. 848: Explosiv-Darstellung der Fünfgang-Leerlaufnabe Typ S5/2 von Sturmey-Archer.

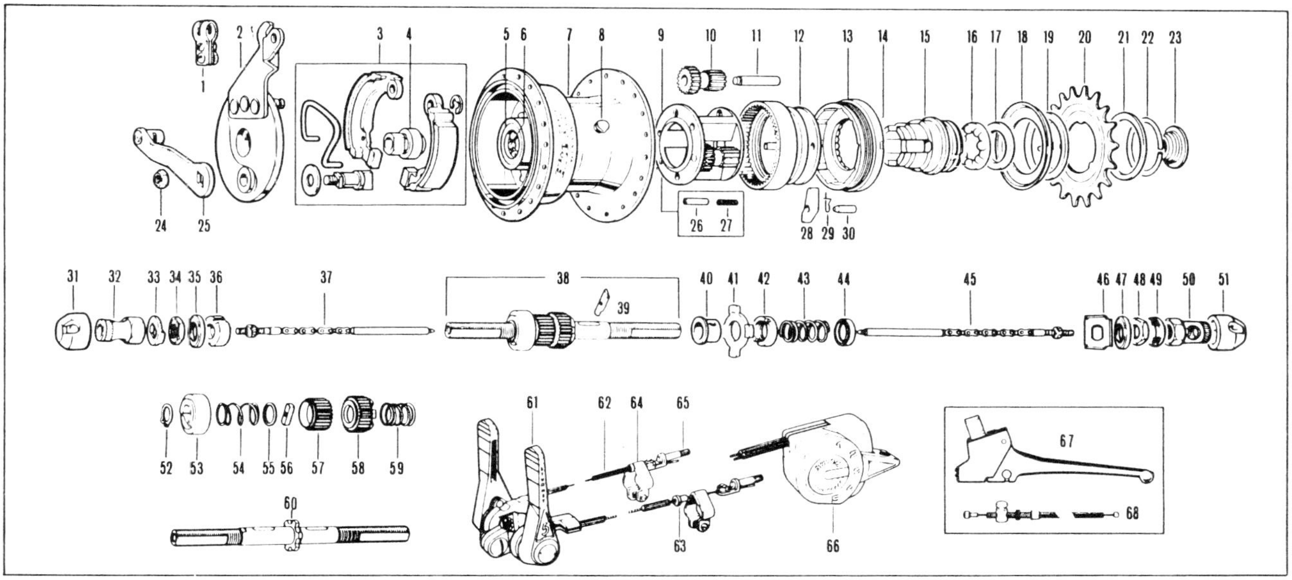

Abb. 849: Explosiv-Darstellung der Fünfgang-Bremstrommelnabe AT5 von Sturmey-Archer.

Die Fünfgang-Bremstrommelnabe AT5 mit 70 mm Durchmesser und einem Nabenkörper aus Alu-Legierung (Abb. 849) ist mit dem gleichen Planetengetriebe ausgerüstet wie die Nabe S5/2 (siehe Abb. 848). An Stelle des Doppelschalthebels (Abb. 849, Pos. 61) kann auch der Einhebelschalter (Abb. 849, Pos. 66) verwendet werden.

Eine Besonderheit im Sturmey-Archer-Programm war die Dreigang-Leerlauf-Nabe Typ AG mit kombiniertem Nabendynamo 6 Volt für die Fahrrad-Beleuchtung (Abb. 850). Diese Lichtmaschinenanordnung ist besonders vorteilhaft für Länder mit langen Schnee- und starken Regen-Perioden. Beim herkömmlichen Dynamo-Antrieb mittels Reibrolle über den Reifen wird besonders

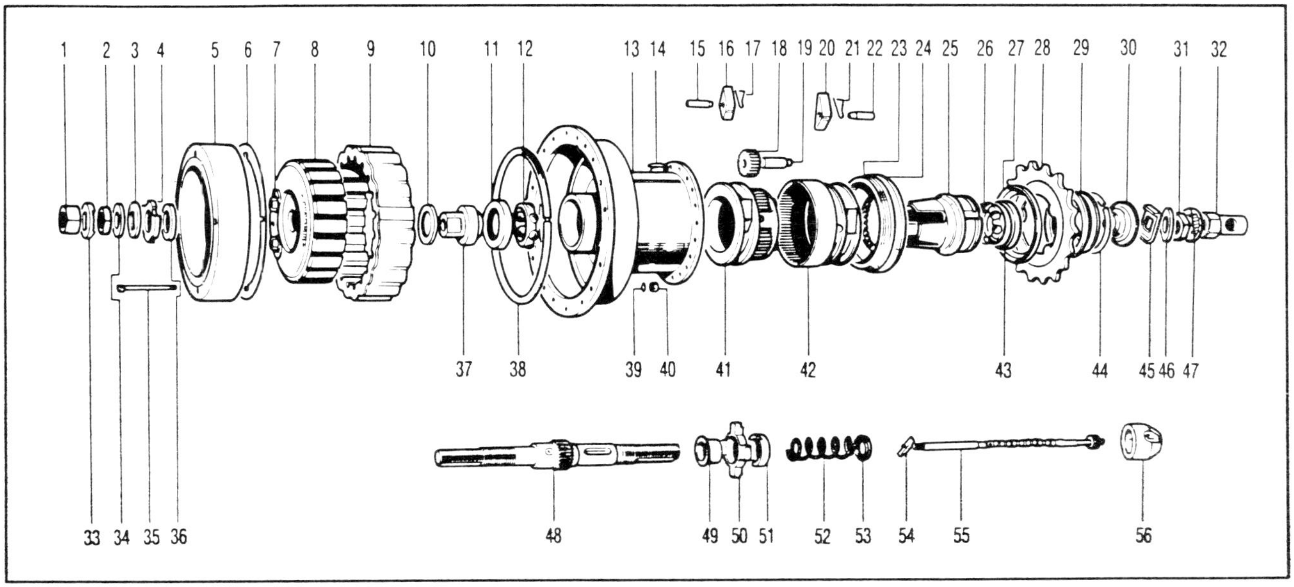

Abb. 850: Explosiv-Darstellung der Dreigang-Leerlaufnabe Typ AG mit integriertem 6-V-Dynamo von Sturmey-Archer.

bei Schnee der Dynamo als Folge von Schlupf an der Reibrolle nicht mehr mitgenommen, was zwangsläufig den Ausfall der Beleuchtung bedeutet.

Da der Naben-Dynamo nur mit der geringen Umdrehungszahl des Laufrades umläuft, müssen größere und damit schwerere Wicklungen als bei herkömmlichen Fahrrad-Lichtmaschinen vorgesehen werden, damit die erforderlichen 3 Watt Leistung erreicht werden. Daraus ergibt sich unvermeidlich ein höherer Preis. Auch muß die Masse des Dynamo-Rotors stän-

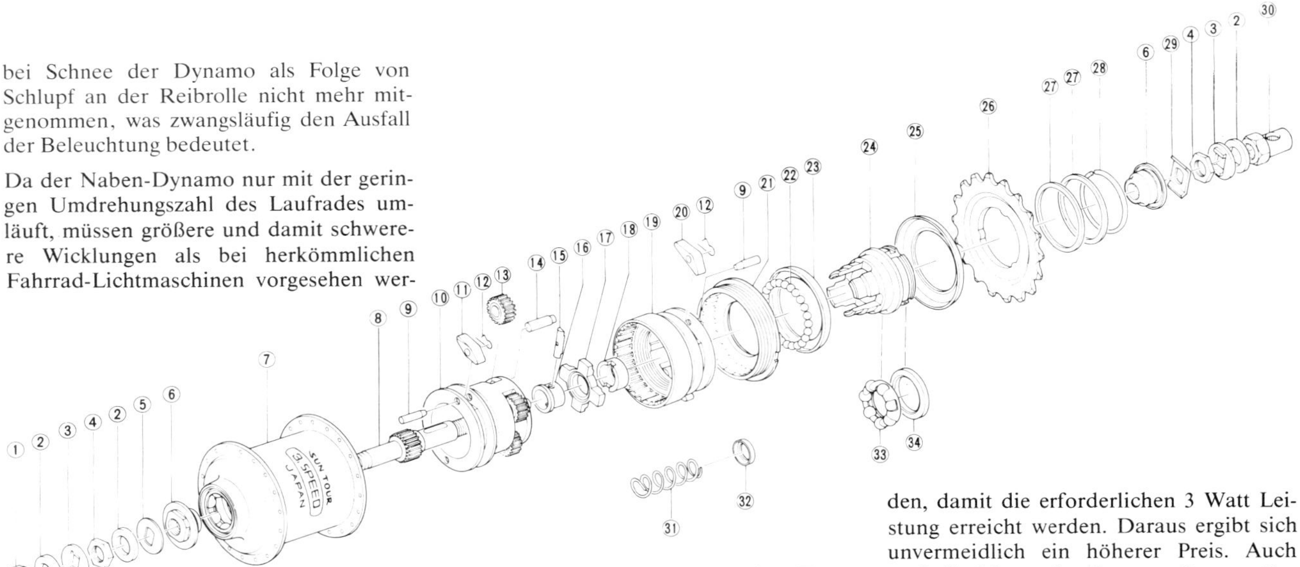

Abb. 851: Explosiv-Darstellung der Dreigang-Leerlaufnabe von Sun Tour.

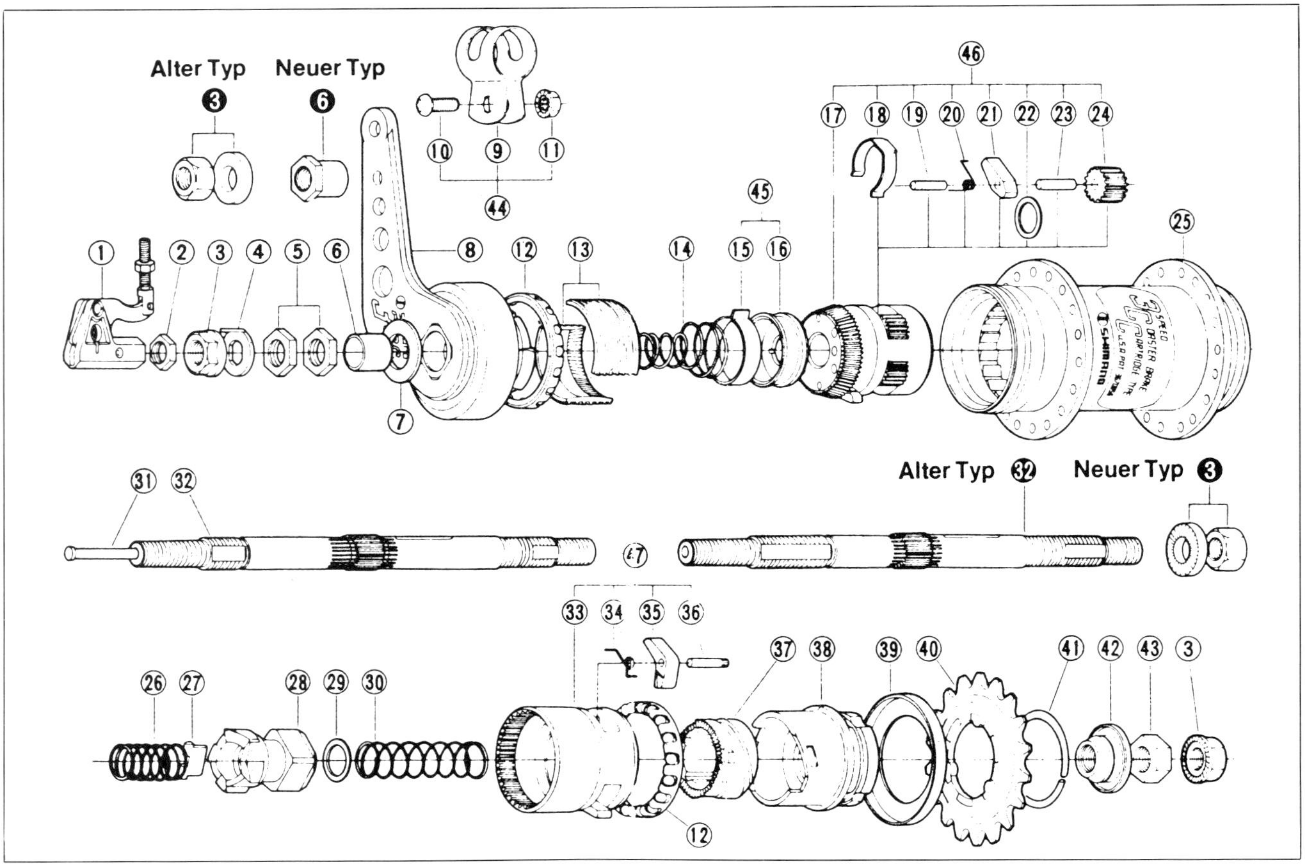

Abb. 852: Explosiv-Darstellung der Dreigangnabe mit Rücktrittbremse SG-3C20 von Shimano.

dig mitgedreht werden, und besonders bei eingeschaltetem Licht ergibt sich eine systembedingte Schwergängigkeit der Kombinations-Nabe.

Die technischen Daten der Hinterradnabe AG sind mit denen des Typs AW (Abb. 845) identisch.

Mit dem gleichen Dynamo hatte Sturmey-Archer auch eine Vorderradnabe im Programm, siehe Abb. 1056.

Wegen zu flacher Spannungskurve und zu geringer Leistung (6 V/1,8 W) wurde von Sturmey-Archer kein deutsches Prüfzeichen beantragt. Die Produktion wurde inzwischen wegen Absatzschwierigkeiten eingestellt.

Mehrgang-Getriebenaben von Shimano und Sun Tour

In Abb. 851 ist eine Dreigang-Getriebenabe von Sun Tour dargestellt, die der Dreigang-Nabe AW von Sturmey-Archer (Abb. 845) entspricht und wahrscheinlich einen Lizenz-Nachbau dieser Nabe darstellt.

Die in Deutschland bekannteste Shimano-Getriebenabe ist die Dreigangnabe ohne Rücktrittbremse Typ SG-3S20 und die Ausführung mit Rücktrittbremse Typ SG-3C20 (Abb. 852).

Die technischen Daten dieser Nabe sind:

Übersetzungsverhältnis:	1. Gang 1 : 0,75 2. Gang 1 : 1 3. Gang 1 : 1,33
Achslänge:	168 mm
Achsgewinde:	FG 9,5 (3/8″)
Nabenklemmbreite:	121 mm
Speichenlochzahl:	28 und 36
Zahnkranz:	Teilung 12,7 × 3 mm (1/2 × 1/8″) Zähnezahlen 16, 18, 19 und 20

Übersetzung und Entfaltung

Übersetzung

Übersetzungsverhältnis (i) nennt man das Verhältnis zweier Kraftübertragungsgrößen zueinander, wobei eine Größe gleich 1 gesetzt wird. Handelt es sich um einen Ketten-(oder Zahnrad-)trieb, so ist stets das Produkt aus der Zähnezahl des treibenden Rades mit dessen Drehzahl (n) gleich dem Produkt aus der Zähnezahl des angetriebenen Rades mal dessen (sich ergebender) Drehzahl. Nicht anders ist es auch bei jedem anderen Trieb, etwa dem Reibrollenantrieb des Fahrraddynamos, bei dem anstelle der Zähnezahlen die Rollen- oder Scheiben-Durchmesser in die Rechnung eingesetzt werden.

(Antriebe mit Reibungsschluß sind im Gegensatz zu Ketten- oder Zahnradtrieben nicht starr, denn ihre Funktion beruht auf der Reibung zwischen Rollen oder eines Keilriemens auf den durch ihn verbundenen Riemenscheiben. Hierbei tritt ein mehr oder weniger großer Verlust der zu übertragenden Kräfte durch Rutschen [Gleiten] ein, der sogenannte Schlupf.)

In einer Formel dargestellt, zeigt sich das Übersetzungsverhältnis so:

$$D_1 \cdot n_1 = D_2 \cdot n_2$$

wobei D_1 und D_2 die Zähnezahl bzw. die wirksamen Durchmesser der Rollen oder Scheiben sind und n_1 bzw. n_2 bzw. die Drehzahlen der durch den Trieb verbundenen Wellen. Hat z. B. das antreibende Kettenrad eines Fahrradantriebes 46 und das angetriebene Kettenritzel (Zahnkranz) 19 Zähne, so muß bei einer Umdrehung des antreibenden Rades das angetriebene 2,42 Umdrehungen machen:

$$i = \frac{46}{19} = 2{,}42$$

das Übersetzungsverhältnis beträgt 2,42.

Entfaltung

Mit der Errechnung der Antriebs-Übersetzung ist noch kein Aufschluß über die bei jeder Tretkurbelumdrehung zurückgelegte Wegstrecke, die sogenannte Entfaltung, gewonnen.

Bei Rädern ohne Schaltung ist die Entfaltung der bei einer Tretkurbelumdrehung vom angetriebenen Hinterrad zurückgelegte Weg, auf dem dessen Umfang abrollte.

In der Praxis wird die rechnerische Übersetzung dadurch geringfügig kleiner, daß der Reifen-Abrollumfang (= Reifendurchmesser × 3,14) nicht genau dem Wert entspricht, der sich bei Ansatz des theoretischen Reifendurchmessers ergibt. Denn der Reifen drückt sich an der Auflagestelle auf der Fahrbahn mehr oder weniger (je nach Fahrergewicht, Achslastverteilung und Reifenluftdruck) ein, und der wirksame („dynamische") Reifendurchmesser verkleinert sich gegenüber dem theoretischen („statischen") geringfügig. Außerdem hat der Reifendurchmesser eine Herstellungstoleranz, die nach der Reifen-DIN-Norm 7800 ± 6 mm betragen darf.

Wenn man ganz genau sein wollte, so müßte man bei der Berechnung des bei jeder Tretkurbelumdrehung zurückgelegten Weges auch den Schlupf des Reifens auf der Fahrbahn berücksichtigen. Dieser kann sehr verschieden sein, denn er hängt außer von den Faktoren, die den wirksamen Reifendurchmesser beeinflussen, auch von der Beschaffenheit der Fahrbahn und des Reifenprofils sowie der gefahrenen Geschwindigkeit ab. Man kann aber in der Praxis diese Differenzen vernachlässigen.

Die Entfaltung ergibt sich dann aus

Übersetzungsverhältnis × Reifenumfang (= Durchmesser × 3,14)
als

$$\frac{Z_1}{Z_2} \cdot (D \cdot 3{,}14) = \text{Entfaltung.}$$

Als Beispiel für die Anwendung dieser Formel diene ein Fahrrad mit der Bereifung 47-622 (frühere Bezeichnung 28 × 1,75), Durchmesser 712 mm, 46 Zähne am Kettenblatt (Z_1) und 19 Zähne am Kettenritzel (Z_2):

$$\text{Entfaltung } \frac{46}{19} \cdot (712 \cdot 3{,}14) = 5{,}41 \text{ m.}$$

Demnach legt dieses Fahrrad bei einer Tretkurbelumdrehung 5,41 m zurück.

Wird die gleiche Übersetzung, jedoch mit Bereifung 47-559 (frühere Bezeichnung 26 × 1,75 × 2), Durchmesser 652 mm, gefahren, so ergibt sich eine Entfaltung von 4,96 m.

Von den Herstellern werden bei schaltungslosen Fahrrädern folgende Entfaltungen für die Ebene angewandt:

Herrenräder 4,80–5,60 m
Damenräder 4,40–4,80 m
Jugendräder 3,50–4,00 m
Kinderräder 2,70–3,00 m
BMX-Räder 3,80–4,30 m
MTB-Räder 1,85–7,80 m

Bei der Ermittlung der Entfaltung von Rädern mit Getriebenaben kann im großen und kleinen Gang nicht mit Zähnezahlen gerechnet werden. Das ist aber möglich beim mittleren Gang, der nicht innerhalb der Nabe nochmals übersetzt ist (1 : 1), während der Schnellgang z. B. bei den F & S-Dreigangnaben noch zusätzlich in der Nabe 1 : 1,36, der Berggang 1 : 0,73 übersetzt ist. Wenn angenommen wird, daß im direkten mitteren Gang (1 : 1 in der Nabe) an Hand der Kettenradzähnezahlen und der Bereifungsdimension sich eine Entfaltung von 5,05 m ergeben hat, dann muß zur Errechnung der Entfaltung in den beiden anderen Gängen lediglich der gewonnene Entfaltungswert im mittleren Gang mit dem Übersetzungsverhältnis sowohl des Schnell- wie des Berggangs multipliziert werden; für den Schnellgang also 5,05 × 1,36 = 6,86 m, für den Berggang 5,05 × 0,73 = 3,69 m (Entfaltung).

Mit Hilfe der auf Seiten 301, 306 und 313 gebrachten Übersetzungstabellen kann für F & S-Getriebenaben die Entfaltung in den einzelnen Gangstufen ermittelt werden: die jeweiligen Übersetzungswerte brauchen nur mit dem Reifenumfang multipliziert zu werden.

Mit Hilfe der Entfaltung kann leicht die Fahrgeschwindigkeit ermittelt werden: es braucht nur die Tretkurbelwellen-Drehzahl mit dem Umrechnungsfaktor 0,06 m/min in km/h) und der Entfaltung (m) multipliziert zu werden.

Werden als Beispiel 45 Kurbelumdrehungen pro Minute und die vorher ermittelten Entfaltungen (5,41 für Laufraddurchmesser 712 mm und 4,96 für Laufraddurchmesser 652 mm) angenommen, so ergeben sich nachstehende Fahrgeschwindigkeiten:

bei Laufraddurchmesser 712 mm
0,06 × 45 × 5,41 = 14,6 km/h

bei Laufraddurchmesser 652 mm
0,06 × 45 × 4,96 = 13,4 km/h

Bremsen

Bremsvorgang

Auch dem Radfahrer muß es, wie dem Führer jedes anderen Fahrzeugs, möglich sein, seine Fahrgeschwindigkeit zu verringern. Das kann entweder (nach Stillsetzen des Tretantriebs, also Wegfall des Vortriebs) durch allmähliches Ausrollen erfolgen – oder durch Betätigen der Bremsen, um mit ihrer Hilfe eine raschere Verzögerung zu erreichen bzw. das Fahrzeug ganz zum Stillstand zu bringen.

Im Hinblick auf den letztgenannten „Extremfall" der Verzögerung stellt sich natürlich die Frage, in welch kürzester Zeit ein Abbremsen bis zum Stillstand ohne nachteilige Auswirkungen möglich ist. Um dieser Frage auf den Grund gehen zu können, sind zunächst einige Betrachtungen zur Masse und ihrer Verteilung beim Fahrrad notwendig.

Massen sind räumlich, sie verteilen sich über einen mehr oder weniger großen Raum. Bei einer Kugel z. B. ist der Mittelpunkt des eingenommenen Raumes auch der Mittel- oder Schwerpunkt der Kugelmasse. Könnte man die Kugel an diesem Punkt aufhängen, so wäre sie in jeder denkbaren Stellung im Gleichgewicht.

Bei einem vollständig ausgewuchteten Rad liegt der Schwerpunkt zentral innerhalb der Mittelebene, das Rad ist in allen Stellungen um seine Achse im Gleichgewicht. Auch jede andere Masse hat einen Schwerpunkt, auch die Gesamtmassen von Fahrrad und Fahrer. Da diese Masse einigermaßen symmetrisch ist, ähnlich einem Rad, so muß ihr Schwerpunkt auf oder doch seitlich wenigstens in Nähe der Mittelebene liegen; natürlich kann er sich je nach Körperhaltung verlagern.

Nicht so einfach zu beantworten ist die Frage, wo auf der Mittelebene der Massenschwerpunkt bei besetztem Fahrrad liegt. Gerade diese Frage aber ist im Hinblick auf schnellstmögliches Bremsen, also die maximale Verzögerung, von erheblicher Bedeutung. Erfahrungsgemäß kann man

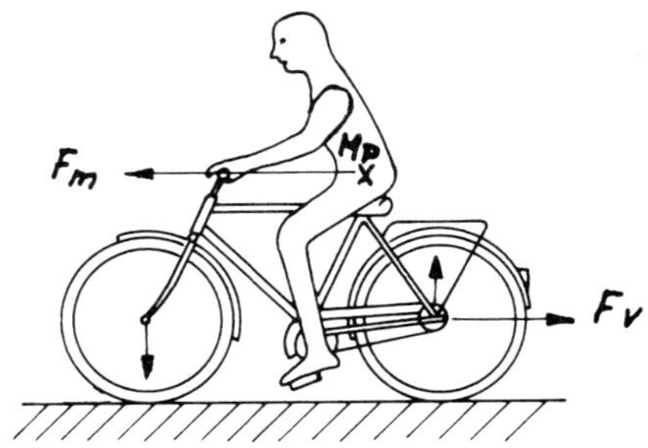

Abb. 853: Schematische Darstellung des Kräfteverlaufs beim Bremsen.

beim Radfahrer den Massenschwerpunkt ungefähr in der Hüftgegend annehmen (wie in Abb. 853 mit Mp bezeichnet).

Das Fahrrad schwebt nicht frei im Raum, sondern hat Kontakt mit der Fahrbahn am tiefsten Punkt seiner Masse. Alle Beschleunigungs- und Verzögerungskräfte wirken sich hier, an der Auflage des Reifens auf der Fahrbahn, somit wesentlich tiefer, als der Massenschwerpunkt liegt, aus. Die Richtung aller äußeren Einwirkungen auf die Masse, beispielsweise ein Stoß, geht immer in Richtung auf den Schwerpunkt, sei es auch nur in Form einer Komponente (s. Abb. 151) – es müssen also auch alle Auswirkungen der Massenenergie ganz oder teilweise vom Schwerpunkt ausgehen. Daraus ergibt sich zwangsläufig, daß der höher liegende Schwerpunkt weiter in die bisherige Richtung drängt, wenn am Rande der Masse (in diesem Fall an der Reifenauflage) eine Verzögerung einsetzt. Der Schwerpunkt versucht, über den vorderen Auflagepunkt bzw. den Mittelpunkt des Vorderrades herumzuschwingen – mit der Folge, daß die Achslast (der Bodendruck) am Vorderrad erhöht, am Hinterrad dagegen verringert wird. Diese Verhältnisse sind schematisch in Abb. 853 dargestellt. Die dem Vortrieb entgegengerichtete Verzögerungskraft wird durch Fv dargestellt, Fm ist die vom Schwerpunkt ausgehende Kraft und deren Richtung. Die Pfeile an den Radachsen deuten die Beeinflussung des Anpreßdrucks der Reifen auf die Fahrbahn beim Bremsen an.

Bei vielen Zweiradfahrern findet sich die Vermutung (die durch das soeben dargelegte Verhalten des Massenschwerpunkts beim Bremsen scheinbar bestätigt wird), daß bei starker Betätigung der Vorderradbremse die Gefahr des Überschlagens über den Lenker bestehe. Daß das nicht eintritt, ergibt sich bei einer Untersuchung der Verhältnisse beim Bremsen am Vorder- oder Hinterrad allein und an beiden Rädern zugleich.

Erfolgt die Abbremsung am Vorderrad allein, so wird zuerst der Anpreßdruck durch den vordrängenden Massenschwerpunkt erhöht und die Auflagefläche des Reifens vergrößert. Das Verhalten des Schwerpunkts beeinflußt die Bremsung also günstig. Damit es zum Überschlag kommen könnte, müßte der Schwerpunkt wenigstens bis senkrecht über die Vorderradnabe vorschwingen. Nach Abb. 853 ist das aber unwahrscheinlich. Die Geometrie des heutigen Fahrrades ist nun mal anders als die des früheren Hochrades mit Vorderradantrieb (s. Abb. 4), bei dem der Massenschwerpunkt schon etwa über der Vorderradachse lag.

Der theoretisch angenommene Fall, daß der Schwerpunkt auf der Mittelebene liegt, trifft freilich nur in den seltensten Fällen zu; aber was in der Mittelebene geschieht, geschieht auch in der Querebene, der Massenschwerpunkt drängt auch seitlich der Mittelebene nach vorn. Das Hinterrad, das den Bodenkontakt verliert, schert seitlich aus, ehe es zum Überschlag über den Lenker kommen kann. Natürlich kann es durch das Wegrutschen des Hinterrades zum Sturz kommen, die Schuld daran liegt aber nicht an der Vorderradbremsung, sondern daran, daß zu stark und ohne Rücksicht auf die notwendige Führung des Hinterrades durch ausreichende Bodenhaftung gebremst wurde.

Tatsächlich ist die Vorderradbremsung die wirksamste – beim motorisierten Zweirad hat man daraus die Konsequenzen gezogen und dimensioniert dementsprechend die Vorderradbremse.

Beim Abbremsen des Hinterrades sind die Verhältnisse nicht anders. Das Verhalten der Massen und die Folgen sind bis zum Abheben des Hinterrades die gleichen; es wird ja nicht nur das Rad allein, sondern über dieses die ganze Fahrzeugmasse abgebremst. Es kommt zunächst auch hier zur Veränderung des Anpreßdrucks an beiden Rädern und dann zu einer solchen Verminderung der Bodenhaftung des Hinterrades, daß dieses durchrutscht, wodurch der Bremsvorgang unterbrochen wird. Schert das Rad nicht durch die Einwirkung des seitlich verlagerten Massenschwerpunktes aus, so muß es wieder aufsetzen. Die Bremseinrichtung ist aber angezogen geblieben, wodurch die rotierenden Massen des Hinterrades während des Abhebens noch weiter abgebremst werden. Das Rad setzt dadurch mit verminderter Umfangsgeschwindigkeit wieder auf, der erneute Bremsvorgang setzt ruckweise ein – dadurch hebt das Rad erneut ab. Die Folge ist ein verlängerter Bremsweg bei gleichen Bremskräften. Man kann solches unterbrochene Bremsen des Hinterrades an Bremsspuren auf Straßen mit Teerdecke beobachten.

Die Hinterradbremse ist bei Zweiradfahrzeugen also weder so wirksam noch sicher, wie allgemein angenommen wird. Ein Unterschied ergibt sich meist nur dadurch, daß die Vorderradbremse von Hand und mit geringerer Kraft, die Hinterradbremse bei Rücktrittbremsen mit dem Fuß (hinter dem das Körpergewicht steht) betätigt wird, wobei natürlich die Hebelübersetzungen in den Übertragungsorganen eine Rolle spielen.

Nach dem bisher über das Abbremsen von Vorder- und Hinterrad Gesagten müßte gleichzeitiges Bremsen beider Räder günstige Verhältnisse schaffen, weil dabei zwei Bremsen gemeinsam die Verzögerung bewirken. Voraussetzung dafür wäre, daß die Bremskräfte vorn und hinten entsprechend den jeweiligen, in rascher Folge wechselnden Verhältnissen bemessen wären. Das ist aber mit den beim Fahrrad üblichen Bremseinrichtungen nur schwer möglich. Zwar ist eine technisch gute Lösung, die auf beide Felgen gleichzeitig wirkende hydraulische Felgenbremse von Shimano (Power Brake), schon seit Jahren auf dem Markt (Abb. 854); sie konnte sich aber bisher nicht einführen, weil in vielen Ländern die gesetzlichen Bestimmungen für das Fahrrad zwei voneinander unabhängige Bremsen vorschreiben. Einen neuen und von der Technik her überzeugenden Anlauf mit einer hydraulischen Fahrradbremse hat jetzt die Firma Magura unternommen. Da Vorder- und Hinterradbremse je einen eigenen geschlossenen Bremskreis aufweisen (s. Abb. 876), genügt das System auch der Forderung der StVZO nach zwei unabhängig voneinander wirkenden Bremsen. Mit der herkömmlichen getrennten Bremsung von Vorder- und Hinterrad läßt sich kaum eine größere Bremswirkung erreichen als mit Vorderradbremsung allein.

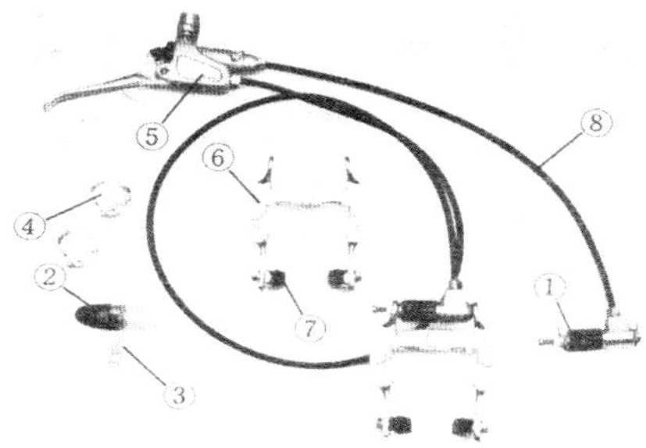

Abb. 854: Hydraulische, auf beide Räder wirkende Bremsbetätigung.

Für die Größe der Bremsverzögerung sind aber auch noch andere Faktoren von Einfluß. Wichtig ist der Reibwert des Reifens, der mit für seine Haftung auf der Fahrbahn ausschlaggebend ist. Es ist ein verbreiteter Irrtum, daß die Haftung des Reifens am stärksten ist, wenn der Reifen auf der Fahrbahn rutscht. Solches Rutschen bedeutet aber eine örtliche Überbeanspruchung der Reifendecke durch Wärmestau, unter dessen Wirkung sich Partikelchen der Reifenoberfläche lösen und verschmoren. Auf diesen Partikelchen schwimmt dann der Reifen, und der Reibungswiderstand zwischen Reifen und Fahrbahn sinkt stark ab. Es tritt dann statt der Haftreibung bei noch rollendem Rad Gleitreibung bei stillstehendem Rad ein.

Art und Beschaffenheit des Reifenprofils sind nicht minder wichtig. Noch einflußreicher allerdings ist der Zustand der Fahrbahnoberfläche – daß die Haftreibung bei Glatteis z. B. stark vermindert ist, braucht kaum erwähnt zu werden. Aber auch die Gummimischung ist wichtig – unter dem Gesichtspunkt der Haftung wie des Abriebs.

Wie die Beschleunigung ist auch die Verzögerung durch Bremsen meßbar. So wie die Geschwindigkeit beim Beschleunigen steigt, so nimmt sie während des Bremsens ab. Geschwindigkeit bedeutet: Weg in einer bestimmten Zeit, gemessen in m/s.

Nun ändert sich dieser Wert aber während des Bremsvorganges dauernd; würde man die einzelnen Werte aufzeichnen, so ergäbe sich eine Kurvenlinie, mit der in der Praxis nicht viel anzufangen ist. Man bestimmt deshalb einen mittleren Verzögerungswert und mißt die Verzögerung in m/s^2.

Diese mittlere Verzögerung ist abhängig von der Geschwindigkeit, aus der der Bremsvorgang eingeleitet wurde. Je höher die Ausgangsgeschwindigkeit, desto geringer muß die mittlere Verzögerung sein. Um Vergleiche zu ermöglichen, muß man daher bei Fahrzeugen mit verschiedenen Höchstgeschwindigkeiten von gleichen Ausgangsgeschwindigkeiten ausgehen.

Beim normalen Fahrrad ergibt sich die Ausgangsgeschwindigkeit quasi von selbst – man kann sie unter üblichen Verhältnissen mit 15 km/h annehmen. Wegen der ungünstigen Massenverhältnisse und des Abhebens des Hinterrades bei einer gewissen Verzögerung dürfte sich trotz niedriger Ausgangsgeschwindigkeit nur eine mittlere Verzögerung 4–4,5 m/s^2 erreichen lassen. Das bedeutet, daß das Rad aus der genannten Fahrgeschwindigkeit auf etwa 3 m in ungefähr einer Sekunde zum Stehen kommt.

Beim Bremsen ist die Zeit ein sehr dehnbarer Begriff. Die gesamte Bremszeit zerfällt in drei Phasen. Die erste umfaßt die Zeit von der Wahrnehmung eines Hindernisses bis zur Einleitung des Bremsvorgangs – das ist die Reaktionsdauer (die auch als „Schrecksekunde" bezeichnet wird). Diese Zeit ist nicht konstant, je nach persönlichen Voraussetzungen und äußeren Umständen bewegt sie sich zwischen 0,3 und 1,7 Sekunden. Zur eigentlichen Bremszeit muß aber in jedem Fall noch – eben für die Reaktionszeit – ein Zuschlag gerechnet werden.

Die eigentliche Bremszeit zerfällt dann in die beiden restlichen Phasen: die Ansprechdauer der Bremse und die Bremswirkungsdauer. Die Ansprechdauer ist die Zeit, die vom Beginn der Betätigung bis zum Einsetzen der Bremskraft vergeht – und die Bremswirkungsdauer ist die Zeit, die vom Einsetzen der Bremskraft bis zu ihrem Verschwinden dauert. Alle diese Zeiten haben eine um so größere Bedeutung, je höher die Fahrgeschwindigkeit war, sie können aber auch beim Fahrrad (trotz dessen relativ geringer Geschwindigkeit) nicht außer acht gelassen werden.

Bei 15 km/h Geschwindigkeit legt der Fahrer in der Sekunde einen Weg von 4,17 m zurück. Dauern Reaktions- und Ansprechzeit zusammen eine Sekunde, so fährt ein Radfahrer bei 15 km/h mit voller Geschwindigkeit noch auf ein in 4 m Entfernung auftauchendes Hindernis auf, ehe seine Bremsen zu wirken beginnen.

Bei Fahrrädern mit Rücktrittbremse hat die Ansprechzeit größere Bedeutung, weil sie von der jeweiligen Pedalstellung beeinflußt wird. Ebenso muß aus der Totpunktstellung heraus das Pedal erst um eine Viertel-Kurbeldrehung zurückgetreten werden, ehe der maximale Hebelarm und damit die maximale Bremskraft zur Verfügung stehen.

Für die Wirkung einer Bremse sind hauptsächlich die Flächen der wirksamen Bremsenteile, der Anpreßdruck und die Reibeigenschaften der aufeinander reibenden Teile bestimmend. Der Anpreßdruck ist abhängig von der Übersetzung in den Übertragungsteilen und der vom Fahrer ausgeübten Kraft – abzüglich etwaiger Verluste in Bowdenzügen u. ä.

Auf die Dimensionierungen der Bremsenteile hat der Fahrer keinen Einfluß, sie sind durch die Konzeption der Bremse gegeben. Genauso ist es mit der Paarung bzw. den Eigenschaften der aufeinander reibenden Bremsenteile. Gute Reibeigenschaften bedeuten hohe Energieumwandlungsfähigkeit in Wärme bei möglichst geringer Abnutzung ohne Fressen sowie gleichbleibenden Reibwert auch bei starker Wärmeentwicklung. Es ist ein Unterschied, ob bei einer Rücktrittbremse z. B. ein Bremsmantel aus Bronze oder Stahl verwendet wird, und ob er trocken oder gefettet arbeitet. Nicht anders ist es bei einer Trommelbremse. Hier kommt es besonders auf den Reibbelag der Bremsbacken an – ob er mehr oder weniger Asbestbeimischung hat, und ob Beigaben in Form von Messing- oder Stahlspänen erfolgt sind. Es ist auch nicht gleich, ob der Bremsbelag auf einer Stahlblech- oder Gußtrommel angreift.

Ähnlich ist es bei Felgenbremsen, bei denen der eine Reibpartner (die Felge) in seinem Werkstoff festgelegt ist. Die Eigenschaften des anderen Reibungspartners (der Bremsklötze) müssen entsprechend abgestimmt sein, denn der Reibungskoeffizient einer verchromten Stahlfelge ist ein anderer als der einer blanken Felge aus einer Alu-Legierung.

Manches ist auch hinsichtlich der Unterbringung der Bremsen am Fahrrad zu bedenken. Die Verzögerungskräfte gehen in jedem Fall über die Speichen. Es ist aber ein Unterschied, ob die Bremskräfte an der Felge und damit an dem mit der Fahrbahn im Kontakt stehenden Reifen oder an der Nabe angreifen.

Die Anordnung der Bremse an oder in der Nabe (Rücktritt-, Trommel- oder Scheibenbremsen) hat noch eine andere Bedeutung. Das auf dem rotierenden Bremsteil (Nabenhülse z. B.) reibende Teil muß festgelegt sein, damit es nicht durch die Reibung in Drehrichtung des Rades mitgenommen wird. Bei allen Nabenbremsen greift deshalb ein Bremswiderlager (Bremshebel) am Rahmen an. Das auftretende Reaktionsmoment beim Bremsen kann sehr stark werden. Dadurch tritt eine zusätzliche einseitige Belastung des Hintergabelrohrs an der Stelle auf, an welcher der Bremshebel wirkt. Diese Stelle liegt kurz vor dem Ausfallende, wo das Widerstandsmoment klein ist. Tritt ein besonders starkes Bremsreaktionsmoment auf, so kann bei ungenügender Festigkeit des Hintergabelrohrs an dieser Stelle der Hinterbau einknicken.

Theoretisch sind Bremseinrichtungen, die am Reifenumfang angreifen (Felgenbremsen), den Nabenbremsen vorzuziehen. Aber auch Felgenbremsen sind nicht problemlos, wie sich bei der Besprechung der verschiedenen Bremssysteme zeigen wird.

Eine 1985 durchgeführte Zählung und Analyse von Fahrradunfällen brachte das Ergebnis, daß ein großer Teil der Fahrräder technische Mängel hatte, und davon lag ein Drittel bei den Bremsen.

Um den Qualitätsstandard und die Verkehrssicherheit der Fahrräder, insbesondere der Bremsen zu erhöhen, werden in der Fahrradnorm DIN 79100 (Neufassung 1991) unter anderem auch die Werte der Bremsverzögerungen (mittlere Vollverzögerung) für die Bremsen festgelegt, die nicht unterschritten werden dürfen. Es gilt hierbei der arithmetische Mittelwert aus fünf Messungen. Die Messungen erfolgen einzeln mit trockener und nasser Bremse.

Vorderradbremse
$\geqslant 2{,}8\ m/s^2$ trocken, $\geqslant 1{,}4\ m/s^2$ naß,

Hinterradbremse
$\geqslant 2{,}0\ m/s^2$ trocken, $\geqslant 1{,}0\ m/s^2$ naß.

Diese Werte sind der Vorschlag der Industrie und liegen noch nicht endgültig fest.

Bremsenkonstruktionen

Trommelbremsen

Die Straßenverkehrs-Zulassungs-Ordnung (StVZO) schreibt im § 65 für das Fahrrad vor: „Fahrräder müssen zwei voneinander unabhängige Bremsen haben."

Die älteste Bremsenbauart für Landfahrzeuge ist die Klotz-, Block- oder Reifenbremse – auch beim Fahrrad. Dabei ist die Reifenbremse nicht nur die älteste, sondern auch die primitivste Bauart. Man kann sie heute nicht mehr als ausreichend ansehen. Sie wird aber, weil sie billig ist, noch bei Tourenrädern mit Gestänge- (bei Kinderrädern mit Bowdenzug-)Betätigung verwendet. Unzureichend sind beide Blockbremsen, besonders die mit Bowdenzug.

Eine wichtige Bremsenbauart ist die Rücktrittbremse, kombiniert mit Freilauf, als Hinterradbremse. Konstruktiver Aufbau und Wirkungsweise dieses Bremssystems wurden bereits bei der Besprechung der Freilauf-Eingang- und Getriebenaben ausführlich behandelt.

Die dritte Bremsenart ist die Innenbacken- oder Trommelbremse. Bei ihr handelt es sich, wenn sie im Fahrrad verwendet wird, um eine Nabenbremse, deren Bremsverzögerungskräfte über die Speichen gehen (wie bei der Rücktrittbremse), und wie diese erfordert auch sie einen Bremshebel als Widerlager zur Abstützung am Rahmen.

Seit Jahrzehnten wurde sie in Motorrädern und Pkw eingebaut, bis sie immer mehr durch die Scheibenbremse verdrängt wurde. Beim Fahrrad konnte sie sich nicht allgemein durchsetzen, weil sie wegen des notwendigen Aufwands teuer ist. Aber der Einbau der Trommelbremse bei Neufahrrädern nimmt ständig zu. Trommelbremsen lassen sich gut in Kunststoff-Laufrädern (z. B. bei BMX-Fahrrädern) integrieren und bilden zusammen eine organische Einheit (Abb. 855).

Abb. 855: Trommelbremse im BMX-Kunststofflaufrad.

Die Wirkung der Trommelbremse ist bei allen Witterungsverhältnissen gut, deshalb wurde sie bei motorisierten Fahrzeugen, auch Zweirädern, überwiegend vom Konstrukteur vorgesehen. Sie eignet sich besonders bei langen Abfahrten zuverlässig für Dauerbremsungen. Ein Nachteil, der, außer dem Preis, ihrer Verwendung beim Sportfahrrad entgegensteht, ist das verhältnismäßig hohe Gewicht. Hinzu kommt, daß Trommelbremsen einen bestimmten Bauraum beanspruchen, der das Sportfahrrad ungrazil und schwerfällig erscheinen läßt.

Der Nabenkörper einer Bremstrommelnabe kann als sogenannte Vollbremsnabe (Abb. 856) oder stufenförmig (Abb. 857) ausgebildet sein.

Bei der Stufennabe für gespeichte Laufräder sitzt der eine Speichenflansch auf der Bremstrommel, der kleinere am Nabenrohr. Da am kleinen Speichenflansch die Speichen nicht durchgeschoben werden können, weil die Bremstrommel das verhindert, sind Langlöcher bzw. zwei jeweils durch einen Schlitz in Speichenlochbreite verbundene Speichenlöcher vorgesehen. In der Mitte des Verbindungsschlitzes befindet sich ein Loch, durch das der Speichenkopf eingeführt werden kann (siehe Abb. 501).

Bei der Vollbremsnabe sind die beiden Speichenflansche gleich groß.

Die Bremsleistung der Trommelbremse ist gut, sie besitzt ein weiches und doch kräftiges Bremsverhalten. Eine ausreichend bemessene Trommelbremse, nicht unter 70 mm ∅, hat eine gute Wärmeabstrahlung (besonders mit einem Leichtmetall-Nabenkörper), und die Bremsleistung fällt auch bei einer extremen Warmbremsung wenig ab.

Trommelbremsen, insbesondere die hinteren, verlangen eine enge Seilzugverlegung, damit der Leerweg nicht einen großen Teil des begrenzten Handhebelweges verschlingt und zur eigentlichen Bremsung zu wenig Bedienungsweg übrig bleibt.

Der Seilzug (Bowdenzug) muß geschmiert sein, am besten ist er mit einem Plastik-Öler (Abb. 1017) versehen, er kann dann mühelos nachgeölt werden.

Die Bremsleistung einer Trommelbremse hängt in erster Linie vom Durchmesser der Bremsbacken ab. Sie können deshalb nicht beliebig klein gehalten werden. Eine Mindestgröße für Bremsbacken und -trommel ergibt sich durch die Abmessung der Nabenhülse mit der Lagerung, die zwischen den Bremsbacken und den Rückzugsfedern Platz finden muß. In der Abb. 858 ist eine Trommelbremse im Schnitt und in der Abb. 859 die Anordnung der Bremsbacken dargestellt.

Die Bremswirkung wird dadurch erreicht, daß die Bremsbacken (b) durch Verdrehen des Bremsnockens (e) gespreizt werden und der Bremsbelag (Reibbelag b^1) auf den Backen die umlaufende Bremstrommel (a) abbremst. Die Betätigung der Bremse erfolgt über Bowdenzug durch Handhebel am Lenker.

Für normale Fahrräder genügen Innenbackenbremsen mit 70 mm Bremstrommel-∅, während z. B. für Tandems oder Spezialräder solche mit 90 mm ∅ verwendet werden.

Bei den Trommelbremsen werden die gespreizten Bremsbacken mit zwei Zugfedern (Abb. 858/859-d) in ihre Ausgangsstellung zurückgeholt. Die beiden spiralförmig gewickelten Zugfedern benötigen einen entsprechenden Raum zwischen der Nabenlagerung und der Innenform der Bremsbacken. Durch die erforderliche Größe der Lagerhülse für das Kugellager plus Bauform der Zugfeder liegt zwangsläufig der kleinstmögliche Bremstrommel-Durchmesser fest. Mit einer Bügelfeder aus Rundstahl an Stelle zweier Zugfedern wird Platz gespart, der entweder einer größeren Lagerabmessung oder einer kleineren Bremstrommel zugute kommt, siehe hierzu Abb. 860, die Konstruktion einer Trommelbremse mit einer Bügelfeder (D) als Rückzugfeder für die beiden Bremsbacken.

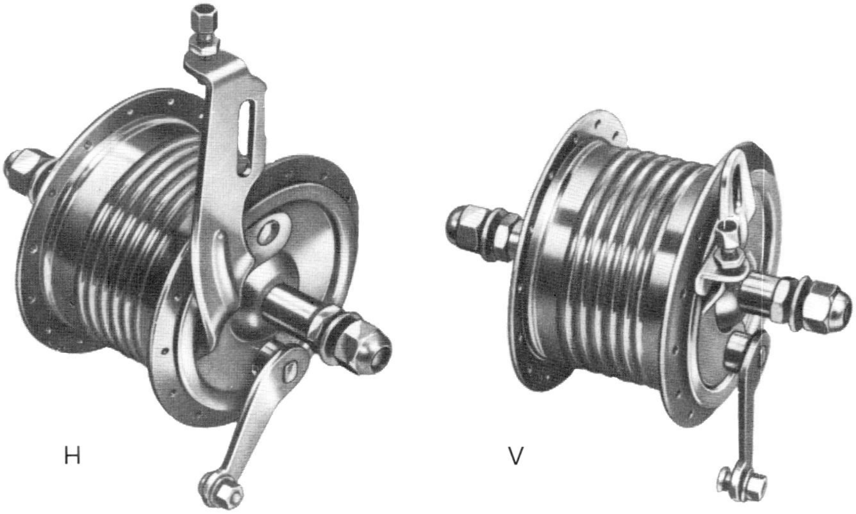

Abb. 856: Vorder- und Hinterrad-Vollbremsnabe, Bremstrommel 70 mm ∅.

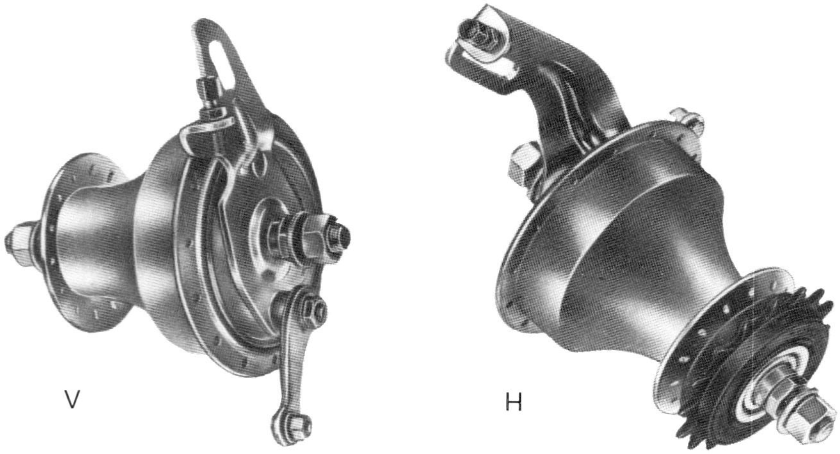

Abb. 857: Vorder- und Hinterrad-Stufennabe, Bremstrommel 70 mm ∅, von Grimeca.

In den Abb. 861 und 862 ist ein Nabenpaar von Sturmey-Archer mit Bremstrommel 69,85 mm (2 ¾ ″) ∅ dargestellt, wie es vielfach für Serienfahrräder verwendet wird.

Die Firma F & S hat auch ein komplettes Bremstrommel-Programm. Diese Trommelbremsen mit 70 mm ∅ und asbestfreiem Bremsbelag greifen weich, aber sehr wirkungsvoll an. Die gut dosierbare Trommelbremse stellt auch gewisse Qualitätsansprüche (besonders an die Vorderradgabel), die bei evtl. Umrüstung auf eine Trommelbremse beachtet werden sollten.

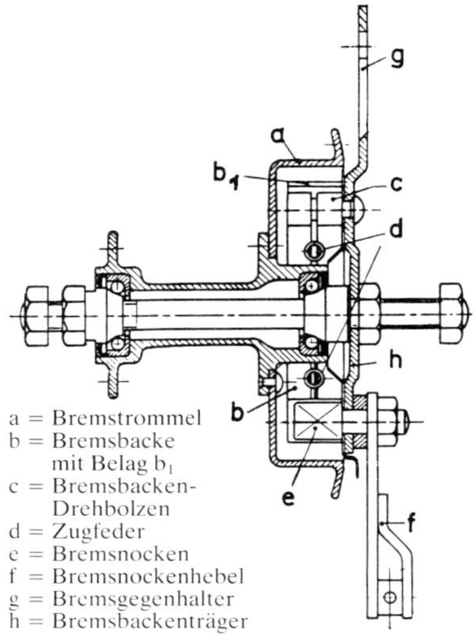

Abb. 858: Schnitt durch eine Trommelbremse.

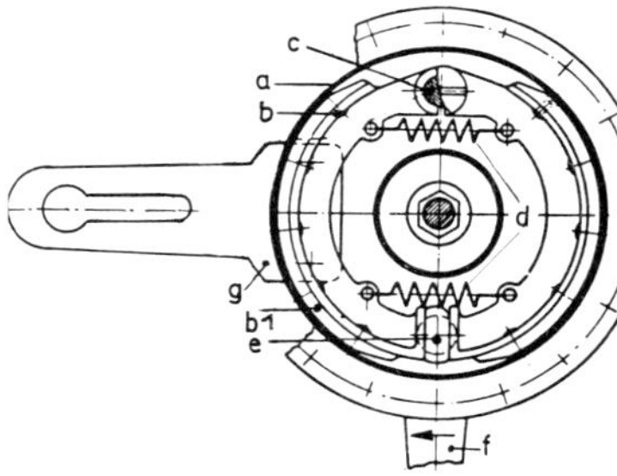

Abb. 859: Anordnung der Bremsbacken in einer Trommelbremse.

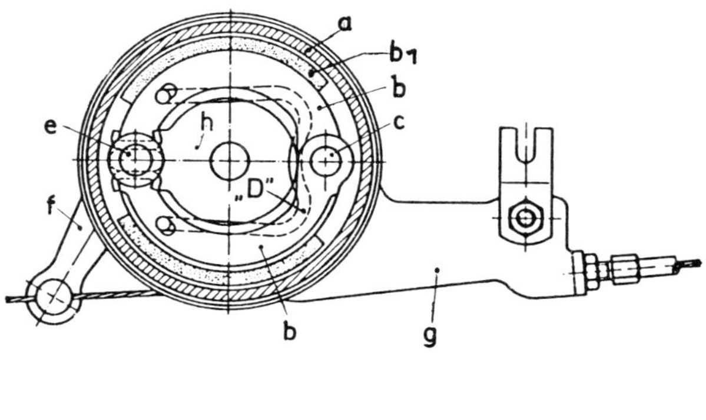

Abb. 860: Trommelbremse mit Bügelfeder von Sachs.

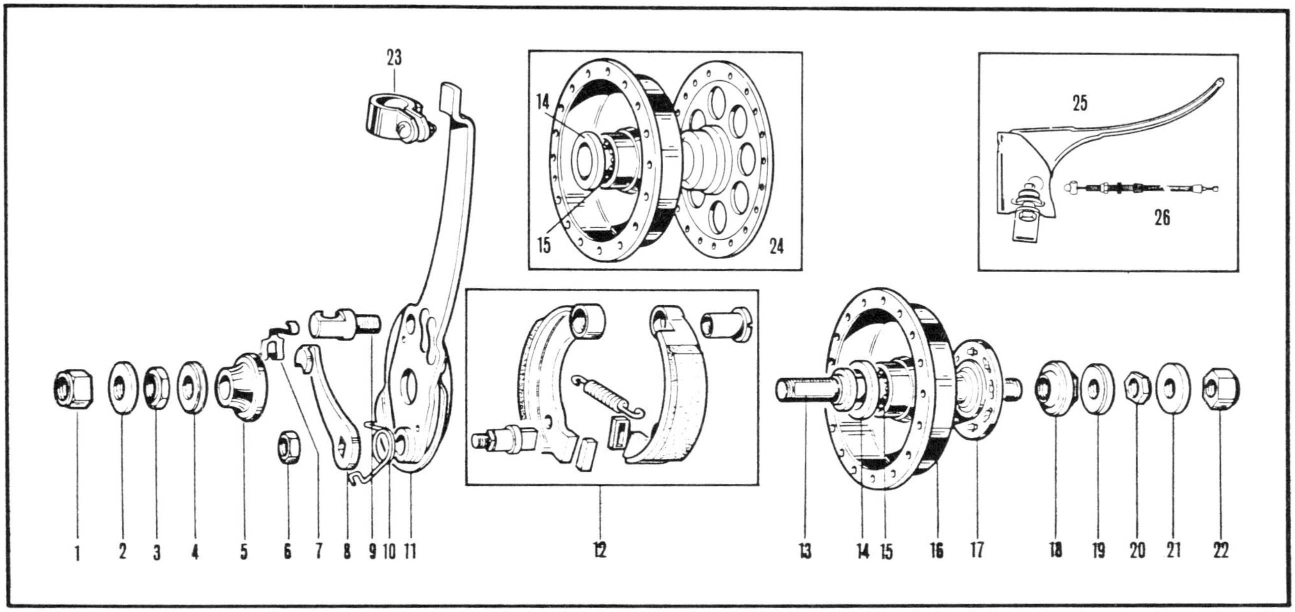

Abb. 861: Explosiv-Darstellung der Vorderrad-Bremstrommelnabe Typ SBF von Sturmey-Archer.

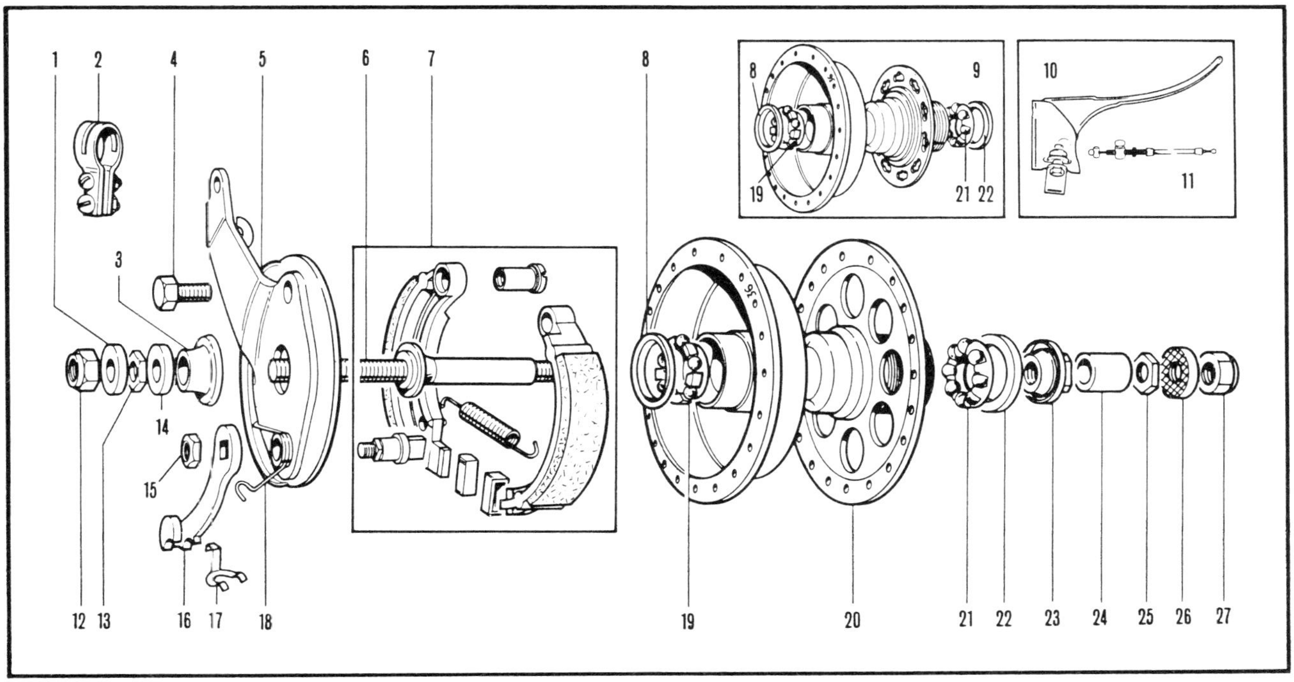

Abb. 862: Explosiv-Darstellung der Hinterrad-Bremstrommelnabe Typ SBR von Sturmey-Archer.

Abb. 863: Vorderrad-Trommelbremse 70 mm ∅, Gewicht 820 g, Sachs-Orbit VT.

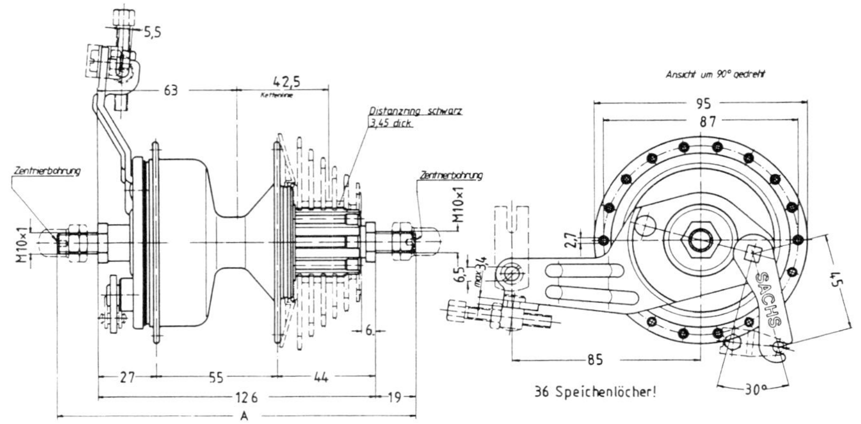

Abb. 866: Einbaumaße der Hinterrad-Trommelbremse Sachs-Galaxie HT.

Abb. 864: Hinterrad-Trommelbremse 70 mm ∅, Gewicht 1230 g (5-Gang), Sachs-Galaxie HT.

Im Bereich der Befestigungsschelle für den Bremsgegenhalter (an der Vorderradgabel oder am Hintergabelrohr) sollten die nachstehenden Werte nicht unterschritten werden.

Widerstandsmoment W_b min = 265 mm²

Zugfestigkeit R_m min = 500 N/mm²

Gegen eindringendes Spritzwasser schützt eine Labyrinth-Abdichtung zwischen Bremsbackenträger und Bremstrommel, sie verhindert ein Abfallen der Bremsleistung bei Nässe (Abb. 863–866). In der Abb. 867 ist ein Vergleich der Bremswege (aus 25 km/h) zwischen den Sachs-Trommelbremsen (Abb. 863–866) und den herkömmlichen Felgenbremsen dargestellt.

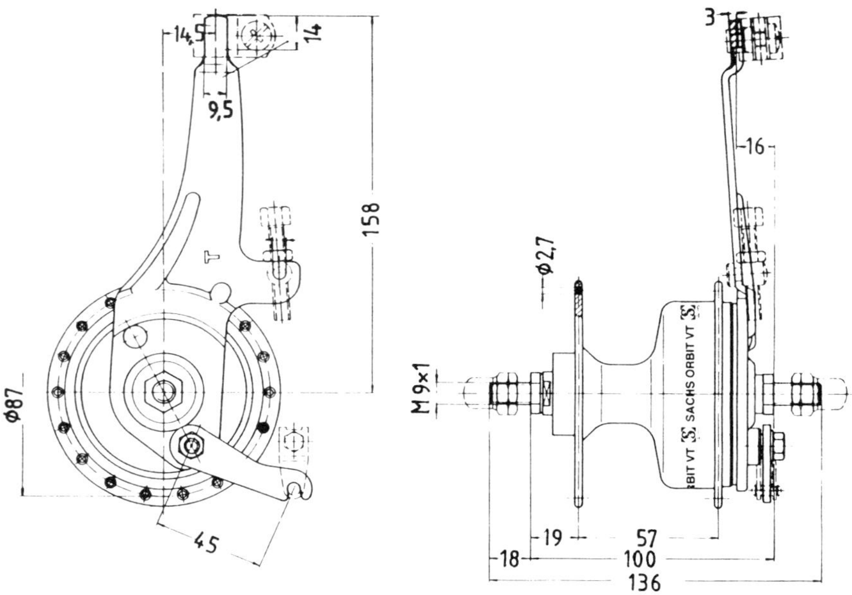

Abb. 865: Einbaumaße der Vorderrad-Trommelbremse Sachs-Orbit VT.

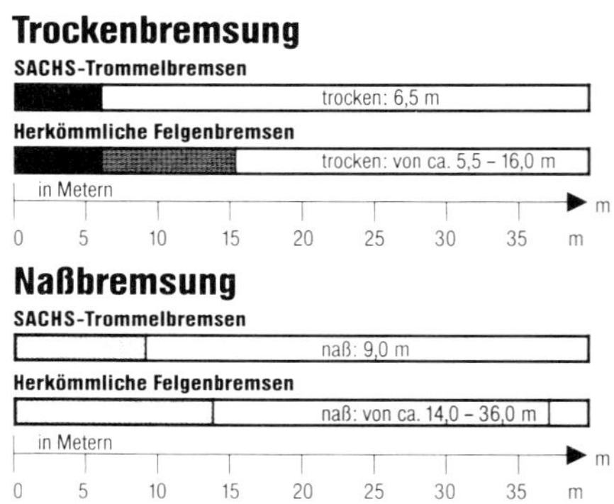

Abb. 867: Fahrradbremsen im Vergleich.

Eine spezielle Konstruktion einer Hinterrad-Innenbackenbremse 90 mm ∅ mit Freilauf und Rücktrittbremse für ein Armeefahrrad ist in Abb. 868 dargestellt. Bei dieser Spezialausführung werden durch den Pedalrücktritt über einen Zahnmechanismus der Bremsnocken verdreht und die

Bremsbacken an die umlaufende Bremstrommel gepreßt.

Asbesthaltige Bremsbeläge sind nicht mehr zulässig.

Die Typbezeichnung des Bremsbelags muß die Spezifikation auch im abgenutzten Zustand noch erkennen lassen (DIN 79 100, Neufassung 1991).

Eine vierte Bremsenbauart ist die Außenbackenbremse. Bei dieser greifen an der Außenwand einer umlaufenden Bremstrommel Bremsschuhe an. In Abb. 869 ist eine solche Bremse (von Shimano) gezeigt.

Die Wirkungsweise des Bremsmechanismus ist aus Abb. 870 ersichtlich.

Derartige Bremsen, die auch als Bandbremse bezeichnet werden können, wurden früher gern im Automobil-, speziell Lastkraftwagenbau, als Feststellbremse (Handbremse) verwendet.

Scheibenbremsen

Bei Motorrädern, vom Kleinkraftrad aufwärts, haben sich in den letzten Jahren Scheibenbremsen durchgesetzt. Ihre Betätigung erfolgt nahezu ausnahmslos durch eine hydraulische Öldruckanordnung mit Ölbehälter und Kolbenpumpe, durch die mühelos ein hoher Bremsdruck erzeugt werden kann. Solche Anlagen sind aber durch den hohen Fertigungsaufwand entsprechend teuer. Mechanisch betätigte Scheibenbremsen erfordern starke Handkräfte und finden deshalb nur noch vereinzelt Verwendung.

Für Fahrräder gibt es kleinere Scheibenbremsanlagen, die mechanisch vom Lenker aus betätigt werden, die aber die Wirkung einer Felgenbremse nicht erreichen (Abb. 871).

Rollen-Bremse

Neu ist die Rollen-Bremse nicht. In größeren Zeitabständen wurden ähnliche Konstruktionen bekannt (vor allem bei Patentämtern), ohne daß sich diese Bremsen einführen konnten.

Die neue von Shimano entwickelte „Roller-Brake" (Walzenbremse) mit verfeinerter Funktion ist jetzt am Fahrradmarkt (Abb. 872).

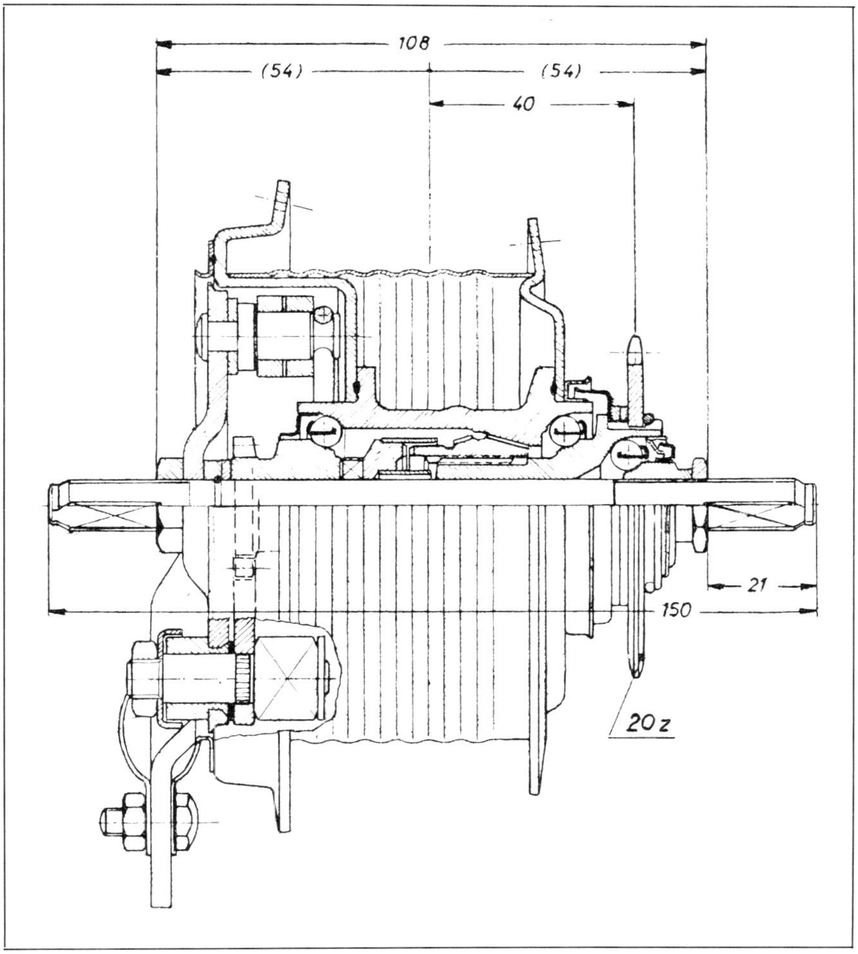

Abb. 868: Innenbackenbremse mit Freilauf und Rücktritt-Betätigung.

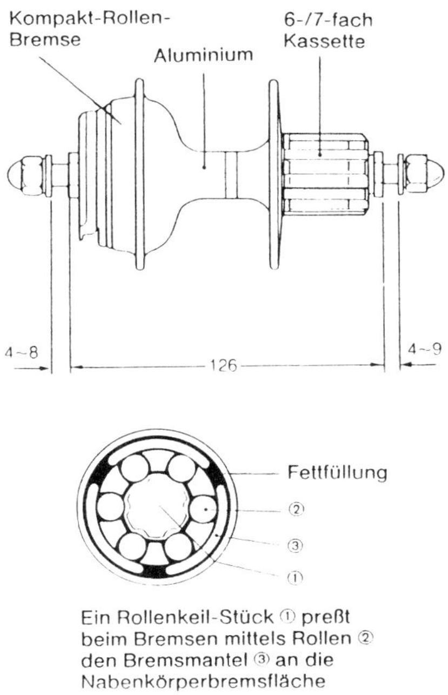

Abb. 872: Rollen-Bremse von Shimano.

Im Unterschied zur Trommelbremse werden die Bremsbacken nicht durch einen Bremsnocken gespreizt (siehe Abb. 858/859), sondern durch sechs Rollen (2), die radial über sechs ansteigende Kurven (1) so weit auseinandergedrückt werden, daß jeweils immer zwei Rollen gemeinsam einen Teil vom dreigeteilten Bremsmantel (3) an die Nabenkörper-Bremsfläche pressen. Mit dem Handhebel am Lenker wird über den Bowdenzug der Körper mit den Steigkurven (1) verdreht und der Bremsvorgang ausgelöst.

Am Kassettenteil der Nabe können bis zu sieben Zahnkränze montiert werden.

Die Wirkung der Rollen-Bremse ist durch den von Wasser und Schmutz geschützten Mechanismus bei allen Witterungsverhältnissen gleich gut.

Solche Konstruktionen entwickeln beim Bremsen, besonders bei langen und steilen Abfahrten, durch die relativ kleine Bremsfläche (von Bremsmantel und Nabenkörper) eine erhebliche Reibungswärme. Durch die gekapselte Bauweise entsteht ein Wärmestau. In diesem Fall darf der Nabenkörper nicht berührt werden. Die Abkühlung kann (nach Shimano) bis zu 30 Minuten dauern.

Diese Bremse konnte sich nicht einführen.

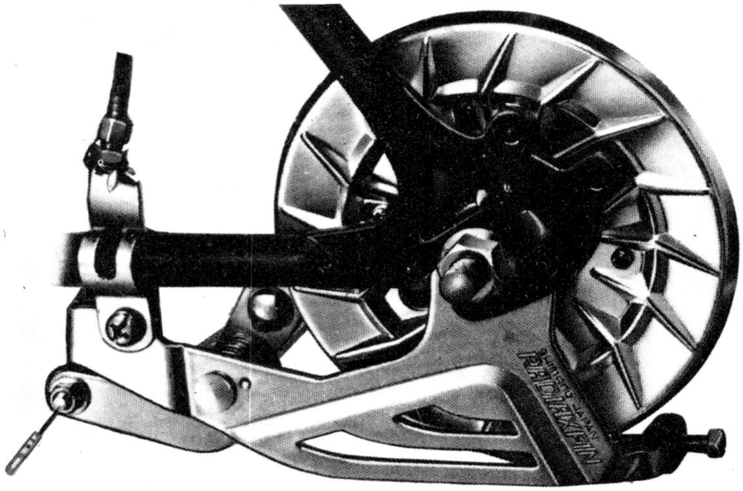

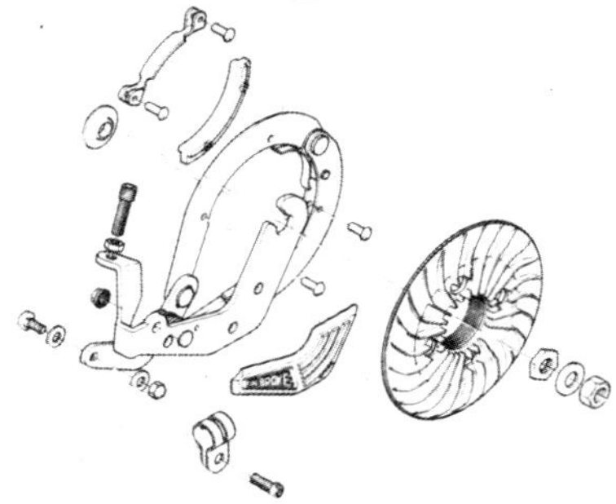

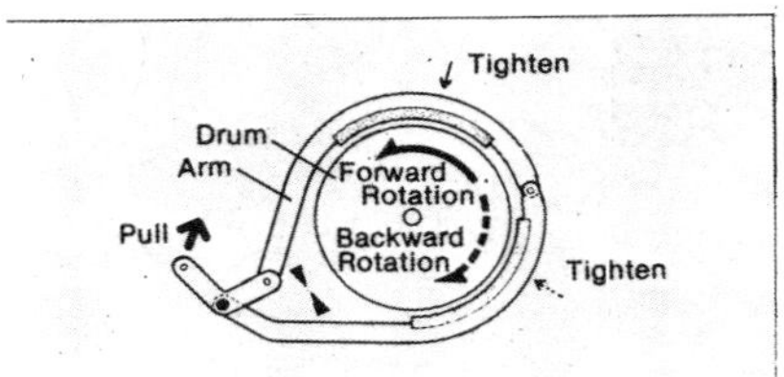

Abb. 869: Hinterrad-Radiax-Außenbackenbremse von Shimano.

Abb. 870: Schematische Darstellung der Wirkungsweise der Bremse.

Hydraulische Öldruck-Felgenbremse

In früheren Jahren wurde das Fahrrad vorrangig als besonders preisgünstiges Fortbewegungsmittel angesehen. Um der breiten Käuferschicht entgegenzukommen, war die Ausstattung der Fahrräder sehr dürftig.

Eine Rücktrittbremse war in der Regel vorhanden, aber vorn hatte man meist nur eine Stoßbremse, die auf den Vorderreifen drückte und wenig Wirkung zeigte.

Heute ist der Anlaß für den Fahrradkauf meist die Freude an der Bewegung, dem Sport, der Natur, dem Umweltschutz und der Körperertüchtigung, denn Radfahren ist auch Freizeitgestaltung. Es wird besonderer Wert auf die technische Ausstattung gelegt, die Verkehrssicherheit steht neuerdings ganz weit oben. Die Geschwindigkeiten sind dank der Rennsporträder, deren Leichtbauweise und der vielen Gänge höher, aber gleichzeitig ist

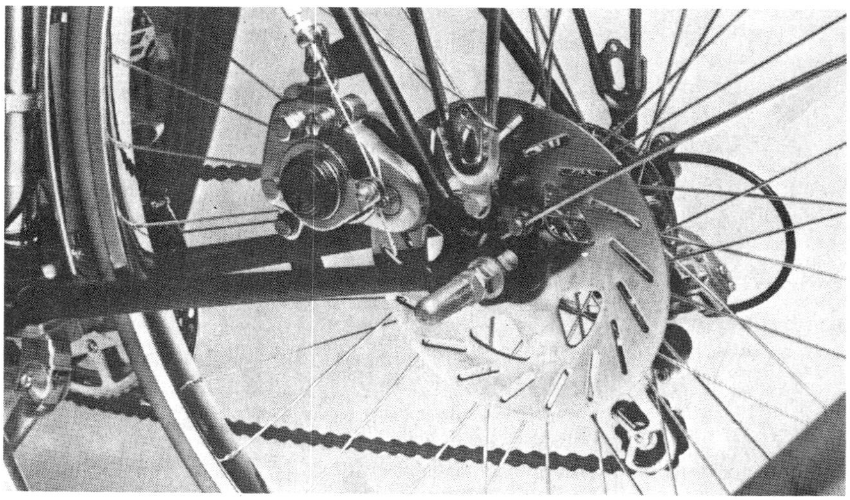

Abb. 871: Fahrrad-Scheibenbremse von Bridgestone.

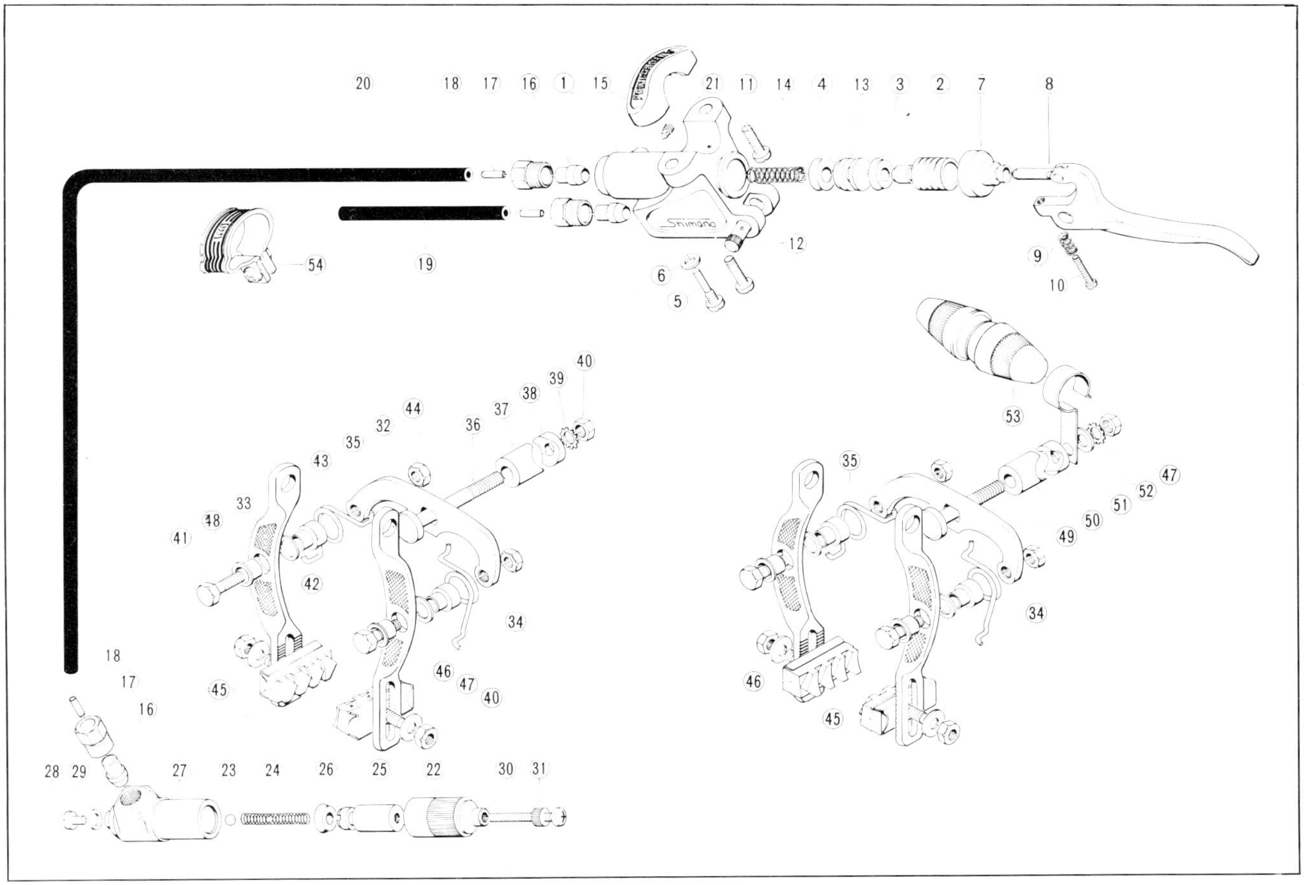

Abb. 873: Hydraulische Öldruck-Felgenbremse („Power Brake“) von Shimano.

der Verkehr viel dichter geworden. Deshalb muß man schnell anhalten können und dazu braucht man gute Bremsen, so wie sie auch am Motorrad und Auto Stand der Technik sind.

Als Fahrradbremse gibt es in Deutschland vorwiegend die Rücktrittbremse, die jedoch für Fahrräder mit Kettenschaltungen wenig geeignet ist, aber auch die Trommel- und die Felgenbremse. Nachdem der Anteil der Kettenschaltungen wächst, steigt entsprechend auch die Zahl der Felgenbremsen.

Die Felgenbremse stellt in der Funktion eine Scheibenbremse dar. Die Bremskraft wird am größtmöglichen Durchmesser aufgebracht und nicht über die Speichen übertragen. Die Wärmeabfuhr ist optimal.

Eine weiterentwickelte sehr wirksame Felgenbremse ist die hydraulische Fahrrad-Felgenbremse.

Als techniche Delikatesse muß die hydraulische Öldruck-Felgenbremse von Shimano bezeichnet werden, die gleichzeitig auf beide Räder wirkt (Abb. 873) Wie bei Automobilen (und in Einzelfällen auch bei Motorrädern) werden durch eine Hydraulikpumpe, die mit dem Handbremshebel betätigt wird, über Bremszylinder die Vorder- und Hinterradbremse synchron betätigt.

Wegen der Vorschrift (StVZO § 65), daß ein Fahrrad zwei voneinander unabhängige Bremsen haben muß, aber auch wegen des hohen technischen Aufwands, der viel Geld kostet, konnte sich diese Bremse bisher nicht einführen.

Magura „Hydro-Stop“ Felgenbremse

Anders ist es bei der Magura Hydraulik-Fahrrad-Felgenbremse. Vorder- und Hinterradbremse haben je einen eigenen geschlossenen Bremskreis und entsprechen somit der StVZO mit der Forderung nach zwei voneinander unabhängig wirkenden Bremsen (Abb. 874 und 875).

Diese hydraulische Bremsanlage wurde speziell für das Fahrrad entwickelt. Es handelt sich um ein mit dünnflüssigem Öl gefülltes System, das aus einem Geberzylinder mit Handhebel, der eigentlichen Felgenbremse und den Flüssigkeitsleitungen besteht. Da auf einen Vorratsbehälter für die Bremsflüssigkeit verzichtet wurde, arbeitet der Zylinder (im Gegensatz zu den Hauptbremszylindern für Motorräder) in jeder möglichen Stellung des

Fahrrads, was für eine hydraulische Fahrradbremse unbedingt notwendig ist (Abb. 876).

So kann das Fahrrad z. B. zum Reparieren oder Reinigen mit dem Sattel am Boden abgestellt werden, ohne daß dabei Öl ausläuft und das Bremssystem neu entlüftet werden muß.

Der Geberzylinder (1) ist am Lenkerrohr (2) mit einer Bandage (3) befestigt. Sein Kolben (4) wird durch den Handhebel (5) verschoben. Ein elastischer Gummipuffer (17), der zwischen Handhebel (5) und Kolben (4) sitzt, bewirkt einen weicheren Einsatz der Bremse, wenn der Handhebel schnell gezogen wird. Eine Stellschraube (6) ermöglicht die richtige Einstellung der Bremsklötze (7) zur Felge (8). Die Felgenbremse selbst besteht aus je einem links und rechts von der Felge in einem Halter (9) drehbar befestigten Bremszylinder (10), dessen Kolben (11) direkt den Bremsklotz (7) trägt und gegen die Felge drückt. Dadurch wird Totgang, der sonst bei den mechanisch betätigten Felgenbremsen in den Gelenken und im Bowdenzug auftritt, ausgeschaltet. Die Flüssigkeitsleitungen bestehen aus extrem witterungsbeständigen Polyamidrohren (PA 11). Wegen der UV-Beständigkeit sind diese Leitungen schwarz. Eine Leitung (12) führt vom Geberzylinder zu einem der beiden Bremszylinder. Die kurze Leitung (13) verbindet die beiden Bremszylinder.

Die Flüssigkeitsleitung (12) läßt sich in unterschiedlichen Radien am Fahrrad gut verlegen und befestigen. Die Bremsvorrichtung wird wie eine herkömmliche Felgenbremse am Fahrrad befestigt.

Die Hydraulikanlage ist mit Dichtringen abgedichtet, die verhindern, daß Öl austritt oder Schmutz und Wasser hineingelangen.

Gefüllt ist das Bremssystem mit niedrigviskosem Mineralöl Castrol LHM 1756 oder Pentosin LHM (Hydraulik-Öle Citroen). Es können aber auch andere gleichwertige Mineralöle verwendet werden. Jedoch keine Bremsflüssigkeit auf Glykol-Basis einfüllen.

Das Gesamtgewicht einer Bremseinheit (einschließlich Öl) beträgt ca. 400 g.

Die Vorteile der Hydraulik-Felgenbremse sind:

> Der Wirkungsgrad ist höher als bei einer mechanischen Kraftübertragung. Das heißt: Bei gleicher Handkraft ist die Bremswirkung größer.

Die Abb. 877 zeigt im Diagramm den Vergleich der Kraftkennlinien bei Felgenbremsen. Die Anpreßkraft an der Felge ist spürbar höher (27%), man kann deshalb wirksamer bremsen.

Noch wichtiger ist aber, die Bremse ist wesentlich feinfühliger, man kann dosieren, sie öffnet schneller und reagiert auf die Handkraft viel empfindlicher.

Der Wirkungsgrad bleibt auch nach längerer Betriebszeit fast gleich. Außeneinflüsse können keine Verschlechterung verursachen, wie dies beim Kraftübertragungsmittel „Bowdenzug" üblich ist.

In der Abb. 878 sind im Diagramm die Übertragungsverluste der Bowdenzüge aufgezeigt. Daraus ist ersichtlich, daß durch Schmiermittelmangel, Korrosion, Schmutz und in engen Bögen verlegte Züge 60% (neuer Seilzug) und bis zu 80% (gebrauchter Seilzug) Übertragungsverluste entstehen können.

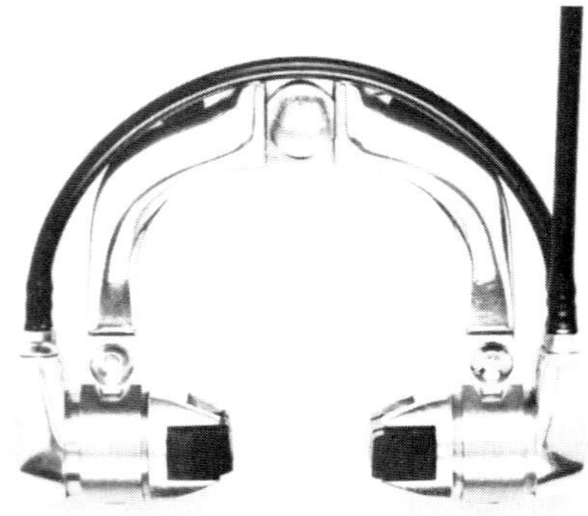

Abb. 874: Felgenbremse mit Bremszylinder „Hydro-Stop" von Magura.

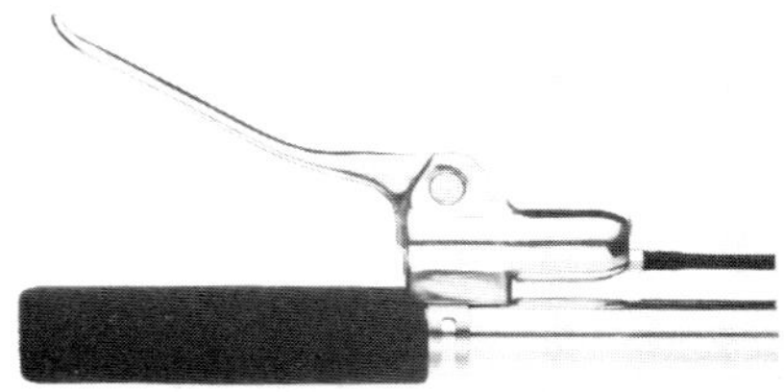

Abb. 875: Bremshebel mit Geberzylinder.

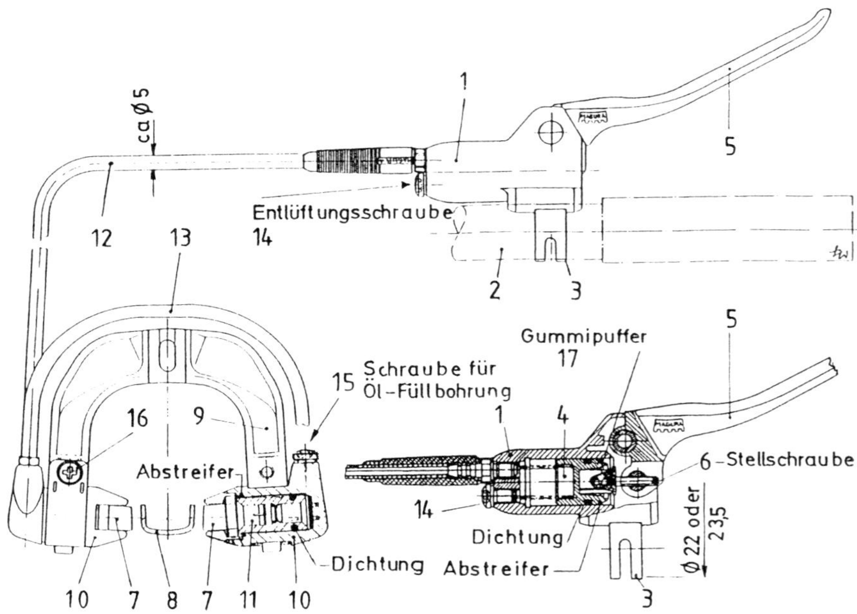

Abb. 876: Hydraulik-Fahrrad-Felgenbremse von Magura.

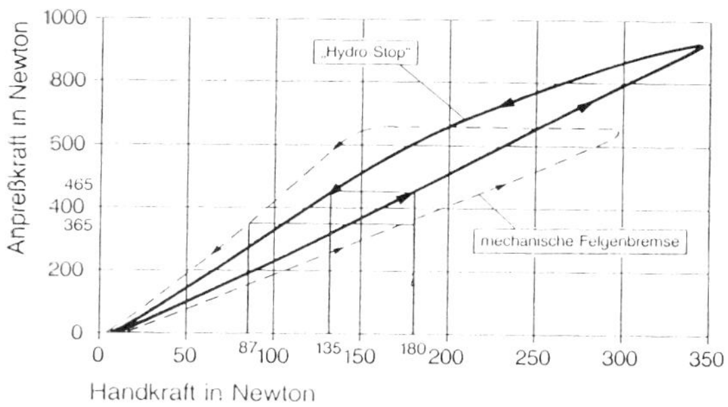

Abb. 877: Vergleich der Kraftkennlinien bei Felgenbremsen.

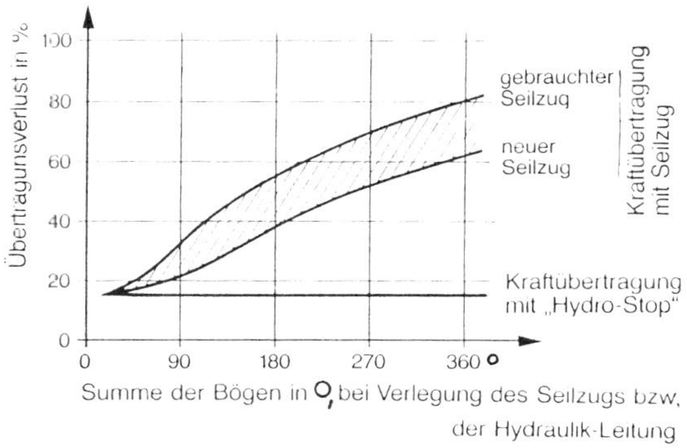

Abb. 878: Übertragungsverluste bei Bowdenzügen.

Abb. 879: Anbau der Vorderradbremse.

Abb. 880: Anbau der Hinterradbremse.

Das Verhältnis Handkraft zu Bremskraft ist nahezu unabhängig von der Verlegung der Flüssigkeitsleitung.

Der geradlinige Kraftfluß Kolben – Bremsklotz – Felge ohne Hebel und Gelenke bringt einwandfreies Ansprechen der Bremse und linearen Zusammenhang zwischen Handkraft und Bremskraft.

Die Abb. 879 und 880 zeigen den Anbau der Bremsen an das Fahrrad.

Die Montage der Vorderradbremse erfolgt vorzugsweise hinter dem Gabelkopf. Durch diese Anbauart stützt sich die Bremse während des Bremsvorgangs an den Gabelscheiden ab.

Bei einem nachträglichen Einbau einer Hydraulik-Felgenbremse an die Vorderradgabel älterer Fahrräder sind die Auswirkungen auf die Vorderradgabel zu bedenken. In Zweifelsfällen sollte man sich an den Fahrradhersteller wenden. Nur er kann Auskunft über die Festigkeit der Vorderradgabel geben. Eine nachträgliche Prüfung der Gabel (ohne diese zu zerstören) ist nicht möglich.

Es ist bekannt, daß für die Trommelbremse auch nicht jede Vorderradgabel geeignet ist, da ihre bessere Wirkung (gegenüber vielen Felgenbremsen) zusammen mit der Bremsmoment-Abstützung an nur einer Gabelscheide eine gewisse Festigkeit erfordert (siehe hierzu Kapitel „Trommelbremsen"), die bei Billigst-Fahrrädern nicht erreicht wird.

Berechnet man die Beanspruchung durch eine hydraulische Felgenbremse und eine Trommelbremse, so ergibt sich, daß bei gleicher Bremskraft mit der Trommelbremse an der Gabelscheide, an der sich der Bremsgegenhalter abstützt (siehe hierzu auch Abb. 858-g und 860-g), ein höheres Biegemoment erzeugt wird als mit der hydraulischen Felgenbremse, d. h., der Werkstoff wird höher beansprucht.

Fazit: Eine Vorderradgabel, die für die Trommelbremse geeignet ist, ist auch für eine hydraulische Felgenbremse geeignet.

Um Irrtümern vorzubeugen: Bereits im Jahre 1904 wurde Emilie Martin das französische Patent 343 644 für dieses Prinzip erteilt. Magura hat diesen alten Gedanken entscheidend verbessert, die Merkmale dieser neuen Konstruktion sind weltweit geschützt.

Das Befüllen und Entlüften sowie die Wartung der hydraulischen Felgenbremse siehe unter „Instandsetzung und Wartung", Kapitel „Felgenbremse".

Eine Variante der Magura Hydro-Stop-Felgenbremse (siehe Abb. 874 – 880) ist die Ausführung für Mountain-bikes. Die Funktion ist gleich, lediglich die beiden Bremszylinder sitzen beim Typ „Mountain“ nicht auf einem Bügel, sondern (wie bei den Cantileverbremsen) separat auf einem Sockel, der an der Vorderradgabel oder am Rahmenhinterbau hart angelötet ist.

Die Hydro-Stop-Mountain läßt sich auch problemlos an die für Cantileverbremsen vorgesehenen Sockeln am Rahmen oder an der Vorderradgabel montieren. Die Abb. 881/882 zeigen den Anbau der „Mountain“ am Vorderrad und Hinterrad und Abb. 883 die Geberarmatur mit Schalthebel.

Abb. 881: Anbau der Hydro-Stop Mountain am Vorderrad.

Abb. 882: Anbau der Hydro-Stop Mountain am Hinterrad.

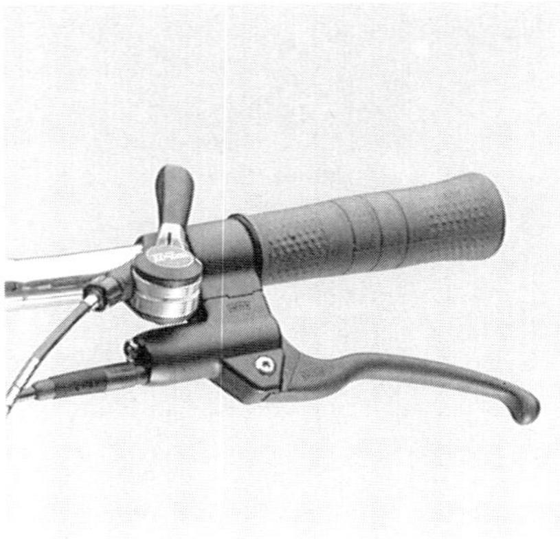

Abb. 883: Geberarmatur mit Schalthebel.

Mechanische Felgenbremsen

Neben der Rücktrittbremse ist heute im Fahrradbau die Felgenbremse am meisten verbreitet. In der Wirkungsweise entspricht sie der der Motorrad- und Automobil-Scheibenbremsen. Bei beiden Bremsenbauarten wird ein rotierender Bremskörper von zwei Bremsklötzen gewissermaßen „in die Zange genommen“.

Den rotierenden Bremskörper stellen bei der Fahrradfelgenbremse die beiden seitlichen Wände der Felge dar. Die Felgenbremse ist schon lange bekannt, wurde aber im Lauf der Jahre entscheidend verbessert. Ursprünglich, zu Zeiten der Wulstreifenfelge (Abb. 470), griffen die Bremsklötze nicht seitlich an den Felgenrändern, sondern in radialer Richtung am Felgenboden an (Abb. 884).

Eine Zangenwirkung entstand so nicht. Sie war auch nicht beabsichtigt, eine Relativbewegung der Bremsklötze zueinander war nicht vorgesehen. Das Bremsmoment mußte voll von der Felge und den Speichen gegenüber der jeweiligen Andruckstelle der Bremsklötze aufgenommen werden. Einen Vorteil freilich hatte diese Ausführung – sie brauchte keinen Andruckausgleich zwischen beiden Bremsklötzen.

Nach diesem System wird heute noch die Doppelfelgen-Gestängebremse hergestellt (Abb. 885). Bei dieser Bremse befindet sich an der linken Lenkerseite zusätzlich ein Handbremshebel (Abb. 885-2), der über Winkelhebel, Bremsgestänge und Bügel die Bremsklötze gegen den Felgenboden des Hinterrades zieht (Abb. 885-3). Wegen der zuverlässigen Bremsbetätigung (Gestänge) werden heute noch Fahrräder in vielen Teilen der Welt mit dieser Bremse ausgerüstet.

Die heutigen Felgenbremsen bestehen im Prinzip aus einer am Hinterbau oder der Vorderradgabel befestigten bügelförmigen Grundplatte, an der zwei gebogene, doppelarmige Bremshebel mit den Bremsklötzen an den Enden drehbar gelagert sind

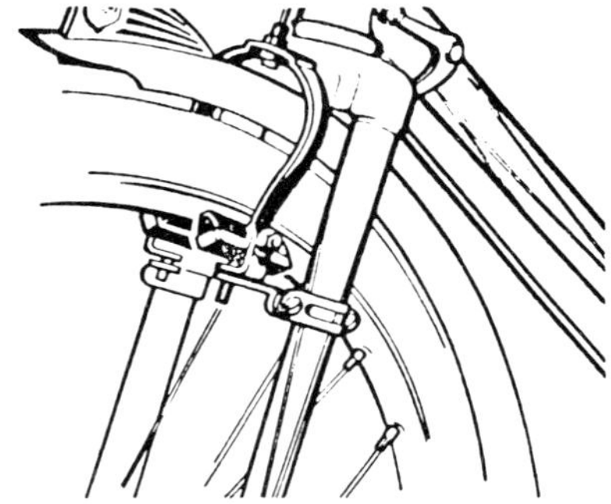

Abb. 884: Felgenbremse alter Bauart.

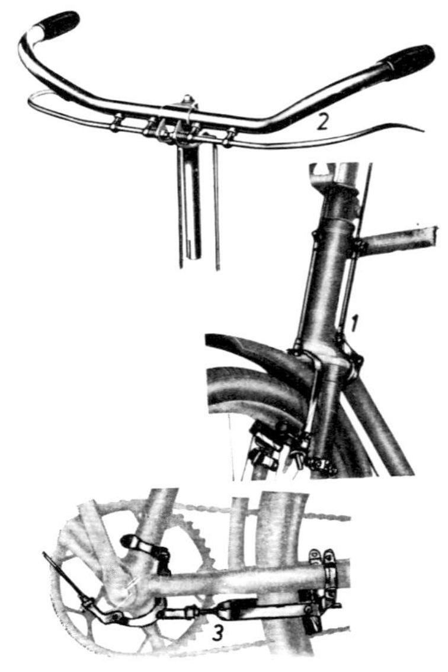

Abb. 885: Doppelfelgen-Gestängebremse von Wirth.

(Abb. 890). Bei den Seitenzugbremsen entfällt diese Grundplatte, die Bremshebel sind hier direkt auf dem Befestigungsbolzen am Hinterbau oder Vorderradgabel gelagert (s. Abb. 900). Die inneren Hebelarme mit den verstellbar aufgeschraubten Bremsklötzen werden gleichzeitig durch einen Bowdenzug zusammengezogen, wodurch die äußeren Arme nach innen gehen und die Bremsklötze an die Felgenränder drükken.

Damit die Bremsklötze nicht einseitig drükken und versuchen, die Felge aus der Mittelebene zu zwingen, ist ein Ausgleich vorgesehen, für den es verschiedene konstruktive Möglichkeiten gibt.

Ein Problem ist das Abfangen des Bremsgegenmoments, besonders an der Vorderradbremse, bei der die Felge die Bremsarme um so mehr nach vorn mitnehmen will, je stärker die Reibung zwischen den Bremsklötzen und den Felgenschultern ist, d. h., je stärker gebremst wird. Bei großen Hebelarmlängen (bei Bremsen für großvolumige Bereifungen) zwischen Bremsklotz und Drehpunkt entstehen erhebliche Biegemomente, die die Bremshebel aufnehmen müssen.

Bei der Hinterradbremse sind die Verhältnisse günstiger, da die Bremshebel sich gegen die Hintergabelstreben abstützen können. Die Befestigung der hinteren Bremse erfolgt meist an einer Stegplatte (Pletscherplatte, s. Abb. 220) oder, bei Rennsport- und Rennrädern, an einem Rundsteg (s. Abb. 226) zwischen den Hintergabelstreben unterhalb des Sattels.

Heute versucht man nicht mehr wie früher, die entstehenden Biegemomente durch besondere Vorrichtungen abzufangen, sondern man ist bemüht, die Hebellängen möglichst kurz zu halten. Lange Hebel neigen zum Schwingen und beeinträchtigen die Bremswirkung; durch den an- und abschwellenden Anpreßdruck können auch unerwünschte Bremsgeräusche auftreten. Auch wird bei kürzeren Hebeln die Übersetzung der Bremskraft günstiger. Über ein Maximum, gegeben durch den Reifenquerschnitt und den kleinstmöglichen Schutzblechabstand, kommt man aber nicht hinaus.

Am Bowdenzug addieren sich die Wege der beiden Bremshebel-Innenarme, je länger die Innen- im Verhältnis zu den Außenarmen werden, desto länger muß der Gesamtweg am Bowdenzug und schließlich am Lenker-Handbremshebel werden. Das Maximum des möglichen Bowdenzugwegs am Handbremshebel ist durch die menschliche Hand gesetzt, die nur einen begrenzten Weg mit einer bestimmten Kraft ausführen kann.

Sehr unterschiedlich sind die Formen der Rückholfedern. Es können zwei getrennte Federn, für jeden Bremsarm eine (s. Abb. 890), es kann aber auch eine für beide Arme gemeinsame Feder sein (s. Abb. 904). Wirkungsmäßig besteht auch eine gemeinsame Feder eigentlich aus zwei Federn, die nur in der Mitte zusammenhängen und an der Verbindungsstelle gemeinsam festgelegt sind.

Als Werkstoff für die Bremsarme wird heute in der Regel im Gesenk geschmiedetes Leichtmetall (AlMgSi 1 F 32 oder AlZnMg 1 F 36) verwendet. An den Enden der Bremsarme sind Langlöcher vorgesehen, damit der Bremsschuh mit dem Bremsgummi genau in der richtigen Höhe zum Felgenrand eingestellt werden kann.

Die Aufnahme (Bremsschuh) für den Bremsgummi, der schwalbenschwanzförmig im Schuh sitzt, ist heute aus Sicherheitsgründen allseitig, also auch nach hinten, geschlossen. Aus Gewichts- und Korrosionsgründen sind nur die Kleinteile, wie Bolzen, Schenkelfedern und Muttern, aus Stahl.

Viele Bremsenhersteller verwenden heute „Einstückbremsklötze" ohne Metallschuh.

Das wichtigste Kriterium der Felgenbremsen ist der Bremsklotz mit dem Bremsgummi. Die Güte des Werkstoffs und dessen Beschaffenheit sind, neben dem erforderlichen Anpreßdruck an die Felge, für eine gute Bremsleistung maßgebend. Siehe hierzu Abb. 923 und dazugehörigen Text.

Die Lagerstellen der Bremshebelarme werden aus Reibungsgründen von manchen Herstellern (Weinmann z. B.) nicht direkt in der Leichtmetall-Legierung, sondern mit einer Kunststoffbuchse aus Delrin (= POM, Acetal-Homopolymerisat) mit geringer Wasseraufnahme ausgeführt (siehe Abb. 895). Neuerdings aber auch mit zwei kleinen Drucklagern (siehe Abb. 905).

Sehr wichtig für die Wirkung der Bremse ist der Bowdenzug. Er soll so kurz wie möglich gehalten werden, damit nicht ein unnötiger Wegreibungs-Verlust eintritt, und er soll nicht mit zu engen Bögen verlegt sein, was zu Schwergängigkeit führt (siehe hierzu Abb. 878 und dazugehöriger Text).

Felgenbremsen-Bauarten

Für jede Fahrradgattung (Touren-, Sport-, Renn-, BMX-, MTB-Fahrräder usw.) wurden, wie bei anderen Bauteilen auch, spezielle Felgenbremsen und dazugehörige Betätigungshebel entwickelt.

Derzeitig gibt es zwei verschieden mechanisch arbeitende Felgenbremssysteme, bei denen der Bremsklotz

a) durch eine Scheren-Hebelwirkung (normale Felgenbremsen),

b) mit einer axialen Bewegung, die aus der Verdrehung eines Hebels über eine gewindeartige Spindel (Schnecke) entsteht (Weinmann-PBS),

zur Felge gedrückt wird, so daß das Prinzip des „in die Zange nehmen der Felge" bei beiden Systemen gegeben ist.

Die nach dem Scherensystem arbeitenden Felgenbremsen gibt es wiederum in zwei Hauptgruppen:

die Mittelzugbremse (Abb. 886) und
die Seitenzugbremse (Abb. 887).

Diese Gruppen unterscheiden sich noch in mehreren Varianten, z. B.

Mittelzugbremse und Cantilever-Bremse,
Seitenzugbremse mit Seilzugabgang links- oder rechtsseitig.

Neben den mechanisch betätigten Felgenbremsen gibt es auch die hydraulisch arbeitende Felgenbremse, bei der die Bremsklötze durch eine Hydraulikanlage zur Felge bewegt werden.

Die einzelnen Bremsen, z. B. für den Anbau am Vorder- und Hinterrad oder für Damen- und Herren-Modelle, sind fast

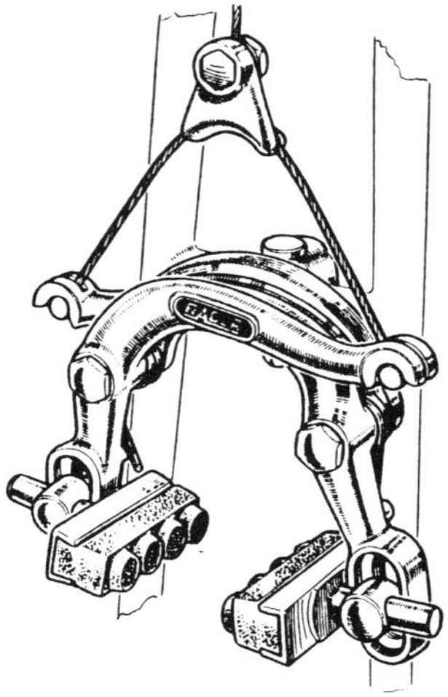

Abb. 886: Mittelzug-Felgenbremse.

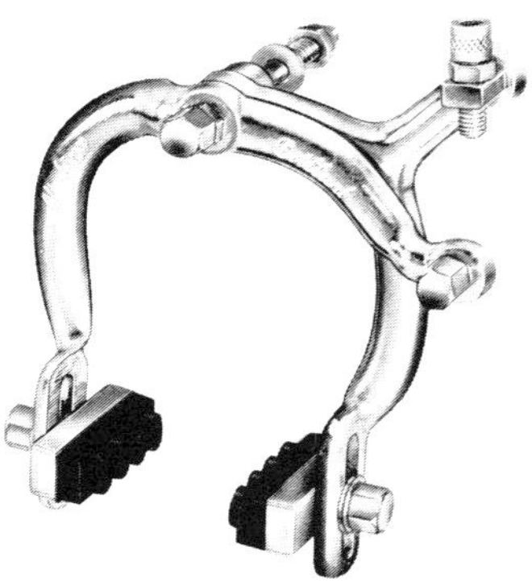

Abb. 887: Seitenzug-Felgenbremse.

baugleich, aber in verschieden abgestuften Größen passend zur jeweiligen Reifengröße ausgeführt.

Mittelzug-Felgenbremsen

Mittelzugbremsen (Abb. 888) sind symmetrisch gebaut. Die Übersetzungsverhältnisse (und damit die Anpreßdrücke der Bremsklötze) sind dadurch absolut gleich. Der Bowdenzug greift im Gegensatz zur Seitenzugbremse in der Radmittelebene an, seine Hülle ist mit einer Einstellschraube an einem Halter festgelegt, der bei der Vorderradbremse unter die Abschlußmutter des Lenkungslagers geklemmt (Abb. 889-a), bei der Hinterradbremse mit einem gabelförmigen Bügel (Abb. 889-b) an der Sitzkopfmuffe mit dem Sattelklemmbolzen angeschraubt ist. Bei hochwertigen Rennsporträdern sind diese Halter am Rahmen angelötet.

Am Ende des Bowdenzugseils ist ein dreieckiges Klemmstück festgeklemmt, in das das kurze Verbindungsseil eingehängt wird, das die beiden Bremshebelarme miteinander verbindet. Die aufgewendete Bremskraft läuft hier vom Bowdenzugseil genau je zur Hälfte über das Verbindungsseil und die Bremshebelarme auf die Bremsklötze, wobei ein evtl. notwendig werdender Ausgleich durch das wie ein Waagebalken funktionierende Klemmstück automatisch erfolgt.

Mittelzugbremsen werden bevorzugt bei Rennsporträdern verwendet, sie haben durch ihre Bauart eine weiche, gute Bremswirkung.

Die Mittelzugbremse (Abb. 890) besteht im Prinzip aus einer an der Vorderradgabel oder am Hinterbau befestigten bügelförmi-

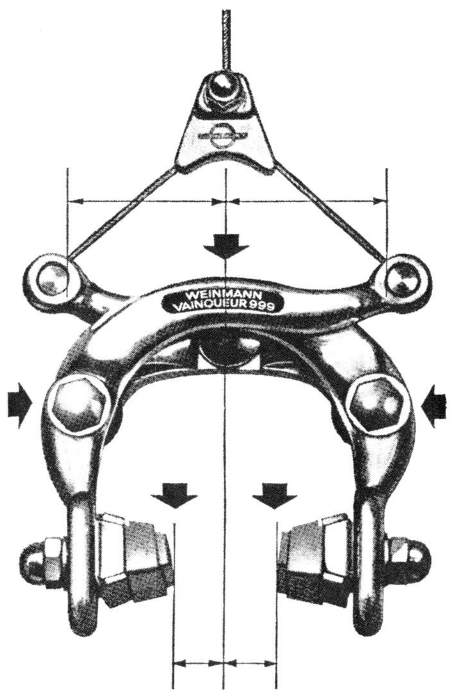

Abb. 888: Seilzuganordnung bei der Mittelzug-Felgenbremse.

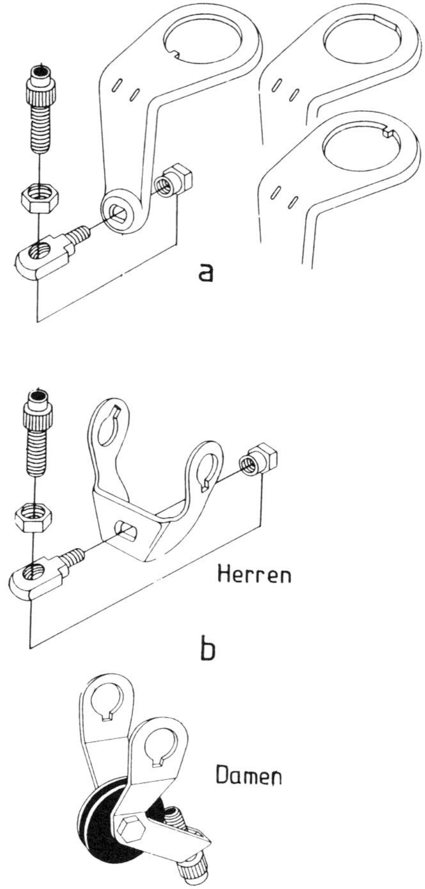

Abb. 889: Bowdenzughalter für Mittelzug-Felgenbremse.

gen Grundplatte (G), auf der die zwei gebogenen doppelarmigen Bremshebelarme (B und B_1) drehbar gelagert sind. An den Enden der Bremshebel (Bremshebelarme) sind die Bremsklötze verstellbar angeschraubt.

Bei der Weinmann-Mittelzugbremse (Abb. 891) besteht der Unterschied zu den bisherigen Modellen darin, daß an Stelle des Verbindungsseils (Abb. 888) die beiden Bremsbügel (B und B_1) mit Zugstangen (Z) drehbar verbunden sind. Dadurch wird ein unmittelbarer Zug mit weniger Totgang auf die Bremsbügel (auch Bremsarme, Bremshebel oder Bremshebelarme genannt) bewirkt. Die Zugstangen sind mit den beiden Bremsbügeln vernietet. Anstatt des bisheri-

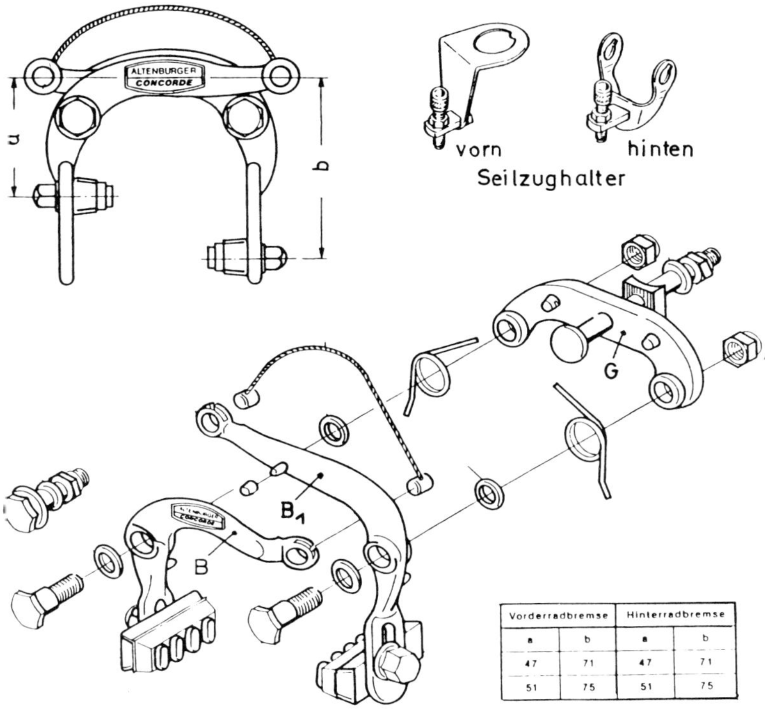

Vorderradbremse		Hinterradbremse	
a	b	a	b
47	71	47	71
51	75	51	75

Abb. 890: Explosiv-Darstellung der Mittelzug-Felgenbremse von Altenburger.

gen Seilträgers mit der Zugseilklemmung wird eine dreieckige Verbindungsplatte mit der Seilklemmeinrichtung (S), die ebenfalls mit den Zugstangen drehbar vernietet ist, verwendet. Die Verbindungsplatte (S) und die Zugstangen (Z) sind mit Anschlagflächen versehen, wodurch eine einfache und schnelle Montage möglich ist.

Die Sun Tour „Brake Arch XD" ist eine Mittelzug-Felgenbremse (Abb. 892), jedoch mit Anlötsockel (für Rahmen und Vorderradgabel) wie bei einer Cantileverbremse.

Die Bremsarme (1) werden durch ein dreieckförmiges Gleitstück (2), das in Rollen (3) geführt und mit dem Bremsseil (4) hochgezogen wird, gleichmäßig auseinandergespreizt, wodurch die Bremsklötze (5) an die Felge gedrückt werden. Sun Tour nennt dieses Konstruktionsmerkmal „Roller cam direct pull mechanism".

Die Bremse ist sehr wirksam, aber anfällig bei starker Verschmutzung, besonders beim Mountain-bike, wenn die Bremse unten (neben dem Tretlagergehäuse) an den Hintergabelrohren angeordnet ist.

Auch die Shimano „U-Brake" ist eine Bügel-Mittelzugbremse (Abb. 893) mit Anlötsockel (aus Stahl oder Alu-Legierung) für Rahmen und Vorderradgabel.

Die Mittelzugbremse auf Sockeln verzichtet auf die bügelförmige Grundplatte (G) und ist deshalb verwindungssteifer (siehe Abb. 890 und 891). Es können sich deshalb nur noch die Bremsarme selbst verwinden, die direkt auf den Anlötsockeln drehbar gelagert sind. Die U-Brake hat eine beachtliche Hebelübersetzung mit kurzem Bremsklotzweg. Deshalb gehört sie zu den wirksamsten Felgenbremsen.

Besonders kräftig und äußerst stabil sind die Bremshebelarme auch durch die großen Lageraugen, in denen schmutzgeschützt die Drehfedern montiert sind. Die Vorspannung der Drehfeder (13) wird über die Scheibe (14), in deren Bohrung der Schenkel der Drehfeder steckt, mit der Stellschraube (15) verdreht, wodurch sich die Federspannung ändert. Der relativ großflächige Bremsklotz hat ein niedriges Profil und verformt sich deshalb beim Bremsen elastisch gering. Wegen der robusten Bauart wird diese Bremse bevorzugt für Mountain-bikes verwendet.

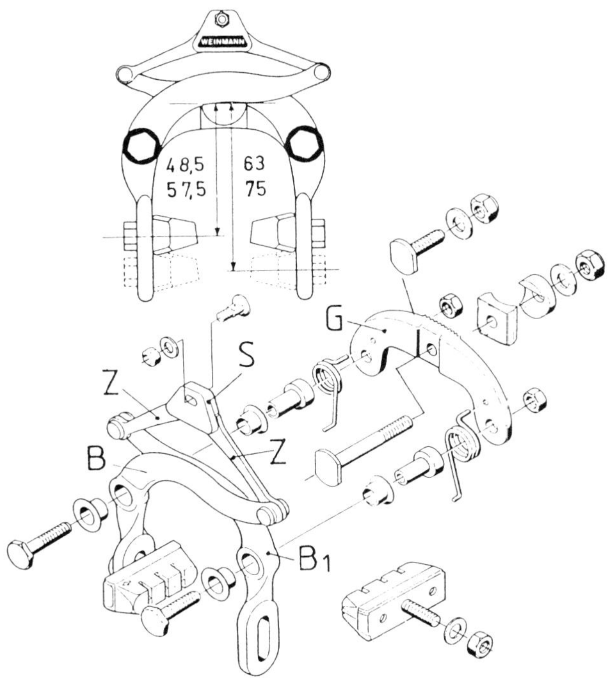

Abb. 891: Explosiv-Darstellung der Mittelzug-Felgenbremse von Weinmann.

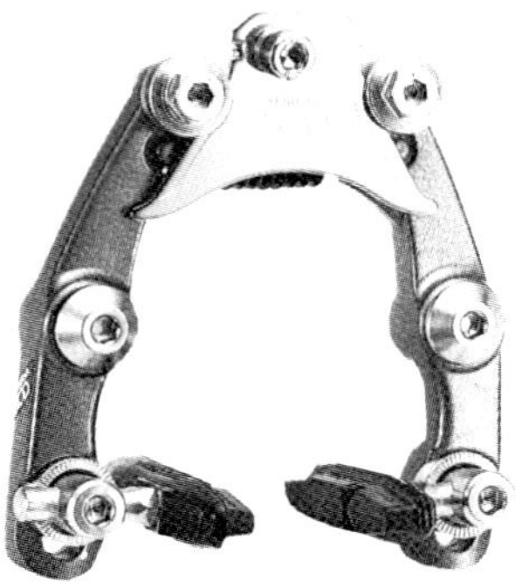

Abb. 892: Mittelzug-Felgenbremse XD von Sun Tour.

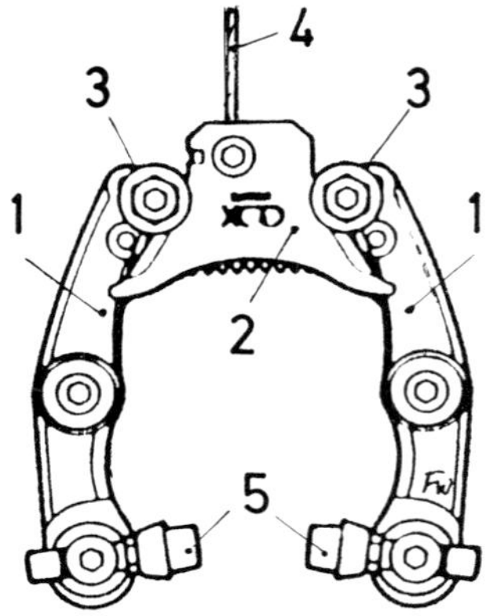

Die Weinmann Mittelzugbremse „Delta" (Abb. 894 und 895) arbeitet mit einer Kniehebelübersetzung und verbindet die Vorteile der Seitenzug- und Mittelzugbremse. Die Bremse ist besonders leicht und wiegt nur 185 g.

Die Abb. 898 zeigt eine Cantilever-Felgenbremse für All-Terrain-bikes, City-bikes, Mountain-bikes usw., deren Vorderradgabel für die Aufnahme der angelöteten Bremsklotzträger geeignet ist. Die Bremsklötze sind in alle Richtungen einstellbar. Die Verstellmöglichkeiten sind in 2 mal 2 Funktionen aufgeteilt und einzeln fixierbar:

Bremsbügel auf und ab, sowie Winkel vertikal.

Distanz zur Felge und Anstellwinkel zur Felge (5 Grad nach jeder Seite).

Dieses System hat den Vorteil, daß die Handhabung einfacher ist als bei Konstruktionen, bei denen alle Einstellungen mit einer Mutter festgehalten werden müssen.

Bei genauer Einstellung der Bremsklötze spricht die Bremse sofort an und bringt eine sehr gute Bremsverzögerung, ist aber nicht so fein dosierbar wie eine Seitenzugbremse.

Cantileverbremse mit Bremskraftverstärker

Mountain-bikes verlangen nach einer gut zupackenden Bremse. Um die Bremswirkung der Felgenbremsen zu verbessern, wird in der Regel die Kraftübersetzung, das heißt die Anpreßkraft, erhöht. Dies kann aber nicht uferlos geschehen. Die aufzubringende Betätigungskraft am Handbremshebel darf auch bei Cantileverbremsen für Mountain-bikes nicht zu groß sein. Dies

Cantilever-Felgenbremsen

Die Cantilever-Felgenbremse ist eine Mittelzugbremse mit geringem Baugewicht (Abb. 896). Sie wurde für Profi-Rennmaschinen entwickelt und ist schon seit Jahrzehnten bekannt (Abb. 897).

Erreicht wurde das geringe Gewicht durch Verringerung der Einzelteile, z. B. wird hier keine bügelförmige Grundplatte (siehe Abb. 890-G und 891-G) benötigt. Die Lagerung der Kipphebel (Abb. 896-1007 L/R) für die Bremsklötze erfolgt direkt am Rahmen oder an der Vorderradgabel durch hart angelötete Bremsklotzträger (Abb. 896-1232/1233). Jeder Kipphebel hat seine eigene Rückzugfeder. Bemerkenswert ist das hohe Übersetzungsverhältnis innerhalb der Bremshebel. Der Druckausgleich geschieht über das Verbindungsseil (Abb. 896-1271) bzw. Klemmstück (Abb. 896-1243.1) wie bei einer normalen Mittelzugbremse.

Die Cantilever-Felgenbremse konnte sich bei Rennsporträdern nur wenig verbreiten, weil die Anlötteile einen speziellen Rahmen und eine spezielle Vorderradgabel erfordern. Aber für die Mountain-bikes (Bergfahrräder) wird sie bevorzugt verwendet.

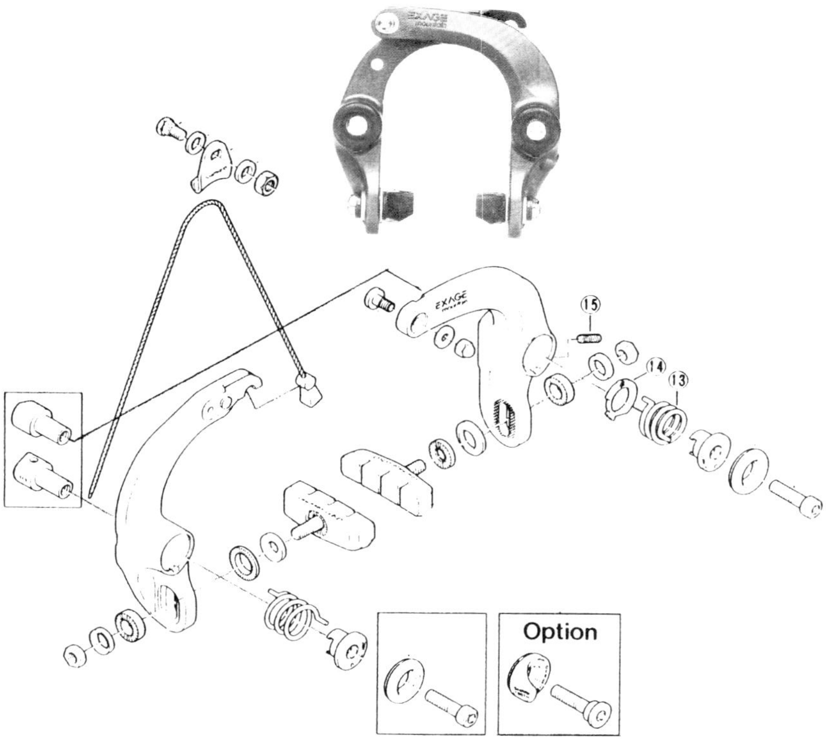

Abb. 893: Bügel-Mittelzugbremse U-Brake von Shimano.

Abb. 894: Mittelzug-Felgenbremse Delta.

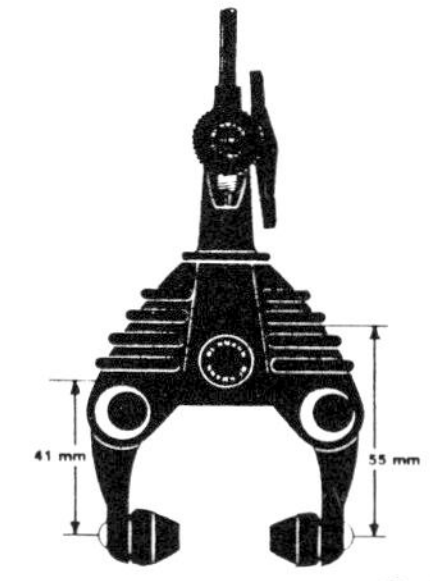

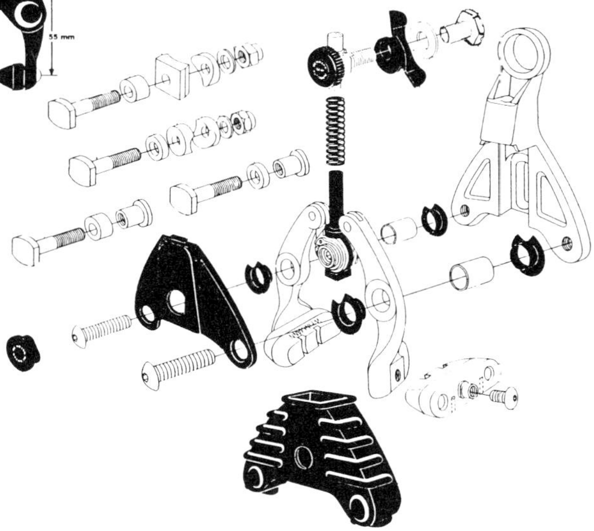

Abb. 895: Explosiv-Darstellung der Mittelzug-Felgenbremse Delta.

könnte sonst bei längerer Fahrt ermüden und letztlich gefährlich werden.

Eine gezielt gesteuerte Bremskraft bringt die SunTour-Bremse SE mit Bremskraftverstärker. Die durch die Felgenumdrehung entstehende Energie wird genutzt und übertragen zur Erhöhung der Bremskraft. Erreicht wird dies durch eine schneckenförmige Spindel (Mechanismus) im Inneren des Kipphebelauges (Abb. 899).

Weitere Verbesserungen sind die gut einstellbaren One-Piece-Bremsklötze (Einstückbremsklötze ohne Metallschuh) aus einer speziellen Werkstoffmischung und eine Schnellspanneinrichtung.

Wegen der aggressiven Bremswirkung bei einer Vollbremsung wird die „SE"-Bremse nur für das Hinterrad geliefert.

Seitenzug-Felgenbremsen

Einfache Seitenzug-Felgenbremse

Die einfache Seitenzugbremse (so genannt, weil der Bowdenzug seitlich mit der Hülle an dem einen, das Seil am anderen Bremsarm angreift) ist die Standardausführung für Touren- und Sporträder (Abb. 900).

Bei diesem Bremssystem entfällt die Grundplatte (außer bei der Synchron- bzw. Symetric-Seitenzugbremse). Die Bremshebel (b und b_1) sind direkt auf dem Befestigungsbolzen (f) am Hinterbau oder an der Vorderradgabel gelagert (Abb. 900). Die inneren Hebelarme mit den verstellbaren Bremsklötzen werden gleichzeitig durch einen Bowdenzug scherenartig zusammengezogen, wodurch die äußeren Arme nach innen gehen und die Bremsklötze an die Felgenränder drücken.

Es gibt sie für die verschiedensten Reifenabmessungen. Sie hat sich gut bewährt, hat aber doch einige Nachteile. Wie die Abb. 940 zeigt, sind die Hebelübersetzungen der Bremshebel gleich, zumindest in der Ruhestellung, und ändern sich beim Bremsen nur wenig. Störend wirken sich hierbei die unterschiedlichen Gelenkreibungen bei den Bremshebeln aus, so daß sich beide Bremsklötze nicht immer gleichmäßig bewegen.

Damit die Bremsklötze nicht einseitig drücken und versuchen, die Felge aus der Mittelebene zu zwingen, ist ein Ausgleich vorgesehen, für den es verschiedene konstruktive Möglichkeiten (Synchron- oder Symetric-System) gibt.

Die Vorteile der Synchron- bzw. Symetric-Bremse gegenüber der normalen Seitenzugbremse liegen nicht nur in einer verbesserten Kinematik durch Steuerkurven, sondern auch in einer größeren Kraftübersetzung, da die Drehpunkte der Bremshebel weiter nach außen gerückt sind. Bei neueren Konstruktionen, wie der Synchron-Bremse von Altenburger oder der Symetric-Bremse von Weinmann, wird dieser Nachteil vermieden.

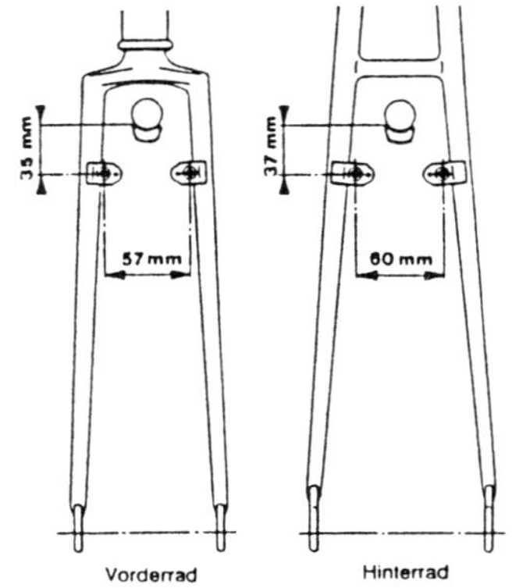

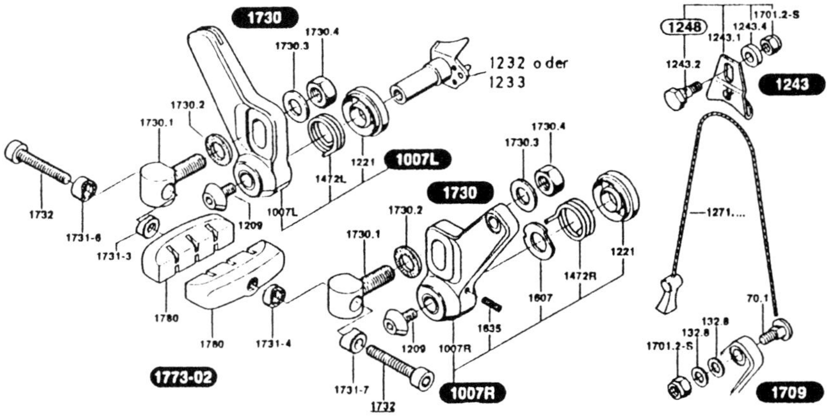

Abb. 896: Explosiv-Darstellung der Cantilever-Felgenbremse von Weinmann.

Seitenzug-Synchron-Felgenbremse

Die von der Firma Altenburger entwikkelte Synchron-Felgenbremse ermöglicht eine zwangsläufig gleichzeitige Bremswirkung beider Bremsklötze (Abb. 901). Die Gleichzeitigkeit wird durch eine Steuerkurve am rechten und einen Steuernokken am linken Bremshebelarm erzwungen. Beide Arme der Bremsbügel werden durch Federdruck in engem Kontakt zueinander gehalten. Eine Einzelbewegung des Bremshebels ist daher nicht möglich, wodurch einseitiges Bremsen vermieden wird.

Eine ähnliche Konstruktion ist die Weinmann-Felgenbremse SBS (Abb. 902). Die Bremshebelarme (B) sind zwangsgesteuert und bewegen sich absolut synchron. Durch die tief angelegte Lagerung der bügelförmigen Grundplatte (G) wird eine große Hebelübersetzung erreicht.

Die Lagerung auf den großen Augen (L) trägt zur Stabilität bei, was auch gegen Vibrationen vorbeugt. Die rostfreien Drehfedern (F) sind innen gelagert und dadurch besonders gegen Schmutz geschützt.

Ergänzt werden diese Bremsen durch Schnellentspanner (einfaches Öffnen der Bremsbacken beim Reifenwechsel) und durch eine Mikro-Feinverstellung an der Bremse selbst („Micromatic“ = Altenburger, „Semi-Automatic“ = Weinmann), durch die stufenloses Nachjustieren der Bremsklötze, z.B. bei fortgeschrittenem Verschleiß der Bremsgummis, in einfacher Weise ermöglicht wird (siehe hierzu Abb. 908 und 909).

Seitenzug-Symetric-Felgenbremse

Der symmetrische Bewegungsablauf bei der Weinmann-Symetric-Bremse (Abb. 903) erfolgt so, daß ein Bremsbügel klauenförmig (Zahnlücke) ausgebildet und der andere mit einem Nocken (Zahn) versehen ist, der in die Klaue des anderen Bremsbügels greift. Die beiden Bremsbügel (Bremshebelarme) sind drehbar gelagert (Drehachsen), und bei der Betätigung des Seilzuges werden zwangsläufig beide Bremsbügel gleichmäßig gegen die Felge gedrückt.

Zusätzlich kann eine automatische Bremsnachstellung (Semi-Automatic) oder ein Schnellentspanner montiert werden.

BMX-Seitenzug-Felgenbremse

Nicht leicht ist bei der BMX-Felgenbremse das Abfangen des Bremsgegenmomentes, besonders an der Vorderradbremse, bei der die Felge die Bremsarme (Bremsbügel) um so mehr nach vorn mitnehmen will, je stärker gebremst wird.

Durch die großvolumige Bereifung (57-406) sind lange Bremsarme notwendig. Dadurch entstehen zwischen Bremsklotz und der Lagerung der Bremse größe-

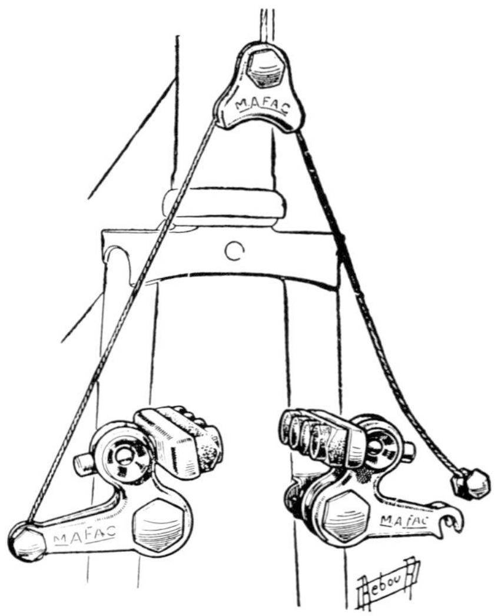

Abb. 897: Renn-Felgenbremse mit Gabelscheiden-Befestigung von Mafag, ältere Bauart.

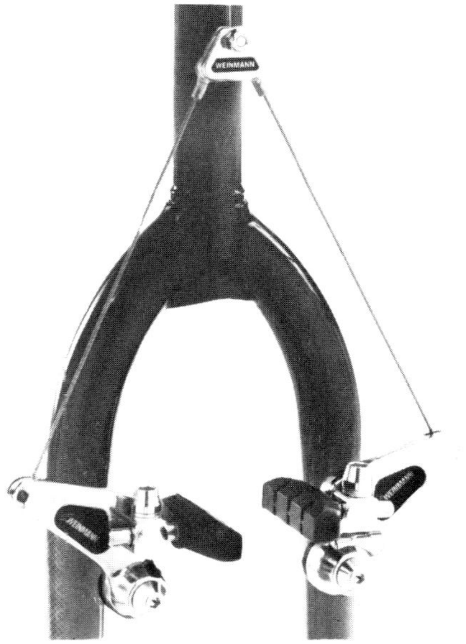

Abb. 898: Cantilever-Felgenbremse für All-Terrain-bikes NCL von Weinmann.

re Biegemomente als bei normalen Felgenbremsen, die die Bremsarme aufnehmen müssen.

Etwas günstiger sind die Verhältnisse bei der Hinterradbremse, da sich die Bremsarme beim Bremsen gegen die Hintergabelstreben abstützen können.

Um die entstehenden Biegemomente klein zu halten, ist man bestrebt, möglichst kurze Bremsarme zu verwenden. Die Länge der Bremsarme ist jedoch vorbestimmt durch den Reifenquerschnitt und den eventuellen Schutzblechabstand.

In der Abb. 904 ist eine BMX-Seitenzug-Felgenbremse mit Bremsbügeln mit niedrigem „U-förmigen" Profil gezeigt. Das U-Profil hat ein größeres Widerstandsmoment und nimmt die Biegung besser auf als die herkömmlichen Bremsarme mit Profilen in der Form eines Kreisabschnittes.

Für BMX-Wettkampfräder werden Cantileverbremsen bevorzugt verwendet (Abb. 896 + 898).

Seitenzug-Felgenbremsen für Rennsport- und Rennräder

Für Rennmaschinen werden überwiegend Seitenzugbremsen mit sehr kurzen Bremsarmen verwendet, die fast keinen Raum mehr für ein Schutzblech lassen (Abb. 905, 906 und 907).

Dadurch wird die Hebelübersetzung größer und eine harte, starke Bremswirkung erreicht. Die Bowdenzugbetätigung ist meist rechts angeordnet. Größter Wert

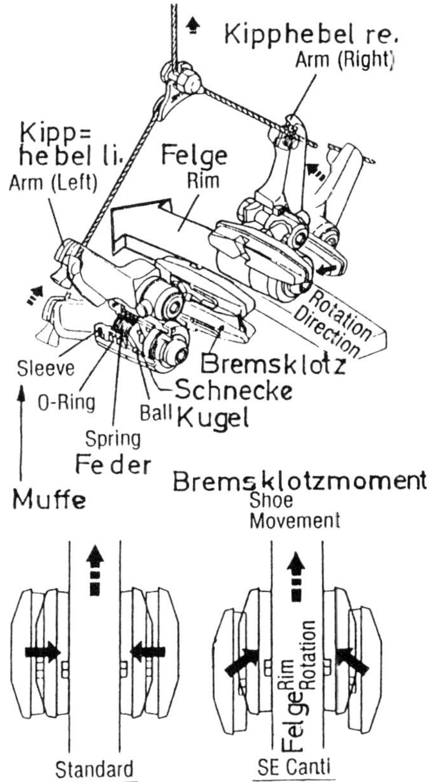

Abb. 899: Bremskraftverstärker SE von SunTour.

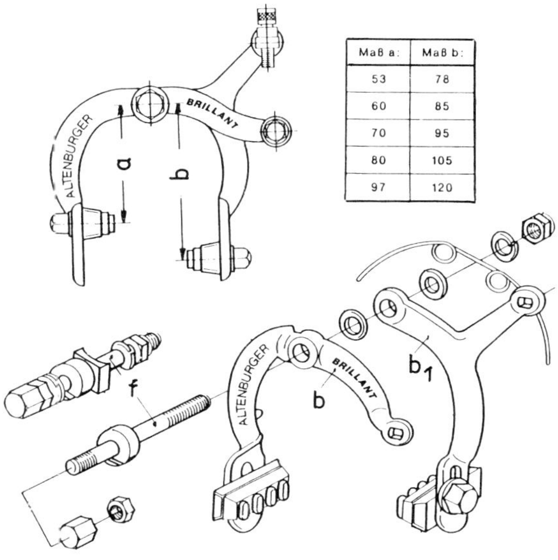

Maß a:	Maß b:
53	78
60	85
70	95
80	105
97	120

Abb. 900: Explosiv-Darstellung der einfachen Seitenzug-Felgenbremse von Altenburger.

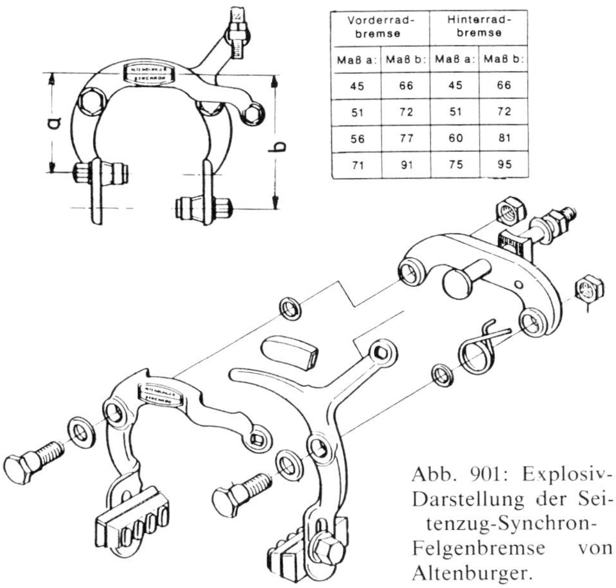

Vorderrad-bremse		Hinterrad-bremse	
Maß a:	Maß b:	Maß a:	Maß b:
45	66	45	66
51	72	51	72
56	77	60	81
71	91	75	95

Abb. 901: Explosiv-Darstellung der Seitenzug-Synchron-Felgenbremse von Altenburger.

wird auf geringstmögliches Gewicht bei ausreichender Stabilität gelegt. Wegen der relativ raschen Abnützung der Bremsklötze müssen diese Bremsen nachstellbar sein, was durch spezielle Schnellverschlüsse erleichtert wird (siehe Abb. 908).

Ein Novum ist die Renn-Felgenbremse „Superbe Pro" von Sun Tour (Abb. 905). Hier erfolgt nicht (wie bei Felgenbremsen üblich) die Lagerung mit dem Lagerbolzen als Gleitlager direkt im Bremshebelarm (siehe Abb. 900), oder auch mit schwimmenden Kunststoffbüchsen zwischen Lagerbolzen und Bremshebelarm (siehe Abb. 895), sondern mit zwei kleinen Wälzlagern (2). Die Lagerung ist mit den Rückholfedern (1) schmutz- und wassergeschützt in den Bremshebelarmen untergebracht. Spielfrei eingestellt (oder nachgestellt) wird die Lagerung an der Schlüsselfläche (3). Der Bremsschuh für den Bremsklotz (5) ist an der Bremsarmseite gewölbt, eine Formscheibe (8) sorgt für eine plane Auflage und die eingestellte radiale Stellung zur Felge.

Die Seitenzugbremse mit ihren Ergänzungsmöglichkeiten ist die Standardausführung für fast alle Fahrradmodelle geworden. Die Bremsleistung ist in trockenem Zustand sehr gut. Auch die Dauerfestigkeit ist befriedigend, da eine gute Wärmeabstrahlung über die Felge erfolgt. Bei Nässe wäre die Verbesserung der Bremsleistung wünschenswert.

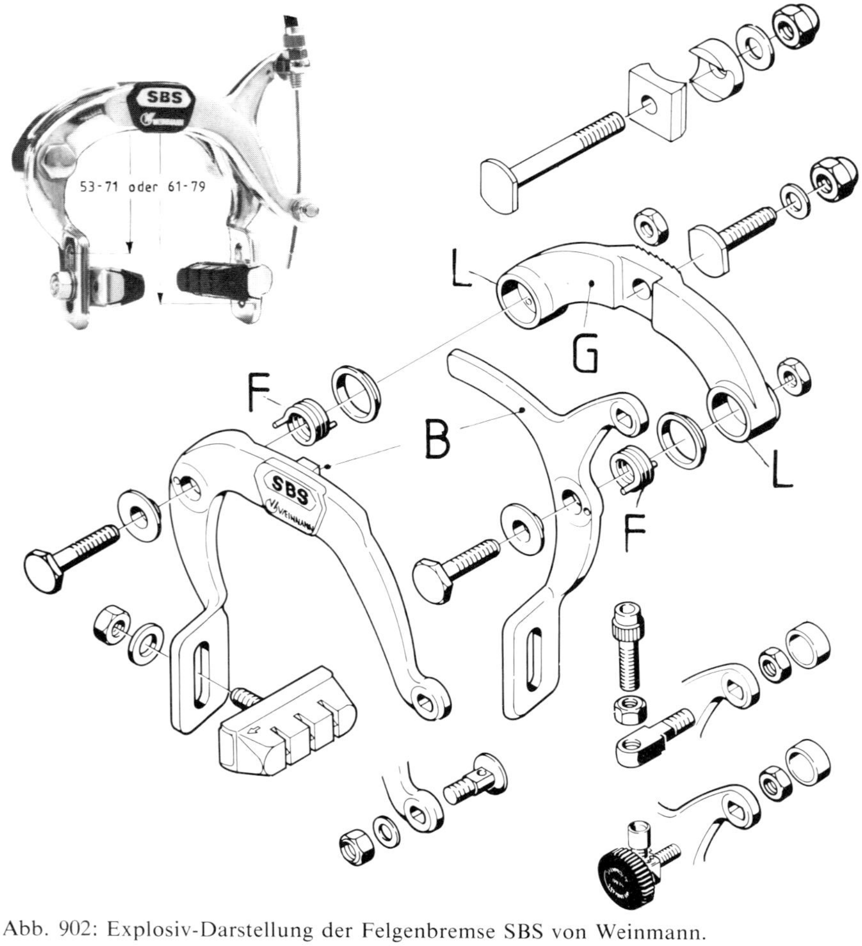

Abb. 902: Explosiv-Darstellung der Felgenbremse SBS von Weinmann.

Felgenbremsen-Feineinstellung

Für die Felgenbremsen gibt es verschiedene Ausstattungs-Varianten, die z. B. das stufenlose Nachstellen der Bremse bei fortgeschrittenem Verschleiß der Bremsgummis in einfacher Weise ermöglichen. Die Nachjustierung geschieht mit einer kleinen Vorrichtung („Micromatic" = Altenburger, „Semi-Automatic" = Weinmann). Durch Drehen des kleinen Rändelrädchens an der Vorrichtung wird die Kabelklemmhülse vertikal bewegt und der Abstand zwischen beiden Bremsbügeln mit den Bremsklötzen verändert (Abb. 908).

Auch die Bremseinregulierung (genaues Einstellen zur Felgenmitte) wurde verbessert. Der komplette Bremsbolzen mit den Bremsbügeln kann durch eine sinnvolle Anordnung mit einem Steckschlüssel verdreht und die Bremsklötze können mittig einreguliert werden, ohne daß die Befestigungsmutter des Bolzens an der Vorderradgabel oder am Rahmenhinterbau gelöst werden muß.

Ergänzt wird die Ausstattung der Felgenbremse auch durch einen „Schnellentspanner" (Schnellauslöser) am Bremshebel, der einfaches Öffnen der Bremsklötze beim Reifenwechsel zuläßt (Abb. 909).

Handbremshebel

Zur Felgenbremse gehört ein entsprechender Handbremshebel, der sich bei verschiedenen Lenkerformen und unterschiedlichen Handgrößen vom Lenker aus sicher und mühelos betätigen läßt.

Bei der Betätigungseinrichtung einer Felgenbremse muß beachtet werden, daß die Wege der Bremsklötze sich durch die zwischenliegenden Übersetzungen addieren. Hierdurch ergibt sich ein größerer Weg als bei einer Reifen-(Klotz-)bremse. Man verwendet deshalb Handhebel mit relativ hohem Körper (Abb. 910 und 911), um dem an ihm angelenkten Hebel den erforderlichen großen Weg bis zum vollen Anziehen der Bremse zu ermöglichen.

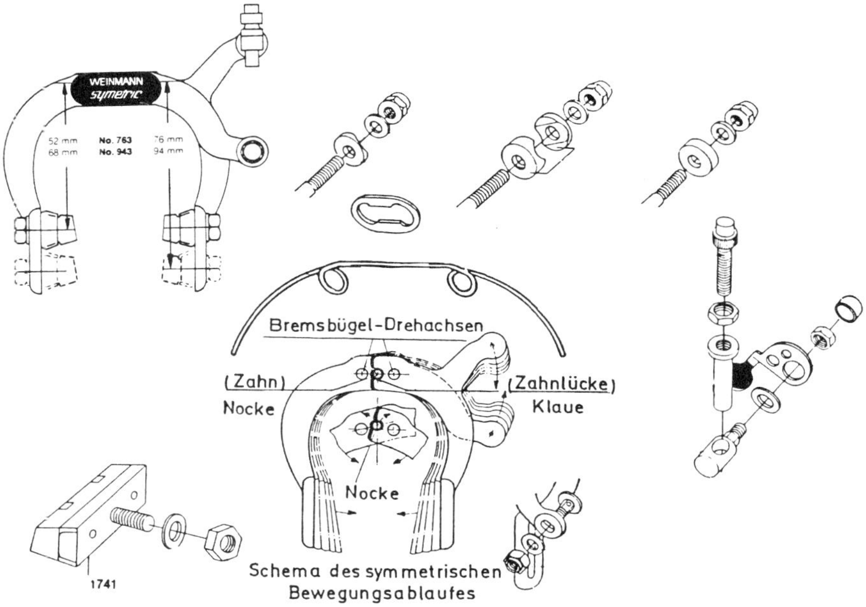

Abb. 903: Explosiv-Darstellung der Seitenzug-Symetric-Felgenbremse von Weinmann.

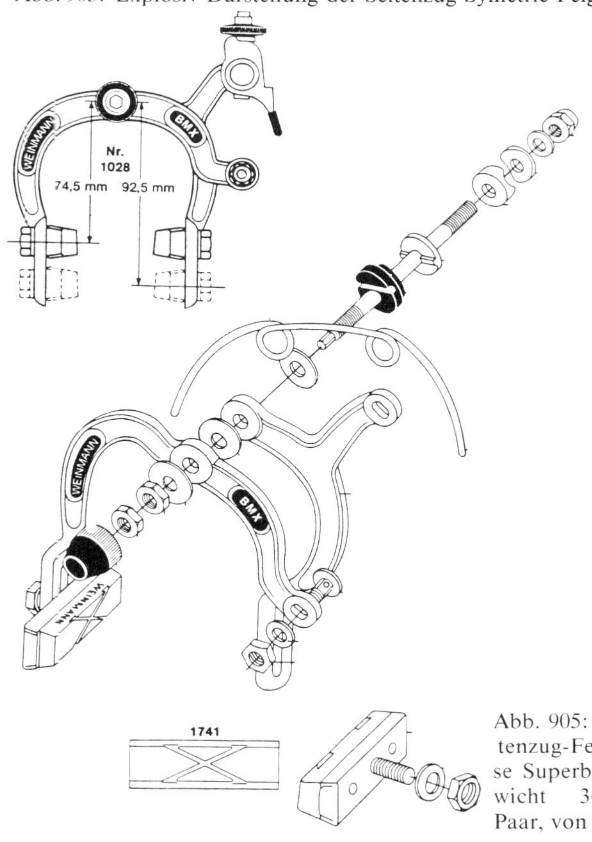

Abb. 904: Explosiv-Darstellung einer BMX-Seitenzug-Felgenbremse.

Dabei ist die Form des Lenkers an der Befestigungsstelle des Bremshebels wichtig. Die Teile eines solchen Bremshebels bestehen aus Leichtmetall, sie sind geschmiedet, gegossen oder aus Leichtmetallblech gestanzt und so formgepreßt, daß sie äußerlich fast nicht von einem geschmiedeten Hebel zu unterscheiden sind.

Inzwischen werden auch Handhebel aus technischen Kunststoffen, z. B. Polyacetale (Kurzzeichen POM) Delrin von Du Pont, hergestellt, die mit einem größeren Profil als Metallhebel ausgeführt sind (Abb. 912). Der Drehpunkt dieses Handhebels ist gegenüber normalen Bremshebeln verändert und ermöglicht dadurch eine günstigere Hebelübersetzung, die eine verbesserte Bremsleistung bewirkt.

Renn-Handbremshebel sind aus Gewichtsgründen mit Erleichterungslöchern versehen, ihr Körper ist mit einem weichen Formstück aus Paragummi überzogen (Abb. 913).

Der Renn-Handbremshebel für innenverlegte Bowdenzüge Abb. 914 ist mit einer Rückholfeder ausgestattet, die auf die Federkräfte der Felgenbremse Abb. 907 abgestimmt ist.

Auf dem Lenkerrohr wird der Bremshebel-Körper durch eine Lasche (Bride) festge-

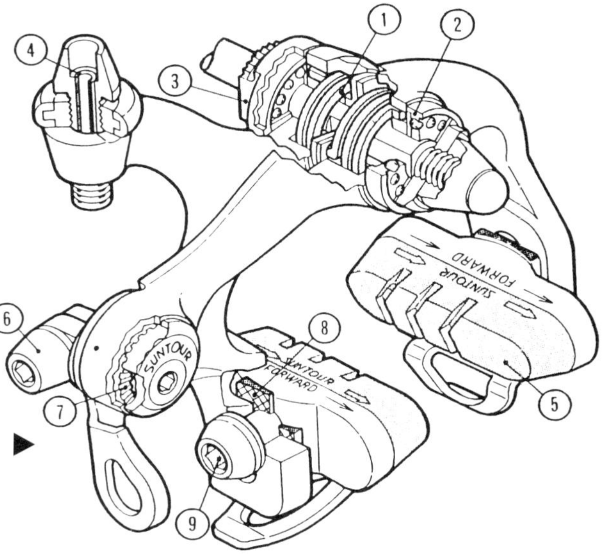

Abb. 905: Renn-Seitenzug-Felgenbremse Superbe Pro, Gewicht 362 g pro Paar, von Sun Tour.

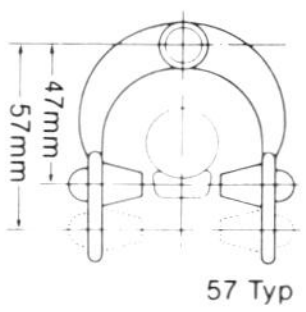

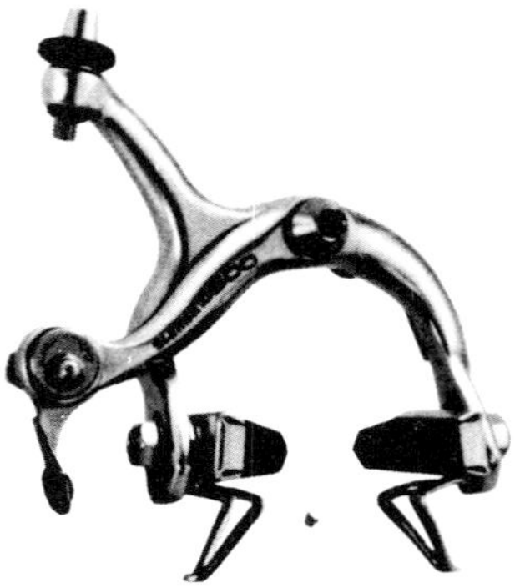

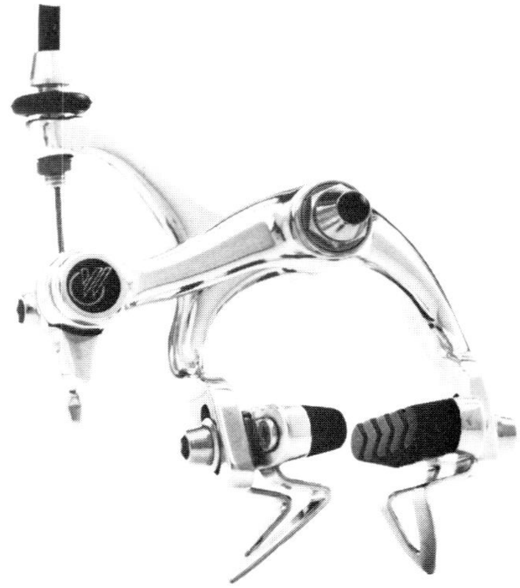

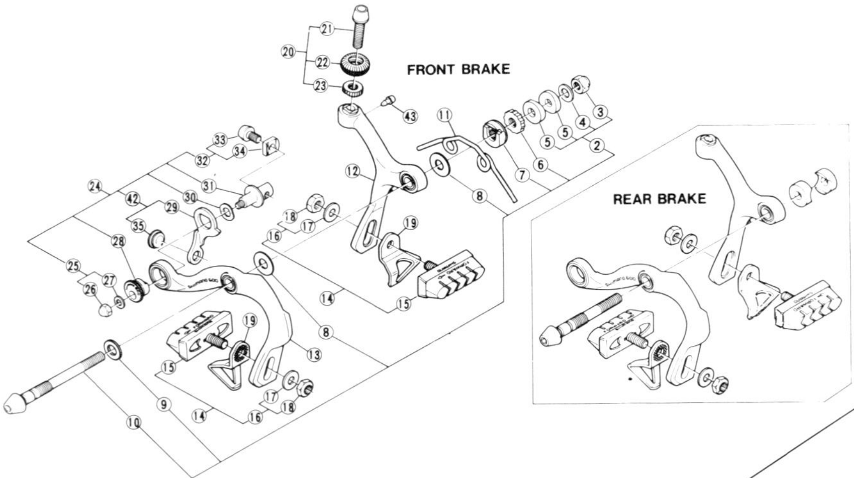

Abb. 906: Explosiv-Darstellung der Renn-Seitenzug-Felgenbremse EX 600, Gewicht 352 g pro Paar, von Shimano.

klemmt, die meist durch eine unsichtbar im Innern des Hebelkörpers liegende Spannschraube angezogen wird. Das Bowdenzugseil ist im Hebel mit einem drehbaren Nippel, der sich jeweils in Seilrichtung einstellen kann und Seilabknicken verhindert, eingehängt. Für die Bowdenzughülle ist am Körper nur ein einfaches Widerlager ohne Einstellmöglichkeit vorgesehen, die Einstellung des Bowdenzuges erfolgt direkt an der Felgenbremse.

Meist werden die Rennlenker nur sportlich gefahren und dabei nur oben gegriffen, nicht unten, wo die Handbremshebel sitzen. Damit der Fahrer nicht erst zum Bremsen nach unten greifen muß, werden zusätzlich sogenannte Sicherheitshebel montiert, mit denen der Bremsvorgang bei oben oder unten gefaßtem Lenker oh-

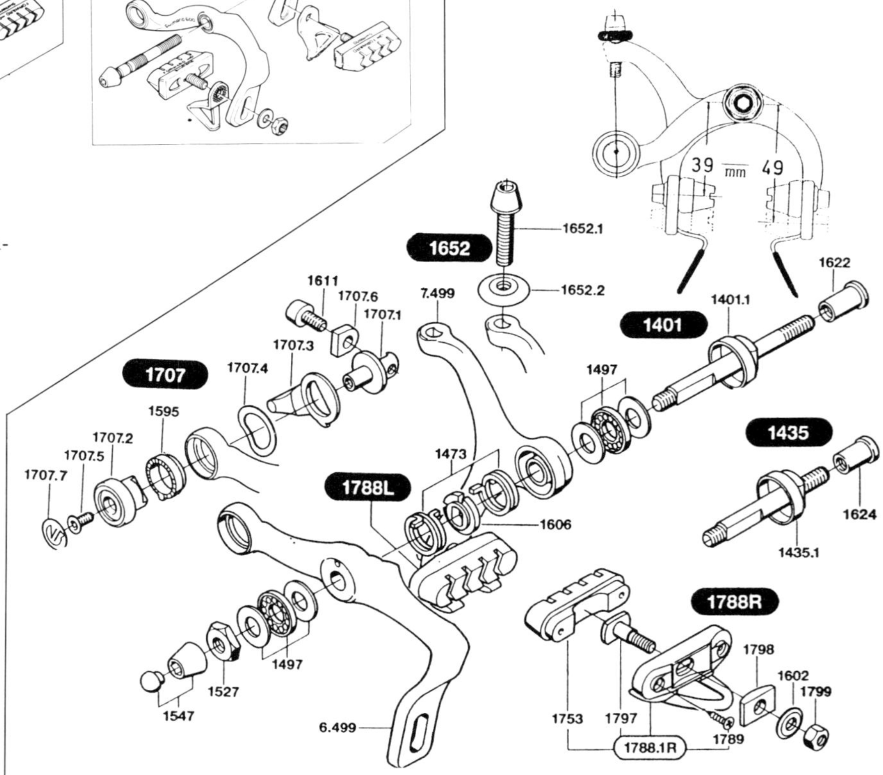

Abb. 907: Explosiv-Darstellung der Renn-Seitenzug-Felgenbremse NRB, Gewicht 340 g pro Paar, von Weinmann.

ne Verzug ausgelöst werden kann (Abb. 915).

Der BMX-Felgenbremse wird ein entsprechender Handbremshebel zugeordnet, der im Griffbereich besonders gestaltet ist. Am Lenker befestigt ist er wie normale Handbremshebel.

Wegen unterschiedlicher Größe der Hände gibt es bei Weinmann BMX-Handbremshebel mit einer Griffbiegung von 20 und 40 Winkelgraden, damit der Hebel sicher gegriffen werden kann (Abb. 916).

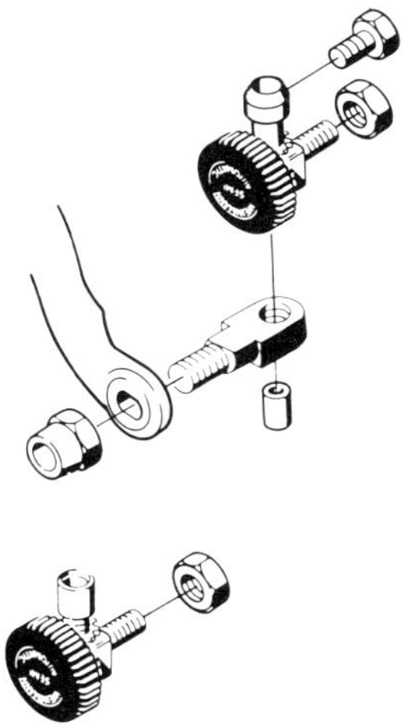

Abb. 908: Semi-Automatic von Weinmann.

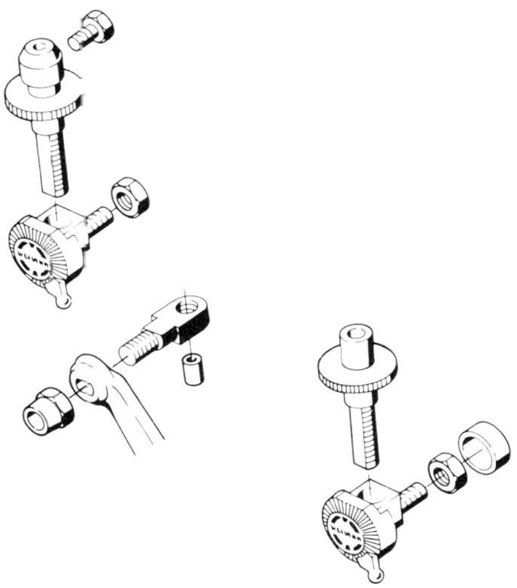

Abb. 909: Schnellverschluß von Weinmann.

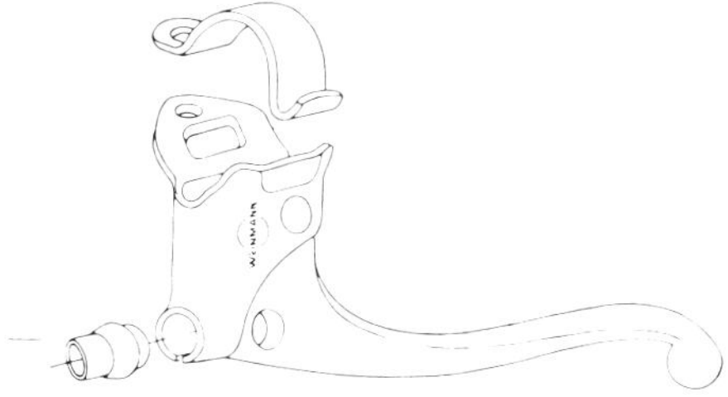

Abb. 910: Handbremshebel (Touren) mit Schellenbefestigung.

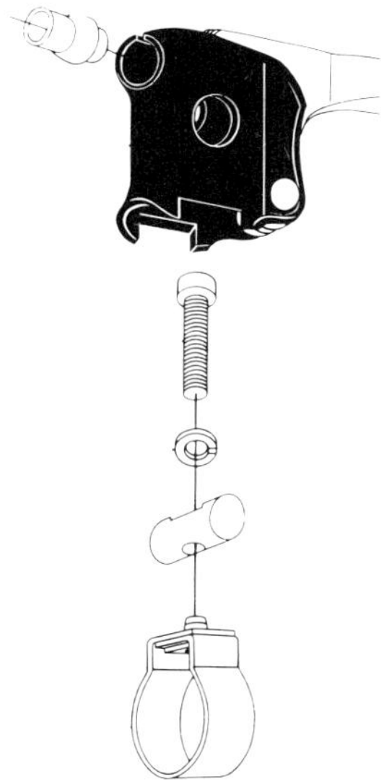

Abb. 911: Handbremshebel (Touren-Sport) mit Bandagenbefestigung.

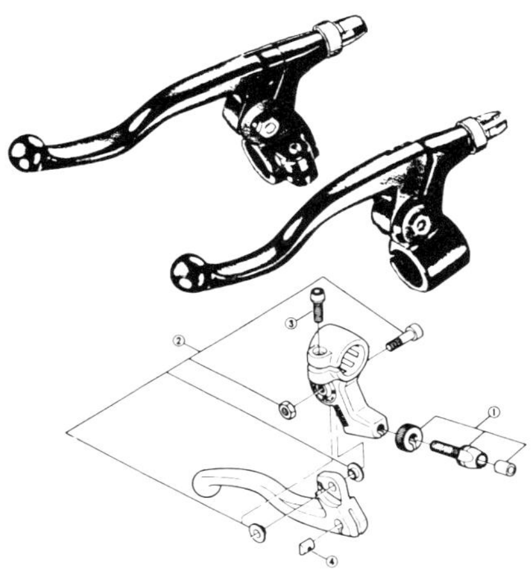

Abb. 912: Handbremshebel mit Handhebel aus Kunststoff für Mountain-bikes.

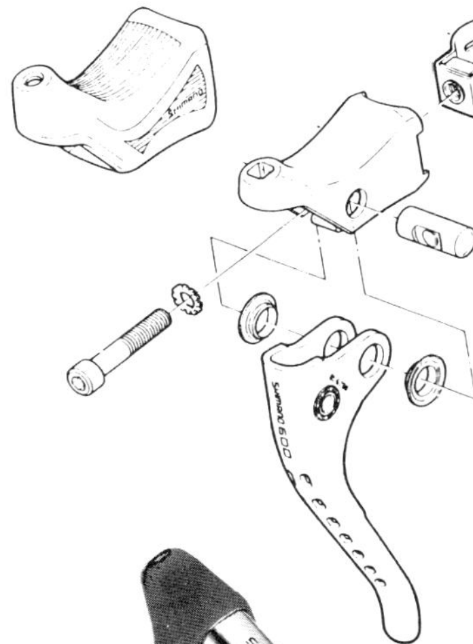

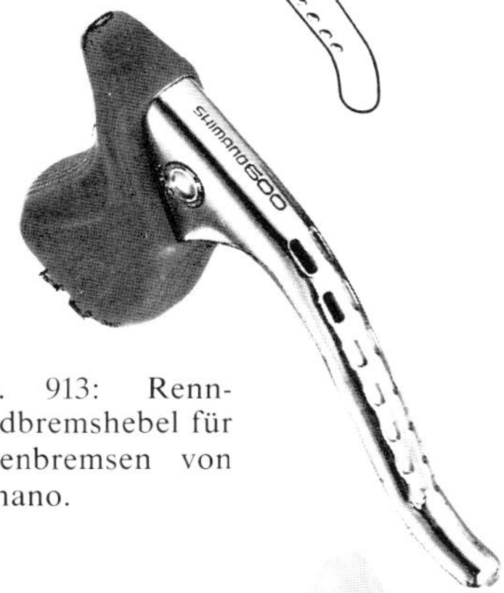

Abb. 913: Renn-Handbremshebel für Felgenbremsen von Shimano.

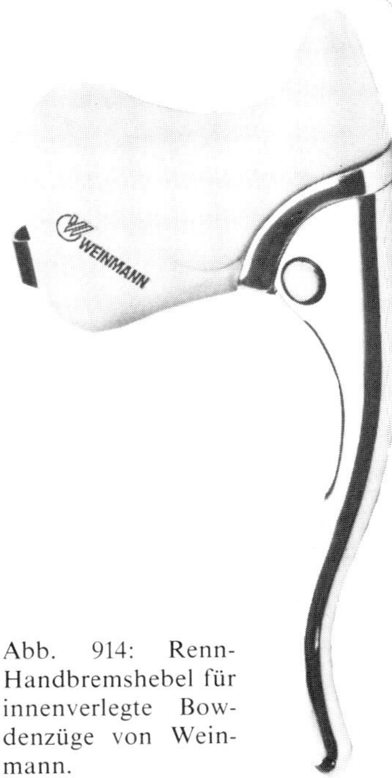

Abb. 914: Renn-Handbremshebel für innenverlegte Bowdenzüge von Weinmann.

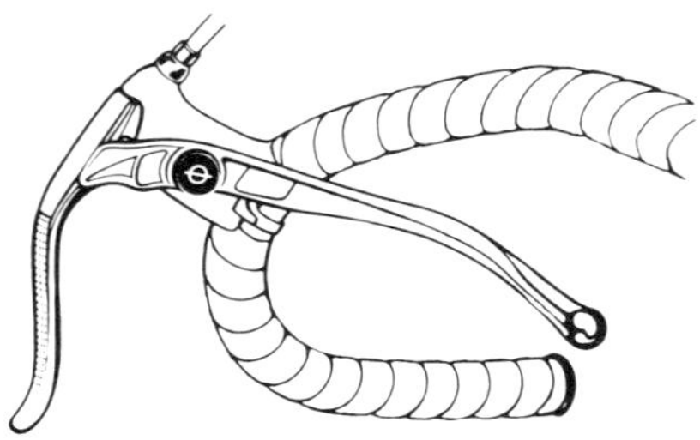

Abb. 915: Sicherheits-Handbremshebel für Rennlenker.

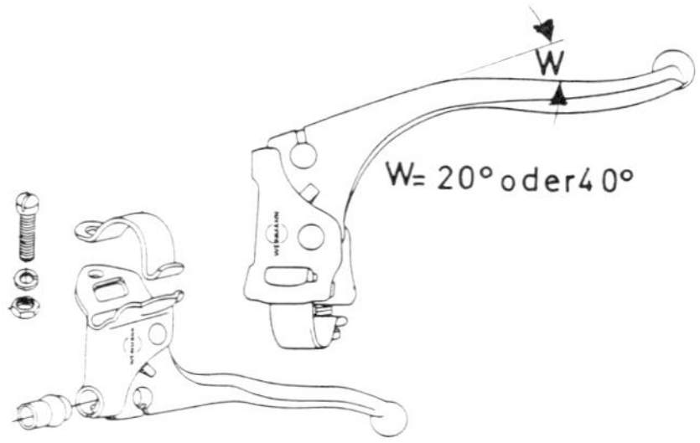

Abb. 916: BMX-Handbremshebel mit Schellenbefestigung von Weinmann.

Abb. 917: Zweifingergriff-Bremshebel.

Als Spezial-Handbremshebel gibt es „Zweifingergriff-Modelle" mit einem kurzen Hebel. Eine Stiftschraube am Hebelkörper gehört für die Nachstellung des Seilzuges (Abb. 917).

Für die Mountain-bikes gibt es leichtgängige Spezial-Handbremshebel (sog. Zweifinger-Bremshebel), deren Hebelkopf mit einem wasser- und schmutzabweisenden Kunststoffschutz umschlossen ist. Der Drehbolzen für den Handhebel ist in einer reibungsarmen Büchse gelagert. Im Hebelkörper ist eine Rückholfeder für den Bremshebel integriert (Abb. 918).

Beim Sachs-Bremshebel ist die Rückholfederkraft nach der jeweiligen Handkraft des Fahrers regulierbar sowie auch die Handhebelposition einstellbar (Abb. 919).

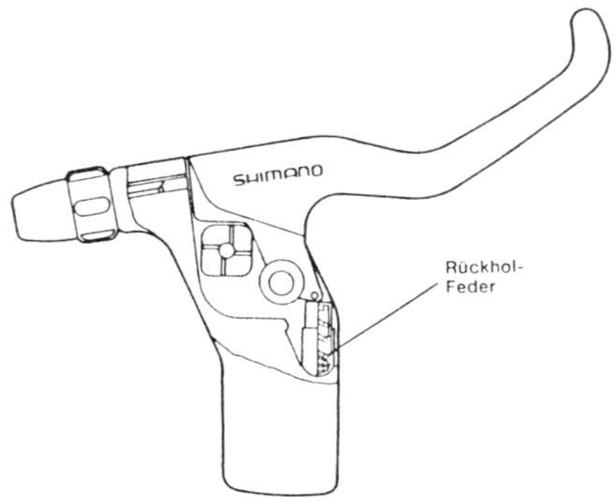

Abb. 918: Handbremshebel mit Hebelrückholfeder von Shimano.

Abb. 919: Bremshebel mit regulierbarer Federkraft von Sachs.

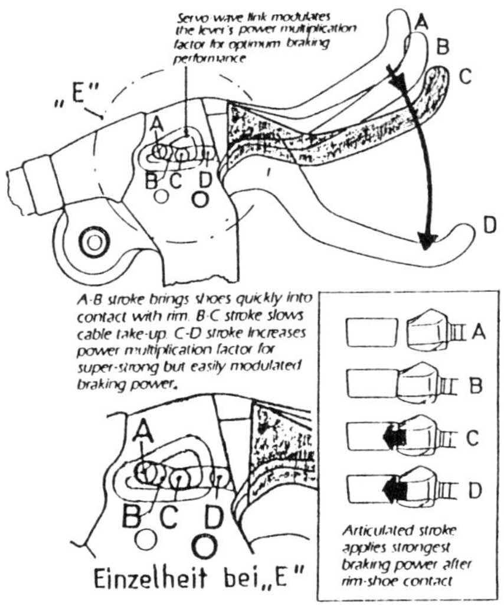

Abb. 920: Bremshebel SLR von Shimano.

Der Shimano-Bremshebel SLR (steht für **S**himano **L**inear **R**esponse [= Reaktion]) für Mountain-bikes hat den Zweck, die Anpreßkraft des Bremsklotzes am Felgenrand zu erhöhen (Abb. 920).

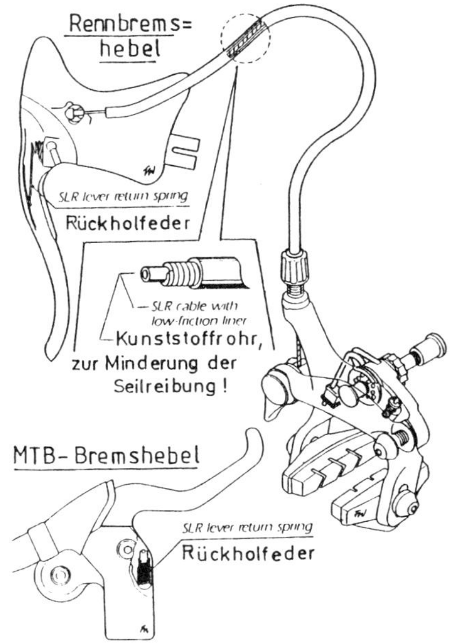

Abb. 921: Komplette vordere Felgenbremse von Shimano.

Durch eine besondere Mechanik wird erst nach Betätigung der Bremse (B) die Hebelübersetzung gering über ein gelenkartiges Zwischenglied (C–D) verändert (siehe Abb. 920, Einzelheit „E") und damit bei gleicher Handkraft (gegenüber herkömmlichen Bremshebeln) eine größere Anpreßkraft der Bremsklötze und folglich eine bessere Bremswirkung erreicht.

Damit die notwendige Handkraft zum Bremsen äußerst gering bleibt, werden die Federkräfte der in den Felgenbremsen montierten Rückholfedern sehr niedrig gehalten (siehe Abb. 902, Position F). Diese Rückstellkraft reicht dann (besonders bei zunehmender Verschmutzung der Bremse und auftretender Schwergängigkeit des Seilzugs) nicht mehr aus, die Bremsorgane in die ursprüngliche Ausgangsstellung zurückzuholen. Deshalb werden die Bremshebel auch mit einer Rückholfeder versehen, siehe Abb. 746, 913, 914, 918 und 919.

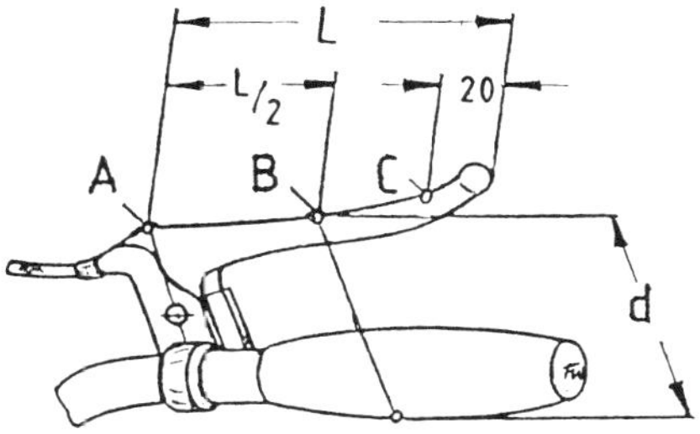

Abb. 922: Handbremshebelabstand.

Gemeinsam bilden die beiden weich aufeinander abgestimmten Federn eine angenehme Rückstellhilfe: die eine wirkt von der Felgenbremse her, die andere vom Handbremshebel aus. Die Bremsbetätigung ist dadurch leichtgängig und weich. Die Wirkung nur einer Feder ist aber unbefriedigend.

Zu einer besonders leicht zu betätigenden Bremse gehört aber auch ein langzeitig möglichst reibungsarm arbeitender Bremszug. Optimal dafür ist ein Bowdenzug mit einem Kunststoffrohr in der Seilhülle (Abb. 921).

Dies ist heute allgemeiner Stand der Technik und wird von den namhaften Bremsenherstellern so angewendet.

Nach der DIN 79 100-Fahrräder (Neufassung 1991) muß der auf das Vorderrad wirkende Handbremshebel am Lenker rechts montiert sein.

Der maximale Handbremshebelabstand „d" zum Lenker darf im Bereich zwischen den Punkten A und B 90 mm und zwischen den Punkten B und C 100 mm nicht überschreiten (Abb. 922).

Bei den Kinderstraßenfahrrädern (DIN 79 100) betragen diese Maße 77 und 85 mm.

In den Normen DIN 79 105 (BMX-Fahrräder) und DIN 79 110 (Kinderfahrräder) ist der Handbremshebelabstand „d" im Bereich des Punktes B 90 mm (BMX) und 77 mm (Kinderfahrräder).

Instandsetzungsarbeiten an Bremsen sind verhältnismäßig selten erforderlich, lediglich die Bremsklötze müssen laufend kontrolliert und nachgestellt werden. Weil unzureichend geschmierte oder beschädigte Bremszüge schwergängig sind, müssen sie regelmäßig gepflegt werden.

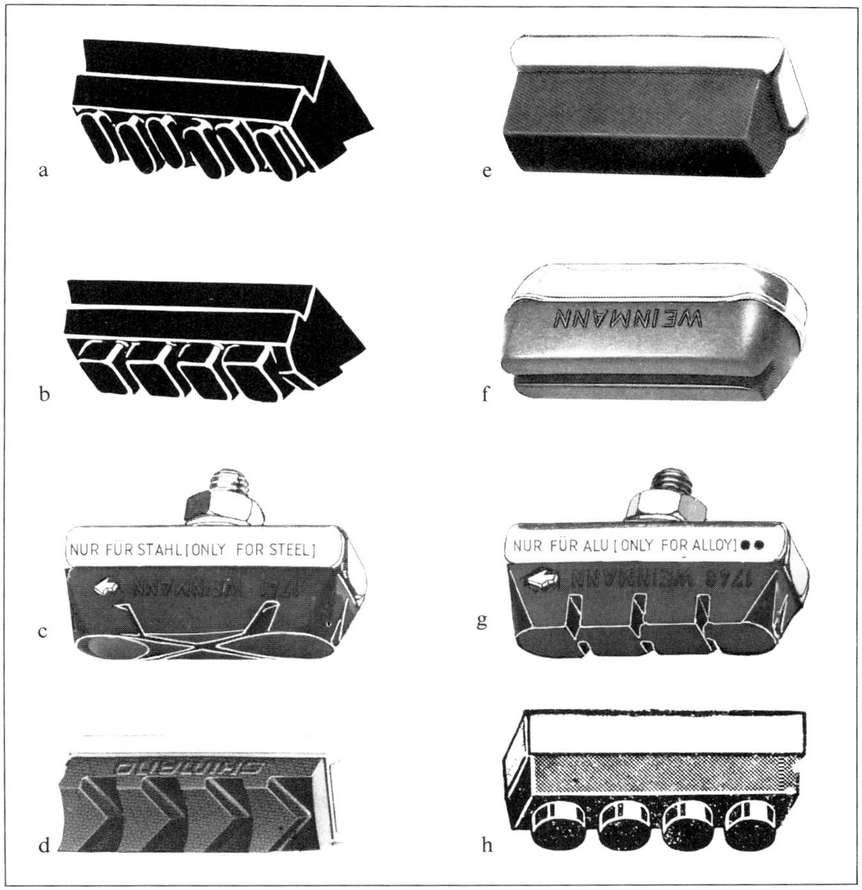

Abb. 923: Verschiedene Bremsgummi-Reibflächen:

a = sechs ovale Noppen,

b = vier extra hohe und breite Noppen,

c = Schrägkreuz-Rille,

d = dreieckartige Noppen,

e = glatte Reibfläche,

f = Längsrille,

g = drei senkrechte Rillen,

h = vier runde Noppen.

Bremsklötze

Die Felgenbremse ist eine Reibungsbremse. Deshalb ist die Beschaffenheit der Bremsgummis besonders wichtig. Neben der Hebelübersetzung, aus der der Anpreßdruck resultiert, ist für die optimale Bremsverzögerung der Werkstoff der Bremsgummis maßgebend. Die Gummis (die tatsächlich nicht mehr aus Gummi hergestellt sind) müssen folgende Eigenschaften vereinen:

Möglichst hoher Reibwert und dadurch hohe Bremswirkung bei Alu- und verchromten Stahlfelgen, bei trockenem und bei nassem Wetter.

Geringer Abrieb (Verschleiß) am Gummi und an der Felge.

Geringer Abfall der Bremsverzögerung bei Warmbremsung.

Möglichst langzeitige Beibehaltung der ursprünglichen Shore-Härte.

Ozonbeständigkeit und keine gravierende Verhärtung durch Alterung.

Die Reibfläche der Bremsklötze ist in der Regel unterteilt, wodurch eine gewisse Selbstreinigung der Bremsflächen erfolgt. Die Reibflächen der Klötze schieben beim Anpressen an die Felge den Schmutz vor sich her und streifen den größten Teil der Nässe ab. Jeder Bremsenhersteller setzt auf die Formgebung seiner Bremsgummis. Durch die Unterbrechungen in der Reibfläche wird diese verkleinert und damit ein höherer Anpreßdruck pro mm^2 der Bremsfläche erzielt. Die Abb. 923 zeigt Bremsgummis mit verschiedenen Reibflächen.

Die Felgenbremse ist auf Grund ihrer Konstruktion und Anordnung am Fahrrad eine offene Bremse, was Nachteile mit sich bringt. Sie ist der Witterung ungeschützt ausgesetzt. Durch Schmutz und Nässe auf der Fahrbahn wird der Reibwert zwischen Bremsgummi und Felge ungünstig beeinflußt, so daß die Bremswirkung abfallen bzw. fast verloren gehen kann.

Ein Hauptproblem ist, daß bei der Felgenbremse die Reibpaarungen zwischen Klotz und Felge nicht optimal abgestimmt sein können und daher keine Einheit bilden. Mit Bremsklötzen der gleichen Werkstoffqualität werden Felgen in verschiedenen Ausführungen gefahren, wie z. B.

> Stahl verchromt mit und ohne Riefungen im Felgenrand. Desgleichen aus Nirosta (nicht rostendem Stahl). Alu-Legierungen in verschiedener Zusammensetzung und dazu noch mit unterschiedlicher Oberfläche, wie poliert und eloxiert. Neuerdings auch aus Kunststoff.

Dadurch entstehen zwangsläufig Unterschiede im Bremsverhalten, was nicht nur für gute oder schlechte Bremswirkung sorgt, sondern auch zur Geräuschbildung der Bremse, wie Kreischen und Rattern, führen kann.

Die in der Abb. 923 unter „c“ und „g“ dargestellten Weinmann-Bremsklötze sind mit einer Anschrägung (ca. 5 Winkelgrad zur Felge) in Längsrichtung versehen, damit lästige Bremsgeräusche gemindert werden. Der Pfeil am Bremsklotz muß in Fahrtrichtung zeigen.

Für die Cantileverbremsen werden bei Mountain-bikes bevorzugt sogenannte „One-

Abb. 924: Einstückbremsklotz ohne Metallschuh.

Piece“-Bremsklötze (Einstückbremsklötze ohne Metallschuh) verwendet (Abb. 924).

Im Innern des Bremsklotzes ist eine „Stahlnuß“ mit Gewinde für die Befestigung am Kipphebel eingespritzt. Dies wurde möglich durch die Verwendung von gummiähnlichen speziellen Kunststoffmischungen.

Damit die bestmögliche Bremswirkung mit den Felgenbremsen (besonders bei Nässe) erzielt wird, muß zu den jeweiligen Felgen (Alu oder Stahl) der dazu geeignete Bremsklotz verwendet werden. Dazu müssen nach der Fahrradnorm DIN 79100 (Neufassung 1991) die Bremsklötze (und Felgen) gekennzeichnet sein.

Die Bremsschuhe und Bremsklötze sind so gekennzeichnet:

1. Herstellername oder -zeichen
2. Typbezeichnung
3. Verwendungsbereich (Reibpartner):
   a) für Aluminiumfelgen – 2 Löcher im Bremsschuh, Aufschrift: nur für Aluminium (only for alloy)
   b) für Stahlfelgen – ohne Löcher im Bremsschuh Aufschrift: nur für Stahl (only for steel).

Die Bremsschuhe müssen so gestaltet und angebaut werden, daß die Bremsklötze beim Bremsen mit der gesamten Reibfläche anliegen und weder beim Vor- noch Rückwärtsbewegen des Fahrrades herausfallen können (siehe hierzu auch Kapitel „Felge“).

Seit Jahren sind die Felgenbremsen-Hersteller bemüht, Bremsklötze mit besserem Verhalten gegenüber Nässe zu entwikkeln. Dabei wurden gute Erfolge erzielt, vollkommen gelöst ist das Problem aber noch nicht.

Der Schwäche der Felgenbremsen mit unbefriedigender Bremsleistung bei Nässe wurde von Altenburger mit den sogenannten Regenstollen „Super-Stop“ begegnet. Es wurden zwei Bremsgummis mit dem Bremsbelag-Werkstoff „Antiliquid“ entwickelt, der eine (Nr. 1098) zugehörig für Stahlfelgen und der andere (Nr. 1090) für Alu-Felgen.

Die Bremsklötze sind gegen Verwechslung deutlich mit der Aufschrift „nur für Stahlfelgen“ oder „nur für Alu-Felgen“ gekennzeichnet (Abb. 925).

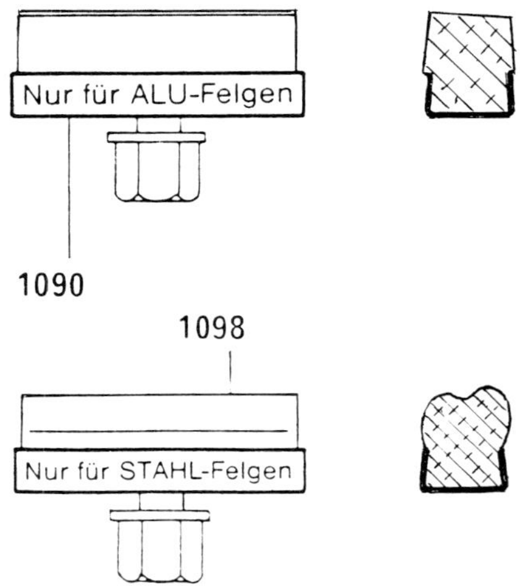

Abb. 925: Kennzeichnung der Regenstollen „Super-Stop“ von Altenburger.

In der Tabelle Abb. 926 sind die Vergleichswerte der Regenstollen zu den bisherigen Altenburger „Standard“-Bremsklötzen für Stahl- und Alufelgen ersichtlich. Die Prüfung erfolgte auf einem elektrischen Prüfstand bei einer Ausgangsgeschwindigkeit von 25 km/h und einer Bremskraft auf der Felge von 400 N.

Bei einer Ausgangsgeschwindigkeit von 25 km/h werden bei regennasser Bremsfläche Bremswege von ca. 5 m erreicht, gegenüber 25 bis 30 m bei der bisherigen Altenburger „Standard“-Ausführung.

Bei einem weiteren Vergleichstest mit den relativ teueren Bremsklötzen mit integrierter Lederauflage konnten bei glei-

Felge	Felgen-zustand	Prüfling	Anhalteweg 0 5 10 15 20 25 m 30	Anhalte-weg m
Stahl, gerändelt	trocken	Super-Stop Stahl		4,18
		Standard		1,74
	naß	Super-Stop Stahl		5,45
		Standard		31,9
Aluminium, glatt	trocken	Super-Stop Alu		3,14
		Standard		2,87
	naß	Super-Stop Alu		5,33
		Standard		25,0

Abb. 926: Vergleichstest der Altenburger-Bremsklötze.

cher Prüfmethode die Werte der „Super-Stop"-Stollen nicht erreicht werden.

Eine Besonderheit ist der „Racer"-Bremsschuh der Firma Mafag mit verstärkter Bremskraft (Servo-Wirkung) – Abb. 927.

Beim Bremsen zwängt die Felge den Bremsgummi auf der keilförmigen Fläche (Rampe) nach vorn, wodurch die Bremszangen auseinandergedrückt werden, so daß sich der Anpreßdruck – trotz geringerer aufgewendeter Handkraft – verstärkt, im Gegensatz zur konventionellen Felgenbremsenkonstruktion.

Dieser Bremsschuh konnte sich nicht einführen.

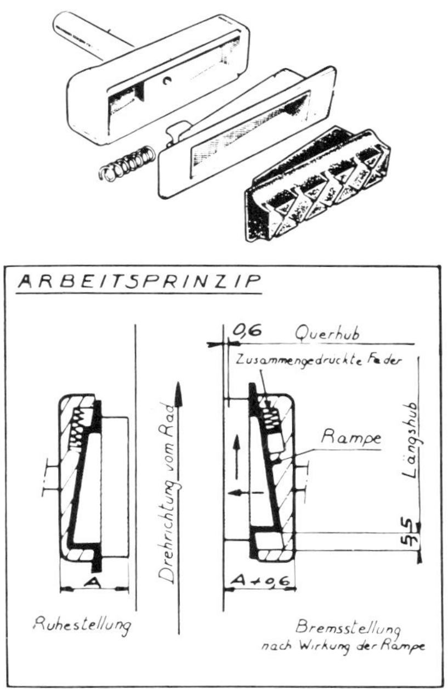

Abb. 927: „Racer"-Bremsschuh von Mafag.

England hat viele Regenperioden, deshalb hat Raleigh einen Bremsgummi mit Lederauflage (L) für verchromte Stahlfelgen entwickelt, der auch bei Nässe eine gute Bremsverzögerung bringt (Abb. 928).

Die strengen Sicherheitsvorschriften in den USA, in der Bundesrepublik Deutschland (und neuerdings auch in vielen anderen Ländern) zwingen die Bremsenhersteller, ihre Bauteile diesen Vorschriften anzupassen.

Dazu sind umfangreiche Entwicklungsarbeiten und Tests notwendig. Mit modernen Prüfmaschinen werden Dauertests mit mehr als 50 000 Abbremsungen in kürzester Zeit simuliert. Aber auch Versuche mit Testfahrrädern, die mit elektronisch gesteuerten Meßinstrumenten ausgestattet sind, werden durchgeführt.

Erkennbar ist aus diesen Prüfungen jedenfalls, wie wichtig die Formgestaltung des

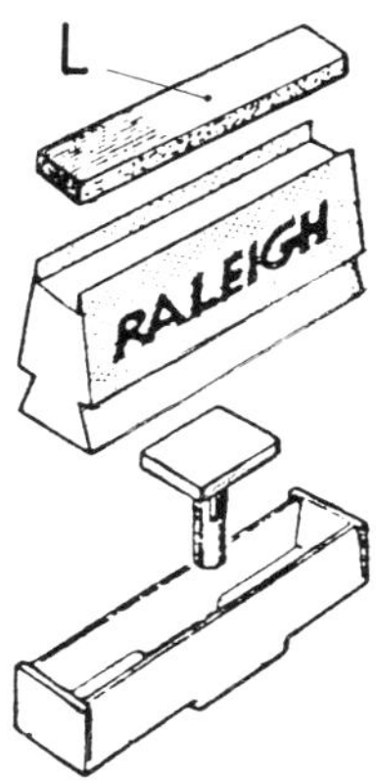

Abb. 928: Bremsklotz mit Reibfläche aus Leder von Raleigh.

Bremsgummis und sein Werkstoff, aber auch des Reibpartners (Felge) Beschaffenheit und Zustand (naß oder trocken) sind. Auch das Reifenprofil ist für die erzielbare Bremswirkung mitbestimmend.

Weinmann-Felgenbremse

PBS

Bei den konventionellen Felgenbremsen ist die Technik so perfekt, daß eine bessere Bremswirkung nur noch über Werkstoffveränderungen bei den Bremsklötzen sowie durch günstigere Seilzugverlegung (geringere Reibungsverluste) erreicht werden kann.

Deshalb hat Weinmann mit der in Abb. 929 gezeigten Felgenbremse PBS 300 (steht für Progressives Brems System) ein System entwickelt, bei dem der Bremsklotz nicht mehr durch Scheren-Hebel-Wirkung an die Felge gedrückt, sondern durch eine Spindel über eine drehbare Spindelmutter (die axial unverrückbar gelagert ist) gegen die Felge bewegt wird (Abb. 930). Im Gegensatz zu ihrer Vorgängerin (der HP Turbo) kommt die PBS mit nur einer Spindel (Bremskörper B) aus, während die andere Seite (Verstellkopf V) nur den nachstellbaren Bremsklotz (BK) trägt. Diese Bremsklotzseite wird über die schwimmende Lagerung (L) des Bremsbügels (BU) an die Felge geführt.

Das wesentliche Baumerkmal dieser Bremse (Abb. 931) ist, daß die durch den Seilzug (1) bewirkte Drehbewegung des Hebels (2) über eine Spindel (3) in eine axiale Bewegung umgesetzt wird. Dabei wird der Bremsklotzträger (Führungsblock 4) herausgedrückt und der Bremsklotz (6) an den Felgenrand gepreßt.

Optimiert wird die Wirkung der PBS Felgenbremse durch einen sinnvoll konstruierten Handbremshebel (Abb. 932).

Da der Abstand des Bremshebels zum Lenker bedingt ist (siehe Abb. 922) und sich nicht vergrößern läßt, wurde dieser Spezialhandbremshebel mit einem sogenannten „Schnellgang" entwickelt (Abb. 933). Die Funktion liegt darin, daß über eine Hebelmechanik (H und H_1) im Handgriff bei Betätigung der Bremse das

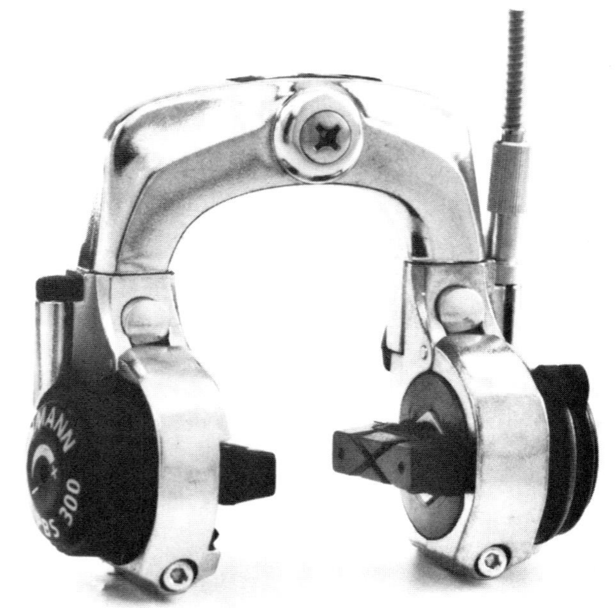

Abb. 929: Felgenbremse PBS 300 von Weinmann.

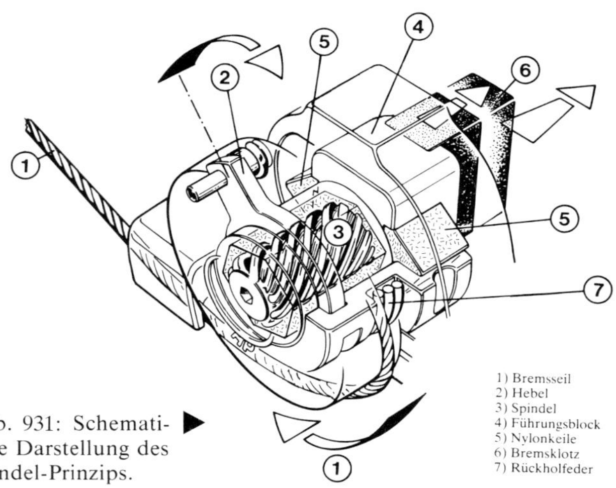

Abb. 931: Schematische Darstellung des Spindel-Prinzips.

Bowdenseil (BS) in die eine, dagegen das Ende der Seilhülle (SH) in die entgegengesetzte Richtung gedrückt wird (Abb. 934). Diese progressive Auslegung bewirkt, daß der Bremsklotz mit kurzem Handhebelweg an die Felge angelegt und dann mit längerwerdendem Hebelweg angepreßt wird (Abb. 935).

Diese Hebelübersetzung schafft eine beachtliche Bremswirkung bei einer gleichzeitig geringeren Handkraft gegenüber anderen Felgenbremsen.

Die Montage der Vorderradbremse erfolgt vorzugsweise hinter der Vorderradgabel. Durch diese Montageart stützt sich die Bremse während des Bremsvorgangs an den Gabelscheiden ab. Wegen der schwimmenden Lagerung dürfen die Bremsbügel (Abb. 930-BU) bei der Montage jedoch nicht an den Gabelscheiden

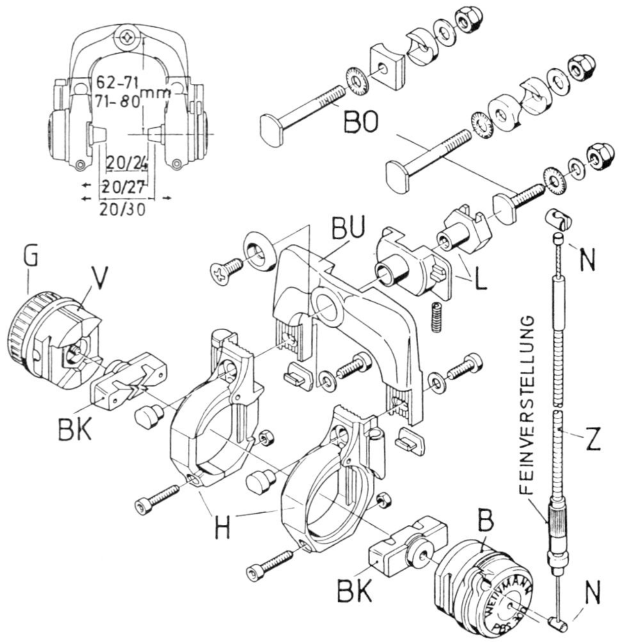

Abb. 930: Explosiv-Darstellung der Felgenbremse PBS 300.

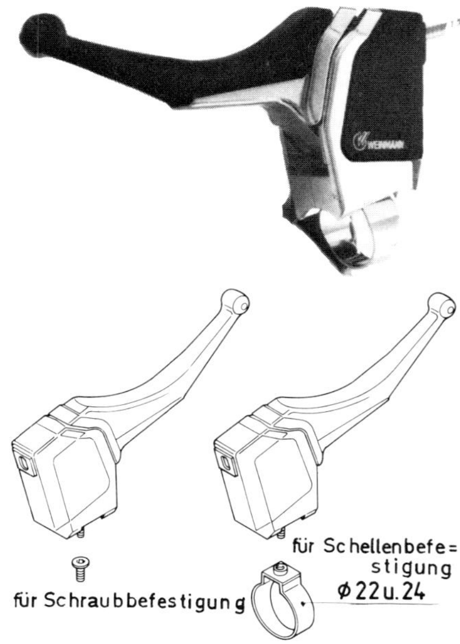

Abb. 932: Handbremshebel mit Schnellgang.

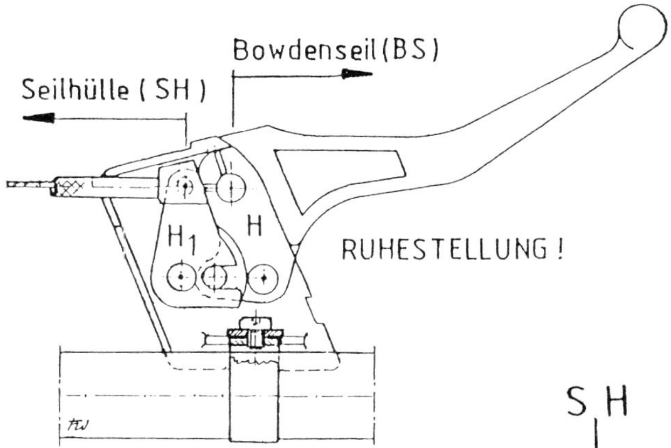

Abb. 933: Bremshebelmechanik.

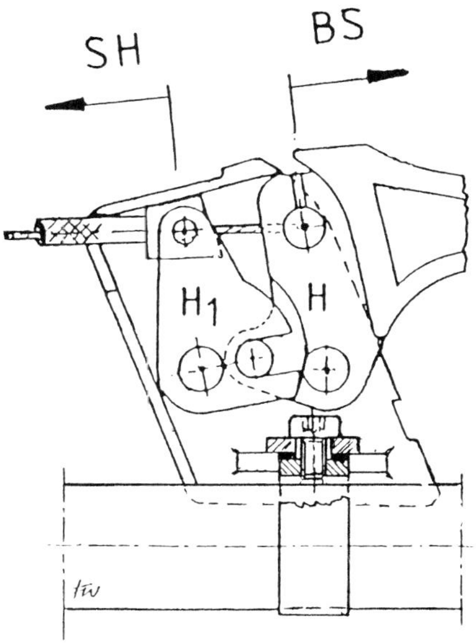

Abb. 934: Hebelstellung-Bremsen.

anliegen. Das gleiche gilt für die Hinterradbremse. Die Montage erfolgt wahlweise an der ESGE-Pletscherplatte oder am Rohrsteg.

Der Bowdenzug (Abb. 930-Z) dieser Bremse ist an beiden Enden mit Nippeln ausgestattet (Abb. 930-N). Dadurch entfällt der Klemmnippel und das Quetschen des Bowdenseils durch die Klemmschraube. Die auftretenden Reibungsverluste im Seilzug werden durch die innenbeschichtete Seilhülle minimiert.

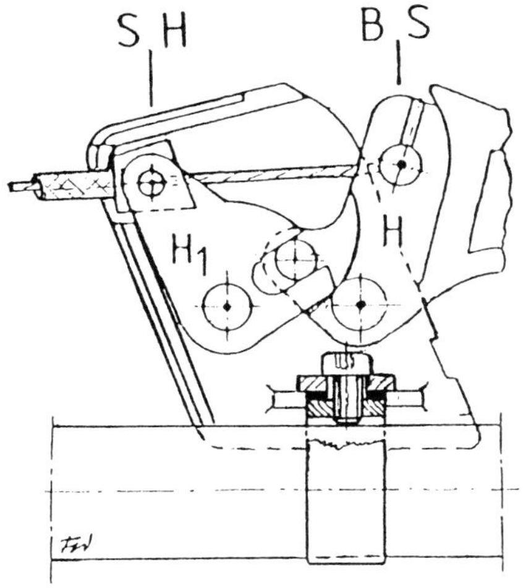

Abb. 935: Bremshebel-Endstellung.

Die PBS Felgenbremse läßt sich einfach nachstellen. Durch Drehen (der Griffmutter Abb. 930-G) am Verstellkopf (Abb. 930-V) wird der Bremsklotz (Abb. 930-BK) zur Felge (ohne Zuhilfenahme von Werkzeug) nachgestellt.

Eine weitere Wartung ist nicht notwendig. Einziges Verschleißteil sind die Bremsklötze – und diese lassen sich nach Abnutzung mit einem 3 mm Sechskant-Stiftschlüssel auswechseln.

Hebelarm-Übersetzungen der Bremsen

Beim Vergleich der Hebelübersetzungen zwischen einer Rücktritt- und einer Felgenbremse darf nicht übersehen werden, daß die vom Fahrer ausgeübte Kraft (F) bei beiden Bremsarten sehr verschieden ist. Selbst wenn man als Belastung für das Pedal beim Zurücktreten nicht das volle Körpergewicht eines durchschnittlichen Fahrers, sondern nur zwei Drittel davon annimmt, ergibt sich eine Kraft von 500 N. Schon zwischen Kurbellänge und Kettenblatt-Halbmesser befindet sich die erste Hebelarmübersetzung mit ungefähr 175 : 90 = 1,95.

Das ergibt bereits ungefähr das Doppelte der Kraft schon am Kettenritzel (s. Abb. 936). Nimmt man die Hebelarm-

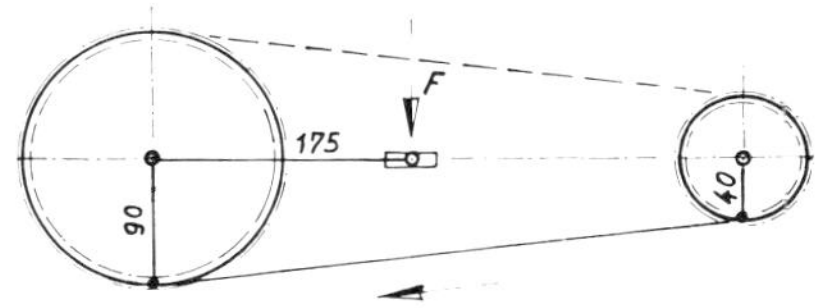

Abb. 936: Hebelarmübersetzung einer Rücktrittbremse.

Übersetzung zwischen Kettenritzel und Bremsschnecke im Nabeninnern weiterhin nur mit 1 : 2 an, so bedeutet das schon eine Vervierfachung der auf das Pedal wirkenden Kraft bis zur eigentlichen Bremsbetätigung im Nabeninnern. Diese erhebliche Übersetzung der Bremskraft verlangt einen entsprechend großen Weg für die Primärkraft, der am Pedal mit einem Viertel des vom Pedal beschriebenen Kreisumfanges zur Verfügung steht.

In den Abb. 937, 938 und 939 sind die Kräfte und Einflußgrößen einer Rücktrittbremsnabe (F & S Komet) dargestellt, die mit dem Tretantrieb und Bremsen in Zusammenhang stehen. Einige dieser Daten wurden standardisiert, damit bei Prüfungen vergleichbare Werte erreicht werden.

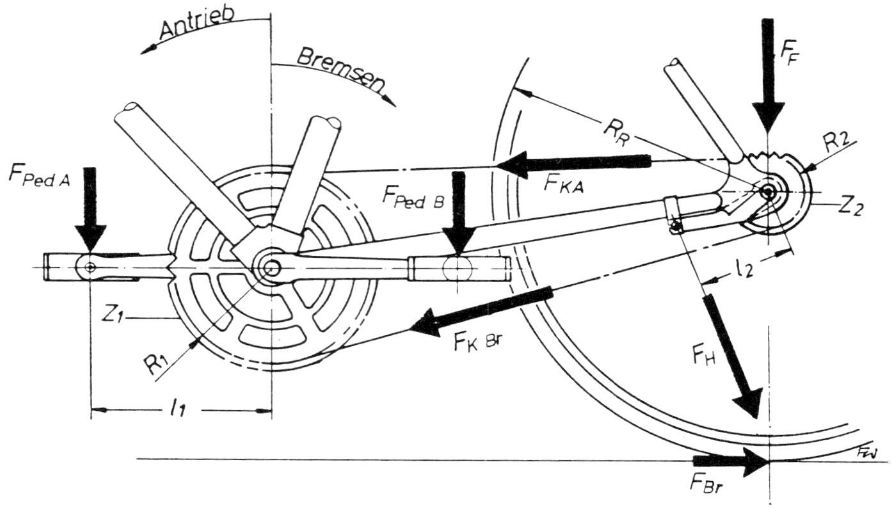

Mit der Pedalkraft F_{Ped} wird entweder die Antriebskraft $F_{Ped\,A}$ oder die Bremskraft $F_{Ped\,B}$ eingeleitet.

Über den Tretkurbelhebelarm l_1 entsteht ein Moment, das durch die Übersetzung $\frac{z_2}{z_1} \cdot \eta_K$ (= Wirkungsgrad der Kette) auf die Hinterradnabe übertragen wird.

Gleichzeitig wird die Hinterradnabe durch das anteilige Gewicht des Fahrers und des Fahrrades mit der Achslast F_F belastet.

Beim Bremsen ergibt sich das maximal mögliche Bremsmoment T_{Br} unter Berücksichtigung der Achslast F_F, des Reibungskoeffizienten der Straße μ_S und des Radius R_R des Hinterrades.

Dieses Bremsmoment T_{Br} wirkt über den Hebel l_2 auf den Fahrradrahmen. Ist der Fahrrad-Hinterrahmen nicht stabil genug gestaltet, wird er durch die Kraft F_H bleibend verformt. Dabei wird die Achse der Hinterradnabe verbogen, die Nabenlagerung verspannt und die Hinterradnabe zum Blockieren gebracht.

In solchen Fällen wird öfter die Hinterradnabe beschuldigt, obwohl die Ursache eines derartigen Defektes der unstabile Fahrradrahmen war.

F_{Ped} = Pedalkraft (max. 1500 N)
F_K = Kettenzug
F_F = Hinterradbelastung (Achslast)
F_H = Kraft am Bremshebel
F_{Br} = Bremskraft
Z_1 = Zähnezahl Kettenblatt (46)
Z_2 = Zähnezahl Zahnkranz (19)
R_1 = Teilkreisradius von $Z_1 = 93{,}05$ mm
R_2 = Teilkreisradius von $Z_2 = 38{,}58$ mm
R_R = Reifenradius (z. B. 356 mm für 47–622)
l_1 = Pedalarmlänge (z. B. 170 mm)
l_2 = Bremshebellänge = 80 mm
η_K = Wirkungsgrad der Kette (≈ 0,95)
μ_S = Reibungskoeffizient Straße (≈ 0,6)

Moment an Rücktrittnabe T_2:

$T_2 = F_{Ped} \cdot l_1 \cdot \frac{Z_2}{Z_1} \cdot \eta_K$	1
$F_K = \frac{F_{Ped} \cdot l_1}{R_1}$	2

siehe Formel 9 für T_{Br}

$F_{Br} = \frac{T_{Br}}{R_R}$	3

Maximal übertragbare Bremskr.

$F_{Br\,max} = F_F \cdot \mu_S$	4
$T_{Br\,max.} = F_{Br\,max.} \cdot R_R$	5
$F_{H\,max.} = \frac{F_{Br\,max.} \cdot R_R}{l_2}$	6

Abb. 937: Kräfte beim Tretantrieb und Bremsen.

Als Beispiel wird angenommen:

Hinterradbelastung	F_F	=	1000 N (z. B. schwergewichtiger Fahrer oder Tandem)
Reibungskoeffizient	μ_S	=	0,6
Reifenradius	R_R	=	0,356 m (für Reifen 47–622)
Bremshebellänge	l_2	=	80 mm

Damit ergibt sich:

Bremsmoment $T_{Br} = F_F \cdot \mu_S \cdot R_R$ = (siehe Formel 4 und 5 Abb. 937)
$1000 \cdot 0{,}6 \cdot 0{,}356 =$ **213,6 Nm**

Kraft am Bremshebel $F_H = \frac{T_{Br}}{l_2} = \frac{213{,}6}{0{,}08} =$ **2670 N** (siehe Formel 5 und 6 Abb. 937)

Bei der Handhebelbetätigung der Felgenbremse liegen die Verhältnisse ungünstiger. Als Primärkraft kann man nur ungefähr mit einem Viertel der auf ein Pedal wirkenden Kraft rechnen, also etwa 125 N (nach DIN 79 100 werden maximal 180 N angenommen).

Bei einer häufig verwendeten Felgenbremse ist das Hebelarm-Übersetzungsverhält-

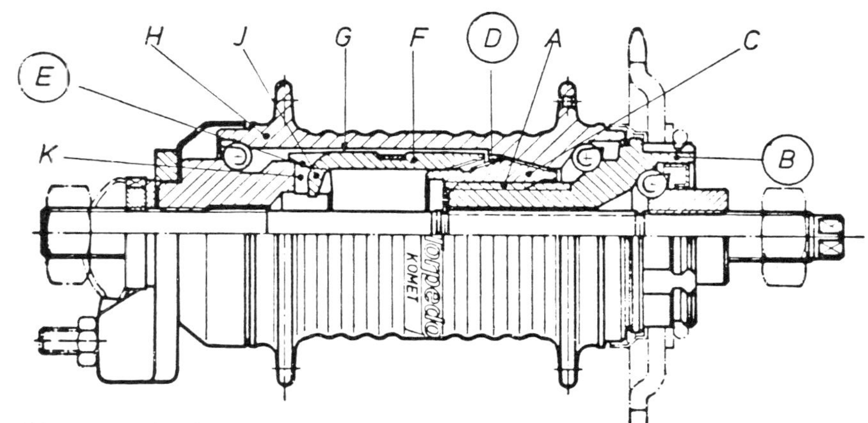

Abb. 938: Antrieb der Torpedo-Kometnabe von F & S.

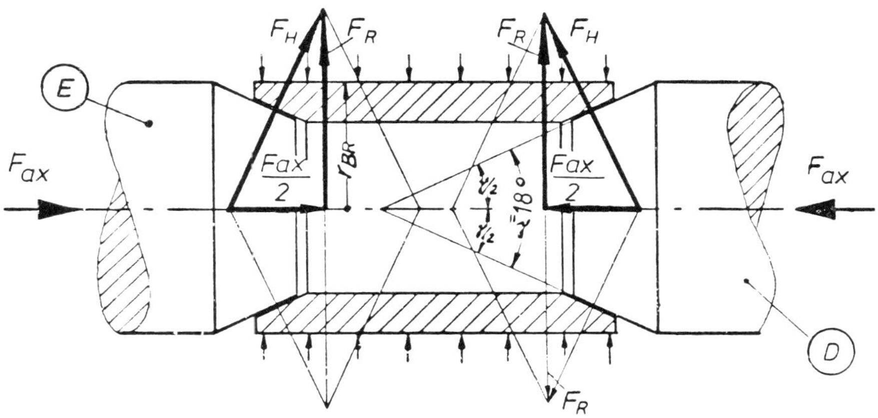

T_2 = Moment am Antreiber „B"
Fax = Axialkraft
F_H = Normalkraft
F_R = Radialkraft
γ = Bremskonuswinkel (z. B. 18°)
ϱ = Reibungswinkel an den Konen
n = Anzahl der Konen
T_{BR} = Erreichbares Bremsmoment
μ_{BR} = Reibungskoeffizient der Bremspaarungen = 0,12
r_{BR} = Bremsmantelradius (z. B. 16,1 mm)

$$F_H = \frac{Fax}{2 \cdot \sin \gamma/2} \qquad (7)$$

$$F_R = \frac{Fax}{2\,tg\,(\gamma/2 + \varrho)} \qquad (8)$$

$$T_{BR} = 2 \cdot n \cdot F_R \cdot r_{BR} \cdot \mu_{BR} \qquad (9)$$

Abb. 939: Schema des Komet-Bremsmantels.

nis am Handhebel 92:25, an den Hebeln der Bremse 65:79 (Abb. 940), das Gesamt-Übersetzungsverhältnis also etwa 3:1.

Demnach kommen auf jeden Bremsklotz 375 N (Handkraft × Hebelübersetzung) Anpreßkraft. Davon müssen noch Verluste, die durch Reibung in den Gelenken, im Bowdenzug und durch die Gegenkraft der Rückholfedern entstehen, abgezogen werden.

Zwar treten auch bei der Rücktrittbremse in der Kraftübertragung Verluste auf, die sogar verhältnismäßig hoch sein können. Aber an der Tatsache, daß an der Rücktrittbremse nicht nur eine wesentlich höhere Pedalkraft einwirkt, sondern daß diese durch den zur Verfügung stehenden viel größeren Weg auch in größerem Maß übersetzt werden kann, kommt man nicht vorbei.

Die bei der Berechnung der an den Bremsklötzen einer Felgenbremse wirkenden Kraft (Abb. 940) genannten Zahlen und Verhältnisse gelten nicht allgemein für alle Felgenbremsen, sondern zunächst nur für den hier als Beispiel gebrachten einen Fall – sie können auch wesentlich anders sein. Betrachtet man die verschiedenen Abbildungen und Zeichnungen (Abb. 891, 900 und 906) einiger Felgenbremsen, so erkennt man, daß bei verschiedenen Ausführungen der Anpreßdruck der Bremsklötze höher sein muß als im gewählten Beispiel.

Ein sehr hohes Übersetzungsverhältnis wird mit einer Innenbackenbremse auch bei Handhebelbetätigung erreicht. In Abb. 941 ist das Bremsschema einer Trommelbremse mit 90 mm ∅ mit Berechnung der Gesamthebelübersetzung vom Handhebel bis zum Bremsbelag dargestellt.

Das Übersetzungsverhältnis ist begrenzt, es sollte nicht höher als 1:70 sein, da sonst eine zu starke Pressung am Bremsbelag auftritt und außerdem die Bremse zum Blockieren neigt.

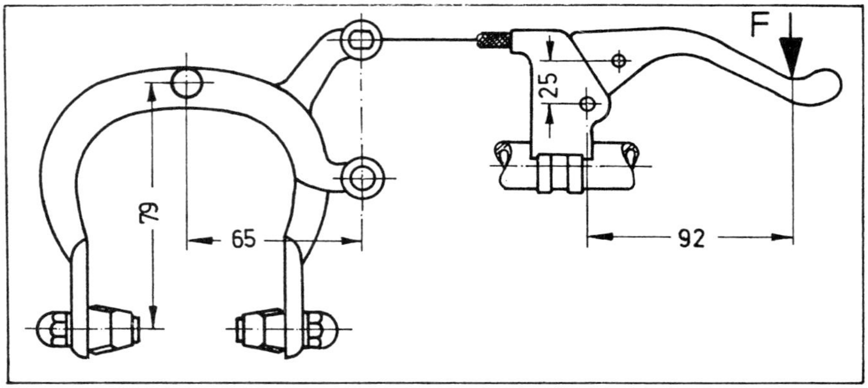

Abb. 940: Hebelarmübersetzung bei einer Felgenbremse.

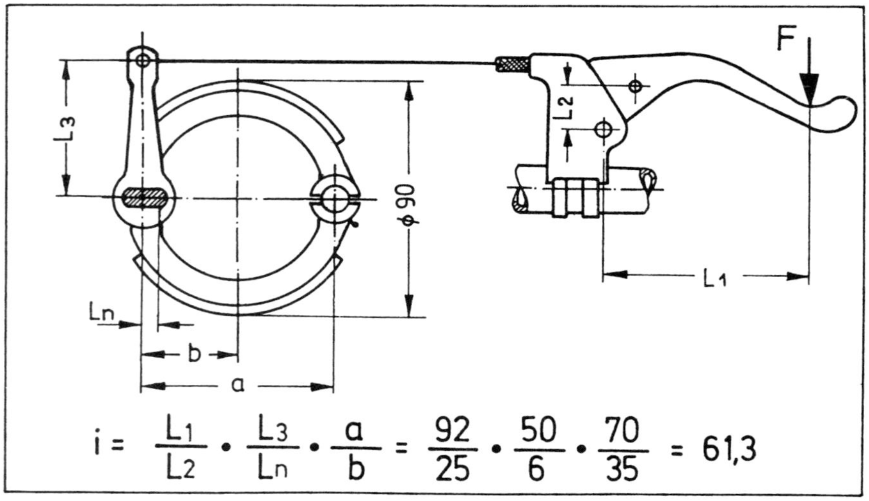

Abb. 941: Gesamt-Hebelübersetzung einer Trommelbremse mit 90 mm ∅ vom Handhebel bis zum Bremsbelag.

Ausrüstung und Sonderzubehör

Sattel

Der Sattel ist eines der wichtigsten Bauelemente des Fahrrades. Schon auf dem ersten Fahrt-Kilometer spürt der Fahrer, ob es sich wirklich um einen Sattel – oder um ein „Marterinstrument" handelt. Oft wird der Sattel von den Fahrrad-Herstellern nicht entsprechend seiner Funktion richtig bewertet, und es werden die für einen brauchbaren Sattel erforderlichen Geldmittel gescheut oder für unwichtigere Bauteile verwendet.

Der Sattel hat nicht nur die Aufgabe, eine möglichst bequeme Sitzfläche zu bieten, er dient beim Treten auch als Schenkelführung. Das kann aber nicht mit einem sogenannten „Einheitssattel" erreicht werden. Die Sitzknochen stehen bei einer Frau wegen des breiteren Beckens weiter auseinander als beim Mann. Deshalb verlangt der Damensattel im Gegensatz zum Herrenmodell eine breitere Sitzfläche und, bedingt durch den Beinschluß der Frau, eine schlankere Führungsnase, die das Wundreiben der Schenkel vermeidet. In Abb. 942 ist schematisch die Sitzform des Damen-(a) und des Herrensattels (b) dargestellt.

Anders sind die Forderungen, die an einen Rennsattel gestellt werden. Der Rennfahrer (bzw. der sportliche Fahrer), der während des Rennens oder beim Spurt nicht sitzt, sondern ständig sein Körpergewicht auf die Pedale wirken läßt, braucht deshalb einen Sattel, der praktisch nur die besagte „Nase" bildet, das heißt auf der gesamten Länge sehr schmal gehalten ist und keine wirkliche Sitzfläche hat. Für die normale Radtouristik sind verständlicherweise solche Rennsättel nicht geeignet – so wenig wie ein Tourensattel für das Rennrad.

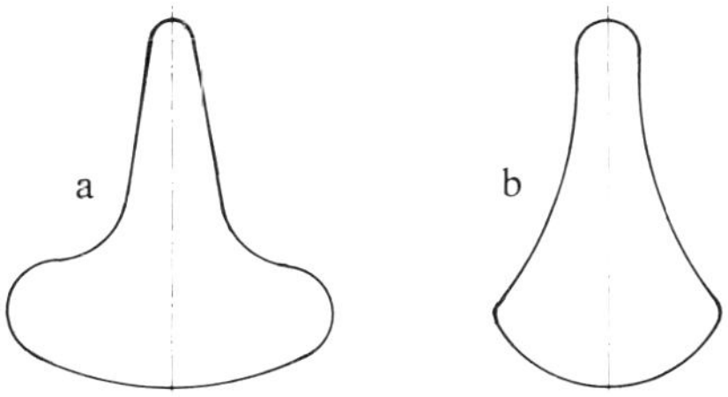

Abb. 942: Sitzform des Damen-Sattels (links) und des Herren-Sattels.

Neben einer ausreichenden Sitzfläche wird vom Sattel für das Normal-Fahrrad auch verlangt, daß die Satteldecke im Bereich der Sitzknochen eine besonders weich gepolsterte Partie aufweist. Die Satteldecke muß sich der Gesäßform anpassen und zwischen dem ungefederten Fahrradrahmen und dem Sitzgestell elastisch federnd sein, um einen möglichst großen Fahrkomfort zu bieten. Für ermüdungsfreies Fahren muß der Sattel den Körperverhältnissen des Fahrers entsprechend in der Höhe, in der Waagerechten und auch in der Sitzfläche zum Rahmenoberrohr verstellt werden können.

Die Höhenverstellung erfolgt mit der Sattelstütze, die mit dem Sattelklemmbolzen (s. Abb. 176) in der Sitzkopfmuffe geklemmt ist. Das freie Ende der Sattelstütze ist auf 22 mm Außendurchmesser reduziert, auf dieses Maß sind die Klemmeinrichtungen an den Sätteln abgestellt (Abb. 943).

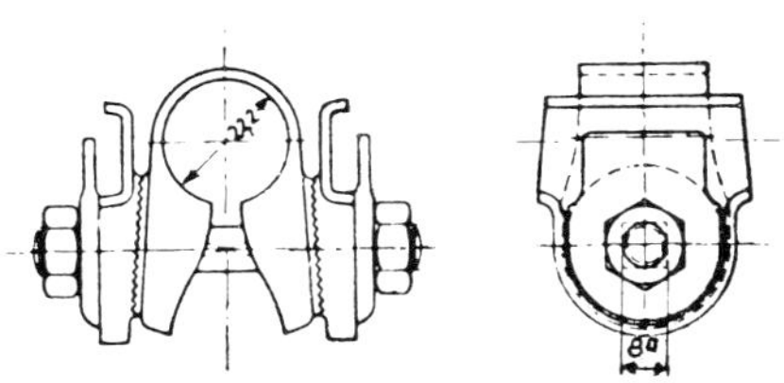

Abb. 943: Sattel-Klemmeinrichtung.

Früher war die waagerechte Verstellung noch durch eine Winkel-Sattelstütze ermöglicht (s. Abb. 313) – heute kann das Sattelgestell (die Tragkonstruktion für die Satteldecke) nur gering waagerecht in der Klemmvorrichtung verschoben werden. Dabei kann auch die Neigung des Sattels zum Rahmenoberrohr in der Rasterung der Klemmeinrichtung verstellt werden.

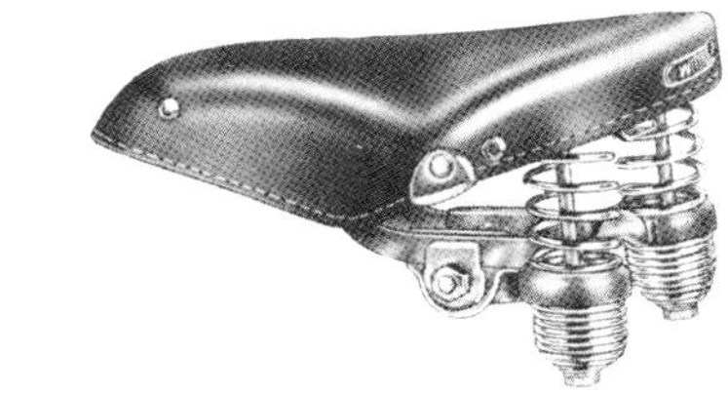

Abb. 944: Sattel mit Zug- und Druckfedern für Tourenräder von Wittkop.

In Abb. 944 ist ein Sattel älterer Herstellungsart für Tourenräder gezeigt. Diese Modelle gibt es in Damen- und Herrenausführung mit je einer Zug- und Druckfeder kombiniert. Die Satteldecken bestanden früher aus Leder, heute werden aus Preisgründen Polster-Satteldecken aus Kunststoff (Ledax) bevorzugt verwendet.

Die einfachen Sport-, Jugend- und Klappräder sind mit Sätteln in konventioneller Bauart, bestehend aus einer Tragkonstruktion (Abb. 945) mit Matratzenrahmen (Federkern) und Druckfedern, ausgestattet. Bei der Billigausführung ist der Matratzenrahmen mit einer einschichtigen Plastikdekke, bei der gehobenen Ausführung mit einer gepolsterten Unterlage versehen, die

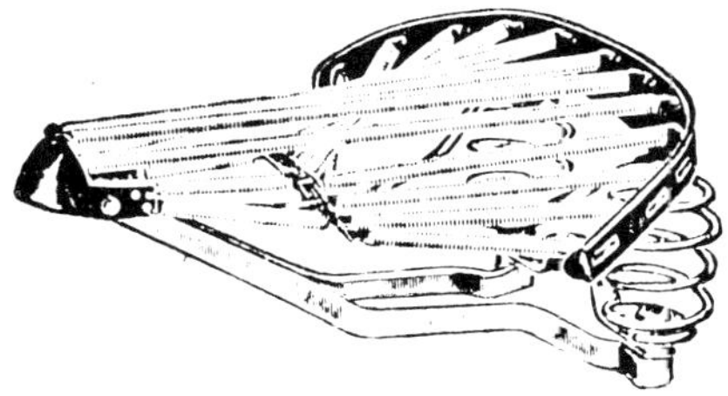

Abb. 945: Sattelrahmen.

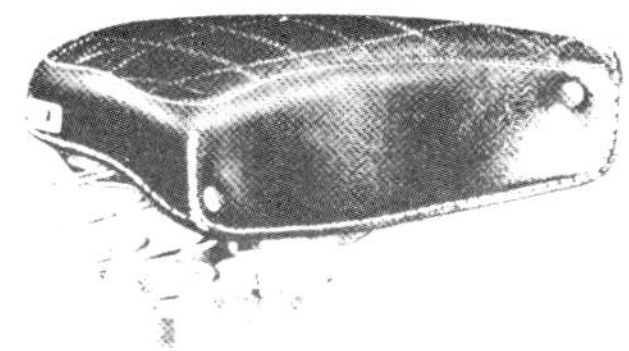

Abb. 946: Sportsattel von Wittkop.

wiederum mit einer dünnen Kunststoffdekke überzogen ist. Aus optischen Gründen werden in die Sitzfläche der Satteldecke Rautenmuster geschweißt (Abb. 946).

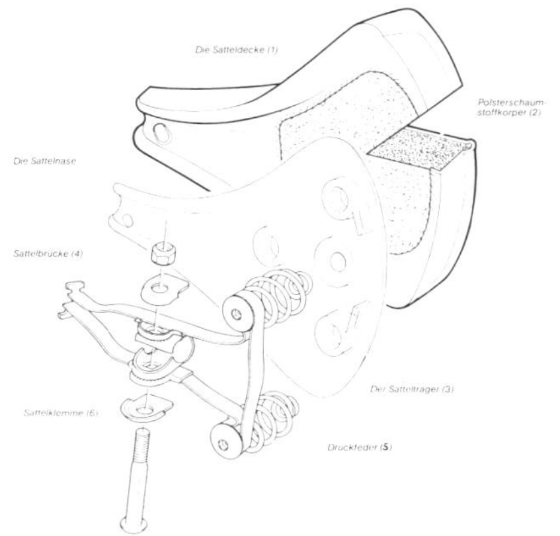

Abb. 947: Sportsattel (Mercoflex).

Abb. 947 zeigt einen Sportsattel, der weitgehend aus Kunststoffteilen hergestellt ist. Lediglich die Klemmeinrichtung (6), die Druckfedern (5) und die Sattelbrücke (4) sind aus Stahl. Im Sattelträger (3) aus Polyamid (PA) sind die Rundgewinde für die Aufnahme der Druckfedern (5) und die Ösen für die Befestigung einer Satteltasche fertig gespritzt. Der Polster-Schaumstoffkörper (2) aus Polyurethan (PUR) ist mit einer Satteldecke (1), ebenfalls aus Kunststoff, überzogen. Dazu sind keine Nieten oder Steppnähte erforderlich.

Solche Sättel lassen sich sehr rationell und preisgünstig herstellen, allerdings ist dazu eine teure Fertigungseinrichtung erforderlich.

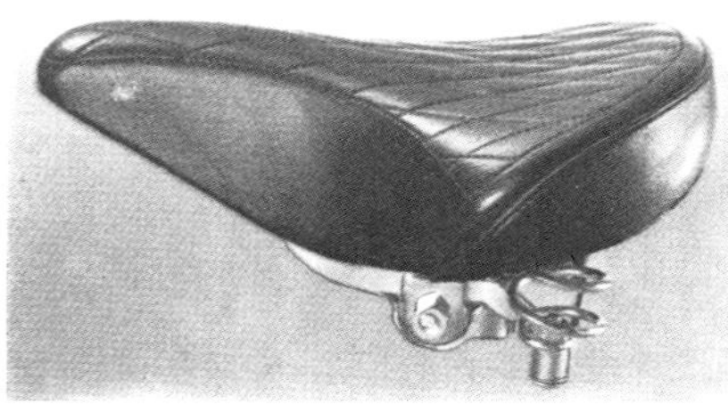

Abb. 948: Sportsattel aus Bayflex von Wittkop.

Die Firma Wittkop stellt eine Reihe von Sätteln aus Bayflex her (Abb. 948). Bayflex ist ein Polyurethan-Integral-Schaumstoff-System von Bayer. Dieses Grundkonzept, die sogenannte Polyurethanchemie, wurde bereits 1937 von O. Bayer und seinen Mitarbeitern bei der IG Farben, Werk Leverkusen, verwirklicht. Es hat sich in zahlreichen Anwendungsbereichen bewährt, z. B. in der Automobilindustrie, für Sicherheits- und Komfortpolster, Sicherheitslenker, Knieschutzpolster usw. Das besondere Merkmal der Fahrradsättel aus Bayflex ist, daß sie aus einem Guß hergestellt sind.

Die Sattelbrücke wird mit eingegossen. Die geschlossene, strapazierfähige und reißfeste Außenhaut geht kontinuierlich in den zelligen Kern über. Diese geschlossene Oberfläche schützt den Schaumkörper gegen mechanische Verletzungen und gegen eindringendes Wasser. Solche Sättel zeichnen sich durch hohes Rückstellvermögen ihrer Eigenfederung aus, sie sind leicht, dauerelastisch, formstabil und sehr sitzbequem.

Den Wittkop-Tourensattel gibt es in Damen- und Herren-Ausführung. Die Federung erfolgt über die gesonderten Zug- und Druckfedern, aber auch durch die Ausnutzung des Dämpfungsverhalten der Sitzdecke aus Bayflex Polyurethan-Integral-Schaumstoff. Besonders berücksichtigt wurde bei der Sitzflächengestaltung die menschliche Anatomie, vor allem beim Damensattel (Abb. 949).

Nicht ganz so hart und unkomfortabel wie ein klassischer Rennsattel ist der Rennsportsattel „Jet" aus Bayflex Polyurethan-Integral-Schaumstoff. Er bietet dem Fahrer eine für Damen und Herren speziell ausgeformte Sitzfläche sowie eine Gesäßabstützung durch das hochgezogene Rückteil (Abb. 950).

Der Rennsattel war früher ein Formstück aus dickem Kernleder. Ledersatteldecken verlieren bei Nässe ihre Form, jedoch konnten sie mit einer Spannschraube unter der Sattelnase nachgespannt werden. Heute gibt es für Rennsättel die verschiedensten Satteldecken-Ausführungen, z. B.

Büffelleder-Überzug
Büffelleder-Überzug, gepolstert
Rauh-(Wild-)leder-Überzug,
Rauh-(Wild-)leder-Überzug, gepolstert,
Kunststoff (Rilsan, d. i. Handelsbezeichnung der ATO Chimie, Frankreich, für Polyamid PA).

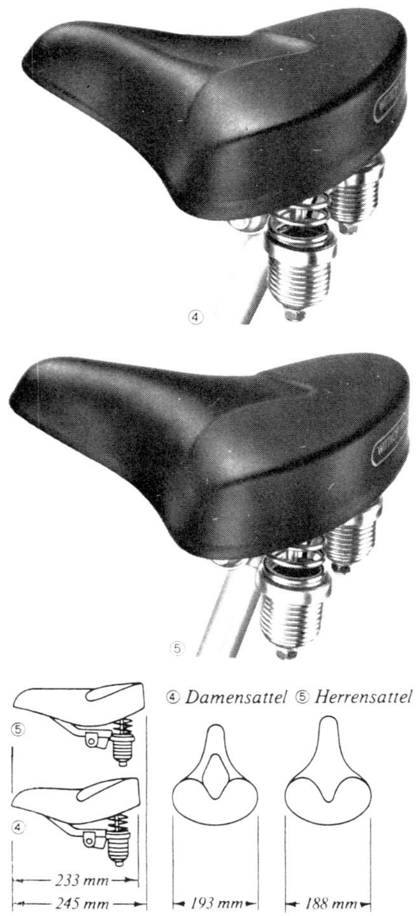

Abb. 949: Tourensattel „Medicus" für Damen und Herren von Wittkop.

Kunststoff-Sättel sind wetterbeständig, aber nicht so hautfreundlich wie Lederüberzüge, deshalb werden solche Satteldekken perforiert (gelocht), siehe hierzu Abb. 951 und 952.

Kindersättel (Abb. 953) werden grundsätzlich ohne Druckfedern hergestellt, damit eine möglichst niedrige Sitzhöhe erreicht wird – was nicht unbedingt logisch ist, denn man kann mit Recht fragen, warum gerade Kinder mit ungefedertem Sattel fahren sollen.

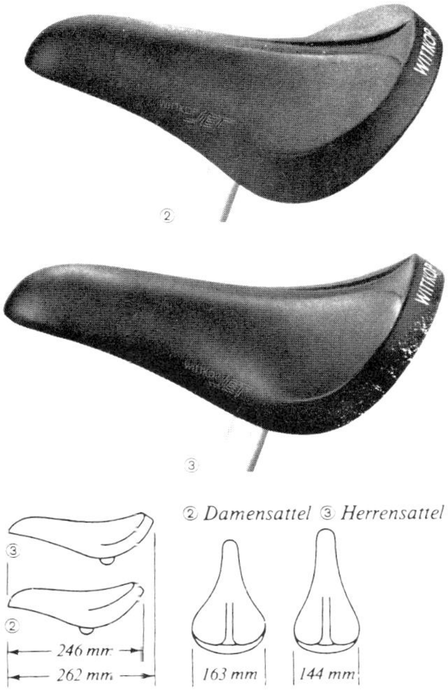

Abb. 950: Rennsportsattel für Damen und Herren von Wittkop.

Der BMX-Sattel ist in auffallender Farbe aus Kunststoff gespritzt. Der Kunststoff als Satteldecke hat gegenüber Lederdecken den Nachteil, daß er nicht saugfähig ist und selbst wenig Schweiß nicht resorbiert (aufsaugt).

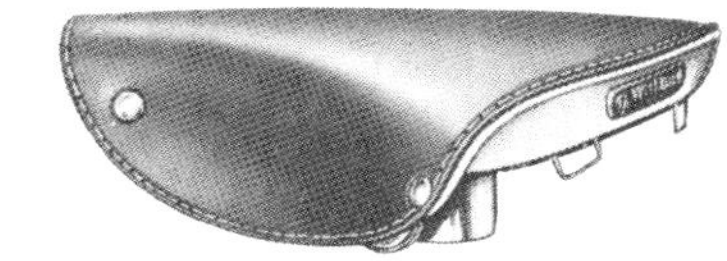

Abb. 953: Kindersattel.

Nachdem das BMX-Fahrrad eine Kurzstreckenmaschine ist, hat der Sattel nicht die vorrangige Bedeutung wie beim Sportfahrrad.

In der Kunststoffdecke sind im hinteren Bereich Löcher oder Schlitze eingespritzt, teils aus Gewichtsgründen, aber auch, damit sie beim Fahren nicht rasch schwitznaß wird oder – wenn sie naß geworden ist – schneller trocknet (Abb. 954).

Eine breite, aber kurze Form und eine besonders weiche Satteldecke hat der Sattel für Mountain-bikes (Abb. 955).

Bei den Mountain-bikes werden jetzt nicht mehr, wie bei der ersten Generation, weiche großflächige (sofaartige) Sättel, sondern mehr längliche kompakte

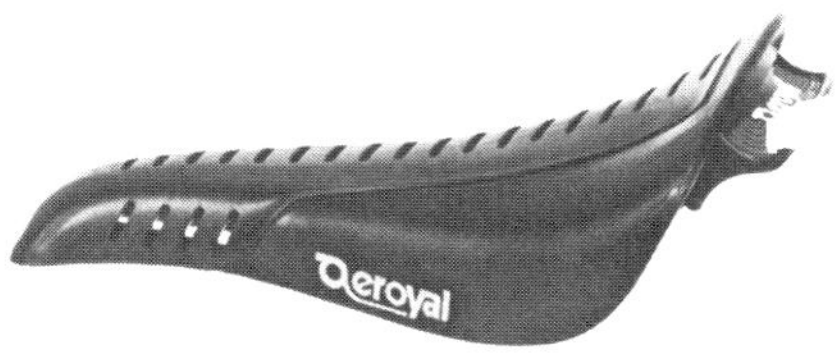

Abb. 954: BMX-Sattel von Selle Royal.

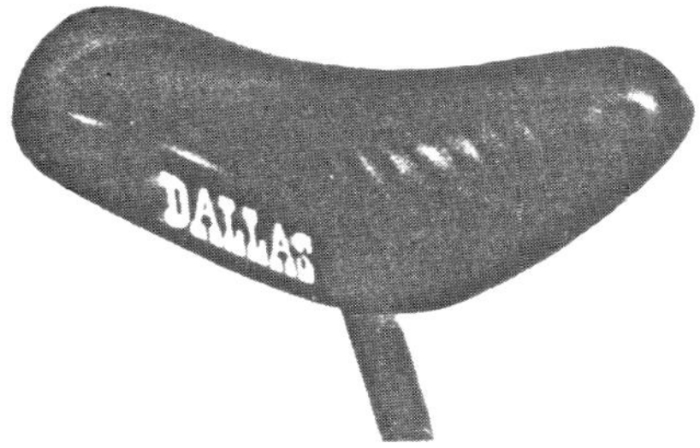

Abb. 955: Sattel für Mountain-bikes von Selle Royal.

Formen verwendet, die sich im Aussehen den Rennsätteln annähern (Abb. 956).

Abb. 956: MTB-Sattel von Selle Italia.

Damit das starre MTB-Sitzgestell aus Rundstahl beweglicher und der Sitzkomfort etwas verbessert wird, wurde das Sattelgerüst mit „drehfederartigen Schlaufen" (d) elastischer gemacht.

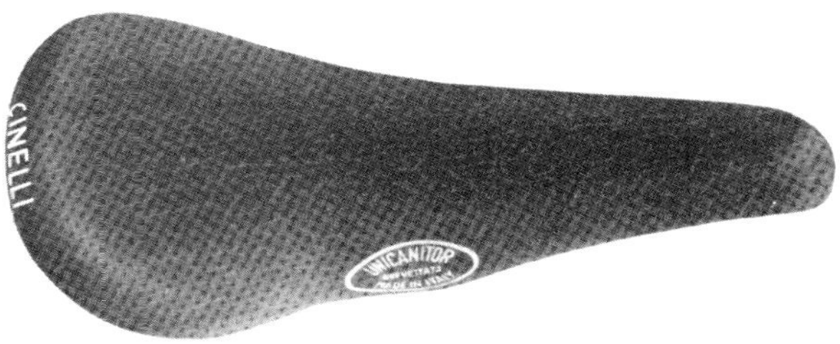

Abb. 951: Rennsattel mit Büffelleder-Überzug von Cinelli.

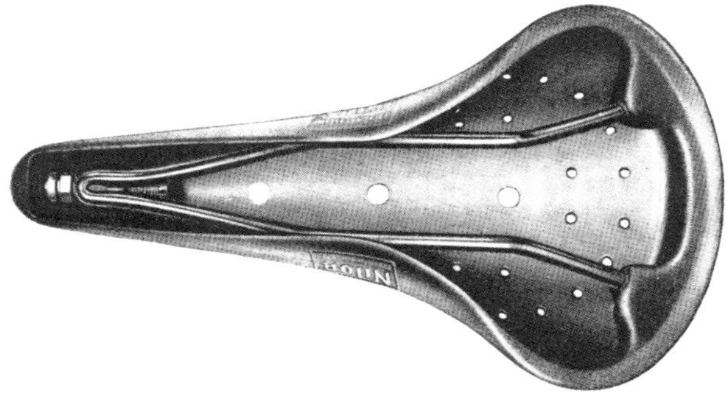

Abb. 952: Rennsattel aus Kunststoff (Rilsan) mit gelochter Satteldecke.

Die Sättel bei den MTB der oberen Preisklasse sind (wie bei den Rennmaschinen auch) mit Lederdecken ausgestattet.

Neue Chemiewerkstoffe bieten sich an, die Sitzfläche so zu gestalten, daß eine nahezu vollständige Angleichung an die menschliche Anatomie erreicht wird.

In England werden heute noch die aus den zwanziger Jahren stammenden Ledersattel-Modelle hergestellt, die durch die Nostalgiewelle auch in Deutschland erneut Abnehmer finden (Abb. 958).

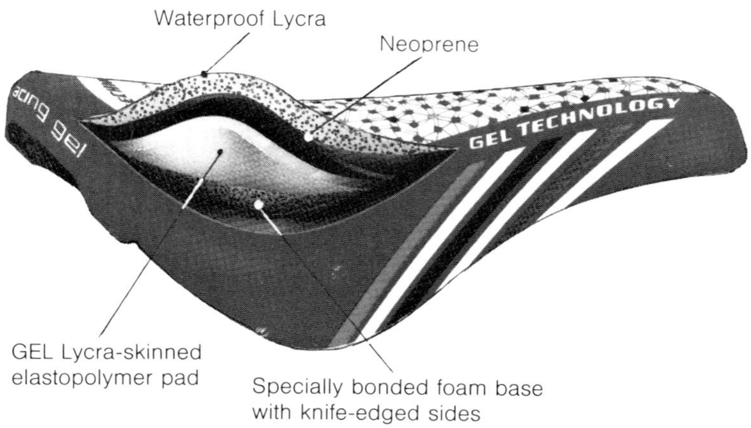

Abb. 957: Fahrradsattel mit Gel-Technologie von Selle Italia.

In der Abb. 957 ist ein solcher Sattel dargestellt. Die üblich gepolsterte Sitzfläche ist mit einem kleinen abgedichteten Hohlkörper unterfüttert, der mit einer geleeartigen Masse gefüllt ist. Diese schwimmende Füllung ist ein halbflüssiges Gel (Elastopolymere) in einer speziellen Dickflüssigkeit, die sich der Körperform weitgehend anpaßt.

Bananen-, Kommißbrot- und Winkel-Sättel für High-Riser-Modelle (siehe Abb. 62, 64 und 66) sind Zeiterscheinungen, die allmählich wieder vom Markt verschwinden.

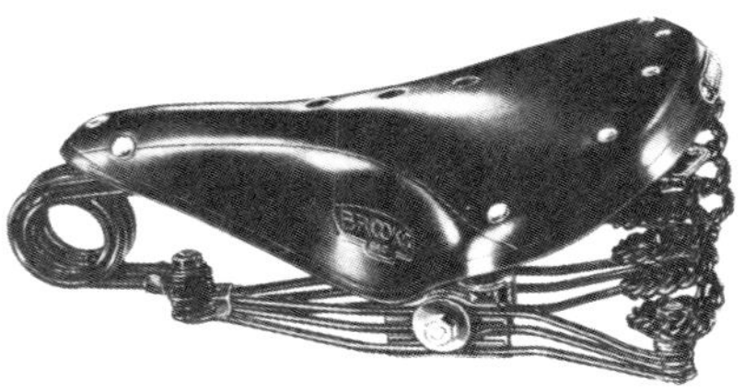

Abb. 958: Leder-Touringsattel von Sturmey-Archer.

Vorschrift für Sattel und Sattelstütze

Fahrräder

Der horizontal montierte Sattel muß so befestigt sein, daß ein Gewicht von 65 kg (50 kg bei Kinderstraßenfahrrad) die Lage des Sattels nicht verändert, wenn es 25 mm vom vorderen oder hinteren Sattelrand entfernt aufgebracht wird.

Der Sattelstützbügel oder die Rückenlehne eines Sattels darf die horizontale Sitzfläche um nicht mehr als 130 mm übersteigen. Die Sattelstütze muß eine Markierung für eine Mindesteinstecktiefe von 55 mm haben.

Kinderräder

Der horizontal montierte Sattel oder die Sitzbank muß so befestigt sein, daß ein Gewicht von 50 kg die Lage des Sattels nicht verändert, wenn es 25 mm vom vorderen oder hinteren Sattelrand entfernt aufgebracht wird.

Gefährdende Kanten, die bei bestimmungsgemäßem Gebrauch mit Körperteilen in Berührung kommen können, müssen so entschärft oder gestaltet sein, daß Verletzungen nicht entstehen können.

Der Sattelstützbügel oder die Rückenlehne eines Sattels (High-Riser) darf die horizontale Sitzfläche um nicht mehr als 130 mm übersteigen.

Die Sattelstütze muß eine dauerhafte Markierung tragen, welche auf die erforderliche Mindesteinstecktiefe von 55 mm in das Sitzrohr hinweist.

BMX-Fahrräder

Nach der heutigen DIN 79105 „BMX-Fahrräder" muß die Sattelbefestigung so stabil sein, daß bei einer Prüfung des horizontal montierten Sattels ein aufgebrachtes Gewicht von 65 kg (25 mm vom vorderen oder hinteren Sattelrand entfernt befestigt) die Sattelstellung nicht verändern darf. Eine weitere Vorschrift ist, daß selbst bei Bruch der Sattelklemmschraube ein Durchrutschen der Sattelstütze verhindert werden muß.

Aus Festigkeitsgründen muß die Sattelstütze mindestens 90 mm im Sitzrohr stekken. Die Sattelstütze muß mit einer dauerhaften Markierung versehen sein, welche die Mindesteinstecktiefe von 90 mm anzeigt.

Sattelstütze

Die Sattelstütze (auch als Sattelstützrohr bezeichnet) dient zur Befestigung und Höheneinstellung des Sattels und wird in der Sitzkopfmuffe des Rahmens geklemmt. Für normale Fahrräder wird sie ungefähr 200 mm lang aus Stahlrohr 25 × 1,2 DIN 2394 Bk ausgeführt. Am Ende ist das Rohrstück auf 22 mm Durchmesser für die Sattelbefestigung eingezogen. Die Oberfläche ist verchromt bei der Standardausführung, glanzverzinkt bei der Billigpreisgruppe. Die Mindesteinstecktiefe (55 mm) muß am zu klemmenden Teil markiert sein (Abb. 959).

Für Rennsporträder (Abb. 960) der oberen Preisklasse und Rennräder werden Sattelstützen aus hochwertigen Leichtmetall-Legierungen mit polierter, eloxierter Oberfläche verwendet. Aus Gewichtsgründen wird die Gesamtlänge möglichst gering gehalten. Das Sattelgestell aus Rundstahl wird direkt im Sattelrohrkopf geklemmt (Abb. 961).

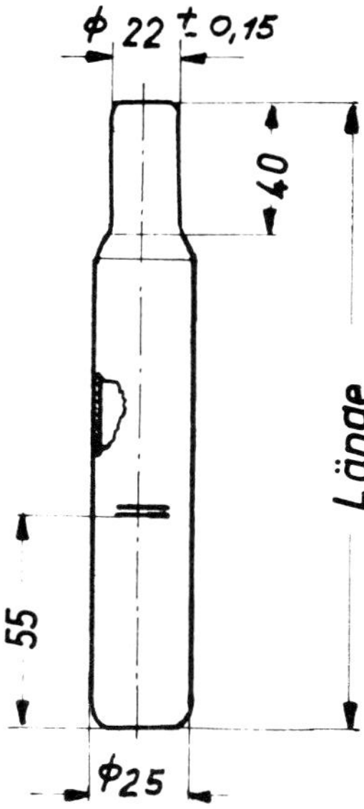

Abb. 959: Sattelstütze.

Abb. 962 zeigt die Renn-Sattelstütze „Super Record“ von Campagnolo, hier wird der Sattel mit nur einer zentralen Schraube arretiert. Der Schaftdurchmesser richtet sich nach dem Sitzrohr, er wird in den Größen 25,0 – 25,8 – 26,0 – 26,2 – 26,4 – 26,6 – 26,8 – 27,0 – 27,2 – und 27,4 mm ∅ gehandelt.

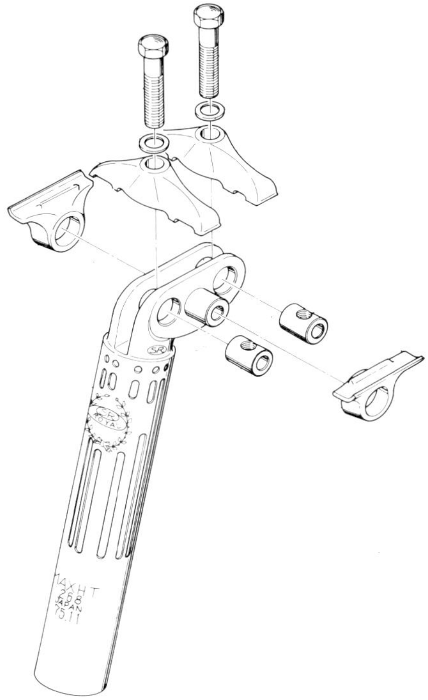

Abb. 961: Renn-Sattelstütze von Sakae.

Die BMX-Fahrräder der Billig-Preisklasse sind mit einer geraden Sattelstütze aus Stahlrohr (22,2 mm ∅, Wanddicke 1,5 bis 2 mm, 300 mm lang) ausgestattet.

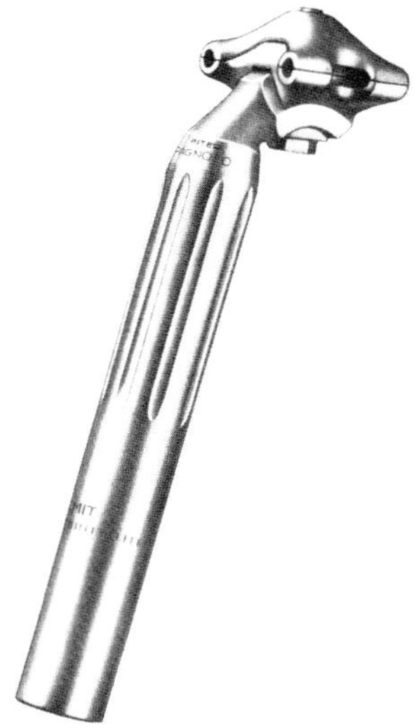

Abb. 962: Renn-Sattelstütze „Super Record“ mit zentraler Sattelgestell-Befestigung von Campagnolo.

Eine größere waagerechte Sattelverstellung bietet auf einfache Weise die nach hinten gebogene Sattelstütze (Abb. 963). Damit wird gleichzeitig der Abstand zwischen Lenker und Sattel verlängert.

Für extreme Belastungen wird im Biege-

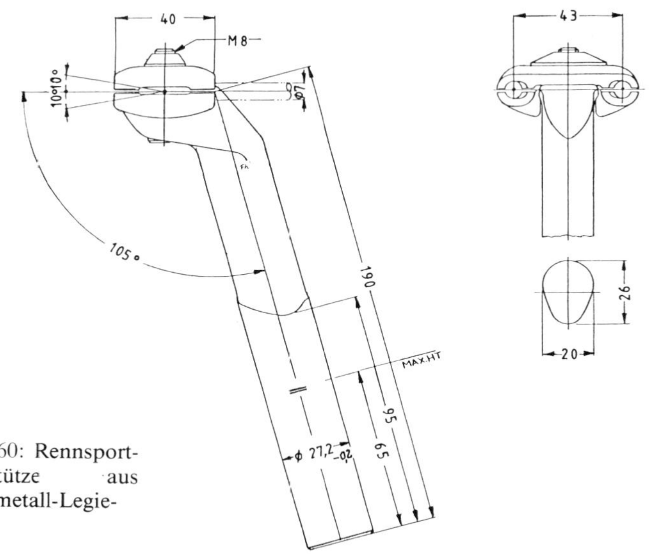

Abb. 960: Rennsport-Sattelstütze aus Leichtmetall-Legierung.

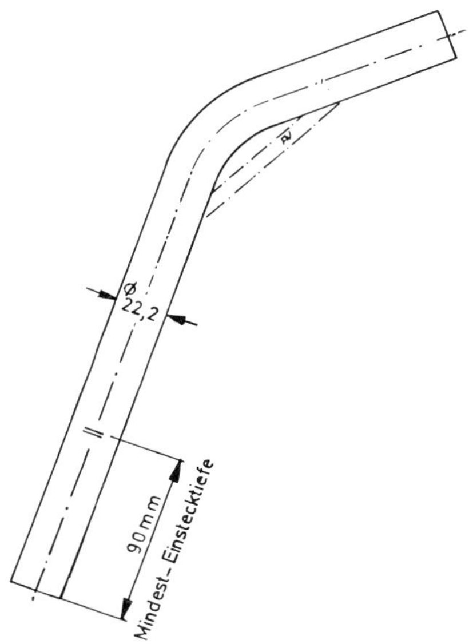

Abb. 963: Gebogene BMX-Sattelstütze.

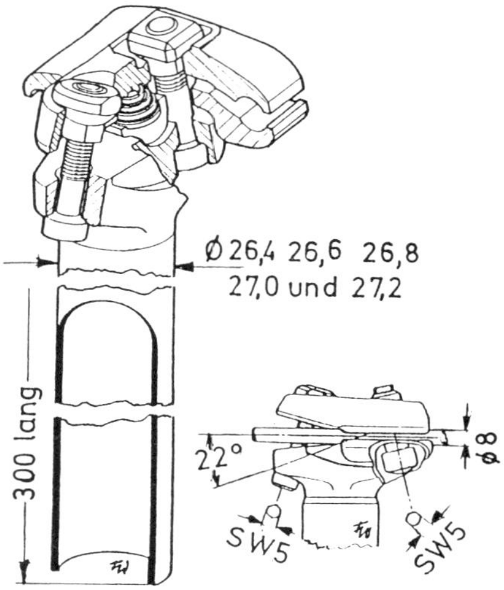

Abb. 964: MTB-Sattelstütze XC, 330 g, von Sun Tour.

bereich zusätzlich eine Rohrstütze eingeschweißt.

Wegen des niedrigeren MTB-Rahmens ist (zum Ausgleich für körperlich lange Fahrer) die Sattelstütze der Mountain-bike 300 mm lang.

Die Sattelbefestigung, die Verstellung der Sattelneigung und die Abmessungen einer hochwertigen MTB-Sattelstütze aus Alu-Legierung sind aus der Abbildung 964 ersichtlich.

Die Sattelstütze wird entweder mit der Sitzkopfmuffe direkt am Rahmen, aber zumeist durch eine separate Klemmschelle aus Stahlblech oder Leichtmetall am vorstehenden, geschlitzten Sitzrohr des Rahmens (siehe Abb. 255) geklemmt (Abb. 965).

Schutzbleche

Zum Schutz des Fahrers gegen von den Laufrädern abgeschleuderten Straßenschmutz und Wasser braucht das Fahrrad Schutzbleche.

Früher wurden die Schutzbleche ausschließlich aus Blechen (Stahl, Alu, Feran usw.) hergestellt. Daher auch die Bezeichnung „Schutzblech".

Nachdem für Rennsporträder, Mountainbikes usw. Schmutzvorrichtungen verwendet werden, die vielfach aus Kunststoffen sind, wäre eigentlich die korrekte und sachlich richtige Benennung dafür „Schmutzfänger".

Das Vorderradschutzblech ragt heute geringfügig über die Achsmitte hinaus und endet ungefähr 180 – 200 mm über dem Boden. Beim Hinterrad läuft es vom unteren Rahmensteg bis kurz vor Achshöhe hinter dem Rad.

Das Profil der Schutzbleche wird weitgehend von der Mode beeinflußt, oft auf Kosten der Zweckmäßigkeit. Seine Aufgabe kann es nur voll erfüllen, wenn es nicht nur genügend breit ist, sondern den Reifen auch seitlich ausreichend abdeckt.

Das Vorderradschutzblech ist mit einem angenieteten oder angepunkteten (punktgeschweißten) Haltewinkel am Gabelkopf, in der Regel zusammen mit dem Befestigungsbolzen der Bremse, angeschraubt, während das Hinterradschutzblech unten am unteren Rahmensteg (s. Abb. 221) und oben an der oberen Stegplatte (Pletscher-Platte) angeschraubt ist (s. Abb. 220).

Zum Festhalten der freien Schutzblechenden werden bei Sporträdern haarnadelförmige Drahtstreben (Abb. 966) montiert,

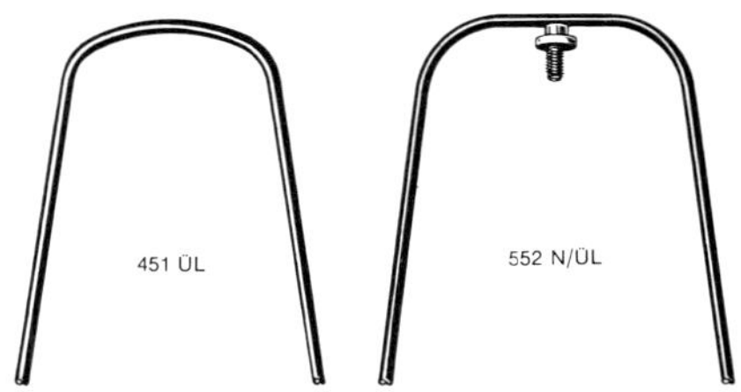

Abb. 966: Überlaufstreben für Sporträder von Elbracht.

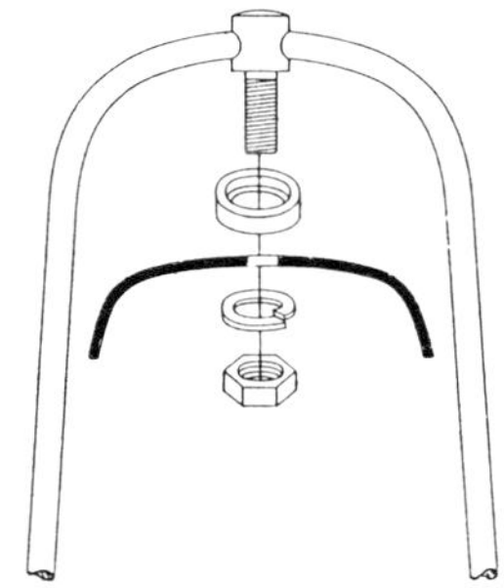

Abb. 967: Überlaufstrebe aus Alu und Befestigungsteile.

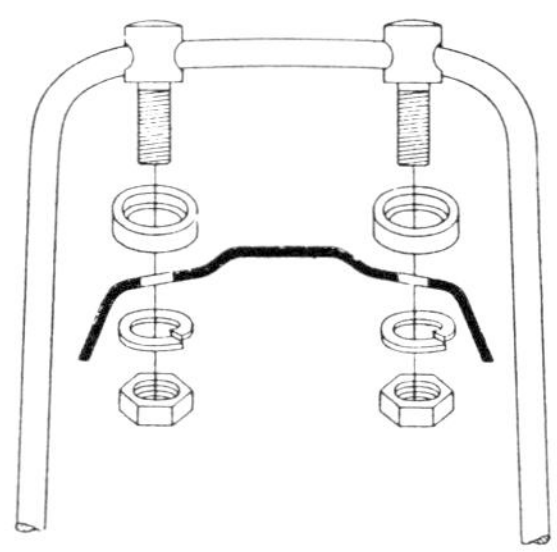

Abb. 968: Überlaufstrebe aus Alu für Befestigung mit zwei Strebenbolzen, von Weinmann.

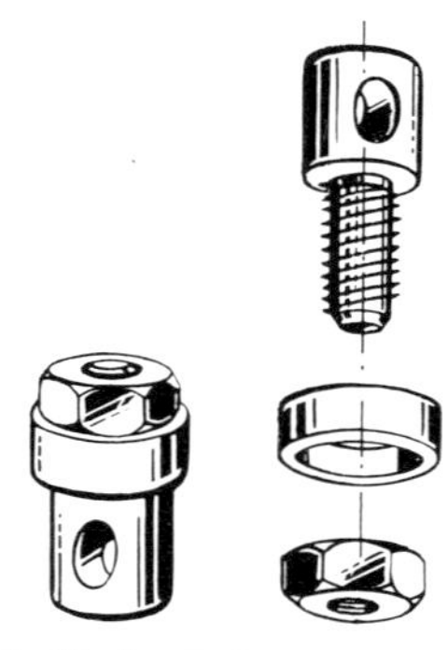

Abb. 969: Strebenbolzen.

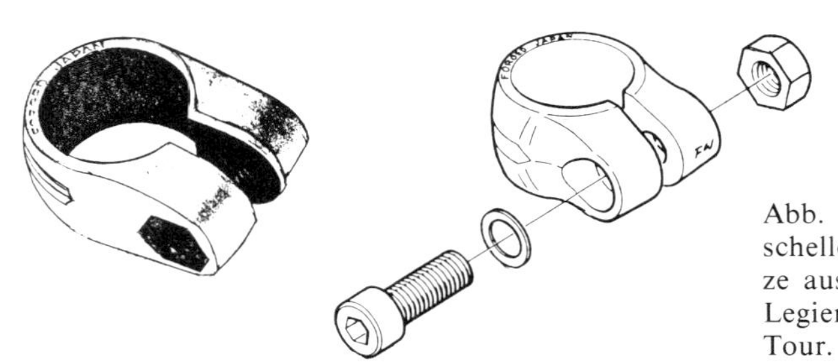

Abb. 965: Klemmschelle für Sattelstütze aus Leichtmetall-Legierung von Sun Tour.

deren Enden an den vorderen bzw. hinteren Ausfallenden mit Strebenbolzen (Abb. 969) angeschraubt sind.

In der einfachsten Ausführung (für Billigräder) sind an den Enden der Streben Ösen angebogen, die unter die Achsmuttern und deren Beilagscheibe geklemmt werden.

Bei Tourenrädern laufen die Streben unter dem Schutzblechprofil durch und werden deshalb als „Unterlaufstreben" (Abb. 970), die bei Tourenmodellen meist noch aus Bandstahl hergestellt werden (Abb. 973), mit einer ovalen Klemmplatte mit dem Schutzblech verbunden.

„Überlaufstreben" haben den Vorteil, daß sich im Schutzblechprofil weniger Schmutz festsetzt – aber auch den, daß bei den unvermeidlichen Schwingungen an Schutzblech und Streben keine Scheuerstellen auftreten. Auch braucht die Länge der Überlaufstrebe nicht so genau eingehalten zu werden wie bei einer Rohrband-Unterlaufstrebe, weil das geklemmte Strebenende über den Strebenbolzen übersteht. Dadurch läßt sich auch der Schutzblechabstand gleichmäßig zum Reifenumfang laufend einstellen. Ein weiterer Vorteil ist, daß die beiden Gepäckträgerstreben gemeinsam mit der Überlaufstrebe durch die Strebenbolzen befestigt werden können.

Überlaufstreben werden aus Stahldraht, verchromt oder glanzverzinkt, aus rostfreiem Edelstahl oder aus poliertem Leichtmetalldraht gefertigt.

Schutzbleche können aus

Alu-plattiertem Bandeisen, hochglanzpoliert (bekannt als „Feran" oder „Trital" von Hoesch, einem Verbundwerkstoff aus kaltgewalztem Bandstahl und aufgeplättetem Aluminium),
Aluminiumband, hochglanzpoliert,
verzinktem Bandstahl, lackiert,
Bandstahl rohblank, lackiert,
rostfreiem Edelstahl, poliert,
Kunststoff, naturfarbig oder farbig eingefärbt

hergestellt werden.

Die Stahl- oder Leichtmetallschutzbleche werden aus flachen Bändern auf einer Rollmaschine mit stufenförmig angeordneten Profilwalzen profiliert, an den Seiten gebördelt und schließlich zu einer endlosen Wendel gerollt. Auf einem Stanzautomaten wird die Wendel dann in Schutzblechlängen geschnitten und die Enden mit einem Sicherheitsbördel versehen. Die Gestaltung des Profils ist maßgebend für den Walzvorgang, das Profil kann nicht willkürlich gewählt werden. In Abb. 974 sind verschiedene Profile für Tourenräder (a), Sporträder (b) und Rennsporträder (c) gezeigt. Die unter (b) gezeigten Profile eignen sich besonders zum maschinellen Auftragen buntfarbiger Zierstreifen mit Lasurlack oder Kunststoff-Klebebändern.

Zunehmend werden an Fahrrädern Schutzbleche aus Chemiewerkstoffen verwendet. Die wichtigsten Vorteile von

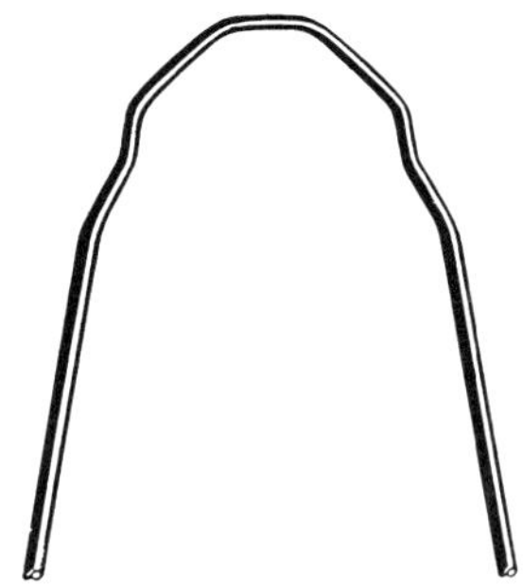

Abb. 970: Unterlaufstrebe von Elbracht.

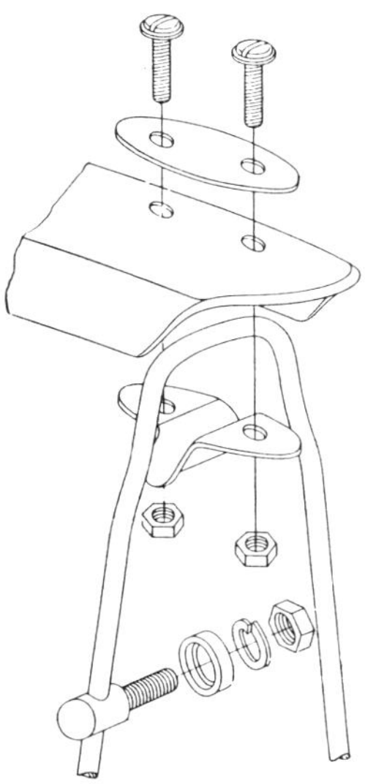

Abb. 971: Unterlaufstrebe aus Alu, Befestigung mit Lasche.

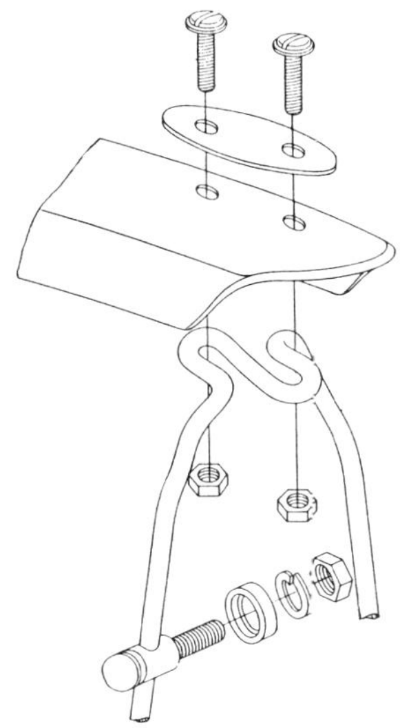

Abb. 972: Unterlaufstrebe aus Alu, Befestigung ohne Lasche, von Weinmann.

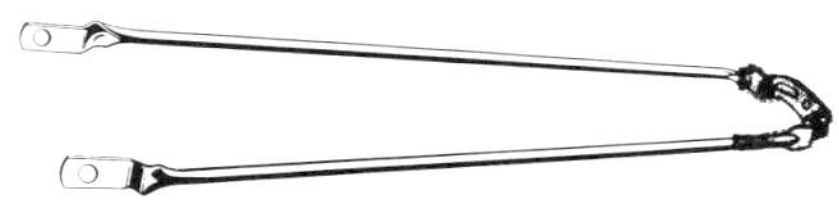

Abb. 973: Rohrband-Unterlaufstrebe von Elbracht.

Kunststoffschutzblechen sind hohe Flexibilität, keine scharfen Kanten, hohe Witterungsbeständigkeit, Unempfindlichkeit gegen Schmutz und umweltverschmutzte Luft, gutes Aussehen auch nach jahrelangem Betrieb und geringes Gewicht. Diesen Vorteilen stehen auch Nachteile gegenüber, die aber von geringerer Bedeutung sind.

Eine Besonderheit ist das Kunststoffschutzblech „chromo-plastics" von ESGE-Marby. Hier sind im Profil Alufolien eingespritzt, die als Zierfolien und als Stromleiter für die Schlußleuchte fungieren (Abb. 975).

Dabei wird das lange Rücklichtkabel nicht mehr benötigt, das meist lose herumhängt und häufig zum Ausfall der Rückleuchte führt. In Abb. 976 ist schematisch die Funktion des stromleitenden Schutzbleches dargestellt.

Von manchen Herstellern werden Schutzbleche und andere Anbauteile mit Schrauben niedriger Zugfestigkeit (z. B. Klasse 4.8 = 500 N/mm² Mindestzugfestigkeit) befestigt. Oft wird dann schon bei der Montage mit den hydraulisch arbeitenden „Schrauben“ eine relativ weiche Schraube der Güteklassen 4.8 oder 5.8 überdehnt oder angerissen. Der Kunde hat dann wegen klappernder oder loser Schutzbleche Ärger. An Qualitätsrädern werden deshalb Schrauben der Güteklasse 8.8 (= 800 N/mm² Mindestzugfestigkeit) montiert. An solchen „Kleinigkeiten“ läßt sich das Bestreben eines Herstellers, ein wirklich hochwertiges Produkt zu liefern, erkennen.

In den Sechskantschrauben ist die Festigkeitsklasse (z. B. 8.8) im Schraubenkopf neben dem Firmenzeichen des Herstellers deutlich sichtbar erhaben eingeprägt, eine Kontrolle also jederzeit möglich.

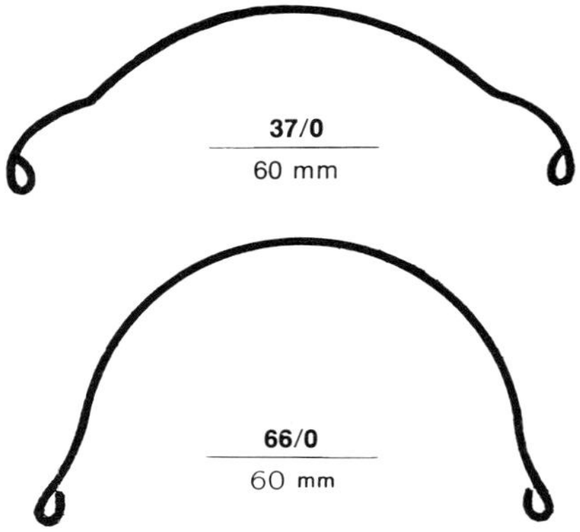

Abb. 974a

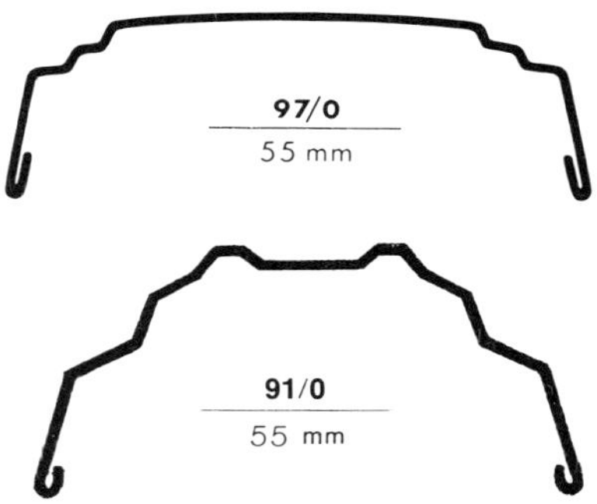

Abb. 974b

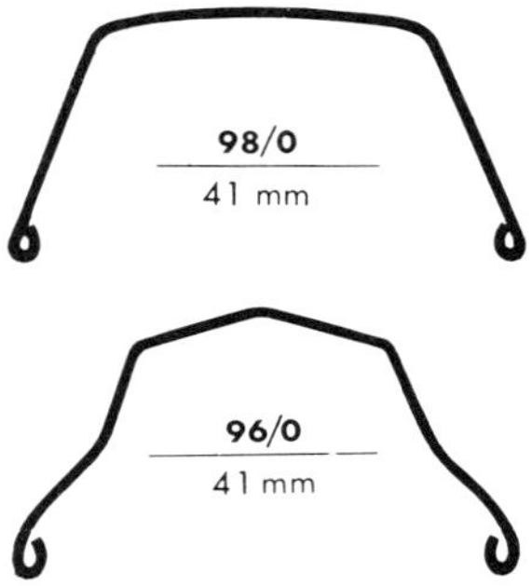

Abb. 974c

Abb. 974: Verschiedene Schutzblechprofile von Mayweg.

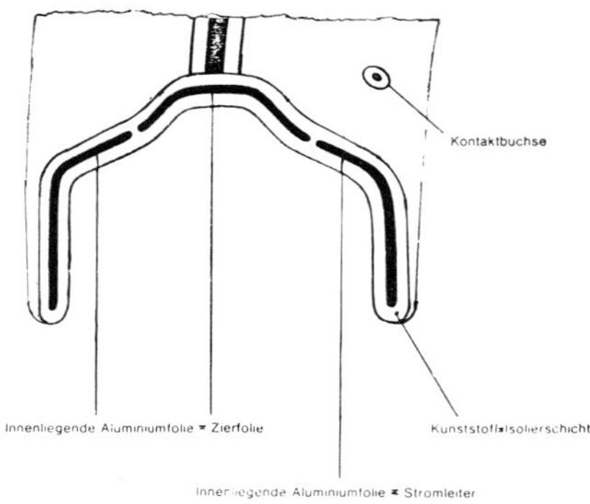

Abb. 975: „chromoplastics“-Schema mit Stromleiter.

Gepäckträger

Den Gepäckträger kann man als Erweiterungsteil des Rahmen-Hinterbaues betrachten. Er ist heute – im Gegensatz zu früheren Zeiten – ein Bauteil des Fahrrades, das bereits konstruktiv eingeplant und serienmäßig angebaut wird.

Erst durch die Einführung der oberen Stegplatte (Pletscher-Platte, s. Abb. 210 und 220) wurde eine organische Befestigungsmöglichkeit für den Gepäckträger am Rahmen geschaffen (s. Abb. 211 und 222). Auch der Gepäckträger wurde dabei kompakter (Abb. 977). Durch die Pletscherplatten-Befestigung kann der Gepäckträgerrost praktisch einteilig, vorn geschlossen, sein, wodurch der Träger auch stabiler wurde. Durch die Verwendung von Rundstahldraht 6 mm bei Sporträdern anstelle von Stahlrohr 12 oder 13 mm ∅, wie es heute nur noch bei wenigen Tourenrad-Modellen verwendet wird, macht er das ganze Fahrrad zierlicher und erhöht den Eindruck der Leichtigkeit (Abb. 978).

Ideal wäre die Konstruktion eines Gepäckträgers, die ermöglichte, ihm noch mehrere Funktionen zu übertragen, z. B. die Aufnahme einer integrierten Werkzeugdose, der Schlußleuchte und des Sicherheitsschlosses. Gepäckträger mit an-

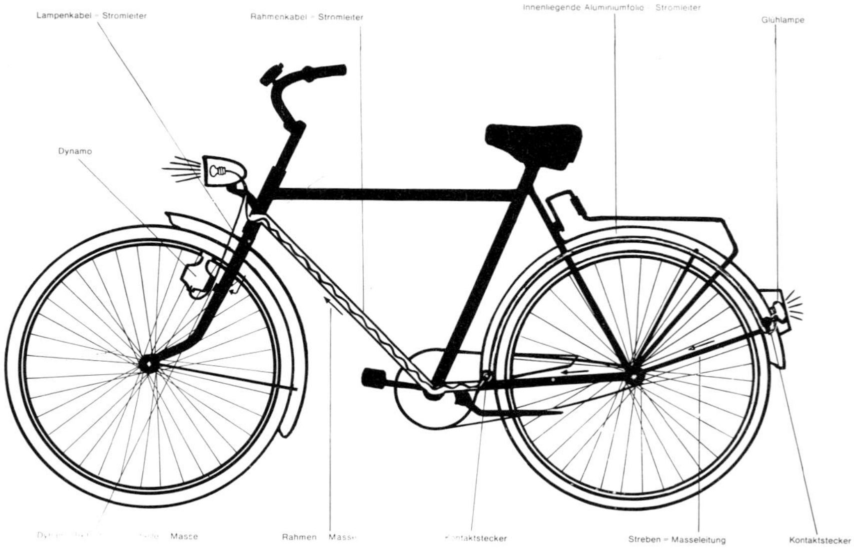

Abb. 976: Funktion des stromleitenden Schutzblechs von ESGE-Marby.

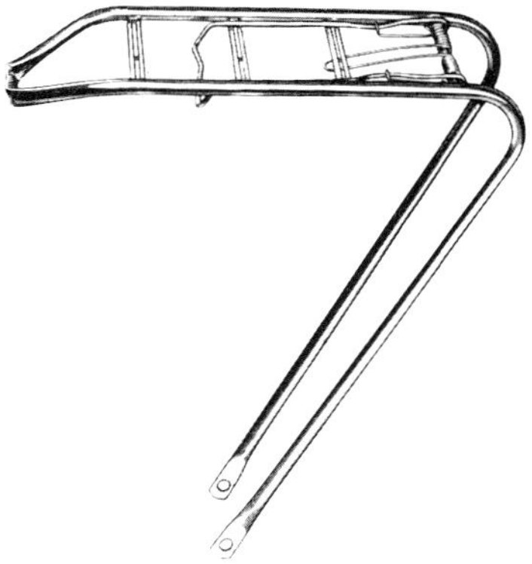

Abb. 977: Touren-Gepäckträger aus Rohr 12 mm ∅ für Pletscherplatten-Befestigung.

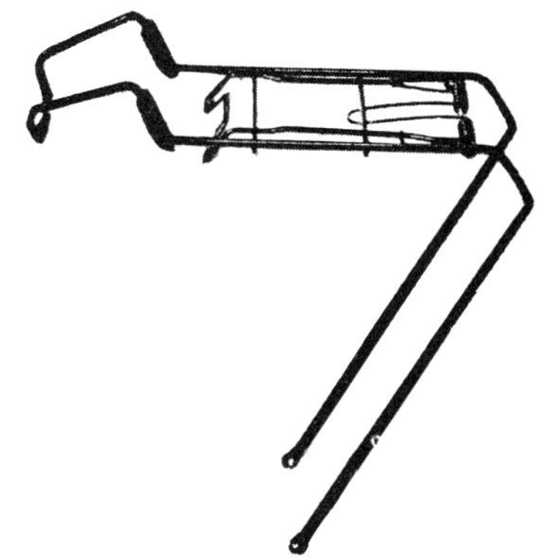

Abb. 978: Sport-Gepäckträger aus Rundstahl 6 mm ∅.

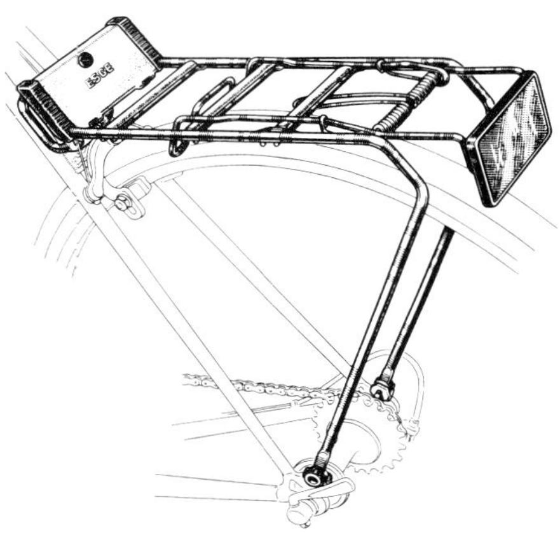

Abb. 979: Sport-Gepäckträger mit Werkzeugdose und Rückstrahler von ESGE.

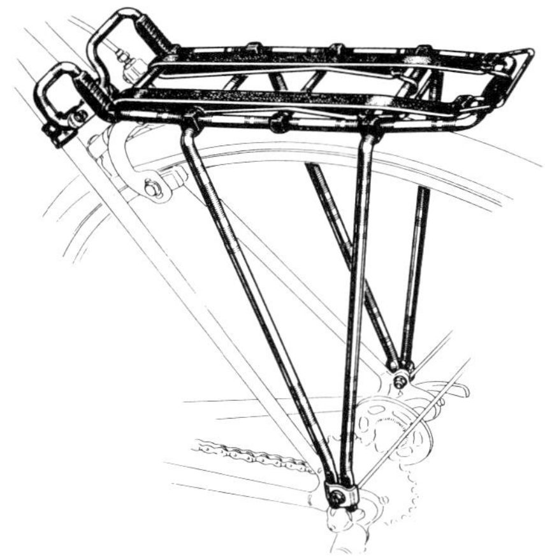

Abb. 980: Gepäckträger „Starlite" in V-Form mit Gummispannband für Rennsporträder.

gebauter Werkzeugdose und mit Rückstrahler sind im Zubehörhandel erhältlich (Abb. 979).

Für Rennsporträder wurden besonders leichte, grazile Leichtgepäckträger entwickelt. Bei diesen wurde auf Federklappe und Gummileisten zugunsten eines Gummispannbandes verzichtet (Abb. 980).

Bei Radtouren, besonders mit einem Rennsportrad, ist es problematisch, ein kleines, aber notwendiges Reisegepäck mitzuführen bzw. am Fahrrad unterzubringen. Am leichten und stabilen Hinterradgepäckträger „Safari" kann man links und rechts Gepäcktaschen aus wetterfestem Gewebe anhängen, die an den unteren Ösen mit Riemen befestigt werden (Abb. 981).

Im Zubehörhandel sind mancherlei Spezialgepäckträger erhältlich, z. B. Vorderradgepäckträger (Abb. 982 und 983), Gepäcktaschen usw., die aber nicht serienmäßig mitgeliefert werden.

Eine mögliche Kombination von Vorderradgepäckträger und zwei seitlichen Haltern für Packtaschen ist in der Abb. 984 dargestellt.

In der Abb. 985 ist ein Seitenträger für Packtaschen zur Befestigung an der Vorderradgabel gezeigt.

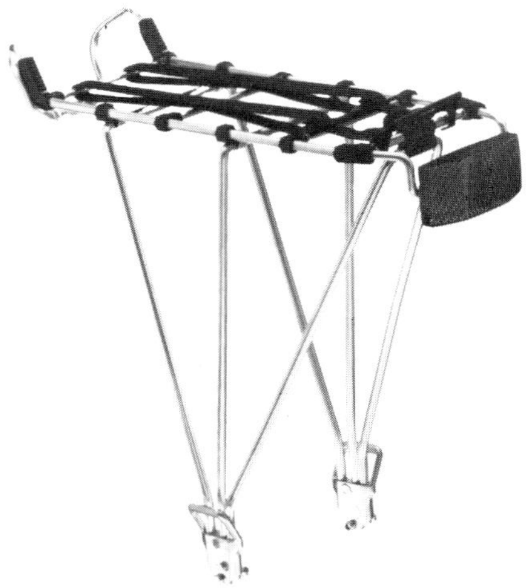

Abb. 981: Hinterradgepäckträger „Safari III" von ESGE.

Bei Urlaubsfahrten mit dem Fahrrad ist das Verstauen des notwendigsten Reisegepäcks nicht problemlos. Die Firma ESGE hat für das Vorder- und Hinterrad einen Gepäckhalter in den Handel gebracht, der hilft, ein entsprechendes Radwandergepäck unterzubringen (Abb. 986 und 987).

Ein besonderes Problem ist, daß durch den bepackten Vorderradträger der

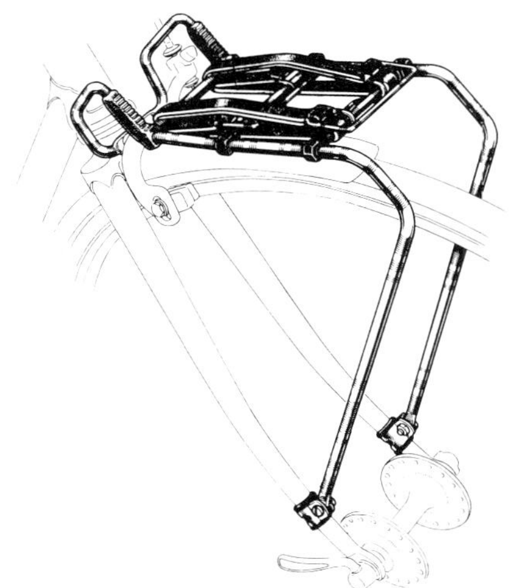

Abb. 982: Vorderrad-Gepäckträger „Starlite".

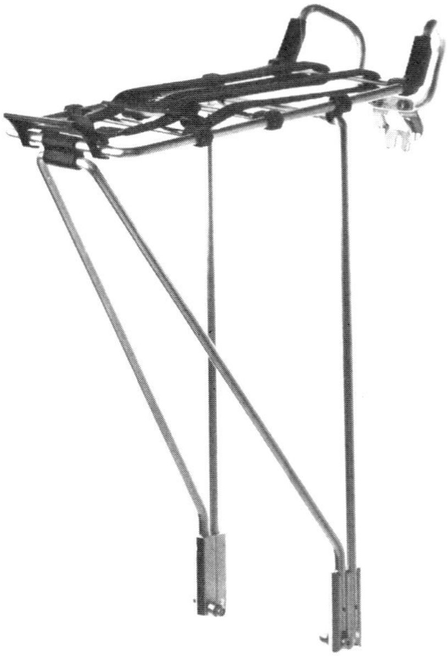

Abb. 983: Vorderradgepäckträger „Safari II“ von ESGE.

Scheinwerfer verdeckt wird. Mit einem Universal-Scheinwerferhalter für alle Gepäckträger aus Runddraht 7–8 mm ist es möglich, den Scheinwerfer ganz vorn zu montieren, so daß er nicht mehr vom Gepäck verdeckt werden kann (Abb. 988, siehe auch Abb. 984).

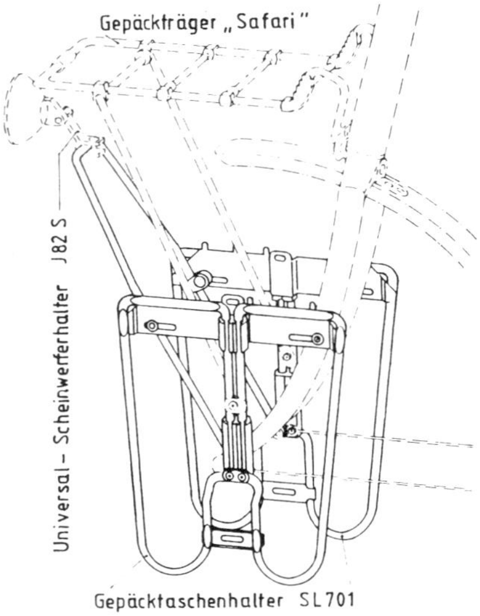

Abb. 984: Vorderradgepäckträger und Halter für Packtaschen von ESGE.

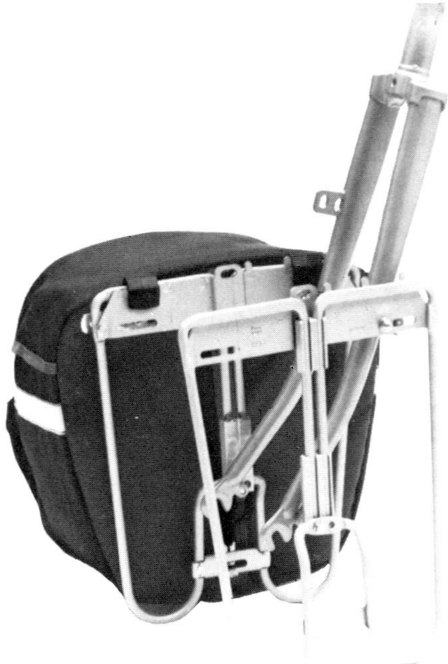

Abb. 985: Seitenträger für Packtaschen SL 701 von ESGE.

An Rennrädern mit zierlichen Hintergabelstreben ist die Befestigung eines leichten Trägers am Rundsteg schwierig. Der ESGE-Steg verhindert, daß der Gepäckträger an der Befestigungsstelle flachgedrückt und dadurch geschwächt wird, und daß dabei auch der Rundsteg am Rahmenhinterbau deformiert wird (Abb. 989).

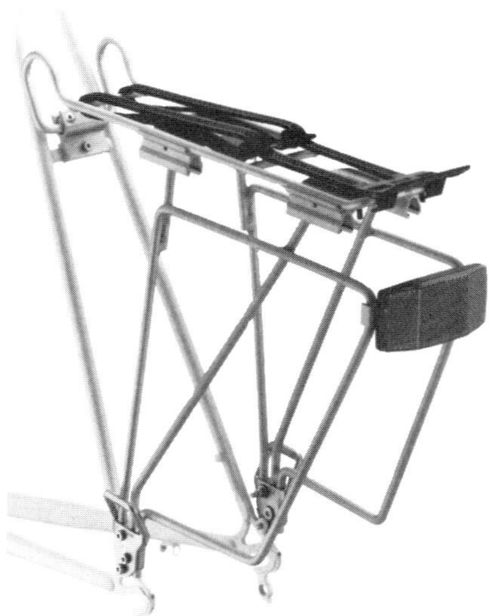

Abb. 986: Touring-Gepäckhalter TX 30 für Hinterrad von ESGE.

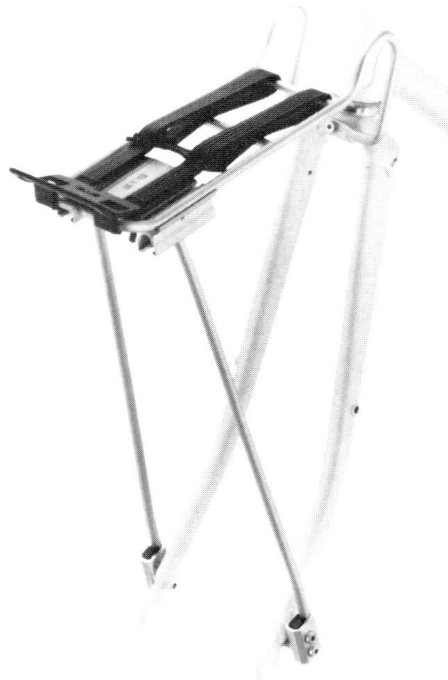

Abb. 987: Touring-Gepäckhalter TX 31 für Vorderrad von ESGE.

Abb. 988: Universal-Scheinwerferhalter J82S von ESGE.

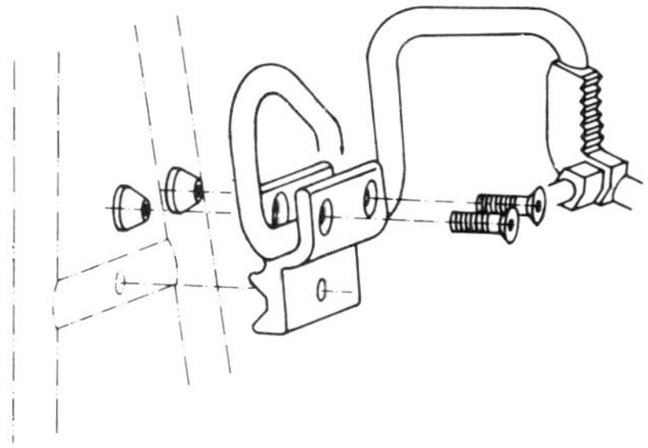

Abb. 989: Gepäckträger-Befestigungssteg J92S von ESGE.

Neben Rohr- und Rundstahl-Ausführungen gibt es auch solche aus Leichtmetall-Legierungen mit polierter Oberfläche. Aus optischen Gründen wird die Mehrzahl der Gepäckträger verchromt, für Billigräder verzinkt und für Tourenmodelle lackiert.

In der DIN 79100 ist über Gepäckträger festgelegt:

Ist am Fahrrad ein Gepäckträger vorhanden, muß er den Anforderungen nach DIN 79121 „Gepäckträger für Fahrräder" entsprechen.

Diese von der NAFA[94] erarbeitete Gepäckträgernorm 79121 gilt seit 1. November 1986 und legt folgendes fest:

Der Gepäckträger ist eine Vorrichtung, die ausschließlich zum Befördern von Gepäck oder Kindern auf Kindersitzen bestimmt ist.

Sicherheitstechnische Anforderungen und Prüfverfahren für die Gepäckträger wurden festgelegt, die bei der Herstellung zu beachten sind, damit die Sicherheit des Benutzers gewährleistet ist.

Die Gepäckträger sind in drei Belastungsstufen eingeteilt:

Belastungsstufe 10, mit einer Tragfähigkeit von 10 kg für leichtes Gepäck, zur Beförderung von Kindern nicht geeignet.

Belastungsstufe 18, mit einer Tragfähigkeit von 18 kg für mittleres Tourengepäck oder für Kindersitz nach DIN 79120-C15.

Belastungsstufe 25, mit einer Tragfähigkeit von 25 kg für schweres Tourengepäck oder für Kindersitz nach DIN 79120-C22.

Der Gepäckträger muß vom Hersteller mit der Tragfähigkeit in kg (z. B. DIN 79121-18) dauerhaft sichtbar gekennzeichnet sein.

Werkzeugdosen

Bei früheren Fahrradmodellen wurde das Bordwerkzeug (bestehend aus Zehnloch-, Torpedo- und Konenschlüssel, Reifenheber, Schraubendreher, Flickzeug, Ölkännchen und Putztuch) in einer verhältnismäßig großen Werkzeugtasche mitgeführt. Diese war aus Leder und mit Schlaufen beim Herrenrad am Oberrohr- und Sitzrohr, beim Damenrad zwischen Sitzstreben und Sitzrohr befestigt. Nur bei den damaligen sogenannten „Halbrennern" wurde eine kleinere, ovale Ledertasche mit zwei Riemchen hinten am Sattel befestigt. In den Kriegs- und Nachkriegsjahren war Leder knapp, und so wurden Ersatzstoffe gesucht, die aber nicht befriedigten. Deshalb entstanden runde Werkzeugbüchsen aus Blech, die später in dreieckiger Form Mode wurden.

Diese Blechbehälter waren mit einem Halter am oberen Rahmenrohrsteg zusammen mit dem Schutzblech angeschraubt. Erst mit Einführung der Pletscher-Platte wurde die Werkzeugdosen-Befestigung in Verbindung mit dem Gepäckträger „organisch" gelöst (s. Abb. 211).

Die heute verwendeten Werkzeugdosen sind nicht mehr aus Blech, sondern aus Kunststoff (Abb. 990). Sie sind nicht nur preisgünstiger, sondern klappern und rosten auch nicht. Scharniere und Verschluß werden fertig mit „angespritzt". Der Werkstoff ist meist Polyäthylen (PE) oder Polypropylen (PP) und eingefärbt. Wird die Werkzeugdose entsprechend der Rahmenfarbe lackiert oder verchromt, so muß Acrylnitril-Butadien-Styrol-Copolymere (ABS) verwendet werden.

Für Fahrräder der unteren Preisgruppe werden Werkzeugtaschen aus Polyvinylchlorid (PVC)-Kunststoff verwendet, während sie bei Rennsporträdern aus weichem Leder bestehen.

Nachteil der Werkzeugdosen und -taschen aus Kunststoff ist, daß sie an warmen Tagen weicher, bei Kälte dagegen unflexibler sind.

Abb. 990: Werkzeugdose.

Kettenabdeckungen

Im Ausland, vor allem in Holland, werden Fahrräder mit Vollkettenschutz gern gefahren. Das bedeutet, daß die Kette samt Kettenrädern allseitig ummantelt ist, während man sich normalerweise mit einer weniger problematischen Abdekkung („Kettenschiene") des oberen Kettentrumms begnügt. Räder mit Kettenschaltung werden mit völlig freiliegender Kette gefahren, nur das vordere Kettenblatt ist dann mit einer Kettenschutzscheibe abgedeckt (s. Abb. 32, 33 und 34).

Kettenschützer in Form einer Kettenschiene können bestenfalls als ein gewisser Schutz **vor** der Kette angesehen werden, während ein Vollkettenschutz die Kette gegen Straßenschmutz abschirmt und zugleich die Kleidung des Fahrers gegen Verschmutzung durch die Kette schützt. Da Kette und Kettenblatt leicht zugänglich bleiben und bei Verwendung von Kunststoff das Mehrgewicht nicht spürbar ist, bleibt es unverständlich, daß von der Mehrzahl der deutschen Radfahrer die Vollverkleidung der Kette bisher nicht akzeptiert wurde.

Kettenschutzformen

In Abb. 991 ist ein sogenannter „Holland"-Vollkettenschutz aus Kunststoff dargestellt, der aber auch mit einem Metallgestell, das mit einer Kunststoffhaut (Moleskin) bespannt wird, hergestellt wird. Vollkettenschutz gibt es auch in Blechausführung. In Abb. 992 ist das Modell „Bianchi" der italienischen Firma Ricci gezeigt; am Kettenblatt wird, wie bei einer Farbdose, ein Deckel eingedrückt, der verchromt oder lackiert ist, damit die relativ große Fläche aufgelokkert und unterbrochen wirkt.

---

[94] NAFA = Normenausschuß Fahrräder im DIN Deutsches Institut für Normung e. V.

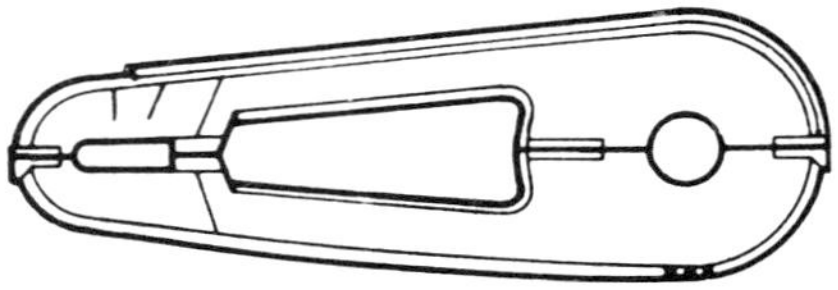

Abb. 991: Holland-Vollkettenschutz aus Kunststoff von De Woerd.

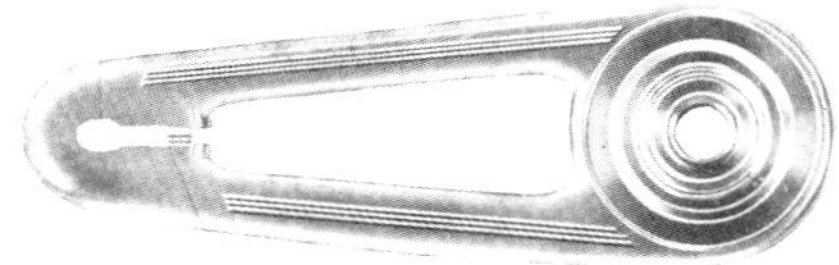

Abb. 992: Vollkettenschutz aus Blech von Ricci.

Abb. 993: Kettenschutz aus Kunststoff von Hebie.

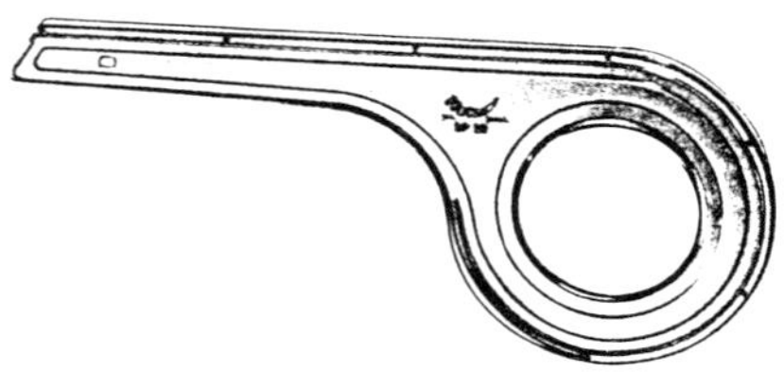

Abb. 994: Kettenschutz aus Alu-Profil, Kanten voll gebördelt, von Horn.

Abb. 995: Kettenschutz für Kinderräder aus Kunststoff von Hebie.

Abb. 993 zeigt einen Kettenschutz aus Kunststoff, der die Vorderseite des Kettentriebes abdeckt, während die Rückseite offen bleibt. Mit solchen Formen wird bereits ein optimaler Kleiderschutz erreicht, während bei Ausführungen nach Abb. 994 voller Kleiderschutz nicht mehr gewährleistet ist. Die Kettenabdeckung wird aus einem rechtwinkligen Aluprofil gebogen, die Stirnfläche aus Alublech wird eingefalzt, und alle Kanten werden umgebördelt. Die polierte Oberfläche gibt einem solchen Kettenschutz das gewünschte „vornehme" Aussehen.

Die Vorschriften für den Kettenschutz an Kinderrädern sind in der DIN 79 110 enger und bestimmter gefaßt als in der DIN 79 100 für Normalräder. Durch von allen Kinderradherstellern verwendete Kettenschützer ist gewährleistet, daß die Kinder durch den Kettentrieb nicht verletzt werden können (Abb. 995).

Der Chemiewerkstoff Kunststoff bietet sich für die Herstellung von Kettenschützern geradezu an, da im Spritzverfahren gefertigte Abdeckungen mit gut gerundeten Kanten gespritzt werden können, während bei Kettenschützern aus Blech viele Arbeitsgänge notwendig sind, um die scharfen Kanten umzubördeln.

Für Kunststoff-Kettenschützer wird meist Polyäthylen (PE) oder Polypropylen (PP) farbig eingefärbt, bei nachträglich lackierten oder verchromten Ausführungen Acrylnitril-Butadien-Styrol-Copolymere (ABS) Granutyrol-lat verarbeitet.

Bei Rädern mit Kettenschaltung und Doppelkettenblatt kann wegen des Kettenumwerfers keine kurze Kettenschiene oder Abdeckung verwendet werden. Dafür muß hier am Kettenblatt eine Kettenschutzscheibe (Abb. 996) und gegen die Möglichkeit, daß eine abspringende Kette in die Speichen gerät und zum Sturz führt, eine Speichenschutzscheibe zwischen Mehrfachzahnkranz und Speichenflansch der Hinterradnabe montiert werden (Abb. 997).

Die Vorschriften für den Kettenschutz nach DIN 79 100 bzw. 79 110 waren zwingend notwendig geworden, nachdem Fahrräder und vor allem Kinderräder mit sehr scharfen, gratigen Kettenschützern zu einer häufigen Verletzungsursache geworden waren.

Abb. 996: Kettenschutzscheibe.

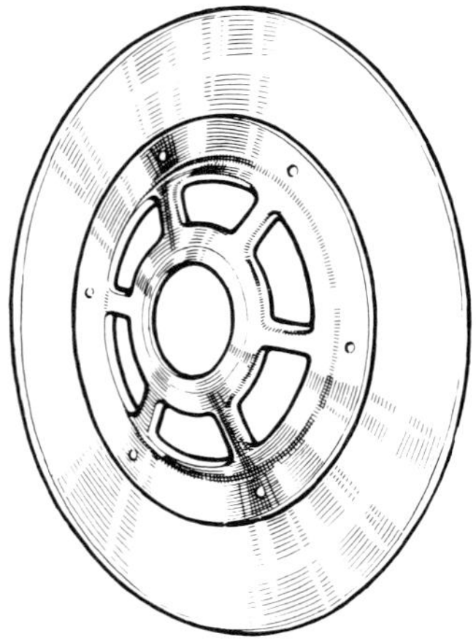

Abb. 997: Speichenschutzscheibe.

Sicherheitsschloß

Es besteht keine Vorschrift, daß Fahrräder gegen unbefugte Benutzung und Diebstahl mit einem Sicherheitsschloß ausgerüstet sein müssen. Dennoch werden die meisten Fahrräder mit einem solchen Schloß ausgestattet.

Es ist nicht ganz einfach, am Fahrrad ein wirksames Sicherheitsschloß anzubringen. Verwendet werden Speichenschlösser, die auf einer Schloßplatte sitzen, welche am Gabelholm oder der Sitzstrebe angeschweißt ist (Abb. 998) und bei denen beim Versperren ein Riegel in die Speichen greift (Abb. 999). Gegen Gewalt wirksam sind solche Schlösser nicht. Mit der Hebelwirkung des vorstehenden Riegels kann die

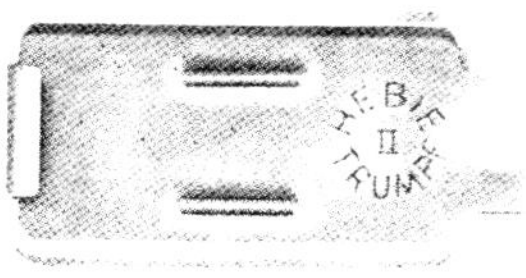

Abb. 998: Schloßplatte für Sicherheitsschloß.

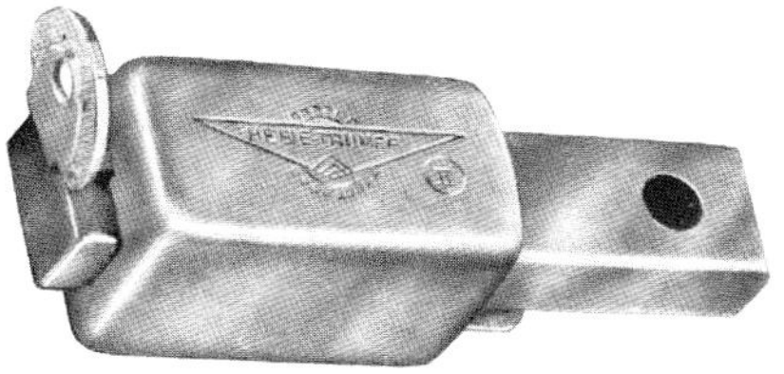

Abb. 999: Sicherheitsschloß mit steckenbleibendem Schlüssel von Hebie.

angeschweißte Schloßplatte von der Strebe abgebogen werden (wobei meist der Holm beschädigt wird).

Mehr Sicherheit bringen Schließketten. Mit einer solchen kann das Fahrrad an einem festen Gegenstand angeschlossen werden. Störend ist nur die Mitnahme der Schließkette am Fahrrad.

Vor allem in Holland werden Schließeinrichtungen verwendet, die am Hinterbau des Rahmens wie eine Felgenbremse angeschraubt sind. Beim Sperren greifen dann zwei halbkreisförmige Schließzungen zangenartig unter die gespeichte Felge. Sind eine Felgenbremse und eine Werkzeugtasche montiert, so läßt sich ein solches Schließsystem nicht verwenden (Abb. 1000).

Sicherer gegen Diebstahl und unbefugte Benutzung des Fahrrades sind sogenannte Stangenschlösser. Im gesperrten Zustand klappt ein kräftiger, gehärteter Stahlbolzen zwischen die gespeichte Felge und greift an der gegenüberliegenden Seite des Klappmechanismus in eine an der Strebe befestigte Konsole ein (Abb. 1001).

Die Firma Batavus hat ein Schloß entwickelt, das eine Schließkette (mit ihrem unbestreitbaren Vorteil) verwendet. Die Sattelstütze hat hier die Funktion einer „Garage" für zwei Drahtseile, die rechts und links aus Öffnungen der Sattelstütze herausgezogen werden können (Abb. 1002). An den Seilenden ist ein absperrbarer Schloßsatz mit den Drahtseilen verpreßt. Die beiden Seile können z. B. um einen Zaunpfahl gelegt und verschlossen werden (Abb. 1003).

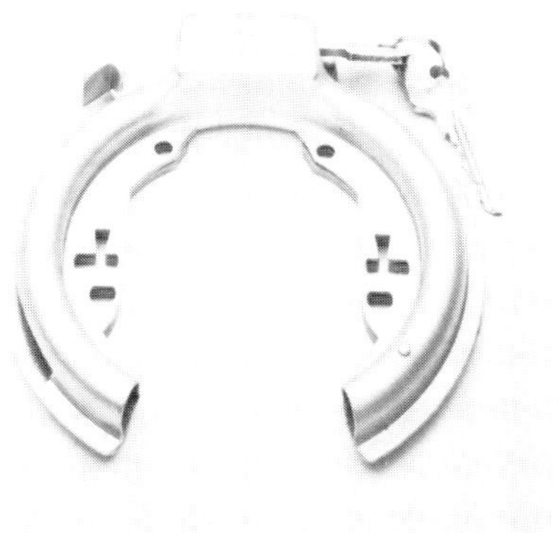

Abb. 1000: Rahmenschloß mit gehärtetem Schließbügel 9 mm ∅ von Trelock.

Abb. 1001: Stangenschloß im gesperrten Zustand von Union-Holland.

Natürlich findet durch die beiden Austrittslöcher eine Schwächung der Sattelstütze statt.

Diese gute, jedoch nicht billige Diebstahlssicherung konnte sich bisher nicht verbreiten.

Neu ist die Schließkette „Cycler automatic". Sie verstaut sich aufgerollt in einer kleinen Box, die am Fahrradrahmen montiert wird (Abb. 1004).

Die Schließkette wird unter Federspannung aus der „Garage" gezogen und verschwindet auf Knopfdruck automatisch wieder in der Box, wenn man nach dem Aufschließen starten will. Schnelles Anketten ist gegeben durch die 1,50 m lange Kette, die sich um

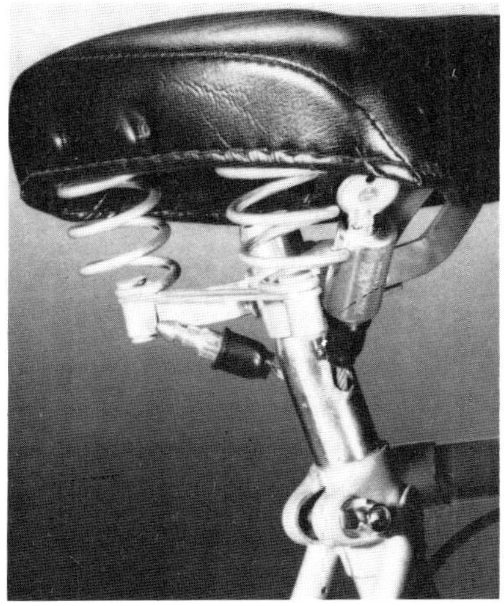

Abb. 1002: Seilschloß von Batavus.

Abb. 1003: Batavus-Seilschloß in Schließstellung.

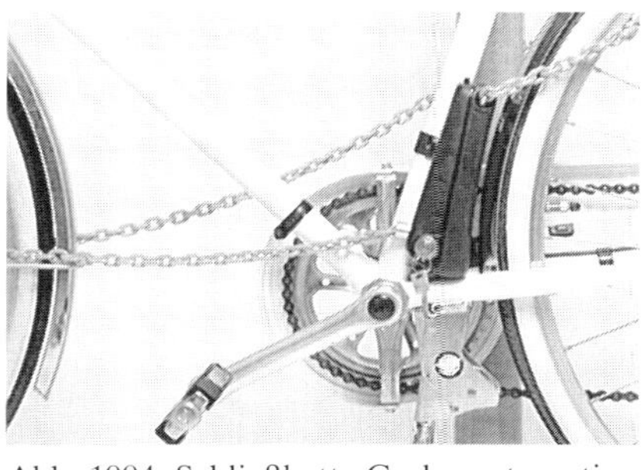

Abb. 1004: Schließkette Cycler automatic.

Bäume, aber auch um mehrere Fahrräder schließen läßt.

Die Kette ist aus Stahl, gehärtet und kunststoffbeschichtet, und dadurch „schlecht zu knacken". Die Kunststoffbeschichtung schont die Felgen und den Rahmen beim Schließvorgang.

Die Luftpumpe am Fahrrad wird sehr oft gestohlen. Die Firma Pletscher hat ein Sicherheitsschloß entwickelt, das die Luftpumpe mit dem Sitzrohr des Rahmens verschließt und gegen Diebstahl sichert (Abb. 1005).

Abb. 1005: Sicherheitsschloß für Luftpumpe von Pletscher.

Seitenstütze

Um das Fahrrad beim Abstellen nicht gegen eine Wand lehnen oder auf den Boden legen zu müssen, wurden schon frühzeitig Ständer oder Stützen entwickelt. Die ideale Abstellstütze ist ein zweibeiniger Kippständer, wie er sich bei Mofas findet. Ist das Fahrrad auf einem Kippständer aufgebockt, so können alle Arbeiten an den Rädern bequem ausgeführt werden (Abb. 1006).

Im Gegensatz zu Holland wird in Deutschland fabrikseitig kein Kippständer und kein Stützständer (außer an Transporträ-

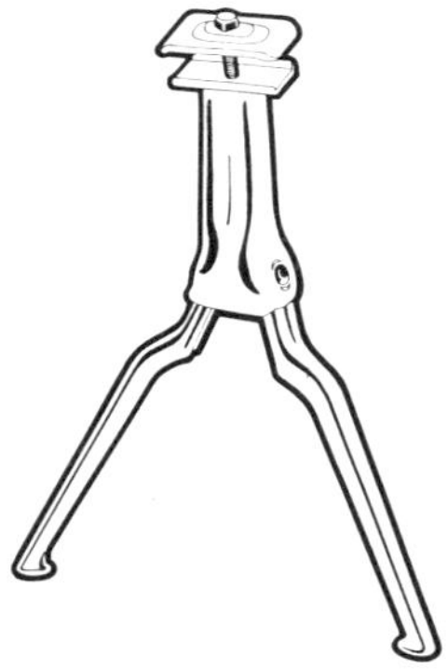

Abb. 1006: Fahrrad-Kippständer.

dern, siehe Abb. 108) an Fahrrädern vorgesehen. Statt dessen wird eine Seitenstütze (auch als Parkstütze bezeichnet) angebaut.

Sie sitzt hinter dem Tretlager, am unteren Rahmensteg, mit einer zentralen Zylinderschraube mit Innensechskant M 10 × 18 DIN 912 angeschraubt (s. Abb. 221).

Die Standardausführung ist aus einer Alu-Druckguß-Legierung gegossen und poliert (Abb. 1007).

Abb. 1007: Seitenstütze aus Leichtmetall-Legierung.

Die ESGE-Zweibeinstütze aus Leichtmetall-Legierung wird zunehmend, vor allem von Tourenfahrern, verwendet (Abb. 1008).

Durch eine patentierte Mechanik klappen beide Beine nach einer Seite hoch und können nicht mit der Kette in Kollision geraten.

Zum nachträglichen Anbau, z. B. an ein Renn- oder Rennsportrad mit unterem Rundsteg, wird eine Stütze mit einer Klemmpratze an die Hintergabelrohre geklemmt (Abb. 1010).

Die ESGE-Seitenstütze in besonders schmaler Ausführung paßt auch an Rennsporträdern mit kurzem Radstand (Abb. 1011).

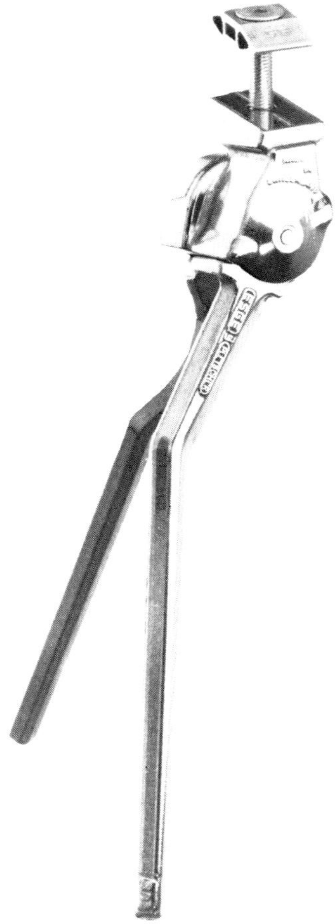

Abb. 1008: Zweibeinstütze aus Leichtmetall-Legierung von ESGE.

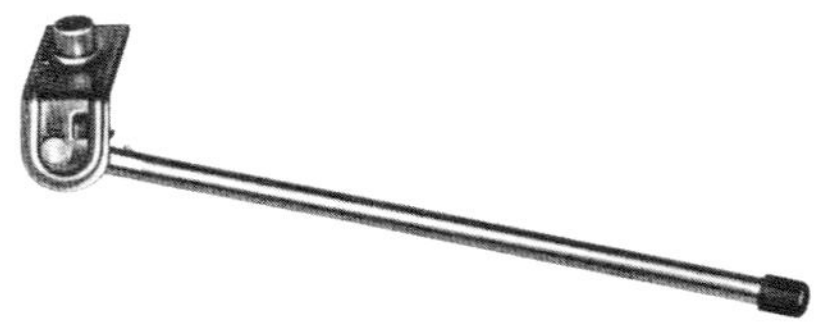

Abb. 1009: Seitenstütze aus Stahl, verzinkt.

Die Aussparungen in der Lasche sorgen neben Gewichtserleichterung für gewisse Elastizität bei der Befestigung sowie zuverlässigen Sitz der Hutmutter und verhindern, daß die Hintergabelrohre deformiert (verdrückt) werden.

Für Billig- und Kinderräder wird eine Stahlkonstruktion mit verzinkter Oberfläche verwendet (Abb. 1009).

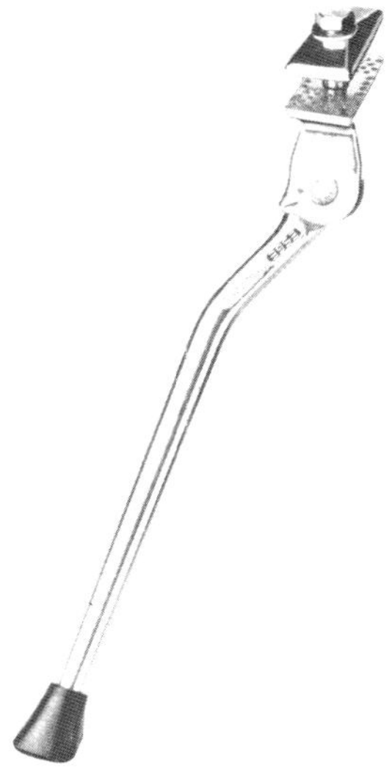

Abb. 1010: Seitenstütze für nachträglichen Anbau.

Abb. 1011: Seitenstütze aus Leichtmetall-Legierung für Rennsporträder von ESGE.

Ein Nachteil aller Seitenstützen ist, daß sie in weichem, sandigem Boden leicht einsinken und das Rad dann umfällt. Abhilfe kann u. U. ein Gummifuß bringen, wie er in Abb. 1010 gezeigt ist.

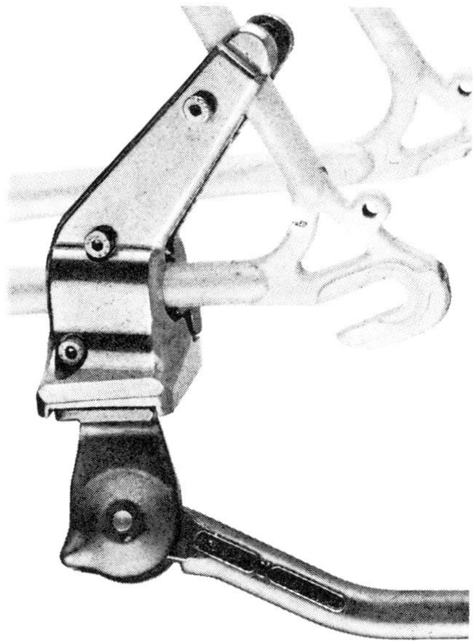

Abb. 1012: Hinterrad-Seitenstütze, 295 mm lang, von ESGE.

Einen festeren Stand erhält das Fahrrad (mit wenig beladenem Gepäckträger) durch die Hinterrad-Seitenstütze mit großem Gummifuß (Abb. 1012).

Bowdenzüge

Der Name dieses im Zweiradbau so unentbehrlich gewordenen Bauteiles deutet auf englische Herkunft. Tatsächlich war auch der Mann, dem 1902 ein Patent auf diese Idee erteilt wurde (die ihn zum Millionär machte!), ein Engländer. Nur der Erfinder war er nicht. Das war vielmehr ein Mann, der zusammen mit seinen Münchner Geschäftspartnern Hildebrand und Geisenhof schon 1894 serienmäßig die ersten gebrauchsfähigen motorisierten Zweiräder baute und sich für diese den Namen „Motorrad" schützen ließ: Alois Wolfmüller. Dieser nämlich hatte die geniale Idee, Betätigungskräfte mit einem Seilzug auch ohne Leitrollen oder sonstige Hilfsmittel „um die Ecke" zu übertragen, bereits 1898 gehabt. Nur hatte das deutsche Patentamt ihm die Erteilung eines Schutzrechtes verweigert.

So trat also der Bowdenzug vor rund 80 Jahren seinen Siegeszug von England aus an. Wo immer in der Welt Zweiräder mit und ohne Motor gebaut werden, finden sich an ihnen solche spiraldrahthüllengeführte Seilzüge. Aus geeigneten Materialien hergestellt und korrekt verlegt, ist der Bowdenzug ein nahezu verschleiß- und wartungsfreies Bauteil, das an vielen Anwendungsstellen nur schwer durch andere Übertragungsglieder zu ersetzen wäre.

Eine vom Konstrukteur manchmal genutzte System-Eigenheit des Bowdenzugs ist die mit ihm zu erreichende „Scherenwirkung". Das bedeutet, daß die mit dem Betätigungshebel auf das Bowdenseil ausgeübte Zugkraft nicht nur am entgegengesetzten Seilende als „Zug" auftritt, sondern auch am Hüllenende als „Druck". Dieser wird normalerweise vom dort vorgesehenen Widerlager aufgenommen, gegen das sich die Seilhülle abstützt. Man kann aber, wenn es die Einbauverhältnisse als günstiger erscheinen lassen, das Zugseil an einem festen Widerlager verankern und die Bewegung des zu betätigenden Hebels durch die Hülle (mit gleicher Kraft!) erfolgen lassen. Und man kann, wie bei manchen Felgenbremsen beispielsweise, die Betätigungsbewegung (und die auszuübende Kraft) je zur Hälfte dem Seil und der Hülle übertragen.

Am Fahrrad werden Bowdenzüge speziell für die Betätigung der Bremsen, Getriebenaben und Kettenschaltungen verwendet. Bowdenzüge haben neben dem Vorzug, daß die Richtung der Betätigungskraft „umgelenkt" werden kann, auch den, daß das Seil fast auf der ganzen Länge in der Seilhülle geführt und dadurch gegen Witterungseinflüsse und Verschmutzung geschützt ist. So bleibt auch das eingebrachte Schmiermittel in der Hülle über lange Zeit schmierfähig.

Ein Bowdenzug besteht aus folgenden Teilen (s. Abb. 1013):

Abb. 1013: Bowdenzug für Felgenbremse.

Abb. 1014:
Bowdenseil.

Abb. 1015:
Seilhülle.

Bowdenseil (a)
Seilhülle (b)
Endhülse (c)
Nippel (d)
Plastikschutzkappe (e).

Das Seil (a) besteht je nach seiner Dicke (beim Fahrrad meist 1 mm) aus einer Anzahl verdrillter, biegsamer Einzeldrähte (19 Stück) aus verzinktem Stahl hoher Zugfestigkeit (1600 N/mm^2). Es können aber auch dickere Seile (1,6 mm) verarbeitet werden. Das Seil muß spannungs- und drallfrei hergestellt sein (Abb. 1014).

Die Seilhülle (b) besteht aus einer Stahldrahtspirale mit engen Windungen aus rechteckigem Federstahl. Die einzelnen Windungen liegen mit breiter Fläche gegeneinander an, so daß die am äußeren Umfang praktisch zylindrische Hülle weitgehend dicht ist. Die breite Anlagefläche der Windungen untereinander ist wichtig, damit die Hülle auch auf Druck beansprucht werden kann.

Der Innendurchmesser der Seilhülle ist stets größer als der Seildurchmesser. Zum Schutz gegen Witterungseinflüsse und Schmutz, aber auch damit das Schmiermittel nicht nach außen dringen kann, ist die Hülle ummantelt. Der Mantel bestand früher aus wetterfest lackiertem Zellwollgarn, heute besteht er aus Kunststoff (Polyvinylchlorid – PVC). In Abb. 1015 ist eine Seilhülle dargestellt. Die Enden der Hülle erhalten entweder besondere Endhülsen aus Stahl, Messing oder Aluminium, oder die Aufnahme der Stellschraube für die Hülle wird so vertieft, daß die Hülle ca. 7 mm in sie hineinragt.

Aus der DIN 71 987 sind die Daten der Bowdenseile und -hüllen ersichtlich.

Namhafte Hersteller von Index-Kettenschaltungen verwenden für die Betätigung der Schaltwerke besonders steife und auf Druck widerstandsfähige Seilhüllen.

Die Seilhüllen der Bowdenzüge enthalten nicht mehr die gewohnte Stahldrahtspirale (siehe Abb. 1015), die Hüllendrähte liegen vielmehr mit einem leichten Drall längs (Abb. 1016).

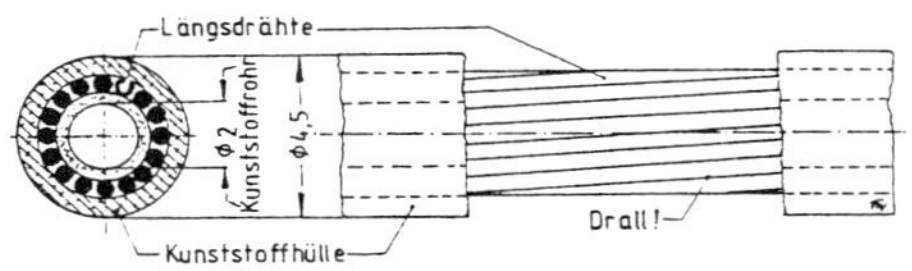

Abb. 1016: Seilhülle mit Längsdrähten.

Diese Seilhüllen stauchen und verkürzen sich im Betrieb weniger. Der Seilzugweg bleibt daher längere Zeit konstant, und somit ist die Ausführung des Schaltvorgangs am Schaltwerk beständig.

In der Seilhülle befindet sich ein Kunststoffrohr, wodurch die Gleitreibung zwischen Seil und Hülle vermindert wird.

Muß die Seilhülle gekürzt werden, reicht dazu aber ein Seitenschneider nicht aus.

Um die Zugkräfte aufnehmen und weitergeben zu können, muß das Seil an beiden Enden festgelegt werden. Das kann unmittelbar durch Klemmschrauben an den betreffenden Teilen, etwa einem Verstellhebel, erfolgen – aber auch durch Einhängen eines am Seilende angebrachten Nippels. Dieser kann sehr unterschiedliche Formen haben. Er kann angeschraubt, angelötet oder mit dem Seil verpreßt sein. Die jeweils richtige Form ergibt sich aus der für seine Festlegung vorgesehenen Aufnahme am Handhebel oder sonstigem Übertragungsteil. Die Hülle liegt stets wenigstens mit einem Ende gegen eine Einstellschraube an.

Je nach Verlegung des Bowdenzuges kann eine ziemlich starke, kraftverzehrende Reibung zwischen Seil und Hülle auftreten. Besonders bei engen Biegungen ist das der Fall, sie sollen deshalb vermieden werden.

Reibung tritt aber immer ein, weshalb ständige Schmierung notwendig ist. Heute werden die Bowdenzüge bereits beim Hersteller mit sogenannten „Lifetime"-Fetten versorgt. Das Schmiermittel bleibt dann unter normalen Betriebsbedingungen über eine längere Zeit wirksam.

Bereits in den sechziger Jahren wurden von der Firma Küster & Co. Bowdenzüge mit einem Kunststoffrohr zwischen Hülle und Seil geliefert. Die Reibung wurde dadurch wesentlich vermindert. Auch jetzt werden wieder Seilzüge mit einem Gleitrohr aus verbessertem Kunststoff zwischen Hülle und Seil verwendet. Aber auch rostfreie Seile und innenbeschichtete Seilhüllen helfen, die Gleitreibung zu mindern und Korrosion zu vermeiden.

Das Nachschmieren eines kompletten Bowdenzuges ist schwierig durchführbar (und normales Fett, das bei Kälte den Bowdenzug bis zur Unbeweglichkeit steif machen kann, ist ohnehin dazu nicht geeignet). Deshalb wird zum Nachschmieren dünnflüssiges Öl verwendet. Man kann es in das hochgehaltene Ende des ausgehängten Seilzuges einlaufen lassen, aber besser ist es, wenn das Nachschmieren durch Plastik-Öler, wie in Abb. 1017 am Beispiel eines Ölers der Firma Fischer gezeigt, erfolgt. Zum Einbau dieser Öler wird die Ummantelung der Hülle möglichst an der im Einbauzustand höchstgelegenen Stelle (von der aus das Öl nach beiden Seiten ablaufen kann) entfernt,

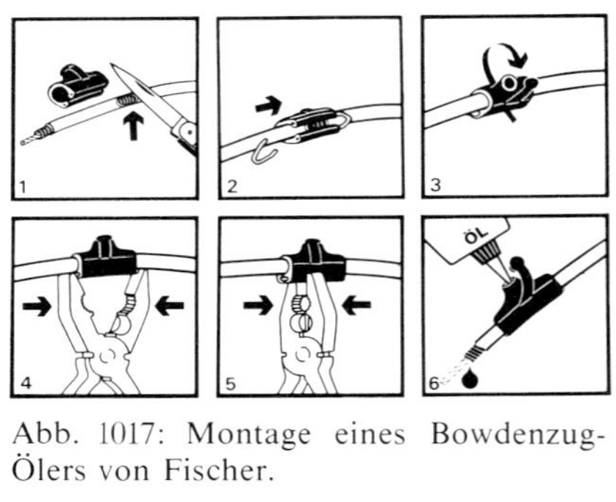

Abb. 1017: Montage eines Bowdenzug-Ölers von Fischer.

der Öler dort aufgesetzt und mit zwei U-förmigen Drahtklammern öldicht befestigt. Durch das mit einem Deckel verschlossene Ölloch kann nach Öffnen das Öl einlaufen.

Die Bowdenzüge müssen am Rahmen des Fahrrades festgelegt werden, müssen aber dort, wo sie bestimmungsgemäß ständig gebogen werden (etwa am Übergang vom Lenker zum Rahmen) die nötige Bewegungsfreiheit haben. Die DIN 79 100 schreibt dazu folgendes vor:

> Die Seilzüge sind so kurz wie möglich zu verlegen und Bögen sind so weit wie möglich zu vermeiden. Wenn Seilzugenden nach oben weisen, müssen sie gegen Eindringen von Wasser abgedichtet sein.

Das Seil muß eine Mittelabzugskraft von mind. 1 600 N haben, bei einer Dehnung von max. 1%.

Die Seilhülle darf sich bei einer Druckkraft von 700 N max. um 0,8% verkürzen.

Ist einmal ein Seil gerissen, der Nippel abgeplatzt oder die Hülle geknickt, so sollte nicht das schadhafte Teil erneuert, sondern – weil es billiger und zweckmäßiger ist – der gesamte Bowdenzug gewechselt werden.

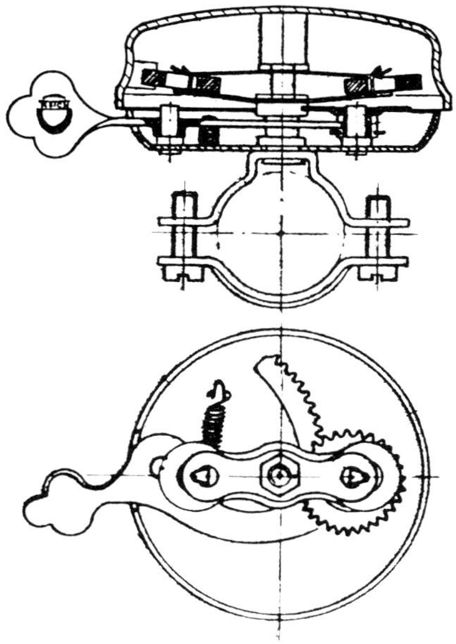

Abb. 1018: Schnittzeichnung einer Fahrradglocke aus Stahl von Reich.

Fahrradglocken

Als Warnsignal ist für Fahrrräder eine Glocke vorgeschrieben (§ 64a der StVZO). Sie muß helltönend sein und den Anforderungen der Kategorie I nach DIN ISO 7636 entsprechen. Radlaufglokken oder andere akustische Warnvorrichtungen sind nicht zulässig.

Die heute noch gebräuchliche Fahrradglokke besteht aus einer Unter- und einer Oberschale; am Boden der Unterschale ist die Befestigungsschelle angenietet. Der Niet setzt sich meist als zentraler Bolzen nach oben fort und dient zum Aufschrauben der Oberschale. Auf dem Bolzen ist im Glokkeninneren ein Zahnsegment mit Rückzugfeder und einem nach außen führenden Betätigungshebel gelagert. Die Zähne dieses

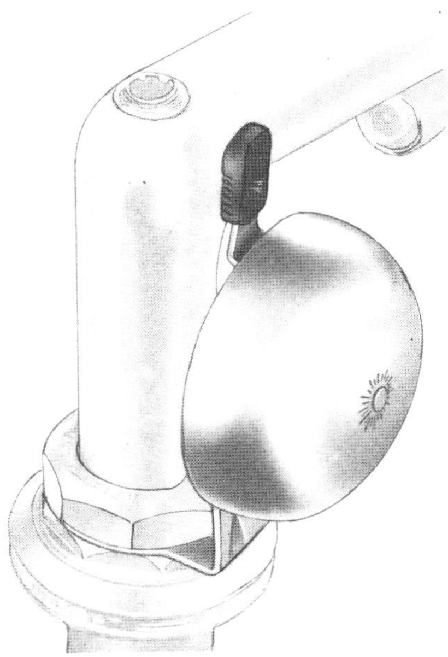

Abb. 1019: Glocke für Rennsporträder von Poutrait-Morin.

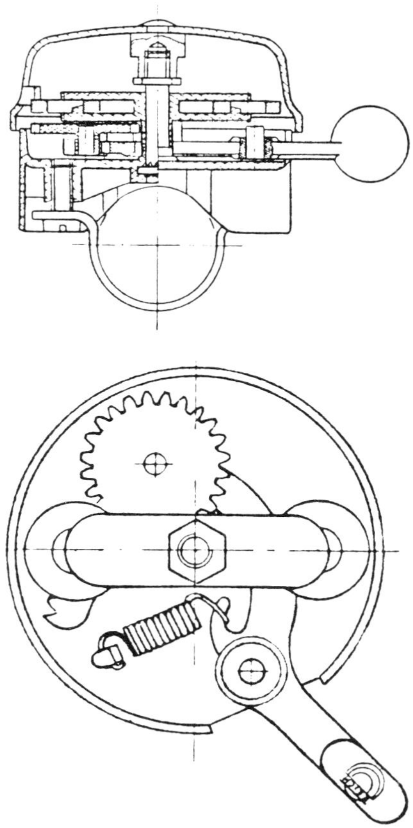

Abb. 1020: Sicherheitsglocke mit Unterteil und Läutwerk aus Kunststoff von Reich.

Segments greifen in ein mit einem Schlagwerk verbundenes Zahnrad, das zusammen mit dem Schlagwerk durch das Segment in schnelle Umdrehungen versetzt werden kann. Die an den Enden des Schlagwerks gelagerten Rollen werden dabei nach außen geschleudert und schlagen gegen die Oberschale (den Glockendeckel) (Abb. 1018).

Für Rennlenker eignet sich eine Glocke, wie in Abb. 1018 gezeigt, nicht. Die Befestigung einer Glocke kann beim Rennlenker nur am Vorbau-Lenkerschaft erfolgen. Dafür gibt es spezielle Glocken (s. Abb. 1019).

Auch bei den Glocken werden heute bereits Teile aus Kunststoff hergestellt, so zum Beispiel das Zahnsegment aus Delrin (Acetat-Homopolymerisat – POM) oder das Glockenunterteil aus Zytel (glasfaserverstärktes Polyamid – PA 66). Gegen Verletzungsgefahr wird der Betätigungshebel mit einem fingerfreundlichen Kunststoff umspritzt (Abb. 1020).

Luftpumpen

Die Luftpumpe ist in ihrem Aufbau sehr einfach, besonders die schlauchlose Handpumpe. Sie wird an einem Rahmenrohr zwischen den Spitzen zweier angeschweißter Pumpenhalter untergebracht (s. Abb. 213 und 214).

In einem unten verschlossenen, oben mit einem Deckel verschraubten Rohr aus Kunststoff oder Metall, dem Pumpenzylinder oder Pumpenkörper, läßt sich der auf einer Stange sitzende Pumpenkolben auf- und abbewegen. Der Kolben besteht aus einer topfförmigen Manschette aus weichem synthetischem Kautschuk, ihr Boden ist an der Stange zwischen zwei Scheiben mit etwas geringerem Durchmeser als der lichten Weite des Pumpenzylinders verschraubt.

Am unteren, verschlossenen Ende trägt der Pumpenkörper einen gummigefütterten Hohlnippel, der beim Pumpen mit der Hand luftdicht auf das Schlauchventil gedrückt wird. Wird der Kolben angezogen, so entsteht unter ihm ein luftverdünnter Raum, da vom Schlauch her ja durch das Schlauchventil keine Luft nachströmen kann. Durch die Führungsbohrung für die Kolbenstange im Deckel und zusätzlich eine im Deckel vorgesehene kleine Bohrung wird an den weichen, nachgiebigen Wänden der Kolbendichtmanschette vorbei Luft in den Raum unterhalb des Kolbens gesaugt, wobei die Manschette als Einströmventil wirkt. Beim Niederdrücken der Kolbenstange bzw. des Kolbens wird die eingebrachte Luft zusammengepreßt (wobei zunächst einmal die Wandung der Manschette so fest gegen die Zylinderwand gedrückt wird, daß eine vollkommene Abdichtung des Kolbens erfolgt). Wenn dann der Druck im Pumpenzylinder so hoch geworden ist, daß er den Gegendruck im Luftschlauch der Bereifung und den Widerstand des Schlauchventils überwindet, strömt Luft in die Bereifung und erhöht dort den Druck.

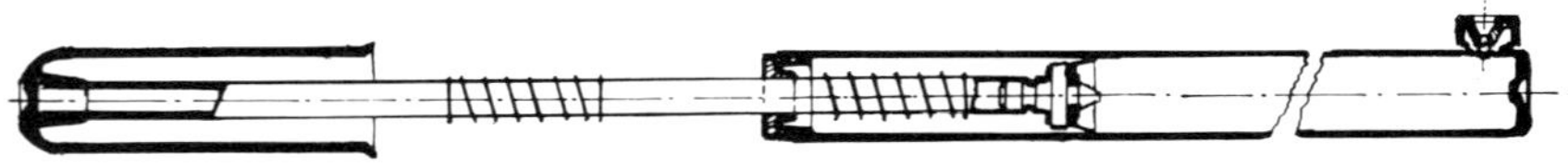
Abb. 1021: Handluftpumpe im Schnitt.

Zwischen dem eingeschraubten Deckel der Kolbenstange und dem Griff liegt eine Druckfeder, die stärkeres Anschlagen des Griffs am Pumpendeckel verhindert, außerdem aber die Handpumpe zwischen den Pumpenhalter-Spitzen am Rahmen unter Druck festhält (Abb. 1021).

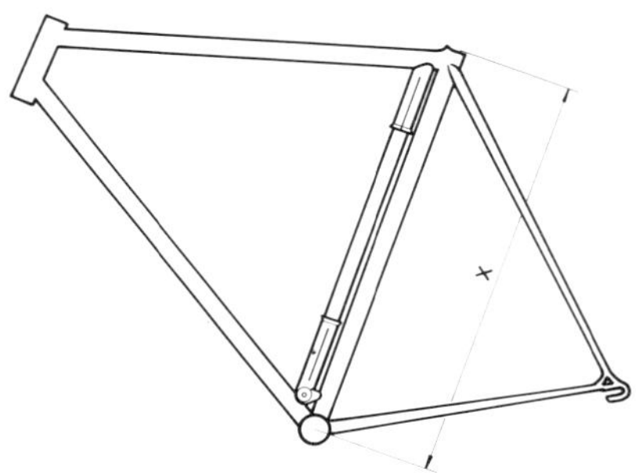
Abb. 1022: Sitz der Luftpumpe am Rennrahmen.

Handluftpumpen für Rennsport- und Rennräder

Die Hochdruckreifen mit Sclaverand-Ventil für Rennsport- und Rennräder werden mit höherem Luftdruck gefahren als Normalfahrräder. Deshalb sind zum Reifenfüllen auch wirksamere Luftpumpen erforderlich. Sie sind länger und werden selbststekkend am Rahmen ohne angeschweißte Pumpenhalter zwischen oberem Rahmenrohr und Tretlagergehäuse, am Sitzrohr anliegend, geklemmt (Abb. 1022).

Interessant ist die patentierte „Zéfal hps"-Luftpumpe von Poutrait-Morin. Diese Handpumpe bringt einen hohen Druck (bis 8 bar) sowie die Möglichkeit, den benötigten Luftdruck durch Vorwahl zu bestimmen und automatisch zu erreichen. Sie arbeitet nicht wie eine konventionelle Fahrrad-Luftpumpe, denn die komprimierte Luft wird durch das Pumpenkolbenrohr gepreßt (Abb. 1023).

Kindersitze

Rittlings auf dem Gepäckträger, quer auf dem Rahmenrohr oder gar huckepack auf dem Lenker karriolen sich Kinder oft ge-

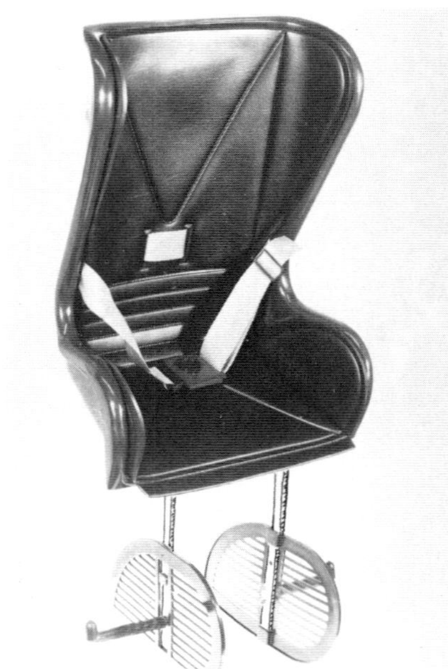
Abb. 1024: Fahrrad-Sicherheits-Kindersitz mit Beckengurt „Baby-Tour" von Weyer.

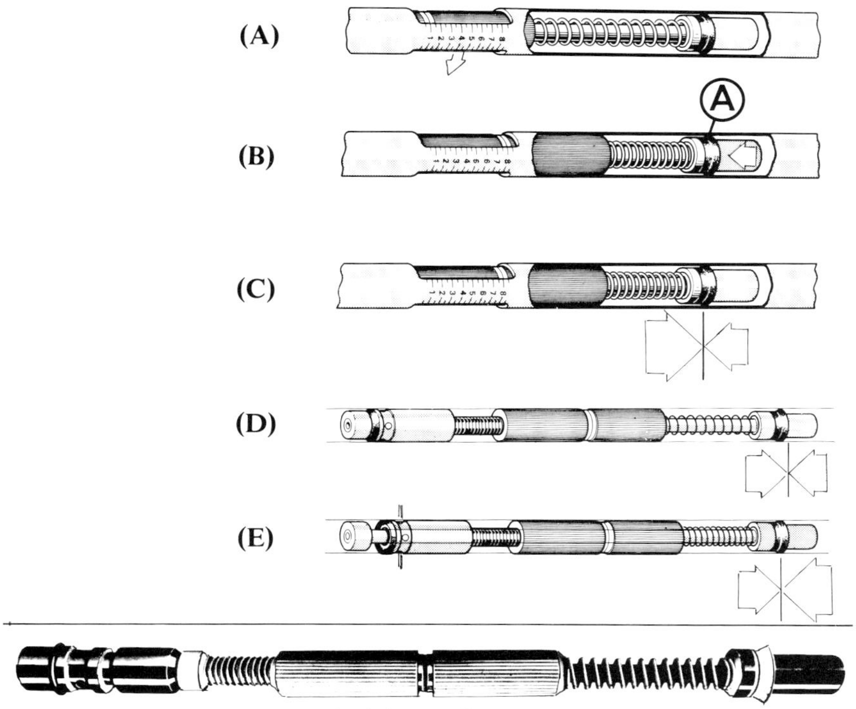

Abb. 1023: Funktion der „Zéfal hps"- Luftpumpe von Poutrait-Morin.
In diesem Rohr (A) ist der Luftdruckwähler enthalten, der an seinem Ende durch eine Kugel geschlossen wird (auf der Zeichnung nicht sichtbar). Der Wähler hat die Form eines Zahnrädchens, das eine genau eingestellte Druckfeder beim Zu- oder Aufschrauben reguliert. Beim Aufpumpen (B) verbleibt jeweils etwas komprimierte Luft im Endstück der Pumpe. Diese hat den gleichen Druck wie die Luft im Reifen und drückt auf den Kolben A.
Solange der gewünschte Luftdruck nicht erreicht ist, bleibt die Kraft der Innenfeder größer als der Luftdruck im Reifen (C).
Wenn der vorgewählte Luftdruck erreicht ist, gleichen sich die Kraft der Innenfeder und der Druck der Luft im Reifen aus (D).
Wird dann weitergepumpt, wird der Luftdruck im Reifen größer als die Kraft der Innenfeder. Der bewegliche Teil des Luftdruckwählers verschiebt sich und gibt Öffnungen frei, durch die alle jetzt überflüssige Luft entweicht: es wird leer gepumpt (E).

genseitig über Stock und Stein. Die gesetzliche Vorschrift zur Beförderung von Kindern auf Fahrrädern allerdings sieht anderes vor: „Auf Fahrrädern dürfen nur Kinder unter sieben Jahren von mindestens 16 Jahre alten Personen mitgenommen werden, wenn für die Kinder besondere Sitze vorhanden sind und durch Radverkleidungen oder gleich wirksame Vorrichtungen dafür gesorgt ist, daß die Füße der Kinder nicht in die Speichen geraten können." (§ 21 Abs. 3 StVO = Straßenverkehrs-Ordnung).

Kindersitze gibt es in verschiedenen Ausführungen, z.B. als Schalensitze oder in hüfthoher Bauart. Die Befestigung des Sitzes vor und hinter dem Lenker oder am Gepäckträger hängt vom Gewicht des zu befördernden Kindes ab und muß genau überprüft werden. Alle Sitzpositionen haben Vor- und Nachteile. Die (verbotene!) Befestigung des Sitzes am Lenker macht das Lenken unter Last unsicherer, auch darf der Scheinwerfer nicht verdeckt werden. Sehr wichtig ist die Fußabstützung entsprechend den Beinlängen des Kindes und eine sichere Radabdeckung, damit die Füße nicht in die Speichen geraten können. Abb. 1024 zeigt einen vorbildlichen Fahrradsitz, geeignet für Kinder von acht Monaten bis zu vier Jahren.

Vorschriften für Kindersitze

Wird am Fahrrad ein Kindersitz angebaut, muß er den Anforderungen nach DIN 79120 „Kindersitze für Fahrräder" (Ausgabe April 88) entsprechen.

Diese Norm 79120 gilt für Kindersitze, die an Fahrräder angebaut werden können, um Kinder bis zu einem Gewicht von max. 22 kg sicher auf Fahrrädern mitnehmen zu können.

Die Kindersitze werden eingeteilt nach Art ihrer Anbringung am Fahrrad sowie nach Gewichtsklassen in kg des zu befördernden Kindes.

Anbringung	Gewichtsklasse	
	15	22
A vor dem Lenker	×	–
B zwischen Lenker und Fahrer	×	–
C hinter dem Fahrer	×	×

Der Kindersitz muß mit dem Namen oder Firmenzeichen des Herstellers bzw. Lieferers, Modellnummer sowie der Gewichtsklasse in kg gekennzeichnet sein.

Bei Kindersitzen, die an Gepäckträgern montiert werden, ist zusätzlich die erforderliche Tragfähigkeit des Gepäckträgers zu beachten.

Tachometer und Kilometerzähler

Zum Fahrrad-Sonderzubehör gehören Geräte zum Messen der Fahrgeschwindigkeit und der zurückgelegten Wegstrecke. Beide Geräte sind in Aufbau und Wirkungsweise verschieden, haben aber das eine gemeinsam, daß sie nämlich mit einem der Laufräder gekuppelt sein müssen und von dort angetrieben werden. Das hat dazu geführt, beide Geräte in einem gemeinsamen Gehäuse unterzubringen und über einen gemeinsamen Antrieb in Funktion zu setzen.

Die technisch richtige Bezeichnung „Geschwindigkeitsmesser" und „Wegstreckenzähler" ist so umständlich, daß sich das Fremdwort „Tachometer", kurz „Tacho", allgemein eingebürgert hat.

Im übrigen gibt es für Fahrräder auch heute noch selbständige Wegstrecken- bzw. Kilometerzähler, die genau so aufgebaut sind wie die gemeinsam mit dem Tachometer untergebrachten Zählwerke.

Bei ihnen sitzen in jedem Fall auf einer horizontalen Welle nebeneinander trommelförmige Scheiben, die auf ihrem äußeren Umfang die Zahlen 0 bis 9 tragen. Die Zahlen auf jeder Scheibe entsprechen einer Dezimalstelle – die äußere rechts zeigt die Einer, die nächsten, nach links folgenden die Zehner, Hunderter usw. Auf der rechten Seite tragen die Zahlenscheiben eine Verzahnung, auf der linken einen Mitnehmer, in beide greifen auf einer parallelen Nebenwelle sitzende weitere Zahnrädchen so ein, daß sie die Verbindung zwischen jeweils zwei benachbarten Scheiben herstellen. Verzahnung und Mitnehmer sind so ausgebildet, daß jede Zahlenscheibe sich um eine Zahl weiterdreht, wenn die dem nächstkleineren Dezimalwert entsprechende, rechts von ihr liegende Scheibe eine volle Umdrehung gemacht hat. (Natürlich können rechts vor die Einerscheibe noch Scheiben für Zehntel und Hundertstel, das heißt für Zehn- und Hundertmeter-Registrierung, vorgeschaltet werden.)

In einfachster Form gibt es solche Zählwerke zum Anbau an ein Gabelausfallende (durch Verklemmen einer Traglasche unter einer Achsmutter). Der Antrieb auf die erste Zahlenscheibe erfolgt dann durch einen Mitnehmer an einer der Radspeichen. Man erkennt leicht, daß die Antriebsgeschwindigkeit, die sogenannte Wegdrehzahl[95] in ganz bestimmtem Verhältnis zum Umfang des Reifens stehen muß (Abb. 1025).

Abb. 1025: Kilometerzähler von VDO.

Solch ein Zählwerk zählt ununterbrochen fort, es kommt erst wieder in die Nullstellung, wenn auch die auf der äußersten Linken liegende Zahlenscheibe mit dem größten Dezimalwert eine volle Umdrehung gemacht hat.

Ganz anders arbeitet ein Geschwindigkeitsmesser. Es gibt verschiedene konstruktive Möglichkeiten, hier soll nur die bei Fahrradinstrumenten meistverwendete beschrieben werden.

Eine dünne Achse, die oben einen Zeiger und unten eine Glocke bzw. Trommel aus Aluminiumblech trägt, ist möglichst reibungslos gelagert. Eine Rückzugfeder und ein Anschlag sorgen dafür, daß der Zeiger in Ruhestellung auf der Nullmarke der untergelegten Skala steht.

In der Glocke rotiert, über die Antriebswelle in Drehung versetzt, ein kreisförmiger Permanent-Magnet (Dauer-Magnet). Und obwohl keine mechanische Verbindung zwischen Glocke und Magnet besteht, wird die Glocke samt Achse und Zeiger gegen den Widerstand der Rückzugfeder mitgenommen – um so weiter, je schneller der Magnet rotiert. Und da auch hier der Antrieb von einem der Laufräder aus erfolgt, ist der Ausschlag des Zeigers um so größer, je höher die Fahrgeschwindigkeit ist.

Die Mitnahme der Glocke erfolgt durch die Induktion eines Wirbelstroms durch den Permanentmagneten in der nichtmagnetischen Glocke, der um so stärker ist, je schneller der Magnet rotiert. Allerdings verläuft die Steigerung der Mitnahmekraft nicht genau proportional zur Magnetdrehzahl, so daß sich mehr oder weniger große Abweichungen in der Geschwindigkeitsanzeige ergeben können, die jedoch bei dem relativ kleinen Geschwindigkeitsbereich im Fahrradbetrieb nicht von Bedeutung sind.

Abb. 1026 zeigt den VDO-Fahrradtachometer mit Kilometerzähler „mono" in Explosivdarstellung mit seinem Gehäuse aus Kunststoff (Hostoform – POM). Das Zifferblatt ist mit gut ablesbarem Kilometerzähler ausgeführt, der auch die hundert Meter Wegstrecke registriert.

Der Antrieb von Geschwindigkeitsmesser und Kilometerzähler erfolgt über einen mit der Vorderradnabe gekuppelten Winkeltrieb (Nabenantrieb) aus glasfaserverstärktem Polyamid (PA 66) und eine biegsame

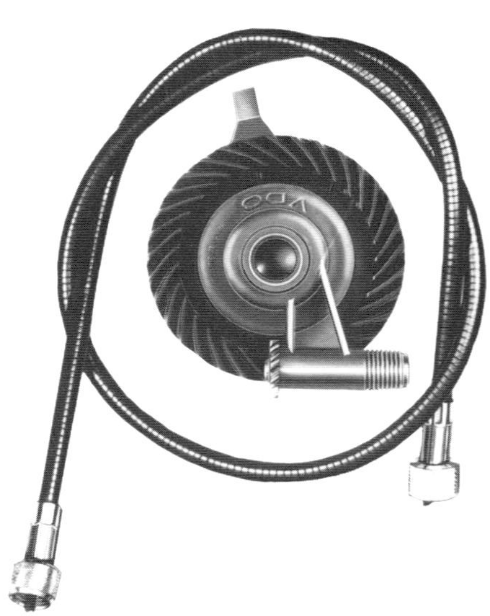

Abb. 1027: Nabenantrieb und Antriebswelle von VDO.

[95] Wegdrehzahl z. B. ist eine pro Antriebswellenumdrehung zurückgelegte Wegstrecke (1 Meter)

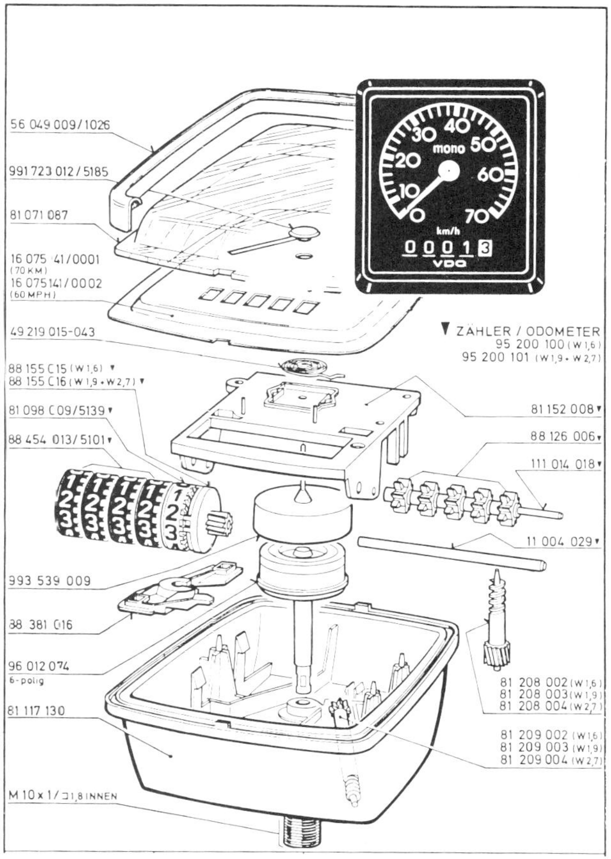

Abb. 1026: Explosiv-Darstellung des Fahrradtachometers mit Kilometerzähler „mono“ von VDO.

Abb. 1028: Fahrradtachometer „duo“ von VDO.

Antriebswelle (Abb. 1027). Es muß eine Übersetzung im Nabenantrieb gewählt werden, die der Wegdrehzahl des Instruments und dem jeweiligen Reifenumfang entspricht, d. h., die Reifen 47-507 (24″), 47-559 (26″) oder 47-622 (28″) erfordern jeweils eine andere Übersetzung. Die Antrieb und Instrumente verbindende biegsame Antriebswelle hat Ähnlichkeit mit einem Bowdenzug; auch sie besteht aus einem inneren Seil, der sogenannten Seele, und einer Außenhülle. Jedoch wird hier die Seele nicht auf Zug, sondern auf Verdrehung (Torsion) beansprucht und besteht deshalb aus einer Anzahl gewendelter Stahldrähte.

Die Außenhülle bildet nur Führung und Schutz für die Seele, die an den Enden Mitnehmer in Form angepreßter Vierkante hat, die in korrespondierende Vierkantlöcher in den Achsen von Instrument und Antrieb eingreifen. Die Hüllenenden sind mit Überwurfmuttern an den Gehäusen von Instrument und Antrieb festgeschraubt. Die Drehzahl der Antriebswelle kann hoch sein, deshalb muß sie gut geschmiert sein.

Während der Antrieb des Magnetsystems im Instrument direkt von der Antriebswelle aus erfolgt, wird das Zählwerk über einen Schneckenantrieb oder ein auf eine Seitenverzahnung der ersten Zahlenscheibe arbeitendes Klinkenwerk angetrieben.

Der VDO-Fahrradtachometer „duo“ hat ein rechteckiges Gehäuse (105 × 73 × 40 mm) aus Hostalen (Kurzzeichen HD = Polyäthylen). Der Meßbereich an der Rundskala geht bis 70 km/h, die Skaleneinteilung erfolgt in 2-km/h-Schritten, außerdem kann die Geschwindigkeit auch in Meter pro Sekunde (m/s) abgelesen werden. Neben dem vierstelligen Gesamtstreckenzähler, mit farbig abgesetzter 100-Meter-Anzeige, ist noch ein Tageskilometerzähler integriert. Die Rückstellung des Tageszählers geschieht mit dem Rändelrad an der rechten Gehäuseseite (Abb. 1028).

Abb. 1029: Fahrradtacho im Sichtfeld des Fahrers.

Der Tacho wird meist im Sichtfeld des Fahrers am Lenker montiert (Abb. 1029), wurde aber früher auch im Scheinwerfergehäuse untergebracht.

Bei einem Defekt an Instrument, Antriebswelle oder Nabenantrieb müssen die in Frage kommenden Geräte ausgetauscht werden – eine Reparatur in der Zweirad-Mechanikerwerkstatt ist nicht möglich.

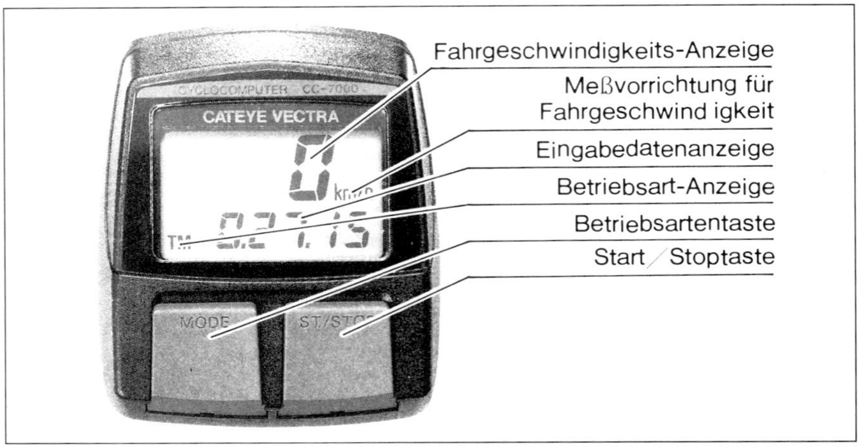

Abb. 1030: Anzeigegerät mit Bildschirm (Gewicht 38 g, Größe 56 × 46 × 21 mm) von Cateye.

Fahrrad-Computer

Bei vielen Automodellen ist die Ausrüstung mit einem Computer längst schon serienmäßig. Auch beim Fahrrad hat das elektronische Zeitalter bereits begonnen. Einen der ersten Fahrradcomputer-Anbausätze hat Cateye geliefert.

So ein Bausatz kann mühelos an jedes Fahrrad nachträglich montiert werden. Die jeweilige Laufradgröße kann am Gerät leicht eingestellt werden.

Mehrere Funktionen wie augenblicklich gefahrene Geschwindigkeit, Höchstgeschwindigkeit, Durchschnittsgeschwindigkeit, gefahrene Kilometer, Tageskilometer, Drehzahl, Fahrzeit, Uhrzeit usw. werden auf Knopfdruck angezeigt.

Der Anbausatz besteht aus dem Anzeigegerät mit Bildschirm und Abruftasten, das am Lenker befestigt wird, dem Sensor mit Kabel und Speichenmagnet.

Der kontaktlose Sensor entnimmt die Betriebssignale (ohne jeden Reibungsverlust), die von dem in den Speichen befestigten Radmagneten ausgelöst und an den Computer zur Auswertung geleitet werden.

Cateye vectra

Der Vectra macht sechs Funktionen sichtbar. Die momentan gefahrene Geschwindigkeit wird auf der oberen Zeile (Fahrgeschwindigkeits-Anzeige) immer angezeigt. Durch Betätigen der Betriebsartentaste erscheint jeweils eine der fünf ausgewählten Funktionen auf der unteren Zeile: Höchstgeschwindigkeit, Kilometerzähler, Fahrstrecke, Durchschnittsgeschwindigkeit und Fahrzeit (Abb. 1030).

Der Mikroprozessor (Steuerungsart: 4 Bits-Ein-Chip-Mikrocomputer Quarzoszillator) hat eine stromsparende Schaltung und eine langlebige Lithium-Batterie für eine zwei- bis dreijährige Betriebszeit.

Das abnehmbare Vectra-Anzeigegerät (Abb. 1031) ist wie sein Zubehör wasserdicht und auch bei rauhen Witterungsbedingungen betriebssicher.

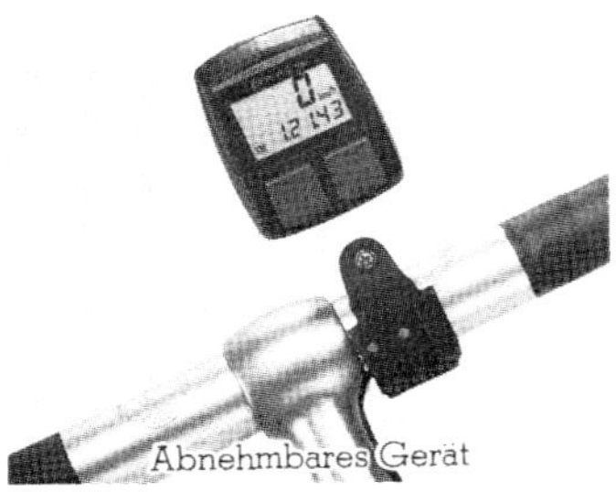

Abb. 1031: Anbau Cyclocomputer Cateye vectra.

Die Laufradgröße wird durch Eingabe des Radumfangs von 130 bis 229 cm (in 1-cm-Schritten) am Gerät eingestellt. Der Sensor mit Speichenmagnet wird am Vorderrad montiert (Abb. 1032).

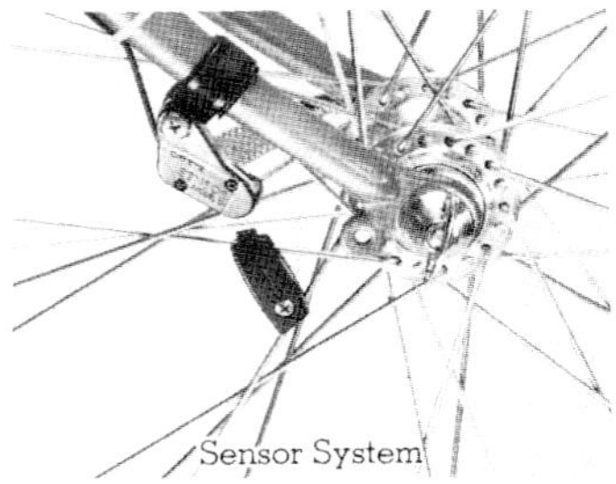

Abb. 1032: Berührungsfreier Magnetsensor Cateye vectra.

Cateye Micro

Das Gerät ist kompakt, leicht und robust (Gewicht 38 g, Größe 56 × 46 × 19 mm) und auch für Triathleten geeignet. Durch einen speziellen Überzug ist das abnehmbare Gerät staub- und wasserfest. Es wird in der Mitte des Lenkers montiert (Abb. 1033).

Abb. 1033: Anbau des Cateye Micro.

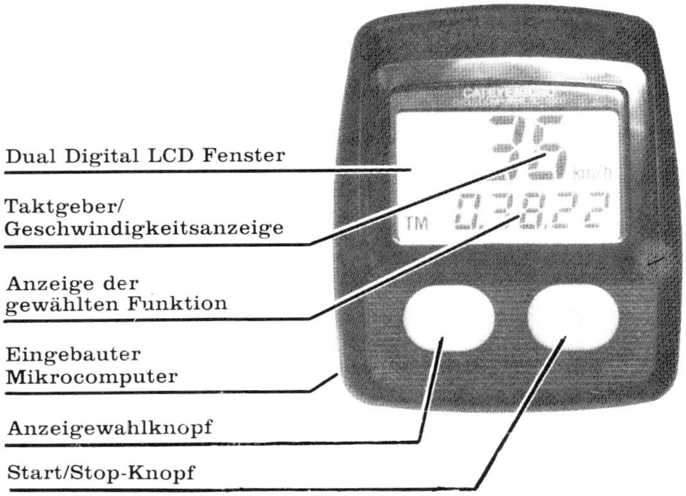

Abb. 1034: Cateye Micro mit Dual Digital LCD-Anzeige.

Der Cateye Micro zeigt sieben Funktionen an. Das Fenster ist eine große, leicht ablesbare Dual Digital LCD-Anzeige. Die Momentangeschwindigkeit oder der Taktgeber werden in der oberen Zeile angezeigt. Die anderen fünf Funktionen (Kilometerzähler, Fahrstrecke, Fahrzeit, Höchstgeschwindigkeit und Durchschnittsgeschwindigkeit) erscheinen in der unteren Zeile (Abb. 1034).

Die Stromversorgung erfolgt durch Lithium-Batterien. Ein Batteriewechsel wird erst nach zwei bis drei Jahren erforderlich.

Das Sensorsystem ist am Hinterrad montiert (Abb. 1035), der Taktgebersensor (Pedalsensor) ist an der Tretkurbel befestigt (Abb. 1036).

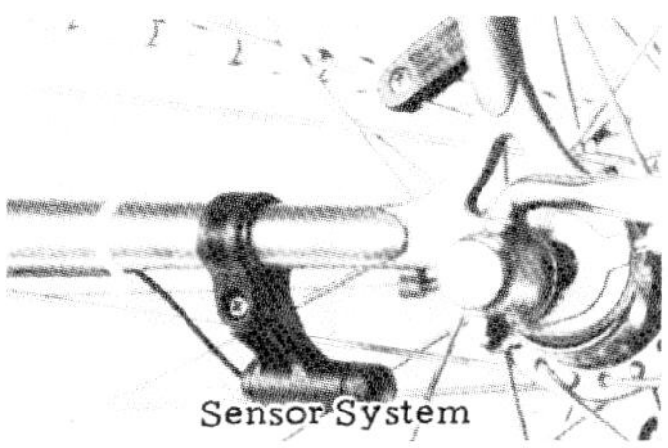

Abb. 1035: Berührungsfreier Magnetsensor am Hinterrad.

Cateye Solar II

Der Cateye Solar II ist ein Gerät für Körper- und Fahrradtraining.

Die Energiezufuhr erfolgt durch Solarzellen und zwei aufladbare Silberoxid-

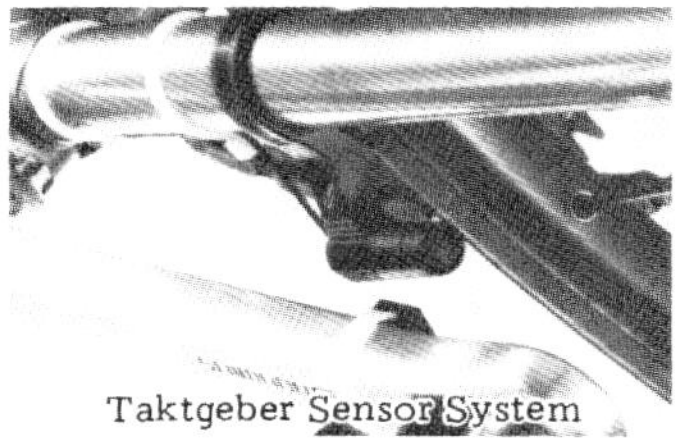

Abb. 1036: Taktgebersensor an der Tretkurbel.

Knopfzellen-Batterien. Die Aufladefähigkeit der Batterien wird mit Hilfe der Solarzellen gesteigert und die gesamte Betriebsbereitschaft dadurch verbessert (Abb. 1037).

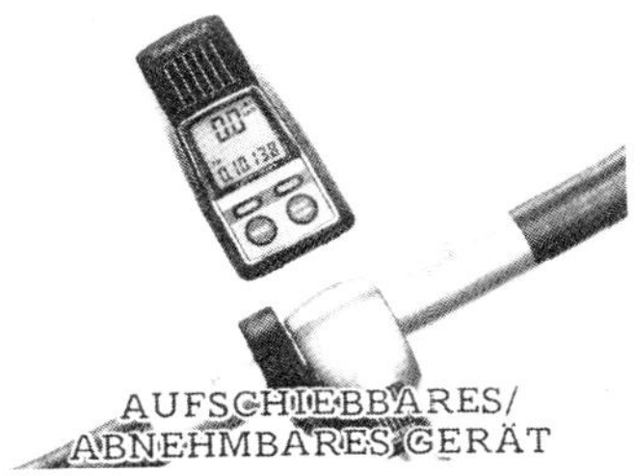

Abb. 1037: Abnehmbares Gerät Cateye Solar II.

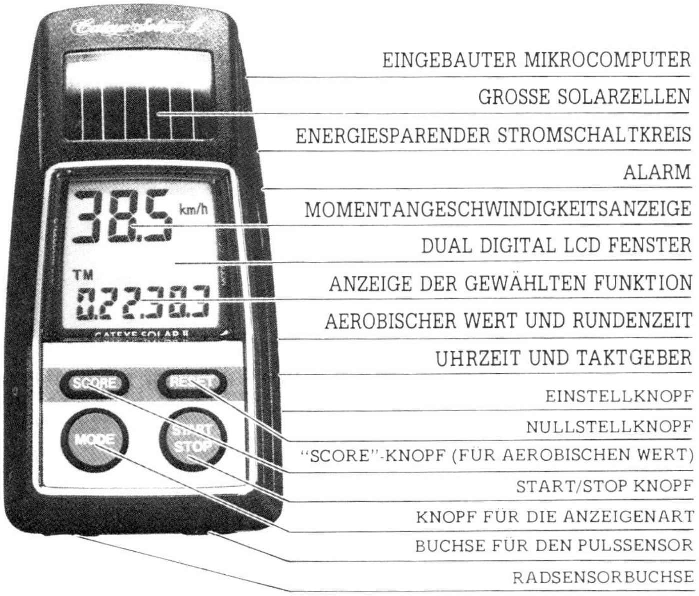

Abb. 1038: Anzeigegerät Cateye Solar II.

Insgesamt können 16 Funktionen angezeigt werden wie: Momentangeschwindigkeit, Fahrzeit, Fahrstrecke, Durchschnittsgeschwindigkeit, Höchstgeschwindigkeit, Kilometerzähler (Gesamt), Taktgeberkompetenz, Zeituhr, Rundenzeit, aerobischer Wert, Pulse, Fahrzeitalarm, Fahrzeitstreckenalarm, Geschwindigkeitsalarm, Obere Pulsgrenze und Betriebskontrolle. Gewicht des Gerätes 95 g, Abmessungen $105 \times 51 \times 36$ mm (Abb. 1038).

Wenn das Gerät länger als eine Stunde nicht mehr betätigt wird, schaltet es auf halben Stromverbrauch. Die Uhrzeit und der Kilometerzählerstand bleiben jedoch erhalten.

Die Anzeige des aerobischen Wertes dient der Gesundheitsüberwachung während des Radfahrens. Der Wert, der dem bei aerobischen Übungen gleichkommt, wird vom Computer errechnet und angezeigt (Richtlinie hierzu in der Bedienungsanleitung).

Die Rundenzeit kann bis zu dreimal für jede vorgegebene Strecke gespeichert werden.

Der Puls wird mit Hilfe des Pulssensorgeräts während des Fahrens gemessen. Wenn eine obere Pulsgrenze festgelegt ist und man den Pulssensor einsetzt, dann löst er beim Überschreiten dieser Grenze ein Alarmsignal aus.

Der Radsensor mit Speichenmagnet ist am Hinterrad montiert (Abb. 1039), da-

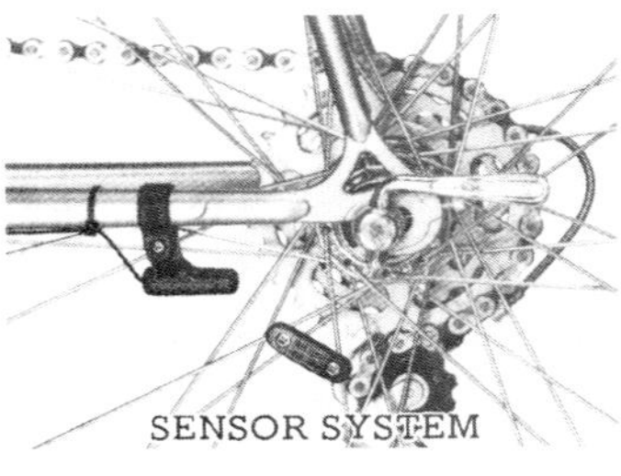

Abb. 1039: Berührungsfreier Sensor am Hinterrad.

durch ist auch ein Training auf einem feststehenden Fahrrad in einem geschlossenen Raum möglich.

Der Pedalsensor ist leicht zu befestigen (Abb. 1040).

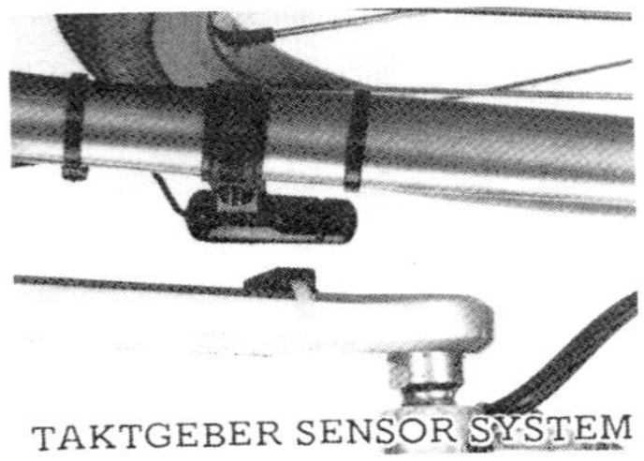

Abb. 1040: Pedalsensor.

Das Pulssensorgerät ist klein und handlich, es kann in der Trikottasche oder am Gürtel untergebracht werden. Das Sensorkabel hierfür wird am Ohrläppchen befestigt (Abb. 1041).

Abb. 1041: Pulssensor.

Die Verbindung des Pulssensors mit dem Anzeigegerät erfolgt durch ein Kabel. Am Anzeigegerät sind zwei Buchsen, je eine für den Anschluß des Pulssensors und des Radsensors.

Die Laufradgröße wird durch Eingabe des Radumfangs von 0 bis 2999 mm (in 1 Millimeterschritten) genau am Gerät eingestellt.

Sachs-Huret Multronic

ist ein elektronischer Kilometerzähler und Tachometer. Der Multronic ist klein und unauffällig. Er wird direkt an der Vorderradgabelscheide befestigt (Abb. 1042).

Abb. 1042: Sachs-Huret Multronic.

Das Anzeigegerät hat die Größe einer Streichholzschachtel und wiegt insgesamt nur 72 g. Gegen Diebstahl läßt es sich leicht und ohne Werkzeug vom Halter abziehen, um es bequem in der Hosen- oder Trikottasche zu verstauen.

Die Fahrimpulse werden an das Anzeigegerät drahtlos übertragen. Kein Kabel und keine Antriebswelle stören bei einem eventuellen Radausbau. Der in den Speichen befestigte Halter aus Kunststoff mit Magnet (M) liefert die notwendigen Impulse (Abb. 1043).

Die Informationen werden ständig ablesbar und ohne Tastendruck (deshalb keine Ablenkung vom Verkehr) angezeigt.

Geschwindigkeit	bis zu 99 km/h (3)
Tageskilometer	bis zu 999 km (2)
Gesamtkilometer	bis zu 99999 km (1)

Der Multronic hat nur eine Funktionstaste (4), um den Durchmesser des Laufrades zu programmieren (daher ist er für alle Radgrößen geeignet) und um die Tageskilometer zu löschen, wenn es gewünscht wird (Abb. 1044).

Abb. 1043: Impulsgeber.

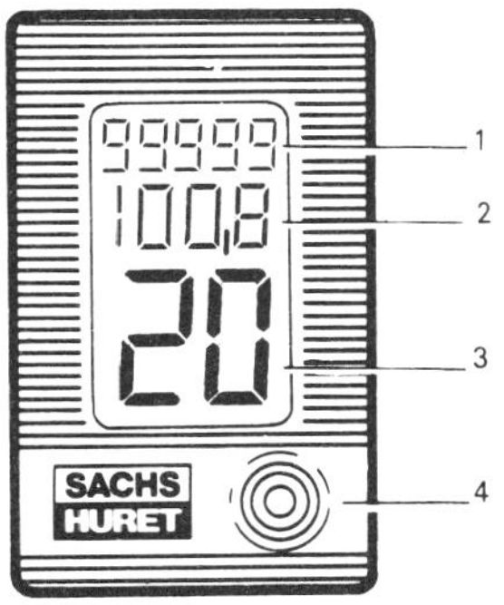

Abb. 1044: Funktionen Sachs-Huret Multronic.

Die im Anzeigegerät befindliche Batterie hat eine Lebensdauer von ca. drei Jahren.

Multronic 2

Der Multronic 2 ist eine Weiterentwicklung des Vorgängermodells mit nur geringen Änderungen (Abb. 1045).

Das neue Gerät registriert sechs Funktionen, davon werden drei ständig (in Fahrt) angezeigt.

Anzeige in Fahrt: Fahrzeit, Tageskilometer, Fahrgeschwindigkeit.

Anzeige im Stillstand: Gesamtkilometer, Durchschnittsgeschwindigkeit, maximale Geschwindigkeit.

VDO Elektronischer Fahrradtachometer

Das VDO-Gerät nennt sich nur elektronischer Fahrradtachometer „tour" und zeigt fünf Funktionen an (Abb. 1046). Er wird in der Mitte des Lenkers montiert.

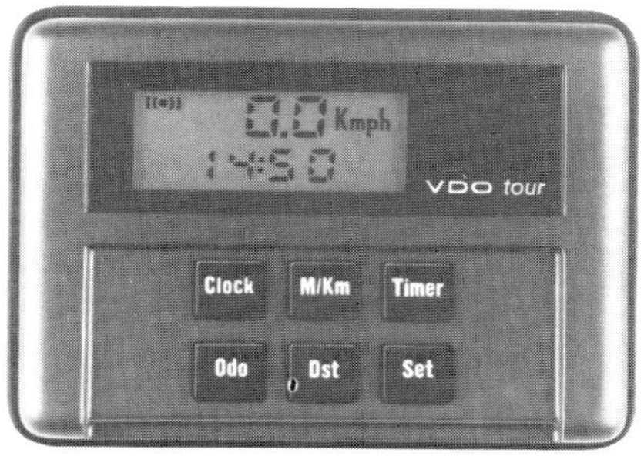

Abb. 1046: Anzeigegerät VDO tour.

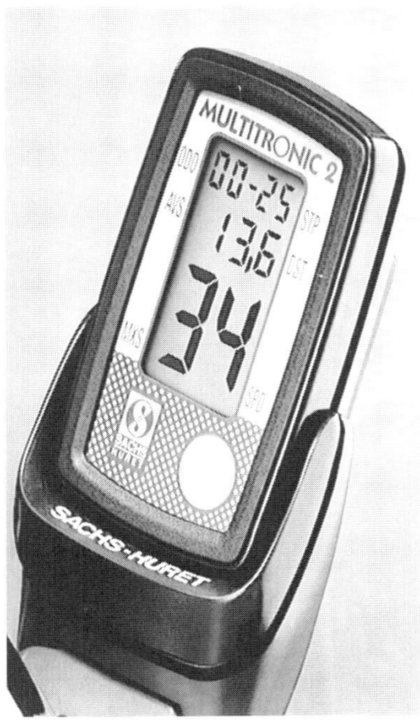

Abb. 1045: Multronic 2 von Sachs-Huret.

Das abnehmbare Anzeigegerät mit den Maßen 78 × 56 × 17 mm wird durch zwei Batterien V13GA/V13GS versorgt. Die fünf Funktionen sind: Zeituhr (Clock), Gesamtstrecke (Odo), Teilstrecke (Dst), Umschalttaste (M/km), Rückwärtslaufende Stoppuhr (Timer) und Einstelltaste (Set). Rückseitig wird an der Stelltaste (Wheel) der Laufradumfang in mm eingestellt.

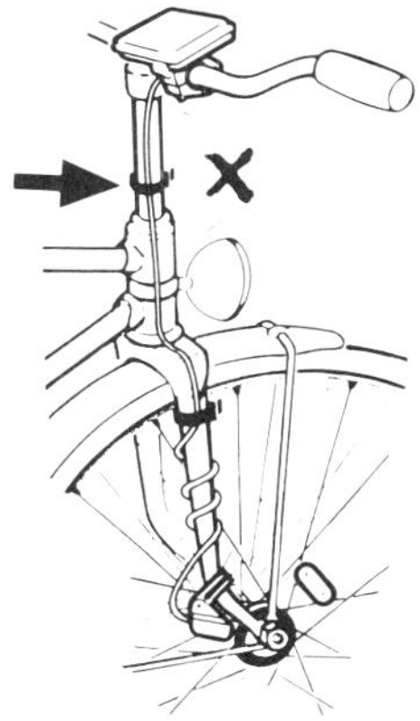

Abb. 1047: Montage des elektronischen VDO-Fahrradtachometers.

Der berührungsfreie Geber (Sensor) mit Kabel und der Speichenmagnet werden am Vorderrad montiert (Abb. 1047).

Elektrische Ausrüstung

Eine Beleuchtung des Fahrrades war schon seit dessen frühesten Entwicklungsjahren Vorschrift. Aber nicht, um dem Fahrer die Wegstrecke auszuleuchten, sondern um den in der damaligen Zeit „mit großer Geschwindigkeit und fast geräuschlos nahenden Radfahrer“ bei Dunkelheit anderen erkennbar zu machen und sie rechtzeitig vor ihm zu warnen.

Die Zeiten haben sich gewandelt, und aus dem damals so schnellen Radfahrer ist heute, abgesehen vom Fußgänger, der langsamste Verkehrsteilnehmer geworden.

Damit haben sich auch die Gründe für die Beleuchtung seines Fahrzeugs ins Gegenteil verkehrt: Der Radfahrer von heute braucht die Beleuchtung seines Fahrzeugs hauptsächlich zu seiner eigenen Sicherheit. Außerdem sind die Ansprüche hinsichtlich Ausleuchtung der Fahrbahn gestiegen. Mit den alten Beleuchtungsmitteln – von der Kerze über Rüböl und Petroleum bis zum Azetylen (C_2H_2)[96] – waren die sich stellenden Forderungen nicht ausreichend und nicht mit genügender Betriebssicherheit zu erreichen. Trotzdem hat man sich viele Jahre mit der Karbidlampe begnügen müssen (Abb. 1048).

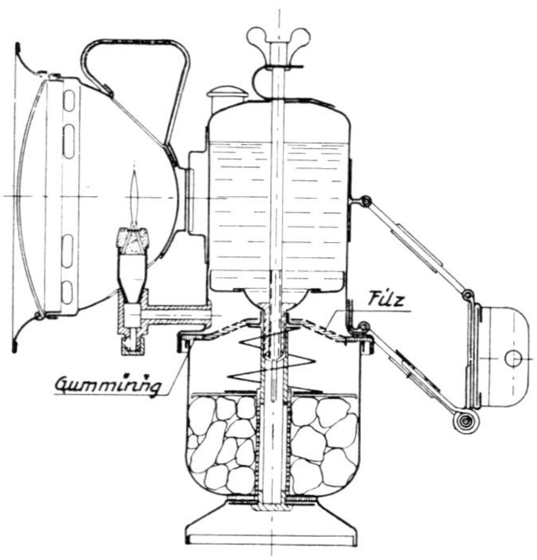

Abb. 1048: Karbidlaterne.

Erst mit der Einführung und stetigen Verbesserung der elektrischen Fahrradbeleuchtung (Dynamo, Scheinwerfer und Schlußleuchte) wurde mehr Sicherheit gewonnen.

Früher gab es eine gesetzliche Vorschrift, daß ein Fahrrad bei Fahrten in der Dunkelheit beleuchtet sein müsse. Wer nicht bei Dunkelheit fuhr, brauchte folglich keine Beleuchtungsanlage am Fahrrad – eine solche war lediglich ein wahlweise anzubringendes Zubehör. Seit 1960 aber muß jedes Fahrrad mit einer Beleuchtungsanlage ausgerüstet sein (StVZO § 67). Aus dem ehemals ins Ermessen des Radfahrers gestellten Zubehör ist ein sehr wichtiges Ausrüstungsteil geworden.

§ 67 StVZO-Neufassung vom Sept. 1988

Lichttechnische Einrichtungen an Fahrrädern

(1) Fahrräder müssen für den Betrieb des Scheinwerfers und der Schlußleuchte mit einer Lichtmaschine ausgerüstet sein, deren Nennleistung mindestens 3 W und deren Nennspannung 6 V beträgt (Fahrbeleuchtung). Für den Betrieb von Scheinwerfer und Schlußleuchte darf zusätzlich eine Batterie mit einer Nennspannung von 6 V verwendet werden (Batterie-Dauerbeleuchtung). Die beiden Betriebsarten dürfen sich gegenseitig nicht beeinflussen.

(2) An Fahrrädern dürfen nur die vorgeschriebenen und die für zulässig erklärten lichttechnischen Einrichtungen angebracht sein. Als lichttechnische Einrichtungen gelten auch Leuchtstoffe und rückstrahlende Mittel. Die lichttechnischen Einrichtungen müssen vorschriftsmäßig und fest angebracht sowie ständig betriebsfertig sein. Lichttechnische Einrichtungen dürfen nicht verdeckt sein.

(3) Fahrräder müssen mit einem nach vorn wirkenden Scheinwerfer für weißes Licht ausgerüstet sein. Der Lichtkegel muß mindestens so geneigt sein, daß seine Mitte in 5 m Entfernung vor dem Scheinwerfer nur halb so hoch liegt wie bei seinem Austritt aus dem Scheinwerfer. Der Scheinwerfer muß am Fahrrad so angebracht sein, daß er sich nicht unbeabsichtigt verstellen kann. Fahrräder müssen mit mindestens einem nach vorn wirkenden weißen Rückstrahler ausgerüstet sein (= spätestens ab 1. Januar 1990).

(4) Fahrräder müssen an der Rückseite mit

1. einer Schlußleuchte für rotes Licht, deren niedrigster Punkt der leuchtenden Fläche sich nicht weniger als 250 mm über der Fahrbahn befindet,

2. mindestens einem roten Rückstrahler, dessen höchster Punkt der leuchtenden Fläche sich nicht höher als 600 mm über der Fahrbahn befindet, und

3. einem mit dem Buchstaben „Z“ gekennzeichneten roten Großflächen-Rückstrahler (= spätestens ab 1. Januar 1990) ausgerüstet sein. Die Schlußleuchte sowie einer der Rückstrahler dürfen in einem Gerät vereinigt sein. Beiwagen von Fahrrädern müssen mit einem Rückstrahler entsprechend Nummer 2 ausgerüstet sein.

(5) Fahrräder dürfen an der Rückseite mit einer zusätzlichen, auch im Stand wirkenden Schlußleuchte für rotes Licht ausgerüstet sein. Diese Schlußleuchte muß unabhängig von den übrigen Beleuchtungseinrichtungen einschaltbar sein.

(6) Fahrradpedale müssen mit nach vorn und nach hinten wirkenden gelben Rückstrahlern ausgerüstet sein; nach der Seite wirkende gelbe Rückstrahler an den Pedalen sind zulässig.

(7) Die Längsseiten müssen nach jeder Seite mit

1. mindestens zwei um 180° versetzt angebrachten, nach der Seite wirken-

[96] Azetylen = farbloses, fast geruchfreies Kohlenwasserstoffgas, mit Luft vermischt sehr explosibel, hoher Heizwert. Entsteht durch Einwirkung von Wasser auf Kalziumkarbid, z. B. in der Karbidlaterne

den gelben Speichenrückstrahlern an den Speichen des Vorderrades und des Hinterrades oder

2. ringförmig zusammenhängenden retroreflektierenden weißen Streifen an den Reifen des Vorderrades und des Hinterrades

kenntlich gemacht sein. Zusätzlich zu der Mindestausrüstung mit einer der Absicherungsarten dürfen Sicherungsmittel aus der anderen Absicherungsart angebracht sein. Werden mehr als zwei Speichenrückstrahler an einem Rad angebracht, so sind sie am Radumfang gleichmäßig zu verteilen.

(8) Zusätzliche nach der Seite wirkende gelbe rückstrahlende Mittel sind zulässig.

(9) Der Scheinwerfer und die Schlußleuchte nach Absatz 4 dürfen nur zusammen einschaltbar sein. Eine Schaltung, die selbsttätig bei geringer Geschwindigkeit von Lichtmaschinenbetrieb auf Batteriebetrieb umschaltet (Standbeleuchtung), ist zulässig; in diesem Fall darf auch die Schlußleuchte allein leuchten.

(10) In den Scheinwerfern und Leuchten dürfen nur die nach ihrer Bauart dafür bestimmten Glühlampen verwendet werden.

(11) Für Rennräder, deren Gewicht nicht mehr als 11 kg beträgt, gilt abweichend folgendes:

1. für den Betrieb von Scheinwerfer und Schlußleuchte brauchen anstelle der Lichtmaschine nur eine oder mehrere Batterien entsprechend Absatz 1 Satz 2 mitgeführt zu werden;

2. der Scheinwerfer und die vorgeschriebene Schlußleuchte brauchen nicht fest am Fahrrad angebracht zu sein; sie sind jedoch mitzuführen und unter den in § 17 Ab. 1 Straßenverkehrs-Ordnung beschriebenen Verhältnissen vorschriftsmäßig am Fahrrad anzubringen und zu benutzen;

3. Scheinwerfer und Schlußleuchte brauchen nicht zusammen einschaltbar zu sein;

4. anstelle des Scheinwerfers nach Absatz 1 darf auch ein Scheinwerfer mit niedrigerer Nennspannung als 6V und anstelle der Schlußleuchte nach Absatz 4 Nr. 1 darf auch eine Schlußleuchte nach Absatz 5 mitgeführt werden.

(12) Rennräder sind für die Dauer der Teilnahme an Rennen von den Vorschriften der Absätze 1 bis 11 befreit.

Zur lichttechnischen Einrichtung am Fahrrad gehören nicht nur die Beleuchtungsanlage mit Scheinwerfer, Lichtmaschine und Schlußleuchte, sondern auch die rückstrahlenden Mittel und Leuchtstoffe, wie weißer Front-Rückstrahler, roter Großflächenrückstrahler (Z), gelbe Pedalrückstrahler, gelbe Speichenrückstrahler oder weißer zusammenhängender retroreflektierender Streifen an den Reifen (Leuchtreifen).

Diese lichttechnischen Einrichtungen an Fahrrädern müssen § 67 StVZO entsprechen und eine Betriebserlaubnis gemäß § 66 StVZO haben oder eine Bauartgenehmigung entsprechend § 22a StVZO nach Prüfung gemäß den technischen Anforderungen (TA) führen.

Zu den genannten Bauteilen kommt noch die ebenso wichtige Verkabelung zwischen Stromquelle (Lichtmaschine), Scheinwerfer und Rückleuchte nach DIN 79 100.

Lichtmaschine (Dynamo)

Der Stromerzeuger wird als Lichtmaschine (Dynamo) bezeichnet. Er ist heute soweit vervollkommnet, daß er eine zusätzliche Ersatzstromquelle (Batterie) nicht mehr benötigt. Heute ist der Dynamo der alleinige, betriebssichere Stromerzeuger für die Fahrradbeleuchtung – bei allen Geschwindigkeiten zwischen Schieben und Höchstgeschwindigkeit.

Zum vollen Verständnis der Vorgänge in einer Lichtmaschine gehören weitgehende elektro-physikalische Kenntnisse. Die Wirkungsweise eines solchen Stromerzeugers soll deshalb hier nur ganz kurz erklärt werden. Sie beruht auf der sogenannten Magnetinduktion.

Von den Polen eines Dauermagneten (Permanentmagneten) gehen (Abb. 1049) Kräfte aus, deren Verlauf und Wirkung als sogenannte „Kraftlinien" mit Eisenfeilspänen auf einem über die Magnetpole gelegten Kartonblatt sichtbar gemacht werden können. Die Späne richten sich, wie die Skizze zeigt, zu Linien aus, die im Bogen von Pol zu Pol verlaufen; sie bilden das magnetische Kraftfeld.

Wird in diesem Kraftfeld ein elektrischer Leiter bewegt (bzw. wird das Kraftfeld gegenüber einem solchen Leiter bewegt), so entsteht an den Enden des Leiters eine elektrische Spannung (Abb. 1050). Deren Höhe ist abhängig von der Dichte des Kraftfeldes (also der „Stärke" des Magneten), und von der Geschwindigkeit der gegenseitigen Bewegung von Kraftlinienfeld

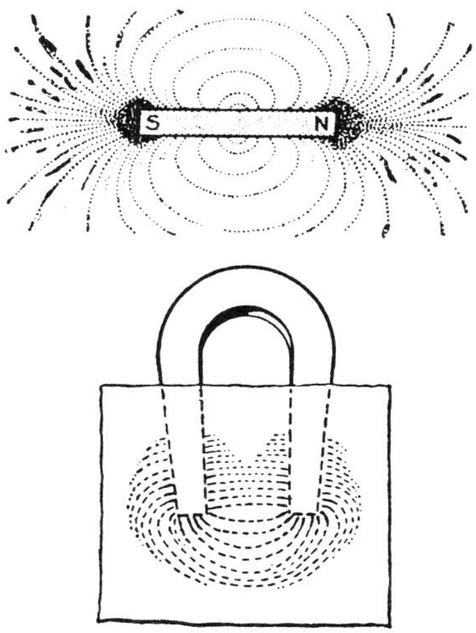

Abb. 1049: Kraftlinienfeld eines Stab- (oben) und eines Hufeisen-Magneten (unten).

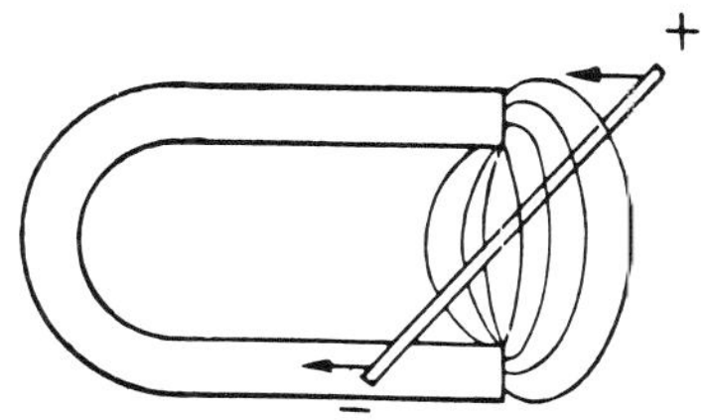

Abb. 1050: Elektrischer Leiter im magnetischen Kraftfeld.

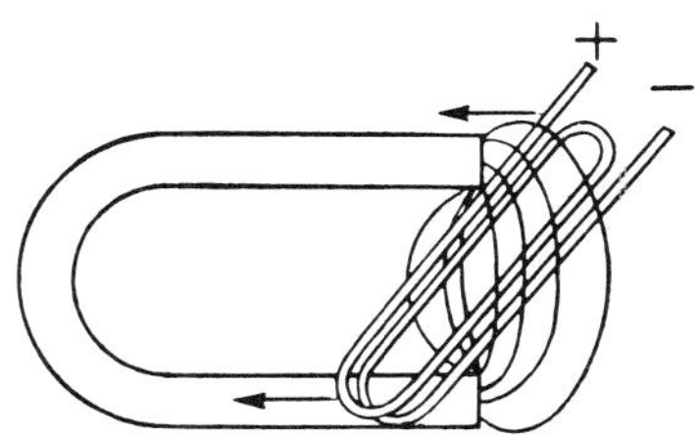

Abb. 1051: Spule im magnetischen Kraftfeld.

und Leiter. Werden mehrere Leiter hintereinandergeschaltet, etwa in Form einer Spule (Abb. 1051), so addieren sich die in jedem einzelnen Leiter erzeugten Einzelspannungen zu einer Gesamtspannung an den Enden der Spule. Die Spannung wird in Volt[97] gemessen.

Werden die beiden Enden der Spule verbunden, so fließt im geschlossenen Leiterkreis ein Strom, dessen Richtung von der Polarität der Spannung und letztlich wieder von der Magnet-Polarität an der Stelle der Kraftliniendurchschneidung abhängt und dessen Stärke (gemessen in Ampere[98]) bedingt ist durch die Höhe der Spannung und den elektrischen Widerstand der zwischen die Spulenenden geschalteten Leitungsverbindung.

Läßt man die Spule zuerst die Kraftlinien am Nordpol und dann am Südpol des Magneten schneiden, so muß sich die Stromrichtung mit der Geschwindigkeit der Bewegung von Pol zu Pol ändern – es entsteht ein Wechselstrom[99].

Auch die Höhe der Spannung (und damit die Stromstärke) ist von der Bewegungsgeschwindigkeit zwischen Spule und Kraftfeld abhängig, wie bereits gesagt: sie steigen und sinken mit dieser Geschwindigkeit. Irgendwo hat das Ansteigen freilich eine Grenze, hauptsächlich dadurch, daß mit sinkender Stromstärke und Vermehrung der Stromrichtungswechsel Rückwirkungen in der Spule auftreten, die ein weiteres Ansteigen nicht mehr zulassen.

Mehr soll hier über die Theorie der Lichtmaschinenfunktion nicht gesagt werden.

Wie eine achtpolige Lichtmaschine aufgebaut ist, zeigt Abb. 1052. Im oberen und unteren Statorring (14 und 16) sitzt die Spule (15), diese Teile werden zusammen im witterungsbeständigen Reinaluminiumgehäuse (12) gehalten. Das so gebildete korbförmige Teil hat ebensoviele Polschuhe wie der umlaufende Dauermagnet (Magnetrotor 19) Pole hat. Diese Polschuhe dienen zur Verstärkung der Wirkung des Magnet-Kraftfeldes. Die Rotorachse (18) ist im Magnetrohr eingepreßt und läuft in den beiden wartungsfreien Sinterlagern (11 und 13). Der Magnetrotor mit Achse wird durch die verschleißfreie Antriebs-Laufrolle (10) aus heißdampfbehandeltem Sinterstahl in den beiden Sinterlagern gehalten und läuft dank der Spielausgleichsfeder (17) spielfrei am unteren Sinterlager (15) an. Im Gehäuse ist unten die Bodenkappe (20) eingebördelt, das Gehäuse kann dadurch nicht geöffnet werden. In der Bodenkappe sitzt die Kontaktkappe (21), die innen mit der Spule (15) verbunden ist. Das Anschlußkabel zum Scheinwerfer wird mit seinem abisolierten Kabelende abgebogen und durch das Mittelloch des Anschlußknopfes (22) gesteckt. Wird dieser zur Rasterung um 90° verdreht, so wird mit diesem schraublosen Schnellanschluß eine sichere Kabelverbindung erreicht.

Die in Abb. 1052 zu erkennenden Teile 1–8 gehören zum Kippmechanismus, mit dem die Lichtmaschine eingeschaltet, das heißt, die Laufrolle zur Anlage am Reifen gebracht wird.

Es wurde bereits darauf hingewiesen, daß die Höhe der in der Lichtmaschine erzeugten Spannung (V) abhängig von der Drehzahl ist – je schneller das Fahrrad gefahren wird, desto höher steigen Spannung und Leistung. Vom Gesetzgeber wird nach TA 24 StVZO vorgeschrieben: die Leistungskennlinie der Lichtmaschine muß bei konstantem Ohmschen Widerstand[100] von 12 Ohm (Ω) folgende Spannungswerte zeigen: bei

5 km/h mindestens 3 V,
15 km/h mindestens 5,7 V,
30 km/h höchstens 7 V.

In Abb. 1054 ist der Verlauf der Spannung (V) und der Leistung (W) in Abhängigkeit von der Geschwindigkeit (km/h)

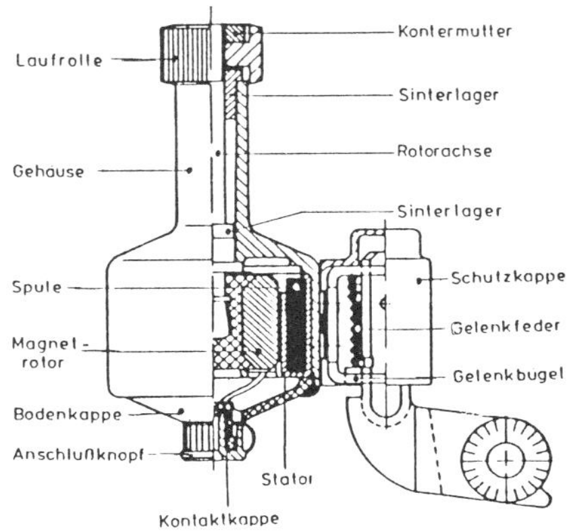

Abb. 1053: Lichtmaschine 6701 von Union.

am Beispiel der in Abb. 1052 und 1053 gezeigten Union-Lichtmaschine dargestellt.

Es ist das Bestreben der Konstrukteure, die Lichtmaschine so auszulegen, daß die Spannung bei einer bestimmten Fahrgeschwindigkeit einen Höchstwert erreicht, und daß die Spannungskurve möglichst flach verläuft (Abb. 1054). Steigt nämlich die Spannung zu hoch, so steigt bei gleichbleibendem Widerstand auch die Stromstärke entsprechend. Diese aber ist maßgebend

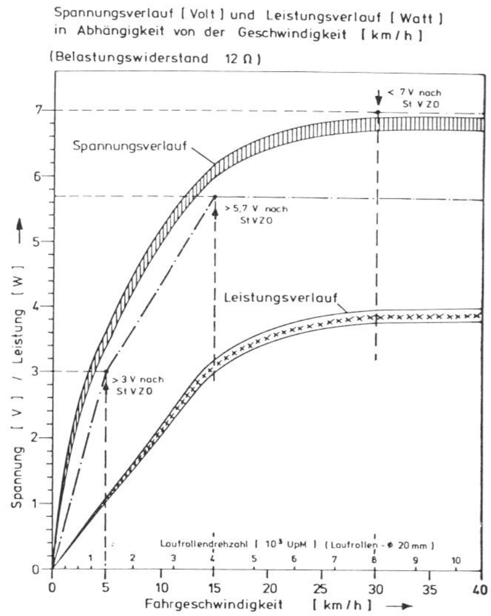

Abb. 1054: Spannungs- und Leistungsverlauf der Union-Lichtmaschine.

[97] Volt = Maßeinheit der elektrischen Spannung, der elektromotorischen Kraft und des elektrischen Potentials, Kurzzeichen V

[98] Ampere = Maßeinheit der elektrischen Stromstärke, Kurzzeichen A

[99] Wechselstrom liegt vor, wenn der Strom in bestimmten Intervallen (Zeitabständen) seine Richtung ändert. Die Anzahl der Wechselperioden pro Sekunde nennt man Frequenz, Einheit der Frequenz = Hertz, Kurzzeichen Hz.

[100] Der Ohmsche Widerstand ist keine unveränderliche Größe. Sein Wert (gemessen in Ohm, Kurzzeichen Omega = Ω) ist abhängig von Material und Dimensionen des Leiters, der Temperatur und der Frequenz des im Leiter fließenden Wechselstroms.

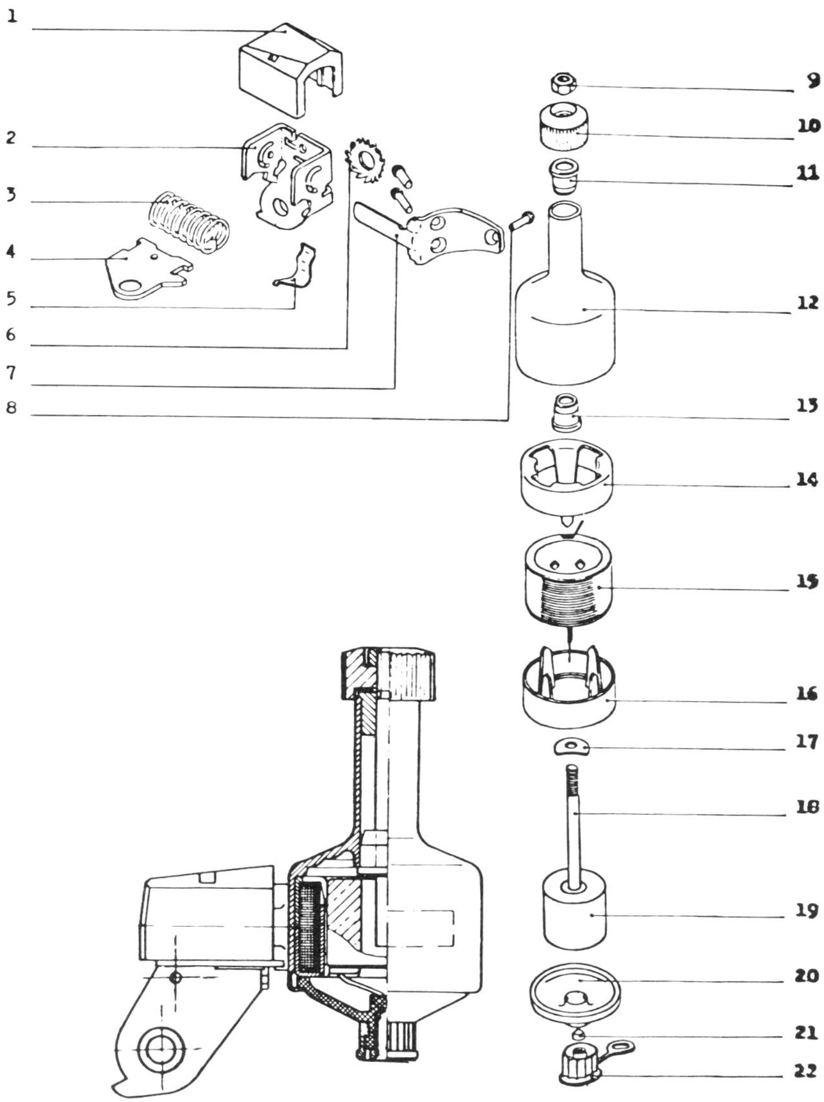

Abb. 1052: Aufbau einer achtpoligen Lichtmaschine von Union. 1 = Schutzkappe, 2 = Gelenkrahmen, 3 = Spannfeder, 4 = Auslösehebel, 5 = Rückholfeder, 6 = Fächerscheibe, 7 = Gelenkachse, 8 = Befestigungsniet, 9 = Kontermutter, 10 = Laufrolle, 11 = oberes Sinterlager, 12 = Gehäuse, 13 = unteres Sinterlager, 14 = oberer Statorring, 15 = Spule mit Wicklung, 16 = unterer Statorring, 17 = Spielausgleichsfeder, 18 = Rotorachse, 19 = Magnetrotor, 20 = Bodenkappe, 21 = Kontaktkappe, 22 = Anschlußknopf.

für die Wärmeentwicklung in den angeschlossenen Leitern bzw. Verbrauchern. Von einer bestimmten Überspannungshöhe an werden die stromdurchflossenen Glühfäden der Glühlampen so stark überhitzt, daß sie durchbrennen. Besonders gefährdet ist die kleine Rücklicht-Glühlampe 6 V 0,6 W, wenn die stärkere Scheinwerfer-Glühlampe 6 V 2,4 W ausfällt.

Weitere technische Daten der Union-Lichtmaschine 6701:

Nennleistung 3 Watt (W)
Reibrollen-Durchmesser 20 mm
Reibrollen-Andruckkraft min. 9 N max. 16 N
Auslösekraft der Einschalttaste max. 20 N
Betriebsdrehzahl 6700 U/min (= 25 km/h)
Max. Drehzahl kurzzeitig 25 000 U/min (= 100 km/h)
Mindestlebensdauer 10 000 km Fahrstrecke.

Die Reibrolle ist so ausgebildet, daß sie hutförmig den Lagerhals der Lichtmaschine umfaßt und so Lager und Spule gegen Schmutz und eindringendes Wasser schützt. Um möglichst geringen Schlupf der Rolle auf dem Reifen zu erzielen, ist der Umfang der Rolle gerieft, eine ähnliche Riefelung tragen meist mit Rücksicht auf den Lichtmaschinenantrieb auch die Seitenwände der Bereifung. Die Mitnahme der Rolle erfolgt deshalb nicht nur durch Reibung, sondern vor allem durch zahnradartiges Eingreifen der Riefelungen. Sonst würde bei Nässe oder Schnee der Reibungsfaktor soweit abfallen, daß durch den entstehenden Schlupf der Reibrolle die Drehzahl der Lichtmaschine unzulässig absinken oder die Rolle überhaupt nicht mehr gedreht würde.

Zum Stand der Technik einer Lichtmaschine gehört heute eine eingebaute elektronische Spannungsbegrenzung, die eine zu hohe Nutzleistung bzw. Spannung (bei großer Fahrgeschwindigkeit) begrenzt. Dadurch wird eine verlängerte Brenndauer der Glühlampen im Scheinwerfer und in der Rückleuchte erreicht, die mit anderen Regelsystemen nicht zu erzielen ist.

Dies ist besonders wichtig beim Halogenlicht, denn die Halogen-Glühlampe ist gegen Überspannung empfindlicher als eine normale Glühlampe.

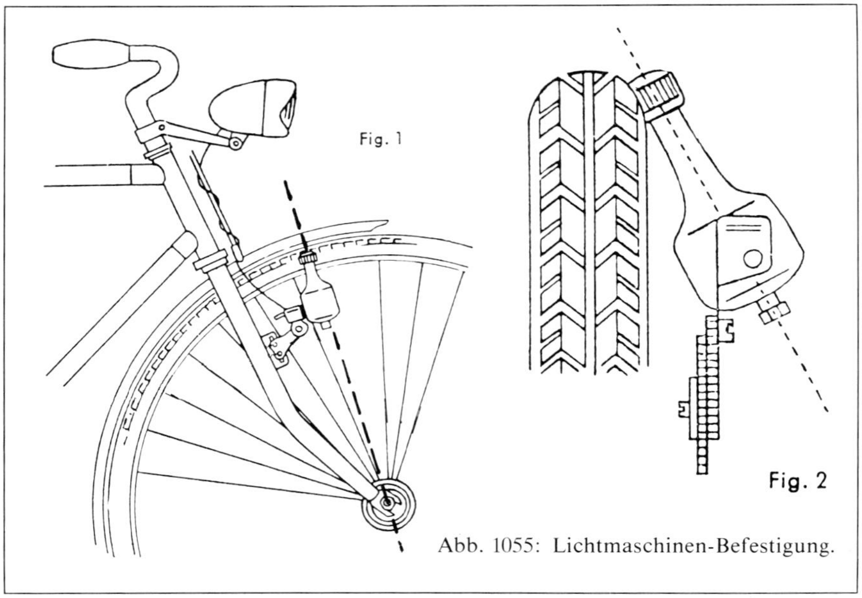

Abb. 1055: Lichtmaschinen-Befestigung.

Eine größere Antriebsrolle (z. B. 23 mm ∅ statt 20) trägt zur Verringerung der dem Radfahrer abzufordernden Energie bei.

Die geringere Mitnahmekraft der größeren Laufrolle reduziert die erforderliche Antriebsleistung und mindert bei ungünstiger Witterung ein „Durchrutschen".

Früher erfolgte der Antrieb der Lichtmaschine meist vom Vorderradreifen. An der Gabelscheide ist für die Befestigung der Lichtmaschine ein Halter angeschweißt (siehe Abb. 345). Für den Anbau an der Vorderradgabel sprechen keine besonderen Gründe – außer dem, daß der Dynamo während der Fahrt mit dem Fuß eingeschaltet werden könnte (was aber gar nicht geschehen sollte). Besser als an der hochbeanspruchten Vorderradgabelscheide ist die Befestigung an der Hinterradgabelstrebe (siehe Abb. 227).

Ob vorn oder hinten – die Lichtmaschinen-Befestigung muß eine radiale Stellung der Lichtmaschinenachse gewährleisten (Abb. 1055 Fig. 1), und die Lichtmaschine muß auch in der Höhe richtig zum Reifen eingestellt sein (Abb. 1055 Fig. 2).

In Abb. 1056 ist ein Nabendynamo von Sturmey-Archer dargestellt, der in die Vorderradnabe eingebaut ist. Er läuft also ständig mit; schwergängiger wird er allerdings erst, wenn die Beleuchtung eingeschaltet ist, das heißt, wenn er Leistung abgeben muß. Witterungsprobleme (Schnee) gibt es nicht. Damit die erforderliche Nennleistung von 3 W erreicht wird, sind im Gegensatz zur konventionellen, getrennten Lichtmaschine größere Spulendimensionen notwendig. Bei einer Fahrgeschwindigkeit von 25 km/h macht der konventionelle Dynamo ca. 6700 U/min, der Nabendynamo dagegen nur etwa 200 U/min. Daraus erklärt sich, daß ein Nabendynamo größer und damit teurer ausfallen muß. Siehe hierzu auch Abb. 850 und dazugehöriger Text.

Für Rennsport- und Rennräder, die keinen angeschweißten Dynamohalter aufweisen, werden für den nachträglichen Anbau einer Beleuchtungsanlage sogenannte „Nonox"-Anlagen (kombinierte Lichtanlagen) verwendet. Scheinwerfer und Lichtmaschine bilden dabei eine Einheit (Abb. 1057).

Der Anbau am Fahrrad erfolgt linksseitig, die Befestigung am Vordergabelholm mit einer geteilten Klemmschelle mit Masseschraube. Diese Befestigungsart ist keineswegs ideal.

Rennräder unter 11 kg Gewicht brauchen für die Stromversorgung des Scheinwerfers und der Schlußleuchte keine Lichtmaschine mehr, sondern es können dafür Batterien benutzt werden (StVZO § 67 Abs. 11). Deshalb ist auch die früher häufig verwendete Kombi-Lichtanlage nach Abb. 1057 nicht mehr zwingend erforderlich.

Von den Lichtmaschinen-Herstellern werden nur sehr wenige Leistungsangaben gemacht, deshalb sind Vergleiche zwischen den jeweiligen Fabrikaten für den interessierten Radfahrer kompliziert. Daß der Wirkungsgrad und der Spannungsanstieg sehr unterschiedlich sein können, liegt an der Bauart (Konstruktion) und letztlich am Preis.

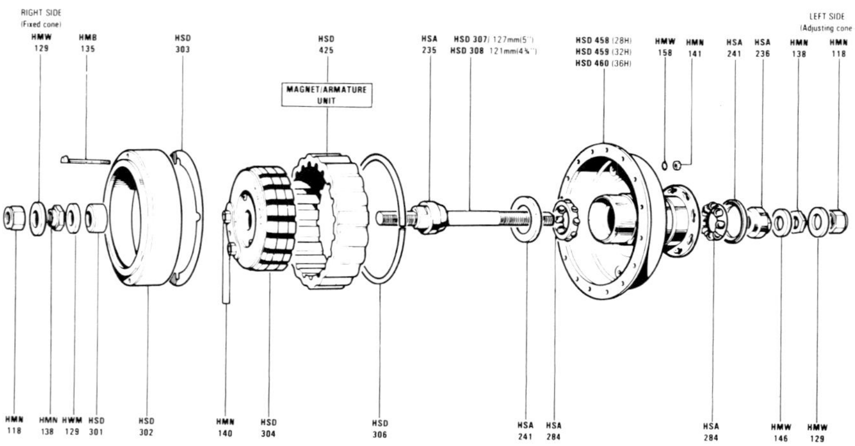

Abb. 1056: Explosiv-Darstellung des Nabendynamos Typ GH6 von Sturmey-Archer.

Abb. 1057: Kombi-Lichtanlage von Soubitez.

Die kompakte und kleine achtpolige Soubitez-Lichtmaschine, Typ 32, 6V/3W, ist mit Gleitlagern und einer relativ kleinen Antriebsrolle aus Nylon (= Polyamid PA 66) oder Stahl ausgestattet. Das Gehäuse ist im Gegensatz zu anderen Fabrikaten aus Kunststoff. Die Lichtmaschine hat einen guten Wirkungsgrad, besser als ähnliche Konstruktionen mit Metallgehäuse (Abb. 1058).

Die bekannte Schwachstelle der konventionellen Lichtmaschine bei Nässe und Schnee ist die ungenügende Mitnahme der Antriebsrolle.

Ein besseres Verhalten bringt der Rollendynamo (Abb. 1059).

Die sehr große lamellenförmige Antriebsrolle greift nicht mehr am Reifen. Drei Rillen der Antriebsrolle laufen am Felgenrand und der größere Gummiwulst „R" oberhalb des Felgenhorns an der Reifenseitenwand.

Walzendynamo

Aus der Abb. 1060 ist der Anbau und aus Abb. 1061 der Aufbau des Soubitez-Walzendynamos ersichtlich. Er sitzt hinter dem Tretlager und wird an der ESGE-Platte

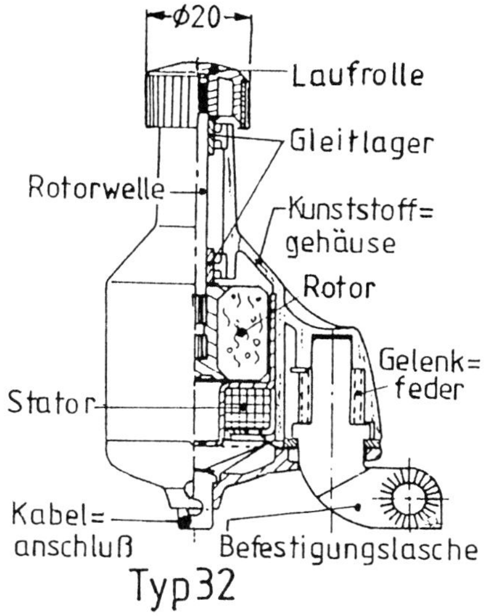

Abb. 1058: Lichtmaschine von Soubitez.

(siehe Abb. 208) an Stelle der Seitenstütze angeschraubt. Dieser Dynamo kann aber auch am Rennrahmen (ohne ESGE-Platte) durch eine Pratze (P) an die Hintergabelrohre (G) geklemmt werden.

Durch einen Hebel (H) an der linken Geräteseite wird eine Sperre gelöst, die gerändelte Antriebswalze (W) drückt sich dann an die Lauffläche des Reifens (R).

Die Betriebsdrehzahl der Walzenlichtmaschine ist wegen der größeren Antriebswalze geringer als bei einem normalen Dynamo mit einer Reibrolle von 20 mm Ø. Dadurch ist auch der Laufwiderstand

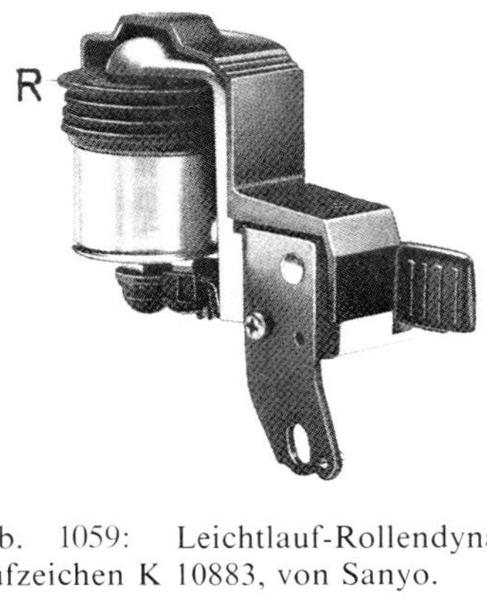

Abb. 1059: Leichtlauf-Rollendynamo, Prüfzeichen K 10883, von Sanyo.

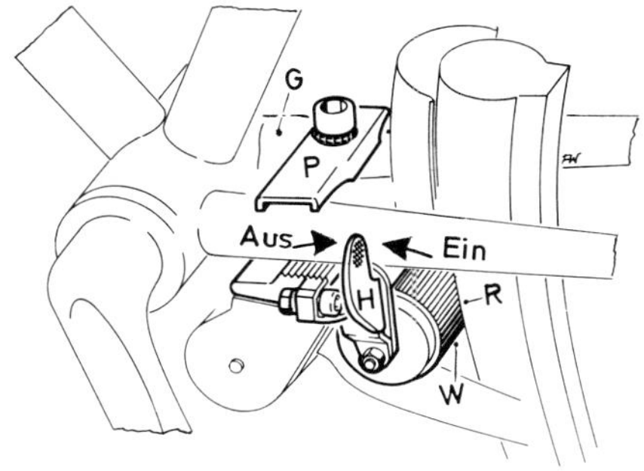

Abb. 1060: Walzendynamo Super 80 von Soubitez.

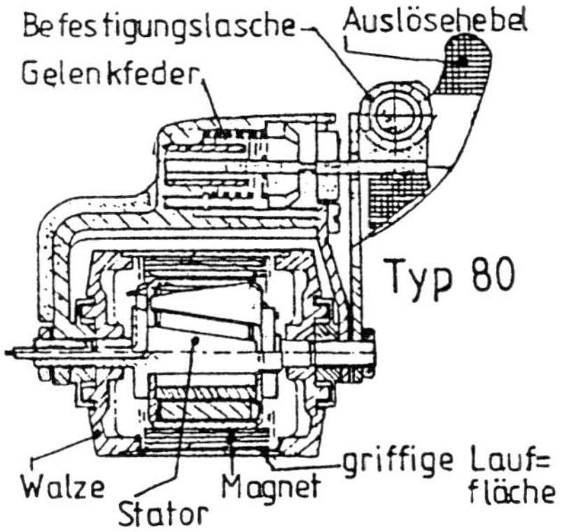

Abb. 1061: Schnitt durch den Walzendynamo von Soubitez.

kleiner als bei herkömmlichen Lichtmaschinen. Die gesetzlich vorgeschriebene Nennleistung von 3 Watt wird dennoch erreicht. Das deutsche Prüfzeichen für diese Lichtmaschine ist K 10872.

Die Zielsetzung bei der Entwicklung des Union Walzendynamo 8601 war, mit einer kleinen und leichten Konstruktion in schmutz- und witterungsbeständiger Kunststoffausführung eine hervorragende elektrische Leistung (3W, 6V) zu erreichen (Abb. 1062 und 1063).

Verschleißbeständigkeit und gute Mitnahmeeigenschaft gegenüber der Lauffläche des Reifens kennzeichnen diesen Walzendynamo. Der einstellbare Anpreßdruck ermöglicht auch, Einfluß auf den Verschleiß der Laufrolle zu nehmen.

Abb. 1062: Walzendynamo von Union.

Die elektrische Leistung erbringt ein aus hochwertigen Magnetstoffen aufgebautes Magnetfeld, das auch schon bei geringen Drehzahlen eine für den Betrieb der Beleuchtung ausreichende Spannung erzeugt. In Funktion fällt der Dynamo durch kleinen Rollwiderstand und geringe Geräuschentwicklung auf. Der Wirkungsgrad liegt bei dieser Lichtmaschine erheblich über dem von konventionellen Lichtmaschinen.

Eine formschöne Dynamo-Beleuchtungseinheit mit integrierter Vorderradfelgenbremse wurde von G. Pollmann Design und der Firma Union entwickelt (Abb. 1064).

Diese kompakte Einheit mit nicht nach außen hin sichtbaren (und herumhängenden) elektrischen Leitungen, bestehend aus Walzendynamo, Scheinwerfer und Vorderradfelgenbremse, wird mit nur einer zentralen Schraube an der Vorderradgabel befestigt.

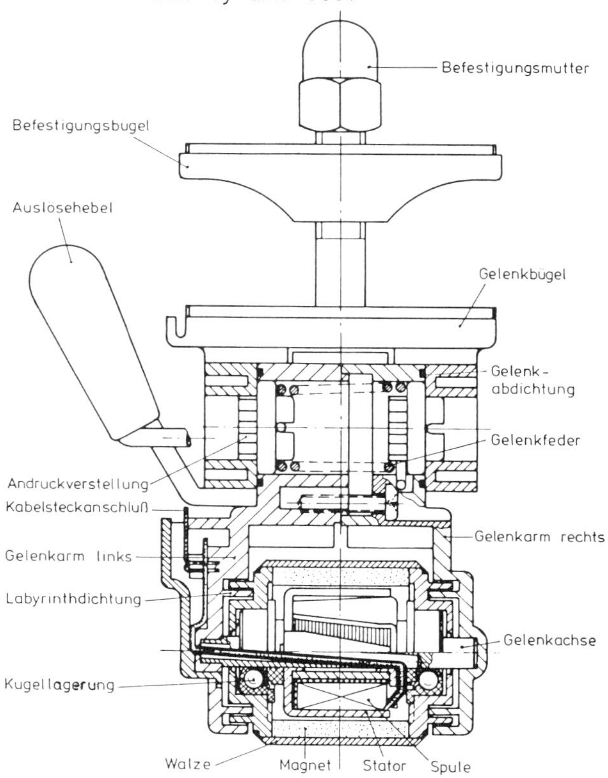

Abb. 1063: Schnitt durch den Walzendynamo von Union.

Speichendynamo

Neu ist der Speichendynamo nicht. Aber neu ist sein Antrieb und die Übersetzung für den Generator durch ein abschaltbares, zweistufiges Getriebe mit zwei schmalen Zahnriemen.

Diese formschlüssige Kraftübertragung bringt eine sichere Funktion auch bei Nässe und Schnee gegenüber der an das Laufrad geklappten konventionellen Lichtmaschine mit der an der Reifenseitenwand laufenden (und bei Nässe durchrutschenden) Antriebsrolle.

Bei Tagfahrt ist der Generator abgeschaltet, dadurch wird dem Radfahrer nicht, wie bei einem Nabendynamo, eine ständig aufzubringende Energie abverlangt. Die Lichtmaschine wird eingeschaltet (oder ausgeschaltet) durch einen Speichenmitnehmer, der im Stillstand zwischen die Speichen gekippt (oder zurückgeklappt) wird.

Der Generator 6V/3W und das Zahnriemengetriebe sind in einem schmutzdichten Kunststoffgehäuse wartungsfrei untergebracht.

Der Speichendynamo sitzt auf der Vorderradachse und ist zwischen Nabe und Gabelausfallende, ähnlich wie ein mechanischer Tachometerantrieb, geklemmt (Abb. 1065).

Scheinwerfer

Zweites wichtiges Teil der Fahrrad-Beleuchtungsanlage ist der Scheinwerfer (Abb. 1066). Er besteht außer der Glühlampe aus dem Reflektor und dem Scheinwerferglas – das Gehäuse ist nur Trag- und Schutzeinrichtung. Die Scheinwerferform ist nebensächlich und daher auch stark der Mode unterworfen. Der Scheinwerfer ist mit einem Halteauge versehen, mit dem er am Scheinwerferhalter angeschraubt wird, der am Gabelkopf mit dem Befestigungsbolzen der Felgenbremse oder mit der Abschlußmutter des Lenkungslagers geklemmt wird. Zur Höheneinstellung des Scheinwerfers dient das Halteauge, dessen Befestigung nach der Einstellung so fest angezogen werden muß, daß der Scheinwerfer sich während der Fahrt nicht verstellen kann.

Abb. 1064: Dynamo-Beleuchtungseinheit.

In den innen hochglanzpolierten Reflektor („Parabolspiegel") ist von der Rückseite her die Lampenfassung mit der Glühlampe so eingesetzt, daß der Lampen-Glühfaden im Brennpunkt des Spiegels steht (Abb. 1066 und 1067). Reflektor, Scheinwerferglas und Lampenfassung werden auch als „Scheinwerfereinsatz" bezeichnet.

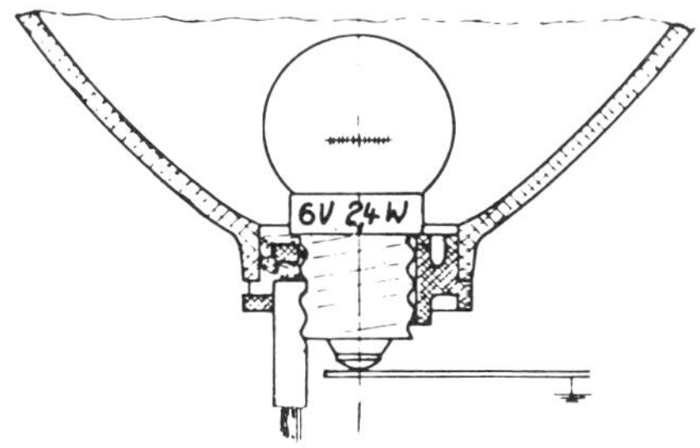

Abb. 1067: Glühlampenfassung mit Kabelanschluß von Union.

Das Scheinwerfergehäuse liegt gut im Sichtfeld des Fahrers und bietet sich deshalb an, Zeituhr, Steigungsmesser, Tachometer, Batterie u. a. einzubauen. In Abb. 1068 ist ein sogenannter Tachometer-Scheinwerfer im Schnitt dargestellt.

Abb. 1065: Speichendynamo.

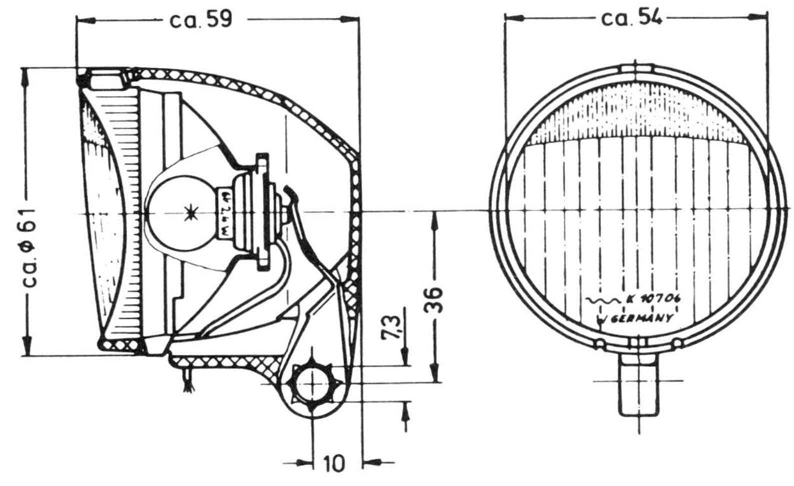

Abb. 1066: Fahrrad-Scheinwerfer mit Kunststoffgehäuse von Union.

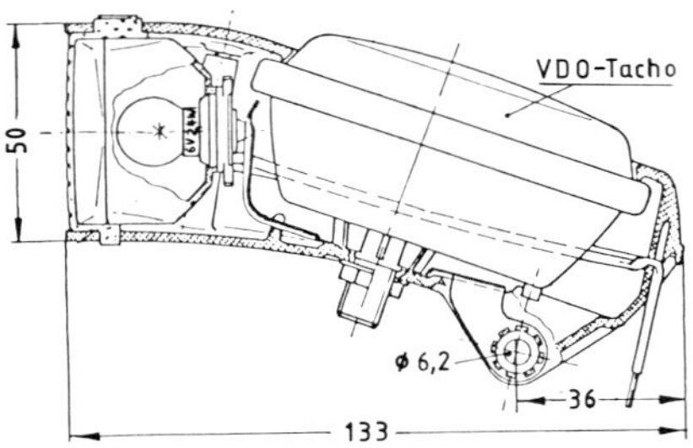

Abb. 1068: Tachometer-Scheinwerfer älterer Bauart.

Scheinwerfer Proplast Duolight

Die Firma Progress Kunststoff GmbH, die bisher kein ausgesprochener Fahrradteile-Lieferant war, hat einen neuartigen Fahrradscheinwerfer „Duolight" entwickelt, der

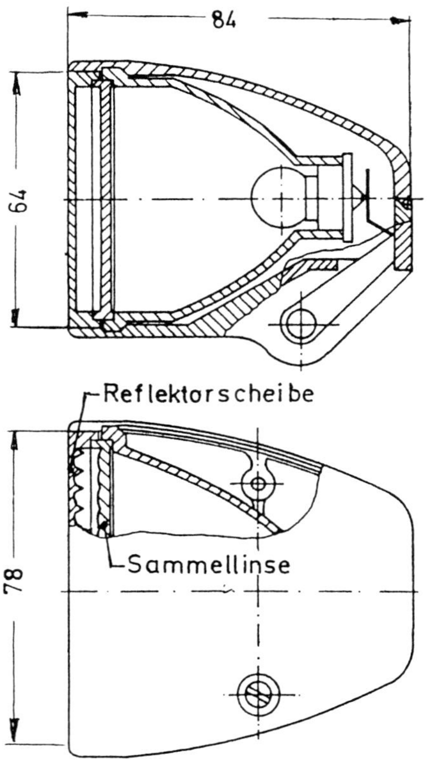

Abb. 1069: Scheinwerfer Duolight von Proplast.

strahlt und reflektiert. Diese Scheinwerferkonstruktion macht einen zusätzlich montierten Front-Rückstrahler (siehe Abb. 1106 bis 1108) überflüssig, aber den Radfahrer auch bei nicht eingeschaltetem Licht sichtbar (Abb. 1069).

Der Scheinwerfer vereinigt zwei Funktionen. Das bedeutet, daß im Gegensatz zur herkömmlichen Kombination Scheinwerfer + Front-Rückstrahler nur der Duolight-Scheinwerfer (mit Frontrückstrahlwirkung) montiert zu werden braucht. Die Konstruktion entspricht den Bestimmungen der StVZO.

Eine durchdachte Technik, die auf den ersten Blick nicht erkennbar ist, macht diesen Scheinwerfer außergewöhnlich. Die Besonderheit liegt im Detail.

Der Scheinwerfer hat eine neuartige Streuscheibe, die aus zwei miteinander verbundenen optisch unterschiedlich wirkenden Scheiben besteht. Zum anderen hat „Duolight" das übliche Scheinwerfergehäuse, an dessen Innenseite die Reflektorspiegelfläche (Parabolspiegelfläche) die von der Glühlampe kommenden Lichtstrahlen nach unten richtet. Daneben hat die zweite Scheibe mit Rippen- und Pyramidenelementen die Aufgabe, auftreffendes Licht um etwa 180° umzulenken und nach vorn parallel zur Fahrbahn zu reflektieren. Die beiden Scheiben (zu einer Streuscheibe verbunden) sind so aufeinander abgestimmt, daß das Scheinwerferlicht an dem reflektierten Licht vorbeigelenkt wird (Abb. 1070).

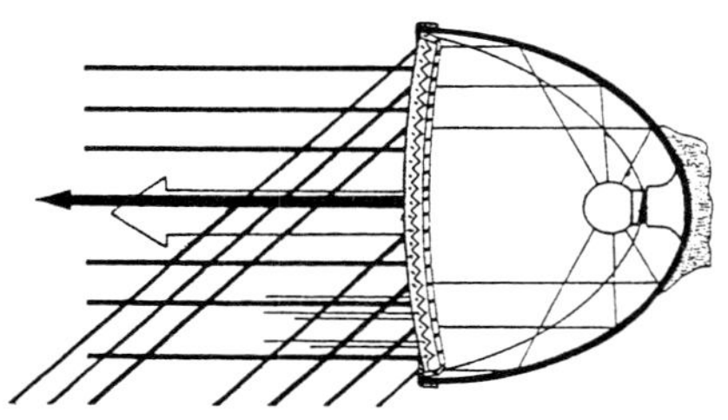

Abb. 1070: Wirkungsweise des Duolight von Proplast.

So funktioniert der patentierte Fahrradscheinwerfer (Pat.-Nr. DE 3840313/A1), der strahlt und reflektiert, Amtl. Prüfzeichen K 10772.

Für die Beleuchtungsstärke (Lux [101]) eines Fahrrad-Scheinwerfers werden vom Gesetzgeber Mindest-Lichtwerte gefordert, die in der TA 23 StVZO festgelegt sind.

Glühlampen für Scheinwerfer: 6 V 2,4 W DIN 49 848 – F für Normalscheinwerfer oder 6 V 2,4 DIN 49 848 – HS3 (Entwurf) für Halogenscheinwerfer.

Stromquelle: Lichtmaschine mit 3 W Nennleistung, Glühlampe der Schlußleuchte 6 V 0,6 W, parallel gespeist.

In der Abb. 1075 ist die Beleuchtungsstärke verschiedener Fahrradscheinwerfer im Diagramm gezeigt.

Scheinwerfer mit blendfreier Optik

In das funktionale Design dieses Union-Scheinwerfers (Abb. 1072) ist eine blendfreie Optik integriert, die zusätzlich dafür sorgt, daß die primäre Lichtstärke auch die Fahrbahn unmittelbar vor dem Vorderrad besser ausleuchtet.

Halogen-Fahrradscheinwerfer

Eine Besonderheit ist der Halogen-Fahrradscheinwerfer (Abb. 1073, 1074, 1076 bis 1078). Den Glühlampenherstellern ist es gelungen, eine Halogen-Glühlampe für Fahrrad-Scheinwerfer zu entwickeln, die elektrisch austauschbar ist mit der nach der Straßenverkehrs-Zulassungsordnung (StVZO) vorgeschriebenen Glühlampe. Das heißt, sie verbraucht bei der vorgeschriebenen Nennspannung von 6 V genau 2,4 W, wobei die Leistungsaufnahme bei den verschiedenen Fahrgeschwindigkeiten (sprich Dynamospannungen) identisch ist mit der der Normalglühlampe bei gleichen Bedingungen.

[101] Lux = Wert für die Beleuchtungsstärke (E), Kurzzeichen Lx

Der Unterschied der Halogen-Glühlampe liegt in der Effektivität, d. h. in dem Verhältnis des Lichtstroms (Lumen), den eine Glühlampe aussendet, zu der dafür erforderlichen elektrischen Leistung. Pro 1 Watt elektrische Leistung gilt:

Halogen-Glühlampe
15 Lumen pro Watt,
Normal-Glühlampe
8,75 Lumen pro Watt.

Die Lichtausbeute (Lumen/Watt) ist also fast verdoppelt.

Die Aufgabe des Scheinwerfers ist es, den strahlenförmig nach allen Richtungen verlaufenden Lichtstrom möglichst umfassend zu bündeln, um den gewünschten Bereich der Fahrbahn mit einer möglichst hohen Beleuchtungsstärke (Lux) zu beleuchten.

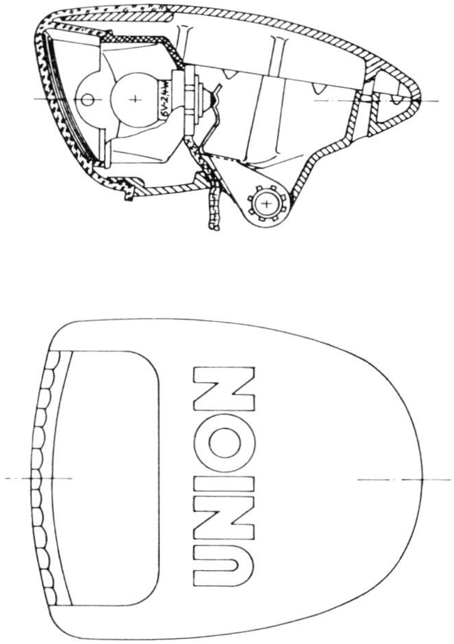

Abb. 1072: Scheinwerfer 8230 von Union.

Abb. 1074: Halogen-Scheinwerfer U 100 H, Lichtaustritt 89 mm, von Union.

Abb. 1071: Scheinwerfer mit Schutz U70 für BMX und Mountain-bikes von Union.

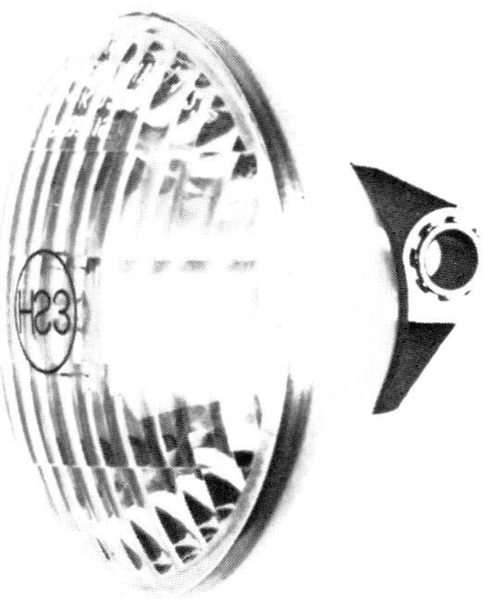

Abb. 1073: Halogen-Scheinwerfer U 70 H, Lichtaustritt 68 mm, von Union.

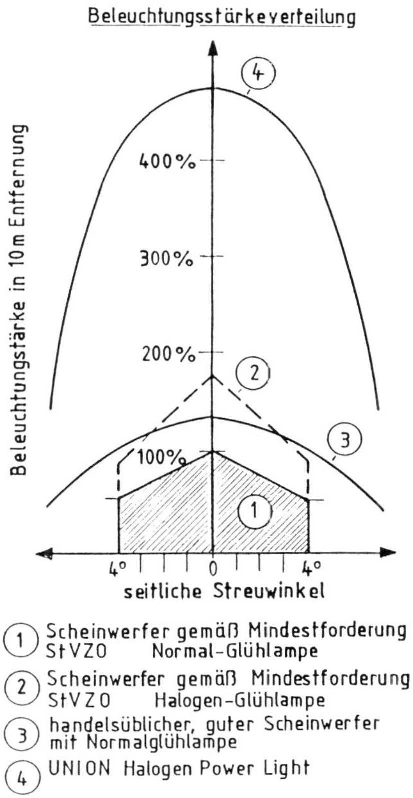

Abb. 1075: Beleuchtungsstärke verschiedener Fahrrad-Scheinwerfer.

In der Abb. 1075 sind die Beleuchtungsstärken von verschiedenen Scheinwerfern mit Normal- und Halogen-Glühlampe dargestellt. Die Kurve (1) zeigt die Mindestwerte nach der StVZO für Normal-Glühlampe, die Kurve (2) dagegen die Mindestwerte für Halogen-Glühlampe, während die Kurve (3) die Beleuchtungsstärke handelsüblicher, guter Scheinwerfer mit Normalglühlampe aufweist. In der Kurve (4) ist das Union Halogen Power Light dargestellt. Daraus ist ersichtlich, daß die Beleuchtungsstärke der Union Halogen-Scheinwerfer mehr als das Zweifache der gesetzlich vorgeschriebenen Mindestwerte für Halogenlicht beträgt. Und dies nicht nur auf einen Punkt in Fahrtrichtung, auch die Seitenbereiche der Fahrbahn werden noch weit besser bestrahlt als vom Gesetzgeber gefordert wird.

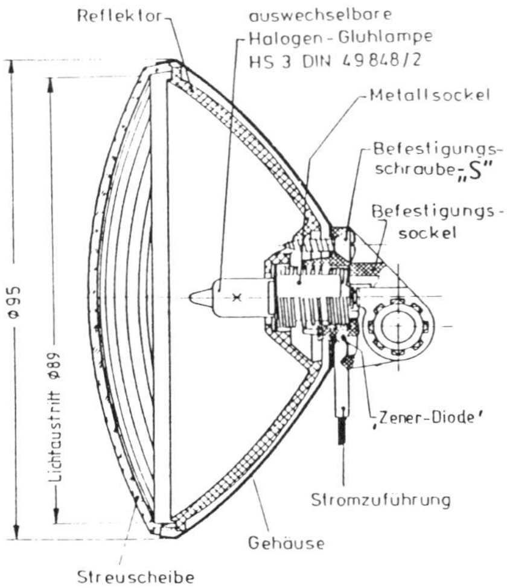

Abb. 1076: Schnittzeichnung Halogen-Scheinwerfer U 100 H von Union.

Abb. 1077: Halogen-Scheinwerfer, Lichtaustritt 75 mm, von Soubitez.

Das Scheinwerfergehäuse mit Reflektor und Streuscheibe kann durch Lösen der Befestigungsschraube „S" vom Befestigungssockel abgenommen werden, damit eventuell eine defekte Halogen-Glühlampe ersetzt werden kann (Abb. 1076). Es ist daher nicht mehr wie bei der ersten Generation dieses Halogen-Scheinwerfers notwendig, daß beim Durchbrennen des Leuchtkörpers die teuere gesamte untrennbare Einheit (Sealed-Beam) ersetzt werden muß. Die schadhaft gewordene Halogen-Glühlampe wird wie eine konventionelle Scheinwerfer-Glühlampe ausgewechselt. Eine Ersatz-Halogen-Glühlampe kann jetzt (wie es bei der normalen Glühlampe üblich ist) in der Werkzeugdose untergebracht werden.

ELIO Halogen-Scheinwerfer

Der kleine Hersteller ELIO-Lichttechnik (der bisher kein Fahrradzubehör-Lieferant

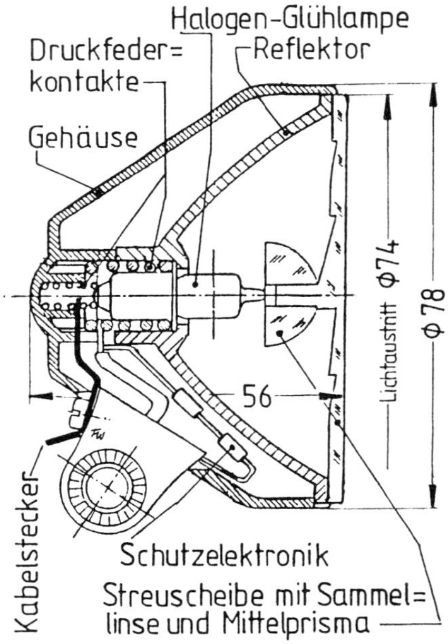

Abb. 1078: Schnittzeichnung ELIO Halogen-Scheinwerfer.

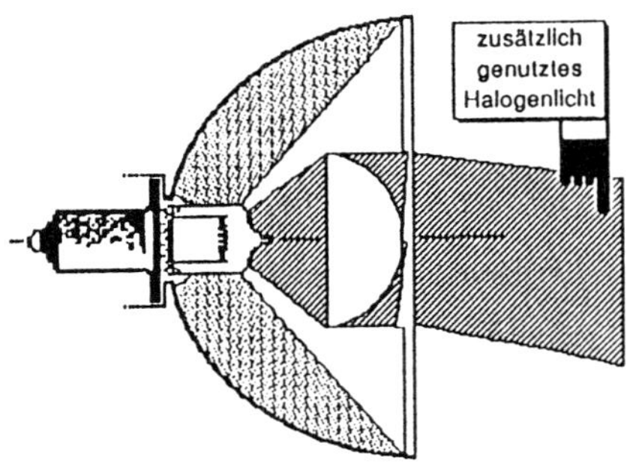

Abb. 1079: Funktionsprinzip ELIO Halogen.

war) sorgt mit einer neuartigen, sinnvollen und aufwendig gestalteten Scheinwerferoptik für hervorragende Lichtwerte bei geringer Blendung.

Normalerweise geht ein großer Teil des nach vorn abgestrahlten Lichtes als Streulicht verloren. Die Fahrbahn wird beleuchtet durch die von der Scheinwerferoptik gebündelten Strahlen. Nicht nur der Reflektor, sondern auch die Streuscheibe spielt bei der Verteilung des Lichtes eine wichtige Rolle. Der Reflektor bündelt lediglich den Anteil des Lichtes, den die Glühlampe nach hinten abstrahlt. Das Streulicht jedoch blendet andere Verkehrsteilnehmer, aber auch den Fahrer selbst, besonders bei Nebel.

ELIO verwendet eine neuartig gestaltete Streuscheibe mit Sammellinse und Mittelprisma (Abb. 1078), um diesen Teil der Lichtwerte ebenfalls nutzbar zu machen und auf die Fahrbahn zu bündeln, der sonst verloren geht (Abb. 1079).

Der ELIO Halogen-Scheinwerfer leuchtet nicht nur die von der Straßenverkehrszulassungsordnung (StVZO) geforderten Meßpunkte aus, das Lichtband wird vielmehr in den Bereich von unter 3 bis 5 Meter vor dem Laufrad verlängert (Abb. 1080).

In der Abb. 1081 ist die Lichtstärke (in candela) des ELIO Halogen-Scheinwerfers gegenüber den Mindestlichtwerten nach der StVZO dargestellt.

Eine eingebaute Schutzelektronik (Lebensdauerschutz für die Glühlampen) hat die Aufgabe, die auftretenden Spannungsspitzen der unterschiedlichen Dynamo-Fabrikate zuverlässig abzufangen und abzusichern, damit die Halogen-Scheinwerferglühlampe und die Rücklichtglühlampe nicht durchbrennen (siehe Abb. 1078).

Um das Provisorium separater Front-Rückstrahler (siehe Abb. 1106 bis 1108) und Scheinwerfer abzulösen, ist das ELIO-Modell „NOVA reflex" mit integriertem Front-Rückstrahler vorgesehen (Abb. 1082).

An der Halogen-Technik beim Fahrrad führt kein Weg vorbei. Deshalb wird sie sich langsam aber sicher durchsetzen. Die Einteilung in Leistungsklassen ist klar, da die Halogen-Scheinwerfer eine bessere Fahrbahnausleuchtung und dadurch mehr Sicherheit bieten als die bisherigen konventionellen Scheinwerfer.

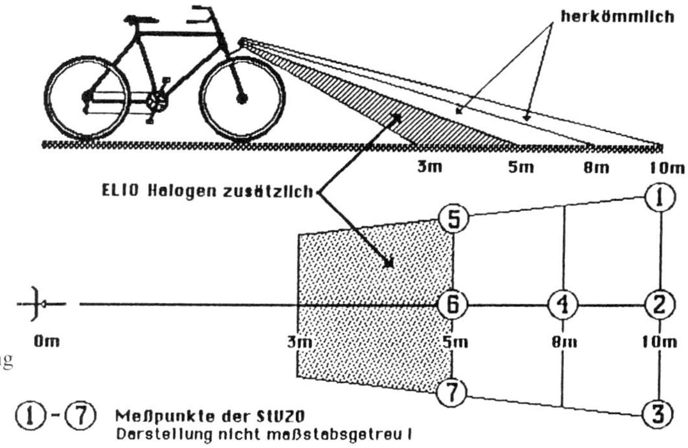

Abb. 1080:
Normlichtverteilung
und zusätzliches
Licht mit
ELIO Halogen.

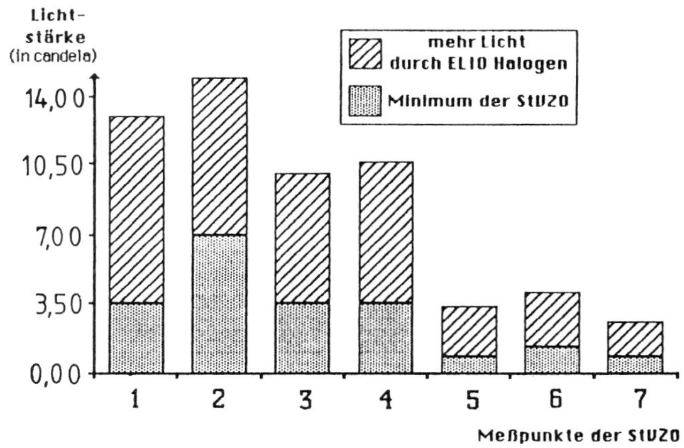

Abb. 1081:
Lichtstärke
ELIO Halogen.

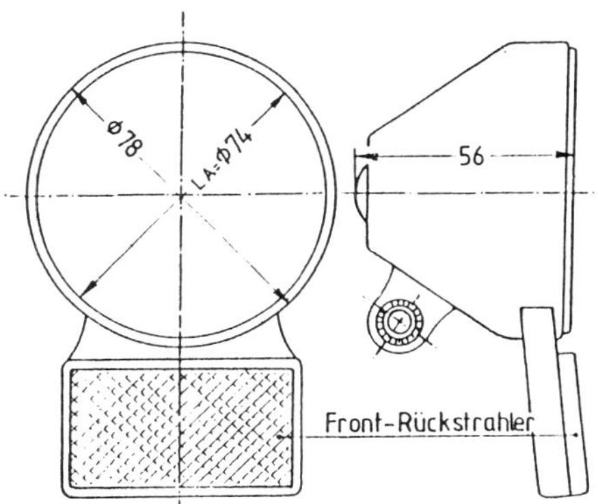

Abb. 1082: NOVA reflex Halogen-Scheinwerfer.

Erläuterungen zum Halogen-Fahrradscheinwerfer nach Fa. Union

Was konventionelle Fahrradscheinwerfer und Halogen-Fahrradscheinwerfer gemeinsam haben

Beide Scheinwerferarten verwenden ein verspiegeltes Paraboloid, in dessen Brennpunkt sich die das Licht abstrahlende Wendel der Glühlampe befindet. Dieses nachstehend Reflektor genannte Paraboloid hat die Aufgabe, einen möglichst großen Anteil des in alle Richtungen des Raumwinkels abgestrahlten Lichtes zu reflektieren, und zwar so, daß das reflektierende Licht parallel zur optischen Achse des Scheinwerfers aus dem Reflektor austritt. Ein solches „Spot Light" wäre als Lichtquelle für den Radfahrer ungeeignet. Deshalb wird die Lichtaustrittsfläche des Paraboloids durch eine sogenannte Streuscheibe gebildet.

Diese Streuscheibe hat bezogen auf die Anbaulage des Scheinwerfers am Fahrzeug in senkrechter Richtung verlaufende Zylinder-Linsen (siehe Abb. 1066 und 1073), die das Licht seitlich bzw. horizontal streuen.

Beide Scheinwerfer haben außerdem gemeinsam, daß die Glühlampen gleiche Nennspannung 6 V und Nennleistung 2,4 W mit einer mittleren Brenndauer von 100 Stunden haben.

Was konventionelle von Halogen-Fahrradscheinwerfern unterscheidet

Die wichtigsten Unterschiede sind bei den Glühlampen zu finden, und zwar in deren unterschiedlichen Strahlungsleistungen. Diese in der Zeiteinheit ausgestrahlte Energie wird, bezogen auf die Empfindlichkeit des menschlichen Auges, in der physikalischen Einheit Lumen (Lm) gemessen und Lichtstrom genannt. Trotz gleicher elektrischer Leistungsaufnahme unterscheiden sich die beiden Glühlampen erheblich im abgestrahlten Lichtstrom und damit im Wirkungsgrad, den man durch das Verhältnis $\frac{LM}{Watt}$ beziffert.

Das hat besondere Bedeutung für den Radfahrer, der die elektrische Energie ja im allgemeinen „erstrampeln" muß.

In der nachstehenden Tabelle sind die wichtigsten Zahlenwerte aufgeführt:

	Spannung	Elektrische Leistungsaufnahme	normierter	Wirkungsgrad
Konventionelle Glühlampe	6 V	2,4 W	21 Lm	8,75/Watt
Halogen-Glühlampe	6 V	2,4 W	36 Lm	15 Lm/W

Der Lichtstrom und damit der Wirkungsgrad einer Halogen-Glühlampe (siehe Abb. 1091) liegt um 71% höher als der einer konventionellen Glühlampe (siehe Abb. 1090).

Ein wesentliches Mehr an Licht kostet hier also keinen zusätzlichen „Schweißtropfen".

Ein weiterer Unterschied und Vorteil liegt in der Farbe des Lichtes. Halogenlicht ist wesentlich weißer als Licht aus konventionellen Glühlampen, die beleuchteten Gegenstände erscheinen dem Auge somit in natürlicheren Farben.

Konventionelle Glühlampen haben den Nachteil, daß mit zunehmender Brenndauer trotz nahezu gleicher Leistungsaufnahme der abgestrahlte Lichtstrom geringer wird. Das wird dadurch verursacht, daß sich Verdampfungsprodukte des Glühfadens auf der Innenwandung des Glaskolbens niederschlagen und ihn schwärzen. Dieser Effekt tritt bei Halogen-Glühlampen nicht auf, da bei diesem Lampentyp die Gasfüllung dafür sorgt, daß sich die Verdampfungsprodukte am Glühfaden selbst niederschlagen.

Nachdem es gelungen ist, alle Vorteile einer erhöhten Wendeltemperatur, nämlich einen größeren Lichtstrom mit „weißerem" Licht und wesentlich besserem Wirkungsgrad, zu erzielen und dabei alle möglichen Nachteile, nämlich kürzere Brenndauer und Lichtabfall durch Schwärzung des Glaskolbens, zu vermeiden, verblieb als Schwachstelle eine Empfindlichkeit gegen Überspannung. Höhere Spannungen als die Nennspannung von 6 V, die bei Fahrrad-Dynamos bei ca. 16 km/h Fahrgeschwindigkeit vorliegt, sind jedoch unvermeidbar, wenn 30 bis 40 km/h erreicht werden.

Scheinwerfer-Konstruktion

In allen Union-Halogen-Scheinwerfern sind deshalb die Glühlampen durch eingebaute „Zener-Dioden" gegen Überspannung geschützt (siehe Abb. 1076). Diese Zener-Dioden sind so dimensioniert, daß ein spontanes Durchbrennen der Halogen-Glühlampe auch dann unterbleibt, wenn z. B. die Schlußlicht-Glühlampe ausfällt. Abgesehen vom Schutz gegen Durchbrennen haben diese Dioden den Vorteil einer Verlängerung der Lebensdauer der am Fahrrad verwendeten Glühlampen, also auch der Schlußlicht-Glühlampe (siehe Abb. 1092). Dies wird deutlich an der Näherungsformel für die Abhängigkeit der Glühlampen-Brenndauer von der Spannung

$$L = Lo \times (\frac{U}{Uo}) - 14$$

L = Brenndauer, Lo = Nennbrenndauer = 100 Stunden
U = Glühlampenspannung, Uo = Nennspannung = 6 V

Mit diesen Werten lautet die Formel:

$$L = 100 \times (\frac{U}{6}) - 14$$

Beträgt die Spannung 6,5 V, d. h. die Überspannung 0,5 V, so errechnet sich daraus eine Brenndauer von 32,6 Stunden.

Beträgt die Spannung 5,5 V, d. h. die Unterspannung 0,5 V, so ist die berechnete Brenndauer 338 Stunden.

Diese Formel gibt nur Näherungswerte, da der hier eingesetzte Exponent nur bei kleinen Abweichungen der Glühlampenspannung U von der Nennspannung Uo mit der hierfür bekannten Nennbrenndauer Lo gilt.

Sie gibt aber trotzdem einen realistischen Eindruck von dem starken Einfluß von Spannungsunterschieden auf die Lebensdauer der Glühlampe.

Ein weiterer Vorteil der Halogen-Glühlampen ist die Geometrie des Sockels. Während die konventionelle Glühlampe nach DIN 49848 einen Schraubsockel hat, besitzt die Halogen-Glühlampe einen Flanschsockel mit einem dreieckigen Ausschnitt zur Orientierung der Winkellage der Wendel zur Fassung. Die konventionelle Glühlampe dagegen kann (durch den Schraubsockel) alle möglichen Wendellagen zwischen senkrecht und waagerecht durch Zufall einnehmen. Bei der Halogen-Glühlampe hat der Scheinwerferkonstrukteur die Möglichkeit, eine bestimmte und konstante Wendellage vorzugeben. Im Union-Halogen-Scheinwerfer wurde eine horizontale Wendellage zugunsten einer ausgeprägten Hell/Dunkelgrenze und damit geringer Blendwirkung gewählt.

Nachdem vorstehend die Unterschiede der Glühlampe herausgestellt wurden, einige Bemerkungen zum Scheinwerfer.

Für die Scheinwerferauslegung hat der Gesetzgeber Rahmenbedingungen nach TA 23 StVZO festgelegt.

Zur Beurteilung der Scheinwerfer wird eine Meßfläche benutzt, die 10 m vom Scheinwerfer entfernt und senkrecht zur optischen Achse des Scheinwerfers angeordnet ist.

Ein kritischer Vergleich der vorgeschriebenen Lichtverteilung zeigt, daß die seit 1. 1. 1985 geltende neue Halogen-Vorschrift eine technische Herausforderung darstellt.

Es wird gesetzlich gefordert, daß bei einem Verhältnis der Lumenströme von 36/21 = 1,71 ein Verhältnis der zentralen Beleuchtungsstärke von 7/4 = 1,75 erreicht werden soll, und daß zusätzliche Flächen im Vorfeld ausgeleuchtet werden.

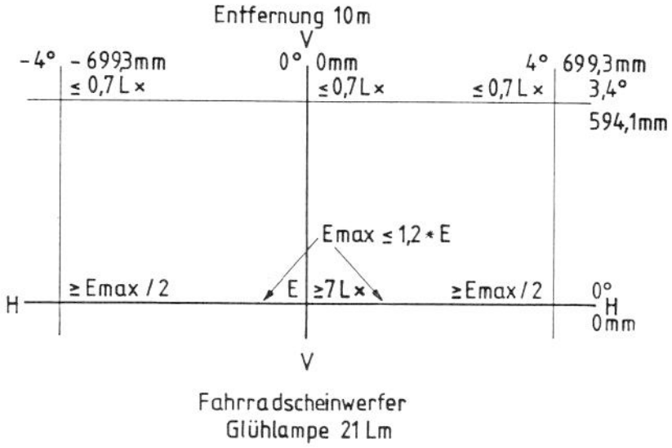

Abb. 1083: Vorschrift für konventionelle Scheinwerfer.

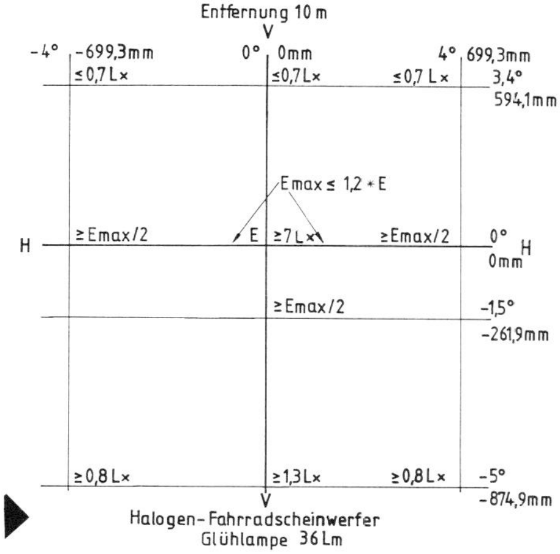

Abb. 1084: Vorschrift für Halogen-Scheinwerfer.

Es wird also ein größerer Zuwachs an zentraler Beleuchtungsstärke vom Halogen-Scheinwerfer verlangt, als sich aus dem Zuwachs des Lichtstroms ergeben würde. Zusätzlich soll der Halogen-Scheinwerfer eine größere Fläche ausleuchten.

Mit den Halogen-Scheinwerfern U 100 H (siehe Abb. 1074) und U 70 H (siehe Abb. 1073) ist es der Union gelungen, diese Forderungen sicher zu überbieten. Eine Darstellung der Beleuchtungsstärkeverteilung durch Linien gleicher Beleuchtungsstärke in den nachstehenden Abbildungen 1085 und 1086 läßt dies erkennen.

Eine Vergleichsmöglichkeit mit dem normalen Scheinwerfer bieten die Diagramme (Abb. 1087 und 1088) eines konventionellen Scheinwerfers U 70 (siehe Abb. 1071, jedoch ohne Schutzgitter).

Sie zeigen wegen der fehlenden Vorfeldbeleuchtung eine im wesentlichen zentralsymmetrische Lichtverteilung. Die Diagramme Abb. 1087 und Abb. 1088 stammen vom gleichen optischen System mit gleichen Einstellbedingungen bis auf die unterschiedliche Orientierung der Wendel.

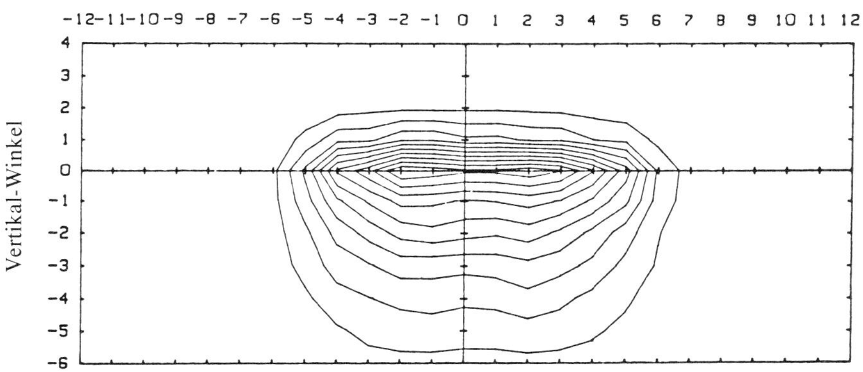

Lichtverteilung aus 25 Horizontal-Winkeln und 11 Vertikal-Winkeln. Minimum: 0 Lux Maximum: 10.9801 Lux Kontur Interval: 1 Lux.

Abb. 1085: Halogen-Fahrradscheinwerfer Union Typ U 100 H.

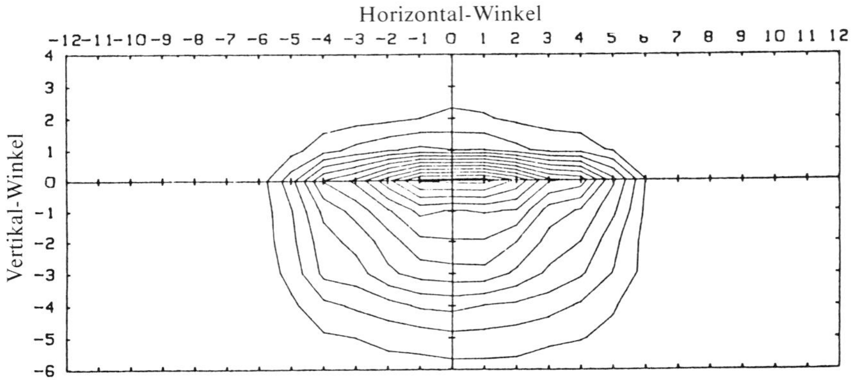

Lichtverteilung aus 25 Horizontal-Winkeln und 11 Vertikal-Winkeln. Minimum: 0 Lux Maximum: 12.48 Lux Kontur Interval: 1 Lux.

Abb. 1086: Halogen-Fahrradscheinwerfer Union Typ U 70 H

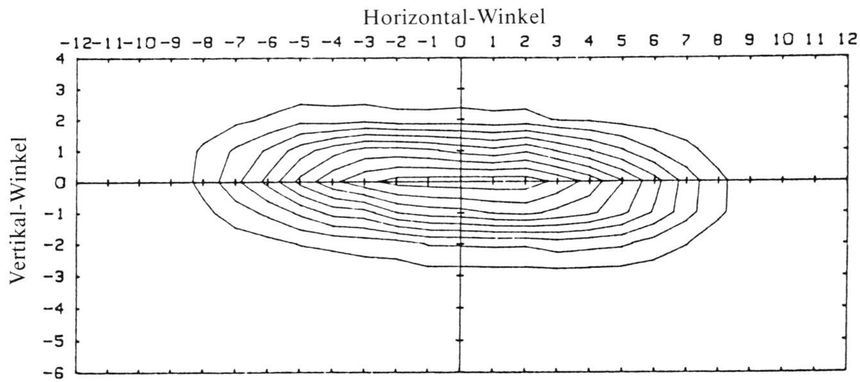

Lichtverteilung aus 25 Horizontal-Winkeln und 11 Vertikal-Winkeln. Minimum: 0 Lux Maximum: 9.6339 Lux Kontur Interval: 1 Lux. Stellung der Wendel: horizontal.

Abb. 1087: Fahrradscheinwerfer Union Typ U 70

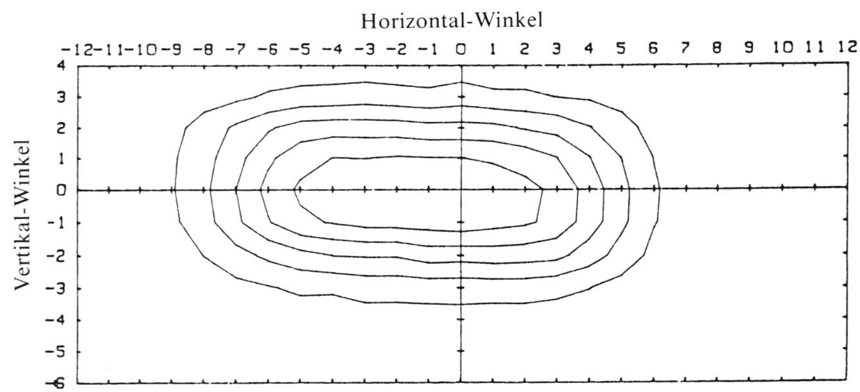

Lichtverteilung aus 25 Horizontal-Winkeln und 11 Vertikal-Winkeln. Minimum: 0 Lux Maximum: 5.7872 Lux Kontur Interval: 1 Lux. Stellung der Wendel: vertikal.

Abb. 1088: Fahrradscheinwerfer Union Typ U 70

Im Diagramm Abb. 1087 befindet sich die Wendel in horizontaler Orientierung, während im Diagramm Abb. 1088 eine vertikale Orientierung gewählt wurde. Man erkennt, daß eine horizontal angeordnete Wendel höhere zentrale Beleuchtungsstärken und geringere Blendwerte ergibt. In der Praxis nimmt die Wendel der Normal-Glühlampe mit Schraubsokkel irgendeine zufällige Lage ein, und es entstehen Lichtverteilungen, die zwischen den beiden Extremfällen in Diagramm Abb. 1087 und Abb. 1088 liegen.

Dieser Nachteil ist bei der Halogen-Glühlampe nicht gegeben, da die Fassung eine Fixierung der Wendellage im Scheinwerfer erlaubt.

Um die beim Halogen-Fahrradscheinwerfer verlangte Vorfeldbeleuchtung zu erreichen, muß die Streuscheibe gegenüber dem Normal-Fahrradscheinwerfer modifiziert werden, da dessen senkrecht verlaufende Zylinderlinsen nur in horizontaler Richtung eine optische Wirkung haben. Um die gewünschte Wirkung in senkrechter Richtung zu erreichen, muß statt des in senkrechter Richtung parallelen Verlaufs der Innen- und Außenflächen der Streuscheibe ein Verlauf gewählt werden, bei dem Innen- und Außenkontur der Streuscheibe auch in vertikaler Richtung bestimmte Winkel bilden, die die gewünschte optische Wirkung haben (siehe Abb. 1073 und 1074).

Union entwickelte hierfür ein Rechenprogramm, mit dessen Hilfe die erforderlichen Geometriedaten erzeugt werden, die dann direkt in die Steuerung einer NC-Werkzeugmaschine (computergesteuert) eingegeben werden.

Diese Werkzeugmaschine erzeugt automatisch die gewünschte Geometrie an den entsprechenden Formteilen des Kunststoff-Spritzwerkzeugs für die Streuscheibe mit beliebig oft wiederholbarer Präzision.

Zusammenfassend soll noch einmal festgehalten werden, daß aus technischer Sicht der Halogen-Scheinwerfer nur Vorteile gegenüber dem Normalscheinwerfer hat:

Bei gleicher elektrischer Leistung wird ein weißeres Licht erzeugt, das im Gegensatz zur Normal-Glühlampe eine mit der Zeit nicht nachlassende Beleuchtungsstärke (keine Kolbenschwärzung) aufweist. Zener-Dioden verhindern Durchbrennen bei Überspannung und verlängern die Lebensdauer im Vergleich zu ungeschützten Normal-Glühlampen unter gleichen Betriebsbedingungen.

Halogen-Scheinwerfer bieten höhere zentrale Beleuchtungsstärken und eine zusätzliche Vorfeldbeleuchtung.

Bei Halogen-Scheinwerfern gleichen Typs ist eine gleiche Orientierung der Wendel gegeben. Dadurch können Abweichungen von der angestrebten Lichtverteilung im Gegensatz zum Normalscheinwerfer mit winkelmäßig zufälliger Wendelorientierung in engen Grenzen gehalten werden.

Scheinwerfer-Einstellung

Wichtig ist auch beim Fahrrad die richtige Einstellung des Scheinwerfers. Sein Licht muß auf große Entfernung wahrnehmbar sein, darf aber nicht blenden. Die Vorschrift nach § 67 der StVZO gilt als erfüllt, wenn der Lichtkegel so geneigt ist, daß seine Mitte („Lichtbündelmitte") in 5 m Entfernung vor dem Scheinwerfer nur noch halb so hoch liegt wie bei seinem Austritt aus dem Scheinwerfer (Abb. 1089).

Der Scheinwerfer darf nur zusammen mit der Schlußleuchte einschaltbar sein. Für die Beleuchtungseinrichtung ist nachstehende Glühlampenbestückung erforderlich (Abb. 1090 – 1092):

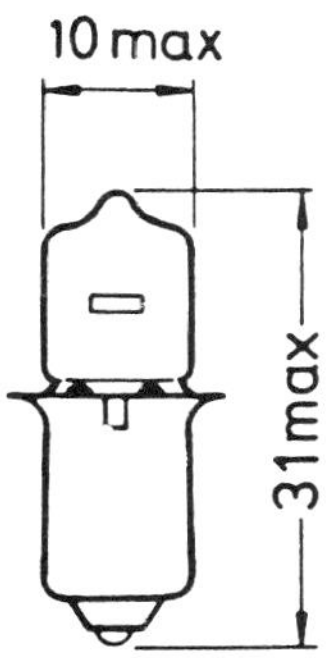

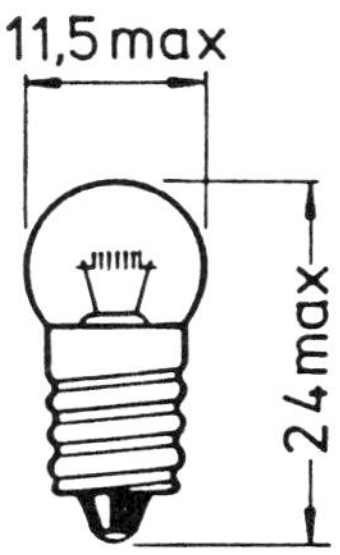

Links: Abb. 1091: Glühlampe 6 V 2,4 W DIN 49 848-HS3 für Halogen-Scheinwerfer.

Rechts: Abb. 1092: Glühlampe 6 V 0,6 W DIN 49 848 für Schluß-(Rück-)leuchte.

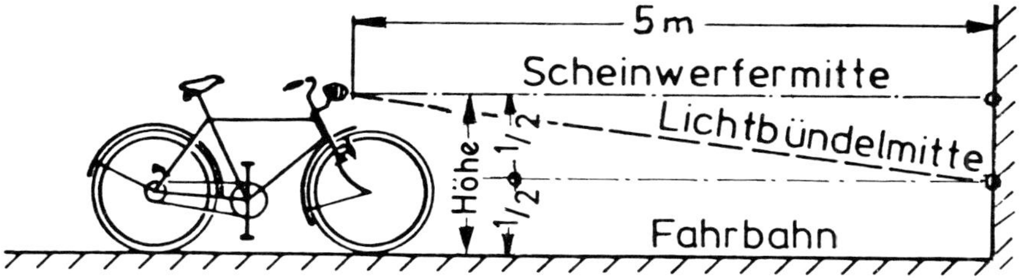

Abb. 1089: Scheinwerfer-Einstellung.

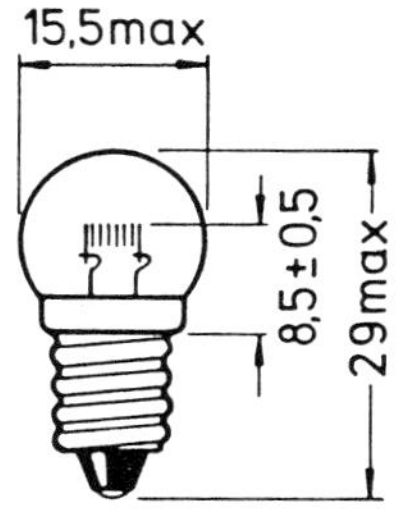

Abb. 1090: Glühlampe 6 V 2,4 W DIN 49 848-F für Scheinwerfer.

Batterie-Beleuchtung

Für Rennräder mit einem Gewicht unter 11 kg ist eine Batterie-Beleuchtung (ohne Lichtmaschine) zulässig (§ 67 Abs. 11 StVZO).

In der Abb. 1093 ist eine Batterie-Lichtanlage dargestellt.

Die Montage erfolgt mit je einem Halter an der Felgenbremse. Die Halter bleiben montiert, während die Lampen (aufsteckbar) abgenommen werden können.

Für den Scheinwerfer 2,5 V/0,3 A und für die Schlußleuchte 2,5 V/0,06 A werden „Baby"-Batterien verwendet.

Das Gewicht beträgt 245 g pro Gerät.

Schlußleuchte (Rückleuchte)

Die Schlußleuchte mit rotem Licht und rotem Rückstrahler („Katzenauge") dient der Sicherheit des Fahrers. Sie ist eine Kombination von Schlußleuchte und Rückstrahler. Die Schlußleuchte ist eine lichttechnische Einrichtung, die eine eigene Lichtquelle besitzt und rotes Licht ausstrahlen kann. Der integrierte Rückstrahler dagegen ist eine optische Einrichtung, die einfallendes Licht vorzugsweise in die Lichteinfallsrichtung zurückwirft. Meist wird die Leuchte am Hinterradschutzblech oder an einem an der Sitzstrebe angeschweißten Halter befestigt. Es bestehen genaue Anbauvorschriften (§ 67 StVZO). Die Rückstrahlfläche muß senkrecht zur Fahrbahn stehen. Der Kabelanschluß kann von außen, aber auch von innen (an der Lampenfassung) erfolgen.

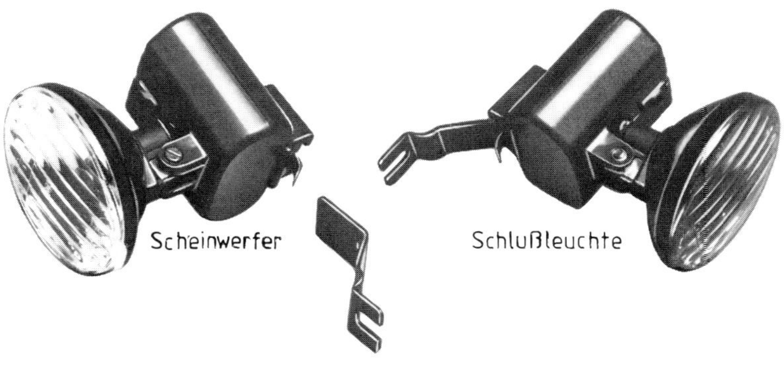

Abb. 1093: Batterie-Beleuchtungsanlage von Soubitez.

Abb. 1094: Schlußleuchte „Eurolight" von ULO.

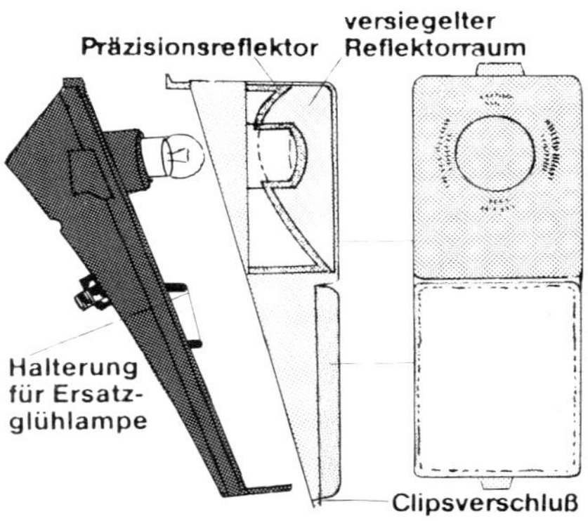

Abb. 1095: Einzelteile der Schlußleuchte „Eurolight".

Die Glühlampe darf im Fahrbetrieb nicht locker werden. Das Gehäuse aus Kunststoff (Polymethylmethacrylat PMMA) muß staub- und wasserdicht verschlossen sein. Die Glühlampe 6 V 0,6 W hat einen sehr dünnen Glühfaden und ist nicht nur gegen Wärmeentwicklung, sondern auch gegen Erschütterungen empfindlich.

In den Abb. 1094 und 1095 ist eine Schlußleuchte mit den festgesetzten höheren Lichtwerten dargestellt. Der verschweißte Reflektorraum ist vor Staub und Korrosion geschützt. Dadurch bleibt die Wirksamkeit des Reflektors auf Dauer erhalten.

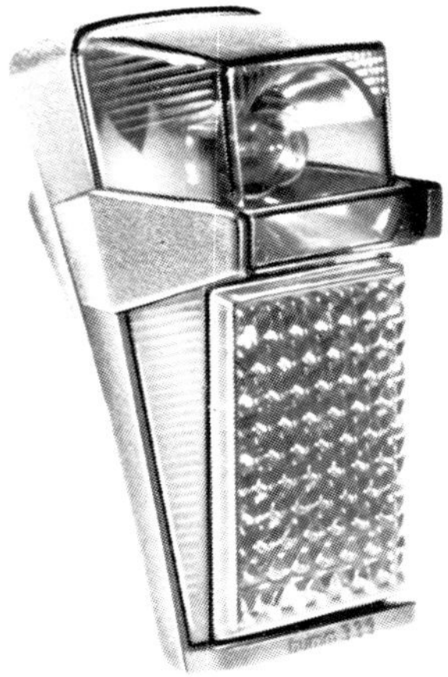

Abb. 1096: Schlußleuchte mit Schutzsteg von Busch & Müller.

Mit einem Schutzsteg gegen Beschädigung wird die Schlußleuchte Abb. 1096 gesichert.

Die Gepäckträger-Rückleuchte (für Befestigung am Gepäckträger) vereinigt das Rücklicht (mit Spiegeloptik) und dem großflächigen roten Gepäckträger-Rückstrahler „Z", der ab 1. 1. 1990 Pflicht wird, zu einer Einheit (Abb. 1097).

Eine umlaufende Stoßkante schützt die Leuchte vor Bruch. Der Kabelanschluß kann auch als Steckverbindung ausgeführt sein. Zwei Ersatzglühlampen (eine für die Schlußleuchte und eine Halogen-Scheinwerferglühlampe) sind im Gehäuse untergebracht.

Die Schaltung einer Fahrrad-Beleuchtungsanlage ist sehr einfach. Vom Dynamo führt je eine Leitung (mit mindestens 0,38 □ nach DIN ISO 6722) zum Scheinwerfer und zur Schlußleuchte. Bei Scheinwerfer und Rückleuchte ist auf gute Masseverbindung zu achten. Die Leitung zur Schlußleuchte wird in den Rahmenrohren geführt, sie tritt vorn hinter dem Lenkkopf ein und am Hintergabelrohr wieder aus. Jedoch sind Befestigung der Bauteile und Leitungsführung noch immer verbesserungsbedürftig, denn fast alle Störungen an der Beleuchtung gehen auf mangelhafte Leitungen bzw. Anschlüsse zurück.

Abb. 1097: Gepäckträger-Rückleuchte „Toplight" von Busch & Müller.

Reparaturarbeiten an der Lichtmaschine sind nicht möglich, da sie sich, wie bereits gesagt, nicht öffnen läßt. Die früher häufige Reparaturarbeit, das Auswechseln zerbrochener Scheinwerferscheiben, ist heute nicht mehr nötig, weil die Streuscheibe nicht aus Glas, sonders aus Kunstglas (Plexigum) besteht. Deshalb beschränken sich heute Reparaturen an der Beleuchtungsanlage auf den Austausch defekter Glühlampen und Instandsetzung schadhafter Leitungen und Anschlüsse.

Elektronische Fahrrad-Standlicht-Anlagen

Elektronisches ULO-Fahrrad-Standlicht

Ein Nachteil der heutigen Fahrrad-Beleuchtung liegt darin, daß bei stillstehendem Dynamo, also etwa beim Halt an einer Kreuzung, Ampel o. a., die Beleuchtung erlischt und das Fahrrad von anderen Verkehrsteilnehmern u. U. nicht rechtzeitig erkannt werden kann. Um solche kritischen Situationen zu vermeiden, wurde von ULO ein Gerät entwickelt, das sich bei Stillstand des Dynamos selbsttätig einschaltet und die Stromversorgung übernimmt, so daß Scheinwerfer und Rückleuchte weiterbrennen. Ausgelöst wird diese Funktion durch eine Elektronik (Abb. 1098), die sich, sobald sie einen Impuls vom Dynamo erhält, in Alarmbereitschaft stellt. Immer wenn der Dynamo nicht mehr dreht (weil gehalten wird), schaltet die Elektronik, die von vier

Abb. 1098: Befestigung der Schalteinrichtung an der Sitzkopfmuffe.

Abb. 1099: Fahrrad-Sicherheitsausrüstung von ULO.

handelsüblichen Batterien gespeist wird, automatisch auf Batteriebetrieb um. Wird wieder angefahren, dann übernimmt der Dynamo erneut die Stromversorgung. Zusätzlich sorgt ein eingebautes Zeitrelais[102] für sparsamen Batterieverbrauch. Mit Hilfe dieses Relais schaltet sich das Gerät nach 2 – 3 Minuten Batteriebetrieb von selbst aus, auch hierfür sorgt die Elektronik. Lediglich wenn die Batterien verbraucht sind (das Licht schwächer wird), müssen diese durch einen frischen Satz ersetzt werden.

Das elektronische Fahrrad-Standlicht ist so konstruiert, daß selbst bei Glühlampenausfall, leeren Batterien, Kurzschluß oder falscher Verkabelung die Standlichtelektronik nicht zerstört wird.

In der Abb. 1099 ist eine Fahrrad-Sicherheitsausrüstung dargestellt, bestehend aus der elektronischen Standlichteinrichtung, der Sicherheits-Schlußleuchte mit Stufenreflektor und dazu abgestimmter Optik für die Glühlampe 6 V 0,6 W (Abb. 1092) und mit großen Speichen-Rückstrahlern sowie einem zusätzlichen, am Gepäckträger befestigten breiten Rückstrahler.

Standlichtanlagen der Fa. Union

Elektronisch gesteuerte Batterie-Standlichtanlagen der Fa. Union gibt es in 6- und 4,8-Volt-Ausführung. Sie sind mit aufladbaren Ni-Cd-Batterien ausgestattet, die den Scheinwerfer und die Schlußleuchte versorgen.

In der 6-V-Version sind fünf und in der 4,8-V-Version vier Zellen eingebaut.

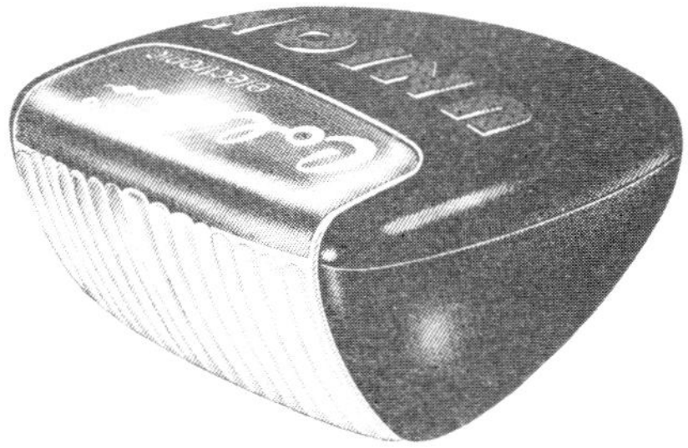

Abb. 1100: Standlicht mit Scheinwerfer 8430 elektronik von Union.

Das Scheinwerferstandlicht 8430 hat die 4,8-V-Anlage. Batterien und Steuerelektronik sind im Scheinwerfer untergebracht (Abb. 1100).

Die Montage erfolgt wie bei einem handelsüblichen Scheinwerfer. Die Anlage läßt sich einfach im Austausch mit einem normalen Scheinwerfer montieren.

Dabei kann sie in den meisten Fällen – und zwar, wenn die Zuleitung zur Schlußleuchte vom Scheinwerfer und nicht von der Lichtmaschine ausgeht – ohne Veränderung der Verdrahtung angeschlossen werden.

---

[102] Relais = Schalteinrichtung in einem Stromkreis

Abb. 1101: Standlicht-Akku 8520 elektronik für Befestigung am Fahrradrahmen von Union.

Abb. 1102: Standlicht-Akku 8510 elektronik für Befestigung am Lenkerschaft, mit integriertem Scheinwerferhalter von Union.

Die Standlichtanlage 8520 hat 6-V-Batterien. Der Anbau kann an unterschiedlichen Stellen des Fahrradrahmens erfolgen (Abb. 1101).

Oder es kann alternativ die Standlichtanlage 8510 für Befestigung am Lenkerschaft gewählt werden. Bei diesem Modell ist der Scheinwerferhalter integriert (Abb. 1102).

Die Union Standlicht-Akkus setzen sich aus zwei Bauteilen zusammen:

Das rückwärtige Bauteil hat die Form einer Platte und wird fest mit dem Fahrradrahmen (Akku 8520) oder mit dem Lenkerschaft (Akku 8510) verbunden. Diese Platte enthält die elektrischen Kontakte für die Leitungen zu Scheinwerfer, Schlußleuchte und Dynamo sowie den Massekontakt. Das vordere Bauteil ist abnehmbar und enthält die Akkuzellen und die Steuerelektronik.

Ist der Elektronikteil nicht montiert, verhält sich die Anlage wie eine normale Lichtanlage.

Zu den vorgenannten Standlichtanlagen ist ein Ladegerät Union 8500 verfügbar (Abb. 1103).

Abb. 1103: Ladegerät 8500 von Union.

Der Ladestecker dieses Gerätes paßt in entsprechende Buchsen, die jeweils an den Standlichtanlagen vorgesehen sind. Die elektrische Auslegung des Ladegerätes und der jeweiligen Standlichtelektronik sind so, daß die vom Batteriehersteller empfohlenen Ladebedingungen eingehalten werden.

Leere Batterien sind nach 14 Stunden Ladezeit auf die optimale Kapazität gebracht, die nach vorschriftsmäßigem Laden für eine Stunde reinen Batteriebetrieb der Lichtanlage ausreicht.

Die Standlichtanlagen 8520 und 8510 können mit jeder normalen Lichtanlage kombiniert werden. Der Zugewinn an Sicherheit sollte jedoch durch einen lichtschwachen Scheinwerfer nicht wieder vermindert werden. In Verbindung mit einem Union Halogen-Scheinwerfer bietet der Standlicht-Akku mehr Sicherheit im Straßenverkehr.

Wirkungsweise der Union-Standlichtelektronik

Die patentierte Schaltung der Standlichtelektronik wird durch einen geringen Spannungsimpuls des Dynamos eingeschaltet. Dieser kann bereits durch Drehen der Laufrolle des Dynamos mit der Hand oder einfach durch Anfahren mit angelegtem Dynamo erfolgen.

Von diesem Zeitpunkt an entscheidet die Elektronik, ob der Dynamo oder die Batterien als Stromquelle dienen.

Beträgt die Fahrgeschwindigkeit bei angelegtem Dynamo weniger als ca. 6 km/h oder bei Stillstand, sind die Batterien als Stromquelle für Scheinwerfer und Schlußleuchte eingeschaltet.

Steigt bei angelegtem Dynamo und Batterie-Stromversorgung die Fahrgeschwindigkeit auf über ca. 8 km/h an, so wird von Batterie- auf Dynamo-Stromversorgung umgeschaltet.

Sinkt die Geschwindigkeit wieder auf ca. 6 km/h ab, wird automatisch auf Batterieversorgung umgeschaltet.

Vielfach wird bei ähnlichen Schaltungen anderer Hersteller bei ausschließlicher Batterie-Stromversorgung nach ca. drei Minuten die Batterie abgeschaltet. Das heißt, nach sehr guter Beleuchtung entsprechend ca. 6 V Batteriespannung sind Scheinwerfer und Schlußleuchte dann ausgeschaltet, es herrscht plötzlich Dunkelheit.

Dieses Abschalten ist als Schutz gegen völliges Entladen der Batterien sinnvoll, aber für die Verkehrssicherheit kann es ein lebensgefährlicher Nachteil sein.

Die Union-Standlichtanlagen verzichten deshalb bewußt auf eine zeitgesteuerte Abschaltung der Batteriestromversorgung.

Zum Schutz der Akkus ist lediglich ein Tiefentladeschutz vorgesehen, der eine vorzeitige Schädigung der Akkus verhindert. Für das Abschalten der Batterien haben die Geräte eine Drucktaste. Damit entscheidet der Fahrer, wann das Licht ausgeschaltet werden soll.

Ein weiterer Vorteil der Union-Elektronik ist, daß ein Leistungsüberschuß des Dynamos bei Fahrgeschwindigkeiten über ca. 18 km/h zur Erzeugung eines Ladestroms für die Batterien verwendet wird. Dieser Ladestrom (Spannungsüberproduktion) ist zwar gering und nicht ausreichend, um die Batterien bei normalem Fahrbetrieb voll geladen zu halten, er bringt jedoch zwei Vorteile:

1. Die Glühlampenspannung wird begrenzt. Damit verlängert sich die Lebensdauer der Glühlampen.
2. Ein ausreichender Ladezustand der Batterien wird über eine längere Zeit erhalten.

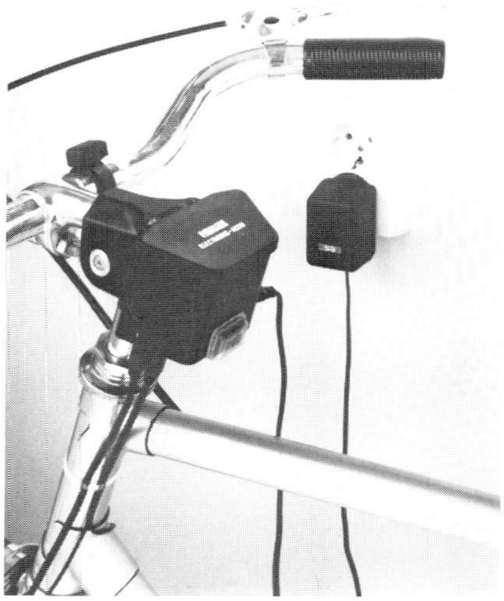

Abb. 1104: Elektronik-Akku von ESGE, Befestigung am Lenkerschaft.

ESGE Elektronik-Akku

Den ESGE Elektronik-Akku gibt es in zwei Ausführungen. Die Funktion ist bei beiden gleich, nur die Montage ist unterschiedlich. Der Typ F wird am Lenkervorbau (Abb. 1104), Typ R an den Hintergabelstreben (Abb. 1105) montiert.

Der Typ F hat zusätzlich noch eine Rückleuchten-Überwachung mit Leuchtdiode,

Abb. 1105: Elektronik-Akku von ESGE, Befestigung am Rahmenhinterbau.

die bei ausgefallenem Rücklicht aufleuchtet.

Der Elektronik-Akku ist als Dauerlicht ausgelegt. Vor der ersten Benutzung ist der 6-V-Ni-Cd-Akku mit dem mitgelieferten Ladegerät an der Steckdose 17 Stunden aufzuladen. Dann liefert der Akku ca. drei Stunden volles Licht ohne Einschalten der Lichtmaschine. Eine Ladebedarfsanzeige (Leuchtdiode) am Akku zeigt blinkend an, daß die Beleuchtung nur noch ca. 20 Minuten betriebsbereit ist. Nach dieser Zeit (die aber von der Außentemperatur abhängig ist) wird die Beleuchtung durch die Elektronik abgeschaltet, um eine Tiefentladung des Akkus zu verhindern. Der Dynamo muß dennoch lt. StVZO betriebsbereit am Fahrrad montiert bleiben. Bei Schalterstellung DYNA ist der Dynamobetrieb eingeschaltet. Die Schalterstellung ACCU gilt für Dauerlicht ohne Dynamo.

Bei Kurzschluß an den elektrischen Leitungen schaltet die Elektronik automatisch ab.

Wiederaufladen des Akkus ist bei sachgemäßer Bedienung bis zu 1000mal möglich.

Front-Rückstrahler

Alle Fahrräder in Deutschland müssen ab 1. 1. 1990 mit mindestens einem nach vorn wirkenden weißen Rückstrahler (Front-Rückstrahler) und einem roten Großflächen-Rückstrahler (Gepäckträger-Rückstrahler) ausgerüstet sein (§ 67 StVZO Abs. 3 und 4).

Hierdurch entsteht auch eine Nachrüstungspflicht bei allen im Verkehr befindlichen Fahrrädern.

In den nachfolgenden Abbildungen sind Befestigungsmöglichkeiten für die Front-Rückstrahler und Gepäckträger-Rückstrahler aufgezeigt.

Für eine Befestigung an der Felgenbremse (Abb. 1106), am Lenkkopf des Rahmens (Abb. 1107) und für eine Klemmung am Lenkerschaft (Abb. 1108) sind diese Front-Rückstrahler geeignet.

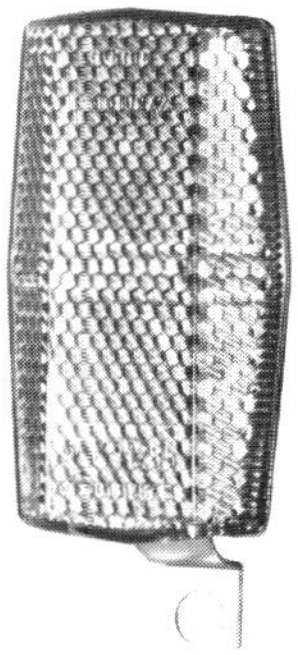

Abb. 1106: Front-Rückstrahler 302 F, für Befestigung an der Felgenbremse, von Busch & Müller.

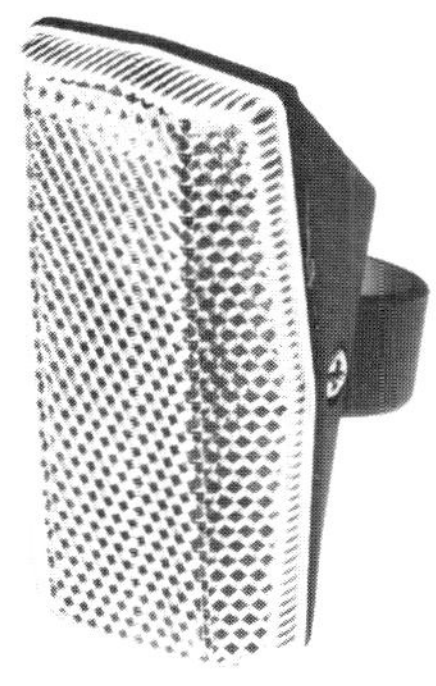

Abb. 1107: Front-Rückstrahler 300 K, für Befestigung am Lenkkopf des Rahmens, von Busch & Müller.

Ein Front-Rückstrahler ist Vorschrift, hier wurde er in einer Weitwinkelausführung in eine Box integriert (Abb. 1109). Die Box wird am Lenkerrohr befestigt, der Deckel ist abschließbar.

Im kleinen, wettergeschützten Safe kann der Radwanderer Hausschlüssel, Geldbeutel, Wanderkarte, Verbandszeug usw. verstauen.

Im Blickfeld des Fahrers ist an der Rückseite des Behälters ein Fahrradcomputer mit fünf Funktionen (Geschwindigkeit, Gesamtkilometer, Tagesstrecke, Durchschnittsgeschwindigkeit und Stoppuhr) untergebracht (Abb. 1110).

Abb. 1108: Front-Rückstrahler 316/5 WK, für Klemmung am Lenkerschaft, von Busch & Müller.

Abb. 1109: Reflex Safe C5 mit Fahrrad-Computer von Busch & Müller.

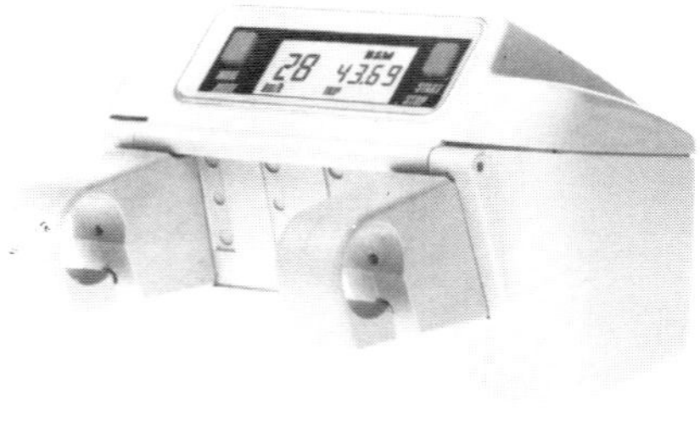

Abb. 1110: Computerseite, Reflex Safe C5.

Großflächen-Rückstrahler

Viele Fahrradmodelle der oberen Preisklasse wurden schon seit Jahren aus Sicherheitsgründen mit einem großflächigen roten Rückstrahler (am Gepäckträger) ausgestattet.

Zum Nachrüsten von älteren Fahrrädern mit einem roten Großflächen-Rückstrahler, z. B. durch Anschrauben am Gepäckträgerrost (Abb. 1111) oder zum Klemmen mit dem Sattelklemmbolzen an der Sitzkopfmuffe (Abb. 1112) eignen sich diese Großflächen-Rückstrahler.

Abb. 1111: Gepäckträger-Rückstrahler 316 K von Busch & Müller.

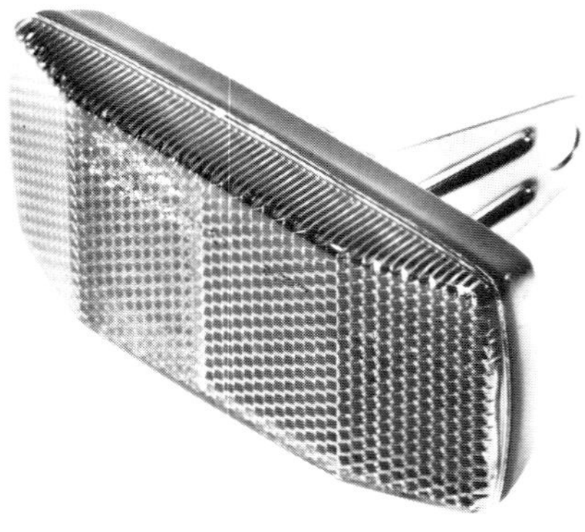

Abb. 1112: Großflächen-Rückstrahler 316 WZX für Sattelklemmschraube von Busch & Müller.

Speichen-Rückstrahler

Damit der Radfahrer in der Dunkelheit, besonders beim Kreuzen oder Einbiegen in eine Straße, von entgegenkommenden Verkehrsteilnehmern frühzeitig und besser erkannt wird, müssen die Fahrräder mit

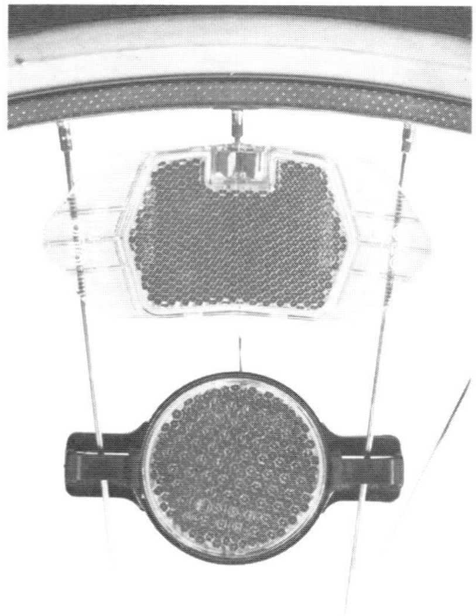

Abb. 1113: Rechteckförmiger und runder Speichen-Rückstrahler.

Leuchtreifen (Abb. 538) oder in den Laufrädern mit mindestens zwei um 180° versetzt angebrachten, nach den Seiten wirkenden gelben Speichen-Rückstrahlern (Abb. 1113) ausgerüstet werden (§ 67 StVZO). Die Wirkung der Leuchtreifen wurde bereits im Reifenkapitel besprochen. Die Speichen-Rückstrahler werden in die Speichen eingeklipst.

Sonderkonstruktionen

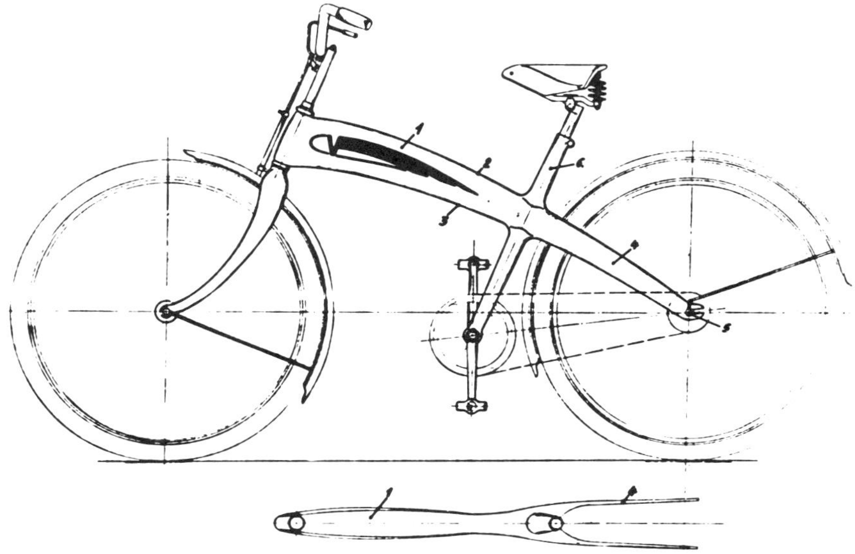

Abb. 1114: Formstudie eines Herrenrades aus dem Jahr 1949.

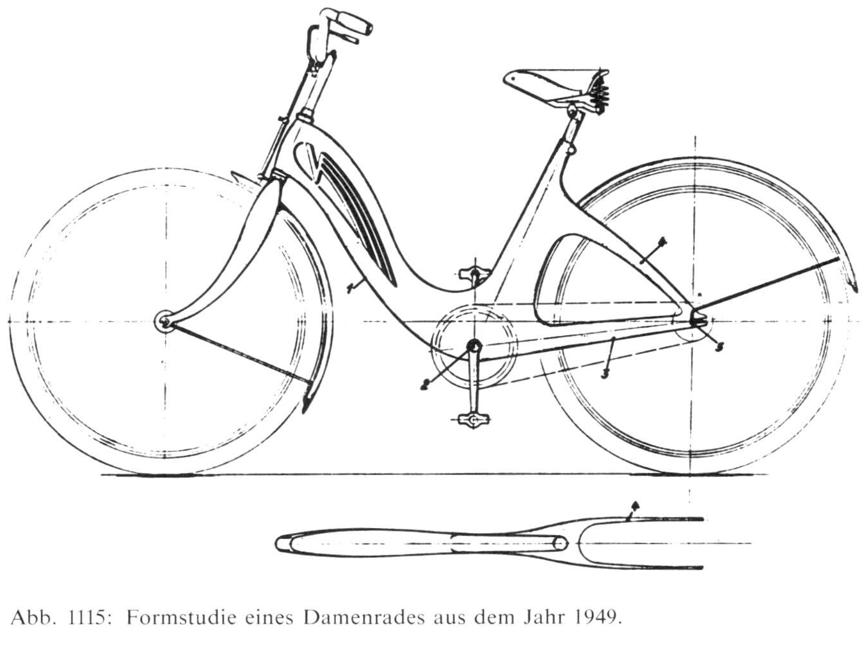

Abb. 1115: Formstudie eines Damenrades aus dem Jahr 1949.

Neue Bauformen

Wenn auch die Entwicklung des Fahrrades in seiner Grund- und Gesamtkonzeption seit Jahren als weitgehend abgeschlossen betrachtet wird, so reizt doch das Aufkommen neuer Werkstoffe, die Einführung neuer Technologien und Fertigungsmethoden zu neuen Entwicklungen, wie das zur Zeit beim Fahrrad aus Kunststoff der Fall ist.

An neuen Vorschlägen und Prototypen hat es seit der Erfindung der Laufmaschine nicht gefehlt. Mit besonderer Aktivität wurde nach dem zweiten Weltkrieg wegen des großen Nachholbedarfes versucht, neue Fahrradformen mit anderen Fertigungsmethoden einzuführen. In den Abbildungen 1114 und 1115 sind Formstudien in Blechschalen-Bauweise aus dem Jahr 1949, entstanden bei den ehemaligen Victoria-Werken, gezeigt. Nach einer Händlerbefragung wurde aber damals festgestellt, daß der Markt keine abweichenden Fahrradformen aufzunehmen bereit sei – lediglich das Damenmodell (Abb. 1115) hat dann 1953 Pate beim legendären Moped „Vicky III“ von Victoria gestanden.

Eine ebenfalls neue Radform mit einem in Kokille fertig gegossenen Leichtmetall-Rahmen wurde 1962 von Hercules auf den Markt gebracht (Abb. 1116). Nur eine geringe Stückzahl konnte jedoch von diesem Alaguß-Fahrrad abgesetzt werden.

Im Jahre 1968 wurde von Hercules nochmals der Versuch unternommen, ein „Familienrad“ einzuführen, diesmal mit einem Rahmen aus gepreßten und zusammengeschweißten Stahlblech-Halbschalen (Abb. 1117). Wieder ohne Erfolg – lediglich der US-Markt konnte kurzzeitig dieses Modell aufnehmen.

Bis heute konnte der seit 1890 bekannte „Diamant“-Rahmen von Humber durch keine andere Konstruktion abgelöst werden. Offensichtlich nimmt der Markt nur Teilverbesserungen des traditionellen Fünfeck-Rahmens an.

Abb. 1116: Allzweckrad mit gegossenem Leichtmetallrahmen von Hercules.

Abb. 1117: Familienrad von Hercules.

Abb. 1118: Winora-„rainbow".

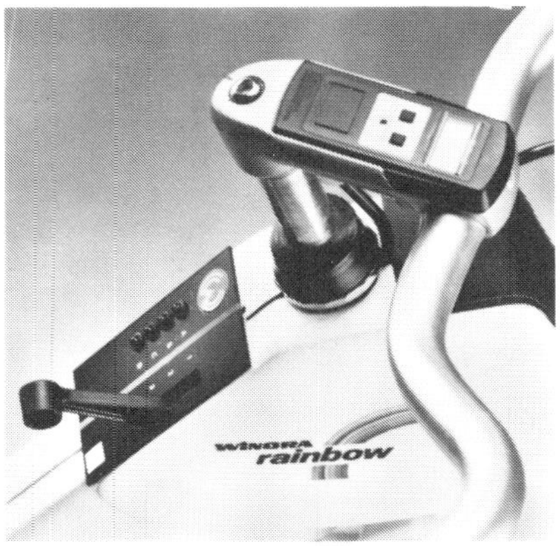

Abb. 1119: Anzeige-Instrumente im Cockpit.

Winora-„rainbow"

Diese Modellstudie mit auffallender Verkleidung, Standlicht, Trommelbremse und serienmäßiger Elektronik ist ein Allwetter-Fahrrad. Es bietet größtmöglichen Schutz vor Verschmutzung. Die vielen neuen Details sind liebevoll ausgearbeitet und sorgen für Bequemlichkeit und Sicherheit des Fahrers (Abb. 1118 und 1119).

Studie einer Rennmaschine

Das Puch Design-Center war mit der Formgebung dieser Rennmaschine einen neuen Weg gegangen (Abb. 1120).

Hier wurde nicht nur nach Optik, sondern nach den tatsächlichen Belastungsverhältnissen gestaltet. Am Rahmen sind keine geraden Rohre mit rundem Querschnitt (wie bei konventionellen Rennrahmen), sondern geschwungene, fließende, aerodynamische Profile angewendet. Neu sind auch die Vordergabel, die Bremsanordnung vorne und hinten, der Lenkkopf und der Lenker.

In den Versionen von 1986 stellt Puch eine Straßenrennmaschine und eine Zeitfahrmaschine mit kompletten Kohlefaserrahmen vor (Abb. 1121).

Der Einsatz dieses Werkstoffs, der auch für Felgen, Sattelstütze und Büffelhornlenker verwendet wird, wird durch das geringe Gewicht, die hohe Festigkeit und die mit dem Kohlefaserwerkstoff ermöglichte günstige aerodynamische Formgebung begründet.

Die Straßenrennmaschine hat vorn und hinten 27er Laufräder mit 36 Speichen, eine Vierzehngang-Schaltung und ein Gesamtgewicht von nur 7,1 kg. Die Zeitfahrmaschine, vorn und hinten mit Carbon-Scheibenrädern ausgestattet, besitzt vorn ein Laufrad mit 26 Zoll.

Abb. 1120: Studie einer Rennmaschine von Puch.

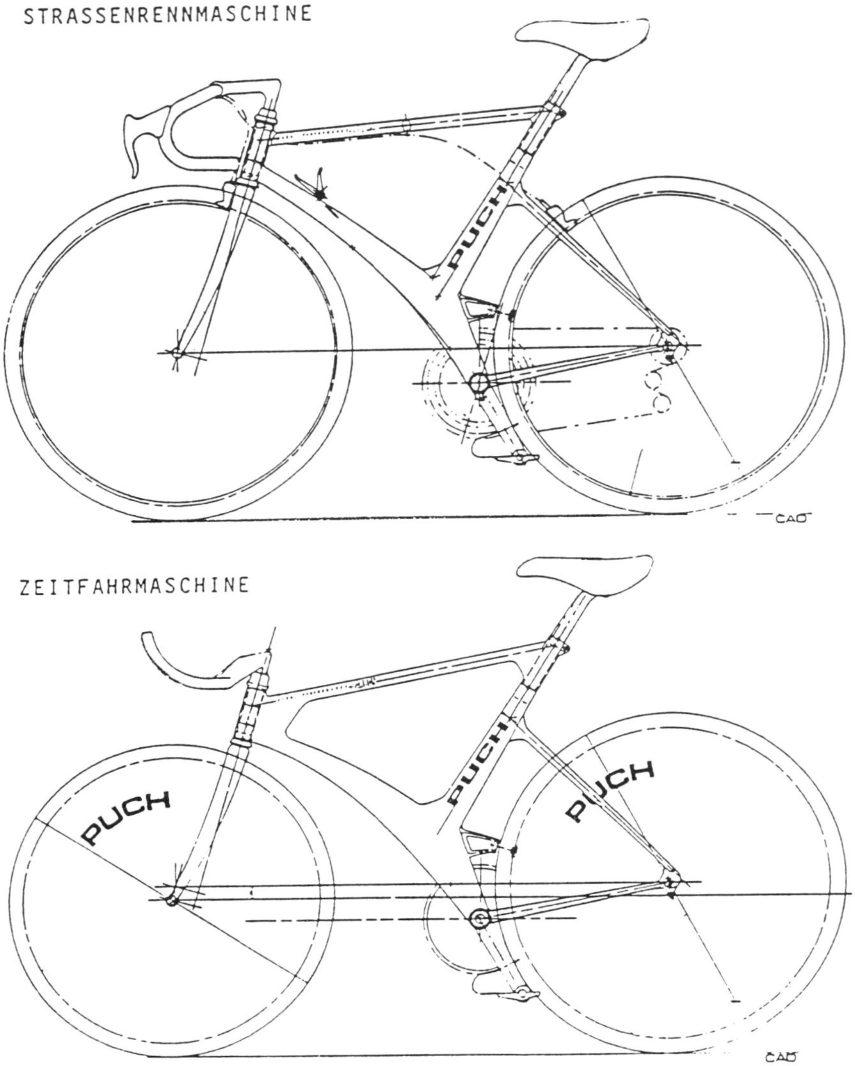

Abb. 1121: Straßenrennmaschine und Zeitfahrmaschine von Puch.

Puch: Fahrradstudie „Concept 82“

Die Fahrradstudie zeigt neue Möglichkeiten im Fahrradbau.

Aufgabe war die Entwicklung eines leichten Fahrrades, das durch ein Baukastensystem Abwandlungen für sportliche Benützer einerseits und für den Durchschnittsradler zum Fitnesstraining mit Leistungskontrolle andererseits ermöglicht.

Der Rahmen wird aus Alu-Legierung im Druckgußverfahren hergestellt. Durch dieses Verfahren ist eine torsionssteife (verdrehungssteife) und aerodynamisch günstige Konstruktion möglich. Die Seilführungen und die Lichtkabel sind im Rahmen integriert, daher von außen nicht sichtbar und können nicht beschädigt werden (Abb. 1122).

Das Antriebselement ist als kompakte Einheit am unteren Rahmenteil befestigt und dem jeweiligen Verwendungszweck angepaßt, bei der Auslegung als Rennrad z. B. als offenliegendes Antriebssystem. Für die Sportvariante ist die Verwendung eines gekapselten, schmutzgeschützten Systems mit integrierter 3- bis 12-Gang-Schaltung vorgesehen. Für höchsten Fahrkomfort kann die Einheit als Triebsatzschwinge mit Federung des Hinterrades ausgelegt werden.

Abb. 1125: Rennmaschine mit extrem kurzem Radstand von Rigi-Padova.

Rennrad mit kurzem Radstand

Eine Rennmaschine mit extrem kurzem Radstand wurde von Rigi-Padova gebracht (Abb. 1125). Hier ist das Sitzrohr durch zwei nebeneinander angeordnete dünnere Rohre ersetzt, zwischen denen das Hinterrad, bis zum Tretlagergehäuse reichend, läuft.

Abb. 1122: Fahrradstudie „Concept 82" von Puch.

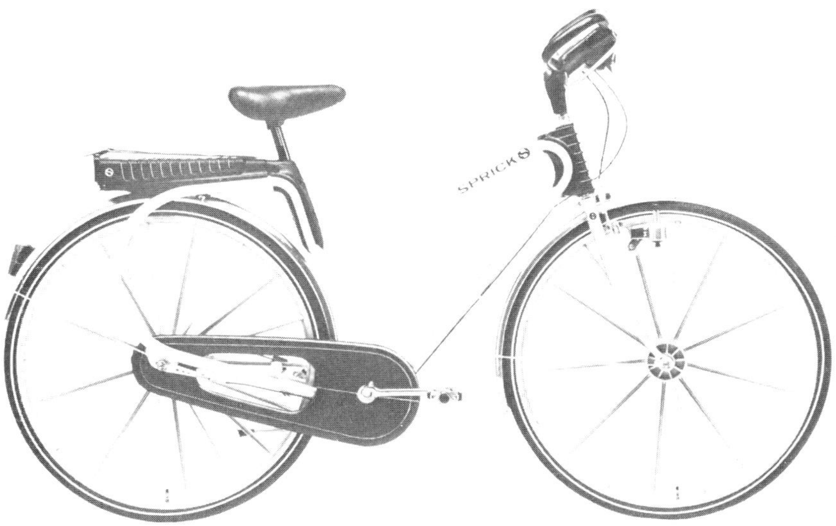

Abb. 1123: „Comfortable" von Sprick.

Sprick „Comfortable"

Die völlig neue, eigenwillige Konstruktion versetzt manchen Fahrrad-Experten in Erstaunen. Diese Entwicklung hat zwangsläufig die Optik des Fahrrades beeinflußt, was dem Rad einen Hauch von Avantgarde verleiht. Das Design wurde wesentlich von dieser Bauart geprägt. Dies ist am Rahmen, dem cockpitähnlichen Lenker, dem Gepäckträger und an den Kunststofflaufrädern zu erkennen (Abb. 1123).

Fahrrad 86

Das „Fahrrad 86" ist eine Design-Studie in Modellform von G. Pollmann (Abb. 1124).

In einem Gemeinschaftsprojekt zeigten zehn Firmen der deutschen Fahrradteileindustrie auf der IFMA '86 ihre innovativen und technischen Möglichkeiten.

Abb. 1124: Studie Fahrrad 86 von G. Pollmann Design.

Moulton-Federungsrad

Moulton stellte bereits 1962 das für Frauen, Männer und Kinder gemeinsam verwendbare Zerlegfahrrad mit einer Radfederung her. Mit dem Ende der Klapprad-Aera war aber auch das Aus für das Moulton-Zerlegrad gekommen.

Damit wollten sich die Briten nicht abfinden und entwickelten die zweite Moulton-Fahrradgeneration mit einer Vorder- und Hinterradfederung bei einem geringen Gewicht von 11 kg.

Es wird in zwei Versionen, als ein Tourenmodell mit flachem Lenkerbügel und Gepäckträger (town) und in einer Rennsportausführung (country) angeboten (Abb. 1126 und 1127). Dabei sind der in der Mitte zerlegbare Rahmen mit angelenkter Hinterradschwinge, die Vorderradschwinggabel und die nackten Laufräder (17″) für beide Versionen baugleich.

Der filigrane Rahmen aus Reynolds-Rohren ist eine zweckmäßige Gitterrohr-Konstruktion. Die dreieckförmige Hinterrad-Langschwinge ist hinten am Tretlagergehäuse drehbar gelagert und stützt sich in der Mitte des Sitzrohrs auf einem Gummiblock federnd ab. Die Federung ist zwangsläufig, wie bei allen Gummifederelementen, am Gummipuffer selbst gering.

Die gefederte Vorderradgabel ist eine Kurzschwingen-Ausführung mit geschobenem Vorderrad. Der Federweg beträgt ca. 50 mm. Die Druckfeder der Vorderradgabel läßt sich, entsprechend dem Fahrergewicht, mit einer Stellschraube härter vorspannen, bei geringfügiger Reduzierung des Federweges.

Das Moulton-Federungsrad hat viele liebevoll ausgearbeitete Details und ist von sehr guter Qualität, was einen entsprechenden Kaufpreis bedingt.

Abb. 1126: Moulton-Federungsrad „town".

Abb. 1127: Moulton-Federungsrad „country".

Liegefahrrad

Liegefahrräder sind nicht neu, in Zeitabständen erscheinen immer wieder Prototypen auf den Zweirad-Messen.

Der Unterschied zu den konventionellen Fahrrädern ist die nahezu liegende Position des Fahrers mit dem im Lenkkopfbereich angeordneten Trettrieb (Abb. 1128).

Diese Lage des Trettriebs ermöglicht durch das Abstützen des Körpers (Rücken) im Liegesitz eine wirksamere Kraftumsetzung. Der Nachteil dazu ist neben anderen die doppelt so lange, fast ungeschützte Antriebskette. Ein unbestreitbarer Vorteil (vor allem bei Gegenwind) ist der geringere Luftwiderstand.

Liegefahrräder mit drei Rädern bieten älteren Fahrern ein bequemeres Auf- und Absteigen, sind aber wegen der schwierigen Lenkeigenschaften beim Kurvenfahren weniger geeignet als einspurige Tretmaschinen.

Abb. 1128: Liegefahrräder.

Automatische Gangschaltung für Fahrräder „Deal Drive“

Käufliche Fahrradkettenschaltungen gibt es schon seit 1928. Der Gangwechsel erfolgt so, daß die Kette (auf einem drei- bis siebenfachen Zahnkranzpaket) durch eine Vorrichtung auf einen anderen Zahnkranz mit unterschiedlicher Zähnezahl gelegt wird. Kombiniert mit einem Zwei- oder Dreifach-Kettenblatt am Tretlager können bis zu 21 Gänge (theoretisch) von Hand geschaltet werden. Der Gangwechsel wird (bei mehr als sieben Schaltstufen) über zwei Bedienungshebel veranlaßt, die mit der Hand betätigt werden und den Schaltvorgang am Kettenwerfer auslösen. Dazu muß die Hand vom Lenker genommen werden, wobei die Abstützungskraft des Armes aufhört und der auf die Pedale ausgeübte Druck absinkt, der aber zum Erreichen der Höchstleistung für den Radrennfahrer wichtig ist.

Bei der von Dr. Michel Deal entwickelten automatischen Gangschaltung (Deal Drive) handelt es sich um einen Mechanismus, der eine Vielzahl von Übersetzungsverhältnissen nach den meisten Straßenbedingungen bietet und den Gangwechsel durch Änderung des Pedaldrucks einleitet (Abb. 1129).

Funktion des Deal-Antriebs

Am einfachsten ist das Funktionsprinzip des Deal-Antriebs zu erklären, wenn man diesen als zwei zusammenhängende Systeme sieht – ein unter Federspannung stehen-

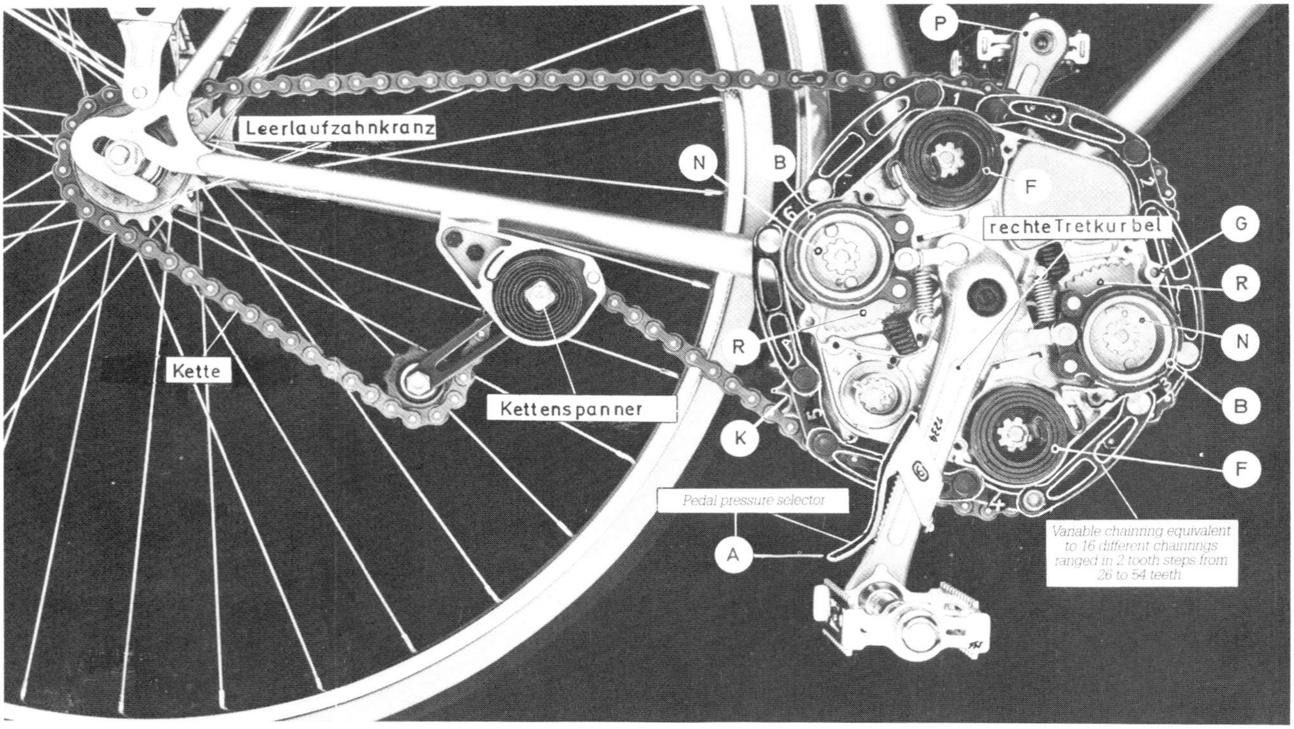

Abb. 1129: Automatische Gangschaltung „Deal Drive".

des, im Durchmesser veränderliches Kettenblatt, dessen effektive (= tatsächliche) Größe über die Kette durch die Straßenrückwirkung verändert wird, sowie eine intermittierende (= periodisch, in Zwischenräumen auftretende) Sperrvorrichtung oder Bremse, die durch den Pedaldruck des Fahrers gesteuert wird.

Das Kettenblatt besteht aus einer Grundplatte (G) aus Alu-Legierung mit sechs gleichartigen, gelenkig verbundenen Hebeln (1–6), die an der Innenseite montiert sind. Die Kette wird am freien Ende jedes Hebels getragen, zwei Hebel besitzen Kettenradzähne (K), um für die Kraftübertragung zu sorgen. Die Hebel sind, um im Gleichtakt zu arbeiten, durch eine Reihe von Parallelogrammgelenken verbunden. Der Gesamteffekt ist ähnlich wie bei der Blende einer Kamera.

An der Außenseite der Grundplatte sind zwei starke Spiralfedern (F) angeordnet und mit den benachbarten Drehgelenken der Hebel verbunden. Diese Federn sind voreinander gespannt, um für eine angemessene Radialkraft zu sorgen, die bestrebt ist, die Baugruppe auf ihren größten wirksamen Durchmesser auszudehnen. An einem anderen Paar sich gegenüberliegender Hebeldrehgelenke sind zwei Nockenscheiben (N) befestigt. Jede dieser Nockenscheiben hat acht Raststellungen (R) und arbeitet abwechselnd, so daß sich im Bewegungsablauf der Kettenblattbaugruppe insgesamt 16 verschiedene Übersetzungsverhältnisse ergeben. Die restlichen beiden Hebel-Drehgelenke sind mit Begrenzungsanschlägen für den Mechanismus versehen.

Die Sperrvorrichtung basiert auf einem Paar Reibbandbremsen (B) an den gleichen Drehgelenken wie die der Nockenscheiben. Die Bremsbänder sind über ein System von Hebeln mit der rechten Tretkurbel verbunden. Da sich die Grundplatte geringfügig drehen kann, betätigen die vom Pedaldruck und der Straßenrückwirkung erzeugten Gegenkräfte die Bremse und sind bestrebt, den Antrieb in einem einmal gewählten Übersetzungsverhältnis zu belassen.

Wenn auf die Pedale (P) Druck ausgeübt wird, wird durch die auf die Kettenblatthebel wirkende Kette ein Gegendrehmoment erzeugt, was eine Radialkraft zur Folge hat, die aber bemüht ist, den Kettenblattdurchmesser zu verkleinern. Übersteigt die von der Kette erzeugte Kraft die der Feder und Bremse, wird das Kettenblatt kleiner und es wird ein niedrigerer Gang gewählt; dieser Vorgang hält an, bis die Kräfte ausgeglichen sind.
Die Bremskraft kann mittels eines Schiebeanschlags (A) am Kurbelarm (Markierung 1–9) eingestellt werden, so daß der Fahrer individuell den Pedaldruck wählen kann, bei dem das Herunterschalten erfolgt. Bei nachlassender Kettenspannung wird der effektive Pedaldruck reduziert und die Bremsfunktion aufgehoben, so daß die Federn das Kettenblatt wieder im Durchmesser vergrößern, was einem höheren Gang entspricht. Auf diese Weise können an der Standardeinheit 16 Übersetzungsverhältnisse automatisch geschaltet werden.

Der Deal-Antrieb konnte sich nicht einführen.

Sicherheitsbremse für Fahrräder

Beim Wettbewerb „Jugend forscht“ 1987 wurde ein „Anti-Blockiersystem für Fahrräder“ der Brüder Armin und Dietmar Beck aus Rosenfeld ausgezeichnet. Es verhindert sowohl den gefürchteten Überschlag durch Überbremsung des Vorderrades als auch das Schleudern durch Blockieren des Hinterrades (Abb. 1130).

Funktion der Sicherheitsbremse

Bei einem mit Trommelbremsen ausgestatteten Fahrrad wurde an der hinteren Trommelbremse (1) der normalerweise auf der Achse festgeklemmte Bremsbakkenträger drehbar gelagert. Sein Reaktionshebel (2) wurde nicht wie üblich am Rahmen festgelegt, sondern über einen Bowdenzug (4) mit dem Bremsnockenhebel (6) der vorderen Trommelbremse verbunden. Die Reaktionskraft der hinteren Bremse geht somit nicht verloren, sondern dient als Servokraft für die vordere Bremse. Die Hebelverhältnisse sind so gewählt, daß das Vorderrad wesentlich stärker gebremst wird als das Hinterrad. Ein Überschlag ist unmöglich, da die Reaktionskraft sofort erlischt, sobald das Hinterrad den Kontakt zur Fahrbahn verliert. Dadurch öffnet die vordere Bremse, und das nunmehr blockierte Hinterrad findet auf die Fahrbahn zurück. Nun beginnt das Spiel von neuem, das Hinterrad beginnt zu hüpfen. Diese Stotterbremsung ist nicht nur unangenehm für den Fahrer, sie überbeansprucht auch die Vorderrradgabel. Deshalb wurde die Betätigungskraft für die hintere Trommelbremse so begrenzt, daß das Hinterrad gerade noch Haftreibung mit der Fahrbahn behält.

Zur Kraftbegrenzung ist der vom Handbremshebel (3) kommende Bowdenzug (8) am Kopf der Schraube (12) befestigt. Der Schraubenschaft ist durch ein Auge des hinteren Bremsnockenhebels (11) geführt. Mittels einer Schraubenfeder (13) und einer Stellmutter (14) wird der Schraubenkopf gegen den Bremsnockenhebel gezogen. Durch Vorspannen der Feder (13) läßt sich wesentlich feinfühliger als durch einen justierbaren Anschlag die maximale Betätigungskraft der hinteren Trommelbremse einstellen. Beim Überschreiten der Vorspannung wird die Schraube (12) aus ihrem Sitz gezogen und die Feder (13) etwas zusammengedrückt. Die Stellmutter (14) wird so eingestellt, daß auch bei bis zum Anschlag gezogenem Handbremshebel (3) noch eine weiche Bremsung erfolgt.

Unabhängig von dieser Bremsanlage läßt sich die vordere Bremse durch einen zweiten Handbremshebel (15) betätigen, der über einen Bowdenzug (16) ebenfalls am vorderen Bremsnockenhebel (6) angeschlossen ist. Die hintere Bremse kann jedoch nicht unabhängig von der vorderen betätigt werden, sodaß § 65 der StVZO strenggenommen nicht erfüllt ist.

Im Auftrag des Bundesministeriums für Verkehr untersuchte der Rheinisch-Westfälische TÜV diese Bremsanlage und teilte mit:

> „. . . Der § 65 verlangt zwei voneinander unabhängige Bremsen. Damit soll erreicht werden, daß bei Ausfall der einen Bremse mit der anderen gebremst werden kann. Diese Forderung wird u. E. mit der o. g. Kombibremse erfüllt.
>
> Bei Ausfall eines Teils der Kombibremse bleibt die Vorderradbremse wirksam. Versagt jedoch dadurch die Abstützung des hinteren Reaktionshebels, so bleibt die hintere Bremse zwar wirksam wegen der vorgesehenen Hebelabstützung.
>
> Ob generell und besonders im letztgenannten Fall dann noch die in DIN 79 100 festgelegten Anforderungen an die einzelnen Bremsen trocken und naß erfüllt werden, kann ohne Messungen und genaue Daten nicht beantwortet werden. . . . “

In einem Bescheid des Verkehrsministeriums heißt es dazu: „Ich halte demnach die von Ihnen entwickelte kombinierte Bremsanlage mit § 65 StVZO für vereinbar. Die von RWTÜV Essen erwähnte DIN 79 100 „Fahrräder“ ist nicht Bestandteil der StVZO. Die Erfüllung der dort genannten Anforderungen für die Bremsen sind jedoch zweckmäßig.“

Für dieses Bremssystem wurde Herrn Armin Beck, 7463 Rosenfeld, das Patent P 37 29 145.9-21 erteilt.

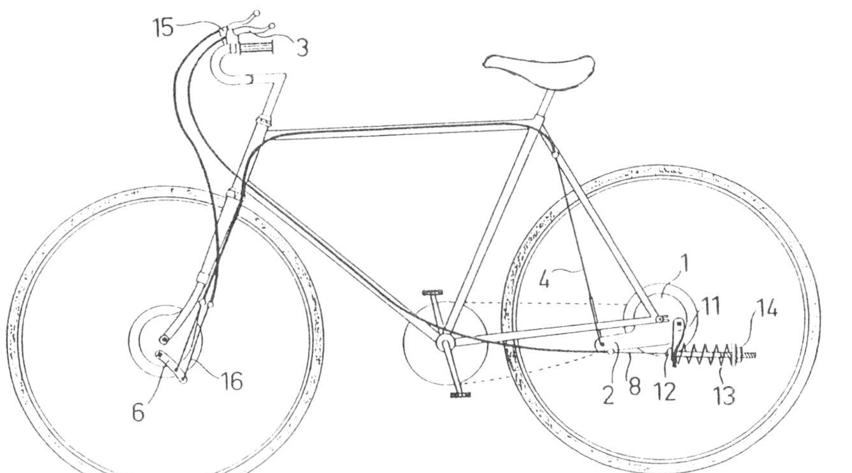

Abb. 1130: Sicherheitsbremse von Armin und Dietmar Beck.

Abb. 1131: Canada-Vector 007.

Canada-Vector 007

Der Canada-Vector ist eine dreirädrige, mit Muskelkraft angetriebene, stromlinienförmig verkleidete Rennmaschine mit dem sensationellen C_w 0,07 (= Luftwiderstandszahl).

Für die Gesamtkonzeption steht die Firma Union Fröndenberg mit dem Team Vector-Racing Deutschland (Abb. 1131).

Dieses Fahrzeug wurde in Nümbrecht 1986 Europameister mit dem Fahrer Gerhard Scheller über 200 m mit 92,310 km/h.

Technische Daten des Vector 007:
Länge 3050 mm, Breite 550 mm, Höhe 620 mm, Laufrad vorn 24″, Laufräder hinten 27″, Spurweite hinten 500 mm, Achsabstand 1345 mm, Karosserie: Kohlefaser-Kevlar-Gewebe, Haube Plexiglas, Fahrgestell: Kohlefaserrohre, Kohlefaser-Kevlar-Gewebe und hochfeste Mannesmannrohre, Kettenblatt 90 Zähne, Zahnkränze 24–18–16–14–13–12 Zähne, Gewicht 15 kg, Baujahr 1986.

Fahrrad-Tüftler-Modelle

Mit der ständig steigenden Beliebtheit des Fahrrades finden sich immer mehr Fahrradenthusiasten in Bastler- oder Tüftlerclubs zusammen, die versuchen, das Fahrrad mit neuen Ideen und Modellen zu beleben. Nicht immer sind diese gut gemeinten Anregungen realisierbar. Hier drei solche Hobby-Fahrräder, die stellvertretend für die mit viel Liebe gebastelten Modelle gezeigt werden.

Das **Tetrad** (Abb. 1132) ist eine Weiterentwicklung des Standardfahrrads durch Hinzufügen eines zweiten Antriebs, der mit den Armen betätigt wird. Dadurch wird körperlich aktiven Menschen die Gelegenheit gegeben, auch auf der Straße die Beine und Arme (wie beim Schwimmen und Skilaufen) einzusetzen.

Das **Liegedreirad** (Abb. 1133) ist ein Prototyp, um die Möglichkeiten einer neuen Antriebsform mit Arm- und Beinantrieb über miteinander gekoppelte Schwingen (rechte und linke Antriebsseite voneinander unabhängig) zu erproben. Die Rohrkonstruktion des Fahrwerks mit niedrigem Schwerpunkt kann verkleidet werden.

Das **Sesselrad** (Abb. 1134) ist ein gut durchdachter Eigenbau mit besten Zubehörteilen. Der Rahmen ist aus Alu-Vierkantrohr (nach der Fernsehreihe „Hobbythek“) hergestellt. Der Fahrersitz, Kettenschutz sowie sämtliche Halter und Winkel sind Eigenkonstruktionen und selbst angefertigt. Verwendet wird die Bereifung 32-369 vorn und 32-630 hinten. Die FAG-Tretlagereinheit ist mit Dreifach-

Abb. 1132: Tetrad von Veit Lehmann, Mörlenbach.

Kettenrad (32/42/52 Z) bestückt. Als Schaltung wurde die Sachs Commander-Kettenschaltung mit Orbit-Bremstrommelnabe (13-28 Z) gewählt. Die Magura Hydraulik-Felgenbremse vorn, das Lenkungslager Stronglight B10 (mit Walzen statt Kugeln), der Union Walzendynamo mit Halogenscheinwerfer U100 H und der Gepäckträger ESGE Safari III sind weitere solide Bauteile des Sesselrads.

Abb. 1133: Liegedreirad von Walter Stobb, Andernach.

Abb. 1134: Sesselrad von Elmar Grans, Duisburg.

Oberflächenbehandlung

Lackierung und Dekor

Die Oberflächen der Fahrradteile werden gegen Korrosion[103] (Verrosten) hauptsächlich durch Lack- oder galvanische Überzüge (metallische Schichten) geschützt. Die Lackierung wird am häufigsten als Oberflächenschutz für Fahrradteile angewandt, sie hat zugleich auch einen dekorativen Zweck, besonders bei Rahmen und Vordergabel.

Vor dem Lackieren wird die Metalloberfläche vorbehandelt – durch Sandstrahlen oder Phosphatieren[104] oder auch durch Auftragen sogenannter Wash-Primer, die einen sehr gut verankerten dünnen Film als Haftgrund bilden. Auf den Haftgrund werden je nach Qualitätsanspruch Kunstharz-Lackschichten durch normales oder elektrostatisches Spritzen aufgetragen. Jede Lackschicht (ca. 20 my) wird im Durchlauf-Trockenofen bei 150 – 200° C getrocknet. Gleichmäßige, satte Schichtbildung ist bei der Grundlackierung für den Lackaufbau und dessen Qualität ausschlaggebend. Dazu ist die moderne Elektrotauchlackierung [105] (Elektrophorese) für den Fahrradrahmen besonders gut geeignet. Vorteile sind relativ gleichmäßige, jedoch regulierbare Schichtausbildung an allen Teilen, auch kompliziert geformter Objekte, wie an Tretlagergehäuse, Sitzkopfmuffe, Kanten, Ecken, Graten usw.

Bei normalen Fahrradrahmen und normalen Vordergabeln wird eine Dreischichten-Lackierung (ca. 60 my Gesamtschichtdicke) bevorzugt, z. B.:

1. Schicht: Wash-Primer,
2. Schicht: Grundfarbe im Farbton,
3. Schicht: Überzugslack, farblos.

Bei Rahmen und Gabel für Räder der ge-

---

[103] Korrosion = Zerstörung von Oberflächen an Metallen, Gestein usw.

[104] Phosphatieren = Durch Tauchen oder Besprühen mit sauren Schwermetallphosphaten (Zn, Mn, Fe) entstehen Phosphatschichten auf Stahl- bzw. Zinkteilen. Überzüge als Lackuntergrund (ca. 2 my) auf Stahl sind grau, matt und porös. Es gibt verschiedene Verfahren (Bonder-, Parker-, Atrament- und Elektro-Granodine-Verfahren)

[105] Elektrotauchlackierung (Elektrophorese) = darunter versteht sich das Abscheiden von Filmen auf Metalloberflächen mit wasserlöslichen bzw. verdünnbaren Lacken in Tauchbädern unter Einwirkung elektrischen Stroms

hobenen Preisklasse z. B. folgender Lackaufbau:

1. Schicht: Wash-Primer,
2. Schicht: Grundfarbe,
3. Schicht: Metalleffekt-Lackfarbe,
4. Schicht: Überzugslack, farblos.

Neue Lackierverfahren, wie Pulverbeschichtung, werden teilweise auch von der Zulieferindustrie für Gepäckträger, Kettenschützer, Kindersitze, Stahlfelgen und Schutzbleche angewandt.

Die in der Zweiradindustrie zur Verwendung kommenden Anstrichstoffe werden vom Lackhersteller im Walter-O-Meter-, Schwitzwasser- oder Salzsprühtest auf ihre Brauchbarkeit hin geprüft.

Der Lackaufbau wird in der Fahrradfertigung durch die Qualitätskontrolle ständig überwacht und geprüft, z. B. durch

Schichtdicken-Messungen,

im Dornbiegeversuch (nach DIN 53 152) zur Beurteilung der Dehnbarkeit und der Haftfestigkeit des Anstrichs bei Biegebeanspruchung,

mit der Gitterschnittprüfung (nach DIN 53 151) zur Beurteilung des Haftens von mehrschichtigen Anstrichsystemen auf ihrem Untergrund sowie das Haften der Schichten aufeinander, die Sprödigkeit und anderer Festigkeitseigenschaften des Anstrichs.

Sehr wichtiges Verkaufsargument für Fahrräder sind frische, modische Farbtöne mit schmückendem Dekor, denn

Häßlichkeit verkauft sich schlecht

Der erste Tontopf vor Zehntausenden von Jahren, das erste Bronzeschwert, aber auch das erste Fahrrad wurden den ersten Produzenten aus den Händen gerissen. Aber als sich drei oder zehn oder hundert andere Produzenten fanden, wollten und mußten sie sich voneinander unterscheiden, auch wenn der Tontopf noch immer ein Gefäß und das Fahrrad noch immer ein Fortbewegungsmittel blieben. So entstand im einen Fall die Schnur- und Bandkeramik und im anderen (die Menschheit hatte inzwischen Schreiben und Lesen gelernt) der schwungvoll gestaltete Firmen- oder Modell-Name.

Im Falle des Fahrrades freilich bedurfte es zunächst der Erfindung des Abziehbildes. Asphaltlack, eine vor 100 Jahren noch funkelnagelneue Erfindung, schützte Rahmen und Schutzbleche vor Nässe und Rost. Und Abziehbilder, auf schweren Steindruckpressen nach familieneigenen Rezepten gedruckt, mühselig von Hand mit schimmerndem Blattgold belegt, wurden mit farblosem Kopallack auf die schwarzen Rahmen aufgeklebt und nachgeputzt.

Schon bald aber genügten Namenskennzeichnungen und die Abbildungen der ersten auf Ausstellungen erworbenen Medaillen nicht mehr; als gegen die Jahrhundertwende Brückengeländer als gußeiserne Lianengewächse und Bahnhofssäulen metallene Kapitele oder Eichenblätter erhielten, begann das Zeitalter der Produktgestaltung und des „Design".

Weitgehende Übereinstimmung in der äußeren Form verlangte für Gebrauchsgüter, die sich durch ihre funktionsbestimmte technische Form ähnelten, wie auch Fahrräder und Motorräder, nach anderen, zusätzlichen Unterscheidungsmarken.

Marken- und Modellnamen wurden immer größer und markanter angebracht; ein- und mehrfarbige Linierung trat hinzu. Bis in die 40er Jahre entstanden aber in bezug auf die äußere Gestaltung von Zweirädern keine grundlegend neuen Bilder.

In den 50er und 60er Jahren änderte sich das Bild dann schlagartig. Die Lack- und Farbchemie bot neue, dauerhafte und nun auch farbige Lackierungsmöglichkeiten an, und aus den USA kamen neuartige Verfahren, die die Fahrraddekoration aus den technischen Begrenzungen lösten. Die bsb-Gruppe, in Deutschland vertreten durch die Bentlage KG, setzte sich mit vorgefertigten Zeichen, Modellbezeichnungen und Schriften mit mechanischen Dekorationsverfahren an die Spitze.

Das durofix-Abziehbild, als erstes Lösungsmittel-Abziehbild auf dem Markt, erreichte bei gleichzeitiger Vereinfachung der Verarbeitungsgänge außerordentliche Haltbarkeit und gab in Verbindung mit den neuen Lacken den Zweirädern der verschiedenen Hersteller unverwechselbare verkaufsfördernde Gesichtszüge.

durofix-Abziehbilder, die zu den Farblakken eine chemischphysikalische Verbindung eingehen, sind heute in Anpassung an die unterschiedlichen Lacktypen in zwei Typen und zwei unterschiedlichen Übertragungsverfahren am Markt. Dabei erlaubt das durofix-Abziehbild Trocknungstemperaturen am Objekt bis zu ca. 150° C und durch eine spezielle Anbringungstechnik in Verbindung mit einem Kunstharzlack die Verfestigung solcher Dekore auch auf hoch- und harteingebrannten Lacken ohne Notwendigkeit einer anschließenden Überlackierung.

Für besonders hohe Übertragungsgeschwindigkeiten wurden selbstklebende Abziehbildfilme entwickelt, deren Schichtstärken nur wenige hundertstel Millimeter betragen, die daher fast relieffrei sind und seitlichen mechanischen Belastungen keine Angriffsflächen bieten.

Um eine Synthese zwischen charaktervoller unverwechselbarer Dekorgestaltung sowie schneller und fehlerarmer Anbringung be-

Abb. 1135: Abziehbild von Bentlage.

müht, hat die Bentlage KG auch Polyester- und PVC-Filme auf Folienbasis, selbstklebend, entwickelt und als Zusatzprogramm zur Marktreife gebracht.

Zweiraddekore als Verkaufshilfen, Schmuck- und Unterscheidungsmerkmale (Abb. 1135) werden vom Käufer auch stets in Verbindung zur Qualität des Produktes Zweirad gebracht. Neben ihrer Aufgabe als Design sollte von Zweiraddekoren aber auch Lebenstüchtigkeit über lange Zeit, Widerstandsfähigkeit gegen mechanische und chemische Einflüsse und damit Übereinstimmung zwischen der äußeren Qualität der Dekoration und der inneren des Verkaufsproduktes Zweirad verlangt werden.

Lackschäden können vom Zweiradmechaniker oder vom Fahrer selbst mühelos mit der Lacksprühdose ausgebessert werden. Solche Spraydosen mit schnelltrocknendem Lack liefern die Zweiradhersteller im Originalfarbton.

Nichtmetallische und metallische galvanische Überzüge

Für Fahrradteile werden ihrer Beanspruchung entsprechend verschiedenartige Oberflächenbehandlungen als Korrosionsschutz und für dekorative Zwecke angewandt.

Anorganische nichtmetallische Überzüge

Phosphatieren wird als Vorbehandlung zu lackierender Teile bei Rahmen und Gabel angewandt (siehe Abschnitt Lackierung und Dekor).

Brünieren erfolgt durch Tauchen in heiße konzentrierte, natriumnitrithaltige Natronlauge, wobei auf Stahlteilen ein Eisenoxid-Überzug entsteht, der besonders nach Einölen einen, wenn auch mäßigen, Schutz gewährt. Anwendung bei Nabenachsen, Tretlagerwellen, Zahnkränzen und Freilaufinnenteilen.

Chromatieren (c) nach DIN 50941. Chromhaltige Lösungen erzeugen auf Zink-, Cadmium-, Aluminium- oder Magnesium-Oberflächen farblose, gelbe, blaue, olivfarbige, grüne oder schwarze Schutzschichten, die mit zunehmender Dicke höhere Schutzwerte erhalten. Die Überzüge sind nicht lötbar. Dünnere Schichten sind bei elektrischen Kontakten kein Hindernis für den Stromdurchgang. Anwendung bei Schrauben, Muttern, Speichen, Haltern.

Eloxieren (elektrolythische Oxydation von Aluminium). Durch anodische Oxydation von Aluminium in Elektrolyten auf Schwefelsäurebasis entstehen Oxidschichten, die zu zwei Dritteln in das Metall und zu etwa einem Drittel nach außen wachsen. Die Oxidschicht wirkt als einseitige Sperrschicht für Wechselstrom. Die Schichten (5–20 my) sind porös und lassen sich bunt färben. Anwendung: Lenker und Vorbau, Nabenkörper, Tretkurbeln, Kettenblätter, Felgen und Felgenbremsen.

Metallische galvanische Überzüge

Galvanisieren erfolgt unter Metallabscheidung aus Metallsalzlösungen durch Einwirkung einer äußeren Stromquelle. Das zu schützende Grundmaterial wird als Kathode[106] geschaltet. Die Anode[107] wird durch das abzuscheidende Metall oder einen unlöslichen Werkstoff, z. B. Graphit, Blei oder Platin, gebildet. Die Metallverteilung auf dem Werkstück ist stark vom Oberflächenprofil (Spitzenwirkung) und von der Streukraft des Elektrolyten abhängig. Schutzüberzüge aus unedlen Metallen, wie z. B. Zink oder Cadmium, erhalten durch Tauchen in chromhaltige Lösungen (Chromatieren) wesentlich höhere Beständigkeit.

Verzinken nach DIN 50961, Schrauben und Muttern nach DIN 267/9. Die Symbole des Kurzzeichens z. B. Fe/Zn 12 cC bedeuten:

Fe = Grundwerkstoff (Eisen) für das zu behandelnde Teil;

Zn 12 = Überzugswerkstoff (Zink) und Mindestschichtdicke in my;

c = zusätzlich chromatiert;

C = Farbe der Chromatierung.

Anwendung: Vorderradnaben, Speichen, Nippel, Felgen, Pedale, Tretlager, Kleinteile.

Vercadmen nach DIN 50962, Schrauben und Muttern nach DIN 267/9. Die Symbole des Kurzzeichens, z. B. Fe/Cd 5 cC bedeuten: Cd 5 = Cadmium, Schichtdicke 5 my, die anderen Symbole wie unter „Verzinken“. Anwendung: Federn, Wellen, Kleinteile.

Verchromen nach DIN 50967, Schrauben und Muttern nach DIN 267/9. Die Verchromung, ein galvanischer Überzug, ist in der Norm DIN 50967 und für Schrauben, Muttern und ähnliche Gewindeteile unter DIN 267, Blatt 9, festgelegt. Darin sind die galvanischen Überzüge und Überzugssysteme, ihre Kurzzeichen, Mindestschichtdicken und deren Beziehung zu Kurzzeit-Korrosions-Prüfungen erfaßt. Praktiziert werden zwei Systeme galvanischer Überzüge:

drei metallische Schichten (Kupfer, Nickel und Chrom) – Kurzzeichen Fe/Cu 15 Ni 20 bCr mp – oder zwei metallische Schichten (Nickel und Chrom) Kurzzeichen Fe/Ni 25 bCr mp.

Die angegebenen Kurzzeichen bestehen aus mehreren Symbolen in der Reihenfolge:

1. Chemisches Symbol für den Hauptlegierungsbestandteil des zu verchromenden Teils, z. B. für eine Stahlfelge Fe (Eisen);

2. durch Schrägstrich abgeteilt die chemischen Symbole der Überzugsmetalle in der Reihenfolge ihrer Auftragung, z. B. Cu (Kupfer), Ni (Nickel) und Cr (Chrom);

3. hinter jedem Symbol der Zahlenwert, der die geforderte Mindestschichtdicke des Überzugs in my (= 0,001 mm) angibt, ausgenommen Chrom;

4. ein Kennbuchstabe hinter dem Zahlenwert für Nickel, z. B. b = Glanznickel, p = Mattnickel oder Hartglanznickel, d = Doppel- oder Dreifachnickel;

5. ein Kennbuchstabe hinter Cr (Chrom) für
f = Glanzchrom mit 0,3 my Mindestschichtdicke.

---

[106] Kathode = negativ geladene Elektrode

[107] Anode = positiver Stromaustrittspol (Elektrode)

r = rißfreies Glanzchrom mit 0,8 my Mindestschichtdicke,

mc = mikrorissiges Glanzchrom (ein- und doppelschichtig mit mehr als 25 Rissen je mm in jeder Richtung, Mindestschichtdicke 0,8 my),

mp = mikroporiges Glanzchrom mit 0,25 my Mindestschichtdicke, mit mehr als 100 Poren je mm^2, die ohne Schliffe nicht sichtbar sind.

Den Zulieferern bleibt das anzuwendende Überzugsverfahren (zwei oder drei Schichten) entsprechend ihrer Betriebseinrichtung überlassen. Da der Besteller (z. B. von Felgen) im allgemeinen die Verchromungsmöglichkeiten seines Lieferanten und das von ihm angewandte Überzugssystem nicht genau kennt, ist es zweckmäßig, bei der Bestellung nicht das System, sondern die Beanspruchungsstufe nach DIN 50 967 anzugeben. Dabei handelt es sich um eine bei dem verchromten Teil zu erwartende Korrosionsbeanspruchung, die in folgende Beanspruchungsstufen eingeteilt wird:

4 = außerordentlich stark
3 = stark
2 = mäßig
1 = mild
S = Sonderbeanspruchung

Die Unterschiede innerhalb der Beanspruchungsstufen 4 – 1 werden durch

Kupferchlorid-Essigsäure-Salzsprühnebel-Prüfung, Corrodkote-Prüfung oder Essigsäure-Salzsprühnebel-Prüfung in Kurzzeit-Korrosions-Tests ermittelt.

Für sogenannte „Qualitätsfahrräder“ sollten verchromte Bauteile, wie Felgen, Speichen, Naben, Tretlager, Pedale sowie Lenker und Lenkungslager der Beanspruchungsstufe 3, die übrigen der Stufe 2, entsprechen.

Die Kurzzeichen für galvanische Überzüge für Schrauben, Muttern und ähnliche Formteile nach DIN 267, Blatt 9, sind bereits im Abschnitt „Die Speiche im gespannten Rad“ erläutert (Seite 195).

Die galvanische Oberflächenveredelung erfolgt bei den größeren Unternehmen der Zweiradindustrie durchweg in automatisch arbeitenden Galvanisieranlagen, die rechnergesteuert die verschiedenen Bauteile selbständig veredeln und die Beschikkung und Entleerung der Anlage automatisch ausführen (Abb. 1136).

Abb. 1136: Verchromungsautomat von Kampschulte.

Die Qualitätskontrolle

In jedem größeren Fertigungsbetrieb ist die Abteilung „Qualitätskontrolle" für die Einhaltung der in den Zeichnungen, DIN-Normen und Arbeitsplänen festgelegten Daten und sonstigen Bau- und Prüfvorschriften zuständig. Durch strenge Kontrollen kann zwar in die Fertigung keine Qualität „hineinkontrolliert" werden – dafür ist die Betriebsleitung zuständig –; die Qualitätskontrolle hat mit ihren Mitarbeitern aber dafür zu sorgen, daß das Produkt ohne Herstellungsmängel zum Verbraucher kommt.

Damit die Qualitätskontrolle nicht von der Fertigungs- oder Einkaufs-Leitung beeinflußt werden kann und unabhängig über die Serienbrauchbarkeit der vom Betrieb gefertigten oder von der Einkaufs-Abteilung beschafften Teile frei entscheiden kann, muß sie der Geschäftsleitung direkt unterstellt sein.

Die häufigsten Kontrollen sind zum Prüfen der Maße, Toleranzen, Werkstoffe und der Oberflächenbeschaffenheit der Bauteile erforderlich.

ISO-Toleranztabelle

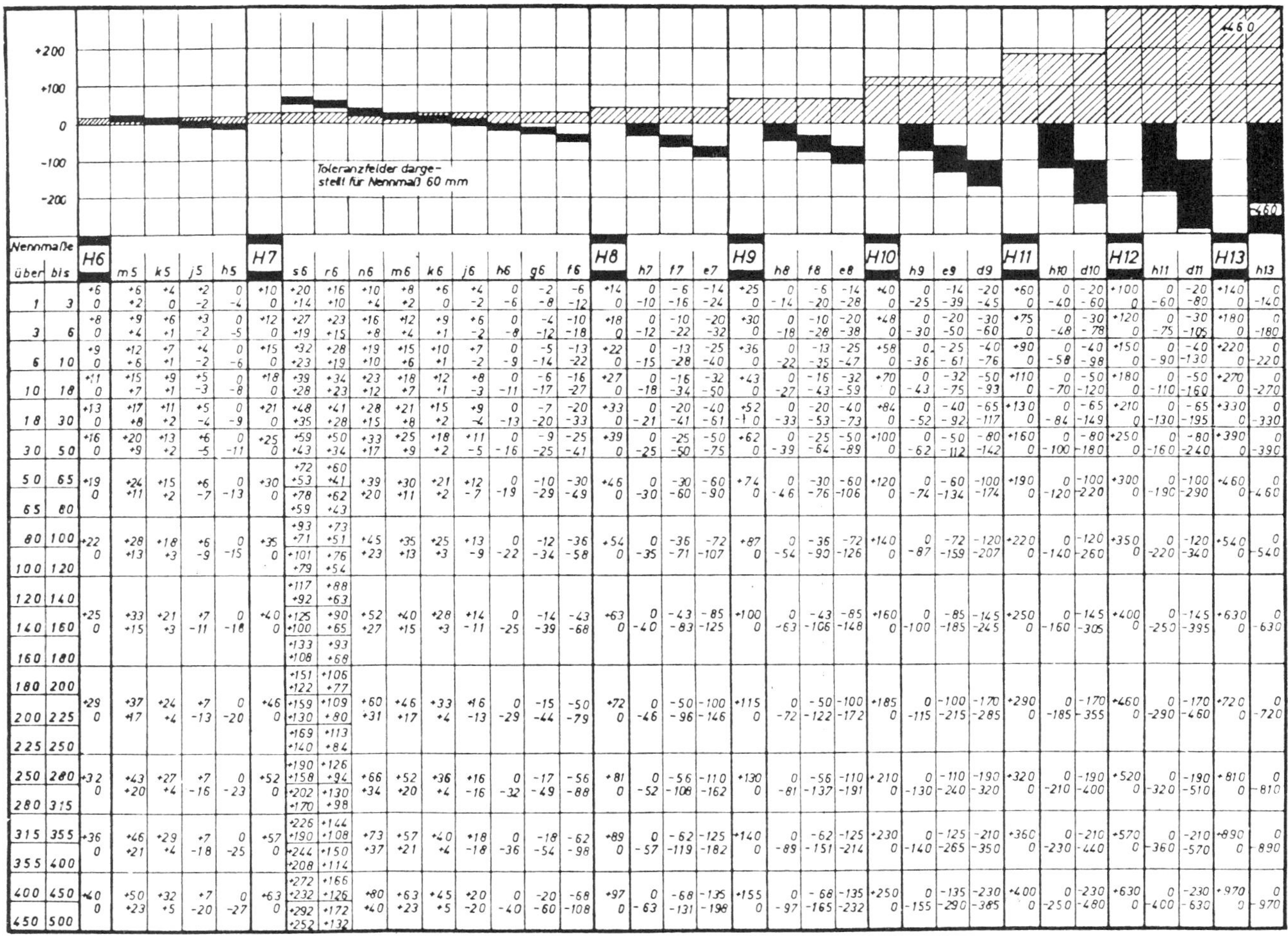

Nennmaße über	bis	H6	m5	k5	j5	h5	H7	s6	r6	n6	m6	k6	j6	h6	g6	f6
1	3	+6 0	+6 +2	+4 0	+2 -2	0 -4	+10 0	+20 +14	+16 +10	+10 +4	+8 +2	+6 0	+4 -2	0 -6	-2 -8	-6 -12
3	6	+8 0	+9 +4	+6 +1	+3 -2	0 -5	+12 0	+27 +19	+23 +15	+16 +8	+12 +4	+9 +1	+6 -2	0 -8	-4 -12	-10 -18
6	10	+9 0	+12 +6	+7 +1	+4 -2	0 -6	+15 0	+32 +23	+28 +19	+19 +10	+15 +6	+10 +1	+7 -2	0 -9	-5 -14	-13 -22
10	18	+11 0	+15 +7	+9 +1	+5 -3	0 -8	+18 0	+39 +28	+34 +23	+23 +12	+18 +7	+12 +1	+8 -3	0 -11	-6 -17	-16 -27
18	30	+13 0	+17 +8	+11 +2	+5 -4	0 -9	+21 0	+48 +35	+41 +28	+28 +15	+21 +8	+15 +2	+9 -4	0 -13	-7 -20	-20 -33
30	50	+16 0	+20 +9	+13 +2	+6 -5	0 -11	+25 0	+59 +43	+50 +34	+33 +17	+25 +9	+18 +2	+11 -5	0 -16	-9 -25	-25 -41
50	65	+19 0	+24 +11	+15 +2	+6 -7	0 -13	+30 0	+72 +53	+60 +41	+39 +20	+30 +11	+21 +2	+12 -7	0 -19	-10 -29	-30 -49
65	80							+78 +59	+62 +43							
80	100	+22 0	+28 +13	+18 +3	+6 -9	0 -15	+35 0	+93 +71	+73 +51	+45 +23	+35 +13	+25 +3	+13 -9	0 -22	-12 -34	-36 -58
100	120							+101 +79	+76 +54							
120	140							+117 +92	+88 +63							
140	160	+25 0	+33 +15	+21 +3	+7 -11	0 -18	+40 0	+125 +100	+90 +65	+52 +27	+40 +15	+28 +3	+14 -11	0 -25	-14 -39	-43 -68
160	180							+133 +108	+93 +68							
180	200							+151 +122	+106 +77							
200	225	+29 0	+37 +17	+24 +4	+7 -13	0 -20	+46 0	+159 +130	+109 +80	+60 +31	+46 +17	+33 +4	+16 -13	0 -29	-15 -44	-50 -79
225	250							+169 +140	+113 +84							
250	280	+32 0	+43 +20	+27 +4	+7 -16	0 -23	+52 0	+190 +158	+126 +94	+66 +34	+52 +20	+36 +4	+16 -16	0 -32	-17 -49	-56 -88
280	315							+202 +170	+130 +98							
315	355	+36 0	+46 +21	+29 +4	+7 -18	0 -25	+57 0	+226 +190	+144 +108	+73 +37	+57 +21	+40 +4	+18 -18	0 -36	-18 -54	-62 -98
355	400							+244 +208	+150 +114							
400	450	+40 0	+50 +23	+32 +5	+7 -20	0 -27	+63 0	+272 +232	+166 +126	+80 +40	+63 +23	+45 +5	+20 -20	0 -40	-20 -60	-68 -108
450	500							+292 +252	+172 +132							

Nennmaße über	bis	H8	h7	f7	e7	H9	h8	f8	e8	H10	h9	e9	d9	H11	h10	d10	H12	h11	d11	H13	h13
1	3	+14 0	0 -10	-6 -16	-14 -24	+25 0	0 -14	-6 -20	-14 -28	+40 0	0 -25	-14 -39	-20 -45	+60 0	0 -40	-20 -60	+100 0	0 -60	-20 -80	+140 0	0 -140
3	6	+18 0	0 -12	-10 -22	-20 -32	+30 0	0 -18	-10 -28	-20 -38	+48 0	0 -30	-20 -50	-30 -60	+75 0	0 -48	-30 -78	+120 0	0 -75	-30 -105	+180 0	0 -180
6	10	+22 0	0 -15	-13 -28	-25 -40	+36 0	0 -22	-13 -35	-25 -47	+58 0	0 -36	-25 -61	-40 -76	+90 0	0 -58	-40 -98	+150 0	0 -90	-40 -130	+220 0	0 -220
10	18	+27 0	0 -18	-16 -34	-32 -50	+43 0	0 -27	-16 -43	-32 -59	+70 0	0 -43	-32 -75	-50 -93	+110 0	0 -70	-50 -120	+180 0	0 -110	-50 -160	+270 0	0 -270
18	30	+33 0	0 -21	-20 -41	-40 -61	+52 0	0 -33	-20 -53	-40 -73	+84 0	0 -52	-40 -92	-65 -117	+130 0	0 -84	-65 -149	+210 0	0 -130	-65 -195	+330 0	0 -330
30	50	+39 0	0 -25	-25 -50	-50 -75	+62 0	0 -39	-25 -64	-50 -89	+100 0	0 -62	-50 -112	-80 -142	+160 0	0 -100	-80 -180	+250 0	0 -160	-80 -240	+390 0	0 -390
50 65	65 80	+46 0	0 -30	-30 -60	-60 -90	+74 0	0 -46	-30 -76	-60 -106	+120 0	0 -74	-60 -134	-100 -174	+190 0	0 -120	-100 -220	+300 0	0 -190	-100 -290	+460 0	0 -460
80 100	100 120	+54 0	0 -35	-36 -71	-72 -107	+87 0	0 -54	-36 -90	-72 -126	+140 0	0 -87	-72 -159	-120 -207	+220 0	0 -140	-120 -260	+350 0	0 -220	-120 -340	+540 0	0 -540
120 140 160	140 160 180	+63 0	0 -40	-43 -83	-85 -125	+100 0	0 -63	-43 -106	-85 -148	+160 0	0 -100	-85 -185	-145 -245	+250 0	0 -160	-145 -305	+400 0	0 -250	-145 -395	+630 0	0 -630
180 200 225	200 225 250	+72 0	0 -46	-50 -96	-100 -146	+115 0	0 -72	-50 -122	-100 -172	+185 0	0 -115	-100 -215	-170 -285	+290 0	0 -185	-170 -355	+460 0	0 -290	-170 -460	+720 0	0 -720
250 280	280 315	+81 0	0 -52	-56 -108	-110 -162	+130 0	0 -81	-56 -137	-110 -191	+210 0	0 -130	-110 -240	-190 -320	+320 0	0 -210	-190 -400	+520 0	0 -320	-190 -510	+810 0	0 -810
315 355	355 400	+89 0	0 -57	-62 -119	-125 -182	+140 0	0 -89	-62 -151	-125 -214	+230 0	0 -140	-125 -265	-210 -350	+360 0	0 -230	-210 -440	+570 0	0 -360	-210 -570	+890 0	0 -890
400 450	450 500	+97 0	0 -63	-68 -131	-135 -198	+155 0	0 -97	-68 -165	-135 -232	+250 0	0 -155	-135 -290	-230 -385	+400 0	0 -250	-230 -480	+630 0	0 -400	-230 -630	+970 0	0 -970

Abb. 1137: ISO-Abmaße (Einheitsbohrung), Auswahl nach DIN 7157.

Toleranzen

ISO-Toleranzen und -Passungen

Zweck der ISO-Toleranzen ist, die Fertigung austauschbarer Teile mit einer Mindestzahl von Werkzeugen, Vorrichtungen und Lehren zu ermöglichen.

Die ISO-Kurzzeichen bestehen aus Buchstaben und Zahlen. Es bezeichnen:

Die Buchstaben die Lage der Toleranz zum Nennmaß (Nullinie), Kleinbuchstaben bei Außenmaßen (Wellen), Großbuchstaben bei Innenmaßen (Bohrungen).

Die Zahlen 01, 0, 1 bis 18 die Größe der Toleranz (ISO-Qualität).

Die ISO-Toleranzfelder von Wellen und Bohrungen können beliebig zu Passungen zusammengesetzt werden, doch werden die Paßsysteme Einheitsbohrung EB und Einheitswelle EW bevorzugt.

Einheitsbohrung: Die Grundabmaße aller Bohrungen sind gleich, die verschiedenen Passungen erhält man durch entsprechende Wahl der Abmaße der Wellen.

Einheitswelle: Die Grundabmaße aller Wellen sind gleich, die verschiedenen Passungen erhält man durch entsprechende Wahl der Abmaße der Bohrungen.

Mit der folgenden Auswahl von ISO-Abmaßen aus DIN 7160 und 7161 können die gebräuchlichsten Spiel-, Übergangs- und Preßpassungen gebildet werden. Die Auswahl entspricht etwa DIN 7157 (Abb. 1137).

Bezugstemperatur für technische Längenmessungen ist 20° C, d. h. Meßgeräte und Werkstücke sollen bei 20° C ihre vorgeschriebene Größe besitzen.

Form- und Lagetoleranzen

Form- und Lagetoleranzen (DIN 7184, ISO/R 1101) werden zusätzlich zu den Maßtoleranzen angegeben, wenn Funktion und Austauschbarkeit dies erfordert.

Symbole (Auswahl)

—	Geradheit
▱	Ebenheit
○	Rundheit
⌭	Zylinderform
//	Parallelität
⊥	Rechtwinkligkeit
∠	Neigung (Winkligkeit)
⊕	Position
⌯	Symmetrie
◎	Koaxialität, Konzentrizität
↗	Rundlauf, Planlauf

Beispiele
für die Zeichnungsangabe

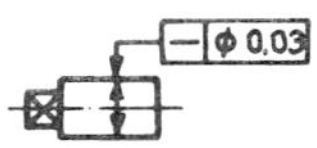

Die Achse des Bolzens muß innerhalb eines Zylinders vom Durchmesser 0,03 mm liegen.

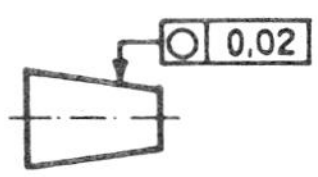

Die Umfangslinie jedes Querschnitts muß in einem Kreisring von der Breite 0,02 mm enthalten sein.

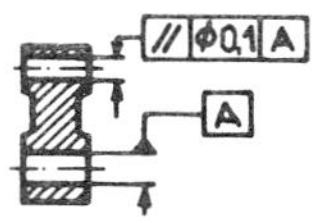

Die tolerierte Achse muß innerhalb eines zur Bezugsachse parallel liegenden Zylinders vom Durchmesser 0,1 mm liegen.

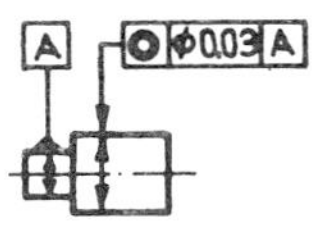

Die Achse des tolerierten Teils der Welle muß innerhalb eines Zylinders vom Durchmesser 0,03 mm liegen, dessen Achse mit der Bezugsachse fluchtet.

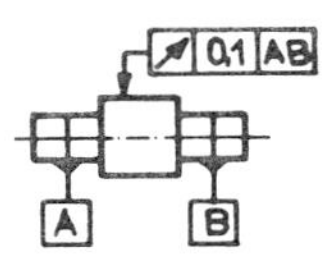

Bei Dehnung um die Bezugsachse AB darf die Rundlaufabweichung in jeder senkrechten Meßebene 0,1 mm nicht überschreiten.

ISO = International Organization for Standardization

Oberflächenbeschaffenheit

Die Oberflächenbeschaffenheit der Bauteile wird mit Oberflächenzeichen (= Bearbeitungszeichen) vom Konstrukteur in der Fertigungszeichnung festgelegt. Dieses Bearbeitungszeichen gibt die zulässige Rauhtiefe der zu bearbeitenden Fläche an. Auch ist aus dem Zeichen (Symbol) ersichtlich, ob die Bearbeitung spanlos oder spanend zu erfolgen hat (Abb. 1138). Die Einhaltung der zulässigen Rauhtiefe wird von der Qualitätskontrolle überwacht.

Symbole für Schweißnaht-Arten

Die Schweißnaht-Art (z. B. Kehlnaht) und -Größe wird für Schweißkonstruktionen in der Zeichnung mit symbolischen Zeichen angegeben (siehe Abb. 266), damit die sachgemäße Ausführung der Schweißnaht von der Qualitätskontrolle geprüft werden kann.

Gewinde im Fahrradbau

Oft muß bei Reparaturen am Fahrrad ein Gewinde nachgeschnitten oder erneuert werden – dann gibt es evtl. Schwierigkeiten mit der Beschaffung der richtigen Gewindeschneidwerkzeuge.

Aus der Tabelle Abb. 1139 ist die Auswahl der wichtigsten Gewinde am Fahrrad zu ersehen, aber auch, mit welchem Gewinde die einzelnen Bauteile ausgeführt sind.

Die theoretischen Werte und Grenzmaße der gängigsten Fahrrad-Gewinde sind aus der Tabelle Abb. 1140 ersichtlich. Die „unrunden" Gewindemaße (FG 7,9/FG 10,5 usw.) stammen noch aus den früher im Fahrradbau dominierenden Abmessungen in engl. Zoll.

Die unterschiedlichen Gewinde FG 34,8 für den Leerlaufzahnkranz und das dazugehörige Aufschraubgewinde an der Hinterradnabe sowie für die BSA-Tretlagerschalen und das dazugehörige Tretlagergehäuse sind bereits in der Tabelle Abb. 438 aufgeführt.

Für die geschraubten Fauber-Tretlager sind die Gewinde der Lagerschalen und Konen in der Tabelle Abb. 1141 nach dem skandinavischen System angegeben.

Für das sehr häufig verwendete USA-Gewindesystem siehe hierzu die Gewindebenennung in der Abb. 617 mit Text.

In der Tabelle 1142 sind die Schlauchventil-Gewinde (VG) und Abmessungen aufgeführt. Zugleich erfolgt eine Gegenüberstellung dieser Gewinde und der britischen, französischen und italienischen Bezeichnung.

Vergleich und Angabe der Oberflächenbeschaffenheit

DIN 140	DIN 3141		DIN ISO 1302	Angabe in Zeichnungen		
Oberflächenzeichen	Reihe (1)	gemittelte Rauhtiefe (2) $R_z \leq$ [µm] (≙ R_t)	arithm. Mittenrauheit (3) $R_a \leq$ [µm]	hergestellte Oberfläche a) spanlos	b) spanend	a) oder b)
▽	1	160	25			
	2	100	12,5	12,5	12,5	12,5
	3	63	6,3			
	4	25	3,2			
▽▽	1	40	6,3			
	2	25	3,2	3,2	3,2	3,2
	3	16	1,6			
	4	10	0,8			
▽▽▽	1	16	1,6			
	2	6,3	0,8	0,8	0,8	0,8
	3	4	0,4			
	4	2,5	0,2			
▽▽▽▽	1	—	—			
	2	1	0,1	0,1	0,1	0,1
	3	1	0,1			
	4	0,4	0,025			

Erklärungen: 1) Nach Art der Erzeugnisse (Grobmaschinenbau bis Feinwerktechnik)
2) Bei Zehnpunkthöhenmessung R_t: Rauhtiefe
3) Bezogen auf die Glättungslinie

Abb. 1138: Oberflächenzeichen (Bearbeitungszeichen).

Gewinde für Fahrräder
Maße in mm

Gewinde	Steigung	Flanken-winkel	DIN	Verwendung
FG 2	0,454	60°	79012	Speichen u. Nippel
FG 2,3	0,454	60°	79012	
FG 2,6	0,454	60°	79012	
M 3	0,5	60°	13 Bl.1	Speichen u. Nippel für Transport- u. BMX-Fahrräder
M 5	0,8	60°	13 Bl.1	Schutzblechschr., Muttern, Felgenbremse
M 6	1	60°	13 Bl.1	Bandagenschr. f. Freilaufbremsnabe, Gabelkopfschr., Kettenspan., Schutzblschr., Muttern, Stellschr. f. Seilzug
FG 6,35	0,977	60°	79012	Kurbelkeil, Muttern
M 7	1	60°	13 Bl.1	Sattelschr. Konen u. Kontermutter für Pedalachse, Kurbelkeil, Muttern
FG 7,9	0,977	60°	79012	Vorderachse, Konen u. Muttern
M 8	1,25	60°	13 Bl.1	Klemmspindel, Klemmkeil für Lenker, Sattelklemmbolzen, Sattelschr., Muttern
M 8 x 1	1	60°	517	Vorderachse, Konen u. Muttern
M 9 x 1	1	60°	517	Vorderachse (BMX), Konen u. Muttern
FG 9,5	0,977	60°	79012	Hinterachse, Konen u. Muttern
M 10 x 1	1	60°	517	Anzugsgewinde an Tretlagerwelle, Hinterachse, Konen u. Muttern
FG 10,5	0,977	60°	79012	Hinterachse, Konen u. Muttern
M 12 x 1	1	60°	517	Anzugsgewinde an Tretlagerwelle
12,7-20 re. u. li.	1,27	60°	BSC *	Pedalachse, Tretkurbel (Fauber)
M 14 x 1,25 re. u. li.	1,25	60°	517	Pedalachse, Tretkurbel
FG 14,3 re. u. li.	1,27	60°	79012	Pedalachse, Tretkurbel
M 18 x 1 li.	1	60°	517	Tretlagerkonen, Gegenmutter
M 22 x 1	1	60°	517	Kurbelabziehgewinde
22 - 24 li.	1,058	60°	BSC *	Tretlagerkonen (Fauber)
23,2 - 32	0,794	60°	BSC *	Tretlagerkonen (Fauber)
M 25 x 1	1	60°	517	Gabelschaftrohr, Lenkungslager
FG 25,4	1,058	60°	79012	
M 26 x 1	1	60°	517	
FG 32,8 li.	1,058	60°	79012	Zahnkranzkonterring
FG 34,8	1,058	60°	79012	Leerlaufzahnkranz (Freewheel) BSA-Tretlager
M 35 x 1 re. u. li.	1	60°	517	BSA-Tretlager
46 - 24 re. u. li.	1,058	60°	BSC *	Fauber-Tretlager
M 52 x 1	1	60°	517	Kettenradgegenmutter, Kettenradbef. Kurbelglocke
M 55 x 1	1	60°	517	

* = British Standard Specification

◀ Abb. 1139: Gewinde im Fahrradbau.

Fahrräder sind im allgemeinen sehr robust gebaut. Trotzdem müssen auch sie gepflegt werden.

Wer keine Zeit erübrigen kann oder technisch völlig unbegabt ist, sollte sein Fahrrad wenigstens einmal im Jahr von einem Zweirad-Mechaniker durchsehen und evt. notwendige Wartungsarbeiten ausführen lassen. Das ist zur Erhaltung der Betriebssicherheit des Fahrrades und zur Sicherheit des Fahrers notwendig.

Nicht immer und überall steht ein Fahrrad-Mechaniker gleich zur Verfügung. Deshalb sind die meisten „Radler“, besonders aber auch die Hobby-Rennfahrer, darauf angewiesen, bestimmte Arbeiten selbst auszuführen:

- Reifen wechseln, Luftschlauch flicken, Schlauchreifen aufkleben; Laufrad ein- und ausbauen;
- Radnaben-, Tret- und Lenkungslager reinigen, nachfetten und ihr Spiel einstellen;
- Leerlauf-Zahnkränze wechseln;
- Kette pflegen, kürzen oder bei Zahnkranzwechsel auch verlängern;
- Naben- und Kettenschaltungen nachjustieren;
- Bremsklötze der Felgenbremsen auswechseln;
- Laufräder nachzentrieren oder gebrochene Speichen erneuern;
- Bremszüge und elektrische Lichtleitungen ersetzen – usw.

Hierzu sind einige Schraubenschlüssel, Schraubendreher sowie Spezialwerkzeuge erforderlich. Ein Schraubstock mit 80 bis 100 mm Backenbreite kann dabei sehr nützlich sein.

Hobby-Rennfahrer sollten darauf achten, daß das zu beschaffende Spezialwerkzeug, wie z. B. Kurbel- oder Leerlaufzahnkranz-Abschrauber, auch zum am betreffenden Fahrrad verwendeten Fabrikat paßt.

Reparatur des Rahmens

Die Lebensdauer eines guten Fahrradrahmens ist groß. Eine Reparatur wird deshalb in der Regel nur notwendig, wenn der Rahmen unnatürlichen Beanspruchungen ausgesetzt war – nach häufiger Überlastung, nach einem Sturz, einer Karambolage u. ä. Die Folgen sind in den meisten Fällen nur Verbiegungen, die ohne besondere Schwierigkeiten zurückgerichtet werden können.

Anders ist es mit Knickungen oder gar Brüchen von Rohren und Verbindungsteilen. **In solchen Fällen ist immer der Austausch des gesamten Rahmens notwendig.** Die Zeiten sind vorbei, in denen ein Zweiradmechaniker seine ganze Kunst und all sein handwerkliches Können aufbrachte, geknickte Rohre auslötete und neue einsetzte, Tretlagergehäuse erneuerte, Lenkköpfe austauschte oder ganze Hinterbauten wechselte. So beschädigte Rahmen gehören auf den Schrottplatz. Die heutigen hohen Stundenlöhne lassen die früher noch möglichen Instandsetzungsarbeiten gar nicht mehr zu. In jedem Fall muß die erste Überlegung bei einem Schadensfall sein, ob eine Instandsetzung aus Sicherheitsgründen vertretbar – und ob sie vor allem noch als wirtschaftlich betrachtet werden kann.

Bei leichteren, nicht sofort erkennbaren Verbiegungen ist eine schnelle Feststellung, wo die Verbiegungsstelle liegt, oft schwierig. Daß überhaupt eine Verbiegung vorliegt, erkennt man an der Zweispurigkeit des Fahrrades. Man braucht nur ein ausreichend langes Lineal unterhalb der Schutzblechenden an die Flanken der beiden Reifen anzulegen, um diese zu erkennen. Liegen die Räder nicht mehr in derselben Ebene und ist ein gleichzeitiges Anliegen der Reifenflanken beider Räder vor und hinter den Naben nicht ohne Gewalt zu erreichen (s. Abb. 1143), so kann man auf Verbiegung, meist auch auf Verwindung des Fahrgestells schließen. (Voraussetzung für Zuverlässigkeit der angegebenen Prüfung ist, daß die Felgen bzw. Reifen keinen Seitenschlag haben).

Wird eine Verbiegung oder Verwindung festgestellt, so kann diese sowohl in der Vorderradgabel als auch im Rahmen selbst bzw. in dessem Hinterbau liegen.

Gewindeabmessungen der Fahrradgewinde

Theoretische Werte — Gewindegrenzmaße

Maße in mm

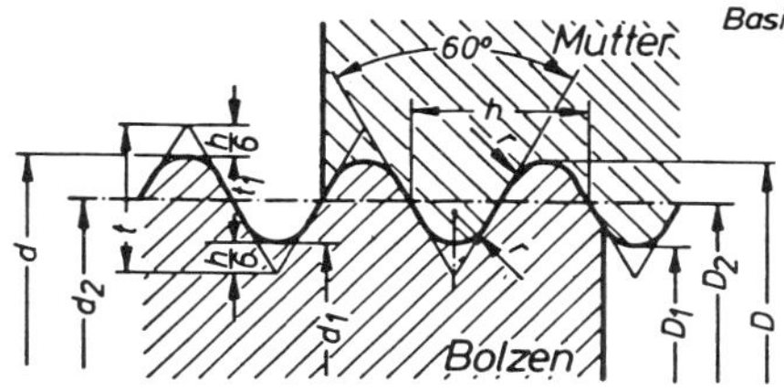

Basis der Gewinderundung = h

$h = \frac{25,4}{z}$

$t = 0,8660\,h$

$t_1 = 0,5327\,h$

$r = 0,1666\,h$

Bezeichnung: z.B Fahrradgewinde (FG) von 7,9 Nenndurchmesser = FG 7,9 DIN 79012

Theoretische Werte

Kurzzeichen	DIN	Bolzen und Mutter: Außendurchmesser $d = D$	Flankendurchmesser $d_2 = D_2$	Kerndurchmesser $d_1 = D_1$	Steigung h	Gangzahl auf 1 Zoll z	Gewindetiefe t_1	Rundung r	Flankenwinkel
FG 2	79012	2,096	1,854	1,613	0,454	56	0,242	0,076	60°
FG 2,3	79012	2,299	2,057	1,816	0,454	56	0,242	0.076	60°
FG 2,6	79012	2,604	2,362	2,121	0,454	56	0,242	0.076	60°
FG 6,35	79012	6,35	5,830	5,310	0,977	26	0,520	0.163	60°
FG 7,9	79012	7,938	7,418	6,898	0,977	26	0,520	0.163	60°
FG 9,5	79012	9,525	9,005	8,485	0,977	26	0,520	0,163	60°
FG 10,5	79012	10,444	9,924	9,404	0,977	26	0,520	0,163	60°
FG 14,3	79012	14,288	13,611	12.934	1.270	20	0.677	0,212	60°
FG 25,4	79012	25,4	24,836	24.272	1.058	24	0,564	0,176	60°
FG 32,8	79012	32,766	32,202	31,638	1.058	24	0,564	0,176	60°
FG 34,8	79012	34,798	34,234	33,670	1,058	24	0,564	0,176	60°

Gewindegrenzmaße

Kurzzeichen	Bolzen: Außendurchmesser d Größtmaß	Kleinstmaß	Flankendurchmesser d_2 Größtmaß	Kleinstmaß	Kerndurchmesser d_1 Größtmaß	Kleinstmaß	Mutter: Außendurchm. D Kleinstmaß	Flankendurchmesser D_2 Kleinstmaß	Größtmaß	Kerndurchmesser D_1 Kleinstmaß	Größtmaß
FG 2	2,096	1,994	1,854	1,783	1,613	1,471	2,096	1,854	1,938	1,613	1,783
FG 2,3	2,299	2,197	2,057	1,986	1,816	1,674	2,299	2,057	2,141	1,816	1,986
FG 2,6	2,604	2,502	2,362	2,291	2,121	1,979	2,604	2,362	2,446	2,121	2,291
FG 6,35	6,35	6,215	5,830	5,745	5,310	5,126	6,35	5,830	5,913	5,310	5,607
FG 7,9	7,938	7,798	7,418	7,326	6,898	6,706	7,938	7,418	7,508	6,898	7,193
FG 9,5	9,525	9,380	9,005	8,907	8,485	8,288	9,525	9,005	9,101	8,485	8,781
FG 10,5	10,444	10,229	9,924	9,826	9,404	9,207	10,444	9,924	10,020	9,404	9,700
FG 14,3	14,288	14,128	13,611	13,499	12,934	12,723	14,288	13,611	13,723	12,934	13,231
FG 25,4	25,4	25,230	24,836	24,719	24,272	24,051	25,4	24,836	24,953	24,272	24,610
FG 32,8	32,766	32,616	32,202	32,103	31,638	31,437	32,766	32,202	32,301	31,638	31,976
FG 34,8	34,798	34,620	34,234	34,107	33,670	33,441	34,798	34,234	34,361	33,670	34,008

Abb. 1140: Theoretische Werte und Grenzmaße der Fahrrad-Gewinde.

Beim Prüfen des Rahmens sollte von der Mittelebene ausgegangen werden. Wenn diese auch nicht ohne weiteres erkennbar ist, so weiß man doch, daß die Lenkkopfachse auf ihr verläuft und Tretlager- wie Hinterradachse im rechten Winkel zu ihr stehen. Theoretisch müssen ja auch die Achsen der Rahmenrohre in der Mittelebene liegen. Aber einwandfreie Anhaltspunkte zur Darstellung der Mittelebene geben diese Rohre nicht – abgesehen davon, daß nur bei dem oben offenen Sitzrohr die Mittelachse wirklich fixierbar ist. Ihr Verlauf zur Mittelebene des Rahmens hat im übri-

Abmessungen der Fahrradgewinde für Fauber-Tretlager

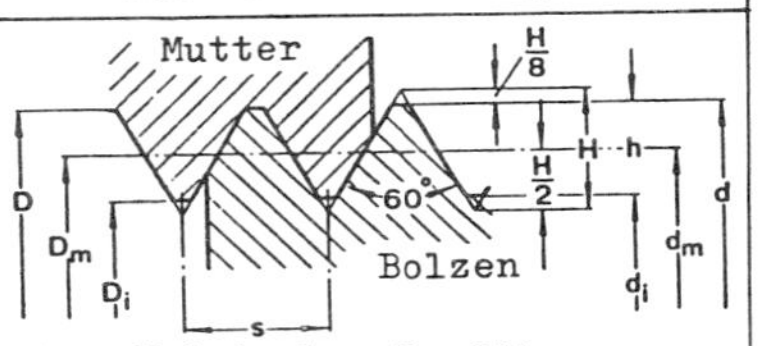

n = Gangzahl auf 1 Zoll

$s = \frac{25,4}{n}$

$H = 0,86603\ s$

$h = 0,64952\ s$

$d_m = d - h$

$d_i = d - 2h$

n	s	h
32	0,794	0,516
24	1,058	0,687
20	1,270	0,825

Gewinde Cd–n CD–n	d D	n	d_m D_m	d_i D_i
C23.2–32	23,2	32	22,684	22,168
C22–24 links	22	24	21,313	20,626
C46–24 rechts links	46		45,313	44,626
C12.7–20 rechts links	12,7	20	11,875	11,050

Abb. 1141: Gewinde für Fauber-Tretlager nach skandinavischem System.

Gewindetabellen

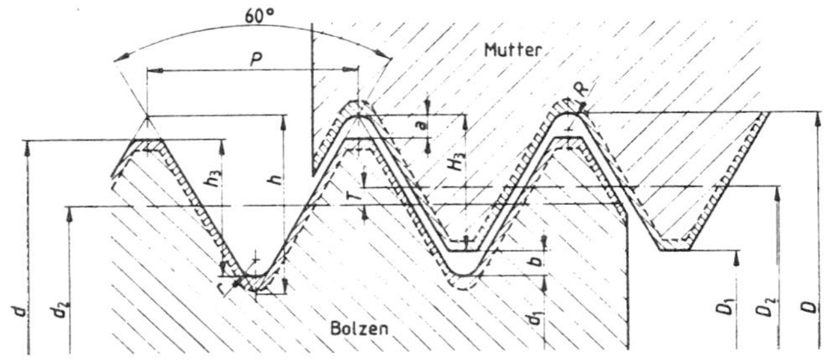

Gewinde DIN 7756

Gewinde	Steigung P	Gangzahl auf 1 inch	Bolzen: Außendurchmesser d max.	Bolzen: Außendurchmesser d min.	Bolzen: Kerndurchmesser d_1 max.	Bolzen: Kerndurchmesser d_1 min.	Bolzen: Flankendurchmesser d_2 max.	Bolzen: Flankendurchmesser d_2 min.	Mutter: Flankendurchmesser D_2 min.	Mutter: Flankendurchmesser D_2 max.	Mutter: Kerndurchmesser D_1 min.	Mutter: Kerndurchmesser D_1 max.	Mutter: Außendurchmesser D min.	Mutter: Außendurchmesser D max.
Vg 5	0,705	36	5,200	5,100	4,400	4,300	4,811	4,711	5,009	5,109	4,600	4,700	5,420	5,520
Vg 5,2	1,058	24	5,280	5,180	3,900	3,800	4,656	4,556	4,824	4,924	4,200	4,300	5,580	5,680
Vg 6	0,794	32	6,030	5,930	5,130	5,030	5,618	5,518	5,692	5,792	5,300	5,400	6,180	6,280
Vg 8	0,794	32	7,747	7,620	6,631	6,504	7,131	7,004	7,434	7,561	6,818	6,945	7,934	8,061
Vg 9,6	1,000	–	9,650	9,550	8,670	8,552	9,310	9,210	9,380	9,480	8,750	8,900	9,730	9,800
Vg 10	0,907	28	10,338	10,211	9,062	8,935	9,647	9,520	9,952	10,079	9,261	9,388	10,537	10,664
Vg 12	0,977	26	12,243	12,091	10,869	10,717	11,509	11,357	11,809	11,961	11,075	11,227	12,449	12,601

Die international üblichen Gewinde für Luftreifenventile

Deutsche Bezeichnung		Brit./US-Bez.	Franz. Bez.	Ital. Bez.
Vg 5,2	DIN 7756	.210–24 Thrd.	F 5,2	5,2 V
		.312–30 Thrd.	F 7,8	7,9 V
Vg 6		.237–32 Thrd.	F 6	6 V
Vg 5		.210–36 Thrd.	F 5	5 V
Vg 8		.302–32 Thrd.	F 8	7,7 V
Vg 10		.406–28 Thrd.	F 10	10,3 V
Vg 12		.428–26 Thrd.	F 12	12,2 V

Abb. 1142: Ventil-Gewinde.

gen für die Fahreigenschaften der Maschine nicht die Bedeutung wie die der übrigen Rohre und besonders des Lenkkopfes – das Sitzrohr kann bei der Prüfung eines Rahmens nur als grober Anhaltspunkt dienen. Verwindungen im Vorderrahmen lassen sich oft schon durch Auflegen des Rahmens mit dem Ober- und Unterrohr auf eine Richtplatte feststellen.

Wesentlich besser geeignet für die verschiedensten Kontrollen am Rahmen ist ein Gerät, das man leicht selbst anfertigen kann, wenn man eine Drehbank zur Verfügung hat.

Dieses Kontrollgerät besteht aus einer einstellbaren Hilfsachse für den Hinterbau mit senkrecht aufgesetzter Meßstange. Solche Meßstangen, die mit konischen Buchsen im Lenkkopf, aber auch im Tretlagergehäuse eingeführt werden können, ermöglichen eine einfache Sichtkontrolle auf genaues Fluchten schon mit dem bloßen Auge. Besser ist die Prüfung mittels eines angelegten Lineals, wobei mit einem Anschlagwinkel dann auch die rechtwinklige Stellung des Tretlagers geprüft werden kann (Abb. 1144).

Das Richten eines nur leicht verbogenen Rahmens kann kalt mit Hilfe eines Richteisens erfolgen. Dabei ist darauf zu achten, daß der Rahmen so eingespannt wird, daß die beim Richten einwirkenden Kräfte keine Beschädigungen (Eindrücke usw.) hinterlassen. Rohre des Rahmens sollten nur zwischen langen Hartholzbacken oder

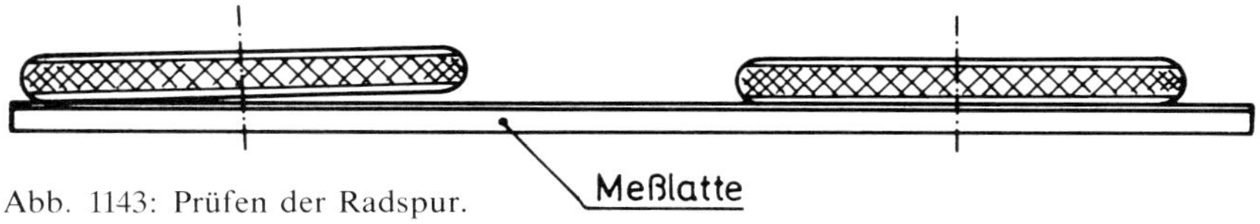

Abb. 1143: Prüfen der Radspur.

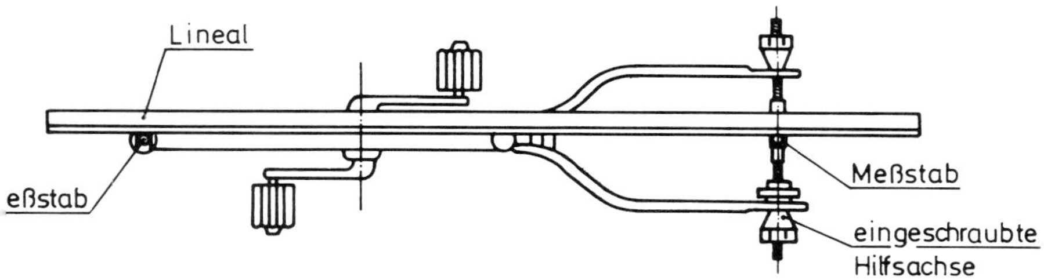

Abb. 1144: Prüfen des Rahmens mit Kontrollgerät und Lineal.

Kupferbacken (mit dem Rohrdurchmesser entsprechenden halbkreisförmigen Aussparungen) eingespannt werden. Auch die Angriffsstellen des Richteisens sind durch Hartholzbacken zu schützen. Bei sehr dünnwandigen Stellen bleibt oft nichts anderes übrig, als die betreffende Stelle mit dem Richteisen unter Spannung zu setzen und das Rohr auf der Innenseite der Biegung bis zur Rotglut warm zu machen. Die Lackierung muß dann mit der Spraydose nachgebessert werden.

Ein häufiger Schaden sind gestauchte Rahmenrohre kurz vor dem Eintritt in die Lenkkopfmuffe. Sie sind immer die Folge davon, daß gegen ein hohes Hindernis gefahren wurde (wobei natürlich auch die Vorderradgabel ihr Teil abbekam). Die Verbiegungen in den Rahmenrohren sind leicht zu erkennen, durch Wulstbildung in der Rohrwand an der Unterseite und durch dort abgeplatzten Lack. Richten der kurzen Biegestelle ist ohne Erwärmen des Rohres kaum möglich – Erwärmen verbietet sich aber im Hinblick auf die unmittelbar benachbarte Lötstelle, und so ist auch in einem solchen Fall der Ersatz des Rahmens (und evtl. der Vorderradgabel) die einzig korrekte Instandsetzungs-Lösung.

Rahmenreparaturen durch Schweißen sind im Gegensatz zum Hartlöten nicht überall am Rahmen möglich. Geeignet sind eigentlich nur einige Stellen am Hinterbau, z. B. der freistehende Lappen am Ausfallende.

In unmittelbarer Nachbarschaft einer Hartlötstelle muß Schweißen vermieden werden. Es besteht immer die Gefahr, daß flüssig gewordenes Lot in die Schweißstelle gelangt und deren Festigkeit erheblich vermindert.

Manchmal muß man sehr erstaunt sein, wie schnell das Schweißgerät bei Reparaturen zur Hand genommen wird, ohne daß der zu schweißende Werkstoff bekannt ist und der richtige, d. h. geeignete Schweiß-Zusatzwerkstoff gewählt wird. Zur Werkstofferkennung ist die Funkenprobe durch Schleifen ein probates Hilfsmittel.

Die Funkenprobe bei der Werkstofferkennung

Die Schweißbarkeit der Stähle ist in erster Linie von ihrer chemischen Zusammensetzung abhängig. Die chemische Vollanalyse ist der sicherste Weg, um genaue Aussagen machen zu können. Oft sind aber die notwendigen Einrichtungen nicht vorhanden, oder es muß in kürzester Zeit über die Verwendbarkeit eines Werkstoffs entschieden werden. Ein bekanntes Hilfsmittel bei der Werkstofferkennung ist die Funkenprobe, mit der bei entsprechender Übung häufig ausreichende Angaben gemacht werden können.

Im allgemeinen handelt es sich darum, festzustellen, ob der vorliegende Stahl der erwarteten Stahlsorte entspricht. Der Vergleich mit vorhandenen Probestählen bringt in diesen Fällen häufig Klarheit. Aber auch ohne Vergleichsstähle kann man oft an Hand eines charakteristischen Funkenbildes seine Entscheidung treffen.

Grundlage der Probe ist die Tatsache, daß durch Anpressen eines Stahlstückes an eine schnelldrehende trockene Schleifscheibe eine mehr oder weniger große Funkengarbe erzeugt wird. Das Bild des Strahlenbündels ist von der Stahlzusammensetzung abhängig. Die Funkenbildung hängt außer von der Stahlsorte von der verwendeten Schleifscheibe und vom Anpreßdruck ab. Man halte deshalb möglichst gleichbleibende Bedingungen ein. Das Funkenbild eines Stahls wird in erster Linie vom Kohlenstoffgehalt bestimmt. Die Unterscheidung von kohlenstoffarmem und kohlenstoffreichem Stahl beruht auf der zunehmenden Helligkeit der Funkengarbe und einer immer reicher werdenden Verästelung, wie es die Teilbilder A, B und C in Abb. 1145 bei steigendem Kohlenstoffgehalt wiedergeben.

Eine weitere wichtige Gruppe von Stählen, deren Unterscheidung bei der laufenden Werkstoffüberwachung von großer Bedeutung ist, sind die niedrig- und mittellegierten Stähle mit Gehalten an Chrom, Nickel und Molybdän (Teilbilder D, E, F, G, H und J in Abb. 1145). Entscheidend für die Beurteilung ist auch hier zunächst eine scharfe Erkennung des Kohlenstoffgehalts, der wieder ganz allgemein mit der Lebhaftigkeit des Funkenzerfalls zusammenfällt

Abb. 1145: Funkenprobe

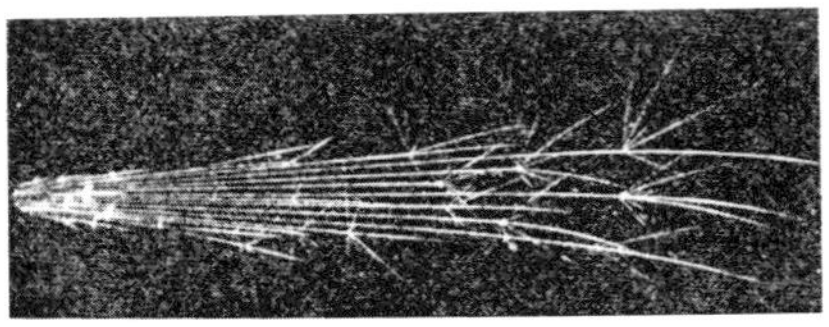

Bild A: Funkenbild eines weichen Stahls mit 0,13 % C, 0,10 % Si und 0,52 % Mn.

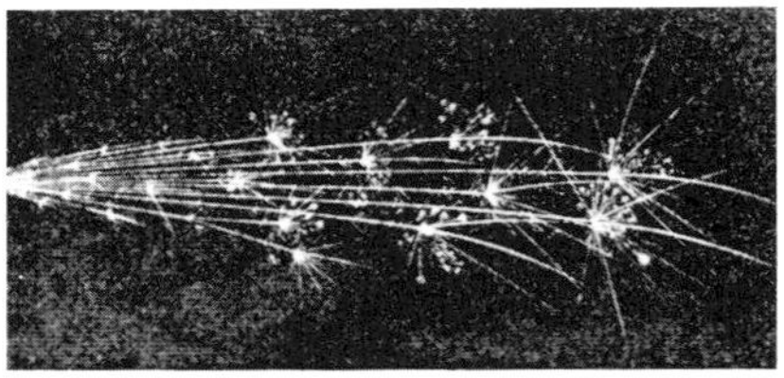

Bild B: Funkenbild eines Kohlenstoff-Vergütungsstahls mit 0,47 % C, 0,31 % Si und 0,76 % Mn.

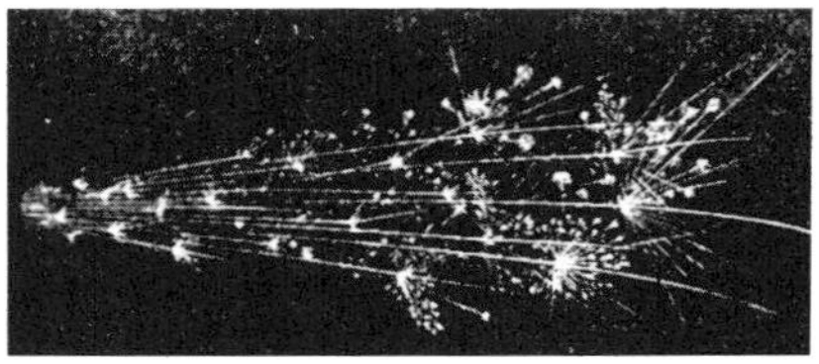

Bild C: Funkenbild eines Kohlenstoff-Härtungsstahls mit 0,87 % C, 0,24 % Si und 0,49 % Mn.

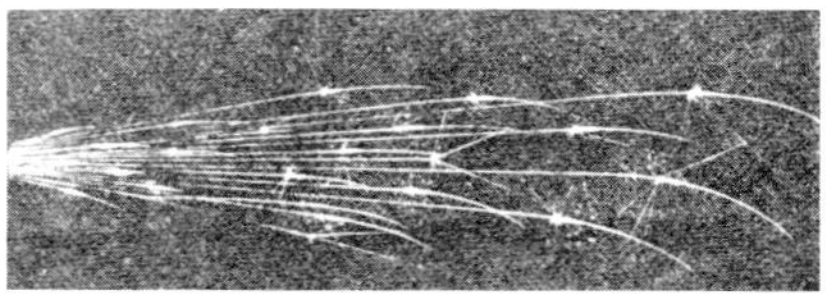

Bild D: Funkenbild eines Chrom-Nickel-Einsatzstahls mit 0,14 % C, 0,30 % Si, 0,44 % Mn, 0,85 % Cr und 3,69 % Ni.

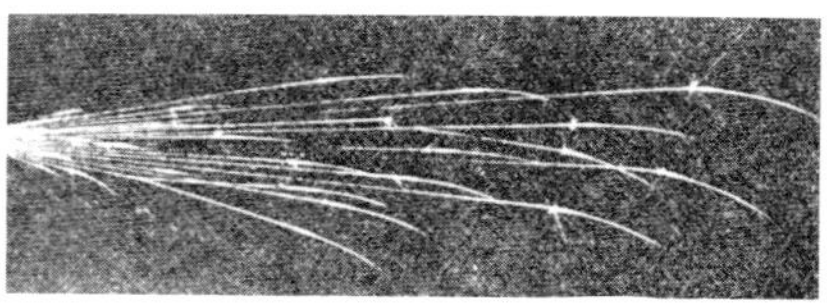

Bild E: Funkenbild eines Chrom-Molybdän-Einsatzstahls mit 0,17 % C, 0,35 % Si, 0,85 % Mn, 1,19 % Cr, 0,33 % Mo und 0,63 % Ni.

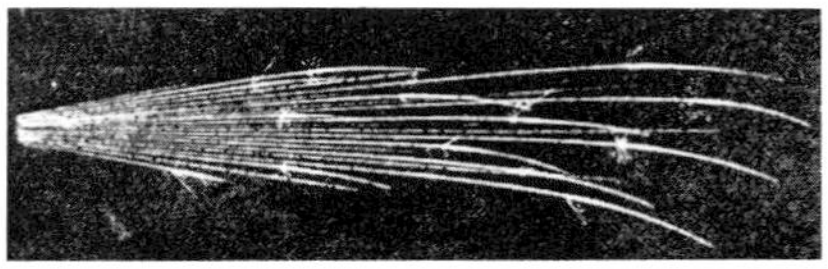

Bild F: Funkenbild eines Chrom-Nickel-Einsatzstahls mit Wolfram-Zusatz mit 0,15 % C, 0,29 % Si, 0,56 % Mn, 1,05 % Cr, 4,34 % Ni und 1,10 % W.

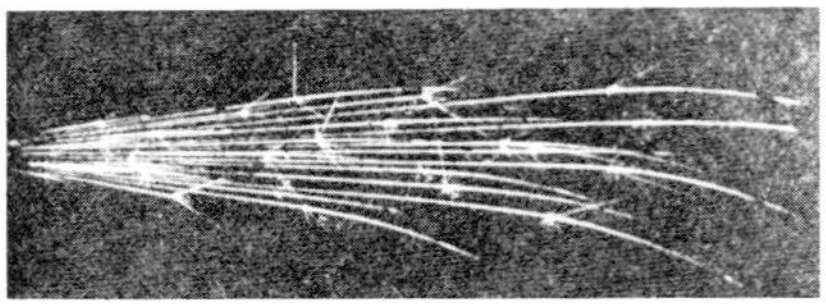

Bild G: Funkenbild eines Chrom-Nickel-Vergütungsstahls mit 0,26 % C, 0,28 % Si, 0,50 % Mn, 0,81 % Cr und 3,32 % Ni.

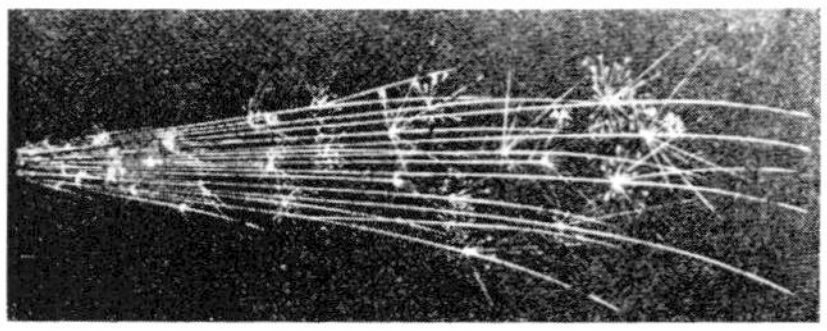

Bild H: Funkenbild eines Chrom-Molybdän-Vergütungsstahls mit 0,46% C, 0,25% Si, 0,65% Mn, 1,44% Cr und 0,26% Mo.

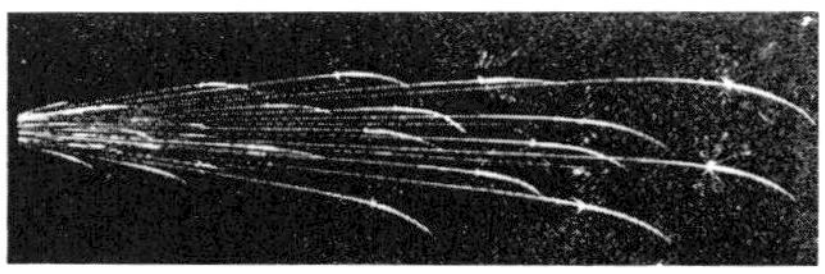

Bild J: Funkenbild eines Chrom-Nickel-Vergütungsstahls mit Wolfram-Zusatz mit 0,41% C, 0,35% Si, 0,49% Mn, 1,05% CR, 2,65% Ni, 0,20% Mo und 1,00% W.

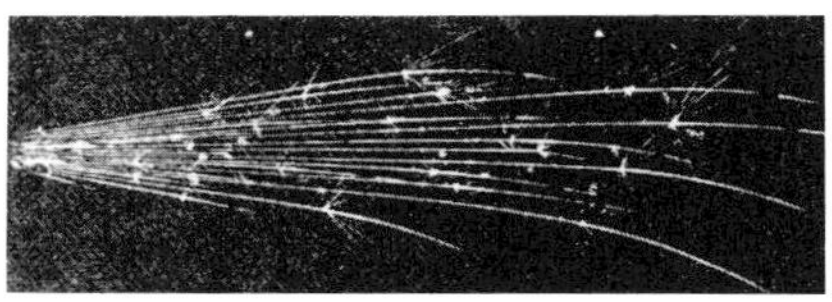

Bild K: Funkenbild eines Nitrierstahls mit 0,30 % C, 0,47 % Si, 0,62 % Mn, 2,59 % Cr, 0,32 % Mo und 0,32 % V.

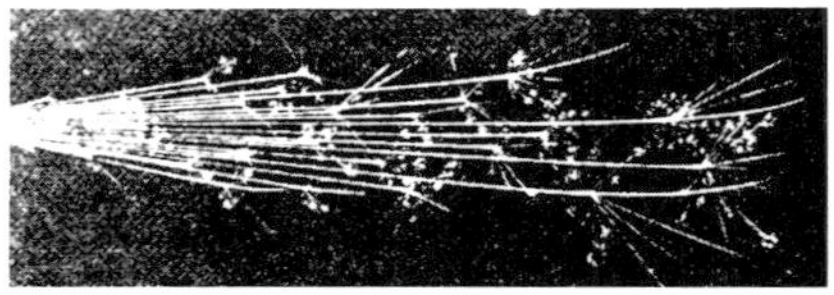

Bild L: Funkenbild eines Federstahls mit 0,62 % C, 1,53 % Si und 0,81 % Mn.

Bild M: Funkenbild eines wasserhärtenden, legierten Werkzeugstahls mit 1,03 % C und 1,24 % W.

Bild N: Funkenbild eines ölhärtenden, legierten Werkzeugstahls mit 1,38 % C, 0,18 % Si, 0,39 % Mn und 1,45% Cr.

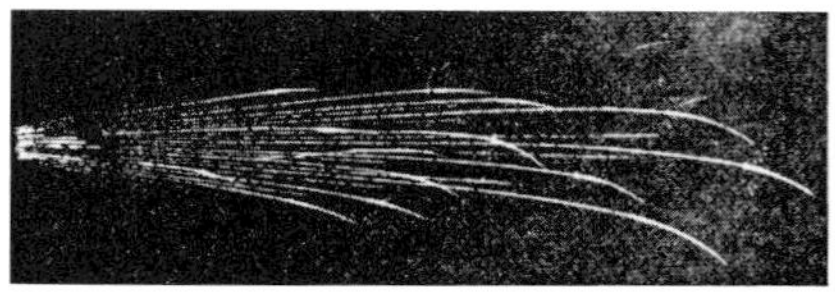

Bild O: Funkenbild eines ölhärtenden, legierten Werkzeugstahls mit 0,39 % C, 1,23 % Si, 0,98 % Cr und 1,93 % W.

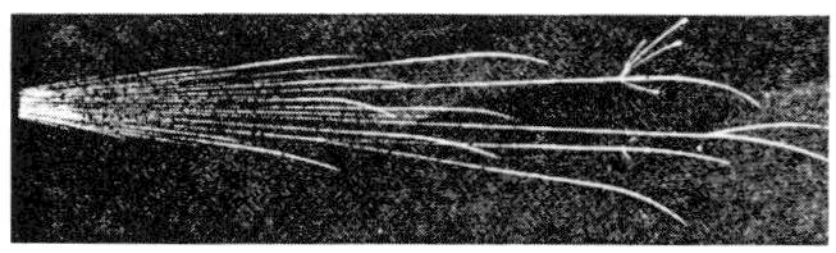

Bild P: Funkenbild eines lufthärtenden, hochlegierten Werkzeugstahls mit 0,76 % C, 4,85 % Cr, 17,27 % W, 4,54 % Co und 0,72 % V.

(s. Teilbilder D und E gegen G und H). Als Kennzeichen für das Vorhandensein von Nickel ist die weißglühende Verdickung des Grundstrahls sofort nach dem Strahlenzerfall, der sogenannte Nickeltropfen, anzusehen, der sich in die Strahlenspitze fortsetzt. Die Erkennung dieses Merkmals ist jedoch etwas schwierig und unsicher, sie erfordert längere Erfahrung, da das Funkenbild von den gleichzeitig vorhandenen Gehalten an Kohlenstoff und Chrom stärker beeinflußt wird. Mit steigendem Chromgehalt verliert das Gesamtbild deutlich an Lebhaftigkeit und geht etwas ins Rötlich/Gelbliche über, wobei gleichzeitig die Grundstrahlen zerfallen. Das besondere Kennzeichen dieser Zweigstrahlenbildung ist die fast gleich bleibend stark auslaufende Strahlspitze.

Das Vorhandensein von Molybdän kann daran erkannt werden, daß die Strahlspitzen am äußersten Ende deutlich abgesetzt sind und in einer feinen Spitze nochmals kurz aufleuchten (s. Teilbilder E, H und K).
Es muß aber hierzu erwähnt werden, daß bei gewissen Legierungszusätzen (s. Teilbild L) auch der Mo-Funke offenbar gestört wird und daß beispielsweise bei gleichzeitigem Vorhandensein von Wolfram die charakteristisch abgesetzte Spitze fehlen kann.

Auch hochwertige Stähle mit Zusätzen von Wolfram und Molybdän neben Chrom und Nickel sind an ihrem abweichenden Funkenbild bei einiger Übung sicher festzustellen, wie der Vergleich der Analysen von Teilbild F und J zeigt, in denen bemerkenswerterweise auch die charakteristischen dunkelroten, gestrichelten Strahlen ohne Zerfallserscheinungen als Anzeichen für Wolframgehalt auftreten.

Kennzeichnend für einen höher silizierten Federstahl (Teilbild L) ist die keilförmige Aufhellung der Grundstrahlen bis zum Zerfallpunkt. Silizium drängt sich gewissermaßen vor und hält die dem höheren C-Gehalt sonst eigentümliche lebhaftere Funkenbildung merkbar zurück.

Ganz allgemein kann man sagen, daß sich der Formenreichtum und auch die Farbigkeit zunächst mit zunehmenden Legierungsanteilen steigern. Als Beispiele seien in den Teilbildern M und N der wasserhärtende Bohrstahl und der ölhärtende Kugellagerstahl wiedergeben. Während der letztere ein lebhaftes, dichtes Bündel etwas kürzerer Grundstrahlen ergibt, deren Zweigstrahlen-Bildung sehr vielseitig und zart sowie im Orangefarbton vor sich geht, zeigen sich beim wasserhärtenden Bohrstahl, dem sogenannten Silberstahl, infolge des Wolframgehalts die gestrichelten, tiefroten Grundstrahlen mit und ohne Verbrennungsteil. Die Strahlen mit Verbrennungsteil hellen sich etwas auf und enden in einer dicken orangefarbenen Strahlspitze mit langstieligen Büschelstrahlen und ganz fein verzweigten Verästelungen. Als weiteres Merkmal der wolframhaltigen Stähle ist der erforderliche stärkere Anpreßdruck zu beachten.

Ein anderer, für Preßluftwerkzeuge, Döpper und Meißel verwendeter, ölhärtender Stahl (Teilbild O) zeigt wegen des höheren Si-Gehalts eine Aufhellung des kolbenförmigen Verbrennungsteils. Manchmal glühen auch die Grundstrahlen nur kolbenförmig auf unter Bildung tropfenförmiger, spärlicher Zweigstrahlen. Auch hier tritt der rote Wolframstrahl zahlreich auf. Mit steigendem Wolframgehalt und höherem Chromgehalt wächst nun der Trennwiderstand der Stahlproben an der Schleifscheibe so an, daß die Funkengarbe auch bei starkem Anpreßdruck immer leerer wird, bis bei dem 18%igen Wolfram-Hochleistungsstahl (Teilbild P) nur noch tiefrote Grundstrahlen, meist ohne jede weitere Verbrennung, entstehen. Aus dem dann und wann aufleuchtenden hellroten Zerfall sprühen nur noch wenige tropfen- oder keulenförmige Zweigstrahlen heraus.

Bei einer wiederholt notwendig werdenden Reparatur am Rahmen oder anderen Teilen eines Fahrrades bzw. bei anderen Gelegenheiten wird oft der Begriff „Markenrad" angezweifelt. Der Markenbegriff ist tatsächlich sehr verwischt – und zwar weil die meisten Herstellerfirmen auch die entscheidenden Bauteile nicht mehr selbst fabrizieren. Die Bezeichnung „Markenrad" sollten deshalb nur solche Firmen führen, die bis zu zehn Jahren nach Modellauslauf die Ersatzteilversorgung garantieren.

Reparatur der Vorderradgabel

Die Vorderradgabel ist das empfindlichste Teil am Fahrrad. Ein Bruch kann für den Fahrer tödlich sein.

Deshalb darf an der Vorderradgabel keine Reparaturschweißung (z. B. Dynamohalter) vorgenommen werden. Auch gestauchte Gabelschaftrohre oder verbogene bzw. geknickte Gabelscheiden dürfen nicht gerichtet werden. Aus Sicherheitsgründen sollte bei Gabelschäden eine fabrikneue Gabel eingebaut werden.

Müssen bei Reparaturgabeln Passungen mit der Feile oder mit Schmirgelleinen korrigiert werden, dann liegt mangelhafte Ausführungsqualität vor. Schließlich kann heute jeder „Heimwerker" Toleranzen von 0,1 mm einhalten!

Reifendefekt am Normal-Fahrrad

Reifenschäden sind die häufigsten Pannen am Fahrrad. Bei Billigräder hat man oft schon nach kurzer Zeit einen „Plattfuß"! Die Ursachen sind überstehende Speichenenden am Speichennippel oder dünne Plastik-Felgenbänder, die nicht verhindern können, daß der Sechskantkopf des Nippels (siehe Abb. 504 und 506) den Luftschlauch beschädigt. Vorstehende Speichen-Gewindeenden müssen abgefeilt und die dünnen Plastikbänder durch dickwandige Gummibänder ersetzt werden.

Schlauchverletzungen durch Nägel, spitze Steine usw. können leicht repariert, d. h. geflickt werden. Kleinere Verletzungen der Decke, wie sternförmige Brüche oder durch scharfe Gegenstände hervorgerufene Schnitte, können durch einen Flicken, der von innen angeklebt wird, repariert werden. Reifen mit Gewebeschäden dagegen sind unbrauchbar.

Wie man einen Luftschlauch flickt, ist weithin bekannt: das heutige „Flickzeug" besteht aus abgepaßten, besonders präparierten Flicken, die sich nach dem Aufkleben selbsttätig vulkanisieren und unlösbar mit dem Schlauch verbinden. Zuvor muß die defekte Stelle gereinigt, getrocknet und dann mit Sandpapier leicht aufgerauht werden. Dann wird ein wenig Gummilösung – aber größer als der Reparaturfleck! – rund um das Loch aufgetragen. Nachdem die Gummilösung gut getrocknet ist, wird der Reparaturfleck aufgeklebt und festgedrückt. Dabei muß unbedingt vermieden werden, die Auflageseite des Flecks (die vor der Verwendung durch eine Staniolauflage geschützt war) sowie die eingestrichene Schadensstelle mit den fettigen Fingern zu berühren. Die Ränder solcher Reparaturflecken laufen dünn aus, so daß sich keine Absätze gegenüber der Schlauchoberfläche ergeben.

Um den Schlauch reparieren zu können, muß man ihn erst aus der Decke herausnehmen.

Das Auf- und Abziehen des Reifens ist Übungssache und erfordert bei einem neuen Reifen einen größeren Kraftaufwand als bei einem schon „gelaufenen". Grundsätzlich sollte die Reifenmontage mit den bloßen Händen erfolgen. Ist aber doch ein Hilfswerkzeug erforderlich, so muß es für diesen Zweck auch geeignet und ohne scharfe Kanten sein sowie die richtige Form haben. Schraubendreher sind nicht dazu geeignet, sondern es ist ein Reifenmontierhebel (Abb. 1146) zu verwenden.

Abb. 1146: Reifenmontierhebel.

Bevor das Rad ausgebaut und die Bereifung demontiert wird, muß geprüft werden, ob das Schlauchventil dicht (siehe Ventilarten Abb. 556, 559, 560, 561 und 566) und nicht etwa die Ursache des Plattfußes ist. Vor dem Abnehmen des Reifens wird die restliche Luft abgelassen, die Felgenmutter am Ventil (siehe Abb. 556) abgeschraubt und das Ventil soweit wie möglich zurückgeschoben. Nachdem auf der dem Ventil gegenüberliegenden Stelle die eine Seite des Reifens in das Tiefbett gedrückt ist, wird am Ventil mit dem Überheben des Reifenrandes über den Felgenrand begonnen. Das ist der einzige Arbeitsvorgang, bei dem ein Reifenmontierhebel erforderlich sein kann. Liegt dann erst ein Teil des Reifenrandes außerhalb der Felge, so kann der Rest ohne besonderen Kraftaufwand mit den Fingern herausgehoben werden.

Bei der Reifenmontage ist es von Vorteil, wenn der trockene und auch innen gesäuberte Reifen innen leicht mit Talkum eingestäubt und dann mit der einen Seite so auf die Felge gesetzt wird, daß ein möglichst großer Teil seines inneren Randes auf dem Felgenboden (siehe Abb. 474) zu liegen kommt. Hierin wird der Reifen gehalten und durch Nachgreifen in beiden Richtungen von dem bereits in der Felge liegenden Teil aus nach und nach auf dieser Seite über den Felgenrand gehoben. Dann wird das Schlauchventil durch das Ventilloch der Felge gesteckt und der Schlauch ins Felgen-Tiefbett gelegt. Die Felgenmutter wird um einige Gewindegänge aufgeschraubt (gummiummantelte Ventilkörper haben keine Felgenmutter mehr), der Ventileinsatz und die Überwurfmutter werden aufgesetzt, dann wird der Schlauch soweit leicht aufgepumpt, daß er den Reifen ohne Verdrehung und Faltenbildung ausfüllt. Dabei ist auf genau radiale Stellung des Ventilkörpers zu achten!

Dann wird begonnen, an der noch offenen Seite den Reifenrand in das Felgenbett, gegenüber dem Ventil beginnend, einzulegen. Das erfolgt auf die gleiche Weise wie auf der ersten Seite, also Stück um Stück nach beiden Seiten auf das Ventil zu, wobei darauf zu achten ist, daß der bereits in der Felge liegende Reifenrand soweit wie möglich in das Tiefbett gedrückt wird.

Schließlich wird das Ventil wieder bis zur Felgenmutter zurückgeschoben und dort der letzte Teil des Reifenrandes über den Felgenrand gehoben (Abb. 1147).

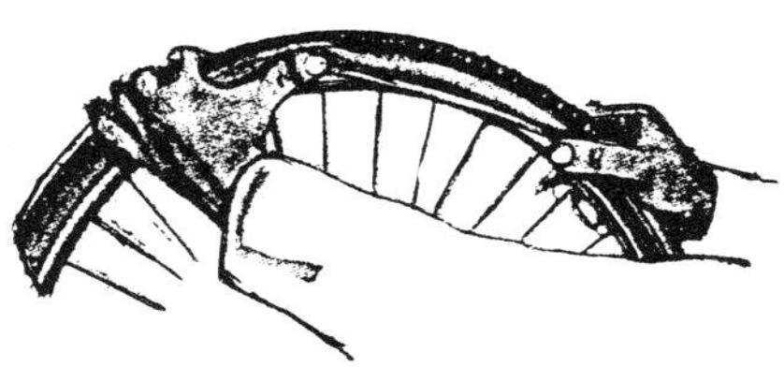

Abb. 1147: Aufziehen des letzten Stücks des Reifens.

Wenn nötig, kann dabei ein Reifenmontierhebel benutzt werden, eventuell muß auch erst noch Luft aus dem Schlauch abgelassen werden, damit der Reifen sich richtig auf die Felgenschulter setzen kann (siehe Abb. 474) und zentrisch zur Felge läuft, was an Hand der beiden dünnen umlaufenden Spurrillen (Montage-Kennlinie) an den Reifenwänden kontrolliert werden kann (siehe Abb. 537).

Sitzt er noch nicht richtig, so kann durch das Aufstoßen des Rades mit aufgepumptem Schlauch auf den Fußboden oder durch Schläge mit der Faust nachgeholfen werden: durch die Erschütterungen rutscht der Reifen dann vollständig auf die Felgenschultern.

Um die Pannenhäufigkeit zu mindern und einen größeren Widerstand der Bereifung gegen eindringende Fremdkörper zu erreichen, gibt es im Fachhandel (für alle gängigen Reifenbreiten) dünne, aber zähe Kunststoffbänder, die genau auf Länge der Reifeninnenseite der Lauffläche geschnitten und zwischen Luftschlauch und Reifendecke eingelegt werden.

Für die schmalen Reifen (Hochdruckreifen bis 25 mm) bietet Wolber als Durchschlagschutz ein leichtes Kunststoffband (10 g pro Meter) aus elastischem und einreißfestem Polyurethan (PUR) an, das verrutschfest mit einem beigegebenen Kleber befestigt wird (Abb. 1148).

Geringfügige Schlauchdefekte (nur stecknadelgroße Löcher) können, auch ohne

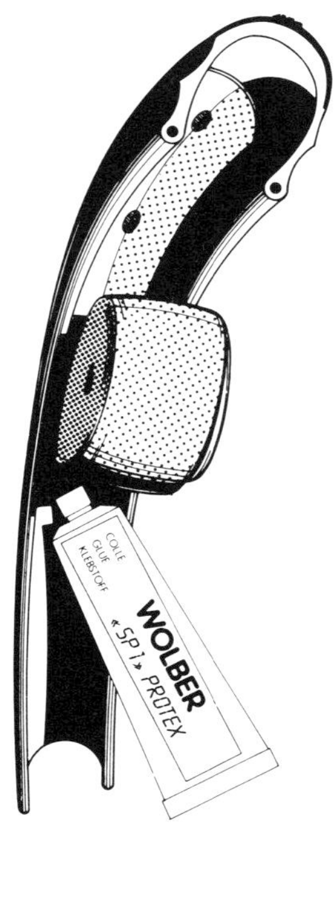

Abb. 1148: Pannenschutz von Wolber.

daß man sich die Hände schmutzig machen muß, unterwegs mit einem „Pannenspray", etwa dem der Firma Asperg KG, behoben werden. Mittels einer mitgeführten Druckdose wird die „platte" Bereifung aufgepumpt, gleichzeitig verschließt ein miteingepumptes Vulkanisiermittel die undichte Schlauchstelle. Schon nach einigen Minuten kann so weitergefahren werden.

Reifendefekt am Rennrad

Die Schlauchreifen für Rennmaschinen (siehe Abb. 550 – 553), französisch „Colles" genannt, werden auf spezielle Felgen (siehe Abb. 486 – 489) geklebt. Dadurch ist ein Schlauchreifenwechsel nicht ganz einfach. Schlauchreifen können geflickt werden, solange die Leinwand keinen Schaden aufweist. Diese nicht einfache Reparatur lohnt sich aber nur, wenn die Lauffläche nur gering abgefahren ist. Unterwegs, im Gelände oder auf der Straße kann die Arbeit ohnehin kaum ausgeführt werden. Deshalb wird von umsichtigen Fahrern eine komplette Schlauchreifengarnitur, gebündelt am Sattel hängend, mitgeführt. Manche Rennsport-Fachgeschäfte nehmen Schlauchreifen zur Reparatur an, billig sind solche Arbeiten aber nicht.

Mit viel Geschick und Geduld läßt sich nach folgender Anleitung ein normaler Schlauchreifen (ein mit vielen hundert Nadelstichen in ein Baumwoll- oder Seidengewebe eingenähter Schlauch) selbst reparieren:

Zuerst prüfen, ob der Schaden nicht am Sclaverand-Ventil (siehe Abb. 561) liegt. Wenn ja, dann muß ein neues Ventil eingesetzt werden;

Reifen aufpumpen und Loch suchen, dann Nahtschutzband (siehe Abb. 550/1 auf beiden Seiten der Leckstelle, evtl. mit Zange, lösen;

Naht sehr vorsichtig mit möglichst kurzem Schnitt auftrennen, dadurch wird das Wiederzusammennähen erleichtert. Schlauch dabei nicht verletzten! Zweites Nahtschutzband innen auf einer Seite abtrennen;

defektes Schlauchstück (550/3) vorsichtig herausziehen und dünnen Flikken (aus einem alten Schlauchreifen-Schlauch) aufkleben;

Schlauch vorsichtig aufpumpen und „Flickstelle" auf Dichtheit prüfen;

Luft ablassen und Schlauch gewissenhaft in die Hülle einführen, inneres Nahtschutzband darüberlegen;

Reifen mit der Naht nach oben festhalten. Mit Nadel und doppeltem Faden zusammennähen (Schlauchreifen-Flickzeug ist im Fachhandel erhältlich). Dabei darauf achten, daß beide Seiten aneinander gerade und ohne Versatz sich gegenüberliegen. Versuchen, die alten Stichlöcher zu benutzen (wird der Reifen schief vernäht, dann läuft er zur Felge nicht rund und ist somit unbrauchbar);

äußeres Nahtschutzband mit Gummilösung festkleben.

Aus dem Gesagten ist ersichtlich, daß das Flicken eines Schlauchreifens mit den erforderlichen Naht- und Klebearbeiten alles andere als einfach ist, zumal der leichte, dünnwandige Schlauchreifen ohnehin reparaturanfälliger ist als ein Normalreifen. Deshalb fahren Profis im Training sowie die „Trimmdich"-Fahrer gern die schmalen Reifen 20-622 (siehe Abb. 546), auch als „Clincher" bekannt.

Schlauchreifen wechseln

Der Schlauchreifen wird mit einem Spezial-Kleber (Colle-Kitt) auf die Felge geklebt, bei Pannen muß er abgenommen werden, und der Fahrer muß den mitgeführten Ersatzreifen aufziehen. Bei Regen darf er das Felgenbett und den Ersatzreifen nicht naß werden lassen. Nach der Montage des neuen Reifens sind Kurven und Abfahrten zunächst vorsichtig zu befahren, denn ein schlecht haftender Schlauchreifen springt von der Felge ab, was zu folgenschweren Unfällen führen kann.

Demontage:

Den schadhaften Reifen auf der dem Ventil gegenüberliegenden Seite vorsichtig von der Felge lösen und abziehen, dabei Achtung auf das Ventil, daß dieses nicht abbricht und das Nahtschutzband nicht abreißt;

an den Felgenrändern verhärteten alten Kitt mit einem scharfen Schaber entfernen, damit der empfindliche Reifen nicht durch die harte Kruste verletzt wird. Der im Felgenbett dagegen darf nicht abgekratzt werden, weil sonst die Felge wieder neu mit Kleber grundiert werden muß.

Montage:

Sorgfältig prüfen, ob alter Kleber noch haftet, sonst aus der Tube einen dünnen Streifen gleichmäßig zwischen den Nippeln auftragen. Felge ca. 10 Minuten zum Antrocknen des Klebers stehen lassen;

den Ersatzreifen nur leicht aufpumpen, Ventil in das Ventilloch der Felge einführen und gerade richten. Reifen mit einer Hand in der Nähe des Ventils festhalten und mit der anderen Hand ca. 25 cm über die Felge ziehen und festhalten. Reifen am Ventil loslassen und auf der anderen Seite auch ca. 25 cm über die Felge ziehen. Den Rest dann durch „Streif-Schieben" nach unten mit den Händen auf beiden Seiten gleichmäßig überziehen (es darf erst losgelassen werden, wenn der Reifen rundum auf der Felge liegt). Die ganze Arbeit muß auf einer sauberen Unterlage ausgeführt werden, es darf kein Schmutz kleben bleiben; Reifen nun etwas härter aufpumpen, geraderichten und prüfen, ob er rundläuft. Nicht nur nach dem Nahtschutzband ausrichten, da dieses schief aufgeklebt sein kann;

sitzt der Schlauchreifen richtig, dann wird er normal aufgepumpt und bleibt ca. einen Tag an einem kühlen Platz stehen, damit die Klebung fest wird. Es ist nicht ratsam, mit einem frisch geklebten Reifen sofort loszufahren. Bei besonders warmer Witterung trocknet der Kitt langsamer. Da sich beim Bremsen die Felge zusätzlich erwärmt, kann der Reifen leicht abspringen. Bei einer fabrikneuen Felge wird das Felgenbett mit Sandpapier aufgerauht und mit einer dünnen Schicht Kleber grundiert. Die Felge bleibt dann etwa zwei Tage stehen, bis die Grundierschicht völlig trocken ist. Erst dann ist nochmals Kleber, wie vorstehend beschrieben, aufzutragen.

Aufziehen eines fabrikneuen Schlauchreifens

Wird ein neuer Schlauchreifen aufgezogen, so muß er vorher „gelängt" werden. Dazu wird er mit beiden Händen gefaßt, man stellt einen Fuß hinein und zieht ihn mit beiden Händen nach oben. Dieses Dehnen wiederholt man ringsum. Danach wird der Reifen auf eine alte, ungekittete Felge gezogen, aufgepumpt und über Nacht stehen gelassen. Das ist deshalb notwendig, damit der Reifen gerade läuft und Falten und Verdrehungen, die während der Lagerung in der Verpackung entstanden sein können, wieder korrigiert werden. Vor dem Aufkitten ist zu prüfen, ob der Reifen die Luft hält (es kommt nämlich vor, daß auch ein neuer Reifen undicht ist!).

Entfernen von Kleberückständen:

Nach der Montage muß der überschüssige Kleber an den Felgenrändern und an den Händen mit einem zum Kleber gehörenden Lösungsmittel entfernt werden (dafür ist auch Petroleum geeignet).

Der richtige Reifen-Luftdruck

Der erforderliche Reifen-Luftdruck richtet sich nach der Reifenart, der Bauart des Fahrrades (Touren-, Sport- oder Rennrad) und nach dem Körpergewicht des Fahrers. Deshalb kann der in der Tabelle Abb. 545 empfohlene Reifen-Luftdruck jeweils nur als Richtwert betrachtet werden.

Für Normalräder wird der Reifendruck mit einer handelsüblichen Luftpumpe (siehe Abb. 1021) erreicht und durch Daumenprobe annähernd geprüft. Für Hochdruck- und Schlauchreifen dagegen ist die Benutzung einer Spezial-Luftpumpe mit Druckanzeige (siehe Abb. 1023) erforderlich.

Bei Schlauchreifen wird empfohlen, nach jeder Fahrt den Luftdruck in den Reifen abzusenken, damit besonders bei den extrem leichten Reifen nicht durch den ständig wirkenden hohen Druck auf die Reifenwände das Volumen vergrößert wird.

Pflege der Bereifung

Besonders zu beachten ist:

Stets mit richtigem Luftdruck fahren und dichte Luftschläuche verwenden; keine Laufräder mit lockeren oder gebrochenen Speichen fahren, weil diese keinen Rund- und Planlauf aufweisen und höherer Reifenabrieb bei erhöhtem Rollwiderstand eintritt; Laufräder müssen spuren (siehe Abb. 1143);

keine verbeulten und verrosteten Felgen fahren;

auf richtige Stellung der Lichtmaschinen-Reibrolle am Reifen (siehe Abb. 1055) achten;

Bremsgummi der Felgenbremsen dürfen die Reifenwände nicht berühren;

nicht über Bordsteine u. ä. fahren;

Reifen nicht mit Öl besprühen;

Fahrrad zum Überwintern nicht mit luftleerer Bereifung (Plattfuß) abstellen – besser aufhängen;

Ersatzbereifung trocken, kühl und dunkel lagern.

Laufräder wechseln

Vorderrad-Ausbau

Bei Touren- und Sporträdern erfolgt heute die Achsbefestigung mit Sechskant- oder Hutmuttern (Gewinde FG 7,9 und 15 mm Schlüsselweite). Die Befestigung mit Flügelmuttern (siehe Abb. 446) ist in Deutschland nicht mehr gebräuchlich, die DIN 79 100 verlangt eine sichere Achsbefestigung (siehe hierzu Abb. 448 mit Text). Werden die Achsmuttern gelöst und die Vorderradhalter (Radausfall-Sicherung) aus der Gabel genommen (siehe Abb. 448 a/b), so läßt sich das Rad aus der Gabel herausnehmen. Wenn die Bereifung an den Bremsklötzen der Felgenbremse hängenbleibt, so muß entweder der Bremszug an der Bremse oder am Handbremshebel ausgehängt werden – oder es muß die Luft aus den Reifen abgelassen werden.

Vorderrad-Einbau

Laufrad in die Vordergabel einhängen:

beide Vorderradhalter (Radausfall-Sicherungen) in die Gabel stecken;

Achsmuttern von Hand aufschrauben;

Rad in die Gabelmitte richten und zuerst eine Achsmutter, dann die andere festziehen;

prüfen, ob Rad mittig steht und spielfrei läuft, evtl. Lagerkonus nachstellen (siehe Abb. 432 und Text);

Bremszug einhängen und, wenn notwendig, Reifen aufpumpen.

Rennsport- und Rennräder erfordern einen schnellen Radwechsel, deshalb erfolgt die Achsbefestigung mit einer Schnellspann-Vorrichtung (siehe Abb. 441 und 443 und Text). Wird die Maschine vorn leicht angehoben und der Spannhebel geöffnet, so fällt das Rad von selbst heraus. Der Radeinbau erfolgt dann in umgekehrter Reihenfolge.

Hinterrad-Ausbau

Der Hinterradwechsel erfordert mehr Geschick. Bei Tourenrädern mit nach hinten offenen Ausfallenden (siehe Abb. 206) werden die Achsmuttern (Gewinde FG 9,5 und 15 mm Schlüsselweite, siehe Abb. 447) abgeschraubt, die beiden Kettenspanner (siehe Abb. 1149) abgenommen und die Bandage am Hintergabelrohr (siehe Abb. 812-6) für den Brems-Gegenhaltehebel der Rücktrittbremse (siehe Abb. 812-1) abgeschraubt. Dann schiebt

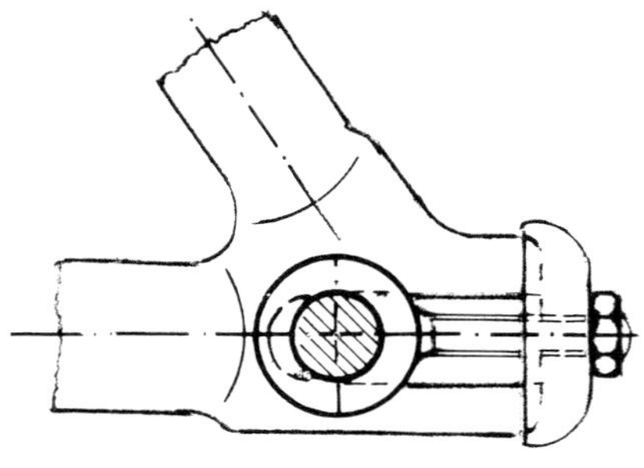

Abb. 1149: Kettenspanner.

man das Rad nach vorn, zum Tretlager hin, die Kette wird abgehoben und das Rad nach hinten herausgezogen.

Ist eine Mehrgangnabe, z. B. F & S, eingebaut, dann muß zuvor der Schaltzug an der Nabe abgeschraubt werden, dabei muß die Kontermutter (siehe Abb. 812-49) gelöst und die gerändelte Einstellhülse samt Zugseil vom Zugkettchen (siehe Abb. 812-48), das in der Nabe bleibt, abgeschraubt werden.

Bei Mehrgangnaben ab Baujahr 1984 wird der Seilzug mit der Fixierhülse (an Stelle der schraubbaren Einstellhülse) sehr schnell vom Zugkettchen gelöst (siehe Abb. 814).

Die meisten Fahrräder sind heute mit nach vorn offenen Sport-Ausfallenden (siehe Abb. 207 und 219) ausgerüstet. Dazu wird kein separater Kettenspanner benötigt, die Kettenspannung muß vielmehr vom Montierenden mit der Hand reguliert werden. Bei hochwertigen Modellen sitzt im Achsschlitz eine Anschlagschraube (siehe Abb. 234), damit beim Radwechsel die bisherige Achsstellung (und Kettenspannung) mühelos wieder erreicht wird. Mit einem Handschlag am Reifen rutscht bei gelösten Achsmuttern (und gegebenenfalls gelöster Brems-Gegenhaltehebel-Bandage) das Rad aus dem Hinterrahmen.

Maschinen mit Mehrfach-Kettenschaltung müssen zum Radausbau auf größten Gang (siehe Abb. 706), das heißt kleinsten Zahnkranz, geschaltet werden, damit das Schaltwerk nicht beschädigt wird. Wird die Hinterradachse durch eine Schnellspann-Vorrichtung befestigt (siehe Abb. 444 und dazugehöriger Text), so braucht nur der Exzenter-Spannhebel (Abb. 444-10) geöffnet zu werden.

Hinterrad-Einbau

Der Einbau erfolgt in umgekehrter Reihenfolge: Laufrad in den Hinterrahmen einführen und Kette auflegen; Kettenspanner beim Tourenrad aufstecken (Abb. 1149) und damit Rad in die Mitte des Hinterrahmens ziehen (Kette darf nicht mehr als 25 mm Durchhang haben – siehe Abb. 649 und dazugehörendem Text), bei Sportausfallenden müssen Radmitte und Kettenspannung von Hand reguliert werden. Unterlegscheiben der Achsmuttern mit Riffelung zum Rahmen hin aufstecken (siehe Abb. 812-2) und Achsmutter festziehen. Bandage für Brems-Gegenhaltehebel (bei Rücktrittbremsnaben) anschrauben, Schaltzugseil bei Mehrgang-Getriebenaben (z. B. F&S) mit Zugkettchen verschrauben und Zugseil einstellen (siehe Abb. 812 und 815 und Beschreibung der Einstellung Seite 306/307). Bei Mehrfach-Kettenschaltungen ist das Schaltwerk zurückzuziehen, die Kette auf den kleinsten Zahnkranz aufzulegen und die Achsmuttern anzuziehen bzw. bei Schnellspann-Naben der Exzenter-Spannhebel zu schließen. Probeschalten und, wenn notwendig, Kettenschaltung an den Stellschrauben feineinstellen (siehe hierzu unter „Kettenschaltung" Seite 268).

Vorder- und starre Hinterrad-Nabe

Reinigen, nachfetten und Lagerspiel einstellen

Die Konuslager der Radnaben (siehe Abb. 432 bis 437 und 439 bis 444) werden im Herstellerwerk gefettet und das Lagerspiel wird dort eingestellt, was für eine längere Betriebszeit ausreicht. Dennoch müssen in bestimmten Zeitabständen die Lager gereinigt, neu gefettet und das Lagerspiel eingestellt werden. Es ist möglich, daß sich Konen verstellen, Kugellaufbahnen einlaufen, Kugeln beschädigt oder gar zerstört werden. Solche Teile müssen durch neue ersetzt werden.

Zum Zerlegen der Naben benötigt man zwei Konusschlüssel (Abb. 1150). Die Kontermutter wird auf der einen Seite abgeschraubt, die Nasenscheibe entfernt und mit dem Konusschlüssel der Lagerkonus von der Achse abgeschraubt (siehe

Abb. 1150: Konusschlüssel.

Abb. 432). Dabei wird mit dem zweiten Konusschlüssel am anderen Lagerkonus gegengehalten und die Achse dann herausgezogen. Alle Teile sind mit Benzin zu reinigen, die Lagerschalen im Nabenkörper nach Austrocknen mit Wälzlagerfett zu füllen und die Kugeln wieder einzulegen. Die weitere Montage erfolgt dann umgekehrt wie das Zerlegen.

Die Einstellung der Konuslager erfolgt so, daß ein geringes Spiel eingestellt wird, das sich beim Anziehen der Kontermutter dann noch verringert. Zweckmäßig wird die Lagereinstellung am kompletten Laufrad vorgenommen und das Spiel so eingestellt, daß die durch das Schlauchventil verursachte Unwucht das Rad mit dem Ventil nach unten pendeln läßt (siehe hierzu Seite 185).

Tretlager

Reinigen, nachfetten, Lagerspiel einstellen und lockere Kurbelkeile ersetzen

Auch das Tretlager muß in Zeitabständen gewartet werden. Mit eingedrungenem Spritzwasser kommt Schmutz in die Lagerung, deshalb muß die Fettschmierung erneuert werden. Damit durch das oben offene Sitzrohr keine Fremdkörper in die Lager kommen können, wird bei neueren Modellen in das Tretlagergehäuse ein Faltenbalg (siehe Abb. 622) montiert. Ein solcher sollte nachträglich auch bei älteren Fahrrädern eingebaut werden (siehe hierzu Seite 244).

Das Tretlager auseinanderzunehmen ist nicht leicht und erfordert „Hobby-Mechaniker"-Kenntnisse. Es muß dazu bei Glocken- und Thompson-Tretlagern (siehe Abb. 572, 575, 581, 582 und 586 usw.) eine Tretkurbel, bei BSA-Modellen, (siehe Abb. 583, 584, 585, 587, 588 und 596 usw.) beide Kurbeln abgenommen werden.

Tretkurbeln, die mit Keilen (siehe Abb. 576 und 577) befestigt sind, lassen sich ohne Spezialwerkzeug mühelos abnehmen. Dagegen müssen Kurbeln, die auf

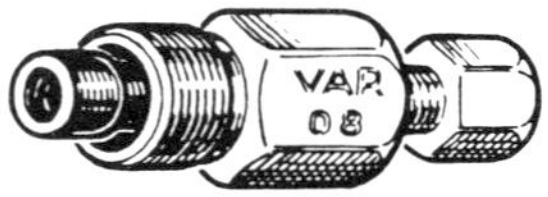

Abb. 1151: Tretkurbel-Abzieher.

dem leicht konischen Vierkant sehr stramm sitzen (siehe Abb. 572, 584 bis 598 und 602 bis 604), mit einer kräftigen Vorrichtung (Abb. 1151) abgezogen werden.

Wird versucht, eine solche Tretkurbel mit einem schweren Hammer herunterzuschlagen, dann pressen sich die Lagerkugeln in die Laufbahnen ein, und die Lagerstelle wird zerstört.

Thompson-Tretlager mit Kurbelbefestigung durch Keil

(siehe Abb. 575, 581, 582)

Das ist die meistgefahrene Ausführung, sie läßt sich sehr leicht montieren bzw. demontieren. Zuerst muß dazu am Keil der linken Tretkurbel die Sechskantmutter abgeschraubt werden. Der Keil wird mit dem Hammer herausgeschlagen, wobei auf der Gegenseite mit einem anderen schweren Hammer gegengehalten werden muß (Abb. 1152), dann kann die Kurbel abgenommen werden.

Die flache Sechskantmutter mit Linksgewinde (siehe Abb. 575 – 18 × 24 Gg links) ist im Uhrzeigersinn abzuschrauben, Staubkappe und Nasenscheibe sind abzunehmen und der Stellkonus abzuschrauben. Die Tretlagerwelle kann nun samt Kettenblatt herausgezogen werden. Alle Teile, besonders die beiden Kugelhalter samt Kugeln sind gründlich mit Petroleum oder Benzin zu reinigen.

Prüfen, ob Kugeln und Laufbahnen eingelaufen sind. Am Kettenrad die Abnützung der Zähne feststellen (siehe Abb. 651), schadhafte Teile durch neue ersetzen.

Ist die Keilfläche der Tretlagerwelle nur wenig eingedrückt, so wird sie glattgefeilt. Für die tiefer gewordene Nut in der Tretlagerwelle ist nun der alte Keil zu schwach und kann nicht mehr fest angezogen werden, so daß ein Übermaß-Keil

Abb. 1152: Kurbelkeil entfernen.

eingepaßt werden muß. Gegebenenfalls muß die Keilschräge dieses Keils (siehe Abb. 577 a-b) soweit nachgefeilt werden, daß bei leichtem Anziehen der Sechskant-Keilmutter das Muttergewinde ausgefüllt ist und nach dem endgültigen Festziehen das Keilgewinde leicht über die Mutter vorsteht (siehe Abb. 579).

Den Kugellauf der Lagerschalen mit Wälzlagerfett versorgen, die Kugelhalter samt Kugeln richtig einlegen (nicht mit der geschlossenen Käfigseite zur Lagerschale!), den Stellkonus so weit aufschrauben, daß noch geringes axiales Spiel bleibt, das sich dann beim Festziehen der flachen Sechskantmutter verringert. Die weitere Montage erfolgt dann in umgekehrter Reihenfolge wie die Demontage.

Der Aus- und Einbau eines Touren-Tretlagers mit Glocken (siehe Abb. 572) erfolgt in der gleichen Art wie beim Thompson-Tretlager, nur muß die linke Kurbel mit einem Kurbelabzieher (siehe Abb. 1151) abgezogen und zuvor die Rundmutter an der Tretlagerwelle abgeschraubt werden.

BSA-Tretlager mit Keil

(siehe Abb. 583)

und konischer Vierkant-Kurbelbefestigung

(siehe Abb. 584, 585, 587, 588 und 596)

Zum Ausbauen eines BSA-Tretlagers müssen beide Tretkurbeln abgenommen werden. Bei keilbefestigten Kurbeln Keile entfernen, vierkantbefestigte mit Kurbelabzieher (Abb. 1151) wie bereits besprochen abziehen.

An der linken Seite den Gewindering mit Nuten (siehe Abb. 584, 585 und 596), der zum Kontern der bundlosen Lagerschale dient, mit einem Hakenschlüssel (Abb. 1153) lösen. Die bundlose Lagerschale entgegen dem Uhrzeigersinn mit einem

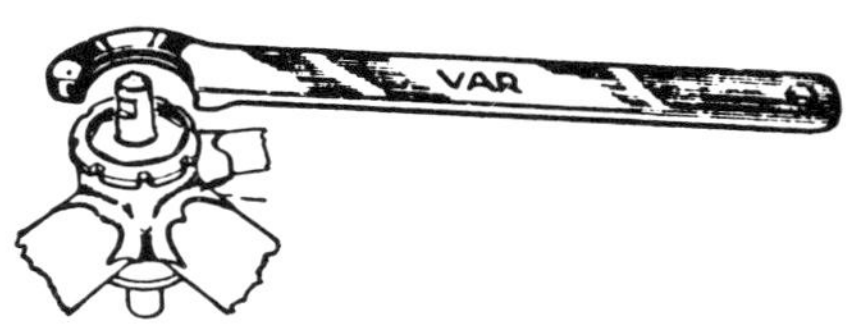

Abb. 1153: Hakenschlüssel.

Abb. 1154: Zapfenschlüssel.

Abb. 1155: Klauenschlüssel von VAR.

Zapfenschlüssel (Abb. 1154), der in die Sacklöcher an der Stirnseite der Lagerschale eingesetzt wird, herausschrauben (notfalls kann dazu auch ein Dorn verwendet werden). Vorderen Kugelhalter herausnehmen, Tretlagerwelle mit hinterem Kugelhalter herausziehen – die rechte Lagerschale bleibt im Tretlagergehäuse. Alle Teile gründlich reinigen, Lagerschalen mit Wälzlagerfett versorgen, Kugelhalter (richtig) einlegen, Tretlagerwelle einführen und vordere Lagerschale mit Kugelhalter spiellos einschrauben. Beim Festziehen des Gewinderings stellt sich dann ein geringes Axialspiel ein. Tretkurbel befestigen, Kurbeln mit Vierkant mit einem Hammer über ein Stück Holz aufschlagen, dabei mit einem schweren Hammer an der Gegenseite der Tretlagerwelle gegenhalten. Das Lagerspiel kann beim BSA-Tretlager jederzeit nachjustiert werden, ohne daß die Tretkurbel abgenommen werden muß.

Fauber-Tretlager mit Einschlag-Lagerschalen

(siehe Abb. 617 und 618)

Die meisten BMX-Fahrräder sind mit Fauber-Tretlagern und Einschlag-Lagerschalen ausgerüstet. Im Prinzip ist es ein Thompson-Antrieb, jedoch mit einer einteiligen Tretlagerwelle mit angeschmiedeten Kurbeln und einem Sonder-Pedalgewinde.

Zum Zerlegen des Tretlagers müssen die Pedale abgeschraubt werden, damit die Fauber-Kurbel „ausgefädelt" werden kann.

Zuerst wird die flache lingsgängige Kontermutter abgeschraubt und die Nasenscheibe abgenommen.

Dann muß man den linksgängigen Stellkonus abschrauben. Dazu ist ein Klauenschlüssel (Abb. 1155) nützlich, der für wenig Geld erhältlich ist, oder von einem „Hobbybastler" selbst aus einem Stück Flacheisen angefertigt werden kann.

Notfalls kann der Stellkonus auch mit Hilfe eines Schraubendrehers herausgeschraubt werden.

Als nächstes wird der linke Kugelhalter herausgenommen, die Fauber-Kurbel „ausgefädelt" und der rechte Kugelhalter abgenommen.

Von der Fauber-Kurbel gibt es zwei verschiedene Ausführungen mit unterschiedlichen Gewinden. Die eine mit dem USA-Gewindesystem (siehe Abb. 617) und die andere mit dem skandinavischen Gewindesystem (siehe Abb. 618). Dies ist bei einer Ersatzteilbeschaffung wichtig, denn der Gewindeunterschied ist gering und mit dem bloßen Auge schlecht erkennbar.

Die Teile sind gründlich mit Dieselkraftstoff oder Benzin zu reinigen und auf Schäden zu prüfen. Defekte Teile sind durch neue zu ersetzen.

Die trockenen Lagerschalen sind mit Wälzlagerfett zu füllen, und die Montage erfolgt dann in umgekehrter Reihenfolge.

Das Lagerspiel wird wie beim Thompson-Tretlager eingestellt.

Fauber-Tretlager mit eingeschraubten Lagerschalen

(siehe Abb. 619)

Im Gegensatz zur BSA-Ausführung ist in der rechten Seite des Tretlagergehäuses das Gewinde C 46-24 Gg. rechtsgängig und in der linken Seite linksgängig geschnitten (siehe hierzu Gewindetabelle Abb. 1141).

Zum Zerlegen des Tretlagers müssen die Kontermutter und der Stellkonus (linksgängig) abgeschraubt sowie die Nasenscheibe und die Staubkappe abgenommen werden.

Die weitere Demontage und Montage erfolgt wie beim Fauber-Antrieb mit Einschlag-Lagerschalen.

Reparaturen am Tretlager

Oft steht der Zweirad-Mechaniker vor der Frage, ob eine Tretlagerwelle wegen Verschleiß am Tretkurbelsitz oder in den Keilnutflächen ausgewechselt werden soll oder ob noch eine Instandsetzung möglich ist. Solcher Verschleiß ist meist die Folge ungenügender Wartung: es wurde bereits längere Zeit mit lose auf der Welle sitzender Tretkurbel gefahren. Da aber nun oft auch die Bohrung in den Kurbelarmen angegriffen ist, ist eine Reparatur nicht billig. Durch Nachfeilen der Keilnut in der Welle und mit einem neuen Übermaß-Keil läßt sich meist der Schaden noch einmal beheben. Eingelaufene oder abgenutzte Tretlagerteile jedoch müssen unbedingt durch neue Teile ersetzt werden. Müssen eingelaufene Lagerschalen ausgetauscht werden, so sind die beschädigten herauszuschrauben oder bei Einschlagschalen mit einem Dorn herauszuschlagen.

Zum Einpressen der neuen Lagerschalen ist eine Dornpresse notwendig, die eine

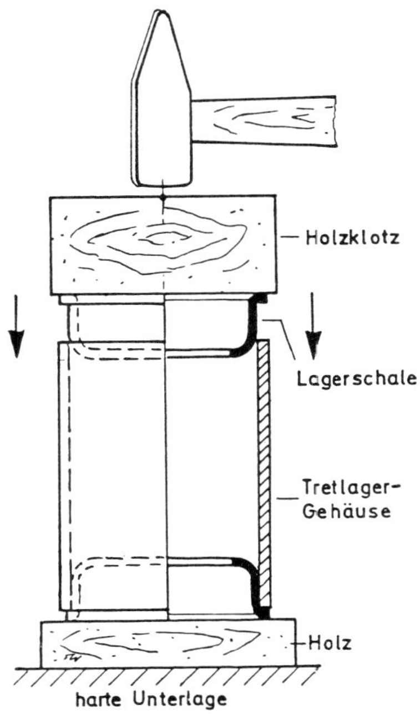

Abb. 1156: Einschlagen der Tretlagerschale.

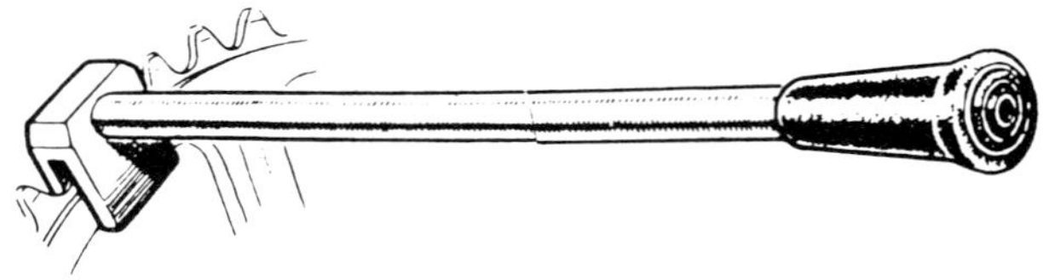

Abb. 1157: Zahnkranz-Richteisen von VAR.

gute Zweirad-Mechanikerwerkstätte besitzt. Steht eine solche nicht zur Verfügung, so können als Notbehelf mit einem kräftigen Schraubstock (mit aufgesetzten Schonbacken) die beiden vorher am Tretlagergehäuse „angeschnäbelten" Schalen eingedrückt werden.

Es kann aber auch geschehen, wie in Abb. 1156 dargestellt ist, daß man den Rahmen mit dem Tretlagergehäuse auf einer Unterlage abstützt und über einen Holzklotz (in Richtung der Schalenmitte) mit dem Hammer die Schale rechtwinklig gleitend bis zum Bund einschlägt.

Wird ein verschlissenes Kettenrad durch ein neues ersetzt, so ist der Rund- und Planlauf (Stirnschlag) der Verzahnung zu prüfen. Ist der Stirnschlag zu groß (über 0,5 mm), so kann er von einem versierten Mechaniker mit Hammer (zum Gegenhalten) und Holzhammer korrigiert werden. Einfacher wird diese Sisyphusarbeit mit einem Richteisen (Schränkeisen) ausgeführt (Abb. 1157).

Pedale

Bei normalen Pedalen (siehe Abb. 625, 626 und 627) gibt es keine vertretbare Instandsetzungsarbeit – auch nicht das Erneuern von Gummiklötzen. Knackt es beim Pedalieren, so ist meist Schmutz eingedrungen und die Lagerung defekt. Abgesehen von den Spezialpedalen (siehe Abb. 628, 631, 632 bis 638) sind die heutigen Pedale nicht mehr zerlegbar, das heißt, daß die Lagerung nicht nachgestellt werden kann. Im Interesse der eigenen Sicherheit sind Pedale mit beschädigten (zerbrochenen) Rückstrahlern unbedingt auszutauschen.

Bei den Spezialpedalen, z. B. für Renn- und BMX-Fahrräder (siehe Abb. 638), wird durch die abnehmbare Staubkappe (9) die Lagerstelle zum Nachstellen und Nachfetten zugänglich (Abb. 1158). Wird die Kontermutter (8) abgeschraubt und die Nasenscheibe (7) abgenommen, kann der Stellkonus (6) heruntergeschraubt und der Pedalkörper (2) von der Achse (3) genommen werden.

Nach gründlicher Reinigung der Teile die Kugeln (5) mit Wälzlagerfett in die Lagerschalen einlegen. Vorher ist zu prüfen, ob der angeschraubte Pedalrahmen (1) noch fest sitzt. Mit dem Stellkonus (6) geringes Lagerspiel einstellen, das sich dann beim Festziehen der Kontermutter (8) noch vermindert.

Zum An- und Abschrauben der Pedale ist ein kräftiger Gabelschlüssel mit 15 mm Schlüsselweite erforderlich.

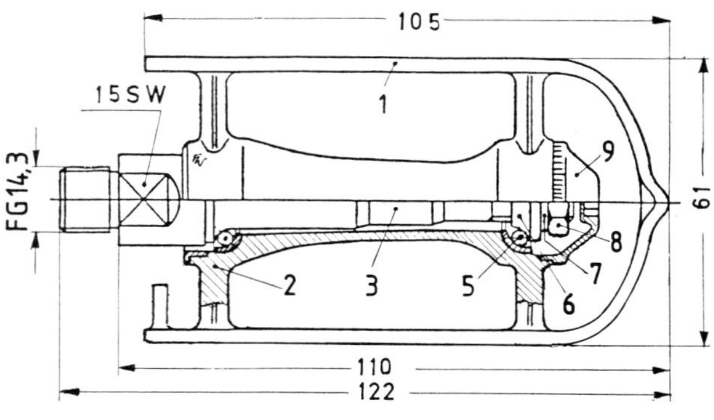

Abb. 1158: Nachstellbare Pedallagerung.

Lenkungslager

Eine Reparatur beschädigter Lenkungslager-Teile ist unwirtschaftlich und einwandfrei mit den Mitteln, die normalerweise einer Mechaniker-Werkstatt zur Verfügung stehen, auch gar nicht durchführbar. Grundsätzlich sind deshalb schadhafte Lenkungsteile durch neue zu ersetzen.

Zeigt sich an der Lenkungs-Lagerung ein Fehler (wenn sich z. B. die Lenkung nicht gleichmäßig über den ganzen Einschlagbereich leicht und spielfrei drehen läßt oder wenn sich ein „Knacken" bemerkbar macht), so muß die Lenkung zerlegt, gereinigt und müssen die Laufbahnen und Kugeln auf Verschleiß geprüft werden. Auch ist darauf zu achten, daß die untere und die obere Lagerschale mit Haftsitz im Lenkkopfrohr des Rahmens und der Gabelkonus stramm auf dem Vordergabelschaft sitzen (siehe Abb. 361 und 362).

Der Ausbau der Lenkung ist einfach. Zuerst wird der Bremszug der Felgenbremse am Handbremshebel des Lenkers ausgehängt, die Klemmschraube (Klemmspindel) des Lenkervorbaues gelöst und der Lenker aus dem Gabelschaftrohr gezogen. Dann wird die Abschlußmutter (siehe Abb. 361 und 362), die je nach Fabrikat mit einem Sechs- oder Achtkant versehen ist, mit einem passenden Schlüssel (notfalls auch mit einem „Engländer") abgeschraubt. Bei Tourenmodellen ist zwischen Abschlußmutter und Nasenscheibe der Scheinwerferhalter geklemmt, der mit der Nasenscheibe abgenommen wird, nachdem vorher noch die Lichtleitung am Scheinwerfer abgeklemmt wurde. Der unter der Mutter befindliche Gewindekonus (siehe Abb. 361 und 362) läßt sich nun mit der Hand abschrauben, worauf die Vordergabel samt dem Vorderrad aus dem Rahmen-Lenkkopf herausgezogen werden kann. Alle Teile reinigen, die beiden Kugelhalter mit den Kugeln (siehe Abb. 361 und 362) in Benzin legen. Schadhafte Lenkungsteile sind durch neue zu ersetzen.

Vor dem Einbau die Laufbahnen der Lagerschalen mit Wälzlagerfett versorgen und die Kugelhalter richtig einlegen (siehe Abb. 364). Die weitere Montage erfolgt in umgekehrter Reihenfolge des Ausbaues. Mit dem Gewindekonus wird die Lenkungs-Lagerung spiel- und hemmungsfrei eingestellt, Seite 163.

Müssen Lagerschalen oder der Gabelkonus (siehe Abb. 361 und 362) ersetzt werden, ist zum Einpressen der neuen Lagerteile eine Dornpresse notwendig, die eine qualifizierte Zweirad-Mechanikerwerkstatt besitzt. Wenn eine solche nicht zur Verfügung steht, kann z. B. das Auftreiben eines neuen Gabelkonus auf den Gabelschaft der Vorderradgabel auch mit Hilfe eines langen Rohrstückes (mit passendem Innendurchmesser, z. B. 25,5 bis 26 mm) erfolgen (Abb. 1159).

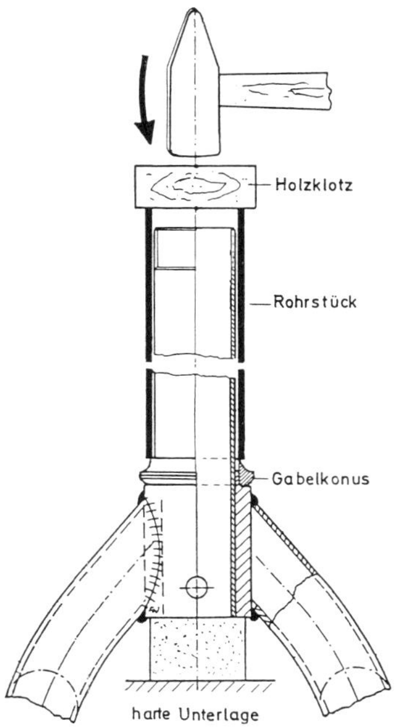

Abb. 1159: Auftreiben des Gabelkonus.

Dabei ist es vorteilhaft, wenn der Gabelkonus in kochendem Öl auf ca. 100° Celsius erwärmt und dadurch geweitet wird, so daß er leichter aufgezogen werden kann. Die Preßpassung darf nicht zu stramm sein (max. 0,1 mm Überdeckung), da sonst die starken Radialkräfte evtl. den Gabelkonus sprengen könnten.

Zuvor wird der defekte Gabelkonus mit einem sehr flachen, stumpfen (schraubendreherähnlichen) Meißel heruntergeschlagen.

Das gleiche gilt für das Auswechseln der Lagerschalen (siehe Abb. 361 und 362), die im Rahmenlenkkopf fest sitzen müssen.

Nachdem die schadhafte Lagerschale mit einem Dorn herausgeschlagen wurde, stützt man den Lenkkopf auf einer festen Unterlage ab und drückt die neue Lagerschale mit der Hand fest an das Lenkkopfrohr an, bis sie leicht „anschnäbelt“. Dann schlägt man über einem Holzklotz (in Richtung der Schalenmitte) mit dem Hammer die Schale rechtwinklig gleitend bis zum Schalenbund ein (Abb. 1160).

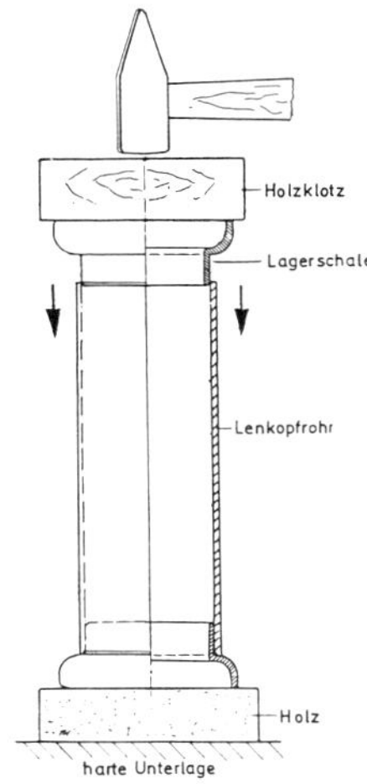

Abb. 1160: Einschlagen der Lagerschale in den Lenkkopf.

Lenker

Zur Änderung der Lenkerposition oder nach einem Sturz muß der Lenker verstellt, bei Schäden auch ausgetauscht werden. Fast alle Fahrräder sind heute wegen der doppelten Verstellmöglichkeit mit geteiltem Vorbau-Lenker (siehe Abb. 379), nur Touren- und (teilweise) Kinderräder sind mit ungeteilten Lenkern (siehe Abb. 378) ausgerüstet.

Die Einstellung der Lenkerposition ist nicht schwer. Die Klemmschraube A, die durch den Lenkerschaft geführt ist (Abb.

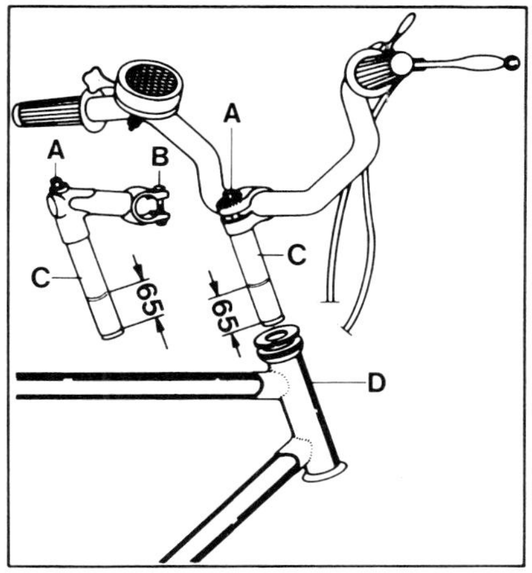

Abb. 1161: Lenker verstellen.

1161), wird um 3–4 mm herausgeschraubt und dann mit einem leichten Hammerschlag auf den Schraubenkopf zurückgeklopft; dadurch löst sich der Rundkonus (Klemmkonus) unten im Lenkerschaftrohr, und der Vorbau kann in die gewünschte Höhe verschoben bzw. ganz herausgenommen werden. Gleichzeitig kann bei kurzem Vorbau (siehe Abb. 386) der Lenkerbügel für die gewünschte Armhaltung gedreht werden. Bei langem Vorbau (siehe Abb. 391) ist der Lenkerbügel nach Lösen der Klemmschraube B (Abb. 1161) gesondert verstellbar. Beim Verstellen der Lenkerhöhe ist darauf zu achten, daß der Lenkerschaft C 65 mm (eingeprägte Markierung beachten!) im Gabelschaftrohr D verbleibt.

Lenker-Vorbauten mit Schrägkonus (siehe Abb. 387) lassen sich im Gegensatz zur Rundkonus-Befestigung mühelos lösen, verstellen und wieder festklemmen.

Bei Rennmaschinen sind die Schraubenköpfe der Klemmeinrichtungen wegen Verletzungsgefahr versenkt (siehe Abb. 400), die Verstellung erfolgt in der vorher beschriebenen Weise.

Muß ein Lenkerbügel ausgebaut werden, so müssen die am Lenkerrohr befestigten Brems- und Schalthebel, Glocke sowie Lenker-Festgriffe und Lenkerband entfernt werden. Die Lenkergriffe lassen sich schwer (unter Zuhilfenahme eines spitzen Dorns oder Schraubendrehers) abnehmen und werden dabei meist unbrauchbar. Die neuen Festgriffe lassen sich leichter aufziehen, wenn sie kurzzeitig in ca. 70° C heißem Wasser erwärmt wurden.

Renn-Lenkerbügel mit Lenkerband umwickeln.

Bevor mit dem Umwickeln begonnen wird, muß die Stellung der Handbremshebel festliegen. Das Lenkerband wird, ca. 50 mm von der Bügelmitte beginnend, in festen Windungen nach außen fortschreitend aufgeklebt. Am Ende des Lenkerbügels läßt man ein Stück Lenkerband überstehen, das dann mit dem Lenkerstopfen E (Abb. 1162) festgeklemmt wird.

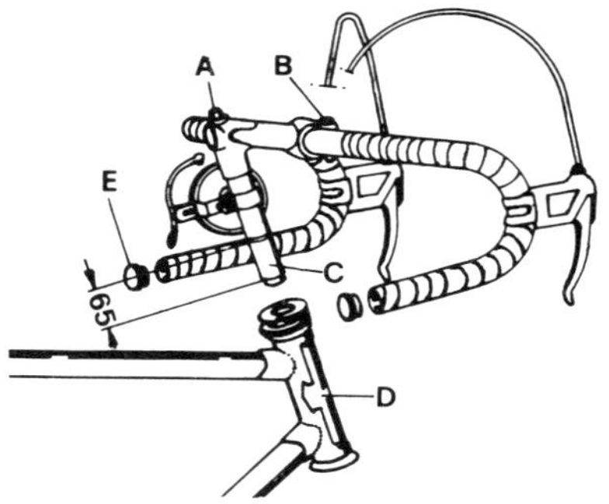

Abb. 1162: Lenkerband wickeln

Wird kein selbstklebendes Band verwendet, so müssen Anfang und Ende der Wicklung mit einem Klebeband befestigt werden.

Sattel und Sattelstütze

Normal-Fahrräder

Der Sattel mit seiner Polster-Satteldecke aus Kunststoff braucht keinerlei Pflege. Trotzdem sollte das Fahrrad (und somit der Sattel) nicht ständig bei Wind und Wetter im Freien stehen.

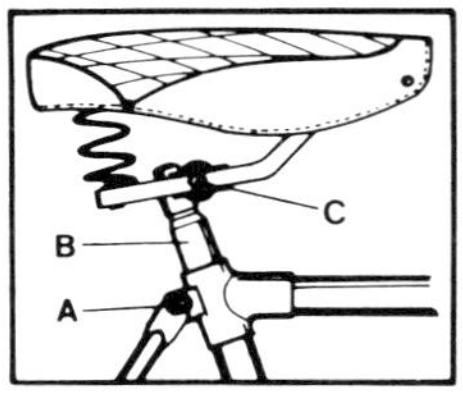

Abb. 1163: Sattel-Einstellung.

Zum Einstellen der richtigen Sattelhöhe (Abb. 1163) wird die Mutter des Sattel-Klemmbolzens A (siehe auch Abb. 176) gelöst und die Sattelstütze B mit dem Sattel auf die gewünschte Höhe gebracht und die Klemmung wieder festgezogen. Es ist darauf zu achten, daß die Sattelstütze B mindestens 55 mm und bei BMX 90 mm (eingeprägte Markierung, siehe Abb. 959 und 963, beachten) im Rahmen-Sitzrohr stecken muß.

Um die Neigung des Sattels und den Abstand vom Sattel zum Lenker variieren (d. h. den Körpermaßen anpassen) zu können, muß die Mutter des Sattelklobenbolzens C (siehe auch Abb. 943) gelockert, nach der Einstellung dann wieder fest angezogen werden.

Rennsport- und Rennräder

Auch die meisten Rennsättel sind heute aus Kunststoff (siehe Abb. 952), sie brauchen also keine Pflege, passen sich aber nur wenig dem Gesäß an. Ein Ledersattel (siehe Abb. 951) dagegen formt sich bei längerem Gebrauch immer mehr dem Fahrer-Gesäß an. Die Härte der Satteldecke kann durch Spannen mittels einer Schraube, die vorn unter der Sattelnase liegt (siehe Abb. 952), verändert werden.

Nach längerer Fahrt bei Nässe muß die Leder-Satteldecke gewartet werden. Damit sie nicht ihre Form verliert, wird sie mit zusammengeknülltem Zeitungspapier ausgestopft. Nach dem Trocknen muß sie mit einem Spezialfett oder Silikonöl eingerieben werden.

Sattelstütze DURA-ACE AX

Für Rennräder werden stufenlos verstellbare Sattelstützen bevorzugt. Die Einstellung der Sitzposition z. B. bei der Shimano-Sattelstütze DURA-ACE AX (Abb. 1164) erfolgt so:

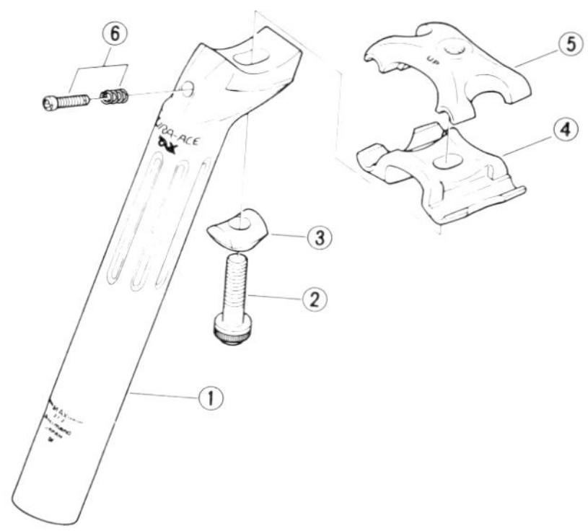

Abb. 1164: Sattelstütze DURA-ACE AX von Shimano.

1. Bevor die Sattelstütze am Rad angebaut wird, muß die Justierschraube mit einem 3-mm-Sechskant-Stiftschlüssel oder Schraubendreher soweit herausgedreht werden, wie es in der Abb. 1165 gezeigt ist.

2. Der Sattelträger des Sattels wird zwischen dem oberen und dem unteren Steg der Sattelstütze eingeführt und provisorisch mit der Befestigungsschraube und Gleitscheibe befestigt (Abb. 1166).

3. Die Sattelstütze mit dem Sattel wird in das Rahmen-Sitzrohr gesteckt, in die für den Fahrer richtige Höhe gebracht und mit dem Sattelklemmbolzen an der Sitzkopfmuffe festgeklemmt. Der Durchmesser der Sattelstütze muß genau zur Bohrung im Sitzrohr passen. Es ist darauf zu

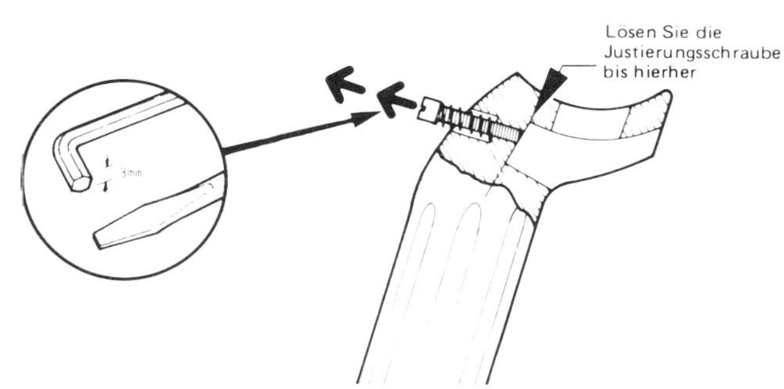

Abb. 1165: Stellung der Justierschraube.

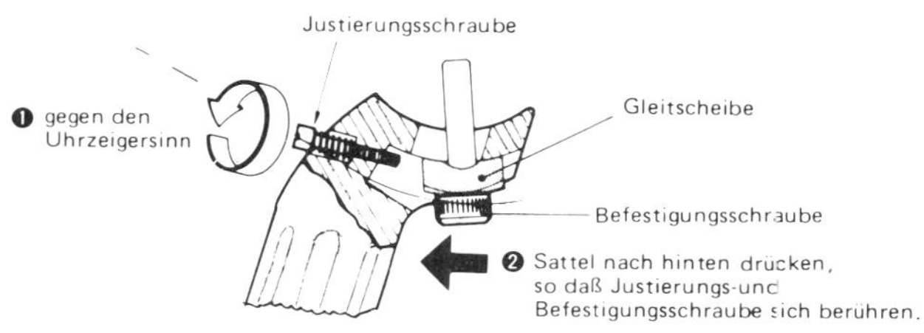

Abb. 1168: Sattelbefestigung.

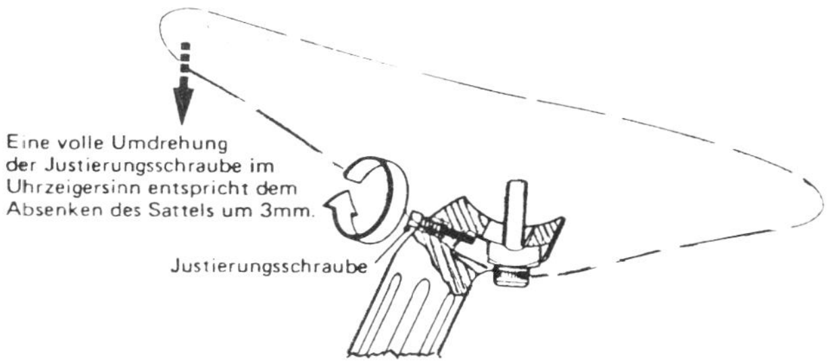

Abb. 1167: Feineinstellung der Sattelneigung.

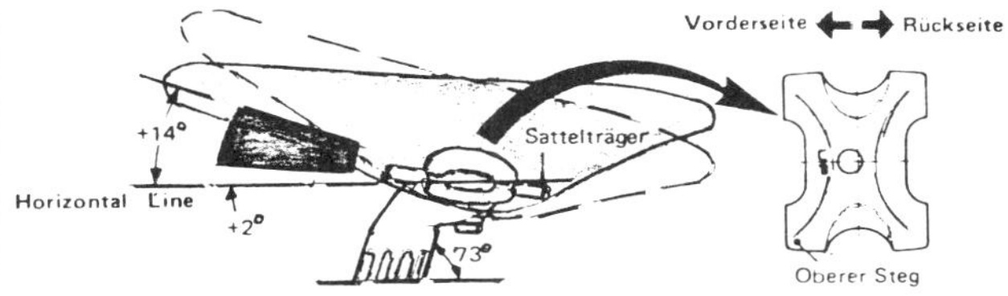

Abb. 1169: Vordere Aufwärtsbewegung des Sattels.

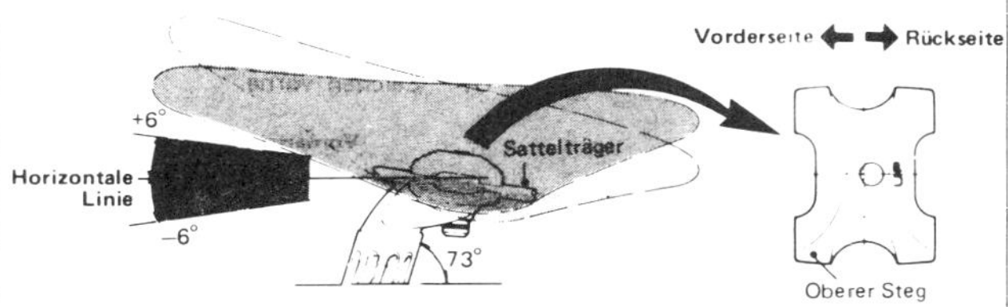

Abb. 1170: Vordere Abwärtsbewegung des Sattels. ▶

achten, daß die Sattelstütze mindestens 55 mm (Markierung MAX!) im Sitzrohr stecken muß.

4. Der annähernd richtige Neigungswinkel für den Sattel wird gesucht und eingestellt, in dieser Stellung wird die Befestigungsschraube vorläufig festgezogen. Anschließend wird die Justierschraube im Uhrzeigersinn gedreht und damit eine präzise Feineinstellung der Sattelneigung erreicht (Abb. 1167).

Falls der Sattel zu niedrig sitzt, muß die Montage nach Punkt 1 wiederholt werden. Dann kann die Befestigungsschraube endgültig fest angezogen werden (Abb. 1168).

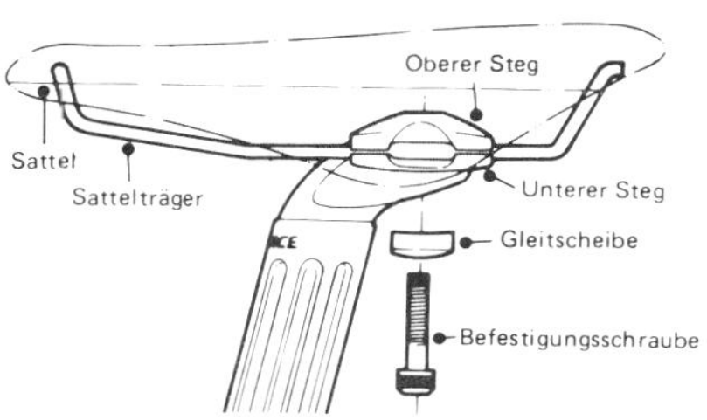

Abb. 1166: Sattelmontage

5. Montage des oberen Steges: Der obere Steg der Shimano-Sattelstütze wurde nach dem Exzenter-Prinzip entworfen, dadurch wird eine breite Palette von Neigungswinkeln durch einfaches Verstellen erreicht.

Der Einstellwinkel im Verhältnis zum Sattelstrebenwinkel wurde nach einer Sitzrohrschräge des Rahmens von 73° (siehe Abb. 240) errechnet.

A. Vordere Aufwärtsbewegung (wenn das Zeichen UP vorn ist):

Der Sattel kann + 2 bis + 14° gegen die horizontale Linie eingestellt werden. Für normalen Gebrauch ist das Zeichen UP vorn plaziert (Abb. 1169).

B. Vordere Abwärtsbewegung (wenn das Zeichen UP hinten ist):

Der Justierwinkel beträgt hier ±6° (Abb. 1170).

Instandsetzung der Felge

Die Instandsetzung einer beschädigten Felge ist nur bedingt möglich. Das Richten einer verbogenen Felge kann nur bei geringen Verbiegungen im ausgespannten Zustand erfolgen. Auch Beschädigungen an den Felgenrändern, die durch „Durchschläge" bei zu geringem Reifen-Luftdruck entstehen, sind meist nicht wieder auszubessern.

Es ist das beste – zumal wenn die Felge zu einem Instandsetzungsversuch ohnehin ausgespeicht werden mußte –, sie durch eine neue zu ersetzen.

Laufräder zentrieren, gebrochene Speichen ersetzen

Das Zentrieren eines Laufrades ist nicht leicht, erfordert viel Geduld und ist reine Übungssache. In der Zweiradmechaniker-Werkstatt wird dazu eine Hilfsvorrichtung benutzt, die zum Zentrieren der gebräuchlichsten Laufräder (16 – 28 Zoll) passend ist und die Zentrierständer genannt wird (Abb. 1171). Mit einem solchen Zentrierständer werden der Mittenversatz von der Felge zur Nabe sowie Rund- und Plan-Lauffehler (Höhen- und Seitenschlag) festgestellt und gemessen. Durch verstellbare Meßstifte am Zentrierständer gegenüber den Felgenrändern und den Nabenschultern (Klemmbreite) wird festgestellt, ob die Abstände zwischen den Meßstiften und der Felge auf dem gesamten Umfang gleich sind und ob die Felgenmitte gleich Nabenmitte ist, wie es z. B. bei den Vorderrädern und Hinterrädern mit Ein- und Mehrgang-Rücktrittbremsnaben der Fall ist (siehe Abb. 434 – 437, 439 – 441, 781, 787, 800, 818 und 826). Bei solchen Laufrädern mit gleicher Felgen-, Naben- und Klemmbreitenmitte spricht man von „mittig gespeichten“ Rädern (Abb. 1172).

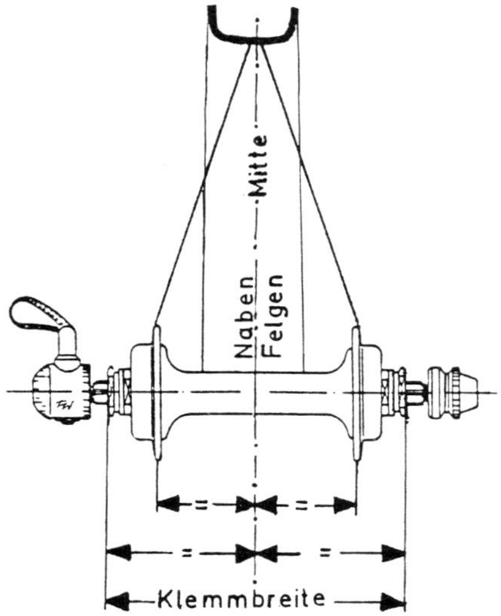

Abb. 1172: Mittig gespeichtes Laufrad.

Dagegen muß z. B. ein Hinterrad mit Fünffach-Leerlaufzahnkranz (siehe Abb. 688) so eingespeicht sein, daß die Felgenmitte auf die volle Klemmbreite (Nabe mit Fünffach-Zahnkranz) zentriert ist (Abb. 1173 $A = A_1$).

Die Felgenmitte läuft hier also von der Nabenmitte aus etwas weiter rechts zum Fünffach-Zahnkranz hin. Wie die Abb. 1173 zeigt, läuft die Felgenmitte trotzdem genau auf der Mittelachse des Hinterrahmens und damit fluchtend mit dem Sitzrohr des Rahmens. Hier spricht man von einem „versetzt gespeichten“ Laufrad.

Da aber ein Hobby-Fahrradmechaniker kaum einen solchen Zentrierapparat zur Verfügung haben wird und deshalb zu diesem Zweck nur das eigene Fahrrad (Gabel und Rahmen) als Ersatz verwenden kann, sollte er sich nicht an eine völlige Neueinspeichung eines versetzt gespeichten Laufrades wagen. Dagegen können „Achter“ (volkstümliche Bezeichnung für großen Laufrad-Seitenschlag), die durch Speichenbruch entstanden sind, gut selbst auszentriert werden.

Wird dennoch eine Neueinspeichung (z. B. Vorderrad mittig gespeicht mit 36 Speichen) vorgenommen, dann wird es so gemacht: keine verbeulte Felge, beschädigte Nabe (etwa mit ausgebrochenem Speichenlochkranz), verrostete Speichen oder „vergammelte“ Speichennippel verwenden; die Speichenlänge muß ermittelt werden (siehe „Spannen des Drahtspeichenrades“ Seite 200), am besten Speiche des alten Laufrades abmessen. Speichen einfädeln und dreifach kreuzen (= Speichenschritt von 1 auf 6, siehe Abb. 509 und 511 sowie dazugehöriger Text). Dazu ist ein Speichenspanner erforderlich (Abb. 1174).

Findige „Hobbyisten“ verwenden als Notbehelf die Oberschale einer Rennglocke

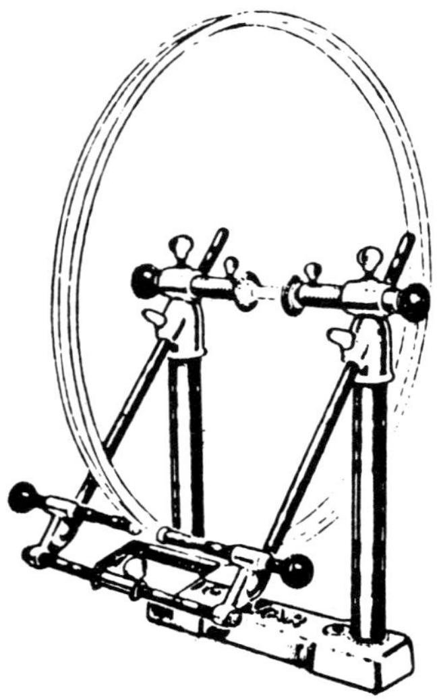

Abb. 1171: Zentrierständer.

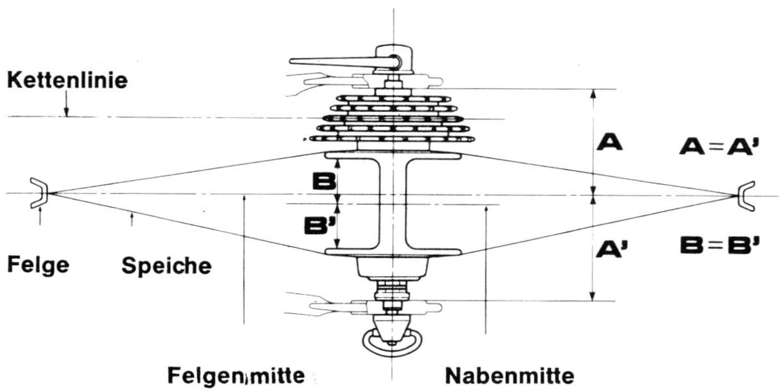

Abb. 1173: Versetzt gespeichtes hinteres Laufrad.

Abb. 1174: Speichenspanner.

(siehe Abb. 1019) und sägen mit der Eisensäge zwei Schlitze in der Breite des Nippelvierkants (3,3 mm) ein.

Beim fertig eingefädelten Rad werden zunächst die Speichennippel gleichmäßig weit angezogen, etwa bis zum Grund des Schlitzes im Nippelkopf (siehe Abb. 503 und 505). Ist das Speichennetz dann noch sehr lose, so können im zweiten Arbeitsgang die Speichenenden bündig mit den Nippelköpfen gezogen werden, bzw. man zieht alle Nippel um die gleiche Umdrehungszahl an. Das macht man so lange, bis alle Speichen eine fühlbare Spannung haben. Für das erste Anziehen der Speichen verwendet man vorteilhaft einen Schraubendreher mit möglichst genau in den Nippelkopf-Schlitz passender Schneide (1,5 mm), für das weitere Spannen wird der Speichenspanner (Abb. 1174) verwendet, der auf dem Vierkant des Nippels angesetzt wird.

Dann spannt man das eingefädelte und vorgespannte Laufrad in die Vordergabel und prüft zunächst den Mittensitz der Felge zur Nabe, ob die über die Felgenränder vorstehenden Nabenenden (Klemmbreite) gleich lang sind. Sitzt die Felge einseitig im Laufrad, so löst man sämtliche Speichennippel der abliegenden Felgenseite und zieht die Felge durch Anschrauben sämtlicher Nippel der anderen Seite zur Mitte.

Nun werden Rund- und Planlauf-(Höhen- und Seitenschlag-)Fehler festgestellt. Der Rundlauffehler (Höhenschlag) wird behelfsmäßig so ermittelt, daß ein Bleistift (oder Kreide) am Gabelkopf mit der Hand festgehalten und dabei die Stiftspitze in geringem Abstand von der Felgenschulter (Reifenauflage) absteht (nicht am Felgenhorn – Abb. 1175 – messen!). Durch Drehen des Laufrades wird der Höhenschlag durch den Bleistift markiert. Auch der Planlauffehler (Seitenschlag) wird an den Felgenrändern (Abb. 1175) so mit dem Bleistift sichtbar angezeichnet.

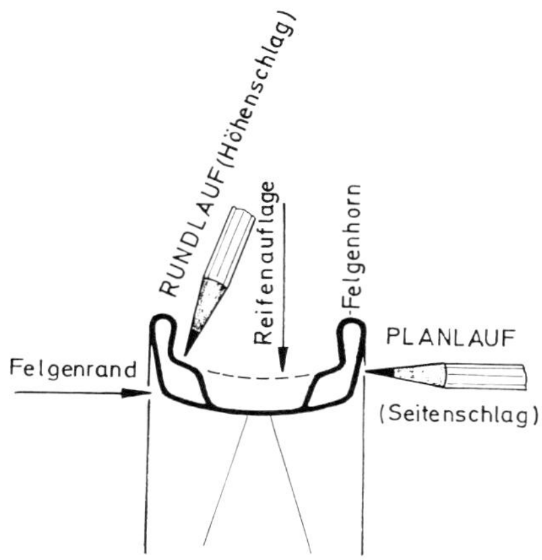

Abb. 1175: Meßstellen für Rund- und Planlauf.

Bei Rundschlag (Höhenschlag) sind die Nippel beider Felgenseiten der zu niedrigen Radhälfte zu lösen, am meisten an der tiefsten Stelle nach beiden Seiten hin verlaufend, und dann die Nippel an der Hochschlagstelle entsprechend (und ebenfalls nach außen beiderseits verlaufend weniger) anzuziehen.

Bei Planschlag (Seitenschlag) werden zunächst die Nippel der Felgenschlagseite, von der stärksten Schlagstelle beiderseits verlaufend, gelöst, dann wird die Felge durch Anziehen der Nippel an der anderen Radseite herübergezogen. So bringt man zunächst die groben, dann die kleinen Schlagstellen heraus (wie man sieht – keine ganz leichte Aufgabe!).

In einem bereits scharf gespannten Speichennetz genügt oft schon geringes Lösen der betreffenden Speichen, wenn der Schlag nur gering ist. Schlag im vorgespannten Laufrad ergibt sich um so eher, je leichter und verwindungsschwächer die Felge ist. Je starrer die Bauart eine Felge macht, desto eher ergibt sich von selbst eine gute Zentrierung des Laufrades, wenn alle Nippel um die gleiche Gewindegangzahl angezogen worden sind.

Die Rund- und Planlauftoleranz an der Felge sollte 2 mm nicht überschreiten.

Zum Schluß müssen die über den Nippelköpfen überstehenden Speichenenden sorgfältig abgefeilt werden, damit der Luftschlauch nicht beschädigt werden kann.

Beim Erneuern gebrochener Speichen sollte die Bereifung abmontiert werden, damit auch neue Speichennippel verwendet und überstehende Speichenenden entfernt werden können. Der Zentriervorgang ist der gleiche wie oben besprochen. Sollen Speichen an der Leerlaufzahnkranz-Seite ersetzt werden, so müssen zuvor der Leerlaufzahnkranz und die Speichenschutzscheibe abgenommen werden, damit die Speiche eingefädelt werden kann. Der Zahnkranz kann nur mit Hilfe eines speziellen Abschraubers, der zum jeweiligen Zahnkranz-Fabrikat passen muß, abmontiert werden!

Wird ein Hinterrad mit Leerlaufzahnkranz völlig entspeicht (z. B. durch Abkneifen der Speichen mit einer Zange), so muß ebenfalls zuvor der Leerlaufzahnkranz abgenommen werden, denn an der nackten Nabe kann nicht mehr gegengehalten werden, ohne den Nabenkörper zu beschädigen!

Kettenpflege

Bei der relativ geringen Antriebsleistung, die ein Normal-Radfahrer aufbringen kann, ist es wichtig, daß keine unnötigen Kraftverluste, z. B. durch eine schadhafte oder ungepflegte Kette, entstehen.

Inspiziert man die Masse der Fahrräder vornehmlich mit Blick auf die Kette, so wird man feststellen, daß bei einem Teil die (verrostete) Kette noch nie gereinigt oder geölt, geschweige denn die Kettenspannung nachgestellt wurde, so alt das Fahrrad ist.

Um den bestmöglichen Nutzeffekt von der Kette zu haben und maximale Leistung in der Kraftübertragung vom Radler auf das getriebene Laufrad zu erzielen, ist für richtige Kettenspannung (siehe Abb. 649 sowie dazugehöriger Text) und gute Schmierung zu sorgen. Dadurch wird die Lebensdauer der Kette verlängert und die Betriebssicherheit des Fahrrades erhöht.

Bei der Fahrrad-Kette (Rollenkette) findet Reibung einerseits zwischen Stift und Hülse, andererseits zwischen Hülse und Rolle (siehe Abb. 644) statt. Diese Teile sind aus hochwertigem Werkstoff hergestellt, der von einem harten Mantel (Einsatzhärtung) umgeben ist, welcher dem Verschleiß einen bedeutenden Widerstand entgegensetzt. Auf die Erhaltung dieser ständig aneinander reibenden harten Mantelflächen ist besonders zu achten. Ihre Dauerhaftigkeit ist aber um so größer, je gründlicher und häufiger sie mit geeignetem Schmiermittel behandelt werden. Das kann nur durch eine gründliche Schmierung nach vorheriger Reinigung erreicht werden.

Zur gründlichen äußeren Reinigung wird die Kette in Petroleum oder Benzin gespült und dabei mit einer harten (am besten stählernen) Bürste behandelt.

Eine weitere Reinigung sollte sich auf die Beseitigung des Schmutzes erstrecken, der an den inneren Teilen der Kette haftet. Zu diesem Zweck wird die Kette einige Stunden in Petroleum gelegt, damit erhärtetes Schmiermittel und der Schmutz aufweichen können.

Nach der Reinigung dürfen beim Bewegen der Kettenglieder keine kratzenden Geräusche mehr hörbar werden, denn bei nicht einwandfreier Reinigung bildet der in den Gelenken noch haftende Schmutz mit dem Schmiermittel eine Schleifpaste, die die Kette vorzeitig zerstört. In gereinigtem Zustand wird die Kette auf etwaige schadhafte Glieder geprüft.

Bei der Neuschmierung wird die Kette am besten in Motorenöl getaucht oder damit benetzt – besser ist dafür auf 50 bis 80° C erwärmtes Öl. Hin- und Herbewegen der Laschen (Abknicken der Gelenke) erleichtert dem Öl (wie vorher in gleicher Weise der Reinigungsflüssigkeit) das Eindringen bis zu den inneren Gleitstellen. Das äußerlich anhaftende, überflüssige Schmiermittel wird abgewischt, da es nur als Staubfänger und Schmutzsammler wirken würde.

Vor dem Wiederauflegen der Kette sind die Kettenräder zu reinigen und daraufhin zu untersuchen, ob sie nicht schon zu weit abgenutzt sind bzw. merkliche Hakenform (siehe Abb. 651) angenommen haben. Bei Ketten mit Steckglied und Federverschluß muß die Montagerichtung der Verschlußfeder beachtet werden (siehe Abb. 647).

Ob Kettenrad und Kette noch in Ordnung oder ob eines der Teile (oder beide) verschlissen sind, kann man gut erkennen, wenn man die Kette um das Kettenrad (Kettenritzel) legt und die beiden freien

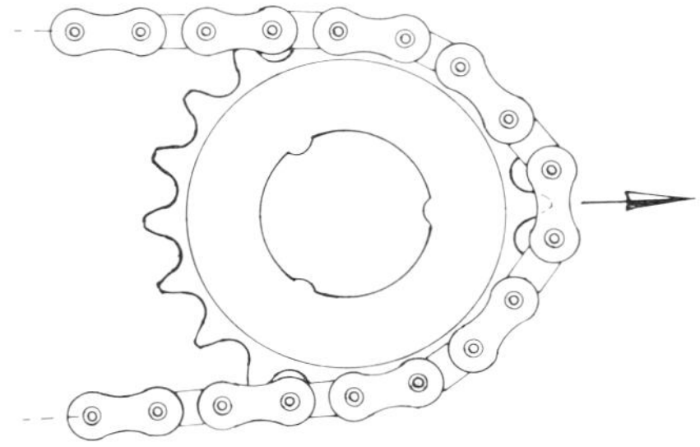

Abb. 1176: Gelängte Kette (ersatzreif).

Enden anspannt: in der Mitte der Umschlingung darf sich die Kette nicht merklich aus dem Grund der Zahnlücke herausheben lassen. Ist das, wie die Abb. 1176 zeigt, der Fall, so ist mindestens eines der Teile ersatzbedürftig.

Kettenverschleiß, besonders zwischen Rollen, Hülsen und Nieten, kann man auch erkennen, wenn man die abgenommene Kette an beiden Enden mit den Händen faßt und sie nach einer Außenseite zu biegen versucht. Läßt sie sich dabei zu einem merklichen Bogen biegen (Abb. 1177), so gehört sie in den Schrott.

Abb. 1177: Verschlissene Kette (schrottreif).

Wird eine neue Kette montiert, so ist die Gliederzahl der verschlissenen abzuzählen. Besser ist es, die neue Kette direkt am Fahrrad abzupassen. Fahrradketten werden für den Handel in bestimmten Längen geliefert, die so bemessen sind, daß sie in allen Fällen ausreichen. Deshalb muß die neue Kette fast immer etwas gekürzt werden. Vor dem Abpassen soll das Hinterrad, d. h. die Hinterradachse, so weit wie möglich nach vorn gestellt werden, damit nach dem Längen der Kette im Fahrbetrieb noch genügend Nachstellmöglichkeit in den Ausfallenden bleibt (das trifft nicht für Mehrfach-Kettenschaltungen zu!). Zu berücksichtigen ist dabei, daß eine Kürzung der Kette immer wenigstens zwei Glieder ausmachen soll, weil gekröpfte Glieder (siehe Abb. 646-D), wie auf Seite 252 beschrieben, nur im Notfall verwendet werden sollen.

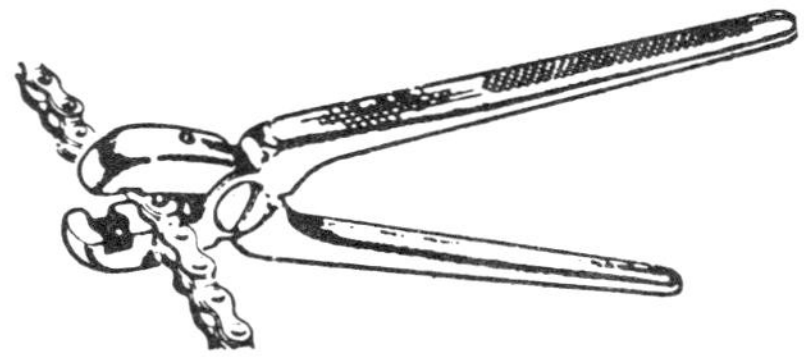

Abb. 1178: Ketten-Trennzange.

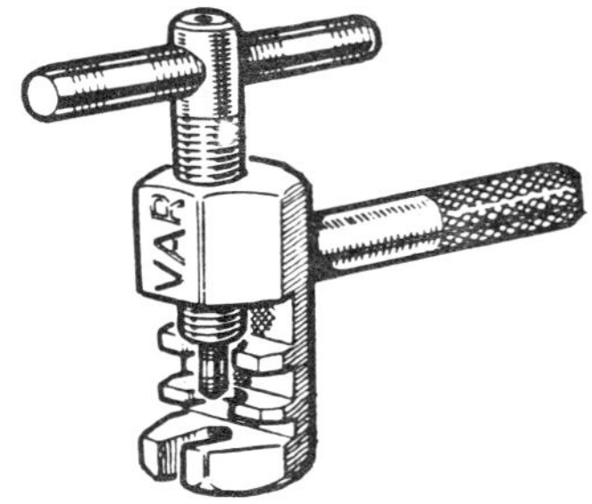

Abb. 1179: Kettentrenner.

Getrennt werden kann die Kette durch Abschleifen eines oder beider Nietköpfe an einem Außenglied und Herausschlagen des Nietes mit einem passenden (3,5 mm) Durchschlag auf dem Schraubstock. Besser ist die Verwendung einer Ketten-Trennzange (Abb. 1178) oder eines Kettentrenners (Abb. 1179) für endlose Kettenschaltungs-Ketten. Die Niete sind nur soweit herauszudrücken, bis die Kette auseinandergezogen werden kann – das erleichtert das Wiedereindrücken der Niete. Bei Fahrrädern mit Kettenschaltung wird die aufgelegte Kette mit einer Zange vorsichtig verdrückt, d. h. der Nietkopf verstemmt (immer unter der Voraussetzung, daß die Nietköpfe mit Werkzeug wie Abb. 1178 oder 1179 herausgedrückt und nicht etwa abgeschliffen wurden!). Danach wird das betroffene Kettenglied durch Hin- und Her-Scharnieren gangbar gemacht (der Niet darf nicht übermäßig kräftig verstemmt werden!).

Kettenschaltungen

Mehrfach-Leerlaufzahnkranz (Freewheel)

Die häufigste Arbeit von „Trimm-dich"-Fahrern am Leerlaufzahnkranz ist das Auswechseln von Kettenritzeln mit verschiedenen Zähnezahlen, um eine andere Gangabstufung zu erhalten. Dabei braucht nicht der gesamte Leerlaufzahnkranz von der Nabe abgeschraubt zu werden. Die Befestigung der einzelnen Kettenritzel am Leerlaufzahnkranz erfolgt mit Gewinde (siehe Abb. 688 und 689), häufig sind sie auch aufgesteckt und die Mitnahme übernehmen dann Nasen- oder Keilprofile. Das Ritzelpaket wird dann durch das Schlußritzel geklemmt, das aufgeschraubt ist (siehe Abb. 690 und 692).

Zum Lösen und Wiederbefestigen braucht man einen Zahnkranz-Abnehmer (Abb. 1180).

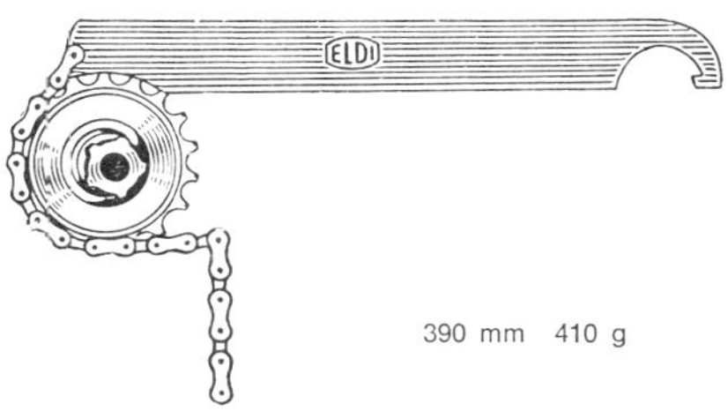

Abb. 1180: Zahnkranz-Abnehmer.

Bei Leerlaufzahnkränzen, bei denen der Freilauf in Fahrtrichtung nicht mehr mitnimmt (durchdreht), ist im Innern die Klinke, die Klinkenfeder oder der Innenkörper selbst schadhaft geworden (siehe Abb. 683 und 684). Oft ist auch der Freilauf-Mechanismus durch Spritzwasser verschmutzt, und die Klinken greifen nicht ein. Durch gründliches Ölen läßt sich dieser Defekt meist beheben. Bei einem wirklichen Schaden muß der gesamte Leerlaufzahnkranz ersetzt werden. Nur bei teueren Leerlauf-Garnituren lohnt sich eine Reparatur.

VAR 405

für Mehrfachzahnkränze Normandy.

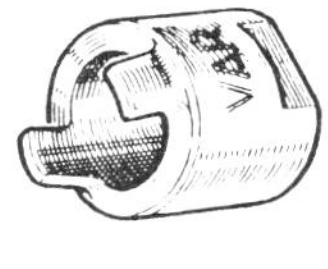

VAR 404

speziell für Campagnolo.

VAR 402

für 4- und 5-fach Zahnkränze T.D. Cross.

VAR 412

Mehrfachzahnkränze Atom-Maillard.

VAR 706

für Mehrfachzahnkränze Suntour.

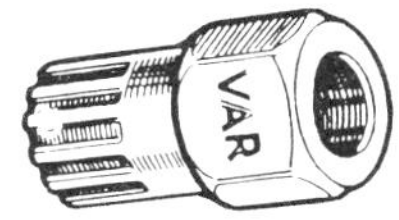

VAR 411

für Mehrfachzahnkränze Esjot und Shimano.

für BMX

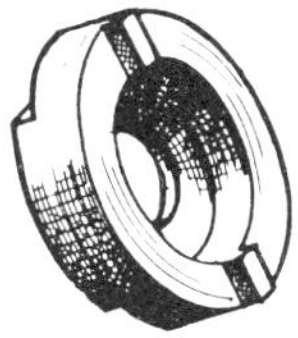

VAR 187 FS

für Einfachzahnkranz Esjot.

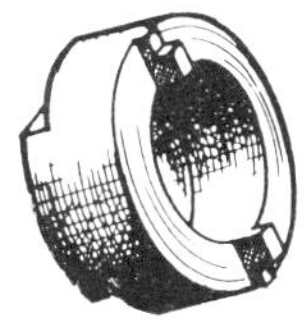

VAR 187 ST

für Einfachzahnkranz Saturn und Trumpf.

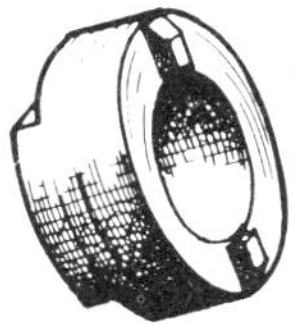

VAR 187 SPEZIAL

für Einfachzahnkranz Tristar und Flystar.

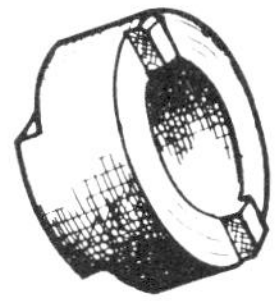

VAR 188

für Einfachzahnkranz Shimano.

VAR 187 B

für Einfachzahnkranz Atom.

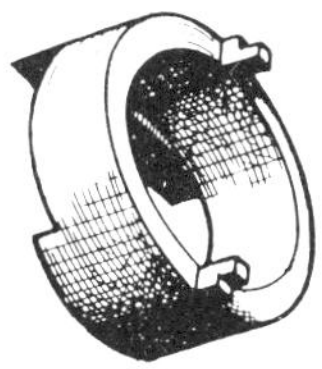

RE =D=

für Einfachzahnkranz Light Weight und Tiger.

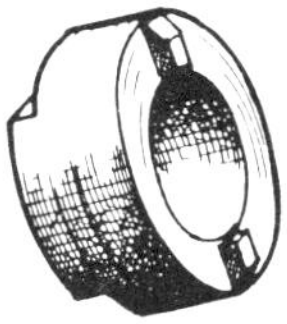

VAR 187 BM

für Einfachzahnkranz Maillard

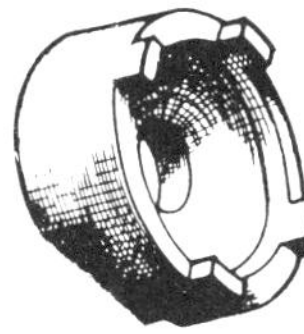

TA 103

für Einfachzahnkranz Suntour und Shimano.

Abb. 1181: Leerlaufzahnkranz-Abschrauber.

In jedem Fall muß der „Leerlauf“ von der Nabe abgeschraubt werden, wozu ein Hilfswerkzeug notwendig ist. Dieses muß zum verwendeten Leerlauf-Fabrikat passen. In der Abb. 1181 sind die gebräuchlichen Leerlaufzahnkranz-Abschrauber gezeigt.

Der Abschrauber muß so aufgesetzt werden, daß die Nasen, Nocken oder Zähne (je nach Fabrikat) satt eingreifen; entgegen dem Uhrzeigersinn läßt sich der Leerlaufzahnkranz schwergängig von der Nabe herunterschrauben. Beim Wiederaufschrauben Gewinde ölen und nicht schief ansetzen!

Wird ein neues (anderes) Fabrikat montiert, so muß auf Gleichheit des Aufschraubgewindes geachtet werden. Drei Gewindeausführungen werden praktiziert, die zwar nur geringfügig verschieden, aber doch nicht austauschbar sind (siehe Abb. 438 und Beschreibung auf Seite 178).

Wird der Freilauf des Leerlaufzahnkranzes zerlegt, so muß mit einem Spezialschlüssel der vordere Gewindering entfernt werden, um die Klinken, Klinkenfedern und Kugeln herausnehmen und reinigen zu können. Bei der Wiedermontage sind die Kugellaufbahnen mit Wälzlagerfett zu versorgen, auf jeder Lagerseite ist die richtige Anzahl Kugeln einzulegen und der Gewindering dann so aufzuschrauben, daß noch ein geringes Lagerspiel vorhanden ist (siehe Schnittzeichnung Abb. 690).

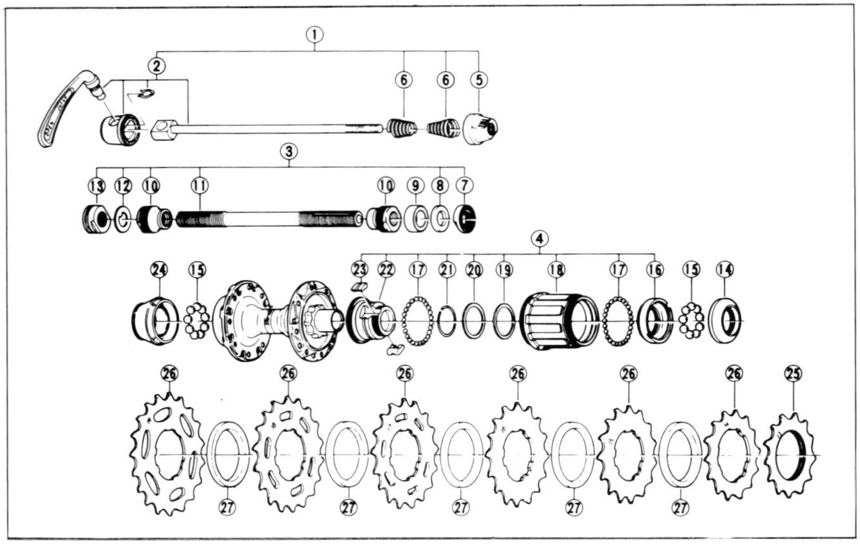

Abb. 1182: Explosiv-Darstellung der DURA-ACE AX Kassettennabe.

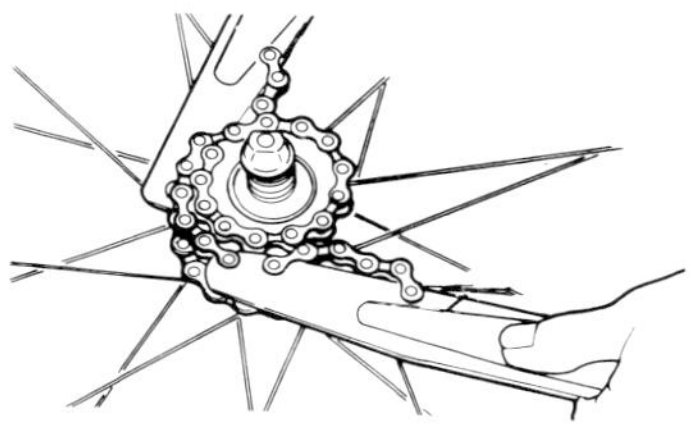

Abb. 1183: Kettenritzel abnehmen.

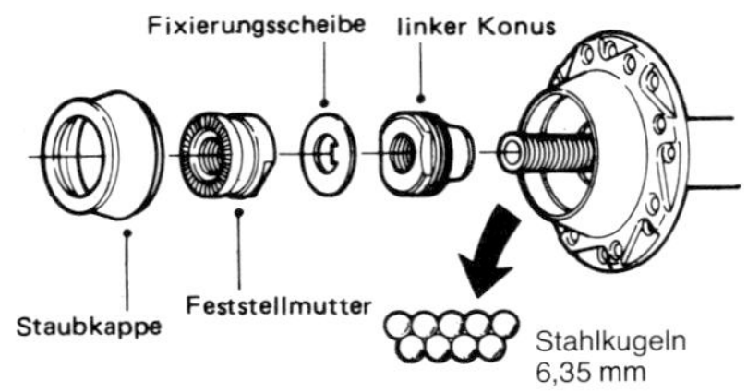

Abb. 1184: Linke Nabenseite öffnen.

Kettenradsatz (7fach) und Freilauf der Kassettennabe DURA-ACE AX von Shimano

Bei der Kassettenausführung ist die Leerlaufeinrichtung Bestandteil der Hinterradnabe (Abb. 1182).

Die Demontage erfolgt so:

1. Das vordere (kleinste) Kettenritzel mit dem Zahnkranz-Abnehmer (Abb. 1180) abschrauben (Abb. 1183) und die weiteren sechs Kettenritzel vom Keilwellenprofil abnehmen.

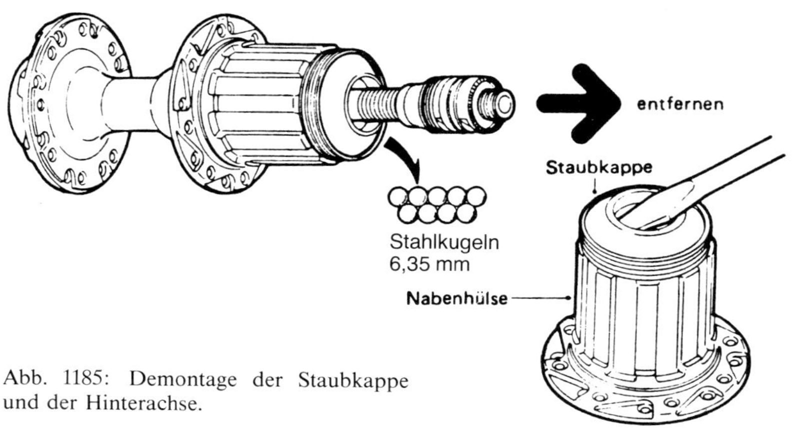

Abb. 1185: Demontage der Staubkappe und der Hinterachse.

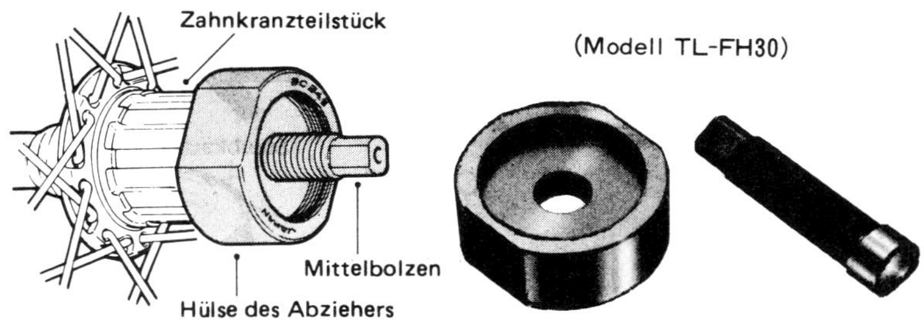

Abb. 1186: Zahnkranz-Teilstück abziehen.

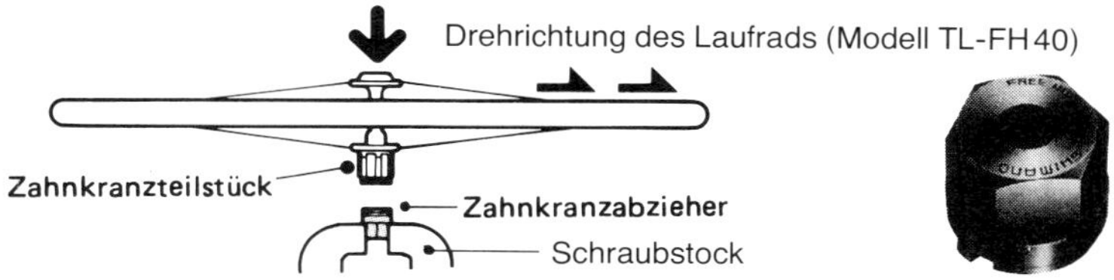

Abb. 1187: Gewindekranz abnehmen.

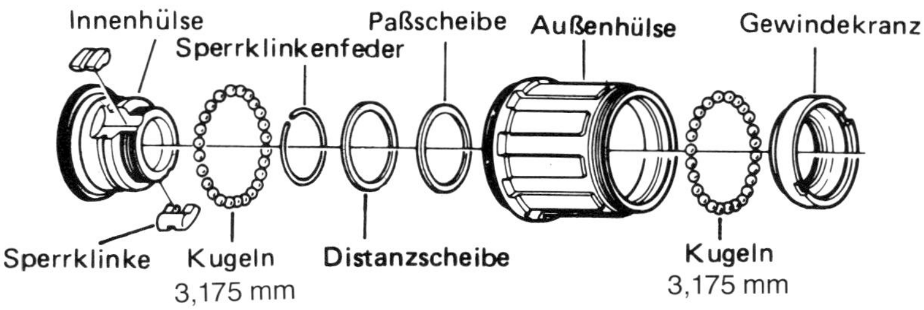

Abb. 1188: Freilauf-Innenteile.

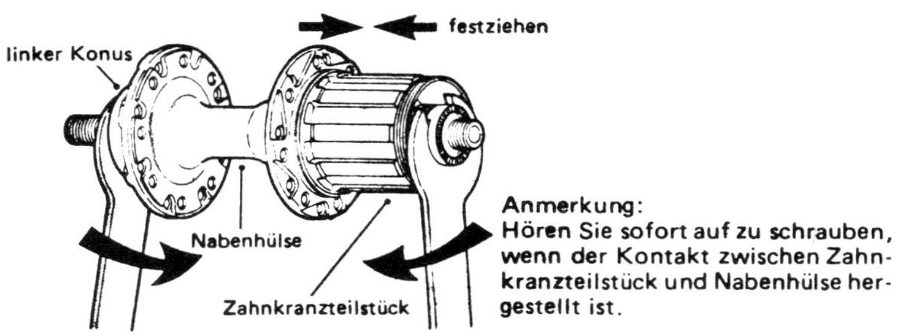

Abb. 1189: Montage des Zahnkranz-Teilstücks.

2. Um den Freilauf auszubauen, werden zunächst an der linken Seite die Staubkappe, die rechte Feststellmutter, die Nasen-(Fixier-)Scheibe und der linke Konus mit zwei 14-mm-Gabelschlüsseln entfernt (Abb. 1184).

Dann können die Hinterradachse herausgezogen und mit einem Schraubendreher die Staubkappe aus der Nabenhülse herausgedrückt sowie die je neun Kugeln 6,35 mm pro Nabenseite herausgenommen werden (Abb. 1185).

3. Der Spezialabzieher TL-FH 30 wird nun auf das keilwellenartige Zahnkranz-Teilstück fest aufgeschraubt (die beiden Innengewinde des Abziehers zum Aufschrauben auf das Zahnkranz-Teilstück sind verschieden tief und unterschiedlich gekennzeichnet, wobei die Seite mit der Markierung B.C.32 für die DURA-ACE-Kassettennaben B.C.34.6 für alle anderen Kassettennaben paßt). Der Gewindebolzen (Mittelbolzen) wird in die Hülse des Abziehers eingeschraubt und dabei das Zahnkranzteil abgezogen (Abb. 1186).

Demontage des Zahnkranz-Teilstücks: Zahnkranz-Abzieher TL-FH 40 auf das Zahnkranz-Gewinde aufschrauben (zuvor Sechskant in Schraubstock einspannen) und den Gewindekranz entgegen dem Uhrzeigersinn herunterdrehen (Abb. 1187).

Die Innenteile des Freilaufs können nun herausgenommen werden (Abb. 1188), sämtliche Teile sind zu reinigen, schadhafte zu ersetzen.

Der Zusammenbau erfolgt in umgekehrter Reihenfolge, wobei Lager- und Gleitstellen des Freilaufs mit Wälzlagerfett zu versorgen sind.

Bei der Montage ist besonders zu beachten: Beim Wiedereinbauen des Zahnkranz-Teilstücks muß dieses nach dem Auswechseln so in die Nabe eingeführt werden, daß die vorstehenden Teile plan aneinanderliegen. Die Lagerkugeln 6,35 mm müssen auf beiden Seiten mit Wälzlagerfett eingelegt werden. Die Nabenachse wird von der rechten Seite durch die Nabenhülse geführt und der linke Konus aufgeschraubt, so daß sich, wie in Abb. 1189 gezeigt, Nabenhülse und Zahnkranz-Teilstück berühren. Der linke Konus wird etwas gelöst und dabei das Lagerspiel eingestellt und mit der Feststellmutter gekontert. Zuletzt wird die Staubkappe eingedrückt.

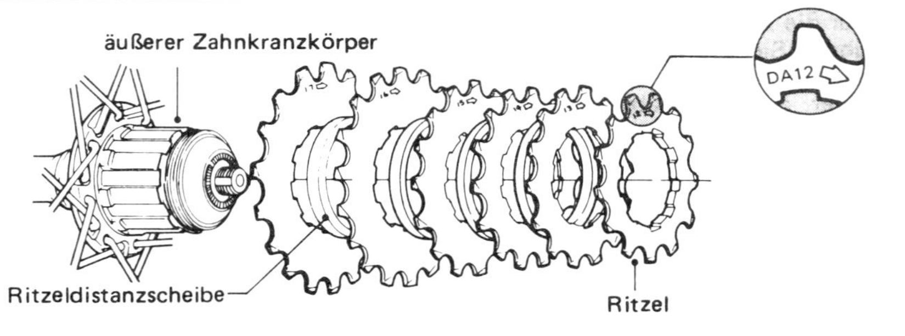

Abb. 1190: Ritzelmontage.

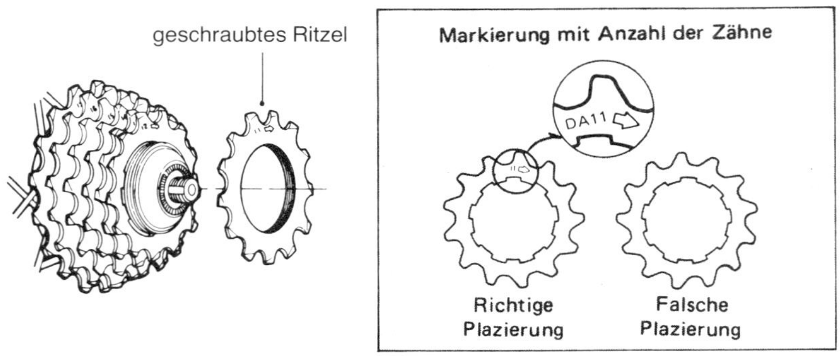

Abb. 1191: Richtig montierter Ritzelsatz.

Montage der Kettenritzel: Kettenritzel aufstecken (Distanzscheiben dazwischenlegen); wird für die sechste Gangstufe ein 12- oder 13zähniges Ritzel montiert, so braucht dort keine Distanzscheibe beigelegt zu werden. Kettenritzel so aufstecken, daß die Markierung der Zähnezahl zum aufgeschraubten Kettenritzel zeigt (Abb. 1190). Zum Schluß wird das kleinste Kettenritzel festgeschraubt (Abb. 1191).

Grundsätzliches über das Einstellen von Kettenschaltungen

Die Kettenschaltungen aller Fabrikate kann man mit etwas Geschick selbst ein- bzw. nachstellen. Dazu dienen meist zwei Stellschrauben am Schaltwerk, die den Schaltweg begrenzen, damit die Kette nicht über den vorgesehenen Gesamt-Schaltweg hinaus bewegt werden und vom Mehrfach-Zahnkranz abspringen kann (Abb. 1192).

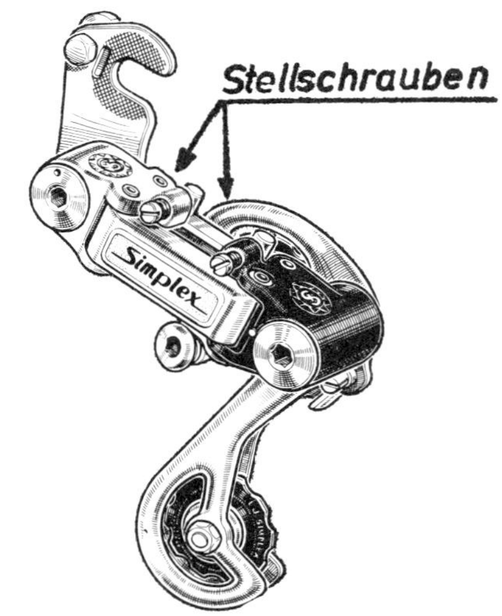

Abb. 1192: Sitz der Stellschrauben.

Obwohl die beiden Stellschrauben mit Druckfedern gegen Lösen gesichert sind, kommt es vor, daß sie sich trotzdem verstellen, so daß die Schaltung neu justiert werden muß.

Dazu wird das Fahrrad am Hinterbau aufgehängt, die Schaltung unter Drehen der Pedale in den größten Gang (kleinstes Kettenritzel) gebracht und geprüft, ob die Kette ohne auffällige Nebengeräusche über die Zahnkränze und die Laufrollen läuft. Der Schalthebel muß dabei fast am Anschlag stehen – wenn das nicht der Fall ist, so ist das Zugseil nachzuspannen. Ist das Schaltwerk richtig eingestellt, so sitzt die äußere Stellschraube am Anschlag, wenn nicht, muß die Stellschraube mit einem Schraubendreher nachgestellt werden. Das Gleiche wird im kleinsten Gang (größtes Kettenritzel) durchgeführt.

Bei einer Zehn- oder Zwölfgangschaltung erfolgt die Einstellung des Kettenwerfers am Sitzrohr ebenfalls über Stellschrauben. Die Kettenführung muß parallel zu den Kettenblättern stehen, und der Schaltweg ist durch die Stellschrauben so zu begrenzen, daß die Kette nicht nach außen oder innen abspringen kann.

Ist eine Kettenschaltung nicht richtig eingestellt, so kann die Kette beim Schalten auf das größte Ritzel (1. Gang) zwischen Zahnkranz und Speichenschutzscheibe (siehe Abb. 997) und beim Schalten auf das kleinste Ritzel (5., 10. oder 12. Gang) zwischen Ritzel und Ausfallende des Hinterrahmens eingeklemmt werden. Meist blokkiert dadurch das Hinterrad, gefährliche Stürze, Speichenschäden oder Totalschaden am Kettenschaltwerk können die Folgen sein.

Anbau und Einstellung verschiedener Kettenschaltungen

Sachs-Kettenschaltung C 6100 (Fünfgang) und CR 6100 (Zehngang)

1. Anbau an das Fahrrad (Abb. 1193)

Die Lasche 1 wird mit der Schraube 8 und dem Klemmstück 9 an das Ausfallende des Rahmens geschraubt. Zurückschwenken der Schaltung ermöglicht Ein- und Ausbau des Hinterrades. Durch Festschrauben desselben wird die Lasche gegen das Ausfallende geklemmt. Das Schaltwerk muß parallel zu den Zahnkränzen stehen – evtl. muß das Ausfallende gerichtet werden.

2. Einbau des Schaltzuges

Schalterhebel (am unteren Rahmenrohr befestigt) in Fahrtrichtung legen. Das Zugseil-Ende durch das Loch des abgewinkelten Lappens 10 am Schaltgehäuse 2 ziehen. Die Seilhülle stützt sich gegen den Lappen ab. Das Zugseil läuft innerhalb des Gehäuses weiter über einen Radius des Hebelstücks 11. Zugseil stramm ziehen. Geklemmt wird das Seil in der Rille des Hebelstücks gegen das abgewinkelte Ende des Parallelogrammhebels 3 durch Anziehen der Schraube 12. Zur exakten Fixierung des Hebelstücks rastet dieses in eine Nut des Hebels 3 ein. Zu beachten ist, daß die Zugseil-Hülle genügend Spielraum 13 zuläßt, um das Schwenken der Schaltung nach hinten beim Radausbau zu ermöglichen.

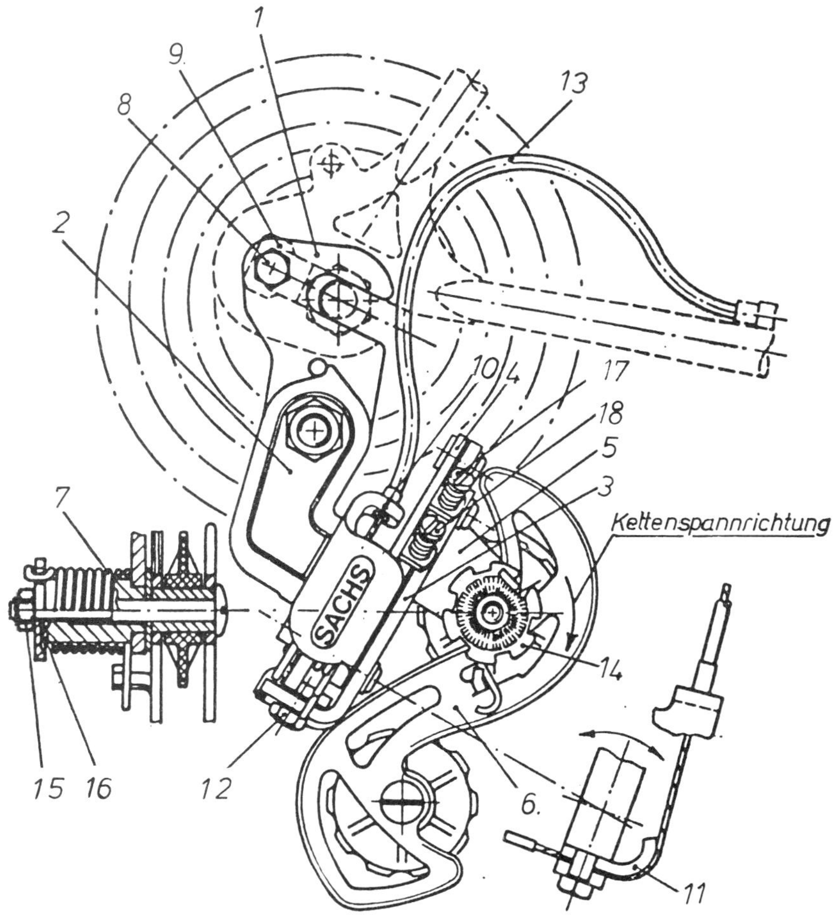

Abb. 1193: Sachs-Kettenschaltung C/CR 6100 älterer Bauart.

3. Einstellung der Kettenspannung

Die Federkraft ist vom Werk eingestellt, kann jedoch nach Bedarf nachträglich am Fahrrad verändert werden. Dazu: Hakenschlüssel („Torpedo"-Schlüssel) in eine Nut am Umfang der Einstellscheibe 14 einsetzen, Sechskantmutter 15 an der Stirnseite der Einstellscheibe lösen, mit dem Hakenschlüssel die Einstellscheibe verdrehen. Rechts = spannen, links = lösen. Die Sechskantmutter bei eingerasteter Verzahnung 16 wieder festziehen.

Bei minimalster Federspannung (kleinstes Ritzel am Leerlaufzahnkranz und kleines Kettenblatt am Tretlager) darf das untere Kettentrumm nicht durchhängen, sondern muß gerade noch gespannt sein. Zu starke Federspannung bewirkt, daß die Kette beim Schalten schwer überspringt und die Drehfeder 7 im maximal gespannten Zustand überfordert wird.

4. Einstellung des Schaltweges

Grundvoraussetzung für einwandfreie Funktion und exaktes Einstellen der Schaltung ist die genaue Flucht Mitte Zahnkranzpaket am Hinterrad zur Mitte Kettenblätter am Tretlager.

Am Parallelogrammhebel 4 befinden sich zwei durch Schrauben 17 und 18 verstellbare Anschläge. Kette durch Schwenken des Parallelogramms auf das kleinste Ritzel legen, in dieser Stellung Schraube 17 gegen den Anschlag drehen. Zur Fixierung der Endstellung Kette durch Weiterschwenken des Parallelogramms auf das größte Kettenritzel bringen und Schraube 18 auf Anschlag drehen. Funktion durch Schalten sämtlicher Gänge kontrollieren, evtl. an den Schrauben 17 und 18 feineinstellen.

5. Kettenwerfer (nur bei Zehngang-Schaltung)

Die Montage ist einfach (Abb. 1194). Es muß nur beachtet werden, daß die Ketten-

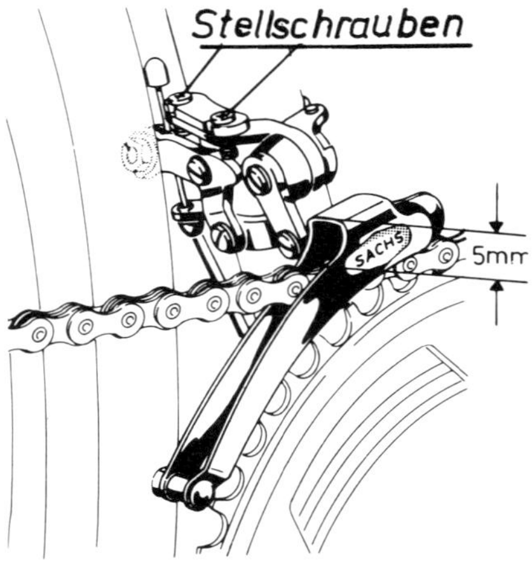

Abb. 1194: Kettenwerfer-Montage.

führung parallel zu den Kettenblättern steht und das vordere Leitblech in geringem Abstand (ca. 5 mm) über die Zahnspitzen des großen Kettenblattes bewegt werden kann. Mit den beiden Einstellschrauben ist der Schaltweg so zu begrenzen, daß die Kette nicht abspringt. Dazu muß ein Doppelschalthebel am unteren Rahmenrohr montiert werden.

6. Wartung

Schaltwerk und Kettenwerfer sind öfter zu reinigen, Gelenke, Federn, Schaltzug und Kette von Zeit zu Zeit mit einigen Tropfen Fahrradöl zu schmieren.

Sachs-Kettenschaltung C/CR 5101 (Stahl-Ausführung), C/CR 5102 (Alu-Ausführung)

1. Einstellung (Abb. 1195)

Vor Inbetriebnahme Endstellungen des Schaltweges mit den Schrauben A und B festlegen.

Kontrollieren, ob die Kette beim Vor- und Zurückschalten einwandfrei auf alle Zahnkränze springt. Wenn nicht, Feineinstellung mit den Schrauben A und B vornehmen.

Einstellschraube F (nur bei Schaltwerk C/CR 5102): Feineinstellung der Parallelogrammlage in Doppelpfeilrichtung je nach Zahnkranzgrößen des Freewheels (große Zahnkränze → Richtung L, kleine Zahnkränze → Richtung R).

2. Kettenlänge

Die Kettenlänge ist möglichst kurz zu wählen, doch muß die Kette mindestens so lang sein, daß leichtgängiges Schalten auf die größten Zahnkränze gewährleistet ist.

3. Kettenspannung

Kette vorn und hinten auf den kleinsten Zahnkranz schalten. In diesem Zustand der geringsten Federspannung darf das untere Kettentrumm nicht durchhängen, es muß gerade noch gespannt sein. Wenn notwendig, kann die Kettenspannfeder nachgespannt werden: bei Typ C/CR 5101 Federschenkel in Raste D (fehlt bei Typ C/CR 5102) einhängen.

4. Speichenschutz

Die Speichenschutzscheibe soll aus Sicherheitsgründen 190 mm Mindestdurchmesser haben.

5. Bedienung

Nur während des Tretens schalten!

6. Auswechseln des Schaltzuges

Schalthebel nach vorn in Endstellung bringen, Kabelklemmschraube E am Schaltwerk lösen. Defektes Zugseil aus dem Schalter entfernen, neues Seil vor Montage leicht einfetten.

Achtung: bei Stellung des Schalthebels am Anschlag vorn muß das Zugseil straff gespannt sein!

Sofern auch die Seilhülle am Schaltwerk erneuert wird, ist auf richtige Länge zu achten. Dabei sollen die Enden der Hülle genau senkrecht in den Widerlagern sitzen. Die Seilhülle muß so lang sein, daß Zurückschwenken des Schaltwerkes beim Radausbau möglich ist.

Wie aus der Abbildung ersichtlich, muß die Seilhülle hinter der Achse verlegt werden.

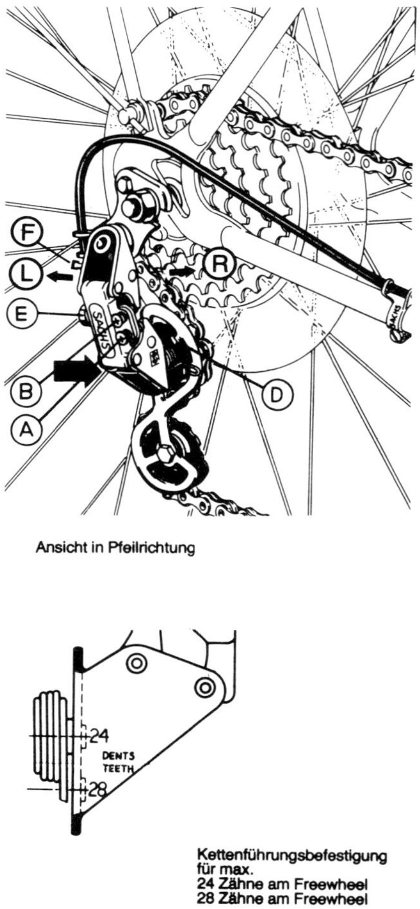

Abb. 1195: Sachs-Kettenschaltung C/CR 5101 und 5102.

7. Montage des Hinterrades

Ein- und Ausbau können nur erfolgen, wenn die Kette auf einem der beiden kleinsten Zahnkränze des Freewheels liegt.

8. Kettenwerfer

Einstellung siehe Abb. 1194 und dazugehörige Beschreibung.

9. Wartung

Bewegliche Teile der Schaltung, Schalter, Zugseil und Kette von Zeit zu Zeit reinigen und ölen. Einstellung gelegentlich kontrollieren (siehe unter 1. Einstellung).

Siehe hierzu auch „Aufbau der Kettenschaltung“ Seite 268 ff.

Die Huret-Kettenschaltungen „Challenger“ sind mit den vorstehend behandelten Ausführungen baugleich.

Sachs/Huret-Commander-Zwölfgang-Schaltung

bestehend aus Sachs/Huret-Commander positionierte Kettenschaltung, Sachs/Orbit-Zweigang-Freilaufnabe mit Sechsfach-Zahnkranz, Sachs/Huret-Commander-Doppelschalter.

Vor der Erklärung von Einstellung, Wartung, Montage und Demontage des neuartigen Sachs-Commander/Orbit-Schaltsystems muß zum besseren Verständnis kurz über Leistungsmerkmale und Bedienung dieser kombinierten Naben/Ketten-Schaltung gesprochen werden (siehe hierzu auch Seite 283 ff.).

Übersetzungstabelle für Zahnkranzpaket 13-15-18-22-26-32 Zähne

Schalterstellung links	Schalterstellung rechts	Kettenblatt-Zähnezahl 46	48	50	52
		Übersetzung i = 1:			
L	1	1,06	1,11	1,16	1,20
L	2	1,31	1,37	1,42	1,48
L	3	1,55	1,61	1,68	1,75
L	4	1,89	1,97	2,05	2,14
L	5	2,27	2,37	2,47	2,57
L	6	2,62	2,73	2,85	2,96
H	1	1,44	1,50	1,56	1,62
H	2	1,77	1,85	1,92	2,00
H	3	2,09	2,18	2,27	2,36
H	4	2,55	2,67	2,78	2,89
H	5	3,07	3,20	3,33	3,47
H	6	3,54	3,69	3,85	4,00

Reifengröße 28 – 622 (28" × 1⅛ × 1⅕) U = 2,13 m
Reifengröße 28 – 630 (27" × 1¼ Fifty) U = 2,16 m
Reifengröße 37 – 530 (26" × 1⅓) U = 2,07 m

Zurückgelegte Fahrtstrecke s (in m) bei 1 Pedalumdrehung:

$s = U \times i$

Abb. 1196: Übersetzungstabelle.

Merkmale:

Die Zweigang-Schaltnabe tritt an die Stelle des vorderen Doppelkettenblattes samt Kettenwerfer, dadurch ist nur ein Kettenblatt am Tretlager erforderlich, somit weniger Kettenverschleiß wegen geringerer Schalthäufigkeit und kleinerem Spurfehler der Kette;

eindeutige und gezielte Wahl der Gänge mit fühlbarem Einrasten (durch Kugelarretierung) im Schalter und sichtbare Gang-Anzeige;

leichter, lautloser Gangwechsel in der Zweigangnabe;

Freilauf-Einrichtung sitzt im Nabenkörper der Zweigangnabe und ist dort vor Schmutz und Nässe besser geschützt als bei den herkömmlichen Leerlauf-Zahnkränzen;

Gang-Vorwahl: Schalten bei stillstehenden Pedalen möglich;

Seilzug braucht bei sachgemäßer Behandlung nicht nachgestellt zu werden.

In Abb. 1196 ist eine Übersetzungstabelle zur Errechnung der zurückgelegten Wegstrecke (in m) pro Tretkurbelumdrehung dargestellt.

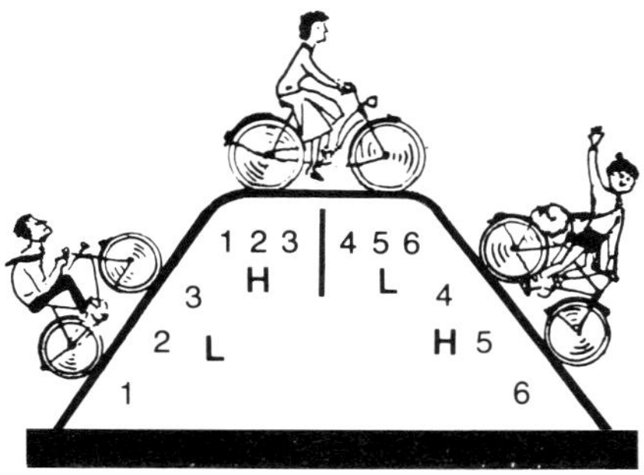

Abb. 1197: Richtige Gangwahl.

Bedienung:

Zur richtigen Gangwahl siehe Abb. 1197.

Mit dem Doppelschalter am Lenkerschaftrohr (der so befestigt sein muß, daß der Schalthebel in beiden Endstellungen weder den Lenker noch das Rahmenrohr berührt) den gewünschten Gang wählen – linker Hebel (a) für Nabe, rechter Hebel (b) für die Kettenschaltung. Beide Hebel nach hinten bedeutet langsame (Berg-) Fahrt, beide Hebel nach vorn bedeutet flotte (Tal-)Fahrt (Abb. 1198).

Beim Anfahren und bei Bergfahrten kleinen Gang einlegen (Schalterstellung L/1, 2 oder 3).

Auf ebener Fahrbahn die mittleren Gänge einschalten (Schalterstellung L/4, 5 oder 6 bzw. H/1, 2 oder 3).

Auf schnellen Strecken die größten Gänge benutzen (Schalterstellung H/4, 5 oder 6).

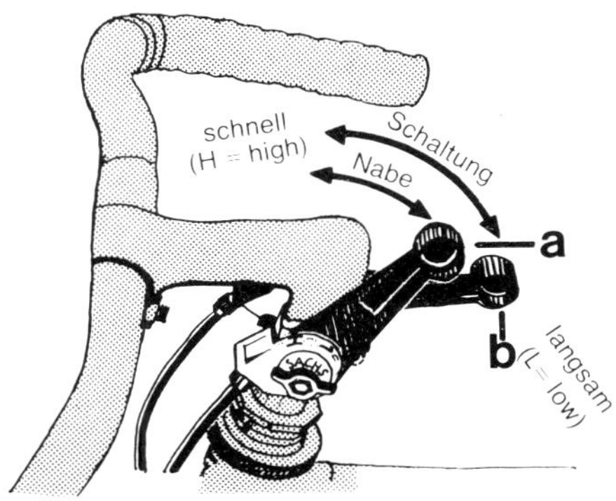

Abb. 1198: Hebelstellungen am Doppelschalter.

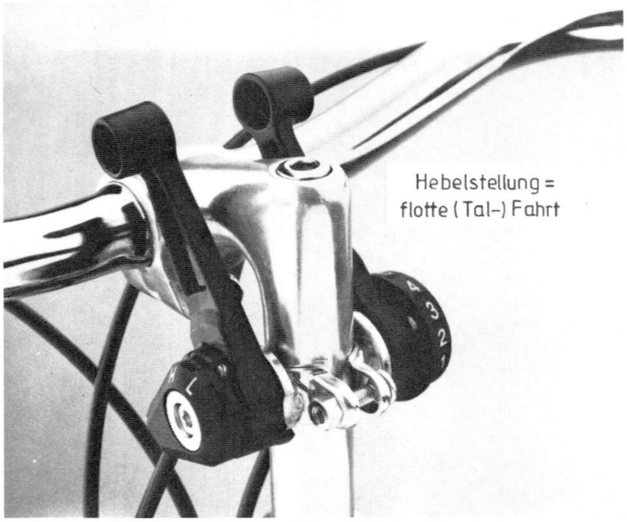

Abb. 1199: Doppelschalthebel, linker Hebel für die Nabe.

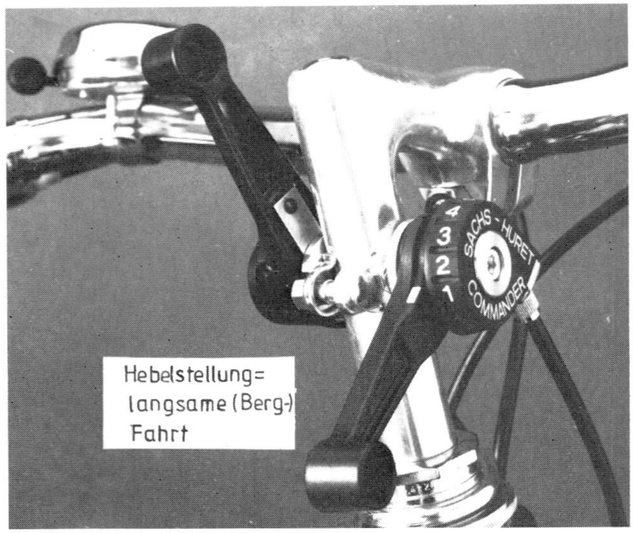

Abb. 1200: Doppelschalthebel, rechter Hebel für die Kettenschaltun

Das Anfahren wird erleichtert, wenn die Zweigangnabe im Stand auf L (Low, Berggang) eingestellt wird.

Kettenschaltung nicht beim Rückwärtstreten und Schieben betätigen.

Beim Umschalten der Orbit-Zweigangnabe Tretbewegung kurz unterbrechen.

Einstellung der Kettenschaltung

Die Schaltung wurde in der Regel vom Zweiradhändler richtig eingestellt. Sollte das nicht der Fall sein, so kann die Einstellung an Hand der folgenden Beschreibung kontrolliert bzw. nachjustiert werden (Abb. 1201).

1. Flucht der Kettenführung im sechsten Gang (Kette auf kleinstem Zahnkranz) überprüfen.

2. Justierschraube f nach links drehen (gegen Uhrzeigersinn) – Kettenführung bewegt sich nach innen.

3. Justierschraube f nach rechts drehen (im Uhrzeigersinn) – Kettenführung bewegt sich nach außen.

4. Schaltwerk auf den größten Zahnkranz (1. Gang) schalten.

5. Danach in den zweiten Gang schalten und am Schaltwerk die Lage der Rolle (a) auf der Kurvenscheibe (b) prüfen (Abb. 1202).

6. Zugseil zu lose (Abb. 1203) – Schaltwerk auf den kleinsten Zahnkranz schalten, Einstellschraube am Schalter um ca. eine Umdrehung nach links drehen (Zugseil spannen), danach den richtigen Sitz der Rolle (a), wie in Abb. 1202 gezeigt, prüfen.

7. Zugseil zu stramm (Abb. 1204) – Schaltwerk auf den kleinsten Zahnkranz schalten, Einstellschraube am Schalter um ca. eine Umdrehung nach rechts drehen (Zugseil lockern), danach den richtigen Sitz der Rolle (a), wie in Abb. 1202 gezeigt, prüfen.

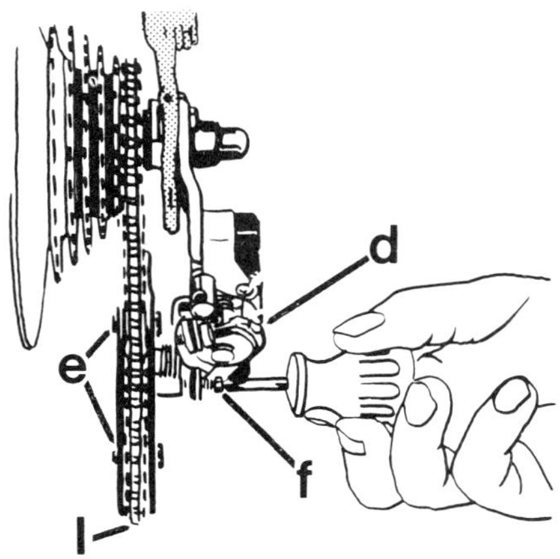

Abb. 1201: Nachjustieren der Kettenschaltung.

Auch die beste Kette hat nur eine begrenzte Lebensdauer; sollte nach mehreren tausend Kilometern trotz Nachjustierung und geölter Teile kein zufriedenstellender Gangwechsel und Kettenlauf mehr zu erreichen sein, so sollte die verschlissene Kette gegen eine neue Commander-Kette ausgetauscht werden.

Nachjustierung der Orbit-Zweigangnabe (Abb. 1205)

1. Linken Schalthebel in Gangstellung „H" (Schnellgang) bringen (siehe Abb. 1199).

2. Fixierhülse (1) so weit auf das Zugkettchen (2) schieben, bis das Zugseil straff ist (Abb. 1205).

3. Schaltkontrolle durchführen – linken Schalthebel in Leerlaufstellung halten (siehe Abb. 761), Pedalarm muß sich dann frei durchdrehen lassen.

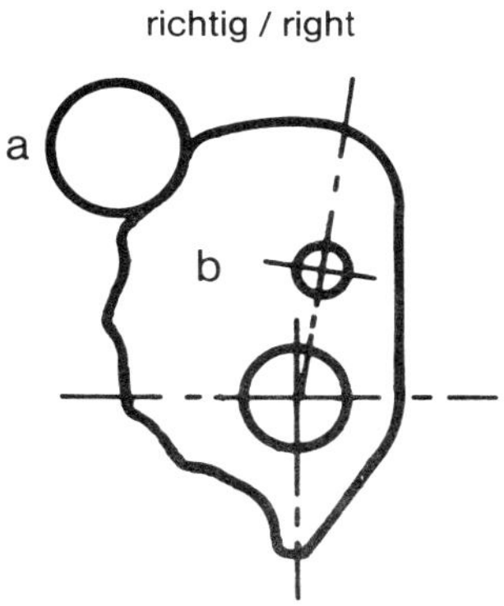

Abb. 1202: Richtige Lage an der Kurvenscheibe.

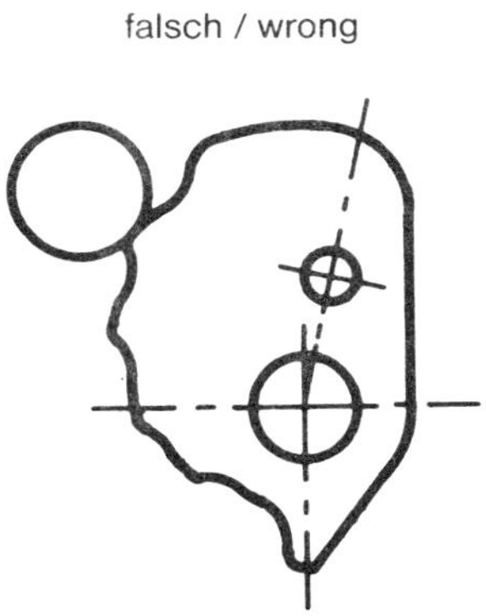

Abb. 1203: Zugseil zu lose.

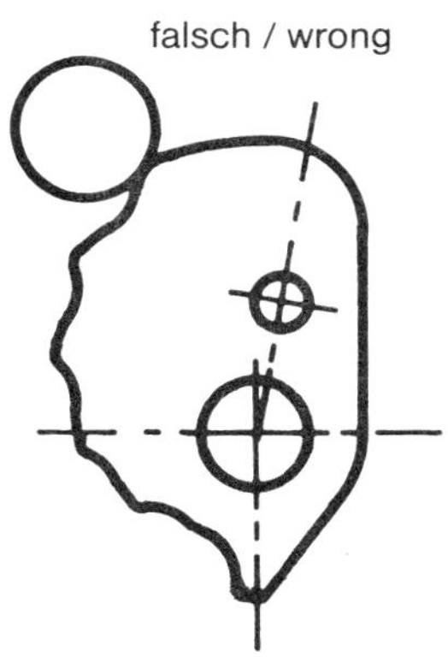

Abb. 1204: Zugseil zu stramm.

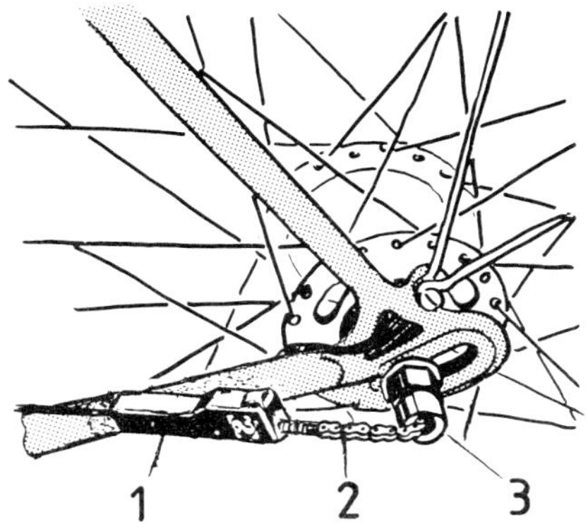

Abb. 1205: Nachjustierung der Zweigangnabe.

Wartung

Die Sachs-Commander-Schaltung ist wartungsarm, jedoch muß sie bei Verschmutzung evtl. öfter gereinigt werden. Drei- bis viermal im Jahr und auch nach längeren Regenfahrten sollten die Gelenke des Schaltwerks c, die Lagerung der Kurvenscheibe d sowie die Führungsrollenlager e und die Kette mit Fahrradöl geschmiert werden (Abb. 1206).

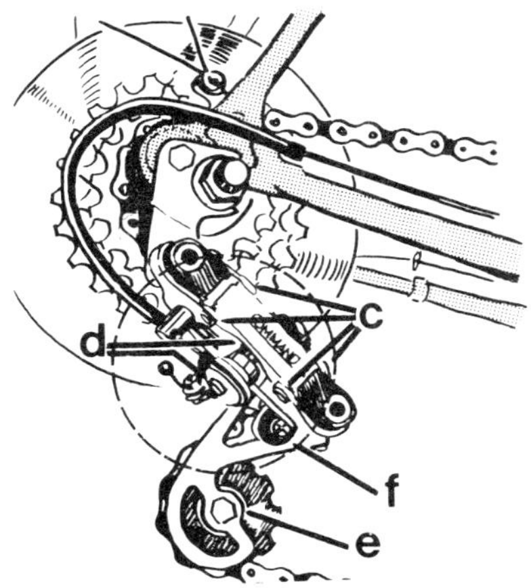

Abb. 1206: Schmierung des Schaltwerkes.

Die Zugseile sollten nach längerer Zeit auch geölt werden, und zwar jeweils an der Einmündung in die Seilhüllen.

Wird das Fahrrad längere Zeit nicht benutzt, so ist die Kettenschaltung in Position 6 und die Nabe in Position H zu stellen, um die Zugseile zu entlasten.

Aus- und Einbau des Hinterrades

1. Ausbau

Kette auf den kleinsten Zahnkranz bringen (Commander-Schalthebel auf 6);

Schalthebel für Zweigangnabe in Stellung H bringen;

Drucktaste der Fixierhülse (1) drücken und Zugkettchen (2) lösen;

Achsmuttern auf beiden Seiten des Hinterrades lösen;

Schaltwerk nach hinten ziehen, damit das Laufrad aus dem Hinterrahmen herausgenommen werden kann.

2. Einbau

Schaltwerk nach hinten ziehen, Hinterrad mit Kette in den Rahmen einführen und Kette auf den kleinsten Zahnkranz (bei Stellung 6 des Commander-Schalthebels) auflegen, dabei darauf achten, daß die geriffelte Anlagefläche der Nabe am Ausfallende anliegt;

Hinterrad im Rahmen ausrichten (mittig stellen), Achsmuttern auf beiden Seiten anziehen;

Fixierhülse (1) auf Zugkettchen (2) schieben;

Zweigangnabe einstellen (siehe hierzu Anleitung zur Nachjustierung der Orbit-Nabe Abb. 1205).

Auswechseln des Seilzuges und Grundeinstellung der Schaltung

Kettenschaltung

1. In die Seilhülle einige Tropfen Fahrradöl geben.

2. Seilzug im Schalter bei Stellung 2 einlegen, durch Einstellschraube k ziehen und über Gegenhalter, Seilzughülle und Um-

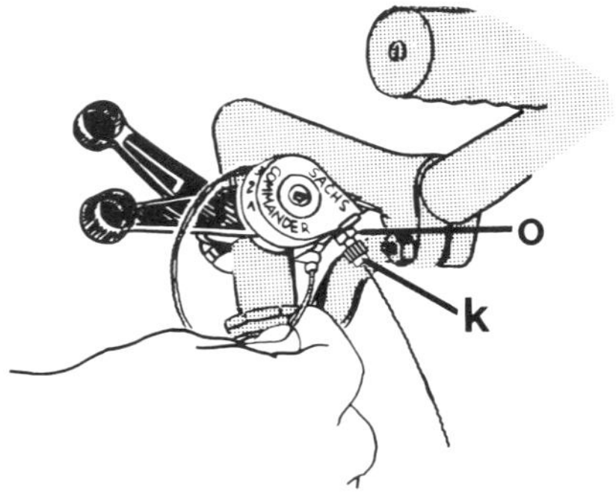

Abb. 1207: Seilzug am Schalter einführen.

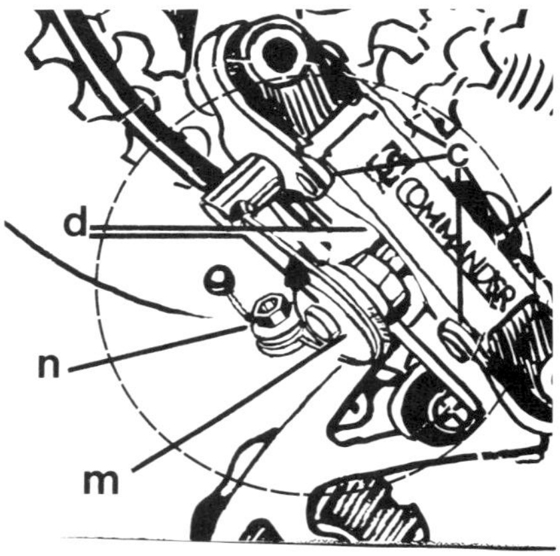

Abb. 1208: Seilzug am Schaltwerk befestigen.

lenkteil zum Schaltwerk führen (Abb. 1207).

3. Hebel am Schalter auf 6 stellen und Einstellschraube k bis auf zwei Gewindegänge in den Schalter schrauben (Abb. 1207).

4. Mit der Justierschraube f die Kettenführungsrolle 1 so einstellen, daß sie in einer Flucht zum kleinen Zahnkranz steht (siehe Abb. 1201).

5. Seilzug am Schaltwerk in die Seilrille der Kurvenscheibe m einlegen, straff anziehen, um 90° um die Klemmschraube legen (siehe Abb. 768) und Klemmschraube n mit 4-mm-Sechskant-Stiftschlüssel gut festschrauben (Abb. 1208); überstehendes Zugseil ablängen und Kunststoffkappe aufstecken.

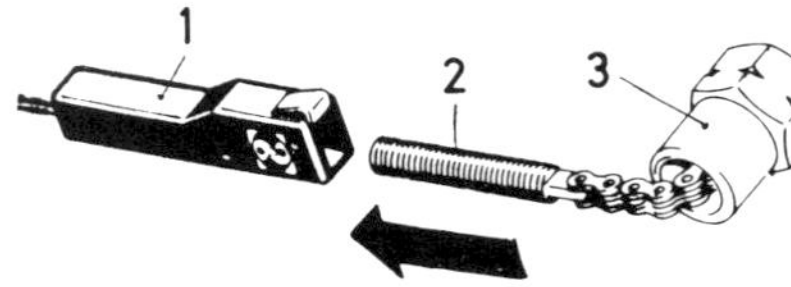

Abb. 1209: Montage der Kettenleitmutter.

6. Kettenschaltung einstellen – siehe „Einstellung der Kettenschaltung" Abb. 1201, 1202, 1203 und 1204.

Orbit-Zweigangnabe

1. In die Seilhülle wenige Tropfen Fahrradöl geben.

2. Zugseil in Schalthebel einführen und über Gegenhalter, Seilhülle und Umlenkrohr zur Nabe führen.

3. Hebel in Schalterstellung H bringen und Fixierhülse (1) so weit auf das Zugkettchen (2) schieben, bis das Zugseil straff ist.

4. Zweigangnabe einstellen – siehe „Einstellung der Orbit-Nabe" Abb. 1205.

Montageanleitung für die Sachs-Orbit-Zweigangnabe

Die Demontage der Nabe beginnt von der Zugkettchenseite her (siehe Abb. 762 und 764). Dazu die Kettenleitmutter 3, Sechskantmutter 4, Scheibe 5a/b, Stellkonus 6, Zugkettchen 2 abschrauben bzw. abnehmen, dann kann die Achse 20a/b mit dem darauf befindlichen Freilauf/Planetengetriebe mit Antreiber aus der Nabenhülse herausgenommen werden. Wird die Sicherungsscheibe 9 abgenommen, so kann die Achse 20 a/b aus dem Getriebe gezogen werden. Der Sperrklinkenträger 12 mit Sperrklinken sowie der Planetenradträger 15 mit den Planetenrädern können vom Antreiber 21a/b gelöst werden. Die gereinigten Teile werden dann in umgekehrter Reihenfolge wieder montiert. Der Montagefluß (und die Demontage) sind aus Abb. 762 und 764 ersichtlich.

Zum Nachschmieren der Lagerung bzw. des Getriebes ist ein gutes Wälzlagerfett zu verwenden. Die Sperrklinken dürfen nur geölt werden!

Einstellen und Nachstellen der Lagerung erfolgt bei ausgebautem Hinterrad an der Zugkettchenseite. Nach spielfreier Einstellung mit dem Stellkonus 6 ist die Sechskantmutter 4 fest gegen den Stellkonus zu kontern.

Der Festkonus auf der Achse 20a/b muß mit seiner Riffelung direkt am Rahmen-Ausfallende anliegen (keine Beilagscheibe dazwischenlegen!).

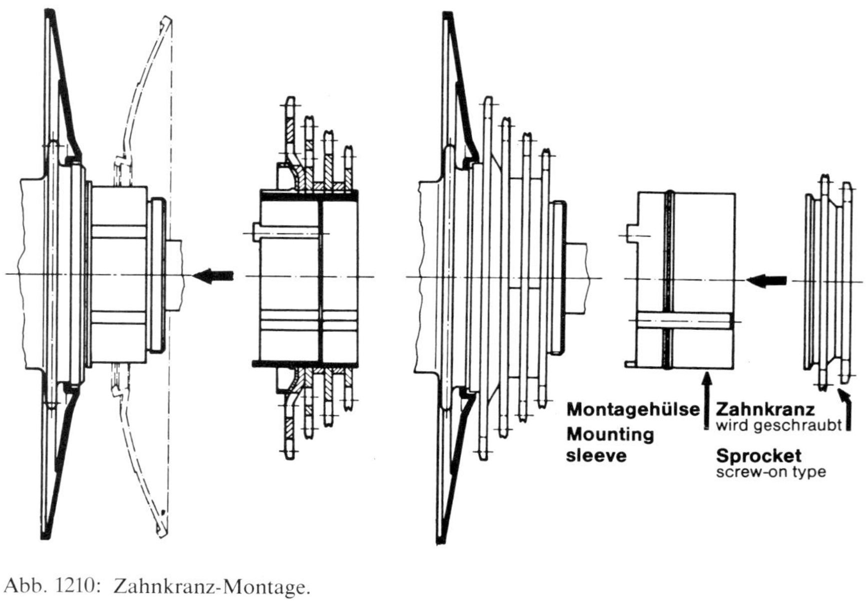

Abb. 1210: Zahnkranz-Montage.

Beim Aufschrauben der Kettenleitmutter 3 ist das Zugkettchen 2 straff zu ziehen, damit es nicht beschädigt wird (Abb. 1209).

Zum besseren Verständnis ist der Kraftfluß im Innern der Nabe in Abb. 757 im Normalgang bei Schalterstellung H über Antreiber – Sperrklinkenträger – äußere Sperrklinken – Nabenhülse dargestellt. Die inneren Sperrklinken sind dabei ausgeschaltet, das Planetengetriebe läuft leer mit.

Im Berggang bei Schalterstellung L geht, wie Abb. 758 zeigt, der Kraftfluß über Antreiber – Planetengetriebe – innere Sperrklinken – Sperrklinkenträger – äußere Sperrklinken – Nabenhülse. Über das Zugstängchen und den Schubklotz wird der Sperrklinkenträger nach links gezogen, somit greifen die inneren Sperrklinken in die Verzahnung des Planetenradträgers ein (siehe hierzu auch Abb. 756 und 758 und dazugehöriger Text).

Montage der Zahnkränze

Zur Demontage der Zahnkränze wird der vordere Doppelzahnkranz entgegen dem Uhrzeigersinn mit dem Zahnkranz-Abnehmer (siehe Abb. 1180) abgeschraubt.

Bei der Montage der Zahnkränze ist zu beachten, daß deren beschriftete Seite nach außen zeigt. Als Ersatz werden die Zahnkränze auf einer Montagehülse paketiert geliefert (Abb. 1210).

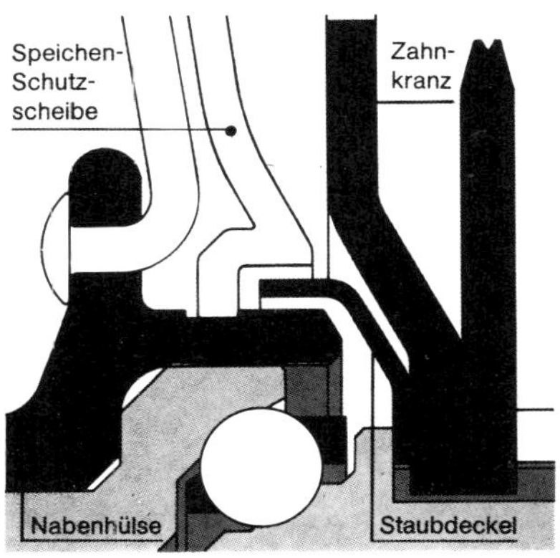

Abb. 1211: Labyrinth-Dichtwirkung der Speichenschutzscheibe.

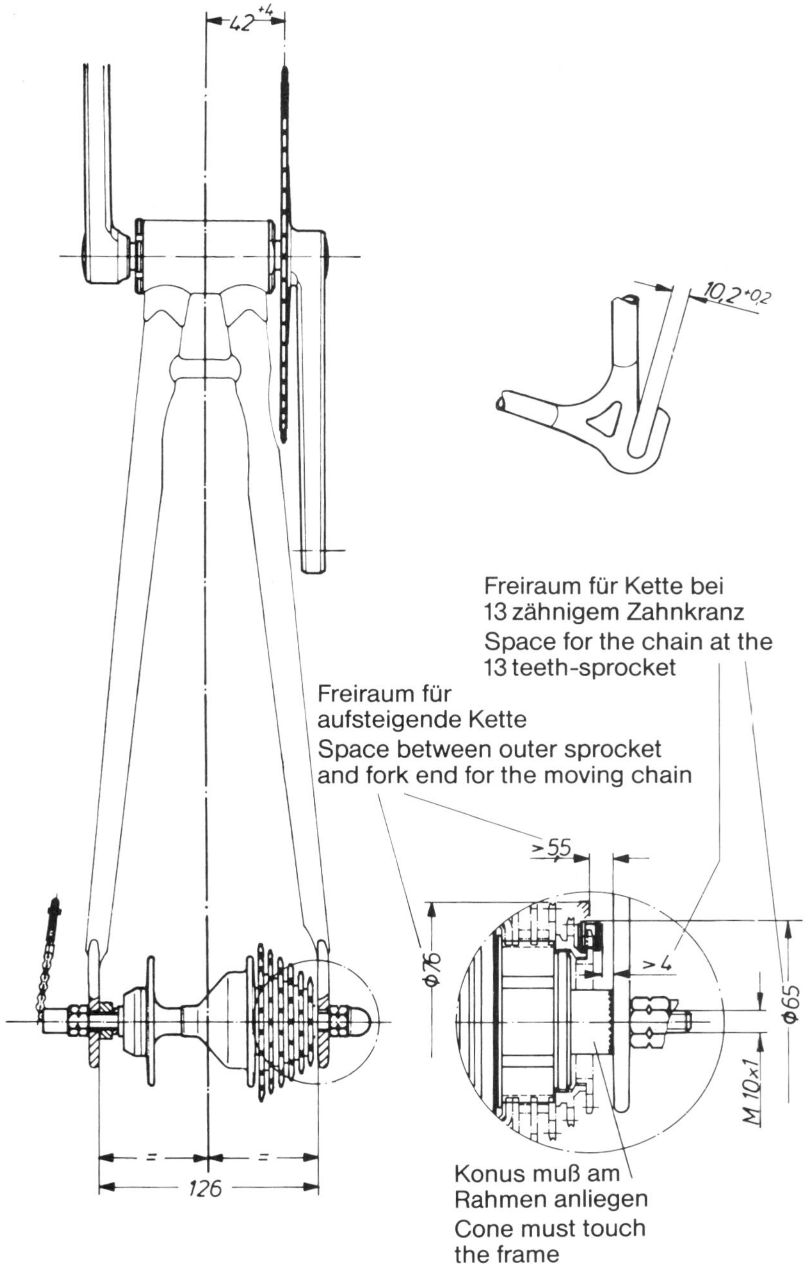

Abb. 1212: Einbaumaße am Rahmen für das Sachs/Huret-Commander-System.

Die Orbit-Speichenschutzscheibe, die auf die Nabe abgestimmt ist, muß bei der Montage richtig auf die Nabenhülse aufgesteckt werden. Sie bildet dann zusammen mit der Nabenhülse und dem Staubdeckel eine Labyrinth-Dichtung, die die Nabe noch besser gegen das Eindringen von Staub und Wasser schützt und verhindert, daß Kette und Schaltung mit den Speichen kollidieren können (Abb. 1211).

Umrüstung einer Sachs-Zehngang-Kettenschaltung auf Commander-Zwölfgangschaltung

Kettenlinie, Klemmweite und Ausfallenden-Schlitze des zu verwendenden Rahmens müssen den in Abb. 1212 angegebenen Maßen entsprechen, wenn die Orbit-Zweigangnabe (siehe Abb. 759) eingebaut werden soll.

Der Zahnkopf am Kettenblatt soll beidseitig gut angeschrägt und die Materialdicke im Fußkreis 2,2 mm – 0,2 sein, damit die Kette sich störungsfrei schalten läßt.

Die Abstände zwischen den einzelnen Zahnkränzen dürfen aus schaltungstechnischen Gründen nicht verändert werden.

Das Commander-Schaltwerk (siehe Abb. 766) sowie die notwendigen Widerlager- und Umlenkteile für den Schaltzug werden am Rahmen befestigt – wie bei einer normalen Kettenschaltung. Original-Schaltzüge verwenden und Seilhüllenende gerade abtrennen, um nachträgliches Längen bzw. Setzen der Schaltungselemente zu vermeiden. Die Seilhüllen müssen 4,9 mm Außen- und 2,5 mm Innendurchmesser, die Drahtwindungen der Seilhülle (siehe Abb. 1015 und 1016 mit dazugehörigem Text) rechteckigen Querschnitt haben.

Kettenschaltungen der ALTUS-Serie von Shimano

bestehend aus
Kettenschaltung (Schaltwerk) „ALTUS-LT und ST“
Umwerfer (Kettenwerfer) „ALTUS-LT und ST“
Schalthebel „ALTUS-LT und ST“

Anbau und Einstellung der Kettenschaltung (Schaltwerk)

1. Befestigung am Rahmen

Die Hinterradschaltung wird am Ausfallende des Rahmens in gewohnter Weise montiert; bei Ausführung mit direkter Anbringung muß die Außenseite der Anschlagplatte an der Schaltung die Spitze des Ausfallendes berühren (Abb. 1213).

2. Arbeitsweise des Schnellverschlusses am Schaltkäfig

Den Schnellverschluß durch Lösen der Befestigungsschraube bis zur Hälfte öffnen. Dann Zugspannungsrolle zum Abnehmen der Kette nach vorn ziehen. Nach Gebrauch muß man sich jedesmal vergewissern, daß der Schnellverschluß wieder in der alten Stellung ist. Wenn die Kette in die Kettenschaltung montiert wird, so wird sie durch die Führungsrolle zur Zugspannungsrolle geführt (Abb. 1214). Um die Kette zu entfernen, sind die Handgriffe in umgekehrter Reihenfolge durchzuführen.

3. Einstellung des Schaltweges

H-Einstellung des größten Ganges: Springt die Kette vom kleinsten Zahnkranz nach rechts ab, wenn der Schalthebel in die Stellung des größten Ganges gebracht wird, so ist die H-Einstellschraube im Uhrzeigersinn soweit zu drehen, daß die Kette nicht mehr abspringt. Läßt sich dagegen die Kette auf den kleinsten Zahnkranz nur schwer oder gar nicht umlegen, so ist die H-Einstellschraube gegen den Uhrzeigersinn entsprechend zu drehen (Abb. 1214 und 1215).

L-Einstellung des kleinsten Ganges: Springt die Kette vom größten Zahnkranz nach links ab, wenn der Schalthebel in die Stellung des kleinsten Ganges gebracht wird, so ist die L-Einstellschraube im Uhrzeigersinn soweit zu drehen, daß die Kette nicht mehr abspringt. Läßt sich dagegen die Kette auf den größten Zahnkranz nur schwer oder gar nicht umlegen, so ist die L-Einstellschraube gegen den Uhrzeigersinn entsprechend zu drehen (Abb. 1214 und 1215).

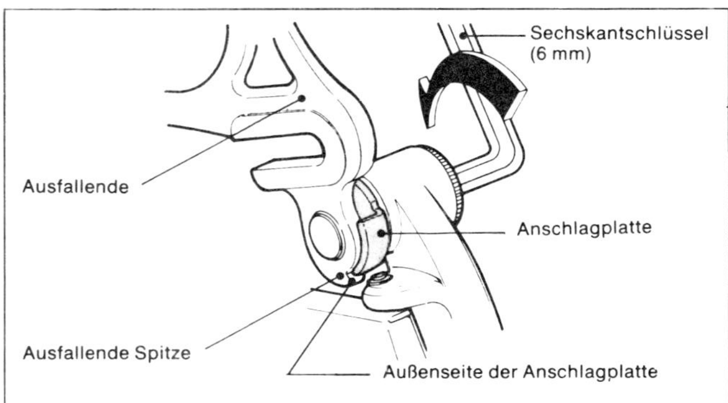

Abb. 1213: Befestigung der Kettenschaltung.

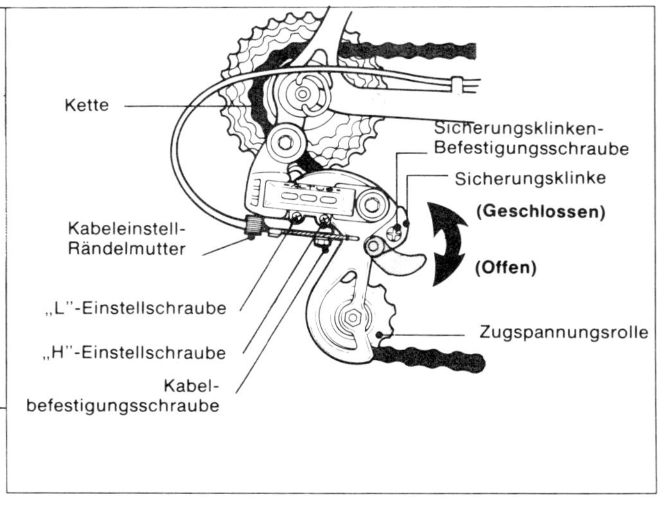

Abb. 1214: Einstellung der Schaltung und Betätigung des Schnellverschlusses am Schaltkäfig.

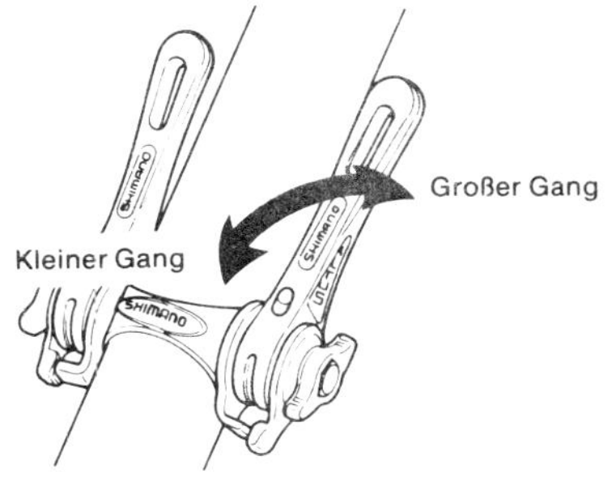

Abb. 1215: Stellungen der Schalthebel.

Anbau und Einstellung des Umwerfers

1. Befestigung am Sitzrohr des Rahmens

Die Befestigungsschelle wird mit einem 6-mm-Sechskant-Stiftschlüssel am Rahmen-Sitzrohr befestigt. Es ist darauf zu achten, daß die äußere Platte der Kettenführung und das große Kettenrad parallel liegen und daß der Abstand 2–5 mm beträgt (Abb. 1216).

2. Einstellung des Schaltweges am Umwerfer

Einstellung des kleinsten Ganges: Die Kette ist auf das kleinere Kettenblatt und den größten Zahnkranz am Freilauf zu bringen. Dann wird die L-Einstellschraube solange verdreht, bis der Abstand zwischen der Kette und der inneren Platte (A) der Kettenführung so gering wie möglich ist, ohne daß sich die Teile berühren (um die Kettenführung nach rechts zu bringen, ist die L-Einstellschraube im Uhrzeigersinn zu drehen! – siehe Abb. 1217).

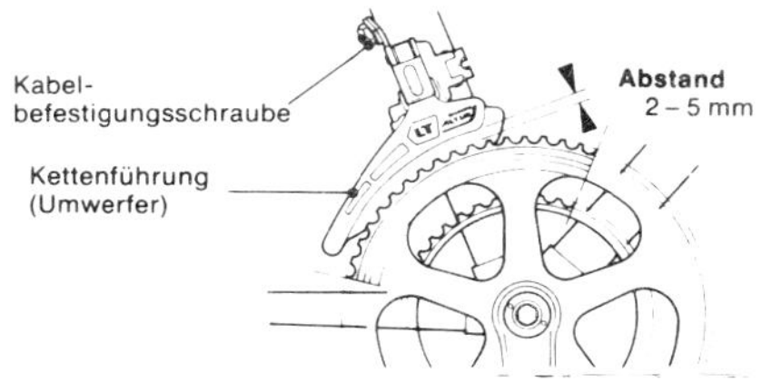

Abb. 1216: Montage des Umwerfers.

Einstellung des größten Ganges: Die Kette ist auf das größere Kettenblatt und den kleinsten Zahnkranz am Freilauf zu bringen. Dann wird die H-Einstellschraube so lange verdreht, bis der Abstand zwischen der Kette und der äußeren Platte (B) der Kettenführung so gering wie möglich ist, ohne daß die Teile sich berühren (um die Kettenführung nach innen zu bringen, ist die H-Einstellschraube im Uhrzeigersinn zu drehen! – siehe Abb. 1217).

Anbau des Schalthebels

Der Schalthebel wird am unteren Rahmenrohr wie gewohnt montiert (siehe Abb. 1215).

Kettenschaltung DURA-ACE AX von Shimano

bestehend aus
Kettenwerfer Modell FD-7300
Kettenschaltung (Schaltwerk) Modell RD-7300
Schalthebel Modell SL-7310
Kette (UG) Modell CN-7100

Kettenwerfer

Den Kettenwerfer gibt es mit Rohrschellenbefestigung und für die Befestigung mit Anlötteilen für rundes und ovales Sitzrohr. Wir besprechen die Ausführung mit Schelle (Abb. 1218).

Montage am Rahmen

1. Kettenwerfer mit Rohrschelle am Sitzrohr provisorisch festschrauben.

2. Kettenführung des Werfers so stellen, daß das vordere Leitblech (Außenplatte) in geringem Abstand (1–5 mm) über die Zahnspitzen des großen Kettenblattes bewegt werden kann (Abb. 1219 „von der Seite gesehen").

3. Vorderes Leitblech (Außenplatte) der Kettenführung muß parallel zum großen Kettenblatt stehen (Abb. 1219 „von oben gesehen").

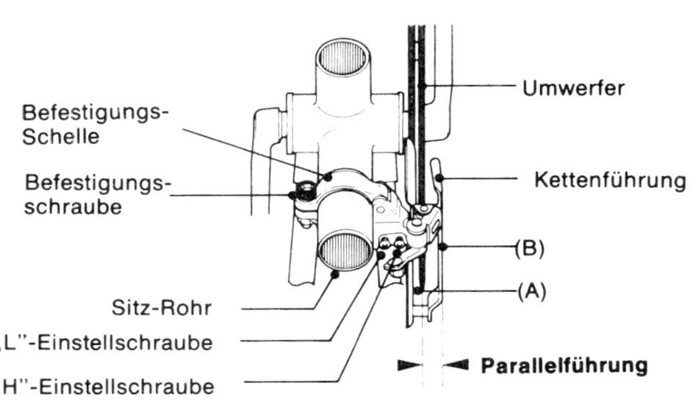

Abb. 1217: Einstellung des Umwerfers.

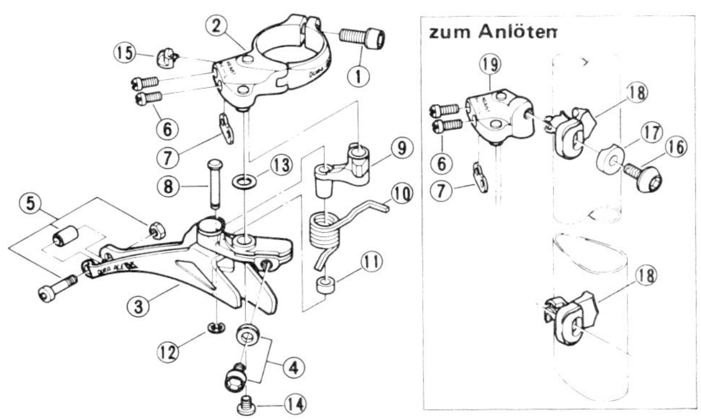

Abb. 1218: Kettenumwerfer.

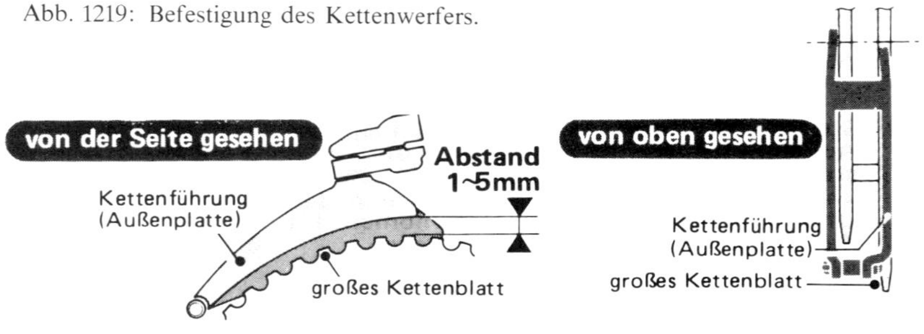

Abb. 1219: Befestigung des Kettenwerfers.

4. Befestigungsschraube der Klemmschelle mit 6-mm-Sechskant-Stiftschlüssel endgültig festziehen.

Montage des Seiles (Kabel) für Kettenwerfer

1. Seil (Innenkabel) wie in Abb. 1220 gezeigt, einfädeln, Seilende vorstehen lassen.

2. Seil (Innenkabel) von Position (A) zur Position (B) ziehen (siehe Abb. 1220).

3. Seil in die Seilführung (Vertiefung) legen und mit der Befestigungsschraube (Kabelfeststellbolzen) leicht klemmen; mit Kombizange fest herausziehen, um überflüssiges Spiel zu vermeiden, und mit Befestigungsschraube (Kabelfeststellbolzen) Seil festklemmen (Abb. 1221).

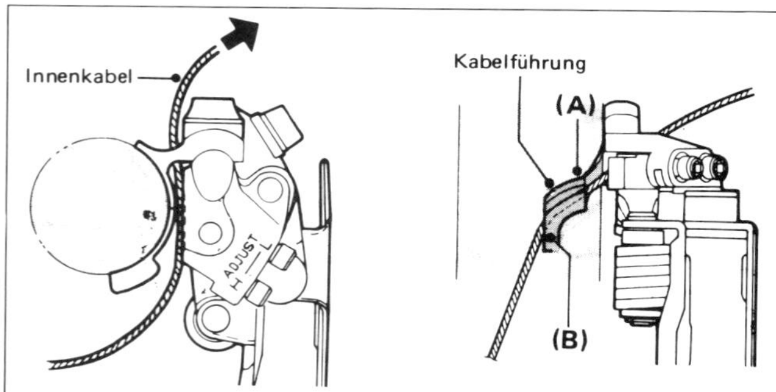

Abb. 1220: Seilzug einfädeln.

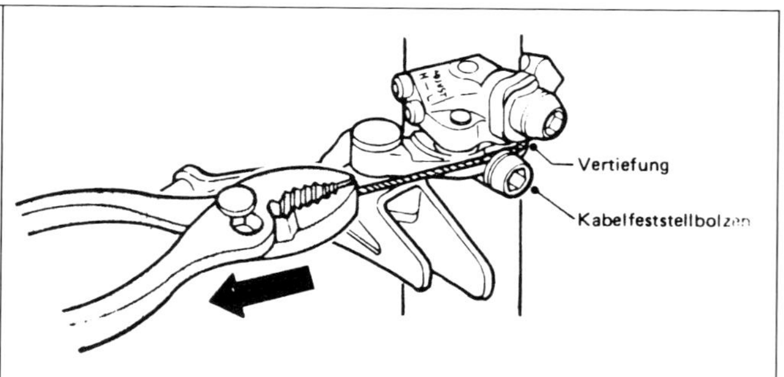

Abb. 1221: Seil festklemmen.

4. Seil am Anschlag der Außenplatte anlegen (Abb. 1222).

Einstellung (Justierung) des Kettenwerfers

Justierung der L-Seite: Kette auf das kleinere Kettenblatt und den größten Zahnkranz auflegen; Abstand zwischen Innenseite (A) der Kettenführung und der Kette so klein wie möglich (ohne daß die Teile sich berühren) durch Drehen der Justierungsschraube L einstellen (Abb. 1223).

Justierung der H-Seite: Kette auf das große Kettenblatt und den kleinsten Zahnkranz auflegen. Dann Abstand zwischen der äußeren Innenseite (B) der Kettenführung und der Kette so klein wie möglich (ohne daß die Teile sich berühren) durch Drehen der Justierungsschraube H einstellen (Abb. 1224).

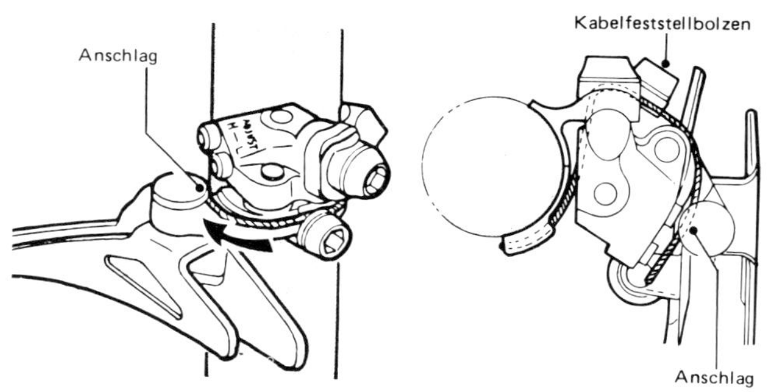

Abb. 1222:
Seil-Endmontage.

Kettenschaltung (Schaltwerk)

Befestigung des Schaltwerkes am Ausfallende des Rahmens

1. Bei der Montage des Schaltwerkes (Abb. 1225) am Rahmen muß darauf geachtet werden, daß die Arretierungsplatte am Nocken des Ausfallendes anliegt (Abb. 1226).

2. Laufrad in den Rahmen einführen.

Kettenlänge festlegen und Kette montieren

1. Zur Bestimmung der Kettenlänge die „Uniglide"-Kette auf das große Kettenblatt und den kleinsten Zahnkranz auflegen; dabei beachten, daß bei der DURA-ACE AX-Kettenschaltung am Freilauf nur Zahnkränze mit maximal 26 Zähnen montiert werden können!

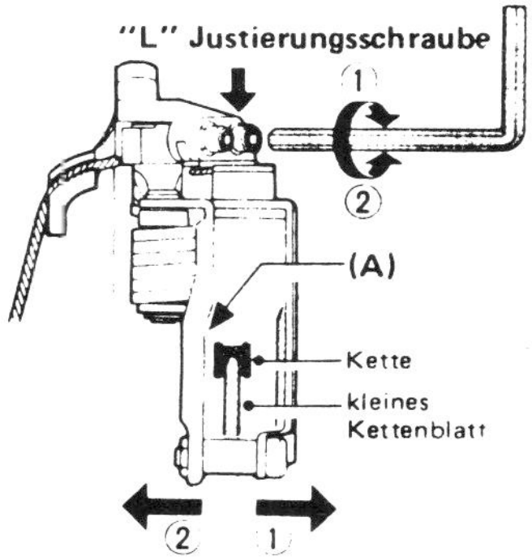

Abb. 1223: Justierung der L-Seite.

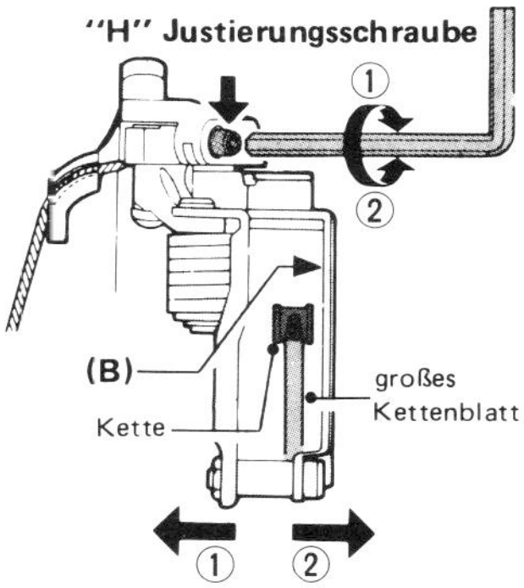

Abb. 1224: Justierung der H-Seite.

2. Schaltwerk soweit zurückziehen, bis sich eine gedachte (imaginäre) Mittellinie durch die Nabenachse sowie Leit- und Spannrolle der Schaltung im rechten Winkel zum Boden (Fahrbahn) ergibt, und danach die Kette entsprechend ablängen (Abb. 1227).

Die Uniglide (UG)-Kette hat zwischen den Rollen verbreiterte Außenlaschen, weshalb für das Kürzen der Kette ein spezieller Kettentrenner erforderlich ist (der aber auch für herkömmliche Ketten verwendet werden kann, Abb. 1228). Über den Gliederverschluß der UG-Kette siehe Abb. 699 und dazugehöriger Text.

Montage des Seilzuges

1. Einstellschraube am Schaltwerk soweit drehen, bis die Leitrolle unterhalb des kleinsten Zahnkranzes liegt (Abb. 1229).

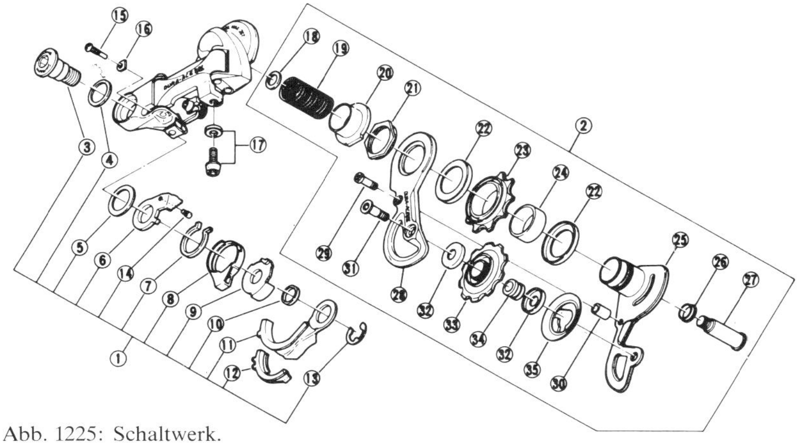

Abb. 1225: Schaltwerk.

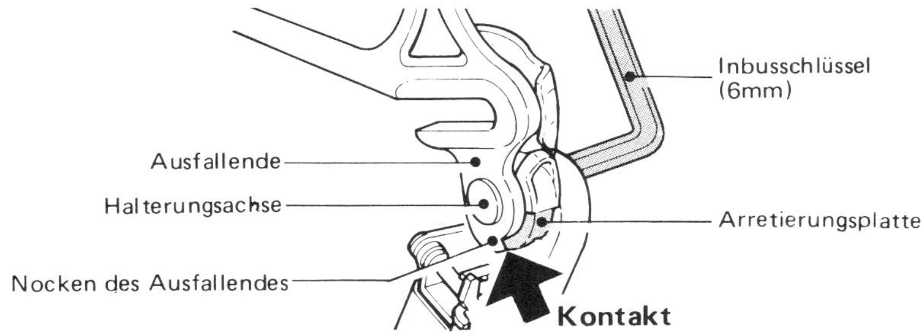

Abb. 1226: Befestigung am Ausfallende.

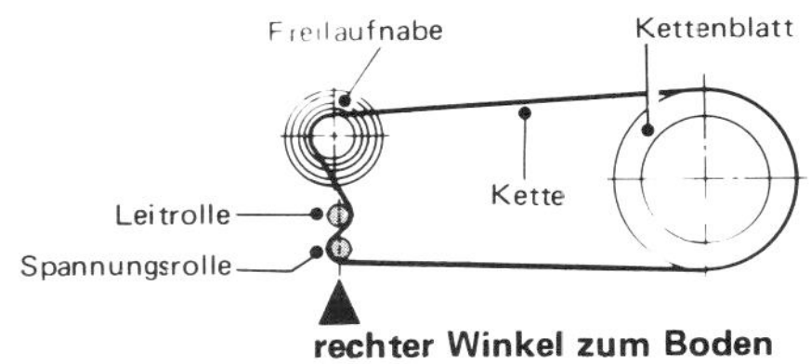

Abb. 1227: Kettenlänge festlegen.

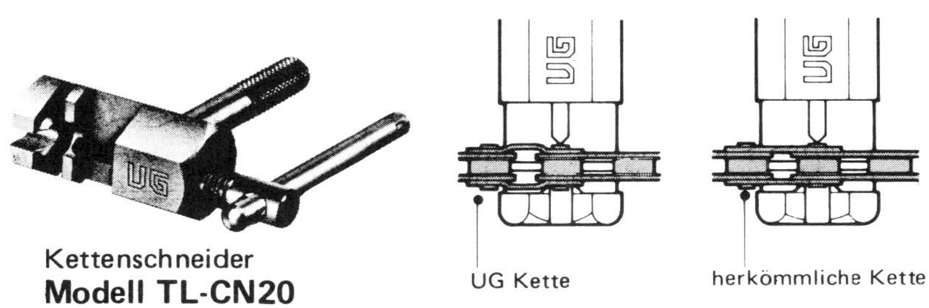

Abb. 1228: Kettentrenner für UG-Ketten.

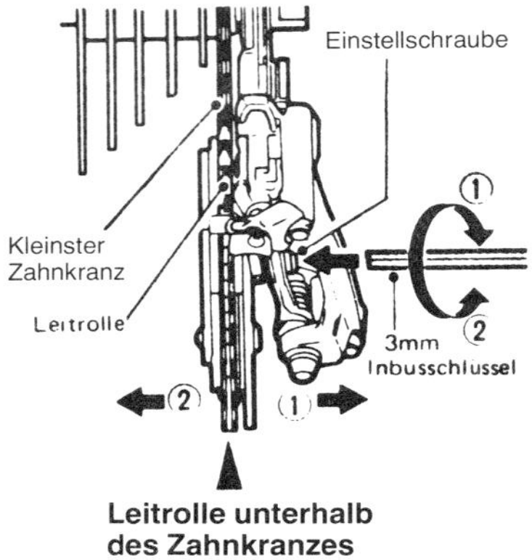

Abb. 1229: Einstellung der Leitrolle.

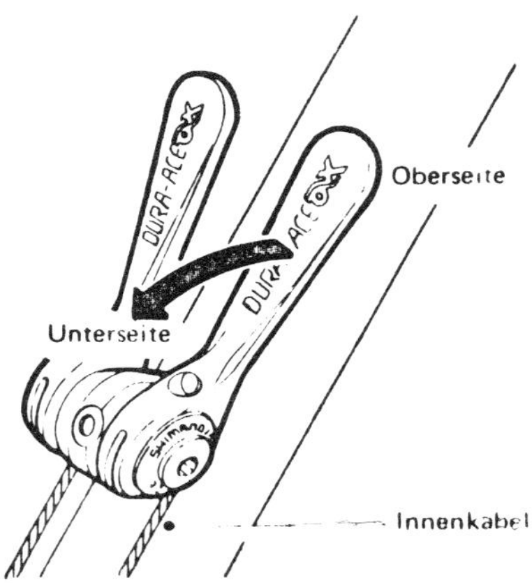

Abb. 1230: Seil am Schalthebel.

2. Seil (Innenkabel) am Schalthebel montieren (Abb. 1230).

3. Das andere Seilende durch das Loch des Einsatzes am Schaltwerk fädeln.

4. Nunmehr Seil durch den Stopring und die Seilzugführung (Innenführung) ziehen und mit der Kabelbefestigungsschraube leicht festklemmen (Abb. 1231).

5. Seil ca. 30 mm vor der Befestigungsschraube mit Kneifzange abschneiden. Mit Kombizange am Seil ziehen und gleichzeitig Befestigungsschraube festziehen (Abb. 1232).

6. Seilende etwas vom Schaltwerk wegbiegen, damit es nicht in das Laufwerk geraten kann. Schutzkappe (Kabelstöpsel) aufstecken (Abb. 1231).

Justierung der Schaltung

1. Mit dem Schalthebel vom obersten zum nächsten Gang schalten und die Einstellschraube so drehen, daß die Leitrolle genau unter dem Zahnkranz liegt. Bei richtiger Einstellung entstehen beim Schalten keine Nebengeräusche. Sämtliche Gänge bis herunter zum kleinsten durchschalten

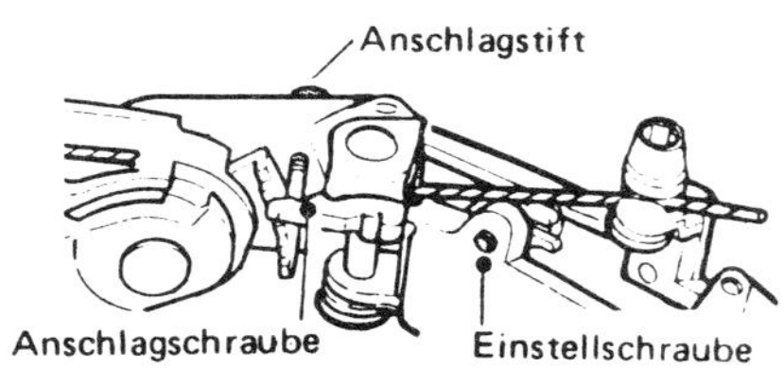

Abb. 1233: Justierung der Schaltung.

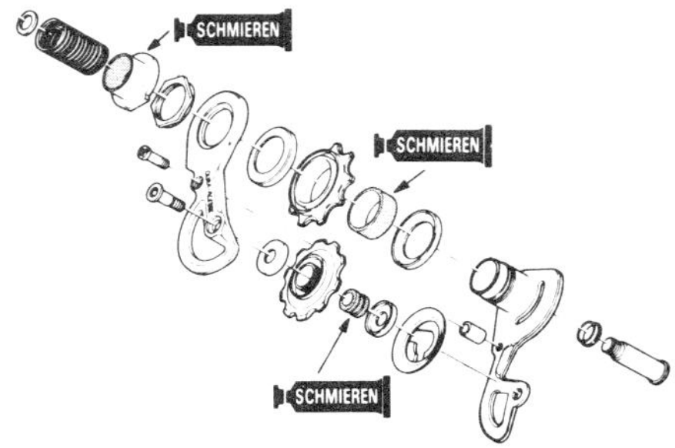

Abb. 1234: Schmierstellen.

und in jeder Gangstellung Feineinstellung mit der Einstellschraube vornehmen.

2. Am Schluß der Korrektur Kette auf den kleinsten Zahnkranz schalten und die Anschlagschraube soweit hineindrehen, bis sie am Anschlagstift anliegt (Abb. 1233).

3. Mit dem Pedaltrieb alle Gänge durchschalten, bei störenden Nebengeräuschen oder abspringender Kette Justierung wiederholen.

Wartung

Schaltung öfter reinigen und Gelenkstellen leicht ölen; ist die Spann- und Leitrolle verschlissen, neue einsetzen, nachdem zuvor alte Ölrückstände entfernt und die drehbaren Teile eingefettet wurden (Abb. 1234).

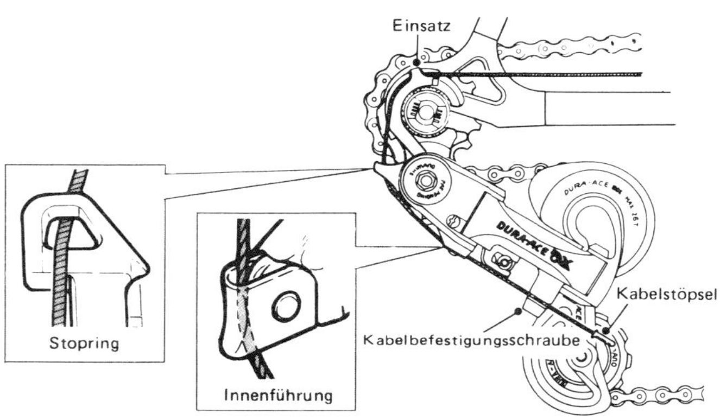

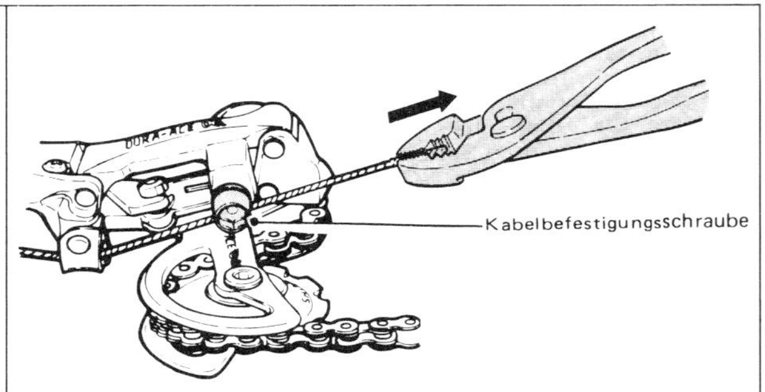

Abb. 1232: Seilende befestigen.

◄ Abb. 1231: Seilführung am Schaltwerk.

Kettenschaltung PPS-FH-System (Positron) von Shimano

bestehend aus:	
Kettenumwerfer	Positron
Kettenschaltung (Schaltwerk)	Positron FH Modell RD-PF 20 (mittlerer Käfig) Modell RD-PF 10 (kurzer Käfig)
Schalthebel	Positron Stem Modell SL-PF 13 (12gang) Modell SL-P 211 (10gang)
Kette	UG (Uniglide)

Montage des Schaltwerkes am Rahmen

Wird ein Schaltwerk für fünf Gangstufen (Fünffach-Zahnkranz) am Hinterrad verwendet, so ist am Schaltwerk eine „Stopperscheibe" zu montieren, die bei sechs Gangstufen (Sechsfach-Zahnkranz) nicht erforderlich ist (Abb. 1235).

Das Schaltwerk wird am Rahmenausfallende befestigt; beachten, daß die Stahlkugeln mit der Markierung auf der Scheibe übereinstimmen (Abb. 1236).

Die Justierschraube am Schaltwerk mit Schraubendreher soweit drehen, daß die Leitrolle unmittelbar unterhalb des dritten Zahnkranzes liegt. Wird die Justierschraube im Uhrzeigersinn gedreht, so bewegt sich die Leitrolle zum kleinsten, bei Drehung entgegen dem Uhrzeigersinn zum größten Gang hin. Dasselbe in der fünften (bzw. sechsten) Gangstufe prüfen (Abb. 1237).

Kettenlänge festlegen

Bei Leerlaufzahnkränzen bis zu 28 Zähnen: Kette auf den kleinsten Zahnkranz und das größte Kettenblatt auflegen; Schaltwerk soweit zurückziehen, bis sich eine gedachte Mittellinie durch die Nabenachse sowie Leit- und Spannrolle der Schaltung im rechten Winkel zum Boden (Fahrbahn) ergibt und danach die Kette entsprechend ablängen (Abb. 1238).

Bei Leerlaufzahnkränzen mit 29 Zähnen und mehr: Kette auf den größten Zahnkranz und das große Kettenblatt auflegen,

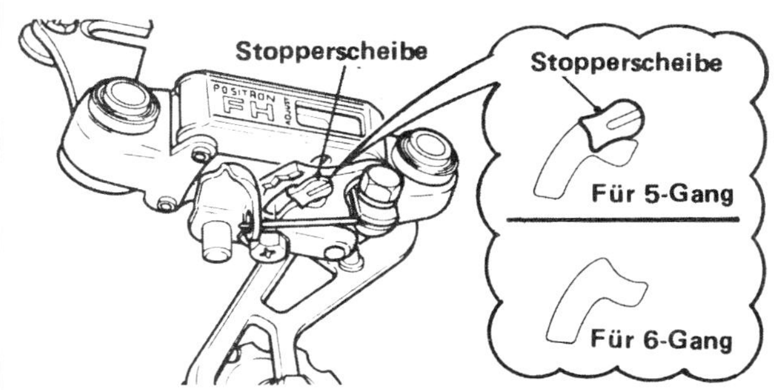

Abb. 1235: Montage der „Stopperscheibe".

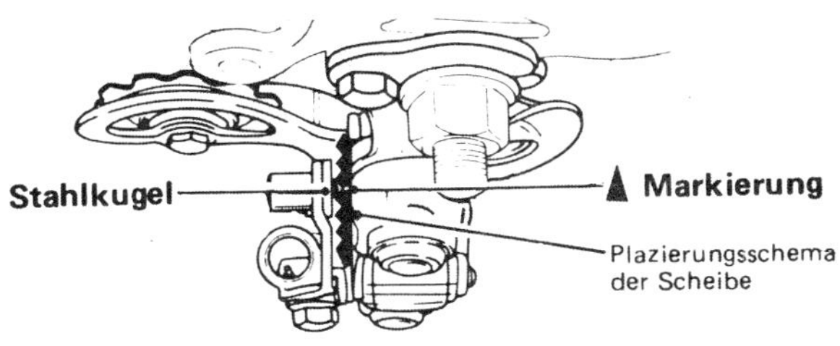

Abb. 1236: Montage des Schaltwerks.

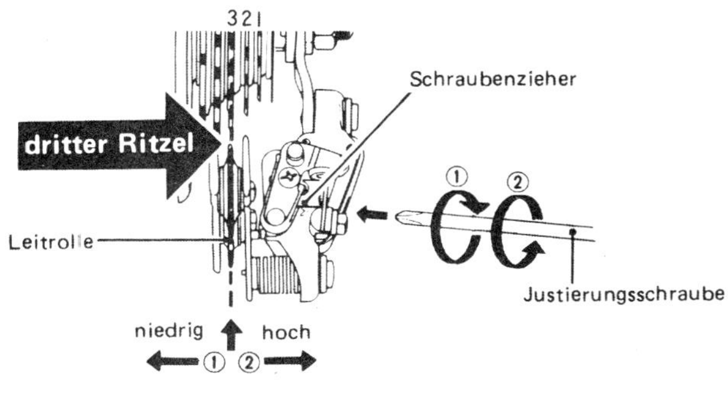

Abb. 1237: Leitrolle einstellen.

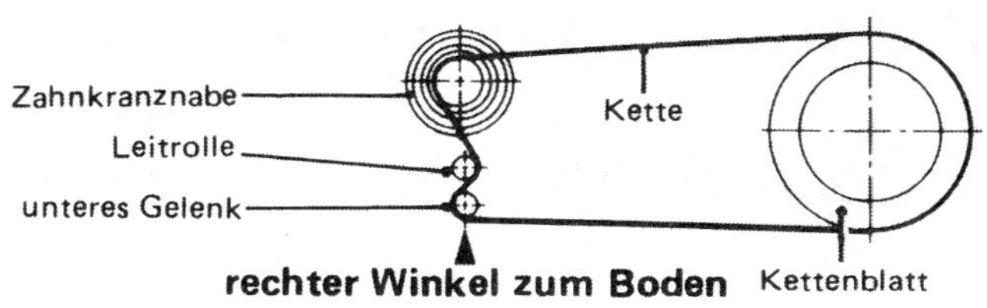

Abb. 1238: Kettenlänge für Zahnkränze bis maximal 28 Zähne.

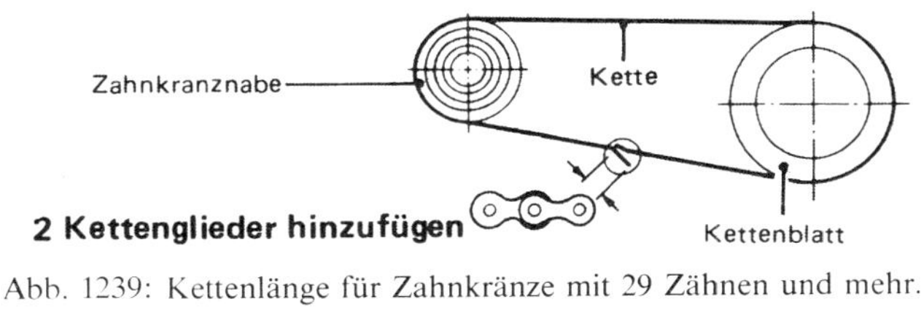

Abb. 1239: Kettenlänge für Zahnkränze mit 29 Zähnen und mehr.

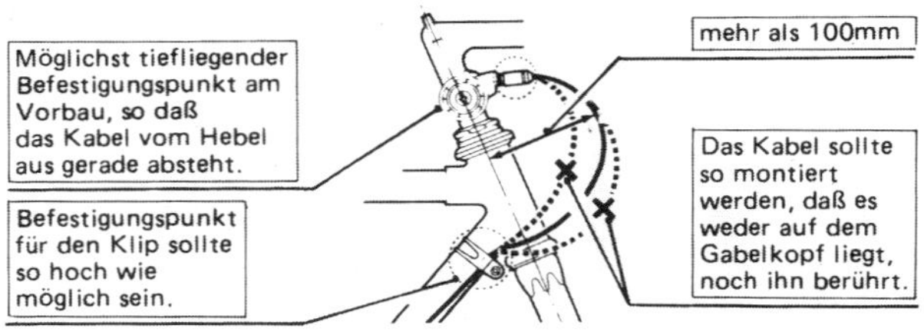

Abb. 1241: Seilzugverlegung am Lenkkopf.

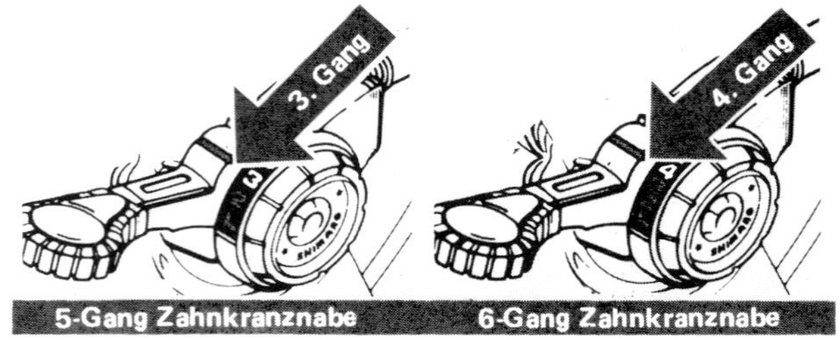

Abb. 1242: Schalthebelstellung bei Schalterbefestigung am Lenkervorbau.

Kette leicht anspannen, zwei Kettenglieder zugeben und danach die Kette entsprechend ablängen (Abb. 1239).

Seilzugbefestigung am Rahmen

Zuerst Schalthebel befestigen. Seilhülle (Außenkabel) am Rahmen vom Schaltwerk kommend in einem Bogen von 75 bis 80 mm Radius verlegen und den äußeren Clips 130 mm vor der Hinterradachse befestigen (Abb. 1240).

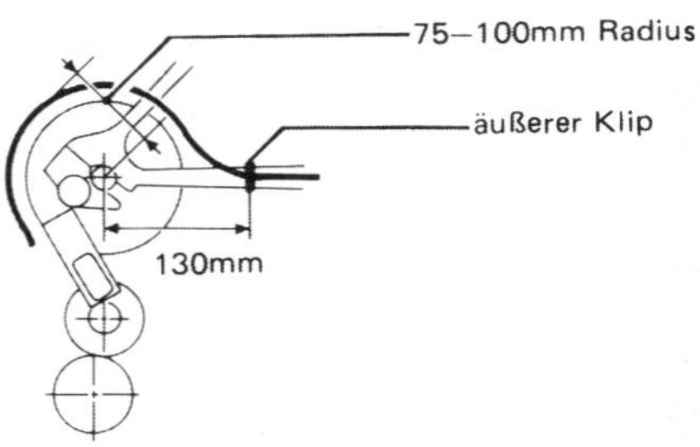

Abb. 1240: Seilzugverlegung am Hinterrahmen.

Am Lenkervorbau den vom Schaltwerk kommenden Seilzug in einem Bogen von mindestens 100 mm Radius so verlegen, daß er den Gabelkopf nicht berührt, und den Clips am Rahmen-Unterrohr so hoch wie möglich befestigen (Abb. 1241).

Einstellen des Zug/Druck-Seilzuges für das Schaltwerk

Bevor das Seil am Schaltwerk befestigt wird, ist der Schalthebel in folgende Stellung zu bringen: bei Schalterausführung für Befestigung am Lenkervorbau die Einkerbung am Hebelkörper bei Fünffach-Zahnkränzen mit der Ganganzeige 3, bei Sechsfach-Zahnkränzen mit der Ganganzeige 4 in Übereinstimmung bringen (Abb. 1242).

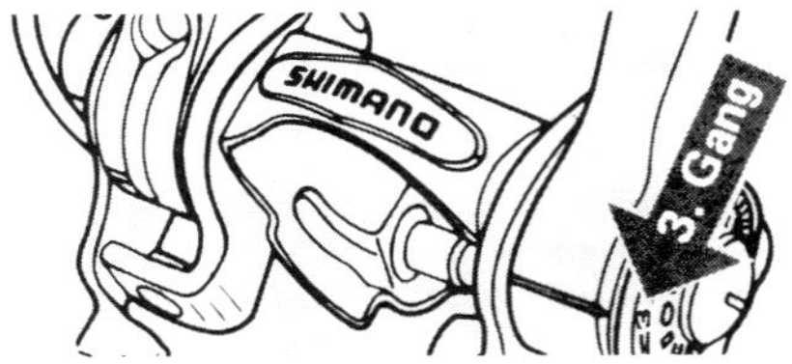

Abb. 1243: Schalterstellung bei Schalterbefestigung am Rahmen-Unterrohr.

Bei Schalterausführung für Befestigung am Rahmen-Unterrohr: bei Fünf- und Sechsfach-Zahnkränzen die Einkerbung bei beiden Ausführungen mit der Ganganzeige 3 in Übereinstimmung bringen (Abb. 1243).

Bevor der Seilzug am Schaltwerk befestigt wird, vergewissere man sich, daß das Schaltwerk und der Mehrfach-Zahnkranz richtig zueinander abgestimmt und alle Teile einschließlich Schalthebel gut befestigt sind. Die Seilzugbefestigung erfolgt dann so:

1. Metallherzstück der Innenhülse entfernen und das Seil (Kabel) durch die entstandene Öffnung fädeln (Abb. 1244 – linke Darstellung).

2. Außenkappe an der äußeren Halterung des Schaltwerks befestigen und mit „E"-Ring sichern (Abb. 1244 – rechte Darstellung); wenn der „E"-Ring nicht sorgfältig befestigt ist, kann er sich im Fahrbetrieb lösen, deshalb Sitz sorgfältig überprüfen!

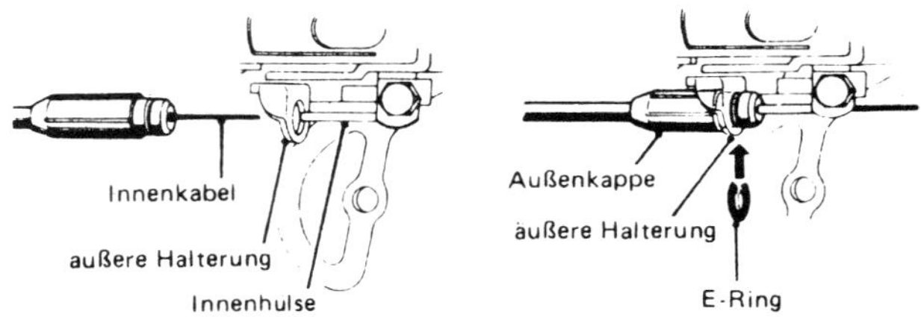

Abb. 1244:
„E"-Ring befestigen.

3. Mit der Befestigungsschraube (Kabelschraube) das Seil (Innenkabel) festklemmen. Schraubenschlüssel vorsichtig an der Befestigungsschraube ansetzen, dabei Innenhülse nicht verbiegen und durch Druck auf das Seil (Innenkabel) die Schalthebelstellung ungewollt verändern (Abb. 1245).

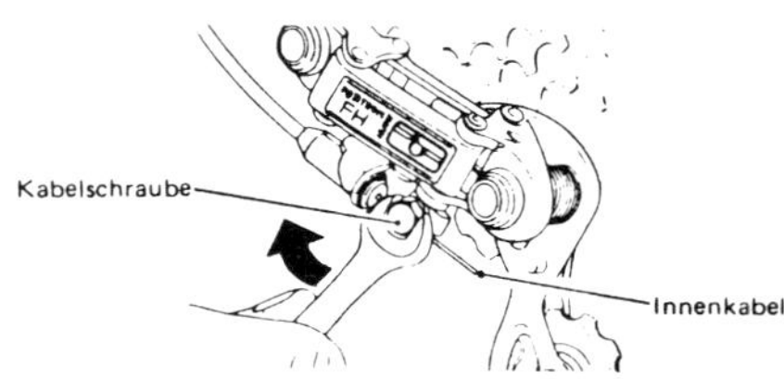

Abb. 1245: Seil am Schaltwerk befestigen.

4. Schutzkappe am Seilende aufstecken.

Kettenumwerfer

Anbau und Justierung des Kettenumwerfers erfolgen wie bei der ALTUS-Kettenschaltung, Abb. 1216 und 1217.

Schlußkontrolle

Pedaltrieb drehen und alle Gänge durchschalten, beim Gangwechsel dürfen durch die Kette keine störenden Nebengeräusche erzeugt werden. Ist das der Fall, so muß die Einstellung am Schaltwerk an der Justierschraube mit Schraubendreher korrigiert werden (Abb. 1246).

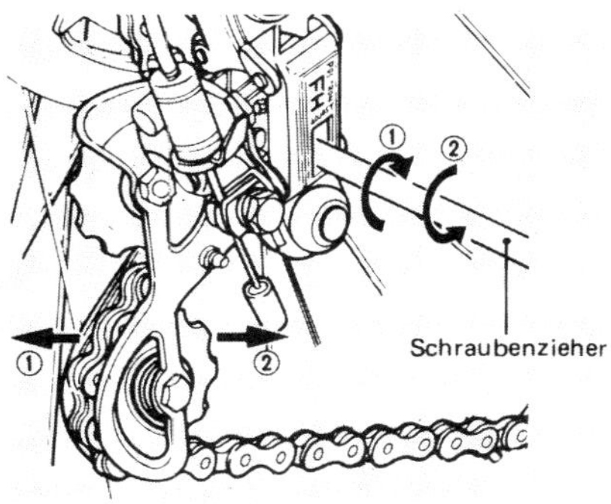

Abb. 1246: Nachjustierung der Schaltung.

Auswechseln des Schaltzuges

Zum Auswechseln des Zug/Druck-Schaltzuges ist zunächst am Schaltwerk die Spezial-Abschlußkappe des Seils (Innenkabel) zu entfernen und die Befestigungsschraube (Kabelschraube) zu öffnen; danach ist der „E"-Ring zu entfernen, der die Außenkappe hält (Abb. 1247). Kabelhalter (Clips) am Rahmen lösen.

Die Gehäuseplatte am Schalthebel mit der Seilhülle (Außenkabel) gegen die Feder drücken und Außenkappe von der Außenhalterung lösen (Abb. 1248 – linke Darstellung). Seil (Innenkabel) an der Vertiefung der Druckplatte entlanggleiten lassen und aushängen (Abb. 1248 – rechte Darstellung).

Die Montage des neuen Seilzuges erfolgt in umgekehrter Reihenfolge, die Einstellung der Schaltung wie vorstehend beschrieben. Die Seilhülle (Außenkabel) ist mit einer Kunststoffhülle ausgekleidet, die Hülle sollte zusammen mit dem Seil erneuert werden.

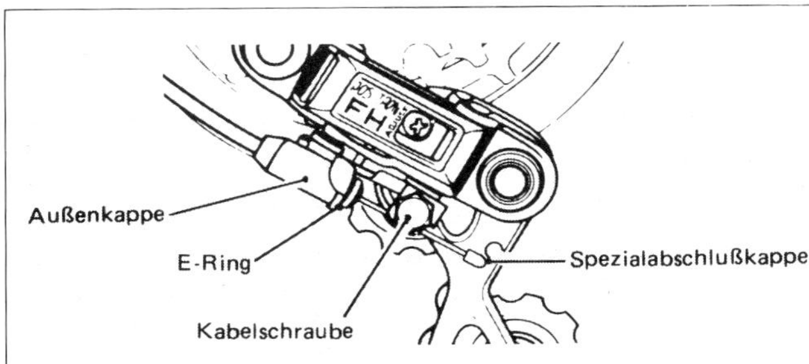

Abb. 1247: Demontage des Seilzuges am Schaltwerk.

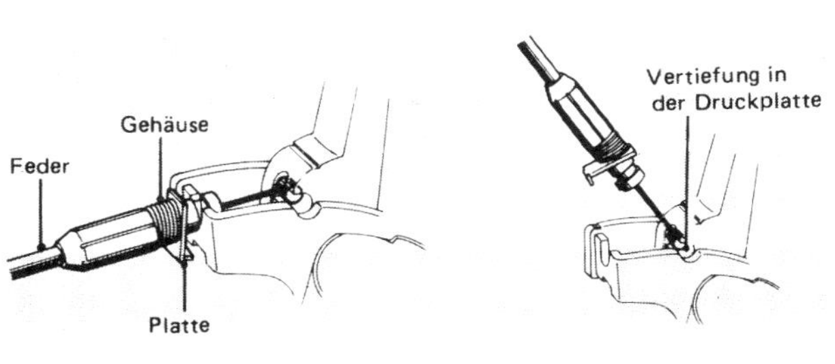

Abb. 1248: Demontage des Seilzuges am Schalter.

Freilauf-Rücktrittnaben

Eingang-Naben mit Rücktrittbremse

Behandlungsvorschrift für F & S-Freilaufnaben Torpedo, Komet und Jet

Die F & S-Freilaufnaben sind von Haus aus ausreichend geschmiert. Eine Nachschmierung des Bremsmantels mit F & S-Spezial-Schmiermittel ist nur notwendig, wenn die Bremswirkung ungenügend ist.

Beim Reinigen des Fahrrades Rücktrittnabe nicht abspritzen, um Eindringen von Wasser zu vermeiden.

Der Brems-Gegenhaltehebel (siehe Abb. 779-4 und 786-4) muß mit einer genau passenden Rohrschelle (siehe Abb. 779-6 und 786-6) aus Sicherheitsgründen spielfrei mit dem Rahmenrohr verbunden sein, da sonst die Bremse ruckartig einsetzt, wodurch Schäden an Rahmen und Bremse entstehen können. Die Befestigungsschraube M 5 ist nur in die kleine Bohrung 5,3 mm des Brems-Gegenhaltehebels (siehe Abb. 781 und 787) zu stecken und fest anzuziehen.

In Abb. 1249 sind 15 verschiedene Rohrschellen-Ausführungen und -Abmessungen dargestellt, die für die meisten auf dem Markt befindlichen Fahrrad-Rahmen passen.

Wenn nach einer gewissen Laufzeit das seitliche Spiel des Hinterrades zu groß geworden ist, so muß die Lagerung nachgestellt werden. Das erfolgt bei ausgebautem Hinterrad auf der Bremshebelseite. Der Festkonus auf der Zahnkranzseite darf niemals gelöst werden!

Nachstellen der Lagerung
(siehe hierzu Abb. 778, 779, 783 und 786)

Sicherungsmutter 2 lösen und Nabe durch Drehen am Brems-Gegenhaltehebel 4 nachstellen, dann Sicherungsmutter 2 wieder kontern. Die Einstellung ist richtig, wenn die Nabe bei stramm angezogener Sicherungsmutter leicht spielt.

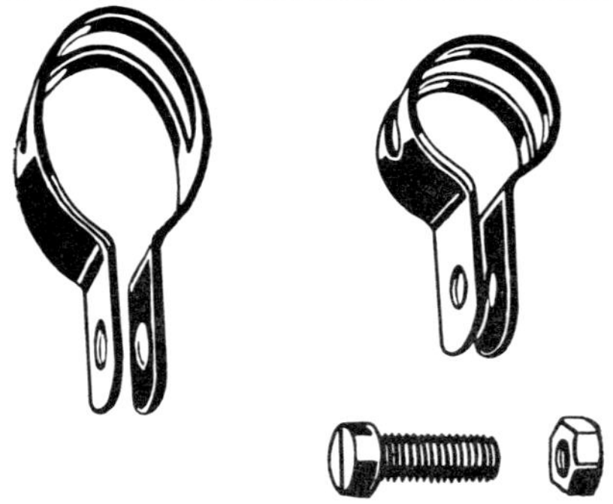

Rohrschelle oval 17 x 12 mm
Rohrschelle oval 19 x 14 mm
Rohrschelle oval 21 x 15 mm
Rohrschelle oval 24 x 16 mm
Rohrschelle oval 26 x 17 mm
Rohrschelle rund ⌀ 12,5 mm
Rohrschelle rund ⌀ 14 mm
Rohrschelle rund ⌀ 15 mm
Rohrschelle rund ⌀ 16 mm
Rohrschelle rund ⌀ 18 mm
Rohrschelle rund ⌀ 19 mm
Rohrschelle rund ⌀ 20 mm
Rohrschelle rund ⌀ 22 mm
Rohrschelle D-förmig 23 x 16 mm
Rohrschelle D-förmig 26 x 16 mm

Abb. 1249: F & S-Rohrschellen.

Zahnkränze 12,7×3,175
aufsteckbar

12 Zähne gerade
14 Zähne gerade
15 Zähne gerade
15 Zähne versetzt
16 Zähne gerade
16 Zähne versetzt
17 Zähne gerade
17 Zähne versetzt
18 Zähne gerade
18 Zähne versetzt
19 Zähne gerade
19 Zähne versetzt
20 Zähne gerade
20 Zähne versetzt
21 Zähne versetzt
22 Zähne versetzt
23 Zähne versetzt
24 Zähne versetzt

Abb. 1250: F & S-Zahnkränze.

Demontage der Nabe

Sicherungsmutter 2 lösen, Achse (14 bzw. 19) auf der Zahnkranzseite herausschrauben, Teile aus der Nabe nehmen. Zum Reinigen der Teile am besten Benzin verwenden.

Schmierung

Torpedo-Nabe: Mittelteil der Achse, Kugelhalter und Bremsmantel mit Sachs-Fett (Bestell-Nr. 0369 135 100) schmieren, Bremsfläche des Mantels vollständig und gleichmäßig bestreichen, innen in Haltenasennähe Schmiervorrat einbringen. Übrige Teile der Nabe mit Fahrradöl nur leicht einölen. Antriebs- und Bremskonus-Walzen dürfen nicht gefettet werden, da sonst Funktionsstörungen auftreten. Ist noch ein Bronze-Bremsmantel eingebaut, so kann dieser ebenfalls mit dem angegebenen Spezialfett geschmiert werden.

Jet-Nabe: Achse, Kugelhalter, Flachgewinde des Antreibers, Bremsmantel und Bremsflächen der Nabenhülse mit Sachs-Fett (Bestell-Nr. 0369 135 100) schmieren. Bremsfläche des Bremsmantels vollständig und gleichmäßig bestreichen, innen in Haltenasennähe Schmiervorrat einbringen. Riffelverzahnung des Antriebskonus nicht fetten, sondern nur mit Fahrradöl schmieren.

Komet-Nabe: Schmierung wie Jet-Nabe.

Montage der Naben

Die Montage erfolgt in umgekehrter Reihenfolge der Demontage. Kugelhalter stets mit der geschlossenen Käfigseite nach außen einlegen. Bei der Torpedo-Nabe ist darauf zu achten, daß die beiden Federlappen nicht über die Friktionsfederhülse geschoben werden.

Sind bei der Demontage der Nabe Freßstellen auf den Bremsflächen sichtbar, so ist die Nabenhülse innen im Bereich des Bremsmantels mit gröberem Schmirgelleinen kräftig auszureiben und der Bremsmantel zu erneuern.

Zahnkranz abnehmen

Durch die aufsteckbaren Zahnkränze ist deren Montage einfach. Mit einem dünnen, spitzen Dorn wird der Sprengring aus der Rille des Antreibers herausgehoben und der Zahnkranz abgenommen. Bei der Montage ist auf die richtige Kettenlinie zu achten; mittels einer Scheibe, die vor oder hinter dem flachen (ungekröpften) Zahnkranz oder, bei Verwendung eines gekröpften, vorn beigelegt wird, werden drei verschiedene Kettenlinien erreicht (siehe Abb. 781 und 787). Damit der Radtourist eine individuelle, für ihn und die vorliegenden Verhältnisse passende Übersetzung wählen kann, gibt es von F & S eine große Zahl verschiedener Zahnkränze, die in der Tabelle Abb. 1250 mit den wählbaren Zähnezahlen aufgeführt sind.

Wartung von Eingangnaben mit Rücktrittbremse

Wenn die Nabe bei nur leichter Betätigung des Rücktritts extrem scharf bzw. hart bremst oder die Bremswirkung ungenügend ist, dann ist das Bremsschmiermittel verbraucht, ungeeignetes Schmiermittel in der Bremse oder der Bremsmantel defekt.

Die Nabe (siehe Abb. 779 und 786) wird dann nach Entfernen der Achsmutter (1) mit einem passenden Hakenschlüssel an der Sicherungsmutter (2) geöffnet. Dazu wird die Achse an der Zahnkranzseite eingespannt (Vorsicht, Gewinde nicht beschädigen!). Bei fixierter Achse läßt sich der Hebelkonus (4) abschrauben. Anschließend können alle Teile aus der Nabenhülse genommen werden.

Die zusammengebauten Teile werden nicht weiter zerlegt. Ist der Bremsmantel nur leicht abgenutzt und nicht beschädigt, so kann er wieder verwendet werden. Weisen alle Innenteile noch ausreichend Schmiermittel auf, so muß nur der Bremsmantel wie folgt behandelt werden: nach gründlicher Reinigung wird die Bremsfläche gleichmäßig mit einem Spezialschmierfett (siehe unter Schmierung) eingefettet und eine Fettreserve in Haltenasennähe gebracht. Das gleiche Fett kann auch – wenn notwendig – für die Kugellagerung und für das Mittelstück der Achse verwendet werden.

Der Walzenantrieb (siehe Abb. 784), die Friktionswalzen (16) und die Konen dürfen beim Torpedo-Freilauf nur geölt werden, damit keine Funktionsstörungen eintreten.

Beim Zusammenbauen der Teile und beim Walzenantrieb (siehe Abb. 785) ist darauf zu achten, daß die Federschenkel der Messinghülse (12) nicht verformt werden. Spürbare Reibung beim Drehen des Teils im Bremsmantel ist Voraussetzung für sicheren Antrieb. Beim Konusantrieb ist nur der glatte Rand des Antriebs bzw. Bremskonus in den Bremsmantel zu stecken.

Es ist darauf zu achten, daß die Kugelhalter stets mit der geschlossenen Ringseite nach außen eingelegt werden und daß die Haltenasen des Bremsmantel in die Hebelkonusschlitze einrasten.

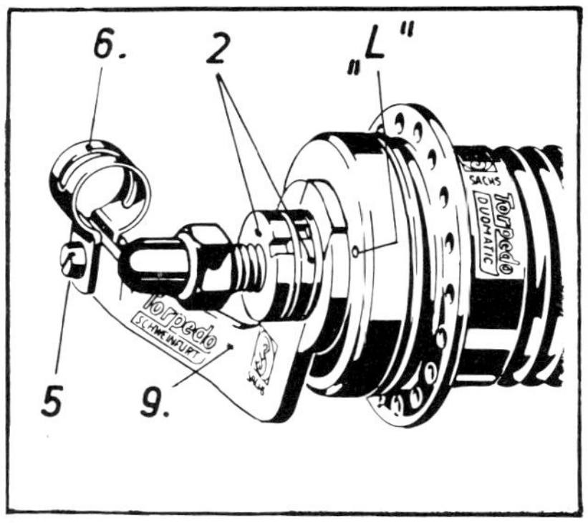

Abb. 1251: Hebelseite der Nabe.

Mehrgang-Getriebenaben

Torpedo-Duomatic-Nabe R 2110

Wartung

Die Duomatic-Nabe ist von Haus aus ausreichend geschmiert. Nachschmieren des Bremsmantels mit F & S-Spezialschmiermittel ist notwendig, wenn die Wirkung der Rücktrittbremse zu hart ist. Dazu soll die Nabe demontiert werden. Notfalls kann der Bremsmantel aber auch durch die kleinen Löcher im Staubdeckel L bei Schräglage des Fahrrads mit Fahrradöl nachgeölt werden (Abb. 1251). Beim Reinigen des Fahrrades sollte die Nabe nicht abgespritzt werden, um Eindringen von Wasser zu vermeiden.

Nachstellen der Lagerung

Wenn nach einer gewissen Laufzeit das seitliche Spiel des Hinterrades zu groß geworden ist, muß die Lagerung bei ausgebautem Hinterrad auf der Hebelkonusseite nachgestellt werden. Nach spielfreier Einstellung Sicherungsmuttern 2 fest gegeneinander kontern!

Der Brems-Gegenhaltehebel 9 muß mit einer genau passenden Rohrschelle 6 mit dem Rahmen spielfrei verbunden sein. Die Schraube 5 nur im kleinen Loch des Brems-Gegenhaltehebels (siehe Abb. 796) befestigen (Abb. 1251). Zwischen den Rahmenausfallenden und der Nabe dürfen keine Beilagen montiert werden.

Demontage der Nabe

(siehe Abb. 795)

Die Demontage der Nabe beginnt an der Hebelseite. Hier werden die beiden Sicherungsmuttern 2 abgeschraubt und der Hebelkonus 9 abgenommen. Achse 32 nach der Gegenseite herausziehen, Planetenträger 26, Kugelhalter 10, Antriebsbuchse 17, Bremskonus 14 und (von der linken Seite) Kugelhalter 10 und Bremsmantel 11 aus der Nabenhülse 12 herausnehmen.

Störungen bei Eingangnaben

Fehler:	**Ursache:**
1. Nabe tritt beim Bremsen rückwärts durch	Falsches Schmiermittel, zu geringe Friktion
2. Ungenügende Bremswirkung	Bremseinrichtung verschmutzt, falsches Schmiermittel
3. Zu starke Bremswirkung bzw. Nabe blockiert beim Bremsen	Bremsmantel trocken, zu große Bremshebel-Rohrschelle, falsche Zylinderschraube
4. Bremse steckt nach dem Bremsvorgang	Trockenes Flachgewinde, trockene Konusfläche
5. Schwerer Radlauf	Zu stramme Lagereinstellung, lose Sicherungsmuttern, Verspannung der Lagerung über den Bremshebel
6. Zu großes Axialspiel der Radlagerung	Zu lose Lagereinstellung, eingelaufene oder beschädigte Kugellaufbahnen oder Kugeln
7. Pedale werden im Freilauf vorwärts mitgenommen	Zu stramme Lagereinstellung, lose Sicherungsmuttern, zu stramme Kettenspannung
8. Bremsgeräusche	Bremseinrichtung trocken, falsches Schmiermittel
9. Durchtreten	Antriebswalzen durch Fettschmierung verklebt.

Antriebsbuchse 17 nur demontieren, wenn notwendig – wird sie demontiert, so ist bei der Montage ein neuer Sprengring (in Abb. 795 mit Pfeil gekennzeichnet) zu verwenden. Der Festkonus ist mit der Achse 32 lösungssicher verbunden, also keine Lösungsversuche!

Einzelteile mit Benzin reinigen und die Montage in umgekehrter Reihenfolge beginnen (Schmiervorschrift beachten, siehe unter „Schmierung“). Bei der Montage der Nabenhülse 12 darauf achten, daß die Bremskonus-Sperrklinken 16 nicht abgestreift werden. Um sicherzustellen, daß das abgewinkelte Ende der verkupferten Friktionsfeder 13 in der Bohrung des Bremskonus 14 verbleibt, darf der Hebelkonus 9 bei der Montage nur im Uhrzeigersinn gedreht werden, falls die Haltenasen des Bremsmantels nicht sofort einrasten sollten.

Über die Funktion der Duomatic-Nabe siehe Abb. 795 und dazugehöriger Text.

Das Einstellen der Lagerung erfolgt auf der Hebelkonusseite. Nach spielfreier Einstellung Sicherungsmuttern 2 fest gegeneinander kontern, dann sollte an der Achse kein spürbares Spiel vorhanden sein.

Schmierung

Hohlrad 24 und Bremskonus 14 nur ölen. Mit Sachs-Fett (Best.-Nr. 0369 135 100) die Außenfläche des Bremsmantels 11 und die Friktionsfeder 13 bestreichen, die Aussparung im Hebelkonus 9 füllen sowie alle übrigen Teile, wie Kugelläufe, Getriebe, Mittelteil der Achse usw. schmieren.

Torpedo-Dreigangnabe mit Rücktrittbremse Typ H 3111

Bedienung

Während der Fahrt schalten, dabei ohne Kraft weitertreten; vor Steigungen rechtzeitig umschalten. Greift der gewünschte Gang nicht sofort ein, Tretbewegung kurz unterbrechen.

Wartung

Die Dreigang-Nabe ist von Haus aus ausreichend geschmiert. Nachschmieren des Bremsmantels mit F & S-Spezialschmiermittel ist notwendig, wenn die Wirkung der Rücktrittbremse zu scharf wird. Dazu soll die Nabe demontiert werden. Notfalls kann aber der Bremsmantel auch durch die Löcher im Staubdeckel (siehe Abb. 812-9 und 813-9) bei schräg gelegtem Fahrrad mit Fahrradöl nachgeölt werden. Bewegliche Teile der Schaltvorrichtung gelegentlich ölen. Beim Reinigen des Fahrrades sollte die Nabe nicht mit abgespritzt werden, um Eindringen von Wasser zu vermeiden.

Nachstellen der Lagerung

Wenn nach einer gewissen Laufzeit das seitliche Spiel des Hinterrades zu groß geworden ist, muß die Lagerung nachgestellt werden. Das erfolgt bei ausgebautem Hinterrad auf der Brems-Gegenhalteseite (siehe Abb. 812-1 und 813-1). Nach spielfreier Einstellung Sicherungsmuttern (siehe Abb. 812-3 und 813-3) fest gegeneinander kontern.

Einbau des Hinterrades mit Torpedo-Dreigangnabe

Beim Einbauen des Hinterrades darauf achten, daß die Fixierscheiben (siehe Abb. 812-2 und 813-2) auf beiden Achsenden mit der geriefften Fläche an den Ausfallenden des Rahmens zur Anlage kommen.

Nachdem die Kette gespannt und das Hinterrad fixiert ist, Achsmutter und Kettenleitmutter festschrauben. Beim Anziehen der Kettenleitmutter (siehe Abb. 812-46 und 813-46) das Zugkettchen (siehe Abb. 812-48 und 813-48) straffziehen, damit es nicht beschädigt wird.

Brems-Gegenhaltehebel (siehe Abb. 812-1 und 813-1) mit genau passender Rohrschelle (siehe Abb. 812-6 und 813-6) am Rahmenrohr befestigen. Da der Brems-Gegenhaltehebel aus Sicherheitsgründen spielfrei mit dem Fahrradrahmen verbunden sein muß, ist darauf zu achten, daß die Zylinderkopfschraube M5 in das kleine Loch (5,3 mm) des Brems-Gegenhaltehebels (siehe Abb. 812-1 und 813-1 und 818) montiert wird.

Achtung: Zugstängchen mit Zugkettchen (siehe Abb. 812-48 und 813-48) nicht zu stramm in die Achse einschrauben (zum Anschließen des Zugseils evtl. nach links zurückdrehen)! Auf festen Sitz der Seilführungsteile (Gegenhalter, Seilrolle) am Rahmen achten.

Einstellung der Schaltung

Die Dreigangnabe Typ H 3111 hat im Gegensatz zu den früheren Torpedo-Dreigangnaben aus Sicherheitsgründen keine Leerlaufstellung (immer ist ein Gang eingerastet!).

Stets richtige Schaltzugeinstellung ist Voraussetzung für einwandfreie Funktion und Betriebssicherheit der Nabe.

Eine Korrektur der Einstellung ist notwendig, wenn:

- das Zugseil sich in der ersten Zeit nach Inbetriebnahme etwas gelängt hat,
- die Tretkurbeln bei starker Belastung durchrutschen,
- der zweite Gang sich automatisch einschaltet, obwohl die Ganganzeige auf Stellung 1 steht,
- der erste Gang sich nicht schalten läßt,
- bei starker Belastung der Tretkurbeln ein knackendes Geräusch auftritt,
- die Seilführungsteile (Gegenhalter, Seilrolle) nicht genügend festgeschraubt waren,
- die Kette nachgespannt wird.

Deshalb ist die Einstellung der Nabe gelegentlich zu kontrollieren; die Justierung erfolgt dann so:

1. Schalter in Gangstellung 3 bringen (Abb. 1252) und Pedalarm bewegen, um sicherzustellen, daß der Gang eingerastet ist; das Zugseil darf jetzt noch nicht straff gespannt sein!

Abb. 1252: Schalter in Gangstellung 3.

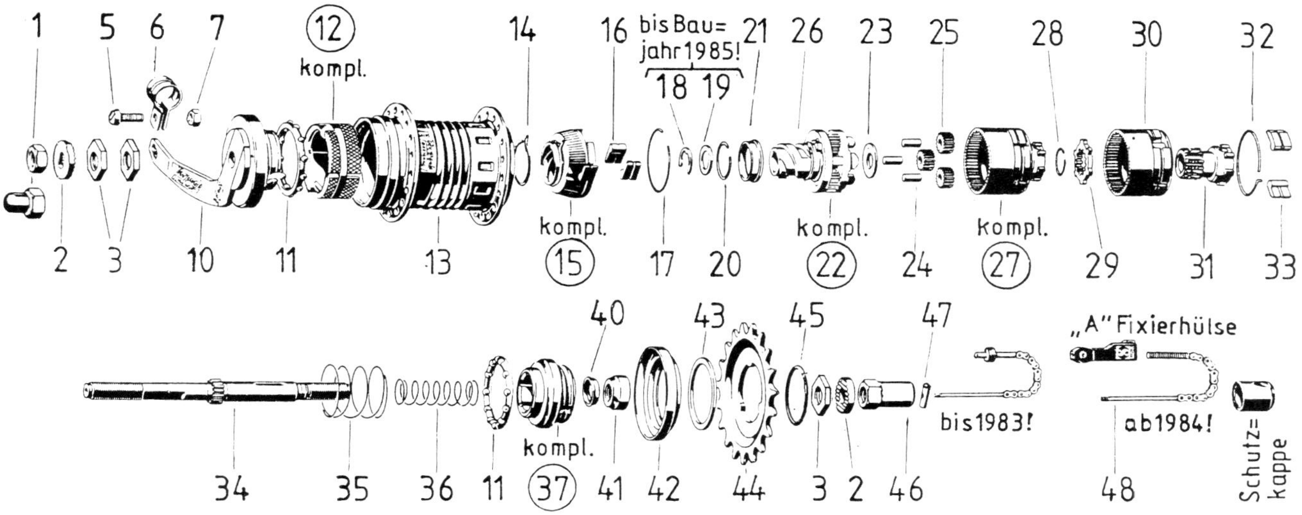

Abb. 1253: Reihenfolge für Demontage und Montage der Torpedo-Dreigangnabe.

2. Zugseil durch Verdrehen der Einstellhülse (siehe Abb. 812) soweit spannen, daß das Zugkettchen (siehe Abb. 812-48) beginnt, sich aus der Kettenleitmutter (siehe Abb. 812-46) herauszubewegen: reicht das Gewinde am Zugkettchen nicht aus (richtige Zuglänge vorausgesetzt), so müssen Gegenhalter bzw. Seilrolle am Rahmen entsprechend versetzt werden.

3. Einstellhülse festhalten und Rändelmutter (siehe Abb. 812-49) fest dagegenschrauben.

4. Nun muß sich – bei Pedalbewegungen – der erste Gang gut schalten lassen. Bei dieser Einstellung darf sich das Zugkettchen nicht weiter von Hand aus der Kettenleitmutter ziehen lassen. Evtl. noch vorhandenes Spiel ist durch Verdrehen der Einstellhülse und anschließendes Kontern zu beseitigen – dann ist die Nabe einwandfrei eingestellt.

Einstellung der Schaltung durch neue Fixierhülle (ab 1984)

Für eine leichtere Montage, Demontage und Einstellung der Schaltung der Dreigangnabe wurden ab 1984 die bisherige Einstellhülse, die Kontermutter (49) und das Zugkettchen (48) durch die Fixierhülse mit neuem Zugkettchen (goldfarbig) ersetzt (siehe Abb. 813).

Die Einstellung der Nabe erfolgt, wie sie in den Abbildungen 814 bis 817 mit dazugehörigem Text erläutert ist.

Demontage der Nabe (Abb. 1253)

Die Demontage der Nabe muß von der Hebelseite her beginnen.

Die beiden Sicherungsmuttern 3 abschrauben. Hebelkonus 10 (bestehend aus Staubdeckel und Brems-Gegenhaltehebel) abheben und Kugelhalter 11 sowie Bremsmantel 12 herausnehmen.

Sprengring 45 für Zahnkranz mit dünnem, spitzem Dorn herausheben, Zahnkranz 44, Scheibe 43 und Staubdeckel 42 abnehmen. Das Zugstängchen 48 und Kettenleitmutter 46 abschrauben, geriefte Fixierscheibe 2 entfernen.

Achse 34 mit darauf befindlichen Getriebeteilen (Antreiber 37, Hohlrad 27, Planetenträger 22 und Bremskonus 15) aus der Nabenhülse 13 herausnehmen.

Zur weiteren Demontage der Getriebeteile von der Achse 34 rechts die Sicherungsmutter 3 und den Festkonus 41 herausschrauben; Deckel 40, Antreiber 37, Kugelhalter 11 und Druckfedern 36 und 35 abnehmen.

An der linken Achsseite Sicherungsscheibe 18 mit Spitzzange abheben, Anlaufscheibe 19 (Pos. 18 u. 19 nur bis Baujahr 1985 verwendet), kompletten Planetenträger 22 (bestehend aus Sprengring 20, Fixierhülse 21, Planetenträger 26, Planetenräder 25, Lagerbolzen 24 und Druckscheibe 23) herunternehmen. Das komplette Hohlrad 27 mit seinen Einzelteilen (Sprengring 28, Mitnehmerscheibe 29, Hohlrad 30, Kupplungsrad 31, Sprengring 32 und zwei Sperrklinken 33) sollte nur demontiert werden, wenn notwendig; bei der Wiedermontage neuen Sprengring 28 verwenden.

Vom kompletten Bremskonus 15 ist der Sprengring 17 mit zwei Sperrklinken 16 abzunehmen.

Einzelteile mit Benzin reinigen und die Montage in umgekehrter Reihenfolge beginnen (Schmiervorschrift beachten, siehe unter „Schmierung“).

Wichtige Montagehinweise:

1. Der Bremskonus-Sprengring 17 muß zwischen den Anschlagnasen sitzen.

2. Die Druckscheibe 23 am Planetenträger 26 darf beim Montieren nicht vergessen werden!

3. Die Sperrklinken 33 auf Hohlrad 27 beim Aufschieben der Nabenhülse 13 niederhalten; dabei darauf achten, daß der Kugelhalter 11 nicht schräg liegt und eingeklemmt wird.

4. Festkonus 41 mit Sicherungsmutter 3 gegen den Anschlag der Achse 34 schrauben, dabei auf richtigen Sitz des Deckels 40 achten (nicht einklemmen!).

5. Schubklotz 47 nicht vergessen, im Achsschlitz zu montieren.

Zur Funktion der Dreigangnabe siehe Seite 302 ff.

Einstellen der Lagerung

Die Einstellung erfolgt auf der Hebelkonusseite. Nach spielfreier Einstellung die beiden Sicherungsmuttern 3 fest gegeneinander kontern. Dann sollte an der Achse 34 kein spürbares Spiel mehr vorhanden sein.

Schmierung

Hohlrad 27 und Bremskonus 15 nur ölen. Mit Sachs-Spezialfett (Best.-Nr. 0369 135 100) Außenfläche des Bremsmantels 12 und Friktionsfeder 14 gleichmäßig bestreichen, die Aussparung im Hebelkonus 10 füllen, alle übrigen Teile, wie Getriebe, Kugelläufe usw. schmieren.

Torpedo-Dreigangnabe L ohne Rücktrittbremse Typ H 3102

Diese Dreigangnabe (L = Leerlaufnabe ohne Rücktrittbremse) gehört für Fahrräder mit Felgenbremsen und ist bis auf die fehlende Rücktritteinrichtung weitgehend baugleich mit Typ H 3111 (siehe Abb. 1253) und Typ T (siehe Abb. 821).

Die Einstellung und Wartung erfolgt deshalb in der gleichen Weise wie bei der Rücktrittausführung.

Torpedo-Dreigangnabe T mit Trommelbremse

Die Einstellung der Schaltung geschieht mit der Fixierhülse (siehe Abb. 821-44), wie sie mit den Abb. 814–817 und dem dazugehörigen Text erklärt ist.

Das Getriebe entspricht im technischen Aufbau der Torpedo-Dreigangnabe L.

Die Schmierung und Wartung wird, wie bei der Dreigangnabe mit Rücktrittbremse (siehe Abb. 1253) beschrieben, ausgeführt.

Muß die Dreigang-Trommelbremse zerlegt werden, so wird sie an der Bremstrommelseite geöffnet (siehe Abb. 821). Die Achsmutter (1) sowie die Fixierscheibe (2) abnehmen, die Sechskantmutter (3) abschrauben, Scheibe (4) und Einstellscheibe (5) herunternehmen, dann kann der Bremsbackenträger (6) abgenommen werden. Wird der Stellkonus (8) abgeschraubt, kann das Planetengetriebe zur Reinigung und Neufettung herausgezogen werden.

Torpedo Pentasport-Fünfgangnabe mit Rücktrittbremse

Aus- und Einbau des Hinterrades

Vor dem Ausbau des Hinterrades muß die Rohrschelle (7) für den Bremsgegenhaltehebel (9A) am Rahmenhinterbau abgenommen werden (siehe dazu Abb. 1254). An beiden Schaltzügen wird die Fixierhülse (1) vom Zugstängchen (2 bzw. 42) durch Drücken der Drucktaste gelöst. Die beiden Kettenleitmuttern (3) abschrauben und die Fixierscheiben mit Haltenase (4) abheben und das Hinterrad herausnehmen. Dann die Reparatur, z. B. Reifendefekt oder Lagerung nachstellen, ausführen.

Beim Radeinbau muß darauf geachtet werden, daß die beiden Fixierscheiben mit Haltenase (4) auf beiden Achsenden mit der gerieften Fläche an den Ausfallenden des Rahmens zur Anlage kommen. Vorsicht beim Aufschrauben der Kettenleitmuttern (3), daß die Zugstängchen (2 bzw. 42) nicht beschädigt werden. Die beiden Kettenleitmuttern sind mit einem Anzugsmoment von ca. 35 Nm anzuziehen. Der Bremsgegenhaltehebel (9A) ist mit der Rohrschelle (7), der Schraube (8) und der Sechskantmutter (6) am Rahmenhinterbau stramm festzuschrauben. Die Schaltung muß neu eingestellt werden. Siehe hierzu „Einstellung der Schaltung“, Abb. 838 mit dazugehörigem Text.

Nachstellen der Lagerung

Wenn nach einer längeren Laufzeit das seitliche Spiel des Hinterrades zu groß geworden ist, muß die Lagerung nachgestellt werden. Das erfolgt bei ausgebautem Hinterrad auf der Bremsgegenhaltehebel-Seite (9A) mit den Muttern (5). Nach spielfreier Einstellung sind die flachen Sechskantmuttern (5) wieder fest zu kontern.

Störungen bei der Fünfgangnabe

Fehler	Mögliche Ursache	Abhilfe
Kurzer Ruck beim Antritt bzw. leicht knackendes Geräusch der Tretkurbel	Falsche Gangeinstellung	Beide Schaltzüge einstellen (siehe „Einstellung“)
Nabe ist schwergängig	Getriebe nach Reparatur falsch montiert	Nabe demontieren, Getriebe richtig positionieren (siehe „Montage der Nabe“)

Demontage der Fünfgangnabe
(siehe hierzu Abb. 1254)

Die Demontage der Nabe muß von der Hebelseite her beginnen. Beide Zugstängchen (2 und 42) herausschrauben und Sprengring (41) mit dünnem, spitzem Dorn herausheben, Zahnkranz (40) und Staubdeckel (39) abnehmen.

Die Nabe mit der Zahnkranzseite nach unten zwischen zwei Alu-Schonbacken an der Achse in einen Schraubstock spannen.

Die beiden flachen Sechskantmuttern (5) abschrauben, den Hebelkonus (9), Kugelhalter (10) und Bremsmantel (11) abheben.

Die Nabenhülse (04) nach oben abziehen und den Bremskonus (13) vom Flachgewinde des Planetenradträgers abdrehen.

Zur leichteren Demontage und späteren Montage eine sogenannte „Montagehilfe“ (MH) aus Plastik, Sachs-Best.-Nr. 0534 300 000, über den Planetenradträger (18) schieben (Abb. 1255). Erst dann die

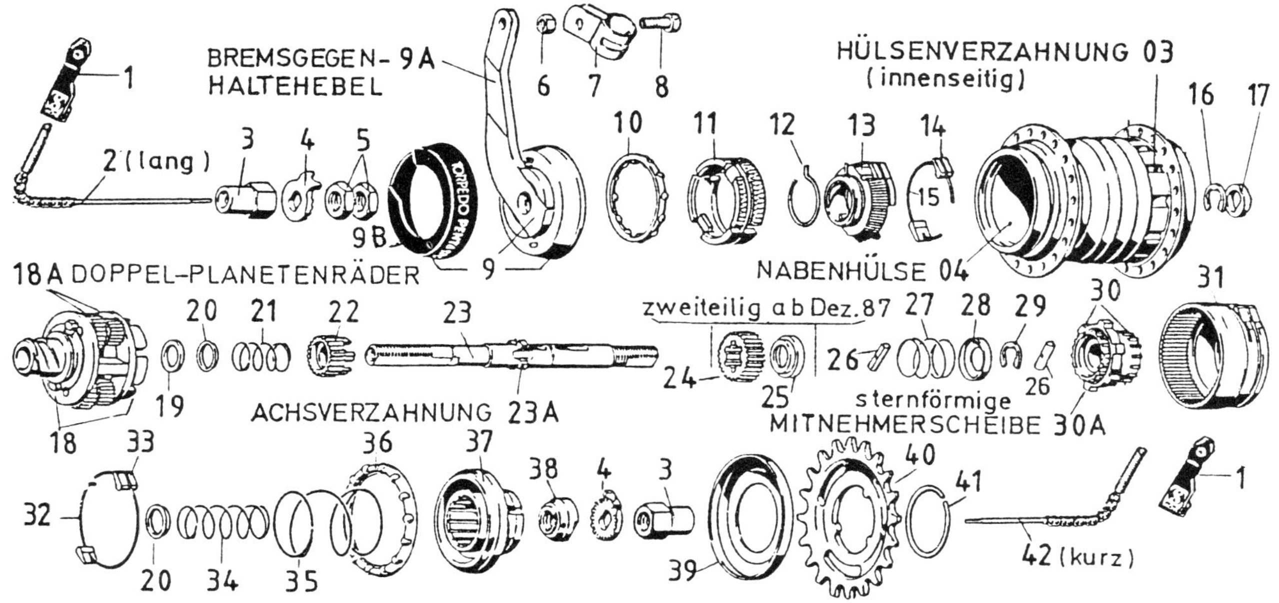

Abb. 1254: Reihenfolge für Demontage und Montage der Torpedo Pentasport-Fünfgangnabe.

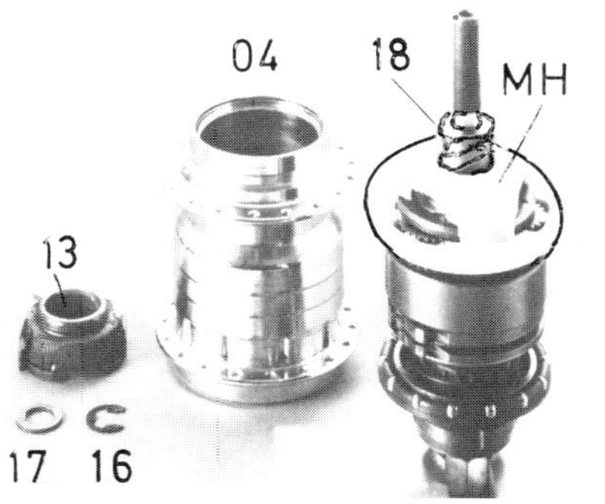

Abb. 1255: Montagehilfe für den Planetenradträger.

Sicherungsscheibe (16) und die Anlaufscheibe (17) entfernen.

Jetzt Planetengetriebe (18), Scheibe (19), Druckfeder kurz 15 mm ∅ (21) mit Winkeldeckel (20) sowie kleines Sonnenrad mit sechs Klauen (22) abnehmen. Nur bei zweiteiligem Sonnenrad ab Produktion Dez. 87: große Sonnenradscheibe (24) herausnehmen.

Die Nabe im Schraubstock umspannen. Den Festkonus (38) abschrauben, Antreiber (37), Druckfeder lang 15 mm ∅ (34) mit Winkeldeckel (20), Druckfeder 35 mm ∅ (35), Kugelhalter (36), Hohlrad (31), Kupplungsrad (30) und Schubklotz (26) entfernen.

Dann halbmondförmige Sicherungsscheibe (29) abnehmen und Winkeldeckel (28), Druckfeder 19 mm ∅ (27) und Schubklotz (26) abnehmen.

Bis Produktion Nov. 87: Großes einteiliges Sonnenrad abnehmen. Ab Produktion Dez. 87 mit zweiteiligem Sonnenrad: Deckel (25) abnehmen.

Einzelteile mit Benzin reinigen und auf Verschleiß prüfen.

Schmierung

Das Hohlrad (31) und den Bremskonus (13) nur ölen. Mit Sachs-Spezialfett Typ A, Best.-Nr. 0369 135 101, die Außenfläche des Bremsmantels (11) bestreichen, die Aussparung im Hebelkonus (9) füllen, sowie alle übrigen Teile, wie Kugelläufe, Getriebe und Mittelteil der Achse (23) usw. schmieren.

Montage der Fünfgangnabe
(siehe hierzu Abb. 1254)

Die Achse (23) so im Schraubstock mit Alu-Schonbacken einspannen, daß sich die Schlitze oberhalb der Achsverzahnung (23A) befinden. Bis Produktion Nov. 87: Großes einteiliges Sonnenrad mit Innenverzahnung nach unten aufstecken.

Ab Produktion Dez. 87: Deckel (25) für zweiteiliges Sonnenrad mit der Öffnung nach oben aufstecken.

Den Schubklotz (26) in unteren Achsschlitz mit der Flachseite nach unten einführen (Abb. 1256).

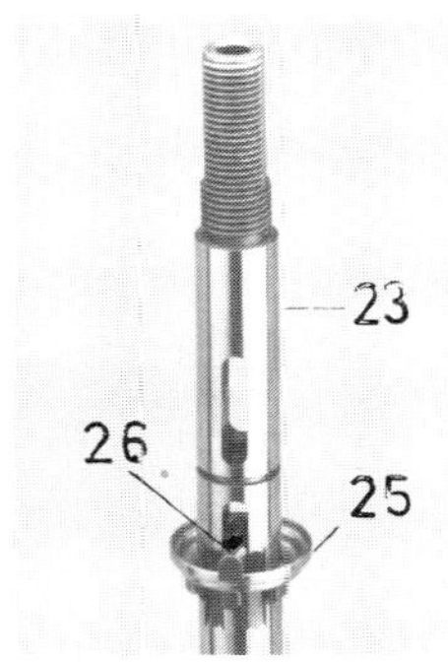

Abb. 1256: Achse mit Schlitze oben.

Die Druckfeder 19 mm ∅ (27) aufsetzen, Winkeldeckel (28) mit Öffnung nach unten aufstecken und halbmondförmige Sicherungsscheibe (29) montieren (Abb. 1257).

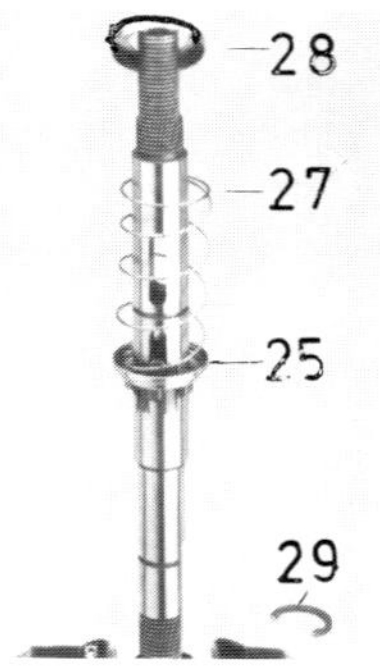

Abb. 1257: Achse mit Druckfeder.

Den Schubklotz (26) in oberem Achsschlitz mit der Flachseite nach oben einführen (Abb. 1258).

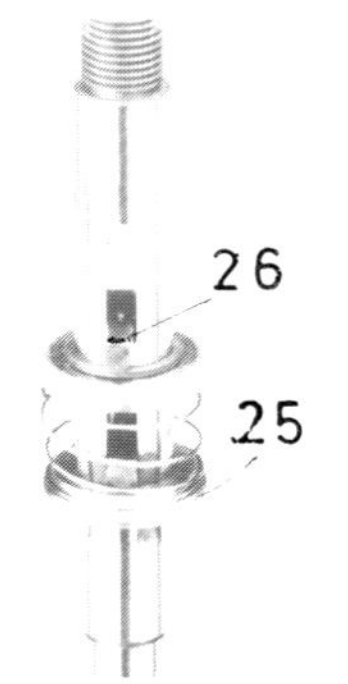

Abb. 1258: Achse mit Schubklötzen.

Das Kupplungsrad (30) mit der sternförmigen Mitnehmerscheibe nach unten, das Hohlrad (31), Kugelhalter (36) mit Kugeln nach unten und die große Druckfeder 35 mm ∅ (35) aufsetzen (Abb. 1259).

Den Winkeldeckel (20) auf lange Druckfeder 15 mm ∅ (34) montieren und Feder so aufschieben, daß der Winkeldeckel nach unten zeigt.

Den Antreiber (37) aufsetzen, dabei drehen bis er einrastet.

Den Festkonus (38) mit der Schlüsselfläche nach oben festschrauben, dabei den Antreiber nach unten drücken, das Anzugsmoment beträgt ca. 20 Nm.

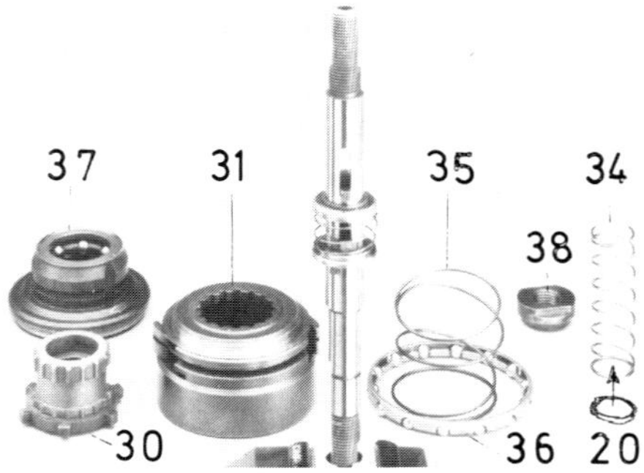

Abb. 1259: Kupplungsrad, Hohlrad, Antreiber und Festkonus montieren.

Die Achse (23) im Schraubstock umspannen, dann große Sonnenradscheibe (25) mit Markierungsrille nach unten auf Achsverzahnung aufstecken und einrasten lassen (Abb. 1260).

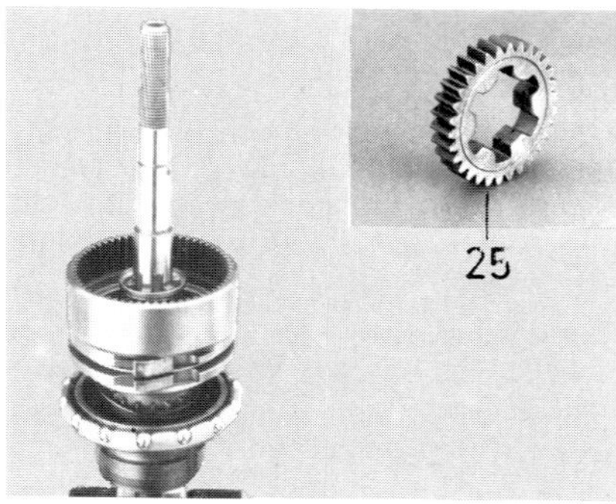

Abb. 1260: Großes Sonnenrad einsetzen.

Das kleine Sonnenrad (22) mit den sechs Klauen nach unten aufsetzen. Den Winkeldeckel (20) fest auf die kurze Druckfeder (21) montieren und Feder mit Deckel nach oben aufstecken. Die Scheibe (19) aufsetzen (Abb. 1261).

Den Planetenradträger (18) montieren. Dazu:
Zum Ausrichten und Fixieren der Planetenräder (18A) die Montagehilfe (MH) so auf den Planetenradträger (18) aufstecken, daß die Markierungspfeile auf die Bohrungen zeigen (Abb. 1262).

Den Planetenradträger (18) zusammen mit der Montagehilfe (MH) vorsichtig in die Hohlrad-Verzahnung (31) einführen,

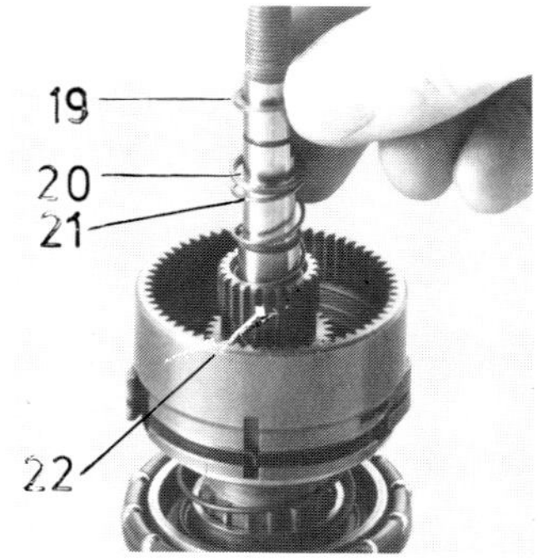

Abb. 1261: Kleines Sonnenrad einsetzen.

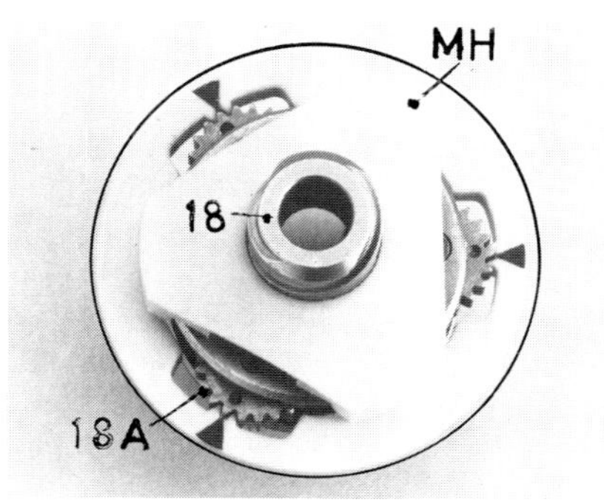

Abb. 1262: Planetenradträger mit Montagehilfe montieren.

dabei den Planetenradträger gleichzeitig drehen und nach unten drücken bis beide Sonnenräder (22 und 24) einrasten. Jetzt muß der Einstich „E" an der Achse (23) sichtbar sein (Abb. 1263).

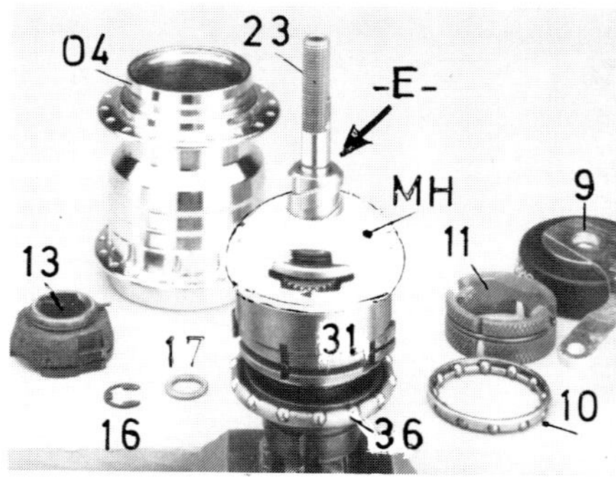

Abb. 1263: Bremskonus, Nabenhülse, Bremsmantel und Hebelkonus montieren.

Hinweis: Falls das Getriebe nicht exakt montiert wird, ist die Nabe schwergängig.

Die Anlaufscheibe (17) und Sicherungsscheibe (16) aufstecken. Erst jetzt die Montagehilfe (MH) abziehen. Dann den Bremskonus (13) auf Flachgewinde des Planetenradträgers aufschrauben, Kugelhalter (36) ausrichten und Nabenhülse (04) vorsichtig aufstecken.

Den Bremsmantel (11) mit Haltenasen nach oben aufsetzen und nach rechts drehen, bis die Friktionsfeder (12) in Schlitz eingreift.

Kugelhalter (10) mit Kugeln nach unten auflegen, Hebelkonus (9) aufsetzen und drehen bis er einrastet.

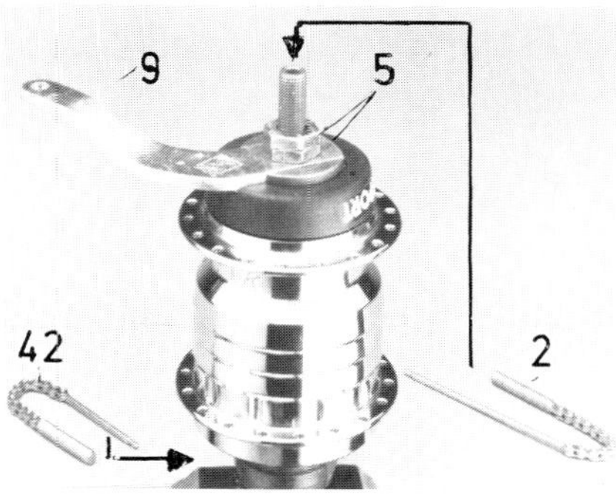

Abb. 1264: Schlußmontage.

Die flachen Sechskantmuttern (5) aufschrauben, dabei die Lagerung leichtgängig einstellen (Abb. 1264). Das lange Zugstängchen (2) einschrauben, die Nabe aus dem Schraubstock ausspannen und auf Zahnkranzseite kurzes Zugstängchen (42) einschrauben. Staubdeckel (39) und Zahnkranz (40) aufstecken und Sicherungsring (41) einrasten.

Dreigangnabe mit Rücktrittbremse Typ SG-3 C 20 von Shimano

(siehe Abb. 852)

Montage am Rahmen und Einstellung der Schaltung

1. Damit sich die Hinterradachse in den Ausfallenden des Rahmens nicht drehen kann, ist an der rechten Nabenseite eine Sicherungsscheibe vorgesehen, die auf dem abgeflachten Teil der Achse sitzt und mit ihrer abgewinkelten Nase in den Schlitz des Ausfallendes greift.

2. Kette auf den Zahnkranz auflegen, Hinterrad einführen und dabei die erwähnte Nase der Sicherungsscheibe in den Achsschlitz des rechten Ausfallendes einführen.

3. Beide Achsmuttern mit der Hand aufschrauben, das Hinterrad mittig bis zur richtigen Spannung der Kette nach hinten ziehen und abwechselnd die beiden Achsmuttern mit einem Schraubenschlüssel 15 mm SW festziehen.

4. Brems-Gegenhaltehebel der Nabe mit der Rohrschelle am Hinterrahmen stramm befestigen.

5. Schubstange für Schaltbetätigung links in die hohle Achse einführen – ca. 12 mm vorstehen lassen.

6. Auf die Achse Kontermutter (Sicherungsmutter) für den Winkelhebel aufschrauben (siehe Abb. 1268). Winkelhebel (für die Schaltbetätigung) mit seinem Sackgewinde auf die Achse schrauben. Verstellschraube des Winkelhebels in die gleiche Richtung stellen, wie das Bowdenseil läuft, und in dieser Stellung den Winkelhebel mit der Kontermutter (Sicherungsmutter) kontern.

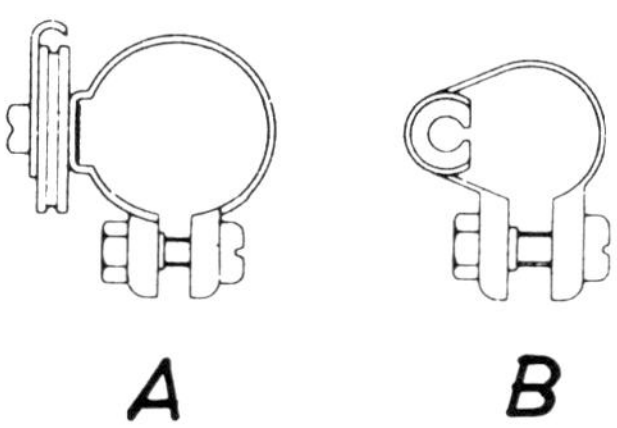

Abb. 1265: Seilführungsteile.

7. Seilführungsteile, Seilrolle (Abb. 1265-A) am unteren Rahmenrohr in Nähe des Tretlagers und Seilgegenhalter (Abb. 1265-B) in Nähe des Lenkkopfs befestigen.

8. Für die Gangwahl gibt es zwei verschiedene Betätigungsmöglichkeiten: a) mit Schaltdrehgriff (Abb. 1266), b) mit Clickschalter (Abb. 1267).

9. Einstellung mit Schaltdrehgriff: die gerändelte Verbindungsmutter so weit schrauben, bis im runden Fenster des Winkelhebels der rote Buchstabe N erscheint. Die Markierung am Schaltdrehgriff (Pfeil) muß sich ebenfalls mit dem Buchstaben N (= Normalgang) am Gehäuse des Schaltdrehgriffs decken (Abb. 1266). Die gerändelte Verbindungsmutter mit der Sechskantmutter (Sicherungsmutter) kontern (Abb. 1268 – Zeichnung 1).

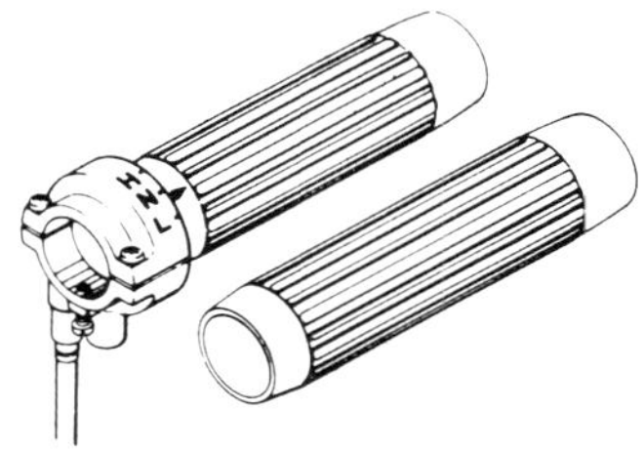
Abb. 1266: Schaltdrehgriff.

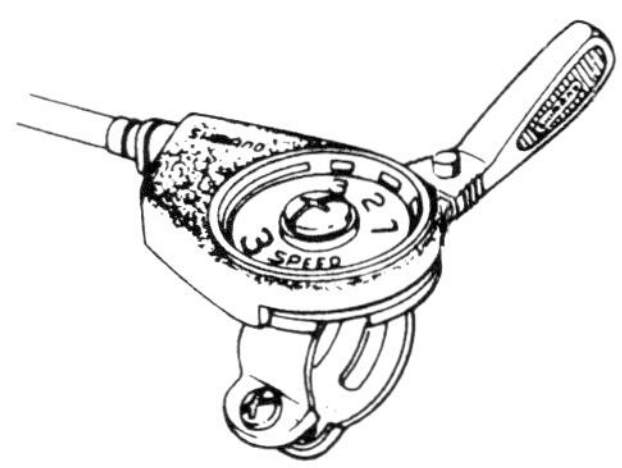

Abb. 1267: Clickschalter.

10. Einstellung mit Clickschalter: wie oben beschrieben – die Markierung (kleiner Noppen) am Clickschalter-Hebel muß sich mit dem Buchstaben N am Schaltergehäuse decken. Die gerändelte Verbindungsmutter kontern (Abb. 1268 – Zeichnung 2).

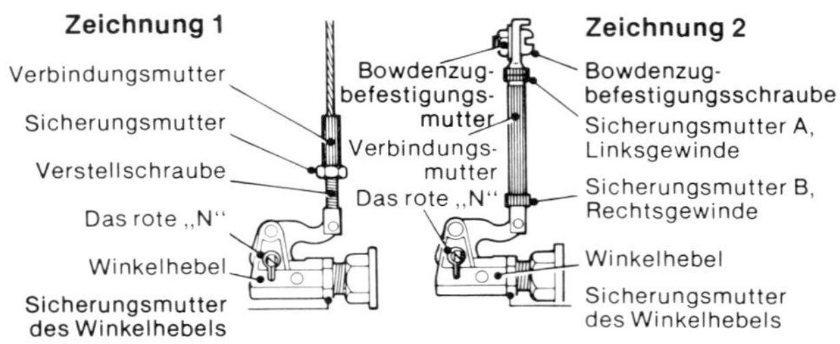

Abb. 1268: Gangeinstellung am Winkelhebel.

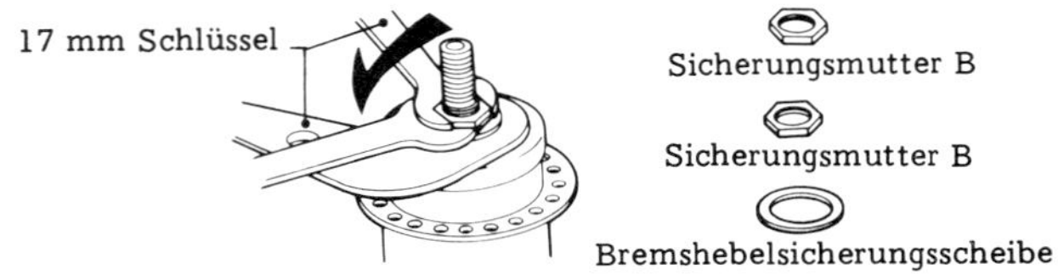

Abb. 1269: Brems-Gegenhaltehebel lösen.

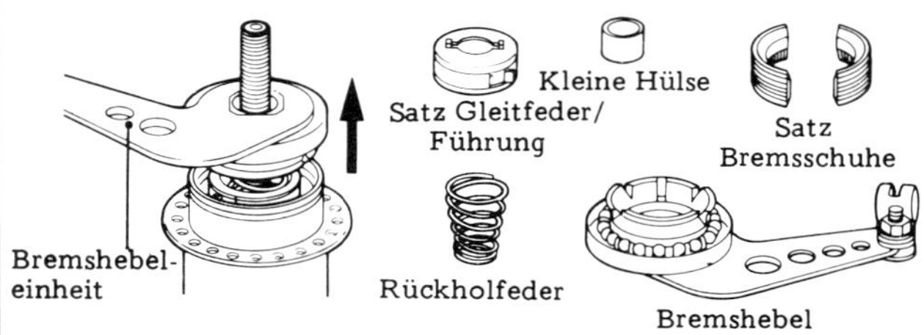

Abb. 1270: Bremsschuhe herausnehmen.

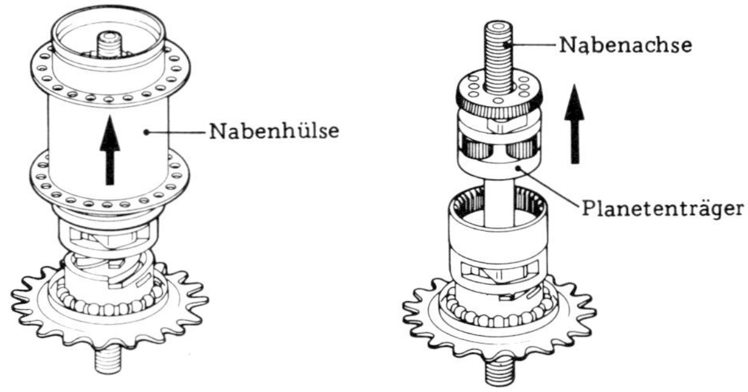

Abb. 1271: Planetenträger herausnehmen.

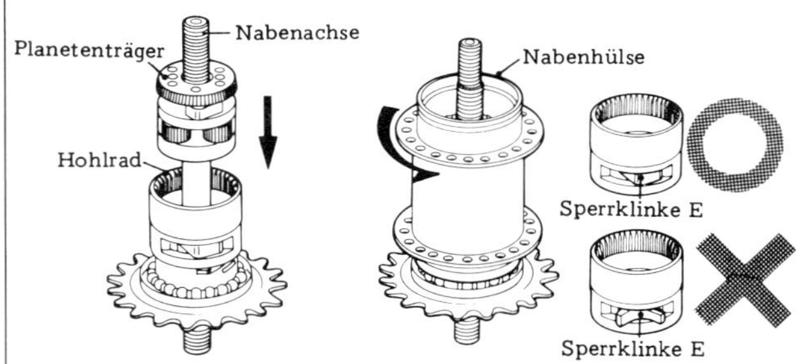

Abb. 1272: Nabenhülse aufsetzen.

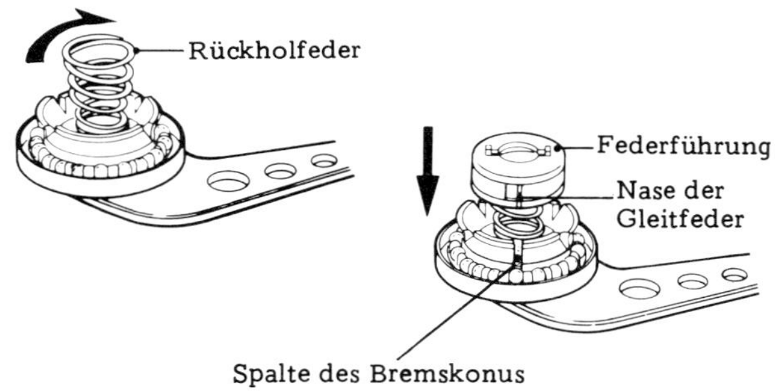

Abb. 1273: Montage der Gleitfeder.

Austausch der Bremsschuhe und des Planetenträgers (Modell SG-3 C 20)

Demontage

1. Die beiden Sechskantmuttern (Sicherungsmuttern) auf der linken Nabenseite mit zwei Schraubenschlüsseln 17 mm SW lösen und die Sicherungsscheibe des Brems-Gegenhaltehebels abnehmen (Abb. 1269).

2. Kompletten Brems-Gegenhaltehebel (Bremshebeleinheit) von der Nabenachse abnehmen und kleine Hülse, konische Druckfeder (Rückholfeder), zwei Bremsschuhe sowie Gleitfeder mit Gleitfederführung abnehmen (Abb. 1270).

3. Nabenhülse von der Nabenachse vorsichtig abheben und den kompletten Planetenträger aus dem Hohlrad ziehen (Abb. 1271).

4. Defekten kompletten Planetenträger (mit Planetenrädern usw.) gegen neuen austauschen. Teile mit Benzin reinigen, Bremsschuhe, Kugelläufe und Getriebeteile mit Wälzlagerfett fetten.

Montage

1. Den kompletten Planetenträger in das Hohlrad einführen, die Nabenhülse vorsichtig unter leichtem Drehen aufsetzen und dabei darauf achten, daß die Sperrklinken E (Abb. 1272) nach innen gerichtet sind.

2. Konische Druckfeder (Rückholfeder) mit dem kleinen Durchmesser unter Drehen in die Mittelbohrung des Brems-Gegenhaltehebels einsetzen. Dann Gleitfederführung mit Gleitfeder so auf die Feder drücken, daß die Nase der Gleitfeder

in die Aussparung des Bremshebel-Konus paßt (Abb. 1273).

3. Die beiden (gefetteten!) Bremsschuhe, mit dem gerändelten Innenkonus nach unten, am Umfang gleichmäßig verteilt in die Nabenhülse einführen (Abb. 1274).

4. Brems-Gegenhaltehebel mit Bremskonus und Gleitfeder auf die Nabe aufsetzen, dabei geringfügig nach links und rechts drehen, damit die Bremsschuhe mittig auf dem Bremskonus sitzen (Abb. 1275).

5. Kleine Hülse und Sicherungsscheibe des Brems-Gegenhaltehebels auf die Achse auflegen, Sicherungsmutter B so weit aufschrauben, daß kein Lagerspiel mehr vorhanden ist, zweite Sicherungsmutter aufschrauben und die erste Mutter gegen die zweite kontern. Lagereinstellung ist richtig, wenn die Nabe bei fest angezogener zweiter Sicherungsmutter leicht spielt (Abb. 1276).

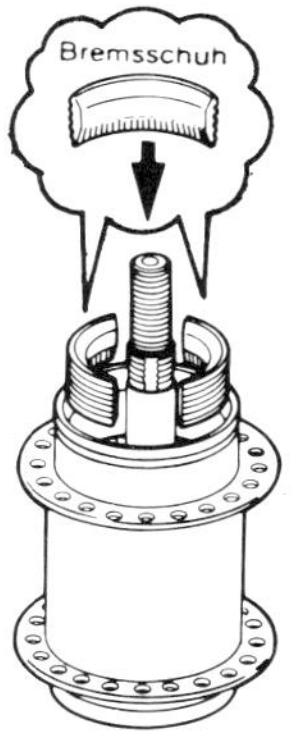

Abb. 1274: Bremsschuhe einsetzen.

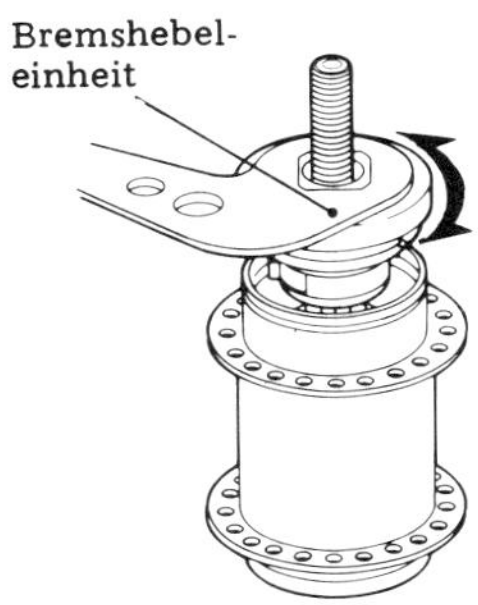

Abb. 1275: Brems-Gegenhaltehebel mit Bremskonus montieren.

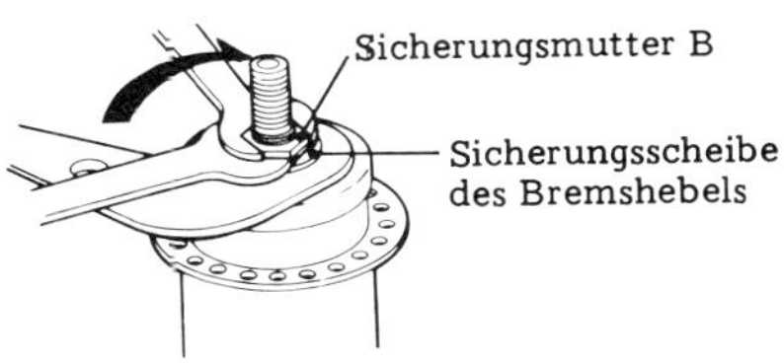

Abb. 1276: Lagerspiel einstellen.

Sturmey-Archer-Fünfgangnabe ohne Bremse Typ S 5/2

(siehe Abb. 848)

Bedienung

Diese Fünfgangnabe ermöglicht sofortiges und leichtes Schalten aller fünf Gänge mit zwei Schalthebeln. Der rechte Schalthebel betätigt, wie bei einer Dreigangnabe, drei der Gangstufen, während der linke Schalthebel entweder den größten oder den kleinsten Gang zusätzlich schaltet. Der Doppelschalthebel (siehe Abb. 848-55) wird am Lenkerschaft befestigt.

Die Schalthebelstellungen für die einzelnen Gänge sind aus einem am Lenker befindlichen Aufkleber zu ersehen (Abb. 1277).

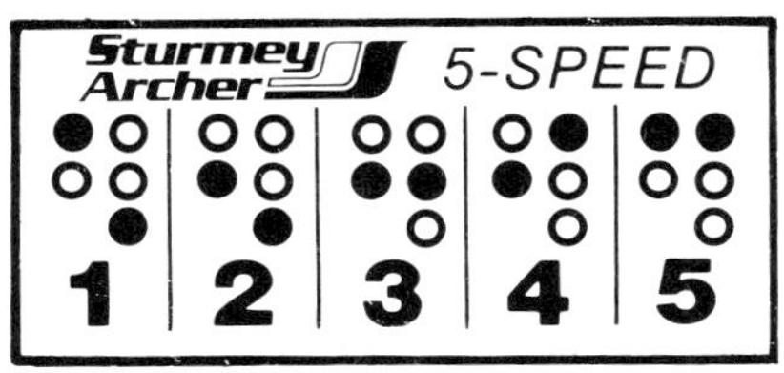

Abb. 1277: Schalthebelstellungen.

Der Gangwechsel funktioniert rasch und zügig, wobei der Fahrer ruhig weitertreten kann und nur den Druck auf die Pedale etwas mindern muß.

Die technischen Daten der Nabe sind auf Seite 317 bzw. in Abb. 848 zu finden.

Einbau im Rahmen

Es ist funktionswichtig, daß die Nabenachse sich nicht im Schlitz der Ausfallenden drehen kann, deshalb sind die beiden Achsenden mit parallelen Abflachungen versehen (siehe Abb. 848-38).

Sind die Schlitze für die abgeflachten Achsenden zu breit, so müssen Reduzierscheiben montiert werden, die es für 7,9 und 9,5 mm breite Schlitze gibt (siehe Abb. 848-3 und 29).

Schmierung

Die Nabe wird beim Hersteller ausreichend geschmiert. Trotzdem muß eine neue Nabe vor Inbetriebnahme des Fahrrades am Öler der Nabenhülse (siehe Abb. 848-10) geölt werden. Danach sollten jeden Monat einige Tropfen Sturmey-Archer-Öl (SAE-30) durch den Öler eingefüllt werden. Auf keinen Fall dürfen dickflüssiges Öl oder Fett verwendet werden, weil dadurch die erforderliche leichte Beweglichkeit der Sperrklinken beeinträchtigt würde.

Nachstellen der Lagerung

Wenn nach längerer Laufzeit das seitliche Spiel in der Nabenlagerung zu groß geworden ist, muß die Lagerung bei ausgebautem Hinterrad an der linken Seite nachgestellt werden.

Dazu ist die linke Sicherungsmutter (siehe Abb. 848-4) zu lösen und der Konus (siehe Abb. 848-6) fast spielfrei einzustellen; danach ist die Sicherungsmutter wieder fest anzuziehen. Bei richtig eingestelltem Konuslager ist nur an der Felge, nicht an der Nabe, ein ganz leichtes Spiel feststellbar.

Der rechte Konus (siehe Abb. 848-25) ist vom Hersteller eingestellt und sollte möglichst nicht verstellt werden. Wird das doch erforderlich, so ist auch hier zunächst die Sicherungsmutter (siehe Abb. 848-28) zu lösen und der Konus von Hand anzuziehen, dann aber wieder um eine halbe Umdrehung zurückzudrehen und in dieser Stellung zu kontern. Wird der Konus mehr als die halbe Umdrehung zurückgedreht, so wird dadurch die Arretierung der Gänge beeinträchtigt!

Einstellen der Gangschaltung

Das einwandfreie Schalten der Gänge ist von der richtigen Einstellung der Schaltung abhängig. Die Einstellung muß an beiden Seiten der Nabe erfolgen. Wenn

Gänge herausspringen, so ist die Einstellung zu prüfen und zu korrigieren.

Zuvor ist zu prüfen, ob die Bandagen der Seilzüge sicher an den Rahmenrohren befestigt und die beiden Zeigerachsen mit Zugkettchen (siehe Abb. 848-37 und 44) ordnungsgemäß in die Achsenden eingeschraubt sind.

Zum Einstellen der Gänge muß der Doppelschalthebel (siehe Abb. 848-55) in Stellung „dritter Gang" (linker Hebel rückwärts, rechter Hebel in Mittelstellung) gebracht werden (Abb. 1277). Die gerändelte Gewindehülse (1), die das Bowdenzugseil mit dem Zugkettchen (3) der Zeigerachse (siehe Abb. 848-37 und 44) verbindet, so weit schrauben, bis sich im Schauloch (4) der Achsmuttern (5) das Zugstückende (6) der Zeigerachse genau auf gleicher Höhe mit den Achsenden (7) befindet und das letzte Kettenglied des Zugkettchens vom Achsende frei ist (Abb. 1278).

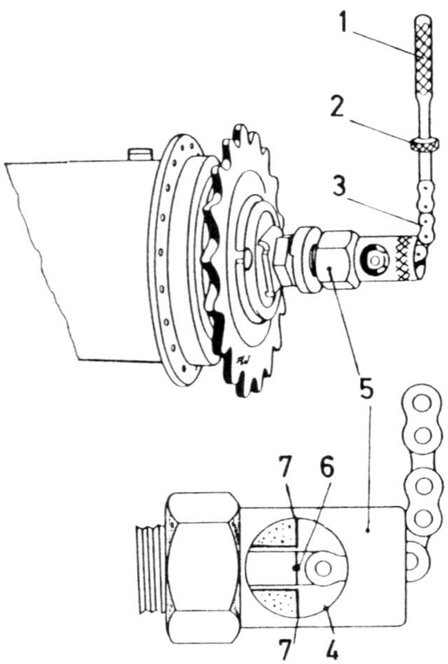

Abb. 1278: Einstellen der Gangschaltung.

Anschließend die Gewindehülse (1) mit der Rändelmutter (2) kontern.

Läßt sich die gewünschte Einstellung durch Drehen an der Gewindehülse nicht erreichen, dann müssen die Seilgegenhalterbandagen am Rahmen so weit verschoben werden, bis der Seildurchhang ge-

Bei Störungen

Mühsame Gangschaltung und schwerer Lauf der Nabe können durch Ölmangel verursacht sein. Zuerst die Nabe und den Schaltzug ölen. Ist der Mangel damit nicht behoben, können die in der Tabelle angeführten Fehler die Störungsursache sein.

Fehler	**Mögliche Ursache**	**Abhilfe**
Die Nabe läßt sich im kleinsten (1) und im größten (5) Gang schwer schalten.	1. Schaltzug ist nicht gefettet oder geölt. 2. Rückstellfeder für großes Zahnrad defekt.	1. Ölen 2. Feder austauschen.
Der kleine (2) und der kleinste (1) Gang springen heraus.	1. Sicherungsmutter für Mitnehmer lose. 2. Lahme Rückzugfeder. 3. Zähne des Mitnehmerrings verschlissen.	1. Ringzähne überprüfen, Sicherungsmutter festziehen. 2. Feder austauschen. 3. Neuen Mitnehmer einsetzen.
Der kleine (2) und der große (4) Gang springen heraus.	1. Schaltzugseil auf der linken Seite zu stramm.	1. Schaltzug einstellen.
Der normale (3) Gang springt heraus.	1. Getriebegehäuse-Keilnuten und Gleitkupplung verschlissen.	1. Neue Teile montieren.
Der große (4) und der größte (5) Gang springen heraus.	1. Mitnehmer im Planetengehäuse und Gleitkupplung verschlissen. 2. Zu stramme Einstellung des rechten Konuslagers. 3. Zu stramme Gleitkupplungsfeder.	1. Neue Teile montieren und neu einstellen. 2. Neu einstellen. 3. Nabe reinigen und neue Feder einsetzen.
Schwerer Lauf des Rades, Pedale werden im Freilauf vorwärts mitgenommen.	1. Zu viele Kugeln im Kugelhalter. 2. Zu stramme Einstellung des Konus. 3. Verrostung wegen Ölmangel. 4. Verbogene, undichte Staubdeckel.	1. Nur 24 Kugeln richtig. 2. Richtig einstellen. 3. Nabe gründlich reinigen und ölen. 4. Staubdeckel prüfen, falls defekt – auswechseln.
Gänge rasten nicht ein.	1. Klinken verschmutzt oder verrostet, bleiben deshalb hängen.	1. Reinigen und mit Öl versorgen.
Schwergängige Schaltung.	1. Verbogene Gleitkupplungsfeder. 2. Verbogene (verstauchte) Achse. 3. Zeigerachskettchen ist abgenutzt. 4. Rostiges, verschlissenes, aufgespreißeltes Zugseil.	1. Neue Feder einsetzen. 2. Achse austauschen. 3. Zeigerachse und Kettchen austauschen. 4. Schaltzug schmieren oder erneuern.

strafft und die Einstellung wie oben beschrieben erreicht wird.

Wird bei einer Nachjustierung diese Einstell-Anleitung befolgt, so läßt sich die Nabe einwandfrei schalten und die Gänge rasten exakt ein.

Wenn Betriebsstörungen auftreten, so ist die Ursache meistens außerhalb der Nabe zu finden.

In der Tabelle auf Seite 466 sind mögliche Störungen und deren Abhilfe aufgezeigt.

Felgenbremsen

Felgenbremsen sind nicht wartungsfrei, ihre Instandhaltung und – wenn notwendig – Instandsetzung sind aber leicht auszuführen, und man braucht dazu nicht unbedingt einen Zweiradmechaniker.

Sieht man von der Abnützung der Bremsklötze ab, so ist die Ursache ungenügender Bremswirkung nicht Verschleiß, sondern Vernachlässigung der Wartung durch den Fahrer. Betrachtet man nämlich die Masse der Fahrräder besonders hinsichtlich der Vorderradbremse, so kann man feststellen, daß so alt das Fahrrad ist, Bremsklötze und Bowdenzug weder nachgestellt noch gepflegt wurden. Das ist wohl auch zum Teil auf die weitverbreitete irrige Meinung zurückzuführen, Bremsen mit der Vorderradbremse sei gefährlich, und deshalb wird sie nicht benutzt (und dann natürlich auch nicht gepflegt) (siehe hierzu auch Seite 322).

Zur Funktion der Felgenbremse (gleichgültig ob vorn oder hinten) gehören eine sachgemäße Montage der Bremse selbst wie des Handhebels und die richtige Verlegung des Bowdenzuges – schließlich eine periodische Wartung. Nachfolgende Hinweise gelten ganz allgemein für alle Fabrikate. Zu beachten ist:

1. Bremse senkrecht zur Felge einstellen und beide Bremsklötze auf Höhe der Bremsfläche an die Felge bringen; die Bremsklötze dürfen die Reifenwand nicht berühren!

2. Der Handbremshebel am Lenker muß so befestigt sein, daß er, ohne die Hand vom Lenker nehmen zu müssen, schnell und sicher „gegriffen" werden kann.

3. Die Bowdenzüge dürfen an der Umlenkstelle nicht in zu engem Bogen verlegt werden und dadurch eine kräfteverzehrende Reibung zwischen Seil und Hülle erzeugen, die die Handkraft bei der Bremstätigkeit unnötig erhöht. Das Seilende muß verzinnt sein, damit nicht durch die Klemmschraube die „Verdrillung" des Seils aufgeht und das Ende „spreißelt". Nach einer Demontage kann nämlich ein solches Seil nur schwer wieder in die Bohrung der Klemmschraube eingefädelt werden.

Das Seilende muß korrekt mit der Klemmschraube geklemmt werden, dann sind mit Hilfe der Verstellschraube (oder z. B. mit der Weinmann-Semiautomatic) die Bremsklötze so zum Felgenrand einzustellen, daß beiderseits ein Zwischenraum von 1,5–2 mm verbleibt.

Nach Abnützung der Bremsklötze sind diese durch Nachstellen (oder Erneuern) immer wieder in die beschriebene Position zu bringen.

4. Die beweglichen Teile an Hebel und Bremse sind von Zeit zu Zeit leicht zu ölen, besonders auch der Bowdenzug.

5. Die Befestigung am Rahmen und an der Vorderradgabel ist gut festzuziehen (jedoch nicht mit unnötiger Gewalt), wobei der passende Schlüssel zu verwenden ist.

Felgenbremse nachstellen

Bremshebel am Lenker verstellen

Soll die Bremshebelstellung am Lenker verändert werden, so ist zuvor der Bowdenzug am Hebel auszuhängen. Mit Daumen und Zeigefinger werden die beiden Bremsklötze fest an die Felge gedrückt (Abb. 1280) und am Hebelkörper A (Abb. 1279) die Seilhülle B mit der Seilhüllenverstärkung C aus dem Hebelkörper herausgezogen; der Bremshebel D wird zum Lenker gezogen und das Seil ausgehängt. Dann kann die Befestigungsschraube E für die Lasche F, die verdeckt im Hebelkörper sitzt, gelockert und der Bremshebel in die gewünschte Lage gebracht werden. Anschließend ist der Bowdenzug wieder einzuhängen.

Felgenbremse einstellen

In Abb. 1280 ist in der linken Zeichnung der Anbau einer Felgenbremse am Vorderrad (für Herren und Damen) und Herren-Hinterrad prinzipiell dargestellt. Die rechte Zeichnung zeigt den Anbau einer Hinterradbremse für ein Damenrad. Der Unterschied zwischen Damen- und Herren-Anordnung liegt nur in der Kabelzuführung von unten, wobei der Halter 65 für die Stellschraube 65.3 am unteren Auge des Bremsbügels und der Seil-Klemmbolzen 70.1 am oberen Auge plaziert sind.

Wie bereits gesagt, sollen die Bremsen senkrecht und mittig zur Felge stehen. Ist das nicht so, so ist die Befestigungsmutter

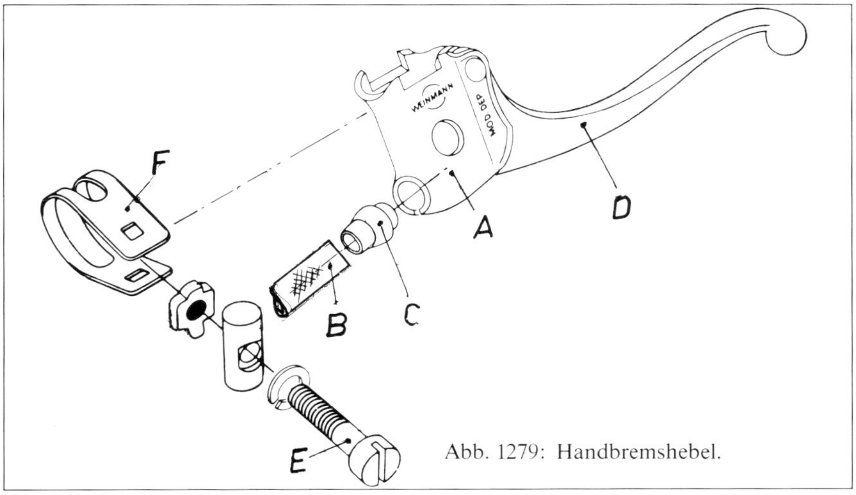

Abb. 1279: Handbremshebel.

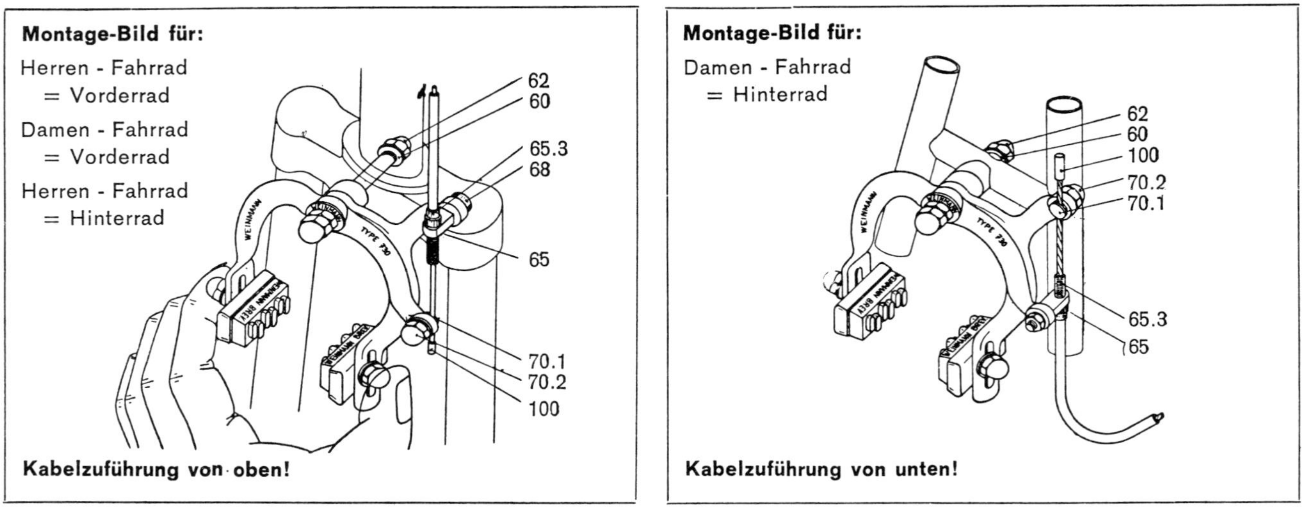

Abb. 1280: Anordnung der Felgenbremsen.

62 für den Haltebolzen der Bremse zu lösen und die Bremse richtigzustellen. Es ist darauf zu achten, daß unter der Mutter 62 die Scheibe 60 beigelegt wird!

Die Befestigungsmutter 70.2 des Seil-Klemmbolzens 70.1 ist zu lockern, die gerändelte Stellschraube 65.3 bis zum Gewindeende einzuschrauben. Mit Daumen und Zeigefinger sind die Bremsklötze fest an die Felge zu drücken, das Bremsseil ist im Seil-Klemmbolzen herunterzuziehen, damit kein Spiel im Bremszug ist, und die Mutter 70.2 des Seil-Klemmbolzens ist festzuziehen. Der Spielraum zwischen Felge und Bremsklotz soll an jeder Seite 1,5–2 mm betragen.

Zum exakten Justieren der Felgenbremse braucht man entweder einen Helfer oder die sogenannte „dritte Hand". Das ist eine Hilfsvorrichtung, die die Bremsklötze an die Felge drückt (Abb. 1281).

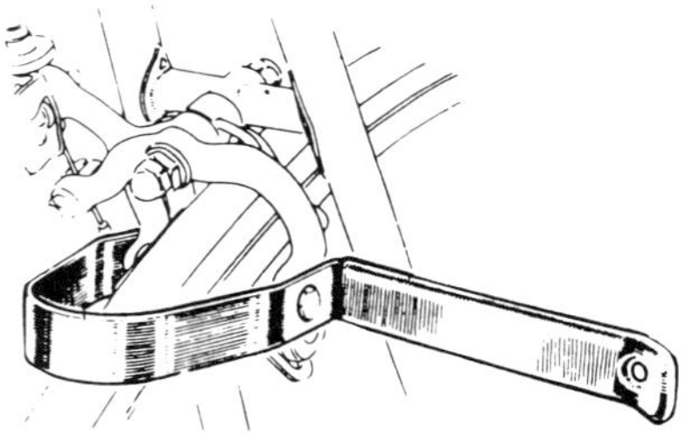

Abb. 1281: Felgenbremsen-Spanner (dritte Hand) von VAR.

Um Verletzungen durch das zackige Seilende zu vermeiden, ist darauf zu achten, daß die Plastikkappe 100 stets aufgesteckt ist.

Die im Fahrbetrieb auftretende normale Bremsklotz-Abnützung wird durch einfache Justierung ausgeglichen. Durch Herausdrehen der Stellschraube 65.3 unter gleichzeitigem Anpressen der Bremsklötze an die Felge wird der richtige Abstand von 1,5–2 mm wiederhergestellt. Wenn bei der Bremseinstellung ein Bremsgummi einseitig streift oder zu nahe an die Felge kommt, so ist die Bremsfeder dieser Seite auszuhängen und leicht nach oben zu strecken.

Ist das Profil (Noppen) der Bremsgummis (siehe Abb. 923 und 924) abgenützt, so müssen neue Bremsklötze montiert werden. Unbedingt ist darauf zu achten, daß aus Sicherheitsgründen nur Bremsklötze mit allseitig geschlossenem Schuh (Halter für Bremsgummis, Abb. 1282) oder Einstückbremsklötze (siehe Abb. 924) eingebaut werden.

Früher hatten die Bremsklötze eine offene Seite (die nach rückwärts montiert wurde), damit bei Ersatz nur der Bremsgummi selbst ausgetauscht zu werden brauchte. Dadurch konnten die Bremsgummis leicht verlorengehen, z. B. beim Rückwärtsschieben des Rades bei gleichzeitiger Bremsenbetätigung, und dann war die Bremse außer Funktion (was u. U. erst bei der nächsten Bremsbetätigung bemerkt wurde!). Solche Bremsklötze dürfen auch nicht mehr aufgebraucht werden, sofern sie noch auf Lager liegen, sondern sind zu verschrotten.

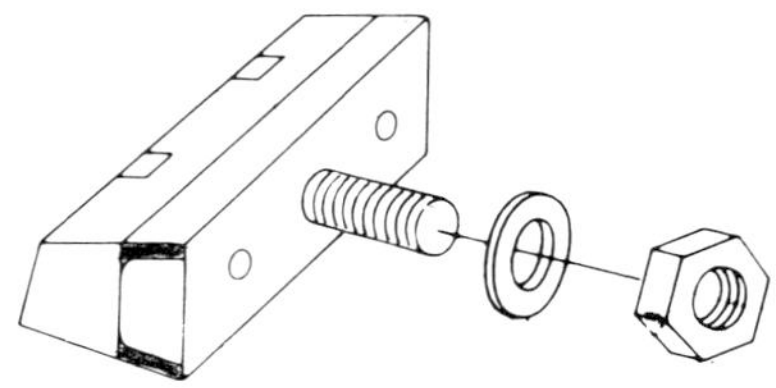

Abb. 1282: Bremsklotz mit allseitig geschlossenem Schuh.

Die Bremswirkung einer Felgenbremse hängt weitgehend auch vom Zustand des „Reibpartners" Felge ab. Deshalb sollen keinesfalls Felgen mit verbeulter Felgenwand, beschädigtem Felgenhorn oder zu großem Seiten- und Höhenschlag (vielleicht durch gebrochene Speichen) gefahren werden.

Bei einer Erneuerung der Bremsklötze ist darauf zu achten, daß der für die jeweilige Felge (Alu oder Stahl) bestimmte Bremsklotz (mit Markierung „Nur für ALU-Felgen" bzw. „Nur für STAHL-Felgen") verwendet wird.

Vor jeder Fahrt ist die Funktion der Felgenbremsen zu prüfen; dazu Handbremshebel anziehen, und bei zu großem „Totgang" (Handbremshebel liegt dann fast am Lenkerrohr an) Bremse unverzüglich nachstellen (siehe hierzu auch „Felgenbremsen-Bauarten" auf Seite 335 ff.).

Reinigen der Felgenbremse

Die Bremse ist mit einem trockenen Lappen zu reinigen, bei besonders starker Verschmutzung mit Pinsel und Benzin zu säubern. Nach längerer Fahrt bei Nässe sind die beweglichen Teile der Bremse und besonders die Bowdenzüge leicht zu ölen.

Reparaturanleitung für die Hydraulik-Fahrrad-Felgenbremse

„Hydro-Stop" (siehe hierzu Abb. 876)

Die bei der Magura „Hydro-Stop" und „Hydro-Stop-Mountain" anfallenden Wartungen und Reparaturen beschränken sich im wesentlichen auf:

- Bremsklötze nachstellen,
- Bremsklötze auswechseln,
- beschädigte Hydraulikleitungen ersetzen,
- Bremssystem befüllen und entlüften nach unbeabsichtigtem Ölverlust,
- Bremse im Stand auf Funktion und Dichtheit prüfen.

Bremsklötze nachstellen

Der Abstand zwischen Bremsklötzen (7) und Felge (8) sollte auf jeder Seite zwischen 2 und 3 mm betragen.

Durch den Verschleiß der Bremsklötze vergrößert sich der Abstand allmählich. Zum Nachstellen muß die Stellschraube (6) am Handhebel (5) mit einem Sechskant-Stiftschlüssel nach rechts gedreht werden (Abb. 1283).

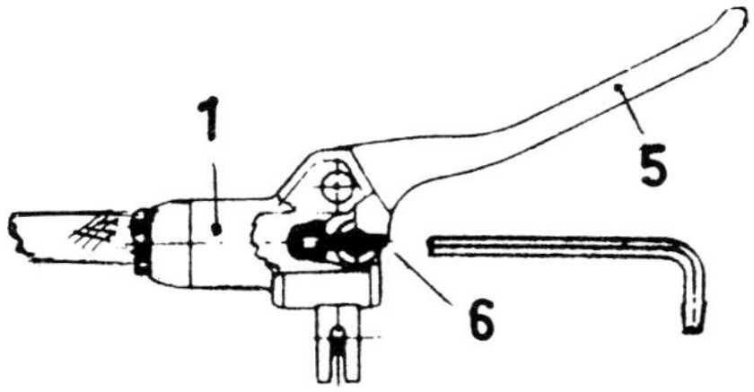

Abb. 1283: Bremsklötze nachstellen.

Bremsklötze auswechseln

Die Bremsklötze (7) sind spätestens dann auszuwechseln, wenn der Belag bis auf 1 mm abgenützt ist. Dies geschieht so: Die Zylinderschraube mit Innensechskant (16) am Halter (9) abschrauben, die Halteschelle abnehmen und den Bremszylinder (10) herausnehmen. Einen Schraubendreher zwischen Bremsklotzträger und Gehäuse stecken und den Bremsklotz herausdrücken (Abb. 1284).

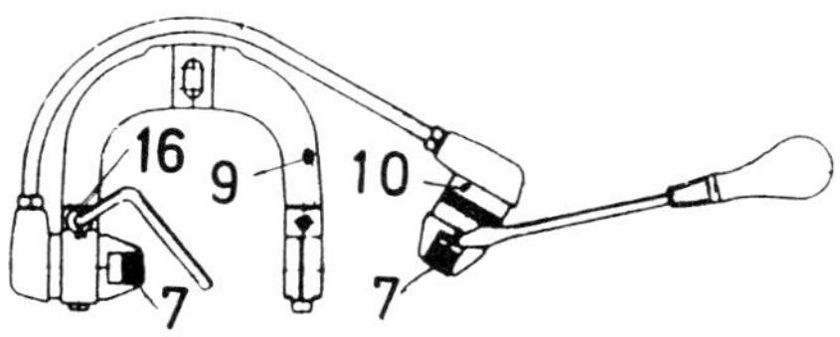

Abb. 1284: Bremsklotz entfernen.

Dann den neuen Bremsklotz eindrücken, dabei beachten, daß die Schrägung der Bremsklotzfläche richtig zur Felge steht und die Kennzeichnung am Bremsklotz (z. B. für Alu) mit der Felge (ebenfalls Alu) übereinstimmt. Die Stellschraube (6) am Handhebel (5) nach links zurückdrehen, bis der Bremsklotzträger am Gehäuse anliegt. Den Bremszylinder (10) einlegen und wieder befestigen.

Beschädigte Hydraulikleitungen ersetzen

Die beschädigte Leitung (12 oder 13) abschrauben und die Stutzen entfernen. Die neue Leitung auf Länge gerade abschneiden, in einen Spannbacken (= ein Vierkantholz mit einer etwas kleineren Bohrung als der Außendurchmesser der Leitung) legen und in den Schraubstock spannen. Mit einem Schonhammer (Plastik) die Stutzen vorsichtig einschlagen.

Die neue Leitung beidseitig anbauen, Stutzen und Anschlußgewinde einschrauben und mit max. 2,5 Nm festziehen.

Bremssystem befüllen und entlüften

Die „Hydro-Stop"-Bremse wird befüllt und entlüftet geliefert. Bei unbeabsichtigtem Ölverlust (z. B. beschädigte Hydraulikleitung) oder im Falle undichter Geber- (1) oder Bremszylinder (10), die erneuert werden müssen, erfolgt die Ölfüllung so: Für die Bremsanlage dürfen nur die vorgeschriebenen Mineralöle (siehe hierzu Abb. 876 und dazugehöriger Text) verwendet werden. Am Geberzylinder (1) die Entlüftungsschraube (14) entfernen und auch die Schraube für die Ölfüllbohrung (15) am Bremszylinder (10) abschrauben.

Die Füllspritze aus Plastik (ähnlich einer medizinischen Einwegspritze), Magura-Best.-Nr. 321 236, mit Öl aufziehen, dabei die restliche Luft herausdrücken und die Spritze in die Ölfüllbohrung (15) stecken.

Den Ölinhalt langsam in das Bremssystem drücken, bis überfließendes Öl aus der Belüftungsbohrung (14) der Geberarmatur (1) austritt. Überfließendes Öl auffangen und vorschriftsmäßig entsorgen. Die Entlüftungsbohrung mit der Schraube (14) und einem neuen Dichtring verschließen, währenddessen die Füllspritze stecken lassen. Dann die Füllspritze abnehmen und die Ölfüllbohrung mit der Schraube (15) und einem neuen Dichtring verschließen. Die beiden Schrauben (14 und 15) mit max. 4 Nm festziehen.

Die Anlage ist befüllt und entlüftet, weil durch den Füllvorgang vom Bremszylinder (10) her die Luft nach oben durch die Entlüftungsbohrung (14) verdrängt wurde.

Bremse im Stand auf Funktion und Dichtheit prüfen

Vor Inbetriebnahme der Bremse ist folgende Prüfung durchzuführen: Den Handhebel (5) nur etwa 5 mm weit ziehen, die Bremskolben (11) mit den Bremsklötzen (7) müssen sich dabei aus der Endlage bewegen. Wenn nicht, muß die Anlage nochmals entlüftet werden.

Dann den Handhebel (5) bis auf Druckpunkt ziehen und den Hebel auf Druck halten, dabei prüfen, ob die Anschlüsse und Verschlußschrauben dicht sind. Den Handhebel loslassen, die Bremsklötze (7) gehen in die Endlage zurück.

Da die hydraulische Felgenbremse direkter als bisher bekannte Bremsen anspricht, sollte man sich erst durch vorsichtige Bremsversuche an diese Bremse gewöhnen. Immer nur so stark bremsen, daß das Laufrad nicht blockiert.

Einstellung der Felgenbremse PBS von Weinmann

Einstellung der Bremse zur Felge

Die Bremse wird wie folgt eingestellt, siehe hierzu Abb. 930:

1. Der mit dem Bowdenzug (Z) verbundene Bremskörper (B) wird mit einem Abstand von 1,5 bis 2 mm zur Felge gebracht. Dazu ist eine Einstell-Lehre notwendig. Diese Einstell-Lehre (= ein Pappstreifen 1,5 mm dick, liegt jeder Bremse bei) wird zwischen den Bremskopf (B) und die Felge geschoben und mit dem Verstellkopf (V) fixiert.
2. Danach wird der Bremsbügel (BU) mit dem Befestigungsbolzen (BO) fest angezogen und die Einstell-Lehre entfernt. Wegen der schwimmenden Lagerung (L) darf der Bremsbügel (BU) nicht an den Gabelscheiden bzw. Sitzstreben anliegen.
3. Der gegenüberliegende Bremsklotz (BK) wird mit dem Verstellkopf (V) mit der Griffmutter (G) auf 1,5 bis 2 mm Abstand zur Felge eingestellt.

Die Feinverstellung am Bowdenzug (Z) hat die Aufgabe, ein eventuelles Spiel auszugleichen.

Austausch der Bremsklötze

Der Verstellkopf (V) wird zuerst mit der Griffmutter (G) zurückgedreht. Mit einem 3 mm Sechskant-Stiftschlüssel wird im Zentrum des Verstellkopfes (V) bzw. Bremskörpers (B) die Schraube gelöst und der abgenützte Bremsklotz (BK) durch einen neuen ersetzt. Das Anzugsdrehmoment beträgt 1,8–2,0 Nm. Die Bremsklötze sind in der Längsrichtung angeschrägt. Es ist deshalb darauf zu achten, daß der Markierungspfeil am Bremsgummi mit der Laufrichtung des Fahrrades übereinstimmt. Dies mindert lästige Bremsgeräusche.

Mit dem gleichen Sechskant-Stiftschlüssel 3 mm wird der Handbremshebel (siehe Abb. 932) am Lenker festgeschraubt und auch die Befestigungsschrauben der Halter (siehe Abb. 930-H) für den Verstellkopf (siehe Abb. 930-V) und den Bremskörper (siehe Abb. 930-B) geöffnet und befestigt.

Pflege der Bowdenzüge

Bowdenzüge werden am Fahrrad für die Betätigung der Bremsen, der Mehrgang-Getriebenaben und Kettenschaltungen verwendet. Das Seil wird vor der Montage gefettet. Diese Schmierung reicht aber nur für eine begrenzte Zeit. Trockene Seilzüge verschleißen schneller, die Verdrillung oder Verseilung der biegsamen Einzeldrähte löst sich, dazu kommen Schäden durch Witterungseinflüsse, Schmutz, Rost usw. Schwergängige Bowdenzüge benötigen eine unnötig hohe Betätigungskraft. Deshalb müssen auch die Bowdenzüge von Zeit zu Zeit geschmiert werden.

Die Nachschmierung ist nicht ganz einfach. Der Seilzug muß dazu vorteilhaft ausgebaut, zerlegt und gereinigt und dann das Seil mit einem Spezialfett, das bei Kälte nicht steif wird, geschmiert werden. Man kann auch dünnflüssiges Öl (Fahrradöl) in das hochgehaltene Ende des ausgehängten Zuges einlaufen lassen. Diese Arbeit braucht Zeit, die sich aber die wenigsten nehmen wollen. Mühelos dagegen wird das Schmieren der Seilzüge, ohne daß sie dazu ausgebaut werden müssen, bei Verwendung von Bowdenzugölern der Firma Fischer/Urach (siehe Abb. 1017), die auch nachträglich leicht montiert werden können (Abb. 1285). Der Öler wird möglichst an der höchsten Stelle des Seilzuges aufgeklammert (über seine Befestigung siehe Seite 370), von der aus das Öl nach beiden Seiten im Innern des Seilzuges ablaufen kann (Abb. 1286).

Abb. 1285: Bowdenzugöler.

Seilzüge mit Kunststoffrohren in den Seilhüllen (siehe Abb. 921 und 1016) sind für Bowdenzugöler nicht geeignet.

Ist das Bowdenseil gerissen, der Nippel abgeplatzt oder die Hülle geknickt, so sollte der komplette Seilzug erneuert werden, denn eine Reparatur lohnt sich meist nicht. Versucht ein Hobby-Mechaniker trotzdem, etwa auf ein neues Seil den Messingnippel aufzulöten, so wird das so gemacht:

Das neue Seil ist mit einer scharfen Kneifzange auf die benötigte Länge abzuschneiden. Die Bohrung des Nippels muß für das Seil passen, das sich gerade noch durch den Nippel durchschieben lassen muß. Die Außenseite des Nippels muß stark angesenkt sein, damit das pinselartig aufgespreizte Seilende sich nach dem Löten hier pfropfenartig verankern

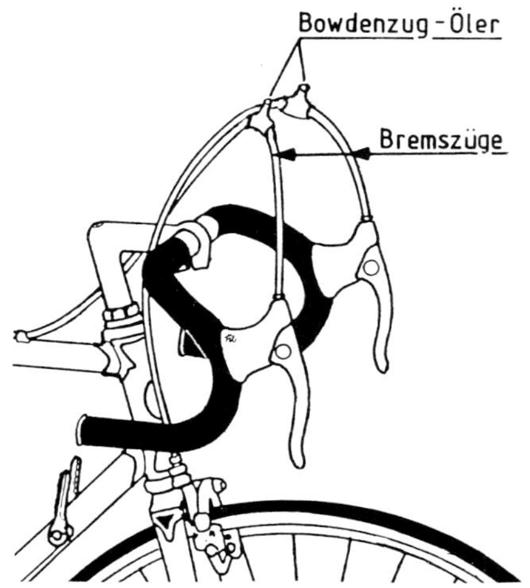

Abb. 1286: Montage des Bowdenzugölers.

kann. Der Nippel soll nicht mit dem Kolben, sondern besser im Tauchbad gelötet werden, denn nur bei Tauchlötung dringt das Lot wirklich durch. Zum Nippellöten genügt schon ein fingerhutgroßes Gefäß, ein etwas größeres Näpfchen ist besser, weil die größere Lotmenge die Wärme länger hält. Das Lot muß gut warm sein (ca. 240° C, siehe Tabelle Abb. 291), darf aber auch nicht überhitzt werden.

Zum Löten wird das Seilende mit Nippel in Lötwasser (das hier im Gegensatz zu allen Lötungen an elektrischen Verbindungen richtig ist!) und anschließend bis etwa 1 mm über dem Nippel in das flüssige Lötzinn getaucht. Nippel kurze Zeit im Lötbad lassen, damit er Wärme aufnehmen kann. Überflüssiges, noch warmes Lot am Nippel kann man nach Herausnehmen aus dem Bad mit Lappen oder Pinsel abwischen. Das andere Seilende ist ca. 40–50 mm lang zu verzinnen, damit es nicht durch den Klemmnippel, wie schon gesagt, verformt (gespreißelt) wird.

Die Bowdenzüge sollen nach Möglichkeit am Rahmen festgelegt werden. Wo sie funktionsgemäß ständig bewegt werden, z. B. am Übergang vom Lenker zum Rahmen, müssen sie aber natürlich die nötige Bewegungsfreiheit haben. Das ist auch ein weiterer Grund, zu enge Biegungen zu vermeiden.

Zur Befestigung der Züge am Rahmen kann man Klebeband verwenden; besser aber sind Plastik-Klemmen, die es hierfür gibt. Mehrere offen verlegte Bowdenzüge, z. B. vom rechten und linken Lenkerende kommende Bremszüge, vor dem Lenker, können durch eine Plastik-Doppelklemme zusammengehalten werden.

Wartung der elektrischen Ausrüstung

Eine häufige Störungsquelle am Fahrrad ist die elektrische Ausrüstung. Nicht so sehr wegen technischer Mängel der Lichtmaschine, des Scheinwerfers oder der Rückleuchte – diese sind heute auf dem gleichen technischen Stand wie andere Bauteile auch –, der relativ häufigste Ausfall der Beleuchtungsanlage liegt an mangelhafter Verlegung der Leitungen und roher Behandlung durch den Radfahrer. Es gibt viele Radler, die meinen, sie führen ja doch nur bei Tageslicht, und die Beleuchtungs-Einrichtung sei überflüssig; dementsprechend wird sie auch nicht gepflegt.

Die elektrische Schaltung einer Fahrrad-Lichtanlage ist sehr einfach – sie hat nur zwei Leitungen: vom isolierten Anschluß der Lichtmaschine (siehe Abb. 1052-22) führt die eine zur Glühlampenfassung im

Abb. 1287: Leitungsführung am Fahrrad.

Scheinwerfer (siehe Abb. 1067), von dort führt die zweite zur Schlußleuchte (Abb. 1287).

Damit die Leitung vom Scheinwerfer zur Schlußleuchte nicht außen am Rahmen geführt werden muß und dort dauernd Beschädigungen ausgesetzt ist, wird sie im allgemeinen geschützt im Rahmenrohr verlegt. Am unteren Rahmenrohr in der Nähe des Lenkkopfes tritt sie ins Rohrinnere ein (Abb. 1287-E), läuft dann über das Tretlager ins Hintergabelrohr und kommt kurz vor dem Ausfallende heraus (Abb. 1287-A). Von dort wird sie entlang der Schutzblechstrebe zur Schlußleuchte geführt. Damit sie am Rohr-Eintritt (E) und

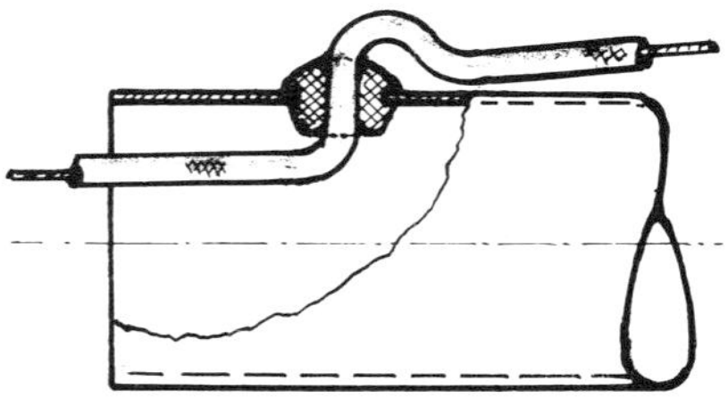

Abb. 1288: Lichtkabel-Ein- und -Austritt am Rahmen.

-Austritt (A) nicht von der scharfen Lochkante verletzt werden kann, wird zum Schutz an beiden Stellen eine Gummitülle montiert (Abb. 1288).

Der im Rohr verlegte Teil der Leitung wird selten schadhaft – es kommt allerdings vor, daß die Leitung im Rahmenrohr durchhängt, so daß die Isolation von der Tretlagerwelle durchgescheuert wird und ein Kurzschluß entsteht. Wird dann eine neue Leitung (mindestens 0,38 □) eingezogen, empfiehlt es sich, einen Tretlager-Faltenbalg nach Abb. 622, sowohl gegen Leitungsschäden als auch gegen Kugellager-Verschmutzung, zu montieren.

Die ungeschützten Teile der Leitung (vom Dynamo zum Scheinwerfer und vom Hintergabelrohr-Austritt zur Schlußleuchte) sind Beschädigungen aller Art ausgesetzt. Sie dürfen deshalb nicht lose herumhängen, sondern sind mit Kunststoff-Klebebändern festzulegen. Dabei ist darauf zu achten, daß beim Einschlagen der Lenkung die Leitung nicht gespannt und am Rücklicht bei eventuellem Erneuern der Glühbirne die Leitung nicht abgerissen wird. Deshalb soll (Abb. 1289) hier das Ka-

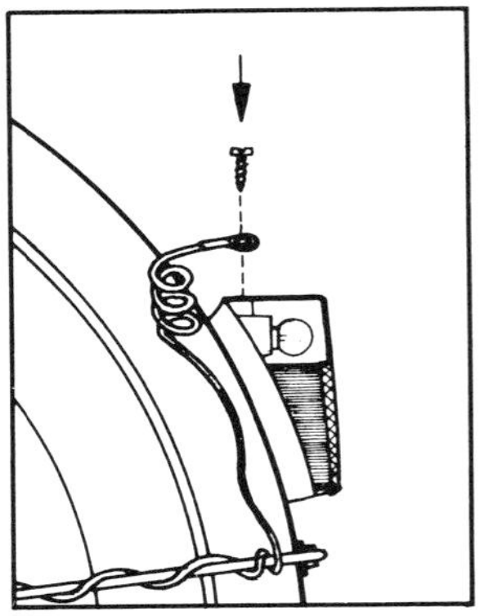

Abb. 1289: Anschluß der elektrischen Leitung an der Rückleuchte mit Wendel.

belende zu einer kleinen federnden Wendel (stramm um einen Schraubendreher!) gewickelt werden.

Eine abgerissene Leitung nicht durch Zusammendrehen der Kabel-Litzen „flikken“! Freilich kostet die Verlegung eines neuen Kabels im Rahmen Zeit – diesen Zeitaufwand kann eine Zweiradmechaniker-Werkstatt dem Kunden gar nicht verrechnen, und deshalb wird dann die Ersatzleitung meist „außen“ provisorisch befestigt. Der Hobby-Mechaniker jedoch hat Zeit für eine solche Arbeit, die wie folgt vor sich geht:

Tretlagerwelle ausbauen (siehe hierzu „Wartung und Instandsetzung Tretlager“ – Seite 427), Gummitüllen an unterem Rahmenrohr und Hintergabelrohr herausnehmen, schadhafte Leitung im Bereich des Tretlagers und direkt an der Schlußleuchte abkneifen; am Kabelaustritt am Hintergabelrohr (A) die Litzen der neuen Leitung mit denen des defekten Kabel verknüpfen und nun vom Tretlager her die defekte Leitung mit der angehängten neuen vorsichtig herausziehen (gleichzeitig hinten nachschieben); danach das noch im unteren Rahmenrohr verbliebene defekte Restkabel mit dem aus dem Hintergabelrohr kommenden neuen Kabel verknüpfen und mit dem daranhängenden neuen Kabel vom Lenkkopf her vorsichtig herausziehen – damit ist die neue Leitung eingezogen; die beiden Gummitüllen auf die Leitung aufstecken und in die Rohrbohrungen eindrücken (zur leichteren Montage die Gummitüllen mit ein wenig Öl benetzen).

Störungen in den Leuchten treten (besonders bei älteren Anlagen) außer Leitungsschäden wegen Unterbrechung der Stromzufuhr durch schwache oder oxydierte Kontaktfedern auf. Solche Kontaktstellen sind mit feinem Glaspapier zu reinigen bzw. ist die Feder geringfügig nachzubiegen, um den Kontaktdruck zu erhöhen.

Eine weitere Ursache für den Ausfall der Beleuchtung ist ungenügender Masseschluß. Um eine einwandfreie elektrische Masseverbindung (durch die ja die Stromrückführung im geschlossenen Stromkreis erfolgt) sicherzustellen, muß eine einwandfreie metallische Verbindung von Lichtmaschine, Scheinwerfer und Rückleuchte mit der Masse (d. h. dem Rahmen) vorhanden sein. Dieser metallische Kontakt wird durch Zahnscheiben, bei der Lichtmaschine am Befestigungshalter (siehe Abb. 1052-6), am Scheinwerfer-Befestigungsauge (siehe Abb. 1066) und unter der Befestigungsschraube des Rücklichts am Schutzblech erreicht.

Brennt die Beleuchtung nicht, dann zuerst prüfen, ob die Glühlampen (Bestückung siehe Abb. 1090–1092) nicht durchgebrannt sind. Ist die Scheinwerferlampe defekt, so brennt zwangsläufig die Rücklicht-Glühlampe durch, weil die schwächere Rückleuchten-Glühlampe mit dem zu starken Strom der Scheinwerfer-Glühlampe überlastet ist.

Reparaturen am Dynamo (der Lichtmaschine) sind nicht möglich, da er sich gar nicht öffnen läßt. Ob er noch funktioniert, kann nur mit einer Prüflampe geprüft werden, die aus einer Lampenfassung (Sokkel) mit eingeschraubter Scheinwerfer-Glühlampe besteht. An der Hülse der Fassung ist ein Draht (Litze) anzulöten, der möglichst unmittelbar am Dynamogehäuse angehalten wird. Mit einem zweiten Kabel werden die isolierten Anschlußklemmen von Lichtmaschine und Prüflampe verbunden. Brennt bei in Drehung versetztem Vorderrad samt Dynamo die Prüflampe hell, so ist die Lichtmaschine in Ordnung.

Zweckmäßigerweise macht man dann gleich die Probe, ob die Lichtmaschine richtige Masseverbindung hat, indem bei gleicher Schaltung das Massekabel der Prüflampe hinter der Anklemmung der Lichtmaschine, etwa am Lenker, angelegt wird. Brennt die Prüflampe dann (bei umlaufendem Rad) nicht, so ist ungenügende Masseverbindung die Fehlerursache.

Eine Lichtmaschine, die keinen Strom mehr liefert, muß durch eine neue ersetzt werden.

Unabhängig von der Anbringungs- bzw. Befestigungsart der Lichtmaschine, vorn oder hinten, ist die radiale Stellung der Dynamoachse wichtig (siehe Abb. 1055 – Fig. 1); aber auch in der Höhe muß die Lichtmaschine richtig zum Reifen eingestellt sein (siehe Abb. 1055 – Fig. 2).

Damit die Schwenkeinrichtung der Lichtmaschine leichtgängig bleibt, soll diese ständig geschmiert gehalten werden. Dadurch wird die gerändelte Antriebsrolle mit voller Federkraft an die Reifenwand gedrückt und kommt bei Nässe weniger zum Gleiten.

Auch beim Fahrrad ist die richtige Scheinwerfer-Einstellung wichtig. Sein Licht muß auf große Entfernung wahrnehmbar sein und darf nicht blenden. Die Einstellung ist einfach (siehe Abb. 1089), sie sollte öfter (als im allgemeinen üblich!) geprüft werden.

Weiteres über die elektrische Ausrüstung des Fahrrades siehe Seite 380 ff.

Lack- und Chrompflege

Die Lackierung und besonders die metallischen, galvanisch aufgebrachten Überzüge (Zink, Chrom usw.) der Fahrradteile müssen, wie bei allen anderen Fahrzeugen auch, gepflegt werden. Die beste Schonung des Fahrrades und seiner oberflächengeschützten Teile ist die Unterbringung in einem trockenen Raum. Bei Fahrrädern, die in feuchten Räumen (Keller) untergestellt werden (und das besonders nach einer Regenfahrt), sind Lack- und Chromschäden schon nach kurzer Zeit unvermeidbar.

In der Landwirtschaft wird häufig aus Bequemlichkeit das Fahrrad im Viehstall untergestellt. Durch die aggressive Stalluft werden die verzinkten Teile (z. B. Halter, Schellen, Pedale, Sattelgestelle, Speichen) besonders schnell schwarz und rostig.

Vom Kundendienst der Fahrradhersteller wird neuerdings berichtet, daß Radler dazu übergehen, in den Auto-Waschstraßen das Fahrrad mit der Heißwasser-Druckdusche abzuduschen. Dabei wird die fettige Lackschicht abgebaut und zerstört, die galvanisch behandelten Teile oxydieren schnell und setzen Weißrost an. Auch werden durch eindringendes Wasser die Kugellager beschädigt.

Im Winter werden durch das Streusalz auf den Straßen Felgen, Speichennippel und Speichen besonders stark angegriffen. Stärkeren Schäden kann durch Trocknen und Einfetten unmittelbar nach der Fahrt vorgebeugt werden.

Einmal im Jahr mindestens sollte der Lack mit einem Lackpflegemittel nach vorhergehender Reinigung behandelt werden. Öfter jedoch sollten Zink- und Chromteile mit einem säurefreien Fett (Vaseline) porentief eingerieben werden.

Durch Stürze verursachte Lackschäden oder sonstige „Kratzer“ können heute vom Fahrer selbst mühelos mit der Lacksprühdose ausgebessert werden. Solche Spraydosen mit schnelltrocknendem Lack liefern die Zweiradhersteller im Original-Farbton.

Bereits stark angegriffene Chromteile können auch mit „Wunderpasten“ nicht mehr regeneriert werden.

Bordwerkzeug

Beim Tourenfahren sind kleinere Pannen nicht zu vermeiden. Deshalb muß man unterwegs kleine Schäden selbst reparieren können. Dazu ist gutes Werkzeug notwendig. Die heute verwendeten Werkzeugdosen aus Kunststoff (siehe Abb. 990) sind sehr klein, und es kann darin nur das Allernotwendigste untergebracht werden. Der von den meisten Herstellern mit gelieferte gestanzte Mehrloch-Blechschlüssel ist z. B. für einen Radwechsel, den ja unter Umständen auch eine Frau ausführen muß, ungeeignet. Besser ist es, sich einen geschmiedeten Doppelmaulschlüssel zu beschaffen, bei dem eine Seite ein Maul mit 15 mm Schlüsselweite, passend für die Achsmuttern, hat. Das andere Maul ist mit der Eisensäge soweit abzusägen, daß die Seite mit der 15 mm Schlüsselweite gerade noch in die Werkzeugdose paßt. Es genügen dann noch zwei kleinere Schlüssel für die Lenker- und die Sattelbefestigung sowie zum Abschrauben der Bandage für den Brems-Gegenhaltehebel der Rücktrittbremse. Ein kleiner Schraubendreher für Scheinwerfer und Rückleuchte ist wichtig, wenn es der Platz in der Werkzeugdose noch erlaubt. Die Flickzeugdose muß eine kleine Tube Gummilösung, ein Stück Sandpapier und einige „Flicken“ enthalten. Dazu können in die Dose noch ein Ersatz-Ventileinsatz, ein Ersatz-Steckglied mit Federverschluß für die Kette ½ × ⅛ und je eine Ersatz-Glühlampe für Scheinwerfer und Rückleuchte beigepackt werden.

Wichtig ist auch eine gute Luftpumpe, die auch wirklich „zieht“. Wird eine längere Radtour unternommen, so ist es ratsam, einen Ersatz-Luftschlauch mitzunehmen, denn bei einer Reifenpanne ist nicht immer Wasser zum Suchen der Leckstelle vorhanden, und bei einbrechender Dunkelheit kann ein Ersatzschlauch leichter montiert werden, als ein defekter Schlauch geflickt werden kann.

Sind mehrere Fahrräder im Haushalt zu betreuen, so ist das Aufpumpen der Bereifung mit einer Fußpumpe (Abb. 1290) eine wirkliche Erleichterung.

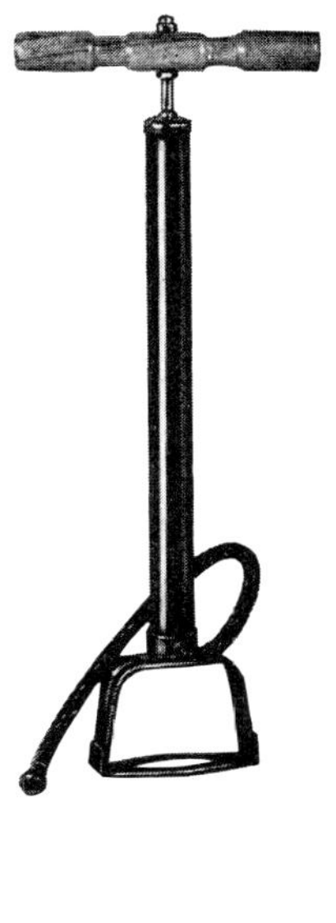

Abb. 1290:
Fahrrad-Fußpumpe.

„Überwintern“ des Fahrrades

Die meisten Rad-Touristen legen im späten Herbst bis zum Frühjahr eine Ruhepause ein. Nach der letzten Ausfahrt das Fahrrad zum Überwintern gründlich reinigen, Zink- und Chromteile mit säurefreiem Fett (Vaseline) hauchdünn einfetten. Kette reinigen, ölen und nachspannen. Laufräder und Bremsen überprüfen, Züge nachstellen, ölen usw. Alle Instandsetzungsarbeiten bereits im Herbst erledigen – nicht das Fahrrad in Schmutz und Nässe, vielleicht sogar mit einem Plattfuß, bis zum Frühjahr in der Rumpelkammer abstellen! Die Überwinterung sollte in einem trockenen Raum erfolgen, der Reifendruck sollte abgesenkt und das Fahrrad hängend aufbewahrt werden, damit die Bereifung entlastet ist. Wenn der Lagerraum nicht völlig dunkel ist, Reifen gegen Licht schützen.

Abb. 1291: Hercules-Elektrofahrrad.

Fahrrad mit Elektromotor

Hercules Elektra

Das Hercules-Elektrofahrrad ist ein Fahrrad mit batteriegetriebener Motorunterstützung (amtl. Bezeichnung Leichtmofa), das lärmfrei, sauber und umweltfreundlich fährt (Abb. 1291).

Der zuschaltbare Gleichstrommotor hat eine Dauerleistung von 180 Watt (kurzzeitig 360 W) und wird gespeist von einem Sanyo-Batteriesystem 24 V, 7 Ah. Die Reichweite beträgt ohne Tretunterstützung 20 bis 25 km.

Nach sechs Stunden Ladezeit ist das Elektra wieder fahrbereit. Die Trockenbatterien (mit NiCd-Zellen) sind zuverlässige Energiespeicher, die erst nach ca. 1000 Ladezyklen ausgewechselt werden müssen.

Die Höchstgeschwindigkeit beträgt nach der Straßenverkehrsordnung 20 km/h, es besteht daher keine Helmtragepflicht.

Generell wird ein Damenrahmen mit tiefem Durchstieg verwendet. Weitere Attribute sind: Anfahrautomatik, Sachs-Dreigang-Rücktrittbremsnabe, Trommelbremse vorn, Standlichtanlage, Bereifung 37-590, Gewicht 30 kg.

Für müde gewordene Radfahrer ist dieses Hercules Elektra ein ideales und umweltfreundliches Fortbewegungsmittel.

Zum folgenden Beitrag „Rennsport-Einstieg“

Aufbau und Ausrüstung eines Rennrades

BEZEICHNUNG DER TEILE

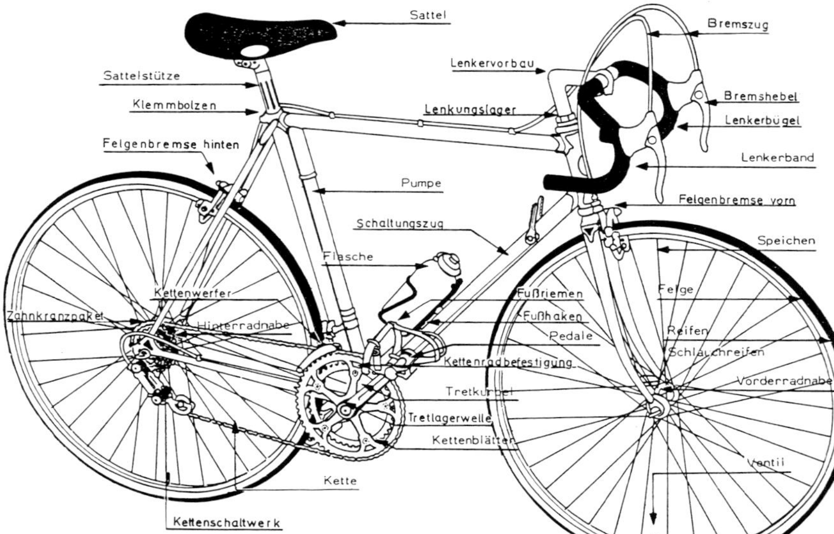

Rennsport-Einstieg

Die österreichischen Puchwerke in Graz hatten für ihre Händler und Kunden eine Anleitung ausgearbeitet, in der es um Auswahl und Anpassung einer Rennmaschine ebenso geht wie um die richtige Bekleidung.

Rahmengrössen

Wenn Sie wissen wollen, welche Rahmengröße Ihrem Körper angepaßt werden muß, so können Sie dies genau aus untenstehender Tabelle ablesen:

Körpergröße	Rahmengröße
160-165 cm	51-53 cm
165-170 cm	53-55 cm
170-175 cm	55-57 cm
175-180 cm	57-59 cm
180-185 cm	59-61 cm

Die Positionen des Rennrades

Die richtige Einstellung des Sattels und des Lenkers wird in der Fachsprache der Radrennfahrer als Positions-Einstellung bezeichnet.

Das Finden dieser Position ist auch für den Hobby- bzw. Amateurradfahrer sehr wesentlich, da sich dadurch nicht nur eine günstige körperliche und optisch richtige Haltung ergibt, sondern vor allem eine größtmögliche Leistungsnutzung durch eine optimale Kraftübertragung.

Die richtige Einstellung der Sattelhöhe

Wichtig ist dabei, daß der Sattel immer eine waagerechte Stellung einnimmt. Außerdem sollte sich die Sattelstütze zumindest in der Mitte des Sattelklobens befinden. Je weiter der Sattel in Richtung Hinterrad gerückt wird, um so besser wird die Sitzposition sein. Beim Einrichten der Sitzposition muß mit durchgestrecktem Fuß mit der Ferse auf die tiefstehenden Pedale gedrückt werden.

Einstellung von Lenkervorbau und Lenkerhöhe

Wurde die richtige Sattelhöhe gefunden und fixiert, so ist als nächster Punkt die

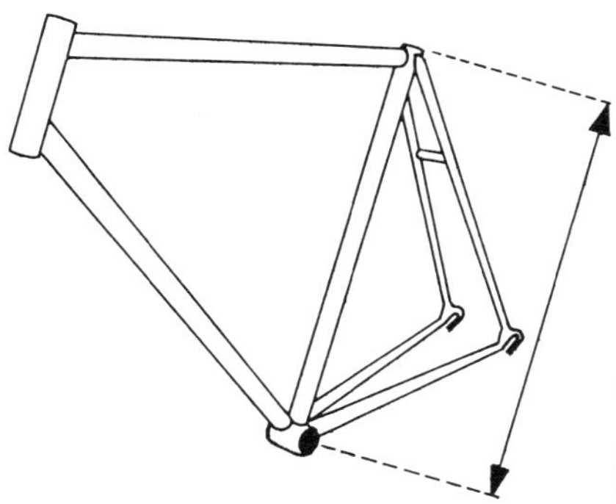

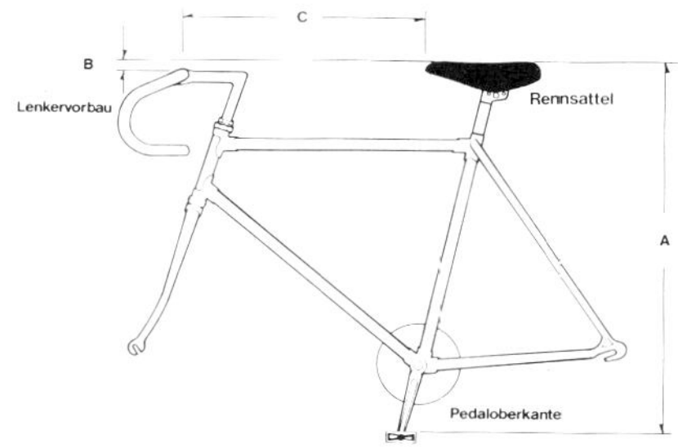

Einstellung der Lenkerhöhe vorzunehmen. Eine Faustregel besagt, daß die Lenkervorbau-Oberkante ca. 2-3 cm tiefer liegen soll als die Sattel-Oberkante.

Abstand zwischen Sattelspitze und Lenkerbügel:

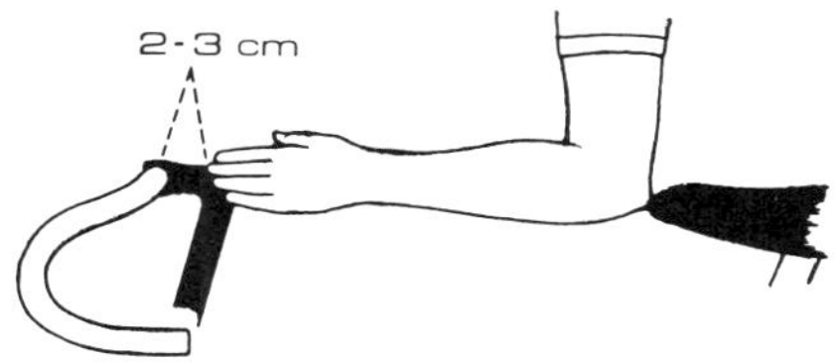

Das letzte Maß, welches noch für die richtige Sitzposition am Rennrad entscheidend ist, wird durch das Ellbogenmaß gefunden. Vom abgewinkelten Ellbogen mit gestrecktem Unterarm und Fingern sollte der Abstand zwischen Fingerspitzen und Lenkerbügel 2-3 cm betragen.

Fahrtechnik in der Ebene und am Berg

Nachdem Sie nun die richtige Sitzposition auf dem Rennrad gefunden haben, ist es sehr wichtig, die richtigen Gänge zu wählen (Übersetzung) um die Körperkraft entsprechend in Leistung umzusetzen.

Die Übersetzungen

Die für den menschlichen Körper günstige Drehzahl der Tretkurbeln liegt zwischen 40 und 60 Umdrehungen pro Minute.

Normal sind die Gänge so zu schalten, daß die Ideallinie der Kette nicht zu stark abweicht, da sonst das Kettenblatt und die Kette (bedingt durch die große Schrägstellung) zu stark abgenützt werden.

Natürlich kann kurzfristig bei Bedarf vorne und hinten das große Blatt – und umgekehrt – geschaltet werden.

Übersetzungsverhältnis

$$\text{Entfaltung} = \frac{\text{Zähnezahl des Pedalgetriebes}}{\text{Zähnezahl des hinteren Zahnkranzes}} \cdot \text{Radumfang} \varnothing \text{ 680 des Laufrades (Schlauchreifen)}$$

Weg pro Kurbelumdrehung in Metern:

Zähnezahl des vorderen Kettenrades	Zähnezahl des hinteren Kettenrades																				
	12	13	14	15	16	17	18	19	20	21	22	23	24	25	26	27	28	29	30	31	32
35	6,23	5,75	5,34	4,98	4,67	4,39	4,15	3,83	3,73	3,56	3,39	3,25	3,11	2,99	2,87	2,76	2,67	2,57	2,49	2,41	2,33
36	6,40	5,91	5,49	5,12	4,80	4,52	4,27	4,04	3,84	3,66	3,49	3,34	3,20	3,07	2,95	2,84	2,74	2,65	2,56	2,48	2,40
37	6,58	6,07	5,64	5,26	4,93	4,64	4,39	4,15	3,95	3,76	3,59	3,43	3,29	3,16	3,03	2,92	2,82	2,72	2,63	2,54	2,46
38	6,76	6,24	5,79	5,41	5,07	4,77	4,50	4,27	4,05	3,84	3,68	3,52	3,38	3,24	3,12	3,00	2,89	2,79	2,70	2,61	2,53
39	6,94	6,40	5,94	5,55	5,20	4,90	4,62	4,38	4,16	3,96	3,78	3,62	3,47	3,33	3,20	3,08	2,97	2,81	2,77	2,68	2,60
40	7,12	6,57	6,10	5,69	5,34	5,02	4,74	4,50	4,27	4,07	3,88	3,71	3,56	3,42	3,28	3,16	3,05	2,94	2,83	2,75	2,66
41	7,30	6,73	6,25	5,84	5,47	5,15	4,86	4,60	4,37	4,17	3,98	3,80	3,64	3,50	3,36	3,24	3,11	3,01	2,92	2,81	2,75
42	7,47	6,90	6,40	5,98	5,60	5,27	4,98	4,72	4,48	4,27	4,07	3,90	3,73	3,58	3,45	3,33	3,20	3,09	2,98	2,88	2,79
43	7,65	7,06	6,56	6,12	5,74	5,40	5,10	4,83	4,59	4,37	4,17	3,99	3,82	3,67	3,53	3,39	3,28	3,16	3,05	2,96	2,86
44	7,83	7,23	6,71	6,26	5,87	5,52	5,22	4,94	4,70	4,47	4,27	4,08	3,91	3,76	3,61	3,48	3,35	3,24	3,13	3,03	2,92
45	8,01	7,39	6,86	6,40	6,00	5,65	5,34	5,05	4,80	4,57	4,37	4,18	4,00	3,84	3,69	3,56	3,43	3,30	3,20	3,09	3,01
46	8,18	7,55	7,01	6,55	6,14	5,78	5,45	5,17	4,91	4,67	4,46	4,27	4,09	3,93	3,78	3,62	3,50	3,39	3,26	3,16	3,07
47	8,36	7,72	7,17	6,69	6,27	5,90	5,57	5,28	5,02	4,78	4,56	4,36	4,18	4,01	3,86	3,71	3,58	3,45	3,35	3,24	3,13
48	8,54	7,88	7,32	6,83	6,40	6,03	5,69	5,39	5,12	4,88	4,66	4,45	4,27	4,10	3,94	3,80	3,65	3,54	3,41	3,28	3,20
49	8,72	8,05	7,47	6,97	6,54	6,15	5,81	5,50	5,23	4,98	4,75	4,55	4,36	4,18	4,02	3,86	3,73	3,60	3,48	3,37	3,26
50	8,90	8,21	7,63	7,12	6,67	6,28	5,93	5,62	5,34	5,08	4,85	4,64	4,45	4,27	4,10	3,94	3,80	3,67	3,56	3,43	3,33
51	9,07	8,38	7,78	7,26	6,81	6,40	6,05	5,73	5,44	5,18	4,95	4,73	4,54	4,35	4,19	4,03	3,88	3,75	3,62	3,52	3,39
52	9,25	8,54	7,93	7,40	6,94	6,53	6,17	5,84	5,55	5,29	5,04	4,83	4,62	4,44	4,27	4,12	3,92	3,82	3,69	3,58	3,45
53	9,43	8,70	8,08	7,54	7,07	6,66	6,29	5,95	5,66	5,39	5,14	4,92	4,71	4,52	4,35	4,18	4,03	3,90	3,77	3,65	3,51
54	9,61	8,87	8,23	7,69	7,20	6,78	6,40	6,07	5,76	5,49	5,24	5,01	4,80	4,61	4,43	4,27	4,12	3,97	3,84	3,71	3,60
55	9,78	9,03	8,39	7,83	7,34	6,91	6,52	6,10	5,87	5,59	5,34	5,10	4,89	4,69	4,51	4,34	4,19	4,05	3,91	3,79	3,66
56	9,97	9,20	8,54	7,97	7,47	7,03	6,64	6,29	5,98	5,69	5,43	5,20	4,98	4,78	4,60	4,41	4,27	4,12	3,99	3,86	3,73
57	10,14	9,35	8,68	8,11	7,62	7,15	6,76	6,40	6,08	5,78	5,53	5,29	5,06	4,86	4,67	4,50	4,33	4,20	4,05	3,92	3,80
58	10,31	9,52	8,83	8,26	7,72	7,28	6,87	6,51	6,19	5,89	5,63	5,38	5,16	4,95	4,76	4,59	4,41	4,27	4,12	3,99	3,86
59	10,50	9,69	8,98	8,39	7,87	7,40	7,00	6,64	6,29	5,99	5,72	5,48	5,25	5,03	4,84	4,67	4,50	4,33	4,20	4,05	3,92
60	10,67	9,86	9,15	8,54	8,01	7,53	7,11	6,74	6,40	6,10	5,82	5,57	5,33	5,12	4,93	4,73	4,56	4,41	4,27	4,12	3,99

Für Laufrad mit Schlauchreifen Ø 680 mm.

Radsport-Bekleidung

Sie werden nur dann ein echtes Erfolgserlebnis haben, wenn Ihre Bekleidung für die Ausführung des Radsportes richtig gewählt wurde.

Trikot:

Als Trikot soll am besten ein reines Wollmaterial verwendet werden, dieses soll bei gebückter Haltung noch ca. 15 cm über die Rennhose reichen. Ein richtiges Renntrikot hat an der Rückseite 2 – 3 Taschen. Im Hochsommer verwendet man ein Seidentrikot. Helle Farben sind aus verkehrstechnischen Gründen zu bevorzugen.

Rennhose:

Mit feinem Ledereinsatz am Gesäß, um Sitzbeschwerden bei längerer Fahrt zu verhindern. Eine gute Rennhose hat relativ lange Beine, und auch der Oberteil muß weit nach oben reichen. Unter der Radrennhose soll keine andere Wäsche getragen werden. Pflege: waschen mit relativ kaltem Wasser, gut schwemmen und langsam trocknen. Der Ledereinsatz sollte hin und wieder mit einer Hirschtalgkreme eingerieben werden.

In der Regel tragen die Radrennfahrer weiße Socken.

Bei kühler Witterung ist das Tragen einer langen Trainingshose bzw. Strumpfhose angebracht. Ebenso eine entsprechende Oberbekleidung (Windschutz).

Rennschuhe:

Das Verwenden von Turn- bzw. Straßenschuhen ist auf längere Sicht ein ungenügender Ausrüstungsgegenstand, da die Sohle für die Beanspruchung beim Radfahren nicht geeignet ist.

Das Verwenden von speziellen Fahrradschuhen ist daher zu empfehlen.

In einem solchen Rennschuh ist eine Kunststoffeinlage oder eine Stahleinlage in der Sohle eingearbeitet. Außerdem kann eine Einrastplatte montiert werden, wodurch ein noch besserer Halt am Pedal gegeben ist.

Achtung: die Klippsriemen sind beim Bergfahren immer richtig festzuziehen (besserer Halt im Pedal). Bei der Talfahrt bzw. beim Fahren in der Stadt ist es sehr wichtig, die Klippsriemen immer so weit zu lockern, daß man jederzeit bei Eintreten einer Gefahr die Beine aus den Pedalklippsen herausbekommt.

Beim Kauf eines Rennschuhes ist darauf zu achten, daß ein guter Schuh gekauft wird. Sollte dieser durch das Fahren im Regen durchnäßt werden, ist dieser anschließend mit Zeitungspapier auszustopfen und sollte langsam getrocknet werden.

Kettenlinie

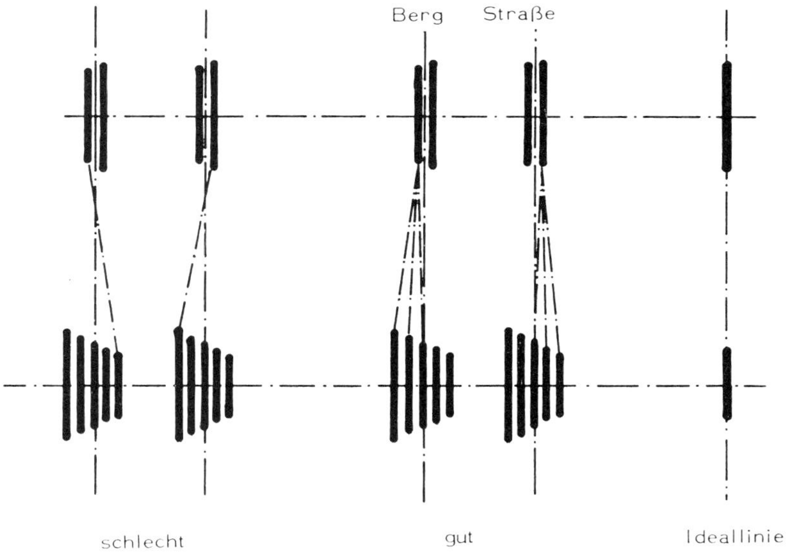

Kettenlinie für Straßenmaschinen

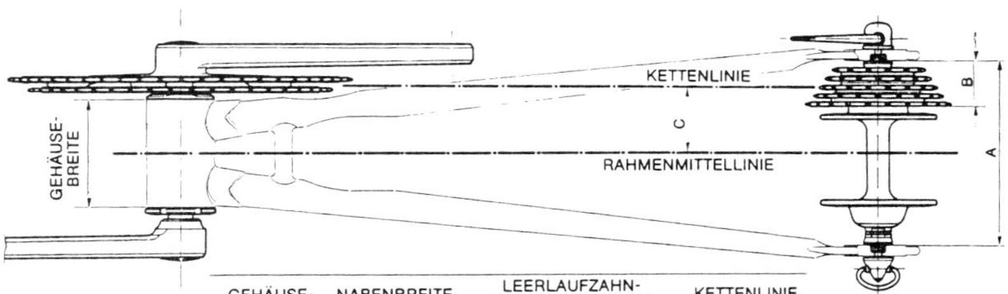

GEHÄUSE-BREITE	NABENBREITE "A"	LEERLAUFZAHN-KRANZ-ANSCHLAG AM AUSFALLENDE "B"	KETTENLINIE "C"
68	120	29	**43,5**
70	120	29	**43,5**
74	120	29	**43,5**

Kettenlinie für Bahnmaschinen

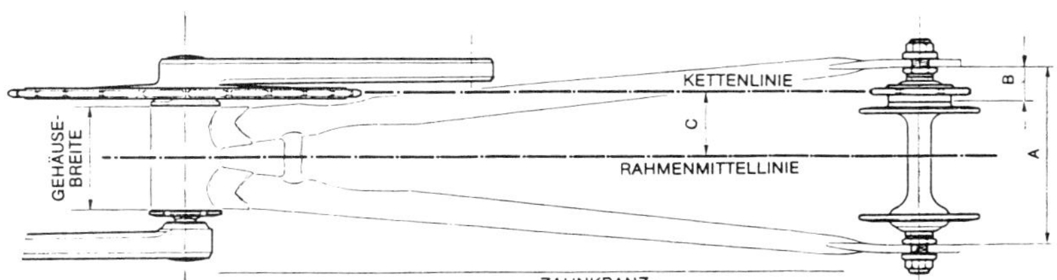

GEHÄUSE-BREITE	NABENBREITE "A"	ZAHNKRANZ-ANSCHLAG AM AUSFALLENDE "B"	KETTENLINIE "C"
65	110	21,5	**40**
68	110	21,5	**40**
68	120	24	**42,5**
70	120	24	**42,5**

Pflege und Lagerung von Schlauchreifen

Gut abgelagerte Reifen haben eine lange Lebensdauer, größere Km-Leistung und einen höheren Sicherheitsfaktor gegen das Eindringen von Fremdkörpern.

Wichtig ist die richtige Lagerung der Reifen: in einem kühlen Raum (Keller) möglichst auf Felgen aufgezogen und leicht aufgepumpt, so daß die Reifen gerade rund sind. Gut bewährt hat sich das Einsprühen mit Silicon-Gummischutzspray. Durch das Einsprühen ca. einmal monatlich trocknet der Reifen nicht aus und der Protektor bleibt geschmeidig. Gleiches gilt auch für jene Reifen, die nicht im Gebrauch sind.

Aufkleben der Schlauchreifen:

Bei Verwendung von Schlauchreifen ist darauf zu achten, daß die Reifen von Zeit zu Zeit (ca. alle 6 Monate) neu aufgekittet bzw. nachgekittet werden müssen. Aufgekittete Reifen halten nur beschränkte Zeit, da der Kitt austrocknet. Wichtig ist, daß ein Schlauchreifen vor jeder Ausfahrt richtig aufgepumpt wird. Ein guter Rennreifen wird mit ca. 7 – 8 bar aufgepumpt. Die Kontrolle erfolgt durch eine Luftpumpe mit Luftdruckmesser oder durch die Handmessung, wobei der Daumen auf den Reifen gelegt und mit dem Handballen der 2. Hand auf den Daumen gedrückt wird. Bei richtigem Reifendruck darf nur ein geringfügiges Nachgeben des Reifens registriert werden.

Firmen, die durch Überlassung von Informationsmaterial zu diesem Buch beigetragen haben:

N.V. Alesa S.A., Schoten-Antwerpen – Belgien
Walter Alfmeier GmbH & Co, 8830 Treuchtlingen
Alligator Ventilfabrik GmbH, 7928 Giengen (Brenz)
Altenburger GmbH & Co KG, 7893 Jestetten 1

Bador S.A., Saint Etienne Cédex – Frankreich
Baronia Fahrzeugfabrik, 4993 Rahden
Friedrich Bentlage KG, 4800 Bielefeld 1
Manfred Böhmer OHG, 5000 Köln 60 (für die Firmen Pletscher, Poutrait-Morin, Regina, Rigida, van Schothorst, Simplex, Soubitez)
Ralf Bohle & Co. GmbH, 5275 Bergneustadt
Busch & Müller, 5882 Meinerzhagen

Campagnolo S.p.A., Vicenza – Italien
Continental Gummi-Werke AG, 3000 Hannover 1

Degussa, Verbindungstechnik, Niederlassung 8500 Nürnberg
Deutsche Star Kugelhalter GmbH, 8720 Schweinfurt 2
Du Pont (Deutschland) GmbH, 4000 Düsseldorf 30

EHA Wilhelm Fritz KG, 6052 Mühlheim (Main)
Reinhard Elbracht KG, 4800 Bielefeld 1
ELGA GmbH, 6670 St. Ingbert
ELIO Lichttechnik GmbH, 6580 Idar-Oberstein 3
ESGE-MARBY-GmbH + Co KG, 4800 Bielefeld 16

FAG Kugelfischer Georg Schäfer KGaA, 8720 Schweinfurt 2
Fendt Fahrradtechnik GmbH, 8952 Marktoberdorf
Ferrometa GmbH, 3352 Einbeck (für die Firma Thuyama-Cateye)
Fichtel & Sachs AG, 8720 Schweinfurt 2
Adolf Fischer, Inh. K. Petershans, 7432 Urach
Friko-Werk Fritz Koerdt, 5757 Wickede/Ruhr

Deutsche Gardner-Denver GmbH, 7081 Westhausen

Gebr. Happich GmbH, 5600 Wuppertal
H. Hemmelskamp, 4800 Bielefeld 1
Huret et ses Fils, Nanterre – Frankreich

Kalkhoff-Werke GmbH, 4590 Cloppenburg (Oldbg.)
Dr. W. Kampschulte & Cie, 5650 Solingen 1
Heinz Kettler GmbH & Co, 4763 Ense-Parsit
Friedr. Krupp GmbH Metall- & Schmiedewerke, 4300 Essen 1
Otto Kynast GmbH & Co KG, 4570 Quakenbrück

Paul Lange & Co, 7000 Stuttgart 1 (für die Firmen Colnago, Selle Italia, Shimano, Wolber)

3 M Deutschland GmbH, 4040 Neuss 1
MAGURA Gustav Magenwirth GmbH & Co., 7432 Bad Urach
Maillard, Incheville – Frankreich
Mannesmannröhren-Werke AG, 4000 Düsseldorf 13
Markana-Metallwarenfabrik, 5830 Schwelm
Friedr. Wilhelm Mayweg, 5990 Altena (Westf.) 4
Rudolf Messingschlager, 8611 Baunach (für die Firmen Sakae, Sun Tour, Tange Ltd.)
Michelin KGaA, 7500 Karlsruhe 21
MDF Mitteldeutsche Fahrradwerke GmbH, O-4700 Sangerhausen
Mittendorf Rad-Studio GmbH, 6581 Herrstein-Nahe
Monark-Crescent AB, Varberg – Schweden
Deutsche Motobécane GmbH, 4800 Bielefeld 14
Moulton Limited, Bradford on Avon – Großbritannien

Normenausschuß Fahrräder (NAFA) im DIN Deutsches Institut für Normung e.V., 5000 Köln 1
Nürnberger Hercules-Werke GmbH, 8500 Nürnberg 70

PATRIA Fahrradfabrik Ernst Kleinebenne, 4817 Leopoldshöhe
Peugeot Zweirad-Vertriebs-GmbH, 5063 Overath
Proplast Progress Kunststoff GmbH, 6380 Bad Homburg 6

Reich GmbH, 8744 Mellrichstadt

Schauff GmbH, 5480 Remagen
Scheffer-Klute GmbH & Co, 5768 Sundern/Sauerland
Th. Schmitz, Inh. J. Orth, Spezialwerkzeuge der Zweiradbranche, 5653 Leichlingen 1
Selle Royal S.p.A., Pozzoleone – Italien
SKF GmbH, 8720 Schweinfurt 1
Stronglight, Saint Etienne Cédex – Frankreich
TI Sturmey-Archer Limited, Nottingham – England

Alfred Thun & Co GmbH, 5828 Ennepetal 13
Trelock Schloß GmbH, 4405 Nottuln 2

ULO-Werk Moritz Ullmann GmbH & Co KG 7340 Geislingen/Steige
UNION Sils, van de Loo & Co GmbH, 5758 Fröndenberg/Ruhr

VDO Vertriebsges. mbH, 6000 Frankfurt 1
Vredestein Icopro GmbH, 4350 Recklinghausen

WdK Wirtschaftsverband der deutschen Kautschukindustrie e.V., 6000 Frankfurt (Main) 90
„WECO" Wehmeyer & Co, 4806 Werther
Weinmann GmbH & Co KG, 7700 Singen/Htwl.
Weyer, 5628 Heiligenhaus
Wippermann jr. GmbH, 5800 Hagen 1
Carl Aug. Wirth, 5883 Kierspe 1
Wittkop & Co GmbH, 4902 Bad Salzuflen
Karl Wulfhorst, 4830 Gütersloh 1

Hans Zach GmbH & Co KG, 5609 Hückeswagen/Rhld.

Mit Genehmigung der Herausgeber wurden nachstehende Bücher bei der Erstellung des Manuskripts herangezogen:

„Handbuch für die Schweißtechnik", 5. Auflage, Westfälische Union AG, Hamm/Westf.

„Die Kunststoffe und ihre Eigenschaften" von Dipl. Ing. Hans Domininghaus, VDI-Verlag GmbH, Düsseldorf.

„Automatische Gangschaltung (Deal Drive) für Fahrräder" von Roger Cox, aus Zeitschrift „antriebstechnik" 23 (1984).

Das Kapitel „Tretantrieb" wurde nach Vorschlag von Herrn Werner Hilcker, Gewerbeoberlehrer (Maschinenbau, Elektro-Energietechnik), neu überarbeitet.

Leistungsstarke Lieferanten empfehlen sich

Seite

Fahrräder

Kleinebenne/Patria 485
Raleigh 489
Winora 491

Teile und Zubehör

Abziehbilder
bsb Bentlage 484

Achsen
FAG 499
Thun 481

Antriebselemente
FAG 499
Fichtel & Sachs 487
Thun 481

Behindertenfahrzeuge
Haverich 502

Bereifungen
Bohle/Schwalbe 484/485
Vredestein 501

Bremsen
Fichtel & Sachs 487
Magura 497
Weinmann 483

Cantilever-Felgenbremsen
Weinmann 483

Felgen
Ruhrwerk 488
Schürmann-Werk 496
Weinmann 483

Felgenbremsen
Magura 497
Weinmann 483

Gepäckträger
Esge-Marby 493

Gepäckträger-Rücklichter
Busch & Müller 497/502

Halogenscheinwerfer
Soubitez 495
UNION 486

Hydraulik-Felgenbremsen
Magura 497

Ketten
Fichtel & Sachs 487
Soeckneck 500

Kettenradgarnituren
Fichtel & Sachs 487
Thun 481

Kettenräder
Fichtel & Sachs 487
Thun 481

Kettenschaltungen
Fichtel & Sachs 487

Lagereinrichtungen
Schmitz 492

Lenker
Humpert 482
Lüttgens & Engels 502

Lenkungslager
FAG 499
Thun 481

Muffen
Zach 482, 489, 503

Naben
Fichtel & Sachs 487
Soeckneck 500

Pflege- und Schmiermittel
Gessert 490

Rahmen
Kleinebenne/Patria 485
Kwasny & Diekhöner 480

Rahmenverbindungsteile
Zach 489

Reifen
Bohle/Schwalbe 484/485
Vredestein 501

Reifen-Reparatur-Sets
Busch & Müller 497

Rücklichter/-strahler
Busch & Müller 497, 502

Sättel
Wittkop 498

Spanngurte
Esge-Marby 493

Spezialwerkzeuge
Schmitz 492

Schaltungen
Fichtel & Sachs 487

Schaltungsgriffe
Fichtel & Sachs 487

Scheinwerfer
Soubitez 495
UNION 486

Schrauben und Kleinteile
FREKO 489

Schutzbleche
Esge-Marby 493
Ruhrwerk 488
Schürmann-Werk 496

Steuerköpfe
Zach 503

Steuersätze
FAG 499
Thun 481

Stützen
Esge-Marby 493
Steinmann 494

Tretlager
FAG 499
Thun 481

Tretlagergehäuse
Zach 482, 489, 503

Trommelbremsen
Fichtel & Sachs 487

Versandhandel
Bicycle 503

Vorbauten
Humpert 482
Lüttgens & Engels 502

Walzendynamos
UNION 486

Werkstatteinrichtungen
Schmitz 492

Werkzeuge
Schmitz 492

Zahnkränze
Fichtel & Sachs 487

Zweirad-Dekorationen
bsb Bentlage 484

Elektrische Ausrüstung

Beleuchtungsanlagen
Soubitez 495
UNION 486

Dynamos
UNION 486

Rücklichter/-strahler
Busch & Müller 497, 502

Standlicht-Anlagen
Busch & Müller 502
UNION 486

Neu:
Weinmann
Cantilever Bremse TCL 320
Neu:
Weinmann Felge 2619
WEINMANN
Formschöne und kompakte Cantileverbremse mit ausgesprochen guten Bremsleistungen. Die exakte Abstimmung von Felgendesign und Bremse ist Sicherheit mit System. Einerseits bedeutet das optimalen Kontakt von Bremsgummi und Felge, andererseits wird dadurch das Abrutschen des Bremsgummis vermieden.
WEINMANN
Sicherheit mit System

TEAMWORK. MADE IN EUROPE

ALLES IM GRIFF

ARIS POWER GRIP ist die neue Idee von Sachs für dynamisches schnelles und sicheres Schalten im Gelände. Ein Dreh mit dem Lenkergriff bringt Sie ohne Zwischenstufen exakt, schnell und sicher in den gewünschten Gang. Indexiert natürlich. Dabei bleibt alles unter Kontrolle: Beide Hände sind beim Schalten fest am Lenker, ungewolltes Schalten wird durch die Gangsicherung verhindert und die Ganganzeige macht klar, welchen Gang Sie drauf haben. Schalten mit Grips: ARIS POWER GRIP. Fichtel & Sachs AG, 8720 Schweinfurt.

SACHS

RTS RIEGER TEAM

ESGE
Technik + Design
ESGE-MARBY
GmbH & Co. KG
⊠ 16 01 62
D-4800 Bielefeld 16
Telefon 05 21 ✆ 77 00 30
ESGE

sehen und
gesehen werden
NEU! DER
SCHEINWERFER
MIT INTEGRIERTEM
REFLEKTOR
Die Nr. 1 in Europa
Soubitez

FELGEN + SCHUTZBLECHE
E.T.R.T.O
RIMS
SCHÜRMANN
Fritz Schürmann GmbH & Co. KG · Postfach 1264 · D-4817 Leopoldshöhe · Tel. 05202/494-0 · Fax 05202/494-17

FAG

DER EINKAUFSREIFEN

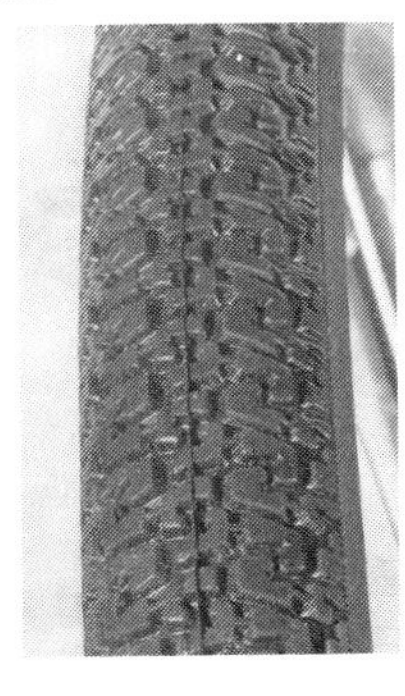

Den halben Supermarkt am Fahrrad, Bierkasten auf dem Gepäckträger und los geht's.

Angst vor einem Platten? Nicht so beim Einkaufsreifen, denn der hat ja die pannensichere Schutzschicht die 80% weniger Reifendefekte auf weist. Der Reifen der fast alles verträgt. Auf dem nächsten Einkaufszettel darf er nicht fehlen. Fragen Sie Ihr Fachgeschäft nach dem Allround, von Vredestein natürlich.

VREDESTEIN

DER FAHRRADREIFEN NR 1. AUS DEM FAHRRADLAND NR 1.

Weiter kommen – mit dem richtigen Lenker von L&E

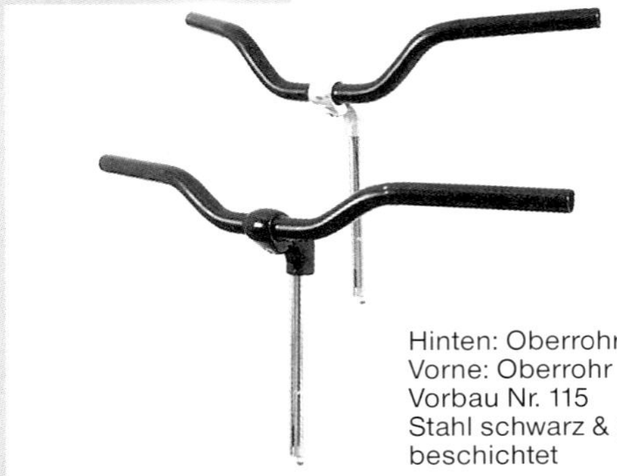

Hinten: Oberrohr Nr. 96
Vorne: Oberrohr Nr. 1046
Vorbau Nr. 115
Stahl schwarz & pulverbeschichtet

Optimale Kraftumsetzung, aerodynamische Sitzposition und Fahrkomfort sind wesentlich abhängig vom richtigen Lenker.
L&E bietet eine breite Auswahl an Spezial-Lenkern.

Lüttgens & Engels
GmbH & Co. KG

Nümmenerstraße 37, D 5650 Solingen-Gräfrath 18
Tel.: (02 12) 5 98 51, Fax: (02 12) 59 03 72

Standlicht

Design reg.
Pat.

Elektronik-Akku

neu!

„Stand-by" – Sicherheit bei kurzen Stillstand-Zeiten des Fahrrades

Ideal in Kombination mit B & M-Gepäckträger-Rücklicht „Toplight"

Automatisches Einschalten der Fahrrad-Lichtanlage **bei Stand**

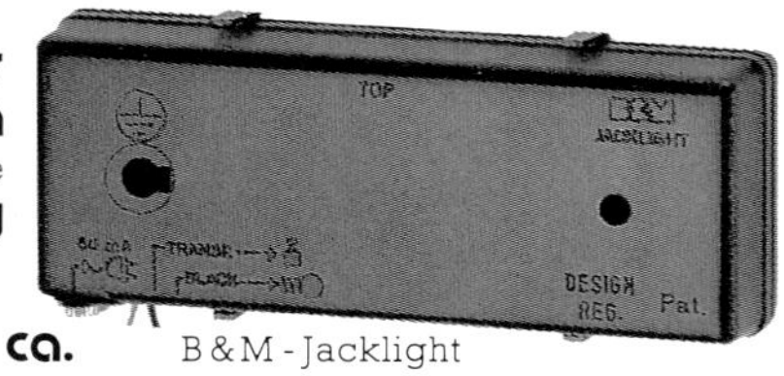

B & M - Jacklight

Brenndauer ca. 2 Minuten danach autom. Abschalten

Tiefentladeschutz

Aufladen der Akkus **durch Dynamo** während der Fahrt oder **durch Ladegerät**

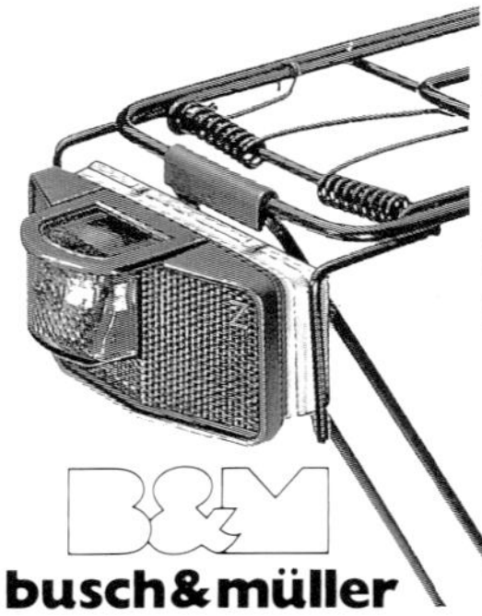

Mini-Format 48 × 122 × 18 mm
Verdeckte und geschützte Anbringung

Mit Gepäckträger-Rücklicht oder – Rückstrahler **montierbar**
Befestigungsabstände 80 und 50 mm

busch & müller

BUSCH & MÜLLER Fahrzeugteilefabrik – Postfach 11 41 – D-5882 Meinerzhagen
Telefon 02354 / 50 73 – Telefax 02354 / 20 41 – Telex 826 209 bumm d

---

Haverich

Behindertenfahrzeuge

Seit über 25 Jahren anerkannt als Therapie- und Rehabilitations-Hilfsmittel, insbesondere zur Behandlung und Übung für Spastiker sowie andere körperbehinderte Kinder und Erwachsene.

Fordern Sie unseren Gesamtkatalog an.

WALTER HAVERICH GMBH
Behindertenfahrzeuge
Postfach 37 26
D-4800 Bielefeld 1 · Tel. (05 21) 20 40 09
Telex 9 32 295 · Fax (05 21) 20 44 23